Siebert/Eichberger

AnwaltFormulare Bau- und Architektenrecht

AnwaltFormulare

AnwaltFormulare Bau- und Architektenrecht

Prozess- und Vertragsformulare
mit Erläuterungen

---

4. Auflage 2024

Von
Rechtsanwalt
Dr. Bernd Siebert,
Fachanwalt für Bau- und Architektenrecht,
Hannover
und
Rechtsanwalt **Dr. Tassilo Eichberger**, München

Deutscher**Anwalt**Verlag

Zitiervorschlag:
Siebert/Eichberger/Bearbeiter, AnwF Bau- und Architektenrecht, § 1 Rn 1

Benutzer-Hinweis für Muster
Für den Download der Mustertexte gehen Sie auf
https://www.anwaltverlag.de/anwaltformulare-bau-architekten.
Dort erhalten Sie Zugriff auf das zip-Archiv: av.1723_musterdownload.zip

Hinweis
Die Ausführungen in diesem Werk wurden mit Sorgfalt und nach bestem Wissen erstellt. Sie stellen jedoch lediglich Arbeitshilfen und Anregungen für die Lösung typischer Fallgestaltungen dar. Die Eigenverantwortung für die Formulierung von Verträgen, Verfügungen und Schriftsätzen trägt der Benutzer. Herausgeber, Autoren und Verlag übernehmen keinerlei Haftung für die Richtigkeit und Vollständigkeit der in diesem Buch enthaltenen Ausführungen.

Anregungen und Kritik zu diesem Werk senden Sie bitte an
kontakt@anwaltverlag.de
Autoren und Verlag freuen sich auf Ihre Rückmeldung.

Satz: Cicero Computer GmbH, Bonn
Druck: Hans Soldan GmbH, Essen
Umschlaggestaltung: gentura, Holger Neumann, Bochum
ISBN 978-3-8240-1723-2

Bibliografische Information der Deutschen Nationalbibliothek
Die Deutsche Nationalbibliothek verzeichnet diese Publikation in der Deutschen Nationalbibliografie; detaillierte bibliografische Daten sind im Internet über http://dnb.d-nb.de abrufbar.

Vorwort

Das Bau- und Architektenrecht ist inzwischen nahezu eine eigenständige Disziplin. Einige Juristen befassen sich damit gern und viel, sehr viele aber nur mit zurückhaltender Neigung. Dieses Buch ist für beide Gruppen gleichermaßen eine wertvolle Unterstützung.

Die ersten Auflagen wurden freundlich aufgenommen, dafür – und für Hinweise – danken wir allen Lesern. Die Reform des Bauvertragsrechts und die HOAI Stand 2021 sowie die stetige Entwicklung der Rechtsprechung machten eine Überarbeitung und Aktualisierung erforderlich.

Das Buch ist nach wie vor in zwei Hauptteile gegliedert. Einerseits enthält es Prozessformulare zu den wesentlichen Baustreitigkeiten mit ausführlicher Darstellung auch der Zwangsvollstreckung, andererseits enthält es Vertragsformulare zum Architektenrecht, Bauvertragsrecht und Bauträgerrecht – ebenso enthalten sind Ausführungen zum Thema Gesamtschuld sowie in den Vertragsformularen zum Generalplanervertrag, der in der Praxis eine zunehmend dominantere Rolle spielt, aufgenommen. Vorangestellte Darstellungen der rechtlichen Grundlagen mit weiterführenden Hinweisen auf Rechtsprechung und Literatur ergänzen die Formulare. Hierdurch ist eine schnelle Einordnung der für einen Prozess oder einen Vertrag bedeutsamen Rechtsfragen möglich. Das erleichtert den Einstieg und gibt dem Leser einen Überblick. Gerade damit wendet sich das Buch auch an junge Rechtsanwälte und an Rechtsanwälte, die nicht regelmäßig mit Bausachen befasst sind.

Der Hinweis sei gestattet, dass die Formulare selbstverständlich aufgrund der Tatsache, dass sie „vorformuliert“ sind, im Zweifelsfall als Allgemeine Geschäftsbedingungen im Sinne der §§ 305 ff. BGB angesehen werden könnten; die Autoren und Herausgeber können die fortlaufende und eigenverantwortliche Prüfung dieses Aspekts über die in den Formularen befindlichen Anmerkungen hinaus ebenso wenig wie die konkrete Prüfung des zu bearbeitenden Einzelfalls leisten.

Unser Dank richtet sich an alle Autoren, die es neben ihrer beruflichen Beanspruchung auf sich genommen haben, für dieses Buch einen Beitrag zu leisten. Ein herzlicher Dank geht auch an Frau *Stefanie Lörsch* vom Deutschen Anwaltverlag, die uns engagiert und immer freundlich betreut hat.

Die VOB sowie die HOAI sind jeweils in neuester Fassung berücksichtigt, ebenso Rechtsprechung und Literatur bis zum. 1.9.2023.

Für Anregungen, Hinweise und Kritik sind Herausgeber, Autoren und Verlag jederzeit weiterhin dankbar.

Hannover und München im Oktober 2023

Dr. Bernd Siebert
Dr. Tassilo Eichberger

Autorenverzeichnis

Volker Bock
Rechtsanwalt, Dresden

Prof. Dr. Christian Döring
Rechtsanwalt, Stuttgart

Dr. Tassilo Eichberger
Rechtsanwalt, München

Dr. Andreas Fink
Rechtsanwalt, Fachanwalt für Bau- und Architektenrecht, Köln

Prof. Dr. Peter Fischer
Rechtsanwalt und Notar, Fachanwalt für Bau- und Architektenrecht, Oldenburg

Prof. Dr. Bastian Fuchs, LL.M.
Rechtsanwalt, Attorney-at-Law, Fachanwalt für Bau- und Architektenrecht, München

Prof. Dr. Winfried Grieger
Rechtsanwalt, Fachanwalt für Bau- und Architektenrecht, Essen

Dr. Angelika Krug, LL.M.
Rechtsanwältin und Notarin, Fachanwältin für Bau- und Architektenrecht, Frankfurt am Main

Dr. Mario Leggio
Rechtsanwalt, Stuttgart

Dr. Christoph Lichtenberg
Rechtsanwalt (Syndikusrechtsanwalt), Fachanwalt für Bau- und Architektenrecht, Frankfurt am Main

Alexander Madorski
Richter am OLG, Braunschweig

Ursula von Minckwitz
Rechtsanwältin, München, Frankfurt

Prof. Dr. Bernhard Rauch
Rechtsanwalt, Fachanwalt für Bau- und Architektenrecht, Regensburg

Philipp Schlemmer
Rechtsanwalt, München

Dr. Mark Seibel
Vizepräsident des Landgerichts Siegen

Inhaltsübersicht

Musterverzeichnis

Literaturverzeichnis

Anders/Gehle, Zivilprozessordnung: ZPO, 81. Auflage 2023

Bärmann, Wohnungseigentumsgesetz, 15. Auflage 2023

Basty, Der Bauträgervertrag, 11. Auflage 2023

Beck'scher Online-Kommentar BGB, *Hau/Poseck* (Hrsg.), 63. Edition, Stand 1.8.2022 (zit.: BeckOK-BGB/*Bearbeiter*)

Beck'scher VOB- und Vergaberechts-Kommentar, Teil B und Teil C, 3. Auflage 2019 bzw. 4. Auflage 2021 (zit. Beck'scher VOB-Kommentar/*Bearbeiter*)

Blank, Bauträgervertrag, 6. Auflage 2023

Brox/Walker, Zwangsvollstreckungsrecht, 12. Auflage 2021

Burgi/Dreher, Beck'scher Vergaberechtskommentar, Bd. 2, VOB Teil A, 3. Auflage 2019

Dammert/Lenkeit/Oberhauser/Pause/Stretz, Das neue Bauvertragsrecht, 2017

Englert/Franke/Grieger, Streitlösung ohne Gericht – Schlichtung, Schiedsverfahren und Mediation in Bausachen, 2006

Englert/Grauvogl/Maurer, Handbuch des Baugrund- und Tiefbaurechts, 5. Auflage 2016

Englert/Motzke/Wirth, Baukommentar, 2. Auflage 2009

Erman, Bürgerliches Gesetzbuch, Kommentar, 17. Aufl. 2023

Fink, Das selbstständige Beweisverfahren in Bausachen, 2005

Franke/Kemper/Zanner/Grünhagen/Mertens, VOB-Kommentar, 7. Auflage 2020

Grüneberg, Bürgerliches Gesetzbuch: BGB, Kommentar, 82. Auflage 2023

Grziwotz/Koeble, Handbuch Bauträgerrecht, 2. Auflage 2022

Heiermann/Riedl/Rusam, Handkommentar VOB, 14. Auflage 2017

Ingenstau/Korbion/Leupertz/von Wietersheim, VOB Teile A und B, Kommentar, 22. Auflage 2023 (zit. Ingenstau/Korbion/*Bearbeiter*)

Kapellmann/Messerschmidt, VOB Teile A und B, Kommentar, 8. Auflage 2022

Kapellmann/Schiffers, Vergütung, Nachträge und Behinderungsfolgen beim Bauvertrag Band 1 und 2, 7. Auflage 2017 bzw. 6. Auflage 2017

Kleine-Möller/Merl/Glöckner, Handbuch des privaten Baurechts, 6. Auflage 2019

Kniffka/Jurgeleit, ibr-online-Kommentar Bauvertragsrecht, Stand: 29.5.2023 (zit. Kniffka, ibr-online)

Kniffka/Jurgeleit, Bauvertragsrecht, 4. Auflage 2022

Kniffka/Koeble/Jurgeleit/Sacher, Kompendium des Baurechts, 5. Auflage 2020

Korbion/Mantscheff/Vygen, HOAI, Kommentar, 9. Auflage 2016

Leinemann, VOB/B-Kommentar, 7. Auflage 2019

Frenz/Hertel/Limmer, Würzburger Notarhandbuch, 6. Auflage 2021

Locher/Koeble/Frik, Kommentar zur HOAI, 15. Auflage 2021

Löffelmann/Baldringer/Keldungs, Architektenrecht, 7. Auflage 2020

Marcks, Makler- und Bauträgerverordnung: MaBV, 10. Auflage 2019

Messerschmidt/Voit, Privates Baurecht, 4. Auflage 2022

Motzke/Bauer/Seewald, Prozesse in Bausachen, 3. Auflage 2018

Münchener-Kommentar zum Bürgerlichen Gesetzbuch, Band 6, 9. Auflage 2022 ff. (zit. MüKo/*Bearbeiter*)

Musielak/Voit, Zivilprozessordnung, Kommentar, 20. Auflage 2023

Nicklisch/Weick/Jansen/Seibel, VOB Teil B, Kommentar, 5. Auflage 2019

Niedenführ/Schmidt-Räntsch/Vandenhouten, WEG – Kommentar und Handbuch zum Wohnungseigentumsrecht, 13. Auflage 2020

Prütting/Wegen/Weinreich, BGB Kommentar, 18. Auflage 2023

Schöner/Stöber, Grundbuchrecht, 16. Auflage 2020

Schwab/Walter, Schiedsgerichtsbarkeit, Kommentar, 7. Auflage 2005

Seibel, Der Stand der Technik im Umweltrecht, 2003

Seibel, Baumängel und anerkannte Regeln der Technik, 2009

Seibel, Beck'scher Kompakt-Kommentar Selbständiges Beweisverfahren, 2013

Seibel u.a., Zwangsvollstreckungsrecht aktuell, 2. Auflage 2013 + 3. Auflage 2016 + 4. Auflage 2020

Soergel/Siebert, Bürgerliches Gesetzbuch mit Einführungsgesetz und Nebengesetzen, Kommentar, 13. Auflage 1999–2012

Staudinger, Kommentar zum Bürgerlichen Gesetzbuch mit Einführungsgesetz und Nebengesetzen, 2019

Staudt/Seibel, Handbuch für den Bausachverständigen, 4. Auflage 2018

Staudt/Seibel (urspr. Hrsg., sodann: *Seibel/Zöller*, aktuell: *Zöller/Boldt*), Baurechtliche und -technische Themensammlung, Grundwerk: 2011

Stein/Jonas, Kommentar zur Zivilprozessordnung, Band 5, 23. Auflage 2015

Thomas/Putzo, Zivilprozessordnung: ZPO, Kommentar, 44. Auflage 2023

Ulmer/Brandner/Hensen, AGB-Recht, Kommentar, 13. Auflage 2022

Ulrich, Selbstständiges Beweisverfahren mit Sachverständigen, 2. Auflage 2008

Weise/Barbers, Sicherheit im Baurecht, 1999

Werner/Pastor, Der Bauprozess, 18. Auflage 2023

Wirth, Darmstädter Baurechtshandbuch, 2. Auflage 2005

Zöller, Zivilprozessordnung: ZPO, Kommentar, 34. Auflage 2022

Abkürzungsverzeichnis

A.A.	andere Auffassung/Ansicht
AG	Auftraggeber
AN	Auftragnehmer
ARGE	Arbeitsgemeinschaft
AT	Arbeitstag
b.b.	bereits benannt
BaustellV	Baustellenverordnung
BT-Drucks	Bundestagsdrucksache
d.h.	das heißt
DIN	Deutsches Institut für Normung e.V.
einschl.	einschließlich
ETB	einheitliche technische Baubestimmungen
EuGH	Europäischer Gerichtshof
FoSiG	Forderungssicherungsgesetz
gem.	gemäß
GRW 1995	Grundsätze und Richtlinien für Wettbewerbe
HOAI	Honorarordnung für Architekten und Ingenieure
i.d.R.	in der Regel
i.H.v.	in Höhe von
i.S.d.	im Sinne der/s
i.S.v.	im Sinne von
i.V.m.	in Verbindung mit
Lit.	Literatur
m.a.W.	mit anderen Worten
m.w.N.	mit weiteren Nachweisen
MaBV	Verordnung über die Pflichten der Makler, Darlehens- und Anlagenvermittler, Anlageberater, Bauträger und Baubetreuer
mit Anm.	mit Anmerkung
mit Nachw.	mit Nachweisen
MRVG	Gesetz zur Verbesserung des Mietrechts und zur Begrenzung des Mietanstiegs sowie zur Regelung von Ingenieur- und Architektenleistungen
o.Ä.	oder Ähnliches

o.g.	oben genannt
öbuv	öffentlich bestellter und vereidigter
OLG	Oberlandesgericht
p.a.	pro anno
RAW	Regeln für Architekturwettbewerbe
Rspr.	Rechtsprechung
SchiedsVZ	Zeitschrift für Schiedsverfahren
SEA	Schadensersatzanspruch
SOBau	Schlichtungs- und Schiedsordnung für Baustreitigkeiten
sog.	sogenannte/r/s
u.U.	unter Umständen
VdE	Verband der Elektrotechnik, Elektronik und Informationstechnik e.V.
VdI	Verein Deutscher Ingenieure e.V.
VOB/B	Teil B der Vergabe- und Vertragsordnung für Bauleistungen
WT	Werktag
Ziff.	Ziffer

Teil 1: Prozessformulare

§ 1 Vergütungsrecht

Dr. Christoph Lichtenberg

Inhalt

Literatur:

Boldt, Bauverzögerungen aus dem Verantwortungsbereich des Auftraggebers: Ist § 6 Nr. 6 VOB/B bedeutungslos?, BauR 2006, 185; *Breyer/Bohn*, § 641 Abs. 2 BGB – Durchgriffsfälligkeit oder Durchgriffszahlungspflicht?, BauR 2004, 1066; *Drittler*, Freie

Kündigung: Ersparte Kosten sind grundsätzlich als tatsächliche Kosten abzuziehen, BauR 2006, 1215; *Franz*, Nachtragskalkulation in Zukunft – Das Ende der Preisfortschreibung!?, BauR 2012, 380; *Fuchs*, Der Dreiklang aus Werkerfolg, Leistungsbeschreibung und Mehrvergütungsanspruch, BauR 2009, 404; *Gartz*, Die neuen Baugeldempfänger des BauFordSiG, NZBau 2009, 630; *Illies*, BauFordSiG; Verunsicherung statt Sicherung, BauR 2013, 1342; *Hofmann*, VOB-Fassung 1996: Die rätselhafte Änderung des § 2 Nr. 8 VOB/B, BauR 1996, 640; *Kniffka*, Ist die VOB/B eine sichere Grundlage für Nachträge?, BauR 2012, 411; *ders.*, Abnahme und Abnahmewirkungen nach der Kündigung des Bauvertrages, ZfBR 1998, 113; *Kölbl*, Generalunternehmer in der Falle? Praktische Auswirkungen der Änderungen des Baugeldbegriffs, NZBau 2010, 220 ff.; *Leidig*, Volle Kraft zurück? – Die neuerliche Änderung des Bauforderungssicherungsgesetzes, NJW 2009, 2919; *Leupertz*, Der Anspruch des Unternehmers auf Bezahlung unbestellter Bauleistungen beim BGB-Bauvertrag, BauR 2005, 775; *Lichtenberg*, Zur Berücksichtigung einer Unterdeckung bei der Abrechnung nach freier (Teil-) Kündigung, BauR 2014, 615; *Markus*, § 649 S. 2 BGB: Die Anrechnung der tatsächlich ersparten Aufwendungen auf die kalkulierten Kosten, NZBau 2005, 417; *Oberhauser*, Preisfortschreibung als „Vergütungsmodell" für geänderte und zusätzlich Leistungen – sieht das die VOB/B wirklich vor?, BauR 2011, 1547; *Quack*, Theorien zur Rechtsnatur von § 1 Nr. 3 und 4 VOB/B und Ihre Auswirkungen auf die Nachtragsproblematik, ZfBR 2004, 107; *Roskosny/Bolz*, Die Rechtsnatur des Entschädigungsanspruchs aus § 642 BGB und seine Berechnung, BauR 2006, 1804; *Stammkötter*, Bauforderungssicherungsgesetz – Aktueller Stand, Nachunternehmer und Treuhand, BauR 2009, 1521; *Thode*, Nachträge wegen gestörten Bauablaufs im VOB/B-Vertrag, ZfBR 2004, 214.; *ders.*, Änderungsbefugnis des Bauherrn in § 1 Nr. 3 VOB/B, BauR 2008, 155; *Zanner*, Kann der AG durch Anordnung gemäß § 1 Nr. 3 VOB/B nicht nur Leistungsinhalte sondern auch die Bauzeit einseitig ändern?, BauR 2006, 177; *Zanner/Keller*, Das einseitige Anordnungsrecht des Auftraggebers zu Bauzeit und Bauablauf und seine Vergütungsfolgen, NZBau 2004, 353.

A. Rechtliche Grundlagen

I. Vergütungs- und vergütungsähnliche Ansprüche

Für die Vergütungsansprüche des Werkunternehmers kommen verschiedene Grundlagen in Frage, die zur besseren Übersicht wie folgt gruppiert werden: 1

- Vertragliche Ansprüche (was nicht ganz korrekt ist, da auch die Nachtragsansprüche aus den vertraglichen Vereinbarungen resultieren)
- Nachtragsansprüche
- Vergütungsähnliche Ansprüche

1. Vertragliche Ansprüche

2 Grundlage aller Vergütungsansprüche, die wir hier als „vertragliche Ansprüche“ bezeichnen, ist ein wirksamer Werkvertrag, also ein Vertrag, der insbesondere dadurch gekennzeichnet ist, dass der Unternehmer dem Besteller die Herstellung eines bestimmten Werkes verspricht (§ 631 BGB). Im Fall des Bauvertrages geht es um die Herstellung einer mit dem Erdboden verbundenen unbeweglichen Sache durch Verwendung von Arbeit und Material.[1]

3 Der Werkvertrag kommt (wie jeder andere Vertrag auch) durch zwei übereinstimmende Willenserklärungen zustande, nämlich Angebot und Annahme. Dies ist auch bei öffentlich-rechtlichen Vergabeverfahren nicht anders, bei welchen lediglich der Zuschlag die Annahme darstellt.[2]

4 Beim Bauvertrag ist zu unterscheiden zwischen dem BGB-Werkvertrag und dem VOB-Vertrag, also einem Werkvertrag, bei welchem die Regelungen der VOB/B gelten sollen. Für Verträge, die ab dem 1.1.2018 geschlossen worden sind, gilt ohne Weiteres das gesetzliche Bauvertragsrecht der §§ 650a-650h BGB, sofern es sich um einen Bauvertrag gem. der Definition in § 650a BGB handelt.

5 Die Geltung der VOB/B hingegen muss vereinbart werden; einen Brauch oder Gewohnheitsrecht, woraus sich ohne Vereinbarung die Anwendung der VOB/B ergeben sollte, gibt es nicht.[3] Da es sich bei den VOB/B um Allgemeine Geschäftsbedingungen handelt, müssen diese wirksam in den Vertrag einbezogen worden sein. Ein bloßer Hinweis auf die Geltung der VOB/B reicht jedenfalls gegenüber privaten Bestellern (Verbrauchern) nicht aus, sodass der Unternehmer, welcher die Geltung der VOB/B erreichen möchte, dies im Regelfall nur erreichen kann, wenn er spätestens bei Abschluss des Vertrages einen vollständigen Text der VOB/B überreicht.[4] Die Übersendung des Textes erst mit der Auftragsbestätigung ist also im Regelfall zu spät, da der Vertrag bereits durch das Angebot des Unternehmers und den Auftrag des Bestellers zustande gekommen ist. Dies gilt auch für den Versuch einer „Vereinbarung“ erst in der Auftragsbestätigung gegenüber einem Unternehmer.

6 Als Allgemeine Geschäftsbedingungen unterliegen die VOB/B grundsätzlich der Inhaltskontrolle nach den §§ 307 ff. BGB. Dies gilt gegenüber einem Verbraucher, der nicht Verwender der VOB/B ist, uneingeschränkt. Sofern kein Verbraucher beteiligt ist, werden die VOB/B durch § 310 Abs. 1 S. 3 BGB insoweit privilegiert, als dass keine Kontrolle der einzelnen Bestimmungen stattfindet, sofern die Geltung ohne inhaltliche Abweichungen vereinbart wird. Da dies nur in den seltensten Fällen vorkommt, hat der Vertragspartner des Verwenders meist die Möglichkeit, die für ihn ungünstigen Regelungen zu überprüfen. Nachdem es inzwischen ein gesetzliches Bauvertragsrecht

1 Vgl. zum Begriff BGH v. 20.5.2003 – X ZR 57/02 – BauR 2003, 1391.

2 H.M., siehe z.B. Beck'scher Vergaberechtskommentar/*Horn/Hofmann*, § 18 VOB/A Rn 3; Kapellmann/Messerschmidt/*Stickler/Mädler*, § 18 VOB/A Rn 1.

3 Vgl. Kapellmann/Messerschmidt/*von Rintelen*, Einl. VOB/B Rn 47.

4 Vgl. BGH v. 9.11.1989 – VII ZR 16/89 – BauR 1990, 205; BGH v. 10.6.1999 – VII ZR 170/98 – BauR 1999, 1186.

gibt, hat die Inhaltskontrolle noch einmal größere Bedeutung erlangt, insbesondere im Bereich der Vergütung für geänderte und/oder zusätzliche Leistungen.

a) Vergütung ohne (wirksame) Vereinbarung

7 Eine Besonderheit des Werkvertrags ist, dass zu seinen essentialia **nicht** die Vereinbarung über den Preis gehört.[5] Gem. § 632 Abs. 2 BGB gilt bei Fehlen einer Bestimmung über die Höhe der Vergütung die taxmäßige Vergütung (in der Baupraxis fast ausschließlich in Form der HOAI anzutreffen) oder die **übliche Vergütung** als vereinbart. Sofern sich die Parteien einig sind, dass der Unternehmer für den Besteller ein bestimmtes Werk herstellen soll, ist also ein wirksamer Vertrag geschlossen, auch wenn die Vereinbarung über die Vergütung bewusst weglassen oder irrtümlich vergessen wurde.[6] Dies gilt vor allen Dingen auch dann, wenn sich die Vergütungsvereinbarung als unwirksam herausstellen sollte. „Paradebeispiel" dafür war für Architektenverträge unter der Geltung der HOAI in der bis zum 31.12.2020 geltenden Fassung die Vereinbarung eines Architektenhonorars unterhalb der Mindestsätze ohne einen anerkannten Ausnahmefall.

8 Die Höhe der üblichen Vergütung beim Bauvertrag korrekt zu bestimmen, ist ausgesprochen schwierig, da sie von zahlreichen Einflüssen abhängt wie z.B. den örtlichen Gegebenheiten oder der wirtschaftlichen Lage.[7] Sie lässt sich (beispielsweise zur Vorbereitung einer Klage) durch Vergleichsangebote abschätzen. Im Rechtsstreit wird das Gericht hierzu im Regelfall jedoch ein Sachverständigengutachten einholen.[8] Beweispflichtig ist im Regelfall der Unternehmer.

b) Einheitspreisvertrag

9 Der Standardtyp[9] des Bauvertrages – gleich ob bei großen Bauvorhaben oder bei kleineren Aufträgen – ist der Einheitspreisvertrag. Für den VOB-Vertrag ergibt sich dies aus § 2 Abs. 2 VOB/B, wonach die Vergütung nach den vertraglichen Einheitspreisen und den tatsächlich ausgeführten Mengen berechnet wird, sofern keine andere Art der Abrechnung vereinbart ist. Aber auch beim BGB-Vertrag ist dann, wenn das Angebot der Form eines Einheitspreisvertrages folgt (also Einzelleistungen mit Mengenvordersätzen und Einzelpreisen ausweist, aus denen sich der Angebotspreis ergibt) und es an einer anderslautenden Vereinbarung fehlt, von einem Einheitspreisvertrag auszugehen.

10 Charakteristisch für den Einheitspreisvertrag ist also, dass die nach Fertigstellung der Leistung abzurechnende Vergütung bei Vertragsschluss noch nicht feststeht. **Der Angebotspreis ist lediglich ein vorläufiger Preis**, der sich aus den fest vereinbarten Einheitspreisen und den vor Durchführung der Leistungen geschätzten Massen ergibt. Geschuldet ist jedoch die Vergütung, die sich aus der Multiplikation der tatsächlich erbrachten Mengen mit dem Einheitspreis ergibt.[10] Der endgültige Preis steht erst fest, wenn die

5 Vgl. Kniffka/Jurgeleit/*von Rintelen*, § 632 Rn 2 ff.
6 BGH v. 27.11.2003 – VII ZR 53/03 – BauR 2004, 488.
7 Vgl. BGH v. 26.10.2000 – VII ZR 239/98 – BauR 2001, 249.
8 Kniffka/Jurgeleit/*von Rintelen*, § 632 Rn 45.
9 So z.B. OLG Hamm v. 25.10.200 – 12 U 32/00 – BauR 2002, 319.
10 Vgl. Kniffka/Jurgeleit/*von Rintelen*, § 631 Rn 413.

tatsächlich ausgeführten Massen ermittelt sind. Die Abrechnung des Einheitspreisvertrages erfordert daher regelmäßig ein Aufmaß.[11]

c) Pauschalvertrag

11 Es steht den Parteien frei, eine andere Grundlage der Vergütung zu vereinbaren. Der häufigste Fall einer anderweitigen Vereinbarung ist der einer Pauschalvergütung, bei welcher der Preis nicht einzelnen Leistungselementen zugeordnet wird. Solange sich also der Leistungsinhalt nicht ändert, ändert sich auch die Vergütung nicht.[12]

12 Es gibt verschiedene Formen des Pauschalvertrags. Die beiden wichtigsten sind der Detail-Pauschalvertrag und der Global-Pauschalvertrag.

13 Dem **Detail-Pauschalvertrag** liegt regelmäßig ein detailliertes, nicht-funktionales Leistungsverzeichnis zugrunde.[13] Die Pauschalierung erfasst dann diese im Einzelnen beschriebenen Leistungen,[14] wobei jedoch im Unterschied zum Einheitspreisvertrag die Vergütung unabhängig von den tatsächlich ausgeführten Massen ist. Meist kommt es zu einem solchen Vertrag, indem der Auftragnehmer zunächst ein Einheitspreisangebot abgibt und sich die Parteien anschließend auf die Abrechnung eines Pauschalbetrages für diese Leistungen einigen. Grundsätzlich sollte dem eine Überprüfung der Mengen und Massen durch den Auftragnehmer vorausgehen.

14 Beim **Global-Pauschalvertrag** schuldet der Auftragnehmer alle Einzelleistungen, die für die Erreichung des vereinbarten Werkerfolgs erforderlich sind – unabhängig davon, ob diese in der Leistungsbeschreibung gesondert erwähnt sind oder nicht. Dem Global-Pauschalvertrag liegt daher meistens (aber nicht zwingend) eine funktionale Leistungsbeschreibung zugrunde.[15] Die wirksame Vereinbarung einer Global-Pauschale setzt im Regelfall voraus, dass der Auftragnehmer noch Einfluss auf die Einzelheiten der Ausführung hat; kennzeichnend für diesen Vertragstyp ist daher, dass ein Teil der Planungsaufgabe vom Auftragnehmer übernommen wird.[16] Ist also vom Auftraggeber – vor allen Dingen durch ein detailliertes Leistungsverzeichnis und/oder durch fertige Ausführungspläne – die Bauleistung schon im Einzelnen bestimmt, ist eher von einem Detail-Pauschalvertrag auszugehen; eine der Global-Pauschalvereinbarung ähnliche Verpflichtung des Auftragnehmers (Komplettheitsklausel) kann dann allenfalls bei einer Individualvereinbarung und nur bei ausreichend deutlicher Formulierung angenommen werden.

15 Allen Formen von Pauschalvereinbarungen ist jedoch gemein, dass **der Auftragnehmer das Mengenrisiko übernimmt**.[17] Das heißt: Während beim Einheitspreisvertrag das Risiko der falschen Ermittlung der Massen oder einer Veränderung der Massen aufgrund

11 Vgl. Kniffka/Jurgeleit/*von Rintelen*, § 631 Rn 416.
12 BGH v. 22.3.1984 – VII ZR 50/82 – BauR 1984, 395.
13 Ingenstau/Korbion/*Keldungs*, § 2 Abs. 7 VOB/B Rn 2.
14 BGH v. 13.2.2008 – VII ZR 194/06 – BauR 2008, 1134.
15 Vgl. Messerschmidt/Voit/*Leupertz*, I. Teil K Rn 23.
16 Kapellmann/Messerschmidt/*Markus*, § 2 VOB/B Rn 498.
17 Vgl. Kapellmann/Messerschmidt/*Markus*, § 2 VOB/B Rn 477 f.

nicht bekannter Umstände beim Besteller liegt, wird dieses durch die Vereinbarung der Pauschalierung auf den Unternehmen übertragen.

Folglich können im Rahmen eines Pauschalpreisvertrages Mengenänderungen grundsätzlich nicht zu einer Veränderung des Preises führen, denn gerade dieses Risiko ist durch die Wahl des Vertragstyps beidseitig ausgeschlossen worden.[18] Die Grenze ist jedoch erreicht, wenn sich die tatsächlich ausgeführte Leistung von der vertraglich vorgesehenen so stark abweicht, dass einer der Parteien ein Festhalten an der Pauschale nicht mehr zumutbar ist.[19] Ein solches Missverhältnis führt zu einer Störung der Geschäftsgrundlage, sodass eine Anpassung des Vertrages verlangt werden kann. In § 2 Abs. 7 Nr. 1 VOB/B ist dies ausdrücklich geregelt; die Regelung verweist auf § 313 BGB, welcher im Rahmen des BGB-Vertrages auch unmittelbar die Anspruchsgrundlage für die Anpassung darstellt. Der neue Preis ist unter Berücksichtigung der Grundlagen der vertraglichen Preise zu bilden. 16

Unabhängig von der Art des Pauschalvertrages bleibt es auch dabei, dass vom Auftraggeber veranlasste Änderungen zu einer Änderung des Preises führen.[20] Für den VOB-Vertrag folgt dies aus § 2 Abs. 7 Nr. 2 VOB/B. Für den BGB-Vertrag folgt dies unmittelbar aus dem Konsensprinzip. Näheres dazu unten bei den Erläuterungen zu den angeordneten Vertragsänderungen (siehe Rdn 75 ff.). 17

d) Stundenlohnvereinbarung

Eine weitere mögliche Art der Berechnung der Vergütung ist die Abrechnung nach Stundenlohn (erwähnt in § 2 Abs. 2 und 10 sowie in § 15 VOB/B). Abgesehen von geringfügigen Ausbesserungsarbeiten o.Ä. wird man einen reinen Stundenlohnvertrag nur selten antreffen. Üblich ist allerdings, dass größere Bauverträge auch einen Abschnitt für Regiearbeiten enthalten, welche dann im Stundenlohn abgerechnet werden. 18

Die Abrechnung nach Stundenaufwand muss ausdrücklich vereinbart werden. Dies ist für den VOB-Vertrag in § 2 Abs. 10 VOB/B geregelt; die Vergütung erfordert daher eine gesonderte Beauftragung. Aber auch im BGB-Werkvertrag kann nicht ohne Weiteres eine Abrechnung nach Stundenaufwand angenommen werden. Gemäß dem Charakter des Werkvertrags kommt es dem Besteller regelmäßig darauf an, dass das geschuldete Werk errichtet wird, nicht aber darauf, mit welchem (Zeit-)Aufwand dies verbunden ist. 19

Bei der Abrechnung von Stundenlohn-Arbeiten sind die Stundenlohnzettel von besonderer Bedeutung, denn diese dienen dem Unternehmer als Nachweis für die erbrachten Arbeitsstunden. Die VOB/B sieht in § 15 Abs. 3 einen konkreten Umgang mit den Stundenlohnzetteln vor: Diese sind dem Besteller regelmäßig (werktäglich oder wöchentlich) zu übergeben und von diesem (im Regelfall gegengezeichnet) zurückzugeben. Hintergrund ist, dass nur so der Besteller Gelegenheit hat, die Richtigkeit der angegebe- 20

18 Vgl. Messerschmidt/Voit/*Leupertz*, I. Teil K Rn 18.
19 Kniffka/Jurgeleit/*von Rintelen*, § 631 Rn 441.
20 BGH v. 12.9.2002 – VII ZR 81/01 – BauR 2002, 1847; OLG Düsseldorf v. 4.6.1991 – 23 U 173/09 – BauR 1991, 774.

nen Stunden zu überprüfen. Hält der Unternehmer diese Vorgehensweise nicht ein, läuft er Gefahr, nicht die geleisteten Stunden vergütet zu erhalten, sondern die Vergütung, welche für die geleisteten Arbeiten angemessen erscheint (§ 15 Abs. 5 VOB/B).

21 Eine entsprechende Regelung existiert im BGB-Werkvertrag zwar nicht. Grundsätzlich reicht es daher für den schlüssigen Vortrag des Auftragnehmers auf Basis eine Stundenlohnabrede aus, dass er die Anzahl der geleisteten Stunden mit dem vereinbarten Preis multipliziert. Der Auftraggeber hat dann ggf. nachzuweisen, dass der Auftragnehmer unter Verletzung der Pflicht zur wirtschaftlichen Betriebsführung gearbeitet hat.[21] Dem Auftragnehmer obliegt jedoch die sekundäre Darlegungslast; d.h. er muss zu dem geltend gemachten Stundenaufwand ausreichend konkret vortragen, um dem Auftraggeber die Überprüfung der Wirtschaftlichkeit zu ermöglichen.[22] Außerdem werden die Parteien in den meisten Fällen eine § 15 VOB/B ähnliche Vereinbarung treffen.

22 Mit der Gegenzeichnung der Stundenlohnzettel bestätigt der Auftraggeber – sofern nicht etwas anderes vereinbart ist – lediglich, dass er akzeptiert, dass diese Stunden tatsächlich erbracht worden sind. Ein weitergehendes Anerkenntnis ist dem nicht zu entnehmen, vor allen Dingen nicht die Erklärung, dass die aufgeführten Leistungen nach Stunden bezahlt werden[23] oder dass die angegebene Stundenzahl angemessen ist.[24]

e) Selbstkostenerstattungsvertrag

23 Der Vollständigkeit halber sei noch der Selbstkostenerstattungsvertrag erwähnt. Bei dieser Form der Vergütungsberechnung erhält der Auftragnehmer lediglich die von ihm aufgewendeten und nachgewiesenen Kosten erstattet. Bezüglich „interner“ Kosten (Personaleinsatz, Einsatz eigener Geräte) sind zuvor Verrechnungssätze zu vereinbaren.

24 Den reinen Selbstkostenerstattungsvertrag findet man selten. Im Rahmen von Partnering-Modellen trifft man jedoch gelegentlich auf die davon abgeleitete Vereinbarung „cost + fee“. Dabei erhält der Auftragnehmer neben der Selbstkostenerstattung noch eine zuvor vereinbarte Marge darauf.

2. Nachtragsansprüche

25 Bei nahezu jedem Bauvorhaben kommt es zu Situationen, die nicht von vorneherein planbar sind. Dies führt nicht nur dazu, dass (wie oben erwähnt, siehe Rdn 9) der Einheitspreisvertrag der Standardtyp ist, sondern auch dazu, dass sogenannte Nachträge zum täglichen Geschäft gehören.

26 Der Begriff „Nachtrag“ ist nicht genau definiert und wird auf der Baustelle für jegliche Ansprüche verwendet, die über das ursprünglich Vereinbarte hinausgehen.[25] Dazu wer-

21 Vgl. BGH v. 14.7.2009 – VII ZR 164/07 – BauR 2009, 1162; ebenso BGH v. 1.2.2000 – X ZR 198/97 – VersR 2001, 471.
22 BGH v. 14.7.2009 – VII ZR 164/07 – BauR 2009, 1162.
23 BGH v. 13.5.2004 – VII ZR 301/02 – BauR 2004, 1291.
24 BGH v. 28.9.1970 – VII ZR 228/68 – WM 1970, 1455; OLG Frankfurt v. 14.6.2000 – 23 U 78/99 – BauR 2001, 27.
25 Vgl. *Thode*, ZfBR 2004, 214.

den also u.a. auch die Kosten, die aus Behinderungen resultieren, Verzugsschäden etc. gezählt. Dies sind jedoch im Grunde Schadensersatzansprüche, während in diesem Kapitel die Vergütungs- und vergütungsähnlichen Ansprüche betrachtet werden.

Solche „Vergütungs-Nachträge" lassen sich im Wesentlichen einordnen als: 27

- Nachträge aus Mengenänderungen,
- Nachträge infolge vom Auftraggeber veranlasster Änderungen des Leistungsinhalts und
- Nachträge infolge nicht angeordneter Leistungsänderungen.

Einen Sonderfall bildet noch der „Beschleunigungsnachtrag".

a) Vergütungsnachträge im VOB-Vertrag

Die VOB/B enthalten für die meisten Nachtragstatbestände ausdrückliche Regelungen, ohne allerdings den Begriff „Nachtrag" zu verwenden. Die Regelungen finden sich für 28

- Nachträge aus Mengenänderungen in § 2 Abs. 3 VOB/B;
- Nachträge infolge angeordneter geänderter oder zusätzlicher Leistungen in § 2 Abs. 5, 6 und 7 VOB/B;
- Nachträge infolge nicht angeordneter Leistungsänderungen in § 2 Abs. 8 VOB/B;
- Nachträge im Zusammenhang mit einem Verlangen des Auftraggebers nach Zeichnungen, Berechnung etc. in § 2 Abs. 9 VOB/B.

aa) Mengenänderungen

Wie eingangs (siehe Rdn 10) bereits erwähnt, stellen die im Auftrags-Leistungsverzeichnis angegebenen Vordersätze im Rahmen eines Einheitspreisvertrages lediglich eine Schätzung dar; der Abrechnungsbetrag ergibt sich aus den tatsächlich ausgeführten Massen. Grundsätzlich bietet eine Änderung der Massen gegenüber den ausgeschriebenen also keinen Anlass für einen Nachtrag, sondern die Vergütung ändert sich automatisch entsprechend der ausgeführten Menge (vgl. § 2 Abs. 3 Nr. 1 VOB/B). 29

Das sieht dann anders aus, wenn sich die Massen gegenüber der Ausschreibung in einem so starken Maße ändern, dass das Kalkulationsgefüge des Unternehmers nicht mehr „passt". Diese Grenze gibt für den Einheitspreisvertrag § 2 Abs. 3 Nr. 2 und 3 VOB/B vor:[26] **Änderungen von mehr als 10 %** geben den Parteien das Recht, eine Preisanpassung – gemeint ist die Anpassung des jeweiligen Einheitspreises – vorzunehmen. Bei Änderungen in dieser Größenordnung kann es z.B. zu Änderungen in den Einkaufspreisen des Unternehmers kommen, oder aber das Logistik-Konzept muss angepasst werden. In erster Linie geht es jedoch darum, dass die Preisbestandteile, die nicht positionsbezogen sind, aber üblicherweise in Form von Zuschlägen auf die Einheitspreise umgelegt werden (Allgemeine Geschäftskosten, Baustellengemeinkosten, Wagnis und Gewinn) 30

26 Der insoweit § 313 BGB verdrängt; *Kapellmann/Schiffers*, Bd. 1, Rn 563.

auf Basis der ausgeschriebenen Mengen kalkuliert werden, sodass es nun zu Unter- oder Überdeckungen kommen kann.[27]

31 Voraussetzungen für den Anspruch auf Preisanpassung nach § 2 Abs. 3 VOB/B sind lediglich die tatsächliche, über 10 % hinausgehende Mengenänderung sowie die Geltendmachung des Rechts. Irgendein Mitwirken des Auftraggebers, vor allem eine Anordnung, ist **nicht erforderlich**;[28] im Gegenteil – sofern die Mengenänderung auf einer Anordnung beruht, sind die Regelungen von § 2 Abs. 5, 6 VOB/B anzuwenden. § 2 Abs. 3 VOB/B gelangt daher nur dann zur Anwendung, wenn sich die ausgeführten Mengen infolge der Umstände geändert haben.[29] Soweit es in der Regelung heißt, dass der neue Preis auf Verlangen „zu vereinbaren" ist, führt dies nicht zu einer weiteren Anspruchsvoraussetzung. Die „Vereinbarung" ist in der Praxis nicht erforderlich;[30] es handelt sich lediglich um eine ungeschickte Formulierung.

32 Ein bestimmter Zeitpunkt für die Geltendmachung der Anpassung, also das „Verlagen", ist nicht vorgegeben. Begrenzt wird die Möglichkeit nur durch die allgemeinen Grundsätze der Verwirkung; diese setzt aber zumindest die Bezahlung der Vergütung als Umstandsmoment voraus.[31]

33 § 2 Abs. 3 VOB/B behandelt dabei die Erhöhung der Massen gegenüber der Ausschreibung und deren Verringerung unterschiedlich:

34 Gem. § 2 Abs. 3 Nr. 2 VOB/B ist für die 110 % **überschreitenden** Mengen ein **neuer Preis** unter Berücksichtigung der **Mehr- oder Minderkosten** zu bilden. Daraus folgt:

35
- Es gibt als Folge der Anpassung für die gleiche Leistung **zwei** Preise, nämlich den vertraglichen Preis für die Massen bis 110 % (dieser bleibt unverändert) und den neuen Preis für die darüber hinausgehenden Massen.
- Es sind auch eventuelle **Minder**kosten zu berücksichtigen, z.B. infolge verringerter Einkaufspreise oder die bessere Ausnutzung nicht ausgelasteter Geräte.

36 Gem. § 2 Abs. 3 Nr. 3 VOB/B ist bei einer **Unterschreitung** der Massen um mehr als 10 % der betroffene Einheitspreis zu **erhöhen**, sofern der Auftragnehmer nicht an anderer Stelle einen **Ausgleich** erhält. Daraus folgt:

- Infolge der Anpassung wird es nur **einen** neuen Preis geben, mit welchem die ausgeführten Massen abgerechnet werden.
- Es findet **lediglich eine Preiserhöhung** zugunsten des Auftragnehmers statt; eine Verringerung kann nicht verlangt werden.
- Es findet eine **Ausgleichsberechnung** statt (die im Grunde erst am Ende der Baumaßnahme möglich ist). Hintergrund ist, dass dem Auftragnehmer aus der Mengenänderung kein Nachteil hinsichtlich seiner Deckungsbeiträge erwachsen soll; wird dies

27 Vgl. Kapellmann/Messerschmitt/*Markus*, § 2 VOB/B Rn 259 f.; Kniffka/Koeble/Jurgeleit/Sacher/*Kniffka*, Teil 4 Rn 377 f.

28 OLG Düsseldorf v. 13.3.1990 – 23 U 138/89 – BauR 1991, 219.

29 Absolut herrschende Meinung; z.B. BGH v. 27.11.2003 – VII ZR 346/01 – BauR 2004, 495; siehe auch *Kapellmann/Schiffers*, Bd. 1, Rn 505 m.w.N.

30 Allgemeine Meinung; so z.B. BGH v. 14.4.2005 – VII ZR 14/04 – BauR 2005, 1152.

31 Vgl. BGH v. 14.4.2005 – VII ZR 14/04 – BauR 2005, 1152; Kniffka/Jurgeleit/*von Rintelen*, § 631 Rn 945.

aber auf andere Weise erreicht, soll das nicht den Auftraggeber belasten. Die Ausgleichsberechnung bezieht sich ausschließlich auf das konkrete Bauvorhaben.[32]

Im Übrigen sind in beiden Fällen die durch die Umstände bedingten Auswirkungen sowohl auf die Einzelkosten der Teilleistungen als auch auf die Baustellengemeinkosten, die Allgemeinen Geschäftskosten sowie auf Wagnis und Gewinn[33] zu berücksichtigen. 37

Für die Ermittlung des neuen Preises war nach der ehemals absolut herrschenden Meinung das Preisgefüge des Vertragspreises zu berücksichtigen.[34] Von bestimmten Ausnahmefällen abgesehen war daher auch ein eventueller Kalkulationsfehler des Auftragnehmers fortzuschreiben.[35] Nicht fortzuschreiben waren (und sind) hingegen auch nach der damaligen Auffassung spekulativ extrem überhöhte Einheitspreise. In dieser Situation wird widerleglich[36] vermutet, dass der Auftragnehmer die Besonderheiten des Bauvertrags in verwerflicher Weise ausgenutzt hat.[37] Die Vergütung für die über 110 % hinausgehenden Mengen kann sich dann nach den üblichen Preisen bemessen.[38] Ein Ausgleich über Verluste in anderen Positionen findet in diesen Fällen nicht statt.[39] 38

In seinem Urt. v. 8.8.2019[40] ist der BGH von diesem Prinzip der vorkalkulatorischen Preisfortschreibung jedoch abgerückt. § 2 Abs. 3 VOB/B enthält nämlich überhaupt keine Vorgabe dazu, **wie** die Vergütungsanpassung bei Mengenmehrungen vorzunehmen ist, wenn eine Einigung über den neuen Einheitspreis nicht zustande kommt. Die Regelung gibt nur vor, **dass** bei der Vereinbarung über den neuen Preis Mehr- oder Minderkosten zu berücksichtigen sind. Die VOB/B legt die Verantwortung für die neue Preisbestimmung damit in die Hände der Vertragsparteien, die unter Berücksichtigung der geänderten Umstände einen neuen Preis aushandeln sollen. Für den Fall, dass sich die Parteien nicht einigen, enthält der Vertrag jedoch eine Lücke, die im Wege der ergänzenden Vertragsauslegung gem. §§ 133, 157 BGB zu schließen ist. Dabei entspricht es nach der Überzeugung des BGH der Redlichkeit und dem bestmöglichen Ausgleich der wechselseitigen Interessen, dass durch die unvorhergesehene Veränderung der auszuführenden Leistungen im von § 2 Abs. 3 Nr. 2 VOB/B bestimmten Umfang keine der Vertragsparteien eine Besser- oder Schlechterstellung erfahren soll. Das wird erreicht, wenn für die Bemessung des neuen Einheitspreises bei Mehrmengen i.S.v. § 2 Abs. 3 Nr. 2 VOB/B die tatsächlichen Kosten zuzüglich angemessener Zuschläge maßgeblich sind. 39

32 Z.B. Beck'scher VOB-Kommentar/*Jansen*, § 2 Abs. 3 VOB/B Rn 54.
33 H.M., siehe z.B. Kapellmann/Messerschmitt/*Kapellmann*, § 2 VOB/B Rn 152; a.A. Beck'scher VOB-Kommentar/*Jansen*, § 2 Abs. 3 VOB/B Rn 47.
34 Vgl. z.B. Ingenstau/Korbion/*Keldungs*, § 2 Abs. 3 VOB/B Rn 17 m.w.N.
35 Zu den Einzelheiten: Kapellmann/Messerschmitt/*Kapellmann*, § 2 VOB/B Rn 163 ff.
36 Widerleglich nur aus der Preisermittlung heraus, BGH v. 25.3.2001 – VII ZR 160/09.
37 BGH v. 18.12.2008 – VII ZR 201/06 – BauR 2009, 491; vgl. auch Kniffka/Koeble/Jurgeleit/Sacher/*Kniffka*, 5. Teil Rn 91.
38 OLG Jena v. 11.8.2009 – 5 U 899/05 – ZfBR 2009, 820.
39 OLG Dresden v. 11.12.2009 – 4 U 1070/09 – NJW-Spezial 2010, 174.
40 VII ZR 34/18.

40 Entsprechend dieser Entscheidung werden die Mehr- und Minderkosten bei nicht angeordneten Mengenänderungen also nach dem Maßstab der tatsächlich erforderlichen Kosten ermittelt, wenn sich aus den vertraglichen Vereinbarungen im Einzelfall nicht etwas anderes ergibt.

41 Was den Pauschalvertrag angeht: Dort ist die Vergütung ohnehin unabhängig von den ausgeführten Mengen und Massen (siehe oben Rdn 11 ff.). § 2 Abs. 3 VOB/B ist daher im Rahmen eines Pauschalvertrags nicht anwendbar[41] und spielt nicht einmal hinsichtlich der Ermittlung des Ausgleichs nach § 2 Abs. 7 Nr. 1 VOB/B bzw. nach § 313 BGB eine Rolle.[42]

bb) Angeordnete geänderte/zusätzliche Leistungen

42 Bei den meisten Bauvorhaben kommt es im Laufe der Arbeiten neben den in § 2 Abs. 3 VOB/B abgehandelten Änderungen der Massen aufgrund der Umstände zu **Änderungen der Leistungsinhalte**. Diese können der Anpassung der Planung an tatsächliche Gegebenheiten dienen, aus der Korrektur von Planungs- oder Ausschreibungsfehlern folgen oder schlicht Änderungswünsche des Bauherrn darstellen.

43 Im Rahmen des VOB-Vertrages gibt § 1 Abs. 3 und 4 VOB/B dem Auftraggeber das Recht, solche Änderungen – in gewissen Grenzen – **einseitig anzuordnen**;[43] der Auftragnehmer ist **verpflichtet**, diesen Anordnungen Folge zu leisten. Die VOB/B trägt damit dem Bedürfnis des Bauherrn Rechnung, auch nach Vertragsschluss und nach Beginn der Arbeiten seine Vorstellungen von dem geschuldeten Werk umzusetzen. Der Ausgleich für den Unternehmer, quasi der „Spiegel" dieses Anordnungsrechts, ist die in § 2 Abs. 5 und 6 VOB/B geregelte Vergütungsfolge. Gem. § 2 Abs. 7 Nr. 2 VOB/B gilt dies auch im Rahmen eines Pauschalvertrages. Das ist konsequent, da der Auftraggeber durch seine Anordnung in die Kalkulationsgrundlagen des Auftragnehmers eingreift. Diese Vorschriften regeln die Rechtsfolgen der Leistungsbestimmung.[44] Üblicherweise werden die geltend gemachten Vergütungsansprüche auf die §§ 2 Abs. 5/6 VOB/B gestützt und so die Rechtsfolgeregelungen als Anspruchsgrundlage behandelt.

44 Nach Einführung des gesetzlichen Bauvertragsrechts zum 1.1.2018 ist fraglich, ob die Regelungen der VOB/B zu den Anordnungsrechten und der daraus folgenden Vergütungsanpassung noch wirksam sind, soweit diese Vorschriften einer isolierten Prüfung nach den Grundsätzen der Allgemeinen Geschäftsbedingungen unterliegen. Die neuen gesetzlichen Regelungen (siehe dazu Rdn 84 ff.) treffen nämlich sowohl zu den Anordnungsrechten als auch zur Vergütungsanpassung teils grundlegend andere Entscheidungen als die VOB/B. Es gibt somit – nunmehr – ein gesetzliches Leitbild, von welchem die Regelungen der VOB/B (= Allgemeine Geschäftsbedingungen) abweichen, wobei

41 Kapellmann/Messerschmitt/*Markus*, § 2 VOB/B Rn 266.

42 Nach Kapellmann/Messerschmitt/*Markus*, § 2 VOB/B Rn 555 ff. ist sogar fraglich, ob dabei tatsächlich auf die Preisermittlungsgrundlagen abzustellen ist.

43 Zur Rechtsnatur s. im Einzelnen: Kapellmann/Messerschmitt/*von Rintelen*, § 1 VOB/B Rn 53 ff.; *Quack*, ZfBR 2004, 107.

44 *Thode*, ZfBR 2004, 214; Kniffka/Jurgeleit//*von Rintelen*, § 650b Rn 237.

allerdings zu überlegen ist, ob diese Abweichung zum Nachteil des Vertragspartners des Verwenders ist. Jedenfalls aber kann man sich derzeit – Stand der VOB/B ist unverändert die Fassung von 2016 – nicht auf die Wirksamkeit der VOB/B-Regelungen zu diesem Thema verlassen bzw. man kann diese u.U. angreifen.

Die Anordnung ist für die Anwendung der §§ 2 Abs. 5/6 VOB/B zwingende Voraussetzung;[45] ohne Anordnung kommen nur die Regelungen aus § 2 Abs. 8 VOB/B in Frage. Davon zu unterscheiden ist die Frage, ob die Anordnung vielleicht konkludent erteilt wurde (siehe Rdn 48). 45

Gem. § 1 Abs. 3 VOB/B kann der Auftraggeber **Leistungsänderungen** anordnen. Dabei ist äußerst streitig, wie weit das Anordnungsrecht des Auftraggebers geht.[46] Dieser Streit hat seine Ursache im Wesentlichen in unterschiedlichen Auslegungen des Begriffs „*Bauentwurf*" in § 1 Abs. 3 VOB/B sowie in der Erwähnung „*anderer Anordnungen*" in § 2 Abs. 5 VOB/B. Im Hinblick auf **Änderungen des Bauinhalts** ist der Streit jedoch irrelevant; von Bedeutung ist er für die Behandlung von **Anordnungen zu den Baumständen**, insbesondere zur Bauzeit (siehe dazu Rdn 59 ff.). 46

§ 1 Abs. 4 VOB/B gibt dem Auftraggeber das Recht, **zusätzliche Leistungen** anzuordnen, sofern diese zur Erbringung der vereinbarten Leistung **erforderlich**[47] sind und der Betrieb des Auftragnehmers **darauf eingerichtet**[48] ist. Wünscht der Auftraggeber darüber hinausgehende zusätzliche Leistungen, kann er diese nicht durch Anordnung erzwingen; er muss vielmehr eine (freiwillige) Vereinbarung mit dem Auftragnehmer herbeiführen.[49] 47

Auf die Anordnung sind die Regelungen über die rechtsgeschäftliche Willenserklärung anzuwenden.[50] Vor allen Dingen heißt dies: 48

- Der Auftraggeber kann sich vertreten lassen; die Anordnung durch einen Dritten setzt jedoch rechtsgeschäftliche **Vertretungsmacht** voraus.[51]
- Der Auftraggeber muss mit dem **Willen** handeln, eine Erklärung abzugeben.[52] Dieser Wille muss sich allerdings nur darauf beziehen, dass der Auftraggeber eine „*Befolgung heischende Aufforderung*"[53] an den Auftragnehmer richtet. Er muss sich aber weder bewusst sein, dass er gerade eine Änderung oder Zusatzleistung verlangt, noch

45 Kniffka/Koeble/Jurgeleit/Sacher/*Kniffka*, Teil 4 Rn 165; Kniffka/Jurgeleit/*von Rintelen*, § 631 Rn 183 ff.
46 Zum Streitstand siehe *Thode*, ZfBR 2004, 214; *Kapellmann/Schiffers*, Bd. 1, Rn 783 ff.
47 Messerschmidt/Voit/*Voit*, § 1 VOB/B Rn 18.
48 Messerschmidt/Voit/*Voit*, § 1 VOB/B Rn 21.
49 Streitig ist die Rechtsfolge für den Fall, dass der Auftragnehmer eine entsprechende „Anordnung" befolgt, ohne dass eine Vereinbarung über die Vergütung getroffen wurde. Die wohl h.M. geht davon aus, dass sich die Vergütung dann nicht nach § 632 Abs. 2 BGB, sondern nach § 2 Nr. 6 VOB/B richtet; vgl. dazu *Kapellmann/Schiffers*, Bd. 1, Rn 832 f. mit Quellen zum Meinungsstand.
50 Kapellmann/Messerschmitt/*von Rintelen*, § 1 VOB/B Rn 59; Kniffka/Koeble/Jurgeleit/Sacher/*Kniffka*, Teil 4 Rn 158.
51 BGH v. 27.11.2003 – VII ZR 346/01 – BauR 2004, 495; ausführlich: *Kapellmann/Schiffers*, Bd. 1, Rn 891 ff.
52 Vgl. OLG Düsseldorf v. 4.6.1991 – 23 U 173/09 – BauR 1991, 774.
53 BGH v. 9.4.1992 – VII ZR 129/91 – BauR 1992, 759; *Kapellmann/Schiffers*, Bd. 1 Rn 845 f.

ist sein Wille hinsichtlich der Vergütungsfolge relevant.[54] Entscheidend ist vielmehr **die objektive Folge** der Anordnung.[55]

- Die Anordnung kann auch **konkludent**[56] oder stillschweigend[57] erfolgen.

49 Nach § 2 Abs. 6 Nr. 2 S. 2 VOB/B ist die geänderte Vergütung „möglichst vor der Ausführung zu vereinbaren"; nach § 2 Abs. 5 VOB/B „*ist ein neuer Preis (...) zu vereinbaren. Die Vereinbarung soll vor der Ausführung getroffen werden*". Während also bei § 2 Abs. 6 VOB/B bereits aus der Formulierung klar wird, dass die Vereinbarung keine Anspruchsvoraussetzung ist, klingt dies bei § 2 Abs. 5 VOB/B zunächst anders.[58] Nach ständiger höchstrichterlicher Rechtsprechung entsteht der Anspruch des Unternehmers jedoch auch in diesem Fall unabhängig von einer solchen Vereinbarung;[59] z.B. also auch dann, wenn die Parteien sich über die Vergütung nicht einigen können oder der Auftraggeber irrig der Meinung ist, lediglich eine nach dem Vertrag bereits geschuldete Leistung zu verlangen. Die in den Regelungen erwähnte Vereinbarung ist also wünschenswert, aber nicht Anspruchsvoraussetzung. Mit anderen Worten: **Aus der Anordnung** einer geänderten oder zusätzlichen Leistung **folgt automatisch das Recht** des Auftragnehmers **auf eine angepasste bzw. zusätzliche Vergütung**.

50 Für den Fall der Anordnung zusätzlicher Leistungen (§ 1 Abs. 4 VOB/B) – und nur für diesen, also nicht für die geänderten Leistungen nach den §§ 1 Abs. 3, 2 Abs. 5 VOB/B – regelt § 2 Abs. 6 Nr. 1 S. 2 VOB/B, dass der Auftragnehmer den Anspruch vor Ausführung der Leistungen **ankündigen muss**. Diese Ankündigungspflicht ist wohl als Anspruchsvoraussetzung gedacht.[60] Von der Rechtsprechung wurden aber eine große Anzahl von Ausnahmefällen entwickelt, wonach dem Auftragnehmer trotz unterlassener Ankündigung die zusätzliche Vergütung zusteht; Hintergrund der Ausnahme sind zusammengefasst Fälle, in denen die Ankündigung überflüssig wäre oder das Versäumnis aufgrund besonderer Umstände entschuldigt ist. Die Zahl der Ausnahmefälle macht die Annahme, dass es sich um eine Anspruchsvoraussetzung handelt, inkonsequent, sodass es richtiger erscheint, das Erfordernis der Ankündigung als **Vertragspflicht** aufzufassen, bei deren Verletzung sind der Auftragnehmer dem Auftraggeber gegenüber **schadensersatzpflichtig** macht.[61]

51 In beiden Fällen ist die Rechtsfolge, dass dem Auftragnehmer eine geänderte bzw. zusätzliche Vergütung zusteht, deren Grundlange der vereinbarte Preis sowie die anordnungsbedingten Mehr- und/oder Minderleistungen sind. Ob sich die Höhe des Vergütungsanspruchs für den Nachtrag nach dem kalkulativen Preisniveau des Vertrags, nach

54 Vgl. OLG Düsseldorf v. 29.1.2009 – 23 U 47/08 – IBR 2009, 255; *Kapellmann/Schiffers*, Bd. 2 Rn 1014 f. und 1088 f.

55 Kapellmann/Messerschmitt/*Markus*, § 2 VOB/B Rn 368.

56 Kapellmann/Messerschmitt/*von Rintelen*, § 2 VOB/B Rn 111; *Kapellmann/Schiffers*, Bd. 1, Rn 861 ff.

57 Ausführlich *Kapellmann/Schiffers*, Bd. 1 Rn 871 ff.

58 Lt. *Kapellmann/Schiffers*, Bd. 1, Rn 941 „graduell unterschiedlich".

59 BGH v. 27.11.2003 – VII ZR 346/01 – BauR 2004, 495.

60 Kapellmann/Messerschmitt/*von Rintelen*, § 2 VOB/B Rn 385 m.w.N., mit anschließender Kritik.

61 BGH v. 8.11.2001 – VII ZR 111/00 – BauR 2002, 312; Kniffka/Jurgeleit/*von Rintelen*, § 650c Rn 192; *Kapellmann/Schiffers*, Bd. 1 Rn 942.

den tatsächlichen oder ortsübliche Kosten oder einer Mischung bemisst, ist weiterhin nicht vollständig geklärt;[62] inzwischen geht die Tendenz aber klar dahin, auch § 2 Abs. 5/6 VOB/B so zu verstehen, dass die Preisermittlung für Nachtragsleistungen grundsätzlich nach tatsächlich erforderlichen Kosten zzgl. angemessener Zuschläge zu erfolgen hat. Der über lange Zeit hinweg geltende Grundsatz „Schlechter Preis bleibt schlechter Preis – guter Preis bleibt guter Preis" erforderte eine ganze Reihe von Ausnahmen wie z.B. für Fälle extrem überhöhter, spekulativer Einheitspreise[63] oder für Fälle, in denen ein Kalkulationsfehler die Fortschreibung unzumutbar macht.[64] Außerdem wirft das Prinzip der „vorkalkulatorischen Preisfortschreibung" bei genauerer Betrachtung eine Vielzahl kaum lösbarer Probleme auf. Es wurde daher in der Literatur bereits mehr und mehr angegriffen.[65] Vor allem aber geht inzwischen der überwiegende Teil der Rechtsprechung klar in die Richtung, dass nicht nur für die Mengenänderungen nach § 2 Abs. 3 VOB/B, sondern auch bei angeordneten Leistungsänderungen i.S.v. § 2 Abs. 5/6 VOB/B der neue Preis entsprechend den Regelungen des § 650c BGB zu bilden ist.[66] Die Gegenmeinung lässt sich m.E. nur noch dann vertreten, wenn der jeweilige Vertrag Anhaltspunkte dafür bietet, dass die Parteien eine vorkalkulatorische Preisfortschreibung vereinbaren wollten.

cc) Nicht angeordnete Leistungsänderungen

Unter Umständen ändert der Auftragnehmer Leistungen gegenüber den vertraglichen Vereinbarungen eigenmächtig, also ohne Anordnung oder Veranlassung des Auftraggebers. Diese Fälle sind in § 2 Abs. 8 VOB/B geregelt. Die Vorschrift folgt dabei der folgenden Systematik: **52**

- Nr. 1 stellt klar, dass **eigenmächtige Änderungen** durch den Auftragnehmer **grundsätzlich nicht zu vergüten** sind; vielmehr hat der Auftraggeber einen Anspruch auf Beseitigung und ggf. Schadensersatz. **53**
- Nach Nr. 2 steht dem Auftragnehmer jedoch eine geänderte oder zusätzliche Vergütung zu, wenn der Auftraggeber die Änderung nachträglich anerkennt oder, wenn die Leistungen für die Erfüllung des Vertrags **notwendig** waren, dem **mutmaßlichen Willen** des Auftraggebers entsprachen und ihm **unverzüglich angezeigt** wurden. Die unverzügliche Anzeige ist **Anspruchsvoraussetzung**.[67] Zu den übrigen Voraussetzungen im Einzelnen unten (siehe Rdn 111 ff.). Wird der Anspruch auf § 2 Abs. 8 Nr. 2 VOB/B gestützt, bestimmt sich die angemessene Vergütung[68] nach den Grundsätzen von § 2 Abs. 5/6 VOB/B.

62 Ausführlich bei Kniffka/Jurgeleit/*von Rintelen*, § 650c Rn 194 ff.

63 Ausdrücklich entschieden für § 2 Nr. 3 VOB/B: BGH v. 18.12.2008 – VII ZR 201/06 – BauR 2009, 491; wegen der gleichen Grundsätze der Preisbildung aber wohl übertragbar auf § 2 Nr. 5, 6 VOB/B. Vgl. aber auch OLG Köln v. 23.2.2010 – 3 U 33/09 – NJW-Spezial 2010, 268.

64 BGH v. 7.7.1998 – VII ZR 17/97 – BauR 1998, 1089; Kapellmann/Messerschmitt/*Markus*, § 2 VOB/B Rn 439 ff.

65 Z.B. *Kniffka*, BauR 2012, 411; *Franz*, BauR 2012, 380; *Oberhauser*, BauR 2011, 1547.

66 OLG Düsseldorf v. 19.12.2019 – 5 U 52/19; OLG Frankfurt v. 21.9.2020 – 29 U 171/19; KG v. 27.8.2019 – 21 U 160/18.

67 BGH v. 31.1.1991 – VII ZR 291/88 – BauR 1991, 331.

68 Vgl. OLG Düsseldorf v. 8.9.2000 – 22 U 47/00 – NJW-RR 2001, 14.

- Nr. 3 schließlich stellt ausdrücklich klar, dass die Vorschriften des BGB über die Geschäftsführung ohne Auftrag von den Regelungen der VOB/B unberührt bleiben. Dem Auftragnehmer steht folglich ein Aufwendungsersatzanspruch nach den §§ 683, 670 BGB auch **ohne Ankündigung** zu, sofern die nicht angeordnete Leistungsänderung dem **Interesse** und dem **wirklichen** oder dem **mutmaßlichen Willen** des Auftraggebers entsprach. Die Anspruchsvoraussetzungen sind also nahezu die gleichen wie bei Nr. 2, allerdings **ohne das Ankündigungserfordernis**. Der Aufwendungsersatzanspruch ist zwar **kein Vergütungsanspruch** im eigentlichen Sinne, und er wird nicht auch auf Grundlage der Urkalkulation berechnet[69] (siehe dazu Rdn 115 f.). Jedoch ist dieser Unterschied meist ohne große finanzielle Auswirkungen,[70] sodass § 2 Abs. 8 Nr. 2 VOB/B nur noch von geringer praktischer Bedeutung ist.[71]

54 Hat der Auftragnehmer also im Interesse der Vertragserfüllung und unter Berücksichtigung des mutmaßlichen Willens des Auftraggebers gehandelt, steht ihm jedenfalls ein zusätzlicher Anspruch zu. Hat er die Leistungsänderungen angezeigt, handelt es sich um einen Vergütungsanspruch, hat er die Anzeige unterlassen, kommt der Aufwendungsersatzanspruch in Frage. Der Auftragnehmer kann sich zwischen den beiden Ansprüchen entscheiden, sofern er die Änderung unverzüglich angezeigt hat, was ihn in die Lage versetzt, sich die für ihn günstigere Grundlage auszusuchen.[72]

dd) Zusätzlich verlangte Zeichnungen etc.

55 Gem. § 2 Abs. 9 VOB/B kann der Auftragnehmer zusätzliche Vergütung verlangen, sofern der Auftraggeber von ihm die Erstellung von Zeichnungen, Berechnungen oder sonstigen Unterlagen verlangt, die nicht ohnehin nach dem Vertrag geschuldet sind (Nr. 1), oder Berechnungen Dritter vom Auftragnehmer überprüfen lässt (Nr. 2).

56 Die Regelung ist im Grunde nichts weiter als ein Unterfall der zusätzlichen Leistung und daher an und für sich überflüssig.[73] Das entsprechende Anordnungsrecht des Auftraggebers ist demnach in § 1 Abs. 4 VOB/B geregelt, sodass die Ausführungen dazu entsprechend gelten. Vor allem heißt das, dass der Betrieb des Auftragnehmers auf die Erbringung der Leistungen eingerichtet und dass die Planungsleistung im Verhältnis zur Bauleistung von unselbstständigem Charakter sein muss.

57 Wichtig ist die genaue Abgrenzung dieser zusätzlich verlangten (= angeordneten) Planungsleistungen zu solchen, die der Auftragnehmer u.U. nach dem Vertrag und dessen Nebenbestimmungen (VOB/C!) oder nach der gewerblichen Verkehrssitte ohnehin schuldet.[74]

58 Die Höhe der Vergütung richtet sich grundsätzlich nach § 2 Abs. 6 VOB/B bzw. – da Planungsleistungen in vielen Fällen systemfremd sein werden, sodass ohnehin nicht auf

69 Kniffka/Jurgeleit/*von Rintelen*, § 650b Rn 307.
70 Kapellmann/Messerschmitt/*Kapellmann*, § 2 VOB/B Rn 307.
71 Vgl. Kapellmann/Messerschmidt/*von Rintelen*, § 2 VOB/B Rn 580.
72 Vgl. *Hofmann*, BauR 1996, 640.
73 Kapellmann/Messerschmitt/*Markus*, § 2 VOB/B Rn 592.
74 Kapellmann/Messerschmitt/*Markus*, § 2 VOB/B Rn 592.

die Preisermittlungsgrundlagen des Vertrags zurückgegriffen werden kann – nach der üblichen Vergütung,[75] § 632 Abs. 2 BGB. Soweit Leistungsbilder der HOAI abgefragt werden, lassen sich die Sätze der HOAI mit einer ggf. notwendigen Anpassung zur Berechnung heranziehen.[76]

ee) Beschleunigungsnachträge

Einen oftmals problematischen Fall stellen die so genannten „Beschleunigungsnachträge" dar, also die Vergütung des Auftragnehmers dafür, dass er die Leistungen in kürzerer als der nach dem Vertrag geschuldeten Zeit erbringt. 59

In tatsächlicher Hinsicht problematisch ist in diesem Zusammenhang meist die unterschiedliche Bewertung der Bauzeit. Während der Auftraggeber oft meint, etwaig eingetretene Verzögerungen seien vom Auftragnehmer zu vertreten, wird dieser meist der Auffassung sein, dass diese Verzögerungen auf nicht von ihm zu vertretende Behinderungstatbestände zurückzuführen sind. Folge ist, dass der Auftraggeber der Meinung ist, den Auftragnehmer lediglich zur Einhaltung der vertraglich geschuldeten Bauzeit aufzufordern, wohingegen der Auftragnehmer sich aufgefordert sieht, seine Leistungen über das geschuldete Maß hinaus zu beschleunigen. 60

Rechtlich liegt das Problem darin, dass umstritten ist, 61

- ob dem Auftraggeber ein Leistungsbestimmungsrecht hinsichtlich der Bauzeit zusteht und
- wonach sich ggf. die Vergütung bestimmt.

Es wird in der Literatur zum Teil sehr vehement vertreten, dass die VOB/B kein Leistungsbestimmungsrecht des Auftraggebers hinsichtlich der Bauzeit enthalte. Der Auftraggeber hätte also keine Möglichkeit, eine Veränderung der vertraglich vereinbarten Bauzeit einseitig zu bestimmen.[77] Von den meisten Vertretern dieser Meinung wird dies aus dem Begriff „Bauentwurf" in § 1 Abs. 3 VOB/B geschlossen; dieser wird von den entsprechenden Autoren so ausgelegt, dass damit ausschließlich die technische Bauausführung gemeint ist.[78] 62

Dem ist entgegenzuhalten, dass diese Auslegung zum einen keineswegs zwingend ist, zum anderen nicht interessengerecht erscheint. Genauso, wie tatsächliche Umstände oder zu spät erkannte Mängel in der technischen Planung technische Änderungen erforderlich machen – was der Grund für das Leistungsbestimmungsrecht in § 1 Abs. 3 und 4 VOB/B ist – können tatsächliche Umstände oder eine unzureichende zeitliche Planung Änderungen im zeitlichen Ablauf erforderlich machen.[79] Es wird daher vereinzelt vertreten, dass § 1 Abs. 3 oder Abs. 4 VOB/B dem Auftraggeber sehr wohl ein einseitiges 63

75 Kapellmann/Messerschmitt/*Markus*, § 2 VOB/B Rn 593.

76 Kapellmann/Messerschmitt/*Markus*, § 2 VOB/B Rn 593.

77 *Thode*, ZfBR 2004, 214; *ders.*, BauR 2008, 155; *Kapellmann/Schiffers*, Bd. 1 Rn 787; Ingenstau/Korbion/*Keldungs*, § 1 Nr. 3 VOB/B Rn 8 f.

78 Nachweise bei *Zanner/Keller*, NZBau 2004, 353 und *Zanner*, BauR 2006, 177.

79 *Zanner/Keller*, NZBau 2004, 353; *Zanner*, BauR 2006, 177.

Leistungsbestimmungsrecht auch hinsichtlich der Bauzeit gibt.[80] Dieses muss (wie jedes einseitige Leistungsbestimmungsrecht) nach billigem Ermessen (§ 315 BGB) ausgeübt werden; der Auftragnehmer ist also nicht der Willkür des Auftraggebers unterworfen.[81] Die Grenzen sind noch unklar.

64 **Eine herrschende Meinung ist schwer festzustellen und aktuelle Rechtsprechung zu dem Thema existiert nicht.** Die Einführung des § 650b BGB, welcher die zulässigen Änderungen etwas anders definiert als die VOB/B, und die Gesetzgebungshistorie sprechen nach der insoweit wohl herrschenden Meinung allerdings gegen ein Anordnungsrecht zur Bauzeit,[82] was m.E. überzeugend ist. In der Beratung kann dennoch interessengesteuert die eine oder die andere Meinung vertreten werden, wobei das Risiko im Auge behalten werden muss, dass sich die jeweils vertretene Meinung als die unrichtige herausstellen könnte.

65 Die Begründung des Vergütungsanspruchs ist abhängig davon, welcher der Auffassungen man folgt. Schließt man sich der Meinung an, dass ein Anordnungsrecht zur Bauzeit besteht, ergibt sich die Vergütungsfolge unkompliziert aus § 2 Abs. 5 VOB/B. Komplizierter wird es jedoch, wenn man sich der Auffassung anschließt, dass das Anordnungsrecht nicht besteht:

66 Im besten Fall treffen die Parteien – unabhängig von der rechtlichen Bewertung – eine Vereinbarung über die Vergütung für die Beschleunigung. Dann richtet sich diese schlicht nach dem Vereinbarten.

67 Denkbar ist auch eine konkludente Vereinbarung dergestalt, dass der Auftraggeber die Beschleunigung „anordnet", der Auftragnehmer idealerweise ankündigt, dass er hierfür zusätzliche Vergütung geltend machen wird und anschließend die Beschleunigungsmaßnahmen ohne Widerspruch und mit Kenntnis des Auftraggebers durchführt. Fraglich ist aber auch in diesem Fall, wonach sich die Höhe des Vergütungsanspruchs richtet.

68
- Die Rechtsfolgenregelung des § 2 Abs. 5 VOB/B setzt voraus, dass der Auftraggeber rechtmäßig von einem einseitigen Leistungsbestimmungsrecht Gebrauch gemacht hat. Folgt man aber der Meinung, dass § 1 Abs. 3 und 4 VOB/B ein solches nicht enthält, scheidet die Rechtsfolge aus.[83] Mangels einer anderslautenden Vereinbarung erhielte der Auftragnehmer also die übliche Vergütung gem. § 632 BGB.
- Teilweise wird vertreten, die Anordnung zur Bauzeit sei eine „andere Anordnung", wie sie in § 2 Abs. 5 VOB/B erwähnt wird, sodass doch § 2 Abs. 5 VOB/B für die Ermittlung der Vergütung heranzuziehen sei.[84] Da § 2 Abs. 5 VOB/B nur die Rechtsfolge regelt (siehe oben Rdn 43), müsste das entsprechende Anordnungsrecht

80 Beck'scher VOB-Kommentar/*Jansen*, § 1 Abs. 3 VOB/B Rn 35; Ingenstau/Korbion/*Keldungs*, § 1 Abs. 3 VOB/B Rn 7; *Zanner*, BauR 2006, 177.

81 Ausführliche Darstellung der Meinungen bei Beck'scher VOB-Kommentar/*Jansen*, § 1 Abs. 3 VOB/B, Rn 26 ff. und bei Kniffka/Jurgeleit/*von Rintelen*, § 650b Rn 203 ff.

82 Kniffka/Koeble/Jurgeleit/Sacher/*Kniffka*, Teil 4 Rn 245; Einzelheiten bei Kniffka/Jurgeleit/*von Rintelen*, § 650b Rn 63 ff.

83 So vor allem *Thode*, ZfBR 2004, 214 und BauR 2008, 155.

84 Vgl. auch KG v. 12.2.2008 – 21 U 155/06 (Nichtzulassungsbeschwerde zurückgewiesen) – BauR 2010, 208.

jedoch irgendwo vertraglich geregelt sein, was nicht der Fall ist, wenn man nicht der Auffassung folgt, dass dieses von § 1 Abs. 3, 4 VOB/B erfasst ist.

Noch komplizierter wird es, wenn der Auftraggeber auf die Ankündigung des Auftrag- 69
nehmers, dass er für die Beschleunigung zusätzliche Vergütung gelten machen wird, ausdrücklich mitteilt, dass er der Auffassung ist, der Auftragnehmer müsse lediglich selbst verschuldete Zeitverluste aufholen und eine zusätzliche Vergütung stehe ihm nicht zu. Oder, wenn sich die Parteien zwar dem Grunde nach einig sind, dass die Beschleunigung zu bezahlen ist, sich aber hinsichtlich der Höhe nicht einigen können.

- Eine konkludente Einigung über die Höhe der Vergütung kommt dann wegen des anderslautenden ausdrücklichen Willens nicht infrage.
- Wie erwähnt, ist § 2 Abs. 5 VOB/B als Anspruchsgrundlage ungeeignet – es sei denn, man greift auf die „andere Anordnungen" zurück.
- Es könnte auf § 632 Abs. 2 BGB, also die übliche Vergütung, zurückgegriffen werden.

In einem solchen Fall die Leistung zu verweigern, ist im Hinblick auf die oben darge- 70
stellte andere Meinung gefährlich und könnte eine auftraggeberseitige Kündigung aus wichtigem Grund nach sich ziehen. In der baubegleitenden Beratung wäre in dieser Situation eine „Interims-Vereinbarung" (Beispiel siehe unten Rdn 307 ff.) ratsam, wonach die Klärung darüber, ob dem Auftragnehmer eine zusätzliche Vergütung zusteht oder nicht, auf einen späteren Zeitpunkt verschoben wird. Diese ist natürlich nur bei Konsens möglich. Sollte allerdings der Auftraggeber eine solche Interims-Vereinbarung verweigern, verstößt er gegen das Kooperationsgebot, was dann jedenfalls zur Arbeitseinstellung berechtigen dürfte.

ff) Darlegungs- und Beweislast

Die Nachtragsansprüche haben ihren Ursprung zwar in den vertraglichen Vereinbarun- 71
gen; sie ergeben sich aber nicht unmittelbar aus dem Vertrag. Daher muss der Auftragnehmer, der mehr verlangt, als aus dem Vertrag direkt ersichtlich ist, hierzu schlüssig vortragen. Ihn trifft also die Darlegungs- und ggf. Beweislast:

- Bei einem Anspruch aus § 2 Abs. 3 VOB/B dafür, dass sich die Massen gegenüber 72
der Ausschreibung um mehr als 10 % geändert haben und dass daraus die verlangte Änderung der Preise folgt. Soweit allerdings der Auftraggeber eine Preisanpassung für 110 % überschreitende Mengen fordert, wird er für das Vorliegen der Voraussetzungen und den neuen Preis beweispflichtig sein; allerdings wird der Auftragnehmer die notwendigen Informationen zu den Preisermittlungsgrundlagen liefern müssen.
- Bei einem Anspruch aus § 2 Abs. 5 VOB/B dafür, dass er eine Leistung erbracht hat, die nach dem Vertrag nicht geschuldet war, dass diese vom Auftraggeber angeordnet wurde und dass sich daraus und auf Basis der Auftragskalkulation der verlangte neue Preis ergibt.
- Bei einem Anspruch aus § 2 Abs. 6 VOB/B kommt zu den Darlegungen entsprechend § 2 Abs. 5 VOB/B noch hinzu, dass die Mehrkosten angekündigt worden sind bzw. aus welchen Gründen die Ankündigung entbehrlich war.

- Will der Auftragnehmer im Rahmen eines Pauschalvertrages ausnahmsweise eine Preisanpassung wegen erheblicher Mengenänderungen nach § 2 Abs. 7 VOB/B i.V.m. § 313 BGB geltend machen, hat er diese Voraussetzungen selbstverständlich darzulegen.
- Für einen Anspruch aus § 2 Abs. 8 Nr. 2 VOB/B ist vorzutragen, dass der Auftraggeber die Leistungen nachträglich anerkannt hat bzw. dass diese für die Erfüllung des Vertrags notwendig waren, dem mutmaßlichen Willen des Auftraggebers entsprachen und ihm unverzüglich angezeigt wurden. Außerdem muss auch hier dargelegt werden, dass der verlangte Preis auf den Grundlagen der Auftragskalkulation ermittelt wurde.

73 Der notwendige Vortrag zu einem Beschleunigungsnachtrag hängt sowohl von den Umständen des Einzelfalles ab als auch von der dazu vertretenen Rechtsauffassung; allgemeine Ausführungen dazu sind kaum möglich.

74 Ohne diese Darlegungen ist der Anspruch **nicht schlüssig dargelegt**; allein der Hinweis, es seien nach dem Vertrag nicht geschuldete Leistungen erbracht worden und dafür werde nun eine zusätzliche Vergütung geltend gemacht, reicht nicht aus. Der Auftragnehmer, der nicht substantiiert zu den Voraussetzungen (zumindest) einer der konkreten Anspruchsgrundlagen vorträgt, kann also schon allein deshalb unterliegen.

b) Nachträge im BGB-Bauvertrag

75 In der bis zum 31.12.2017 geltenden Fassung des BGB gab es Nachträge im üblichen Sinne nicht, da dieses kein einseitiges Anordnungsrecht des Auftraggebers kannte. Der BGB-Bau-Werkvertrag nach damaligem Verständnis beruht auf dem Konsensprinzip; es ist grundsätzlich für jede Leistungsänderung eine Einigung der Parteien erforderlich.[85] Bei notwendigen geänderten oder zusätzlichen Leistungen verlangt die Kooperationsverpflichtung allerdings ein Zusammenwirken der Parteien, was im Regelfall zu einer Anpassung des Vertragsinhalts und der Vergütung führen wird.[86] Im Einzelfall kann sogar ein Kontrahierungszwang des Auftragnehmers aus Treu und Glauben bestehen.[87]

76 Das zum 1.1.2018 eingeführte gesetzliche Bauvertragsrecht hingegen kennt Regelungen zu Anordnungsrechten des Auftraggebers (§ 650b BGB) sowie zu entsprechenden Anpassung der Vergütung (§ 650c BGB); Näheres dazu in nachfolgenden Rdn 85 ff.

aa) Mengenänderungen

77 Mengenänderungen führen beim BGB-Vertrag nicht zu einer Preisanpassung i.S.v. § 2 Abs. 3 VOB/B, da es eine vergleichbare Regelung eben nicht gibt.

78 Eine Anpassung des Preises infolge von Massenabweichungen kommt nur in Fällen in Frage, in welchen das Missverhältnis zwischen ausgeschriebener und ausgeführter Leistung so groß ist, dass eine Störung der Geschäftsgrundlage (§ 313 BGB) angenommen

85 Kniffka/Koeble/Jurgeleit/Sacher/*Kniffka*, Teil 4 Rn 222.
86 Kniffka/Koeble/Jurgeleit/Sacher/*Kniffka*, Teil 4 Rn 219 ff.
87 BGH v. 25.1.1996 – VII ZR 233/94 – BauR 1996, 378; siehe auch *Fuchs*, BauR 2009, 404.

werden kann.[88] Voraussetzung ist eine erhebliche Äquivalenzstörung.[89] Da beim Einheitspreisvertrag die Veränderung der Massen über die Vordersätze automatisch zu einer Anpassung der Gesamtvergütung führt, wird diese Grenze bei einem Pauschalvertrag naturgemäß schneller erreicht.[90] Starre Werte lassen sich nicht festlegen, da es jeweils auf den Gesamtzusammenhang des Einzelfalls ankommt; die Anpassung eines einzelnen Einheitspreises wird daher im Regelfall nicht in Frage kommen.

Allerdings kann sich der Auftraggeber gegenüber dem Auftragnehmer schadensersatz- **79**
pflichtig machen, wenn der Fehler in der Ausschreibung schuldhaft zustande gekommen ist. Eventuelle Nachteile aus einer ungünstigen Kalkulation, die auf die fehlerhaften Massenangaben zurückzuführen ist, hat der Auftraggeber dann zu ersetzen.[91]

bb) Leistungsänderungen auf Veranlassung des Auftraggebers

Da das BGB in der bis zum 31.12.2017 geltenden Fassung dem Auftraggeber kein **80**
einseitiges Leistungsbestimmungsrecht gibt, hatte der Auftraggeber grundsätzlich keine Möglichkeit, Leistungsänderungen oder zusätzliche Leistungen anzuordnen. Vielmehr konnten Änderungen des Leistungsinhaltes nach Vertragsschluss außerhalb der VOB/B nur durch entsprechende Vereinbarung erreicht werden.

Daher gab es im Übrigen diesbezüglich auch keinen Unterschied zwischen dem Einheits- **81**
preis- und dem Pauschalvertrag. Bei beiden Vertragsarten war eine Abänderung des Leistungsinhalts nur möglich, wenn die Parteien eine entsprechende Vereinbarung treffen.

Dabei war der Auftragnehmer allerdings nicht völlig frei in seiner Entscheidung, einer **82**
Änderung zuzustimmen oder nicht. Sofern die geänderte oder zusätzliche Leistung zur ordnungsgemäßen Herstellung der vertraglichen Leistung notwendig ist, gebietet die aus dem Grundsatz von Treu und Glauben entwickelte Kooperationsverpflichtung dem Auftragnehmer, dass er sich bereit erklärt, die geänderte oder zusätzliche Leistung auszuführen, sofern keine gewichtigen Gründe entgegenstehen.[92]

Ein Grund, der einer Vereinbarung vernünftigerweise entgegenstehen könnte, ist die **83**
fehlende Einigung über die Vergütung für die neue Leistung. Allerdings gilt auch hier der Grundsatz von Treu und Glauben, sodass der Auftragnehmer nicht jede Preisvorstellung durchsetzen kann. Obwohl – sofern die Parteien nichts anderes vereinbart haben – im (auch im „alten") BGB-Vertrag keine Bindung an die Urkalkulation besteht, wurde angenommen, der Auftraggeber dürfe nach Treu und Glauben erwarten, dass auch die geänderten/zusätzlichen Leistungen entsprechend dem Preisniveau des bereits geschlossenen Vertrags vergütet werden. Mittlerweile wird man auf Grundlage der Entscheidung

88 BGH v. 8.7.1993 – VII ZR 79/92 – BauR 1993, 723.
89 Vgl. z.B. OLG Düsseldorf v. 7.11.1995 – 21 U 12/95 – NJW-RR 1996, 1419.
90 Vgl. Kniffka/Jurgeleit/*von Rintelen*, § 631 Rn 572.
91 OLG Nürnberg v. 24.11.2006 – 2 U 1723/06 – BauR 2007, 882; Kniffka/Jurgeleit/*von Rintelen*, § 631 Rn 571; Kniffka/Koeble/Jurgeleit/Sacher/*Kniffka*, Teil 4 Rn 380.
92 BGH v. 25.1.1996 – VII ZR 233/94 – BauR 1996, 378; siehe auch *Fuchs*, BauR 2009, 404.

des BGH zu § 2 Abs. 3 VOB/B[93] jedoch auch für die „Altverträge“ am ehesten die tatsächlich erforderlichen Kosten zzgl. angemessener Zuschläge heranziehen.[94]

84 Auch hier sind natürlich konkludente Vereinbarungen möglich oder Vereinbarungen, bei welchen hinsichtlich der Vergütung keine Einigung getroffen wird (mit der Folge, dass die übliche Vergütung geschuldet ist). Es ergeben sich insoweit keine Besonderheiten.

85 Das zum 1.1.2018 eingeführte gesetzliche Bauvertragsrecht hingegen enthält Regelungen zu Anordnungen und Vergütungsanpassungen.

86 Nach § 650b Abs. 1 BGB kann der Auftraggeber grundsätzlich

- Änderungen des vereinbarten Werkerfolgs (Nr. 1) oder
- Änderungen, die zur Erreichung des vereinbarten Werkerfolgs notwendig sind (Nr. 2),

durchsetzen. Es fällt also zunächst auf, dass sich die Typen der Änderungsanordnung gegenüber den Regelungen in § 1 Abs. 3, 4 VOB/B geändert haben. Während die VOB/B zwischen geänderten und zusätzlichen Leistungen unterscheidet, differenziert das gesetzliche Bauvertragsrecht zwischen:

- „freiwilligen“ Änderungen des Werkerfolgs (z.B. einer Spiegelung des Grundrisses, eines zusätzlichen Staffelgeschosses etc.) und
- geänderten (oder auch zusätzlichen) Leistungen, die notwendig sind, um den unveränderten Werkerfolg zu erreichen (Bsp.: Bei der Erstellung einer Schlitzwand wird ein Findling angetroffen, für dessen Durchörterung im LV keine Leistungen vorgesehen sind).

Die „freiwilligen“ Änderungen muss der Unternehmer nur dann ausführen, wenn ihm dies zumutbar ist.

87 Ein weiterer, erheblicher Unterschied zur VOB/B ist, dass dem Auftraggeber die entsprechenden Anordnungsrechte nicht unmittelbar zur Verfügung stehen. Vielmehr muss er zunächst das ist § 650b Abs. 1, 2 BGB vorgeschriebene Einigungsmodell durchlaufen. Kurz gefasst, sieht dieses so aus:

- Der Auftraggeber wendet sich mit einem Änderungswunsch („Änderungsbegehren“, siehe § 650b Abs. 2 S. 1 BGB) an den Auftragnehmer.
- Sofern der Auftraggeber die Planung schuldet, muss er diese auch für die gewünschte Änderung vorlegen.
- Der Auftragnehmer erstellt ein Angebot, wobei er in dessen Berechnungsmethode frei ist.
- Die Parteien verhandeln hierüber.
- Erst, wenn 30 Tage nach Zugang des Änderungsbegehrens beim Auftragnehmer keine Einigung erzielt werden konnte, darf der Auftraggeber die Leistungsänderung einseitig anordnen.

88 § 650c Abs. 1 BGB enthält dann die grundsätzlichen Regelungen für die Anpassung der Vergütung. Demnach ist die Vergütung für den vermehrten oder verminderten Aufwand

93 BGH v. 8.8.2019 – VII ZR 34/18.

94 Kniffka/Jurgeleit/*von Rintelen*, § 631 Rn 695.

zu berechnen nach den **tatsächlich erforderlichen Kosten mit angemessenen Zuschlägen** für allgemeine Geschäftskosten, Wagnis und Gewinn. Im Grunde ist diese also eine Cost+Fee-Berechnung. Hier nimmt der Gesetzgeber demnach eindeutig Abstand vom Grundsatz der vorkalkulatorischen Preisfortschreibung.

§ 650c Abs. 2 BGB gibt dem Auftragnehmer eine alternative Möglichkeit der Berech- 89
nung der (geänderten) Vergütung, nämlich unter Rückgriff auf die Ansätze in seiner Urkalkulation. Diese Möglichkeit gibt es aber nur dann, wenn die Urkalkulation **vereinbarungsgemäß** hinterlegt wurde. Wie § 650c Abs. 2 S. 2 BGB zeigt, handelt es sich hier keineswegs um eine Durchbrechung der grundsätzlichen Abrechnungsart cost+fee. Vielmehr wird vom Gesetz **vermutet**, dass die hinterlegte Urkalkulation diesen Grundsätzen entspricht. Die Vermutung ist **widerleglich**.

Das Gesetz enthält weiterhin eine relativ einfache Möglichkeit, den geänderten Vergü- 90
tungsanspruch nach § 650c Abs. 1 BGB durchzusetzen, soweit sich die Parteien nicht geeinigt haben. Gem. § 650c Abs. 3 BGB kann der Auftragnehmer nämlich im Rahmen berechtigter Abschlagszahlung 80 % der Mehrvergütung – natürlich beschränkt auf die im Zeitpunkt der Abschlagsrechnung erbrachten Leistungen – verlangen. **Grundlage dieser 80 % ist das Angebot des Auftragnehmers** aus der Einigungsphase nach § 650b BGB.

Zahlt der Auftraggeber nicht, erleichtert § 650d BGB dem Auftragnehmer die gerichtli- 91
che Geltendmachung dadurch, dass nach Baubeginn für den Erlass einer einstweiligen Verfügung **nicht** erforderlich ist, dass der Verfügungsgrund glaubhaft gemacht wird.

cc) Eigenmächtige Leistungsänderungen

Eigenmächtige Leistungsänderungen des Auftragnehmers führen grundsätzlich zu einem 92
Mangel der Leistung, der nach dem Leistungsstörungs- bzw. Gewährleistungsrecht zu beseitigen ist.

Soweit die Leistungsänderung vom Auftraggeber wahrgenommen und hingenommen 93
wird, ist von einer konkludenten Vereinbarung hinsichtlich der Abänderung des Vertrages auszugehen. Da es in diesen Fällen keine Vereinbarung über die Höhe der Vergütung gibt, gilt grundsätzlich § 632 Abs. 2 BGB.[95]

Mehr noch als bei den Leistungsänderungen auf Veranlassung des Auftraggebers spielt 94
jedoch das Preisniveau des Vertrages eine Rolle. Zum einen sind die Leistungen, die durch die eigenmächtige Änderung entfallen sind, mit den Vertragspreisen zu bewerten.

Zum anderen kann der Auftragnehmer durch seine eigenmächtige Änderung dem Auf- 95
traggeber jedenfalls keine für ihn besseren, also höheren Preise aufzwingen. Sollte sich das Vertragspreisniveau also unterhalb der üblichen Preise bewegen, muss sich dies auch auf die geänderten Preise auswirken.

Liegen die Änderungen im Interesse des Auftraggebers und entsprechen sie seinem 96
mutmaßlichen Willen, entsteht dem Auftragnehmer zudem der auch für den VOB-

95 Vgl. Kniffka/Jurgeleit/*von Rintelen*, § 632 Rn 11.

Vertrag erwähnte Aufwendungsersatzanspruch nach den Grundsätzen über die Geschäftsführung ohne Auftrag, §§ 683, 670 BGB.

dd) Beschleunigungsvergütung

97 Zur Rechtslage bis zum 31.12.2017 spielte mangels einer Regelung, die den §§ 1 Abs. 3, 4 und 2 Abs. 5, 6 VOB/B entspricht, die Diskussion um die Frage, ob eine Beschleunigung angeordnet werden kann und ob sich ggf. die Vergütung nach § 2 Abs. 5 VOB/B richtet, im BGB-Vertrag keine Rolle.

98 Vielmehr musste auch insoweit – wie bei den technischen Änderungen – eine Vereinbarung getroffen werden. Die Ausführungen zum Kooperationsgebot gelten entsprechend. Ebenso die Ausführungen dazu, dass bei fehlender Einigung über Grund und/oder Höhe der Vergütung eine Interims-Vereinbarung (Beispiel siehe unten Rdn 307 ff.) ratsam ist.

99 Zwar ist im Rahmen des seit dem 1.1.2018 geltenden gesetzlichen Bauvertragsrechts auch nicht ganz eindeutig geregelt, ob Anordnungen zu Bauzeit und Bauumständen möglich sind oder nicht. Dass das Gesetz aber nicht auf den unbestimmten Begriff des „Bauentwurfs" abstellt, sondern auf den Werkerfolg, spricht jedoch bereits dafür, dass Eingriffe in die Bauzeit oder die Bauumstände davon nicht erfasst sein sollen. Das wird erst recht deutlich, wenn man dazu die Gesetzgebungshistorie betrachtet,[96] sodass man m.E. davon ausgehen muss, dass eine Anordnung zur Bauzeit nicht von den gesetzlichen Änderungsrechten erfasst ist.

ee) Darlegungs- und Beweislast

100 Bei Anwendbarkeit des bis zum 31.12.2017 geltenden Rechts muss der Auftragnehmer mangels konkreter Anspruchsgrundlagen beim BGB-Vertrag vortragen, wie es zu der jeweiligen Einigung über die Leistungsänderungen gekommen ist und ob sich der Preis aus der Einigung unmittelbar ergibt oder als üblicher Preis unter Berücksichtigung des vertraglichen Preisniveaus gebildet wurde. Ist hingegen das neue Bauvertragsrecht anwendbar, muss der Auftragnehmer zum Vorliegen der Anordnung nach § 650b Abs. 3 BGB vortragen und ggf. Beweis antreten. Außerdem ist er beweispflichtig dafür, dass die geltend gemachte Vergütung den gesetzlichen Voraussetzungen – tatsächlich erforderliche Kosten und angemessene Zuschläge – entspricht.

c) Nachtragsvereinbarungen

101 Sofern die Parteien – wie es § 2 Abs. 5 und 6 VOB/B bzw. im BGB-Vertrag das Konsensualprinzip und § 650b Abs. 1, 2 BGB vorsehen – eine Vereinbarung über einen Nachtrag getroffen haben, folgt daraus vor allen Dingen:

96 Einzelheiten bei Kniffka/Jurgeleit/*von Rintelen*, § 650b Rn 63 ff.

aa) Bestimmungen zu Leistung und Vergütung; Abgeltung

Sofern die Vereinbarung (was der Regelfall ist) detaillierte Angaben zu den geänderten oder zusätzlichen Leistungen enthalten, bestimmen diese den neuen Leistungsinhalt. Das eröffnet u.U. die Möglichkeit zu einem „Nachtrag zum Nachtrag“, sofern sich auch die geänderte Leistungsbestimmung als unzureichend erweist. 102

Die Nachtragsvergütung richtet sich nach der Vereinbarung. Die gilt auch dann, wenn diese nicht den Preisermittlungsgrundlagen oder dem üblichen Preis entspricht.[97] 103

Sofern die Nachtragsvereinbarung keinen anderslautenden Vorbehalt enthält, ist davon auszugehen, dass mit der vereinbarten Vergütung **sämtliche Folgen** der beschriebenen Leistungsänderungen **abgegolten** sind.[98] Das betrifft vor allen Dingen auch eventuelle zeitabhängige Kosten oder Erschwernisse anderer Leistungen, die aus der Leistungsänderung resultieren.[99] Sofern der Auftragnehmer also bei Abschluss der Vereinbarung deren Auswirkungen auf die Bauzeit und andere Leistungen noch nicht beurteilen kann, muss er zwingend einen entsprechenden **Vorbehalt** mit aufnehmen.[100] 104

bb) Vereinbarung über ohnehin geschuldete Leistungen

Haben die Parteien allerdings eine Nachtragsvereinbarung über eine Leistung getroffen, welche der Auftragnehmer schon nach dem Vertrag geschuldet hätte, führt die Auslegung der Vereinbarung im Regelfall dazu, dass diese **keinen** zusätzlichen Vergütungsanspruch begründet.[101] Das gilt ebenfalls, wenn es sich um Leistungen handelt, die der Auftragnehmer zur Mängelbeseitigung erbringen musste. 105

Eine **Anfechtung** der Vereinbarung ist in diesem Fall **nicht nötig**, denn die Vereinbarung beinhaltet im Regelfall nicht die Erklärung des Auftraggebers, dass er die vereinbarte Vergütung unabhängig von der Frage zahlen will, ob der Auftragnehmer die Leistung ohnehin erbringen muss oder nicht.[102] 106

Dies ist nur dann anders zu beurteilen, wenn gerade die Frage der Vergütungspflicht streitig war und sich die Parteien darüber einigen wollten – die Vereinbarung stellt dann einen Vergleich dar – oder wenn der Auftraggeber ausdrücklich eine Pflicht zur gesonderten Vergütung selbstständig anerkennen wollte.[103] Hat der Auftragnehmer den Auftraggeber zu einer solchen Vereinbarung unter widerrechtlicher Drohung bewegt (z.B. mit einer unberechtigten Arbeitseinstellung), können die Voraussetzungen für eine Anfechtung vorliegen.[104] 107

97 Vgl. Kniffka/Jurgeleit/*von Rintelen*, § 632 Rn 30.
98 OLG Düsseldorf v. 24.10.1995 – 21 U 8/05 – BauR 1996, 267.
99 Vgl. *Thode*, ZfBR 2004, 214.
100 Vgl. Kniffka/Jurgeleit/*von Rintelen*, § 650c Rn 212.
101 Kniffka/Jurgeleit/*von Rintelen*, § 631 Rn 792 ff.
102 BGH v. 26.4.2005 – X ZR 166/04.
103 BGH v. 26.4.2005 – X ZR 166/04 – BauR 2005, 1317.
104 BGH v. 13.9.2001 – VII ZR 415/99 – BauR 2002, 89.

3. Vergütung für entfallene Leistungen

108 § 2 Abs. 4 VOB/B regelt keinen Nachtrag im eigentlichen Sinn, sondern eher das Gegenteil. Die Regelung betrifft nämlich den Fall, dass der Auftraggeber Leistungen selbst übernimmt, welche zum Leistungsumfang des Auftragnehmers gehört hätten.

109 Wie sich an dem Verweis auf § 8 Abs. 1 Nr. 2 VOB/B zeigt, ist dies ein **Unterfall der freien Teilkündigung** durch den Auftraggeber. Die Abrechnung erfolgt daher entsprechend den Grundsätzen für die Abrechnung der kündigungsbedingt nicht erbrachten Leistungen, sodass auf die dortigen Ausführungen (siehe Rdn 224 ff.) verwiesen werden kann.

4. Vergütungsähnliche Ansprüche

110 Neben den gerade behandelten eigentlichen Vergütungsansprüchen können dem Werkunternehmer bei der Abwicklung eines Bauvorhabens noch weitere, vergütungsähnliche Ansprüche entstehen. Dies sind:

- Aufwendungsersatzansprüche aus Geschäftsführung ohne Auftrag nach den §§ 683, 670 BGB;
- Ansprüche wegen unterlassener Mitwirkung des Auftraggebers gem. § 642 BGB sowie ggf. gem. § 304 BGB;
- Bereicherungsansprüche nach den §§ 812 ff. BGB.

a) Ansprüche aus Geschäftsführung ohne Auftrag

111 Hat der Auftragnehmer ohne Veranlassung des Auftraggebers eine Leistung ausgeführt oder abgeändert, kann ihm ein Aufwendungsersatzanspruch nach den §§ 683, 670 BGB entstehen. Dies gilt unabhängig davon, ob der Auftragnehmer bewusst eine Aufgabe des Auftraggebers übernimmt oder meint, im Rahmen seines (wirksamen) Vertrages zu handeln.[105]

112 Voraussetzung ist, dass die zusätzliche oder geänderte Leistung dem **Interesse** und dem **wirklichen oder mutmaßlichen Willen** des Auftraggebers entspricht. Wie schon oben (siehe Rdn 53) erwähnt, sind die Anspruchsvoraussetzungen nahezu dieselben wie bei § 2 Abs. 8 Nr. 2 VOB/B,[106] jedoch **ohne** das Erfordernis der unverzügliche **Anzeige.**[107] Da § 2 Abs. 8 Nr. 3 VOB/B die Regelungen über die Geschäftsführung ohne Auftrag ausdrücklich unberührt lässt, steht dem Werkunternehmer im VOB-Vertrag quasi ein „doppelter Boden" zur Verfügung: Hat er die Leistungsänderung unverzüglich angezeigt, kann er zusätzliche bzw. geänderte Vergütung nach § 2 Abs. 8 Nr. 2 VOB/B beanspruchen. Hat er die Anzeige vergessen oder aus sonstigen Gründen unterlassen, kann er den Aufwendungsersatzanspruch geltend machen.

105 Ständige Rechtsprechung des BGH, vgl. z.B. BGH v. 26.1.2005 – VIII ZR 66/04 – NJW-RR 2005, 639; BGH v. 25.6.1962 – VII ZR 120/61 – NJW 1962, 2010.

106 Man könnte sogar sagen, dass das „Interesse" weniger ist als die „Notwendigkeit" bei § 2 Nr. 8 Abs. 2 VOB/B; vgl. Kapellmann/Messerschmitt/*Markus*, § 2 VOB/B Rn 580 f.

107 Das Unterlassen der Anzeige kann allerdings u.U. zu einem Schadensersatzanspruch des Auftraggebers führen, vgl. BGH v. 26.1.2005 – VIII ZR 66/04 – NJW-RR 2005, 639.

Der Auftragnehmer muss zunächst mit zumutbarem Aufwand versuchen, den tatsächlichen Willen des Auftraggebers in Erfahrung zu bringen. Hat der Auftraggeber die Änderung abgelehnt, kommt ein Anspruch aus den §§ 683, 670 BGB im Regelfall nicht in Frage,[108] auch wenn diese Ablehnung nicht vernünftig oder nicht nachvollziehbar war;[109] Ausnahme: § 679 BGB. **113**

Ist der wirkliche Wille nicht (rechtzeitig) feststellbar, kommt es auf den mutmaßlichen Willen an. Darunter versteht man das, was ein verständiger Betrachter bei objektiver Beurteilung aller Umstände gewollt hätte.[110] Vor allen Dingen dann, wenn die Änderung **technisch notwendig** war, kann regelmäßig davon ausgegangen werden, dass die Voraussetzungen für einen Aufwendungsersatzanspruch gegeben sind.[111] Das mag anders sein, wenn sich das gleiche Ziel mit geringeren Kosten hätte erreichen lassen.[112] **114**

Entspricht die Leistung dem mutmaßlichen Willen des Auftraggebers, liegt sie auch in seinem Interesse,[113] sodass sich hieraus keine weiteren Voraussetzungen ergeben.

Gem. § 670 BGB erhält derjenige, der auftragslos ein Geschäft für einen anderen betrieben hat, unter den genannten Voraussetzungen die Aufwendungen erstattet, die er den Umständen nach für erforderlich halten durfte. Nach der höchstrichterlichen Rechtsprechung bemisst sich der Anspruch nach der üblichen Vergütung (entsprechend § 632 Abs. 2 BGB), sofern der Leistende in Ausübung seines Berufs oder Gewerbes handelt.[114] **115**

Allerdings wurde angenommen, dass der Anspruch im Rahmen eines VOB-Vertrags den nach den Grundsätzen der §§ 2 Abs. 5, 6 VOB/B ermittelten Anspruch nicht übersteigen dürfe.[115] Daran wird man aber wohl nicht mehr festhalten können; vielmehr kommt es im Ergebnis auf die **tatsächlich entstandenen Kosten** an;[116] kalkulatorische Zuschläge für Allgemeine Geschäftskosten sowie Wagnis und Gewinn umfasst der Aufwendungsersatzanspruch demnach **nicht**.[117] **116**

b) Ansprüche wegen unterlassener Mitwirkung

Verstärkte Bedeutung hat in den letzten Jahren der in § 642 BGB geregelte Entschädigungsanspruch erlangt, welcher dem Auftragnehmer zusteht, wenn der Auftraggeber durch das Unterlassen einer ihm obliegenden Mitwirkungspflicht in Annahmeverzug gerät. In den Fokus der Interessen ist die Vorschrift gerückt, nachdem der BGH sie für den Fall der verspäteten Leistung des Vorunternehmers herangezogen hat. Gemeint ist die Situation, in welcher der Auftragnehmer für die Erbringung seiner Leistungen darauf **117**

108 Vgl. Kniffka/Jurgeleit/*von Rintelen*, § 650b Rn 278.
109 BGH v. 2.4.1998 – III ZR 251/96 – ZfIR 1998, 487.
110 BGH v. 27.11.2003 – VII ZR 346/01 – BauR 2004, 495; BGH v. 4.4.1974 – VII ZR 222/72 – BauR 1974, 273.
111 OLG Hamburg v. 26.2.2002 – 4 U 217/08 – BauR 2003, 253; OLG Frankfurt v. 4.4.2003 – 24 U 188/00 – BauR 2003, 1045.
112 OLG Düsseldorf v. 9.12.1999 – 12 U 195/98 – BauR 2000, 1198.
113 BGH v. 20.4.1967 – VII ZR 326/64 – NJW 1967, 1959.
114 BGH v. 26.1.2005 – VIII ZR 66/04 – NJW-RR 2005, 639; BGH v. 11.6.1992 – VII ZR 110/91 – BauR 1992, 761.
115 Vgl. OLG Jena v. 19.9.2007 – 7 U 35/07 – BauR 2007, 2114.
116 *Leupertz*, BauR 2005, 775; Kniffka/Jurgeleit/ *von Rintelen*, § 650b Rn 285.
117 Kniffka/Jurgeleit/*von Rintelen*, § 650b Rn 290; *Leupertz*, BauR 2005, 775.

angewiesen ist, dass die Leistungen eines anderen Unternehmers pünktlich fertiggestellt sind.

118 Problematisch dabei ist, dass dieser sogenannte Vorunternehmer nach der ständigen höchstrichterlichen Rechtsprechung nicht Erfüllungsgehilfe des Auftraggebers im Verhältnis zum nachfolgenden Unternehmer ist.[118] Damit kann ein eventuelles Verschulden des Vorunternehmers dem Auftraggeber nicht zugerechnet werden; verschuldensabhängige Ansprüche (wie vor allem der Schadensersatzanspruch aus § 6 Abs. 6 VOB/B) scheiden also aus. Allerdings ist der Auftraggeber insoweit zur Mitwirkung verpflichtet, dass er dem Auftragnehmer rechtzeitig und ordnungsgemäß das „Baufeld" zur Verfügung stellen muss.[119] Soweit dazu zunächst Leistungen eines Vorunternehmers zu erbringen sind, unterlässt der Auftraggeber die ihm obliegende Mitwirkungshandlung. Neben der Vorunternehmerleistung können dies auch andere Gläubigerobliegenheiten sein wie z.B. die Baugenehmigung, die der Auftraggeber beizubringen hat,[120] oder Entscheidungen, die er treffen muss u.v.m. Der Anwendungsbereich geht daher weit über die Vorunternehmersituation, die Anlass für die Rechtsprechung war, hinaus.

119 § 642 BGB ist auch im VOB-Vertrag anwendbar und wird vor allem nicht durch § 6 Abs. 6 VOB/B ausgeschlossen; der Anspruch besteht auch neben dem Werklohnanspruch sowie neben eventuellen Ansprüchen aus den §§ 649, 645 Abs. 1 S. 2 BGB.[121]

aa) Anspruchsvoraussetzungen

120 Voraussetzung ist also zunächst einmal das **Unterlassen einer Gläubigerobliegenheit**;[122] es kommen dazu alle Handlungen des Auftraggebers in Frage, die nicht zu den Hauptpflichten des Auftraggebers gehören und die erforderlich sind, damit der Auftragnehmer mit seiner Leistung beginnen[123] und diese durchführen kann.[124] Dabei hat der Auftraggeber für einen von ihm eingesetzten Dritten einzustehen; § 278 BGB ist also anwendbar.[125]

121 Weiterhin muss der Auftraggeber aufgrund dieses Unterlassens in **Annahmeverzug** geraten, § 649 Abs. 1 BGB. Dazu muss der Auftragnehmer leistungsbereit sein und seine Leistungen tatsächlich (§ 294 BGB) oder wörtlich (§ 295 BGB) anbieten. Für das **tatsächliche Angebot** muss der Auftragnehmer zur rechten Zeit versuchen, die Bauleistung vertragsgerecht zu erbringen.[126] Das **wörtliche Angebot** liegt auch in der Aufforderung des Auftragnehmers an den Auftraggeber, die Mitwirkungshandlung zu erbringen.[127] Das Angebot ist nach der Rechtsprechung auch dann erforderlich, wenn

118 BGH v. 1.7.1971 – VII ZR 224/69 – BGHZ 56, 312; BGH v. 29.11.1971 – VII ZR 101/70 – NJW 1972, 447.
119 BGH v. 21.10.1999 – VII ZR 185/98 – BauR 2000, 722; LG Cottbus v. 3.3.2010 – 6 O 258/07.
120 Vgl. BGH v. 17.1.2002 – VII ZR 490/00 – BauR 2002, 792.
121 BGH v. 21.10.1999 – VII ZR 185/98 – BauR 2000, 722.
122 Zur Doppelnatur und zur Abgrenzung zwischen Vertragspflichten und Obliegenheiten im Einzelnen siehe *Kniffka*, in: Jahrbuch Baurecht 2001, S. 1 ff.
123 BGH v. 30.9.1971 – VII ZR 20/70 – NJW 1972, 99.
124 BGH v. 16.5.1968 – VII ZR 40/66 – BGHZ 50, 175; BGH v. 21.10.1999 – VII ZR 185/98 – BauR 2000, 722.
125 BGH v. 27.11.2008 – VII 206/06 – BauR 2009, 515.
126 Vgl. BGH v. 22.6.2001 – V ZR 56/00 – BGH-Report 2001, 817.
127 BGH v. 4.7.2002 – I ZR 313/99 – NJW 2002, 3541.

der Auftraggeber die Annahme der Leistung bereits verweigert hat.[128] Also muss der Auftragnehmer seine Leistungen zumindest wörtlich anbieten, auch wenn z.B. der Auftraggeber ihm bereits mitgeteilt hat, dass die Baugenehmigung noch nicht erteilt ist.

Aus dem Erfordernis, den Annahmeverzug herbeizuführen, hat die Rechtsprechung entwickelt, dass der Auftragnehmer grundsätzlich auch im Hinblick auf den Anspruch aus § 642 BGB seine „Behinderung" anzeigen muss.[129] Der Zweck des wörtlichen Angebots, den Auftraggeber zu informieren und zu warnen, kann nur auf diese Weise erreicht werden. Der Auftraggeber muss wissen, dass bei Unterlassen der Mitwirkungshandlung der Auftragnehmer nicht in der Lage ist, seine Leistungen ordnungsgemäß zu erbringen. Und er muss erkennen können, welche Handlung er erbringen muss, um den Annahmeverzug zu beseitigen.[130] Im Ergebnis ist also eine **Behinderungsanzeige** entsprechend der in § 6 Abs. 1 VOB/B verlangten **Anspruchsvoraussetzung**. Es gelten allerdings auch ähnliche Erleichterungen wie bei § 6 Abs. 1 S. 2 VOB/B. Das heißt vor allen Dingen, dass bei Offenkundigkeit des Fehlens einer Mitwirkungshandlung das Angebot auch konkludent erfolgen kann.[131] 122

Gem. § 296 BGB kann das Angebot entfallen, wenn für die Mitwirkungshandlung des Auftraggebers eine Leistungszeit nach dem Kalender bestimmt oder bestimmbar ist.[132] Gerade für den Beginn der Leistungen wird dies häufig der Fall sein. Aber auch vertraglich vereinbarte Planvorlaufzeiten oder aus einem Bauzeitenplan ersichtliche Mitwirkungshandlungen können von Bedeutung sein.[133] 123

§ 6 Abs. 6 S. 2 VOB/B greift diese Rechtsprechung mittlerweile auf und bestimmt, dass der Anspruch des Auftragnehmers aus § 642 BGB unberührt bleibt, sofern die Behinderungsanzeige gem. § 6 Abs. 1 S. 1 VOB/B vorliegt oder diese wegen Offenkundigkeit entsprechend § 6 Abs. 1 S. 2 VOB/B entfallen kann. 124

Der Anspruch aus § 642 Abs. 1 BGB ist **verschuldensunabhängig**. Darauf, ob der Auftraggeber oder der Vorunternehmer für die Verzögerung verantwortlich sind, kommt es also nicht an. 125

bb) Entschädigung

Der Entschädigungsanspruch aus § 642 Abs. 2 BGB ist weder Vergütung noch Schadensersatz.[134] Vielmehr geht es darum, dass der Auftragnehmer einen angemessen Ausgleich dafür erhält, dass er seine Arbeitskräfte und -mittel bereithält, ohne dafür Werklohn erwirtschaften zu können.[135] 126

128 BGH v. 4.7.2002 – I ZR 313/99 – NJW 2002, 3541.
129 Kniffka/Jurgeleit/*Retzlaff*, § 642 Rn 68.
130 *Boldt*, BauR 2006, 185.
131 Vgl. BGH v. 19.12.2002 – VII ZR 440/01 – BauR 2003, 531.
132 Ausführlich Kniffka/Jurgeleit/*Retzlaff*, § 642 Rn 59 ff.
133 BGH v. 21.3.2002 – VII ZR 224/00 – BauR 2002, 1249.
134 Vgl. BGH v. 21.10.1999 – VII ZR 185/98 – BauR 2000, 722.
135 BGH v. 7.7.1988 – VII ZR 179/87 – BauR 1988, 739.

127 Die Grundlagen für die Höhe des Entschädigungsanspruchs sind in § 642 Abs. 2 BGB geregelt. Demnach sind die Dauer des Verzugs, die Höhe der vereinbarten Vergütung sowie die ersparten Aufwendungen bzw. anderweitiger Verdienst zu berücksichtigen.

128 Ursprünglich wurde vertreten, die Dauer, um die es dabei geht, sei nicht die Dauer des Annahmeverzugs,[136] sondern der Zeitraum, den der Auftragnehmer aufgrund der Verschiebung zusätzlich aufwenden muss.[137] Diese Auffassung ist mittlerweile durch die Rechtsprechung des BGH[138] überholt. Der BGH hält hier eindeutig fest, dass der Entschädigungsanspruch **nicht** die Mehrkosten umfasst, die zwar Folge des Annahmeverzugs des Bestellers wegen der unterlassenen Mitwirkungsobliegenheit sind, aber erst nach dessen Beendigung anfallen, nämlich bei Ausführung der verschobenen Leistung.

129 Aus der Anknüpfung an die vereinbarte Vergütung wurde früher geschlossen, dass die Grundlage für die Ermittlung des Entschädigungsanspruchs die **kalkulierten Preise** seien, nicht die tatsächlichen Aufwendungen; es könnten demnach also die Grundsätze für die Preisermittlung nach § 2 Abs. 5 VOB/B herangezogen werden. Nach der vormals wohl herrschenden Meinung sollten die Zuschläge für Wagnis und Gewinn nicht enthalten sein, was aber durchaus streitig beurteilt wird.[139] Streitig war auch, ob ggf. doch die tatsächlichen Aufwendungen zu berücksichtigen sind, soweit diese höher sind als die kalkulativ ermittelten.[140] Nicht abschließend geklärt ist auch die Frage, ob der Auftragnehmer Ersatz für Beschleunigungskosten erhält, die er zur Verringerung des Annahmeverzugs aufgewandt hat.[141]

130 Nach der grundlegenden Entscheidung des BGH[142] hat der Tatrichter eine Abwägungsentscheidung zu treffen, bei welcher einerseits die Dauer des Verzugs und die Höhe der vereinbarten Vergütung zu berücksichtigen sind, andererseits dasjenige, was der Unternehmer infolge des Verzugs an Aufwendungen erspart oder durch anderweitige Verwendung seiner Arbeitskraft erwerben kann. Ausgangspunkt für die Abwägung ist die Vorgabe, dass sich die angemessene Entschädigung an den auf die unproduktiv bereit gehaltenen Produktionsmittel entfallenden Vergütungsanteilen einschließlich der Anteile für allgemeine Geschäftskosten sowie für Wagnis und Gewinn zu orientieren hat.[143] Dabei kann dem Wortlaut des § 642 BGB nicht entnommen werden, dass Maßstab für die Bemessung der Entschädigung die tatsächlichen Kosten für die Bereitstellung von Produktionsmitteln sein sollen. Vielmehr stellt die Vorschrift auf die vereinbarte Vergütung für die unproduktiv bereit gehaltenen Produktionsmittel ab. Danach ist auf die

136 Irrig insoweit OLG Jena v. 11.10.2005 – 8 U 849/04 – NZBau 2006, 510 und *Roskosny/Bolz*, BauR 2006, 1804.
137 U.a. *Boldt*, BauR 2006, 185.
138 BGH v. 26.10.2017 – VII ZR 17/17.
139 BGH v. 21.10.1999 – VII ZR 185/98 – BauR 2000, 722; OLG Braunschweig v. 22.4.2004 – 8 U 277/02 – BauR 2004, 1621; a.A. KG v. 10.1.2017 – 21 U 14/16; *Kapellmann/Schiffers*, Bd. 1 Rn 1650; *Boldt*, BauR 2006, 185; *Roskosny/Bolz*, BauR 2006, 1804.
140 Vgl. im Einzelnen *Roskosny/Bolz*, BauR 2006, 1804 m.w.N.
141 Zum Streitstand Kniffka/Jurgeleit/*Pause/Vogel*, § 642 Rn 58.
142 BGH v. 30.1.2020 – VII ZR 33/19.
143 Messerschmidt/Voit/*Stickler*, § 642 BGB Rn 41.

kalkulierten Aufwendungen des Unternehmers, die Grundlage der vereinbarten Vergütung wurden, abzustellen.[144]

Der Auftragnehmer muss sich auf der anderen Seite das anrechnen lassen, was er an **Aufwendungen einsparen** konnte; ob es hierbei auf die tatsächlichen Kosten ankommt oder die kalkulierten, ist streitig.[145] Nach m.E. überzeugender Auffassung spielen ersparte Aufwendungen allerdings im Ergebnis keine große Rolle. Denn wenn der Unternehmer eine angemessene Entschädigung für die nutzlose Vorhaltung seiner Produktionsmittel erhält und man diese daran bemisst, welche Kosten ihm für die Aufrechterhaltung seiner Leistungsbereitschaft entstanden sind, dann sind „ersparte Aufwendungen" von vorneherein bedeutungslos; sie sind nicht Bestandteil der dem Unternehmer für die Vorhaltung entstandenen Kosten und damit bei der Bemessung der Entschädigung nicht zu berücksichtigen.[146] 131

Der Streit darüber, welcher Rechtsnatur der Entschädigungsanspruch ist, bleibt ohne praktische Auswirkungen, da jedenfalls Einigkeit darüber besteht, dass die Entschädigung steuerbare Leistung und damit bei Umsatz und Umsatzsteuer zur berücksichtigen ist.[147] 132

cc) Aufwendungsersatz für das Angebot

Neben dem Entschädigungsanspruch nach § 642 BGB kann dem Auftragnehmer auch noch ein Aufwendungsersatzanspruch gem. § 304 BGB entstehen. Demnach kann der Auftragnehmer aufgrund des Annahmeverzugs Mehraufwand für das erfolglose Angebot verlangen. 133

Im Fall des wörtlichen Angebots wird dies meist keine Rolle spielen. Beim tatsächlichen Angebot entsteht jedoch unter Umständen schon für die Logistik ein durchaus erheblicher Mehraufwand. 134

dd) Darlegungs- und Beweislast

Grundsätzlich hat der Auftragnehmer die gerade geschilderten Anspruchsvoraussetzungen darzulegen und zu beweisen. Soweit es um die Folgen einzelner Annahmeverzüge geht – und nur insoweit – kann sich der Auftragnehmer auf die Darlegungserleichterungen aus § 287 ZPO berufen.[148] 135

Der Entschädigungsanspruch aus § 642 BGB kann sich u.U. mit einem Schadensersatzanspruch aus § 6 Abs. 6 VOB/B überschneiden (was auch die Regelung in § 6 Abs. 6 S. 2 VOB/B zeigt). Wegen der völlig unterschiedlichen Rechtsfolgen (konkrete Schadensberechnung versus Entschädigungsberechnung auf Basis der kalkulierten Preise) gehört zum schlüssigen Klagevortrag aber dennoch auf jeden Fall die Angabe, auf welche Anspruchsgrundlage der Auftragnehmer seinen Anspruch stützt. 136

144 BGH v. 30.1.2020 – VII ZR 33/19.
145 Vgl. *Boldt*, BauR 2006, 185.
146 BeckOK-BauvertrR/*Sienz*, 22. Ed. 31.7.2023, § 642 BGB Rn 77 m.w.N.
147 BGH v. 24.1.2008 – VII ZR 280/05 – BauR 2008, 821.
148 BGH v. 24.2.2005 – VII ZR 141/03 – BauR 2005, 857; BGH v. 24.2.2005 – VII ZR 225/03 – BauR 2005, 861.

137 Ebenso verbietet sich (was aber dennoch sehr gern z.B. von Sachverständigen bei der Ermittlung von Verzögerungsansprüchen gemacht wird) eine Vermengung von Ansprüchen aus § 2 Abs. 5 VOB/B und § 642 BGB. Nicht nur, dass sich die Ansprüche hinsichtlich der Ermittlung der Vergütung bzw. der Entschädigung unterscheiden (siehe Rdn 126 ff.) – vor allen Dingen schließen sich die Anspruchsgrundlagen auch aus; zu einer Überschneidung wie mit dem Schadensersatzanspruch aus § 6 Abs. 6 VOB/B kann es also nicht kommen. Dies liegt daran, dass der Entschädigungsanspruch aus § 642 BGB ein vertragswidriges Verhalten des Auftraggebers, nämlich die unterlassene Mitwirkung, voraussetzt. Der Vergütungsanspruch aus § 2 Abs. 5 VOB/B hingegen ist Folge einer erlaubten, weil in § 1 Abs. 3 VOB/B vereinbarten, Vertragsänderung.[149]

Der Vortrag des Auftragnehmers unterscheidet sich also zwingend je nachdem, auf welche Grundlage er seinen Anspruch stützen möchte.

c) Bereicherungsansprüche

138 Schließlich kommen grundsätzlich auch noch Bereicherungsansprüche gem. den §§ 812 ff. BGB in Frage. Seit der Einführung von § 2 Abs. 8 Nr. 3 VOB/B gilt dies auch im VOB-Vertrag, denn durch den Verweis auf die Regelungen über die Geschäftsführung ohne Auftrag gilt auch § 684 BGB, welcher dem auftragslos Handelnden bereicherungsrechtliche Ansprüche gibt, sofern die Voraussetzungen des § 683 BGB nicht vorliegen.[150] Praktisch relevant werden Ansprüche aus dem Bereicherungsrecht wohl nur

- in genau dem von § 684 BGB geregelten Fall der unberechtigten Geschäftsführung ohne Auftrag;
- im Fall einer Nichtigkeit des Vertrags, vor allem wegen Verstoßes gegen Formvorschriften[151] oder gesetzliche Verbote[152] (v.a. Schwarzarbeit[153]) oder
- nach erfolgreicher Anfechtung des Bauvertrags.[154]

139 Geht es um eine zusätzliche Leistung, welche der Auftragnehmer auftragslos und ohne Notwendigkeit erbracht hat und die sich **nur noch mit erheblichen Nachteilen** für den Auftraggeber **entfernen lässt**, wird der Gesichtspunkt der aufgedrängten Bereicherung im Regelfall dazu führen, dass der Bereicherungsanspruch **entfällt**. Lässt sich die Leistung allerdings ohne erhebliche Nachteile für den Auftraggeber wieder entfernen und dieser nutzt diese Gelegenheit nicht, dürfte dem Auftragnehmer der Bereicherungsanspruch zustehen.

140 Im Fall der vollständig vertragslos erbrachten Leistung wären grundsätzlich die wechselseitigen Leistungen zurückzugewähren. Dies ist jedoch bei einem Bauwerk in den meisten Fällen nicht möglich, sodass der (vermeintliche) Auftraggeber gem. § 818 Abs. 2

149 *Thode*, ZfBR 2004, 214.
150 Kniffka/Jurgeleit/*von Rintelen*, § 650b Rn 316.
151 Z.B. BGH BauR 1994, 110.
152 BGH v. 4.4.2002 – VII ZR 26/01 – BauR 2002, 1245.
153 BGH v. 31.5.1990 – VII ZR 336/89 – BauR 1990, 721.
154 OLG Saarbrücken v. 7.10.1980 – 2 U 13/80 – OLGZ 1981, 248; OLG Hamm v. 9.1.1990 – 26 U 21/89 – NJW-RR 1990, 523.

BGB den **Wert der erhaltenen Leistungen** zu ersetzen hat.[155] Dieser bemisst sich nach der Höhe der **ersparten Aufwendungen**, welche nach der Rechtsprechung wiederum anhand der üblichen Vergütung (§ 632 Abs. 2 BGB) zu ermitteln ist. Begrenzt ist der Anspruch jedoch auf die vereinbarte Vergütung, sofern sich diese aus der unwirksamen Vereinbarung ergibt.[156] Diese bisherige Rechtsprechung kann u.U. zu nicht interessengerechten Ergebnissen führen, sodass mit guten Gründen eine Begrenzung auf maximal den Aufwendungsersatzanspruch nach § 670 BGB diskutiert wird.[157]

Mängel in der Bauleistung **mindern** den Bereicherungsanspruch **unmittelbar**, denn sie mindern den Wert des vertragslos Erhaltenen;[158] dies gilt auch für Mängel, die noch keine Symptome gezeigt haben. Problematisch für den Auftraggeber ist, dass ihm keinerlei Gewährleistungsansprüche zustehen, sodass eventuell nicht erkannte Mängel später zu hohen Einbußen führen können. Dem ist durch einen **Abschlag** entgegenzuwirken.[159] Das Gericht hat dabei einen Bewertungsspielraum.[160] **141**

Auch die Bereicherungsansprüche unterliegen der Umsatzsteuer. **142**

II. Fälligkeit der Ansprüche des Werkunternehmers

Voraussetzung für die Geltendmachung des Vergütungsanspruchs ist – natürlich – dessen Fälligkeit. Grundsätzlich ist der Auftragnehmer **vorleistungspflichtig**;[161] er hat also zuerst seine Werkleistung vollständig zu erbringen, bevor er die Vergütung verlangen kann. Das gilt für den VOB- und den BGB-Vertrag gleichermaßen.[162] **143**

1. Abschlagszahlungen

Allerdings enthalten die VOB/B und das BGB Regelungen, nach welchen der Auftragnehmer Abschlagszahlungen verlangen kann, sodass die Nachteile der Pflicht zur Vorleistung angemessen abgemildert werden. **144**

Abschlagszahlungen sind vorläufige Zahlungen auf Grundlage einer vorläufigen Berechnung und sagen zunächst nichts darüber aus, ob die beanspruchte Zahlung auch richtig berechnet ist[163] oder die gezahlte Vergütung dem Auftragnehmer auch endgültig zusteht.[164] Dies lässt sich erst bei der Schlussabrechnung feststellen.[165] Vor allen Dingen stellt die Zahlung auf Abschlagsrechnungen **keinerlei Anerkenntnis** des Auftraggebers dar.[166] **145**

155 BGH v. 26.4.2001 – VII ZR 222/99 – BauR 2001, 1412.
156 BGH v. 31.5.1990 – VII ZR 336/89 – BauR 1990, 721; BGH v. 30.6.1960 – VII ZR 184/58 – JZ 1960, 603.
157 *Leupertz*, BauR 2005, 775.
158 BGH v. 5.11.1981 – VII ZR 216/80 – NJW 1982, 879; KG v. 17.7.2006 – 24 U 374/02 – BauR 2007, 1419.
159 BGH v. 31.5.1990 – VII ZR 336/89 – BauR 1990, 721.
160 KG vom 17.7.2006 – 24 U 374/02 – BauR 2007, 1419.
161 Kniffka/Jurgeleit/*von Rintelen*, § 631 Rn 405.
162 Vgl. Kniffka/Koeble/Jurgeleit/Sacher/*Kniffka*, Teil 4 Rn 67.
163 BGH v. 11.7.1995 – X ZR 42/93 – NJW 1995, 3311.
164 BGH v. 9.1.1997 – VII ZR 69/96 – BauR 1997, 468.
165 Vgl. Beck'scher VOB-Kommentar/*Kandel*, § 16 Abs. 1 VOB/B Rn 15.
166 OLG Düsseldorf v. 11.2.2000 – 22 U 154/99 – BauR 2001, 806.

a) Im VOB-Vertrag

146 Das Recht auf Erhalt von Abschlagszahlungen sowie deren Anspruchsvoraussetzungen sind für den VOB-Vertrag in § 16 VOB/B geregelt.

147 Gem. § 16 Abs. 1 VOB/B sind Abschlagszahlungen auf Antrag in möglichst kurzen Zeitabständen oder zu den vereinbarten Zeitpunkten zu gewähren, und zwar in Höhe des Wertes der jeweils nachgewiesenen vertragsgemäßen Leistungen.

148 Enthält der Vertrag also einen Zahlungsplan, sind dessen Vereinbarungen hinsichtlich der vereinbarten Zeitpunkte zu beachten.[167] Gibt es keinen vereinbarten Zahlungsplan, steht es dem Auftragnehmer im Wesentlichen frei, in passenden Abständen Abschlagszahlungen zu verlangen; zu beachten ist lediglich, dass die Zeitabstände angemessen sind.[168] Abgerechnet werden können jeweils die bis dahin erbrachten Leistungen sowie Bauteile und Baustoffe, die entweder eigens für die Baumaßnahme angefertigt und bereit gestellt oder auf der Baustelle angeliefert sind. Im ersten Fall kommt es weder darauf an, ob es sich um Sonder- oder Serienfertigung handelt, noch ob die Bauteile angeliefert sind. Hinsichtlich der angelieferten Stoffe und Bauteile muss dem Auftraggeber allerdings entweder das Eigentum übertragen werden oder Sicherheit in entsprechender Höhe geleistet werden; die Wahl zwischen diesen beiden Möglichkeiten steht dem Bauherrn zu.[169]

149 Die abgerechneten Leistungen müssen **vertragsgemäß** erbracht worden sein. Dies führt jedoch nach einhelliger Meinung nicht dazu, dass bei mängelbehafteten Teilleistungen hierfür keine Abschlagszahlung verlangt werden kann, sondern lediglich, dass dem Auftraggeber ein dem Wert der Mängel entsprechendes Leistungsverweigerungsrecht zusteht.[170] Ob der in § 641 Abs. 3 BGB für bei oder nach der Abnahme aufgetretene Mängel geregelte „Druckzuschlag" auch vor der Abnahme geltend gemacht werden kann, war streitig, ist jedoch inzwischen durch die Verweisung auf § 641 Abs. 3 BGB in § 632a Abs. 1 S. 3 BGB gesetzlich geklärt. Der BGH hat aber auch – eher beiläufig – für einen Vertrag aus dem Jahr 2003 entschieden, dass das Leistungsverweigerungsrecht den Druckzuschlag „in angemessener Höhe" beinhaltet.[171] Jedenfalls ist dessen Höhe noch stärker als ohnehin vom Einzelfall abhängig.

150 Der „Antrag" ist (soweit nicht etwas anderes vereinbart ist) immer erforderlich, auch wenn ein Zahlungsplan vereinbart ist.[172] Er besteht regelmäßig darin, dass eine entsprechende Abschlagsrechnung überreicht wird.[173] In dieser hat der Auftragnehmer die abgerechneten Leistungen in einer Form nachzuweisen, welche dem Auftraggeber die rasche und sichere Beurteilung der Leistung ermöglicht. **Die Vorlage einer prüfbaren**

167 Vgl. Kapellmann/Messerschmidt/*Messerschmidt*, § 16 VOB/B Rn 214.
168 Kapellmann/Messerschmidt/*Messerschmidt*, § 16 VOB/B Rn 215 m.w.N.
169 Kapellmann/Messerschmidt/*Messerschmidt*, § 16 VOB/B Rn 216.
170 BGH v. 21.4.1988 – VII ZR 65/87 – BauR 1988, 474; BGH v. 9.7.1981 – VII ZR 40/80 – BauR 1981, 577.
171 BGH v. 27.10.2011 – VII ZR 84/09 – BauR 2012, 241.
172 Kapellmann/Messerschmidt/*Messerschmidt*, § 16 VOB/B Rn 188.
173 Kapellmann/Messerschmidt/*Messerschmidt*, § 16 VOB/B Rn 188 m.w.N.

Abschlagsrechnung ist also Fälligkeitsvoraussetzung; der Maßstab ist allerdings weniger streng als bei der Schlussrechnung.[174]

Die Fälligkeit der Abschlagszahlung tritt gem. § 16 Abs. 1 Nr. 3 VOB/B 21 Tage – also drei Kalenderwochen – nach Zugang der (prüfbaren) Abschlagsrechnung ein. **151**

Die in § 16 Abs. 5 Nr. 3 S. 1, 2 VOB/B vorgeschriebene Nachfristsetzung ist keine Fälligkeitsvoraussetzung, sondern (gegenüber dem BGB zusätzliche und – sofern überhaupt wirksam – vorrangige)[175] Voraussetzung für den Eintritt des Verzugs. **152**

b) Im BGB-Vertrag

Mit Wirkung zum 1.5.2000 ist mit § 632a BGB erstmals ein Recht auf Abschlagszahlungen in das BGB eingefügt worden; die Regelung sollte weitestgehend an die der VOB/B angelehnt werden, wich davon aber vor allem dahingehend ab, dass das Recht davon abhängig gemacht wurde, dass sich die Abschlagsrechnung auf „in sich abgeschlossene Teile der Leistung" beziehen musste. Da hierfür schon im Zusammenhang mit § 12 Abs. 2 VOB/B keine geeignete Abgrenzung gefunden werden konnte,[176] muss man diesen Teil der Vorschrift wohl als misslungen bezeichnen. **153**

Der Fehler wurde durch die Neuregelung zum 1.1.2009 weitestgehend beseitigt, und mit der Einführung des gesetzlichen Bauvertragsrechts zum 1.1.2018 wurde die Regelung nochmals überarbeitet. Die aktuelle Fassung **entspricht nahezu der VOB-Regelung**. **154**

Allerdings unterschied die bis zum 31.12.2017 geltende Fassung von § 632a Abs. 1 S. 2 BGB zwischen unwesentlichen und wesentlichen Mängeln. Diese Differenzierung ging dahin, dass unwesentliche Mängel nicht zur Verweigerung der Zahlung berechtigen; S. 3 verweist ausdrücklich auf § 641 Abs. 3 BGB. Das heißt also: Ist die abgerechnete Leistung mit wesentlichen Mängeln behaftet, kann die Abschlagszahlung nach der alten Fassung des BGB unabhängig von den voraussichtlichen Mängelbeseitigungskosten und vom Wert der erbrachten Leistungen vollständig verweigert werden. Bei unwesentlichen Mängeln kann der Auftraggeber ein Leistungsverweigerungsrecht in Höhe der voraussichtlichen Mängelbeseitigungskosten nebst Druckzuschlag geltend machen. In der Neufassung gilt dies auch für eventuelle wesentliche Mängel der abgerechneten Teilleistung. **155**

c) Wegfall des Rechts auf Abschlagszahlung

Da die Abschlagsforderung nur eine vorläufige Forderung darstellt, die unter dem Vorbehalt der Schlussabrechnung steht, entfällt das Recht, Abschlagsrechnungen zu erstellen, sobald **Schlussrechnungsreife** eingetreten ist.[177] Das heißt also: Sobald die Leistungen abgenommen sind oder die Abnahme zu Unrecht verweigert wurde, kann keine Abschlagsrechnung mehr erstellt werden. **156**

174 BGH v. 19.3.2002 – X ZR 125/00 – BauR 2002, 1257; BGH v. 9.1.1997 – VII ZR 69/96 – BauR 1997, 468.
175 Vgl. *Kniffka*, ZfBR 2000, 227.
176 Vgl. *Thode*, ZfBR 1999, 118.
177 OLG Nürnberg v. 8.6.2000 – 13 U 77/00 – NZBau 2000, 509 (Revision nicht angenommen).

157 Und jedenfalls, wenn zudem der Schlusszahlungsanspruch fällig ist, kann auch keine Zahlung mehr auf bereits erstellte und überreichte Abschlagsrechnungen verlangt werden;[178] diese werden dann gegenstandslos. Dies soll auch schon dann gelten, wenn die Abnahme erfolgt, die Leistung fertiggestellt und die Frist zur Stellung der Schlussrechnung aus § 14 Abs. 3 VOB/B abgelaufen ist.[179]

2. Schlusszahlung

158 Die Voraussetzungen für die Fälligkeit der Schlusszahlung unterscheiden sich zwischen VOB- und BGB-Vertrag. Beiden ist jedoch gemeinsam, dass der Schlusszahlungsanspruch erst fällig werden kann, wenn zumindest die Leistungen abgenommen bzw. die entsprechenden Wirkungen eingetreten sind.

a) Abnahme bzw. Eintritt der Abnahmewirkungen

159 Gem. § 641 Abs. 1 BGB – der auch im VOB-Vertrag gilt[180] – ist die Vergütung „bei der Abnahme des Werkes zu entrichten". Damit ist also die Abnahme grundsätzlich Voraussetzung für das Fälligwerden des Vergütungsanspruchs.

160 Gem. § 641 Abs. 1 S. 2 BGB gilt dies auch für Teile der Vergütung, soweit die Leistung in Teilen abzunehmen ist. Diese Regelung unterstellt, dass der Anspruch auf Teilabnahme vereinbart ist (z.B. in § 12 Abs. 2 VOB/B)[181] aus dem Gesetz ergibt sich dieser Anspruch nicht.

Die Abnahmewirkungen können durch die Vollziehung der Abnahme erreicht werden, aber auch auf einer ganzen Anzahl anderer Wege.

aa) (Rechtsgeschäftliche) Abnahme

161 Die Abnahme gehört zu den werkvertraglichen Hauptpflichten des Auftraggebers, § 640 Abs. 1 BGB. Unter der Abnahme versteht man die **Übernahme des Werkes als im Wesentlichen vertragsgemäß** durch den Auftraggeber.[182] Es geht also zum einen um die körperliche Entgegennahme und zum anderen um die Erklärung, dass das Werk im Wesentlichen als vertragsgerecht akzeptiert wird.[183]

162 Die streitige Frage, ob die Abnahme eine rechtsgeschäftliche Erklärung oder eine rechtsgeschäftsähnliche Erklärung darstellt,[184] muss für die Praxis nicht entschieden werden, da jedenfalls Einigkeit darüber besteht, dass die Abnahme **wie eine Willenserklärung** zu behandeln ist. Demgemäß sind vor allem die Vertretungsregelungen anwendbar; dies

178 BGH v. 15.4.2004 – VII ZR 471/01 – BauR 2004, 1146; im Einzelnen: BGH v. 20.8.2009 – VII ZR 205/07 – BauR 2009, 1724.
179 BGH v. 20.8.2009 – VII ZR 205/07 – BauR 2009, 1724.
180 Vgl. Kniffka/Jurgeleit/*Pause/Vogel*, § 641 Rn 95.
181 Vgl. Kniffka/Jurgeleit/*Pause/Vogel*, § 641 Rn 2.
182 BGH v. 24.11.1969 – VII ZR 177/67 – NJW 1970, 421; BGH v. 15.11.1973 – VII ZR 110/71 – BauR 1974, 67; BGH v. 30.6.1983 – VII ZR 185/81 – BauR 1983, 573.
183 Kniffka/Jurgeleit/*Pause/Vogel*, § 640 Rn 3.
184 Siehe z.B. Staudinger/*Peters*, § 640 Rn 10; Kapellmann/Messerschmidt/*Havers*, § 12 VOB/B Rn 2 u 64.

gilt auch für die Anscheins- und Duldungsvollmacht.[185] Die Abnahme kann ggf. auch angefochten werden,[186] wenn auch das Anfechtungsrecht hinsichtlich der Irrtumsanfechtung eingeschränkt ist.

Im Regelfall sind weder der Architekt des Bauherrn noch der Bauleiter des Auftraggebers 163
bevollmächtigt, die Abnahme zu erklären. Natürlich können diese aber ausdrücklich bevollmächtigt werden. Eine Anscheins- und Duldungsvollmacht kommt z.B. in Frage, wenn der Auftragnehmer den Auftraggeber zur Abnahme aufgefordert hat und zu dem entsprechenden Termin der Bauleiter oder Architekt erscheint und die Abnahme erklärt.[187]

Diese Abnahme i.S.d. § 640 BGB – auch „rechtsgeschäftliche Abnahme" genannt – 164
ist zu unterscheiden von eventuellen technischen oder behördlichen Abnahmen. Technische Begehungen, meist mit dem Architekten des Bauherrn oder einem Sachverständigen, dienen der Vorbereitung der rechtsgeschäftlichen Abnahme, die dann auf dieser Basis durch den Auftraggeber oder dessen Bevollmächtigten erklärt wird. Gleiches gilt für eventuell notwendige behördliche Abnahmen wie z.B. eine brandschutztechnische Abnahme. Auch hier handelt es sich um eine Vorbereitung der rechtsgeschäftlichen Abnahme; die Abnahme durch die Behörde bedeutet lediglich, dass insoweit die öffentlich-rechtlichen Vorschriften eingehalten sind.[188]

Ungeschriebene Voraussetzungen für den Eintritt der Abnahmepflicht des Auftraggebers 165
sind ein entsprechendes **Verlangen** des Auftragnehmers sowie die Gelegenheit für den Auftraggeber, die Leistung zu prüfen.[189]

Sowohl das Abnahmeverlangen als auch die Abnahmeerklärung können auch **konklu-** 166
dent erfolgen.[190] Häufigste Fälle für ein konkludentes Abnahmeverlangen des Auftragnehmers sind die Mitteilung, dass die Leistungen fertig gestellt sind oder die Übergabe der Schlussrechnung. Häufigster Fall der konkludenten Erklärung der Abnahme ist die Ingebrauchnahme des Werkes ohne Beanstandung.[191] In Frage kommen auch die vollständige Bezahlung der Schlussrechnung[192] oder Schweigen auf ein vom Auftragnehmer übersandtes Privatgutachten, welches die Leistungen als mangelfrei darstellt.[193] Der Annahme einer konkludenten Abnahme stehen jedoch z.B. die ausdrücklich anderslautende Erklärung oder das offensichtliche Vorliegen wesentlicher Mängel bei der Ingebrauchnahme entgegen.[194] Die Vereinbarung einer förmlichen Abnahme kann der konkludenten Abnahme zunächst auch entgegenstehen. Die Vereinbarung kann jedoch eben-

185 BGH v. 6.3.1986 – VII ZR 235/84 – BauR 1986, 444.
186 BGH v. 4.11.1982 – VII ZR 235/84 – BauR 1983, 77; BGH BauR 1982, 2301.
187 BGH v. 6.3.1986 – VII ZR 235/84 – BauR 1986, 444.
188 Vgl. z.B. Kapellmann/Messerschmidt/*Havers*, § 12 VOB/B Rn 8 f. m.w.N.
189 Kniffka/Jurgeleit/*Pause/Vogel*, § 640 Rn 24.
190 BGH v. 24.11.1969 – VII ZR 177/67 – NJW 1970, 421.
191 Z.B. BGH v. 20.9.1984 – VII ZR 377/83 – BauR 1985, 200; BGH v. 28.4.1992 – ZfBR 1992, 264.
192 BGH v. 24.11.1969 – VII ZR 177/67 – NJW 1970, 421; OLG Stuttgart v. 21.4.2009 – 10 U 9/09, Nichtzulassungsbeschwerde zurückgewiesen im Beschl. des BGH v. 8.4.2010 – VII ZR 88/09.
193 OLG Frankfurt v. 5.2.2008 – 5 U 151/06 – BauR 2009, 690.
194 Vgl. Kapellmann/Messerschmidt/*Havers*, § 12 VOB/B Rn 36 f.

falls konkludent abbedungen werden, was vor allem bei längerem Zeitablauf ohne ausdrückliche Erklärung anzunehmen ist.[195]

167 Gem. § 640 Abs. 1 S. 2 BGB kann die Abnahme **wegen unwesentlicher Mängel nicht verweigert werden**.[196] Ein Mangel ist unwesentlich, wenn er bei Abwägung der beidseitigen Interessen von so geringer Bedeutung ist, dass es dem Auftraggeber zugemutet werden kann, auf die Vorteile, die ihm die noch nicht vollzogene Abnahme bietet, zu verzichten.[197] Gleiches gilt für unwesentliche noch ausstehende Restleistungen.

168 Umgekehrt ist also der Auftraggeber bei Vorliegen wesentlicher Mängel berechtigt, die Abnahme (vorläufig) zu verweigern; bis zur ordnungsgemäßen Fertigstellung der Leistung steht ihm die Einrede des nicht erfüllten Vertrags zu. Ein wesentlicher Mangel ist im Regelfall anzunehmen, wenn die Gebrauchstauglichkeit des Werkes fühlbar beeinträchtigt ist oder wenn infolge des Mangels die Sicherheit beeinträchtigt ist.[198] Auch hier kommt es auf die Umstände des Einzelfalls an.

bb) Abnahmefiktionen

169 Auch, wenn die Abnahme weder ausdrücklich noch stillschweigend erklärt wird, kann die Fälligkeit eintreten. Zu den zahlreichen Tatbeständen, welche die Abnahme jedenfalls als Fälligkeitsvoraussetzung entbehrlich machen, gehört vor allem die in § 640 Abs. 2 BGB geregelte **fiktive Abnahme**. Demgemäß steht es der Abnahme gleich, wenn der Besteller das Werk nicht innerhalb einer vom Unternehmer bestimmten angemessen Frist abnimmt, obwohl er dazu verpflichtet ist. Bei der fiktiven Abnahme kommt es – im Unterschied zur konkludenten Abnahme – auf den Willen des Auftraggebers nicht an.[199]

170 Vorrausetzung ist also zunächst eine **angemessene Fristsetzung** durch den Auftragnehmer. Diese kann entfallen, wenn der Auftraggeber die Abnahme endgültig und ernsthaft verweigert hat,[200] worauf sich der Auftragnehmer jedoch nicht verlassen sollte.

171 Daneben setzt die Vorschrift voraus, dass das Werk **abnahmefähig** ist. Es muss also so hergestellt sein, dass der Auftraggeber redlicherweise die Abnahme erklärt hätte. Das objektive Vorliegen wesentlicher Mängel steht der fiktiven Abnahme damit grundsätzlich entgegen; nach richtiger Meinung von *Pause/Vogel* dürfte dies jedoch nicht der Fall sein, wenn der objektiv vorhandene Mangel bei der Abnahme nicht erkennbar gewesen wäre.[201]

195 BGH v. 22.12.2000 – VII ZR 310/99 – BauR 2001, 391.
196 BGH v. 19.10.1970 – VII ZR 14/69 – WM 1971, 101; BGH v. 2.3.1972 – VII ZR 146/70 – VersR 1972, 640.
197 BGH v. 26.2.1981 – VII ZR 287/79 – BauR 1981, 284.
198 Kniffka/Jurgeleit/*Pause/Vogel*, § 640 Rn 41.
199 BGH v. 12.6.1075 – VII ZR 55/73 – NJW 1975, 701.
200 BGH v. 8.11.2007 – VII ZR 183/05 – BauR 2008, 344.
201 Kniffka/Jurgeleit/*Pause/Vogel*, § 640 Rn 73; a.A. Kapellmann/Messerschmidt/*Havers*, § 12 VOB/B Rn 90.

Sind die beiden Voraussetzungen gegeben, ist für den Eintritt der Fiktion ausreichend, wenn sich der Auftraggeber innerhalb der Frist gar nicht äußert; wird die Abnahme allerdings ausdrücklich verweigert, steht das der Fiktion entgegen.[202] 172

§ 640 Abs. 2 BGB findet auch im VOB-Vertrag Anwendung und wird von den dortigen Regelungen nicht verdrängt.[203]

cc) Anderweitige Beendigung des Erfüllungsstadiums

Der Vergütungsanspruch wird auch in allen anderen Fällen fällig, in welchen feststeht, dass das **Stadium der Vertragserfüllung abgeschlossen** ist. In Frage kommen vor allem die folgenden Fälle: 173

- Der Vergütungsanspruch wird fällig, wenn der Auftraggeber die Abnahme endgültig verweigert.[204] Wenn dies feststeht, kann es auf die Abnahme nicht mehr ankommen, da er damit klarstellt, dass er an einer weiteren Erfüllung nicht mehr interessiert ist. 174
- Weiterhin tritt Fälligkeit an, wenn der (Nach-) Erfüllungsanspruch untergegangen ist. Das ist dann der Fall, wenn der Auftraggeber vom Vertrag zurücktritt, wenn er Schadensersatz statt der Leistung fordert, wenn er die Minderung geltend macht oder wenn er bereits im Wege der Selbstvornahme für den Eintritt der Erfüllung gesorgt hat.[205]
- Auch in anderen Fällen, in welchen der Auftraggeber nicht die Nacherfüllung, sondern andere Ansprüche geltend macht, kann er nicht die mangelnde Fälligkeit einwenden. Das ist vor allem dann der Fall, wenn er z.B. im Wege der Aufrechnung einen Kostenvorschuss geltend macht.[206] Allein die Geltendmachung eines Kostenvorschusses führt allerdings nicht zu einem Abrechnungsverhältnis, weil hier die Rückkehr zum Nacherfüllungsanspruch möglich ist, welcher dann wieder der Fälligkeit entgegenstehen würde.[207]
- Auf die Abnahme kommt es auch dann nicht mehr an, wenn der Auftragnehmer die (weitere) Leistungserbringung ernsthaft und endgültig verweigert. Eine Erfüllung des Vertrages ist dann nicht mehr zu erreichen.[208]

dd) Durchgriffsfälligkeit

Das Gesetz gibt dem **Nachunternehmer** in § 641 Abs. 2 BGB weitere Möglichkeiten, zu einer Fälligkeit seines **Schlusszahlungsanspruchs** zu gelangen. Für den Anspruch des Nachunternehmers auf Abschlagszahlungen gilt die Vorschrift nicht.[209] Es ist aller- 175

202 BGH v. 12.6.175 – VII ZR 55/73 – NJW 1975, 1701.
203 Nicht ganz unbestritten, aber h.M.; z.B. Vgl. Kniffka/Jurgeleit/*Pause/Vogel*, § 640 Rn 105; Kapellmann/Messerschmidt/*Havers*, § 12 Rn 17 m.w.N.
204 BGH v. 16.5.1968 – VII ZR 40/66 – BGHZ 50, 175; BGH v. 25.4.1996 – X ZR 59/94 – NJW-RR 1996, 883; BGH v. 30.9.1999 – VII ZR 162/97 – BauR 2000, 128.
205 Vgl. Kniffka/Jurgeleit/*Pause/Vogel*, § 641 Rn 9.
206 Einzelheiten bei Kniffka/Jurgeleit/*Pause/Vogel*, § 641 Rn 10.
207 Vgl. Kniffka/Jurgeleit/*Pause/Vogel*, § 641 Rn 9.
208 BGH v. 16.5.1968 – VII ZR 40/66 – BGHZ 50, 175; BGH v. 15.5.1990 – X ZR 128/88 – NJW 1990, 3008.
209 Kniffka/Koeble/Jurgeleit/Sacher/*Kniffka*, Teil 4 Rn 480.

dings gleichgültig, ob der Hauptunternehmer seine Schluss- oder eine Abschlagszahlung erhält.[210]

176 Die Regelung ist im Grunde nur dann von Bedeutung, wenn der Hauptunternehmer zwar dem Nachunternehmer gegenüber die Abnahme verweigern könnte, er aber dennoch von seinem Auftraggeber Geld erhalten hat. Ist die Leistung des Nachunternehmers abnahmereif, braucht er die Vorschrift nicht, sondern kann auf andere Weise (v.a. § 640 Abs. 2 BGB, s.o.) und unabhängig vom Verhalten des Hauptauftraggebers die Fälligkeit herbeiführen.

177 Diese sogenannte „Durchgriffsfälligkeit" tritt in den folgenden Fällen ein:[211]

- Der Hauptunternehmer hat von seinem Auftraggeber die Vergütung für die Leistungen des Nachunternehmers oder für Teile davon erhalten (Leistungsidentität). Problematisch für den Hauptunternehmer ist dabei, dass Zahlungen, die in seinem Vertragsverhältnis mit dem Auftraggeber Abschlagszahlungen (also vorläufige Leistungen) darstellen, zur Fälligkeit der Nachunternehmer-Vergütung führen können.
- Im Verhältnis zwischen Hauptunternehmer und dessen Auftraggeber ist die Abnahme erklärt worden oder es sind die Abnahmewirkungen (hinsichtlich des Werks des Nachunternehmers) eingetreten.
- Da diese Voraussetzungen für den Nachunternehmer u.U. nicht feststellbar sind, kann er dem Hauptunternehmer eine angemessen Frist zur Auskunft über die Zahlungen oder die Abnahmewirkungen in dessen Vertragsverhältnis setzen. Läuft diese fruchtlos ab, sind seine Ansprüche ebenfalls fällig.

178 Erfolgte die Zahlung an den Hauptunternehmer nur gegen eine Sicherheit wegen Mängeln, muss der Nachunternehmer ebenfalls „in entsprechender Höhe" Sicherheit leisten, um die Fälligkeit herbeizuführen.[212] Unklar ist dabei, welche Höhe die Sicherheit haben muss, wobei mehr dafür spricht, dass sich die Höhe nach dem Leistungsanteil des Nachunternehmers richtet.[213]

ee) Besonderheiten der VOB-Regelung

179 Wie bereits erwähnt, gelten die Regelungen der §§ 640, 641 BGB grundsätzlich auch im VOB-Vertrag. Sie werden jedoch ergänzt durch § 12 VOB/B.

180 § 12 Abs. 1 VOB/B regelt ausdrücklich das auch für den BGB-Vertrag ungeschrieben erforderliche Abnahmeverlangen und präzisiert dabei die Länge der angemessenen Frist.

181 § 12 Abs. 2 VOB/B enthält eine Sonderregelung für die **Teilabnahme**, also eine Vereinbarung, welche die in § 641 Abs. 1 S. 2 erwähnte Teilabnahme möglich macht.[214] Demnach sind „in sich abgeschlossene Teile der Leistung" gesondert abzunehmen, wenn eine der Parteien dies verlangt. Eine allgemeingültige Definition, wann von einem in

210 Kniffka/Koeble/Jurgeleit/Sacher/*Kniffka*, Teil 4 Rn 480.
211 Ausführlicher: Kniffka/Koeble/Jurgeleit/Sacher/*Kniffka*, Teil 4 Rn 480.
212 Vgl. *Breyer/Bohn*, BauR 2004, 1066.
213 Kniffka/Jurgeleit/*Pause/Vogel*, § 641 Rn 25.
214 Vgl. Kapellmann/Messerschmidt/*Havers*, § 12 VOB/B Rn 194 m.w.N.

sich abgeschlossenen Teil auszugehen ist, konnte bislang nicht gefunden werden. Es kommt also auf den Einzelfall an, wobei in erster Linie entscheidend ist, ob die Leistung **funktionell für sich bewertbar** ist.[215]

§ 12 Abs. 3 VOB/B entspricht (trotz der etwas anderen Formulierung, aufgrund derer hierüber Streit besteht) § 640 Abs. 1 S. 2 BGB;[216] die Abnahme darf bei unwesentlichen Mängeln nicht verweigert werden. **182**

§ 12 Abs. 4 VOB/B beschreibt die Vorgehensweise bei der förmlichen Abnahme.[217] **183**

Wichtig ist § 12 Abs. 5 VOB/B, denn dieser enthält zwei weitere Fälle für eine **fiktive Abnahme**, die auch eintritt, **ohne** dass die Abnahme ausdrücklich verlangt wird. Letzteres ist in beiden Fällen **Voraussetzung** für die Abnahmefiktion; mit anderen Worten: Wenn eine der Parteien die Abnahme verlangt, kann es zu der fiktiven Abnahme nach § 12 Abs. 5 VOB/B nicht mehr kommen.[218] **184**

- Nach § 12 Abs. 5 Nr. 1 VOB/B gilt die Leistung 12 Werktage (im Regelfall also 2 Kalenderwochen) nach Zugang einer **schriftlichen Fertigstellungsmitteilung** als abgenommen. Diese Mitteilung darüber, dass nach der Auffassung des Auftragnehmers das Werk im Wesentlichen vertragsgerecht fertig gestellt ist, kann auch z.B. in der Übersendung der Schlussrechnung liegen.[219] **185**
- Gem. § 12 Abs. 5 Nr. 2 VOB/B tritt die gleiche Wirkung sechs Werktage (im Regelfall also eine Kalenderwoche) nach **Beginn der Benutzung** des Werkes ein. Das gilt allerdings nicht bei der Benutzung in Form der Weiterverarbeitung. Diese Fiktion ist ausgeschlossen, wenn die Benutzung erkennbar lediglich unter dem Zwang der Umstände oder zur Schadensminderung erfolgt.[220]

In beiden Fällen ist – da es sich nicht um eine konkludente Abnahme, sondern um eine fiktive Abnahme handelt – unbeachtlich, ob der Auftraggeber mit Abnahmewillen gehandelt hat.[221] **186**

Die ausdrückliche Rüge wesentlicher Mängel oder deren offensichtliches Vorliegen stehen der fiktiven Abnahme entgegen. Ebenso eine ausdrückliche Erklärung des Auftraggebers, nicht abnehmen zu wollen,[222] oder die Vereinbarung einer förmlichen Abnahme. **187**

ff) Darlegungs- und Beweislast

Der Auftragnehmer, der einen Vergütungsanspruch durchsetzen will, muss zwingend zur Abnahme oder zum Eintritt der Abnahmewirkungen vortragen.[223] Wenn die Klage also **188**

215 Kapellmann/Messerschmidt/*Havers*, § 12 VOB/B Rn 200 ff.
216 Beck'scher VOB-Kommentar/*Bröker*, § 12 Abs. 3 VOB/B Rn 1 ff. mit Darstellung des Streitstands.
217 Einzelheiten z.B. bei Kapellmann/Messerschmidt/*Havers*, § 12 VOB/B Rn 226 ff.
218 Kapellmann/Messerschmidt/*Havers*, § 12 VOB/B Rn 263; Kniffka/Jurgeleit/*Pause/Vogel*, § 640 Rn 109.
219 BGH v. 4.3.1993 – VII ZR 148/92 – BauR 1993, 473; BGH v. 20.4.1989 – VII ZR 334/97 – BauR 1989, 603.
220 BGH v. 12.6.1975 – VII ZR 55/73 – NJW 1975, 1701.
221 BGH v. 12.6.1975 – VII ZR 55/73 – NJW 1975, 1701.
222 BGH v. 12.6.1975 – VII ZR 55/73 – NJW 1975, 1701.
223 Vgl. Kniffka/Koeble/Jurgeleit/Sacher/*Kniffka*, Teil 4 Rn 475a.

nicht zumindest die Behauptung enthält, dass die Leistungen abgenommen wurden, ist der Vortrag unschlüssig, und es dürfte nicht einmal ein Versäumnisurteil ergehen.

b) Weitere Fälligkeitsvoraussetzungen im VOB-Vertrag

189 Gem. § 16 Abs. 3 Nr. 1 S. 1 VOB/B wir der Anspruch auf die Schlusszahlung alsbald nach Prüfung und Feststellung der Schlussrechnung durch den Auftraggeber fällig, spätestens aber 30 Tage nach Zugang der Schlussrechnung. Die Frist kann durch ausdrückliche Vereinbarung auf 60 Tage verlängert werden, wenn die Voraussetzungen von S. 2 gegeben sind, d.h. wenn es eine sachliche Rechtfertigung für diese Verlängerung gibt.

190 Daraus folgt als weitere Voraussetzung für die Fälligkeit des Schlusszahlungsanspruchs im Rahmen des VOB-Vertrages:

- Dem Auftraggeber muss die **Schlussrechnung** des Auftragnehmers zugegangen sein.
- Diese muss **prüfbar** sein und/oder der Auftraggeber darf innerhalb der in § 16 Abs. 3 S. 1 und 2 VOB/B vorgesehenen Fristen (d.h. innerhalb von 30 oder in Ausnahmefällen von 60 Tagen) nach deren Zugang keine begründeten Einwendungen gegen die Prüfbarkeit erhoben haben.[224] Nach wohl herrschender Meinung läuft diese Frist nach Erledigung eventueller Beanstandungen erneut.
- Der Auftraggeber muss die Rechnung entweder schon vor Ablauf der genannten Fristen geprüft haben,[225] oder es ist seit dem Zugang der prüffähigen Rechnung (bzw. seit der Behebung berechtigter Beanstandungen) die **Prüffrist abgelaufen**.

191 Die Anforderungen an eine prüfbare Schlussrechnung können zunächst einmal § 14 Abs. 1 VOB/B entnommen werden: Danach hat die Rechnung übersichtlich zu sein und sind die Bezeichnungen zu verwenden, die auch im Vertrag enthalten sind. Weiterhin sind erforderlichen Mengenberechnungen, Zeichnungen und andere Belege beizufügen, die für die Überprüfung nötig sind. Im Regelfall ist der Schlussrechnung also ein **Aufmaß** beizufügen, um sie prüfbar zu machen.[226]

192 In der höchstrichterlichen Rechtsprechung wurde mehrfach wiederholt, dass **die Prüfbarkeit keinem Selbstzweck dient**.[227] Das Erfordernis einer prüfbaren Abrechnung dient lediglich dem Zweck, dass der Auftraggeber die Abrechnung des konkreten Vorhabens leicht nachvollziehen kann. Entscheidend ist also der konkrete Vertrag. Es kommt somit nicht darauf an, ob die Rechnung objektiv prüfbar ist oder ob sie die Voraussetzungen des § 14 Abs. 1 VOB/B allesamt erfüllt. Vielmehr ist darauf abzustellen, ob der konkrete Auftraggeber – ggf. unterstützt durch seinen Architekten – subjektiv in der Lage ist, die Rechnung zu prüfen.[228] Die Fachkunde des Auftraggebers (sowie ggf.

224 Vgl. BGH v. 23.9.2004 – VII ZR 173/03 – BauR 2004, 1937.
225 BGH v. 22.4.1982 – VII ZR 191/81 – BGHZ 83, 382.
226 Vgl. Kniffka/Jurgeleit/*von Rintelen*, § 631 Rn 439 ff.
227 BGH v. 8.10.1998 – VII ZR 296/97 – BauR 1999, 63; BGH v. 18.6.1998 – VII ZR 189/97 – BauR 1998, 1108.
228 BGH v. 1.12.1966 – VII ZR 124/67 – NJW 1967, 342.

seiner Berater) ist zu berücksichtigen.[229] Vor allen Dingen ist der Auftraggeber mit dem Einwand der mangelnden Prüfbarkeit ausgeschlossen, wenn er die Rechnung tatsächlich geprüft hat.[230]

Das Kriterium der Prüfbarkeit darf nicht mit dem der Richtigkeit bzw. Mangelhaftigkeit der Abrechnung verwechselt werden.[231] Ist die Rechnung inhaltlich unrichtig, konnte aber vom Auftraggeber geprüft werden, wird der (berechtigte) Vergütungsanspruch fällig. Sofern der Auftraggeber also im Prozess konkrete Einwendungen gegen die Richtigkeit der Rechnung erhebt, ist schon weiterer Vortrag erforderlich, um darzulegen, dass die Rechnung nicht prüffähig war, denn offensichtlich hat er sie geprüft. Dies gilt erst recht, wenn der Auftraggeber im Prozess die Überzahlung des Auftragnehmers geltend macht, denn dies setzt voraus, dass er die Rechnung geprüft hat.[232] **193**

Die Fälligkeit kann im Übrigen nach Ablauf der Prüffrist **teilweise** eintreten, sofern der Einwand der mangelnden Prüffähigkeit nicht alle Leistungsteile betraf.[233]

Möchte der Auftraggeber seinerseits die endgültige Abrechnung und damit die Fälligkeit des Vergütungsanspruchs herbeiführen (z.B. um auch die Verjährung in Gang zu setzen), hat er die Möglichkeit, dem Auftragnehmer nach § 14 Abs. 3 VOB/B eine angemessene Frist zur Einreichung einer (prüffähigen) Schlussrechnung zu setzen. Nach fruchtlosem Ablauf dieser Frist hat er das Recht, selbst und auf Kosten des Auftragnehmers eine Schlussrechnung zu erstellen. **194**

c) Weitere Fälligkeitsvoraussetzungen im BGB-Bauvertrag

Nach dem bis zum 31.12.2017 geltenden Recht wird die Vergütung im BGB-Vertrag mit dem Zeitpunkt der Abnahme fällig. Weitere Voraussetzungen gibt es (sofern nichts anderes vertraglich vereinbart ist) nicht, vor allen Dingen ist nach dem „alten“ Recht die **Einreichung einer Schlussrechnung nach ständiger Rechtsprechung keine Fälligkeitsvoraussetzung**.[234] **195**

Das heißt allerdings nicht, dass die Schlussrechnung im „alten“ BGB-Vertrag ohne Bedeutung wäre. Sie ist Voraussetzung für die **schlüssige Darlegung** der geltend gemachten Ansprüche im Rahmen einer Vergütungsklage.[235] Legt der Auftragnehmer also nicht spätestens im Prozess eine prüfbare Schlussrechnung vor, läuft er Gefahr, dass die Vergütungsklage nicht nur als „derzeit unbegründet“ abgewiesen wird, sondern endgültig. **196**

229 BGH v. 1.12.1966 – VII ZR 124/67 – NJW 1967, 342; OLG München v. 3.2.1993 – 27 U 232/92 – BauR 1993, 346.
230 BGH v. 22.11.2001 – VII ZR 168/00 – BauR 2002, 468; BGH v. 8.10.1998 – VII ZR 296/97 – BauR 1999, 63.
231 BGH v. 6. 7. 2000 – VII ZR 22/98 – BauR 2000, 1485.
232 BGH v. 12.1.2006 – VII ZR 2/04 – BauR 2006, 693.
233 BGH v. 27.11.2003 – VII ZR 288/02 – BauR 2004, 316; BGH v. 22.12.2005 – VII ZR 316/03 – BauR 2006, 678.
234 BGH v. 18.12.1980 – VII ZR 41/80 – BauR 1981, 199; BGH v. 22.4.1982 – VII ZR 191/81 – BauR 1982, 377; OLG Dresden v. 14.10.2005 – 18 U 2297/04 – BauR 2007, 598.
235 BGH v. 14.6.2007 – VII ZR 230/06 – BauR 2007, 1577.

197 Außerdem wird ohne Erteilung einer prüfbaren Schlussrechnung der Auftraggeber nicht in Verzug geraten. Ohne diese kann er die richtige Höhe der Forderung nicht überprüfen, sodass seine Nichtzahlung nicht verschuldet ist.[236]

198 Dass die Situation für den Bauvertrag unbefriedigend ist, hat der Gesetzgeber erkannt und in § 650g Abs. 4 S. 1 Nr. 2 BGB eingeführt, dass nunmehr auch **die Vorlage einer prüffähigen Schlussrechnung Fälligkeitsvoraussetzung ist**. Die Kriterien für die Prüfbarkeit sind gem. § 650g Abs. 4 S. 2 BGB in etwa die gleichen, wie die oben für den VOB-Vertrag dargelegten,[237] wobei es auf den Einzelfall ankommt, welche Anforderungen an die Rechnung zu stellen sind.

199 Im Unterschied zu der VOB/B-Regelung ist im BGB-Bauvertrag allerdings für den Eintritt der Fälligkeit nicht erforderlich, **dass die Prüffrist abgelaufen ist**.

III. Baugeld und seine Verwendung

200 Die (zweifache) Novellierung des Bauforderungssicherungsgesetzes im Jahr 2009 erfolgte vor dem Hintergrund, die am Bau beteiligten Unternehmen vor Ausfällen und Liquiditätsschwierigkeiten zu schützen, deren Ursache der Gesetzgeber wohl in erster Linie in der anderweitigen Verwendung der für die Baumaßnahme gezahlten Gelder durch deren Empfänger sah.[238]

1. Baugeld

201 Zu diesem Zweck ist zunächst der Begriff des **Baugelds** erheblich ausgeweitet worden. Nach dem Gesetz über die Sicherung von Baugeldforderungen (GSB) waren darunter lediglich Gelder zu verstehen, deren Finanzierung dinglich abgesichert war; diese Definition entspricht jetzt § 1 Abs. 3 Nr. 1 BauFordSiG. Nunmehr zählen dazu gem. § 1 Abs. 3 Nr. 2 BauFordSiG aber auch alle Gelder, die **im Zusammenhang mit einer Bauleistung** gezahlt werden, sofern der Empfänger die Bauleistungen nicht allein erbringt, sondern sich dazu **Dritter** (Lieferanten oder Nachunternehmer) bedient. Mit dieser erweiterten Definition dürften die meisten Beträge, die im Rahmen einer arbeitsteilig organisierten Baumaßnahme gezahlt werden, dem Baugeldbegriff unterfallen.

2. Baugeldempfänger

202 Noch nicht ganz geklärt ist allerdings, wer **Baugeldempfänger** und damit Verpflichteter aus dem Gesetz ist. Unter der Geltung des GSB hatte der BGH entschieden, dass derjenige, der lediglich mit einem Teil des Baus beauftragt ist, nicht Empfänger von Baugeld im Sinne der Vorschrift sein kann.[239] Hierzu wird zur jetzigen Fassung zum

236 BGH v. 12.7.2006 – X ZR 157/05 – NJW 2006, 3271; BGH v. 20.10.1988 – VII ZR 302/87 – BauR 1989, 87.
237 OLG Hamm v. 25.3.1996 – 17 U 117/94 – OLGR 1996, 113; OLG Celle v. 6.3.1997 – 14 U 93/06 – BauR 1997, 1052.
238 Für genauere Einzelheiten darf u.a. verwiesen werden auf: *Kölbl*, NZBau 2010, 220 ff.; *Leidig*, NJW 2009, 2919 ff.; Messerschmidt/Voit/*Wolff*, Vorb. v. § 1 BauFordSiG Rn 4 ff.
239 BGH v. 16.12.1999 – VII ZR 39/99 – BauR 2000, 573.

Teil vertreten, diese Rechtsprechung habe weiterhin Gültigkeit.[240] Folge wäre, dass im Grunde nur Bauträger, Generalübernehmer oder Generalunternehmer Baugeldempfänger sein könnten. Das überzeugt hingegen nicht. Denn abgesehen von Abgrenzungsproblemen (Wie viele Nachunternehmer sind nötig?, Ab wann ist das Herausnehmen eines kleineren Teils der Leistung schädlich?), hatte die erwähnte Rechtsprechung des BGH ihren Ursprung darin, dass der Generalunternehmer das empfangene Geld ähnlich einem Treuhänder verwaltet und dabei im Regelfall Kenntnis über die Finanzierung und die grundbuchpfandrechtliche Besicherung der finanzierten Gelder erlangt haben sollte.[241] Infolge der Ausweitung des Baugeldbegriffs in § 1 Abs. 3 Nr. 2 BauFordSiG spielt die grundbuchpfandrechtliche Besicherung aber keine Rolle mehr,[242] daher kann jeder an der Unternehmerkette Beteiligte, der noch Geld an eine Partei „hinter sich" in der Kette weiterleiten muss, Empfänger von Baugeld sein.[243] Dies entspricht auch der Intention des Gesetzgebers bei der Reform des Gesetzes.[244]

3. Verwendung des Baugelds

Soweit der Baugeldempfänger selbst an den Bauleistungen beteiligt ist, darf er das Baugeld in Höhe des angemessenen Werts der von ihm erbrachten Leistungen[245] für sich behalten, § 1 Abs. 2 BauFordSiG. In diesem Zusammenhang gehören auch Wagnis und Gewinn, Allgemeine Geschäftskosten, Baustellengemeinkosten etc. zu den erbrachten Leistungen. 203

Darüber hinaus darf das Baugeld jedoch nur zur Befriedigung der in der „Kette" **nachfolgenden Beteiligten** verwendet werden, soweit diese nicht bereits aus anderen Mitteln befriedigt sind, § 1 Abs. 1 BauFordSiG. Der Baugeldempfänger darf also insoweit das Baugeld nicht zur anderweitigen Finanzierung einsetzen, vor allem **nicht bei anderen Baumaßnahmen**. Das Baugeld muss „in der Baustelle bleiben". 204

Um dem Zweck des Gesetzes zu genügen, muss das Baugeld zudem **dem Zugriff Dritter entzogen** werden. Im Ergebnis heißt dies, dass für das Baugeld zumindest ein **baustellenbezogenes Sonderkonto** einzurichten ist.[246] Ob sogar ein Treuhandkonto erforderlich ist, ist aufgrund der obergerichtlichen Rechtsprechung zur Unpfändbarkeit von Baugeld zweifelhaft. Dem Schutzbedürfnis dürfte vor dem Hintergrund dieser Rechtsprechung Genüge getan sein, wenn dem kontoführenden Institut bekannt ist, dass 205

240 OLG München v. 13.11.2012 – 13 U 1624/12 Bau – NZBau 2013, 171; LG Limburg v. 12.8.2013 – 1 O 83/13; *Stammkötter*, BauR 2009, 1521.

241 BGH v. 16.12.1999 – VII ZR 39/99 – BauR 2000, 573.

242 Messerschmidt/Voit/*Wolff*, § 1 BauFordSiG Rn 20.

243 Vgl. *Gartz*, NZBau 2009, 630; Ingenstau/Korbion/*Joussen*, Anh. 1 Rn 273; Messerschmidt/Voit/*Wolff*, § 1 BauFordSiG Rn 27.

244 Siehe *Gartz*, NZBau 2009, 630.

245 Nach der zwischen 1.1.2009 und 3.8.2009 geltenden Fassung waren es nur 50 % des angemessenen Werts.

246 Vgl. *Leidig*, NJW 2009, 2919.

es sich um Baugeld handelt.[247] Die Einrichtung eines Fremdgeldkontos erscheint aber empfehlenswert.[248] Jedenfalls ist das sog. „Cash-Pooling" unzulässig.

206 Das BauFordSiG gibt dem Nachunternehmer oder Lieferanten **kein subjektives Recht** gegenüber dem Hauptunternehmer; die gesetzesgemäße Verwendung lässt sich also nicht unmittelbar durchsetzen. Der Baugeldempfänger macht sich „nur" gem. § 2 BauFordSiG **strafbar**, sofern die gesetzeswidrige Verwendung des Baugeldes im Fall der Zahlungseinstellung oder der Insolvenz zu Nachteilen bei den berechtigten Gläubigern führt. Außerhalb der Krise ergeben sich aus dem Gesetz überhaupt keine durchsetzbaren Ansprüche.[249]

4. Schadensersatzansprüche

207 Es lässt sich jedoch u.U. ein Schadensersatzanspruch aus § 823 Abs. 2 BGB i.V.m. § 1 Abs. 1 BauFordSiG begründen, da dieser ein Schutzgesetz i.S.v. § 823 Abs. 2 BGB darstellt.

a) Anspruchsgegner

208 Anspruchsgegner ist zunächst einmal der Baugeldempfänger. Ist der Klagegegner also kein Bauträger, Generalübernehmer oder Generalunternehmer, wird man sich mit der oben erwähnten Auffassung auseinandersetzen müssen, dass nur diese Baugeldempfänger sein können.

209 Soweit sich der Schadensersatzanspruch gegen den Baugeldempfänger selbst richtet, ist er allerdings im Regelfall wirtschaftlich bedeutungslos, denn Tatbestandsvoraussetzung ist gerade dessen Zahlungseinstellung bzw. Insolvenz. Interessant ist deshalb nur die **persönliche Haftung der jeweiligen Verantwortungsträger**. Für diese persönliche Haftung kommen neben den Organen (z.B. der oder die[250] Geschäftsführer einer GmbH) auch Prokuristen,[251] Generalbevollmächtigte oder sogenannte faktische Geschäftsführer[252] in Frage.

b) Vorsatz

210 Die Haftung nach § 823 BGB setzt Verschulden voraus. Das heißt hinsichtlich der Haftung der handelnden natürlichen Person, dass dieser **mindestens bedingter Vorsatz** nachgewiesen werden muss.[253] In diesem Zusammenhang könnte ein Tatbestandsirrtum für den Baugeldempfänger hilfreich sein,[254] ein Verbotsirrtum hingegen nicht.[255] Für

247 Vgl. *Leidig*, NJW 2009, 2919.
248 Messerschmidt/Voit/*Wolff*, § 1 BauFordSiG Rn 20.
249 Vgl. Messerschmidt/Voit/*Wolff*, § 1 BauFordSiG Rn 47.
250 BGH v. 9.10.1990 – VI ZR 230/89 – BauR 1991, 96.
251 BGH v. 24.11.1981 – VI ZR 47/80 – BauR 1982, 193.
252 OLG Hamburg v. 9.9.2009 – 11 U 148/08 – BauR 2010, 639.
253 OLG München v. 13.11.2012 – 13 U 1624/12 Bau – NZBau 2013, 171; Messerschmidt/Voit/*Wolff*, § 1 BauFordSiG Rn 68.
254 OLG Schleswig v. 6.6.2008 – 1 U 175/06 – NZBau 2008, 646.
255 Vgl. Messerschmidt/Voit/*Wolff*, § 1 BauFordSiG Rn 69; zumindest zweifelhaft daher OLG München v. 13.11.2012 – 13 U 1624/12 Bau – NZBau 2013, 171.

die Darlegung des bedingten Vorsatzes dürfte allerdings in vielen Fällen der Vortrag ausreichend sein, dass Baugeld empfangen und weder ausgezahlt noch gesondert angelegt wurde. Dann muss der Verantwortliche nachweisen, dass er durch seine Organisation dafür gesorgt hat, dass die gesetzlichen Regelungen eingehalten werden.[256]

c) Schaden

Ersatzfähig ist ggf. die ausgefallene **Bauforderung**. Diese bemisst sich nach dem Wert der erbrachten Werkleistung unter Berücksichtigung der vereinbarten Vergütung.[257] Baumängel mindern den Schaden und damit den Anspruch,[258] ein vereinbarter Sicherheitseinbehalt hingegen nicht.[259] Nicht zu berücksichtigen sind Nebenforderungen, Vertragsstrafenansprüche und Schadensersatzansprüche.[260] Die Bauforderung muss nach der h.M. spätestens im Zeitpunkt der letzten mündlichen Verhandlung **fällig** sein.[261] 211

Im Zusammenhang mit der Darlegung des Schadens sieht sich der Anspruchsteller allerdings mit zwei erheblichen Problemen konfrontiert: 212

- Das größte Problem liegt wohl darin, dass die Möglichkeit der **Insolvenzanfechtung** in vielen Fällen **den Schaden entfallen lässt**.[262] Hätte nämlich der Baugeldempfänger dieses bestimmungsgemäß ausgezahlt und hätte der Insolvenzverwalter diese Zahlung nach den §§ 129 ff. InsO anfechten können, dann hätte der Nachunternehmer das erhaltene Geld zurückzahlen müssen. Auch bei rechtmäßigem Verhalten des Baugeldempfängers wäre folglich die Vermögenslage die Gleiche gewesen.
- Außerdem wird vertreten, dass der Schaden erst feststeht, wenn der Baugeldgläubiger mit seiner Forderung **endgültig ausgefallen** ist;[263] d.h.: wenn feststeht, ob und ggf. mit welcher Quote aus dem Insolvenzverfahren etwas erzielt werden kann. Diese Auffassung ist zumindest zweifelhaft.[264] Prozessual sollte man dem begegnen, indem die Verurteilung Zug-um-Zug gegen Abtretung der Ansprüche aus dem Insolvenzverfahren beantragt wird.

d) Darlegungs- und Beweislast

Der klagende **Baugeldgläubiger** muss darlegen und beweisen, dass und in welcher Höhe er eine Bauforderung hat und dass (Bau-)Geld gezahlt worden ist, dessen Höhe diese Bauforderung übersteigt. Wie oben schon dargelegt, muss er grundsätzlich auch den Vorsatz des Anspruchsgegners nachweisen,[265] wobei ihm aber Beweiserleichterungen zugute kommen. Der **Baugeldempfänger** muss dann ggf. beweisen, dass es sich 213

256 Im Einzelnen: *Illies*, BauR 2013, 1342.
257 OLG München v. 12.10.2004 – 9 U 2662/04 – BauR 2005, 884.
258 OLG München v. 12.10.2004 – 9 U 2662/04 – BauR 2005, 884.
259 Messerschmidt/Voit/*Wolff*, § 1 BauFordSiG Rn 74; a.A. OLG Celle v. 13.1.2005 – 6 U 123/04 – BauR 2006, 685.
260 OLG Hamburg v. 20.8.1999 – 14 U 205/98 – OLGR 1999, 437.
261 OLG Dresden v. 1.3.2005 – 5 U 1854/04 – BauR 2005, 1346; Ingenstau/Korbion/*Joussen*, Anh. 1 Rn 301.
262 BGH v. 26.4.2013 – IX ZR 220/11 – BauR 2013, 1446; OLG Hamm v. 12.12.2006 – 27 U 98/06 – BauR 2007, 762.
263 Im Einzelnen *Illies*, BauR 2013, 1342.
264 Auch dazu *Illies*, BauR 2013, 1342.
265 Messerschmidt/Voit/*Wolff*, § 1 BauFordSiG Rn 85.

bei dem erhaltenen Geld nicht um Baugeld handelt und/oder dass er das erhaltene Geld ordnungsgemäß verwendet hat, § 1 Abs. 4 BauFordSiG.

214 Der Baugeldgläubiger leidet allerdings unter einem Informationsdefizit hinsichtlich der internen Vorgänge beim Baugeldempfänger. Er kennt im Regelfall dessen Beweissituation hinsichtlich der Verwendung und Anlage des Baugeldes nicht. Daher dürfte er **Auskunfts- und Rechenschaftsansprüche** hinsichtlich des Empfangs und der Verwendung des Baugeldes haben.[266] Um das Prozessrisiko zu verringern, können diese Ansprüche – ggf. in Form einer Stufenklage – geltend gemacht werden. Hat der Kläger vorgerichtlich erfolglos zur Auskunft aufgefordert und weist der Beklagte dann im Prozess die ordnungsgemäße Verwendung nach, dürfte eine Umstellung der Klage auf einen materiellen Kostenerstattungsanspruch möglich und erfolgreich sein, denn der Beklagte hat durch sein Verhalten Anlass zur Klage gegeben.[267]

IV. Verzug und Verzinsung

215 Da es bei Baustreitigkeiten häufig um erhebliche Summen geht, ist auch die Verzinsung der Vergütungsansprüche von Bedeutung. Während der Verzug grundlegend in § 3 behandelt wird, ist im Zusammenhang mit der Vergütung die Verzinsung interessant.

1. Im VOB-Vertrag

216 Während hinsichtlich der Höhe der Verzugszinsen auf § 288 BGB verwiesen wird, enthält die VOB hinsichtlich des Verzugseintritts besondere, teils vom BGB abweichende Bedingungen in § 16 Abs. 5 Nr. 3 VOB/B. Deren Wirksamkeit ist zweifelhaft, weil damit sowohl von § 641 Abs. 4 BGB als auch von § 286 Abs. 3 BGB abgewichen wird.[268] Sind die Abweichungen für den Gegner des Verwenders nachteilig, bietet es sich also an, auf die gesetzlichen Regelungen abzustellen.

217 Nach den Regelungen der VOB/B soll grundsätzlich der Ablauf einer **angemessenen Nachfrist** erforderlich sein, die **nach Eintritt der Fälligkeit** erfolgen muss, § 12 Abs. 5 Nr. 3 S. 1 und 2 VOB/B. § 641 Abs. 4 BGB soll damit also abbedungen werden. Das heißt:

218
- Will der Auftragnehmer Verzugszinsen aus einer **Abschlagsrechnung** geltend machen, muss er zunächst 21 Kalendertage ab deren Zugang beim Auftraggeber abwarten. Dann muss er eine angemessene Nachfrist setzen; angemessen ist die Frist, wenn der Auftraggeber unter regelmäßigen Umständen die Zahlung innerhalb dieser bewirken kann.[269] Dabei sollte die Fälligkeitsfrist sorgfältig berechnet werden, weil eine Mahnung vor Eintritt der Fälligkeit gegenstandslos ist;[270] das gilt entsprechend

266 Im Einzelnen *Illies*, BauR 2013, 1342.
267 Fehlerhaft insoweit *Illies*, BauR 2013, 1342, der auf § 93 ZPO abstellt, welcher aber nur für den Beklagten anwendbar ist.
268 Vgl. Kniffka/Jurgeleit/*Pause/Vogel*, § 641 Rn 149.
269 Vgl. OLG Frankfurt v. 11.3.1986 – 5 U 35/83 – NJW-RR 1987, 979.
270 BGH v. 17.3.1980 – VII ZR 214/79 – BGHZ 77, 64; BGH v. 29.4.1992 – XII ZR 105/91 – NJW 1992, 1956.

für die Nachfrist. Da der Auftraggeber schon durch die Fälligkeitsregelung in § 16 Abs. 1 Nr. 3 VOB/B Zeit hatte, sich auf die Zahlungsverpflichtung einzurichten, kann die Nachfrist kurz bemessen werden. Eine Frist von einer Woche sollte mindestens gewährt werden,[271] sollte aber auch ausreichend sein.

- Für die Geltendmachung von Verzugszinsen aus der **Schlussrechnungsforderung** gilt im Grunde das Gleiche. Lediglich die Frist ist eine andere; wie oben erläutert, tritt die Fälligkeit des Schlussrechnungsanspruchs mit Mitteilung des Prüfergebnisses bzw. spätestens mit Ablauf von 30 bzw. 60 Tagen nach Zugang der Schlussrechnung ein. Es wird vertreten, dass die angemessene Nachfrist hier mindestens zwei Wochen betragen soll.[272] Besonders überzeugend ist das hingegen nicht, da die Zeit für die Bewirkung der Zahlung die gleiche ist wie bei der Abschlagszahlung und dem höheren Aufwand bei der Prüfung bereits mit der Prüffrist Rechnung getragen wurde.

§ 16 Abs. 5 Nr. 3 S. 3 und 4 VOB/B enthalten eine an § 286 Abs. 3 BGB angenäherte **219** Regelung, wonach 30 bzw. 60 Tage nach Zugang der Rechnung Verzug auch ohne Nachfristsetzung eintritt. Damit soll der Rechtsprechung zur Unwirksamkeit der vorangegangenen Fassung Rechnung getragen werden. Wegen der darin enthaltenen unbestimmten Rechtsbegriffe ist aber auch die Wirksamkeit dieser Neuregelung zweifelhaft.[273]

2. Im BGB-Vertrag

Im BGB-Vertrag gelten hinsichtlich des Verzugs die „normalen" Regelungen, also vor **220** allem die §§ 286, 288 BGB.

Wie oben erläutert, tritt nach dem bis zum 31.12.2017 geltenden BGB-Werkvertrag **221** die Fälligkeit des Werklohns unmittelbar mit der Abnahme ein. Dennoch kann der Auftragnehmer (bis auf Ausnahmefälle) **ohne Übergabe einer prüffähigen Schlussrechnung keinen Verzug** des Auftraggebers herbeiführen. Solange diese noch fehlt, ist der Auftraggeber nicht in der Lage, den richtigen Zahlbetrag zu bestimmen. Die Nicht-Leistung hat er also nicht zu vertreten, weshalb er nicht in Verzug gerät,[274] § 286 Abs. 4 BGB. Seit dem 1.1.2018 ist gem. § 650g Abs. 4 BGB die Übergabe einer prüfbaren Schlussrechnung Fälligkeitsvoraussetzung.

Hat der Auftragnehmer eine prüffähige Schlussrechnung übergeben, so hat er die Mög- **222** lichkeit, den Verzug gem. § 286 Abs. 1 BGB durch Mahnung zu einem beliebigen Zeitpunkt herbeizuführen. Oder der Verzug tritt gem. § 286 Abs. 3 BGB 30 Tage nach Zugang der Rechnung ein. Eine **(Nach-)Fristsetzung** ist im Rahmen des BGB-Vertrages **nicht erforderlich**.

Allerdings kann der Auftragnehmer nach den Regelungen des BGB Zinsen in gesetzli- **223** cher Höhe (§ 246 BGB: 4 % p.a.; § 352 HGB: 5 % p.a.) aufgrund von § 641 Abs. 4 BGB

271 Vgl. Kapellmann/Messerschmidt/*Messerschmidt*, § 16 Rn 460 m.w.N.
272 Kapellmann/Messerschmidt/*Messerschmidt*, § 16 Rn 460 m.w.N.
273 Vgl. Kniffka/Jurgeleit/*Pause/Vogel*, § 641 Rn 149.
274 BGH v. 12.7.2006 – X ZR 157/05 – NJW 2006, 3271; BGH v. 20.10.1988 – VII ZR 302/87 – BauR 1989, 87.

auch vor Eintritt des Verzugs geltend machen. Demnach ist nämlich die Vergütung **ab dem Zeitpunkt der Abnahme** zu verzinsen. Wegen dieser ausdrücklichen Regelung spielt es also im Regelfall keine erhebliche Rolle, wann der Auftragnehmer die Schlussrechnung erstellt; selbst, wenn er sich damit Zeit lässt, sind jedenfalls die gesetzlichen Zinsen ab dem Tag der Abnahme zu berechnen.

V. Abrechnung des gekündigten Bauvertrags

224 Es gibt für die Parteien zahlreiche Möglichkeiten, den Vertrag einseitig zu beenden. Dabei muss die Kündigung des Auftragnehmers (vorbehaltlich anderer vertraglicher Vereinbarungen) stets auf einem normierten oder ungeschriebenen Kündigungsgrund beruhen, während der Auftraggeber auch die Möglichkeit hat, den Vertrag jederzeit „frei", also ohne wichtigen Grund zu kündigen (§ 8 Abs. 1 VOB/B; § 649 BGB).

225 Hinsichtlich der Abrechnung nach der Kündigung ist allerdings in allen Fällen im Grundsatz nur zu unterscheiden, ob der Auftragnehmer lediglich die Vergütung für die **erbrachten Leistungen** beansprucht oder ob er daneben auch Vergütung für die **kündigungsbedingt nicht erbrachten Leistungen** beanspruchen kann und möchte. Auch wenn er zur Abrechnung der nicht erbrachten Leistungen berechtigt ist, muss er dies natürlich nicht, sondern kann sich auf die erbrachten beschränken.[275]

1. Allgemeine Voraussetzungen

226 Zunächst ist jedoch zu beachten, dass auch bei der Abrechnung eines gekündigten Werkvertrags die oben dargestellten Voraussetzungen gegeben sein müssen. Das heißt vor allen Dingen:

227
- Auch beim gekündigten Vertrag ist Fälligkeitsvoraussetzung die **Abnahme**[276] oder der anderweitige Eintritt der Abnahmewirkungen.[277] Die früher vertretene Ansicht, dass dies nicht erforderlich sei, ist überholt. Der Beurteilung unterliegt dann nur noch die bis zur Kündigung erbrachte Teilleistung; ist diese ohne wesentliche Mängel, muss die Abnahme erklärt werden.[278] Die fiktive Abnahme nach § 12 Abs. 5 VOB/B kommt nach der Kündigung allerdings nicht in Betracht;[279] das dürfte in gleicher Weise für die fiktive Abnahme nach § 640 Abs. 2 BGB gelten.
- Auch bei gekündigtem Vertrag muss der Auftragnehmer eine **prüfbare Abrechnung** vorlegen,[280] § 8 Abs. 6 VOB/B. Diese ist – wie oben Rdn 190 erläutert – beim VOB-Vertrag sowie bei einem Bauvertrag gem. dem aktuell gültigen gesetzlichen Bauvertragsrecht Fälligkeitsvoraussetzung,[281] beim „alten" BGB-Vertrag aber auch

275 Kniffka/Koeble/Jurgeleit/Sacher/*Kniffka*, Teil 8 Rn 46.
276 BGH v. 11.5.2006 – VII ZR 146/04 – BauR 2006, 1294.
277 Vgl. Kniffka/Jurgeleit/*Schmitz*, § 648 Rn 27.
278 Kniffka/Jurgeleit/*Schmitz*, § 648 Rn 24.
279 BGH v. 19.12.2002 – VII ZR 103/00 – BauR 2003, 689; *Kniffka*, ZfBR 1998, 113.
280 BGH v. 9.10.1986 – VII ZR 259/85 – BauR 1987, 95.
281 BGH v. 4.5.2000 – VII ZR 394/97 – BauR 2000, 1191.

Voraussetzung für die schlüssige Darlegung. Der Gesichtspunkt der schlüssigen Darlegung gewinnt beim gekündigten Vertrag allerdings erheblich an Bedeutung.

- Im Rahmen eines gekündigten VOB-Vertrages ist hinsichtlich der Fälligkeit des Vergütungsanspruchs zudem der **Ablauf der Prüffrist** bzw. die Mitteilung des Prüfergebnisses zu beachten (siehe oben Rdn 190). § 16 Abs. 3 VOB/B unterscheidet nicht zwischen der Schlussrechnung nach vollständig durchgeführtem oder vorzeitig gekündigtem Vertrag.

2. Abrechnung der erbrachten Leistungen

In allen Fällen des gekündigten Werkvertrags steht dem Auftragnehmer die Vergütung für die bis zur Kündigung erbrachten Leistungen zu;[282] über diese kann er also stets abrechnen. **228**

Erbrachte Leistungen sind alle Bauleistungen, die sich bis zur Kündigung bereits in dem Bauwerk verkörpert haben. **Nicht** zu den erbrachten Leistungen gehören daher im Regelfall bereits produzierte, aber noch nicht eingebaute Bauteile; das gilt auch, wenn diese bereits angeliefert sein sollten.[283] Von diesem Grundsatz gibt es Ausnahmen: **229**

- Im VOB-Vertrag sind gem. § 6 Abs. 5 VOB/B auch die Kosten zu vergüten, die dem Auftragnehmer bereits entstanden und in den Vertragspreisen des nicht ausgeführten Teils der Leistung enthalten sind. Dies sind in erster Linie genau die produzierten, aber noch nicht eingebauten Bauteile. Auf die Abrechnung nach § 6 Abs. 5 VOB/B wird § 6 Abs. 7 VOB/B (Kündigung bei Unterbrechung größer drei Monate) und in § 8 Abs. 2 Nr. 2 VOB/B (Kündigung im Zusammenhang mit der Insolvenz des Auftragnehmers) verwiesen, sodass das Gleiche gilt.[284] **230**
- Die gleiche Rechtsfolge ergibt sich (auch, wenn dort von Auslagen die Rede ist) aus § 645 Abs. 1 S. 1 Hs. 2 BGB.[285] Demnach besteht Anspruch auf Erstattung der Kosten für die bereits produzierten Bauteile, wenn der Auftraggeber Untergang, Verschlechterung oder Unausführbarkeit des Werkes zu vertreten hat. Gem. § 645 Abs. 1 S. 2 BGB gilt dies auch bei einer Vertragsaufhebung nach § 643 BGB (Kündigung bei unterlassener Mitwirkung des Auftraggebers).
- Zudem kann der Auftraggeber nach Treu und Glauben verpflichtet sein, die bereits produzierten Teile abzunehmen und zu bezahlen. Das kommt dann in Frage, wenn die betroffenen Leistungen für die Weiterverwendung uneingeschränkt tauglich sind und dem Auftraggeber dies unter Abwägung der Umstände zumutbar ist.[286] In den meisten Fällen steht dem allerdings schon entgegen, dass der nachfolgende Unternehmer nicht bereit ist, die Teile zu verwenden.[287]

282 Vgl. BGH v. 26.11.1959 – VII ZR 120/58 – BGHZ 31, 224, 229; BGH v. 25.3.1993 – X ZR 17/92 – BauR 1993, 469; BGH v. 10.5.1990 – VII ZR 45/89 – BauR 1990, 632; BGH v. 12.2.2003 – X ZR 62/01 – BauR 2003, 880.
283 BGH v. 9.3.1995 – VII ZR 23/93 – BauR 1995, 545.
284 BGH v. 7.1.2003 – X ZR 16/01 – BauR 2003, 877.
285 Vgl. Kniffka/Jurgeleit/*Pause/Vogel*, § 645 Rn 26.
286 BGH v. 9.3.1995 – VII ZR 23/93 – BauR 1995, 545.
287 Kniffka/Koeble/Jurgeleit/Sacher/*Kniffka*, Teil 8 Rn 48.

231 Die Vergütung für die erbrachten Leistungen muss **auf der Grundlage des konkreten Vertrages** ermittelt werden. Dazu muss der Unternehmer die erbrachten Leistungen genau bezeichnen, diese von den nicht erbrachten Leistungen abgrenzen und sie schließlich auf der Grundlage der vereinbarten Preise bewerten.[288]

a) Einheitspreisvertrag

232 Relativ einfach ist dies beim Einheitspreisvertrag. Hier werden die bis zur Kündigung erbrachten Leistungen anhand des **Aufmaßes** mit den festgestellten Massen entsprechend den vereinbarten Einheitspreisen abgerechnet.[289]

233 Zu beachten ist lediglich, dass eine Preisanpassung i.S.v. § 2 Abs. 3 VOB/B wegen kündigungsbedingter Mindermengen nicht erfolgt.[290] Weitere Besonderheiten ergeben sich nicht.

b) Pauschalvertrag

234 Für den Pauschalvertrag gelten die gleichen Grundsätze, was unter Umständen zu einer erheblich aufwändigeren Abrechnung führt.

aa) Detail-Pauschalvertrag

235 Immer noch recht einfach ist die Abrechnung eines Pauschalvertrages, dem ein detailliertes Leistungsverzeichnis zugrunde lag (Detail-Pauschalvertrag). In diesem Fall können die ausgeführten Leistungen gemäß **Aufmaß** ebenfalls nach dem ursprünglichen Leistungsverzeichnis bezeichnet und zugleich von den nicht erbrachten Leistungen abgegrenzt werden.[291] Grundsätzlich sind diese Leistungen dann auch mit den Preisen aus dem ursprünglichen Leistungsverzeichnis zu berechnen, allerdings mit zwei Besonderheiten:

- Die Pauschalierung ist regelmäßig mit einem Preisnachlass verbunden, in manchen Fällen auch mit einem Zuschlag für das übernommene Risiko. Diese Nachlässe oder Zuschläge sind bei der Abrechnung zu berücksichtigen. Der Pauschalierungsnachlass darf aber bei der Kündigungsabrechnung nicht einfach wieder hinzugesetzt werden.[292]
- Der Auftragnehmer hat mit der Pauschalierung das Mengenermittlungsrisiko übernommen. Steht also im Zeitpunkt der Kündigung schon fest, dass sich die Massen in bestimmten Positionen gegenüber dem Leistungsverzeichnis geändert haben oder bei vollständiger Ausführung der Leistung geändert hätten, ist der Preis für die entsprechenden Positionen an die geänderten Massen anzupassen.

288 Vgl. Kniffka/Jurgeleit/*Schmitz*, § 648 Rn 43.
289 BGH v. 21.12.1995 – VII ZR 198/94 – BauR 1996, 382.
290 OLG Celle v. 22.6.1994 – 6 U 212/93 – BauR 1995, 558.
291 BGH v. 20.4.2000 – VII ZR 458/97 – BauR 2000, 1498.
292 OLG München v. 28.1.2014 – 9 U 2296/13 Bau; *Lichtenberg*, IBR 2014, 260.

bb) Global-Pauschalvertrag

Bei einem Pauschalvertrag, dem auch im Stadium vor Vertragsschluss kein detailliertes Leistungsverzeichnis zugrunde lag, fehlt die Grundlage für eine solche einfache Abgrenzung. Dies ändert aber nichts an den oben geschilderten Grundsätzen.[293] 236

Damit ist es vor allen Dingen unzulässig (und dennoch in der Praxis sehr beliebt), 237

- die erbrachten Leistungen ohne nachvollziehbare Kriterien mit einem Prozentsatz zu beziffern und diesen von der vereinbarten Vergütung in Rechnung zu stellen;[294] es fehlt sowohl an der exakten Abgrenzung zwischen erbrachten und nicht erbrachten Leistungen als auch an einer finanziellen Bewertung genau der erbrachten Teilleistungen;
- die erbrachten Leistungen zwar im Einzelnen zu ermitteln, dann aber mit den üblichen Preisen oder einer anderen Preisgrundlage, die nicht dem Vertrag zu entnehmen ist, zu bewerten;[295]
- sich an einem Zahlungsplan zu orientieren,[296] denn im Regelfall entsprechen die vereinbarten Raten nicht den für die Fälligkeit festgelegten Bautenständen (sollte der Vertrag dies im Einzelfall ausnahmsweise so regeln, kann der Zahlungsplan natürlich herangezogen werden).

Solche Abrechnungen führen nicht nur zu einem falschen Ergebnis, sondern sind auch nicht prüffähig (mit den oben dargelegten Folgen, siehe Rdn 189 ff.). 238

Nach ständiger höchstrichterlicher Rechtsprechung muss für die Abrechnung solcher Pauschalverträge das Verhältnis zwischen geschuldeter Leistung und vereinbarter Vergütung nachträglich hergestellt werden.[297] Wie dies genau zu erfolgen hat, bemisst sich an den Umständen des Einzelfalls. 239

Diese **nachträgliche Kalkulation** kann z.B. so erfolgen, dass der Auftragnehmer im Nachhinein ein detailliertes Leistungsverzeichnis erstellt und dies mit Einzelpreisen versieht, auf deren Basis dann die Abrechnung erfolgen kann.[298] Je nach den Erfordernissen kann auch eine Kalkulation nach Gewerken ausreichen; dabei können dann vollständig erbrachte Gewerke dementsprechend abgerechnet werden, und nur bei erst zum Teil erbrachten Gewerken ist eine Aufteilung in Einzelleistungen erforderlich. 240

Die folgenden Grundsätze sind auf jeden Fall zu beachten: 241

- Die Abrechnung muss die einfache und sichere **Prüfung** durch den Auftraggeber ermöglichen.
- In der **Nachkalkulation** müssen alle für die vertragsgemäße Leistungserbringung erforderlichen Leistungen enthalten sein. Hatte der Auftragnehmer also bei seiner

293 BGH v. 29.6.1995 – VII ZR 184/94 – BauR 1995, 691; BGH v. 6.3.1997 – VII ZR 47/96 – BauR 1997, 643.
294 BGH v. 29.6.1995 – VII ZR 184/94 – BauR 1995, 691.
295 Vgl. Kniffka/Jurgeleit/*Schmitz*, § 649 Rn 64.
296 BGH v. 4.7.1996 – VII ZR 227/93 – BauR 1996, 846.
297 BGH v. 4.5.2000 – VII ZR 53/99 – BauR 2000, 1186; BGH v. 2.5.2002 – VII ZR 325/00 – BauR 2002, 1406; BGH v. 11.3.1999 – VII ZR 371/97 – BauR 1999, 644.
298 OLG Düsseldorf v. 14.11.2008 – I 22 U 69/08 – BauR 2010, 88; OLG Hamm v. 10.11.2009 – I – 19 U 34/09 – BauR 2010, 785.

Angebotskalkulation Leistungen übersehen oder irrig angenommen, beschriebene Teilleistungen würden nicht zur Ausführung kommen, hat er diese nun zu berücksichtigen.[299]

- Es muss als Endergebnis der **vertraglich vereinbarte Preis** herauskommen.[300]

242 Da stets die Umstände des Einzelfalls zu beachten sind, kann es natürlich zu Ausnahmen kommen. Z.B. kann dann, wenn die kündigungsbedingt nicht mehr erbrachten Leistungen einen so geringen Teil der Gesamtleistung ausmachen, dass der Entfall das Preisgefüge nicht stört, die Abrechnung der Gesamtvergütung abzüglich der Vergütung für die im Einzelnen bezeichneten und bewerteten entfallenen Leistungen ausreichend sein.[301]

3. Abrechnung der nicht erbrachten Leistungen

243 In vielen Fällen kann der Auftragnehmer neben den erbrachten Leistungen auch die vereinbarte Vergütung für die kündigungsbedingt nicht erbrachten Leistungen, allerdings abzüglich ersparter Aufwendungen und anderweitigem Verdienst, beanspruchen. Etwas verallgemeinert ist dies immer dann der Fall, wenn der Auftraggeber die Ursache für die Vertragsbeendigung gesetzt hat. Vor allen Dingen kommen also infrage:

244
- Für die **freie Kündigung** des Auftraggebers nach § 8 Abs. 1 VOB/B bzw. nach § 648 BGB ist diese Vergütungsfolge ausdrücklich dort geregelt.
- Nach ständiger Rechtsprechung wird eine Kündigung des Auftraggebers, die vermeintlich aus wichtigem Grund erklärt wurde, regelmäßig in eine freie Kündigung **umgedeutet**, wenn sich herausstellt, dass kein wichtiger Grund vorlag.[302]
- Die Abrechnung nach einer Kündigung des Auftragnehmers gem. § 650f Abs. 5 BGB nach erfolgloser Fristsetzung zur Übergabe einer Bauhandwerkersicherheit.
- In sonstigen, nicht ausdrücklich normierten Fällen, in welchen dem Auftragnehmer ein Recht zur außerordentlichen Kündigung zusteht. Dies ist dann der Fall, wenn eine Vertragsverletzung des Auftraggebers das Vertrauensverhältnis derart erschüttert hat, dass dem Auftragnehmer bei Abwägung aller Umstände ein Festhalten am Vertrag nicht zuzumuten ist.[303]

245 Ein Schadensersatz kann dem Auftragnehmer daneben zwar u.U. bei dessen eigener, begründeter Kündigung zustehen, nicht aber bei der „freien" auftraggeberseitigen Kündigung,[304] denn zu dieser ist der Auftraggeber berechtigt.

299 Kniffka/Jurgeleit/*Schmitz*, § 649 Rn 47.
300 BGH v. 4.5.2000 – VII ZR 53/99 – BauR 2000, 1186; BGH v. 6.3.1997 – VII ZR 47/96 – BauR 1997, 643.
301 BGH v. 4.5.2000 – VII ZR 53/99 – BauR 2000, 1186; BGH v. 26.10.2000 – VII ZR 3/99 – NZBau 2001, 138; BGH v. 14.11.2002 – VII ZR 224/01 – BauR 2003, 377.
302 BGH v. 26.7.2001 – X ZR 162/99 – NZBau 2001, 621; vgl. auch BGH v. 8.2.1996 – VII ZR 219/94 – BauR 1996, 412; BGH v. 10.10.1996 – VII ZR 250/94 – BauR 1997, 156; BGH v. 24.6.1999 – VII ZR 196/98 – BauR 1999, 1319.
303 BGH v. 23.5.1996 – VII ZR 140/95 – BauR 1996, 704; BGH v. 30.6.1983 – VII ZR 293/82 – BauR 1983, 459; BGH v. 15.11.1962 – VII ZR 113/61 – BB 1963, 160.
304 OLG Düsseldorf v. 24.9.2009 – 23 U 9/09.

a) Grundsatz

Für die Abrechnung der nicht erbrachten Leistungen muss auf jeden Fall zunächst die oben beschrieben **Abgrenzung zwischen erbrachten und nicht erbrachten Leistungen** vorgenommen werden.[305] 246

Die Vergütung für die nicht erbrachten Leistungen ergibt sich dann unschwer aus der Subtraktion der Vergütung für die erbrachten Leistungen vom vereinbarten Gesamtpreis.[306] Zu berücksichtigen sind dabei **Nachträge**, die bereits beauftragt worden (und damit Vertragsleistung geworden) sind, sowie andere Umstände, die bei dem jeweiligen Vertrag und Vertragstyp den Vergütungsanspruch bei vollständiger Durchführung der Leistung zwingend verändert hätten. 247

Von diesem Betrag sind dann die **ersparten Aufwendungen** sowie tatsächlicher oder böswillig unterlassener anderweitiger Verdienst abzuziehen. Dabei kann sich der Auftragnehmer auf gesetzliche Vermutungen berufen oder die Abzüge konkret ermitteln. 248

b) Gesetzliche Vermutung(en)

Gesetzliche Vermutungen hinsichtlich der Vergütung nach Berücksichtigung der Abzüge sind in § 650f Abs. 5 S. 3 BGB und in § 648 S. 3 BGB enthalten. Sie lauten in beiden Fällen gleich, sodass von **einer** Vermutung gesprochen werden kann. § 8 Abs. 1 Nr. 2 S. 2 VOB/B verweist ausdrücklich auf § 648 BGB (weil noch nicht überarbeitet, steht dort der Verweis fälschlich auf § 649 BGB), sodass die Vermutung auch dort gilt. 249

Demnach wird – **widerleglich**[307] – **vermutet**, dass dem Auftraggeber nach Abzug der ersparten Aufwendungen sowie des anderweitigen Verdienstes noch 5 % der Vergütung verbleiben, die auf die nicht erbrachten Leistungen entfällt. 250

Beruft sich der Auftragnehmer auf diese Vermutung, vereinfacht das seine Abrechnung und seine Darlegungen ganz erheblich. Er kann sich jeglichen Vortrags zu den ersparten Aufwendungen und zum anderweitigen Erwerb enthalten und kann sich darauf beschränken, 5 % des auf die nicht erbrachten Leistungen entfallenden Teils der vertraglichen Vergütung zu errechnen. 251

Die Vermutung kann zwar vom Auftraggeber widerlegt werden. Für die entsprechenden Sachverhalte ist er jedoch darlegungs- und beweisbelastet,[308] was ihm im Regelfall schwerfallen wird. 252

c) Konkreter Vortrag

In vielen Fällen wird die Abrechnung nach der gesetzlichen Vermutung jedoch für den Auftragnehmer ungünstig sein, da die Abzüge bei konkreter Berechnung weniger als 95 % der Vergütung ausmachen. Es kann sich dann lohnen, den höheren Ermittlungs- 253

305 BGH v. 8.2.1996 – VII ZR 219/94 – BauR 1996, 412; BGH v. 11.2.1999 – VII ZR 399/97 – BauR 1999, 635.
306 Vgl. BGH v. 21.12.1995 – BauR 1996, 382.
307 Kniffka/Jurgeleit/*Schmitz*, § 649 Rn 70.
308 BGH v. 21.12.1995 – VII ZR 198/94 – BauR 1996, 382; BGH v. 11.2.1999 – VII ZR 399/97 – BauR 1999, 635; BGH v. 21.12.2000 – VII ZR 467/99 – BauR 2001, 666.

und Darlegungsaufwand auf sich zu nehmen, um die Vermutung zu widerlegen und konkret zu den Abzügen vorzutragen.

aa) Ersparte Aufwendungen

254 Nach den gleichen Grundsätzen, nach denen der Auftragnehmer die erbrachten von den nicht erbrachten Leistungen abzugrenzen hat, muss er auch die ersparten Aufwendungen ermitteln. Auch hier verbieten sich also Schätzungen oder der Rückgriff auf übliche Sätze; die Ermittlung muss sich vielmehr auf das konkrete Bauvorhaben zu beziehen.[309]

255 Dabei ist für die Frage, **welche Aufwendungen** kündigungsbedingt entfallen sind, die Kalkulation entscheidend. Das macht es – nach den Umständen des Einzelfalls – nötig, die nicht erbrachten Leistungen in ihre kalkulativen Bestandteile aufzulösen. Ausschlaggebend für die Frage, **welche Kosten** darauf entfallen, sind jedoch nach der Auffassung des BGH die tatsächlich ersparten Kosten.[310] Eventuelle kalkulative Unter- oder Überdeckungen wirken sich bei der Ermittlung also aus; das gilt zugunsten oder zu Ungunsten des Auftragnehmers. Im Fall einer massiven Unterdeckung (z.B. bei in der Kalkulation vergessenen Leistungen) kann das dazu führen, dass nicht nur kein Vergütungsanspruch für nicht erbrachte Leistungen entsteht, sondern sogar der Vergütungsanteil für die erbrachten Leistungen aufgezehrt wird.[311] Die Grenze liegt allerdings bei Null; ein Erstattungsanspruch des Auftraggebers kann sich nicht ergeben.[312]

256 Für die wichtigsten Kostenbestandteile gilt Folgendes:[313]

- **Personalkosten** sind nur erspart, sofern sie tatsächlich nicht angefallen sind. Das kommt in Frage, wenn der Auftragnehmer z.B. geplante Einstellungen nicht mehr vornimmt oder freie Mitarbeiter nicht beschäftigt. Eine Verpflichtung zur Kündigung von Mitarbeitern besteht hingegen nicht.
- **Nachunternehmerkosten** sind auch nur insoweit erspart, wie sie nicht mehr gezahlt werden müssen. Ist der Nachunternehmer also noch nicht beauftragt oder erklärt er sich bereit, den Auftrag zu stornieren, sind die Kosten erspart. Allerdings besteht hier für den Auftragnehmer – anders als bei eigenem Personal – die Verpflichtung, zur Kostenersparnis den Nachunternehmervertrag frei zu kündigen.
- **Stoff- und Materialkosten** sind im Regelfall erspart, es sei denn, sie sind schon verbindlich geordert.
- Soweit **Gerätekosten** unabhängig von der Nutzung anfallen, sind sie nicht erspart. Kosten für den Betrieb der Geräte sind erspart.
- **Allgemeine Geschäftskosten** sind regelmäßig nicht erspart.
- Der **Gewinn** ist nie erspart.

309 BGH v. 21.12.1995 – VII ZR 198/94 – BauR 1996, 382.

310 BGH v. 8.7.1999 – VII ZR 237/98 – BauR 1999, 1294; BGH v. 22.9.2005 – VII ZR 63/04 – BauR 2005, 1916; vgl. auch OLG Hamm BauR 2006, 1310; sehr umstritten, a.A. z.B. Kapellmann/Messerschmidt/*Lederer*, § 8 VOB/B Rn 34 ff.; siehe auch *Drittler*, BauR 2006, 1215; *Markus*, NZBau 2005, 417.

311 *Lichtenberg*, BauR 2014, 615; zum Meinungsstand Kniffka/Jurgeleit/*Schmitz*, § 648 Rn 89.

312 Für die Einzelheiten siehe *Lichtenberg*, BauR 2014, 615.

313 Zu den Einzelheiten siehe Kniffka/Jurgeleit/*Schmitz*, § 649 Rn 106 ff.; Kapellmann/Messerschmidt/*Lederer*, § 8 VOB/B Rn 36 ff.

- Ein **Wagnis-Zuschlag** (soweit gesondert kalkuliert) kann erspart sein, soweit infolge der Kündigung das damit abgedeckte Risiko entfällt.
- Die **Baustellenbezogenen Gemeinkosten** sind differenziert zu betrachten.[314] Kostenbestandteile, die zeitabhängig berücksichtigt werden und deren Kosten sich wegen der verringerten Zeit reduzieren lassen, sind erspart. Für Personalkosten (Bauleiter, Polier) gilt das oben Gesagte. Einmalig kalkulierte Kosten (Auf- und Abbau etc.) sind nicht erspart.

bb) Anderweitiger Erwerb

Sofern der Auftragnehmer seine Arbeitskraft tatsächlich zum anderweitigen Erwerb einsetzen konnte oder er eine solche Gelegenheit böswillig nicht genutzt hat, muss er sich das dadurch Erlangte anrechnen lassen. Das gilt für alle Kostenfaktoren. 257

Allerdings gilt das nur für solche Kapazitäten, die **gerade infolge der Kündigung** freigeworden sind. Den Abzug muss der Auftragnehmer daher lediglich bei sogenannten „echten Füllaufträgen" vornehmen oder hinnehmen.[315] Handelt es sich hingegen um Aufträge, die er auch bei vollständiger Durchführung des gekündigten Vertrages daneben hätte abwickeln können (ohne die Kapazitäten dafür zu erhöhen), führen diese nicht zu einer Anrechnung.[316] 258

cc) Darlegungs- und Beweislast

Der Auftragnehmer muss zu seinen ersparten Aufwendungen und zum anderweitigen Erwerb lediglich schlüssig vortragen. Sein Vortrag muss dabei jedoch so detailliert sein und sich an den vertraglichen Grundlagen, vor allem auch der Kalkulation orientieren, dass dem Auftraggeber, der diese Informationen nicht hat, eine Überprüfung möglich ist.[317] 259

Sofern der Auftraggeber sich damit verteidigen will, der Auftragnehmer habe höhere Ersparnisse gehabt als vorgetragen oder er hätte andere Erwerbsmöglichkeiten gehabt, muss er hierzu vortragen und auch Beweis antreten. 260

d) Umsatzsteuer

Die ehemals streitige Frage, ob auf die Vergütung für nicht erbrachte Leistungen die Umsatzsteuer entfällt oder nicht, ist seit Langem höchstrichterlich geklärt.[318] Auch, wenn es sich der Bezeichnung nach um einen Vergütungsanspruch handelt, steht der Vergütung für nicht erbrachte Leistungen keine steuerbare Unternehmerleistung gegenüber. Sie ist daher steuerrechtlich wie eine Entschädigung zu behandeln.[319] 261

Folglich muss der Auftragnehmer auf diesen Vergütungsteil **keine Umsatzsteuer** abführen. Er darf sie aber auch nicht gegenüber dem Auftraggeber berechnen.

314 Kniffka/Jurgeleit/*Schmitz*, § 649 Rn 101 ff.
315 Genauer: Kapellmann/Messerschmidt/*Lederer*, § 8 VOB/B Rn 52 ff.
316 Vgl. BGH v 30.9.1999 – VII ZR 206/98 – BauR 2000, 126.
317 Siehe auch Kniffka/Jurgeleit/*Schmitz*, § 649 Rn 90.
318 BGH v. 22.11.2007 – VII ZR 83/05 – BauR 2008, 506.
319 Vgl. Kniffka/Jurgeleit/*Schmitz*, § 649 Rn 127 f.

e) Aufbau der Abrechnung

262 Sofern der Auftragnehmer auch über die nicht erbrachten Leistungen abrechnen möchte, folgt aus den vorstehend geschilderten Erfordernissen nach der h.M. nahezu zwingend ein **zweistufiger Aufbau** der Schlussrechnung:[320]

263
- In einem ersten Teil sind die erbrachten Leistungen darzustellen und abzurechnen. Nur bezüglich dieses Teils des Gesamtanspruchs ist die Umsatzsteuer zu berechnen.
- In einem zweiten Teil sind die nicht erbrachten Leistungen darzustellen und abzurechnen. Davon sind dann ggf. die ersparten Aufwendungen sowie eventuelle Einnahmen aus anderweitigem Erwerb abzuziehen.

Der Schlussrechnungsbetrag errechnet sich dann aus der Addition von Teil 1 – zuzüglich der Mehrwert-/Umsatzsteuer – und Teil 2 – ohne Mehrwert-/Umsatzsteuer.

VI. Verteidigungsmöglichkeiten des Auftraggebers

264 Teils aus den vorstehend beschriebenen Voraussetzungen für die Geltendmachung des Vergütungsanspruchs, teils aufgrund gesonderter Regelungen stehen dem Auftraggeber zahlreiche Möglichkeiten zur Verfügung, sich gegen den Vergütungsanspruch zu verteidigen. Neben dem schlichten Bestreiten des Vortrags des Auftragnehmers kommen insbesondere infrage:

- gegenüber Abschlagsrechnungen: der Einwand, die Schlussrechnungsreife sei eingetreten;
- Einwände gegen die Fälligkeit;
- die Schlusszahlungseinrede (nur im VOB-Vertrag);
- die Pauschalpreiseinrede;
- die Geltendmachung von Einbehalten und Abzügen;
- die Geltendmachung von Mängelrechten;
- die Geltendmachung sonstiger Gegenansprüche und
- die Verjährungseinrede.

1. Eintritt der Schlussrechnungsreife

265 Wie oben (siehe Rdn 156 f.) dargelegt, führen der Eintritt der **Schlussrechnungsreife** im „alten“ BGB-Vertrag bzw. jedenfalls die Übergabe der Schlussrechnung nach Abnahme beim „neuen“ BGB- sowie beim VOB-Vertrag dazu, dass eventuelle Forderungen aus Abschlagsrechnungen nicht mehr geltend gemacht werden können. Der Auftraggeber kann daher den entsprechenden Einwand erheben, sofern der Auftragnehmer **Ansprüche aus einer Abschlagsrechnung** geltend macht.

320 Ehemals streitig, vgl. Kapellmann/Messerschmidt/*Lederer*, § 8 VOB/B Rn 29 ff; *Kapellmann/Schiffers*, Bd. 2 Rn 1353; inzwischen aber jedenfalls im Ergebnis nahezu einhellige Meinung: BGH v. 2.5.2002 – VII ZR 325/00 – BauR 2002, 1406; BGH v. 4.7.1996 – VII ZR 227/93 – BauR 1996, 846; BGH v. 9.6.1994 – VII ZR 87/93 – BauR 1994, 655; *Kniffka*, in: Jahrbuch Baurecht 2000, S. 5; Beck'scher VOB-Kommentar/*Althaus*, § 8 Abs. 1 VOB/B Rn 20.

Als Reaktion kann der Auftragnehmer seine Ansprüche nun allerdings auf die Schlussrechnung stützen. Geht es schon um die gerichtliche Geltendmachung, stellt dies eine **sachdienliche Klageänderung** dar, die auch ohne Zustimmung des Gegners zuzulassen ist.[321] 266

Bei beiden Vertragsarten kann es jedoch für den Auftragnehmer zu zeitlichen Problemen kommen: 267

- Beim VOB-Vertrag muss die Schlussrechnung zwar schon überreicht sein; da aber auch der Ablauf der Prüffrist bzw. die Durchführung der Prüfung Fälligkeitsvoraussetzung ist, ist der Anspruch voraussichtlich zunächst noch nicht fällig.
- Beim „alten" BGB-Vertrag kann der Anspruch aus der Abschlagsrechnung bereits hinfällig werden, bevor die Schlussrechnung erstellt ist. Da der Auftragnehmer die Schlussrechnung benötigt, um seinen Anspruch schlüssig darzulegen, muss er diese nun schnellstmöglich erstellen. Beim „neuen" BGB-Bauvertrag benötigt der Auftragnehmer die Schlussrechnung ohnehin, um einen fälligen Zahlungsanspruch begründen zu können. Den Ablauf der Prüffrist muss er hingegen nicht abwarten.

Sofern nicht besondere Umstände entgegenstehen, wird das Gericht diese Umstände jedoch bei der Terminierung oder ggf. durch zwischenzeitliche Aussetzung des Verfahrens berücksichtigen. 268

2. Einwände gegen die Fälligkeit

Weiterhin kann der Auftraggeber Einwände gegen die Fälligkeit der geltend gemachten Forderung erheben. 269

a) Mangelnde Prüffähigkeit

Zunächst einmal kann der Auftraggeber einwenden, die Rechnung, aus der Ansprüche geltend gemacht werden, sei nicht prüfbar. 270

Die Vorlage einer prüffähigen Rechnung ist **Fälligkeitsvoraussetzung** für den Anspruch auf **Abschlagszahlung** im VOB- und im BGB-Vertrag (siehe oben Rdn 144 ff.). Bei beiden Vertragsarten kann der Anspruch aus der Abschlagszahlung daher mit dem Einwand – sofern berechtigt und rechtzeitig erhoben – zu Fall gebracht werden. 271

Hinsichtlich des Anspruchs auf **Schlusszahlung** ist zu differenzieren: 272

- Im Rahmen eines VOB-Vertrages fehlt eine Fälligkeitsvoraussetzung. Kann der Auftragnehmer den Mangel nicht oder nicht rechtzeitig beheben, wird sein Anspruch als **derzeit nicht fällig** abgewiesen. Er kann aber nach Vorlage einer neuen, prüfbaren Schlussrechnung erneut Klage erheben. 273
- Ebenso verhält es sich nach einem BGB-Bauvertrag, der sich nach der aktuellen, seit dem 1.1.2018 geltenden Gesetzeslage richtet.
- Im Rahmen eines „alten" BGB-Vertrages benötigt der Auftragnehmer (außer in Ausnahmefällen) eine prüfbare Schlussrechnung, um seinen Anspruch schlüssig darzule-

321 BGH v. 5.11.1998 – VII ZR 191/97 – BauR 1999, 267.

gen. Gelingt es ihm in dem Prozess nicht, den Mangel der Prüfbarkeit zu beheben, ist seine Klageforderung nicht schlüssig begründet. Der Anspruch wird dann **endgültig abgewiesen**; eine erneute Geltendmachung ist nicht mehr möglich (siehe oben Rdn 195 ff.).

b) Fehlende Abnahme

274 Gegen den Anspruch auf Schlusszahlung kann der Auftraggeber zudem die fehlende Abnahme einwenden. Da diese Fälligkeitsvoraussetzung ist, muss der Auftragnehmer dann ggf. darlegen, aus welchen Gründen die Fälligkeit auch ohne Abnahme eingetreten ist.

3. Die Schlusszahlungseinrede

275 Im Rahmen des VOB-Vertrages gibt § 16 Abs. 3 Nr. 2 bis 6 VOB/B dem Auftraggeber noch eine weitere Einrede, nämlich die sogenannte Schlusszahlungseinrede.

276 Unterrichtet der Auftraggeber den Auftragnehmer schriftlich über die Schlusszahlung und nimmt dieser die Zahlung entgegen,[322] ohne innerhalb der in Abs. 5 geregelten Fristen einen entsprechenden Vorbehalt zu erklären und zu begründen, sind eventuelle Nachforderungen (inkl. bereits zuvor geltend gemachter, nicht erledigter; Abs. 4) ausgeschlossen. Der Schlusszahlung steht die schriftliche Erklärung des Auftraggebers gleich, dass er unter Hinweis auf die bereits geleisteten Zahlungen endgültig keine weitere Zahlung mehr erbringen wird (Abs. 3).

277 In beiden Fällen muss der Auftraggeber auf diese Wirkung jedoch schriftlich hingewiesen haben. Dabei ist die Rechtsprechung recht genau, sodass es sich für den Auftraggeber empfiehlt, den Text der VOB-Regelung wörtlich zu wiederholen.[323]

278 Die Schlusszahlungseinrede[324] führt in der Praxis in den wenigsten Fällen zum Erfolg, da

- der Auftraggeber meist den schriftlichen Hinweis ganz unterlässt oder der Hinweis nicht ausreicht;
- die Rechtsprechung für den Vorbehalt und vor allem für dessen Begründung eine ganze Anzahl von Erleichterungen geschaffen hat; beispielsweise reicht schon der Hinweis auf die bereits vorliegende Schlussrechnung aus, sofern der Auftragnehmer die Ansprüche daraus unverändert weiterverfolgen möchte;[325]
- nicht zuletzt hält die Regelung einer isolierten Prüfung nicht stand,[326] sodass sie häufig nicht wirksam vereinbart ist.

322 Kapellmann/Messerschmidt/*Messerschmidt*, § 16 VOB/B Rn 364.
323 Vgl. KG Berlin v. 23.3.1999 – 4 U 1635/97 – BauR 2000, 575; OLG Dresden v. 8.10.1998 – 7 U 1478/98 – BauR 2000, 279.
324 Vgl. BGH v. 6.12.1973 – VII ZR 37/73 – WM 1974, 57.
325 Im Einzelnen: Kapellmann/Messerschmidt/*Messerschmidt*, § 16 VOB/B Rn 387 ff.
326 Kapellmann/Messerschmidt/*Messerschmidt*, § 16 VOB/B Rn 355; Beck'scher VOB-Kommentar/*Kandel*, § 16 Abs. 3 VOB/B Rn 48.

Dennoch ist die Geltendmachung der Einrede für den Auftraggeber grundsätzlich sinnvoll.

4. Pauschalpreiseinrede

Sofern der Auftragnehmer Ansprüche geltend macht, die über den ausdrücklich vereinbarten Preis hinausgehen, kann der Auftraggeber die Einrede erheben, es sei ein **Pauschalpreis vereinbart** worden; natürlich nur, sofern sich aus dem Sachverhalt nicht unkompliziert etwas anderes ergibt. 279

Allerdings hilft ihm diese Behauptung nur im Hinblick auf Ansprüche im Zusammenhang mit **Mengenänderungen**. Alle anderen Umstände, die Einfluss auf die Vergütung haben können, kommen beim Pauschalvertrag ebenso zur Geltung wie beim Einheitspreisvertrag (siehe oben Rdn 17). 280

Beim Globalpauschalvertrag kann jedoch für den Auftragnehmer die Darlegung, dass es sich um eine nicht vom Vertrag abgedeckte Leistung handelt, erheblich schwieriger sein. 281

5. Einbehalte und Abzüge

Neben einer ganzen Anzahl von möglichen vertraglich vereinbarten Abzügen (z.B. Umlageklauseln für Bauwesenversicherung, Baureinigung etc.) trifft man am häufigsten den Gewährleistungseinbehalt und den Skonto-Abzug an. 282

a) Gewährleistungseinbehalt

Die meisten Verträge enthalten eine Vereinbarung über den Gewährleistungseinbehalt bzw. eine Gewährleistungssicherheit. Das lässt leicht vergessen, dass hierfür zunächst eine **Vereinbarung** nötig ist.[327] Weder das Gesetz (BGB) noch die VOB/B gibt dem Auftraggeber ein Recht auf eine Gewährleistungssicherheit; ebenso wenig lässt sich dieses aus Gewohnheitsrecht oder Handelsbrauch ableiten. Die §§ 232–240 BGB sowie § 17 VOB/B enthalten lediglich Bestimmungen für den Fall, dass vertraglich eine Sicherheitsleistung vereinbart ist. Dies gilt auch hinsichtlich der jeweiligen Art der Sicherheit. 283

Davon ausgehend, dass vertraglich eine Sicherheitsleistung wirksam[328] vereinbart ist, gilt – ohne auf die Einzelheiten einzugehen – Folgendes:

aa) Im VOB-Vertrag

Im VOB-Vertrag kann der Auftraggeber die Sicherheit in der vereinbarten Höhe – meist sind es 5 % der Abrechnungssumme – zunächst von der Schlusszahlung **einbehalten**, § 17 Abs. 2 Alt. 1 VOB/B; Einzelheiten dazu sind in § 17 Abs. 6 VOB/B geregelt. 284

Das Recht auf diesen Einbehalt kann der Auftraggeber auch als Einwendung im Prozess geltend machen; sofern der Auftragnehmer nichts weiter unternimmt, wäre die Klage 285

327 Kapellmann/Messerschmidt/*Thierau*, § 17 VOB/B Rn 4 m.w.N.
328 Zu den Einschränkungen: Kapellmann/Messerschmidt/*Thierau*, § 17 VOB/B Rn 25 ff.

dann hinsichtlich des Teils, der auf den Sicherheitseinbehalt entfällt, mangels Fälligkeit derzeit abzuweisen. Sobald jedoch der Auftraggeber verpflichtet ist, die Sicherheit herauszugeben (gem. § 17 Abs. 8 Nr. 2 VOB/B regelmäßig nach zwei Jahren![329]), könnte der Anspruch erneut geltend gemacht werden.

286 Da § 17 Abs. 3 i.V.m. Abs. 2 Alt. 2 VOB/B dem Auftragnehmer aber die Möglichkeit gibt, den Sicherheitseinbehalt durch Bürgschaft **abzulösen**, wird der Auftragnehmer im Regelfall spätestens dann, wenn der Auftraggeber die Einwendung erhebt, eine entsprechende Bürgschaft anbieten und kann damit die Auszahlung des Einbehalts verlangen.

287 Außerdem hat der Auftragnehmer die Möglichkeit, gem. § 17 Abs. 6 Nr. 3 VOB/B unter Setzung einer angemessenen Nachfrist die **Einzahlung** des Sicherheitseinbehalts **auf ein „Sperrkonto"** zu verlangen. Kommt der Auftraggeber dem nicht oder nicht rechtzeitig nach, entfällt das Recht zum Sicherheitseinbehalt komplett und der Auftragnehmer kann die **sofortige Auszahlung** des Einbehalts verlangen und muss keine Sicherheit mehr leisten.[330]

bb) Im BGB-Vertrag

288 Die meisten Bauverträge enthalten eine Regelung, die § 17 VOB/B ähnlich ist. Ist dies aber nicht der Fall und es ist lediglich vereinbart, dass dem Auftraggeber eine Gewährleistungssicherheit zusteht, gibt dies dem Auftraggeber nicht ohne Weiteres das Recht, die Sicherheit einzubehalten; dies ist gesetzlich nirgends vorgesehen.

289 Allerdings steht dem Auftraggeber die Einrede des nicht erfüllten Vertrags zu, solange er die vertraglich vereinbarte Sicherheit noch nicht erhalten hat. Er kann also bis zur Leistung einer Sicherheit nach den §§ 232 ff. BGB die Auszahlung des entsprechenden Teils der Vergütung verweigern. Dies führt jedoch nicht zu einer Klageabweisung, sondern zur Verurteilung zur Zahlung Zug-um-Zug gegen Sicherheitsleistung.

b) Skontoabzug

290 Genau wie die Gewährleistungssicherheit, so muss auch das Recht zum Abzug von Skonto **vereinbart** werden. Dieses folgt weder aus dem Gesetz (BGB) noch aus der VOB/B noch aus Gewohnheitsrecht.[331] In § 16 Abs. 5 Nr. 2 VOB/B ist sogar ausdrücklich klargestellt, dass ein Skontoabzug ohne Vereinbarung unzulässig ist.

291 Der Auftraggeber muss also zunächst einmal vortragen, dass eine wirksame Skontoabrede getroffen wurde. Eine solche muss grundsätzlich die Höhe des prozentualen Abzugs, die Bezugsgröße und die Voraussetzungen für das Recht zur Skontierung enthalten;[332] die Auslegung einer auf den ersten Blick unvollständigen Vereinbarung ist möglich.

329 Im Einzelnen: Kapellmann/Messerschmidt/*Thierau*, § 17 VOB/B Rn 228 ff.
330 BGH v. 10.11.2005 – VII ZR 11/04 – BauR 2006, 379.
331 Kapellmann/Messerschmidt/*Messerschmidt*, § 16 VOB/B Rn 437.
332 Einzelheiten bei Kapellmann/Messerschmidt/*Messerschmidt*, § 16 VOB/B Rn 441 ff.

Darüber hinaus muss der Auftraggeber auch vortragen, dass die **Voraussetzungen** auch **erfüllt** waren. Das wird schon dann problematisch, wenn sich im Prozess herausstellt, dass er in der irrtümlichen Annahme, Abzüge von der Rechnung vornehmen zu dürfen, zu wenig gezahlt hat.[333] 292

6. Mängelansprüche

In den meisten Fällen wird sich der Auftraggeber mit Mängelrechten verteidigen. Dabei hat er verschiedene Möglichkeiten: 293

- Das Recht auf Mängelbeseitigung kann er in Form der **Einrede des nicht erfüllten Vertrags** geltend machen.[334] Diese hat ihre besondere Ausprägung in dem in § 641 Abs. 3 BGB geregelten **Leistungsverweigerungsrecht** gefunden, welches auch im VOB-Vertrag gilt. Demnach kann der Auftraggeber einen angemessenen Teil der Vergütung einbehalten; angemessen ist im Regelfall das Doppelte der voraussichtlichen Mängelbeseitigungskosten (sog. Druckzuschlag). Das Risiko, dass der Auftraggeber schuldlos die Kosten fehlerhaft einschätzt, trägt grundsätzlich der Auftragnehmer. Das heißt insbesondere, dass er nicht in Verzug gerät, wenn er wegen einer entschuldbaren Fehleinschätzung einen zu hohen Betrag einbehält.[335] 294
- Beruft sich der Auftraggeber auf **Minderung**[336] (§ 638 BGB, § 13 Abs. 6 VOB/B) so wird der Vergütungsanspruch (sofern die Einrede berechtigt ist) unmittelbar um den entsprechenden Teil vermindert.
- Die Kosten einer Selbstvornahme oder den Kostenvorschuss dafür kann der Auftraggeber im Wege der **Aufrechnung**[337] geltend machen. Ebenso ggf. den Schadensersatz statt der Leistung.

Einzelheiten zu den Mängelansprüchen finden sich in § 2 Rdn 1 ff.

7. Sonstige Gegenansprüche

An sonstigen Gegenansprüchen, welche der Auftraggeber im Wege der Aufrechnung oder ggf. im Wege des Zurückbehaltungsrechts geltend machen kann, kommen typischerweise insbesondere in Betracht: 295

- Verzugsschäden (§ 6 Abs. 6 VOB/B; §§ 280 Abs. 2, 286 BGB) und/oder
- kündigungsbedingte Mehrkosten (§ 8 Abs. 2 Nr. 2 S. 2, § 8 Abs. 3 Nr. 2, § 8 Abs. 4 S. 3 VOB/B bzw. §§ 280, 281 BGB).

333 Vgl. OLG Düsseldorf v. 19.11.1999 – 22 U 90/99 – BauR 2000, 729; KG v. 12.12.2003 – 4 U 263/01 – BauR 2005, 764.
334 Einzelheiten: Kniffka/Koeble/Jurgeleit/Sacher/*Kniffka*, Teil 4 Rn 585 ff.
335 Kniffka/Jurgeleit/*Pause/Vogel*, § 641 Rn 65.
336 Einzelheiten: Kniffka/Koeble/Jurgeleit/Sacher/*Jurgeleit*, Teil 5 Rn 365 ff.
337 Einzelheiten: Kniffka/Koeble/Jurgeleit/Sacher/*Jurgeleit*, Teil 5 Rn 203.

8. Verjährung

296 Schließlich muss der Auftragnehmer mit der Einrede der Verjährung rechnen.

297 Die Vergütungsansprüche sowie die vergütungsähnlichen Ansprüche unterliegen der Regelverjährung nach § 195 BGB. Die Verjährungsfrist beträgt also **drei Jahre**;[338] für den Beginn gilt § 199 Abs. 1 BGB.

298 Demnach beginnt der Lauf der Verjährung mit dem **Ende des Jahres**, in welchem der Anspruch entstanden (§ 199 Abs. 1 Nr. 1 BGB) und der Gläubiger – hier also der Auftragnehmer – von den den Anspruch begründenden Umständen und der Person des Schuldners Kenntnis erlangt oder ohne grobe Fahrlässigkeit erlangen müsste (§ 199 Abs. 1 Nr. 2 BGB).

299 Die Bedingungen der Nr. 2 werden in aller Regel gegeben sein und spielen daher praktisch keine Rolle. Von größerer Bedeutung ist, dass es gem. Nr. 1 auf das Jahr ankommt, in welchem der Anspruch entstanden ist. Das entspricht dem Eintritt der Fälligkeit. Daraus folgt:

a) Im VOB-Vertrag

300 Wie oben schon erwähnt, muss also auf jeden Fall die Abnahme erfolgt sein oder es müssen die Abnahmewirkungen auf andere Weise eingetreten sein.

301 Wie oben dargelegt (siehe Rdn 189 ff.), sind im VOB-Vertrag weitere Fälligkeitsvoraussetzungen die Übergabe einer prüffähigen Schlussrechnung[339] sowie deren Prüfung durch den Auftraggeber bzw. der Ablauf der Prüffrist von im Regelfall 30, im Ausnahmefall 60 Tagen.

302 Daraus folgt zum einen, dass der Auftragnehmer den Beginn der Verjährung zunächst einmal selbst in der Hand hat.[340] Denn ohne Erstellung und Übergabe der Schlussrechnung kann die Fälligkeit nicht eintreten; damit beginnt auch die Verjährungsfrist nicht. Dem kann der Auftraggeber, wenn er den Beginn der Verjährungsfrist herbeiführen will, über § 14 Abs. 4 VOB/B entgegenwirken: Hat er nach Ablauf einer angemessenen Nachfrist selbst eine Schlussrechnung erstellt, wird mit deren Übergabe der Schlusszahlungsanspruch sofort fällig und die Voraussetzungen für den Verjährungsbeginn sind gesetzt.

303 Zum anderen folgt daraus, dass sich wegen des Kriteriums der Prüffähigkeit die Verjährung auch noch erheblich verzögern kann.[341] Nutzt der Auftraggeber die Prüffrist voll aus oder braucht er gar zu lang, sind es immerhin 30 bzw. im Ausnahmefall 60 Tage nach Übergabe der Schlussrechnung. Erhebt der Auftraggeber innerhalb der Prüffrist berechtigte Einwände gegen die Prüffähigkeit, verschiebt sich der Eintritt der Fälligkeit,

338 Vgl. Kniffka/Koeble/Jurgeleit/Sacher/*Kniffka*, Teil 4 Rn 664 f.
339 BGH v. 21.6.2001 – VII ZR 423/99 – BauR 2001, 1610.
340 Vgl. Kniffka/Koeble/Jurgeleit/Sacher/*Kniffka*, Teil 4 Rn 671.
341 Das kann sogar dazu führen, dass die Forderung nie verjährt; Kniffka/Koeble/Jurgeleit/Sacher/*Kniffka*, Teil 4 Rn 671. Korrektur dann über die Verwirkung.

bis der Auftragnehmer die Mängel beseitigt hat und der Auftraggeber erneut Zeit für die Prüfung hatte.

Das wird besonders dann interessant, wenn die Schlussrechnung gegen Ende eines Jahres 304
eingereicht wird. Reicht der Auftragnehmer die Schlussrechnung beispielsweise am 2. Dezember eines Jahres ein und nutzt der Auftraggeber die Prüffrist zumindest vollständig aus, tritt die Fälligkeit erst am 1. Januar des folgenden Jahres ein. Damit „verlängert" sich die Verjährungsfrist also um fast ein Jahr.

Von dem Grundsatz, dass nur die Übergabe einer prüffähigen Schlussrechnung den Lauf 305
der Verjährung in Gang bringen kann, gelten die gleichen Ausnahmen, die oben für die Fälligkeit des Vergütungsanspruchs beschrieben sind: Prüft der Auftraggeber die Rechnung, obwohl sie objektiv nicht prüffähig gewesen wäre oder lässt er die Prüffrist verstreichen, ohne Einwände gegen die Prüffähigkeit zu erheben, tritt die Fälligkeit und damit der Beginn der Verjährung auch auf Basis einer nicht prüfbaren Rechnung ein.

b) Im BGB-Vertrag

Beim „alten" BGB-Vertrag ist ausschließlich die Abnahme (bzw. ein anderweitiger 306
Eintritt der Abnahmewirkungen) Kriterium für den Eintritt der Fälligkeit. Daraus folgt, dass die Forderung des Auftragnehmers auch verjähren kann, ohne dass er jemals eine prüfbare Schlussrechnung vorgelegt hat. In einem ab dem 1.1.2018 geschlossenen BGB-Bauvertrag ist hingegen die Vorlage einer prüffähigen Schlussrechnung Fälligkeitsvoraussetzung, sodass es sich im Grundsatz verhält wie für den VOB/B-Vertrag geschildert, allerdings ohne dass es auf den Ablauf der Prüffrist ankommt.

B. Muster

I. Muster: Interims-Vereinbarung für Beschleunigungsvergütung

1. Alternative: Vereinbarung konkreter Maßnahmen

a) Muster: Interims-Vereinbarung für Beschleunigungsvergütung mit Vereinbarung konkreter Maßnahmen

▼ 307

Vereinbarung

zwischen 1.1

– Auftraggeber/AG –

und

– Auftragnehmer/AN –

Präambel:

Mit Vertrag vom hat der AG den AN mit der Erbringung der -leistungen bei dem Bauvorhaben beauftragt. Gem. Nr. des Vertrags ist als Endtermin der vertraglich geschuldeten Arbeiten der vereinbart worden. Für die Parteien ist bereits jetzt absehbar, dass dieser Termin gefährdet ist und ohne besondere Anstrengungen des AN – Beschleunigungsmaßnahmen – nicht mehr gehalten werden kann. Die Parteien sind sich daher grundsätzlich einig, dass geeignete Beschleunigungsmaßnahmen ergriffen werden sollen.

Uneinigkeit besteht allerdings hinsichtlich der Verursachung der bislang eingetretenen Verzögerungen sowie dementsprechend hinsichtlich der Vergütung für die Beschleunigungsmaßnahmen. Der AG ist der Auffassung, dass die Verzögerungen vom AN verschuldet sind, sodass die Beschleunigung lediglich dem Ausgleich des eigenen Verzugs dient und nicht gesondert zu vergüten ist. Der AN ist der Auffassung, dass die Verzögerungen in den Verantwortungsbereich des AG fallen und die Beschleunigungsmaßnahmen daher gesondert zu vergüten sind.

Vor diesem Hintergrund vereinbaren die Parteien Folgendes:

1. Unabhängig von der streitigen Frage wird der AN unverzüglich nach Abschluss dieser Vereinbarung die zwischen den Parteien bereits im Einzelnen abgesprochenen Maßnahmen zur Beschleunigung einleiten. Die Maßnahmen sind in Anlage 1 zu dieser Vereinbarung im Einzelnen beschrieben.
2. Sofern sich die Auffassung des AN hinsichtlich der Vergütungspflicht der Beschleunigungsmaßnahmen bestätigt, werden die Leistungen gem. den zwischen den Parteien bereits abgestimmten Preisen, die in Anlage 2 zu dieser Vereinbarung festgehalten sind, vergütet.
3. Jeweils gegen Übergabe einer geeigneten Sicherheit (§ 17 Abs. 2 VOB/B) in entsprechender Höhe kann der AN Abschlagszahlungen i.H.v. 50 % der erbrachten Beschleunigungsleistungen zugleich mit den Abschlagsrechnungen gem. Nr. des Bauvertrags verlangen. Die Parteien sind sich einig, dass diese Zahlungen unter dem Vorbehalt der Rückforderung für den Fall stehen, dass sich die Auffassung des AG hinsichtlich der Vergütungspflicht bewahrheitet.
4. Die Parteien werden sich bemühen, noch während der Fortführung der Baumaßnahme eine endgültige Vereinbarung hinsichtlich der Vergütung für die Beschleunigungsmaßnahmen herbeizuführen. Sollte dies nicht gelingen, besteht Einigkeit, dass beide Parteien eine kurzfristige gerichtliche Klärung allein über diese Frage und losgelöst von jeglichen anderen eventuellen Streitigkeiten im Zusammenhang mit dem Bauvorhaben erreichen wollen.

▲

b) Anmerkungen

308 1. Zu den Hintergründen einer solchen Vereinbarung siehe oben Rdn 70.

309 2. Diese erste Alternative bietet sich an, wenn (auch) der Auftraggeber ein Interesse daran hat, beeinflussen zu können, welche konkreten Maßnahmen ergriffen werden. Dem Auftragnehmer steht die vereinbarte Mehrvergütung allerdings auch zu, wenn das mit den Maßnahmen erstrebte Ziel nicht erreicht wird.

310 3. Vor diesem Hintergrund empfiehlt es sich auch, die Maßnahmen und die entsprechende Vergütung in den beiden erwähnten Anlagen (oder in anderer geeigneter Weise) genau zu definieren.

4. Die in Nr. 3 vorgeschlagene Aufteilung des Kostenrisikos stellt natürlich schon die vermittelnde Lösung dar; diese zu erreichen, ist ggf. Verhandlungssache. 311

2. Alternative: Vereinbarung eines konkreten Ziels

a) Muster: Interims-Vereinbarung für Beschleunigungsvergütung mit Vereinbarung eines konkreten Ziels

▼ 312

Vereinbarung

zwischen

– Auftraggeber/AG –

und

– Auftragnehmer/AN –

Präambel:

Mit Vertrag vom hat der AG den AN mit der Erbringung der -leistungen bei dem Bauvorhaben beauftragt. Gem. Nr. des Vertrags ist als Endtermin der vertraglich geschuldeten Arbeiten der vereinbart worden. Für die Parteien ist bereits jetzt absehbar, dass dieser Termin gefährdet ist und ohne besondere Anstrengungen des AN – Beschleunigungsmaßnahmen – nicht mehr gehalten werden kann. Die Parteien sind sich daher grundsätzlich einig, dass geeignete Beschleunigungsmaßnahmen ergriffen werden sollen.

Uneinigkeit besteht allerdings hinsichtlich der Verursachung der bislang eingetretenen Verzögerungen sowie dementsprechend hinsichtlich der Vergütung für die Beschleunigungsmaßnahmen. Der AG ist der Auffassung, dass die Verzögerungen vom AN verschuldet sind, sodass die Beschleunigung lediglich dem Ausgleich des eigenen Verzugs dient und nicht gesondert zu vergüten ist. Der AN ist der Auffassung, dass die Verzögerungen in den Verantwortungsbereich des AG fallen und die Beschleunigungsmaßnahmen daher gesondert zu vergüten sind.

Vor diesem Hintergrund vereinbaren die Parteien Folgendes:

1. Unabhängig von der streitigen Frage wird der AN unverzüglich nach Abschluss dieser Vereinbarung die erforderlichen Maßnahmen zur Beschleunigung einleiten. Der AN hat in eigener Verantwortung alles zu tun, um die Einhaltung des Endtermins trotz der tatsächlich bereits eingetretenen Verzögerung zu gewähren. Die Einhaltung des Endtermins ist der zwischen den Parteien verbindlich vereinbarte werkvertragliche Erfolg dieser Vereinbarung.
2. Sofern sich die Auffassung des AN hinsichtlich der Vergütungspflicht der Beschleunigungsmaßnahmen bestätigt, erhält er eine zusätzliche Vergütung für die Beschleunigung von pauschal EUR. Voraussetzung ist jedoch, dass der vereinbarte Endtermin eingehalten wird bzw. ausschließlich aus Gründen nicht eingehalten werden konnte, die bei Abschluss dieser Vereinbarung nicht bekannt waren und die nicht vom AN verschuldet sind.

3. Gegen Übergabe einer geeigneten Sicherheit (§ 17 Abs. 2 VOB/B) in gleicher Höhe kann der AN unmittelbar nach Abschluss dieser Vereinbarung 50 % der Beschleunigungsvergütung gem. Nr. 2 dieser Vereinbarung verlangen. Die Parteien sind sich einig, dass diese Zahlung unter dem Vorbehalt der Rückforderung für den Fall steht, dass sich die Auffassung des AG hinsichtlich der Vergütungspflicht bewahrheitet. Hinsichtlich der anderen 50 % erhält der AN innerhalb von einer Kalenderwoche nach Unterzeichnung dieser Vereinbarung eine entsprechende Sicherheit des AG.
4. Die Parteien werden sich bemühen, noch während der Fortführung der Baumaßnahme eine endgültige Vereinbarung hinsichtlich der Vergütung für die Beschleunigungsmaßnahmen herbeizuführen. Sollte dies nicht gelingen, besteht Einigkeit, dass beide Parteien eine kurzfristige gerichtliche Klärung allein über diese Frage und losgelöst von jeglichen anderen eventuellen Streitigkeiten im Zusammenhang mit dem Bauvorhaben erreichen wollen.

b) Anmerkungen

313 1. Zu den Hintergründen einer solchen Vereinbarung siehe oben Rdn 70.

314 2. Diese zweite Alternative bietet sich an, wenn das Ziel – Einhaltung eines bestimmten Termins – im Vordergrund steht und der Auftraggeber die Wahl der entsprechenden Mittel dem Auftragnehmer überlassen will.

315 3. Für den Auftragnehmer beinhaltet diese Alternative das erhebliche Risiko, für die ergriffenen Maßnahmen keinerlei Vergütung zu erhalten, sofern das erstrebte Ziel nicht erreicht wird, siehe Nr. 1 am Ende, Nr. 2.

316 4. Die in Nr. 3 vorgeschlagene Aufteilung des Kostenrisikos stellt natürlich schon die vermittelnde Lösung dar; diese zu erreichen, ist ggf. Verhandlungssache.

II. Muster: Werklohnklage mit Varianten

1. Werkvertrag ohne Vergütungsvereinbarung

a) Muster: Werklohnklage bei fehlender Vergütungsvereinbarung

317

An das

Amtsgericht

Klage

des Herrn , als Inhaber der Firma ,

– Kläger –

Prozessbevollmächtigte: Rechtsanwälte

gegen

Frau , wohnhaft

– Beklagte –

wegen: restlichen Werklohns aus einem Bauvertrag

vorläufiger Streitwert: … EUR

Namens und im Auftrag des Klägers werden wir in der mündlichen Verhandlung beantragen,

> die Beklagte zu verurteilen, an den Kläger einen Betrag von … EUR zzgl. Zinsen hieraus i.H.v. 9 Prozentpunkten über dem Basiszins seit dem … zu zahlen.

Für den Fall der Fristversäumnis im schriftlichen Vorverfahren beantragen wir zudem bereits jetzt den Erlass eines Versäumnisurteils nach § 331 Abs. 3 ZPO.

Begründung:

Der Kläger ist Handwerksmeister und Inhaber eine Einzelfirma für Heizungs- und Sanitärarbeiten. Er hat für die Beklagte eine umfangreiche Reparatur und Teilerneuerung der Heizungsanlage in deren Einfamilienhaus vorgenommen. Die Parteien streiten um restlichen Werklohn.

A. Sachverhalt

Am … rief die Beklagte den Kläger an, weil ihre Heizungsanlage mehrfach ausgefallen war. Sie bat ihn, schnellstmöglich bei ihr vorbeizukommen und sich dies anzuschauen.

Noch am selben Tag erschien der Kläger bei der Beklagten und begutachtete die Heizung. Er stellte dabei einige Defekte an der Anlage fest und schlug vor, den Brenner gegen ein neues Gerät auszutauschen sowie einige weitere Reparaturarbeiten, welche er der Beklagten erläuterte, durchzuführen. Nach den Kosten befragt, teilte er mit, er könne nur schätzen, dass der Brenner ca. … EUR kosten würde. Wie viele Kleinteile er noch benötige und was für ein Aufwand für Austausch und Reparatur anfallen würde, könnte er bei der alten Anlage nicht absehen. Er würde mit einem Gehilfen kommen und schauen, dass die Anlage schnell wieder instand gesetzt würde. Die Beklagte beauftragte ihn daraufhin mit der Ausführung der Leistungen.

In den Tagen vom … bis zum … führte der Kläger zusammen mit einem Gehilfen die Arbeiten wie vereinbart durch. Nach Abschluss der Arbeiten führten sie im Beisein der Beklagten eine Funktionsprüfung durch, die erfolgreich verlief. Anschließend fragte der Kläger die Beklagte, ob alles in Ordnung sei und ob sie mit seinen Leistungen zufrieden sei. Die Beklagte bedankte sich für die gute Arbeit und meinte, sie hätte keinerlei Beanstandungen.

> *Beweis:* Zeugnis des Gehilfen des Klägers, Herrn …, ladungsfähige Anschrift …

Erst ca. drei Monate später kam der Kläger dazu, über die Leistungen abzurechnen.

> *Beweis:* Rechnung des Klägers vom …, **Anlage K 1**

Von der Beklagten hatte er in der Zwischenzeit nichts mehr gehört. Nach Erhalt der Rechnung rief diese jedoch aufgeregt bei dem Kläger an und beschwerte sich, es sei alles viel zu teuer. Sie würde für den Heizkessel den in dem Gespräch am … genannten Betrag bezahlen und außerdem für die Arbeitsleistung und die Kleinteile einen Betrag von …, mehr aber auch nicht. Diesen Betrag hat die Beklagte auch überwiesen.

Mit Schreiben vom … mahnte der Kläger daher unter Bezugnahme auf die Rechnung den unter Berücksichtigung der Teilzahlung der Beklagten noch offenen Betrag von … EUR (brutto) an und forderte zu dessen Zahlung bis spätestens zum … auf. Sollte die Zahlung nicht erfolgen, würde er die Forderung einklagen.

Beweis: Schreiben des Klägers vom …, **Anlage K 2**

Eine weitere Zahlung erfolgte jedoch nicht, sondern lediglich ein erneuter erboster Anruf der Beklagten, die mitteilte, er solle ruhig klagen, sie werde nichts mehr bezahlen.

B. Rechtliche Würdigung

Dem Kläger steht der geltend gemachte restliche Werklohnanspruch gem. § 632 Abs. 1 und 2 BGB zu.

Unstreitig haben die Parteien einen Werkvertrag über die streitgegenständlichen Leistungen geschlossen und unstreitig hat der Kläger diese Leistungen erbracht. Von Mängeln oder sonstigen Beanstandungen ist nichts bekannt.

Die Parteien haben allerdings keine Vereinbarung über die Vergütung getroffen. Der Kläger hat in dem Gespräch am … lediglich mitgeteilt, dass der Brenner voraussichtlich … EUR kosten würde und er den Rest noch nicht einschätzen könne. Für eine Gesamtvergütung ist dem nichts zu entnehmen; es ist aber nicht einmal ein fester Preis für den Brenner verabredet worden.

Dass die Arbeiten des Klägers grundsätzlich nur gegen Vergütung erfolgen würden, lag auf der Hand und ist offenbar auch von der Beklagten so gesehen worden. Mangels einer Vereinbarung über die Vergütung ist also die übliche Vergütung geschuldet, § 632 Abs. 2 BGB.

Die erbrachten Leistungen – Arbeitsstunden des Klägers und des Gehilfen, alle verwendeten Teile – sind in der Abrechnung des Klägers aufgelistet. Die Einkaufsrechnung über den Brenner war beigefügt. Diese Leistungen sind auch tatsächlich erbracht worden.

Beweis: Zeugnis des Gehilfen des Klägers, Herrn …, b.b.

Die von dem Kläger abgerechneten Preise sind angemessen und ortsüblich.

Beweis: Sachverständigengutachten

Dem Kläger steht daher die volle abgerechnete Summe zu; die Kürzung der Beklagten um … EUR (brutto) war unberechtigt. Der Kläger hat daher Anspruch auf diesen mit der Klage geltend gemachten Betrag.

Der Zinsanspruch ergibt sich aus den §§ 280 Abs. 2, 286 Abs. 1, 288 Abs. 1 BGB. Spätestens mit Ablauf der Zahlungsfrist aus dem Mahnschreiben des Klägers vom … (Anlage K 2) befindet sich die Beklagte in Verzug.

Beglaubigte und einfache Abschrift anbei

(*Unterschrift*) (*Rechtsanwalt*)

▲

b) Anmerkungen

1. Das vorstehende Muster geht davon aus, dass die Parteien hinsichtlich der Vergütung für die gesamte Werkleistung überhaupt keine Vereinbarung getroffen haben. In Frage kommt aber auch, dass die Parteien eine unwirksame Vereinbarung getroffen haben oder dass lediglich hinsichtlich einer Teilleistung keine (wirksame) Vereinbarung vorliegt (zu den Einzelheiten siehe oben Rdn 7 ff.). **318**

2. Der Sachverhalt ist ein Beispiel für einen typischen Kleinauftrag mit einem Verbraucher. Bei diesen werden meist die VOB/B nicht oder nicht wirksam einbezogen (vgl. oben Rdn 4); seit der Fassung von 2009 weist der DVA auch in einer Fußnote daraufhin, dass die VOB/B nicht für die Verwendung in Verträgen mit Verbrauchern gedacht sind. Zum anderen passiert es bei solchen Kleinaufträgen häufiger, dass über die Vergütung keine Vereinbarung getroffen wird. **319**

3. Die „schulmäßige" Aufteilung nach Sachverhalt und rechtlicher Würdigung ist natürlich nicht zwingend. Sie ist aber gerade mit zunehmender Komplexität der Sachverhalte empfehlenswert. **320**

4. Der Vortrag zur Abnahme oder den Abnahmewirkungen wird gern vergessen, gehört aber zwingend zum schlüssigen Klagevortrag. Ohne Vortrag zur Abnahme dürfte grundsätzlich z.B. kein Versäumnisurteil erlassen werden (Einzelheiten siehe oben Rdn 188). **321**

5. Eventueller Vortrag zu Mängeln müsste natürlich seitens der Beklagten dargelegt und bewiesen werden. Der Hinweis, dass darüber nichts bekannt ist, kann aber keinesfalls etwas schaden. **322**

6. Für die erbrachten Leistungen sowie dafür, dass die beanspruchte Vergütung angemessen und übliche ist, ist der Auftragnehmer darlegungs- und beweispflichtig. **323**

2. Einheitspreisvertrag

a) Muster: Werklohnklage bei Einheitspreisen

▼ **324**

An das

Landgericht 1.4

Klage

der Bau-GmbH, vertreten durch den Geschäftsführer, Herrn , geschäftsansässig in

– Klägerin –

Prozessbevollmächtigte: Rechtsanwälte

gegen

die Projektgesellschaft GmbH & Co. KG, vertreten durch die Komplementärin, die GmbH, diese vertreten durch die Geschäftsführer, Frau und Herrn , geschäftsansässig in

– Beklagte –

wegen: restlichen Werklohns aus einem Bauvertrag

vorläufiger Streitwert: EUR

Namens und im Auftrag der Klägerin werden wir in der mündlichen Verhandlung beantragen,

1. die Beklagte zu verurteilen, an die Klägerin einen Betrag von EUR zzgl. Zinsen hieraus i.H.v. 9 Prozentpunkten über dem Basiszins seit dem zu zahlen;
2. die Beklagte zu verurteilen, an die Klägerin einen weiteren Betrag von EUR zzgl. Zinsen hieraus i.H.v. 9 Prozentpunkten über dem Basiszins ab Rechtshängigkeit zu zahlen.

Für den Fall der Fristversäumnis im schriftlichen Vorverfahren beantragen wir zudem bereits jetzt den Erlass eines Versäumnisurteils nach § 331 Abs. 3 ZPO.

Begründung:

Die Klägerin ist eine mittelständische Baufirma, welche für die Beklagte – eine Immobilien-Projektgesellschaft – die Rohbauleistungen für das Bauvorhaben erbracht hat. Die Baumaßnahme ist inzwischen abgeschlossen. Die Parteien konnten jedoch hinsichtlich der nun im Klageweg weiterverfolgten restlichen Vergütungsansprüche der Klägerin keine Einigung finden.

A. Sachverhalt

1. Vertragliche Grundlagen

Die Beklagte hat unter anderem bei der Klägerin die Rohbauleistungen angefragt. Dabei hat sie der Klägerin ein vorbereitetes Angebotsschreiben, ein detailliertes Leistungsverzeichnis sowie die Besonderen Vertragsbedingungen (BVB) und die Zusätzlichen Vertragsbedingungen (ZVB) der Beklagten übersandt.

Die Klägerin hat das Leistungsverzeichnis bepreist und ist dabei zu einem vorläufigen Gesamtpreis von EUR gekommen. Diesen hat sie in das vorbereitete Angebotsschreiben eingetragen, das Schreiben unterzeichnet und unter dem an die Beklagte zurückgeschickt.

Beweis:
1. Angebotsschreiben der Klägerin vom , **Anlage K 1**
2. Angebotsleistungsverzeichnis der Klägerin, **Anlage K 2**
3. BVB der Beklagten, **Anlage K 3**
4. ZVB der Beklagten, **Anlage K 4**

Am haben die Parteien über das Angebot der Klägerin verhandelt; hierüber ist von der Beklagten ein Verhandlungsprotokoll erstellt worden, welches die beiden Parteivertreter am Ende der Verhandlung unterzeichnet haben.

Beweis: Verhandlungsprotokoll vom , **Anlage K 5**

Gem. Nr. 1 des Verhandlungsprotokolls sind die Parteien übereingekommen, dass die VOB/B in der Fassung von 2016 dem Vertrag zugrunde liegen sollen. Zudem hat die Klägerin gem. Nr. 2 des Verhandlungsprotokolls die BVB und ZVB der Beklagten als

Vertragsgrundlage anerkannt. Außerdem hat sich die Klägerin gem. Nr. 3 des Verhandlungsprotokolls zu einem Nachlass von 3 % auf alle Einheitspreise bereit erklärt.

Die Klägerin hat schließlich gem. Nr. 4 des Verhandlungsprotokolls erklärt, dass sie sich an ihr Angebot sowie die Festlegungen aus dem Verhandlungsprotokoll bis zum … gebunden hält.

Beweis: wie vor

Mit Schreiben vom … – also noch innerhalb der vereinbarten Frist – hat die Beklagte die Klägerin unter Bezugnahme auf deren Angebot vom … (Anlage K 1) sowie auf das Verhandlungsprotokoll vom … (Anlage K 5) mit der Erbringung der Rohbauleistungen beauftragt.

Beweis: Schreiben der Beklagten vom …, **Anlage K 6**

2. Leistungserbringung

Die Klägerin hat die ihr vertraglich übertragenen Leistungen vollständig und mängelfrei – insbesondere auch ohne wesentliche Mängel – erbracht.

3. Abnahme

Unter dem … hat sie die Beklagte angeschrieben und zur Erklärung der Abnahme bis zum … aufgefordert.

Beweis: Schreiben der Klägerin vom …, **Anlage K 7**

Die Beklagte hat innerhalb dieser Frist überhaupt nicht reagiert.

4. Schlussrechnung

Daraufhin hat die Klägerin unter dem … ihre Schlussrechnung gestellt. Die Schlussrechnung endet mit einem offenen Betrag von … EUR (brutto). Ausweislich des Eingangsstempels der Beklagten ist die Schlussrechnung bei dieser auch am selben Tag eingegangen.

Beweis: Geprüfte Schlussrechnung der Klägerin vom … mit Eingangsstempel der Beklagten vom selben Tag, **Anlage K 8**

Dennoch hörte die Klägerin von der Beklagten zunächst nichts. Sie hat daher mit Schreiben vom … (*weniger als 30 Tage nach Zugang der Schlussrechnung*) die Beklagte zur Zahlung des offenen Betrags aus der Schlussrechnung bis zum … aufgefordert und zugleich an die Rücksendung eines Prüfexemplars erinnert.

Beweis: Schreiben der Klägerin vom …, **Anlage K 9**

Mit Schreiben vom … (*mehr als 30 Tage nach Zugang der Schlussrechnung*) teilte die Beklagte mit, sie könne die Rechnung der Klägerin nicht nachvollziehen, diese sei daher nicht prüfbar. Unabhängig davon sei aber davon auszugehen, dass die Klägerin angesichts der miserablen Qualität ihrer Arbeit bereits überzahlt sei; eine Zahlung werde keinesfalls mehr erfolgen.

Beweis: Schreiben der Beklagten vom …, **Anlage K 10**

5. Letzte Mahnung; Zahlungsstand

Die Klägerin hat darauf die Angelegenheit dem Unterzeichner übergeben, welcher sich mit Schreiben vom an die Beklagte wandte. In diesem Schreiben wird erläutert, dass ohne nähere Angaben nicht erkennbar ist, weshalb die Rechnung nicht prüfbar sein sollte; diese sei nach den Positionen des Auftragsleistungsverzeichnisses aufgestellt, und es seien auch alle Nachweise beigefügt gewesen. Wie die Beklagte ohne eine Prüfung der Rechnung zu der Auffassung gelangen könne, dass der Klägerin eine Zahlung nicht mehr zustehe, sei ohnehin nicht nachvollziehbar. Der Unterzeichner forderte die Beklagte erneut auf, binnen einer Frist bis zum den offenen Schlussrechnungsbetrag zu zahlen, anderenfalls müsse Klage erhoben werden.

Beweis: Schreiben des Unterzeichners vom , **Anlage K 11**

Eine weitere Reaktion der Beklagten erfolgte nicht, vor allen Dingen erbrachte diese auch keine weitere Zahlung mehr. Der mit der Schlussrechnung geltend gemachte Betrag von EUR (brutto) ist folglich auch weiterhin offen und nun Gegenstand der Klage.

B. Rechtliche Würdigung

1. Zahlungsantrag zu 1)

Mit dem Antrag zu 1) macht die Klägerin ihren offenen Anspruch aus dem Bauvertrag nebst Verzugszinsen geltend.

Der Abschluss des Vertrages dürfte ebenso unstreitig bleiben wie die Tatsache, dass die Klägerin die Leistungen vollständig erbracht hat. Irgendwelche Einwendungen wie Mängel o.Ä. sind der Klägerin zumindest nicht bekannt.

Die Arbeiten der Klägerin gelten als abgenommen gem. § 640 Abs. 2 BGB, nachdem die Klägerin die Beklagte unter angemessener Fristsetzung zur Erklärung der Abnahme aufgefordert hat und eine Reaktion hierauf nicht erfolgte.

Die Schlussrechnung der Klägerin entsprach den Vorgaben an eine prüfbare Schlussrechnung aus § 14 Abs. 1 VOB/B. Die Frage der Prüfbarkeit kann aber ohnehin dahingestellt bleiben, da die Beklagte innerhalb der Prüffrist keinerlei Einwendungen gegen die Prüffähigkeit erhoben hat.

Die offenen Werklohnansprüche der Klägerin sind somit am , nämlich 30 Tage nach Zugang der Schlussrechnung bei der Beklagten, fällig geworden (§ 16 Abs. 3 Nr. 1 VOB/B).

Der Zinsanspruch folgt aus § 16 Abs. 5 Nr. 3 S. 2 VOB/B i.V.m. § 288 Abs. 2 BGB. Dieser Anspruch konnte zwar nicht durch das Schreiben der Klägerin vom (Anlage K 9) ausgelöst werden, da dieses der Beklagten vor Eintritt der Fälligkeit zuging und damit gegenstandslos war. Mit Schreiben des Unterzeichners vom (Anlage K 11), welches nach Ablauf der 30-Tages-Frist und damit nach Eintritt der Fälligkeit verschickt wurde, wurde jedoch eine weitere Nachfrist gesetzt. Spätestens nach deren Ablauf können also die Verzugszinsen für Geschäfte, an denen Verbraucher nicht beteiligt sind, geltend gemacht werden.

2. Zahlungsantrag zu 2)

Der Zahlungsantrag zu 2) betrifft die vorgerichtlichen Anwaltskosten, welche die Klägerin unter dem Gesichtspunkt des Verzugs erstattet verlangen kann.

Der Unterzeichner wurde eingeschaltet, nachdem sich die Beklagte bereits in Verzug befand. Dabei ist unschädlich, dass das Schreiben der Klägerin vom (Anlage K 9) zu früh erfolgte und somit keinen Verzug auslösen konnte. Die Beklagte hat mit ihrem Schreiben vom (Anlage K 10) die Zahlung endgültig und ernsthaft verweigert, sodass aus diesem Grund Verzug eingetreten ist (§ 286 Abs. 2 Nr. 3 BGB). Auf den Ablauf einer Nachfrist i.S.v. § 16 Abs. 5 Nr. 3 VOB/B kommt es daher nicht mehr an.

Die Beklagte hat also auch die Kosten für die vorgerichtliche Anwaltstätigkeit zu erstatten, §§ 280 Abs. 2, 286 BGB. Dabei handelt es sich um die Geschäftsgebühr aus dem Streitwert des Klageverfahrens, denn diese geht nicht in den Gebühren des streitigen Verfahrens auf. Die geltend gemachte Höhe ergibt sich aus den Vorschriften des RVG.

Beglaubigte und einfache Abschrift anbei.

(*Unterschrift*) (*Rechtsanwalt*)

▲

b) Anmerkungen

1. Als Sachverhalts-Beispiel für das Grundmuster der Werklohnklage haben wir uns an einem mittelgroßen Bauprojekt mit Generalunternehmer-Vergabe orientiert. Typischerweise werden dabei Vertragsbedingungen des Auftraggebers vereinbart sowie ein VOB-Vertrag geschlossen. **325**

2. Die „schulmäßige" Aufteilung nach Sachverhalt und rechtlicher Würdigung ist natürlich nicht zwingend. Sie ist aber gerade mit zunehmender Komplexität der Sachverhalte empfehlenswert. Es empfiehlt sich weiterhin der oben gewählte Aufbau mit der Aufteilung des Sachverhalts nach vertraglichen Grundlagen, Leistungserbringung, Abnahme und Abrechnung. So ist sichergestellt, dass alle essentiellen Bestandteile des Vortrags abgedeckt sind. **326**

3. Will sich der Kläger auf Vorschriften aus den VOB/B stützen, gehört die Einbeziehung grundsätzlich zum essenziellen Klagevortrag (siehe oben Rdn 4). **327**

4. Der Vortrag zur Abnahme oder den Abnahmewirkungen wird gern vergessen, gehört aber zwingend zum schlüssigen Klagevortrag. Ohne Vortrag zur Abnahme dürfte grundsätzlich z.B. kein Versäumnisurteil erlassen werden (Einzelheiten siehe oben Rdn 188). **328**

5. Zu der im Beispiel verwendeten Abnahmefiktion siehe oben Rdn 169 ff. **329**

6. Die Erteilung einer prüffähigen Schlussrechnung ist Fälligkeitsvoraussetzung im VOB-Vertrag sowie im „neuen" BGB-Bauvertrag und Voraussetzung für die schlüssigen Darlegung der Forderung im „alten" BGB-Vertrag (siehe oben Rdn 189 ff.). Es ist daher zwingend dazu vorzutragen. **330**

7. Im Beispiel wurde auf den Ablauf der Prüffrist abgestellt (Einzelheiten siehe oben Rdn 190). **331**

3. Detailpauschalvertrag

a) Muster: Werklohnklage bei Detailpauschale

332 ▼

An das

Landgericht

Klage

der Bau-GmbH, vertreten durch den Geschäftsführer, Herrn , geschäftsansässig in

– Klägerin –

Prozessbevollmächtigte: Rechtsanwälte

gegen

die Projektgesellschaft GmbH & Co. KG, vertreten durch die Komplementärin, die GmbH, diese vertreten durch die Geschäftsführer, Frau und Herrn , geschäftsansässig in

– Beklagte –

wegen: restlichen Werklohns aus einem Bauvertrag

vorläufiger Streitwert: EUR

Namens und im Auftrag der Klägerin werden wir in der mündlichen Verhandlung beantragen,

1. die Beklagte zu verurteilen, an die Klägerin einen Betrag von EUR zzgl. Zinsen hieraus i.H.v. 9 Prozentpunkten über dem Basiszins seit dem zu zahlen;
2. die Beklagte zu verurteilen, an die Klägerin einen weiteren Betrag von EUR zzgl. Zinsen hieraus i.H.v. 9 Prozentpunkten über dem Basiszins ab Rechtshängigkeit zu zahlen.

Für den Fall der Fristversäumnis im schriftlichen Vorverfahren beantragen wir zudem bereits jetzt den Erlass eines Versäumnisurteils nach § 331 Abs. 3 ZPO.

Begründung:

Die Klägerin ist eine mittelständische Baufirma, welche für die Beklagte – eine Immobilien-Projektgesellschaft – die Rohbauleistungen für das Bauvorhaben erbracht hat. Die Baumaßnahme ist inzwischen abgeschlossen. Die Parteien konnten jedoch hinsichtlich der nun im Klageweg weiterverfolgten restlichen Vergütungsansprüche der Klägerin keine Einigung finden.

A. Sachverhalt

1. Vertragliche Grundlagen

Die Beklagte hat unter anderem bei der Klägerin die Rohbauleistungen angefragt. Dabei hat sie der Klägerin ein vorbereitetes Angebotsschreiben, ein detailliertes Leistungsverzeichnis sowie die Besonderen Vertragsbedingungen (BVB) und die Zusätzlichen Vertragsbedingungen (ZVB) der Beklagten übersandt.

Die Klägerin hat das Leistungsverzeichnis bepreist und ist dabei zu einem vorläufigen Gesamtpreis von … EUR gekommen. Diesen hat sie in das vorbereitete Angebotsschreiben eingetragen, das Schreiben unterzeichnet und unter dem … an die Beklagte zurückgeschickt.

Beweis: 1. Angebotsschreiben der Klägerin vom …, **Anlage K 1**
2. Angebotsleistungsverzeichnis der Klägerin, **Anlage K 2**
3. BVB der Beklagten, **Anlage K 3**
4. ZVB der Beklagten, **Anlage K 4**

Am … haben die Parteien über das Angebot der Klägerin verhandelt; hierüber ist von der Beklagten ein Verhandlungsprotokoll erstellt worden, welches die beiden Parteivertreter am Ende der Verhandlung unterzeichnet haben.

Beweis: Verhandlungsprotokoll vom …, **Anlage K 5**

Gem. Nr. 1 des Verhandlungsprotokolls sind die Parteien überein gekommen, dass die VOB/B in der Fassung von 2016 dem Vertrag zugrunde liegen sollen. Zudem hat die Klägerin gem. Nr. 2 des Verhandlungsprotokolls die BVB und ZVB der Beklagten als Vertragsgrundlage anerkannt. Außerdem hat die Klägerin gem. Nr. 4 des Verhandlungsprotokolls erklärt, dass sie sich an ihr Angebot sowie die Festlegungen aus dem Verhandlungsprotokoll bis zum … gebunden hält.

Beweis: wie vor

Vor allen Dingen aber ist die Klägerin im Rahmen der Verhandlungen gefragt worden, ob sie bereit wäre, auf Basis der vorhandenen Unterlagen anstelle eines Einheitspreisvertrages einen Pauschalvertrag zu schließen. Gem. Nr. 3 des Verhandlungsprotokolls hat die Klägerin bestätigt, dass sie sich ein ausreichendes Bild des Bauvorhabens und der voraussichtlichen Mengenverhältnisse machen konnte; sie hat ihre Leistungen nunmehr auf Basis einer Pauschalen zum Preis von … EUR angeboten.

Beweis: wie vor

Mit Schreiben vom … – also noch innerhalb der vereinbarten Frist – hat die Beklagte der Klägerin unter Bezugnahme auf deren Angebot vom … (Anlage K 1) sowie auf das Verhandlungsprotokoll vom … (Anlage K 2) die Erbringung der Rohbauleistungen als Pauschalauftrag übertragen.

Beweis: Schreiben der Beklagten vom …, **Anlage K 6**

2. Leistungserbringung

Die Klägerin hat die ihr vertraglich übertragenen Leistungen vollständig und mängelfrei – insbesondere auch ohne wesentliche Mängel – erbracht.

3. Abnahme

Unter dem … hat sie die Beklagte angeschrieben und zur Erklärung der Abnahme bis zum … aufgefordert.

Beweis: Schreiben der Klägerin vom …, **Anlage K 7**

Die Beklagte hat innerhalb dieser Frist überhaupt nicht reagiert.

4. Schlussrechnung

Daraufhin hat die Klägerin unter dem … ihre Schlussrechnung gestellt. Die Schlussrechnung endet mit einem offenen Betrag von … EUR (brutto). Ausweislich des Eingangsstempels der Beklagten ist die Schlussrechnung bei dieser auch am selben Tag eingegangen.

Beweis: Geprüfte Schlussrechnung der Klägerin vom … mit Eingangsstempel der Beklagten vom selben Tag, **Anlage K 8**

Dennoch hörte die Klägerin von der Beklagten zunächst nichts. Sie hat daher mit Schreiben vom … (*weniger als 30 Tage nach Zugang der Schlussrechnung*) die Beklagte zur Zahlung des offenen Betrags aus der Schlussrechnung bis zum … aufgefordert und zugleich an die Rücksendung eines Prüfexemplars erinnert.

Beweis: Schreiben der Klägerin vom …, **Anlage K 9**

Mit Schreiben vom … (*mehr als 30 Tage nach Zugang der Schlussrechnung*) teilte die Beklagte mit, sie könne die Rechnung der Klägerin nicht nachvollziehen, diese sei daher nicht prüfbar. Unabhängig davon sei aber davon auszugehen, dass die Klägerin angesichts der miserablen Qualität ihrer Arbeit bereits überzahlt sei; eine Zahlung werde keinesfalls mehr erfolgen.

Beweis: Schreiben der Beklagten vom …, **Anlage K 10**

5. Letzte Mahnung; Zahlungsstand

Die Klägerin hat darauf die Angelegenheit dem Unterzeichner übergeben, welcher sich mit Schreiben vom … an die Beklagte wandte. In diesem Schreiben wird erläutert, dass ohne nähere Angaben nicht erkennbar ist, weshalb die Rechnung nicht prüfbar sein sollte; diese sei nach den Positionen des Auftragsleistungsverzeichnisses aufgestellt, und es seien auch alle Nachweise beigefügt gewesen. Wie die Beklagte ohne eine Prüfung der Rechnung zu der Auffassung gelangen könne, dass der Klägerin eine Zahlung nicht mehr zustehe, sei ohnehin nicht nachvollziehbar. Der Unterzeichner forderte die Beklagte erneut auf, binnen einer Frist bis zum … den offenen Schlussrechnungsbetrag zu zahlen, anderenfalls müsse Klage erhoben werden.

Beweis: Schreiben des Unterzeichners vom …, **Anlage K 11**

Eine weitere Reaktion der Beklagten erfolgte nicht, vor allen Dingen erbrachte diese auch keine weitere Zahlung mehr. Der mit der Schlussrechnung geltend gemachte Betrag von … EUR (brutto) ist folglich auch weiterhin offen und nun Gegenstand der Klage.

B. Rechtliche Würdigung

1. Zahlungsantrag zu 1)

Mit dem Antrag zu 1) macht die Klägerin ihren offenen Anspruch aus dem Bauvertrag nebst Verzugszinsen geltend.

Der Abschluss des Detailpauschalvertrages dürfte ebenso unstreitig bleiben wie die Tatsache, dass die Klägerin die Leistungen vollständig erbracht hat. Irgendwelche Einwendungen wie Mängel o.ä. sind der Klägerin zumindest nicht bekannt.

Die Arbeiten der Klägerin gelten als abgenommen gem. § 640 Abs. 2 BGB, nachdem die Klägerin die Beklagte unter angemessener Fristsetzung zur Erklärung der Abnahme aufgefordert hat und eine Reaktion hierauf nicht erfolgte.

Die Schlussrechnung der Klägerin entsprach den Vorgaben an eine prüfbare Schlussrechnung aus § 14 Abs. 1 VOB/B. Die Frage der Prüfbarkeit kann aber ohnehin dahingestellt bleiben, da die Beklagte innerhalb der Prüffrist keinerlei Einwendungen gegen die Prüffähigkeit erhoben hat.

Die offenen Werklohnansprüche der Klägerin sind somit am , nämlich 30 Tage nach Zugang der Schlussrechnung bei der Beklagten, fällig geworden (§ 16 Abs. 3 Nr. 1 VOB/B).

Der Zinsanspruch folgt aus § 16 Abs. 5 Nr. 3 S. 2 VOB/B i.V.m. § 288 Abs. 2 BGB. Dieser Anspruch konnte zwar nicht durch das Schreiben der Klägerin vom (Anlage K 9) ausgelöst werden, da dieses der Beklagten vor Eintritt der Fälligkeit zuging und damit gegenstandslos war. Mit Schreiben des Unterzeichners vom (Anlage K 11), welches nach Ablauf der 30-Tages-Frist und damit nach Eintritt der Fälligkeit verschickt wurde, wurde jedoch eine weitere Nachfrist gesetzt. Spätestens nach deren Ablauf können also die Verzugszinsen für Geschäfte, an denen Verbraucher nicht beteiligt sind, geltend gemacht werden.

2. Zahlungsantrag zu 2)

Der Zahlungsantrag zu 2) betrifft die vorgerichtlichen Anwaltskosten, welche die Klägerin unter dem Gesichtspunkt des Verzugs erstattet verlangen kann.

Der Unterzeichner wurde eingeschaltet, nachdem sich die Beklagte bereits in Verzug befand. Dabei ist unschädlich, dass das Schreiben der Klägerin vom (Anlage K 9) zu früh erfolgte und somit keinen Verzug auslösen konnte. Die Beklagte hat mit ihrem Schreiben vom (Anlage K 10) die Zahlung endgültig und ernsthaft verweigert, sodass aus diesem Grund Verzug eingetreten ist (§ 286 Abs. 2 Nr. 3 BGB). Auf den Ablauf einer Nachfrist i.S.v. § 16 Abs. 5 Nr. 3 VOB/B kommt es daher nicht mehr an.

Die Beklagte hat also auch die Kosten für die vorgerichtliche Anwaltstätigkeit zu erstatten, §§ 280 Abs. 2, 286 BGB. Dabei handelt es sich um die Geschäftsgebühr aus dem Streitwert des Klageverfahrens, denn diese geht nicht in den Gebühren des streitigen Verfahrens auf. Die geltend gemachte Höhe ergibt sich aus den Vorschriften des RVG.

Beglaubigte und einfache Abschrift anbei.

(*Unterschrift*) (*Rechtsanwalt*)

▲

b) Anmerkungen

333 1. Als Sachverhalts-Beispiel für das Muster der Werklohnklage bei Abschluss eines Detailpauschalvertrags haben wir uns an einem mittelgroßen Bauprojekt mit Generalunternehmer-Vergabe orientiert. Typischerweise werden dabei Vertragsbedingungen des Auftraggebers vereinbart sowie ein VOB-Vertrag geschlossen.

334 2. Typisch für den Detailpauschalvertrag ist der Übergang von einem ausführlichen Leistungsverzeichnis zur Pauschalen. Die Einordnung des Vertrages als Einheitspreis-, Detail- oder Globalpauschalvertrag spielt in dem einfach gelagerten Beispielfall eigentlich keine Rolle. Sie wird aber von Bedeutung, sobald es um Nachträge geht.

335 3. Die „schulmäßige" Aufteilung nach Sachverhalt und rechtlicher Würdigung ist natürlich nicht zwingend. Sie ist aber gerade mit zunehmender Komplexität der Sachverhalte empfehlenswert. Es empfiehlt sich weiterhin der oben gewählte Aufbau mit der Aufteilung des Sachverhalts nach vertraglichen Grundlagen, Leistungserbringung, Abnahme und Abrechnung. So ist sichergestellt, dass alle essenziellen Bestandteile des Vortrags abgedeckt sind.

336 4. Will sich der Kläger auf Vorschriften aus den VOB/B stützen, gehört die Einbeziehung grundsätzlich zum essenziellen Klagevortrag (siehe oben Rdn 4).

337 5. Der Vortrag zur Abnahme oder den Abnahmewirkungen wird gern vergessen, gehört aber zwingend zum schlüssigen Klagevortrag. Ohne Vortrag zur Abnahme dürfte grundsätzlich z.B. kein Versäumnisurteil erlassen werden (Einzelheiten siehe oben Rdn 188).

338 6. Die Erteilung einer prüffähigen Schlussrechnung ist Fälligkeitsvoraussetzung im VOB-Vertrag sowie im „neuen" BGB-Bauvertrag und Voraussetzung für die schlüssige Darlegung der Forderung im „alten" BGB-Vertrag (siehe oben Rdn 189 ff.). Es ist daher zwingend dazu vorzutragen.

339 7. Im Rahmen des VOB-Vertrags muss auch zum Ablauf der Prüffrist bzw. zur Prüfung vorgetragen werden, da es sich um eine Fälligkeitsvoraussetzung handelt (siehe oben Rdn 189).

4. Globalpauschalvertrag

a) Muster: Werklohnklage bei Globalpauschale

340 ▼

An das

1.6 Landgericht

Klage

der Bau-GmbH, vertreten durch den Geschäftsführer, Herrn , geschäftsansässig in

– Klägerin –

Prozessbevollmächtigte: Rechtsanwälte

gegen

die Projektgesellschaft ___ GmbH & Co. KG, vertreten durch die Komplementärin, die ___ GmbH, diese vertreten durch die Geschäftsführer, Frau ___ und Herrn ___, geschäftsansässig in ___

– Beklagte –

wegen: restlichen Werklohns aus einem Bauvertrag

vorläufiger Streitwert: ___ EUR

Namens und im Auftrag der Klägerin werden wir in der mündlichen Verhandlung beantragen,

1. die Beklagte zu verurteilen, an die Klägerin einen Betrag von ___ EUR zzgl. Zinsen hieraus i.H.v. 9 Prozentpunkten über dem Basiszins seit dem ___ zu zahlen;
2. die Beklagte zu verurteilen, an die Klägerin einen weiteren Betrag von ___ EUR zzgl. Zinsen hieraus i.H.v. 9 Prozentpunkten über dem Basiszins ab Rechtshängigkeit zu zahlen.

Für den Fall der Fristversäumnis im schriftlichen Vorverfahren beantragen wir zudem bereits jetzt den Erlass eines Versäumnisurteils nach § 331 Abs. 3 ZPO.

Begründung:

Die Klägerin ist eine mittelständische Baufirma, welche für die Beklagte – eine Immobilien-Projektgesellschaft – die Rohbauleistungen für das Bauvorhaben ___ erbracht hat. Die Baumaßnahme ist inzwischen abgeschlossen. Die Parteien konnten jedoch hinsichtlich der nun im Klageweg weiterverfolgten restlichen Vergütungsansprüche der Klägerin keine Einigung finden.

A. Sachverhalt

1. Vertragliche Grundlagen

Die Beklagte hat unter anderem bei der Klägerin die Rohbauleistungen inklusive der dafür erforderlichen Ausführungsplanung angefragt; angeboten werden sollte ein Pauschalpreis. Dabei hat sie der Klägerin eine funktionale Leistungsbeschreibung, die Entwurfspläne sowie die Besonderen Vertragsbedingungen (BVB) und die Zusätzlichen Vertragsbedingungen (ZVB) der Beklagten übersandt.

Beweis: 1. Funktionale Leistungsbeschreibung, **Anlage K 1**
2. BVB der Beklagten, **Anlage K 2**
3. ZVB der Beklagten, **Anlage K 3**

Wir verzichten zunächst auf die Beifügung der umfangreichen Entwurfspläne und reichen diese nach, falls es das Verfahren erforderlich macht oder das Gericht dies wünscht.

Auf Basis dieser Unterlagen hat die Klägerin die angefragten Leistungen zu einem Pauschalpreis von insgesamt ___ EUR angeboten.

Beweis: Angebotsschreiben der Klägerin vom ___, **Anlage K 4**

Am haben die Parteien über das Angebot der Klägerin verhandelt; hierüber ist von der Beklagten ein Verhandlungsprotokoll erstellt worden, welches die beiden Parteivertreter am Ende der Verhandlung unterzeichnet haben.

Beweis: Verhandlungsprotokoll vom , **Anlage K 5**

Gem. Nr. 1 des Verhandlungsprotokolls sind die Parteien übereingekommen, dass die VOB/B in der Fassung von 2016 dem Vertrag zugrunde liegen sollen. Zudem hat die Klägerin gem. Nr. 2 des Verhandlungsprotokolls die BVB und ZVB der Beklagten als Vertragsgrundlage anerkannt. Außerdem hat die Klägerin gem. Nr. 4 des Verhandlungsprotokolls erklärt, dass sie sich an ihr Angebot sowie die Festlegungen aus dem Verhandlungsprotokoll bis zum gebunden hält.

Beweis: wie vor

Vor allen Dingen aber hat sich die Klägerin im Rahmen der Verhandlungen bereit erklärt, den Pauschalpreis zu verringern auf EUR.

Beweis: wie vor

Mit Schreiben vom – also noch innerhalb der vereinbarten Frist – hat die Beklagte die Klägerin unter Bezugnahme auf deren Angebot vom (Anlage K 1) sowie auf das Verhandlungsprotokoll vom (Anlage K 2) mit der Erbringung der Rohbauleistungen beauftragt.

Beweis: Schreiben der Beklagten vom , **Anlage K 6**

2. Leistungserbringung

Die Klägerin hat die ihr vertraglich übertragenen Leistungen vollständig und mängelfrei – insbesondere auch ohne wesentliche Mängel – erbracht.

3. Abnahme

Unter dem hat sie die Beklagte angeschrieben und zur Erklärung der Abnahme bis zum aufgefordert.

Beweis: Schreiben der Klägerin vom , **Anlage K 7**

Die Beklagte hat innerhalb dieser Frist überhaupt nicht reagiert.

4. Schlussrechnung

Daraufhin hat die Klägerin unter dem ihre Schlussrechnung gestellt. Die Schlussrechnung endet mit einem offenen Betrag von EUR (brutto). Ausweislich des Eingangsstempels der Beklagten ist die Schlussrechnung bei dieser auch am selben Tag eingegangen.

Beweis: Geprüfte Schlussrechnung der Klägerin vom mit Eingangsstempel der Beklagten
vom selben Tag, **Anlage K 8**

Dennoch hörte die Klägerin von der Beklagten zunächst nichts. Sie hat daher mit Schreiben vom (*weniger als 30 Tage nach Zugang der Schlussrechnung*) die Beklagte zur Zahlung des offenen Betrags aus der Schlussrechnung bis zum aufgefordert und zugleich an die Rücksendung eines Prüfexemplars erinnert.

Beweis: Schreiben der Klägerin vom , **Anlage K 9**

Mit Schreiben vom (*mehr als 30 Tage nach Zugang der Schlussrechnung*) teilte die Beklagte mit, sie könne die Rechnung der Klägerin nicht nachvollziehen, diese sei daher nicht prüfbar. Unabhängig davon sei aber davon auszugehen, dass die Klägerin angesichts der miserablen Qualität ihrer Arbeit bereits überzahlt sei; eine Zahlung werde keinesfalls mehr erfolgen.

Beweis: Schreiben der Beklagten vom , **Anlage K 10**

5. Letzte Mahnung; Zahlungsstand

Die Klägerin hat darauf die Angelegenheit dem Unterzeichner übergeben, welcher sich mit Schreiben vom an die Beklagte wandte. In diesem Schreiben wird erläutert, dass ohne nähere Angaben nicht erkennbar ist, weshalb die Rechnung nicht prüfbar sein sollte; diese sei nach den Positionen des Auftragsleistungsverzeichnisses aufgestellt, und es seien auch alle Nachweise beigefügt gewesen. Wie die Beklagte ohne eine Prüfung der Rechnung zu der Auffassung gelangen könne, dass der Klägerin eine Zahlung nicht mehr zustehe, sei ohnehin nicht nachvollziehbar. Der Unterzeichner forderte die Beklagte erneut auf, binnen einer Frist bis zum den offenen Schlussrechnungsbetrag zu zahlen, anderenfalls müsse Klage erhoben werden.

Beweis: Schreiben des Unterzeichners vom , **Anlage K 11**

Eine weitere Reaktion der Beklagten erfolgte nicht, vor allen Dingen erbrachte diese auch keine weitere Zahlung mehr. Der mit der Schlussrechnung geltend gemachte Betrag von EUR (brutto) ist folglich auch weiterhin offen und nun Gegenstand der Klage.

B. Rechtliche Würdigung

1. Zahlungsantrag zu 1)

Mit dem Antrag zu 1) macht die Klägerin ihren offenen Anspruch aus dem Bauvertrag nebst Verzugszinsen geltend.

Der Abschluss des Globalpauschalvertrages dürfte ebenso unstreitig bleiben wie die Tatsache, dass die Klägerin die Leistungen vollständig erbracht hat. Irgendwelche Einwendungen wie Mängel o.ä. sind der Klägerin zumindest nicht bekannt.

Die Arbeiten der Klägerin gelten als abgenommen gem. § 640 Abs. 2 BGB, nachdem die Klägerin die Beklagte unter angemessener Fristsetzung zur Erklärung der Abnahme aufgefordert hat und eine Reaktion hierauf nicht erfolgte.

Die Schlussrechnung der Klägerin entsprach den Vorgaben an eine prüfbare Schlussrechnung aus § 14 Abs. 1 VOB/B. Die Frage der Prüfbarkeit kann aber ohnehin dahingestellt bleiben, da die Beklagte innerhalb der Prüffrist keinerlei Einwendungen gegen die Prüffähigkeit erhoben hat.

Die offenen Werklohnansprüche der Klägerin sind somit am , nämlich 30 Tage nach Zugang der Schlussrechnung bei der Beklagten, fällig geworden (§ 16 Abs. 3 Nr. 1 VOB/B).

Der Zinsanspruch folgt aus § 16 Abs. 5 Nr. 3 S. 2 VOB/B i.V.m. § 288 Abs. 2 BGB. Dieser Anspruch konnte zwar nicht durch das Schreiben der Klägerin vom (Anlage K 9) ausgelöst werden, da dieses der Beklagten vor Eintritt der Fälligkeit zuging und damit gegenstandslos war. Mit Schreiben des Unterzeichners vom (Anlage K 11), welches nach Ablauf der 30-Tages-Frist und damit nach Eintritt der Fälligkeit verschickt wurde, wurde jedoch eine weitere Nachfrist gesetzt. Spätestens nach deren Ablauf können also die Verzugszinsen für Geschäfte, an denen Verbraucher nicht beteiligt sind, geltend gemacht werden.

2. Zahlungsantrag zu 2)

Der Zahlungsantrag zu 2) betrifft die vorgerichtlichen Anwaltskosten, welche die Klägerin unter dem Gesichtspunkt des Verzugs erstattet verlangen kann.

Der Unterzeichner wurde eingeschaltet, nachdem sich die Beklagte bereits in Verzug befand. Dabei ist unschädlich, dass das Schreiben der Klägerin vom (Anlage K 9) zu früh erfolgte und somit keinen Verzug auslösen konnte. Die Beklagte hat mit ihrem Schreiben vom (Anlage K 10) die Zahlung endgültig und ernsthaft verweigert, sodass aus diesem Grund Verzug eingetreten ist (§ 286 Abs. 2 Nr. 3 BGB). Auf den Ablauf einer Nachfrist i.S.v. § 16 Abs. 5 Nr. 3 VOB/B kommt es daher nicht mehr an.

Die Beklagte hat also auch die Kosten für die vorgerichtliche Anwaltstätigkeit zu erstatten, §§ 280 Abs. 2, 286 BGB. Dabei handelt es sich um die Geschäftsgebühr aus dem Streitwert des Klageverfahrens, denn diese geht nicht in den Gebühren des streitigen Verfahrens auf. Die geltend gemachte Höhe ergibt sich aus den Vorschriften des RVG.

Beglaubigte und einfache Abschrift anbei.

(*Unterschrift*) (*Rechtsanwalt*)

▲

b) Anmerkungen

341 1. Als Sachverhalts-Beispiel für das Muster der Werklohnklage bei Abschluss eines Detailpauschalvertrags haben wir uns an einem mittelgroßen Bauprojekt mit Generalunternehmer-Vergabe orientiert. Typischerweise werden dabei Vertragsbedingungen des Auftraggebers vereinbart sowie ein VOB-Vertrag geschlossen.

342 2. Typisch für den Globalpauschalvertrag sind die funktionale Leistungsbeschreibung sowie die Übernahme eines Teils der Planungsverantwortung durch den Auftragnehmer (Einzelheiten siehe oben Rdn 14). Die Einordnung des Vertrages als Einheitspreis-, Detail- oder Globalpauschalvertrag spielt in dem einfach gelagerten Beispielfall eigentlich keine Rolle. Sie wird aber von Bedeutung, sobald es um Nachträge geht.

343 3. Die „schulmäßige“ Aufteilung nach Sachverhalt und rechtlicher Würdigung ist natürlich nicht zwingend. Sie ist aber gerade mit zunehmender Komplexität der Sachverhalte empfehlenswert. Es empfiehlt sich weiterhin der oben gewählte Aufbau mit der Aufteilung des Sachverhalts nach vertraglichen Grundlagen, Leistungserbringung, Abnahme und Abrechnung. So ist sichergestellt, dass alle essenziellen Bestandteile des Vortrags abgedeckt sind.

4. Will sich der Kläger auf Vorschriften aus den VOB/B stützen, gehört die Einbeziehung grundsätzlich zum essenziellen Klagevortrag (siehe oben Rdn 4). 344

5. Der Vortrag zur Abnahme oder den Abnahmewirkungen wird gern vergessen, gehört aber zwingend zum schlüssigen Klagevortrag. Ohne Vortrag zur Abnahme dürfte grundsätzlich z.B. kein Versäumnisurteil erlassen werden (Einzelheiten siehe oben Rdn 188). 345

6. Die Erteilung einer prüffähigen Schlussrechnung ist Fälligkeitsvoraussetzung im VOB-Vertrag sowie im „neuen" BGB-Bauvertrag und Voraussetzung für die schlüssigen Darlegung der Forderung im „alten" BGB-Vertrag (siehe oben Rdn 189 ff.). Es ist daher zwingend dazu vorzutragen. 346

7. Im Rahmen des VOB-Vertrags muss auch zum Ablauf der Prüffrist bzw. zur Prüfung vorgetragen werden, da es sich um eine Fälligkeitsvoraussetzung handelt (siehe oben Rdn 190). 347

5. Stundenlohnvereinbarung/-vertrag

a) Muster: Werklohnklage bei Stundenlohnvereinbarung

▼ 348

An das

Landgericht

1.7

Klage

der Bau-GmbH, vertreten durch den Geschäftsführer, Herrn , geschäftsansässig in

– Klägerin –

Prozessbevollmächtigte: Rechtsanwälte

gegen

die Immobilien GmbH vertreten durch die Geschäftsführer, Frau und Herrn , geschäftsansässig in

– Beklagte –

wegen:	restlichen Werklohns aus einem Bauvertrag
vorläufiger Streitwert:	EUR

Namens und im Auftrag der Klägerin werden wir in der mündlichen Verhandlung beantragen,

1. die Beklagte zu verurteilen, an die Klägerin einen Betrag von EUR zzgl. Zinsen hieraus i.H.v. 9 Prozentpunkten über dem Basiszins seit dem zu zahlen;
2. die Beklagte zu verurteilen, an die Klägerin einen weiteren Betrag von EUR zzgl. Zinsen hieraus i.H.v. 9 Prozentpunkten über dem Basiszins ab Rechtshängigkeit zu zahlen.

Für den Fall der Fristversäumnis im schriftlichen Vorverfahren beantragen wir zudem bereits jetzt den Erlass eines Versäumnisurteils nach § 331 Abs. 3 ZPO.

Begründung:

Die Klägerin ist eine mittelständische Baufirma, welche für die Beklagte – eine Immobilien-Projektgesellschaft – die Rohbauleistungen für das Bauvorhaben erbracht hat. Die Baumaßnahme ist inzwischen abgeschlossen. Die Parteien konnten jedoch hinsichtlich der nun im Klageweg weiterverfolgten restlichen Vergütungsansprüche der Klägerin keine Einigung finden.

A. Sachverhalt

1. Vertragliche Grundlagen

Die Beklagte hat unter anderem bei der Klägerin die Rohbauleistungen angefragt. Dabei hat sie der Klägerin ein vorbereitetes Angebotsschreiben, ein detailliertes Leistungsverzeichnis sowie die Besonderen Vertragsbedingungen (BVB) und die Zusätzlichen Vertragsbedingungen (ZVB) der Beklagten übersandt.

Die Klägerin hat das Leistungsverzeichnis bepreist und ist dabei zu einem vorläufigen Gesamtpreis von EUR gekommen. Diesen hat sie in das vorbereitete Angebotsschreiben eingetragen, das Schreiben unterzeichnet und unter dem an die Beklagte zurückgeschickt.

Beweis:
1. Angebotsschreiben der Klägerin vom , **Anlage K 1**
2. Angebotsleistungsverzeichnis der Klägerin, **Anlage K 2**
3. BVB der Beklagten, **Anlage K 3**
4. ZVB der Beklagten, **Anlage K 4**

Am haben die Parteien über das Angebot der Klägerin verhandelt; hierüber ist von der Beklagten ein Verhandlungsprotokoll erstellt worden, welches die beiden Parteivertreter am Ende der Verhandlung unterzeichnet haben.

Beweis: Verhandlungsprotokoll vom , **Anlage K 5**

Gem. Nr. 1 des Verhandlungsprotokolls sind die Parteien übereingekommen, dass die VOB/B in der Fassung von 2016 dem Vertrag zugrunde liegen sollen. Zudem hat die Klägerin gem. Nr. 2 des Verhandlungsprotokolls die BVB und ZVB der Beklagten als Vertragsgrundlage anerkannt. Außerdem hat sich die Klägerin gem. Nr. 3 des Verhandlungsprotokolls zu einem Nachlass von 3 % auf alle Einheitspreise bereit erklärt.

Die Klägerin hat schließlich gem. Nr. 4 des Verhandlungsprotokolls erklärt, dass sie sich an ihr Angebot sowie die Festlegungen aus dem Verhandlungsprotokoll bis zum gebunden hält.

Beweis: wie vor

Mit Schreiben vom – also noch innerhalb der vereinbarten Frist – hat die Beklagte die Klägerin unter Bezugnahme auf deren Angebot vom (Anlage K 1) sowie auf das Verhandlungsprotokoll vom (Anlage K 5) mit der Erbringung der Rohbauleistungen beauftragt.

Beweis: Schreiben der Beklagten vom , **Anlage K 6**

2. Leistungserbringung

Die Klägerin hat die ihr vertraglich übertragenen Leistungen vollständig und mängelfrei – insbesondere auch ohne wesentliche Mängel – erbracht.

In Nr. … der ZVB hatte sich die Beklagte vorbehalten, die Klägerin ggf. mit Regiearbeiten auf Stundenbasis zu beauftragen. Ein Stundensatz dazu ist in der Pos. … des Leistungsverzeichnisses (Anlage K 2) vereinbart.

Am … wurde die Klägerin durch den insoweit bevollmächtigten Projektleiter der Beklagten beauftragt, in Regie die folgenden Leistungen zu erbringen: …

Beweis: Zeugnis des Bauleiters der Klägerin, Dipl.-Ing. …, zu laden über die Klägerin

Die Klägerin hat diese Leistungen erbracht und dafür insgesamt … Stunden aufgebracht. Die Anzahl der Stunden ergibt sich aus den jeweiligen Stundenlohnzetteln, welche die Klägerin täglich erstellt und dem Projektleiter der Beklagten übergeben hat.

Beweis:
1. Stundenlohnzettel der Beklagten für den Zeitraum vom … bis zum …, **Anlagenkonvolut K 7**
2. wie vor

Eine Rückmeldung hierzu hat die Klägerin bis heute nicht erhalten.

3. Abnahme

Unter dem … hat sie die Beklagte angeschrieben und zur Erklärung der Abnahme bis zum … aufgefordert.

Beweis: Schreiben der Klägerin vom …, **Anlage K 8**

Die Beklagte hat innerhalb dieser Frist überhaupt nicht reagiert.

4. Schlussrechnung

Daraufhin hat die Klägerin unter dem … ihre Schlussrechnung gestellt. Die Schlussrechnung endet mit einem offenen Betrag von … EUR (brutto). Ausweislich des Eingangsstempels der Beklagten ist die Schlussrechnung bei dieser auch am selben Tag eingegangen.

Beweis: Geprüfte Schlussrechnung der Klägerin vom … mit Eingangsstempel der Beklagten vom selben Tag, **Anlage K 9**

Dennoch hörte die Klägerin von der Beklagten zunächst nichts. Sie hat daher mit Schreiben vom … (*weniger als 30 Tage nach Zugang der Schlussrechnung*) die Beklagte zur Zahlung des offenen Betrags aus der Schlussrechnung bis zum … aufgefordert und zugleich an die Rücksendung eines Prüfexemplars erinnert.

Beweis: Schreiben der Klägerin vom …, **Anlage K 10**

Mit Schreiben vom … (*mehr als 30 Tage nach Zugang der Schlussrechnung*) teilte die Beklagte mit, sie könne die Rechnung der Klägerin nicht nachvollziehen, diese sei daher nicht prüfbar. Unabhängig davon sei aber davon auszugehen, dass die Klägerin angesichts der miserablen Qualität ihrer Arbeit bereits überzahlt sei; eine Zahlung werde keinesfalls mehr erfolgen.

Beweis: Schreiben der Beklagten vom , **Anlage K 11**

5. Letzte Mahnung; Zahlungsstand

Die Klägerin hat darauf die Angelegenheit dem Unterzeichner übergeben, welcher sich mit Schreiben vom an die Beklagte wandte. In diesem Schreiben wird erläutert, dass ohne nähere Angaben nicht erkennbar ist, weshalb die Rechnung nicht prüfbar sein sollte; diese sei nach den Positionen des Auftragsleistungsverzeichnisses aufgestellt, und es seien auch alle Nachweise beigefügt gewesen. Wie die Beklagte ohne eine Prüfung der Rechnung zu der Auffassung gelangen könne, dass der Klägerin eine Zahlung nicht mehr zustehe, sei ohnehin nicht nachvollziehbar. Der Unterzeichner forderte die Beklagte erneut auf, binnen einer Frist bis zum den offenen Schlussrechnungsbetrag zu zahlen, anderenfalls müsse Klage erhoben werden.

Beweis: Schreiben des Unterzeichners vom , **Anlage K 12**

Eine weitere Reaktion der Beklagten erfolgte nicht, vor allen Dingen erbrachte diese auch keine weitere Zahlung mehr. Der mit der Schlussrechnung geltend gemachte Betrag von EUR (brutto) ist folglich auch weiterhin offen und nun Gegenstand der Klage.

B. Rechtliche Würdigung

1. Zahlungsantrag zu 1)

Mit dem Antrag zu 1) macht die Klägerin ihren offenen Anspruch aus dem Bauvertrag nebst Verzugszinsen geltend.

Der Abschluss des Vertrages dürfte ebenso unstreitig bleiben wie die Tatsache, dass die Klägerin die Leistungen vollständig erbracht hat. Irgendwelche Einwendungen wie Mängel o.Ä. sind der Klägerin zumindest nicht bekannt.

Hinsichtlich der im Stundelohn erbrachten Regiearbeiten ist festzuhalten, dass die Stundelohnzettel gem. § 15 Abs. 3 VOB/B als anerkannt gelten, nachdem die Beklagte auf deren Übersendung nicht reagiert hat. Über die Stundenlohnarbeiten ist nicht gesondert abgerechnet worden, sondern diese sind waren Bestandteil der Abschlagsrechnungen und sind in der Schlussrechnung unter Pos. aufgeführt.

Die Arbeiten der Klägerin gelten als abgenommen gem. § 640 Abs. 2 BGB, nachdem die Klägerin die Beklagte unter angemessener Fristsetzung zur Erklärung der Abnahme aufgefordert hat und eine Reaktion hierauf nicht erfolgte.

Die Schlussrechnung der Klägerin entsprach den Vorgaben an eine prüfbare Schlussrechnung aus § 14 Abs. 1 VOB/B. Die Frage der Prüfbarkeit kann aber ohnehin dahingestellt bleiben, da die Beklagte innerhalb der Prüffrist keinerlei Einwendungen gegen die Prüffähigkeit erhoben hat.

Die offenen Werklohnansprüche der Klägerin sind somit am , nämlich 30 Tage nach Zugang der Schlussrechnung bei der Beklagten, fällig geworden (§ 16 Abs. 3 Nr. 1 VOB/B).

Der Zinsanspruch folgt aus § 16 Abs. 5 Nr. 3 S. 2 VOB/B i.V.m. § 288 Abs. 2 BGB. Dieser Anspruch konnte zwar nicht durch das Schreiben der Klägerin vom (Anlage K 10) ausgelöst werden, da dieses der Beklagten vor Eintritt der Fälligkeit zuging und damit gegenstandslos war. Mit Schreiben des Unterzeichners vom (Anlage K 12), welches nach Ablauf der 30-Tages-Frist und damit nach Eintritt der Fälligkeit verschickt wurde, wurde jedoch eine weitere Nachfrist gesetzt. Spätestens nach deren Ablauf können also die Verzugszinsen für Geschäfte, an denen Verbraucher nicht beteiligt sind, geltend gemacht werden.

2. Zahlungsantrag zu 2)

Der Zahlungsantrag zu 2) betrifft die vorgerichtlichen Anwaltskosten, welche die Klägerin unter dem Gesichtspunkt des Verzugs erstattet verlangen kann.

Der Unterzeichner wurde eingeschaltet, nachdem sich die Beklagte bereits in Verzug befand. Dabei ist unschädlich, dass das Schreiben der Klägerin vom (Anlage K 10) zu früh erfolgte und somit keinen Verzug auslösen konnte. Die Beklagte hat mit ihrem Schreiben vom (Anlage K 11) die Zahlung endgültig und ernsthaft verweigert, sodass aus diesem Grund Verzug eingetreten ist (§ 286 Abs. 2 Nr. 3 BGB). Auf den Ablauf einer Nachfrist i.S.v. § 16 Abs. 5 Nr. 3 VOB/B kommt es daher nicht mehr an.

Die Beklagte hat also auch die Kosten für die vorgerichtliche Anwaltstätigkeit zu erstatten, §§ 280 Abs. 2, 286 BGB. Dabei handelt es sich um die Geschäftsgebühr aus dem Streitwert des Klageverfahrens, denn diese geht nicht in den Gebühren des streitigen Verfahrens auf. Die geltend gemachte Höhe ergibt sich aus den Vorschriften des RVG.

Beglaubigte und einfache Abschrift anbei.

(*Unterschrift*) (*Rechtsanwalt*)

▲

b) Anmerkungen

1. Im vorstehenden Muster sind wir von dem Fall ausgegangen, dass der Vertrag eine Position für „Regiearbeiten" im Stundenlohn vorsieht, wonach ggf. einzelne Leistungen abgerechnet werden sollen. Die entsprechenden Passagen über die Stundelohnabrechnung kann mit leichten Abwandlungen natürlich auch verwendet werden, wenn ein reiner Stundenlohnvertrag geschlossen wurde, also alle Leistungen auf Stundenbasis abgerechnet werden sollen. **349**

2. Die „schulmäßige" Aufteilung nach Sachverhalt und rechtlicher Würdigung ist natürlich nicht zwingend. Sie ist aber gerade mit zunehmender Komplexität der Sachverhalte empfehlenswert. Es empfiehlt sich weiterhin der oben gewählte Aufbau mit der Aufteilung des Sachverhalts nach vertraglichen Grundlagen, Leistungserbringung, Abnahme und Abrechnung. So ist sichergestellt, dass alle essenziellen Bestandteile des Vortrags abgedeckt sind. **350**

3. Will sich der Kläger auf Vorschriften aus den VOB/B stützen, gehört die Einbeziehung grundsätzlich zum essenziellen Klagevortrag (siehe oben Rdn 4). **351**

4. Stundenlohn kann nur auf Basis einer Vereinbarung verlangt werden; § 2 Abs. 10 VOB/B. Da die Vereinbarung einer Leistungsposition für Regiearbeiten noch nicht der Beauftragung darstellt, ist dazu vorzutragen. **352**

353 5. Der Vortrag zur Abnahme oder den Abnahmewirkungen wird gern vergessen, gehört aber zwingend zum schlüssigen Klagevortrag. Ohne Vortrag zur Abnahme dürfte grundsätzlich z.B. kein Versäumnisurteil erlassen werden (Einzelheiten siehe oben Rdn 188).

354 6. Die Erteilung einer prüffähigen Schlussrechnung ist Fälligkeitsvoraussetzung im VOB-Vertrag sowie im „neuen“ BGB-Bauvertrag und Voraussetzung für die schlüssigen Darlegung der Forderung im „alten“ BGB-Vertrag (siehe oben Rdn 189 ff.). Es ist daher zwingend dazu vorzutragen.

355 7. Im Rahmen des VOB-Vertrags muss auch zum Ablauf der Prüffrist bzw. zur Prüfung vorgetragen werden, da es sich um eine Fälligkeitsvoraussetzung handelt (siehe oben Rdn 190).

6. Checkliste: Werklohnklage

356 Grundsätzlich sind für eine schlüssige Werklohnklage Ausführungen zu den folgenden Punkten erforderlich:

<table>
<tr><td colspan="6">Vertragsschluss</td></tr>
<tr><td colspan="2">mündlich</td><td colspan="2">schriftlich</td><td colspan="2">konkludent</td></tr>
<tr><td colspan="6">Vertragsgrundlagen</td></tr>
<tr><td colspan="2">Vor allem: Einbeziehung der VOB/B?</td><td colspan="2">Weitere besondere Vertragsbedingungen?</td><td colspan="2">Möglichst alle Unterlagen, die relevant werden können.</td></tr>
<tr><td colspan="6">Vertrags- bzw. Vergütungstyp</td></tr>
<tr><td>Übliche Vergütung nach § 632 Abs. 2 BGB</td><td>Einheitspreisvertrag</td><td>Detailpauschalvertrag</td><td>Globalpauschalvertrag</td><td>Stundenlohnvertrag oder -vereinbarung</td><td>Selbstkostenerstattungsvertrag</td></tr>
<tr><td colspan="6">Fälligkeitsvoraussetzungen</td></tr>
<tr><td colspan="3">BGB-Bauvertrag:
Abnahme oder
Eintritt der Abnahmewirkungen
Ab 1.1.2018: Vorlage einer prüfbaren Schlussrechnung</td><td colspan="3">VOB-Vertrag:
Abnahme oder Eintritt der Abnahmewirkungen
Übergabe einer prüffähigen Schlussrechnung
Prüfung bzw. Ablauf der Prüffrist</td></tr>
<tr><td colspan="6">Ermittlung der Klageforderung</td></tr>
<tr><td colspan="3">Schlussrechnungssumme</td><td colspan="3">■ ggf. abzgl. geleisteter Zahlungen
■ ggf. abzgl. vereinbarter Abzüge und Einbehalte (Gewährleistungseinbehalt, Umlagen etc.)
■ ggf. abzgl. akzeptierter Kürzungen</td></tr>
</table>

ergibt: die eingeklagte Forderung		
Nebenforderungen		
Vorgerichtliche Anwaltskosten ■ Verzug ■ Notwendigkeit	Zinsen ■ Verzug ■ im VOB-Vertrag zusätzlich: Ablauf der Nachfrist (Wirksamkeit aber zweifelhaft, s.o. Rdn 216)	ggf. weitere Kosten wie z.B. eines Sachverständigen zur Vorbereitung der Klage

III. Textbausteine für Nachtragsforderungen

Es folgen Textbausteine für die verschiedenen Nachtragstypen, die in das jeweils passende Grundmuster für die Werklohnklage eingesetzt werden können. **357**

1. Mengenänderungen

a) Überschreitung des Mengenansatzes, § 2 Abs. 3 Nr. 2 VOB/B

aa) Muster: Nachtrag wegen Überschreitung des Mengenansatzes

▼ **358**

In der Position … des Auftragsleistungsverzeichnisses war ein Vordersatz von … m^3 ausgeschrieben. Tatsächlich ausgeführt hat die Klägerin jedoch – ohne dass dies Folge einer Leistungsänderung gewesen wäre – … m^3 und damit weit mehr als 110 % der ausgeschriebenen Menge. 1.8

Beweis: 1. Aufmaße zur Position …, Anlage
2. Sachverständigengutachten

Für die 110 % übersteigende Menge – also für … m^3 – hat die Klägerin gemäß § 2 Abs. 3 Nr. 2 VOB/B Anspruch auf Bildung eines neuen Preises unter Berücksichtigung der Mehr- oder Minderkosten. Minderkosten haben sich keine ergeben. Die Klägerin musste jedoch das benötigte Material zu einem höheren Preis einkaufen, denn das Kontingent, für welches sie sich den geringen Einkaufspreis gesichert hatte, welcher der Kalkulation zugrunde lag, war bereits ausgeschöpft. Darüber hinaus haben sich die Transportkosten erhöht.

Beweis: 1. Auftragskalkulation der Pos. …, Anlage
2. Rechnung des Lieferanten …, Anlage
3. Rechnung des Transportunternehmens …, Anlage

Unter Berücksichtigung dieser Umstände ergibt sich der neue Preis, den die Klägerin für die über 110 % hinaus gehenden Mengen beansprucht. Die Preisermittlung der Klägerin ist korrekt und berücksichtigt die Ansätze aus der Urkalkulation sowie die angefallenen Mehrkosten.

Beweis: Sachverständigengutachten

Der geltend gemachte Mehrvergütungsanspruch i.H.v. ______ steht der Klägerin folglich zu.

▲

bb) Anmerkungen

359 1. Ein Anspruch aus § 2 Abs. 3 VOB/B setzt voraus, dass keine Änderungsanordnung vorliegt; sonst § 2 Abs. 5, 6 VOB/B (siehe oben Rdn 31).

360 2. Bei der Mengenerhöhung wird nur für den über 110 % hinaus gehenden Teil ein neuer Preis gebildet; für die Mengen bis 110 % gilt der Vertragspreis.

361 3. Bei der Mengenerhöhung sind Mehr- und Minderkosten zu berücksichtigen. Es werden sich oftmals Minderkosten ergeben, da die eingerechneten Zuschläge für Allgemeine Geschäftskosten und Baustellenbezogene Gemeinkosten schon durch die Menge aus dem LV abgedeckt sind. Näheres dazu oben (Rdn 34 ff.).

b) Unterschreitung des Mengenansatzes, § 2 Abs. 3 Nr. 3 VOB/B

aa) Muster: Nachtrag bei Mengenunterschreitung

362 ▼

1.9

In der Position ______ des Auftragsleistungsverzeichnisses war ein Vordersatz von ______ m³ ausgeschrieben. Tatsächlich ausgeführt hat die Klägerin jedoch – ohne dass dies Folge einer Leistungsänderung gewesen wäre – nur ______ m³ und damit deutlich weniger als 90 % der ausgeschriebenen Menge.

Beweis: 1. Aufmaße zur Position ______, Anlage
2. Sachverständigengutachten

Die Klägerin hat daher gemäß § 2 Abs. 3 Nr. 3 VOB/B Anspruch auf Bildung eines neuen Preises, um die daraus folgende Unterdeckung der Baustellengemeinkosten und Allgemeinen Geschäftskosten auszugleichen.

Die Klägerin hat mit einem Zuschlag für Allgemeine Geschäftskosten von ______ % und für die Baustellengemeinkosten von ______ % kalkuliert.

Beweis: Auftragskalkulation für die Pos. ______, Anlage

Infolge der verringerten Menge ergibt sich somit eine Unterdeckung von ______. Einen teilweisen Ausgleich hat die Klägerin durch die Erhöhung der Mengen in der Pos. ______

erfahren. Dieser ist in der beigefügten Berechnung des neuen Preises berücksichtigt. Die Preisermittlung der Klägerin ist korrekt.

Beweis: 1. Berechnung des neuen Preises für die Pos. ____, Anlage
2. Sachverständigengutachten

Der geltend gemachte Mehrvergütungsanspruch steht der Klägerin daher zu.

▲

bb) Anmerkungen

1. Ein Anspruch aus § 2 Abs. 3 VOB/B setzt voraus, dass keine Änderungsanordnung vorliegt; sonst § 2 Abs. 5, 6 VOB/B (siehe oben Rdn 31). 363

2. Bei der Mengenunterschreitung wird ein neuer Preis für die gesamte erbrachte Menge gebildet. Anders als bei der Mengenerhöhung gibt es also nur einen Preis; über den Vertragspreis wird nicht mehr abgerechnet. 364

3. Bei der Mengenunterschreitung sind nur Mehrkosten zu berücksichtigen; zu einer Verringerung des Einheitspreises kann es nicht kommen (siehe Rdn 36). 365

c) Extreme Mengenänderung im BGB-Vertrag

aa) Muster: Nachtrag wegen Mengenänderung im BGB-Vertrag

▼ 366

In der Pos. ____ des Auftragsleistungsverzeichnisses war eine Menge von ____ kg ausgeschrieben. Tatsächlich ausgeführt hat die Klägerin jedoch – ohne dass dies Folge einer Leistungsänderung gewesen wäre – ____ kg. Das ist fast das Vierfache der ausgeschriebenen Menge. 1.10

Folgen dieser enormen Mengenerhöhung waren vor allen Dingen ein schlechterer Einkaufspreis – die Klägerin musste von einem anderen, teureren Lieferanten zukaufen – und eine komplette Änderung des Logistikkonzepts mit deutlich höheren Transportkosten. Daher „passt" die Kalkulation der Klägerin, die auf die ausgeschriebene Menge ausgerichtet war, nun nicht mehr.

Beweis: 1. Auftragskalkulation für die Pos. ____, Anlage
2. Rechnung des Lieferanten ____, Anlage
3. Rechnungen des Transportunternehmens ____, Anlage

Einen Ausgleich für diese Mehrkosten an anderer Stelle gibt es nicht. Unter diesen Umständen ist der Klägerin ein Festhalten an dem ursprünglichen Preis nicht zumutbar. Die Klägerin hat Anspruch auf eine Anpassung des Vertrages nach § 313 BGB; hier kommt nur eine Anpassung des Gesamtpreises für die tatsächlich ausgeführte Menge der Pos. ____ in Frage. Auf Basis des ursprünglichen Preises sowie der dargestellten Mehrkosten hat die Klägerin korrekt einen neuen Preis ermittelt.

Beweis: 1. Berechnung des neuen Preises, Anlage
2. Sachverständigengutachten

Die in der Schlussrechnung für die Pos. geltend gemachte Vergütung steht der Klägerin folglich zu.

▲

bb) Anmerkung

367 Einzelheiten zu diesem Ausnahmefall siehe oben Rdn 77 ff.

2. Vom Auftraggeber veranlasste Leistungsänderungen

a) Geänderte Leistungen, § 2 Abs. 5 VOB/B

aa) Muster: Nachtrag wegen geänderter Leistung

368 ▼

1.11

Gemäß der dem Vertrag zugrunde liegenden Ausführungsplanung wären die Innenwände im 3. OG des streitgegenständlichen Bauvorhabens in Mauerwerk herzustellen gewesen. In der Baustellenbesprechung am haben die Architekten der Klägerin mitgeteilt, dass diese Wände nunmehr in Stahlbeton als Sichtbeton hergestellt werden sollten. Dazu haben Sie entsprechende Pläne überreicht, die den Freigabevermerk der Beklagten tragen.

Beweis: 1. Ausschnitt aus dem ursprünglichen Plan, Anlage
2. Ausschnitt aus dem geänderten Plan, Anlage
3. Zeugnis des Bauleiters der Klägerin, Herrn

Die Klägerin hat der Beklagte mit Nachtragsangebot vom die geänderten Leistungen angeboten.

Beweis: Nachtragsangebot der Klägerin vom , Anlage

Da ein Abwarten der Reaktion jedoch zu einer Verzögerung der Baumaßnahme geführt hat, hat sie mit der Herstellung der Sichtbetonwände bereits begonnen. Eine Reaktion der Beklagten erfolgte erst, nachdem die Leistungen längst fertig gestellt waren. Die Beklagte ist der Auffassung, dass der Klägerin keine zusätzliche Vergütung zusteht.

Dies ist jedoch nicht richtig. Die Klägerin hat Anspruch auf einen neuen Preis unter Berücksichtigung der Mehr- oder Minderkosten gem. § 2 Abs. 5 VOB/B. Die Beklagte hat in Form der geänderten, freigegebenen Pläne eine Änderung gegenüber dem vertraglich vorgesehenen Bausoll angeordnet. Die daraus folgenden Mehrkosten hat die Klägerin in ihrem Nachtragsangebot vom (s.o., Anlage) korrekt berücksichtigt und auf Basis der Ansätze der Vertragskalkulation einen neuen Preis gebildet.

Beweis: Sachverständigengutachten

Der geltend gemachte Mehrvergütungsanspruch steht der Klägerin zu. Soweit die Beklagte sich darauf beruft, es hätte eine Vereinbarung über den neuen Preis getroffen werden müssen, bevor die Klägerin mit der Ausführung der Leistungen beginnt, ist dies unbeachtlich. Nach ständiger Rechtsprechung entsteht der Mehrvergütungsanspruch aus § 2 Abs. 5 VOB/B mit der Anordnung der Leistungsänderung, ohne dass es auf den Abschluss einer Vereinbarung darüber ankommt.

▲

bb) Anmerkungen

1. Dem Textbaustein liegt als Beispiel ein typischer Sachverhalt zugrunde, der natürlich durch den konkreten Sachverhalt zu ersetzen ist. 369

2. Anspruchsvoraussetzung ist eine Änderungsanordnung des Bauherrn. Da der Architekt diese im Regelfall nicht erteilen kann, ist der Vortrag zum Freigabevermerk des Bauherrn essentiell. Einzelheiten oben (siehe Rdn 48). 370

3. Für den Anspruch aus § 2 Abs. 5 VOB/B sind weder eine vorherige Ankündigung noch eine Vereinbarung über den Preis erforderlich (siehe Rdn 49). 371

4. Sofern keine Vereinbarung vorliegt, ist für die Richtigkeit der beanspruchten Vergütung, also vor allem deren korrekte Herleitung aus der Urkalkulation der Auftragnehmer darlegungs- und beweispflichtig. 372

b) Zusätzliche Leistungen, § 2 Abs. 6 VOB/B

aa) Muster: Nachtrag wegen zusätzlicher Leistung

▼ 373

Kurz bevor die Klägerin mit der Herstellung der Decke über dem 3. OG beginnen wollte, wurden ihr von den Architekten der Beklagten neue Pläne mit dem Freigabevermerkt der Beklagten übergeben, wonach dort eine ganze Anzahl von Unterzügen auszuführen waren, die in den Vertragsplänen nicht vorgesehen waren. 1.12

Beweis: 1. Ausschnitt aus dem ursprünglichen Plan, Anlage
2. Ausschnitt aus dem geänderten Plan, Anlage

Die Klägerin hat der Beklagten daraufhin mit Schreiben vom ___ mitgeteilt, dass die Unterzüge eine zusätzliche, im Vertrag nicht vorgesehen Leistung darstellen, für welche sie eine zusätzliche Vergütung beanspruchen würde; ein Nachtragsangebot würde zu gegebener Zeit nachgereicht.

Beweis: Schreiben der Klägerin vom ___, Anlage

Die Klägerin hat die Unterzüge ausgeführt und der Beklagten anschließend, unter dem ___ ihr Nachtragsangebot ___ zukommen lassen. Darin hat sie die Unterzüge zu einem Preis von ___ angeboten. Bei der Ermittlung dieses Preises konnte sie auf Teilleistungen aus den Pos. ___ und ___ zurückgreifen; sie hat den Preis somit korrekt auf Basis der Auftragskalkulation ermittelt.

Beweis: 1. Nachtragsangebot der Klägerin vom ___ nebst Kalkulationsnachweisen, Anlage
2. Sachverständigengutachten

Der geltend gemachte Mehrvergütungsanspruch steht der Klägerin damit zu.

▲

bb) Anmerkungen

374 1. Dem Textbaustein liegt als Beispiel ein typischer Sachverhalt zugrunde, der natürlich durch den konkreten Sachverhalt zu ersetzen ist.

375 2. Anspruchsvoraussetzung ist eine Änderungsanordnung des Bauherrn. Da der Architekt diese im Regelfall nicht erteilen kann, ist der Vortrag zum Freigabevermerk des Bauherrn essentiell (Einzelheiten siehe Rdn 48).

376 3. Für den Anspruch aus § 2 Abs. 6 VOB/B ist grundsätzlich eine vorherige Ankündigung des Mehrvergütungsanspruchs nötig (Einzelheiten siehe Rdn 50).

377 4. Eine Vereinbarung über den Preis ist nicht erforderlich (siehe oben Rdn 49).

378 5. Sofern keine Vereinbarung vorliegt, ist für die Richtigkeit der beanspruchten Vergütung, also vor allem deren korrekte Herleitung aus der Urkalkulation der Auftragnehmer darlegungs- und beweispflichtig.

c) Angeordnete Leistungsänderungen im „alten“ BGB-Vertrag

aa) Muster: Nachtrag wegen angeordneter Leistungsänderung im „alten“ BGB-Vertrag

379 ▼

1.13

Im Obergeschoss des streitgegenständlichen Hauses war in der Mitte der Westfassade ursprünglich eine Loggia geplant.

Beweis: Ausschnitt aus der bei Vertragsschluss übergebenen Ausführungsplanung, Anlage

Während der Bauausführung hat sich der Beklagte dies jedoch anders überlegt und wollte dort lieber ein größeres Zimmer mit bodentiefen Fenstern haben. Er hat dies der Klägerin mitgeteilt und von seinem Architekten geänderte Pläne übermitteln lassen.

Beweis: 1. Ausschnitt aus den geänderten Plänen, Anlage
2. Zeugnis des Bauleiters der Klägerin, Herrn

Die Klägerin hat dem Beklagten über die daraus folgenden Leistungsänderungen unter dem ein Angebot zukommen lassen.

Beweis: Angebot der Klägerin vom , Anlage

Obwohl der Beklagte hierauf nicht reagiert hat, hat die Klägerin am begonnen, entsprechend den geänderten Plänen zu bauen. Bei seinem Baustellenbesuch am hat der Beklagte dies auch selbst gesehen.

Beweis: Zeugnis des Bauleiters der Klägerin, b.b.

Im Rahmen der Schlussrechnung macht die Klägerin nun hinsichtlich der geänderten Ausführung die Preise aus ihrem Angebot vom (Anlage) geltend. Der Beklagte ist damit offenbar nicht einverstanden, denn im Rahmen der Rechnungsprüfung macht er deutlich, dass er nur einen Teil des geltend gemachten Betrags vergüten will.

Die Klägerin ist jedoch zu Recht der Auffassung, dass ihr der gesamte Preis gem. dem Angebot vom zusteht. Das Angebot hat sie dem Beklagten vor Ausführung der Leistungen zukommen lassen. Der Beklagte hat gesehen, dass die Klägerin die Arbeiten entsprechend der geänderten Planung ausführte und hat dies gebilligt. Damit hat er konkludent das Angebot der Klägerin angenommen.

Hilfsweise – für den Fall, dass das Gericht nicht von einer konkludenten Einigung ausgeht – beruft sich die Klägerin darauf, dass die geänderten Leistungen nach ortsüblichen Preisen sogar teurer geworden wären.

Beweis: Sachverständigengutachten

Daher steht der Klägerin jedenfalls der von ihr angebotene Betrag zu.

▲

bb) Anmerkungen

1. Dem Textbaustein liegt als Beispiel ein typischer Sachverhalt zugrunde, der natürlich durch den konkreten Sachverhalt zu ersetzen ist. **380**

2. Im BGB-Vertrag sind Änderungen nur auf Basis einer Vereinbarung möglich; ein einseitiges Anordnungsrecht gibt es nicht. Die Vereinbarung kann jedoch konkludent erfolgen. Einzelheiten siehe oben (siehe Rdn 80 ff.). **381**

3. Eine Vereinbarung über den Preis ist nicht erforderlich (siehe oben Rdn 84). **382**

4. Bei fehlender Vereinbarung über den Preis greift § 632 Abs. 2 BGB ein; die übliche Vergütung ist jedoch nach h.M. begrenzt durch ein eventuelles vorheriges Angebot des Auftragnehmers (siehe oben Rdn 83). **383**

d) Angeordnete Leistungsänderungen im „neuen" BGB-Vertrag

aa) Muster: Nachtrag wegen angeordneter Leistungsänderung im „neuen" BGB-Vertrag

▼ **384**

Im Obergeschoss des streitgegenständlichen Hauses war in der Mitte der Westfassade ursprünglich eine Loggia geplant. 1.14

Beweis: Ausschnitt aus der bei Vertragsschluss übergebenen Ausführungsplanung, Anlage

Während der Bauausführung hat sich der Beklagte dies jedoch anders überlegt und wollte dort lieber ein größeres Zimmer mit bodentiefen Fenstern haben. Er hat diesen Wunsch der Klägerin mitgeteilt und von seinem Architekten geänderte Pläne übermitteln lassen.

Beweis: 1. Ausschnitt aus den geänderten Plänen, Anlage
2. Zeugnis des Bauleiters der Klägerin, Herrn

Die Klägerin hat dem Beklagten über die angefragten Leistungsänderungen unter dem ein Angebot zukommen lassen.

Beweis: Angebot der Klägerin vom , Anlage

Hierüber konnten sich die Parteien nicht einigen. Der Beklagte hat dann am (mehr als 30 Tage nach Zugang des Änderungswunsches) die entsprechende Änderung angeordnet.

Beweis: E-Mail des Beklagten vom , Anlage

Im Rahmen der Schlussrechnung macht die Klägerin nun hinsichtlich der geänderten Ausführung die Preise aus ihrem Angebot vom (Anlage) geltend. Der Beklagte ist damit offenbar nicht einverstanden, denn im Rahmen der Rechnungsprüfung macht er deutlich, dass er nur einen Teil des geltend gemachten Betrags vergüten will.

Die Klägerin ist jedoch zu Recht der Auffassung, dass ihr der gesamte Preis gem. dem Angebot vom zusteht. Das Angebot beinhaltet die tatsächlich erforderlichen Kosten sowie angemessene Zuschläge.

Beweis: Sachverständigengutachten

Daher steht der Klägerin der geltend gemachte Betrag zu.

▲

bb) Anmerkungen

385 1. Dem Textbaustein liegt als Beispiel ein typischer Sachverhalt zugrunde, der natürlich durch den konkreten Sachverhalt zu ersetzen ist.

386 2. Nach § 650b BGB kann der Auftraggeber geänderte Leistungen anordnen, wenn er das dort vorgeschriebene Einigungsmodell durchlaufen hat (siehe Rdn 87).

387 3. Eine Vereinbarung über den Preis ist nicht erforderlich; dieser ergibt sich aus § 650c Abs. 1, 2 BGB.

e) Einstweilige Verfügung zur Durchsetzung eines Nachtragsanspruchs im „neuen" BGB-Bauvertrag

aa) Muster einstweilige Verfügung zur Durchsetzung eines Nachtragsanspruchs im „neuen" BGB-Bauvertrag

388 ▼

1.15

An das

Landgericht

Antrag auf Erlass einer

einstweiligen Verfügung

der Bau-GmbH, vertreten durch den Geschäftsführer, Herrn , geschäftsansässig in

– Antragstellerin –

Prozessbevollmächtigte: Rechtsanwälte

gegen

die Immobilien GmbH vertreten durch die Geschäftsführer, Frau und Herrn , geschäftsansässig in

– Antragsgegnerin –

wegen: Zahlung eines Abschlags auf Nachtragsvergütung

vorläufiger Streitwert: … EUR

Namens und im Auftrag der Antragsgegnerin beantragen wir, im Wege der einstweiligen Verfügung und ohne mündliche Verhandlung,

> anzuordnen, dass die Beklagte an die Klägerin einen Betrag von … EUR zzgl. Zinsen hieraus i.H.v. 9 Prozentpunkten über dem Basiszins seit dem … zu zahlen hat;

Sollte das Gericht Umstände sehen, die eine mündliche Verhandlung erforderlich machen oder der Verfügung ansonsten entgegenstehen könnten, bitten wir um telefonische Kontaktaufnahme.

Begründung:

Die Antragstellerin ist eine mittelständische Baufirma, welche für die Beklagte – eine Immobilien-Projektgesellschaft – die Rohbauleistungen für das Bauvorhaben … erbracht hat. Dabei hat die Antragstellerin auf Anordnung der Antragsgegnerin geänderte Leistungen ausgeführt, über deren Vergütung die Parteien keine Einigung finden konnten. Die Antragsgegnerin verweigert die Bezahlung dieser Leistungen, obwohl diese in der 12. Abschlagsrechnung der Antragstellerin zu 80 % enthalten sind.

A. Sachverhalt

1. Vertragliche Grundlagen

Die Parteien haben unter dem … einen Bauvertrag über den Rohbau des streitgegenständlichen Bauprojektes geschlossen. Dabei wurde die Geltung der VOB/B ausdrücklich nicht vereinbart.

Beweis: Bauvertrag vom …, **Anlage K 1**

2. Anordnung einer geänderten Leistung

Am … hat der insoweit bevollmächtigte Projektsteuer der Antragsgegnerin der Antragstellerin in einer Baubesprechung mitgeteilt, die Antragsgegnerin solle die aus der in der Besprechung übergebenen neuen Planung ersichtlichen, geänderten Leistungen erbringen und dazu zunächst einmal ein Angebot vorlegen.

Beweis: 1. Eidesstattliche Versicherung des Bauleiters der Antragstellerin, Dipl.-Ing. …, **Anlage K 2**

2. Vorlage der am … übergebenen Planungsunterlagen, **Anlagenkonvolut K 3**

Die Antragstellerin hat wunschgemäß ein Angebot erstellt, dass mit einem Preis von … endete.

Beweis: Angebot der Antragstellerin vom …, **Anlage K 4**

Die Parteien haben über dieses Angebot verhandelt, sich aber nicht auf einen Preis einigen können. Die Antragsgegnerin hat daher am … – also mehr als 30 Tage nach dem Änderungsbegehren in der Baubesprechung am … – die Änderungen angeordnet.

> *Beweis*: E-Mail der Antragsgegnerin vom …, **Anlage K 5**

3. Leistungserbringung

Die Antragstellerin hat die angeordneten geänderten Leistungen mittlerweile vollständig erbracht.

> *Beweis*: Stellungnahme des Sachverständigen …, **Anlage K 6**

Dies wird, soweit ersichtlich, von der Antragsgegnerin auch nicht bestritten.

4. Abschlagsrechnung

Daraufhin hat die Klägerin unter dem … diese Leistungen zum Bestandteil ihrer 12. Abschlagsrechnung gemacht. Sie hat dabei 80 % des Betrages aus ihrem Angebot vom … (Anlage K 4) angesetzt. Die 12. Abschlagsrechnung ist der Antragsgegnerin am … übergeben worden.

> *Beweis*: 1. 12. Abschlagsrechnung vom …, **Anlage K 7**
> 2. Eidesstattliche Versicherung des Bauleiters der Antragstellerin, Dipl.-Ing. …, **Anlage K 2**

Die Antragsgegnerin hat die Abschlagsrechnung vollständig bezahlt, bis auf den Teilbetrag, welcher die streitgegenständliche Nachtragsleistung betrifft. Sie hat die Nichtzahlung mündlich damit begründet, das Angebot vom … und damit auch der jetzt geltend gemachte Betrag seien nicht akzeptabel.

> *Beweis*: Eidesstattliche Versicherung des Bauleiters der Antragstellerin, Dipl.-Ing. …, **Anlage K 2**

Der Teilbetrag ist trotz Anmahnung bis heute nicht bezahlt.

> *Beweis*: Schreiben der Beklagten vom …, **Anlage K 11**

B. Rechtliche Würdigung

1. Zahlungsantrag

Mit dem gegenständlichen Antrag macht die Antragstellerin ihren vorläufigen Zahlungsanspruch aus § 650c Abs. 3 BGB geltend. Die Voraussetzungen liegen vor:

- Die Antragstellerin hat Anspruch auf Abschlagszahlungen nach § 632a BGB.
- Die Parteien haben sich über die Nachtragsvergütung nicht einigen können.
- Das Angebot der Antragstellerin betrug … EUR; in die Abschlagsrechnung sind davon ersichtlich 80 % eingestellt worden.
- Die Leistung ist bereits vollständig erbracht.
- Eine anderslautende gerichtliche Entscheidung liegt nicht vor.

2. Einstweiliger Rechtsschutz / Verfügungsgrund

Der Verfügungsgrund muss nicht dargelegt oder glaubhaft gemacht werden, § 650d BGB. Es handelt sich um einen Bauvertrag, mit der Bauausführung wurde bereits begonnen und die Antragstellerin macht Ansprüche auf Vergütungsanpassung nach § 650c BGB geltend.

Beglaubigte und einfache Abschrift anbei.

(*Unterschrift*) (*Rechtsanwalt*)

▲

bb) Anmerkungen

1. Dem Textbaustein liegt als Beispiel ein typischer Sachverhalt zugrunde, der natürlich durch den konkreten Sachverhalt zu ersetzen ist. **389**

2. Nach § 650c BGB stehen dem Auftragnehmer im Rahmen berechtigter Abschlagszahlungen 80 % des in Rahmen seines Angebotes geltend gemachten Vergütungsanspruchs für die geänderte Leistung zu. **390**

3. Nach § 650d BGB ist in ebensolchen Streitigkeiten die Glaubhaftmachung des Verfügungsgrundes nicht erforderlich, sodass recht einfach der Weg zum einstweiligen Rechtsschutz eröffnet ist. **391**

3. Nicht angeordnete/eigenmächtige Leistungsänderungen

a) Im VOB-Vertrag, § 2 Abs. 8 Nr. 2 VOB/B

aa) Muster: Nachtrag nach § 2 Abs. 8 Nr. 2 VOB/B

▼ **392**

1.16

Als die Klägerin am – dem Tag, an welchem die Decke über dem 3. OG des streitgegenständlichen Objekts hergestellt werden sollte – auf die Baustelle kam, musste sie feststellen, dass dort nachts eingebrochen worden war. Die Eindringlinge hatten randaliert und dabei u.a. die auf dem Baustellengelände eingelagerten Filigranplatten, mit welchen die Decke hergestellt werden sollte, unbrauchbar gemacht.

Die Klägerin hat darauf zunächst versucht, die Beklagte zu erreichen. Dies ist ihr jedoch nicht gelungen. Als die Klägerin den Architekten der Beklagten erreichte, meinte dieser lediglich, es sei ihm egal wie die Klägerin es bewerkstellige – jedenfalls müsste die Decke wie geplant fertig sein, weil sich sonst die nachfolgenden Arbeiten verschieben würden, was mit hohen Kosten verbunden wäre.

Beweis: Zeugnis des Bauleiters der Klägerin, b.b.

Da neue Filigranplatten nicht schnell genug geliefert werden konnten, hat die Klägerin beschlossen, die Decke in Ortbetonbauweise herzustellen. Dies hat sie der Beklagten, die auch weiterhin nicht zu erreichen war, per Telefax mitgeteilt und dann die geänderten Arbeiten ausgeführt.

Beweis: Telefax der Klägerin vom , Anlage

Von der Beklagten hat die Klägerin diesbezüglich bis zur Schlussrechnungsprüfung nichts mehr gehört. Mit der Schlussrechnung hat die Klägerin einen Mehrvergütungsanspruch für die Herstellung der Decke in Ortbetonbauweise statt in Filigranbauweise i.H.v. geltend gemacht. Diesen Preis hat sie korrekt auf Basis der Ansätze aus der Auftragskalkulation ermittelt.

Beweis: 1. Preisermittlung der Klägerin, Anlage
2. Sachverständigengutachten

Die Beklagte meint, eine solche Änderung hätte sie nie angeordnet; sie sei zur Bezahlung einer Mehrvergütung aufgrund einer eigenmächtigen Änderung durch die Klägerin nicht bereit.

Der geltend gemachte Anspruch steht der Klägerin jedoch nach § 2 Abs. 8 Nr. 2 VOB/B zu. Die Änderung der Bauweise war notwendig, um den Fortschritt des Bauvorhabens nicht aufzuhalten und damit – so die Aussage des Architekten der Beklagten – Kosten zu produzieren. Nachdem die Klägerin mehrfach erfolglos versucht hatte, die Beklagte zu erreichen, durfte sie annehmen, dass diese Vorgehensweise dem Willen der Beklagten entsprechen würde. Sie hat der Beklagten die Leistungsänderung zudem auch noch am selben Tag schriftlich angezeigt.

Die Voraussetzungen für einen Vergütungsanspruch nach § 2 Abs. 8 Nr. 2 VOB/B sind damit gegeben, sodass der Klägerin der geltend gemachte Mehrvergütungsanspruch zusteht.

▲

bb) Anmerkungen

393 1. Dem Textbaustein liegt als Beispiel ein typischer Sachverhalt zugrunde, der natürlich durch den konkreten Sachverhalt zu ersetzen ist.

394 2. Die unverzüglich Anzeige ist Anspruchsvoraussetzung für den Anspruch aus § 2 Abs. 8 Nr. 2 VOB/B; Ansonsten kommt § 2 Abs. 8 Nr. 3 VOB/B in Frage. Einzelheiten siehe oben (siehe Rdn 52 ff.).

395 3. Der Anspruch aus § 2 Abs. 8 Nr. 2 VOB/B ist ein Vergütungsanspruch; die Vergütung ist entsprechend § 2 Abs. 5, 6 VOB/B zu ermitteln.

b) Geschäftsführung ohne Auftrag bzw. § 2 Abs. 8 Nr. 3 VOB/B

aa) Muster: Nachtrag aus Geschäftsführung ohne Auftrag

396 ▼

1.17 Als die Klägerin am – dem Tag, an welchem die Decke über dem 3. OG des streitgegenständlichen Objekts hergestellt werden sollte – auf die Baustelle kam, musste sie feststellen, dass dort nachts eingebrochen worden war. Die Eindringlinge hatten randaliert und dabei u.a. die auf dem Baustellengelände eingelagerten Filigranplatten, mit welchen die Decke hergestellt werden sollte, unbrauchbar gemacht.

Die Klägerin hat darauf zunächst versucht, die Beklagte zu erreichen. Dies ist ihr jedoch nicht gelungen. Als die Klägerin den Architekten der Beklagten erreichte, meinte dieser lediglich, es sei ihm egal wie die Klägerin es bewerkstellige – jedenfalls müsste die Decke wie geplant fertig sein, weil sich sonst die nachfolgenden Arbeiten verschieben würden, was mit hohen Kosten verbunden wäre.

Beweis: Zeugnis des Bauleiters der Klägerin, b.b.

Da neue Filigranplatten nicht schnell genug geliefert werden konnten, hat die Klägerin beschlossen, die Decke in Ortbetonbauweise herzustellen.

Mit der Schlussrechnung hat die Klägerin einen Mehrvergütungsanspruch für die Herstellung der Decke in Ortbetonbauweise statt in Filigranbauweise i.H.v. geltend gemacht. Dieser Preis lässt sich aus den Preisermittlungsgrundlagen des Vertrages ableiten.

Beweis: 1. Preisermittlung der Klägerin, Anlage

2. Sachverständigengutachten

Die Beklagte meint, eine solche Änderung hätte sie nie angeordnet; sie hätte von dieser Änderung noch nicht einmal gewusst. Daher sei sie zur Bezahlung einer Mehrvergütung nicht bereit.

Der geltend gemachte Anspruch steht der Klägerin jedoch zu. Zwar scheidet § 2 Abs. 8 Nr. 2 VOB/B als Anspruchsgrundlage aus, da die Klägerin es versehentlich unterlassen hat, die Beklagte über die Änderung zu informieren. Die Klägerin hat jedoch Anspruch auf Ersatz der ihr entstandenen Aufwendungen nach den Grundsätzen über die Geschäftsführung ohne Auftrag, §§ 683, 670 BGB. Dies gilt gem. § 2 Abs. 8 Nr. 3 VOB/B auch im Rahmen eines VOB-Vertrages. Da durch die Änderung der Bauweise der Fortschritt des Bauvorhabens gesichert werden und damit – so die Aussage des Architekten der Beklagten – Kosten eingespart werden konnten, war die Änderung objektiv interessengerecht. Nachdem die Klägerin erfolglos versucht hatte, die Beklagte zu erreichen, durfte sie annehmen, dass diese Vorgehensweise auch dem Willen der Beklagten entsprechen würde.

Rechtsfolge ist, dass der Klägerin die bei der Durchführung der Geschäftsführung ohne Auftrag entstandenen Aufwendungen zu ersetzen sind. Nach ständiger Rechtsprechung ist die Höhe der Aufwendungen bei einem gewerblich handelnden auftragslosen Geschäftsführer nach der üblichen Vergütung zu bemessen, im Rahmen eines VOB-Vertrags allerdings begrenzt auf den Vergütungsanspruch, wie er nach § 2 Abs. 5/6 VOB/B ermittelt wäre. Die von der Klägerin geltend gemachten Ansprüche sind auf Grundlage der Urkalkulation ermittelt und bleiben hinter der ortsüblichen Vergütung zurück.

Beweis: Sachverständigengutachten

Der geltend gemachte Betrag steht der Klägerin daher zu.

▲

bb) Anmerkungen

1. Dem Textbaustein liegt als Beispiel ein typischer Sachverhalt zugrunde, der natürlich durch den konkreten Sachverhalt zu ersetzen ist. **397**

2. Der Textbaustein ist mit leichten Abwandlungen auf für den BGB-Vertrag anwendbar, da die VOB/B lediglich auf die BGB-Regelung verweist. **398**

3. Die Anspruchsvoraussetzungen des Aufwendungsersatzanspruchs aus Geschäftsführung ohne Auftrag sind nahezu identisch mit denen aus § 2 Abs. 8 Nr. 2 VOB/B; es entfällt aber das Erfordernis der unverzüglichen Anzeige. Einzelheiten siehe oben (siehe Rdn 53). **399**

4. Der Aufwendungsersatzanspruch aus den §§ 683, 670 BGB ist kein Vergütungsanspruch; die praktischen Unterschiede sind jedoch gering, (siehe oben Rdn 53). **400**

4. Entfallene Leistungen

a) Muster: Anspruch wegen entfallener Leistungen

401 ▼

Gem. der Pos. des Auftragsleistungsverzeichnisses sollte die Klägerin m^3 tragfähigen Boden liefern und einbauen. Nachdem die Klägerin ca. 50 % der entsprechenden Leistungen ausgeführt hatte, teilte die Beklagte ihr mit, aus einer anderen Baumaßnahme lagere in der Nähe des Baufelds noch eine ausreichende Menge tragfähigen Bodens; diesen solle die Klägerin nun für den Einbau verwenden. Dieser Aufforderung kam die Klägerin nach.

Mit der Schlussrechnung macht die Klägerin für den Anteil der Pos. , für den sie das Material der Beklagten verwendet hat, neben dem Arbeitsaufwand auch einen Anteil von für den Wegfall der Lieferung tragfähigen Bodens durch die Klägerin geltend. Die Beklagte verweigert diesen Teil der Bezahlung und meint, die Klägerin habe doch infolge der Beistellung des Bodens durch die Beklagte keine Materialkosten gehabt.

Tatsächlich steht der Klägerin jedoch der geltend gemachte Anteil an der Vergütung für die Materialanlieferung nach den §§ 2 Abs. 4, 8 Abs. 2 Nr. 2 VOB/B zu. Der Entfall der Anlieferung ist zu behandeln wie eine Teilkündigung, also kann die Klägerin die vereinbarte Vergütung abzüglich ersparter Aufwendungen verlangen.

Die Klägerin musste zwar den Boden nicht mehr ankaufen. Jedoch hatte sich auf den Ankauf des Materials einen Anteil von % für Wagnis und Gewinn kalkuliert.

Beweis: Kalkulation der Pos. , Anlage

Dieser Teil der Vergütung steht der Klägerin zu.

▲

b) Anmerkungen

402 1. Dem Textbaustein liegt als Beispiel ein typischer Sachverhalt zugrunde, der natürlich durch den konkreten Sachverhalt zu ersetzen ist.

403 2. Für die Richtigkeit der beanspruchten Vergütung, also vor allem deren korrekte Herleitung aus der Urkalkulation, ist der Auftragnehmer darlegungs- und beweispflichtig.

5. Entschädigungsanspruch nach § 642 BGB

a) Muster: Entschädigung nach § 642 BGB

404 ▼

Die Klägerin war von der Beklagten mit den Trockenbauarbeiten bei dem streitgegenständlichen Bauvorhaben beauftragt. Sie sollte gemäß Vertrag parallel zum Rohbauer arbeiten, wobei die Arbeiten der Klägerin denen des Rohbauers jeweils um eine Etage „nachliefen“. Die Klägerin hat die Arbeiten pünktlich begonnen und war auch im Zeitplan. Als die Mannschaft der Klägerin jedoch am auf der Baustelle erschien, um nun die Arbeiten im 3. OG in Angriff zu nehmen, musste sie feststellen, dass die Decke über dem 3. OG noch nicht einmal begonnen war. Von den Mitarbeitern des Rohbauers war keine Spur zu entdecken.

Auf Nachfrage bei dem Bauleiter der Beklagten erfuhr die Klägerin dann, dass der Rohbauer insolvent geworden war und die Arbeiten eingestellt hatte. Eine neue Firma war noch nicht gefunden.

Die Klägerin teilte der Beklagten daraufhin mit Schreiben vom selben Tag mit, dass sie in der Ausführung ihrer Leistungen behindert sei und nicht fortfahren könne, ehe nicht die Decke über dem 3. OG geschlossen und das Stockwerk trocken sei. Außerdem teilte sie mit, dass sie die Mannschaft abziehen würde, da es unsinnig wäre die Leute ohne Arbeit auf der Baustelle zu lassen.

Beweis: Schreiben der Klägerin vom , Anlage

Erst Wochen später, nämlich am , teilte die Beklagte der Klägerin mit, die Voraussetzungen seien jetzt gegeben, sie könne ihre Leistungen fortsetzen.

Mit der Schlussrechnung macht die Klägerin einen Betrag von für die Unterbrechung der Arbeiten geltend. Darin enthalten sind die Kosten für die Vorhaltung des Personals über diesen Zeitraum sowie die kalkulierten Anteile Geräteeinsatz sowie für Allgemeine Geschäftskosten. Die entsprechenden Nachweise aus der Kalkulation waren der Schlussrechnung beigefügt.

Beweis: Kalkulationsunterlagen der Klägerin, Anlage

Die Beklagte verweigert die Bezahlung dieses Betrages mit der Begründung, für die Insolvenz des Rohbauers könne sie nichts. Und ein eventuelles Verschulden des Rohbauers an diesem Umstand könne ihr ohnehin nicht zugerechnet werden, da der Rohbauer nicht ihr Erfüllungsgehilfe sei. Ein Behinderungsschadensersatzanspruch scheide also mangels Verschuldens aus. Abgesehen davon könne die Klägerin ohnehin nicht ihre kalkulierten Kosten geltend machen, sondern müsse den tatsächlichen Schaden darlegen.

Der geltend gemachte Anspruch steht der Klägerin jedoch gem. § 642 BGB zu. Die Beklagte war insoweit zur Mitwirkung verpflichtet, dass sie der Klägerin das Bauwerk in einem Zustand zur Verfügung stellen musste, welcher dieser die Ausführung der geschuldeten Leistungen ermöglichte. Das hat die Beklagte nicht getan; auf Verschulden kommt es in diesem Zusammenhang nicht an. Die Klägerin hat der Beklagten in ihrem Schreiben vom auch mitgeteilt, dass sie ohne diese Mitwirkung nicht in der Lage war, die Arbeiten auszuführen; sie hat zudem klar gemacht, dass sie zur Leistungserbringung bereit und in der Lage war. Damit befand sich die Beklagte im Annahmeverzug; zudem hatte die Klägerin die Beklagte im Sinne einer Behinderungsanzeige gewarnt. Die Voraussetzungen für einen Anspruch aus § 642 BGB sind also dem Grunde nach gegeben.

Was die geltend gemachte Höhe angeht: Gem. § 642 Abs. 2 BGB richtet sich die Entschädigung nach der Dauer des Annahmeverzugs und nach der Höhe der vereinbarten Vergütung; es kommt also auf die kalkulierten Kosten an. Anrechnen lassen muss sich der Auftragnehmer das, was er an Aufwendungen ersparen oder anderweitig verdienen konnte.

Die Klägerin konnte in der Zeit des Annahmeverzugs ihr Personal nicht anderweitig einsetzen; es gab auch keine Füllaufträge. Daher muss sie sich weder die Personalkosten anrechnen lassen noch anderweitigen Verdienst. Material hat sie in der Zeit der Unterbrechung natürlich keins gebraucht. Die kalkulierten Geräte konnten aber auch nicht anderweitig eingesetzt werden. Die Allgemeinen Geschäftskosten hat die Klägerin auf keinen Fall erspart, auch diese stehen ihr also zu. Da die Frage, ob ihr auch Wagnis und Gewinn zustehen, streitig ist, hat die Klägerin diese gar nicht berechnet.

Der geltend gemachte Anspruch steht der Klägerin also zu.

▲

b) Anmerkungen

405 1. Dem Textbaustein liegt als Beispiel ein typischer Sachverhalt zugrunde, der natürlich durch den konkreten Sachverhalt zu ersetzen ist.

406 2. Der Anspruch kann dem Auftragnehmer zustehen, wenn der Auftraggeber eine ihm obliegende Mitwirkungshandlung unterlässt und dadurch in Annahmeverzug gerät.

407 3. Nach h.M. ist dazu eine Behinderungsanzeige des Auftragnehmers erforderlich.

408 4. Es handelt sich um einen Entschädigungsanspruch, der vergütungsähnlich ist.

409 5. Zu den Einzelheiten siehe oben Rdn 117 ff.

6. Checklisten: Nachtragsforderungen

a) Checkliste: VOB-Vertrag

410

Abweichung Bausoll/Bauist ■ Was war nach Vertrag geschuldet? ■ Was wurde tatsächlich ausgeführt? ■ Falls nicht offensichtlich: Wo liegen die Unterschiede?		
Reine Mengenänderung ohne Leistungsänderung?	**Wirksame Anordnung?**	**Keine oder unwirksame Anordnung?**
→ § 2 Abs. 3 VOB/B	→ § 2 Abs. 5/6 VOB/B	→ § 2 Abs. 8 VOB/B
Mengenmehrung: ■ Neuer Preis für die über 110 % hinausgehenden Mengen; ■ Berücksichtigung Mehr- oder Minderkosten.	*Bei zusätzlicher Leistung (Abs. 6):* Ankündigung vor Ausführung oder Ausnahmefall, der die Ankündigung unnötig macht.	*Mehrvergütung gem Nr. 2 S. 1, wenn:* ■ Leistung vom AG anerkannt.

Mengenminderung: ■ Neuer Preis insgesamt; ■ berücksichtigt wird nur die Erhöhung; ■ regelmäßig der Ausgleich für die Unterdeckung der Gemeinkosten; ■ Ausgleich durch andere Positionen zu berücksichtigen.	*In beiden Fällen:* Neuer Preis unter Berücksichtigung der Mehr- oder Minderkosten, auf Basis der Ansätze der Urkalkulation.	*Mehrvergütung gem. Nr. 2 S. 2, wenn:* ■ Leistung notwendig, ■ dem mutmaßlichen Willen des AG entsprechend und ■ unverzüglich angezeigt.
		Aufwendungsersatz gem. Nr. 3 i.V.m. §§ 683, 670 BGB, wenn: ■ Leistung objektiv interessengerecht und ■ dem mutmaßlichen Willen des AG entsprechend.
		Wenn die Voraussetzungen nicht vorliegen: Evtl. Bereicherungsanspruch gem. § 812 ff. BGB.

b) Checkliste: BGB-Vertrag bis 31.12.2017

411

Abweichung Bausoll/Bauist ■ Was war nach Vertrag geschuldet? ■ Was wurde tatsächlich ausgeführt? ■ Falls nicht offensichtlich: Wo liegen die Unterschiede?		
Reine Mengenänderung ohne Leistungsänderung?	**Vom AG veranlasste Änderung/Ergänzung?**	**Eigenmächtige Änderung?**
■ Grundsätzlich Vergütung gem. Einheitspreis. ■ Anpassung des Einheitspreises nur bei so extremer Änderung, dass eine Störung der Geschäftsgrundlage gem. § 313 BGB vorliegt.	■ Nur bei Einigung; kein Leistungsänderungsrecht des AG. ■ Konkludente Einigung möglich. ■ Grundsätzlich keine Bindung an die Urkalkulation, aber auch keine völlig freie Preisbildung. ■ Bei Einigung nur über den Grund: übliche Vergütung gem. § 632 Abs. 2 BGB.	Aufwendungsersatz gem. §§ 683, 670 BGB, wenn: ■ Leistung objektiv interessengerecht und ■ dem mutmaßlichen Willen des AG entsprechend.
		Ansonsten evtl. Bereicherungsanspruch nach den §§ 812 ff. BGB.

c) Checkliste: BGB-Vertrag ab dem 1.1.2018

412

Abweichung Bausoll/Bauist ■ Was war nach Vertrag geschuldet? ■ Was wurde tatsächlich ausgeführt? ■ Falls nicht offensichtlich: Wo liegen die Unterschiede?		
Reine Mengenänderung ohne Leistungsänderung?	**Vom AG veranlasste Änderung/Ergänzung?**	**Eigenmächtige Änderung?**
■ Grundsätzlich Vergütung gem. Einheitspreis. ■ Anpassung des Einheitspreises nur bei so extremer Änderung, dass eine Störung der Geschäftsgrundlage gem. § 313 BGB vorliegt.	■ Leistungsänderung nach § 650b Abs. 1 BGB? ■ Dann neuer Preis auf Basis tatsächlich erforderlicher Kosten und angemessener Zuschläge ■ Leistungsänderungsrechte überschritten? ■ Dann nur als Einigung, die aber auch konkludent erfolgt sein kann. ■ Bei Einigung nur über den Grund: übliche Vergütung gem. § 632 Abs. 2 BGB.	Aufwendungsersatz gem. §§ 683, 670 BGB, wenn: ■ Leistung objektiv interessengerecht und ■ dem mutmaßlichen Willen des AG entsprechend.

d) Checkliste: Entschädigungsanspruch nach § 642 BGB

413

Unterlassen einer Mitwirkungshandlung durch den AG	
■ Obliegenheit, nicht Hauptpflicht ■ vor allem: Zurverfügungstellung des „Baufelds“ ■ Verschulden nicht erforderlich	
Annahmeverzug des AG	
■ Tatsächliches oder wörtliches Angebot ■ Behinderungsanzeige oder Offenkundigkeit	
Entschädigungsanspruch	
Bemessen nach ■ der Dauer des Annahmeverzugs und ■ nach der vereinbarten Vergütung (also kalkulierte Kosten) ■ nach h.M. ohne Wagnis und Gewinn	Abzüglich ■ ersparter Aufwendungen (tatsächliche Kosten) und ■ anderweitigen Erwerbs

IV. Gekündigter Werkvertrag

1. Gekündigter VOB-Einheitspreisvertrag

a) Muster: Werklohnklage bei gekündigtem Einheitspreisvertrag

▼

An das 414

Landgericht … 1.20

Klage

der … Bau-GmbH, vertreten durch den Geschäftsführer, Herrn …, geschäftsansässig in …

– Klägerin –

Prozessbevollmächtigte: Rechtsanwälte …

gegen

die … Bauträger GmbH & Co. KG, vertreten durch die Komplementärin, die … GmbH, diese vertreten durch den Geschäftsführer, Herrn …, geschäftsansässig in …

– Beklagte –

wegen:	restlichen Werklohns aus gekündigten Bauvertrag
vorläufiger Streitwert:	… EUR

Namens und im Auftrag der Klägerin werden wir in der mündlichen Verhandlung beantragen,

1. die Beklagte zu verurteilen, an die Klägerin einen Betrag von … EUR zzgl. Zinsen hieraus i.H.v. 9 Prozentpunkten über dem Basiszins seit dem … zu zahlen;
2. die Beklagte zu verurteilen, an die Klägerin einen weiteren Betrag von … EUR zzgl. Zinsen hieraus i.H.v. 9 Prozentpunkten über dem Basiszins ab Rechtshängigkeit zu zahlen.

Für den Fall der Fristversäumnis im schriftlichen Vorverfahren beantragen wir zudem bereits jetzt den Erlass eines Versäumnisurteils nach § 331 Abs. 3 ZPO.

Begründung:

Die Klägerin ist eine mittelständische Baufirma, welche für die Beklagte – eine Bauträgerin – als Generalunternehmerin das Bauvorhaben … erstellen sollte. Die Beklagte hat den Bauvertrag jedoch vorzeitig gekündigt; wie sich zeigen wird, ohne wichtigen Grund. Daher macht die Klägerin nun ihre restlichen Vergütungsansprüche für die erbrachten sowie die kündigungsbedingt nicht erbrachten Leistungen geltend.

A. Sachverhalt

1. Vertragliche Grundlagen

Die Beklagte hat der Klägerin ein detailliertes Leistungsverzeichnis übersandt und um Abgabe eines entsprechenden Angebotes gebeten. Dem ist die Klägerin nachgekommen, und sie hat der Beklagten mit Schreiben vom … das bepreiste Leistungsverzeichnis zurückgeschickt und die Leistungen zu einem vorläufigen Gesamtpreis von … EUR angeboten.

Beweis: 1. Angebotsschreiben der Klägerin vom …, **Anlage K 1**
2. Angebotsleistungsverzeichnis der Klägerin, **Anlage K 2**

Am … haben die Parteien über das Angebot der Klägerin verhandelt; hierüber ist von der Beklagten ein Verhandlungsprotokoll erstellt worden, welches die beiden Parteivertreter am Ende der Verhandlung unterzeichnet haben.

Beweis: Verhandlungsprotokoll vom …, **Anlage K 3**

Darin ist vor allem festgehalten, dass die Klägerin noch einen Nachlass von 3 % auf alle Einheitspreise gewährt hat (Nr. 2 des Protokolls), dass die Parteien sich einig sind, dass dem Vertrag die VOB/B in der Fassung von 2016 zugrunde liegen soll (Nr. 3 des Protokolls) und dass die Leistungen bis spätestens … abzuschließen sind (Nr. 7 des Protokolls).

Beweis: wie vor

Mit Schreiben vom nächsten Tag hat die Beklagte die Klägerin unter Bezugnahme auf deren Angebot vom … (Anlagen K 1 und K 2) sowie auf das Verhandlungsprotokoll vom … (Anlage K 3) mit der Erbringung der Leistungen beauftragt; die Festlegungen aus dem Verhandlungsprotokoll sollten demnach vorrangiger Vertragsbestandteil werden.

Beweis: Schreiben der Beklagten vom …, **Anlage K 4**

2. Leistungserbringung

Die Klägerin hat am … mit den Arbeiten begonnen.

Schon bald kam es zu Differenzen zwischen der Klägerin und dem Architekten der Beklagten. Hintergrund war, dass die Klägerin schon kurz nach Beginn der Arbeiten feststellen musste, dass die Ausführungspläne fehlerhaft und unvollständig waren. Sie musste daher immer wieder korrigierte Pläne anfordern, was sie jeweils unter Hinweis darauf, dass sie bis zur Vorlage der verbesserten Pläne behindert sei, durch Telefax-Schreiben getan hat, die parallel an den Architekten und die Beklagte gingen.

Beweis: Telefax-Schreiben der Klägerin vom …, vom …, vom … und vom …, **Anlagenkonvolut K 5**

Die korrigierten Pläne hat sie dann am …, am …, am … und am … erhalten.

Beweis: 1. Vorlage der Pläne mit Eingangsstempel der Klägerin
2. Zeugnis des Bauleiters der Klägerin, Herrn …, zu laden über die Klägerin

Am … erhielt die Klägerin aus heiterem Himmel ein Schreiben der Beklagten, in welchem diese mitteilte, dass sie den Vertrag mit sofortiger Wirkung kündige. Zur Begründung führte sie an, dass die ständigen Nachfragen der Klägerin bei dem Architekten zu Planungsmehrkosten in nicht unerheblicher Höhe geführt hätten; die geringfügigen

Änderungen und Ergänzungen in den Ausführungsplänen hätte die Klägerin doch auch selbst einfügen können, statt sich andauernd auf angebliche Behinderung zu berufen. Außerdem sei erkennbar, dass die Klägerin den vereinbarten Endtermin nicht mehr halten könne. Eine weitere Zusammenarbeit sei daher unzumutbar für die Beklagte.

Beweis: Schreiben der Beklagten vom , **Anlage K 6**

Mit Telefax vom selben Tag reagierte die Beklagte und teilte mit, dass sie der Auffassung sei, dass kein Kündigungsgrund vorliege. Sie würde natürlich dem Wunsch der Beklagten nach einer Beendigung des Vertrages dennoch nachkommen, bitte aber vor diesem Hintergrund nochmals um ausdrückliche Bestätigung.

Beweis: Telefax-Schreiben der Klägerin vom , **Anlage K 7**

Unmittelbar nach Erhalt dieses Telefax-Schreibens rief der Geschäftsführer der Beklagten bei dem Bauleiter der Klägerin, dem Zeugen , an und beschwerte sich über die Unverschämtheit, ihm einen solchen Brief zu schreiben. Die Klägerin soll schnellstens ihre Sachen zusammenpacken und die Baustelle räumen.

Beweis: Zeugnis des Bauleiters der Klägerin, Herrn , b.b.

Die Klägerin bestätigte daraufhin in einem weiteren Telefax-Schreiben vom selben Tag, dass sie die Baustelle wunschgemäß räumen werde. Sie schlug vor, am nächsten Tag ab 09.00 Uhr gemeinsam die erbrachten Leistungen aufzumessen; sollte die Beklagte nicht antworten, werde sie das Aufmaß alleine durchführen.

Beweis: Weiteres Telefax-Schreiben der Klägerin vom , **Anlage K 8**

Als am nächsten Tag von Seiten der Beklagten niemand erschien, nahm der Bauleiter der Klägerin zusammen mit zwei Mitarbeitern die erbrachten Leistungen auf.

Beweis:
1. Schlussaufmaß der Klägerin vom , **Anlage K 9**
2. Zeugnis des Bauleiters der Klägerin, Herrn , b.b.
3. Zeugnis des Herrn , zu laden über die Klägerin
4. Zeugnis des Herrn , zu laden über die Klägerin

Am hat die Klägerin die Baustelle vollständig geräumt und verlassen.

3. Abnahme

Unter dem hat sie die Beklagte angeschrieben und zur Erklärung der Abnahme der erbrachten Leistungen bis zum aufgefordert.

Beweis: Schreiben der Klägerin vom , **Anlage K 10**

Die Beklagte antwortete darauf mit Schreiben vom , dass die Leistungen doch gar nicht fertig gestellt seien; was sie denn da abnehmen solle. Eine Abnahme käme gar nicht in Frage.

Beweis: Schreiben der Beklagten vom , **Anlage K 11**

4. Schlussrechnung

Daraufhin hat die Klägerin unter dem ihre Schlussrechnung gestellt. Die Schlussrechnung endet mit einem offenen Betrag von EUR (brutto). Ausweislich des

Eingangsstempels der Beklagten ist die Schlussrechnung bei dieser auch am selben Tag eingegangen.

Beweis: Geprüfte Schlussrechnung der Klägerin vom mit Eingangsstempel der Beklagten vom selben Tag, **Anlage K 12**

Die Schlussrechnung enthält einen ersten Teil, in welchem die Klägerin die bis zur Kündigung erbrachten Leistungen gem. dem (der Schlussrechnung beigefügten) Aufmaß mit EUR (brutto) abrechnet. In einem zweiten Teil stellt die Klägerin weitere EUR (ohne Umsatzsteuer) als Vergütung für die kündigungsbedingt nicht erbrachten Leistungen abzüglich ersparter Aufwendungen in Rechnung.

Beweis: wie vor

Schon nach zwei Wochen (also am) erhielt die Klägerin ihre Schlussrechnung geprüft zurück. Die Beklagte hat darin den zweiten Teil der geltend gemachten Vergütung komplett gestrichen. Den ersten Teil hingegen hat sie vollständig „abgehakt" und damit den Vergütungsanspruch der Klägerin mit EUR (brutto) festgestellt.

Beweis: wie vor

In dem Begleitschreiben vom teilt die Beklagte dazu mit, dass eine Vergütung für nicht erbrachte Leistungen natürlich nicht in Frage käme, weil die Klägerin ja die Kündigung verschuldet hätte. Die festgestellte Vergütung für erbrachte Leistungen könne allerdings auch nicht ausgezahlt werden, da die Beklagte mit Mehrkosten für die Fertigstellung des Bauvorhabens sowie mit Schadensersatzansprüchen rechne, welche diesen Betrag deutlich übersteigen würden.

Beweis: Schreiben der Beklagten vom , **Anlage K 13**

5. Letzte Mahnung; Zahlungsstand

Die Klägerin hat darauf die Angelegenheit dem Unterzeichner übergeben, welcher sich mit Schreiben vom an die Beklagte wandte. In diesem Schreiben wird erläutert, dass ein wichtiger Grund für die Kündigung in Wahrheit nicht vorlag, sodass die Beklagte auch die Vergütung für die nicht erbrachten Leistungen schuldet. Gegenansprüche seien nicht ersichtlich, sodass die Verweigerung der Auszahlung unberechtigt sei. Der Unterzeichner forderte die Beklagte erneut auf, binnen einer Frist bis zum den offenen Schlussrechnungsbetrag zu zahlen, anderenfalls müsse Klage erhoben werden. Eventuell bereits eingetretener Verzug bleibe von dieser Nachfristsetzung allerdings unberührt.

Beweis: Schreiben des Unterzeichners vom , **Anlage K 14**

Eine weitere Reaktion der Beklagten erfolgte nicht, vor allen Dingen erbrachte diese auch keine weitere Zahlung mehr. Der mit der Schlussrechnung geltend gemachte Betrag von insgesamt EUR ist folglich auch weiterhin offen und nun Gegenstand der Klage.

B. Rechtliche Würdigung

1. Zahlungsantrag zu 1)

Mit dem Antrag zu 1) macht die Klägerin ihren offenen Anspruch aus dem Bauvertrag nebst Verzugszinsen geltend.

1.1 Vergütung für erbrachte Leistungen

Gemäß der Prüfung der Beklagten ist der Vergütungsanspruch der Klägerin hinsichtlich der erbrachten Leistungen dem Grund und der Höhe nach unstreitig.

Eine ausdrückliche Abnahme ist (jedenfalls im Hinblick auf die Fälligkeit der Ansprüche der Klägerin) entbehrlich, da die Beklagte die Erklärung der Abnahme endgültig verweigert hat. Der Umstand, dass die Begründung der Beklagten unzutreffend war, ist dabei ohne Bedeutung.

Nachdem die Beklagte die Schlussrechnung der Klägerin geprüft hat, steht auch fest, dass diese prüfbar war und ist. Die offenen Werklohnansprüche der Klägerin sind somit am , nämlich nach der Prüfung der Schlussrechnung durch die Beklagte, fällig geworden (§ 16 Abs. 3 Nr. 1 VOB/B).

Die Klägerin geht davon aus, dass die Beklagte mit ihrem Hinweis auf die zu erwartenden Mehrkosten und Schadensersatzansprüche ein Zurückbehaltungsrecht geltend machen möchte. Ein solches besteht jedoch nicht. Abgesehen davon, dass es an jeglicher nachvollziehbarer Darlegung zu den angeblichen Ansprüchen fehlt, können diese schon dem Grund nach nicht gegeben sein. Voraussetzung für den Ersatz kündigungsbedingter Mehrkosten und/oder Schadensersatzansprüche wäre nämlich gem. § 8 Abs. 3 Nr. 2 VOB/B, dass die Kündigung der Beklagten aus einem der in § 8 VOB/B ausdrücklich genannten oder einem anderen wichtigen Grund erfolgt ist. Ein wichtiger Grund für die Kündigung lag jedoch nicht vor:

- Die Klägerin war sicherlich nicht verpflichtet, Mängel in der von der Beklagten bzw. von deren Architekten zu liefernden Ausführungsplanung zu verbessern. Die Anforderung ordnungsgemäßer Pläne erfolgte also zu recht und stellte keinerlei Vertragsverletzung dar.
- Was die angeblich absehbare Nicht-Einhaltung des Endtermins angeht, so hätte die Beklagte zunächst einmal rein formal die Klägerin gem. § 5 Abs. 4 VOB/B eine Frist zur Vertragserfüllung setzen und die Auftragsentziehung androhen müssen. Schon allein, weil dies nicht geschehen ist, kann die Beklagte ihre Kündigung nicht auf § 8 Abs. 3 Nr. 1 VOB/B stützen. Darüber hinaus war der Endtermin aufgrund der von der Beklagten verursachten und von der Klägerin jeweils angezeigten Behinderungen auch nicht mehr geschuldet.

Der für die erbrachten Leistungen geltend gemachte Anspruch steht der Klägerin also auf jeden Fall zu.

1.2 Vergütung für nicht erbrachte Leistungen

Die Klägerin hat jedoch auch Anspruch auf die geltend gemachte Vergütung für die nicht erbrachten Leistungen. Stellt sich – wie hier – heraus, dass der vermeintliche wichtige Grund für die auftraggeberseitige Kündigung nicht vorlag, ist diese regelmäßig in eine „freie" Auftraggeber-Kündigung gem. § 8 Abs. 1 VOB/B umzudeuten. Im vorliegenden Fall wurde dies durch die Nachfrage der Klägerin (Anlage K 7) auch eindeutig klargestellt.

Der Klägerin steht daher die vereinbarte Vergütung abzüglich ihrer ersparten Aufwendungen zu. Die vereinbarte Vergütung ergibt sich aus dem Vertrag; der vereinbarte Nachlass ist auch hier berücksichtigt. Die ersparten Aufwendungen hat die Klägerin im zweiten Teil ihrer Schlussrechnung nachvollziehbar dargelegt. Füllaufträge, die der Klägerin einen anderweitigen Erwerb erlaubt hätten, hat es nicht gegeben.

Für die Fälligkeit gilt das oben unter Nr 1.1 gesagte. Die Klägerin kann also auch die Vergütung für die nicht erbrachten Leistungen verlangen.

1.3 Verzugszinsen

Der Zinsanspruch folgt aus § 16 Abs. 5 Nr. 3 S. 2 VOB/B i.V.m. § 288 Abs. 2 BGB. Mit Schreiben des Unterzeichners vom (Anlage K 14), welches nach Eintritt der Fälligkeit verschickt wurde, wurde eine ordnungsgemäße Nachfrist gesetzt. Nach deren Ablauf können also die Verzugszinsen für Geschäfte, an denen Verbraucher nicht beteiligt sind, geltend gemacht werden.

2. Zahlungsantrag zu 2)

Der Zahlungsantrag zu 2) betrifft die vorgerichtlichen Anwaltskosten, welche die Klägerin unter dem Gesichtspunkt des Verzugs erstattet verlangen kann.

Der Unterzeichner wurde eingeschaltet, nachdem sich die Beklagte bereits in Verzug befand. Die Beklagte hat mit ihrem Schreiben vom (Anlage K 13) die Zahlung endgültig und ernsthaft verweigert, sodass aus diesem Grund Verzug eingetreten ist (§ 286 Abs. 2 Nr. 3 BGB). Auf den Ablauf einer Nachfrist i.S.v. § 16 Abs. 5 Nr. 3 VOB/B kommt es in diesem Zusammenhang nicht an; diese ist lediglich besondere Voraussetzung für den Zinsanspruch.

Die Beklagte hat also auch die Kosten für die vorgerichtliche Anwaltstätigkeit zu erstatten, §§ 280 Abs. 2, 286 BGB. Dabei handelt es sich um die Geschäftsgebühr aus dem Streitwert des Klageverfahrens, denn diese geht nicht in den Gebühren des streitigen Verfahrens auf. Die geltend gemachte Höhe ergibt sich aus den Vorschriften des RVG.

Beglaubigte und einfache Abschrift anbei.

(*Unterschrift*) (*Rechtsanwalt*)

▲

b) Anmerkungen

415 1. Dem Muster liegt als Beispiel ein typischer Sachverhalt zugrunde, der natürlich durch den konkreten Sachverhalt zu ersetzen ist.

416 2. Die „schulmäßige" Aufteilung nach Sachverhalt und rechtlicher Würdigung ist natürlich nicht zwingend. Sie ist aber gerade mit zunehmender Komplexität der Sachverhalte empfehlenswert. Es empfiehlt sich weiterhin der oben gewählte Aufbau mit der Aufteilung des Sachverhalts nach vertraglichen Grundlagen, Leistungserbringung, Abnahme und Abrechnung. So ist sichergestellt, dass alle essenziellen Bestandteile des Vortrags abgedeckt sind.

417 3. Will sich der Kläger auf Vorschriften aus den VOB/B stützen, gehört die Einbeziehung grundsätzlich zum essenziellen Klagevortrag (siehe oben Rdn 4).

418 4. Auch beim gekündigten Vertrag ist die Abnahme (bzw. ein Surrogat) Fälligkeitsvoraussetzung. Der Vortrag dazu gehört daher zwingend zum schlüssigen Klagevortrag. Ohne Vortrag zur Abnahme dürfte grundsätzlich z.B. kein Versäumnisurteil erlassen werden (Einzelheiten siehe oben Rdn 227).

419 5. Die Erteilung einer prüffähigen Schlussrechnung ist auch nach der Kündigung Fälligkeitsvoraussetzung im VOB-Vertrag sowie im „neuen" BGB-Bauvertrag und Voraussetzung für die schlüssige Darlegung der Forderung im BGB-Vertrag (siehe oben Rdn 189 ff.). Es ist daher zwingend dazu vorzutragen.

6. Einzelheiten zur Abrechnung der erbrachten und nicht erbrachten Leistungen oben 420
Rdn 225 ff.

7. Grundsätzlich würde es reichen, zu bestreiten, dass ein normierter und sonstiger 421
wichtiger Grund für die Kündigung vorlag; darlegungs- und beweispflichtig für das Vorliegen eines anerkannten Kündigungsgrundes ist der Auftraggeber. Wenn aber schon bekannt ist, worauf der Auftraggeber seine Kündigung stützen möchte, kann es sinnvoll sein, vorweg zu erläutern, weshalb diese Gründe nicht tragfähig sind.

8. Eine Kündigung, bei der sich später herausstellt, dass der wichtige Grund in Wahrheit 422
nicht vorlag, ist im Regelfall in eine freie Kündigung umzudeuten (siehe oben Rdn 244).

9. Zu den ersparten Aufwendungen und eventuellem anderweitigem Erwerb hat zunächst 423
einmal der Auftragnehmer vorzutragen, Hat er dazu aber nachvollziehbar vorgetragen, ist am Auftraggeber, ggf. darzulegen und zu beweisen, dass der Auftragnehmer mehr erspart hat, andere Erwerbsmöglichkeiten böswillig unterlassen hat o.Ä.

2. Gekündigter Detailpauschalvertrag

a) Muster: Werklohnklage bei gekündigtem Detailpauschalvertrag

▼ 424

An das

Landgericht 1.21

Klage

der Bau-GmbH, vertreten durch den Geschäftsführer, Herrn , geschäftsansässig in

– Klägerin –

Prozessbevollmächtigte: Rechtsanwälte

gegen

die Bauträger GmbH & Co. KG, vertreten durch die Komplementärin, die GmbH, diese vertreten durch den Geschäftsführer, Herrn , geschäftsansässig

– Beklagte –

wegen: restlichen Werklohns aus gekündigtem Bauvertrag

vorläufiger Streitwert: EUR

Namens und im Auftrag der Klägerin werden wir in der mündlichen Verhandlung beantragen,

1. die Beklagte zu verurteilen, an die Klägerin einen Betrag von EUR zzgl. Zinsen hieraus i.H.v. 9 Prozentpunkten über dem Basiszins seit dem zu zahlen;

2. die Beklagte zu verurteilen, an die Klägerin einen weiteren Betrag von EUR zzgl. Zinsen hieraus i.H.v. 9 Prozentpunkten über dem Basiszins ab Rechtshängigkeit zu zahlen.

Für den Fall der Fristversäumnis im schriftlichen Vorverfahren beantragen wir zudem bereits jetzt den Erlass eines Versäumnisurteils nach § 331 Abs. 3 ZPO.

Begründung:

Die Klägerin ist eine mittelständische Baufirma, welche für die Beklagte – eine Bauträgerin – als Generalunternehmerin das Bauvorhaben erstellen sollte. Die Beklagte hat den Bauvertrag jedoch vorzeitig gekündigt; wie sich zeigen wird, ohne wichtigen Grund. Daher macht die Klägerin nun ihre restlichen Vergütungsansprüche für die erbrachten sowie die kündigungsbedingt nicht erbrachten Leistungen geltend.

A. Sachverhalt

1. Vertragliche Grundlagen

Die Beklagte hat der Klägerin ein detailliertes Leistungsverzeichnis übersandt und um Abgabe eines entsprechenden Angebotes gebeten. Dem ist die Klägerin nachgekommen, und sie hat der Beklagten mit Schreiben vom das bepreiste Leistungsverzeichnis zurückgeschickt und die Leistungen zu einem vorläufigen Gesamtpreis von EUR angeboten.

Beweis: 1. Angebotsschreiben der Klägerin vom , **Anlage K 1**
2. Angebotsleistungsverzeichnis der Klägerin, **Anlage K 2**

Am haben die Parteien über das Angebot der Klägerin verhandelt; hierüber ist von der Beklagten ein Verhandlungsprotokoll erstellt worden, welches die beiden Parteivertreter am Ende der Verhandlung unterzeichnet haben.

Darin ist vor allem festgehalten, dass die Klägerin bereit war, das Mengenrisiko zu übernehmen und die Leistungen auf Basis eines Pauschalpreises anzubieten (Nr. 2 des Protokolls). Weiterhin ist dem Protokoll zu entnehmen, dass die Parteien sich einig sind, dass dem Vertrag die VOB/B in der Fassung von 2016 zugrunde liegen soll (Nr. 3 des Protokolls) und dass die Leistungen bis spätestens abzuschließen sind (Nr. 7 des Protokolls).

Beweis: Verhandlungsprotokoll vom , **Anlage K 3**

Mit Schreiben vom nächsten Tag hat die Beklagte die Klägerin unter Bezugnahme auf deren Angebot vom (Anlagen K 1 und K 2) sowie auf das Verhandlungsprotokoll vom (Anlage K 3) mit der Erbringung der Leistungen beauftragt; die Festlegungen aus dem Verhandlungsprotokoll sollten demnach vorrangiger Vertragsbestandteil werden.

Beweis: Schreiben der Beklagten vom , **Anlage K 4**

2. Leistungserbringung

Die Klägerin hat am mit den Arbeiten begonnen.

Schon bald kam es zu Differenzen zwischen der Klägerin und dem Architekten der Beklagten. Hintergrund war, dass die Klägerin schon kurz nach Beginn der Arbeiten feststellen musste, dass die Ausführungspläne fehlerhaft und unvollständig waren. Sie musste daher immer wieder korrigierte Pläne anfordern, was sie jeweils unter Hinweis darauf, dass sie bis zur Vorlage der verbesserten Pläne behindert sei, durch Telefax-Schreiben getan hat, die parallel an den Architekten und die Beklagte gingen.

Beweis: Telefax-Schreiben der Klägerin vom , vom , vom und vom , **Anlagenkonvolut K 5**

Die korrigierten Pläne hat sie dann am , am , am und am erhalten.

Beweis:
1. Vorlage der Pläne mit Eingangsstempel der Klägerin
2. Zeugnis des Bauleiters der Klägerin, Herrn , zu laden über die Klägerin

Am erhielt die Klägerin aus heiterem Himmel ein Schreiben der Beklagten, in welchem diese mitteilte, dass sie den Vertrag mit sofortiger Wirkung kündige. Zur Begründung führte sie an, dass die ständigen Nachfragen der Klägerin bei dem Architekten zu Planungsmehrkosten in nicht unerheblicher Höhe geführt hätten; die geringfügigen Änderungen und Ergänzungen in den Ausführungsplänen hätte die Klägerin doch auch selbst einfügen können, statt sich andauernd auf angebliche Behinderung zu berufen. Außerdem sei erkennbar, dass die Klägerin den vereinbarten Endtermin nicht mehr halten könne. Eine weitere Zusammenarbeit sei daher unzumutbar für die Beklagte.

Beweis: Schreiben der Beklagten vom , **Anlage K 6**

Mit Telefax vom selben Tag reagierte die Beklagte und teilte mit, dass sie der Auffassung sei, dass kein Kündigungsgrund vorliege. Sie würde natürlich dem Wunsch der Beklagten nach einer Beendigung des Vertrages dennoch nachkommen, bitte aber vor diesem Hintergrund nochmals um ausdrückliche Bestätigung.

Beweis: Telefax-Schreiben der Klägerin vom , **Anlage K 7**

Unmittelbar nach der Erhalt dieses Telefax-Schreibens rief der Geschäftsführer der Beklagten bei dem Bauleiter der Klägerin, dem Zeugen , an und beschwerte sich über die Unverschämtheit, ihm einen solchen Brief zu schreiben. Die Klägerin soll schnellstens ihre Sachen zusammenpacken und die Baustelle räumen.

Beweis: Zeugnis des Bauleiters der Klägerin, Herrn , b.b.

Die Klägerin bestätigte daraufhin in einem weiteren Telefax-Schreiben vom selben Tag, dass sie die Baustelle wunschgemäß räumen werde. Sie schlug vor, am nächsten Tag ab 09.00 Uhr gemeinsam die erbrachten Leistungen aufzumessen; sollte die Beklagte nicht antworten, werde sie das Aufmaß alleine durchführen.

Beweis: Weiteres Telefax-Schreiben der Klägerin vom , **Anlage K 8**

Als am nächsten Tag von Seiten der Beklagten niemand erschien, nahm der Bauleiter der Klägerin zusammen mit zwei Mitarbeitern die erbrachten Leistungen auf.

Beweis:
1. Schlussaufmaß der Klägerin vom , **Anlage K 9**
2. Zeugnis des Bauleiters der Klägerin, Herrn , b.b.

3. Zeugnis des Herrn , zu laden über die Klägerin
4. Zeugnis des Herrn , zu laden über die Klägerin

Am hat die Klägerin die Baustelle vollständig geräumt und verlassen.

3. Abnahme

Unter dem hat sie die Beklagte angeschrieben und zur Erklärung der Abnahme der erbrachten Leistungen bis zum aufgefordert.

Beweis: Schreiben der Klägerin vom , **Anlage K 10**

Die Beklagte antwortete darauf mit Schreiben vom , dass die Leistungen doch gar nicht fertig gestellt seien; was sie denn da abnehmen solle. Eine Abnahme käme gar nicht in Frage.

Beweis: Schreiben der Beklagten vom , **Anlage K 11**

4. Schlussrechnung

Daraufhin hat die Klägerin unter dem ihre Schlussrechnung gestellt. Die Schlussrechnung endet mit einem offenen Betrag von EUR (brutto). Ausweislich des Eingangsstempels der Beklagten ist die Schlussrechnung bei dieser auch am selben Tag eingegangen.

Beweis: Geprüfte Schlussrechnung der Klägerin vom mit Eingangsstempel der Beklagten vom selben Tag, **Anlage K 12**

Die Schlussrechnung enthält einen ersten Teil, in welchem die Klägerin die bis zur Kündigung erbrachten Leistungen gem. dem (der Schlussrechnung beigefügten) Aufmaß mit EUR (brutto) abrechnet. In einem zweiten Teil, stellt die Klägerin weitere EUR (ohne Umsatzsteuer) als Vergütung für die kündigungsbedingt nicht erbrachten Leistungen abzüglich ersparter Aufwendungen in Rechnung.

Beweis: wie vor

Schon nach zwei Wochen (also am) erhielt die Klägerin ihre Schlussrechnung geprüft zurück. Die Beklagte hat darin den zweiten Teil der geltend gemachten Vergütung komplett gestrichen. Den ersten Teil hingegen hat sie vollständig „abgehakt“ und damit den Vergütungsanspruch der Klägerin mit EUR (brutto) festgestellt.

Beweis: wie vor

In dem Begleitschreiben vom teilt die Beklagte dazu mit, dass eine Vergütung für nicht erbrachte Leistungen natürlich nicht in Frage käme, weil die Klägerin ja die Kündigung verschuldet hätte. Die festgestellte Vergütung für erbrachte Leistungen könne allerdings auch nicht ausgezahlt werden, da die Beklagte mit Mehrkosten für die Fertigstellung des Bauvorhabens sowie mit Schadensersatzansprüchen rechne, welche diesen Betrag deutlich übersteigen würden.

Beweis: Schreiben der Beklagten vom , **Anlage K 13**

5. Letzte Mahnung; Zahlungsstand

Die Klägerin hat darauf die Angelegenheit dem Unterzeichner übergeben, welcher sich mit Schreiben vom an die Beklagte wandte. In diesem Schreiben wird erläutert, dass ein wichtiger Grund für die Kündigung in Wahrheit nicht vorlag, sodass die Beklagte auch die Vergütung für die nicht erbrachten Leistungen schuldet. Gegenansprüche seien nicht ersichtlich, sodass die Verweigerung der Auszahlung unberechtigt sei. Der Unterzeichner forderte die Beklagte erneut auf, binnen einer Frist bis zum … den offenen Schlussrechnungsbetrag zu zahlen, anderenfalls müsse Klage erhoben werden. Eventuell bereits eingetretener Verzug bleibe von dieser Nachfristsetzung allerdings unberührt.

Beweis: Schreiben des Unterzeichners vom …, **Anlage K 14**

Eine weitere Reaktion der Beklagten erfolgte nicht, vor allen Dingen erbrachte diese auch keine weitere Zahlung mehr. Der mit der Schlussrechnung geltend gemachte Betrag von insgesamt … EUR ist folglich auch weiterhin offen und nun Gegenstand der Klage.

B. Rechtliche Würdigung

1. Zahlungsantrag zu 1)

Mit dem Antrag zu 1) macht die Klägerin ihren offenen Anspruch aus dem Bauvertrag nebst Verzugszinsen geltend.

Da es sich – wie oben dargelegt – um einen Detailpauschalvertrag handelte, konnte die Klägerin für die Zuordnung der Vergütungsbestandteile sowie für die Abgrenzung der erbrachten von den nicht erbrachten Leistungen auf das bepreiste Leistungsverzeichnis aus ihrem Angebot vom … zurückgreifen. Aus diesem lässt sich eindeutig entnehmen, welche Vergütungsbestandteile welchen Teilleistungen zuzurechnen sind.

Dies vorausgeschickt, ergeben sich die folgenden Ansprüche:

1.1 Vergütung für erbrachte Leistungen

Gemäß der Prüfung der Beklagten ist der Vergütungsanspruch der Klägerin hinsichtlich der erbrachten Leistungen dem Grund und der Höhe nach unstreitig.

Eine ausdrückliche Abnahme ist (jedenfalls im Hinblick auf die Fälligkeit der Ansprüche der Klägerin) entbehrlich, da die Beklagte die Erklärung der Abnahme endgültig verweigert hat. Der Umstand, dass die Begründung der Beklagten unzutreffend war, ist dabei ohne Bedeutung.

Nachdem die Beklagte die Schlussrechnung der Klägerin geprüft hat, steht auch fest, dass diese prüfbar war und ist. Die offenen Werklohnansprüche der Klägerin sind somit am …, nämlich nach der Prüfung der Schlussrechnung durch die Beklagte, fällig geworden (§ 16 Abs. 3 Nr. 1 VOB/B).

Die Klägerin geht davon aus, dass die Beklagte mit ihrem Hinweis auf die zu erwartenden Mehrkosten und Schadensersatzansprüche ein Zurückbehaltungsrecht geltend machen möchte. Ein solches besteht jedoch nicht. Abgesehen davon, dass es an jeglicher nachvollziehbarer Darlegung zu den angeblichen Ansprüchen fehlt, können diese schon dem Grund nach nicht gegeben sein. Voraussetzung für den Ersatz kündigungsbedingter Mehrkosten und/oder Schadensersatzansprüche wäre nämlich gem. § 8 Abs. 3 Nr. 2 VOB/B, dass die Kündigung der Beklagten aus einem der in § 8 VOB/B ausdrücklich genannten oder einem anderen wichtigen Grund erfolgt ist. Ein wichtiger Grund für die Kündigung lag jedoch nicht vor:

- Die Klägerin war sicherlich nicht verpflichtet, Mängel in der von der Beklagten bzw. von deren Architekten zu liefernden Ausführungsplanung zu verbessern. Die Anforderung ordnungsgemäßer Pläne erfolgte also zu recht und stellte keinerlei Vertragsverletzung dar.
- Was die angeblich absehbare Nicht-Einhaltung des Endtermins angeht, so hätte die Beklagte zunächst einmal rein formal die Klägerin gem. § 5 Abs. 4 VOB/B eine Frist zur Vertragserfüllung setzen und die Auftragsentziehung androhen müssen. Schon allein, weil dies nicht geschehen ist, kann die Beklagte ihre Kündigung nicht auf § 8 Abs. 3 Nr. 1 VOB/B stützen. Darüber hinaus war der Endtermin aufgrund der von der Beklagten verursachten und von der Klägerin jeweils angezeigten Behinderungen auch nicht mehr geschuldet.

Der für die erbrachten Leistungen geltend gemachte Anspruch steht der Klägerin also auf jeden Fall zu.

1.2 Vergütung für nicht erbrachte Leistungen

Die Klägerin hat jedoch auch Anspruch auf die geltend gemachte Vergütung für die nicht erbrachten Leistungen. Stellt sich – wie hier – heraus, dass der vermeintliche wichtige Grund für die auftraggeberseitige Kündigung nicht vorlag, ist diese regelmäßig in eine „freie" Auftraggeber-Kündigung gem. § 8 Abs. 1 VOB/B umzudeuten. Im vorliegenden Fall wurde dies durch die Nachfrage der Klägerin (Anlage K 7) auch eindeutig klargestellt.

Der Klägerin steht daher die vereinbarte Vergütung abzüglich ihrer ersparten Aufwendungen zu. Die vereinbarte Vergütung ergibt sich aus dem Vertrag; der vereinbarte Nachlass ist auch hier berücksichtigt. Die ersparten Aufwendungen hat die Klägerin im zweiten Teil ihrer Schlussrechnung nachvollziehbar dargelegt. Füllaufträge, die der Klägerin einen anderweitigen Erwerb erlaubt hätten, hat es nicht gegeben.

Für die Fälligkeit gilt das oben unter Nr. 1.1 gesagte. Die Klägerin kann also auch die Vergütung für die nicht erbrachten Leistungen verlangen.

1.3 Verzugszinsen

Der Zinsanspruch folgt aus § 16 Abs. 5 Nr. 3 S. 2 VOB/B i.V.m. § 288 Abs. 2 BGB. Mit Schreiben des Unterzeichners vom (Anlage K 14), welches nach Eintritt der Fälligkeit verschickt wurde, wurde eine ordnungsgemäße Nachfrist gesetzt. Nach deren Ablauf können also die Verzugszinsen für Geschäfte, an denen Verbraucher nicht beteiligt sind, geltend gemacht werden.

2. Zahlungsantrag zu 2)

Der Zahlungsantrag zu 2) betrifft die vorgerichtlichen Anwaltskosten, welche die Klägerin unter dem Gesichtspunkt des Verzugs erstattet verlangen kann.

Der Unterzeichner wurde eingeschaltet, nachdem sich die Beklagte bereits in Verzug befand. Die Beklagte hat mit ihrem Schreiben vom (Anlage K 13) die Zahlung endgültig und ernsthaft verweigert, sodass aus diesem Grund Verzug eingetreten ist (§ 286 Abs. 2 Nr. 3 BGB). Auf den Ablauf einer Nachfrist i.S.v. § 16 Abs. 5 Nr. 3 VOB/B kommt es in diesem Zusammenhang nicht an; diese ist lediglich besondere Voraussetzung für den Zinsanspruch.

Die Beklagte hat also auch die Kosten für die vorgerichtliche Anwaltstätigkeit zu erstatten, §§ 280 Abs. 2, 286 BGB. Dabei handelt es sich um die Geschäftsgebühr aus dem Streitwert des Klageverfahrens, denn diese geht nicht in den Gebühren des streitigen Verfahrens auf. Die geltend gemachte Höhe ergibt sich aus den Vorschriften des RVG.

Beglaubigte und einfache Abschrift anbei.

(*Unterschrift*) (*Rechtsanwalt*)

▲

b) Anmerkungen

1. Dem Muster liegt als Beispiel ein typischer Sachverhalt zugrunde, der natürlich durch den konkreten Sachverhalt zu ersetzen ist. **425**

2. Die „schulmäßige“ Aufteilung nach Sachverhalt und rechtlicher Würdigung ist natürlich nicht zwingend. Sie ist aber gerade mit zunehmender Komplexität der Sachverhalte empfehlenswert. Es empfiehlt sich weiterhin der oben gewählte Aufbau mit der Aufteilung des Sachverhalts nach vertraglichen Grundlagen, Leistungserbringung, Abnahme und Abrechnung. So ist sichergestellt, dass alle essenziellen Bestandteile des Vortrags abgedeckt sind. **426**

3. Will sich der Kläger auf Vorschriften aus den VOB/B stützen, gehört die Einbeziehung grundsätzlich zum essenziellen Klagevortrag (siehe oben Rdn 4). **427**

4. Auch beim gekündigten Vertrag ist die Abnahme (bzw. ein Surrogat) Fälligkeitsvoraussetzung. Der Vortrag dazu gehört daher zwingend zum schlüssigen Klagevortrag. Ohne Vortrag zur Abnahme dürfte grundsätzlich z.B. kein Versäumnisurteil erlassen werden (Einzelheiten siehe oben Rdn 188). **428**

5. Die Erteilung einer prüffähigen Schlussrechnung ist auch nach der Kündigung Fälligkeitsvoraussetzung im VOB-Vertrag sowie im „neuen“ BGB-Bauvertrag und Voraussetzung für die schlüssigen Darlegung der Forderung im BGB-Vertrag (siehe oben Rdn 189 ff.). Es ist daher zwingend dazu vorzutragen. **429**

6. Einzelheiten zur Abrechnung der erbrachten und nicht erbrachten Leistungen oben Rdn 225 ff. **430**

7. Grundsätzlich würde es reichen, zu bestreiten, dass ein normierter und sonstiger wichtiger Grund für die Kündigung vorlag; darlegungs- und beweispflichtig für das Vorliegen eines anerkannten Kündigungsgrundes ist der Auftraggeber. Wenn aber schon bekannt ist, worauf der Auftraggeber seine Kündigung stützen möchte, kann es sinnvoll sein, vorweg zu erläutern, weshalb diese Gründe nicht tragfähig sind. **431**

8. Eine Kündigung, bei der sich später herausstellt, dass der wichtige Grund in Wahrheit nicht vorlag, ist im Regelfall in eine freie Kündigung umzudeuten (siehe oben Rdn 244). **432**

9. Zu den ersparten Aufwendungen und eventuellem anderweitigem Erwerb hat zunächst einmal der Auftragnehmer vorzutragen, Hat er dazu aber nachvollziehbar vorgetragen, ist am Auftraggeber, ggf. darzulegen und zu beweisen, dass der Auftragnehmer mehr erspart hat, andere Erwerbsmöglichkeiten böswillig unterlassen hat o.Ä. **433**

3. Gekündigter Globalpauschalvertrag

a) Muster: Werklohnklage bei gekündigtem Globalpauschalvertrag

434 ▼

1.22

An das

Landgericht

Klage

der Bau-GmbH, vertreten durch den Geschäftsführer, Herrn , geschäftsansässig

– Klägerin –

Prozessbevollmächtigte: Rechtsanwälte

gegen

die Bauträger GmbH & Co. KG, vertreten durch die Komplementärin, die GmbH, diese vertreten durch den Geschäftsführer, Herrn , geschäftsansässig

– Beklagte –

wegen:	restlichen Werklohns aus gekündigtem Bauvertrag
vorläufiger Streitwert:	EUR

Namens und im Auftrag der Klägerin werden wir in der mündlichen Verhandlung beantragen,

1. die Beklagte zu verurteilen, an die Klägerin einen Betrag von EUR zzgl. Zinsen hieraus i.H.v. 9 Prozentpunkten über dem Basiszins seit dem zu zahlen;
2. die Beklagte zu verurteilen, an die Klägerin einen weiteren Betrag von EUR zzgl. Zinsen hieraus i.H.v. 9 Prozentpunkten über dem Basiszins ab Rechtshängigkeit zu zahlen.

Für den Fall der Fristversäumnis im schriftlichen Vorverfahren beantragen wir zudem bereits jetzt den Erlass eines Versäumnisurteils nach § 331 Abs. 3 ZPO.

Begründung:

Die Klägerin ist eine mittelständische Baufirma, welche für die Beklagte – eine Bauträgerin – als Generalunternehmerin das Bauvorhaben erstellen sollte. Die Beklagte hat den Bauvertrag jedoch vorzeitig gekündigt; wie sich zeigen wird, ohne wichtigen Grund. Daher macht die Klägerin nun ihre restlichen Vergütungsansprüche für die erbrachten sowie die kündigungsbedingt nicht erbrachten Leistungen geltend.

A. Sachverhalt

1. Vertragliche Grundlagen

Die Beklagte hat unter anderem bei der Klägerin die Rohbauleistungen inklusive der dafür erforderlichen Ausführungsplanung angefragt; angeboten werden sollte ein Pauschalpreis. Dabei hat sie der Klägerin eine funktionale Leistungsbeschreibung, die Entwurfspläne sowie die Besonderen Vertragsbedingungen (BVB) und die Zusätzlichen Vertragsbedingungen (ZVB) der Beklagten übersandt.

Beweis: 1. Funktionale Leistungsbeschreibung, **Anlage K 1**
2. BVB der Beklagten, **Anlage K 2**
3. ZVB der Beklagten, **Anlage K 3**

Wir verzichten zunächst auf die Beifügung der umfangreichen Entwurfspläne und reichen diese nach, falls es das Verfahren erforderlich macht oder das Gericht dies wünscht.

Auf Basis dieser Unterlagen hat die Klägerin die angefragten Leistungen zu einem Pauschalpreis von insgesamt … EUR angeboten.

Beweis: Angebotsschreiben der Klägerin vom …, **Anlage K 4**

Am … haben die Parteien über das Angebot der Klägerin verhandelt; hierüber ist von der Beklagten ein Verhandlungsprotokoll erstellt worden, welches die beiden Parteivertreter am Ende der Verhandlung unterzeichnet haben.

Beweis: Verhandlungsprotokoll vom …, **Anlage K 5**

Gem. Nr. 1 des Verhandlungsprotokolls sind die Parteien übereingekommen, dass die VOB/B in der Fassung von 2016 dem Vertrag zugrunde liegen sollen. Zudem hat die Klägerin gem. Nr. 2 des Verhandlungsprotokolls die BVB und ZVB der Beklagten als Vertragsgrundlage anerkannt. Außerdem hat die Klägerin gem. Nr. 4 des Verhandlungsprotokolls erklärt, dass sie sich an ihr Angebot sowie die Festlegungen aus dem Verhandlungsprotokoll bis zum … gebunden hält.

Beweis: wie vor

Mit Schreiben vom … – also noch innerhalb der vereinbarten Frist – hat die Beklagte die Klägerin unter Bezugnahme auf deren Angebot vom … (Anlage K 1) sowie auf das Verhandlungsprotokoll vom … (Anlage K 2) mit der Erbringung der Rohbauleistungen beauftragt.

Beweis: Schreiben der Beklagten vom …, **Anlage K 6**

2. Leistungserbringung

Die Klägerin hat am … mit den Arbeiten begonnen.

Schon bald kam es zu Differenzen zwischen der Klägerin und dem Architekten der Beklagten. Hintergrund war, dass die Klägerin schon kurz nach Beginn der Arbeiten feststellen musste, dass die Ausführungspläne fehlerhaft und unvollständig waren. Sie musste daher mehrfach korrigierte Pläne anfordern, was sie jeweils unter Hinweis darauf, dass sie bis zur Vorlage der verbesserten Pläne behindert sei, durch Telefax-Schreiben getan hat, die parallel an den Architekten und die Beklagte gingen.

Beweis: 1. Telefax-Schreiben der Klägerin vom …, **Anlage K 7**
2. Telefax-Schreiben der Klägerin vom …, **Anlage K 8**
3. Telefax-Schreiben der Klägerin vom …, **Anlage K 9**

Die korrigierten Pläne hat sie dann am , am und am erhalten.

Beweis: 1. Vorlage der Pläne mit Eingangsstempel der Klägerin
2. Zeugnis des Bauleiters der Klägerin, Herrn , zu laden über die Klägerin

Am erhielt die Klägerin aus heiterem Himmel ein Schreiben der Beklagten, in welchem diese mitteilte, dass sie den Vertrag mit sofortiger Wirkung kündige. Zur Begründung führte sie an, dass die ständigen Nachfragen der Klägerin bei dem Architekten zu Planungsmehrkosten in nicht unerheblicher Höhe geführt hätten; die geringfügigen Änderungen und Ergänzungen in den Ausführungsplänen hätte die Klägerin doch auch selbst einfügen können, statt sich andauernd auf angebliche Behinderung zu berufen. Außerdem sei erkennbar, dass die Klägerin den vereinbarten Endtermin nicht mehr halten könne. Eine weitere Zusammenarbeit sei daher unzumutbar für die Beklagte.

Beweis: Schreiben der Beklagten vom , **Anlage K 10**

Mit Telefax vom selben Tag reagierte die Beklagte und teilte mit, dass sie der Auffassung sei, dass kein Kündigungsgrund vorliege. Sie würde natürlich dem Wunsch der Beklagten nach einer Beendigung des Vertrages dennoch nachkommen, bitte aber vor diesem Hintergrund nochmals um ausdrückliche Bestätigung.

Beweis: Telefax-Schreiben der Klägerin vom , **Anlage K 11**

Unmittelbar nach der Erhalt dieses Telefax-Schreibens rief der Geschäftsführer der Beklagten bei dem Bauleiter der Klägerin, dem Zeugen , an und beschwerte sich über die Unverschämtheit, ihm einen solchen Brief zu schreiben. Die Klägerin soll schnellstens ihre Sachen zusammenpacken und die Baustelle räumen.

Beweis: Zeugnis des Bauleiters der Klägerin, Herrn , b.b.

Die Klägerin bestätigte daraufhin in einem weiteren Telefax-Schreiben vom selben Tag, dass sie die Baustelle wunschgemäß räumen werde. Sie schlug vor, am nächsten Tag ab 09.00 Uhr gemeinsam die erbrachten Leistungen aufzumessen; sollte die Beklagte nicht antworten, werde sie das Aufmaß alleine durchführen.

Beweis: Weiteres Telefax-Schreiben der Klägerin vom , **Anlage K 12**

Als am nächsten Tag von Seiten der Beklagten niemand erschien, nahm der Bauleiter der Klägerin zusammen mit zwei Mitarbeitern die erbrachten Leistungen auf.

Beweis: 1. Schlussaufmaß der Klägerin vom , **Anlage K 13**
2. Zeugnis des Bauleiters der Klägerin, Herrn , b.b.
3. Zeugnis des Herrn , zu laden über die Klägerin
4. Zeugnis des Herrn , zu laden über die Klägerin

Am hat die Klägerin die Baustelle vollständig geräumt und verlassen.

3. Abnahme

Unter dem hat sie die Beklagte angeschrieben und zur Erklärung der Abnahme der erbrachten Leistungen bis zum aufgefordert.

Beweis: Schreiben der Klägerin vom , **Anlage K 14**

Die Beklagte antwortete darauf mit Schreiben vom , dass die Leistungen doch gar nicht fertig gestellt seien; was sie denn da abnehmen solle. Eine Abnahme käme gar nicht in Frage.

Beweis: Schreiben der Beklagten vom , **Anlage K 15**

4. Schlussrechnung

Daraufhin hat die Klägerin unter dem ihre Schlussrechnung gestellt. Die Schlussrechnung endet mit einem offenen Betrag von EUR (brutto). Ausweislich des Eingangsstempels der Beklagten ist die Schlussrechnung bei dieser auch am selben Tag eingegangen.

Beweis: Geprüfte Schlussrechnung der Klägerin vom mit Eingangsstempel der Beklagten vom selben Tag, **Anlage K 16**

Die Schlussrechnung enthält einen ersten Teil, in welchem die Klägerin die bis zur Kündigung erbrachten Leistungen gem. dem (der Schlussrechnung beigefügten) Aufmaß mit EUR (brutto) abrechnet. In einem zweiten Teil stellt die Klägerin weitere EUR (ohne Umsatzsteuer) als Vergütung für die kündigungsbedingt nicht erbrachten Leistungen abzüglich ersparter Aufwendungen in Rechnung.

Beweis: wie vor

Schon nach zwei Wochen (also am) erhielt die Klägerin ihre Schlussrechnung geprüft zurück. Die Beklagte hat darin den zweiten Teil der geltend gemachten Vergütung komplett gestrichen. Den ersten Teil hingegen hat sie vollständig „abgehakt" und damit den Vergütungsanspruch der Klägerin mit EUR (brutto) festgestellt.

Beweis: wie vor

In dem Begleitschreiben vom teilt die Beklagte dazu mit, dass eine Vergütung für nicht erbrachte Leistungen natürlich nicht in Frage käme, weil die Klägerin ja die Kündigung verschuldet hätte. Die festgestellte Vergütung für erbrachte Leistungen könne allerdings auch nicht ausgezahlt werden, da die Beklagte mit Mehrkosten für die Fertigstellung des Bauvorhabens sowie mit Schadensersatzansprüchen rechne, welche diesen Betrag deutlich übersteigen würden.

Beweis: Schreiben der Beklagten vom , **Anlage K 17**

5. Letzte Mahnung; Zahlungsstand

Die Klägerin hat darauf die Angelegenheit dem Unterzeichner übergeben, welcher sich mit Schreiben vom an die Beklagte wandte. In diesem Schreiben wird erläutert, dass ein wichtiger Grund für die Kündigung in Wahrheit nicht vorlag, sodass die Beklagte auch die Vergütung für die nicht erbrachten Leistungen schuldet. Gegenansprüche seien nicht ersichtlich, sodass die Verweigerung der Auszahlung unberechtigt sei. Der Unterzeichner forderte die Beklagte erneut auf, binnen einer Frist bis zum den offenen Schlussrechnungsbetrag zu zahlen, anderenfalls müsse Klage erhoben werden. Eventuell bereits eingetretener Verzug bleibe von dieser Nachfristsetzung allerdings unberührt.

Beweis: Schreiben des Unterzeichners vom , **Anlage K 18**

Eine weitere Reaktion der Beklagten erfolgte nicht, vor allen Dingen erbrachte diese auch keine weitere Zahlung mehr. Der mit der Schlussrechnung geltend gemachte Betrag von insgesamt EUR ist folglich auch weiterhin offen und nun Gegenstand der Klage.

B. Rechtliche Würdigung

1. Zahlungsantrag zu 1)

Mit dem Antrag zu 1) macht die Klägerin ihren offenen Anspruch aus dem Bauvertrag nebst Verzugszinsen geltend.

Da es sich – wie oben dargelegt – um einen Globalpauschalvertrag handelte, konnte die Klägerin für die Zuordnung der Vergütungsbestandteile zu den einzelnen Teilleistungen nicht auf ein detailliertes Leistungsverzeichnis zurückgreifen. Um dennoch die Vergütung für die bis zur Kündigung erbrachten Leistungen von der für die kündigungsbedingt noch nicht erbrachten Leistungen abgrenzen zu können, hat sie nachträglich ein detailliertes Leistungsverzeichnis erstellt und mit Einheitspreisen unterlegt. Dieses Leistungsverzeichnis beinhaltet alle für die fachgerechte Erbringung der geschuldeten Bauaufgabe erforderlichen Teilleistungen und endet mit dem vereinbarten Pauschalpreis. Das Leistungsverzeichnis und die Aufschlüsselung der Preise ist nachvollziehbar und schlüssig.

Beweis: 1. Von der Klägerin erstelltes Leistungsverzeichnis, **Anlage K 19**
2. Sachverständigengutachten

Dies vorausgeschickt, ergeben sich die folgenden Ansprüche:

1.1 Vergütung für erbrachte Leistungen

Gemäß der Prüfung der Beklagten ist der Vergütungsanspruch der Klägerin hinsichtlich der erbrachten Leistungen dem Grund und der Höhe nach unstreitig.

Eine ausdrückliche Abnahme ist (jedenfalls im Hinblick auf die Fälligkeit der Ansprüche der Klägerin) entbehrlich, da die Beklagte die Erklärung der Abnahme endgültig verweigert hat. Der Umstand, dass die Begründung der Beklagten unzutreffend war, ist dabei ohne Bedeutung.

Nachdem die Beklagte die Schlussrechnung der Klägerin geprüft hat, steht auch fest, dass diese prüfbar war und ist. Die offenen Werklohnansprüche der Klägerin sind somit am , nämlich nach der Prüfung der Schlussrechnung durch die Beklagte, fällig geworden (§ 16 Abs. 3 Nr. 1 VOB/B).

Die Klägerin geht davon aus, dass die Beklagte mit ihrem Hinweis auf die zu erwartenden Mehrkosten und Schadensersatzansprüche ein Zurückbehaltungsrecht geltend machen möchte. Ein solches besteht jedoch nicht. Abgesehen davon, dass es an jeglicher nachvollziehbarer Darlegung zu den angeblichen Ansprüchen fehlt, können diese schon dem Grund nach nicht gegeben sein. Voraussetzung für den Ersatz kündigungsbedingter Mehrkosten und/oder Schadensersatzansprüche wäre nämlich gem. § 8 Abs. 3 Nr. 2 VOB/B, dass die Kündigung der Beklagten aus einem der in § 8 VOB/B ausdrücklich genannten oder einem anderen wichtigen Grund erfolgt ist. Ein wichtiger Grund für die Kündigung lag jedoch nicht vor:

- Die Klägerin war sicherlich nicht verpflichtet, Mängel in der von der Beklagten bzw. von deren Architekten zu liefernden Ausführungsplanung zu verbessern. Die Anforderung ordnungsgemäßer Pläne erfolgte also zu Recht und stellte keinerlei Vertragsverletzung dar.
- Was die angeblich absehbare Nicht-Einhaltung des Endtermins angeht, so hätte die Beklagte zunächst einmal rein formal die Klägerin gem. § 5 Abs. 4 VOB/B eine Frist zur Vertragserfüllung setzen und die Auftragsentziehung androhen müssen. Schon allein, weil dies nicht geschehen ist, kann die Beklagte ihre Kündigung nicht auf § 8 Abs. 3 Nr. 1 VOB/B stützen. Darüber hinaus war der Endtermin aufgrund der von der Beklagten verursachten und von der Klägerin jeweils angezeigten Behinderungen auch nicht mehr geschuldet.

Der für die erbrachten Leistungen geltend gemachte Anspruch steht der Klägerin also auf jeden Fall zu.

1.2 Vergütung für nicht erbrachte Leistungen

Die Klägerin hat jedoch auch Anspruch auf die geltend gemachte Vergütung für die nicht erbrachten Leistungen. Stellt sich – wie hier – heraus, dass der vermeintliche wichtige Grund für die auftraggeberseitige Kündigung nicht vorlag, ist diese regelmäßig in eine „freie“ Auftraggeber-Kündigung gem. § 8 Abs. 1 VOB/B umzudeuten. Im vorliegenden Fall wurde dies durch die Nachfrage der Klägerin (Anlage K 11) auch eindeutig klargestellt.

Der Klägerin steht daher die vereinbarte Vergütung abzüglich ihrer ersparten Aufwendungen zu. Die vereinbarte Vergütung ergibt sich aus dem Vertrag; der vereinbarte Nachlass ist auch hier berücksichtigt. Die ersparten Aufwendungen hat die Klägerin im zweiten Teil ihrer Schlussrechnung nachvollziehbar dargelegt. Füllaufträge, die der Klägerin einen anderweitigen Erwerb erlaubt hätten, hat es nicht gegeben.

Für die Fälligkeit gilt das oben unter Nr. 1.1 gesagte. Die Klägerin kann also auch die Vergütung für die nicht erbrachten Leistungen verlangen.

1.3 Verzugszinsen

Der Zinsanspruch folgt aus § 16 Abs. 5 Nr. 3 S. 2 VOB/B i.V.m. § 288 Abs. 2 BGB. Mit Schreiben des Unterzeichners vom (Anlage K 18), welches nach Eintritt der Fälligkeit verschickt wurde, wurde eine ordnungsgemäße Nachfrist gesetzt. Nach deren Ablauf können also die Verzugszinsen für Geschäfte, an denen Verbraucher nicht beteiligt sind, geltend gemacht werden.

2. Zahlungsantrag zu 2)

Der Zahlungsantrag zu 2) betrifft die vorgerichtlichen Anwaltskosten, welche die Klägerin unter dem Gesichtspunkt des Verzugs erstattet verlangen kann.

Der Unterzeichner wurde eingeschaltet, nachdem sich die Beklagte bereits in Verzug befand. Die Beklagte hat mit ihrem Schreiben vom (Anlage K 17) die Zahlung endgültig und ernsthaft verweigert, sodass aus diesem Grund Verzug eingetreten ist (§ 286 Abs. 2 Nr. 3 BGB). Auf den Ablauf einer Nachfrist i.S.v. § 16 Abs. 5 Nr. 3 VOB/B kommt es in diesem Zusammenhang nicht an; diese ist lediglich besondere Voraussetzung für den Zinsanspruch.

Die Beklagte hat also auch die Kosten für die vorgerichtliche Anwaltstätigkeit zu erstatten, §§ 280 Abs. 2, 286 BGB. Dabei handelt es sich um die Geschäftsgebühr aus dem Streitwert des Klageverfahrens, denn diese geht nicht in den Gebühren des streitigen Verfahrens auf. Die geltend gemachte Höhe ergibt sich aus den Vorschriften des RVG.

Beglaubigte und einfache Abschrift anbei.

(*Unterschrift*) (*Rechtsanwalt*)

▲

b) Anmerkungen

435 1. Dem Muster liegt als Beispiel ein typischer Sachverhalt zugrunde, der natürlich durch den konkreten Sachverhalt zu ersetzen ist.

436 2. Die „schulmäßige" Aufteilung nach Sachverhalt und rechtlicher Würdigung ist natürlich nicht zwingend. Sie ist aber gerade mit zunehmender Komplexität der Sachverhalte empfehlenswert. Es empfiehlt sich weiterhin der oben gewählte Aufbau mit der Aufteilung des Sachverhalts nach vertraglichen Grundlagen, Leistungserbringung, Abnahme und Abrechnung. So ist sichergestellt, dass alle essenziellen Bestandteile des Vortrags abgedeckt sind.

437 3. Will sich der Kläger auf Vorschriften aus den VOB/B stützen, gehört die Einbeziehung grundsätzlich zum essenziellen Klagevortrag (siehe oben Rdn 4).

438 4. Auch beim gekündigten Vertrag ist die Abnahme (bzw. ein Surrogat) Fälligkeitsvoraussetzung. Der Vortrag dazu gehört daher zwingend zum schlüssigen Klagevortrag. Ohne Vortrag zur Abnahme dürfte grundsätzlich z.B. kein Versäumnisurteil erlassen werden (Einzelheiten siehe oben Rdn 188).

439 5. Die Erteilung einer prüffähigen Schlussrechnung ist auch nach der Kündigung Fälligkeitsvoraussetzung im VOB-Vertrag sowie im „neuen" BGB-Bauvertrag und Voraussetzung für die schlüssigen Darlegung der Forderung im BGB-Vertrag (siehe oben Rdn 189 ff.). Es ist daher zwingend dazu vorzutragen.

440 6. Beim gekündigten Globalpauschalvertrag wird im Regelfall eine nachträgliche Kalkulation ähnlich einem Einheitspreisvertrag nötig, um die erbrachten und nicht erbrachten Leistungen mit den richtigen Vergütungsanteilen zu bewerten (Einzelheiten zur Abrechnung der erbrachten und nicht erbrachten Leistungen siehe oben Rdn 225 ff.).

441 7. Grundsätzlich würde es reichen, zu bestreiten, dass ein normierter und sonstiger wichtiger Grund für die Kündigung vorlag; darlegungs- und beweispflichtig für das Vorliegen eines anerkannten Kündigungsgrundes ist der Auftraggeber. Wenn aber schon bekannt ist, worauf der Auftraggeber seine Kündigung stützen möchte, kann es sinnvoll sein, vorweg zu erläutern, weshalb diese Gründe nicht tragfähig sind.

442 8. Eine Kündigung, bei der sich später herausstellt, dass der wichtige Grund in Wahrheit nicht vorlag, ist im Regelfall in eine freie Kündigung umzudeuten (siehe oben Rdn 244).

443 9. Zu den ersparten Aufwendungen und eventuellem anderweitigem Erwerb hat zunächst einmal der Auftragnehmer vorzutragen, Hat er dazu aber nachvollziehbar vorgetragen,

ist am Auftraggeber, ggf. darzulegen und zu beweisen, dass der Auftragnehmer mehr erspart hat, andere Erwerbsmöglichkeiten böswillig unterlassen hat o.Ä.

4. Checkliste: Gekündigter Werkvertrag

444

Kündigung	erbrachte Leistungen	nicht erbrachte Leistungen
Auftraggeber nach	Abnahme oder anderweitiger Eintritt der Abnahmewirkungen ist stets erforderlich!	
■ § 8 Abs. 1 VOB/B ■ § 648 BGB	■ nach Vertrag ■ produzierte, aber noch nicht eingebaute Bauteile gehören *nicht* dazu	■ volle Vergütung ■ abzgl. ersparter Aufwendungen ■ abzgl. anderweitigen Erwerbs ■ Vermutung, dass 5 % verbleiben
■ § 8 Abs. 2 VOB/B ■ § 6 Abs. 7 VOB/B	■ nach Vertrag ■ dazu auch produzierte, aber noch nicht eingebaute Bauteile	
■ § 8 Abs. 3, 4 VOB/B ■ § 648a BGB	■ nach Vertrag ■ produzierte, aber noch nicht eingebaute Bauteile gehören *nicht* dazu	
Auftragnehmer nach	Abnahme oder anderweitiger Eintritt der Abnahmewirkungen ist stets erforderlich!	
■ § 9 Abs. 1 VOB/B ■ § 648a BGB	■ nach Vertrag ■ produzierte, aber noch nicht eingebaute Bauteile gehören *nicht* dazu	■ Vergütung der erbrachten Leistungen nach Vertrag ■ Entschädigung gem. § 642 BGB für die nicht erbrachten Leistungen
■ § 650f Abs. 5 BGB	■ nach Vertrag ■ produzierte, aber noch nicht eingebaute Bauteile gehören *nicht* dazu	■ volle Vergütung ■ abzgl. ersparter Aufwendungen ■ abzgl. anderweitigen Erwerbs ■ Vermutung, dass 5 % verbleiben
■ § 6 Abs. 7 VOB/B ■ § 643 BGB ■ § 645 BGB	■ nach Vertrag ■ dazu auch produzierte, aber noch nicht eingebaute Bauteile	

V. Baugeld

1. Muster: Schadensersatzklage wegen falscher Verwendung von Baugeld

445 ▼

An das

1.23 Landgericht

Klage

der Bau-GmbH, vertreten durch den Geschäftsführer, Herrn , geschäftsansässig in

– Klägerin –

Prozessbevollmächtigte: Rechtsanwälte

gegen

1. Herrn ,

– Beklagter zu 1) –

2. Herrn ,

– Beklagter zu 2) –

wegen:	Schadensersatz wg. falscher Verwendung von Baugeld
vorläufiger Streitwert:	EUR

Namens und im Auftrag der Klägerin werden wir in der mündlichen Verhandlung beantragen,

1. die Beklagten als Gesamtschuldner zu verurteilen, an die Klägerin einen Betrag von EUR zzgl. Zinsen hieraus i.H.v. 9 Prozentpunkten über dem Basiszins seit dem zu zahlen; die Verurteilung erfolgt Zug-um-Zug gegen Abtretung eventueller Ansprüche der Klägerin gegen die Insolvenzmasse aus dem Insolvenzverfahren des AG zum Az. ;
2. die Beklagte zu verurteilen, an die Klägerin einen weiteren Betrag von EUR zzgl. Zinsen hieraus i.H.v. 9 Prozentpunkten über dem Basiszins ab Rechtshängigkeit zu zahlen.

Für den Fall der Fristversäumnis im schriftlichen Vorverfahren beantragen wir zudem bereits jetzt den Erlass eines Versäumnisurteils nach § 331 Abs. 3 ZPO.

Begründung:

Die Klägerin ist eine mittelständische Baufirma, welche als Nachunternehmer der -GmbH die Trockenbauarbeiten für das Bauvorhaben erbracht hat. Die Beklagten sind der Geschäftsführer und der Prokurist der -GmbH, welche die Bauleistungen als Generalunternehmer übernommen hatte und über deren Vermögen mittlerweile das Insolvenzverfahren eröffnet ist. Die Klägerin nimmt nunmehr die beiden Beklagten wegen des Ausfalls mit ihrer restlichen Bauforderung in Anspruch. Diese haben nach der Überzeugung der Klägerin vom Bauherrn ausgezahltes Baugeld nicht ordnungsgemäß verwendet.

A. Sachverhalt

1. Vertrag, Abnahmeverlangen, Schlussrechnung

Die …-GmbH hat die Klägerin mit den Trockenbauleistungen zum Pauschalpreis von … EUR beauftragt. Die Geltung der VOB/B wurde dabei nicht vereinbart.

Beweis: Bauvertrag vom …, **Anlage K 1**

Verhandelt hat die Klägerin dabei stets mit dem Projektleiter der …-GmbH, dem Beklagten zu 2). Dieser hat auch den Bauvertrag unterzeichnet und die Rechnungen der Klägerin zur Zahlung freigegeben. Der Beklagte zu 2) ist dabei als Prokurist aufgetreten. Dies bestätigte sich auch nach Einblick in das Handelsregister.

Beweis: Auszug aus dem Handelsregister vom …, **Anlage K 2**

Die Klägerin hat die beauftragten Leistungen vollständig erbracht. Sie hat unter dem … mit Fristsetzung von drei Wochen die …-GmbH zur Erklärung der Abnahme aufgefordert; das Schreiben hat sie am selben Tag vorab per Telefax verschickt.

Beweis: Schreiben vom … nebst Faxprotokoll, **Anlage K 3**

Eine Reaktion darauf erfolgte nicht. Daraufhin hat die Klägerin ihre Leistungen schlussgerechnet. Die Schlussrechnung endet mit einem offenen Zahlbetrag von … EUR.

Beweis: Schlussrechnung vom …, **Anlage K 4**

Die Schlussrechnung hat die Klägerin der …-GmbH mit Einschreiben/Rückschein zugeschickt. Ausweislich des Rückscheins ist die Schlussrechnung am … zugegangen.

Beweis: Rückschein vom …, **Anlage K 5**

2. Mahnungen und Insolvenz

Nachdem keine Zahlung erfolgte, hat die Klägerin ihre Schlussrechnung zweimal im Abstand von je sechs Wochen angemahnt. Einige Wochen nach Versand der zweiten Mahnung erhielt die Klägerin dann ein Schreiben von Rechtsanwalt …, der mitteilte, dass er zum vorläufigen Insolvenzverwalter bestellt worden sei; die Klägerin müsse ihre Forderungen zur Insolvenztabelle anmelden, wozu noch weitere Informationen folgen würden.

Beweis: Schreiben des vorläufigen Insolvenzverwalters vom …, **Anlage K 6**

Auf die spätere Aufforderung des Insolvenzverwalters hin hat die Klägerin ihre Schlussrechnungsforderung zzgl. Nebenansprüche zur Insolvenztabelle angemeldet.

Beweis: Anmeldung der Insolvenzforderung der Klägerin, **Anlage K 7**

Derzeit sieht es allerdings so aus, als wäre mit einer Zahlung nicht zu rechnen.

3. Baugeld und Zahlungsaufforderung

Da die offene Forderung für eine Firma der Größe der Klägerin von erheblicher Bedeutung ist, hat sich diese an den Bauherrn, also den Auftraggeber der insolventen …-GmbH, gewandt. Sie hat von dort die Auskunft erhalten, die …-GmbH habe schon einige

Zeit vor Bekanntwerden der Zahlungsunfähigkeit, nämlich am …, eine erhebliche Abschlagszahlung von mehr als … EUR erhalten.

Beweis: Zeugnis des Geschäftsführers des Bauherrn, Herrn …, zu laden …

Eine Nachfrage bei der Bank der …-GmbH nach dem Verbleib dieser Zahlung blieb erwartungsgemäß erfolglos. Die Klägerin hat daraufhin den Unterzeichner eingeschaltet. Wir haben dann die beiden Beklagten gleichlautend angeschrieben und unter Fristsetzung bis zum … aufgefordert, die ordnungsgemäße Verwendung oder die Einzahlung des empfangenen Baugelds zumindest in Höhe der Forderung der Klägerin auf ein Sonderkonto nachzuweisen. Sollte dieser Nachweis nicht möglich sein, wäre innerhalb derselben Frist der Betrag an die Klägerin zu zahlen.

Beweis: 1. Schreiben vom … an den Beklagten zu 1), **Anlage K 8**
2. Schreiben vom … an den Beklagten zu 2), **Anlage K 9**

Eine Reaktion oder Zahlung darauf erfolgte nicht. Ebenso wenig erfolgte auf die nachfolgende Mahnung vom … an die beiden Beklagten eine Zahlung.

Beweis: 1. Mahnschreiben vom … an den Beklagten zu 1), **Anlage K 10**
2. Mahnschreiben vom … an den Beklagten zu 2), **Anlage K 11**

Der Klägerin bleibt daher nichts weiter übrig, als die Ansprüche nun klageweise geltend zu machen.

B. Rechtliche Würdigung

1. Zahlungsantrag zu 1)

Mit dem Antrag zu 1) macht die Klägerin einen Schadensersatzanspruch wegen falscher Verwendung von Baugeld nach den §§ 823 Abs. 2, 2 BauFordSiG geltend.

a) Die Klägerin hat eine restliche Bauforderung in Höhe des geltend gemachten Zahlungsanspruchs. Einwendungen gegen die Höhe der Forderung sind nicht erhoben worden, auch Mängel wurden nicht behauptet. Wir haben dargelegt und unter Beweis gestellt, dass die …-GmbH vom Bauherrn eine Zahlung erhalten hat, welche den Anspruch der Klägerin deutlich übersteigt. Auf unsere Nachfrage hin wurde nicht nachgewiesen, dass dieses Geld gesondert angelegt wurde. Es ist daher davon auszugehen, dass die …-GmbH das empfangene Geld nicht entsprechend § 1 Abs. 1 BauFordSiG verwendet hat. Den Gegenbeweis müssten ggf. die Beklagten führen.

b) Die beiden Beklagten haben sich daher nach § 2 BauFordSiG strafbar gemacht. Sowohl der als Projektleiter tätige Prokurist als auch der Geschäftsführer wären verpflichtet gewesen, für eine ordnungsgemäße Verwendung des empfangenen Baugelds Sorge zu tragen. Das haben sie offensichtlich nicht getan, sodass sie der Klägerin gegenüber nach § 823 Abs. 2 BGB in Verbindung mit dem Schutzgesetz auf Schadensersatz haften. Auch der Beklagte zu 1) wird sich nicht damit herausreden können, er habe von den Zahlungsvorgängen nichts gewusst; nach der höchstrichterlichen Rechtsprechung hätte er sich spätestens zu Beginn der Krise informieren und für die ordnungsgemäße Verwendung des Baugelds sorgen müssen. Jedenfalls der Eventualvorsatz ist damit bei beiden gegeben.

c) Der Schlusszahlungsanspruch der Klägerin ist sofort mit der Abnahme fällig geworden (§ 641 Abs. 1 BGB).

d) Der Beklagte zu 2) hat vorgerichtlich gemeint, der Klägerin wäre sowieso kein Schaden entstanden. Denn auch, wenn die Zahlung auf die Schlussrechnung rechtzeitig erfolgt wäre, hätte der Insolvenzverwalter diese anfechten können. Die Klägerin hätte dann das empfangene Geld ohnehin zurückzahlen müssen. Das ist indes nicht richtig; es hätte kein Anfechtungsrecht des Insolvenzverwalters bestanden. Infrage käme nur ein Anfechtung nach den §§ 129, 130 InsO, denn es hätte sich um die Zahlung auf eine fällige Forderung und damit eine kongruente Deckung gehandelt. Der Schlusszahlungsanspruch war bei Übergabe der Schlussrechnung schon fällig, und auch die Zahlung des Baugelds an die -GmbH erfolgte nach der Aussage des Geschäftsführers des Bauherrn mehr als drei Monate vor Eröffnung des Insolvenzverfahrens. Die Klägerin hätte eine pünktliche Zahlung auf ihre Schlussrechnung daher behalten dürfen.

e) Die Klägerin beantragt Zahlung Zug-um-Zug gegen Abtretung einer eventuellen Insolvenzforderung. Damit begegnet sie vorsorglich dem Vorwand, sie wäre mit ihrer Forderung noch nicht endgültig ausgefallen. Ein Abwarten des Endes des Insolvenzverfahrens würde dem Sinn des Gesetzes zuwiderlaufen und kann der Klägerin daher nicht zugemutet werden.

f) Da der Schadensersatzanspruch sofort fällig wird, sind die beiden Beklagten mit Zugang der Mahnschreiben vom (Anlagen K 10 und K 11) in Verzug geraten (§ 286 Abs. 1 BGB). Die Hauptschuld ist daher antragsgemäß zu verzinsen (§ 288 Abs. 1 BGB).

2. Zahlungsantrag zu 2)

Der Zahlungsantrag zu 2) betrifft die vorgerichtlichen Anwaltskosten, welche die Klägerin ebenfalls unter dem Gesichtspunkt des Schadensersatzes erstattet verlangen kann. Die rechtlichen Schwierigkeiten rechtfertigen dabei die vorgerichtliche Einschaltung eines Rechtsanwaltes. Bei den geltend gemachten Kosten handelt es sich um die Geschäftsgebühr aus dem Streitwert des Klageverfahrens, denn diese geht nicht in den Gebühren des streitigen Verfahrens auf. Die geltend gemachte Höhe ergibt sich aus den Vorschriften des RVG.

Beglaubigte und einfache Abschrift anbei.

(*Unterschrift*) (*Rechtsanwalt*)

▲

2. Anmerkungen

1. Da der Kläger nicht unbedingt Einblick in die Geschäftsunterlagen des Baugeldempfängers hat, ist auf jeden Fall empfehlenswert, vor der Klageerhebung zur Auskunft aufzufordern. Eventuell empfiehlt sich auch eine Auskunftsklage (siehe oben Rdn 214). **446**

2. Der Schadensersatzanspruch kann sich neben dem Geschäftsführer auch gegen Prokuristen, Generalbevollmächtigte oder sogenannte faktische Geschäftsführer richten (siehe oben Rdn 209). **447**

3. Die problematische Frage, wer Baugeldempfänger und daher Haftungsgegner sein kann (siehe oben Rdn 202), spielt hier keine Rolle, da der Beispielsfall davon ausgeht, dass der Auftraggeber der Klägerin Generalunternehmer war. **448**

449 4. Zur Höhe der Bauforderung siehe oben Rdn 211 f.

450 5. Der Eintritt des Insolvenzfalles oder zumindest der Zahlungseinstellung ist Anspruchsvoraussetzung gem. § 2 BauFordSiG; daher ist dazu vorgetragen. Durch den Zug-um-Zug-Antrag soll dem Einwand vorgebeugt werden, der Baugeldgläubiger wäre mit seiner Forderung noch nicht endgültig ausgefallen (siehe oben Rdn 212). Darauf könnte verzichtet werden, wenn Masseunzulänglichkeit festgestellt ist.

451 6. Die Bauforderung muss nach der h.M. spätestens im Zeitpunkt der letzten mündlichen Verhandlung fällig sein. Daher sollte auch dazu vorgetragen werden.

452 7. Hat der Anspruchsteller dargelegt und bewiesen, dass der Baugeldempfänger Geld in einer Höhe empfangen hat, die seine Forderung übersteigt, obliegt die Darlegungs- und Beweislast dafür, dass es sich nicht um Baugeld gehandelt hat oder dass das Baugeld ordnungsgemäß verwendet wurde, dem Baugeldempfänger (siehe oben Rdn 213).

453 8. Der Schadensersatzanspruch setzt zumindest bedingten Vorsatz der handelnden natürlichen Person voraus (siehe oben Rdn 210). Dieser kann aber zunächst einmal angenommen werden, wenn der Anspruchsteller vorträgt, dass der Verpflichtete Baugeld empfangen hat, das die Forderung übersteigt, und dieses nicht baustellenscharf angelegt hat. Der Empfänger müsste zu seiner Entlastung dann vortragen, dass er die Baustelle und die Zahlungsabläufe zumindest so organisiert hat, dass die gesetzesmäßige Verwendung gewährleistet gewesen wäre.

454 9. Mit dem Vortrag zum Ablauf der Fristen nach § 130 InsO wird im Beispielsfall der Rechtsprechung dazu Rechnung getragen, dass bei anfechtbaren Zahlungen der Schaden entfällt (siehe oben Rdn 212).

VI. Textbausteine für Einwendungen

455 Da sich die Klageerwiderung am Vortrag aus der Klageschrift orientieren muss, erscheint ein vollständiges Muster für eine Klageerwiderung wenig sinnvoll. Es folgen daher Textbausteine für die einzelnen oben (siehe Rdn 264 ff.) erwähnten Einwendungen.

1. Eintritt der Schlussrechnungsreife

a) VOB-Vertrag

aa) Muster: Schlussrechnungsreife beim VOB-Vertrag

456 ▼

1.24

Gegenstand der Klage sind Ansprüche aus der letzten Abschlagsrechnung der Klägerin vom . Nachdem die Leistungen unstreitig schon längst abgenommen sind, erhielt die Beklagte vor wenigen Tagen die Schlussrechnung der Klägerin.

Beweis: Schlussrechnung vom , Anlage

Damit wird die Abschlagsrechnung, auf welche die Klage aktuell gestützt ist, hinfällig. Die Klage ist daher abzuweisen.

Sofern die Klägerin ihren Anspruch nun auf die Schlussrechnung stützen möchte, ist darauf hinzuweisen, dass noch nicht beurteilt werden kann, ob diese überhaupt prüffähig ist. Zudem ist bislang die Prüffrist keinesfalls abgelaufen, sodass ein eventueller Anspruch aus der Schlussrechnung jedenfalls derzeit nicht fällig sein kann. Auch eine auf die Schlussrechnung gestützte Klage wäre aktuell also abzuweisen.

▲

bb) Anmerkungen

1. Im VOB-Vertrag ist die Erstellung der prüfbaren Schlussrechnung Fälligkeitsvoraus- 457
setzung. Jedenfalls, sobald der Auftragnehmer die Schlussrechnung erstellt hat, verlieren die Abschlagsrechnungen ihren eigenständigen Charakter und können nicht mehr Grundlage der Forderung sein (Einzelheiten siehe oben Rdn 265 ff.).

2. Hätte der Auftraggeber allerdings die Schlussrechnung bereits geprüft, könnte der 458
Auftragnehmer unkompliziert die Klage umstellen.

b) BGB-Vertrag bis 31.12.2017

aa) Muster: Schlussrechnungsreife beim „alten" BGB-Vertrag

▼ 459

Gegenstand der Klage sind Ansprüche aus der letzten Abschlagsrechnung der Klägerin vom ______. Die Klägerin hat jedoch die geschuldeten Leistungen schon seit längerem 1.25
vollständig erbracht. Dieser Auffassung ist die Klägerin wohl auch selbst, denn sie hat Mannschaft und Gerät vollständig abgezogen. Die Beklagte hat das Objekt schon längst in Gebrauch genommen – was sicherlich unstreitig bleiben wird – und damit konkludent abgenommen.

Es ist also die Schlussrechnungsreife eingetreten, weshalb die Abschlagsrechnung, auf welche die Klage gestützt ist, gegenstandslos ist. Die Klage ist daher abzuweisen.

▲

bb) Anmerkung

Im „alten" BGB-Vertrag wird der Schlusszahlungsanspruch mit der Abnahme fällig; 460
daher verlieren die Abschlagsrechnungen bereits damit ihren eigenständigen Charakter und können nicht mehr Grundlage der Forderung sein (Einzelheiten siehe oben Rdn 265 ff.).

c) BGB-Vertrag ab dem 1.1.2018

aa) Muster: Schlussrechnungsreife beim „neuen" BGB-Vertrag

▼ 461

Gegenstand der Klage sind Ansprüche aus der letzten Abschlagsrechnung der Klägerin vom ______. Die Klägerin hat jedoch die geschuldeten Leistungen schon seit längerem 1.26
vollständig erbracht. Dieser Auffassung ist die Klägerin wohl auch selbst, denn sie hat Mannschaft und Gerät vollständig abgezogen. Die Beklagte hat das Objekt schon längst in Gebrauch genommen – was sicherlich unstreitig bleiben wird – und damit konkludent abgenommen. Die Klägerin hat zudem ihre Schlussrechnung überreicht.

Es ist also die Schlussrechnungsreife eingetreten, weshalb die Abschlagsrechnung, auf welche die Klage gestützt ist, gegenstandslos ist. Die Klage ist daher abzuweisen.

▲

bb) Anmerkung

462 Im „neuen“ BGB-Vertrag wird der Schlusszahlungsanspruch mit Abnahme und Übergabe einer prüfbaren Schlussrechnung fällig. Auf den Ablauf der Prüffrist kommt es aber – anders als im VOB/B-Vertrag nicht an. Daher verlieren die Abschlagsrechnungen bereits (spätestens) mit Zugang der Schlussrechnung ihren eigenständigen Charakter und können nicht mehr Grundlage der Forderung sein (Einzelheiten siehe oben Rdn 265 ff.).

2. Einwände gegen die Fälligkeit

a) Mangelnde Prüffähigkeit der Rechnung

aa) Muster: Fehlende Prüffähigkeit

463 ▼

1.27

Die Klägerin macht Ansprüche aus ihrer Schlussrechnung vom geltend. Die Beklagte hat jedoch schon mit Schreiben vom – also innerhalb der Prüffrist – gerügt, dass die Schlussrechnung nicht prüfbar ist.

Beweis: Schreiben der Beklagen vom , Anlage

Zum einen waren der Schlussrechnung keinerlei Aufmaß-Unterlagen beigefügt. Zum anderen enthält die Schlussrechnung Positionen, die nicht im Auftragsleistungsverzeichnis vorkommen, andererseits finden sich diverse Positionen aus dem Leistungsverzeichnis in der Schlussrechnung nicht wieder. Kurz: Die Rechnung ist für die Beklagte objektiv nicht nachvollziehbar.

Da die Übergabe einer prüfbaren Schlussrechnung Fälligkeitsvoraussetzung ist, ist der geltend gemachte Anspruch nicht fällig, sodass die Klage jedenfalls derzeit unbegründet ist.

▲

bb) Anmerkungen

464 1. Die Übergabe einer prüfbaren Abrechnung ist bei VOB- und BGB-Vertrag Fälligkeitsvoraussetzung für die Abschlagszahlungen.

465 2. Hinsichtlich der Schlusszahlung – wie im Muster – gilt dies nicht im „alten“ BGB-Vertrag, sondern nur im VOB-Vertrag sowie im „neuen“ BGB-Bauvertrag.

b) Fehlende Abnahme

aa) Muster: Fehlende Abnahme

466 ▼

1.28

Voraussetzung für die Fälligkeit der von der Klägerin geltend gemachten Werklohnforderung ist die Abnahme, § 641 Abs. 1 BGB. Die Klägerin trägt hierzu bislang nichts vor.

Das verwundert auch nicht, da die Leistungen der Klägerin bislang weder abgenommen noch abnahmereif sind. Da die Klägerin hierfür darlegungs- und beweisbelastet ist, beschränken wir uns zunächst darauf, die Abnahme oder den sonstigen Eintritt der Abnahmewirkungen zu bestreiten. Damit ist der Klagevortrag bislang unschlüssig.

▲

bb) Anmerkung

Da die Abnahme Fälligkeitsvoraussetzung ist, ist der Auftragnehmer darlegungs- und beweisbelastet dafür, dass die Leistungen abgenommen wurden oder die Fälligkeit auf andere Weise eingetreten ist; (im Einzelnen siehe oben Rdn 274). Der Auftraggeber kann sich daher zunächst auf das Bestreiten beschränken. 467

3. Schlusszahlungseinrede (nur VOB)

a) Muster: Schlusszahlungseinrede, § 16 Abs. 2, 3 VOB/B

▼ 468

Es ist richtig, dass die Klägerin ihre Leistungen unter dem schlussgerechnet hat. Die Klägerin vergisst jedoch zu erwähnen, dass die Beklagte zugleich mit der Rücksendung der geprüften Schlussrechnung erklärt hat, dass eine weitere Zahlung nicht erfolgen werde. Zugleich hat die Beklagte darauf hingewiesen, dass diese Erklärung Nachforderungen der Klägerin ausschließe, soweit nicht die Klägerin innerhalb von 28 Tagen nach Zugang der Mitteilung einen Vorbehalt erklärt und diesen innerhalb weitere 28 Tage eingehend begründet oder eine prüfbare Rechnung über die vorbehaltenen Forderungen einreicht. 1.29

Beweis: 1. Schreiben der Beklagten vom , Anlage
2. Rückschein über dessen Zugang am , Anlage

Ein Vorbehalt der Klägerin ist nicht erfolgt, geschweige denn begründet worden. Die Klägerin hat die Forderung aus ihrer Schlussrechnung zwar noch einmal angemahnt, was man u.U. als Vorbehalt deuten könnte. Allerdings ist die Mahnung bei der Beklagten erst am eingegangen und damit erst 30 Tage nach Zugang der Mitteilung der Beklagten bei der Klägerin.

Die Klägerin kann daher gem. § 16 Abs. 3 Nrn. 2 und 3 VOB/B keine Ansprüche aus der Schlussrechnung mehr geltend machen. Die Klage ist abzuweisen.

▲

b) Anmerkung

Zu Einzelheiten siehe oben Rdn 275 ff. 469

4. Pauschalpreiseinrede

a) Muster: Pauschalpreiseinrede

▼ 470

Die von der Klägerin geltend gemachten Ansprüche beruhen ausschließlich auf der – bestrittenen – Behauptung der Klägerin, dass sich die ausgeführten Mengen gegenüber der Ausschreibung erhöht haben sollen. 1.30

Ohne hierzu bereits im Einzelnen Stellung zu nehmen: Die Parteien haben im Rahmen der Verhandlungen am vereinbart, dass abweichend vom ursprünglichen Angebot der Klägerin ein *Pauschalpreis* angeboten wird.

Beweis: 1. Verhandlungsprotokoll vom , Anlage
2. Zeugnis des Herrn , zu laden über die Beklagte

Das Verhandlungsprotokoll ist zum Vertragsinhalt geworden; siehe Nr. des von der Klägerin bereits vorgelegten Bauvertrags.

Die Klägerin hat also das Mengenrisiko übernommen, sodass sie im Zusammenhang mit Änderungen der ausgeführten Mengen keinerlei Ansprüche geltend machen kann.

▲

b) Anmerkung

471 Zu Einzelheiten siehe oben Rdn 279 ff.

5. Einbehalte und Abzüge

a) Gewährleistungseinbehalt

aa) Muster: Gewährleistungseinbehalt

472 ▼

1.31

Gem. Nr. der Zusätzlichen Vertragsbedingungen (ZVB) haben die Parteien vereinbart, dass die Beklagte 5 % der Abrechnungssumme der Schlussrechnung – im konkreten Fall also EUR – als Gewährleistungssicherheit einbehalten darf. Die ZVB sind gem. Nr. des Bauvertrags Vertragsinhalt.

Beweis: 1. ZVB der Beklagten, Anlage
2. Bauvertrag vom , von der Klägerin bereits vorgelegt

Zwar ist ebenfalls vereinbart, dass der Gewährleistungseinbehalt gegen eine taugliche Bürgschaft eingetauscht werden kann. Eine solche hat die Klägerin aber jedenfalls bislang nicht angeboten. Die Beklagte ist daher zum Einbehalt des vorgenannten Betrags berechtigt.

▲

bb) Anmerkung

473 Der Gewährleistungseinbehalt muss vereinbart werden; die Geltung der VOB/B reicht nicht aus (siehe oben Rdn 283).

b) Skontoabzug

aa) Muster: Skontoabzug

474 ▼

1.32

Gem. Nr. des Verhandlungsprotokolls – welches, wie bereits vorgetragen, Vertragsinhalt ist – haben die Parteien eine Berechtigung der Beklagten zum Skontoabzug vereinbart. Die Beklagte darf demnach Skonto i.H.v. 3 % der jeweiligen Abrechnungssumme abziehen, sofern die Zahlungen innerhalb von 12 Werktagen (Abschlagsrechnungen) bzw. 24 Werktagen (Schlussrechnung) nach Zugang der jeweiligen Rechnung erfolgen.

Beweis: Verhandlungsprotokoll vom , Anlage

Die Skontoabrede ist also wirksam vereinbart worden. Die Beklagte hat die Bedingungen auch bei allen Rechnungen außer der dritten Abschlagsrechnung erfüllt.

Beweis (im Falle des Bestreitens): Vorlage der entsprechenden Kontoauszüge

Die Beklagte war daher jeweils zum Skontoabzug berechtigt, was die Klägerin jedoch bei der Berechnung der Klageforderung nicht berücksichtigt hat. Dies führt zu einem Teilbetrag von , in dessen Höhe die Klage abzuweisen ist.

▲

bb) Anmerkungen

1. Der Skontoabzug muss wirksam vereinbart werden (Einzelheiten siehe oben Rdn 290 ff.). **475**

2. Der Auftraggeber ist darlegungs- und beweisbelastet dafür, dass die Voraussetzungen eingehalten sind. **476**

6. Mängelansprüche

a) Leistungsverweigerungsrecht

aa) Muster: Leistungsverweigerungsrecht wegen Mängeln

▼ **477**

Wie sich inzwischen herausgestellt hat, weisen die Leistungen der Klägerin einige Mängel auf. Vor allen Dingen treten im Keller Risse zutage, die offenbar auch Wasser führen. 1.33

Beweis: 1. Fotografien der Risse, Anlage
2. Zeugnis des Nachbarn des Beklagten, Herrn

Der Beklagte schätzt, dass die Beseitigung dieser Risse mit Kosten von mindestens EUR verbunden sein wird. Daher beruft er sich insoweit auf sein Leistungsverweigerungsrecht, welches er gem. § 641 Abs. 3 BGB in doppelter Höhe der voraussichtlichen Kosten der Mängelbeseitigung geltend macht. Vorsorglich weisen wir darauf hin, dass nach ständiger höchstrichterlicher Rechtsprechung eine eventuelle Fehleinschätzung des Beklagten hinsichtlich der Höhe der Kosten unschädlich ist, da die Klägerin darlegungs- und beweispflichtig dafür ist, dass der Einbehalt ggf. zu hoch ist.

Das Leistungsverweigerungsrecht übersteigt die geltend gemachten restlichen Werklohnansprüche, sodass eine Verurteilung des Beklagten nur Zug-um-Zug erfolgen kann.

Das Leistungsverweigerungsrecht steht zudem dem Verzug des Beklagten entgegen, sodass dieser weder die mit der Klage beantragten Zinsen zu tragen hat, noch die Kosten für die außergerichtliche Vertretung der Klägerin.

▲

bb) Anmerkungen

478 1. Einzelheiten zum Leistungsverweigerungsrecht und zum Risiko der Fehleinschätzung siehe oben Rdn 294.

479 2. Einzelheiten zu Mängeln und Mängelrechten siehe in § 2 Rdn 1 ff.

b) Aufrechnung mit Kostenvorschussanspruch

aa) Muster: Aufrechnung mit Kostenvorschussanspruch

480 ▼

1.34

Wie sich nach der Abnahme herausgestellt hat, wiesen die Leistungen der Klägerin einige Mängel auf. Vor allen Dingen zeigten sich im Keller Risse, die offenbar auch Wasser führten.

Beweis: 1. Fotografien der Risse, Anlage
2. Zeugnis des Herrn , zu laden über

Der Zeuge ist Mitarbeiter der Firma, welche den Keller vor der Erstellung eines Kostenvoranschlags besichtigt hat.

Der Beklagte hat die Rissbildung mit Schreiben vom , welchem die Fotografien beigefügt waren, gegenüber der Klägerin gerügt und unter Fristsetzung zur Mängelbeseitigung aufgefordert.

Beweis: Schreiben des Beklagen vom , Anlage

Nach fruchtlosem Ablauf der Frist hat der Beklagte vier Angebote für das Verpressen der Risse eingeholt. Das günstigste Angebot ist das der Firma ; es endet mit einem Betrag von EUR.

Beweis: Angebot der Firma , Anlage

Der Beklagte hat der Klägerin alle vier Angebote mit Schreiben vom übermittelt und zur Zahlung eines entsprechenden Kostenvorschusses aufgefordert.

Beweis: Schreiben des Beklagten vom , Anlage

Die Klägerin hat daraufhin mitgeteilt, sie werde keine Zahlung erbringen, sei aber nun bereit, die Risse selbst zu verpressen. Hieran ist der Beklagte jedoch nicht mehr interessiert.

Vielmehr macht er nun seinen Kostenvorschussanspruch aus § 637 Abs. 3 BGB (der auch im Rahmen eines VOB-Bauvertrages gilt) in der Form geltend, dass er mit diesem Anspruch gegen den klageweise geltend gemachten restlichen Vergütungsanspruch aufrechnet.

Die Klage ist daher in dieser Höhe unbegründet.

▲

bb) Anmerkung

481 Einzelheiten zu den Mängeln und Mängelrechten siehe in § 2 Rdn 1 ff.

7. Verjährung

a) VOB-Vertrag

aa) Muster: Einrede der Verjährung im VOB-Vertrag

▼ 482

1.35

Gegenüber den Ansprüchen der Klägerin aus dem VOB-Bauvertrag vom erhebt die Beklagte die Einrede der Verjährung.

Wie die Klägerin selbst vorträgt, sind die Leistungen am 31.10.2009 abgenommen worden. Die Schlussrechnung der Klägerin ist der Beklagten am 30.11.2009 zugegangen. Die Beklagte hat diese sofort geprüft und bereits nach ca. 3 Wochen, nämlich am 20.12.2009, geprüft an die Klägerin zurückgeschickt. Die geprüfte Schlussrechnung ist am 21.12.2009 durch Einwurf in den Briefkasten der Klägerin zugestellt worden.

Beweis: 1. Schreiben der Beklagten vom 20.12.2009, Anlage
2. Bestätigung der Post über die Zustellung am 21.12.2009

Dass die Klägerin die Schlussrechnung wegen ihres Urlaubs erst am 3.12.2010 zur Kenntnis genommen hat, ist unbeachtlich. Die Beklagte durfte davon ausgehen, dass die Klägerin ihren Geschäftsbriefkasten am 22.12.2009 – einem Freitag – leeren würde.

Eventuelle Vergütungsansprüche der Klägerin sind damit noch im Jahr 2009 fällig geworden und mit Ablauf des Jahres 2012 verjährt; §§ 195, 199 BGB. Die Klageeinreichung im März 2013 erfolgte dementsprechend zu spät.

▲

bb) Anmerkung

Zu Einzelheiten siehe oben Rdn 296 ff. 483

Das Beispiel geht noch von den Fristen der VOB/B, Fassung 2009 aus, da diese jedenfalls zurzeit noch für eventuelle Verjährungsfälle Anwendung findet. Die Prüffristen haben sich in der VOB/B, Fassung 2012 geändert; das ist bei neueren Fällen ggf. zu beachten. 484

b) BGB-Vertrag bis zum 31.12.2017

aa) Muster: Einrede der Verjährung im „alten" BGB-Vertrag

▼ 485

1.36

Gegenüber den Ansprüchen der Klägerin aus dem Bauvertrag vom erhebt der Beklagte die Einrede der Verjährung.

Wie die Klägerin selbst vorträgt, sind die Leistungen am 31.10.2009 abgenommen worden. Es ist zwar richtig, dass die Klägerin die Schlussrechnung erst Anfang 2010 erstellt und dem Beklagten übergeben hat. Darauf kommt es jedoch nicht an. Denn entgegen der Auffassung der Klägerin haben die Parteien keinen VOB-Vertrag geschlossen. Die Klägerin hat lediglich am Ende ihres Angebotes vom darauf hingewiesen, dass diesem die VOB/B zugrunde liegen würden. Gegenüber dem Beklagten als Verbraucher ist dieser Hinweis aber keinesfalls ausreichend, um die VOB/B auch wirksam in den Vertrag einzubeziehen. Nach ständiger Rechtsprechung ist hierzu gegenüber einem Verbrauch die Übergabe des VOB-Textes vor Vertragsschluss erforderlich.

Der Vertrag richtet sich also nach den Vorschriften des BGB. Danach ist die Übergabe einer Schlussrechnung aber nicht Fälligkeitsvoraussetzung; es kommt lediglich auf die Abnahme an, § 641 Abs. 1 BGB. Demnach sind eventuelle restliche Vergütungsansprüche der Klägerin noch im Jahr 2009 fällig geworden und gem. den §§ 195, 199 BGB mit Ablauf des 31.12.2012 verjährt.

Die Klageeinreichung im März 2013 erfolgte dementsprechend zu spät.

▲

bb) Anmerkung

486 Zu Einzelheiten siehe oben Rdn 296 ff.

c) BGB-Bauvertrag ab dem 1.1.2018

aa) Muster: Einrede der Verjährung im „neuen" BGB-Bauvertrag

487 ▼

1.37

Gegenüber den Ansprüchen der Klägerin aus dem BGB-Bauvertrag vom   erhebt die Beklagte die Einrede der Verjährung.

Wie die Klägerin selbst vorträgt, sind die Leistungen am 31.10.2018 abgenommen worden. Die Schlussrechnung der Klägerin ist der Beklagten am 30.11.2018 zugegangen.

Beweis: 1. Schreiben der Klägerin mit Eingangsstempel der Beklagten vom 30.11.2018, Anlage

2. Zeugnis des Herrn   , zu laden über

Dass die Klägerin die geprüfte Schlussrechnung erst am 7.1.2019 zur Kenntnis genommen hat, ist unbeachtlich. Die Parteien haben nämlich einen BGB-Bauvertrag geschlossen, weshalb es lediglich auf den Zugang der Schlussrechnung und nicht auf den Ablauf der Prüffrist ankommt.

Eventuelle Vergütungsansprüche der Klägerin sind damit noch im Jahr 2018 fällig geworden und mit Ablauf des Jahres 2021 verjährt; §§ 195, 199 BGB. Die Klageeinreichung im März 2022 erfolgte dementsprechend zu spät.

▲

bb) Anmerkung

488 Zu Einzelheiten siehe oben Rdn 296 ff.

8. Checkliste: Einwendungen

489

<table>
<tr><th>Einwendung</th><th>VOB-Vertrag</th><th>BGB-Vertrag</th></tr>
<tr><td>Schlussrechnungsreife</td><td>Abschlagsrechnung werden hinfällig, sobald
■ Leistungen vollständig erbracht und
■ abgenommen und
■ Schlussrechnung gestellt</td><td>Abschlagsrechnungen werden hinfällig, sobald
■ Leistungen vollständig erbracht und
■ abgenommen
■ Ab 1.1.2018: sowie Schlussrechnung gestellt</td></tr>
<tr><td>Keine Fälligkeit</td><td>■ keine Abnahme und/oder
■ keine prüfbare Schlussrechnung</td><td>■ keine Abnahme
■ Ab 1.1.2018: und/oder keine prüfbare Schlussrechnung</td></tr>
<tr><td>Schlusszahlungseinrede</td><td>■ ausreichender Hinweis und
■ Vorbehalt nicht oder zu spät erklärt oder
■ Vorbehalt nicht oder zu spät begründet</td><td></td></tr>
<tr><td>Pauschalpreisabrede</td><td colspan="2">■ keine Mehrforderungen aus Mengenabweichungen
■ außer in Extremfällen, § 313 BGB</td></tr>
<tr><td>Gewährleistungseinbehalt</td><td>■ vereinbart und
■ keine andere Sicherheit angeboten oder
■ § 17 Abs. 2 VOB/B ausgeschlossen</td><td>■ vereinbart und
■ andere Sicherheit nicht angeboten oder
■ andere Sicherheit nicht zugelassen</td></tr>
<tr><td>Skontoabzug</td><td colspan="2">■ wirksam vereinbart und
■ vereinbarte Voraussetzungen eingehalten</td></tr>
<tr><td>Mängelansprüche</td><td colspan="2">■ Leistungsverweigerungsrecht mit Druckzuschlag oder
■ Minderung der Vergütung oder
■ Aufrechnung mit Kostenvorschuss, Kosten der Ersatzvornahme oder Schadensersatz</td></tr>
<tr><td rowspan="2">Verjährung</td><td colspan="2">■ drei Jahre, § 195 BGB
■ ab Ende des Jahres, in dem fällig, § 199 BGB</td></tr>
<tr><td>■ also ab Abnahme und
■ Einreichung einer prüfbaren Schlussrechnung und
■ Ablauf der Prüffrist oder vorherige Prüfung</td><td>■ also ab Abnahme
■ ab 1.1.2018: und Übergabe einer prüfbaren Schlussrechnung</td></tr>
</table>

§ 2 Sachmangelrecht/Mangelprozess

Volker Bock

Inhalt

Literatur:

Werner/Pastor, Der Bauprozess, 17. A. 2020, Rn 1918 ff.; einen guten Überblick zur Rechtsprechung (auch) zum Sachmangelrecht bieten die Artikelserien in NJW („Die Entwicklung des privaten Baurechts (BGB und VOB/B) seit…“) sowie in BauR („Die Rechtsprechung des Bundesgerichtshofs zum Bauvertrags- und Architektenrecht im Jahr …“ sowie „Die Rechtsprechung der Oberlandesgerichte zum privaten Baurecht …“); im Übrigen: Kommentierungen zu §§ 633 ff. BGB (sowohl in den allgemeinen BGB-Kommentaren als auch den baurechtlichen Spezialwerken) und zu § 13 VOB/B.

A. Rechtliche Grundlagen

1 Nachfolgend ist in einem kurzen Abriss der rechtliche Hintergrund des Sachmangelrechts dargestellt. Die Ausführungen sollen nur einen Überblick über die wesentlichen Grundzüge des Mängelrechts geben, ohne auf allzu viele Detailfragen einzugehen. Zur vertiefenden Beschäftigung sei auf die Literaturfundstellen verwiesen.

2 Das Sachmangelrecht im Werkvertrag im Allgemeinen und dem Bau-, Bauträger- und Architektenvertrag im Besonderen bleibt in §§ 633 ff. BGB bzw. § 13 VOB/B kodifiziert.

I. Sachmangelbegriff

3 Nach § 633 Abs. 2 S. 1 BGB liegt ein Sachmangel in erster Linie dann vor, wenn das Werk nicht die vereinbarte Beschaffenheit hat, also die „Ist-Beschaffenheit“ des herzustellenden Werkes von dessen „Soll-Beschaffenheit“ abweicht. Als vereinbarte Beschaffenheit gelten alle Eigenschaften des Werks, die den vertraglich geschuldeten Erfolg herbeiführen sollen. Hierzu zählt – neben dem Erreichen der vereinbarten Leistung bzw. der Ausführungsart – auch die Erfüllung der nach dem Willen der Parteien zu bestimmenden Funktion.[1] Maßgeblich ist damit, was die Parteien vereinbart haben: Jede Abweichung ist ein Mangel, egal, ob sie sich negativ auswirkt oder nicht.[2] Sogar

1 Vgl. BGH v. 29.9.2011 – VII ZR 87/11 – BauR 2012, 115.
2 Vgl. BGH v. 30.7.2015 – VII ZR 70/14 – NJW-RR 2015, 1300.

eine Ausführung, die objektiv besser geeignet ist als die vereinbarte, ist nach diesem „subjektiven Mängelbegriff" mangelhaft.[3] Allerdings kann sich, wenn sich eine Abweichung von der vereinbarten Beschaffenheit nicht oder nur in geringem Maße nachteilig auswirkt, auf der Rechtsfolgenseite die Frage stellen, ob Mängelansprüche wegen Unverhältnismäßigkeit des Mängelbeseitigungsaufwands ausgeschlossen sind (vgl. hierzu unten Rdn 16).

Daneben verspricht der Unternehmer bei Vertragsschluss üblicherweise stillschweigend 4
die Einhaltung der allgemein anerkannten Regeln der Technik. Eine technische Regel ist anerkannt, wenn sie der Richtigkeitsüberzeugung der technischen Fachleute im Sinne einer allgemeinen wissenschaftlichen Anerkennung entspricht sowie in der Praxis erprobt und bewährt ist. Auf beiden Stufen muss die technische Regel der überwiegenden Ansicht (Mehrheit) der technischen Fachleute entsprechen.[4]

Sollten beispielsweise die einschlägigen DIN-Normen nicht eingehalten worden sein, begründet dies die widerlegbare Vermutung des Verstoßes gegen die allgemein anerkannten Regeln der Technik und damit einhergehend das Bestehen eines Mangels, wobei dem Unternehmer der Nachweis offensteht, dass ein Werkmangel trotzdem nicht vorliegt.[5]

Das Unterlassen von (insbesondere Bedenken- und Warn-) Hinweisen begründet für 5
sich genommen keine Mängelhaftung des Unternehmers an deswegen eingetretenen Substanzschäden.[6] Sie können allenfalls ein Ansatzpunkt für Schadensersatzpflichten wegen Nebenpflichtverletzungen sein. Ordnungsgemäße Bedenkenanzeigen können umgekehrt aber den Unternehmer von seiner Haftung für Mängel befreien (vgl. Rdn 126).

Wenn und soweit es an einer konkreten Beschaffenheitsvereinbarung fehlt, ist die Frage 6
der Mangelhaftigkeit am Maßstab des § 633 Abs. 2 S. 2 BGB zu überprüfen. Ein Mangel liegt damit vor, wenn das Werk nicht für die nach dem Vertrag vorausgesetzte Verwendung geeignet ist. Wenn auch das nicht bestimmt werden kann, kommt es auf die Eignung zur gewöhnlichen Verwendung an. Als Sachmangel gilt auch die Lieferung eines anderen als des bestellten Werks oder die Lieferung einer zu geringen Menge (§ 633 Abs. 2 S. 3 BGB).

Haben die Parteien eine bestimmte Funktionalität des Werks vereinbart, schuldet der 7
Unternehmer diese. Das gilt selbst dann, wenn die konkrete Ausführung – etwa in einem dem Vertrag zugrunde liegenden Leistungsverzeichnis – so beschrieben ist, dass mit der vereinbarten Ausführung die geschuldete Funktionalität nicht erreichbar ist und unabhängig davon, ob die Werkleistung den allgemein anerkannten Regeln der Technik entspricht.[7] Ausschlaggebend ist die Funktionalität auch dann, wenn das Werk an sich zwar mangelfrei ist, planmäßig jedoch in ein anderes – sich durch unzureichende Vorleis-

3 Vgl. BGH v. 7.3.2002 – VII ZR 1/00 – NJW 2002, 3543.

4 Vgl. OLG Rostock v. 23.9.2020 – 4 U 86/19 – BauR 2021, 1479.

5 Vgl. BGH v. 7.3.2013 – VII ZR 134/12 – BauR 2013, 952 zur stillschweigenden Vereinbarung der Einhaltung der allgemein anerkannten Regeln der Technik; zur Begründung eines Mangels durch Nichteinhaltung der einschlägigen DIN-Normen siehe OLG Brandenburg v. 18.6.2009 – 12 U 164/08 – BauR 2010, 100.

6 BGH v. 25.2.2016 – VII ZR 210/13 – BauR 2016, 1033.

7 Vgl. OLG Hamm v. 27.9.2012 – I-17 U 170/11 – BauR 2013, 277.

tung eines anderen Unternehmers auszeichnenden Werkes – eingegliedert wird und somit insgesamt nicht funktionstauglich ist.[8] Trotz fehlender ausdrücklicher vertraglicher Regelung ist die Funktionalität auch maßgeblich, wenn sie sich aus den dem Vertrag zugrunde liegenden Umständen – insbesondere aus vereinbarten Qualitäts- und Komfortstandards – ergibt.[9]

Wenn zum Erreichen der geschuldeten Funktionalität Zusatzarbeiten im Vergleich zu der vereinbarten Ausführung erforderlich sind, erhält der Unternehmer diese aber zusätzlich vergütet[10] (im Falle der Nacherfüllung) bzw. sind diese Kosten bei der Berechnung des Anspruchs des Bestellers als „Sowieso-Kosten" abzuziehen.

II. Sachmangelrechte

8 Liegt ein Mangel vor, stehen dem Besteller die Mängelrechte des § 634 BGB zu:

- Nacherfüllung
- Selbstvornahme
- Rücktritt bzw. Minderung
- Schadens- bzw. Aufwendungsersatz

1. Verhältnis der Mängelrechte zueinander

9 Primärer Mangelanspruch ist die Nacherfüllung. Zunächst kann der Besteller im Regelfall nur Nacherfüllung verlangen (ggf. zusätzlich Schadensersatz neben der Leistung, z.B. für bereits eingetretene Mangelfolgeschäden wie Produktionsausfälle[11]). Erst nach erfolglosem Ablauf einer Frist zur Nacherfüllung kann der Besteller die „sekundären Mängelrechte" (Selbstvornahme, Minderung, Rücktritt) geltend machen. Die sekundären Mängelrechte stehen untereinander in einem Alternativverhältnis.

Schadens- bzw. Aufwendungsersatz kann der Besteller im Grundsatz auch noch zusätzlich geltend machen (§ 325 BGB).

10 Auch nach Fristablauf kann der Besteller statt der Sekundärrechte weiter Nacherfüllung verlangen. Erst wenn der Besteller den Rücktritt oder die Minderung erklärt, oder wenn er Schadensersatz statt der Leistung geltend macht, ist sein Nacherfüllungsanspruch ausgeschlossen.[12] Allerdings kann der Besteller, der Schadensersatz statt der Leistung in Form des kleinen Schadensersatzes verlangt hat, weiterhin eine Selbstvornahme zur Beseitigung des Mangels durchführen und hierfür auch Vorschuss verlangen.[13]

Führt der Besteller die Selbstvornahme durch, kann er umgekehrt nicht mehr Minderung, Rücktritt oder großen Schadensersatz geltend machen.

8 BGH v. 8.11.2007 – VII ZR 183/05 – BauR 2008, 344.
9 Vgl. BGH v. 21.11.2013 – VII ZR 275/12 – BauR 2014, 547.
10 Vgl. BGH v. 8.11.2007 – VII ZR 183/05 – BauR 2008, 344.
11 Vgl. z.B. BGH v. 7.2.2019 – VII ZR 63/18 – NJW 2019, 1867.
12 BGH v. 19.1.2017 – VII ZR 301/13 – NJW 2017, 1604, Rn 44 f.; vgl. auch OLG Hamm v. 30.4.2019 – 24 U 14/18 – NJW 2019, 3240.
13 BGH v. 22.2.2018 – VII ZR 46/17 – NZBau 2018, 201.

2. Verhältnis der Mängelrechte zum allgemeinen Leistungsstörungsrecht

Auch auf den Werkvertrag sind während des Erfüllungsstadiums zunächst die Regeln des allgemeinen Leistungsstörungsrechts anwendbar. Zäsur ist die Abnahme, § 640 BGB.[14] Mängelrechte kann der Besteller grundsätzlich erst nach Abnahme geltend machen; ausnahmsweise gilt das dann nicht, wenn das Vertragsverhältnis bereits in ein Abrechnungsverhältnis übergegangen ist. Mit Abnahme wird das allgemeine Leistungsstörungsrecht von den §§ 634 ff. BGB verdrängt, die dann eine abschließende Sonderregelung darstellen. Diese Rechtslage gilt grundsätzlich auch unter der VOB/B, da § 4 Abs. 7 VOB/B, der eine Sonderregelung für Mängel vor Abnahme enthält, bei isolierter Inhaltskontrolle unwirksam ist und damit in der Regel keine Anwendung finden wird.[15] 11

3. Nacherfüllung

Die Nacherfüllung ist die „zweite Chance" für den schlechtleistenden Unternehmer. Er ist als der Hersteller des Werks der Sachnächste und derjenige, der grundsätzlich die schnellste und effizienteste Herbeiführung bzw. Wiederherstellung des Werkerfolgs gewährleistet. 12

Nacherfüllung ist auf zwei Arten denkbar, entweder in einer kompletten Neuherstellung des Werkes oder in einer bloßen Mängelbeseitigung. Grundsätzlich ist es Sache des Unternehmers, zu entscheiden, welche Art der Nacherfüllung er ergreift und auf welche Weise er den Werkerfolg herbeiführt. Deswegen trägt der Unternehmer auch das Risiko der Nacherfüllung.[16] Die Nacherfüllung muss allerdings eine fachgerechte und nachhaltige Beseitigung des Mangels gewährleisten. 13

Der Besteller hat in aller Regel keinen Anspruch auf eine bestimmte Art der Nacherfüllung. Anders kann dies nur dann sein, wenn objektiv nur eine einzige Art der Nacherfüllung geeignet ist, um den Werkerfolg herbeizuführen. In diesem Fall konkretisiert sich die Nacherfüllungspflicht des Unternehmers auf diese spezifische Art der Nacherfüllung.[17]

Das Wahlrecht des Unternehmers gilt entsprechend § 242 BGB auch dann nicht, wenn er eine völlig unzureichende Nacherfüllung plant bzw. eine solche versuchen will, bei der von Anfang an absehbar ist, dass keine vollständige, nachhaltige und den anerkannten Regeln der Technik entsprechende Mängelbeseitigung erreicht wird.[18] Die Qualität des geeigneten Nachbesserungsversuchs wird anhand objektiver Maßstäbe beurteilt. Es kommt nicht darauf an, welche Erkenntnisse der Werkunternehmer zum Zeitpunkt der Abgabe des entsprechenden Nachbesserungsversuchsangebots hatte.[19]

14 BGH v. 19.1.2017 – VII ZR 301/13 – NJW 2017, 1607.
15 BGH v. 19.1.2023 – VII ZR 34/20 – NZBau 2023, 301.
16 OLG Düsseldorf v. 9.11.2018 – I-22 U 91/14 – BauR 2019, 1317.
17 BGH v. 5.5.2011 – VII ZR 28/10 – BauR 2011, 1336.
18 OLG Düsseldorf v. 9.11.2018 – I-22 U 91/14 – BauR 2019, 1317.
19 OLG Düsseldorf v. 9.11.2018 – I-22 U 91/14 – BauR 2019, 1317.

14 Der Unternehmer hat sämtliche für die Nacherfüllung anfallenden Kosten zu tragen, § 635 Abs. 2 BGB. Im Verhältnis zu seinem Besteller hat der Unternehmer seit je u.a. auch sämtliche erforderlichen Aus- und Einbaukosten für den Austausch mangelhafter Bauteile zu tragen.[20] § 439 Abs. 3 BGB gibt den Unternehmer für die erforderlichen Ein- und Ausbaukosten zudem einen gesetzlichen Anspruch auf Aufwendungsersatz gegenüber dem Lieferanten.

15 Der Unternehmer muss nicht nacherfüllen, wenn die Nacherfüllung unmöglich ist (§ 275 Abs. 1 BGB[21]), wenn sie einen unverhältnismäßigen Aufwand erfordert (§ 275 Abs. 2 BGB), ihm die persönliche Leistungserbringung nicht zugemutet werden kann (§ 275 Abs. 3 BGB) oder wenn sie nur mit unverhältnismäßigen Kosten möglich ist (§ 635 Abs. 3 BGB). Die Nacherfüllung ist ebenso mit Ausübung des Rücktritts- oder Minderungsrechts bzw. mit dem Verlangen auf Schadensersatz statt der Leistung (§ 281 Abs. 4 BGB) ausgeschlossen. Die Fallgruppen der Unzumutbarkeit überschneiden sich teilweise in ihrem Anwendungsbereich.

16 Unzumutbar ist die Nacherfüllung im Regelfall, wenn der zur Mängelbeseitigung erforderliche Aufwand in keinem vernünftigen Verhältnis zu dem Mangelbeseitigungserfolg steht. Dies wird anhand einer Einzelfallbetrachtung unter Abwägung der gegenseitigen Interessen beurteilt. Wichtig ist dabei, dass die Gerichte, insbesondere der BGH, das Interesse des Bestellers an einem mangelfreien Werk regelmäßig herausstellen.[22] Wenn die Nutzbarkeit des Werks spürbar beeinträchtigt ist, wird damit regelmäßig keine Unzumutbarkeit vorliegen, selbst wenn die Kosten der Mängelbeseitigung hoch sind und sogar die ursprünglichen Herstellungskosten übersteigen.[23] Unzumutbarkeit wird damit nur bei Mängeln in Betracht kommen, die keinen oder nur einen geringen Einfluss auf die Gebrauchstauglichkeit des Werks haben[24] und gleichzeitig nicht nur unerhebliche Mängelbeseitigungskosten erfordern. Bei der Gesamtabwägung ist zudem zu berücksichtigen, ob der Mangel auf einem Verschulden des Unternehmers beruht und, falls ja, welchen Grad dieses Verschulden aufweist. Allerdings führt der bloße Umstand, dass der Unternehmer vorsätzlich oder fahrlässig gehandelt hat, nicht per se dazu, dass ihm der Unverhältnismäßigkeitseinwand abgeschnitten ist.[25]

17 Während die Unmöglichkeit der Nacherfüllung als Einwendung von Amts wegen zu berücksichtigen ist, wird die Unzumutbarkeit der Mängelbeseitigung als Einrede nur dann berücksichtigt, wenn der Unternehmer, unter Berufung auf die Unzumutbarkeit,

20 Und zwar auch außerhalb des eigenen Gewerks, vgl. OLG Düsseldorf v. 16.6.2017 – I-22 U 14/17 – NZBau 2018, 34 bei Rn 90 (gem. juris) m.w.N.
21 Vgl. hierzu BGH v. 8.5.2014 – VII ZR 203/11 – NJW 2014, 3365.
22 OLG Hamm v. 30.4.2019 – 24 U 14/18 – BauR 2020, 528.
23 BGH v. 10.11.2005 – VII ZR 64/04 – BauR 2006, 377; BGH v. 10.4.2008 – VII ZR 214/06 – NZBau 2008, 575.
24 BGH v. 30.7.2015 – VII ZR 70/14 – NJW-RR 2015, 1300.
25 BGH v. 16.4.2009 – VII ZR 177/07 – NJW 2009, 2123.

die Nacherfüllung tatsächlich verweigert. Unter bestimmten Umständen kann die Einrede der Unverhältnismäßigkeit „nachgeschoben" werden.[26]

Der Nacherfüllungsanspruch des Bestellers besteht – vgl. bereits Rdn 10 – grundsätzlich auch nach Ablauf einer Nacherfüllungsfrist fort und erlischt erst mit der Erklärung von Rücktritt bzw. Minderung oder der Geltendmachung von Schadensersatz statt der Leistung. Das mit dem Nacherfüllungsanspruch des Bestellers korrespondierende Nacherfüllungsrecht des Unternehmers erlischt dagegen nach Ablauf der Nacherfüllungsfrist. D.h., wenn eine Frist zur Nacherfüllung abgelaufen ist, muss der Besteller dem Unternehmer keine weitere Nachbesserungsmöglichkeit einräumen, jedoch kann er dies, wenn er möchte. Bei der Nacherfüllungsfrist handelt es sich um eine Vornahmefrist und nicht eine Beginnfrist. Eine angemessene Frist ist demnach erfolglos, wenn der Mangel bis zum Ablauf der angemessenen Frist nicht vollständig beseitigt worden ist.[27] 18

In diesem Zusammenhang ist darauf hinzuweisen, dass ein echtes Recht zur Nacherfüllung im Sinne eines durchsetzbaren Anspruchs nicht existiert. Auch wenn in der Lit. und in der Rspr. überwiegend von einem „Nacherfüllungsrecht des Unternehmers" die Rede ist, ist dies unzutreffend, zumindest aber unscharf.[28] Der Unternehmer kann die Nachbesserung gegenüber dem Besteller gerade nicht zwangsweise durchsetzen. Präzise wäre es, von einer Obliegenheit des Bestellers auf Entgegennahme der Nacherfüllung zu sprechen. Die Verletzung dieser Obliegenheit führt für den Besteller zum Verlust der sekundären Mängelansprüche. 19

4. Selbstvornahme, Kostenerstattung und Kostenvorschuss

Wenn der Unternehmer einen Mangel trotz angemessener Nachfristsetzung nicht beseitigt, stehen dem Besteller die sekundären Mängelrechte zu. Hierzu gehört das Recht zur Selbstvornahme, § 637 BGB. Selbstvornahme bedeutet, dass der Besteller selbst den Mangel beseitigt oder durch einen Dritten den Mangel beseitigen lässt und vom Unternehmer die Kosten für die Mangelbeseitigung erstattet bekommt. 20

Voraussetzung einer berechtigten Selbstvornahme ist also grundsätzlich, dass eine angemessene Frist zur Nacherfüllung erfolglos verstrichen sein muss. Wird dieses formelle Erfordernis nicht beachtet und schreitet der Besteller verfrüht oder ganz ohne Fristsetzung zur Selbstvornahme, so trägt der Besteller, Mangelhaftigkeit hin oder her, die Kosten zur Gänze selbst. In diesem Fall kommen auch keine Ansprüche aus GoA oder ungerechtfertigter Bereicherung in Betracht.[29] Ebenso kann der Besteller ein bereits 21

26 BGH v. 16.10.2013 – VIII ZR 273/12 – NJW 2014, 213: Für den Fall einer Nacherfüllungsklage, bei der der Lieferant vorprozessual seine Verpflichtung zur Nacherfüllung aus anderen Gründen als der Unverhältnismäßigkeit bestritten hatte.

27 OLG Oldenburg v. 14.5.2021 – 2 U 122/20 – NJW 2022, 73.

28 *Jansen*, BauR 2005, 1089.

29 BGH v. 23.2.2005 – VIII ZR 100/04 – BauR 2005, 1021; OLG München v. 2.6.2009 – 9 U 2141/06 – BauR 2009, 1923. In der Literatur ist diese Frage aber umstritten und es wird bspw. befürwortet, dass der mangelhaft leistende Unternehmer sich gem. § 326 Abs. 2 S. 2 BGB zumindest die infolge der Befreiung von der Mängelbeseitigungspflicht ersparten Aufwendungen auf seinen Werklohnanspruch anrechnen lassen muss.

entstandenes Selbstvornahmerecht und den Kostenvorschussanspruch wieder verlieren, wenn er nach Ablauf einer Nacherfüllungsfrist den Unternehmer erneut zur Nachbesserung auffordert, der Unternehmer daraufhin anbietet, die Nachbesserung vorzunehmen und der Besteller dies dann doch ablehnt.[30]

22 Auf die Fristsetzung kann nur in Ausnahmefällen verzichtet werden. Insoweit verweist § 637 Abs. 2 S. 1 BGB auf § 323 Abs. 2 BGB. Hauptanwendungsfall ist die ernsthafte und endgültige Ablehnung der Mängelbeseitigung durch den Unternehmer. Erklärt dieser klipp und klar, dass er den Mangel nicht beseitigen werde, wäre eine Fristsetzung eine bloße unnötige Förmelei. In diesem Fall kann der Besteller sofort zur Selbstvornahme schreiten.[31] Ob eine ernsthafte und endgültige Erfüllungsverweigerung vorliegt, ist auf Grundlage einer umfassenden Würdigung der Umstände des Einzelfalls festzustellen[32] und vom BGH u.a. in Fällen bejaht worden, in denen der Verjährungseinwand erhoben wird oder auch über einen langen Zeitraum keine Mängelbeseitigung vorgenommen wurde. Für eine endgültige Erfüllungsverweigerung muss das Verhalten des Unternehmers die Annahme rechtfertigen, er werde sich von einer Fristsetzung zur Mangelbeseitigung nicht zur Nacherfüllung bewegen lassen.[33] Dies liegt nicht automatisch in einem bloßen Bestreiten von Mängeln, sondern erfordert weitere hinzutretende Umstände, die über das Bestreiten als prozessuales Recht des Schuldners hinausgehen.

Eine solche Erfüllungsverweigerung kann jedoch vorliegen, wenn sich der nacherfüllungspflichtige Unternehmer im Prozess auf die Unverhältnismäßigkeit der sachverständig begründeten und ermittelten Mängelbeseitigung beruft.[34]

23 Eine Fristsetzung ist auch dann nicht erforderlich, wenn besondere Umstände vorliegen, die bei einer Abwägung der wechselseitigen Interessen eine sofortige Selbstvornahme rechtfertigen.

24 Bei einem Verzicht auf die Fristsetzung in einer der vorgenannten Fallgruppen ist in der Beratungspraxis höchste Vorsicht geboten. Es handelt sich immer um Abwägungsentscheidungen im Einzelfall, zudem um eine Ausnahme vom allgemeinen Grundsatz, dass eine Fristsetzung erforderlich ist. Im Zweifel sollte dem Mandanten zur Vermeidung eines Haftpflichtfalles zu einer Fristsetzung geraten werden.

25 Ausgeschlossen ist ein Anspruch auf Selbstvornahme, wenn der Unternehmer die Mangelbeseitigung zu Recht verweigert (siehe Rdn 15 ff.).

26 Liegen die Voraussetzungen für eine Selbstvornahme vor, hat der Besteller die „erforderlichen Aufwendungen" zu erstatten. Hierzu gehört zunächst das, was der Besteller an Dritte bezahlt hat, die die Mängelbeseitigung durchgeführt haben, einschließlich der

30 Dies als widersprüchliches Verhalten des Bestellers bezeichnend: BGH v. 27.11.2003 – VII ZR 93/01 – BauR 2004, 501; s. auch OLG Koblenz v. 27.3.2014 – 3 U 944/13 – IBR 2014, 265. Andererseits soll das bloße Verhandeln über Ansprüche ohne erneute Fristsetzung das bereits entstandene Selbstvornahmerecht unberührt lassen, vgl. OLG Karlsruhe v. 29.11.2013 – 13 O 80/12 (NZB vom BGH zurückgewiesen).

31 BGH v. 5.12.2002 – VII ZR 360/01 – NJW 2003, 580.

32 Instruktiv: BGH v. 18.9.2014 – VII ZR 58/13 – NJW-RR 2014, 1512, Rn 23 ff. m.w.N.

33 OLG Braunschweig v. 19.9.2019 – 8 U 74/18 – BauR 2021, 1155.

34 OLG Naumburg v. 11.7.2019 – 1 U 116/18 – BauR 2020, 120.

Kosten, die zur Auffindung der Schadensursache nötig sind.[35] Für die Beurteilung des Bestellers, welche Maßnahmen hinsichtlich der Mängelbeseitigung erforderlich sind, kommt es auf eine verständige Würdigung eines vernünftigen, wirtschaftlich denkenden Bauherrn im Zeitpunkt der Mangelbeseitigung aufgrund sachkundiger Beratung an. Zudem muss es sich im Ganzen um vertretbare Maßnahmen der Schadens- oder Mängelbeseitigung handeln.[36]

Beseitigt der Besteller den Mangel selbst oder lässt er ihn durch eigene Angestellte beseitigen, so steht ihm auch hierfür eine im Rahmen des § 637 BGB zu ersetzende angemessene Vergütung zu.[37] Interne Kosten für die Schadensabwicklung (also nicht Mängelbeseitigung im engeren Sinne) sind regelmäßig aber nicht erstattungsfähig.[38]

Zumindest, wenn der Besteller nach sachverständiger Beratung bestimmte Leistungen **27** im Rahmen der Selbstvornahme in Auftrag gibt, bei denen sich später herausstellt, dass diese zu aufwendig und/oder teuer waren, sind auch die erhöhten Kosten durch den Unternehmer zu erstatten, der das Prognoserisiko trägt.[39]

Soweit der Anwalt in diesem Stadium bereits eingebunden ist, sollte der Mandant darauf hingewiesen werden, dass eine sachverständige Begleitung/Vorbereitung von Selbstvornahmemaßnahmen die Durchsetzung der Kosten ggf. erheblich vereinfachen kann. Der Besteller muss im Rahmen der Selbstvornahme zwar prinzipiell die Grundsätze der Wirtschaftlichkeit und Erforderlichkeit beachten. Ihm obliegen aber keine besonderen Anstrengungen, um den preisgünstigsten Anbieter zu finden; vielmehr darf er davon ausgehen, dass die am Markt von Dritten angebotenen Preise angemessen sind und er darf sogar in begründeten Fällen – etwa, weil die Maßnahmen eilbedürftig sind – überhöhte Preise akzeptieren.[40]

§ 637 Abs. 3 BGB sieht zudem vor, dass der Besteller vom Unternehmer Vorschuss für **28** die erforderlichen Aufwendungen zur Selbstvornahme verlangen kann. Ein Kostenvorschussanspruch besteht nicht, wenn der Besteller den Mangel nicht beseitigen will oder nicht innerhalb angemessener Frist beseitigen kann. Der Vorschussanspruch ist nach Treu und Glauben ebenfalls ausgeschlossen, wenn der Besteller noch Werklohn einbehalten hat, den er zur Finanzierung der Mängelbeseitigung verwenden kann.[41] Vom Kostenvorschuss umfasst sind die voraussichtlichen Kosten der eigentlichen Mängelbeseitigung. Im Rahmen der Vorschussklage reicht es dabei aus, wenn der Besteller die Kosten zunächst selbst schätzt und zur Richtigkeit seiner Schätzung die Einholung eines gerichtlichen Sachverständigengutachtens als Beweis anbietet.[42] Das Gericht kann die Höhe

35 BGH v. 23.1.1991 – VIII ZR 122/90 – NJW 1991, 1604.
36 OLG Düsseldorf v. 19.3.2019 – I-21 U 118/16 – NZBau 2019, 720.
37 BGH v. 12.10.1972 – VII ZR 51/72 – NJW 1973, 46.
38 BGH v. 31.5.1976 – II ZR 133/74 – NJW 1977, 35.
39 BGH v. 7.3.2013 – VII ZR 119/10 – NJW 2013, 1528; tendenziell noch großzügiger für die Erstattung der Kosten erfolgloser Mängelbeseitigungsmaßnahmen und überhöhter Mängelbeseitigungskosten die obergerichtliche Rechtsprechung, z.B. OLG Hamm v. 25.11.2014 – 24 U 64/13 – BauR 2015, 994 bei Rn 61 (gem. juris) m.w.N.
40 BGH v. 25.6.2015 – VII ZR 220/14 – ZfBR 2015, 676, Rn 68.
41 OLG Brandenburg v. 29.7.2021 – 12 U 230/20 – NZBau 2022, 164.
42 BGH v. 22.2.2001 – VII ZR 115/99 – NZBau 2001, 313.

des Vorschussanspruchs grundsätzlich gem. § 287 ZPO schätzen, aber nur, wenn und soweit greifbare Anhaltspunkte für eine Schätzung vorliegen.[43] Ist noch unklar, welche Mängelbeseitigungsmaßnahmen im Einzelnen erforderlich sein werden, und lässt sich die Höhe der voraussichtlich anfallenden Kosten aufgrund dessen nur innerhalb eines Rahmens eingrenzen, hat das Gericht nach § 287 Abs. 1 ZPO den Vorschuss in dieser Spanne festzusetzen.[44] Der Vorschuss kann, aufgrund seiner vorläufigen Natur und der ggf. geschuldeten Rückzahlung des Überschusses durch den Auftraggeber oder etwaiger Nachforderungen durch den Auftraggeber, im Wege einer groben Schätzung zuerkannt werden.[45] Des Weiteren können nachvollziehbare Angebote von Fachunternehmen als Schätzgrundlage herangezogen werden.[46]

29 Zu den im Rahmen des Vorschussanspruches zu erstattenden Kosten gehören auch die Kosten der Planung und Bauüberwachung sowie Kosten für die Untersuchung und Feststellung der vorhandenen Mängel o.Ä. Nicht zum Vorsteuerabzug berechtigte Besteller können auch die Umsatzsteuer im Rahmen des Vorschussanspruchs verlangen.[47]

30 Den Vorschuss muss der Besteller tatsächlich zur Mängelbeseitigung verwenden. Er muss nach Mängelbeseitigung gegenüber dem Unternehmer abrechnen. Der Unternehmer kann dem Besteller eine angemessene Frist zur Durchführung der Selbstvornahme aufgrund des gezahlten Vorschusses setzen. Lässt der Besteller diese Frist verstreichen, muss er den Vorschuss zurückzahlen.[48] Allerdings kann der Besteller im Regelfall bei nicht verbrauchtem Vorschuss einen Schadensersatzanspruch in Höhe des vollen Vorschussanspruches parallel geltend machen und mit diesem Schadensersatzanspruch gegen einen Rückzahlungsanspruch aufrechnen.[49]

31 Tritt dagegen der Fall ein, dass die tatsächlichen Mängelbeseitigungskosten höher sind als der geltend gemachte Vorschuss, so ist in dem ergangenen Vorschussurteil die Feststellung enthalten, dass vom Unternehmer auch die über den Vorschussbetrag hinausgehenden Kosten zu tragen sind.[50] Insoweit hemmt die Vorschussklage auch die Verjährung für den den Klageantrag übersteigenden Teil der Mängelbeseitigungskosten.

5. Rücktritt bzw. Minderung

32 Als untereinander alternative Mängelansprüche sieht § 634 Nr. 3 BGB den Rücktritt und die Minderung vor.

43 BGH v. 11.3.2004 – VII ZR 339/02 – BauR 2004, 1290.
44 KG v. 19.2.2019 – 21 U 40/18 – BauR 2020, 487.
45 Vgl. hierzu Messerschmidt/Voit/*Moufang/Koos*, § 637 BGB Rn 38; OLG Düsseldorf v. 7.2.2020 – I-22 U 548/19.
46 OLG Stuttgart v. 25.5.2011 – 9 U 122/10.
47 OLG Brandenburg v. 15.6.2011 – 4 U 144/10.
48 OLG Oldenburg v. 17.4.2008 – 8 U 2/08 – BauR 2008, 1641.
49 Vgl. etwa BGH v. 14.1.2010 – VII ZR 108/08.
50 BGH v. 25.9.2008 – VII ZR 204/07 – NJW 2009, 60.

a) Rücktritt

Der Rücktritt ist im Bereich der eigentlichen Bauverträge ein eher untypisches Mängelrecht. Das hängt in erster Linie damit zusammen, dass eine Rückgewähr der Werkleistung in natura normalerweise nicht möglich sein wird. Der Anwendungsbereich für den Rücktritt konzentriert sich damit im Bereich des Werkvertragsrechts vor allem auf den Bauträgerbereich, wo die Rückabwicklung des gesamten Vertragswerks, die dann in der Rückgabe der erworbenen Wohnung oder des erworbenen Gebäudes endet, durchaus eine Option ist, auf die auch in der Beratungspraxis geachtet werden muss. **33**

In „normalen" Bauverträgen führt ein Rücktritt dagegen in aller Regel wirtschaftlich zum selben Ergebnis wie eine Minderung: Der Unternehmer muss die erhaltene Vergütung zurückzahlen; das Bauwerk kann ihm nicht zurückgewährt werden, so dass der Besteller insoweit Wertersatz schuldet. Dieser entspricht grundsätzlich dem vereinbarten Werklohn, § 346 Abs. 2 S. 2 BGB. Abzuziehen ist lediglich der mangelbedingte Minderwert, der nach den Grundsätzen der Minderung zu berechnen ist.[51] **34**

Erste Voraussetzung des Rücktritts ist wiederum das fruchtlose Verstreichenlassen einer angemessenen Nachfrist. Bei unerheblichen Mängeln ist ein Rücktritt ausgeschlossen, § 323 Abs. 5 S. 2 BGB. Weiterhin ist ein Rücktritt ausgeschlossen, wenn der Besteller für den Mangel allein oder weit überwiegend verantwortlich ist, § 323 Abs. 6 BGB. **35**

Wichtig ist, dass der Besteller auch im Falle eines Rücktritts weiterhin Schadenersatzansprüche geltend machen kann, § 325 BGB.

b) Minderung

„Statt zurückzutreten" (so der Wortlaut des § 638 Abs. 1 S. 1 BGB) kann der Besteller auch die Vergütung mindern. D.h. also, dass auch im Fall der Minderung sämtliche Rücktrittsvoraussetzungen erfüllt sein müssen. Einzige Ausnahme ist, dass eine Minderung auch bei unerheblichen Mängeln möglich ist, § 638 Abs. 1 S. 2 BGB. **36**

Rechtstechnisch handelt es sich bei der Minderung um ein einseitiges Gestaltungsrecht des Bestellers. Bei Ausübung dieses Gestaltungsrechts wird die Vergütung des Unternehmers herabgesetzt. Praktisch wird die Minderung häufig dann gewählt, wenn eine Mangelbeseitigung unmöglich ist oder wenn die Nacherfüllung für den Besteller unzumutbar ist (etwa Abweichungen in der Wohnfläche, Ausführung einer anderen als der geschuldeten Betonqualität oder vergleichbare Fälle).[52] Eine Minderung kann ausgeschlossen sein bei geringfügigen, kaum wahrnehmbaren Mängeln.[53] Lange Jahre wurde der Betrag der Minderung dabei in Einklang mit einer Rechtsprechung des BGH aus den siebziger Jahren[54] mit den zur Mängelbeseitigung erforderlichen Kosten gleichgesetzt. Diesen Ansatz hat der BGH nunmehr[55] ausdrücklich aufgegeben. Er verweist nunmehr darauf, **37**

51 BGH v. 14.7.2011 – VII ZR 113/10 – NJW 2011, 3085.
52 BGH v. 9.1.2003 – VII ZR 181/00 – NJW 2003, 1188.
53 KG v. 15.9.2009 – 7 U 120/08 – NJW-RR 2010, 65.
54 BGH v. 24.2. 1972 – VII ZR 177/70 – BGHZ 58, 181.
55 BGH v. 22.2.2018 – VII ZR 46/17 – NZBau 2018, 201.

dass die Minderung z.B. auf Grundlage des Vergütungsanteils bestimmt werden könne, der auf den mangelhaft ausgeführten Teil der Gesamtleistung entfällt; zudem kommt je nach Sachlage auch eine weitergehende Minderung für einen merkantilen Minderwert in Betracht[56] (vgl. im Übrigen auch Rdn 104 f.). Die Höhe der Minderung kann gemäß § 287 ZPO geschätzt werden.

6. Schadensersatz, Schadensersatz statt der Leistung bzw. Aufwendungsersatz

38 Auch die Geltendmachung von Schadensersatzansprüchen setzt im Grundsatz den Ablauf einer angemessenen Frist zur Nacherfüllung voraus. Hiervon ausgenommen sind solche Schadenspositionen, bei denen eine Nachfrist den Schaden nicht verhindert hätte und daher sinnlos war.[57] Das sind vor allem Mangelfolgeschäden.

39 Im Übrigen gelten die allgemeinen Regeln für eine Entbehrlichkeit der Fristsetzung (endgültige und ernsthafte Erfüllungsverweigerung, Fehlschlagen der Nacherfüllung etc., vgl. §§ 636, 323 Abs. 2, 281 Abs. 2 BGB).

40 Es gibt im Rahmen des Mängelrechts nach BGB zwei Arten von Schadensersatz:

- Schadensersatz statt der Leistung (in der Form des kleinen und großen Schadensersatzes) und
- Schadensersatz neben der Leistung (vor allem Mangelfolgeschäden).

41 Im Werkvertragsrecht sind die Fallgruppen „kleiner und großer Schadensersatz“ sowie „Mangelfolgeschäden“ die relevantesten und die entsprechende Terminologie hat sich eingebürgert. Sie wird daher auch in der Folge anstelle des Begriffspaares Schadensersatz neben und statt der Leistung verwendet.

42 Kleiner und großer Schadensersatz richten sich nach § 634 Nr. 4 i.V.m. § 281 BGB, während Mangelfolgeschäden nach § 634 Nr. 4 i.V.m. § 280 Abs. 1 BGB zu ersetzen sind. Kleiner und großer Schadensersatz sichern die in der Sache selbst liegenden Schäden ab, die einer Nacherfüllung zugänglich sind. Über § 280 Abs. 1 BGB werden indes die Schäden an sonstigen Rechtsgütern des Bestellers geschützt, darüber hinaus auch die Schäden, die von Anfang an einer Nacherfüllung nicht zugänglich waren.[58]

a) Kleiner Schadensersatz

43 Mit dem kleinen Schadensersatz verlangt der Besteller, der das Werk behält, die Mangelschäden ersetzt, die dem Werk anhaften und die bei einer erfolgreichen Nachbesserung nicht entstanden wären.

44 In ausdrücklicher Abkehr von seiner bisherigen Rechtsprechung hat der BGH in einem Urt. v. 22.2.2018 entschieden, dass der Besteller im Wege des kleinen Schadensersatzes nicht die fiktiven Mängelbeseitigungskosten ersetzt verlangen kann.[59] Die langjährige Praxis, (möglicherweise hohe) fiktive Mängelbeseitigungskosten als Schadensersatz zu

56 BGH v. 9.1.2003 – VII ZR 181/00 – BGHZ 153, 279.
57 BGH v. 16.3.2000 – VII ZR 461/98 – NZBau 2000, 329.
58 Vgl. auch: *Grüneberg*, BGB, 81. Aufl. 2022, § 280 BGB Rn 18.
59 BGH v. 22.2.2018 – VII ZR 46/17 – NZBau 2018, 201.

vereinnahmen und dann den Mangel mit geringerem Aufwand oder gar nicht beseitigen zu lassen, ist damit nicht mehr möglich. Das gilt jedoch nicht für Mangelfolgeschäden an Bauteilen außerhalb des Gewerks des Unternehmers.[60] Dies ist beispielsweise der Fall, wenn Strom-, Gas oder Wasserleitungen verlegt werden und infolge deren Mangelhaftigkeit Schäden am Mauerwerk entstehen. Diese Schäden betreffen nicht das Äquivalenzverhältnis zwischen Leistung und Gegenleistung, sondern das Integritätsinteresse, sprich den Schutz anderer Rechtsgüter (vgl. zur Abgrenzung Rdn 42). Diese Kosten sind gerade nicht vom Nacherfüllungsanspruch und vom Vorschussanspruch erfasst und können daher als Mangelfolgeschaden (zusätzlich) geltend gemacht werden.

Als Schadensersatzpositionen kommen beispielsweise in Betracht: der Minderwert des Bauwerks infolge der Mangelhaftigkeit (z.B. auf Grundlage eines tatsächlichen Mindererlöses bei einem Verkauf oder auch auf Grundlage von Wertgutachten), der Minderwert der Bauleistung (d.h. Minderung der Vergütung unter Berücksichtigung des auf den mangelhaft ausgeführten Werkteil entfallenden Vergütungsanteils, entsprechend den Grundsätzen zur Minderung – vgl. Rdn 37), ein merkantiler Minderwert, aber natürlich weiterhin auch die Kosten einer tatsächlich durchgeführten Mängelbeseitigung, soweit diese als Schadensersatz und nicht über die Anspruchsgrundlage Selbstvornahme (§ 637 BGB) geltend gemacht werden.

b) Großer Schadensersatz

Großer Schadensersatz (auch Schadensersatz statt der ganzen Leistung, § 281 Abs. 1 S. 2 und 3 BGB) bedeutet, dass der Besteller den gesamten Vertrag rückabwickelt. Er gibt die Werkleistung zurück (Standardfall Bauträgervertrag) und verlangt im Gegenzug alle Zahlungen sowie etwaigen Mehraufwand zurück. Die Schadensberechnung ist in solchen Fällen regelmäßig kompliziert, da insbesondere eine umfangreiche Anrechnung von Gebrauchsvorteilen stattfindet (Mieteinnahmen, Steuervorteile). **45**

Die Geltendmachung des großen Schadensersatzes ist ausgeschlossen, wenn nur ein unerheblicher Mangel vorliegt, § 281 Abs. 1 S. 3 BGB.

c) Mangelfolgeschäden

Mangelfolgeschäden kann der Besteller zusätzlich zum kleinen oder großen Schadensersatz und auch den sonstigen Mängelansprüchen (z.B. Erstattung der Kosten der Selbstvornahme) geltend machen. Häufig wiederkehrende Schadenspositionen sind hier etwa Nutzungsausfall,[61] Miete einer Ersatzsache und Gutachterkosten. Für erst künftig entstehende Mangelfolgeschäden kann ein Zahlbetrag nur dann verlangt werden, wenn sicher ist, dass diese anfallen.[62] Wenn und soweit das Entstehen von Schäden noch unsicher ist, muss dieses Risiko über einen Feststellungsantrag abgesichert werden. **46**

60 OLG Köln v. 19.10.2022 – 11 U 247/21 – ZfBR 2023, 50.
61 BGH v. 25.9.2003 – VII ZR 357/02 – NJW 2003, 3766.
62 BGH v. 10.4.2003 –VII ZR 251/ 02 – NZBau 2003, 375 für Hotelkosten; weitergehend noch OLG München v. 25.9.2017 – 9 U 4712/16.

d) Aufwendungsersatz

47 Anstelle des Schadensersatzes statt der Leistung kann der Besteller auch Ersatz derjenigen Aufwendungen verlangen, die er im Vertrauen auf den Erhalt der Leistung billigerweise machen durfte. Hierzu zählen etwa nutzlose Finanzierungskosten.

7. Sonderfall VOB/B

a) Grundlegendes

48 Haben die Parteien die Geltung der VOB/B vereinbart, werden die Mängelansprüche nach BGB durch die Regelungen der VOB/B verdrängt.

49 Die VOB/B sieht folgende Ansprüche vor:

- Nacherfüllung, § 13 Abs. 5 Nr. 1 VOB/B
- Ersatzvornahme, § 13 Abs. 5 Nr. 2 VOB/B
- Minderung, § 13 Abs. 6 VOB/B
- Schadensersatz, § 13 Abs. 7 VOB/B

50 Ein Rücktrittsrecht ist in der VOB/B nicht vorgesehen, das Rücktrittsrecht nach BGB findet beim VOB/B-Vertrag keine Anwendung.

51 Für Nacherfüllung und Ersatzvornahme gelten im VOB/B-Vertrag keine Besonderheiten im Vergleich zum BGB-Vertrag. Primär gibt es ein Nacherfüllungsrecht des Unternehmers, nach fruchtlosem Ablauf einer Nacherfüllungsfrist kann der Besteller zur Ersatzvornahme schreiten (oder, wenn er dies möchte, auch weiter Nacherfüllung verlangen). Er kann auch genau wie beim BGB-Vertrag Vorschuss verlangen.

b) Minderung

52 Der Anwendungsbereich der Minderung ist im VOB/B-Vertrag dagegen deutlich enger als im BGB-Vertrag. Nur wenn die Mangelbeseitigung

- für den Besteller unzumutbar,
- wenn sie unmöglich ist oder
- wenn sie einen unverhältnismäßig hohen Aufwand erfordert und der Unternehmer sie deswegen verweigert,

kann der Besteller mindern. Besonders praxisrelevant ist hier die Fallgruppe der Unverhältnismäßigkeit. Die Anforderungen des BGH an das Vorliegen einer Unverhältnismäßigkeit sind sehr hoch.[63] Gerade die Eingangsgerichte nehmen jedoch häufig ohne vertiefte Auseinandersetzung mit der Rspr. des BGH vorschnell eine Unverhältnismäßigkeit an. Deswegen kann eine Berufung auf die Unverhältnismäßigkeit der Mangelbeseitigung für den Unternehmer durchaus erfolgsversprechend sein. In jedem Fall erfordert der Unverhältnismäßigkeitseinwand eine konkrete Gesamtabwägung im Einzelfall.[64]

63 Vgl. Urt. v. 10.2.2008 – VII ZR 214/06 – NZBau 2008, 575.
64 BGH v. 16.4.2009 – VII ZR 177/07 – NZBau 2009, 441.

c) Schadensersatz

Schließlich unterscheiden sich auch die Voraussetzungen für die Geltendmachung von Schadensersatzansprüchen nach § 13 Abs. 7 VOB/B deutlich von denen des BGB (wobei streitig ist, ob diese Unterschiede echte praktische Relevanz haben).[65] Schadensersatz kann auch neben den sonstigen Ansprüchen (d.h. Nacherfüllung oder Ersatzvornahme oder Minderung) geltend gemacht werden. 53

Auch die VOB/B kennt einen kleinen (§ 13 Abs. 7 Nr. 3 S. 1 VOB/B) und einen großen Schadensersatz (§ 13 Abs. 7 Nr. 3 S. 2 VOB/B). Sie haben aber jeweils einen anderen Inhalt als die Ansprüche nach BGB. 54

aa) Kleiner Schadensersatz

Der kleine Schadensersatzanspruch setzt voraus, dass 55

- ein wesentlicher Mangel vorliegt,
- der die Gebrauchsfähigkeit erheblich einschränkt
- und der vom Unternehmer verschuldet ist.

Wann ein solcher wesentlicher Mangel vorliegt, ist grundsätzlich eine Frage des Einzelfalls. Einzelfallbeispiele finden sich beispielsweise bei *Werner/Pastor*.[66] Hinzuweisen ist auf das Urteil des OLG München vom 15.1.2008,[67] das folgende zutreffende Kriterien nennt, anhand derer die Abgrenzung zwischen wesentlichen und unwesentlichen Mängeln im jeweiligen Einzelfall vorgenommen werden kann:

- Umfang der Mängelbeseitigungsmaßnahmen, insbesondere die Höhe der Mängelbeseitigungskosten – eine Vielzahl von unwesentlichen Mängeln können im Einzelfall einem wesentlichen Mangel gleichstehen;
- Auswirkungen des Mangels auf die Funktionsfähigkeit der Gesamtwerkleistung und
- Maß der, möglicherweise auch nur optischen, Beeinträchtigung.

Sind die Voraussetzungen erfüllt, ist der Schaden an der „baulichen Anlage" zu ersetzen. 56 Hierunter sollen alle Schadenspositionen fallen, die in engem Zusammenhang mit dem Gesamtbauwerk stehen. Das sind neben den Kosten der Mangelbeseitigung (soweit tatsächlich angefallen; auch im Rahmen von § 13 Abs. 7 VOB/B ist mit der Rechtsprechungsänderung des BGH, vgl. Rdn 44, die bisher mögliche Geltendmachung fiktiver Mängelbeseitigungskosten ausgeschlossen) und dem merkantilen Minderwert auch Kosten der Schadensfeststellung, Mietausfall etc.[68]

bb) Großer Schadensersatz

Alle darüber hinausgehenden Schadenspositionen, insbesondere Mangelfolgeschäden, 57 die nicht eng und unmittelbar mit der Bauleistung zusammenhängen, werden als großer Schadensersatz nur dann erstattet, wenn zusätzlich eine der folgenden Voraussetzungen erfüllt ist:

65 Vgl. hierzu Kappellmann/Messerschmidt/*Lange*, § 13 VOB/B Rn 465.
66 *Werner/Pastor*, Rn 2247 ff.
67 OLG München v. 15.1.2008 – 13 U 4378/07 – BauR 2008, 1163.
68 Vgl. mit Nachw.: *Werner/Pastor*, Rn 2247 ff.

- Der Mangel beruht auf einem Verstoß gegen die anerkannten Regeln der Technik.
- Der Mangel besteht in dem Fehlen einer vertraglich vereinbarten Beschaffenheit.
- Der Schaden ist durch den Unternehmer versichert oder hätte von ihm ohne Weiteres versichert werden können.

cc) Unbeschränkte Haftung

58 Uneingeschränkt haftet der Unternehmer, wenn er Mängel vorsätzlich oder grob fahrlässig verursacht hat, § 13 Abs. 7 Nr. 2 VOB/B. Auch im Fall leichter Fahrlässigkeit haftet der Unternehmer uneingeschränkt, wenn der Mangel zu Schäden an Leben, Körper oder Gesundheit führt, § 13 Abs. 7 Nr. 1 VOB/B.

8. Wechsel zwischen den Ansprüchen im Prozess

59 Der Besteller kann grundsätzlich bei einer Klage aus einem BGB-Vertrag zwischen den einzelnen Mängelrechten wechseln. Allerdings ist solch ein Wechsel meist eine Klageänderung gem. § 263 ZPO, die aber im Regelfall sachdienlich ist.

Keine Klageänderung, sondern ein Fall des § 264 Nr. 3 ZPO ist dagegen die Umstellung von Kostenvorschuss auf Kostenerstattung in der Berufungsinstanz, so lange der Kostenerstattungsanspruch nicht den Vorschussanspruch übersteigt.[69] Gleiches gilt, wenn die Art der Schadensberechnung (zunächst negatives, dann positives Interesse) im Prozessverlauf geändert wird; aber nur dann, wenn der Klageantrag deswegen nicht erweitert wird und auch der vorgetragene Lebenssachverhalt identisch bleibt.[70] Schließlich ist auch der Übergang vom kleinen Schadensersatz zum Vorschussanspruch (weil sich der Besteller entschließt, nunmehr doch die Mängel beseitigen zu lassen) ein Fall des § 264 Nr. 3 ZPO, sofern der zu entscheidende Lebenssachverhalt sich nicht ändert.[71]

60 Beim VOB/B-Vertrag gilt im Prinzip das Gleiche, wobei infolge der sich teils stärker unterscheidenden Anspruchsvoraussetzungen ein Wechsel des Anspruchsgrundes im Einzelfall schwieriger sein kann.

III. Verjährung

61 Verjährung wird als Einrede nur berücksichtigt, soweit der Schuldner sich auf die Verjährung auch beruft.

1. Verjährung nach BGB

62 Im BGB-Bauvertrag beträgt die Verjährungsfrist für Mängelansprüche bei Bauwerken fünf Jahre, § 634a Abs. 1 Nr. 2 BGB. Die Verjährungsfrist beginnt mit der Abnahme des Werks.[72] Bei der Verjährung von Mängelrechten aus § 634 BGB vor Abnahme beginnt

69 BGH v. 12.1.2006 – VII ZR 73/04 – BauR 2006, 717.
70 BGH v. 18.5.2017 – VII ZR 122/14 – NZBau 2017, 540.
71 BGH v. 22.2.2018 – VII ZR 46/17 – NZBau 2018, 201.
72 Zur Thematik Nachbesserungsarbeiten als verjährungsunterbrechendes Anerkenntnis siehe: OLG Naumburg v. 21.3.2011 – 10 U 31/10 – BauR 2011, 1655; und zuletzt: BGH v. 23.8.2012 – VII ZR 155/10 – NJW 2012, 3229.

die Verjährungsfrist frühestens mit dem Übergang in ein Abrechnungsverhältnis, welches zur Geltendmachung dieser Ansprüche vor Abnahme berechtigt.[73]

Die Parteien können abweichende Verjährungsfristen vereinbaren, vgl. § 202 BGB. Dies 63
gilt allerdings nur für Individualvereinbarungen. Formularvertragliche Änderungen der Verjährungsfristen sind am Maßstab der §§ 307 ff. BGB zu überprüfen und dürften häufig – insbesondere deutliche Verkürzungen der Verjährungsfrist – unwirksam sein.[74]

Bei Bauprozessen immer wieder streitig ist die Frage, ob der Lauf der Verjährungsfrist 64
durch Verhandlungen gehemmt oder insbesondere durch ein Anerkenntnis des Mangels unterbrochen wurde. Hierzu gibt es umfangreiche Kasuistik, die stets auf die Spezifika des Einzelfalls abstellt und somit häufig zu wenig vorhersehbaren Ergebnissen führt.[75]

Die Hemmung der Verjährung eines Anspruchs auf Schadensersatz aufgrund eines Werkmangels nach §§ 634 Nr. 4, 280 Abs. 1, 3, 281 BGB führt auch zur Hemmung der Verjährung eines Vorschussanspruchs nach §§ 634 Nr. 2, 637 Abs. 3 BGB. Die Hemmung erfasst gem. § 213 BGB alle in § 634 BGB geregelten Ansprüche, die auf dem gleichen Mangel beruhen.

Die Wirkungserstreckung der Hemmung ist auch nicht auf die Höhe des durch die Klage erhobenen Anspruchs beschränkt, wenn der Kläger im Nachhinein zu einem anderen, betragsmäßig höheren Anspruch i.S.d. § 213 BGB wechselt.[76]

Zu beachten ist, dass dem Besteller ein Leistungsverweigerungsrecht wegen Mängeln 65
gem. § 215 BGB auch nach Eintritt der Verjährung der Mängelansprüche noch zustehen kann, wenn der Mangel bereits vor Ablauf der Verjährungsfrist in Erscheinung getreten war.[77]

Die Verjährung hinsichtlich der für einen Mangel bestehenden Ansprüche kann gegebenenfalls aufgrund verschiedener Normen auch mehrfach und parallel gehemmt oder unterbrochen werden. Wichtig ist, dass sich Hemmung oder Unterbrechung jeweils nur auf den von einem Hemmungs- oder Unterbrechungstatbestand konkret betroffenen Mangel bezieht und nicht die Verjährungsfrist für Mängelansprüche insgesamt verlängert. Eine besondere Haftungsfalle für den Anwalt droht, wenn umfangreiche Mängellisten über einen langen Zeitraum streitig sind und die Verjährungshemmung für einzelne Mängel frühzeitig endet, weil z.B. über diese nicht mehr verhandelt wird.[78]

2. Verjährung nach VOB/B

Im Bereich der VOB/B gilt eine Verjährungsfrist für Bauwerke von vier Jahren, § 13 66
Abs. 4 VOB/B. Für andere Werke als Bauwerke sowie für feuerberührte Teile von

73 OLG Düsseldorf v. 25.4.2019 – I-5 U 91/18 – BauR 2019, 2944.

74 Vgl. BGH v. 6.12.2012 – VII ZR 15/12 – NJW 2013, 525.

75 Z.B. BGH v. 9.7.2014 – VII ZR 161/13 – NJW 2014, 3368: Die Durchführung von Mangelbeseitigungsarbeiten kann zwar ein Anerkenntnis sein, ist es aber jedenfalls dann nicht, wenn der Unternehmer diese nur aus Kulanz durchführt.

76 Vgl. BGH v. 19.11.2020 – VII ZR 193/19 – BauR 2021, 535.

77 BGH v. 5.11.2015 – VII ZR 144/14 – NJW 2016, 52.

78 Für den Fall des selbstständigen Beweisverfahrens z.B. OLG Koblenz v. 17.5.2013 – 10 U 286/12 – m.w.N.

Feuerungsanlagen beträgt die Verjährungsfrist zwei Jahre. Für feuerberührte und abgasdämmende Teile von industriellen Feuerungsanlagen beträgt die Verjährungsfrist ein Jahr. Die kürzeren Fristen tragen dem regelmäßig höheren Verschleiß dieser Teile Rechnung.

67 Bei wartungsbedürftigen Teilen von maschinellen/elektrotechnischen/elektronischen Anlagen beträgt die Verjährung zwei Jahre, wenn nicht der Besteller dem Unternehmer die Wartung für diese Teile übertragen hat, § 13 Abs. 4 VOB/B. Mit anderen Worten: Gibt es einen Wartungsvertrag zwischen Besteller und Unternehmer, beträgt die Verjährungsfrist auch für diese Teile vier Jahre.

68 Üblicherweise wird in der Praxis auch in VOB/B-Verträgen die Verjährungsfrist für Mängel an Bauwerken auf fünf Jahre verlängert. In diesem Zusammenhang ist noch darauf hinzuweisen, dass die Frage, ob die Verlängerung der Verjährungsfrist dazu führt, dass die VOB/B nicht mehr als Ganzes vereinbart ist, streitig und bisher vom BGH nicht entschieden ist. Wäre dies zu bejahen, verlöre die VOB/B ihre AGB-rechtliche Privilegierung und die Einzelbestimmungen wären isoliert am Maßstab der §§ 307 ff. BGB zu überprüfen. Jedenfalls ein Teil der obergerichtlichen Rspr. sieht in der Verlängerung der Verjährungsfrist einen Eingriff in die VOB/B als Ganzes.[79] Für die Beratungspraxis bedeutet das, dass der Mandant auf die mögliche Folge einer verlängerten Verjährungsfrist hinzuweisen ist, wie ebenso selbstverständlich bei allen anderen Abweichungen von der VOB/B. Im Prozess ermöglicht diese Rspr. ggf. die Chance, sich auf eine AGB-rechtliche Unwirksamkeit einzelner VOB/B-Bestimmungen zu berufen.

69 Eine Besonderheit der VOB/B stellt die sogenannte Quasi-Unterbrechung des § 13 Abs. 5 Nr. 1 S. 2 VOB/B dar. Danach führt eine schriftliche Mängelrüge des Bestellers dazu, dass für den gerügten Mangel Verjährung erst in zwei Jahren ab Zugang der Mängelrüge beim Unternehmer eintritt. D.h., wenn der Besteller am letzten Tag einer vereinbarten fünfjährigen Verjährungsfrist einen Mangel rügt, kann er im Ergebnis die Verjährungsfrist auf sieben Jahre strecken.

70 Für die Praxis sind vor allem folgende Aspekte in Zusammenhang mit dieser Vorschrift bedeutsam: Die Mängelrüge muss schriftlich[80] und zugangssicher erfolgen. Die gesamte Quasi-Unterbrechung nützt dem Besteller nichts, wenn der Unternehmer später den Zugang der Mängelbeseitigungsaufforderung bestreitet und der beweisbelastete Besteller den Zugang nicht beweisen kann.

71 Wichtig ist weiter, dass für jeden Mangel die Quasi-Unterbrechung nur einmal herbeigeführt werden kann.[81] Die erste Mängelrüge „verbraucht“ also den Vorteil des § 13 Abs. 5

79 So etwa OLG Naumburg v. 27.4.2006 – 2 U 138/05 – BauR 2007, 551; OLG Hamm v. 17.7.2009 – 21 U 145/05 – BauR 2009, 1913.

80 Mängelrüge per E-Mail erfüllt das Schriftformerfordernis nur mit qualifizierter elektronischer Signatur: OLG Frankfurt v. 30.4.2012 – 4 U 269/11 – NZBau 2012, 503; ebenso OLG Jena v. 26.11.2015 – 1 U 209/15 – NJW-Spezial 2016, 109.

81 BGH v. 5.7.1990 – VII ZR 164/89 – NJW-RR 1990, 1240.

Nr. 1 S. 2 VOB/B. Erfolgt diese zwei Jahre oder mehr vor Ablauf der Regelverjährung, kommt es im Ergebnis nicht zu einer Verlängerung der Verjährungsfrist.

3. Arglist und Organisationsverschulden

Unter Umständen kann der Unternehmer auch über die normalen Verjährungsfristen hinaus haften. 72

Gem. § 634a Abs. 2 BGB verjähren Mängelansprüche in den regelmäßigen Verjährungsfristen (§ 195 BGB: drei Jahre ab Eintritt der Voraussetzungen gem. § 199 BGB), wenn der Unternehmer einen Mangel arglistig verschweigt. Die fünfjährige Verjährungsfrist für Mängelansprüche bei Bauleistungen wird dadurch aber keinesfalls verkürzt, § 634a Abs. 3 S. 2 BGB. Arglist liegt vor, wenn der Unternehmer bei Abnahme einen Mangel kennt, sich bewusst ist, dass dieser für die Entscheidung des Bestellers über die Abnahme erheblich ist und den Mangel dennoch nicht offenbart, obwohl er nach Treu und Glauben hierzu verpflichtet ist. Zu den einzelnen Voraussetzungen: 73

Der Unternehmer muss den Mangel positiv kennen, was der Besteller beweisen muss. Es reicht nicht aus, dass der Unternehmer den Mangel kennen musste oder der Mangel für einen Fachmann auf der Hand lag.[82] Kenntnis muss beim Unternehmer selbst oder bei einem seiner Erfüllungsgehilfen vorliegen.[83]

Das Bewusstsein, dass das Wissen um diesen Mangel den Besteller von der Abnahme abhalten würde, liegt sicher dann vor, wenn der Mangel wesentlich ist. Bei bloßen Bagatellmängeln wird man ein solches Bewusstsein dagegen nicht annehmen können. 74

Auch bei der Offenbarungspflicht nach Treu und Glauben wird es unter Berücksichtigung der Umstände des Einzelfalls darauf ankommen, wie bedeutsam der jeweilige Mangel ist. 75

Mit seiner Grundsatzentscheidung vom 12.3.1992[84] hat der BGH darüber hinaus die Fallgruppe des sog. Organisationsverschuldens entwickelt und dieses hinsichtlich der Verjährung dem arglistigen Verschweigen gleichgestellt. Kern dieser Entscheidung und der in Folgeentscheidungen ergangenen Konkretisierungen des BGH ist, dass ein Unternehmer nicht die Arbeitsteiligkeit seines Betriebs dazu nutzen dürfe, sich hinsichtlich von bei der Abnahme vorliegenden, offenbarungspflichtigen Mängeln unwissend zu halten. Er ist vielmehr verpflichtet, seinen Betrieb ordnungsgemäß zu organisieren. Zur Frage des Organisationsverschuldens gibt es eine umfangreiche Kasuistik.[85] Wichtig bei der Durchsetzung von Ansprüchen aufgrund von Organisationsverschulden ist, dass bei besonders schwerwiegenden und augenfälligen Mängeln ein Anscheinsbeweis für ein Organisationsverschulden eingreifen kann (aber keineswegs muss). 76

82 BGH v. 12.10.2006 – VII ZR 272/05 – NJW 2007, 366.
83 So schon der BGH im grundlegenden Urt. v. 20.12.1973 – VII ZR 184/72 – NJW 1974, 553.
84 BGH v. 12.3.1992 – VII ZR 5/91 – BauR 1992, 500.
85 Vgl. hierzu *Werner/Pastor*, Rn 2800 ff.

IV. Exkurs – Der Sachverständige im Prozess

77 Baumängelprozesse sind Sachverständigenprozesse. Nicht umsonst werden Sachverständige in Bauprozessen mitunter als die „heimlichen Richter" bezeichnet. Die Gerichte entscheiden Rechtsstreitigkeiten in der Regel – und oft unkritisch – entsprechend den Feststellungen der Sachverständigen. Der Prozessanwalt kommt daher nicht umhin, sich nicht nur intensiv mit rechtlichen Fragen, sondern auch den Gutachten und dem Verhalten der Sachverständigen im Prozess auseinanderzusetzen. Folgende Aspekte erscheinen dem Verfasser aufgrund seiner praktischen, subjektiven Erfahrung besonders relevant:

78 Bei der **Auswahl des Sachverständigen** fragen die Gerichte häufig bei den Parteien Vorschläge für geeignete Sachverständige ab. Das ist sowohl zur Gewährung des rechtlichen Gehörs als auch aufgrund der meist größeren Sachnähe der Parteien sinnvoll, oft aber vergebliche Liebesmüh. Denn in der ohnehin von wechselseitigem Misstrauen geprägten Prozesssituation wird jede Partei oft schon aus Prinzip die von der Gegenseite vorgeschlagenen Sachverständigen ablehnen und entsprechende Gründe suchen.

79 Oft ist es daher sinnvoller, wenn das Gericht einen spezialisierten Verband oder eine spezialisierte Kammer nach Vorschlägen anfragt. Jedenfalls, wenn gegenüber dem Verband/der Kammer die zu erwartende Aufgabenstellung vorab wenigstens grob skizziert bzw. gegebenenfalls auch mit diesen diskutiert wird, können häufig geeignete Sachverständige gefunden werden; und zwar in vielen Fällen zielgenauer als bei einer mehr oder weniger unreflektierten Auswahl einer Person aus allgemein zugänglichen Sachverständigenlisten. Eine solche Vorgehensweise können die Parteien auch anregen.

80 Gerade bei Spezialsachverhalten ist es zudem wichtig, dass ein mit der Materie wirklich vertrauter Fachmann die Begutachtung übernimmt. Wenn aus Sicht einer Prozesspartei die Begutachtung spezielle Fachkenntnisse erfordert, sollte der Prozessanwalt – der eine solche Notwendigkeit auch bei seiner Mandantin zu eruieren hat – das begründet gegenüber dem Gericht darlegen und auf Wahl eines entsprechend qualifizierten Sachverständigen dringen.

81 Die zur Auswahl stehenden Sachverständigen – gleich ob von der Gegenpartei oder dritter Seite vorgeschlagen – sollten durch den Anwalt auf **Unparteilichkeit** überprüft werden. Dazu gehört in den Zeiten des Internets zumindest eine Recherche mit dem Namen des Sachverständigen sowie der Firma und gegebenenfalls leitenden Angestellten der Gegenpartei, um Querverbindungen festzustellen.

82 Wenn ein Sachverständiger **abgelehnt werden** soll, sind die Vorschriften des § 406 ZPO[86] zu beachten. Wichtig ist, dass die Frist des § 406 Abs. 2 Satz 1 ZPO (zwei Wochen ab Zustellung des Benennungsbeschlusses) für einen Ablehnungsantrag beachtet wird. Ergibt sich ein Grund zur Ablehnung des Sachverständigen aus dem Inhalt eines schriftlichen Gutachtens, muss die Ablehnung im Regelfall innerhalb der Stellungnahmefrist zum Gutachten gemäß § 411 Abs. 4 ZPO erfolgen.

86 Zur umfangreichen Kasuistik vgl. neben den ZPO-Kommentaren z.B. *Ulrich*, IBR 2011, 1019.

Die **Qualität der Tätigkeit** des Sachverständigen hängt maßgeblich auch von der Leitung der Sachverständigentätigkeit durch das Gericht ab.[87] Diese ist (leider) häufig unzureichend. In diesem Fall ist der Anwalt gehalten, auf eine hinreichende Anleitung des Sachverständigen hinzuwirken. Z.B. ist darauf zu achten, dass dem Sachverständigen keine Beantwortung von Rechtsfragen auferlegt wird: Nicht selten finden sich Beweisbeschlüsse, in denen der Sachverständige sich dazu äußern soll, ob „*Mängel vorliegen*", eine „*Nacherfüllung unzumutbar*" sei oder ähnliches. Der Sachverständige kann und soll allein technische Fragen beantworten, die rechtlichen Schlüsse daraus muss das Gericht selbst ziehen. 83

Eine weitere häufige Ursache für einen unbefriedigenden Verlauf der Erhebung des Sachverständigenbeweises ist, dass dem Sachverständigen die Anknüpfungstatsachen für seine Begutachtung nicht hinreichend klargemacht werden. Der Sachverständige erhält z.B. eine komplette Gerichtsakte verbunden mit einigen Fragestellungen übersandt und soll sich dann die passenden Anknüpfungstatsachen heraussuchen. Besonders dann, wenn der Sachverhalt hoch streitig ist, kommt es vor, dass Sachverständige, die meist auf die Trennung zwischen streitigem und unstreitigem Tatsachenvortrag nicht geschult sind, ihrer Begutachtung bestrittenen Tatsachenvortrag zugrunde legen. Konsequenz können – mitunter sogar berechtigte – Befangenheitsanträge der benachteiligten Partei sein. Auch insoweit sollte der Anwalt den Ablauf der Beweiserhebung genau verfolgen und bei Bedarf intervenieren. 84

Der Anwalt muss sich schließlich kritisch mit dem **Sachverständigengutachten auseinandersetzen**. Genauso, wie es gute und schlechte Schriftsätze gibt, gibt es gute und schlechte Sachverständigengutachten. Der Anwalt muss durch eine vertiefte Auseinandersetzung mit dem Sachverständigengutachten sicherstellen, dass die Rechte seiner Mandantin hinreichend gewahrt werden. Hierzu gehört, dass der Anwalt mindestens Folgendes prüft: Geht der Sachverständige von den richtigen Anknüpfungstatsachen aus? Sind seine Ausführungen und Schlussfolgerungen logisch und widerspruchsfrei? Sind die Ausführungen und Schlussfolgerungen technisch richtig? Zumindest zu Letzterem benötigt der Anwalt in der Regel eine fundierte technische Zuarbeit durch die Mandantin. Vor der technischen Auseinandersetzung darf er sich nicht drücken; wer Bauprozesse führt, muss sich auch und gerade mit der technischen Seite des Falles beschäftigen. 85

Häufig zeigt sich, dass auch zunächst beeindruckend wirkende Sachverständigengutachten fehlerhaft sind oder sich erschüttern lassen. Wichtig ist dabei, dass es dem Anwalt gelingt, etwaige Unzulänglichkeiten des Gutachtens auch für das Gericht evident greifbar darzustellen. Oft dürfte es dabei sinnvoll sein, auf die Hilfe von **Privatgutachtern** zurückzugreifen.[88] Nicht nur, weil diese naturgemäß über superiore technische Kenntnisse verfügen, sondern auch, weil das Gericht sich mit den Ausführungen eines Privat- 86

87 Sehr lesenswert aus Sicht der Anwalts- wie der Richterschaft: *Seibel*, NJW 2014, 1628 zur gerichtlichen Leitung der Tätigkeit des Sachverständigen.

88 Hierzu *Ghassemi-Tabar/Nober*, NJW 2016, 552.

gutachters inhaltlich vertieft auseinandersetzen und die Argumente des Privatgutachters kritisch würdigen muss; unterbleibt dies, liegt darin ein Verstoß gegen das rechtliche Gehör.[89]

87 In Zusammenhang mit dem Einsatz von Privatgutachtern stellt sich häufig auch die Frage, ob und auf welchem Wege von der Gegenseite die **Erstattung der Privatgutachterkosten** verlangt werden kann. Einerseits können Kosten für Privatgutachten prozessual gem. § 91 ZPO erstattungsfähig sein, wenn die Gutachten prozessbezogen sind (d.h. im Hinblick auf einen gerichtlichen Rechtsstreit in Auftrag gegeben werden) und zur zweckentsprechenden Rechtsverfolgung sachdienlich waren; das wird angenommen, wenn die Partei ohne Privatgutachter ihrer Darlegungs- und Beweislast nicht genügen konnte oder sie infolge fehlender eigener Sachkenntnis ohne Hinzuziehung eines Privatgutachters nicht zu sachgerechtem Vortrag in der Lage gewesen wäre.[90] Zudem kommt auch ein materiell-rechtlicher Erstattungsanspruch in Betracht, der nicht mittels Kostenfestsetzungs-, sondern mittels Zahlungsantrags im Hauptsacheverfahren zu verfolgen ist. Der BGH hat insoweit Kosten für Sachverständigengutachten zur Ermittlung von Mängelursachen und Mängelbeseitigungskosten sehr weitgehend als Teil der (verschuldensunabhängig) zu zahlenden Kosten der Nacherfüllung eingeordnet.[91]

B. Muster

I. Grundmuster Mängelprozess

1. Typischer Sachverhalt

88 Das nachfolgende Muster basiert auf folgendem Sachverhalt: Die Klägerin hat die Beklagte (beide sind juristische, zum Vorsteuerabzug berechtigte Personen) als Generalunternehmerin zu einem Pauschalfestpreis mit dem Neubau eines schlüsselfertigen Bürogebäudes beauftragt. Dem Vertrag liegt das BGB zugrunde. Die Beklagte hat das Bauwerk errichtet, die Abnahme ist erfolgt. Es sind drei Mängel aufgetreten. Zum einen ist die Bauwerksabdichtung mangelhaft. Dieser Mangel besteht noch fort. Zum anderen waren die Öffnungsmechanismen der Fenster mangelhaft. Diesen Mangel hat die Klägerin nach erfolglosem Ablauf einer Nachfrist bereits beseitigen lassen. Schließlich gibt es Risse im Außenputz, die von der Klägerin noch nicht beseitigt wurden. Die Klägerin möchte für diese Mängel diverse Gewährleistungsrechte geltend machen.

89 Nachfolgend ist in einer tabellarischen Übersicht dargestellt, welche Mängel bzw. Schäden im Klagemuster geltend gemacht werden, welches Anspruchsziel hinsichtlich des jeweiligen Mangels bzw. Schadens verfolgt wird, welcher Antrag sich hierauf bezieht und wo sich die entsprechenden Ausführungen im Text der Musterklageschrift finden.

89 BGH v. 27.1.2010 – VII ZR 97/08 – BauR 2010, 931.
90 BGH v. 20.12.2011 – VI ZB 17/11 – NJW 2012, 1370.
91 BGH v. 30.4.2014 – VIII ZR 275/13 – NJW 2014, 2351.

Mangel bzw. Schaden	Anspruchsziel	zugehöriger Antrag	Vortrag im Muster Klageschrift
Abdichtung	Nacherfüllung durch Beklagten	Antrag I.	B. II. 1. a)
Abdichtung	Vorschuss für Mängelbeseitigung durch Kläger und Feststellung weiterer Aufwendungen über die geltend gemachte Vorschusssumme hinaus	Alternativanträge I. und II. a)	Grundmuster B. II. 1. a) mit Alternativtext Kostenvorschuss
Bereits eingetretener Mangelfolgeschaden	Schadensersatz	Klageantrag Ziffer III. (im Falle der Geltendmachung Erhöhung der Klagesumme gem. Antrag III. um entsprechenden Betrag)	Ergänzender Einschub für Geltendmachung von Mangelfolgeschäden
Noch nicht bezifferbare Mangelfolgeschäden	Feststellung Schadensersatzpflicht	Antrag II. bzw. Alternativantrag II. b)	B. II. 1. b)
Fenster	Aufwendungsersatz, hilfsweise Minderung	Antrag III. (anteilig)	B. II. 2.
Außenputz	Schadensersatz, hilfsweise Minderung gemäß VOB/B	Antrag III. (anteilig)	B. II. 3.

90

Ergänzend ist im Text der Musterklageschrift bei einzelnen Überschriften (kursiv und in Klammern) darauf verwiesen, auf welchen Antrag sich der jeweilige Vortrag bezieht. Bei diesem Hinweis handelt es sich um einen internen Bearbeitungshinweis für den Benutzer der Formulare, der in den gerichtlichen Schriftsatz nicht zu übernehmen ist. 91

2. Muster: Klage Nacherfüllung, Kostenvorschuss, durchgeführte Selbstvornahme, Schadensersatz jeweils im BGB-Vertrag

92 ▼

2.1

Landgericht

Kammer für Handelssachen

In Sachen

, (*Straße*), (*PLZ, Ort*), vertreten durch den Geschäftsführer

– Klägerin –

Prozessbevollmächtigte:

gegen

, (*Straße*), (*PLZ, Ort*), vertreten durch den Geschäftsführer

– Beklagte –

Prozessbevollmächtigte:

wegen Nacherfüllung/Ersatzvornahme

Streitwert vorläufig: EUR

Namens und in Vollmacht der Klägerin erheben wir hiermit

Klage

zum zuständigen LG (*Stadt*), Kammer für Handelssachen, und werden in der mündlichen Verhandlung folgende

Anträge

stellen:

I. Die Beklagte wird verurteilt, beim Bauvorhaben den/die Mangel/Mängel zu beseitigen, die im Erdgeschoss zu Aufwellungen des Bodenbelags und Putzausblühungen in den Wandbereichen des Erdgeschosses geführt haben.

II. Es wird festgestellt, dass die Beklagte verpflichtet ist, der Klägerin sämtliche weiteren Schäden, die dieser im Zusammenhang mit dem/den Mangel/Mängeln gem. Klageantrag Ziff. I. sowie den Rissen des Außenputzes (wie in Ziffer A.II.3 der Begründung näher beschrieben) entstehen, zu ersetzen.

(ggf. im Falle der Klage auf Kostenvorschuss:

I. Die Beklagte wird verurteilt, an die Klägerin EUR *nebst Zinsen in Höhe von 5 Prozentpunkten über dem Basiszinssatz hieraus seit Rechtshängigkeit zu bezahlen.*

II. a) Es wird festgestellt, dass die Beklagte verpflichtet ist, der Klägerin sämtliche über einen Betrag von EUR *liegende Aufwendungen zu ersetzen, die bei der Beseitigung der/des Mangels/Mängel entstehen, die bei dem Bauvorhaben die Putzausblühungen auf den Innenseiten der Außenwände im Erdgeschoss sowie die Aufwellungen des Fußbodenbelags ebenfalls im Erdgeschoss hervorgerufen hat/haben.*

II. b) *Es wird festgestellt, dass die Beklagte verpflichtet ist, der Klägerin sämtliche weiteren Schäden, die dieser im Zusammenhang mit dem/den Mangel/Mängeln gemäß Klageantrag Ziffer II.a) entstehen, zu ersetzen.*)

III. Die Beklagte wird weiter verurteilt, an die Klägerin EUR nebst Zinsen hierauf in Höhe von 5 Prozentpunkten über den Basiszinssatz ab dem zu bezahlen.

IV. Die Beklagte trägt die Kosten des Rechtsstreits.

V. Das Urteil ist – ggf. gegen Sicherheitsleistung – vorläufig vollstreckbar.

Für den Fall, dass die gesetzlichen Voraussetzungen des § 331 Abs. 3 ZPO vorliegen, beantragen wir bereits heute Erlass eines Versäumnisurteils ohne mündliche Verhandlung. Mit einer Entscheidung durch den Vorsitzenden/die Vorsitzende anstelle der Kammer ist die Klägerin einverstanden/*nicht einverstanden.*

Begründung:

A. Vorbemerkung

Die Beklagte hat für die Klägerin ein Bürogebäude als Generalunternehmerin errichtet. Die Leistungen der Beklagten sind mangelhaft. Zum einen ist die Horizontal- und die Vertikalabdichtung des Bauwerks mangelhaft. Dieser Mangel besteht noch fort. Die Klägerin begehrt insoweit Nacherfüllung. Daneben waren sämtliche Öffnungsmechanismen der Fenster im Bauwerk mangelhaft. Die Klägerin hat diesen Mangel bereits beseitigen lassen. Insoweit verlangt sie Erstattung der ihr für die Ersatzvornahme entstandenen Kosten. Schließlich ist der Außenputz teilweise mangelhaft. Auch dieser Mangel besteht noch fort. Hinsichtlich dieses Mangels begehrt die Klägerin Schadensersatz. Der Feststellungsantrag Ziffer II. bezieht sich auf weitergehende und zusätzliche Schadenspositionen im Vergleich zu den Anträgen gem. Ziffer. I und III.

B. Zum Tatsächlichen

I. Vertragsverhältnisse

Die Klägerin schloss mit der Beklagten am einen Bauvertrag über die schlüsselfertige Errichtung eines Bürogebäudes zu einem Pauschalfestpreis von EUR netto. Dem Vertrag lag das BGB zugrunde.

Beweis: Bauvertrag vom als **Anlage K 1**

Die Beklagte hat das Bürogebäude errichtet. Die Klägerin hat die Leistungen der Beklagten am abgenommen.

Beweis: Abnahmeprotokoll als **Anlage K 2**

II. Mängel

1. Abdichtung

Die Horizontalabdichtung des Gebäudes ist ebenso wie die Vertikalabdichtung mangelhaft ausgeführt. Es sind bereits Feuchtigkeitsschäden aufgetreten. Darüber hinaus drohen im Zuge der mit dieser Klage von der Beklagten verlangten Mängelbeseitigung derzeit noch nicht bezifferbare Mangelfolgeschäden der Klägerin.

a) Zum Mangel (bezieht sich auf Antrag I. und Alternativanträge I. und II. a))

Bereits kurze Zeit nach Bezug des von der Beklagten errichteten Bürogebäudes durch die Klägerin zeigten sich erste Feuchtigkeitserscheinungen. Zum einen kam es in verschiedenen Bereichen des Erdgeschosses zu Aufwellungen des Bodenbelages. Zudem zeigten sich in den angrenzenden Wandbereichen Putzausblühungen.

Konkret haben sich in der Zeit folgende Mängelsymptome gezeigt:

In folgenden Räumen des Erdgeschosses des im Klageantrag Nr. I. näher bezeichneten Bauvorhabens sind jeweils im Anschluss an die jeweiligen Außenwände, jeweils in einem Abstand von bis zu 1 Meter zu diesen, Aufwellungen des Fußbodenbelages aufgetreten: E01, E03, E05, E07.

In folgenden Räumen des im Klageantrag Nr. I. näher bezeichneten Bauvorhabens sind an den Innenseiten der Außenwände Putzausblühungen bis in eine Höhe von 20 cm über Oberkante Fußboden aufgetreten. Vereinzelt kommt es zu Farb- und Putzablösungen: E01, E03, E04, E05, E06, E07.

Beweis: 1. Gutachten des Privatsachverständigen als **Anlage K 3**
2. Einholung eines Sachverständigengutachtens

Die Klägerin hat den Mangel erstmals an die Beklagte mit Schreiben vom angezeigt und diese zur Mängelbeseitigung aufgefordert.

Beweis: Schreiben der Klägerin vom als **Anlage K 4**

Die aufgetretene Mängelsymptome beruhen darauf, dass die Beklagte sowohl die Vertikal- auch als Horizontalabdichtung des streitgegenständlichen Bauvorhabens nicht ordnungsgemäß ausgeführt hat.

Beweis: 1. Gutachten des Privatsachverständigen , b. v. als **Anlage K 3**
2. Einholung eines Sachverständigengutachtens

Zu den Vertragsbestandteilen des als Anlage K 1 vorgelegten Bauvertrages gehören u.a. die Planungsunterlagen des Architekturbüros sowie das Baugrundgutachten des Herrn Dipl.-Ing. .

Beweis: Bauvertrag, b. v. als **Anlage K 1**

Das Baugrund-Gutachten des Herrn Dipl.-Ing. verweist darauf, dass aufgrund der örtlichen geologischen Verhältnisse eine Abdichtung für den Lastfall „mäßige Einwirkung von drückendem Wasser" vorzusehen ist.

Beweis: Baugrund-Gutachten des Herrn Dipl.-Ing als **Anlage K 5**

Dementsprechend sieht auch die dem Bauvertrag Anlage K 1 zugrunde liegende Planung des Architekturbüros Abdichtungsmaßnahmen entsprechend DIN 18533 für den Lastfall W2.1-E mäßige Einwirkung von drückendem Wasser sowohl im Bereich der Horizontal- als auch im Bereich der Vertikalabdichtung vor.

Beweis: Planung des Architekturbüros als **Anlage K 6**

Weder die von der Beklagten ausgeführte Horizontal- noch die Vertikalabdichtung entsprechen den planerischen Vorgaben noch den Anforderungen nach DIN 18533.

Beweis: 1. Gutachten des Privatsachverständigen b. v. als **Anlage K 3**
2. Einholung eines Sachverständigengutachtens

Im Bereich der Vertikalabdichtung hat die Beklagte eine für den Lastfall unzulässige mineralische Abdichtung sowie eine ungeeignete Bitumenbahn verwendet. Darüber hinaus sind die Anschlüsse der Querschnittsabdichtung nicht fachgerecht ausgeführt und die Vertikalabdichtung ist nicht – was erforderlich wäre – bis zur Unterkante in der Bodenplatte ausgebildet.

Beweis: wie vor

Im Bereich der Horizontalabdichtung fehlt eine für den Bemessungslastfall ausreichende Abdichtung auf der Bodenplatte, etwa in Form einer geeigneten Bitumenbahn.

Beweis: wie vor

Die oben dargestellten Mängelsymptome beruhen auf den Fehlern der Abdichtung.

Beweis: wie vor

Hinsichtlich der Mängelsymptome sowie der Mängelursachen verweist die Klägerin im Übrigen auf das als Anlage K 3 vorgelegte Privatgutachten, das die Klägerin in vollem Umfang zum Gegenstand ihres Vortrags macht. Sollte das Gericht diese Form der konkreten Bezugnahme als unzulässig ansehen und weiteren Vortrag zum Inhalt des Gutachtens für erforderlich halten, bitten wir höflich um entsprechenden richterlichen Hinweis.

Die Beklagte hat bisher eine Sanierung der Gebäudeabdichtung verweigert. Sie verweist darauf, dass die Mängelsymptome nicht auf einer mangelhaften Ausführung beruhten, sondern darauf, dass im Zuge der Errichtung des Bauvorhabens Niederschlagswasser in die schadhaften Bauteile eingedrungen sei.

b) Zu den Mangelfolgeschäden (betrifft noch nicht bezifferbare Mangelfolgeschäden und bezieht sich auf Antrag II. und Alternativantrag II. b))

Im Zuge der Mängelbeseitigung durch die Beklagte drohen der Klägerin Mangelfolgeschäden in derzeit nicht bezifferbarer Höhe. Im Zuge der Mängelbeseitigung ist eine ganze oder teilweise Beräumung der Räumlichkeiten im Erdgeschoss des Bauvorhabens, in denen sich die Mängel gezeigt haben, unumgänglich.

Beweis: Sachverständigengutachten

Der Klägerin drohen insoweit Folgekosten zu entstehen. Diese Kosten entfallen zunächst auf die eigentliche Beräumung. Während der Mängelbeseitigung ist eine Nutzung der

Räumlichkeiten durch die Klägerin nicht möglich. Je nach Dauer der Mängelbeseitigungsarbeiten kann es erforderlich werden, dass die Klägerin Ersatzräume anmietet.

Welche Kosten für die Beräumung und die Miete von Ersatzräumen anfallen, ist derzeit noch nicht abschätzbar, so dass die Klägerin diesbezüglich Feststellungsklage erhebt.

(Ergänzender Einschub für Geltendmachung von bereits bezifferbaren Mangelfolgeschäden: (bezieht sich auf Antrag III. – im Falle der Geltendmachung ist der geforderte Gesamtbetrag zu erhöhen)

In Folge der durch den Mangel verursachten Feuchtigkeitseintritte sind der Klägerin zudem weitere Schäden entstanden. Im Raum E.01 hatte die Klägerin im Bereich der Außenwand ein hölzernes Regal aufgestellt. Dieses wurde infolge der Feuchtigkeitsaustritte aus den Außenwänden irreparabel geschädigt.

Beweis: Sachverständigengutachten

Das Regal hatte einen Anschaffungspreis von EUR.

Beweis: Rechnung der vom als ***Anlage K***

Alternativtext für Kostenvorschuss: am Ende von B II. 1 a) anzufügen. Der letzte Absatz von B II. 1 a) entfällt dann (bezieht sich auf Alternativanträge I. und 2. a))

Die Klägerin hat die Beklagte mit Schreiben vom aufgefordert, sich bis zum dahingehend zu erklären, dass sie die Mängel der Abdichtung beseitigen werde. Gleichzeitig forderte die Klägerin die Beklagte auf, zu diesem Termin einen Zeitplan für die Durchführung der Mangelbeseitigung vorzulegen. Schließlich forderte die Klägerin die Beklagte mit gleichem Schreiben auf, die Mängel der Abdichtung bis zum zu beseitigen.

Beweis: Schreiben der Klägerin vom als ***Anlage K***

Die Beklagte hat sämtliche Fristen fruchtlos verstreichen lassen. Sie hat sich weder eindeutig zur Mängelbeseitigung bekannt noch hat sie einen Zeitplan zur Mängelbeseitigung vorgelegt noch hat sie die Mängel innerhalb der gesetzten Frist beseitigt. Stattdessen hat sie sich auf den Standpunkt gestellt, dass kein Mangel vorliege, sondern die Feuchtigkeitserscheinungen darauf beruhten, dass im Zuge der Errichtung des Bauvorhabens Niederschlagswasser in die schadhaften Bauteile eingedrungen sei.

Beweis: Schreiben der Beklagten vom als ***Anlage K***

Die Klägerin möchte nunmehr die Mängel der Abdichtung im Wege der Selbstvornahme beseitigen lassen. Sie verlangt insoweit von der Beklagten Kostenvorschuss.

Für die Beseitigung der Mängel werden reine Mängelbeseitigungskosten von ca. EUR *anfallen. Hinzu kommen erforderliche Regie- und Planungskosten von ca.* EUR. *Somit beläuft sich ein angemessener Vorschuss für die erforderlichen Mängelbeseitigungsarbeiten auf wenigstens* EUR.

Beweis: Sachverständigengutachten)

2. Mängel Fenster (bezieht sich auf Teilbetrag von Antrag III.)

Darüber hinaus waren auch die von der Beklagten montierten Fenster mangelhaft. Sie verfügten über keinen ausreichenden Öffnungsmechanismus.

Bei der Mehrzahl der im streitgegenständlichen Bauvorhaben eingebauten Fenster handelt es sich um nach innen kippende Fenster mit einer Breite von ___ m und einer Höhe von ___ m. Die Fensterflügel weisen ein Gewicht von ca. ___ kg auf. Sie lassen sich über einen am oberen Rahmen befindlichen Fenstergriff entriegeln und nach innen kippen.

Am ___ öffnete der Mitarbeiter der Klägerin ___ eines der im Raum 1.01 befindlichen Fenster. Dieses brach dabei aus der Verankerung und stürzte nach innen auf die Fensterbank.

Beweis: Herr ___, zu laden über die Klägerin als Zeuge

Die Klägerin forderte die Beklagte zur Reparatur des Fensters auf. Die Beklagte führte in der Folgereparatur Maßnahmen durch. Am ___ brach im Raum 1.03 ein weiteres Fenster aus der Verankerung als die Mitarbeiterin der Klägerin Frau ___ das Fenster öffnen wollte.

Beweis: Frau ___, zu laden über die Klägerin als Zeugin

Die Klägerin nahm dies zum Anlass, die Fenster im streitgegenständlichen Gebäude durch den TÜV Süd sicherheitstechnisch untersuchen zu lassen. Dabei stellte sich heraus, dass bei sämtlichen Fenstern unzureichende Öffnungsscheren eingebaut wurden. Die von der Beklagten eingebauten Öffnungsscheren sind lediglich für Fensterflügel mit einem Maximalgewicht von ___ kg geeignet. Die Fensterflügel im streitgegenständlichen Gebäude haben aber wie gesagt ein Gewicht von ca. ___ kg.

Beweis: 1. Sicherheitstechnischer Bericht des TÜV Süd als **Anlage K 7**
2. Sachverständigengutachten

Hinsichtlich der Einzelheiten der Mängel verweist die Klägerin im Übrigen auf den als Anlage K 7 vorgelegten sicherheitstechnischen Bericht, den die Klägerin in vollem Umfang zum Gegenstand ihres Vortrags macht. Sollte das Gericht diese Form der konkreten Bezugnahme als unzulässig ansehen und weiteren Vortrag zum Inhalt des Berichts für erforderlich halten, bitten wir höflich um entsprechenden richterlichen Hinweis.

Mit Schreiben vom ___ forderte die Klägerin die Beklagte auf, die ungeeigneten Öffnungsscheren auszutauschen und durch geeignete Öffnungsscheren zu ersetzen. Zur Behebung der Mängel setzte die Klägerin der Beklagten eine Frist bis zum ___.

Beweis: Schreiben der Klägerin vom ___ als **Anlage K 8**

Die Beklagte beseitigte die Mängel innerhalb der Frist nicht. Stattdessen erklärte sie mit Schreiben vom ___, dass kein Mangel vorliege. Vielmehr beruhten die Schadensfälle auf einer unsachgemäßen Bedienung durch die Mitarbeiter der Klägerin.

Beweis: Schreiben der Beklagten vom ___ als **Anlage K 9**

Die Klägerin beauftragte daher nach Ablauf der Nachbesserungsfrist die Firma ___ mit dem Einbau fachgerechter Öffnungsscheren.

Die Firma tauschte sämtliche Öffnungsscheren aus.

Beweis: Herr , zu laden über die Firma als Zeuge

Mit Schlussrechnung vom stellte die Firma der Klägerin EUR netto in Rechnung.

Beweis: Schlussrechnung der Firma vom als **Anlage K 10**

Die Firma hat die in der Schlussrechnung abgerechneten Leistungen erbracht.

Beweis: Herr , zu laden über die Firma als Zeuge

Die erbrachten und abgerechneten Leistungen waren zur Mangelbeseitigung erforderlich.

Beweis: Sachverständigengutachten

Mit Schlussrechnung vom stellte der TÜV Süd der Klägerin für die Begutachtung der Fenster EUR netto in Rechnung.

Beweis: Schlussrechnung des TÜV Süd vom als **Anlage K 11**

Der TÜV Süd hat die in der Schlussrechnung abgerechneten Leistungen erbracht.

Beweis: Herr , zu laden über TÜV Süd als Zeuge

Die erbrachten und abgerechneten Leistungen waren zur Schadensfeststellung erforderlich.

Beweis: Sachverständigengutachten

Die Klägerin verweist darauf, dass sie verschiedene der ursprünglich eingebauten Fensterscheren nach dem Ausbau in Verwahrung genommen hat. Diese stehen für eine sachverständige Begutachtung im Rahmen dieses Rechtsstreits also weiterhin zur Verfügung.

(ggf. anstelle des Textes unter B II. nach Beweisangebot Anlage K 9: Erklärung der Minderung gem. § 638 BGB nach fruchtlosem Ablauf der Nacherfüllungsfrist

Nachdem die Frist zur Nacherfüllung erfolglos abgelaufen war, erklärte die Klägerin mit Schreiben vom gegenüber der Beklagten die Minderung der Vergütung der Beklagten um einen Betrag von .

*Beweis: Schreiben der Klägerin vom als **Anlage K***

Die Minderung der Vergütung i.H.v. EUR ist gem. § 638 Abs. 3 S. 1 BGB angemessen. Der Wert der Werkleistung der Klägerin ist durch die mangelhafte Ausführung der Fenster wenigstens um einen Betrag von EUR gemindert gewesen. Dies entspricht auch den zur Mangelbeseitigung erforderlichen Kosten.

Beweis: Sachverständigengutachten)

3. Mängel Außenputz (bezieht sich auf Teilbetrag Antrag III.)

Darüber hinaus weist auch der Außenputz Mängel auf. Im Fassadenbereich rechts des Haupteinganges bis hin zur zweiten Fensterreihe nach dem Haupteingang zeigten sich im Erdgeschoss eine Vielzahl von weiterhin vorhandenen Rissen im Putz.

Beweis: 1. Privatgutachten des Herrn als **Anlage K 12**
2. Einholung eines Sachverständigengutachtens

Hinsichtlich der Einzelheiten der Mängel verweist die Klägerin im Übrigen auf das als Anlage K 12 vorgelegte Gutachten, das u.a. auch Fotos der Risse und eine zeichnerische Darstellung der Risslagen enthält. Das Gutachten macht die Klägerin in vollem Umfang zum Gegenstand ihres Vortrags. Sollte das Gericht diese Form der konkreten Bezugnahme als unzulässig ansehen und weiteren Vortrag zum Inhalt des Berichts für erforderlich halten, bitten wir höflich um entsprechenden richterlichen Hinweis.

Nach den anerkannten Regeln der Technik darf ein fachgerecht ausgeführter Außenputz keine derartigen Risse aufweisen.

Beweis: wie vor

Die Klägerin beabsichtigt derzeit keine Beseitigung dieses Mangels, sondern begehrt Schadensersatz wegen des dem Gebäude insoweit anhaftenden Minderwerts. Ein möglicher Verkaufserlös für das Gebäude ist aufgrund der bestehenden Risse aus zwei Gründen gemindert: Einerseits besteht das Risiko, dass durch diese Risse in erhöhtem Maße Feuchtigkeit in die Fassade eindringen, kann, was zu einer geringeren Lebens- und Standdauer der Fassade führt; das werden mögliche Erwerber bei der Ermittlung eines Kaufpreises entsprechend einkalkulieren. Außerdem beeinträchtigen die Risse das Erscheinungsbild des Gebäudes, was infolge zumindest potenzieller Auswirkungen auf die Nutzbarkeit (z.B. erzielbare Mieten) ebenfalls einen möglichen Verkaufspreis reduzieren wird. Der Minderwert beträgt wenigstens EUR

Beweis: Einholung eines Sachverständigengutachtens

Im Hinblick auf die Risse der Fassade macht die Klägerin neben dem bezifferten Schadensersatzanspruch auch Feststellung für den Fall geltend, dass der gutachterlich ermittelte Minderwert den derzeit eingeklagten Betrag übersteigt.

(Sachverhaltsalternative VOB/B-Vertrag Zu B II. 3; die Klägerin macht Schadensersatz, hilfsweise Minderung geltend:

Die Beklagte hat mit Schreiben vom die Nacherfüllung verweigert, da diese einen unverhältnismäßig hohen Aufwand erfordere. Die Beklagte hat sich darauf gestützt, dass es sich um lediglich geringfügige optische Mängel ohne Auswirkungen auf die Funktionalität des Bauwerks handele. Der Mängelbeseitigungsaufwand von EUR *stünde in keinem Verhältnis zur Steigerung des Nutzens für die Klägerin.*

Beweis: *Schreiben der Klägerin als **Anlage K***

Das ist unzutreffend. Bei den Putzrissen handelt es sich um einen wesentlichen Mangel, der die Gebrauchsfähigkeit der Bauleistung erheblich beeinträchtigt. Bei den Rissen mag es sich nur um Haarrisse handeln. Durch diese Risse kann jedoch in erhöhtem Maße

Feuchtigkeit in die Fassade eindringen. Dadurch ist die Standsicherheit und Lebensdauer der Fassade insgesamt nachhaltig beeinträchtigt.

Beweis: Sachverständigengutachten

Die Beklagte hat diesen Mangel schuldhaft, nämlich wenigstens fahrlässig verursacht.

Die Klägerin verlangt vor diesem Hintergrund Schadensersatz gem. § 13 Abs. 7 Nr. 3 S. 1 VOB/B i.H.v. EUR.

Die Klägerin erklärt darüber hinaus hilfsweise, für den Fall, dass die Nacherfüllung mit einem unverhältnismäßig hohen Aufwand verbunden sein sollte, die Minderung gem. § 13 Abs. 6 VOB/B. Angemessen wäre in diesem Fall wenigstens ein Minderungsbetrag i.H.v. EUR.

Beweis: Sachverständigengutachten)

C. Zum Rechtlichen

I. Abdichtung

Die Abdichtung ist mangelhaft, § 633 Abs. 2 S. 1 BGB. Die Ausführung der Abdichtung entspricht nicht der Planung, die Vertragsbestandteil des zwischen den Parteien bestehenden Bauvertrages war. Das Werk hat somit nicht die vereinbarte Beschaffenheit.

Die Klägerin kann damit gem. § 635 BGB Nacherfüllung verlangen.

(ggf. im Falle der Vorschussklage rechtliche Ausführungen zum Sachvortrag B II (c):

Der Klägerin steht ein Anspruch auf Zahlung von Vorschuss für eine Selbstvornahme zu, § 637 Abs. 3 BGB. Die Beklagte hat innerhalb der von der Klägerin gesetzten Nachfrist zur Mängelbeseitigung die Bauwerksmängel nicht beseitigt, so dass die Voraussetzungen für eine Selbstvornahme gem. § 637 Abs. 1 BGB vorliegen.

Im Übrigen wäre auch eine sofortige Selbstvornahme zulässig gewesen, da die Beklagte gem. §§ 637 Abs. 2 S. 1, 323 Abs. 2 Nr. 1 BGB die Nacherfüllung ernsthaft und endgültig verweigerte, indem sie jegliche Verantwortung für die Abdichtungsmängel zurückgewiesen hat.

Schließlich wäre eine sofortige Selbstvornahme auch deshalb gerechtfertigt gewesen, da die Beklagte auf die Aufforderung, sich zur Mängelbeseitigung zu bekennen und einen Termin zur Mängelbeseitigung vorzulegen, nicht reagierte. Nachdem die Beklagte die hierfür gesetzten Fristen fruchtlos verstreichen ließ, war der Klägerin das Setzen einer Nachbesserungsfrist nicht mehr zumutbar, da sich ihr der Eindruck aufdrängen musste, dass die Beklagte sich der Nachbesserung entziehen wolle.)

Darüber hinaus hat die Beklagte gem. §§ 634, 280 BGB auch die weiteren durch die Mängel entstehenden Schäden der Klägerin zu ersetzen. Eine Bezifferung der weiteren Schäden ist vorab noch nicht möglich, so dass der Klageantrag II. als Feststellungsantrag zulässig ist.

II. Fenster

Die Fenster waren ebenfalls mangelhaft. Sie haben sich nicht sicher öffnen lassen und waren somit nicht für die nach dem Vertrag vorausgesetzte Verwendung geeignet, § 633 Abs. 2 S. 2 Nr. 1 BGB. Im Übrigen wiesen sie, aufgrund der nicht gewichtsangemessenen

Öffnungsscheren, nicht die übliche Beschaffenheit auf, § 633 Abs. 2 S. 2 Nr. 2 BGB. Nachdem die Beklagte trotz Aufforderung zur Mangelbeseitigung mit Nachfrist den Mangel nicht beseitigt hat, war die Klägerin berechtigt, den Mangel gem. § 637 Abs. 1 S. 1 BGB auf Kosten der Beklagten beseitigen zu lassen. Zu den ersatzfähigen Kosten zählen auch die Aufwendungen für die Mangelermittlung, mithin für das TÜV-Gutachten.

Im Übrigen wäre sogar eine sofortige Selbstvornahme zulässig gewesen, da die Beklagte gem. §§ 637 Abs. 2 S. 1, 323 Abs. 2 Nr. 1 BGB die Nacherfüllung ernsthaft und endgültig verweigert hat, indem sie jegliche Verantwortung für den Mangel zurückgewiesen hat.

Schließlich hätte es eine Nachfrist deshalb nicht bedurft, da die Klägerin die Mängel unverzüglich beseitigen musste, um durch herabstürzende Fensterflügel Gesundheitsgefahren für ihre Mitarbeiter zu vermeiden. In dieser Konstellation wäre auch eine sofortige Ersatzvornahme jeweils i.S.d. §§ 637 Abs. 2 S. 1, 323 Abs. 2 Nr. 3 BGB zulässig.

III. Putz

Der Putz ist ebenfalls mangelhaft, § 633 Abs. 2 S. 1 BGB. Die Beklagte schuldete Herstellung eines den anerkannten Regeln der Technik entsprechenden rissfreien Putzes. Die Klägerin hat gem. §§ 634 Nr. 4, 636, 280 Abs. 1, Abs. 3, 281 BGB Anspruch auf Schadensersatz. Einer Nachfristsetzung bedurfte es gem. § 636 BGB nicht. Denn eine Mängelbeseitigung durch die Beklagte ist der Klägerin unzumutbar, nachdem die Beklagte weder die Mängel der Abdichtung noch die Mängel der Fenster trotz entsprechender Aufforderung durch die Klägerin beseitigt hat. Die Beklagte hat sich somit als unzuverlässig erwiesen.

(*Unterschrift*) (*Rechtsanwalt*)

▲

3. Anmerkungen

a) Gerichtsstand/Kammer für Handelssachen

Im Rahmen der Zulässigkeit ist der Gerichtsstand zu prüfen. Als Gerichtsstand kommt hier nicht nur der allgemeine Gerichtsstand nach §§ 12 ff. ZPO in Betracht. In Bausachen ist immer auch an den Gerichtsstand des Erfüllungsortes, § 29 ZPO, zu denken. Der Erfüllungsort für Bausachen ist der Ort, an dem das Bauwerk errichtet wird.[92] Auch für den mit der Vollarchitektur beauftragten Architekten ist der Ort des Bauvorhabens Erfüllungsort gem. § 29 ZPO.[93] Gleiches gilt wohl für den isoliert mit der Bauüberwachung beauftragten Architekten, nicht aber für den nur planenden Architekten (str.). Sind die Parteien des Rechtsstreits darüber hinaus auch Kaufleute, ist im Hinblick auf § 98 GVG die Klage stets bei der Kammer für Handelssachen einzureichen. Der Beklagte könnte andernfalls leicht durch einen Verweisungsantrag den Rechtsstreit verzögern. Ist die Klage dagegen gegen den Architekten gerichtet, ist zu beachten, dass dieser als Freiberufler kein Kaufmann ist. Die Klage gehört also vor die Zivilkammern und nicht vor die Kammer für Handelssachen. 93

92 BGH v. 5.12.1985 – I AZR 737/85 – NJW 1986, 935.
93 BGH v. 7.12.2000 – VII ZR 404/99 – BauR 2001, 979.

b) BGB-Gesellschaft als Beklagte

94 Ist der Unternehmer eine BGB-Gesellschaft, die aus mehreren Gesellschaftern besteht (beispielsweise eine Architektengemeinschaft), ist daran zu denken, zum einen die BGB-Gesellschaft, zum anderen die Gesellschafter zu verklagen. Nachdem der BGH die Teilrechtsfähigkeit der BGB-Gesellschaft anerkannt hat, ist dies zwar nicht mehr zur Verjährungsunterbrechung nötig, jedoch im Hinblick auf eine Vollstreckbarkeit gegen die einzelnen Gesellschafter unabdingbar.

c) Anträge

95 Wenngleich rechtlich ohne Weiteres möglich, ist es sehr unüblich, auf Nacherfüllung zu klagen (Antrag I.). Wenn der Unternehmer außergerichtlich nicht bereit war, die gerügten Mängel zu beseitigen, wird der Besteller – wenn er einmal den Gerichtsweg beschreitet – meist keine Nacherfüllung durch den Unternehmer mehr wünschen, da er häufig von ihm keine ordnungsgemäße Nacherfüllung mehr erwartet. Ein Urteil, das den Unternehmer zur Nacherfüllung verpflichtet, ist zudem eher umständlich zu vollstrecken (§ 887 ZPO). Darüber hinaus ist es Sache des Unternehmers, zu entscheiden, wie er die Mängelbeseitigung durchführt. Deswegen kann keine bestimmte Art der Durchführung verlangt werden. Der Besteller hat nur Anspruch auf den Mängelbeseitigungserfolg, nicht aber auf eine bestimmte Art und Weise der Ausführung. Nur dann, wenn ausnahmsweise nur eine einzige Art der Mängelbeseitigung objektiv erfolgversprechend ist, kann der Besteller auch konkrete Mängelbeseitigungsmaßnahmen fordern.

So oder so muss darauf geachtet werden, den Antrag – im Hinblick auf die Verjährungshemmung ebenso wie im Hinblick auf die Vollstreckung – hinreichend bestimmt zu formulieren.

Vor diesem Hintergrund wird es sich häufig als sinnvoll erweisen, statt einer Klage auf Nacherfüllung direkt eine Vorschussklage (Alternativantrag I.) zu erheben. Sinnvoll kann eine Klage auf Nacherfüllung sein, wenn der Unternehmer grundsätzlich leistungsbereit ist und beispielsweise angekündigt hat, bei Feststellung seiner fachlichen Verantwortlichkeit für einen bestimmten Mangel die Nachbesserung durchzuführen. Soweit nur technische Fragen streitig sind, kann es sich in diesem Fall aber auch anbieten, auf die Vereinbarung eines – im Vergleich zu einem Prozess häufig zeit- und kostensparenden – Schiedsgutachtens hinzuwirken.

Der Kostenvorschuss für die Mangelbeseitigung ist ab Verzug oder spätestens Rechtshängigkeit nach den gesetzlichen Vorschriften zu verzinsen. Es gilt der Zinssatz von fünf Prozentpunkten über dem Basiszinssatz gem. § 288 Abs. 1 S. 2 BGB.[94]

96 Bei allen Zahlungsklagen, die vor Beseitigung der Mängel erhoben werden, stellt sich die Frage, ob die auf bloßen Prognosen beruhenden beantragten Beträge tatsächlich zur Mängelbeseitigung ausreichen werden. In dieser Situation ist deswegen immer zu überlegen, ob ergänzend zum Zahlungsantrag noch ein Feststellungsantrag erforderlich

94 OLG Karlsruhe v. 28.10.2004 – 17 U 19/01 – IBR 2006, 135.

ist, insbesondere um zu vermeiden, dass Ansprüche im Hinblick auf Mängelbeseitigungskosten, die den ursprünglich geltend gemachten Betrag überschreiten, verjähren.

Eine Vorschussklage hemmt die Verjährung hinsichtlich der gesamten Mängelbeseitigungskosten, auch wenn diese höher sind als zunächst beziffert.[95] Im Rahmen der späteren Abrechnung über den Vorschuss können auch höhere Kosten als ursprünglich beziffert verlangt werden.[96] Diese „reine Lehre" des BGH wird jedoch von den Instanzgerichten nicht immer berücksichtigt.[97] Aus anwaltlicher Vorsicht kann man daher auch einen an sich rechtlich nicht notwendigen Feststellungsantrag im Rahmen einer Vorschussklage mit aufnehmen, um unnötige Streitigkeiten im Instanzenzug zu vermeiden.

Sonst gilt: die Verjährung ist in aller Regel nur in Höhe des bezifferten und eingeklagten Betrags gehemmt (sog. verdeckte Teilklage);[98] stellt sich später, heraus, dass der zunächst eingeklagte Betrag zu niedrig angesetzt war, kann für den Rest Verjährung eingetreten sein.

Und eine Vorschussklage hemmt die Verjährung nur für Mängelbeseitigungskosten, nicht aber für Mangelfolgeschäden wie etwa Gutachterkosten, Miete von Ersatzräumen, Betriebsausfallkosten, vorsorgliche Anwaltskosten etc. Sind solche Schäden noch nicht bezifferbar bzw. drohen sie erst künftig einzutreten, muss ihre Durchsetzung mit einem Feststellungsantrag gesichert werden (vgl. Antrag II. bzw. Alternativantrag II.b)).

Die Zulässigkeit von Feststellungsklagen in Bausachen ist insgesamt aber nicht unum- **97**
stritten. Der BGH hat diese grundsätzlich gebilligt, wenn die Höhe der Mängelbeseitigungskosten oder des Schadens noch nicht bezifferbar ist.[99] Nimmt man das ernst, dürften Feststellungsklagen häufig zulässig sein. In der Instanzen-Rechtsprechung wird diese Frage aber mitunter wesentlich enger gesehen.[100]

d) Mängel

Die Anforderungen an die Darlegung eines Mangels im Prozess sind nach der Rspr. des **98**
BGH nicht sehr hoch. Es reicht aus, dass der Kläger die äußeren Mängelerscheinungen vorträgt und eine Zuordnung zu einer bestimmten Leistung des Beklagten vornimmt (sog. Symptomrechtsprechung).[101] Was die Ursachen für die Mängelerscheinungen sind, muss der Kläger nicht darlegen,[102] sein Vortrag zu Mangelsymptomen erfasst alle möglichen Ursachen dieser Symptome.[103] Dies gilt auch dann, wenn die angegebenen Symptome nur an bestimmten Stellen auftreten, während ihre Ursache und damit der Mangel

95 BGH v. 1.2.2005 – X ZR 112/02 – NJW-RR 2005, 1037.
96 Vgl. hierzu BGH v. 25.9.2008 – VII ZR 204/07 – NZBau 2009, 120.
97 Vgl. nur die Vorgängerinstanzen zu BGH v. 25.9.2008 – VII ZR 204/07 – NZBau 2009, 120.
98 Vgl. BGH v. 2.5.2002 – III ZR 135/01 – NJW 2002, 2167.
99 BGH v. 21.1.2000 – V ZR 387/98 – NJW 2000, 1256; BGH v. 15.1.2008 – VI ZR 53/07 – NJW-RR 2008, 1520; BGH v. 25.2.2010 – VII ZR 187/08 – NJW-RR 2010, 750.
100 Vgl. OLG Celle v. 19.12.2006 – 16 U 127/06 – NJW-RR 2007, 676; zu Recht kritisch zu dieser Entscheidung: *Zepp*, juris PR-PrivBauR 3/2007, Anm. 1. Ähnlich wie OLG Celle aber auch OLG Dresden v. 15.12.2009 – 14 U 912/08 – BauR 2010, 915.
101 Grundlegend BGH v. 17.1.2002 – VII ZR 488/00 – NJW-RR 2002, 743.
102 BGH v. 5.6.2014 – VII ZR 276/13 – NJW-RR 2014, 1204.
103 BGH v. 24.8.2016 – VII ZR 41/14 – BauR 2017, 106.

des Werks das ganze Gebäude erfasst.[104] Es ist also nicht nötig, rein aus Substantiierungsgründen vor dem Prozess ein Privatgutachten einzuholen, um dann konkret zur Ursachenzusammenhängen zwischen dem Mangelsymptom und dem eigentlichen Mangel der Werkleistung vortragen zu können. Auch ist vertiefter Vortrag zu den erforderlichen Mängelbeseitigungsmaßnahmen nicht nötig. Dennoch ist es häufig empfehlenswert, ein vorprozessuales Privatgutachten einzuholen. Der künftige Kläger gewinnt so Klarheit darüber, ob zum einen überhaupt ein Mangel vorliegt, welche Bedeutung dieser hat (stellt sich nämlich heraus, dass es sich um einen Mangel handelt, der mit vergleichsweise geringem Aufwand beseitigt werden kann, wird eine Klage häufig mehr Aufwand produzieren als Nutzen bringen) und insbesondere bei mehreren Baubeteiligten kann der Kreis der potenziell Verantwortlichen so möglicherweise eingegrenzt werden.

Im Übrigen werden in der Instanzenrechtsprechung häufiger überhöhte Anforderungen an die Substantiierung eines Mangels gestellt. Wenn der Kläger auf Grundlage eines Privatgutachtens vertieft vorträgt – und damit letztlich über das hinausgeht, was der BGH von ihm fordert – kann dies dazu beitragen, zeitintensive Diskussionen über die höchstrichterliche Rechtsprechung zur Substantiierung zu vermeiden. Im Übrigen darf nicht übersehen werden, dass die Symptomrechtsprechung des BGH den Kläger selbstverständlich nicht davon entbindet, die Mangelsymptome so genau wie möglich unter Nutzung einschlägiger Fachterminologie zu bezeichnen. Der Mangel muss so beschrieben werden, dass für einen Dritten – namentlich den Gerichtsgutachter – das Mangelsymptom ohne Weiteres auffindbar ist und klar ist, was damit gemeint ist. Auch insoweit kann es hilfreich sein, wenn bereits durch ein Privatgutachten eine umfassende Aufnahme und Beschreibung der Mangelsymptome erfolgt ist.

e) Aufforderung zur Mängelbeseitigung

99 Bei der Klage auf den originären Nacherfüllungsanspruch, ist es nicht erforderlich, zu einer Fristsetzung gem. § 637 Abs. 1 BGB bzw. § 13 Abs. 5 Nr. 2 VOB/B vorzutragen. Für die Nacherfüllungsklage ist selbst eine „normale“ Aufforderung ohne Fristsetzung nicht Voraussetzung. Der Besteller könnte also auch sofort zur Klage schreiten. Regelmäßig wird ein Besteller aber nicht sofort Klage erheben, was schon im Hinblick auf das sonst bestehende Kostenrisiko nach § 93 ZPO anzuraten ist.

f) Einreden/Einwendungen des Beklagten

100 Grundsätzlich soll in der Klageschrift nicht auf etwaige Einwendungen/Einreden der Gegenseite eingegangen werden. Der Kläger muss nur das vortragen, was zur schlüssigen Darlegung des eigenen Anspruchs erforderlich ist. Nicht nötig und in der Regel nicht ratsam ist es, zu bereits vor der Klageeinreichung erhobenen oder auch nur denkbaren Gegenargumenten Stellung zu nehmen. Wenn einzelne Aspekte aber bereits vorprozessual ausgiebig diskutiert wurden und sich auch in den mit der Klageschrift vorgelegten Unterlagen widerspiegeln, kann es im Einzelfall unschädlich, ggf. im Hinblick auf eine

104 OLG München v. 10.12.2019 – 9 U 4413/18 Bau – BauR 2021, 1315.

Konzentrierung des Rechtsstreits mitunter sogar empfehlenswert sein, zu Gegenargumenten des Beklagten vorab Stellung zu nehmen.

g) Mängelbeseitigungskosten

Die Höhe der Mängelbeseitigungskosten kann der Besteller schätzen. Es ist nicht nötig, dass er hierzu vorprozessual ein Privatgutachten einholt. Vielmehr reicht es aus, dass er für den Fall des Bestreitens der Höhe der Mängelbeseitigungskosten Beweis durch gerichtliches Sachverständigengutachten anbietet.[105] Häufig ist eine sachverständige Ermittlung der voraussichtlichen Mängelbeseitigungskosten vor Klageerhebung aber dennoch empfehlenswert, schon um zu vermeiden, dass bei einer zu hohen Kostenschätzung die Klage teilweise abgewiesen wird und der Besteller entsprechend mit den Kosten belastet wird. **101**

h) Mangelbeseitigung vor Prozessabschluss

Die Beweislast für das Vorliegen eines Mangels trägt bis zur Abnahme der Unternehmer, danach der Besteller.[106] Ist die Abnahme erfolgt oder ihr Vorliegen streitig und somit der Besteller zumindest potenziell in der Beweispflicht, kann er sich in einer Zwickmühle befinden: **102**

Aus Beweisgründen wäre es oft sinnvoll, den Mangel bis zum Abschluss eines Gerichtsverfahrens nicht zu beseitigen, da sonst der Nachweis der Mangelhaftigkeit erschwert, schlimmstenfalls ganz vereitelt werden kann.

Andererseits gibt es Mängel, die der Besteller nicht über Jahre hinweg alleine zur Beweissicherung „vorhalten" möchte; häufig kann er dies auch nicht, gerade wenn es sich um sicherheitsrelevante Mängel handelt. Auch kann der Besteller schon aufgrund seiner Schadensminderungspflicht gehalten sein, zur Vermeidung von Folgeschäden oder einer Schadensausweitung zeitnah zur Beseitigung eines Mangels zu schreiten.

In diesen Fällen ist es unabdingbar, dass rechtzeitig Beweise gesichert werden. Bestandteil einer solchen Beweissicherung sollte stets ein Privatgutachten sein, das den Status Quo aussagekräftig festhält. Soweit dies möglich ist, sollten zudem schadhafte Bauteile für eine spätere Begutachtung durch einen Gerichtssachverständigen gesichert werden. Darüber hinaus sollte der Unternehmer, der die Ersatzvornahme durchführt, darauf hingewiesen werden, dass er seine Arbeiten ordnungsgemäß dokumentiert. Er kann in einem späteren Prozess auch als Zeuge in Betracht kommen. Ergänzend kommen auch Foto- oder Videodokumentationen in Betracht.[107]

Gerade, wenn durch eine Ersatzvornahme des Bestellers bestimmte Beweise dauerhaft verändert oder vernichtet werden, sollte dieser dem Unternehmer vorab nachweislich Gelegenheit zur Nacherfüllung oder wenigstens Dokumentation des Status Quo (idealer-

105 St. Rspr. des BGH, etwa v. 28.11.2002 – VII ZR 136/00 – NJW 2003, 1038; BGH v. 8.5.2003 – VII ZR 407/01 – NJW-RR 2003, 1239; BGH v. 22.2.2001 – VII ZR 115/99 – NZBau 2001, 313 f.
106 BGH v. 23.10.2008 – VII ZR 64/07 – NJW 2009, 360.
107 Nicht ausschließlich, wie OLG Frankfurt v. 29.3.2006 – 4 U 136/04 – IBR 2007, 1084 zeigt.

weise mittels gemeinsamen Vor-Ort-Termins) geben.[108] Auch das Recht des Unternehmers auf Zustandsfeststellung gem. § 650g BGB ist in diesem Zusammenhang zu beachten.

i) Minderungsrecht, § 638 BGB

103 Neben der Nacherfüllung kann dem Besteller im Falle einer Mangelhaftigkeit des Bauwerks auch ein Minderungsrecht zustehen, § 638 BGB. Die Minderung ist ein einseitiges Gestaltungsrecht und muss daher gegenüber dem Unternehmer erklärt werden. Die Erklärung der Minderung ist eine einseitige, empfangsbedürftige, rechtsgestaltende (und daher grds. bedingungsfeindliche) Willenserklärung. Die Minderung kann erst nach fruchtlosem Ablauf der zur Mangelbeseitigung gesetzten Frist erklärt werden. Eine Erklärung der Minderung „auf Vorrat" vor Ablauf der Nacherfüllungsfrist ist unwirksam. Eine Ausnahme stellt der Fall des § 323 Abs. 4 BGB dar, der wohl entsprechend auf die Minderung anwendbar ist. Wenn offensichtlich ist, dass die Voraussetzungen der Minderung eintreten werden, kann die Minderung sofort erklärt werden. Wie üblich bei empfangsbedürftigen Willenserklärungen sollte die Erklärung zugangssicher versandt werden.

104 Um den Minderungsbetrag selbst zu berechnen, ist es nötig, die Wertdifferenz zwischen dem mangelfreien und dem mangelhaften Bauwerk zu bestimmen. Der früher geläufige Ansatz – Minderwert entspricht (fiktiven) Mängelbeseitigungskosten – ist im Lichte der jüngeren BGH-Rechtsprechung[109] nicht mehr möglich.

105 Ansätze für die Ermittlung des Minderwerts können sein: Nutzwertanalyse[110] bzw. Beeinträchtigung des Ertrags- und Veräußerungswerts eines Grundstücks,[111] lineare Kürzung bei Unterschreiten der vereinbarten Wohnfläche;[112] bei Verwendung minderwertiger Materialien ist in jedem Fall der Vergütungsanteil herauszurechnen, welcher der Differenz zwischen geschuldeter und tatsächlicher Ausführung entspricht. Hinzutreten können weitere Abzüge für technischen und/oder merkantilen Minderwert.

106 Das entscheidende Gericht kann die Minderung schätzen, § 638 Abs. 3 S. 2 BGB. Ist der Unternehmer bereits vollständig bezahlt worden, kann der Besteller Rückerstattung des zu viel gezahlten Werklohns verlangen, § 638 Abs. 4 S. 1 BGB. Andernfalls ist auch an eine Aufrechnung zu denken. Der Zeitpunkt für die Beurteilung der Wertdifferenz ist wohl bei VOB/B und BGB-Verträgen unterschiedlich. Während der BGH[113] bereits früh die Abnahme als maßgeblichen Zeitpunkt für den VOB/B-Vertrag bestimmt hat, heißt es in § 638 Abs. 3 S. 1 BGB „Vertragsschluss". Wenngleich dies umstritten ist, dürfte

108 Vgl. OLG Düsseldorf v. 11.10.2013 – I-22 U 81/13 – NJW 2014, 1115: Beweisvereitelung durch unberechtigte Ersatzvornahme.
109 BGH v. 22.2.2018 – VII ZR 46/17 – NZBau 2018, 201.
110 OLG Zweibrücken v. 25.4.2005 – 7 O 53/04 – BauR 2006, 690.
111 OLG Düsseldorf v. 9.10.2018 – I-23 U 43/17 – BauR 2021, 1158.
112 BGH v. 8.1.2004 – 7 ZR 181/02 – NJW 2004, 2156.
113 BGH v. 24.2.1972 – VII ZR 177/70 – BauR 1972, 242.

damit für den Bereich der BGB-Verträge ein Abstellen auf die Abnahme nicht mehr möglich sein.

Die Erklärung der Minderung ist außerprozessual grundsätzlich bedingungsfeindlich. 107
Die hilfsweise Geltendmachung im Prozess ist jedoch ohne Weiteres möglich.

j) Ersatz der Kosten der Selbstvornahme

Der Besteller kann als weiteres Gewährleistungsrecht auch die Kosten der Selbstvor- 108
nahme ersetzt verlangen, § 637 BGB. Hierzu ist jedoch wiederum der erfolglose Ablauf einer gesetzten Nachfrist erforderlich. Häufig werden in der Praxis auch so genannte „doppelte Nachfristsetzungen" vorgenommen. D.h., neben der eigentlichen Mängelbeseitigungsfrist wird eine Frist zur Aufnahme der Arbeiten, zur Vorlage eines Terminplanes bzw. für ein Bekenntnis zur Mängelbeseitigung gesetzt. Grundsätzlich kommt es für das Entstehen des Selbstvornahmerechts nur auf den Ablauf der Frist zur Mängelbeseitigung an. Dass der Unternehmer sich daneben nicht fristgerecht erklärt bzw. mit den Arbeiten beginnt oder einen Bauzeitenplan vorlegt, ist für das Entstehen der Sekundäransprüche grundsätzlich unbeachtlich. Der Besteller sollte sich daher im Regelfall nicht darauf verlassen, dass nach Ablauf einer solchen ersten Frist, aber noch vor Ablauf der eigentlichen Beseitigungsfrist, bereits ein Recht zur Ersatzvornahme entsteht.

Im Einzelfall, gerade bei komplexen Mängelbeseitigungsarbeiten, kann das Verstreichen- 109
lassen der ersten Frist jedoch dazu führen, dass der Besteller das Vertrauen in eine ordnungsgemäße Nacherfüllung durch den Unternehmer verliert. Dann ist eine sofortige Geltendmachung von Sekundäransprüchen möglich.[114] Eine solcherart begründete Entbehrlichkeit einer Nachfristsetzung sollte aber stets nur ein Zusatzargument sein; tatsächlich sollte eine Klage stets auf das Verstreichen der formal notwendigen Fristen gestützt werden.

Die Frist kann darüber hinaus auch aus anderen Gründen entbehrlich sein. Besonders 110
praxisrelevant ist hier die ernsthafte und endgültige Erfüllungsverweigerung. Wie bei allen Ausnahmetatbeständen zum Erfordernis der Nachfristsetzung ist auch bei der endgültigen und ernsthaften Erfüllungsverweigerung Vorsicht geboten. Insbesondere kann auch nicht durch eine erst nach bereits durchgeführter Selbstvornahme erfolgte ernsthafte und endgültige Erfüllungsverweigerung die fehlende Fristsetzung „geheilt" werden.[115] Die Kasuistik zur Entbehrlichkeit einer Nachfristsetzung ist beinahe unüberschaubar und gerade die unteren Instanzen sind in ihren Entscheidungen oft unvorhersehbar. Auch hier hat der Anwalt darauf hinzuwirken, dass der sicherste Weg – Setzen einer angemessenen Nachfrist – gewählt wird.

114 So BGH v. 23.2.2006 – VII ZR 84/05 – NJW 2006, 2254.
115 BGH v. 20.1.2009 – 10 ZR 45/07 – BauR 2009, 976.

k) Besonderheiten für VOB/B-Vertrag

111 Bei einem VOB/B-Vertrag sind statt der Vorschriften des BGB die der VOB/B in Bezug zu nehmen. Der Begriff des Mangels ergibt sich dann aus § 13 Abs. 1 VOB/B, das Recht zur Selbstvornahme nach Fristsetzung aus § 13 Abs. 5 Nr. 2 VOB/B und die Entbehrlichkeit der Frist aus einer entsprechenden Anwendung der Vorschriften des BGB. Für die geltend gemachten Schadensersatzansprüche ist auf die Spezialregelungen des § 13 Abs. 7 VOB/B einzugehen.

4. Checkliste

112
1. Zuständiges Gericht (bedenken: § 29 ZPO – Ort des Bauvorhabens; Kammer für Handelssachen?)
2. Vertragsverhältnisse und -abwicklungsstand klären und vortragen (Vertragsschluss und ggf. Ergänzungen/Abänderungen; BGB- oder VOB-Vertrag? Abnahme erfolgt – förmlich/konkludent/fiktiv?)
3. Liegen Mängel noch vor oder sind diese bereits beseitigt?
4. Bei noch vorliegenden Mängeln Wahl des Anspruchs:
   a) Mängelbeseitigungsklage
   b) Vorschussklage (Frist zur Nacherfüllung abgelaufen oder entbehrlich)
   c) Minderung (vor allem bei Unmöglichkeit der Mängelbeseitigung)
   d) Rücktritt (vor allem Bauträgervertrag)
   e) alternativ oder kumulativ Schadensersatz
5. Bei bereits beseitigten Mängeln Wahl des Anspruchs:
   a) Ersatzvornahmekosten
   b) alternativ oder kumulativ Schadensersatz (kein fiktiver Schadensersatz möglich)
6. Konkrete Bezeichnung Mängelsymptome und Bezifferung Kosten/Mangelfolgeschäden (Privatgutachten einholen? Nicht zwingend erforderlich, aber möglicherweise sinnvoll).
7. Ist eine Bezifferung von Kosten/Schäden (noch) nicht möglich oder kann Umsatzsteuer noch nicht verlangt werden? Feststellungsantrag prüfen.

II. Muster: Klageerwiderung

1. Typischer Sachverhalt

113 Die Klageerwiderung basiert auf dem gleichen Sachverhalt wie Nr. II 1. und stellt die Erwiderung auf die Musterklage 2.1 (Rdn 92) dar.

2. Muster: Klageerwiderung

▼ 114

Landgericht

Kammer für Handelssachen

In Sachen

, *(Straße)*, *(PLZ, Ort)*, vertreten durch den Geschäftsführer

– Klägerin –

Prozessbevollmächtigte

gegen

, *(Straße)*, *(PLZ, Ort)*, vertreten durch den Geschäftsführer

– Beklagte –

Prozessbevollmächtigte

nehmen wir Stellung zur Klage vom . In der mündlichen Verhandlung werden wir beantragen:

I. Die Klage wird abgewiesen.

II. Die Klägerin trägt die Kosten des Rechtsstreits.

III. Das Urteil ist im Kostenpunkt – ggf. gegen Sicherheitsleistung – vorläufig vollstreckbar.

Begründung:

A. Zum Tatsächlichen

I. Zum Mangel der Abdichtung

Die Beklagte ist nicht verpflichtet, Nacherfüllungsmaßnahmen hinsichtlich der Abdichtung zu ergreifen. Denn die Abdichtung ist nicht mangelhaft. Im Übrigen wäre die Beklagte berechtigt, die Nacherfüllung zu verweigern. Für die geltend gemachten Folgeschäden haftet die Beklagte nicht. Im Einzelnen:

1. Kein Mangel

Die Abdichtung ist nicht mangelhaft. Die von der Beklagten ausgeführte Abdichtung entspricht den planerischen Vorgaben des Architekten sowie den maßgeblichen DIN-Vorschriften.

Beweis unter Verwahrung gegen die Beweislast: Sachverständigengutachten

(Alternativ bei bereits durch die Beklagte erfolgter Mängelbeseitigung:

Die Beklagte hat im Zeitraum zwischen dem und dem Nachbesserungsarbeiten an der Abdichtung ausgeführt. Der Mangel wurde dabei beseitigt, die Abdichtung ist jetzt mangelfrei.

Beweis: Sachverständigengutachten)

2. Leistungsverweigerungsrecht

Selbst wenn jedoch ein Mangel der Abdichtung vorläge, wäre die Beklagte zur Nacherfüllung nicht verpflichtet, denn der Beklagten steht ein Leistungsverweigerungsrecht gem. § 650f Abs. 1 S. 1 BGB zu.

Die Parteien haben vertraglich vereinbart, dass die Klägerin für die Dauer des Gewährleistungszeitraumes eine Gewährleistungssicherheit i.H.v. % der Nettovergütung aus dem Bauvertrag, also EUR erhält. Demgemäß tätigte die Klägerin einen entsprechenden Sicherheitseinbehalt von der Schlussrechnung der Beklagten.

Nachdem die Klägerin der Beklagten den vermeintlichen Mangel der Abdichtung angezeigt hatte, forderte die Beklagte die Klägerin auf, zur Absicherung ihrer Zahlungsverpflichtungen eine Sicherheit gem. § 650f BGB n.F. in Höhe des einbehaltenen Betrags von EUR innerhalb von 14 Tagen zu übergeben.

Beweis: Aufforderungsschreiben der Beklagten vom als **Anlage B 1**

Die Klägerin leistete keine Sicherheit, so dass die Beklagte mit Ablauf der Frist zur Leistungsverweigerung berechtigt war, § 650f Abs. 5 S. 1 BGB.

3. Kein Schadensersatzanspruch hinsichtlich Folgeschäden

Soweit die Klägerin Ersatz für ein in Folge des Feuchtigkeitseintritts beschädigtes Regal verlangt, bestreitet die Beklagte zunächst, dass die Beschädigung des Regals auf einem von der Beklagten zu vertretenden Wassereintritt beruht.

Die Kausalität kann im Übrigen aber auch dahinstehen. Denn der Sache nach handelt es sich hierbei um einen Mangelfolgeschaden. Für diesen haftet die Beklagte nicht. Ausweislich des von der Klägerin bereits als Anlage K 1 vorgelegten Bauvertrages – dort § 12 Abs. 1 – haben die Parteien die Haftung der Beklagten für Folgeschäden komplett ausgeschlossen, es sei denn, es läge ein Fall des Vorsatzes zugrunde. Dass die Schäden von der Beklagten vorsätzlich verursacht wurden, behauptet nicht einmal die Klägerin.

II. Zum Mangel der Fenster

1. Kein Mangel

Die Ausführung der Fenster ist nicht mangelhaft. Die verwendeten Öffnungsscheren entsprechen den planerischen Vorgaben des Architekten sowie den anerkannten Regeln der Technik. Soweit Schäden aufgetreten sind, beruhen diese auf Bedienfehlern der Klägerin.

Beweis unter Verwahrung gegen die Beweislast: Sachverständigengutachten

2. Leistungsverweigerungsrecht

Auch hinsichtlich dieses Mangels steht der Beklagten ein Leistungsverweigerungsrecht zu, nachdem die Klägerin trotz Aufforderung durch die Beklagte keine Sicherheit nach § 650f BGB stellte.

3. Kein Vorbehalt bei Abnahme

Die Klägerin ist mit der Geltendmachung von Ersatzvornahmekosten bereits deshalb ausgeschlossen, weil sie sich ihre Rechte wegen Fehlerhaftigkeit der Öffnungsscheren bei Abnahme nicht vorbehalten hat. Der erste von der Klägerin dargestellte Schadensfall erfolgte noch vor der Gesamtabnahme des Bauwerks. Eine etwaige Mangelhaftigkeit der Öffnungsscheren war damit der Klägerin zum Zeitpunkt der Abnahme bekannt.

4. Hilfsweise: Kosten der Ersatzvornahme nicht erforderlich

Lediglich hilfsweise verweisen wir darauf, dass die Kosten der Ersatzvornahme mit EUR unangemessen hoch sind. Die Beklagte hat selbst Kostenangebote für die Ausführung der von der Klägerin geltend gemachten Leistungen eingeholt. Diese lauten auf EUR bis maximal EUR.

Beweis: Angebote als **Anlage B 2**

Die von der Klägerin geltend gemachten Ersatzvornahmekosten sind vor diesem Hintergrund nicht erforderlich, sondern überhöht.

Beweis: Sachverständigengutachten

5. Hilfsweise: Mitverschulden des planenden Architekten

Selbst wenn die Beklagte für die vorgeblichen Mängel der Fenster haften sollte, müsste sich die Klägerin ein überwiegendes Mitverschulden des von ihr beauftragten Architekten anrechnen lassen. Die Beklagte baute exakt den Typ Öffnungsscheren ein, der im Ausschreibungs-Leistungsverzeichnis des von der Klägerin mit der Planung des Bauvorhabens beauftragten Architekturbüros vorgegeben war. Den entsprechenden Auszug aus dem Leistungsverzeichnis legen wir als

Anlage B 3

vor.

Die Beklagte durfte auf die Richtigkeit der Planungsvorgaben vertrauen und konnte den Planungsfehler nicht erkennen.

Beweis: Sachverständigengutachten

Der planende Architekt ist im Verhältnis zur Beklagten Erfüllungsgehilfe der Klägerin gem. §278 BGB. Das Planungsverschulden muss sich die Klägerin gem. §254 BGB zurechnen lassen. §254 BGB findet entsprechende Anwendung bei §637 BGB (BGH, Urt. V. 5.11.1998 – VII ZR 236/97 = NJW 1999, S. 416).

Da der Planungsmangel für die Beklagte nicht erkennbar war, beträgt der gem. §278 BGB der Klägerin zuzurechnende Haftungsanteil wenigstens 90 %.

Beweis: Sachverständigengutachten

(Ergänzungen zu vorstehenden Ausführungen bei Sachverhaltsvariante [kein Pauschalfestpreis, sondern Einheitspreisvertrag – Sowieso-Kosten bei Öffnungsscheren]

6. Hilfsweise: Sowieso-Kosten

Lediglich hilfsweise tragen wir noch wie folgt vor. Die Klägerin kann, selbst wenn sie im Übrigen mit ihrer Argumentation durchdringen sollte, nicht den vollständigen von ihr für die Ersatzvornahme geltend gemachten Betrag verlangen. Von diesem Betrag sind Sowieso-Kosten i.H.v. EUR *abzuziehen.*

Die beim streitgegenständlichen Bauvorhaben verwendeten und nun von der Klägerin als mangelhaft monierten Öffnungsscheren des Typs waren Gegenstand der Ausschreibung der Klägerin. Die Beklagte hat diese Öffnungsscheren zu einem Einheitspreis von EUR *angeboten. Die Beklagte hat diese Scheren dann auch eingebaut und zu dem angebotenen Einheitspreis eine Menge von Öffnungsscheren in der Schlussrechnung abgerechnet.*

Beweis: *Schlussrechnung als* ***Anlage B***

Im Zuge des Austausches der Öffnungsscheren hat die Klägerin nun jedoch die von ihr als fachgerecht geforderten Öffnungsscheren Typ zu einem wesentlich höheren Einheitspreis einbauen lassen. Der Einheitspreis für diese Öffnungsscheren beträgt ausweislich des eigenen Vortrags der Klägerin EUR.

Diesen höheren Preis hätte sie in jedem Fall aufwenden müssen, und zwar auch dann, wenn sie von Anfang an die von ihr als ordnungsgemäß dargestellten Öffnungsscheren einbauen hätte lassen. Angesichts der Preisdifferenz von EUR *und der eingebauten Stückzahl von ergibt sich somit ein Betrag der Sowieso-Kosten i.H.v.* EUR.)

III. Zum Mangel des Putzes

Die Beklagte ist nicht verpflichtet, für Putzschäden Schadensersatz an die Klägerin zu bezahlen. Die Putzrisse sind objektiv kein Mangel. Die Beklagte hat zudem im Rahmen ihrer Leistungserbringung Bedenken gegen die Ausführung der Putzarbeiten angezeigt. Daneben fehlt es an den formalen Voraussetzungen eines Schadensersatzanspruchs. Schließlich stünde der Beklagten auch diesbezüglich ein Leistungsverweigerungsrecht zu. Im Einzelnen:

1. Kein Mangel

Der Putz ist nicht mangelhaft. Bei den vorhandenen Rissen handelt es sich durchgängig um kleinste Haarrisse, die bei einem Außenputz der verwendeten Art nahezu zwangsläufig auftreten. Die Risse sind mit bloßem Auge gar nicht ohne Weiteres sichtbar. Derartige Risse dürfen nach den anerkannten Regeln der Technik bei einem fachgerecht ausgeführten Putz auftreten.

Beweis unter Verwahrung gegen die Beweislast: Sachverständigengutachten

2. Bedenken angezeigt

Selbst wenn die minimalen Risse einen Mangel darstellen sollten, wäre die Beklagte hierfür nicht verantwortlich. Die Putzarbeiten im streitbetroffenen Fassadenbereich führte die Klägerin bei Außentemperaturen von weniger als 5°C durch.

Beweis: 1. Auszug aus dem Bautagebuch als **Anlage B 4**
2. Herr … (Polier) als Zeuge

Vor der Ausführung wies die Beklagte die Klägerin schriftlich darauf hin, dass sie von einer Fortführung der Putzarbeiten angesichts der geringen Temperaturen abrate, da dies u.a. zu Rissen im Putz führen könne.

Beweis: Bedenkenanzeige vom … als **Anlage B 5**

Die Klägerin wies dennoch den Polier der Beklagten, …, durch ihren Bauleiter, …, am … an, mit den Arbeiten fortzufahren.

Beweis: Herr … (Polier) als Zeuge

3. Keine Nachfrist

Im Übrigen ist die Klägerin mit der Geltendmachung von Schadensersatzansprüchen ausgeschlossen, da sie der Beklagten keine Frist zur Nacherfüllung gesetzt hat und es damit an den formalen Voraussetzungen für einen Schadensersatzanspruch fehlt. Anders als die Klägerin meint, ist eine solche Nachfrist auch nicht entbehrlich. Denn dass die Beklagte die vermeintlichen Mängel der Abdichtung und der Fenster nicht beseitigt hat, hat nichts mit einer Unzuverlässigkeit der Beklagten zu tun. Vielmehr ist die Beklagte zur Nacherfüllung überhaupt nicht verpflichtet, da keine Mängel vorlagen und der Beklagten im Übrigen ein Leistungsverweigerungsrecht zustand.

4. Leistungsverweigerungsrecht

Auch hinsichtlich dieses Mangels steht der Beklagten ein Leistungsverweigerungsrecht zu, nachdem die Klägerin trotz Aufforderung durch die Beklagte keine Sicherheit nach § 650f BGB stellte.

5. Bestreiten des geltend gemachten Schadens

Höchst hilfsweise wird bestritten, dass, selbst wenn ein Mangel vorläge, die Klägerin einen Schaden hätte. Die Putzrisse sind eine Lappalie und haben keinerlei Einfluss auf einen möglichen Verkaufspreis des Gebäudes.

Beweis: Sachverständigengutachten

(ggf. bei geändertem Sachverhalt [Klägerin macht hinsichtlich der Putzrisse statt Schadensersatz Nacherfüllung geltend, Beklagte beruft sich auf Unverhältnismäßigkeit]

Die Klägerin kann hinsichtlich der Putzrisse keine Nacherfüllung verlangen. Die Beklagte verweigert die Nacherfüllung, da diese nur mit unverhältnismäßigen Kosten, § 635 Abs. 3 BGB, möglich ist.

Selbst wenn – was die Beklagte weiterhin bestreitet – ein Mangel vorliegen sollte und die Beklagte nicht aus anderen Gründen von ihrer Mängelhaftung frei sein sollte, wäre sie vor diesem Hintergrund nicht verpflichtet, die Nacherfüllung durchzuführen. Die Haarrisse im Putz sind mit bloßem Auge kaum erkennbar. Die Putzrisse haben keinerlei negativen Einfluss auf die Funktionalität oder die Standfestigkeit der Fassade.

Beweis: *Sachverständigengutachten*

Allenfalls handelt es sich bei den Haarrissen in der Fassade um einen rein optischen Mangel. Noch dazu jedoch um einen optischen Mangel, der nur bei genauestem Hinsehen überhaupt erkennbar ist.

Die Klägerin würde im Fall einer Nacherfüllung also nur eine ganz geringfügige optische Verbesserung ihres Werks erreichen. Zugewinne an Funktionalität, Sicherheit oder eine längere Lebensdauer wären damit nicht verbunden.

Beweis: *wie vor*

Angesichts dessen ist ein Mängelbeseitigungsaufwand von EUR *unangemessen hoch; das Bestehen der Klägerin auf Nacherfüllung stellt sich bei einer Abwägung zwischen dem objektiven Interesse der Klägerin an der ordnungsgemäßen Herstellung und dem Aufwand der Mängelbeseitigung unter Berücksichtigung aller Umstände als Verstoß gegen Treu und Glauben dar.*)

(*Unterschrift*) (*Rechtsanwalt*)

▲

3. Anmerkungen

a) Beweislast für Mängel

115 Bei einem erst nach Abnahme aufgetretenen Mangel ist es grundsätzlich Sache des Bestellers, den Mangel darzulegen und zu beweisen (vgl. Rdn 102). Anders ist dies vor Abnahme. Vor Abnahme muss der Unternehmer darlegen und beweisen, dass seine Werkleistung mangelfrei ist. Die Beweislast für die Mängelfreiheit liegt auch für Mängel, hinsichtlich derer der Besteller sich im Abnahmeprotokoll seine Rechte vorbehalten hat, beim Unternehmer. Ist unstreitig, dass ursprünglich ein Mangel vorlag oder gelingt es dem Besteller nachzuweisen, dass ursprünglich ein Mangel vorlag, ist es Sache des Unternehmers, darzulegen und beweisen, dass der Mangel zwischenzeitlich erfolgreich beseitigt wurde.

b) Leistungsverweigerungsrechte des Unternehmers

116 Abgesehen vom Fall des § 650f BGB kommt ein Leistungsverweigerungsrecht auch in Betracht, wenn der Besteller fällige Zahlungsansprüche des Unternehmers auf Werklohn nicht erfüllt. Dem Unternehmer steht dann ein Leistungsverweigerungsrecht gem. § 320 BGB zu.[116]

Dabei ist zu beachten, dass das Vorliegen von Mängeln die Fälligkeit eines Zahlungsanspruchs des Unternehmers hindert[117] (§§ 632a Abs. 1 S. 2 und 4, 641 Abs. 3 BGB: Zurückbehaltungsrecht des Bestellers in der Regel in Höhe der doppelten Mängelbeseitigungskosten). Das Leistungsverweigerungsrecht wegen Mängeln entsteht von Gesetzes

116 Im VOB/B-Vertrag nur unter zusätzlichen Voraussetzungen: § 16 Abs. 5 Nr. 4 VOB/B.

117 Zu den prozessualen Folgen in der Zahlungsklage des Unternehmers, insbesondere Fälle der Zug-um-Zug-Verurteilung s. *Werner/Pastor*, Rn 3011 ff.

wegen, ohne dass der Besteller sich vorprozessual darauf berufen müsste,[118] und lässt sogar einen bereits eingetretenen Zahlungsverzug des Bestellers wieder entfallen.[119]

Beschreibt der Besteller jedoch keine Mangelsymptome, sondern äußert nur einen Mangelverdacht, begründet dies weder Mängelrechte noch ein Zurückbehaltungsrecht.[120]

Stellt der Unternehmer seine Leistungen unter Verweis auf Zahlungsverzug des Bestellers ein, hat er also das Risiko, dass der Besteller, ggf. auch erst im Prozess, noch Mängel „nachschiebt" und sich dann die Leistungseinstellung als unberechtigt erweist (mit der möglichen Folge, dass eine auf Zahlungsverzug gestützte Kündigung des Unternehmers unwirksam oder eine auf eine unberechtigte Leistungseinstellung gestützte Kündigung des Bestellers begründet ist).

Insgesamt sind Leistungseinstellungen oder gar Kündigungen wegen ausbleibender Zahlungen häufig riskant. Zum Zeitpunkt der Kündigung kann meist keine der Parteien sicher übersehen, wie die Angelegenheit nach ggf. langjährigem Rechtsstreit und umfangreichem Sachverständigenbeweis ausgehen wird. Für eine der beiden Seiten bedeutet das, dass nach Jahr und Tag noch das böse Erwachen folgen kann. In der Beratungspraxis sollte auf diese Risiken deutlich hingewiesen werden.

c) Sicherung des Vergütungsanspruchs

Bei einem Bauvertrag kann der Unternehmer stets von seinem Besteller Sicherheit für **117**
die zu erbringenden Leistungen verlangen und damit seinen Vergütungsanspruch sichern, §§ 650e ff. BGB. Grundsätzlich kann daher auch der Nachunternehmer Sicherheit in Höhe seines voraussichtlichen Vergütungsanspruches verlangen. Dabei ist das Sicherheitsverlangen nach § 650f BGB ist ein sehr effektives taktisches Mittel für den Bauunternehmer – insbesondere, da der Anspruch auf Sicherheitsleistung nicht einmal individualvertraglich ausgeschlossen werden kann. Der Unternehmer kann auf seinen Vergütungsanspruch zudem einen Zuschlag von 10 % verlangen, wenn dem Grunde nach Nebenforderungen – etwa vertraglich vereinbarte Zinsen – bestehen, § 650f Abs. 1 S. 1 BGB.[121] Er hat für die Sicherheitsbestellung eine angemessene Frist zu bestimmen. Nach der Gesetzesbegründung reicht regelmäßig eine Frist von sieben bis zehn Tagen aus. Mit einer Frist von 14 Tagen dürfte der Unternehmer in aller Regel auf der sicheren Seite sein. Eine Fristsetzung von 14 Tagen hat auch der BGH als ausreichend angesehen.[122] In einer obergerichtlichen Entscheidung[123] wurden auch zehn Tage als ausreichend gewertet. In der Baupraxis ist der eigentliche Zweck, nämlich Absicherung des Werklohnanspruches des Unternehmers bei § 650f BGB fast in den Hintergrund getreten. § 650f BGB wird häufig primär als Mittel zur Lösung eines unliebsamen Vertragsverhältnisses verstanden. Der Besteller sollte ein Sicherheitsverlangen nach § 650f BGB stets sehr

118 BGH v. 22.6.2001 – V ZR 56/00 – NJOZ 2001, 1547.
119 BGH v. 14.6.2006 – VIII ZR 135/05 – NJW 2006, 3059.
120 OLG Schleswig v. 27.4.2018 – 1 U 90/15 – BauR 2022, 273.
121 OLG Frankfurt v. 9.5.2007 – 15 U 11/07 – BauR 2007, 1430.
122 BGH v. 16.4.2009 – VII ZR 9/08 – NJW-RR 2009, 892.
123 OLG Hamm v. 25.11.2008 – 19 U 89/08 – BauR 2009, 833.

ernst nehmen und tunlichst Sicherheit leisten. Tut er dies nicht, steht dem Unternehmer ohne Wenn und Aber ein Leistungsverweigerungsrecht zu, auch hinsichtlich der Beseitigung von Mängeln.

d) Ausschluss von Gewährleistungsansprüchen

118 Gewährleistungsansprüche können infolge vertraglicher Haftungsbeschränkungen ausgeschlossen sein.

119 Während bei individuell ausgehandelten Verträgen Haftungsausschlüsse nahezu jeglicher Couleur möglich sind (sowohl hinsichtlich von Schadensersatzansprüchen als auch hinsichtlich der Mangelhaftung, beachte aber BGH[124]) ist bei AGB der Raum zur Vertragsgestaltung relativ eng. Handelt es sich um allgemeine Geschäftsbedingungen, die vom Unternehmer gestellt wurden, wird eine Berufung auf Haftungsausschlüsse häufig daran scheitern, dass diese aufgrund der §§ 307 ff. BGB unwirksam sind.

120 Daneben könne Mängelrechte des Bestellers wegen eines unterlassenen Mängelvorbehalts bei Abnahme ausgeschlossen sein. Soweit dem Besteller ein Mangel bei Abnahme bekannt ist, muss er sich seine Gewährleistungsrechte ausdrücklich vorbehalten. Der unterlassene Mängelvorbehalt führt gem. § 640 Abs. 3 BGB dazu, dass der Besteller weder Nacherfüllung noch Ersatzvornahme noch Rücktritt/Minderung geltend machen kann.

§ 640 Abs. 3 BGB setzt voraus, dass der Besteller den Mangel zum Zeitpunkt der Abnahme positiv kennt (Kennenmüssen reicht nicht aus) – hierfür ist der Unternehmer beweisbelastet. Dem Besteller verbleiben auch ohne Vorbehalt die (allerdings verschuldensabhängigen) Schadensersatzansprüche nach § 634 Nr. 4 BGB. Umstritten ist aber, ob dies auch für auf die Kosten der Mangelbeseitigung gerichtete Schadensersatzansprüche gilt.[125]

§ 377 HGB (kaufmännische Rügepflicht) findet im Werkvertragsrecht hingegen keine Anwendung.

e) Anscheinsbeweis für Erforderlichkeit der Kosten

121 Bei Ausführung durch eine Fremdfirma spricht ein Anscheinsbeweis für die Erforderlichkeit der von dieser abgerechneten Ersatzvornahmekosten; der Unternehmer muss den Gegenbeweis antreten.[126]

f) Mitverschulden der anderen Partei

122 Wird im Prozess ein Mitverschulden der anderen Partei eingewandt, muss der Mitverschuldensanteil konkret bestimmt werden. Die Ermittlung des Verschuldensanteils ist Sache des Tatrichters, nicht des Sachverständigen. In der Praxis wälzen die Gerichte

124 BGH v. 8.3.2007 – VII ZR 130/05 – NZBau 2007, 371; BGH. v. 16.12.2004 – VII ZR 257/03 – NZBau 2005, 216; BGH v. 29.6.1989 – VII ZR 151/88 – NJW 1989, 2748; BGH v. 17.9.1987 – VII ZR 153/86 – NJW 1988, 135.

125 Geltendmachung möglich: BGH v. 12.5.1980 – VII ZR 228/79 – NJW 1980, 1952 (zum früheren Recht); dagegen: OLG Schleswig v. 18.12.2015 – 1 U 125/14 – NJW 2016, 1744.

126 OLG Dresden v. 29.11.1999 – 17 U 1606/99 – NZBau 2000, 333.

mitunter diese Aufgabe auf die Sachverständigen ab, bzw. folgen jedenfalls den Festlegungen der Sachverständigen weitgehend. Deswegen bietet es sich an, dem Sachverständigen eine entsprechende, auf einen konkreten Mitverschuldensanteil gerichtete Beweisfrage zu unterbreiten.

g) Mängelrechte

aa) Sowieso-Kosten

123 Der Besteller soll durch die Nacherfüllung nicht bessergestellt werden, als er bei ordnungsgemäßer Erfüllung des Vertrages stünde. Wenn also bei einer von Anfang an ordnungsgemäßen Erfüllung der Besteller eine höhere Vergütung hätte bezahlen müssen, so ist dies bei der Ersatzpflicht des Unternehmers in Abzug zu bringen.[127] Bei der Durchsicht der geltend gemachten Mängelbeseitigungskosten ist demnach durch den Beklagten stets zu prüfen, ob die Mängelbeseitigung etwa den Einsatz höherwertiger Materialien als ursprünglich eingebaut erfordert, so dass die Kosten entsprechend zu kürzen sind (aber bei Planungsverantwortung des Unternehmers Entwicklung zu § 650c Abs. 1 S. 2 BGB im Blick behalten, vgl. bereits Rdn 7).

bb) Abzug neu für alt

124 Aus Sicht des Unternehmers ist auch zu prüfen, ob gegenüber einem Anspruch des Bestellers ein Abzug „neu für alt" geltend gemacht werden kann. Ein solcher Abzug kommt grundsätzlich dann in Betracht, wenn der Besteller mittels der Mängelansprüche ein Bauteil erneuert erhält, dessen Lebensdauer bereits zu einem erheblichen Teil abgelaufen war, so dass er sich spätere Instandsetzungskosten erspart. Allerdings scheidet ein Abzug „neu für alt" dann aus, wenn die Vorteile – d.h. die Renovierung erst in einem späten Lebensdauerzyklus – auf einer Verzögerung der Mängelbeseitigung beruhen und der Besteller sich jahrelang mit einem fehlerhaften Werk begnügen musste.[128] Das dürfte häufig der Fall sein. Der Unternehmer darf nicht dadurch besserstehen, dass der Vertragszweck nicht sogleich, sondern erst im Rahmen der Gewährleistung erreicht wird.[129]

cc) Zuschusspflicht des Bestellers

125 Verlangt der Besteller Nacherfüllung in natura und trifft ihn ein Mitverschulden am Mangel bzw. muss er sich Teile der Mangelbeseitigungskosten im Wege der Vorteilsausgleichung (Sowieso-Kosten, Abzug neu für alt) anrechnen lassen, kann der Unternehmer einen Zuschuss verlangen, den er dann auch prozessual geltend machen muss. Gleiches gilt für den Fall einer möglichen Zug-um-Zug-Verurteilung bei der Zahlungsklage des Unternehmers mit Mängeleinwendungen des Bestellers; in diesem Fall kann es dann zu einer doppelten Zug-um-Zug-Verurteilung kommen.

127 Grundlegend BGH v. 18.1.1990 –VII ZR 171/88 – BauR 1990, 84.
128 BGH v. 17.5.1984 – VII ZR 169/82 – NJW 1984, 2457.
129 BGH v. 17.5.1984 – VII ZR 169/82 – BauR 1984, 510; OLG München, Hinweisbeschl. v. 1.9.2020 – 28 U 1686/20 Bau – BauR 2021, 849.

dd) Bedenkenanzeige

126 Grundsätzlich haftet der Unternehmer für Mängel auch dann, wenn er den Mangel nicht verschuldet hat, etwa weil der Mangel auf einer Anweisung des Bestellers beruht. Die Haftung des Unternehmers für Mängel setzt nur voraus, dass objektiv ein Mangel vorliegt, der im Leistungsbereich des Unternehmers auftritt, unabhängig von der Ursache des Mangels. Dieser Grundsatz erfährt eine Durchbrechung, wenn der Unternehmer Bedenken gegen die Art der Ausführung angezeigt hat oder er keine Bedenken haben musste. Das ist für die VOB/B explizit normiert (§ 13 Abs. 3 VOB/B), gilt aber in gleichem Maße im BGB-Bauvertrag. Bedenken anmelden bedeutet, dass der Unternehmer eindeutig und nachhaltig auf mögliche Nachteile einer bestimmten Ausführungsart hinweist. Beim VOB/B-Vertrag müssen Bedenken schriftlich angezeigt werden (§ 4 Abs. 3 VOB/B), beim BGB-Vertrag reicht auch eine mündliche Anzeige (wenngleich natürlich schon zu Beweiszwecken auch in diesem Fall dringend zu einer schriftlichen Anzeige zu raten ist).

Ohne entsprechenden Bedenkenhinweis kann beispielsweise der Unternehmer, der die Ausführung der Bauleistung ohne die vom Besteller zu stellende erforderliche Detailplanung beginnt, sich nicht auf ein Mitverschulden des Bestellers berufen.[130]

ee) Nachfristsetzung

127 Ob die formalen Voraussetzungen für die Geltendmachung der Mängelansprüche vorliegen, ist stets eine der ersten Prüfungsaufgaben für den Anwalt des Unternehmers. Liegen die formalen Voraussetzungen nicht vor, fehlt insbesondere die Fristsetzung zur Nacherfüllung, muss der Anwalt des Unternehmers prüfen, ob er – wie im Schriftsatzmuster (siehe oben Rdn 114) – das Vorliegen von Mängeln bestreitet. Ein Bestreiten des Vorliegens von Mängeln im Prozess kann je nach den weiteren Umständen des Einzelfalls als Verweigerung der Nacherfüllung gewertet werden.[131] Dem Besteller obliegt es dann nicht mehr, die Nacherfüllung noch zuzulassen, er kann direkt sekundäre Mängelrechte geltend machen. Das wiederum kann den Unternehmer teurer kommen als eine von ihm selbst durchgeführte Nacherfüllung.

4. Checkliste

128
1. Liegt ein Mangel (noch) vor oder soll dieser bestritten werden? Bestreiten der Mangelhaftigkeit kann eine ernsthafte und endgültige Verweigerung der Nachbesserung sein, der Unternehmer kann dann (auch ohne Nachfrist) unmittelbar sekundäre Mangelansprüche geltend machen.
2. Ausschluss der Mängelhaftung?
   a) Vertragliche Haftungsausschlüsse? Wirksamkeit, vor allem als AGB?
   b) Bedenken angezeigt?

130 OLG Hamm v. 30.4.2019 – 24 U 14/18– BauR 2020, 528.
131 Vgl. BGH v. 7.3.2002 – III ZR 121/01 – NJW 2002, 1571.

c) Fehlender Mängelvorbehalt bei Abnahme? Aber Schadensersatz kann weiterhin geltend gemacht werden
d) Nacherfüllung unmöglich oder unverhältnismäßig?
e) Bei sekundären Mängelansprüchen: angemessene Frist zur Mängelbeseitigung gesetzt?
f) Einrede des nicht erfüllten Vertrages wegen ausstehender Zahlungen (§ 320 BGB)?
g) Leistungsverweigerungsrecht wegen fehlender Sicherheit nach § 650f BGB? Falls noch nicht gefordert: kann eine solche Sicherheit noch verlangt werden?
h) Verjährung

3. Höhe der geltend gemachten Kosten/Schäden
   a) Kosten überhöht?
   b) Sowieso-Kosten, Abzug Neu für Alt
   c) Mitverschulden des Bestellers (insbesondere planender Architekt)
   d) Zuschuss des Bestellers geltend machen?

III. Muster: Klage gegen mehrere Verantwortliche – Gesamtschuldnerschaft

1. Typischer Sachverhalt

Der Sachverhalt entspricht grundsätzlich dem bei Muster 2.1 (siehe Rdn 92). Dieses Muster 2.3 beschäftigt sich aber nur mit den Mängeln der Abdichtung. Neben dem Bauunternehmen ist in Muster 2.3 auch der bauüberwachende Architekt als Gesamtschuldner mitverklagt. Die Klage ist hinsichtlich beider Beklagter auf Zahlung von Schadensersatz gerichtet. **129**

2. Muster: Klage gegen mehrere Verantwortliche – Gesamtschuldnerschaft

▼ **130**

Landgericht

Zivilabteilung

In Sachen

, (*Straße*), (*PLZ, Ort*), vertreten durch den Geschäftsführer

– Klägerin –

Prozessbevollmächtigte:

Gegen

1. , (*Straße*), (*PLZ, Ort*), vertreten durch den Geschäftsführer

– Beklagte zu 1. –

Prozessbevollmächtigte:

2. Herrn

Prozessbevollmächtigte:

– Beklagter zu 2. –

Prozessbevollmächtigte:

wegen Schadensersatz/Architektenhaftung

Streitwert vorläufig: EUR

Namens und in Vollmacht der Klägerin erheben wir hiermit Klage zum zuständigen Landgericht (*Stadt*) und werden in der mündlichen Verhandlung folgende Anträge stellen:

I. Die Beklagten werden gesamtschuldnerisch verurteilt, an die Klägerin einen Betrag von EUR nebst Zinsen i.H.v. fünf Prozentpunkten über dem Basiszinssatz seit zu bezahlen.
II. Die Beklagten tragen als Gesamtschuldner die Kosten des Rechtstreits.
III. Das Urteil ist – ggf. gegen Sicherheitsleistungen – vorläufig vollstreckbar.

Für den Fall, dass die gesetzlichen Voraussetzungen des § 331 Abs. 3 ZPO vorliegen, beantragen wir bereits heute Erlass eines Versäumnisurteils ohne mündliche Verhandlung.

Begründung:

A. Vorbemerkung

Die Beklagte zu 1. hat für die Klägerin ein Bürogebäude als Generalunternehmerin errichtet. Der Beklagte zu 2. wurde von der Klägerin mit der Bauüberwachung beim streitgegenständlichen Bauvorhaben beauftragt.

Die Beklagte zu 1. hat im Zuge der Bauausführung die Horizontal- und Vertikalabdichtung mangelhaft hergestellt. Der Beklagte hat insoweit die Bauausführung mangelhaft überwacht.

Für die der Klägerin zur ordnungsgemäßen Herstellung der Bauwerksabdichtung entstandenen Kosten haften beide Beklagte als Gesamtschuldner auf Schadensersatz.

B. Zum Tatsächlichen

I. Vertragsverhältnisse

Die Klägerin schloss mit der Beklagten zu 1. am einen Bauvertrag über die schlüsselfertige Errichtung eines Bürogebäudes zu einem Pauschalfestpreis von EUR netto. Dem Vertrag lag das BGB zugrunde.

Beweis: Bauvertrag vom als **Anlage K 1**

Die Beklagte zu 1. hat das Bürogebäude errichtet. Die Klägerin hat die Leistungen der Beklagten zu 1. am abgenommen.

Beweis: Abnahmeprotokoll als **Anlage K 2**

Die Klägerin schloss mit dem Beklagten zu 2. am einen Architektenvertrag über die Erbringung von Architektenleistungen der Leistungsphasen 8 und 9 gem. § 34 Abs. 3 HOAI.

Beweis: Architekturvertrag vom als **Anlage K 3**

Die Leistungen des Beklagten zu 2. wurden bisher nicht abgenommen.

II. Mängel der Werkleistungen der Beklagten zu 1.

Die Horizontalabdichtung des Gebäudes ist ebenso wie die Vertikalabdichtung mangelhaft ausgeführt. Es sind bereits Feuchtigkeitsschäden aufgetreten.

Bereits kurze Zeit nach Bezug des von der Beklagten zu 1. errichteten Bürogebäudes durch die Klägerin zeigten sich erste Feuchtigkeitserscheinungen. Zum einen kam es in verschiedenen Bereichen des Erdgeschosses zu Aufwellungen des Bodenbelages. Zudem zeigten sich in den angrenzenden Wandbereichen Putzausblühungen.

Konkret haben sich in der Zeit folgende Mängelsymptome gezeigt:

In folgenden Räumen des Erdgeschosses des im Klageantrag Ziff. I. näher bezeichneten Bauvorhabens sind jeweils im Anschluss an die jeweiligen Außenwände, und in einem Abstand von bis zu 1 Meter zu diesen, Aufwellungen des Fußbodenbelages aufgetreten: E01, E03, E05, E07.

In folgenden Räumen des im Klageantrag Ziff. I. näher bezeichneten Bauvorhabens sind an den Innenseiten der Außenwände Putzausblühungen bis in eine Höhe von 20 cm über Oberkante Fußboden aufgetreten. Vereinzelt kam es zu Farb- und Putzablösungen: E01, E03, E04, E05, E06, E07.

Beweis:
1. Gutachten des Privatsachverständigen nebst detaillierter Fotodokumentation und Schadenskartierung als **Anlage K 4**
2. Herr als Zeuge

Die Klägerin hat den Mangel erstmals an die Beklagte zu 1. mit Schreiben vom angezeigt und diese zur Mängelbeseitigung aufgefordert.

Beweis: Schreiben der Klägerin vom als **Anlage K 5**

Die aufgetretenen Mängelsymptome beruhten darauf, dass die Beklagte zu 1. sowohl die Vertikal- auch als Horizontalabdichtung des streitgegenständlichen Bauvorhabens nicht ordnungsgemäß ausgeführt haben.

Beweis:
1. Gutachten des Privatsachverständigen , b. v. als **Anlage K 4**
2. Einholung eines Sachverständigengutachtens

Zu den Vertragsbestandteilen des als Anlage K 1 vorgelegten Bauvertrages gehören u.a. die Planungsunterlagen des Architekturbüros sowie das Baugrundgutachten des Herrn Dipl.-Ing. .

Beweis: Bauvertrag, b. v. als **Anlage K 1**

Das Baugrund-Gutachten des Herrn Dipl.-Ing. verweist darauf, dass aufgrund der örtlichen geologischen Verhältnisse eine Abdichtung für den Lastfall aufstauendes Sickerwasser vorzusehen ist.

Beweis: Baugrund-Gutachten des Herrn Dipl.-Ing als **Anlage K 6**

Dementsprechend sieht auch die dem Bauvertrag Anlage K 1 zugrunde liegenden Planung des Architekturbüros Abdichtungsmaßnahmen entsprechend DIN 18195 – Teil 6 – Abschnitt 9 für den Lastfall aufstauendes Sickerwasser sowohl im Bereich der Horizontal- als auch im Bereich der Vertikalabdichtung vor.

Beweis: Planung des Architekturbüros als **Anlage K 7**

Weder die von der Beklagten zu 1. ausgeführte Horizontal- noch die Vertikalabdichtung entsprachen den planerischen Vorgaben noch den Anforderungen nach DIN 18195 – Teil 6 – Abschnitt 9.

Beweis:
1. Gutachten des Privatsachverständigen b. v. als **Anlage K 4**
2. Herr als sachverständiger Zeuge
3. Einholung eines Sachverständigengutachten

Im Bereich der Vertikalabdichtung hatte die Beklagte zu 1. eine für den Lastfall unzulässige mineralische Abdichtung sowie eine ungeeignete Bitumenbahn verwendet. Darüber hinaus sind die Anschlüsse an die Querschnittsabdichtung nicht fachgerecht ausgeführt und die Vertikalabdichtung war nicht – was erforderlich wäre – bis zur Unterkante in der Bodenplatte ausgebildet.

Beweis: wie vor

Im Bereich der Horizontalabdichtung fehlte eine für den Bemessungslastfall ausreichende Abdichtung auf der Bodenplatte, etwa in Form einer dreilagigen Bitumenbahn.

Beweis: wie vor

Die oben dargestellten Mängelsymptome beruhen auf den Fehlern der Abdichtung.

Beweis: wie vor

Hinsichtlich der Mängelsymptome sowie der Mängelursachen verweist die Klägerin im Übrigen auf das als Anlage K 4 vorgelegte Privatgutachten des Sachverständigen , das die Klägerin in vollem Umfang zum Gegenstand ihres Vortrags macht. Sollte das Gericht diese Form der konkreten Bezugnahme als unzulässig ansehen und weiteren Vortrag zum Inhalt des Gutachtens für erforderlich halten, bitten wir höflich um entsprechenden richterlichen Hinweis.

Die Klägerin hat die Beklagte zu 1. mit Schreiben vom aufgefordert, sich bis zum dahingehend zu erklären, dass sie die Mängel der Abdichtung beseitigen werde. Gleichzeitig forderte die Klägerin die Beklagte zu 1. auf, zu diesem Termin einen Zeitplan für die Durchführung der Mängelbeseitigung vorzulegen. Schließlich forderte die Klägerin die Beklagte zu 1. mit gleichem Schreiben auf, die Mängel der Abdichtung bis zum zu beseitigen.

Beweis: Schreiben der Klägerin vom als **Anlage K 8**

Die Beklagte zu 1. hat sämtliche Fristen fruchtlos verstreichen lassen. Sie hat sich weder eindeutig zur Mängelbeseitigung bekannt noch hat sie einen Zeitplan zur Mängelbeseitigung vorgelegt noch hat sie die Mängel innerhalb der gesetzten Frist beseitigt. Stattdessen hat sie sich auf den Standpunkt gestellt, dass kein Mangel vorliege, sondern die Feuchtigkeitserscheinungen darauf beruhten, dass im Zuge der Errichtung des Bauvorhabens Niederschlagswasser in die schadhaften Bauteile eingedrungen sei.

Nach fruchtlosem Ablauf der Nachfrist ist die Klägerin gem. §§ 634 Nr. 4, 281 BGB berechtigt, Schadensersatz zu verlangen.

III. Schlechtleistungen des Beklagten zu 2.

Der Beklagte zu 2. hat die Errichtung des Bauwerks nicht ordnungsgemäß überwacht. Bei ordnungsgemäßer Bauüberwachung wäre die mangelhafte Ausführung der Abdichtung aufgefallen.

Beweis: Sachverständigengutachten

Die Ausführung der Abdichtung musste der Beklagte zu 2. vertieft überwachen. Bei allen wichtigen oder kritischen Baumaßnahmen, die erfahrungsgemäß ein hohes Mängelrisiko aufweisen, ist der Architekt zu erhöhter Aufmerksamkeit und zu einer intensiveren Wahrnehmung der Bauaufsicht verpflichtet. Insbesondere hat ein Architekt sämtliche Abdichtungs- und Isolierungsarbeiten besonders sorgfältig zu überwachen.

Hintergrund, dass insbesondere Abdichtungsarbeiten einer gesteigerten Überwachungspflicht des Architekten unterliegen, ist, dass die äußere Gebäudeabdichtung für die Standdauer und den Erhalt des Baukörpers von zentraler Bedeutung ist. Feuchtigkeitseintritte führen regelmäßig zu ganz besonderen schweren Schäden an der Bausubstanz, die in aller Regel nur mit hohen Kosten wieder beseitigt werden können.

IV. Kosten der Mangelbeseitigung

Die Klägerin beauftragte daher nach Ablauf der Nachbesserungsfrist die Firma ___ mit der Beseitigung der Mängel und der Herstellung einer ordnungsgemäßen Abdichtung. Diese führte folgende Arbeiten aus: ___.

Beweis: Herr ___, zu laden über die Firma ___ als Zeuge

Mit Schlussrechnung vom ___ stellte die Firma ___ der Klägerin ___ EUR netto in Rechnung.

Beweis: Schlussrechnung der Firma ___ vom ___ als **Anlage K 10**

Die Firma ___ hat die in der Schlussrechnung abgerechneten Leistungen erbracht.

Beweis: Herr ___, zu laden über die Firma ___ als Zeuge

Die erbrachten und abgerechneten Leistungen waren zur Mangelbeseitigung erforderlich.

Beweis: Sachverständigengutachten

V. Gesamtschuldnerische Haftung

Die Mängel der Abdichtung sind somit sowohl auf Mängel der Werkleistung der Beklagten zu 1 als auch auf Überwachungsfehler des Beklagten zu 2 zurückzuführen. Sie haften damit als Gesamtschuldner gem. § 421 BGB. Ein Leistungsverweigerungsrecht gem. § 650t BGB steht dem Beklagten zu 2 nicht zu, da die Klägerin die Beklagte zu 1 erfolglos eine angemessene Frist zur Nacherfüllung gesetzt hat.

(*Unterschrift*) (*Rechtsanwalt*)

▲

3. Anmerkungen

a) Gesamtschuldnerische Haftung

131 Bei Bauvorhaben werden immer wieder Mängel durch verschiedene Baubeteiligte verursacht. Regelmäßig kommt dann eine gesamtschuldnerische Haftung der Baubeteiligten, § 421 BGB, gegenüber dem Besteller in Betracht. Dem Besteller steht es völlig frei, welchen der Gesamtschuldner er in Anspruch nimmt. Regelmäßig ist es sinnvoll, mehrere Gesamtschuldner auch gleich gemeinsam zu verklagen. Insbesondere gilt dies wegen § 425 BGB, wonach grundsätzlich bestimmte Tatsachen nur gegenüber dem jeweils betroffenen Gesamtschuldner wirken. Das bedeutet vor allem, dass eine Klage gegen einen Gesamtschuldner nicht die Verjährung gegen die anderen Gesamtschuldner hemmt.

Typische Gesamtschuldverhältnisse im Baurecht sind: Mehrere Unternehmer verursachen gemeinsam einen Mangel oder verschiedene Mängel, die sich nur einheitlich beseitigen lassen;[132] verschiedene Unternehmer haften aber dann nicht als Gesamtschuldner, wenn und soweit sich die zur Beseitigung der Mängel ihrer Leistungen erforderlichen Nacherfüllungsleistungen nicht überschneiden.[133] Keine Gesamtschuldner im Verhältnis zum Besteller sind der Unternehmer und sein Subunternehmer, die grundsätzlich stets nur in ihrer jeweiligen vertraglichen Beziehung haften. Eine gesamtschuldnerische Haftung kann auch zwischen planendem und bauüberwachendem Architekten einerseits und ausführendem Unternehmer andererseits bestehen (der Architekt plant falsch, der Unternehmer führt auf Grundlage der fehlerhaften Planung falsch aus, obwohl er Bedenken hätte haben müssen; dem bauüberwachenden Architekten fällt die bei ordnungsgemäßer Bauüberwachung erkennbare fehlerhafte Ausführung des Unternehmers nicht auf). Zwischen einem Architekten und einem Sonderfachmann (insbesondere Fachplaner) kann eine Gesamtschuld bei fehlerhafter Leistung des Sonderfachmanns bestehen, in der Regel aber nur dann, wenn die Fehler des Sonderfachmanns für einen „normalen" Architekten ohne Spezialkenntnisse aus der Sondermaterie des Fachplaners erkennbar waren.

132 Nimmt der Besteller einen Gesamtschuldner in Anspruch, ist immer zu prüfen, ob der Anspruch des Bestellers gem. § 254 BGB zu kürzen ist, weil er sich das Verschulden eines anderen Gesamtschuldners als seines Erfüllungsgehilfen anrechnen lassen muss:

132 BGH v. 26.6.2003 – VII ZR 126/02 – NJW 2003, 2980.
133 OLG Düsseldorf v. 16.6.2017 – I-22 U 14/17 – NZBau 2018, 34.

Der planende Architekt ist im Verhältnis zum Bauunternehmen und dem bauüberwachenden Architekten Erfüllungsgehilfe des Bestellers. Denn der Besteller bedient sich des planenden Architekten bei der Erfüllung seiner Pflicht zur Übergabe ordnungsgemäßer Pläne an die anderen Baubeteiligten.[134] Beruhen Mängel einerseits auf Planungs-, andererseits auf Ausführungs- und oder Überwachungsfehlern, sind Ansprüche des Bestellers gegenüber dem Unternehmer bzw. dem bauüberwachenden Architekten daher um den Verursachungsanteil des planenden Architekten zu kürzen.

Dagegen ist der bauüberwachende Architekt kein Erfüllungsgehilfe des Bestellers, da der Besteller gegenüber dem Bauunternehmen keine Pflicht hat, es zu überwachen.[135] Ebenso wenig hat der Besteller die Pflicht, die Planung des Architekten zu prüfen. Weder der planende Architekt noch der Unternehmer können somit gegenüber dem Besteller einwenden, sie hafteten nicht oder nicht vollständig, weil (auch) ein Fehler des Bauüberwachers vorliegt. **133**

Der Sonderfachmann ist im Verhältnis des Bestellers zum Architekten auch kein Erfüllungsgehilfe des Bestellers.[136] **134**

Gem. § 650t BGB haftet der bauüberwachende Architekt nur subsidiär zum ausführenden Unternehmen. Voraussetzung für eine Inanspruchnahme des Architekten ist, dass der Besteller dem Unternehmer erfolglos eine angemessene Frist zur Nacherfüllung gesetzt hat. **135**

b) Intensität der Bauüberwachung

Die vom Architekten geschuldete Intensität der Bauwerksüberwachung variiert je nach Gewerk. Einfache Arbeiten, bei denen zu erwarten ist, dass ein durchschnittlicher Bauunternehmer diese ordnungsgemäß erbringt (sog. handwerkliche Selbstverständlichkeiten), muss der Architekt nicht vertieft überwachen. Hierzu zählen zum Beispiel Innenputzarbeiten oder das Ausführen von Malerarbeiten. Je wichtiger das Gewerk, je höher die Mängelwahrscheinlichkeit und je höher ein potenzieller Schaden, desto intensiver wird die Überwachungspflicht.[137] Kritische Gewerke i.d.S. sind zum Beispiel Betonierungs-, Isolierungs-/Abdichtungs-, Dach- oder Drainagearbeiten.[138] Die Überwachungspflicht intensiviert sich weiter, wenn sich während der Bauausführung bereits Mängel oder Anhaltspunkte für eine Unzuverlässigkeit des Bauunternehmers zeigen. Das Vorliegen eines Baumangels kann einen Anscheinsbeweis für eine nicht ordnungsgemäße Bauüberwachung durch den Architekten begründen.[139] **136**

134 St. Rspr. des BGH, etwa BGH v. 24.2.2005 – VII ZR 328/03 – NJW-RR 2005, 891.
135 St. Rspr. des BGH, etwa BGH v. 18.4.2002 – VII ZR 70/01 – NJW-RR 2002, 1175.
136 BGH v. 4.7.2002 – VII ZR 66/01 – NZBau 2002, 616, für das Verhältnis zwischen Statiker und Architekt.
137 Vgl. BGH v. 9.11.2000 – VII ZR 362/99 – BauR 2001, 965.
138 Weitere Beispiele mit Nachw. bei *Werner/Pastor*, Rn 2017.
139 Ausführlich dazu: *Wirth*, in: Korbion/Mantscheff/Vygen, HOAI, Teil B, Rn 509.

IV. Muster: Gesamtschuldnerausgleich – Regress Bauunternehmer beim Architekten

1. Typischer Sachverhalt

137 Auch dieser Sachverhalt beruht auf dem Sachverhalt für Muster 2.1 (siehe Rdn 92). Gegenstand für nachfolgendes Muster ist der Folgeprozess zwischen dem Bauunternehmen und dem bauüberwachenden Architekten, nachdem der Bauunternehmer gegenüber dem Besteller vollumfänglich verurteilt wurde. Er möchte nun den bauüberwachenden Architekten, dessen Mitverschulden im Raum steht, im Wege des Gesamtschuldnerausgleichs in Regress nehmen.

2. Muster: Klage bei Gesamtschuldnerausgleich

138 ▼

2.4

Landgericht

Zivilabteilung

In Sachen

, (*Straße*), (*PLZ, Ort*), vertreten durch den Geschäftsführer

– Klägerin –

Prozessbevollmächtigte:

gegen

Herrn ,

– Beklagter –

Prozessbevollmächtigte:

wegen Architektenhaftung – Gesamtschuldnerausgleich

Streitwert vorläufig: EUR

Namens und in Vollmacht der Klägerin erheben wir hiermit Klage zum zuständigen Landgericht (*Stadt*) und werden in der mündlichen Verhandlung folgende Anträge stellen:

I. Der Beklagte wird verurteilt, an die Klägerin EUR nebst Zinsen i.H.v. 5 Prozentpunkten über dem Basiszinssatz seit Rechtshängigkeit zu bezahlen.

II. Der Beklagte trägt die Kosten des Rechtstreits.

III. Das Urteil ist – ggf. gegen Sicherheitsleistungen – vorläufig vollstreckbar.

Für den Fall, dass die gesetzlichen Voraussetzungen des § 331 Abs. 3 ZPO vorliegen, beantragen wir bereits heute Erlass eines Versäumnisurteils ohne mündliche Verhandlung.

Begründung:

A. Vorbemerkung

Die Klägerin errichtete im Jahr … das Bürogebäude … als Generalunternehmerin. Der Beklagte war bei dem Bauvorhaben mit der Bauüberwachung beauftragt.

Die Klägerin wurde in dem Vorprozess vor dem LG …, Az. … verurteilt, … EUR an die Bestellerin aufgrund der mangelhaften Ausführung der Gebäudeabdichtung zu bezahlen. Ursächlich für den Mangel sind nicht nur Ausführungsfehler, sondern auch Überwachungsfehler des Beklagten. Die Klägerin nimmt den Beklagten daher auf Gesamtschuldnerausgleich in Anspruch.

B. Zum Tatsächlichen

I. Vertragsverhältnisse

Die Klägerin schloss mit der Bestellerin am … einen Bauvertrag über die schlüsselfertige Errichtung eines Bürogebäudes zu einem Pauschalfestpreis von … EUR netto.

Beweis: Bauvertrag vom … als **Anlage K 1**

Der Beklagte hatte bereits vorher mit der Bestellerin einen Architektenvertrag über die Erbringung von Leistungen entsprechend der Leistungsphasen 8 und 9 gem. § 34 Abs. 3 HOAI geschlossen.

Beweis: Architektenvertrag als **Anlage K 2**

II. Vorprozess

Die Bestellerin verklagte die Klägerin wegen Mängeln der Gebäudeabdichtung zunächst auf Kostenvorschuss i.H.v. … EUR. Nach erfolgter Selbstvornahme durch die Bestellerin stellte diese die Klage auf Kostenerstattung im nämlichen Betrag um. Das Verfahren wurde beim LG … unter dem Az. … geführt.

Die Klägerin hat dem Beklagten in dem Verfahren vor dem LG … den Streit verkündet. Das LG … hat nach Einholung eines Sachverständigengutachtens die Klägerin verurteilt, an die Bestellerin … EUR zu bezahlen.

Beweis für alles Vorstehende: Beiziehung der Akten des LG …, Az. …

Ursächlich für die Mängel der Abdichtung sind ausweislich des LG … Ausführungsfehler der Klägerin. Planungsfehler hat das LG … nicht festgestellt. Es stellte jedoch fest, dass die Ausführung durch die Klägerin nicht entsprechend den planerischen Vorgaben des Beklagten erfolgte. Insbesondere wurde im Bereich der Vertikalabdichtung eine unzulässige mineralische Abdichtung sowie eine ungeeignete Bitumenbahn verwendet. Die Anschlüsse an die Querschnittsabdichtung sind nicht fachgerecht ausgeübt worden und die Vertikalabdichtung ist nicht bis zur Unterkante in der Bodenplatte ausgebildet. Auch im Bereich der Horizontalabdichtung fehlt eine ausreichende Abdichtung auf der Bodenplatte.

Beweis: wie vor

Hätte der Beklagte die Bauüberwachung ordnungsgemäß ausgeführt, hätte er die planwidrige Ausführung durch die Klägerin erkennen müssen.

Beweis: Sachverständigengutachten

Die Ausführung der Abdichtung musste der Beklagte vertieft überwachen. Bei allen wichtigen oder kritischen Baumaßnahmen, die erfahrungsgemäß ein hohes Mängelrisiko aufweisen, ist der Architekt zu erhöhter Aufmerksamkeit und zu einer intensiveren Wahrnehmung der Bauaufsicht verpflichtet. Insbesondere hat ein Architekt sämtliche Abdichtungs- und Isolierungsarbeiten besonders sorgfältig zu überwachen.

Hintergrund, dass insbesondere Abdichtungsarbeiten einer gesteigerten Überwachungspflicht des Architekten unterliegen, ist, dass die äußere Gebäudeabdichtung für die Standdauer und den Erhalt des Baukörpers von zentraler Bedeutung ist. Feuchtigkeitseintritte führen regelmäßig zu ganz besonders schweren Schäden an der Bausubstanz, die in aller Regel nur mit hohen Kosten wieder beseitigt werden können.

III. Haftungsverteilung

Gerade, da die Überwachung der Abdichtung zu den Kernaufgaben des Beklagten gehört, ist der Verursachungsbeitrag des Beklagten als gewichtig anzusehen. Sein Verursachungsbeitrag beläuft sich wenigstens auf 30 %.

Beweis: Sachverständigengutachten

C. Zum Rechtlichen

I. Haftung des Beklagten gegenüber dem Besteller

Der Beklagte haftet aufgrund von Fehlern in der Bauüberwachung gegenüber dem Besteller.

II. Gesamtschuldnerische Haftung von Klägerin und Beklagten

Beruht ein Bauwerksmangel einerseits auf einem Ausführungsfehler des Bauunternehmers und andererseits auf einer fehlerhaften Bauüberwachung durch den mit der Bauüberwachung betrauten Architekten, haften beide gegenüber dem Besteller als Gesamtschuldner.

III. Gesamtschuldnerausgleich

Im Innenverhältnis zwischen Klägerin und Beklagten ist gem. § 426 BGB ein Gesamtschuldnerausgleich durchzuführen. Der Haftungsanteil des Beklagten beträgt wenigstens 30 %. Bei einem Gesamtschaden von ____ EUR ergibt sich somit die Klagesumme von ____ EUR.

(*Unterschrift*) (*Rechtsanwalt*)

▲

3. Anmerkungen

a) Zum Sachverhalt

139 Bei der Gesamtschuld ist besondere Vorsicht im Hinblick auf eine mögliche Verjährung des Ausgleichsanspruchs geboten. Der Anspruch nach § 426 Abs. 1 BGB verjährt in der

Regelfrist des § 195 BGB (drei Jahre). Der Ausgleichsanspruch entsteht gleichzeitig mit der Gesamtschuld, so dass ungünstigstenfalls (bei Vorliegen der subjektiven Voraussetzungen für den Verjährungsbeginn, § 199 BGB) die Verjährung gleichzeitig mit dem Schadensfall zu laufen beginnt. Für § 426 Abs. 2 BGB gilt die Verjährungsfrist des übergegangenen Anspruchs, meist also fünf Jahre gem. § 634a BGB.

Wenngleich die Gesamtschuldner im Außenverhältnis unbegrenzt haften, ist im Innenverhältnis ihre Haftungsquote beschränkt. Gem. § 426 Abs. 1 S. 1 BGB haften sie grundsätzlich zu gleichen Teilen. In entsprechender Anwendung des § 254 BGB findet jedoch eine Quotierung entsprechend dem jeweiligen Verursachungsbeitrag statt; am Ende muss also jeder entsprechend seinem quotalen Beitrag zum Schaden haften. Zahlt ein Gesamtschuldner an den Gläubiger einen Betrag, der seinen Haftungsanteil übersteigt, kann er von den anderen Gesamtschuldnern Ausgleich verlangen. Dogmatisch ergibt sich dies sowohl über den originären Ausgleichsanspruch gem. § 426 Abs. 1 BGB als auch über die cessio legis des § 426 Abs. 2 BGB. **140**

Die Frage, wie hoch die Haftungsquote ist, ist eine Rechts- und keine Sachverständigenfrage. Dennoch wird ein Gericht bei der Beurteilung der Haftungsquoten regelmäßig sachverständige Hilfe in Anspruch nehmen bzw. sich manchmal sogar ausschließlich auf die Einschätzung des Sachverständigen zur Verteilung der Haftungsanteile stützen. Deswegen ist im vorstehenden Muster die Zuordnung einer 30 %-igen Haftungsquote an den Bauüberwacher auch unter Sachverständigenbeweis gestellt, auch wenn die Quote streng genommen nicht durch Sachverständigenbeweis, sondern durch richterliche Bewertung zu entscheiden ist. **141**

b) Streitverkündung

Wird ein Baubeteiligter vom Besteller klageweise in Anspruch genommen und kommt ein Regress gegenüber Dritten in Betracht, sollte der in Anspruch genommene Unternehmer stets an eine Streitverkündung denken. Denn zum einen tritt dann gegenüber dem Streitverkündungsempfänger die Interventionswirkung gem. §§ 74, 68 ZPO ein. Zum anderen ist gem. § 204 Abs. 1 Nr. 6 BGB mit Zustellung der Streitverkündung die Verjährung der Regressansprüche gehemmt. **142**

Die Streitverkündung muss aber gem. § 72 Abs. 1 ZPO zulässig sein, sonst treten ihre Wirkungen nicht ein. Da über die Zulässigkeit erst – oft nach Jahr und Tag – im Folgeprozess entschieden wird, kann eine unzulässige Streitverkündung zur Verjährung des Anspruchs und damit einer Haftung des Anwalts führen. Zulässig ist die Streitverkündung in Fällen der alternativen, nicht aber der kumulativen Schuldnerschaft. Für den Bauprozess bedeutet das: **143**

Ein Gläubiger kann nicht wirksam einen von zwei Gesamtschuldnern (z.B. zwei Bauunternehmer, die gemeinsam einen Mangel verursacht haben) verklagen und dem anderen den Streit verkünden: Die Klage gegen den einen wäre natürlich wirksam, die Streitverkündung ginge aber ins Leere und bewirkte beispielsweise keine Verjährungshemmung. Ebenso wenig ist zulässig eine Streitverkündung des Bestellers gegen den Gewährleis- **144** tungsbürgen des vom Besteller verklagten, mangelhaft leistenden Unternehmers. In beiden Fällen muss der Besteller gleich beide Schuldner verklagen.

Ausreichend ist aber eine nur teilweise alternative Schuldnerschaft: Zulässig ist daher beispielsweise im Prozess des Bestellers gegen den mangelhaft leistenden Unternehmer eine Streitverkündung des Bestellers gegenüber einem Architekten, der mangelhaft geplant hat.

Zulässig ist es auch, wenn – wie hier – einer von mehreren Gesamtschuldnern, der vom Gläubiger verklagt ist, einem weiteren Gesamtschuldner zur Vorbereitung des Regresses den Streit verkündet.

§ 3 Verzögerung/Behinderung/Vertragsstrafe

Ursula von Minckwitz

Inhalt

Literatur:

Glöckner, Leitbild mit Verfalldatum – Zur vorübergehenden Anwendung von § 284 Abs. 3 BGB, BauR 2001, 535; *Langen*, Die Bauzeit im Rahmen der Vertragsgestaltung, NZBau 2009, 145, 150; *Glöckner,* § 642 BGB – Tatbestand und Rechtsfolgen im System des Leistungsstörungsrechts, BauR 2014, 368; *Althaus,* Die Festsetzung der angemessenen Entschädigung nach § 642 BGB als richterliche Ermessensentscheidung, NZBau 2015, 67; *Sienz*, Einzelfragen zum Annahmeverzug nach § 642 BGB, BauR 2021, 1205; *Weise,* Verzug des Bauunternehmers trotz Materialengpässen?, NJW-Spezial 2021, 492; *Popescu,* Darlegungs- und Beweislast des Unternehmers beim Verzug nach § 286 Abs. 2 Nr. 1 BGB, BauR 2023, 312; *Koos*, Die Bedeutung der Bauzeitplanung (des Bauterminplans) für die Gestaltung und Abwicklung von Bauverträgen, BauR 2023, 287

A. Rechtliche Grundlagen

I. Verzug

1. Schuldnerverzug nach BGB

Schuldnerverzug ist sowohl auf der Auftragnehmerseite (z.B. Verzögerung der Ausführung der Bauleistung) als auch auf der Auftraggeber-/Bestellerseite (Verzögerung der Zahlung der Vergütung oder Verzug mit der Mitwirkung) möglich. Entsprechend der Thematik dieses Abschnittes (Verzögerung, Behinderung und Vertragsstrafe) wird im Folgenden nur der **Verzug des Auftragnehmers** mit der Ausführung der Bauleistung behandelt. 1

a) Voraussetzungen des Schuldnerverzugs

Gem. § 286 Abs. 1 S. 1 BGB kommt der Schuldner/Auftragnehmer grundsätzlich in Verzug, wenn er auf eine nach Eintritt der Fälligkeit erfolgte Mahnung des Gläubigers/Auftraggebers nicht leistet. Die Mahnung kann unter den nachgenannten Voraussetzungen entbehrlich sein. 2

aa) Fälligkeit der geschuldeten Leistung

Verzug kann erst eintreten, **wenn die Leistung fällig ist**.[1] Bei der Bauvertragsgestaltung sowie -abwicklung kommt der **Steuerung der Fälligkeiten** eine bedeutende Rolle zu. So besteht z.B. auch ein Kündigungsrecht des Auftraggebers **vor Eintritt des Verzugs**, wenn feststeht, dass der Auftragnehmer einen Vertragstermin aus von ihm zu vertretenden Gründen nicht einhalten wird und für den Auftraggeber unter diesen Voraussetzungen daher eine Fortsetzung des Vertragsverhältnisses nicht zumutbar ist.[2] Wenn insofern **drohender Verzug** vorliegt, kann der Auftraggeber **vor Eintritt des Verzugs** kündigen, wenn bereits vor Fälligkeit der Leistung ernsthafte **Zweifel an der Leistungsbereitschaft** oder der Leistungswilligkeit des Auftragnehmers bestehen und der Auftraggeber ein schützenswertes Interesse daran hat, Klarheit über den Vertrag zu erlangen. Der Auftraggeber kann deshalb dem Auftragnehmer vor Fälligkeit der Leistung eine angemessene Frist zur Erklärung eigener Leistungsbereitschaft und zum Nachweis fristgerechter Erfüllung des Vertrags setzen, wenn die rechtzeitige Erfüllung durch Hindernisse ernsthaft infrage gestellt ist, die im Verantwortungsbereich des Auftragnehmers liegen, und dem Auftraggeber ein weiteres Zuwarten nicht möglich ist (Ausfluss des Kooperationsgebots).[3] 3

Hat der Auftraggeber keine Zwischenfristen oder Fälligkeiten von Teilleistungen, z.B. über einen Terminplan, vereinbart, ist es sehr schwierig bis in nicht wenigen Fällen

1 *Grüneberg*, BGB, 82. Aufl., § 286 Rn 13; OLG Saarbrücken v. 2.4.2003 – 1 U 702–02–167 – rechtskräftig durch BGH v. 30.9.2004 – VII ZR 127/03 (Nichtzulassungsbeschwerde zurückgewiesen) – IBR 2005, 9; BGH v. 8.3.2001 – VII ZR 470/99 – IBR 2001, 251.

2 BGH v. 4.5.2000 – VII ZR 53/99 – IBR 2000, 426; OLG Köln v. 1.6.2012 – 11 U 203/11 – IBR 2012, 697.

3 OLG Stuttgart v. 30.1.2018 – 10 U 84/17 – IBR 2018, 494.

unmöglich, drohenden Verzug darzulegen und im Streitfall zu beweisen, weshalb für diesen Fall von einer Kündigung abzuraten ist.[4]

4 Als Steuerungsmittel für Fälligkeiten in diesem Sinne werden **Terminpläne** mit verschiedener Regelungstiefe und verschiedenen Inhalten verwendet. Sie sind somit wesentlicher Bestandteil der Vertragsgestaltung. Der Auftraggeber kann damit u.a. belegen, wann ein drohender Verzug i.S.d. vorstehend angeführten Rechtsprechung wahrscheinlich ist oder sogar sicher feststeht. Das Festlegen von Terminen dient dazu, Fälligkeitszeitpunkte für Teilleistungen des Auftragnehmers zu definieren. Eine **nachträgliche Vorgabe von Vertragsterminen** und -fristen durch den Auftraggeber ist nur möglich, wenn dies über § 315 BGB (einseitiges Leistungsbestimmungsrecht) im Vertrag vereinbart wurde.[5] Ist für die Ausführung der Leistung nur ein Beginn- und ein Fertigstellungstermin vereinbart, kann der Auftragnehmer nach Ausführungsbeginn über die Bauzeit grundsätzlich **frei disponieren** und den Bauablauf so gestalten, dass er den Fertigstellungstermin „hält".[6]

5 Gem. § 650j BGB in der seit dem 1.1.2018 geltenden Fassung hat der Unternehmer eines **Verbraucherbauvertrags** den Verbraucher über die sich aus Art. 249 EGBGB in der seit dem 1.1.2018 geltenden Fassung (EGBGB n.F.) ergebenden Einzelheiten in der dort vorgesehenen Form zu unterrichten, es sei denn, der Verbraucher oder ein vom ihm Beauftragter macht die wesentlichen Planungsvorgaben. Gemäß Art. 249 § 2 Abs. 2 EGBGB hat die vom Unternehmer zur Verfügung zu stellende Baubeschreibung verbindliche Angaben zum Zeitpunkt der Fertigstellung des Werks zu enthalten. Steht der Beginn der Baumaßnahme noch nicht fest, ist ihre Dauer anzugeben. Gem. § 650k Abs. 3 BGB muss ein **Verbraucherbauvertrag** daher verbindliche Angaben zum Zeitpunkt der Fertigstellung des Werks oder, wenn dieser Zeitpunkt zum Zeitpunkt des Abschlusses des Bauvertrags nicht angegeben werden kann, zur Dauer der Bauausführung enthalten. Enthält der Vertrag diese Angaben nicht, werden die vorvertraglich in der Baubeschreibung übermittelten Angaben zum Zeitpunkt der Fertigstellung des Werks oder zur Dauer der Bauausführung Inhalt des Vertrags. In einem Verbraucherbauvertrag ist die Klausel „*Bauzeit ca. XXX Monate bis zur abnahmefähigen Fertigstellung der Leistungen*" daher wegen Verstoßes gegen § 650k Abs. 3 S. 1 BGB nach § 650o BGB unwirksam.[7]

Verbraucherbauverträge sind Verträge, durch die der Unternehmer von einem Verbraucher zum Bau eines neuen Gebäudes oder zu erheblichen Umbaumaßnahmen an einem bestehenden Gebäude verpflichtet wird (§ 650i Abs. 1 BGB).

Bei Verstoß des Auftragnehmers gegen die vorstehenden Pflichten kommen Schadensersatzansprüche des Verbrauchers gem. §§ 280 Abs. 1, 311 Abs. 2, 241 Abs. 2 BGB sowie ein Rücktrittsrecht des Verbrauchers gem. §§ 324, 241 Abs. 2 BGB in Betracht.[8]

4 So auch OLG Koblenz v. 21.4.2020 – 3 U 1895/19 – IBR 2020, 581.
5 Abweichend hierzu: OLG Naumburg v. 16.5.2013 – 2 U 161/12 – IBR 2013, 671, wonach eine Anordnung gem. § 1 Abs. 3 VOB/B zu Terminen möglich wäre.
6 OLG Düsseldorf v. 27.7.2016 – 22 U 54/16 – IBR 2017, 243.
7 OLG Koblenz v. 9.3.2023 – 2 U 63/22 – IBR 2023, 237.
8 Dammert/Lenkeit/Oberhauser/Pause/*Stretz*, Das neue Bauvertragsrecht, § 5 Rn 126 ff., 136.

Dennoch kommt es bei Bauverträgen immer wieder vor, dass Termine nicht geregelt werden oder nach Vertragsschluss erstellte Terminpläne als vertragsrelevant angesehen werden, obwohl sie nicht als Vertragsbestandteil vereinbart wurden und damit wirkungslos bleiben können, wenn der Auftragnehmer der Verbindlichkeit nicht nachträglich zustimmt. Allein Gespräche oder anderweitige Abstimmungen über einen Terminplan reichen in der Regel nicht aus, um daraus eine Verbindlichkeit für den Auftragnehmer abzuleiten. Sind keine Fristen/Termine vereinbart, käme die gesetzliche Regelung zum Tragen. Nach § 271 BGB wird die Fälligkeit wie folgt bestimmt: 6

> (1) Ist eine Zeit für die Leistung weder bestimmt noch aus den Umständen zu entnehmen, so kann der Gläubiger die Leistung sofort verlangen, der Schuldner sie sofort bewirken.
>
> (2) Ist eine Zeit bestimmt, so ist im Zweifel anzunehmen, dass der Gläubiger die Leistung nicht vor dieser verlangen, der Schuldner aber sie vorher bewirken kann.

Im gesetzlichen Werkvertragsrecht herrscht zudem der Grundsatz der „Endfälligkeit". „Fällige Leistung" i.S.d. Gesetzes ist nicht der Beginn der Bauarbeiten, sondern der **Eintritt des Erfolgs**, d.h. die abnahmereife Gesamtfertigstellung des Werks. „Verzug" des Auftragnehmers bedeutet damit grundsätzlich Verzug mit der Gesamtfertigstellung.[9] Beim Bauvertrag kann § 271 Abs. 1 BGB mangels Umsetzbarkeit in der Praxis **nicht wörtlich genommen werden**, d.h. die Bauleistung kann in der Regel nicht an einem Tag begonnen und gleichzeitig an diesem fertig gestellt werden. 7

Regeln die Parteien im Bauvertrag **keine Termine** für die Ausführung der beauftragten Bauleistungen, dann gilt nach der Rechtsprechung des BGH,[10] dass der Auftragnehmer mit der Bauleistung **unverzüglich** – d.h. nach Ablauf der notwendigen Vorbereitungszeit[11] – zu beginnen und sie **in angemessener Zeit zügig zu Ende zu führen hat**.[12] In einem solchen Fall ist es dann nur Zufall, wenn der nach § 271 BGB sich ergebende Termin und der dem Willen des Auftraggebers entsprechende Fertigstellungstermin deckungsgleich sind. 8

Sofern ein **Terminplan vertraglich** vereinbart werden soll,[13] sollte die **Qualität** desselben bestimmt bzw. ausgewählt werden. 9

Die bloße **Entgegennahme eines Terminplans** genügt regelmäßig nicht für eine rechtsverbindliche Geltung, denn Schweigen ist grundsätzlich keine Willenserklärung einer der am Bauvertrag Beteiligten. Verschiedentlich wird für die Annahme eines Mitwirkungsverzugs des Auftraggebers davon ausgegangen, dass Terminpläne eines Auftrag-

9 Messerschmidt/Voit/*von Rintelen*, Privates Baurecht, 4. Aufl., Teil H Rn 71.

10 BGH v. 8.3.2001 – VII ZR 470/99 – BauR 2001, 946.

11 In der Lit. (Kapellmann/Messerschmidt/*Sacher*, VOB, 6. Aufl., § 5 VOB/B Rn 70) wird die analoge Anwendung des § 5 Abs. 2 S. 2 VOB/B befürwortet, wonach der Auftragnehmer innerhalb von zwölf Werktagen nach Aufforderung (Abruf) des Auftraggebers mit der Bauausführung zu beginnen hat.

12 OLG Düsseldorf v. 27.7.2016 – 22 U 54/16 – IBR 2017, 243.

13 Dazu grundsätzlich: *Koos*, BauR 2023, 287.

nehmers verbindlich die **Mitwirkungsfristen des Auftraggebers** enthalten, wenn der Auftraggeber dem Terminplan nicht widersprochen hat.[14]

Der mit der Planung und Bauüberwachung beauftragte Architekt kann für den Auftraggeber einen derartigen Bauzeitenplan verbindlich vereinbaren, sofern dieser den vertraglichen Vorgaben – insbesondere dem vereinbarten Fertigstellungstermin – entspricht, d.h. diese Erklärung ist von der sog. originären Architektenvollmacht umfasst.[15]

Die Rechtsprechung der Oberlandesgerichte unterscheidet auch zwischen **verbindlichen Vertragsfristen** und **unverbindlichen Kontrollfristen** eines Terminplans.[16] Dabei wurde von der Rechtsprechung mangels Parteivereinbarung angenommen, dass es sich bei einer Teilleistung, die eine unabdingbare Vorarbeit für weitere Werkleistungen ist, im Zweifel um eine verbindliche Zwischenvertragsfrist handeln würde.[17]

In der Praxis gibt es verschiedene Formen des Terminplans, wobei die Form und die Anzahl jeweils **frei gewählt** werden kann. In der HOAI gibt es z.B. in der Anlage 10 zu § 34 HOAI, Objektplanung Gebäude in der Leistungsphase 2 als Leistung h) das Erstellen eines Terminplans mit den wesentlichen Vorgängen des Planungs- und Bauablaufs. Damit ist die Detailtiefe des Terminplans nicht festgelegt. Die nachfolgende Darstellung gibt einen exemplarischen Überblick über die häufigsten verwendeten Begrifflichkeiten in der Bau- bzw. Baubetriebspraxis und Baubetriebsliteratur:

Art des Terminplans	Inhalte	Funktion im Vertrag
Rahmen- und/oder Grobablaufterminplan	Darstellung des Gesamtprojekts.	Information des Auftragnehmers über Schnittstellen, Parallelarbeiten anderer Auftragnehmer, terminrelevante Beziehungen zum Auftraggeber.[18]
Detailterminplan/ Bauzeitenplan	Darstellung der einzelnen Tätigkeiten und Aktivitäten des Auftragnehmers (nicht aller), d.h. der Produktionsschritte in verschiedener Tiefe und Schärfe.[19]	Festlegung der Fälligkeiten der Produktionsschritte zur Prüfung, ob Verzug droht.

14 BGH v. 21.3.2002 – VII ZR 224/00 – IBR 2002, 356; OLG Hamburg v. 16.11.2018 – 1 U 40/17 – IBR 2021, 569: Die Frage, zu welchem Zeitpunkt einzelne Mitwirkungshandlungen zu erbringen sind, richtet sich nach dem Bauablauf, wie er vom Auftragnehmer in den Grenzen der vertraglichen Terminvereinbarungen nach seinen bautechnischen und baubetrieblichen Anforderungen vorgesehen ist. Bei ungestörtem Bauablauf kann dies dem aufgestellten Bauablauf- oder Terminplan zu entnehmen sein.

15 So BGH v. 21.3.2002 – VII ZR 224/00 – IBR 2002, 356.

16 OLG Stuttgart v. 1.12.2020 – 10 U 124/10 – IBR 2021, 175.

17 OLG Stuttgart v. 1.12.2020 – 10 U 124/10 – IBR 2021, 175.

18 *Von Minckwitz/Schmitt/Viering*, Nachtragsmanagement, § 3 Rn 564 ff.

19 *Von Minckwitz/Schmitt/Viering*, a.a.O., § 3 Rn 564 ff.

Art des Terminplans	Inhalte	Funktion im Vertrag
Steuerungs- oder Entscheidungsterminpläne (Begriff resultiert aus dem AHO-Leistungsbild zur Projektsteuerung)[20]	Darstellung aller Entscheidungen und Mitwirkungen des Auftraggebers.	Festlegung der Fälligkeiten für die Mitwirkungspflichten des Auftraggebers.
Kapazitäts- und Einsatzplan	Darstellung der Arbeitsvolumina des Auftragnehmers in detaillierterer Form als beim Detailterminplan, der nur eine zeitliche Abbildung enthält.	Festlegung von Mengen und Massen zur Prüfung, ob Verzug droht.

Am häufigsten verwendet wird bei den vorstehenden Terminplanformen ein sog. Balkenplan, der in der Regel hinsichtlich der Einzelvorgänge vernetzt sein wird, um die Abhängigkeiten, d.h. die Kausalitäten, ausweisen zu können (letzteres bewirkt auch, dass der sog. „kritische Weg“ dargestellt werden kann, d.h. die Einzelvorgänge, die so vernetzt sind, dass bei Verzug mit einem dieser Einzelvorgänge sich zwangsläufig ohne weitere Maßnahmen Verzug mit dem Fertigstellungstermin ergibt.).[21]

Nach dem Wortlaut des § 5 Abs. 1 S. 2 VOB/B gelten in einem Bauzeitenplan enthaltene Einzelfristen nur dann als Vertragsfristen, wenn dies im Vertrag ausdrücklich vereinbart ist.[22] Wenn die Parteien diese Termine eines Bauzeitenplans allerdings als verbindliche Vertragsfristen wollten, ist die Vereinbarung regelmäßig eine Individualvereinbarung und geht der VOB/B als AGB gem. § 305b BGB vor.

Ein zu vereinbarender Terminplan/Bauzeitenplan sollte aus rechtlicher Sicht daher folgenden Anforderungen genügen: **10**

- Er sollte **aussagekräftig** den Ablauf möglichst vieler **einzelner Arbeitsabschnitte** (sog. Vorgänge eines Balkenplans) darstellen, sodass die Erfüllung wichtiger Vorbedingungen und etwaige **Verzögerungen frühzeitig erkennbar werden** (was sich u.a. dann auch aus der Vernetzung ergibt). Oft wird dies in der Praxis verbunden mit einem so genannten Kapazitäts- und Einsatzplan.
- Er sollte vollständig sein, insbesondere wesentliche Genehmigungen, Planlieferungstermine, wichtige Vorleistungen anderer Auftragnehmer, Lieferzeiträume bestimmter Materialien und andere für den Zeitablauf relevante Umstände (z.B. vorhersehbare Witterungsausfallzeiten, Zuordnung von Kapazitäten) enthalten und damit auf die Mitwirkungspflichten des Auftraggebers (z.B. auch Entscheidungen wie Bemusterun-

20 AHO-Leistungsbild für Projektsteuerung gem. Heft 9 – Projektmanagement in der Bau- und Immobilienwirtschaft – Standards für Leistungen und Vergütung, 5. Aufl., Stand: März 2020.

21 *Schubert*, in: Vygen/Joussen/Schubert/Lang, 6. Aufl., Teil B, Rn 17, Abb. 4; *Langen/Schiffers*, Rn 39 und Abb. 13; Beck'scher VOB-Kommentar/*Althaus*, Teil B, 3. Aufl. 2013, Vorbemerkung § 5 Rn 35–44; OLG Köln v. 29.8.2019 – 7 U 112/18 – BauR 2022, 647.

22 Zur Rechtsnatur von Zwischenfristen, die nur Kontrollfristen eines Terminplans sind: OLG Stuttgart v. 1.12.2020 – 10 U 124/10 – IBR 2021, 175.

gen) abstellen. Andernfalls müssten die betreffenden Fristen jeweils aus den Umständen abgeleitet werden, also etwa den üblichen Vorlauf- und Bearbeitungszeiten.[23]

- Er sollte ermöglichen, die Auswirkungen von Verzögerungen zu berechnen und festzustellen. Übliche Terminpläne weisen daher insbesondere **bauliche Abhängigkeiten** (= Vernetzung bzw. sog. „Anordnungsbeziehungen“[24]) einzelner Gewerke oder Tätigkeiten aus (z.B. Estrichfertigstellung vor Beginn der Fliesenarbeiten).
- Er sollte verbindlich sein, auch wenn er durch Änderungen nach Vertragsabschluss in der Regel fortgeschrieben, d.h. angepasst wird.

11 Bei der Vereinbarung von Terminplänen gibt es folgende Möglichkeiten:

- Vereinbarung **mit Vertragsabschluss** nach Erstellung durch den Auftraggeber oder den Auftragnehmer oder durch Beifügung zum Bauvertrag als Anlage ohne weitere Erklärung;[25]
- Vereinbarung **nach Vertragsabschluss** nach Erstellung durch den Auftraggeber oder den Auftragnehmer, d.h. die jeweilige **Zustimmung der anderen Partei** ist erforderlich;
- **einseitige Festlegung** durch den Auftraggeber (z.B. über § 315 BGB);
- Angabe durch den Auftragnehmer gegenüber dem Auftraggeber. Es handelt sich dabei um die Rechtsprechung zur sog. Selbstmahnung (siehe Rdn 23);
- Vereinbarung durch kaufmännisches Bestätigungsschreiben, was in dem Zugang eines Baubesprechungsprotokolls liegen kann, dem der Auftragnehmer oder der Auftraggeber nach Zugang nicht widersprochen hat.[26]

12 Die **Wahl des Erstellers des Terminplans** hängt maßgeblich davon ab, ob der Auftraggeber ausreichende Kenntnisse über die Bauabwicklung des Auftragnehmers im Einzelnen hat. So kommt es in der Praxis häufig vor, dass der Auftraggeber den Rahmenterminplan vorgibt und vom Auftragnehmer verlangt, einen Detailterminplan nach Abschluss des Vertrages als Ergebnis der Ableitung aus dem Rahmenterminplan vorzulegen, der dann nach Prüfung durch den Auftraggeber Vertragsbestandteil wird. Der Nachteil dieser Variante liegt darin, dass die Bestimmung der Termine/Fälligkeiten davon abhängt, dass der Auftragnehmer im Detailterminplan dazu akzeptable Vorschläge macht. Andernfalls leistet er **mangelhaft** und **verletzt seine Vertragspflichten**. In der Praxis wird diese mangelhafte Leistung jedoch selten über eine Mängelrüge mit Selbstvornahme sanktioniert. Alternativ könnte man im Vertrag regeln, dass für diesen Fall gem. § 315 BGB auftraggeberseits einseitig ein Terminplan vorgegeben wird (siehe hierzu Rdn 16 und 17).

23 *Langen*, NZBau 2009, 145, 150.
24 *Langen/Schiffers*, Rn 39 und Abb. 9, 13.
25 Dabei ist beim BGB-Vertrag nicht geklärt, ob alle Einzelfristen des Terminplans Vertragsfristen sein werden. Nach § 5 Abs. 1 VOB/B nicht. Wohl bejahend: *Koos*, BauR 2023, 287, 289.
26 OLG Celle v. 26.2.2021 – 4 U 37/20 – IBR 2022, 281; KG v. 18.9.2012 – 7 U 227/11 – IBR 2014, 9; Grundsatzentscheidung des BGH v. 27.1.2011 – VII ZR 186/09 – IBR 2011, 190 zu Baustellenbesprechungsprotokollen.

Vertraglich vereinbarte Ausführungsfristen können, da es sich um eine **Vertragsänderung** handelt, grundsätzlich nur **einvernehmlich geändert** oder neu festgelegt werden (siehe auch Rdn 4). 13

Verschieben sich die Ausführungszeiten – gleich aus welchem Grund –, so ergeben sich für den Auftraggeber nur aus den neu vereinbarten bzw. **objektiv berechtigten Vertragsfristverlängerungen** im Fall der Überschreitung durch den Auftragnehmer Ansprüche aus Verzug des Auftragnehmers. **Einseitige** Änderungen und Verschiebungen von Vertragsfristen seitens des Auftraggebers sind dagegen rechtlich wirkungslos, wenn sie nur dessen **subjektive Vorstellungen** wiedergeben. Auch bei **Unterbrechungen der Arbeiten** infolge von Umständen, die der Auftragnehmer nicht zu vertreten hat, gilt der bisherige Vertragstermin nicht mehr und müsste angepasst werden. Findet eine Anpassung nicht statt, so gilt das vorstehend zum fehlenden Anfangstermin Erläuterte, d.h. es findet § 271 BGB Anwendung (siehe Rdn 8 ff.).[27] 14

Da es sich bei der Vereinbarung neuer Vertragsfristen um eine Vertragsänderung handelt, ist, wenn die Vereinbarung nicht direkt mit dem Auftraggeber getroffen wird, auf eine **ausreichende Vollmacht** zu achten. Ein mit der Bauaufsicht beauftragter Architekt kann ohne entsprechende Vollmacht nicht wirksam für den Auftraggeber mit dem Auftragnehmer eine Fristverlängerung vereinbaren.[28] 15

Da der Auftraggeber den Terminplan infolge des Verzugs bzw. der mangelhaften Leistungen nach Vorliegen der übrigen Voraussetzungen **in Ersatzvornahme erstellen kann**, wird als „milderes" Mittel in der Vertragspraxis oft geregelt, dass bei Streitigkeiten über die Festlegung von Terminen im Terminplan dem Auftraggeber ein **einseitiges Bestimmungsrecht gem. § 315 BGB** zusteht. 16

Der Auftraggeber kann die Termine danach **nicht willkürlich** festlegen. § 315 Abs. 1 BGB sieht vor, dass eine willkürliche Bestimmung zwar **vorläufig verbindlich** bleibt, aber durch **eine gerichtliche Entscheidung über eine angemessene Bestimmung, d.h. Festlegung des Termins, ersetzt werden kann** (§ 315 Abs. 3 BGB). Streiten sich die Parteien über die Berechtigung einer außerordentlichen Kündigung des Auftraggebers infolge von behauptetem Leistungsverzug des Auftragnehmers, dann könnte der Auftragnehmer einwenden, dass kein Verzug vorliegt, da der einseitig vom Auftraggeber bestimmte Fertigstellungstermin willkürlich i.S.v. § 315 BGB war und er den angemessenen Termin eingehalten hätte. 17

27 Nach Unterbrechung der Montagetätigkeit infolge eines Brandereignisses wird die Fortführung der Tätigkeiten erst fällig, wenn der Bauherr dem Unternehmer mitteilt, dass die von ihm (dem Bauherrn) zu gewährleistenden Voraussetzungen wiederhergestellt sind und er den Unternehmer gleichzeitig zur Wiederaufnahme der Restarbeiten auffordert. Mit der Fälligkeit der Wiederaufnahme der Arbeiten ist der Unternehmer nicht zur sofortigen Fertigstellung seiner Arbeiten verpflichtet. Die Wiederaufnahme der Arbeiten umfasst vielmehr zunächst lediglich die Verpflichtung, in angemessener Frist unter Berücksichtigung der weiteren, von ihm auszuführenden Arbeiten für andere Auftraggeber eine Neudisposition der erforderlichen Arbeiten vorzunehmen und diese sodann zur Ausführung zu bringen (OLG Köln v 6.6.2003 – 19 U 217/02 – BauR 2003, 1613;).

28 BGH v. 10.11.1977 – VII ZR 252/75 – BauR 1978, 139, 140, siehe aber abweichend zur Vorgabe von Terminplänen unter Fn 16.

bb) Mahnung (§ 286 BGB)

18 Eine Mahnung ist eine **Aufforderung des Gläubigers** an den Schuldner (aus Beweisgründen bevorzugt schriftlich), die geschuldete Leistung zu erbringen. Zusammen mit der Mahnung kann und sollte eine angemessene Frist zur Leistung gem. § 281 Abs. 1 S. 1 BGB gesetzt werden.[29] Nach dem BGH erfordert eine wirksame Fristsetzung indes keine Bestimmung der maßgeblichen Zeitspanne nach dem Kalender oder in konkreten Zeiteinheiten; vielmehr könne die Dauer einer Frist grundsätzlich auch durch einen unbestimmten Rechtsbegriff bezeichnet werden (Verlangen nach sofortiger, unverzüglicher oder umgehender Leistung).[30]

War die Frist unangemessen kurz, wird eine angemessene Nachfrist automatisch in Lauf gesetzt.[31]

Beim VOB/B-Vertrag wird das Erfordernis der angemessenen Nachfrist unter § 5 Abs. 4 VOB/B ausdrücklich benannt (siehe Rdn 39 ff.).

19 Gem. § 286 Abs. 2 BGB bedarf es keiner Mahnung, wenn

1. für die Leistung eine Zeit nach dem Kalender **bestimmt** ist,
2. der Leistung ein Ereignis vorauszugehen hat und eine angemessene Zeit für die Leistung in der Weise bestimmt ist, dass sie sich von dem Ereignis an nach dem Kalender **berechnen lässt** (= bestimmbare Frist),
3. der Schuldner die Leistung **ernsthaft und endgültig verweigert**,
4. aus besonderen Gründen unter **Abwägung der beiderseitigen Interessen** der sofortige Eintritt des Verzugs **gerechtfertigt** ist.

Alle vorstehenden Fälle sind für die Bauvertragspraxis von Relevanz.

20 Sofern im Bauvertrag ein **bestimmter, kalendermäßig festgelegter** (z.B. Arbeitsbeginn am 25.5.2008, Fertigstellung am 30.10.2010) oder anhand **eines bestimmten Ereignisses kalendermäßig berechenbarer** Termin vereinbart ist (z.B. Arbeitsbeginn zehn Tage nach Abruf, Fertigstellung 20 Wochen nach Zugang der Baugenehmigung), tritt mit dem Ablauf des Termins die Fälligkeit der betreffenden Leistung und gleichzeitig – bei Überschreitung des Termins durch den Auftragnehmer – **ohne Mahnung Schuldnerverzug** ein.

21 Berechen- bzw. bestimmbare Termine verwendet man in der Baupraxis aus rechtlicher Sicht immer dann, wenn eine Einzelgewerkvergabe stattfindet und man die „Fortsetzung" von Verzügen zwischen den einzelnen Auftragnehmern als Auftraggeber **vermeiden** will. Ein Auftraggeber kommt in **Mitwirkungsverzug** (zum Annahmeverzug des Gläubigers vgl. Rdn 87 ff. und Rdn 111 ff.) gegenüber dem Nachfolgeunternehmer (z.B. Fliesengewerk), wenn ein Vorgewerk (z.B. Estrich) nicht rechtzeitig fertig gestellt wird. Kann der Auftraggeber bei einem VOB/B-Bauvertrag **per Abruf über § 5 Abs. 2**

29 BGH v. 8.3.2001 – VII ZR 470/99 – NJW-RR 2001, 806 zum alten Schuldrecht; OLG München v. 28.1.2010 – 9 U 3388/04 – IBR 2012, 272; OLG Frankfurt v. 18.2.2021 – 22 U 103/19 – IBR 2022, 560 für eine sechstägige Nachfrist bei 11 Monaten Terminüberschreitung.

30 BGH v. 13.7.2016 – VIII ZR 49/15 – NJW 2016, 3654 und BGH v. 12.8.2009 – VIII ZR 254/08 – NJW 2009, 3153.

31 BGH v. 13.7.2016 – VIII ZR 49/15 – NJW 2016, 3654.

VOB/B den Leistungsbeginn steuern, so kann er vermeiden, dass sich der Verzug des Vorgewerks auf das Nachfolgegewerk auswirkt. Der Auftraggeber kann den Verzug „**abpuffern**", wie es die Baupraxis nennt, d.h. der Auftraggeber kommt nicht sofort, sondern erst nach einem gewissen Zeitraum in Mitwirkungsverzug.

Eine ernsthafte und **endgültige Leistungsverweigerung** des Auftragnehmers liegt vor, wenn seine Weigerung als sein „letztes Wort" aufzufassen ist. Hieran werden von der Rechtsprechung strenge Anforderungen gestellt.[32] 22

Folgende Beispiele für die Erfüllungsverweigerung und die besonderen Gründe für den sofortigen Verzugseintritt wurden in der Rechtsprechung zum Bauvertrag entschieden: 23

- Macht der Auftragnehmer den Baubeginn davon abhängig, dass der Auftraggeber einen unberechtigten Nachtrag anerkennt, so liegt darin eine ernsthafte, endgültige und unberechtigte Erfüllungsverweigerung.[33] Etwas anderes gilt dann, wenn der Auftraggeber die Beauftragung eines berechtigten und prüfbar angebotenen Nachtrags grundlos verweigert.[34]
- Wenn der mit der Lieferung und dem Einbau von Betonfertigteilen beauftragte Auftragnehmer darauf besteht, diese Teile nach einer vertragswidrigen Betonrezeptur zu fertigen, ist der Auftraggeber berechtigt, den Vertrag aus wichtigem Grund zu kündigen.[35]
- Wenn der Auftragnehmer die Leistung **ausdrücklich angekündigt hat** und dennoch nicht leistet (sog. „**Selbstmahnung**").[36]
- Wenn sich bereits aus dem Vertragsinhalt ergibt, dass die geschuldete Leistung besonders dringlich ist,[37] was z.B. bei einem Reparaturauftrag für einen Wasserrohrbruch der Fall sein kann. Dies berechtigt jedoch nur in absoluten Ausnahmefällen zur Kündigung (besondere Schwere ist erforderlich). Solche Fälle werden in der Baupraxis mit „**Gefahr in Verzug**" beschrieben.
- Eine fristlose Kündigung ist jedenfalls dann gerechtfertigt, wenn der Auftragnehmer trotz Abmahnungen mehrfach und nachhaltig gegen eine Vertragspflicht verstößt und wenn sein Verhalten ein hinreichender Anlass für die Annahme ist, dass er sich auch in Zukunft nicht vertragstreu verhalten wird. Dabei kommt es nicht darauf an, ob Haupt- oder Nebenpflichten aus einem Vertrag verletzt worden sind.[38]
- Wenn der Auftragnehmer die Pflichtverletzung hartnäckig bestreitet.
- Wenn der Auftragnehmer erklärt, er könne die Leistung erst zu einem späteren Zeitpunkt erbringen, und wenn dieser Zeitpunkt nach Ablauf einer angemessenen Frist liegt.

32 Zum Ganzen: *Grüneberg*, BGB, 82. Aufl., § 281 Rn 14.
33 KG v. 13.6.2017 – 21 U 24/15 – IBR 2017, 421; OLG Brandenburg v. 9.2.2005 – 4 U 128/04 – BauR 2005, 764.
34 BGH v. 24.6.2004 – VII ZR 271/01 – IBR 2004, 486; OLG Bremen v. 6.5.2008 – IBR 2010, 434; OLG Düsseldorf v. 4.11.1998 – 14a (6) U 195/97 – IBR 1999, 203.
35 OLG Hamm v. 9.2.2006 – 21 U 70/05 – BauR 2007, 1247.
36 OLG Köln v. 7.7.1999 – 14 WF 86/99 – NJW-RR 2000, 73; KG v. 18.9.2012 7 U 227/11 – IBR 2014, 9; OLG München v. 22.7.2009 – 9 U 1979/08 – IBR 211, 10.
37 BGH v. 4.7.1963 – II ZR 174/61 – NJW 1963, 1823.
38 OLG Brandenburg v. 15.1.2008 – 11 U 98/07 – IBR 2008, 207.

24 Nicht ausreichend ist es beispielsweise, wenn

- der Auftragnehmer rechtliche Zweifel an der Position des Auftraggebers äußert (z.B. die Verursachung des Mangels bestreitet),[39]
- der Auftragnehmer einen zugesagten Termin zweimal nicht einhält,
- Meinungsverschiedenheiten über den Vertragsinhalt bestehen,
- der Auftragnehmer die Leistung mit der Erklärung ablehnt, er sei zu Verhandlungen über Streitpunkte bereit,
- der Auftragnehmer erklärt, er wisse nicht, wann sein Zulieferer die bestellte Sache liefern könne.

25 Am Bau passiert es häufig, dass Ausführungsfristen sich infolge von Einflüssen oder Ansprüchen (z.B. auf Bauzeitverlängerung infolge von Behinderungen gem. § 6 Abs. 2 i.V.m. § 6 Abs. 4 VOB/B) (siehe Rdn 154) oder wegen Mitwirkungsverzuges des Auftraggebers (zum Annahmeverzug des Gläubigers vgl. die Ausführungen unter Rdn 87 ff. und Rdn 111 ff.) verlängern. Dann liegt **keine bestimmte oder bestimmbare Frist mehr vor**, weshalb der Auftraggeber den Auftragnehmer **zwingend mahnen muss**, um den Verzug begründen. Gleiches gilt, wenn durch **Zusatzaufträge oder Nachträge die bisherige Frist** nicht mehr gehalten werden kann.[40]

cc) Vertretenmüssen des Schuldners (§ 280 Abs. 1 und § 286 Abs. 4 BGB)

26 Gem. § 286 Abs. 4 BGB kommt der Auftragnehmer nicht in Verzug, solange die Leistung infolge eines Umstands unterbleibt, den er nicht zu vertreten hat. Nach § 280 Abs. 1 BGB entfällt ein Schadensersatzanspruch, wenn der Schuldner die Pflichtverletzung nicht zu vertreten hat. Dies wird besonders auf größeren Baustellen oft zumindest teilweise der Fall sein, wenn verschiedene Auftragnehmer tätig werden und sich **gegenseitig behindern** oder wenn der Auftraggeber **nicht ausreichend mitwirkt** (zum Annahmeverzug des Gläubigers vgl. die Ausführungen unter Rdn 87 ff. und Rdn 111 ff.).

Infolge der Corona-Pandemie haben sich neue Fragen des Verschuldens für entstehende Verzüge gestellt. So hat z.B. das KG Berlin[41] festgestellt, dass ein Auftragnehmer seinen Verzug nicht zu vertreten hat, wenn dieser durch schwerwiegende, unvorhersehbare und unabwendbare Umstände entstanden ist. Nicht dazu gehört nach h.M. aber das Beschaffungsrisiko des Auftragnehmers gem. § 276 Abs. 1 S. 1 BGB für Baumaterialien und Personal, das zum Einsatz kommen soll.[42] Das Beschaffungsrisiko trägt der Auftragnehmer insofern, als dass er sich nicht darauf verlassen kann, sich kurzfristig mit auf dem Markt vorhandenen Materialien oder Personal eindecken zu können und nunmehr aus für ihn unvorhersehbaren Gründen – eine erhebliche Verknappung oder Verteuerung – die Eindeckung erschwert oder verzögert wird. Nur untypische Risiken werden davon nicht abgedeckt (z.B. aus öffentlich-rechtlichen Beschränkungen für den Export

39 OLG Düsseldorf v. 20.12.2000 – 5 U 5/00 – rechtskräftig durch BGH v. 6.12.2001 – VII ZR 27/01 (Revision nicht angenommen) – BauR 2002, 1564.
40 OLG Düsseldorf v. 30.5.2000 – 22 U 214/99 – BauR 2000, 1336 = NZBau 2000, 430 = OLGR 2000, 397.
41 KG v. 24.5.2022 – 21 U 156/21 – IBRS 2022, 1692 für den Bauträgervertrag.
42 *Weise,* NJW-Spezial 2021, 492.

oder die Lieferung bestimmter Waren, die mit zumutbaren Mitteln nicht beschafft werden können, oder eine unvorhersehbare Ablehnung der Belieferung durch den Hersteller[43]).

Gem. § 276 Abs. 1 S. 1 BGB hat der Auftragnehmer Vorsatz und Fahrlässigkeit zu vertreten. Dem eigenen Verschulden der Vertragspartei wird das Verschulden von Personen gleichgestellt, deren sich die Partei zur Erfüllung ihrer Verbindlichkeiten bedient, d.h. am Bau in der Regel Planer, Gutachter o.Ä. („**Erfüllungsgehilfen**" gem. § 278 BGB). 27

Aus der Formulierung des § 286 Abs. 4 BGB ergibt sich, dass der Auftragnehmer die **Darlegungs- und Beweislast** dafür trägt, dass seine Leistung aufgrund von Umständen verzögert wurde, die er nicht zu vertreten hat (**Entlastungsbeweis**).[44] Eine Entlastung des Auftragnehmers hat die Rechtsprechung insbesondere in dem Fall angenommen, dass sich die Grundlagen eines vertraglichen Bauzeitenplans oder eine Vertragsfrist aus Gründen, die der Auftragnehmer nicht zu vertreten hatte, geändert haben.[45] 28

Nach einhelliger Rechtsprechung der Oberlandesgerichte[46] muss der Auftragnehmer zur Abwehr des Verzugsvorwurfs und daher auch einer verzugsbedingten Kündigung eine sog. **bauablaufbezogene Darstellung** vorlegen, die den Nachweis erbringt, dass der Verzug nicht auf vom Auftragnehmer zu vertretende Ursachen zurückgeht. Die Anforderungen der bisherigen oberlandesgerichtlichen Rechtsprechung[47] an die bauablaufbezogene Darstellung sind hoch – viele meinen, viel zu hoch –, sodass der Auftragnehmer hinsichtlich seines Entlastungsbeweises ein hohes Risiko trägt.

Dabei ist zu berücksichtigen, dass der vom Auftragnehmer erstellte oder mit dem Auftraggeber vereinbarte Terminplan ggf. zeitliche Puffer enthält. Nach der Rechtsprechung verschiedener Oberlandesgerichte stehen die diesbezüglichen Zeitreserven dem Auftragnehmer zur Kompensation seiner Verzüge zur Verfügung, d.h. der Auftraggeber kann nicht verlangen, dass die vom Auftragnehmer geplanten Zeitpuffer für die Kompensation von auftraggeberseitigen Behinderungen eingesetzt werden.[48]

Keine Entlastung gewährt dem Auftragnehmer eine Verzögerung der Leistung, die auf fehlender eigener finanzieller Leistungsfähigkeit[49] oder fehlerhaften geschäftlichen Dispositionen[50] beruht.

43 BGH v. 12.7.1972 – VIII ZR 200/71 – NJW 1972, 1702.
44 BGH v. 8.3.2002 – VII ZR 470/99 – IBR 2001, 251.
45 OLG Hamm v. 11.10.1995 – 25 U 70/95 – NJW-RR 1996, 1364; OLG Stuttgart v. 18.2.2020 – 10 U 2/17 – IBR 2022,449.
46 OLG Celle v. 26.2.2021 – 4 U 37/20 – IBR 2022,286; OLG München v. 7.4.2020 – 28 U 1694/19 – IBR 2022, 62.
47 OLG Köln v. 29.8.2019 – 7 U 113/18 – IBR 2021, 617; OLG Hamm v. 12.4.2011 – 24 U 29/09 – IBR 2013, 136; OLG Düsseldorf v. 16.8.2019 – 22 U 140/16 – IBR 2022, 61; grundsätzlich auch BGH v. 12.4.2012 – VII ZR 217/10 – NZBau 2012, 434; OLG Zweibrücken v. 3.12.2020 – 5 U 62/20 – IBR 2021, 341.
48 OLG Bremen v. 20.12.2019 – 2 U 50/18 – IBR 2021, 509; OLG Düsseldorf v. 20.7.2011 – U (Kart) 11/11 – IBR 2011, 505.
49 BGH v. 28.2.1989 – IX ZR 130/88 – NJW 1989, 1276, 1278.
50 BGH v. 15.1.1982 – V ZR 164/80 – WM 1982, 399, 400.

b) Rechtsfolgen des Schuldnerverzugs

aa) Ersatz des Verzögerungsschadens (§ 280 Abs. 1 und 2 BGB)

29 Der Auftraggeber kann den Ersatz des ihm entstandenen, adäquat kausal durch die Verzögerung der Bauleistung entstandenen Schadens verlangen. Hierzu gehören insbesondere

- erhöhte Baukosten wegen zwischenzeitlichen Preisanstiegs,
- erhöhter Zinsaufwand,
- Entschädigungs- oder Schadensersatzzahlungen an weitere Auftragnehmer (sog. Behinderungs- oder Bauzeitnachträge), insbesondere Nachunternehmer,
- zusätzliche Zahlungen an bauüberwachende Architekten oder Ingenieure wegen der Verlängerung der Bauzeit (nur in Ausnahmefällen, da nach der Rechtsprechung hierfür nur bei Wegfall der Geschäftsgrundlage vom Architekten/Ingenieur ein Mehrhonorar verlangt werden kann oder wenn es eine entsprechende Klausel in dem jeweiligen Vertrag dafür geben würde),
- verzugsbedingt entgangener Gewinn (§ 252 BGB) (z.B. entgangene Mieteinnahmen, wobei die Haftungsbeschränkung nach § 6 Abs. 6 VOB/B zu beachten ist),[51]
- Rechtsverfolgungskosten, insbesondere Rechtsanwaltskosten.

In vielen Fällen lässt der Auftragnehmer ein sog. **baubetriebliches Gutachten** über seine behinderungsbedingten Verzugsansprüche erstellen, dass insofern die Behinderungsauswirkungen dem Grunde nach und dann hinsichtlich der Mehrkosten aufzeigt. Der BGH[52] hat für einen Vergütungsanspruch aus § 2 Abs. 5 VOB/B für bauzeitabhängige Mehrkosten infolge einer verzögerten Vergabe entschieden, dass solche Privatgutachterkosten nicht erstattungsfähig seien.

30 Der **eigene, d.h. schadensbedingte Zeitaufwand** – insbesondere für den Einsatz von eigenen Mitarbeitern – bei der außergerichtlichen Abwicklung des Schadensersatzanspruches wird grundsätzlich nicht ersetzt, selbst wenn z.B. eine Behörde oder der Auftraggeber hierfür besonderes Personal einsetzen müssen, sofern der Rahmen des **allgemein Üblichen nicht überschritten wird**.[53] Nach der Rechtsprechung des BGH hat der Gläubiger den Aufwand zur Verfolgung seiner Ansprüche im Rahmen einer üblichen Mühewaltung selbst zu tragen.[54]

bb) Rücktritt des Auftraggebers (§ 323 BGB)

31 Gem. § 323 Abs. 1 BGB kann, wenn bei einem gegenseitigen Vertrag der Auftragnehmer eine fällige Leistung nicht oder nicht vertragsgemäß erbringt, der Gläubiger vom Vertrag zurücktreten, wenn er dem Auftragnehmer erfolglos eine angemessene Frist zur Leistung

51 Gem. § 6 Abs. 6 VOB/B wird entgangener Gewinn nur ersetzt, wenn Vorsatz oder grobe Fahrlässigkeit vorliegen (vgl. dazu Rdn 169); KG v. 24.5.2022 – 21 U 156/21 – IBR 2022, 394; BGH v. 8.12.2020 – XIII ZR 19/19 – ZfBR 2021, 461; *Pauly*: Zur Erstattungsfähigkeit innerbetrieblichen Arbeits- und Zeitaufwandes im Bau- und Vergaberecht – zugleich Kurzbesprechung von BGH v. 8. 12. 2020 – XIII ZR 19/19.

52 BGH v. 22.10.2020 – VII ZR 10/17 – NZBau 2021, 24, so auch schon BGH v. 8.2.2012 – VII ZR 202/09 – IBR 2012, 247 und BGH v. 10.9.2009 – VII ZR 152/08 – IBR 2009, 628.

53 BGH v. 9.3.1976 – VI ZR 98/75 – BGHZ 66, 112 = NJW 1976, 1256.

54 BGH v. 6.11.1976 – VI ZR 98/75 – NJW 1976, 1256.

oder Nacherfüllung gesetzt hat. Der Rücktritt wird in der Baupraxis noch fast immer **durch die Vertragskündigung ersetzt**. Zudem besteht seit dem 1.1.2018 ein spezielles werkvertragliches Kündigungsrecht aus wichtigem Grund für beide Vertragsparteien gemäß § 648a BGB (siehe unten Rdn 36). Der Rücktritt besitzt daher wenig Praxisrelevanz.

cc) Schadensersatz statt der Leistung (§ 281 Abs. 1 BGB)

Der unter Rdn 29 f. behandelte Verzugsschadensersatz nach § 280 Abs. 1 und 2 BGB umfasst die Schäden, die **aufgrund des Schuldnerverzuges entstehen und durch Nacherfüllung nicht beseitigt werden können** und für die der Gläubiger Ersatz neben der Vertragsleistung verlangt. Der Schadensersatzanspruch nach §§ 280 Abs. 1 und 3 i.V.m. § 281 Abs. 1 BGB umfasst demgegenüber die Schäden, für die der Gläubiger **Ersatz statt der – durch den Rücktritt oder die Vertragskündigung weggefallenen – Vertragsleistung verlangt**.[55] Wichtigstes Beispiel hierfür sind Mehrkosten, die infolge des Rücktritts oder der Kündigung durch die Beauftragung einer Drittfirma mit der Weiterführung und Fertigstellung der Bauarbeiten entstehen.[56] 32

Nach der Rechtsprechung ist § 323 Abs. 4 BGB auf den Schadensersatzanspruch aus § 281 BGB analog anwendbar. Das bedeutet, dass auch die Verletzung einer noch nicht fälligen, im Gegenseitigkeitsverhältnis stehenden Vertragspflicht durch den Schuldner seine Haftung aus § 281 BGB begründen kann, nämlich wenn bereits jetzt feststeht, dass er sie auch zum künftigen Fälligkeitszeitpunkt nicht erfüllt haben wird. Diese analoge Anwendbarkeit folgt aus dem Umstand, dass der Schadensersatzanspruch aus § 281 BGB immer dann auf Grundlage eines Werkvertrags geltend gemacht werden kann, wenn dieser Vertrag in ein sog. **Abrechnungsverhältnis** übergegangen ist.[57]

Voraussetzung für einen Anspruch auf Schadensersatz statt der Leistung ist, dass der Gläubiger dem Schuldner erfolglos eine **angemessene Frist zur Leistung oder Nacherfüllung gesetzt hat** (§ 281 Abs. 1 S. 1 BGB). Was **angemessen** ist, ist eine **Einzelfallentscheidung**. Die Fristsetzung ist entbehrlich, wenn der Schuldner die Leistung **ernsthaft und endgültig verweigert** oder wenn **besondere Umstände vorliegen, die unter Abwägung der beiderseitigen Interessen die sofortige Geltendmachung des Schadensersatzanspruchs rechtfertigen** (§ 281 Abs. 2 BGB). Hier gelten die Ausführungen unter Rdn 18 ff. gleichermaßen. 33

Wenn der Auftragnehmer eine Teilleistung bewirkt hat, dann kann der Auftraggeber gem. § 281 Abs. 1 S. 2 BGB Schadensersatz statt der ganzen Leistung nur verlangen, 34

55 *Grüneberg*, BGB, 82. Aufl., § 280 Rn 18; die Abgrenzung zum Schadensersatz nach § 280 BGB ist nicht ganz klar. Der BGH hat dazu keine einheitliche Rechtsprechung. So stellt beispielsweise der VIII. Zivilsenat für den Schadensersatz nach § 281 BGB auf den Charakter der verletzten Primärpflicht ab (BGH v. 28.2.2018 – VIII ZR 157/17), während nach Ansicht des VII. Zivilsenats entscheidend ist, ob der Schaden durch Nacherfüllung hätte abgewendet werden können (BGH v. 16.2.2017 – VII ZR 242/13 – IBR 2017, 204 und BGH v. 22.2.2018 – VII ZR 46/17 – IBR 2018, 196, wo es um die Entscheidung gegen fiktive Mängelbeseitigungskosten geht).

56 KG v. 1.7.2022 – 21 U 13/22 – NJW 2023, 75.

57 KG v. 1.7.2022 – 21 U 13/22 – NJW 2023, 75 unter Bezugnahme auf BGH v. 19.1.2017 – VII ZR 193/15 – IBR 2017, 1014 und BGH v. 19.1.2017 – VII ZR 301/13 – IBR 2017, 186.

wenn er an der Teilleistung kein Interesse hat.[58] Die Anwendung des § 281 Abs. 1 S. 2 BGB setzt voraus, dass die Vertragsleistung **quantitativ teilbar** ist.[59] In der insolvenzrechtlichen Rechtsprechung wird im Hinblick auf § 105 InsO die Teilbarkeit von Leistungen bei gegenseitigen Verträgen – worunter auch Bauverträge fallen – bejaht.[60]

35 Wenn der Auftragnehmer eine Vertragsfrist nur geringfügig überschreitet, dann kann das nach Treu und Glauben zu einer Beschränkung des Schadensersatzanspruchs führen.[61]

36 Zusätzlich zu den vorstehenden, im allgemeinen Leistungsstörungsrecht geregelten Rechtsfolgen besteht seit dem 1.1.2018 ein spezielles werkvertragliches Kündigungsrecht aus wichtigem Grund für beide Vertragsparteien für den Fall, dass dem kündigenden Teil unter Berücksichtigung aller Umstände des Einzelfalls und unter Abwägung der beiderseitigen Interessen die Fortsetzung des Vertragsverhältnisses bis zur Fertigstellung des Werks nicht zugemutet werden kann (§ 648a BGB). Als wichtiger Kündigungsgrund kommt auch die Verzögerung der Leistung durch den Auftragnehmer in Betracht.[62]

Eine Teilkündigung ist möglich, sie muss sich jedoch auf einen abgrenzbaren Teil des geschuldeten Werks beziehen (§ 648a Abs. 2 BGB).

dd) Parallelität von Ansprüchen

37 Der Anspruch auf Ersatz des Verzögerungsschadens aus §§ 280 Abs. 1 und 2, 286 BGB, das Rücktrittsrecht nach § 323 BGB, der Anspruch auf Schadensersatz statt der Leistung nach §§ 280 Abs. 1 und 3, 281 Abs. 1 BGB und das Kündigungsrecht nach § 648a BGB schließen einander nicht aus. Der Rücktritt schließt – abweichend von dem bis zum 31.12.2001 geltenden Schuldrecht – die Geltendmachung von Schadensersatzansprüchen nicht aus (§ 325 BGB).

ee) Verjährung

38 Es gilt für alle Ansprüche die **regelmäßige Verjährungsfrist** (§§ 195, 199 Abs. 1, 3 BGB). Der Rücktritt und die Kündigung selbst unterliegen als **Gestaltungsrechte** nicht der Verjährung.[63] Der Rücktritt ist allerdings nach § 218 Abs. 1 S. 1 BGB unwirksam, wenn der Anspruch, wegen dessen Verletzung der Rücktritt erklärt wird, zum Zeitpunkt des Rücktritts verjährt ist und der Auftragnehmer sich hierauf beruft. Die Kündigung

58 MüKo/*Ernst*, 9. Aufl., zu § 281 Rn 155.

59 MüKo/*Erst*, 9. Aufl., zu § 323 Rn 209: Auszugehen ist von dem mit dem Vertrag verfolgten Interesse. Zu fragen ist nach dem Interesse des Gläubigers an dem Austausch der erbrachten Leistung und eines entsprechenden Teils der von ihm zu erbringenden Gegenleistung, danach also, ob dieser Teilaustausch dem Gläubiger noch eine – wenn auch teilweise – Verwirklichung des mit dem Vertrag verfolgten Interesses bringt. Für das fehlende Interesse ist entscheidend, ob der Gläubiger nach seinen Verhältnissen bei objektiver Beurteilung kein Interesse mehr daran hat, die schon empfangene Teilleistung für eine entsprechend geminderte Gegenleistung zu erhalten, namentlich, weil seine konkreten Zwecke mit der Teilleistung auch nicht partiell verwirklicht werden können, und sich die fehlenden Teile nicht oder nur mit Mühe beschaffen lassen (BGH v. 7.3.1990 – VIII ZR 56/89 – NJW 1990, 3011).

60 BGH v. 25.4.2002 – IX ZR 313/99 – NJW 2002, 2783.

61 OLG Düsseldorf v. 7.6.2000 – 5 U 184/99 – NZBau 2000, 427; BGH v. 20.3.2001 – X ZR 180/98 – NZBau 2001, 391.

62 Dammert/Lenkeit/Oberhauser/Pause/*Stretz*, Das neue Bauvertragsrecht, § 5 Rn 160; OLG Frankfurt v. 18.2.2021 – 22 U 103/19 – IBR 2022, 560; OLG Dresden v. 27.9.2016 – 6 U 564/16 – IBR 2018, 675.

63 MüKo/*Grothe*, 9. Aufl., zu § 194 Rn 42.

muss innerhalb einer angemessenen Frist, nachdem der Berechtigte von dem Kündigungsgrund Kenntnis erlangt hat, ausgesprochen werden (§ 314 Abs. 3 BGB i.V.m. § 648a Abs. 3 BGB).

2. Schuldnerverzug nach VOB/B

Die VOB/B stellt als solche keine gesetzliche Regelung dar, sondern enthält nur sog. **„Allgemeine Geschäftsbedingungen“**,[64] d.h. Regelungen, die durch die ausdrückliche Vereinbarung zwischen den Parteien oder durch einen Hinweis einer der Parteien auf deren Geltung Vertragsbestandteil werden. Unter der Überschrift „Ausführungsfristen“ in **§ 5 VOB/B** finden sich die Regelungen 39
1. zur Fälligkeit der Leistung (§ 5 Abs. 1 und Abs. 2 VOB/B) und
2. zum Verzug (§ 5 Abs. 3 und Abs. 4 VOB/B).
3. Die Rechtsfolgen, wie z.B. die Kündigung, sind in § 8 VOB/B geregelt,
4. der Schadensersatzanspruch in § 6 Abs. 6 VOB/B.

Zentralnorm in der VOB/B für Ansprüche des Auftraggebers bei Verzögerung der Leistungserbringung durch den Auftragnehmer ist § 5 Abs. 4 VOB/B. Dieser regelt drei Fälle einer möglichen Leistungsverzögerung und weicht damit von der gesetzlichen Systematik ab: 40
1. Verzögerung des **Ausführungsbeginns** durch den Auftragnehmer (§ 5 Abs. 4 Alt. 1 VOB/B),
2. Verzug des Auftragnehmers mit der **Vollendung der Leistung** (§ 5 Abs. 4 Alt. 2 VOB/B),
3. **Verletzung der Abhilfeverpflichtung** des Auftragnehmers im Falle unzureichenden Einsatzes von Arbeitsmitteln (§ 5 Abs. 4 Alt. 3 VOB/B).

§ 5 Abs. 4 VOB/B enthält zwei Rechtsfolgen: 41
1. Anspruch auf **Ersatz des Verzugsschadens** nach **§ 6 Abs. 6 VOB/B** bei Aufrechterhaltung des Vertrages,
2. Möglichkeit zur Setzung einer **angemessenen Frist zur Vertragserfüllung mit Androhung der Auftragsentziehung** und zur **Kündigung** nach **§ 8 Abs. 3 VOB/B** im Falle des ergebnislosen Fristablaufs.

In der VOB/B steht beim Verzug die Vertragskündigung im Vordergrund und nicht der Rücktritt vom Vertrag. 42

a) Verzögerung des Ausführungsbeginns (§ 5 Abs. 4 Alt. 1 VOB/B)

Inwieweit ein **Ausführungsbeginn bestimmt ist**, hängt von den vertraglichen Regelungen ab (siehe dazu Rdn 4 ff.). 43

§ 5 Abs. 1 VOB/B lautet: 44

> Die Ausführung ist nach den verbindlichen Fristen (Vertragsfristen) zu beginnen, angemessen zu fördern und zu vollenden. In einem Bauzeitenplan enthaltene Einzel-

64 BGH v. 16.12.1982 – VII ZR 92/82 – BauR 1983, 161.

fristen gelten nur dann als Vertragsfristen, wenn dies im Vertrag ausdrücklich vereinbart ist.

45 Hinsichtlich der Vereinbarung von **Ausführungsfristen** i.S.v. kalendermäßig bestimmten Terminen oder Ausführungsdauern, die bestimmbar sind,[65] wird auf die Ausführungen unter I. 1. A) bb) verwiesen (siehe Rdn 18). Um Ausführungsfristen oder die Gesamtbauzeit als **bindende Vertragsfrist** ansehen zu können, bedarf es daher einer entsprechend **klaren vertraglichen Vereinbarung**.

46 Ebenso wie beim BGB-Bauvertrag enthält die VOB/B mit **§ 5 Abs. 2** eine Regelung, wonach der Auftraggeber den Bau- bzw. Ausführungsbeginn **nach Vertragsabschluss noch festlegen kann**. Damit liegt ein **einseitiges Leistungsbestimmungsrecht** des Auftraggebers gem. § 315 BGB vor (siehe dazu Rdn 12). Dies ergibt sich indirekt daraus, dass nach § 5 Abs. 2 VOB/B

- der Auftraggeber dem Auftragnehmer auf Verlangen **Auskunft über den voraussichtlichen Beginn der Bauausführung zu erteilen hat** und
- der Auftragnehmer dann innerhalb von **zwölf Werktagen** nach Aufforderung seitens des Auftraggebers mit der Bauausführung zu beginnen und dem Auftraggeber **den Beginn anzuzeigen** hat.

47 Die Frist von 12 Werktagen kann in Verträgen **modifiziert** werden, da sie ohnehin nicht für alle Gewerke zutrifft, d.h. die notwendige Vorarbeit widerspiegeln kann.

48 § 5 Abs. 2 VOB/B beinhaltet für den Auftragnehmer nicht **unerhebliche Risiken**, während der Auftraggeber dadurch sehr effektiv Nachteile vermeiden und insbesondere bei der Einzelgewerkvergabe seine Baustelle steuern kann (vgl. hierzu Rdn 3 und 21). Der Auftragnehmer muss in der Zeit, bis der Abruf erfolgt, **immer leistungsbereit binnen zwölf Werktagen sein**. Erhält er in der Zwischenzeit einen lukrativeren Auftrag, kann er gegenüber dem Auftraggeber **nicht vertragsbrüchig** werden. Bei Großbaustellen und damit verbundenem Großgeräteeinsatz führt dies zudem zu erheblichen Kosten, weil die Geräte **nicht anderweitig eingesetzt werden** können.

49 *Praxistipp*

Der Auftragnehmer sollte daher im Vertrag **zwingend den zeitlichen Rahmen für die Abrufverpflichtung des Auftraggebers festlegen lassen**.

50 Es ist in der VOB/B nicht explizit geregelt, welche Folgen sich für den Auftraggeber ergeben, wenn er den Abruf der Leistungen nicht oder verspätet vornimmt, es liegt aber nach Überschreitung der Grenzen des § 315 BGB Mitwirkungsverzug vor.[66]

65 Franke/*Kemper*/Zanner/Grünhagen, VOB, 7. Aufl., § 5 VOB/B Rn 11 ff.

66 Es ist umstritten, ob der Auftraggeber gegenüber dem Auftragnehmer zum Abruf der Leistung verpflichtet ist (so BGH v. 30.9.1971 – VII ZR 20/70 – NJW 1972, 99; Ingenstau/Korbion/Leupertz/von Wietersheim/*Döring*, § 5 VOB/B Rn 27, oder ob es sich bei dem Abruf um eine bloße Obliegenheit des Auftraggebers (Verpflichtung gegen sich selbst) handelt (so OLG Düsseldorf v. 25.4.1995 – 21 U 192/94 – BauR 1995, 7069). Es gibt allerdings keine Rechtsprechung zu der Frage, wie lange der Auftraggeber die Angabe des Ausführungsbeginns konkret hinauszögern kann.

Aus dem Bauvertrag können sich z.B. Anhaltspunkte für den Abruf aus dem Rahmenterminplan ergeben. Wurde dort als Ausführungszeitraum 06–09/2008 geregelt, dann kommt der Auftraggeber ab dem zwölften Tag vor dem 1.6.2008 mit dem Abruf in Verzug.

Nach der Rechtsprechung[67] kann der Auftragnehmer sogar nach § 9 VOB/B den Vertrag kündigen, wenn der Auftraggeber die ihm obliegende Nebenpflicht verletzt, dem Auftragnehmer auf Anfrage eine nach Treu und Glauben **zumutbare Frist für die Ausführung** des Bauvorhabens zu nennen bzw. die vertragliche Leistung abzurufen (zum Mitwirkungs- bzw. Annahmeverzug des Gläubigers vgl. die Ausführungen unter Rdn 87 ff. und Rdn 111 ff.). Allerdings ist eine den Baubeginn nicht fixierende, sondern vom Abruf des Auftraggebers abhängig machende vertragliche Regelung ähnlich § 5 Abs. 2 VOB/B regelmäßig als **Bestimmungsrecht des Auftraggebers nach billigem Ermessen** zu verstehen. Der Auftragnehmer wird durch ein solches Abrufrecht des Auftraggebers nicht unangemessen benachteiligt. 51

Wann ein Hinauszögern des Leistungsabrufs durch den Auftraggeber nicht mehr billigem Ermessen entspricht, sondern für den Auftragnehmer unzumutbar ist, hängt von den Umständen des Einzelfalls ab. Unter normalen Umständen soll der Abruf einige Wochen oder höchstens wenige Monate betragen. Auch die für den Auftragnehmer erkennbaren Umstände (allgemeiner Leistungsstand sowie Fortschritt des Bauwerks im Zeitpunkt der Angebotsabgabe, bevorstehende Jahreszeit, Umfang von Vorleistungen) sind zu beachten. Entscheidend ist hier – und dies dürfte die Grenze des Zulässigen sein –, dass der Auftraggeber den Abruf für einen Zeitpunkt sicherstellt, zu dem die dem Vertrag zugrunde gelegte Vergütung des Auftragnehmers noch dem für ihn bei Angebotsabgabe **vorhersehbaren Wagnis** entspricht und zu dem der Auftragnehmer im Rahmen seiner betrieblichen Dispositionen im Hinblick auf die Erfüllung anderer Bauverträge nicht in unüberwindliche oder nur mit unzumutbarem Verlust verbundene Schwierigkeiten gerät.[68] Ein Abruf des Auftraggebers innerhalb von drei Monaten nach dem im Bauvertrag unverbindlich angegebenen „Circa"-Baubeginn kann bei einem Bauvorhaben von erheblichem Umfang (z.B. drei Mehrfamilienhäuser) noch ermessensfehlerfrei sein.[69]

Die Frist des § 5 Abs. 2 S. 2 VOB/B ist eine **Vertragsfrist für den Auftragnehmer** i.S.d. § 5 Abs. 1 S. 1 VOB/B, die unter der Bedingung des Abrufs steht.[70] 52

Der Auftragnehmer ist gem. § 5 Abs. 2 S. 3 VOB/B verpflichtet, den Beginn der Arbeiten dem Auftraggeber anzuzeigen. Die Anzeige ist **formlos** möglich. Schriftform ist aus **Beweisgründen** empfehlenswert. Bei einer schuldhaften Verletzung der Anzeigepflicht durch den Auftragnehmer kommt ein Schadensersatzanspruch des Auftraggebers gem. 53

67 OLG Celle v. 1.4.2003 – 16 U 129/02 – ZfIR 2004, 563; OLG Düsseldorf v. 20.2.2009 – 22 U 135/08 – IBR 2009, 375.

68 Ingenstau/Korbion/Leupertz/von Wietersheim/*Döring*, § 5 VOB/B Rn 27.

69 OLG Frankfurt v. 28.4.2017 – 29 U 166/16 – IBR 2017, 490.

70 Ingenstau/Korbion/Leupertz/von Wietersheim/*Döring*, § 5 VOB/B Rn 12; OLG Frankfurt v. 12.6.2012 – 11 U 102/10; BGH v. 13.11.2014 – VII ZR 175/12 [NZBz]; OLG Frankfurt v. 8.4.2019 – 29 U 53/18 – juris; BGH v. 29.1.2020, wofür Baufreiheit erforderlich ist; OLG Düsseldorf v. 27.5.2019 – 23 U 126/18 – juris.

§ 280 Abs. 1 BGB in Betracht.[71] Solche Ansprüche werden in der Praxis selten bis gar nicht geltend gemacht.

54 Die Verzögerung des Ausführungsbeginns setzt nach dem Wortlaut des § 5 Abs. 4 Alt. 1 VOB/B ein Verschulden des Auftragnehmers nicht voraus. Der Auftragnehmer schuldet jedoch Schadensersatz wegen Verzögerung der Leistung nur dann, wenn ihm ein Verschulden zur Last fällt. Dies rechtfertigt bei **erfolgloser Nachfristsetzung** gemäß § 5 Abs. 4, § 8 Abs. 3 VOB/B die Kündigung des ganzen Bauvertrags.[72] Nach einer Entscheidung des OLG Celle[73] ist § 5 Abs. 4 Alt. 1 VOB/B nicht anwendbar, wenn der Auftragnehmer bereits mit der Ausführung der ihm übertragenen Bauarbeiten begonnen hat.

b) Verzug mit der Vollendung der Leistung (§ 5 Abs. 4 Alt. 2 VOB/B)

55 § 5 Abs. 4 Alt. 2 VOB/B knüpft an den Schuldnerverzug des Auftragnehmers an, ohne diesen zu definieren. Die Voraussetzungen sind dieselben wie bei § 286 BGB (vgl. die Ausführungen unter Rdn 2 und Rdn 6 ff.). Insbesondere ist ein Verschulden des Auftragnehmers an der Leistungsverzögerung notwendig. Dieses liegt nicht vor, wenn der Auftragnehmer z.B. seine Arbeiten wegen Zahlungsverzugs des Auftraggebers einstellt.[74]

56 Unklar ist, ob die Regelung in § 5 Abs. 4 Alt. 2 VOB/B nur den Verzug des Auftragnehmers mit der Vollendung, d.h. Fertigstellung seiner Gesamtleistung, oder auch den Verzug des Auftragnehmers mit vertraglich bindend **vereinbarten Zwischenfristen** betrifft. Letzteres wird zum Teil bejaht,[75] zum Teil wird davon ausgegangen, dass der Begriff „Vollendung" mit der **Fertigstellung der Gesamtleistung gleichzusetzen** ist,[76] wobei die Parteien allerdings vereinbaren können, dass der Auftragnehmer über die **abnahmereife Gesamtfertigstellung** der Leistung hinaus noch weitere Leistungen (z.B. Baustellenräumung, Übergabe von Unterlagen) bis zu einem bestimmten Endtermin zu erbringen hat.

57 Der Auftragnehmer kann nur in Verzug kommen, wenn die **Voraussetzungen vom Auftraggeber** für die Ausführung seiner Leistungen geschaffen wurden. Dies ist nach einer Entscheidung des OLG Dresden z.B. bei fehlender Genehmigung nicht der Fall.[77] Dabei hat das OLG Dresden noch den wichtigen Aspekt behandelt, dass bei Unterbrechungen, die der Auftraggeber verursacht hat, **Verzögerungen des „neuen" Ausführungsbeginns nicht unmittelbar zur Kündigung nach § 5 Abs. 4 VOB/B berechtigen**.

58 Weiterhin müsste bei einem unbestimmten Termin zunächst zum Beginn der Ausführung aufgefordert werden.

71 Ingenstau/Korbion/Leupertz/von Wietersheim/*Döring*, § 5 VOB/B Rn 14; Kapellmann/Messerschmidt/*Sacher*, § 5 VOB/B Rn 153.
72 So OLG Bremen v. 20.12.2019 – 2 U 50/18 – IBR 2021, 456.
73 OLG Celle v. 22.5.2009 – 14 U 45/09 – IBR 2010, 76, 77.
74 OLG Dresden v. 27.3.2008 – 4 U 1478/07 – IBR 2010, 13.
75 OLG Düsseldorf v. 9.5.2008 – 22 U 191/07 – IBR 2009, 1142.
76 OLG Celle v. 7.7.2009 – 14 U 45/09 – IBR 2010, 132; OLG Bremen v. 20.12.2019 – 2 U 50/18 – IBR 2021, 456.
77 OLG Dresden v. 2.4.2003 – 11 U 452/02 – IBR 2003, 405.

c) Verletzung der Abhilfeverpflichtung (§ 5 Abs. 4 Alt. 3 VOB/B)

Das wesentliche, über die Regelungen des BGB insofern hinausgehende **Steuerungsmittel** zur Vermeidung von Verzügen findet sich in **§ 5 Abs. 3 VOB/B**. Nach der dortigen Regelung muss der Auftragnehmer 59

- dann, wenn Arbeitskräfte, Geräte, Gerüste, Stoffe oder Bauteile **so unzureichend sind**,
- dass die **Ausführungsfristen offenbar nicht eingehalten werden können**,
- auf Verlangen unverzüglich **Abhilfe** schaffen.

Die Abhilfeverpflichtung des Auftragnehmers nach § 5 Abs. 3 VOB/B bedeutet eine **Einschränkung** von dessen grundsätzlicher Befugnis, seine Leistung **unter eigener Verantwortung** auszuführen und hierbei über den **Einsatz von Arbeitsmitteln** nach Zeitpunkt und Umfang **selbst zu bestimmen** (§ 4 Abs. 2 Nr. 1 VOB/B), bis er den Fertigstellungstermin überschreitet und damit in Verzug gerät. 60

Mit „**unzureichenden**" Arbeitskräften, Geräten, Gerüsten, Stoffen oder Bauteilen ist der Einsatz von Arbeitsmitteln in **nicht ausreichender Menge oder Qualität** (zu wenige oder nicht ausreichend qualifizierte Arbeitskräfte, zu wenige oder unbrauchbare Geräte, zu geringe Materialmengen, unzuverlässige Nachunternehmer) gemeint.[78] Voraussetzung ist, dass es wegen des ungenügenden Einsatzes von Arbeitsmitteln zu einer **Gefährdung oder Überschreitung von Ausführungsfristen** kommt, d.h. der Auftraggeber muss eine diesbezügliche **Prognoseentscheidung** treffen. 61

Für eine solche Prognose benötigt er Informationen, die er sich vorher über die Vereinbarung 62

- detaillierter, vom Auftragnehmer erstellter Bauzeitenpläne und/oder
- von Kapazitäts- und Einsatzplänen oder
- von Angaben im Vertrag zu Mindestleistungen (z.B. 50 m^2 Pflaster am Tag) gesichert hat.

Wann „die Ausführungsfristen offenbar nicht eingehalten werden können", ist umstritten. Teilweise wird verlangt, dass die Ausführungsfristen **mit an Sicherheit grenzender Wahrscheinlichkeit überschritten werden**.[79] Die Ausführungsfristen können offenbar nicht eingehalten werden, wenn der mit den bisher vorhandenen persönlichen und sachlichen Mitteln erreichte Fortgang der Bauherstellung im Verhältnis zur verstrichenen Zeit in einem derartigen Missverhältnis steht, dass nach allgemein anerkannter Erfahrung mit an Sicherheit grenzender Wahrscheinlichkeit die Gesamtfertigstellung der betreffenden vertraglichen Leistung (bei Einzelfristen der entsprechenden Teilleistung) nicht bis zum Ablauf der Ausführungsfrist zu erwarten ist.[80] Der Auftraggeber darf sich nicht mit 63

78 Beck'scher VOB/-Kommentar/*Althaus*, § 5 VOB/B Rn 3; Kapellmann/Messerschmidt/*Sacher*, zu § 5 Rn 166.
79 OLG Celle v. 22.5.2009 – 14 U 45/09 – IBR 2010, 76, 77; Ingenstau/Korbion/Leupertz/von Wietersheim/*Döring*, § 5 VOB/B Rn 19.
80 BGH v. 4.5.2000 – VII ZR 53/99 – BauR 2000, 1182.

allgemeinen Vermutungen begnügen, sondern er muss sich anhand von Tatsachen die **Gewissheit** über die vorgenannten Voraussetzungen verschaffen.[81]

Teilweise wird es als ausreichend angesehen, wenn die **ernsthafte Befürchtung einer Fristüberschreitung** besteht.[82] Teilweise wird verlangt, dass in **baubetrieblicher Hinsicht objektiv feststeht, dass ohne die Ergreifung von Abhilfemaßnahmen eine Nichteinhaltung der Ausführungsfrist zu erwarten steht**.[83] Teilweise wird verlangt, dass ein Soll-Ist-Vergleich zwischen bereits erbrachter und noch zu erbringender Bauleistung unter Berücksichtigung der zur Verfügung stehenden Restzeit zu der **sicheren Erwartung** führt, dass Vertragsfristen überschritten werden, wenn keine Abhilfe erfolgt.[84] In der Praxis bestehen zwischen den dargestellten Ansichten keine gravierenden Unterschiede. Entscheidend ist, dass die – drohende oder eingetretene – Fristüberschreitung ursächlich auf dem unzureichenden Einsatz von Arbeitsmitteln und nicht auf anderen Gründen (z.B. Behinderungen) beruht.

64 Ein Mittel für die Praxis des Auftraggebers ergibt sich aus der Entscheidung des OLG Hamm[85] zu einem Streit hinsichtlich der Angemessenheit der Nachfrist gem. § 5 Abs. 4 VOB/B, wonach der Auftragnehmer verpflichtet ist, einen **Bauzeitenplan für die Restarbeiten** vorzulegen, aus dem sich der **unverzügliche und erkennbar effiziente**, d.h. zur Einhaltung des End- oder Zwischentermins erforderliche Einsatz von Personal und Material ergibt.

65 *Praxistipp*

Stellt der Auftragnehmer bei der Erstellung des Bauzeitenplans fest, dass die ihm gesetzte Frist zu kurz ist, muss er aufgrund der sich aus dem Bauvertrag ergebenden **Kooperations-/Kommunikationspflicht** den Auftraggeber **unverzüglich** über die angemessene Dauer der Frist informieren, **indem er ihm den Bauzeitenplan mit einer nachvollziehbaren, substantiierten Erläuterung vorlegt**. Versäumt er das, so kann er sich später – jedenfalls gegenüber einem nicht fachkundigen Auftraggeber – nicht darauf berufen, dass die Frist zu kurz gewesen sei und der Auftraggeber sich deshalb treuwidrig vom Vertrag losgesagt habe. Der Auftraggeber muss sich seinerseits **unverzüglich erklären**, ob er mit der aus dem Bauzeitenplan ersichtlichen Frist einverstanden ist.

66 Das Abhilfeverlangen ist **formlos** möglich. Schriftform ist aus **Beweisgründen** empfehlenswert. Unklar ist, ob außer dem Auftraggeber selbst auch der bauüberwachende Architekt oder Ingenieur im Namen des Auftraggebers vom Auftragnehmer Abhilfe verlangen kann. Zu den Grundleistungspflichten des objektüberwachenden Architekten und Ingenieurs gehört es, den Zeitplan zu überwachen und die ausführenden Baufirmen

81 OLG Stuttgart v. 30.1.2018 – 10 U 84/17- BauR 2018, 1278, das im Prozess eine substantiierte Darlegung der Nichteinhaltung der Ausführungsfristen verlangt.

82 Heiermann/Riedl/Rusam/*Riedl/Mansfeld*, VOB, 14. Aufl., § 5 VOB/B Rn 13.

83 Franke/*Kemper*/Zanner/Grünhagen, § 5 VOB/B Rn 34.

84 Kapellmann/Messerschmidt/*Sacher*, § 5 VOB/B Rn 173.

85 OLG Hamm v. 31.5.2007 – 24 U 150/04 – BauR 2007, 1737.

in Verzug zu setzen (sogenannte „originäre Architektenvollmacht“). Rechtssicher wäre es, die diesbezügliche Vollmacht des Architekten festzulegen.

d) Schadensersatz (§§ 5 Abs. 4, 6 Abs. 6 VOB/B)

Der Auftragnehmer hat dem Auftraggeber den Schaden zu ersetzen, der diesem **adäquat kausal** aus der Verzögerung entstanden ist (§ 6 Abs. 6 VOB/B). 67

Die **Schadenshöhe** bestimmt sich im Allgemeinen nach dem, was der Auftraggeber durch den verzögerten Ausführungsbeginn, den Vollendungsverzug oder die Verletzung der Abhilfepflicht nach § 5 Abs. 3 VOB/B erlitten hat und nachweisen kann. Entgangener Gewinn kann allerdings – in Abweichung von der gesetzlichen Regelung (§§ 249, 252 BGB) – nur bei **Vorsatz oder grober Fahrlässigkeit** des Auftragnehmers geltend gemacht werden (§ 6 Abs. 6 S. 1 Hs. 2 VOB/B). 68

Somit würde ein Auftraggeber, der die Immobilie vermieten wird, seinen Anspruch auf **entgangene Miete in der Regel verlieren**, weil man dem Auftragnehmer selten grobe Fahrlässigkeit oder Vorsatz wird nachweisen können. 69

> *Praxistipp* 70
>
> Der Auftraggeber sollte die Einschränkung nach § 6 Abs. 6 S. 1 Hs. 2 VOB/B daher nach Abwägung der sich daraus ergebenden Nachteile im Hinblick auf die AGB-Widrigkeit verschiedener VOB/B-Regelungen **ausschließen**.

Hinsichtlich der Art des Schadens wird auf die Ausführungen unter Rdn 29 verwiesen. 71

e) Kündigung (§§ 5 Abs. 4, 8 Abs. 3 VOB/B)

Voraussetzung für die Kündigung ist die **Setzung einer angemessenen Frist** zur Vertragserfüllung (Beginn der Ausführung, Ausführung und Fertigstellung der Bauarbeiten, Ergreifen von Abhilfemaßnahmen nach § 5 Abs. 3 VOB/B) durch den Auftraggeber **mit Kündigungsandrohung**. 72

Nach der Rechtsprechung[86] beurteilt sich die **Angemessenheit der Frist** nicht nach dem konkreten Stand der Vorkehrungen des betreffenden Unternehmens, sondern danach, **welche Zeit ein leistungsfähiger, sachkundiger und zuverlässiger Auftragnehmer benötigt** (siehe im Übrigen unter Rdn 33). 73

Der mit der Bauüberwachung beauftragte Architekt oder Ingenieur ist nach den Grundsätzen der originären Architektenvollmacht **nicht bevollmächtigt**, im Namen des Auftraggebers eine Fristsetzung mit Kündigungsandrohung gegenüber dem Auftragnehmer auszusprechen. 74

Eine Fristsetzung zur Erklärung der Leistungsbereitschaft genügt grundsätzlich nicht. Nur ausnahmsweise, z. B bei ernsthaften Zweifeln an der Leistungsbereitschaft des 75

86 OLG Hamm v. 23.4.2004 – 26 U 130/03 – IBR 2005, 363.

Auftragsnehmers, kann eine solche Frist als ausreichend angesehen werden.[87] Der BGH hat bisher eine Kündigungsmöglichkeit wegen Nichteinhaltung einer bloßen Erklärungs- oder Beginnfrist stets von **besonderen Umständen** (hoher organisatorischer Aufwand des Auftraggebers für die Mängelbeseitigung und Bestreiten der Nacherfüllungspflicht durch Auftragnehmer,[88] schwer abzuschätzender Zeitraum für die Mangelbeseitigung und passives Verhalten des Auftragnehmers,[89] Erklärung des Auftragnehmers, dass er zur fristgerechten Leistung nicht imstande ist[90]) abhängig gemacht.

76 Wenn die dem Auftragnehmer mit Kündigungsandrohung gesetzte Frist ergebnislos abgelaufen ist, dann kann der Auftraggeber den Vertrag **kündigen** (§ 8 Abs. 3 Nr. 1 S. 1 VOB/B). Die Kündigungserklärung bedarf zu ihrer Wirksamkeit der **Schriftform** (§ 8 Abs. 5 VOB/B).

77 Nach § 314 Abs. 3 BGB, auf den § 648a Abs. 3 BGB verweist, muss der Berechtigte die Kündigung aus wichtigem Grund innerhalb einer angemessenen Frist aussprechen, nachdem er vom Kündigungsgrund Kenntnis erlangt hat. Lässt er die Frist verstreichen, kann er die Kündigung nicht mehr auf diesen Kündigungsgrund stützen.[91] Wenn der Auftraggeber den Ausspruch der Kündigung verzögert, z.B. sich nach Ablauf der gesetzten Frist auf Verhandlungen mit dem Auftragnehmer einlässt oder diesem etwa noch gestattet, die Bauarbeiten fortzusetzen, dann ist das **Kündigungsrecht** des Auftraggebers **verwirkt**. Wenn der Auftraggeber dann doch noch kündigen will, muss er **erneut eine Frist setzen** und die **Kündigung androhen**.

78 Die Kündigung kann gem. § 8 Abs. 3 Nr. 1 S. 2 VOB/B auf einen in sich abgeschlossenen Teil der vertraglichen Leistung beschränkt werden (**Teilkündigung**).

79 Aus der Kündigung nach §§ 5 Abs. 4, 8 Abs. 3 VOB/B ergeben sich folgende Rechtsfolgen:

- Vergütungsanspruch des Auftragnehmers nur für erbrachte Leistungen unter der Möglichkeit des Auftragnehmers, ein **gemeinsames Aufmaß** nach der Kündigung zu verlangen (§ 8 Abs. 7 VOB/B),
- Anspruch des Auftraggebers auf **Erstattung von Mehrkosten für die Weiterführung und Fertigstellung der Leistungen durch eine Drittfirma** (§ 8 Abs. 3 Nr. 2 S. 1 Hs. 1 VOB/B),
- Anspruch des Auftraggebers auf vollen **Schadensersatz wegen Nichterfüllung** des gesamten Vertrages bei Verzicht auf weitere Ausführung wegen Interessewegfalls (§ 8 Abs. 3 Nr. 2 S. 2 VOB/B),

87 Kapellmann/Messerschmidt/*Sacher*, zu § 5 Rn 249; BGH v. 21.10.1982 – VII ZR 51/82, wenn die rechtzeitige Erfüllung durch Hindernisse ernsthaft infrage gestellt wird; OLG Düsseldorf v. 30.60.2000 – 22 U 209/99; bejahend OLG Stuttgart v. 23.11.2006 – 13 U 53/06 – BauR 2007, 1417, 1418.

88 KG v. 22.8.2006 – 21 U 165/03 – rechtskräftig durch BGH v. 11.10.2007 – VII ZR 190/06 (Nichtzulassungsbeschwerde zurückgewiesen) – IBR 2008, 262.

89 BGH v. 18.9.2014 – VII ZR 58/13 – NJW-RR 2014, 1512; BGH v. 23.2.2006 – VII ZR 84/05 – BauR 2006, 979, 982; BGH v. 5.12.2002 – VII ZR 360/01 – NJW 2003, 580.

90 OLG Düsseldorf v. 30.6.2000 – 22 U 209/99 – rechtskräftig durch BGH v. 10.5.2001 – VII ZR 312/00 (Revision nicht angenommen) – BauR 2001, 1461, 1462.

91 Kapellmann/Messerschmidt/*Sacher*, § 5 VOB/B Rn 266.

- Berechtigung des Auftraggebers, gegen angemessene Vergütung Geräte, Gerüste, andere Einrichtungen, angelieferte Stoffe und Bauteile für die Weiterführung der Arbeiten in Anspruch zu nehmen (§ 8 Abs. 3 Nr. 3 VOB/B),
- Anspruch des Auftragnehmers auf Abrechnung der kündigungsbedingten Mehrkosten gegenüber dem Auftraggeber binnen 12 Werktagen nach Vorlage der Abrechnung durch die Folgeunternehmer (§ 8 Abs. 3 Nr. 4 VOB/B).

Die Berechnung der Teilvergütung des Auftragnehmers für erbrachte Leistungen erfolgt nach den von der Rechtsprechung entwickelten allgemeinen Grundsätzen zur Abrechnung von Teilleistungen nach der Kündigung von Bauverträgen. **80**

Der Anspruch des Auftraggebers nach § 8 Abs. 3 Nr. 2 S. 1 Hs. 1 VOB/B auf Erstattung von Mehrkosten für die Weiterführung und Fertigstellung der Leistungen durch eine Drittfirma entspricht im Ergebnis dem Anspruch auf Schadensersatz statt der Leistung gem. § 281 Abs. 1 BGB. Auf die entsprechenden Ausführungen unter Rdn 32 wird hingewiesen. Der Auftraggeber kann vom Auftragnehmer für die zu erwartenden Ersatzvornahmekosten einen **Vorschuss** verlangen.[92] **81**

Weiterhin kann der Auftraggeber die **Weiternutzung der Baustelleneinrichtung** des Auftragnehmers gem. § 8 Abs. 3 Nr. 3 VOB/B verlangen, die er jedoch nach **üblichen und nicht nach den Vertragspreisen vergüten muss**. Gegen den Vergütungsanspruch kann er mit den Mehrkosten infolge der Kündigung **aufrechnen**. **82**

Der Auftraggeber kann, statt die Vertragsleistungen durch eine Drittfirma weiterführen und fertig stellen zu lassen, nach § 8 Abs. 3 Nr. 2 S. 2 VOB/B auf eine weitere Ausführung **verzichten** und vom Auftragnehmer **Schadensersatz wegen Nichterfüllung** des gesamten Vertrages verlangen, wenn die Ausführung aus den Gründen, die zur Entziehung des Auftrags geführt haben, für ihn kein Interesse mehr hat. Das kommt bei termingebundenen Zweckbauten (z.B. für bestimmte Veranstaltungen) in Betracht. Für den Interessewegfall trägt der Auftraggeber die Darlegungs- und Beweislast.[93] **83**

f) Parallelität von Ansprüchen

Der Anspruch auf Ersatz des Verzögerungsschadens aus §§ 5 Abs. 4, 6 Abs. 6 VOB/B und das Recht zur Vertragskündigung nach §§ 5 Abs. 4, 8 Abs. 3 VOB/B mit den sich daraus ergebenden Ansprüchen nach § 8 Abs. 3 Nr. 2 S. 1 Hs. 1 VOB/B, § 8 Abs. 3 Nr. 2 S. 2 VOB/B und § 8 Abs. 3 Nr. 3 VOB/B schließen einander nicht aus. **84**

Der Anspruch aus § 8 Abs. 3 Nr. 2 S. 2 VOB/B ist nicht durch § 6 Abs. 6 VOB/B (entgangener Gewinn nur bei Vorsatz oder grober Fahrlässigkeit) eingeengt.[94] **85**

92 BGH v. 20.4.1989 – VII ZR 80/88 – BauR 1989, 462, 464 zu §§ 4 Nr. 7, 8 Nr. 3 VOB/B.
93 Ingenstau/Korbion/Leupertz/von Wietersheim/*Joussen*, § 8 VOB/B Rn 67.
94 Ingenstau/Korbion/Leupertz/von Wietersheim/*Joussen*, § 8 Abs. 3 VOB/B Rn 74.

g) Verjährung

86 Es gilt für alle Ansprüche die **regelmäßige** Verjährungsfrist (§§ 195, 199 Abs. 1, 3 BGB).

3. Gläubigerverzug nach BGB

87 Gläubigerverzug wird auch als **Annahmeverzug** bezeichnet. Alle Informationen, Handlungen und Erklärungen, die der Auftraggeber verzögert, werden über den Annahmeverzug gelöst.

88 Die Zentralnormen im Werkvertragsrecht des BGB für Ansprüche des Auftragnehmers bei Annahmeverzug des Auftraggebers/Bestellers sind **§§ 642, 643 BGB**. Die Voraussetzungen hierfür finden sich in den **§§ 293 ff. BGB**.

- **§ 642 BGB** bietet dem Auftragnehmer einen **verschuldensunabhängigen Entschädigungsanspruch** wegen Annahmeverzugs des Auftraggebers.
- Nach **§ 643 BGB** kann sich der Auftragnehmer vom Vertrag lösen, indem er dem Auftraggeber die **Kündigung** unter weiterer Fristsetzung **androht**.

a) Entschädigungsanspruch gem. § 642 BGB

aa) Voraussetzungen des Entschädigungsanspruchs (§ 642 Abs. 1 BGB)

89 Der Entschädigungsanspruch setzt voraus, dass bei der Herstellung des Bauwerks eine Mitwirkungshandlung des Auftraggebers **erforderlich** ist, der Auftraggeber die Mitwirkungshandlung **unterlässt, die zu diesem Zeitpunkt fällig war** und dadurch in Annahmeverzug gerät.

Neben der fehlenden oder nicht rechtzeitigen Mitwirkungshandlung des Bestellers ist erforderlich, dass der Auftragnehmer zur Leistung bereit und imstande ist (§ 297 BGB), seine Leistung wie geschuldet dem Besteller angeboten (§§ 294–296 BGB) und, sofern die Parteien die Einbeziehung der VOB/B vereinbart haben, ordnungsgemäß die Behinderung, wenn diese nicht offenkundig ist, nach § 6 Abs. 1 VOB/B angezeigt hat.[95]

90 Mitwirkungshandlungen des Auftraggebers können sich ergeben aus:

- der Bereitstellung des Grundstücks,[96]
- der Gestattung des Betretens,[97]
- der Zurverfügungstellung von Plänen und Unterlagen,[98]
- Informationspflichten,
- der Beibringung der für die Arbeiten erforderlichen Baugenehmigung,[99]
- dem Treffen der für die reibungslose Ausführung des Baues notwendigen Entscheidungen und Hinweise,

95 BGH v. 19.12.2002 – VII ZR 440/01 – NZBau 2003, 325 und BGH v. 21.10.1999 – VII ZR 185/98 – BGHZ 143, 32, 40 f.
96 BGH v. 21.10.1999 – VII ZR 185/98 – BauR 2000, 722, 725 = NJW 2000, 1336, 1338.
97 OLG Düsseldorf v. 23.7.1999 – 22 U 9/99 – NJW-RR 2000, 466.
98 BGH v. 23.10.1986 – VII ZR 267/85 – BauR 1987, 86.
99 OLG Hamm v. 21.2.2002 – 21 U 23/01 – BauR 2003, 1042.

- der Beauftragung mehrerer Unternehmer nebeneinander aus einer Koordinierungspflicht,
- ggf. noch nicht fertig gestellten Vorarbeiten,[100]
- Gewährleistung eines ausreichenden Hochwasserschutzes,[101]
- der Beantwortung von Anfragen und Hinweisen des Auftragnehmers und der Beachtung von wesentlichen Bedenken.[102]

Der BGH hat in seiner grundlegenden Entscheidung „**Vor- und Nachunternehmer II**"[103] zum Entschädigungsanspruch nach § 642 BGB Folgendes festgestellt: 91

- Der Auftraggeber kann dem Auftragnehmer aus § 642 BGB haften, wenn er durch das Unterlassen einer bei der Herstellung des Werkes erforderlichen Mitwirkungshandlung in den Verzug der Annahme kommt.
- Dies gilt für den BGB- und den VOB/B-Vertrag.
- § 6 Abs. 6 VOB/B bietet keine abschließende Regelung von Leistungsstörungen, die zu Verzögerungen führen, und verdrängt § 642 BGB nicht.
- Unterlässt der Auftraggeber die Mitwirkungshandlung, die im weiten Sinne zu verstehen ist und sowohl in einem Tun wie in einem Unterlassen bestehen kann, und gerät er in Annahmeverzug, so kann dem Auftragnehmer **über den Ersatz für Mehraufwendungen gem. § 304 BGB hinaus ein Anspruch auf angemessene Entschädigung zustehen**.
- Dieser kann auch bestehen, wenn die Mitwirkungshandlung **nachgeholt wird** und das Werk hergestellt wird.

Aus einer **witterungsbedingten Bauzeitverlängerung** lässt sich kein Annahmeverzug 92
des Auftraggebers ableiten. Denn es besteht keine **Obliegenheit des Auftraggebers**, dem Auftragnehmer ein für die Bauausführung auskömmliches Wetter zur Verfügung zu stellen.[104]

Bei einem Bauvertrag ergeben sich aus dessen Charakter als Langzeitvertrag[105] und 93
seiner Komplexität verschiedene von der Rechtsprechung entwickelte **Kooperationspflichten** der Vertragsparteien, aber auch Mitwirkungshandlungen. Den Auftraggeber trifft z.B. eine Koordinierungspflicht, wenn er mehrere Unternehmen beauftragt. Werden Verzögerungen durch Vorunternehmer verursacht, kommt der Auftraggeber in der Regel seiner **Obliegenheit**, das Grundstück in einer für die Leistungserbringung geeigneten Weise zur Verfügung zu stellen, nicht nach.[106]

100 BGH v. 19.12.2002 – VII ZR 440/01 – BauR 2003, 531.
101 BGH v. 13.5.2004 – VII ZR 363/02 – BauR 2004, 1285, 1288.
102 OLG Dresden v. 29.6.2022 – 22 U 1689/20.
103 BGH v. 21.10.1999 – VII ZR 185/98 – NJW 2000, 1336, so auch OLG Hamburg v. 27.11.2020 – 8 U 7/20 – IBR 2022, 283.
104 KG v. 28.5.2013 – 7 U 12/12 – IBR 2013, 406; OLG Brandenburg v. 26.6.2013 – 11 U 36/12 – IBR 2013, 668.
105 So BGH v. 13.5.2004 – VII ZR 363/02 – BauR 2004, 1285, 1287.
106 BGH v. 21.10.1999 – VII ZR 185/98 – BauR 2000, 722, 724.

94 Obliegenheiten des Auftraggebers können über die Gestaltung des Vertrages auf den Auftragnehmer übertragen werden. So können z.B. **Koordinierungsaufgaben vom Auftragnehmer übernommen werden.**[107]

95 Voraussetzung für einen Annahmeverzug des Gläubigers ist grundsätzlich ein **tatsächliches Leistungsangebot des Schuldners**. Die Leistung muss dem Gläubiger so, wie sie zu bewirken ist, **tatsächlich** angeboten werden (**§ 294 BGB**). Der Begriff der angebotenen Leistungen i.S.v. § 642 BGB umfasst nur die **Mitteilung der Leistungsbereitschaft** des Auftragnehmers und die Aufforderung an den Auftraggeber zur Mitwirkung.[108] Es geht nicht um die gesamte laut Bauvertrag herzustellende Leistung.

96 Gem. § 295 BGB ist ein **wörtliches Angebot** des Schuldners ausreichend, wenn der Gläubiger ihm erklärt hat, dass er die Leistung nicht annehmen werde oder wenn zur Bewirkung der Leistung eine Handlung des Gläubigers erforderlich ist. Dem Angebot der Leistung steht die Aufforderung des Schuldners an den Gläubiger gleich, die erforderliche Handlung vorzunehmen. Der BGH hat zum wörtlichen Angebot der Leistungen ausgeführt, dass dieses dadurch **zum Ausdruck gebracht werden kann**, dass der Auftragnehmer **seine Mitarbeiter auf der Baustelle zur Verfügung hält** und zu erkennen gibt, dass er bereit und in der Lage ist, seine Leistungen zu erbringen.[109]

97 Gem. § 296 S. 1 BGB bedarf es eines Leistungsangebots des Auftragnehmers nicht, wenn für die Mitwirkungshandlung des Auftraggebers **eine Zeit nach dem Kalender bestimmt ist**. Dies ist insbesondere bei vereinbarten Bauzeitenplänen von Bedeutung. Daneben tritt die Regelung des § 296 S. 2 BGB, nach welcher der Auftraggeber auch in Annahmeverzug gerät, wenn der Mitwirkungshandlung **ein Ereignis vorauszugehen** hat und eine angemessene Zeit in der Weise bestimmt ist, dass sie sich von dem Ereignis an nach dem Kalender bestimmen lässt. Wenn sich der Auftraggeber z.B. vertraglich verpflichtet, bestimmte Unterlagen drei Wochen nach Anforderung durch den Auftragnehmer zu liefern, dann gerät er bei Überschreitung der Frist automatisch in Annahmeverzug.

98 Der Auftraggeber gerät nicht in Verzug, wenn der Auftragnehmer zur Zeit des Angebots oder im Falle der Entbehrlichkeit des Angebots zu der für die Mitwirkungshandlung bestimmten Zeit **außer Stande ist**, die Leistung zu bewirken (**§ 297 BGB**), z.B. weil er zu diesem Zeitpunkt mangelhaft leistet oder nicht auf den Arbeitsbeginn eingerichtet ist.[110] Die **Darlegungs- und Beweislast** hierfür trägt der Auftraggeber.

107 BGH v. 17.1.2002 – VII ZR 490/00 – BauR 2002, 792.
108 MüKo-BGB/*Busche*, 9. Aufl., § 642 Rn 12.
109 BGH v. 19.12.2002 – VII ZR 440/01 – BauR 2003, 531.
110 Der Schuldner ist insbesondere dann nicht willens und imstande, die geschuldete Leistung zu bewirken, wenn im Bauvertrag detailliert die Art und Qualität der einzusetzenden Baumaschinen festgelegt ist und der Schuldner zum Zeitpunkt seines Angebotes nicht über Maschinen der vereinbarten Art und Qualität verfügt (KG v. 29.4.2008 – 7 U 58/07 – rechtskräftig durch BGH v. 27.11.2008 – VII ZR 124/08 (Nichtzulassungsbeschwerde zurückgenommen) – IBR 2008, 377).

bb) Umfang des Entschädigungsanspruchs (§ 642 Abs. 2 BGB)

Die Höhe des Entschädigungsanspruchs bestimmt sich gem. § 642 Abs. 2 BGB zum einen nach der **Dauer des Verzugs** und der **Höhe der vereinbarten Vergütung**, zum anderen danach, was der Auftragnehmer infolge des Verzugs an Aufwendungen **erspart oder durch anderweitige Verwendung seiner Arbeitskraft erwerben kann**. Dabei trägt der Auftragnehmer die **Beweislast** für die Dauer des Verzugs und die vereinbarte Vergütung. 99

Der BGH hat in seiner Grundsatzentscheidung vom 26.10.2017[111] – unter teilweiser Abweichung von seiner bisherigen Rechtsprechung – Folgendes klargestellt: 100

- § 642 BGB gewährt dem Auftragnehmer eine angemessene Entschädigung dafür, dass er während der Dauer des Annahmeverzugs des Auftraggebers infolge Unterlassens einer diesem obliegenden Mitwirkungshandlung Personal, Geräte und Kapital (also die Produktionsmittel zur Herstellung der Werkleistung) bereithält.
- Bei dem Entschädigungsanspruch aus § 642 BGB handelt es sich um einen verschuldensunabhängigen Anspruch eigener Art, auf den die Vorschriften zur Berechnung des Schadensersatzes (§§ 249 ff. BGB) **nicht** anwendbar sind.
- Zeitliches Kriterium für die Berechnung der Entschädigungshöhe ist **nur** die Dauer des Annahmeverzugs des Auftraggebers, **nicht** jedoch dessen Auswirkung auf den weiteren Bauablauf. Mehrkosten wie gestiegene Lohn- und Materialkosten, die zwar aufgrund des Annahmeverzugs des Auftraggebers, aber erst nach dessen Beendigung (nämlich bei Ausführung der verschobenen Werkleistung) anfallen, sind von dem Entschädigungsanspruch nach § 642 BGB **nicht** erfasst.
- Die Höhe des Entschädigungsanspruchs aus § 642 Abs. 2 BGB bestimmt sich nach der Höhe der vereinbarten Vergütung und umfasst **auch** die in dieser Vergütung enthaltenen Anteile für Wagnis, Gewinn und Allgemeine Geschäftskosten, **nicht** aber anderweitig entgangenen Gewinn des Auftragnehmers.

Gerätestillstandskosten dürfen nach der Baugeräteliste geschätzt werden (§ 287 ZPO).[112] In der Regel ist danach ein kostendeckender Faktor von ca. 70 % des Baugerätelistenwertes anzusetzen.[113] 101

Ob der Anspruch aus § 642 BGB eine **bauablaufbezogene Darstellung** (Gegenüberstellung der Soll- und der Ist-Abläufe) voraussetzt, hat der BGH in seiner Grundsatzentscheidung vom 26.10.2017[114] offengelassen. Nach der bisher herrschenden Rechtsprechung der Oberlandesgerichte setzt der Anspruch aus § 642 BGB eine bauablaufbezogene Darstellung, **bezogen auf jede einzelne Behinderung,** voraus (vgl. auch die nachfolgenden Ausführungen unter Rdn 177 ff. zur Kausalität, die hier ebenfalls gelten).[115] Der 102

111 BGH v. 26.10.2017 – VII ZR 16/17 – IBR 2017, 664.

112 OLG Düsseldorf v. 25.2.2003 – 21 U 80/02 – IBR 2003, 238, ggf. abweichend BGH v. 6.12.208 – VII ZR 285/17 für den Fall eins durch Motorschaden ausgefallenen Kippladers.

113 OLG Jena v. 11.10.2005 – 8 U 849/04 – NZBau 2006, 510.

114 BGH v. 26.10.2017 – VII ZR 16/17 – IBR 2017, 664.

115 Siehe Rdn 8 und BGH v. 24.2.2005 – VII ZR 225/03 – IBR 2005, 247; OLG München v. 27.4.2016 – 28 U 4738/13 – IBR 2017, 488.

Auftragnehmer hat darzulegen und gemäß § 286 ZPO vollen Beweis dafür zu erbringen, wie lange die konkrete Behinderung andauerte. Dagegen sind weitere Folgen der konkreten Behinderung gem. § 287 ZPO schätzbar, wenn vom Auftragnehmer hierzu ausreichend vorgetragen wird, d.h. es kann geschätzt werden, inwieweit eine konkrete Behinderung von bestimmter Dauer zu einer Verlängerung der gesamten Bauzeit geführt hat, weil sich Anschlussgewerke verzögert haben.[116]

Die verschiedenen Oberlandesgerichte haben aus der bisherigen BGH-Rechtsprechung abgeleitet, dass eine bauablaufbezogene Darstellung immer notwendig sei, weshalb dann gar nicht mehr geschätzt werden müsste.[117] Die obergerichtliche Rechtsprechung verlangt insofern, dass dem Auftragnehmer ein konkreter bauablaufbezogener Nachteil entstanden ist[118] oder dass jedenfalls diejenigen bauablaufbezogenen Tatsachen vorgetragen werden, aus denen sich ein konkreter Nachteil des Auftragnehmers nach § 287 ZPO schätzen lässt.[119] Ob das richtig ist oder nicht, wurde vom BGH bisher noch nicht endgültig entschieden.[120]

Weiterhin muss vom Auftragnehmer dargestellt werden,

- ob die angesetzten Bauzeiten mit den in der Preiskalkulation von ihm vorgesehenen Mitteln eingehalten werden konnten und ob die Baustelle tatsächlich mit ausreichenden Arbeitskräften besetzt war;
- wie er den Bauablauf tatsächlich geplant hat, d.h. welche Teilleistungen er in welcher Zeit herstellen wollte und wie der Arbeitskräfteeinsatz erfolgen sollte;
- inwieweit ihm wartezeitbedingte Mehrkosten durch Vorhaltung von Arbeitskraft und Geschäftskapital entstanden sind, die nicht durch die ursprüngliche Kalkulation abgegolten sind;
- dass kein Füllauftrag vorhanden war.

103 Allgemeine Geschäftskosten (AGK) und Baustellengemeinkosten (BGK) können nach der bisherigen obergerichtlichen Rechtsprechung im Rahmen von § 642 BGB nur in tatsächlich angefallener Höhe und nicht in Form von kalkulierten Zuschlagssätzen geltend gemacht werden.[121] Ob diese Auffassung im Hinblick auf die Grundsatzentscheidung des BGH vom 26.10.2017,[122] wonach der Entschädigungsanspruch aus § 642 Abs. 2 BGB auch die in der vereinbarten Vergütung enthaltenen Anteile für Wagnis,

116 BGH v. 24.2.2005 – VII ZR 225/03 – IBR 2005, 247.

117 Siehe Rdn 8 und OLG Brandenburg v. 18.2.2016 – 12 U 222/14 – IBR 2016, 330; OLG Köln v. 23.2.2015 – 17 U 35/14 – IBR 2015, 184.

118 OLG Köln v. 28.1.2014 – 24 U 199/12 – BauR 2014, 1309; OLG Dresden v. 6.1.2012 – 1 U 13/10 – IBR 2012, 380.

119 OLG Köln v. 8.4.2015 – 17 U 35/14 – rechtskräftig durch BGH v. 15.6.2016 – VII ZR 101/15 (Nichtzulassungsbeschwerde zurückgewiesen) – IBR 2015, 297.

120 Es gibt vielen Stimmen in der einschlägigen Literatur, die die Rechtsprechung der Oberlandesgerichte für überzogen ansehen, z.B. *Diederichs/Streckel*, NZBau 2009, 1 ff. m.w.N.; *Heilfort*, BauR 2010, 25, 30.

121 OLG Köln v. 23.2.2015 – 17 U 35/14 – BauR 2015, 1498; OLG Köln v. 28.1.2014 – 24 U 199/12 – BauR 2014, 1309; OLG Dresden v. 6.1.2012 – 1 U 13/10 – IBR 2012, 380; LG Mainz v. 8.1.2016 – 2 O 328/14 – IBR 2016, 1024; *Sienz* BauR 2014, 390, 399.

122 BGH v. 26.10.2017 – VII ZR 16/17 – IBR 2017, 664.

Gewinn und Allgemeine Geschäftskosten umfasst, noch aufrechterhalten werden kann, erscheint fraglich.

Der Anspruch aus § 642 BGB ist mit Umsatzsteuer zu berechnen.[123] 104

b) Aufhebung des Vertrags nach Kündigungsandrohung gem. § 643 BGB

aa) Kündigungsvoraussetzungen (§ 643 BGB)

Der Auftragnehmer kann dem Auftraggeber, der durch Unterlassen einer notwendigen 105 Mitwirkungshandlung in Annahmeverzug geraten ist, eine **angemessene Frist** (Nachfrist) zur Vornahme der Mitwirkungshandlung setzen mit der Erklärung, den Vertrag zu kündigen, wenn die Handlung nicht bis zum Ablauf der gesetzten Frist vorgenommen wird.

Das Kündigungsrecht wird bei VOB/B-Verträgen durch § 9 Abs. 1 Nr. 1 VOB/B einge- 106 schränkt.

Der Vertrag gilt gem. § 643 S. 2 BGB als **aufgehoben**, wenn die Mitwirkungshandlung 107 nicht bis zum Ablauf der gesetzten Frist nachgeholt wird. Die Vertragsaufhebung **erfolgt kraft Gesetzes automatisch**, es bedarf **keiner weiteren Erklärung des Auftragnehmers, d.h. keiner Kündigungserklärung**.

bb) Kündigungsfolgen (§ 645 Abs. 1 S. 2 BGB)

Der Auftragnehmer kann einen der geleisteten Arbeit entsprechenden Teil der Vergütung 108 und Ersatz der in der Vergütung **nicht inbegriffenen Auslagen** verlangen. Dazu gehören u.a. die Kosten, die für die Vorbereitung der Werkleistung bereits entstanden und in der Regel als Vergütungsbestandteil kalkuliert sind, z.B. gekauftes Material, Transportkosten, Baustelleneinrichtung, Kosten für die Anmietung von Geräten, Gerüsten etc. Dazu gehören auch Werkstattleistungen für noch nicht erbrachte Werkleistungen (z.B. vorgefertigte, aber noch nicht angelieferte Teile), sowie erbrachte Planungsleistungen.

c) Parallelität von Ansprüchen

Der Entschädigungsanspruch nach § 642 BGB kann neben dem Vergütungsanspruch und 109 neben dem Schadensersatzanspruch nach § 6 Abs. 6 VOB/B bestehen, solange nicht doppelt abgerechnet wird.

d) Verjährung

Für die Verjährung des Entschädigungsanspruchs nach § 642 BGB gilt die **regelmäßige** 110 Verjährungsfrist (§§ 195, 199 Abs. 1 BGB).

4. Gläubigerverzug nach VOB/B

Beim VOB/B-Vertrag gelten die Ausführungen zu § 642 BGB unter Rdn 87 ff. vollum- 111 fänglich. Die VOB/B enthält in den seit 2006 geltenden Fassungen in § 6 Abs. 6 S. 2

123 BGH v. 24.1.2008 – VII ZR 280/05 – IBR 2008, 202.

VOB/B die ausdrückliche Klarstellung, dass der Entschädigungsanspruch des Auftragnehmers aus § 642 BGB unberührt bleibt. Dagegen ist – abweichend von § 643 BGB – der Ausspruch einer Kündigung erforderlich (**§ 9 VOB/B**), um den Vertrag infolge von Annahmeverzug zu beenden.

a) Entschädigungsanspruch

112 Aus der VOB/B ergibt sich eine Reihe von Pflichten des Auftraggebers. Nach § 3 Abs. 1 VOB/B hat der Auftraggeber z.B. dem Auftragnehmer, die für die Ausführung der Bauleistung erforderlichen Unterlagen unentgeltlich und rechtzeitig zu übergeben. Daneben muss er nach § 3 Abs. 2 VOB/B auch die Grenzen des Baugrundstücks abstecken. Dem Auftraggeber obliegen auch die Aufrechterhaltung der allgemeinen Ordnung auf der Baustelle, die Regelung des Zusammenwirkens der verschiedenen Auftragnehmer sowie die Herbeiführung erforderlicher öffentlich-rechtlicher Genehmigungen und Erlaubnisse (§ 4 Abs. 1 Nr. 1 VOB/B).

aa) Behinderungsanzeige (§ 6 Abs. 6 S. 2 i.V.m. § 6 Abs. 1 S. 1 VOB/B)

113 Nach der VOB/B setzt die Anwendbarkeit des § 642 BGB voraus, dass eine Behinderungsanzeige nach § 6 Abs. 1 S. 1 VOB/B erfolgt ist oder dass nach § 6 Abs. 1 S. 2 VOB/B Offenkundigkeit gegeben ist. Somit ersetzt die Behinderungsanzeige das wörtliche Angebot und umgekehrt (vgl. die Ausführungen unter Rdn 89).

114 Die Behinderungsanzeige muss nach dem Wortlaut des § 6 Abs. 1 S. 1 VOB/B schriftlich erfolgen. Da allerdings auch eine **offensichtliche Behinderung** nach § 6 Abs. 1 S. 2 VOB/B Ansprüche des Auftragnehmers auslöst, zeigt sich bereits, dass die Schriftform lediglich **Beweiszwecken** dient.[124] Für die Wirksamkeit einer Behinderungsanzeige ist es daher ausreichend, wenn diese mündlich erfolgt.

115 Die Behinderungsanzeige bildet zusammen mit der **Behinderungsabmeldung** die **Berechnungsgrundlage für die Dauer der Verzögerung**, so dass die Schriftlichkeit die Regel sein sollte, aber dennoch keine Anspruchsvoraussetzung ist.

116 Für die Rechtswirksamkeit einer Behinderungsanzeige ist nach der einschlägigen BGH-Rechtsprechung[125] Folgendes Voraussetzung:

- die Behinderung muss **unverzüglich** angezeigt werden;
- der Auftragnehmer muss sich nach **seiner Prognose in der ordnungsgemäßen Durchführung seiner Leistung behindert glauben**, sichere Kenntnis ist nicht notwendig;
- die Anzeige ist entweder an **den Auftraggeber direkt oder an seinen bevollmächtigten Vertreter auf der Baustelle zu richten** (Zugang der Behinderungsanzeige);
- die Behinderungsanzeige muss die Bereiche benennen, in denen sich der Auftragnehmer behindert glaubt oder bereits behindert ist;

124 OLG Köln v. 1.12.1980 – 22 U 73/80 – BauR 1981, 472, 474.
125 BGH v. 21.10.1999 – VII ZR 185/98 – BauR 2000, 722, 723 = NJW 2000, 1336; OLG Celle v. 6.10.1994 – 22 U 234/92 – BauR 1995, 552.

- die Anzeige muss im Übrigen **alle Tatsachen enthalten, aus denen sich für den Auftraggeber mit hinreichender Klarheit die Gründe für die Behinderung oder die Unterbrechung im Einzelnen ergeben**, damit der Auftraggeber in der Lage versetzt wird, die Behinderung abzustellen oder deren Auswirkung zu mildern.

Die vorstehenden Voraussetzungen werden nachfolgend im Einzelnen nochmals kurz erläutert: **117**

(1) Unverzüglichkeit

Die Anzeige ist unverzüglich, d.h. ohne schuldhaftes Zögern (§ 121 Abs. 1 S. 1 BGB), abzugeben. Eine nicht unverzüglich erstattete Behinderungsanzeige kann Schadensersatzansprüche wegen Pflichtverletzung gegen den Auftragnehmer aus § 280 BGB nach sich ziehen oder dazu führen, dass der Auftraggeber eine Anspruchskürzung beim Auftragnehmer wegen § 254 BGB (Schadensgeringhaltungspflicht) geltend machen kann. **118**

In der Praxis bedeutet dies, dass der Auftraggeber nachweisen kann, **dass er bei rechtzeitiger Behinderungsanzeige dafür gesorgt hätte, dass die Behinderungen nicht die nunmehr eingetretenen Auswirkungen gehabt hätten**. Dies betrifft sowohl die **zeitlichen wie auch die wirtschaftlichen Folgen** der Behinderung. Außerdem können beim Auftraggeber selbst Schäden durch die Behinderung des Auftragnehmers entstehen, die in entsprechender Höhe hätten vermieden werden können, wenn der Auftraggeber rechtzeitig unterrichtet worden wäre. **119**

„Unverzüglich" i.S.v. § 6 Abs. 1 VOB/B und der BGH-Rechtsprechung heißt, dass nach zumutbarer Prognose des Auftragnehmers Behinderungen im Sinne behindernder Wirkungen eintreten können. Die Anzeigepflicht: **120**

- besteht daher nicht erst bei sicherer Kenntnis der Behinderung, sondern bereits bei begründeter Annahme, dass eine Behinderung aller Voraussicht nach eintreten wird, und
- unabhängig von der Ursache der Behinderung;
- setzt die Prüfungspflicht des Auftragnehmers voraus;
- führt ggf. zu Schadensersatzansprüchen, wenn sie unterlassen wird (Pflichtverletzung);
- entfällt nur bei Offenkundigkeit, d.h. bei
– Kenntnis oder einfacher Wahrnehmbarkeit der Tatsachen und
– Kenntnis oder für im Bauwesen Tätige Klarheit der Auswirkungen auf Baufortschritt oder
– wenn selbst der in Bausachen unerfahrene Laie geradezu darauf gestoßen wird.

(2) Adressat

Grundsätzlich hat der Auftragnehmer die Anzeige an den Auftraggeber zu richten. **Architekten und andere Bauaufsichtsführende** sind grundsätzlich **nicht** die richtigen Adressaten, es sei denn, der Auftraggeber hat diese mit einer entsprechenden Vollmacht ausgestattet. Resultiert die Behinderung aus dem Bereich des Bauüberwachers und **121** verschließt sich dieser einer berechtigten Vorhaltung des Auftragnehmers,[126] so ist er keinesfalls der richtige Adressat einer Behinderungsanzeige. Dann muss der Auftragnehmer die Anzeige an den Auftraggeber richten.

(3) Hindernde Tatsachen

122 Für das Vorliegen der hindernden Tatsachen reicht die **Gewissheit** oder die **begründete Vermutung** aus. Es genügt jedoch nicht allein der Hinweis auf fehlende Pläne. Der Auftragnehmer muss **die Auswirkung des Fehlens solcher Pläne auf die Bauzeit darlegen**.[127] Eine Behinderung ist daher z.B. nicht gegeben, wenn der Auftragnehmer nach den ihm vorgelegten Vorabzügen arbeiten kann.[128]

123 Keine Voraussetzung nach § 6 Abs. 1 VOB/B ist die Mitteilung über **den ungefähren Umfang und welche ungefähre Höhe ein etwaiger Ersatzanspruch** gegebenenfalls haben wird.

bb) Offenkundigkeit (§ 6 Abs. 6 S. 2 i.V.m. § 6 Abs. 1 S. 2 VOB/B)

124 Ohne Behinderungsanzeige hat der Auftragnehmer nur dann Anspruch auf Berücksichtigung der hindernden Umstände, wenn dem Auftraggeber offenkundig die Tatsache und deren behindernde Wirkung bekannt waren.[129]

125 Es genügt **nicht**, dass die hindernde Tatsache **allgemein bekannt ist**. Vielmehr ist es erforderlich, dass aus dem Verhalten oder den Äußerungen des Auftraggebers oder aus den Umständen des Einzelfalls der zwingende Schluss zu ziehen ist, dass die Umstände **dem Auftraggeber** bekannt sind.

b) Kündigung durch den Auftragnehmer (§ 9 VOB/B)

126 Nach § 9 Abs. 1 Nr. 1 VOB/B kann der Auftragnehmer den Vertrag kündigen, wenn der Auftraggeber eine ihm obliegende Handlung unterlässt und dadurch den Auftragnehmer außerstande setzt, die Leistung auszuführen (Annahmeverzug nach §§ 293 ff. BGB). Wie unter Rdn 106 bereits erwähnt wurde, enthält § 9 Abs. 1 Nr. 1 VOB/B gegenüber § 643 BGB eine Einschränkung des Kündigungsrechts. Im Gegensatz zu § 643 BGB **genügt nicht das bloße Fehlen einer für die Herstellung erforderlichen Mitwirkungshandlung** des Auftraggebers, sondern der Auftragnehmer muss aufgrund der ausgebliebenen Mitwirkungshandlung **außerstande sein, seine Leistung auszuführen**. Wenn die unterlassene Mitwirkungshandlung des Auftraggebers nur einen Teil der Leistungen des Auftragnehmers betrifft, dann muss dieser an anderer Stelle weiterarbeiten, sofern ihm das möglich ist.[130]

127 Wie bei § 643 S. 1 BGB muss der Auftragnehmer dem Auftraggeber eine **angemessene Frist zur Vertragserfüllung** mit **Kündigungsandrohung** setzen.

126 OLG Köln v. 1.12.1980 – 22 U 73/80 – BauR 1981, 472, 473.
127 OLG Celle v. 6.10.1994 – 22 U 234/92 – BauR 1995, 552, 553.
128 Fall nach BGH v. 21.3.2002 – VII ZR 224/00 – BauR 2002, 1249.
129 BGH v. 21.10.1999 – VII ZR 185/98 – BauR 2000, 722, 723.
130 Kapellmann/Messerschmidt/*von Rintelen*, § 9 VOB/B Rn 26.

Anders als bei § 643 S. 2 BGB führt der fruchtlose Ablauf der gesetzten Frist nicht zu einer automatischen Beendigung des Vertrages, sondern der Auftragnehmer muss nach ergebnislosem Fristablauf das Vertragsverhältnis **schriftlich kündigen** (§ 9 Abs. 2 S. 1 VOB/B). Diese inhaltliche Modifikation geht der Bestimmung in § 643 S. 2 BGB vor. 128

5. Beschleunigung

Von einer Beschleunigung wird in der Baupraxis immer dann gesprochen, wenn der vereinbarte Bauablauf in der Weise umgestellt wird, dass eine Verkürzung **der vereinbarten Ausführungsfristen bewirkt** oder die **Verlängerung vermieden** und damit der bisherige Termin eingehalten wird. 129

Beschleunigungsmaßnahmen zur **Aufholung von Verzügen des Auftragnehmers** sind nicht zu vergüten. 130

Es ist umstritten, ob der Auftraggeber eines VOB/B-Bauvertrages die Durchführung von Beschleunigungsmaßnahmen nach §§ 1 Abs. 3 oder Abs. 4 VOB/B **anordnen kann**. Dies wird in der Literatur teilweise bejaht,[131] überwiegend aber verneint.[132] Eine höchstrichterliche Klärung der Streitfrage steht noch aus. 131

Liegt eine Beschleunigungsanordnung vor, so sind die Leistungen nach § 2 Abs. 5 VOB/B als Leistungen infolge von „anderen Anordnungen" zu vergüten. 132

Neben den Beschleunigungsanordnungen werden Beschleunigungs- oder Umsetzungsmaßnahmen und daraus resultierende Kosten auch in Fällen diskutiert, in denen der Auftragnehmer derartige Maßnahmen ergreift, **um eingetretene Verzögerungen des Bauablaufs wieder aufzuholen** (Schadensminderung gem. § 254 BGB).[133] Diese sind – soweit der Auftragnehmer nachweist, dass sie geringer als ein etwaiger Verzugsschaden ausgefallen sind – gem. **§ 6 Abs. 6 VOB/B ersatzfähig,**[134] auch wenn keine Anordnung des Auftraggebers vorliegt. Es geht um die sog. „Rentabilitätsvermutung", für die der BGH eine erleichterte Darlegungslast für den Auftragnehmer angenommen hat.[135] Es kann sich dabei um Kosten für Überstunden, Mehrschichtbetriebe, Bauheizung, sonstige Umstellung von Bauverfahren, wie dem Einsatz von Schnellestrich o.Ä., handeln. Vereinbaren sich dementgegen Auftraggeber und Auftragnehmer über die Beschleunigung, handelt es sich nicht mehr um einen Schadensersatzanspruch, sondern um einen Vergütungsanspruch des Auftragnehmers.[136] 133

Die Parteien können vertraglich vereinbaren, dass der Auftragnehmer bei Unterschreitung bestimmter Fristen (Zwischenfristen oder Fertigstellungsfrist) Anspruch auf eine – in der Regel nach Zeitabschnitten sich berechnende – **Zusatzzahlung** hat. Eine solche Zusatzzahlung hat – unabhängig von ihrer Bezeichnung (Beschleunigungsprämie, Be- 134

131 Ingenstau/Korbion Leupertz/von Wietersheim/*Keldungs*, § 1 Abs. 3 VOB/B Rn 7.
132 Kapellmann/Messerschmidt/*von Rintelen*, § 1 VOB/B Rn 68 ff.
133 MüKo-BGB/*Oetker*, 9. Aufl., § 254 BGB Rn 77 m.w.N.
134 *Von Minckwitz/Schmitt/Viering*, § 3 Rn 228.
135 BGH v. 20.2.1986 – VII ZR 286/84 – NJA 1986, 1684.
136 BeckOK-VOB/B/*Oberhauser*, 51. Ed., 30.4.2022, VOB/B, § 6 Abs. 6 Rn 47 und Rn 4–10a.

schleunigungsbonus) Vergütungscharakter und unterliegt der Umsatzsteuerpflicht, so dass der Auftraggeber den auf die Beschleunigungsprämie entfallenden Umsatzsteuerbetrag zusätzlich an den Auftragnehmer zu zahlen hat.[137]

135 In Bauverträgen öffentlicher Auftraggeber ist eine Beschleunigungsvergütung (Prämie) nur vorzusehen, wenn die Fertigstellung vor Ablauf der Vertragsfristen erhebliche Vorteile bringt (§ 9a S. 3 VOB/A).

136 Es kann sich anbieten, die Beschleunigungsprämie sozusagen als „Spiegelbild" der Vertragsstrafe an den für die Vertragsstrafe zulässigen Tagessätzen und Obergrenzen (siehe hierzu die Ausführungen unter Rdn 212 und Rdn 213) zu orientieren,[138] damit liegt dann eine ausschließlich **erfolgsabhängige Vergütung** vor. Der Auftragnehmer wird regelmäßig ein Interesse daran haben, den Aufwand auch bei **Nichterreichung des beschleunigten Termins** zu erhalten[139] (= **aufwandsabhängige Vergütung**). Dies muss vertraglich daher vorher festgelegt werden.

II. Behinderung

1. Behinderung im BGB-Bauvertrag

137 Das BGB kennt keine Behinderungsansprüche im wörtlichen Sinn, sondern nur Verzugsansprüche i.S.d. Gläubigerverzugs gem. § 642 BGB (vgl. die Ausführungen unter Rdn 87 ff.) oder des Schuldnerverzugs (vgl. die Ausführungen unter Rdn 1 ff.). Da das BGB-Werkvertragsrecht keine speziellen Regelungen für die Behinderung am Bau und ihre Rechtsfolgen enthält, müssen diese den allgemeinen Leistungsstörungen und den spezifischen Regelungen des Werkvertragsrechts zugeordnet werden. Leistungsstörungen, die sich auf den Bauablauf auswirken, können unterschiedlichsten Anspruchsgrundlagen zuzuordnen sein, die sich in den Voraussetzungen und in ihren Rechtsfolgen erheblich unterscheiden. Infrage kommen vor allem:

- Gläubigerverzug (§§ 293 i.V.m. §§ 304 ff. BGB),
- Pflichtverletzung des Schuldners (§§ 280 ff. sowie §§ 323 ff. BGB),
- Unterlassene Mitwirkung des Bestellers (§§ 642, 643 BGB),
- Störung der Geschäftsgrundlage (§ 313 BGB).

138 Aus den vorgenannten Leistungsstörungen ergeben sich für die Vertragspartner folgende Rechte:

- Der Auftraggeber kann für den Fall der nicht rechtzeitigen Erfüllung der Leistung durch den Auftragnehmer oder einer anderen Pflichtverletzung **Schadensersatz** verlangen oder vom Vertrag **zurücktreten**.
- Dem Auftragnehmer steht für den Fall der Behinderung durch den Auftraggeber u.U. ein **Schadensersatzanspruch bei Verschulden** des Auftraggebers und ohne

137 OLG Köln v. 14.4.2000 – 11 U 221/99 – IBR 2001, 107.
138 Kapellmann/Messerschmidt/*Schneider*, § 9a VOB/A Rn 55.
139 Heiermann/Riedl/Rusam/*Heiermann/Bauer*, § 9 VOB/A Rn 47.

Verschulden oder für den Fall ausschließlicher Verletzung von Mitwirkungspflichten ein **Entschädigungsanspruch** nach § 642 BGB zu.

Spezielle Regelungen über die Anpassung der Bauzeit finden sich im BGB nicht. Ein Anspruch auf Bauzeitverlängerung fehlt. Es wurde bereits unter A. I. 1. a) (vgl. Rdn 2 ff.) dargestellt, dass bei einer Vereinbarung der Vertragsparteien, aus der deutlich hervorgeht, dass die Vereinbarung auch deshalb in der gewählten Form getroffen wurde, weil eine bestimmte Bauzeit bzw. ein bestimmter Bauablauf zugrunde gelegt wurde, eine Anpassung der vertraglichen Regelungen in Betracht kommt. Diente die **Bauzeit als Geschäftsgrundlage** und ergibt sich während des Bauablaufs eine nicht unwesentliche Änderung, so kann eine **Anpassung des Vertrages – in zeitlicher oder monetärer Weise – gem. § 313 BGB verlangt werden**. 139

Da § 313 BGB eine Anpassung davon abhängig macht, dass das Festhalten am Vertrag einer Partei nicht länger zumutbar ist, und dies eine erhebliche Schwelle darstellt, sollten einzelne Kriterien für einen sich aus § 242 BGB (nunmehr § 313 BGB) ohnehin ergebenden gesetzlichen Preisanpassungsanspruch im Vertrag[140] umschrieben und damit ein vertraglicher Anspruch begründet werden. 140

2. Definition der Behinderung nach § 6 VOB/B

Die Ansprüche der Parteien aus Behinderungen sind in der VOB/B in § 6 geregelt. § 6 VOB/B sieht folgende Ansprüche vor: 141

	Anspruch	**Anspruchsgrundlage**	**Anspruchsinhaber**
1	Anspruch auf Bauzeitverlängerung	§ 6 Abs. 1 i.V. m Abs. 2 und Abs. 4 VOB/B	AN
2	Anspruch auf Schadensersatz	§ 6 Abs. 6 VOB/B	AG und AN
3	Kündigung bei einer Unterbrechung, die länger als drei Monate dauert	§ 6 Abs. 7 i.V.m. Abs. 5 und 6 VOB/B	AG und AN
4	Anspruch auf vorzeitige Abrechnung von Kosten bei längerer Unterbrechung	§ 6 Abs. 5 VOB/B	AN

Unterschieden werden aufgrund der verschiedenen Termine/Fristen folgende Behinderungen: 142

- **Baubeginnverschiebung:** Auswirkungen treten in zeitlicher Hinsicht nur bezüglich des Zeitpunktes der Leistungserbringung, nicht aber in Bezug auf die Dauer der Leistungserbringung auf.
- **Ausführungsfristveränderung:** Auswirkungen treten in zeitlicher Hinsicht in Bezug auf die Dauer der Leistungserbringung unabhängig vom Zeitpunkt der Leistung auf.

140 BGH v. 30.9.2004 – VII ZR 456/01 – IBR 2005, 95.

- **Behinderte Ausführung:** Auswirkungen treten in zeitlicher Hinsicht nicht auf, Erschwernisse bestehen nur in Bezug auf Art und Weise der Leistungserbringung.

3. Ursachen für Behinderungen gem. § 6 Abs. 2 VOB/B

143 Ein Fristverlängerungsanspruch des Auftragnehmers ist dann gegeben, wenn neben der Behinderung auch festgestellt werden kann, dass diese gem. § 6 Abs. 2 Nr. 1 VOB/B verursacht ist:

- durch einen Umstand aus dem Risikobereich des Auftraggebers,
- durch Streik oder eine von der Berufsvertretung der Arbeitgeber angeordnete Aussperrung im Betrieb des Auftragnehmers oder in einem unmittelbar für ihn arbeitenden Betrieb,
- durch höhere Gewalt oder andere für den Auftragnehmer unabwendbare Umstände.

144 Aus dieser Aufzählung wird deutlich, dass es für den Anspruch auf Verlängerung der Ausführungsfristen nicht darauf ankommt, ob die Umstände, die zu der Behinderung führen, einer der Vertragsparteien **vorwerfbar sind**. Ein **Verschulden** ist nur beim **Schadensersatzanspruch** gem. § 6 Abs. 6 VOB/B Voraussetzung. Der Bauzeitverlängerungsanspruch und der Schadensersatzanspruch wegen Verzuges haben daher **unterschiedliche Voraussetzungen**.

145 Eine Verlängerung der Ausführungsfristen kann schon dann vom Auftragnehmer beansprucht werden, wenn aus der **Sphäre des Auftraggebers**, zu der auch die von diesem beauftragten weiteren Auftragnehmer, die Beschaffenheit des Grundstücks des Auftraggebers und sämtliche Mitwirkungshandlungen des Auftraggebers zählen, herrührt.

146 Neben diesen Umständen kommen darüber hinaus gem. § 6 Abs. 2 Nr. 1 lit. b) und c) VOB/B weitere Umstände in Betracht, wobei hier die Umstände zum Tragen kommen, die für den Auftragnehmer **unabwendbar** sind. Dabei sind als besondere Umstände genannt der Streik bzw. die Aussperrung im Betrieb des Auftragnehmers und die höhere Gewalt, d.h. Ereignisse, die auch durch die äußerste, billigerweise **zu erwartende Sorgfalt nicht vorausgesehen und verhütet werden konnten**,[141] soweit diese für die Behinderung ursächlich sind. § 6 Abs. 2 Nr. 1 lit. b) und c) VOB/B erweitern daher die Sphäre des Auftraggebers im Sinne einer Risikozuweisung um die Tatbestände des Streiks und der Aussperrung sowie der höheren Gewalt oder anderer unabwendbarer Umstände.

147 Zusammengefasst sind im Folgenden Behinderungen, die der Risikosphäre des Auftraggebers zuzuordnen sind:

- verspätete Bereitstellung der Pläne durch den Auftraggeber oder seinen Planer oder Objektüberwacher als Erfüllungsgehilfen gem. § 278 BGB;
- fehlende Baugenehmigung, wenn der Auftraggeber diese nicht rechtzeitig beantragt oder die erforderlichen Unterlagen nicht vollständig eingereicht hat;
- Behinderung durch den Nachbarn oder sonstige Dritte, wenn diese Störungen dem Risikobereich des Auftraggebers zuzuordnen sind und er dagegen keine hinreichen-

141 Grüneberg/*Ellenberger*, BGB, 82. Aufl., § 206 BGB Rn 4.

den Vorkehrungen getroffen hat (Auftraggeber muss baureifes Grundstück sowie, nach § 4 Abs. 4 VOB/B, notwendige Lager- und Arbeitsplätze zur Verfügung stellen und nach § 4 Abs. 1 VOB/B für die Aufrechterhaltung der allgemeinen Ordnung auf der Baustelle sorgen).

- Behinderungen infolge von Leistungsänderungen oder Zusatzaufträgen, die auch aus unvollständigem Leistungsverzeichnis sowie aus veränderten Boden- und Wasserverhältnissen herrühren können.

Einen wichtigen Fall der **höheren Gewalt** können **besondere Witterungsverhältnisse** darstellen. Störende Witterungseinflüsse sind allerdings nur in Ausnahmefällen als Behinderung i.S.v. § 6 VOB/B anzusehen. Witterungseinflüsse während der Ausführungszeit, **mit denen bei Abgabe des Angebots normalerweise gerechnet werden musste**, gelten **nicht** als Behinderung (§ 6 Abs. 2 Nr. 2 VOB/B). **148**

Bei der Frage, mit welchen Witterungseinflüssen normalerweise gerechnet werden musste, wird eine **Heranziehung des Durchschnitts der statistischen Daten der Wetterämter** der letzten zehn bis 20 Jahre notwendig sein. Genauso können aber auch die tatsächlichen Gegebenheiten die entscheidende Rolle spielen. Eine genaue Festlegung der **einzukalkulierenden Tage** gibt die VOB/B daher **nicht** vor. **149**

Diese Beurteilung, die der Auftragnehmer im **Rahmen der Kalkulation** seines Angebots anstellen muss, wird umso schwieriger, je **ungenauer die Festlegungen** bezüglich der Bauzeit sind. Ist – wie das gem. § 5 Abs. 2 VOB/B möglich ist – der Baubeginn zeitlich offengelassen worden, so ist die Bestimmung der Witterungseinflüsse erheblich erschwert. In einem solchen Fall kann dem Auftragnehmer lediglich geraten werden, den Auftraggeber in Analogie zu § 5 Abs. 2 S. 1 VOB/B bereits vor Angebotsabgabe bzw. vor Vertragsschluss aufzufordern, ihm Auskunft über den voraussichtlichen Beginn zu erteilen. **150**

Sollten die Parteien eine bestimmte Anzahl von **Ausfalltagen** als nicht behindernde Umstände im Bauvertrag ausdrücklich definiert haben, stellt sich die Frage, wann eine Behinderungsanzeige notwendig ist, um eine Ausführungsfristverlängerung zu erhalten. Mit Sicherheit ist dies ab dem ersten Tag nach Ablauf der vereinbarten Ausfalltage notwendig. § 6 Abs. 1 S. 2 VOB/B könnte zudem so verstanden werden, dass der Auftragnehmer eine Behinderungsanzeige abgeben muss, um überhaupt Witterungseinflüsse als Behinderungen i.S.v. § 6 VOB/B geltend machen zu können, und sei es nur als Erfüllung der vertraglich festgelegten Anzahl. Der Auftragnehmer sollte daher sicherheitshalber bereits bei erstmaliger witterungsbedingter Störung eine Behinderungsanzeige abgeben. **151**

4. Behinderungsanzeige, Offenkundigkeit (§ 6 Abs. 1 VOB/B)

Voraussetzung für jegliche Ansprüche des Auftragnehmers aus § 6 VOB/B ist entweder eine unverzügliche schriftliche Behinderungsanzeige (§ 6 Abs. 1 S. 1 VOB/B) oder die **152**

Offenkundigkeit der hindernden Umstände und deren hindernde Wirkung für den Auftraggeber (§ 6 Abs. 1 S. 2 VOB/B) (siehe Rdn 113 und Rdn 124).

153 Auch beim Verlangen des Auftraggebers nach veränderter oder zusätzlicher Leistung (§ 1 Abs. 3 und 4 VOB/B) tritt eine Verlängerung der Bauzeit nicht automatisch ein, weil es kein dementsprechendes Naturgesetz gibt. Will der Auftragnehmer wegen ablaufbehindernder Wirkung solcher Anordnungen Ansprüche geltend machen, so ist auch hier grundsätzlich eine **Behinderungsanzeige notwendig**.

5. Bauzeitverlängerung (§ 6 Abs. 1 i.V.m. Abs. 2 und Abs. 4 VOB/B)

154 Soweit die Behinderung durch die in § 6 Abs. 2 Nr. 1 VOB/B genannten Umstände verursacht ist und der Auftragnehmer durch eine Behinderungsanzeige sichergestellt hat, dass er sämtliche aus der Behinderung resultierenden Rechte geltend machen kann, steht ihm in Bezug auf die zeitlichen Auswirkungen der Behinderungen in der Regel ein Anspruch auf **Verlängerung der Ausführungsfristen** gem. § 6 Abs. 2 i.V.m. Abs. 4 VOB/B zu.

155 Ausführungsfristen werden dagegen nicht verlängert, wenn dem Auftragnehmer durch **entgegenwirkende Maßnahmen** die Möglichkeit offenstände, die **behindernden Umstände abzuwenden**. Der Auftragnehmer muss nach § 6 Abs. 3 S. 1 VOB/B alles tun, was ihm **billigerweise zugemutet** werden kann, um die Weiterführung der Arbeiten zu ermöglichen. Hierzu gehört grundsätzlich:

- die Sicherung der Baustelle,
- die Beseitigung von Fehlern oder Schäden,
- das Unterhalten der Baustelle und der eingesetzten oder bereitliegenden Materialien sowie Geräte.

156 Außerdem muss der Auftragnehmer sich **mit dem Auftraggeber in Verbindung setzen** und eine **Verständigung über die zu ergreifenden Maßnahmen** versuchen. Erst wenn der Auftragnehmer sich tatsächlich nicht mehr rühren kann, wird ihm das Recht zum Nichttätigwerden zugebilligt.[142]

157 Führt eine Behinderung nicht zur Unterbrechung der Arbeiten, sondern nur zu einer **Erschwerung**, so ist die erforderliche Fristverlängerung anhand der **Intensität der Behinderung** zu ermitteln.

158 Der Verlängerungsanspruch an sich wird in der Regel vom Auftragnehmer durch die **Benennung neuer Termine** oder nur durch in der Praxis als „**Aufkündigung**" der Vertragstermine bezeichnete Mitteilung der Überschreitung der bisherigen Termine geltend gemacht. Der Auftraggeber hat dagegen ein veritables Interesse an der **Fortschreibung**, d.h. der Vereinbarung „neuer" Termine infolge der als berechtigt angesehenen Verlängerung. Letzteres ist zudem in der Praxis oft strittig und schwer darstellbar, weshalb einverständliche Neufestlegungen von Terminen meistens daran scheitern.

142 Ingenstau/Korbion/Leupertz/von Wietersheim/*Döring*, § 6 Abs. 3 VOB/B Rn 4 f.

Sollte eine **einverständliche Neufestlegung der Ausführungsfrist** zwischen Auftraggeber und Auftragnehmer **nicht** zustande kommen, dann wird die Frist letztendlich im Rahmen einer gerichtlichen Auseinandersetzung seitens des Richters nach **§§ 315 ff. BGB** bestimmt werden müssen. **Die VOB/B sieht dafür keine Regelung vor.** § 6 Abs. 4 VOB/B erwähnt somit auch nicht das in der Praxis ständig vorkommende Phänomen der „**Terminplanfortschreibung**". 159

Wird der Terminplan in diesem Sinne fortgeschrieben, müssen die Parteien festlegen, was sie damit vertraglich zum Ausdruck bringen wollen, da andernfalls Nachteile entstehen (z.B. Entfall der Vertragsstrafe auf Seiten des Auftraggebers oder neue, pönalisierte Termin für den Auftragnehmer). Der Bauablaufplan sollte aus Gründen der **Klarheit und Nachvollziehbarkeit** bezogen auf **weitere Behinderungen** bereits während der Ausführung einverständlich fortgeschrieben werden. Der auf Basis der Ist-Störungen fortgeschriebene Bauablaufplan, der damit den tatsächlichen Bauablauf wiedergibt, wird von den Gerichten als Ausgangspunkt zur Feststellung von Behinderungsansprüchen anerkannt.[143] 160

Praxistipp 161

Der Auftraggeber müsste in der Folge mangels Vertragstermin auf den von ihm errechneten, insoweit verlängerten Termin den Auftragnehmer gem. § 5 Abs. 4 BGB in Verzug setzen. Der „**Entfall**" des bisherigen Vertragstermins hat also lediglich zur Folge, dass der Auftraggeber **mahnen** muss, um den Verzug des Auftragnehmers zu begründen.

§ 6 Abs. 4 VOB/B regelt bestimmte Anteile der Fristberechnung, nämlich 162

- die **Dauer der Behinderung**, die den wesentlichen Teil der Verlängerung ausmacht,
- einen **Zuschlag für die Wiederaufnahme** der Arbeiten und für die **etwaige Verschiebung in eine ungünstigere Jahreszeit**.

In der baubetrieblichen Praxis wird bei Behinderungen, die **kausal** für den Verzug mit einer Vertragsfrist werden, von solchen gesprochen, die auf dem sog. „**kritischen Weg**" lagen. Es handelt sich dabei um Behinderungen, die unmittelbar zu einer **Verlängerung der Ausführungsfrist um den Zeitraum der Behinderung** führen. Kennt der Auftraggeber also den kritischen Weg, kann er leichter die Verlängerung bestimmen oder abwehren. 163

Zu der Verlängerung der Ausführungsfrist um den Zeitraum der Behinderung kommt ggf. ein Zuschlag für die **Wiederaufnahme der Arbeiten**. Der Zuschlag wird **nicht pauschal** gewährt, vielmehr muss der Auftragnehmer darlegen, welchen Zeitraum er bei dem konkreten Bauvorhaben unter Berücksichtigung der Dauer der Arbeitseinstellung und anderweitiger Dispositionen benötigt hat, um die Arbeiten wieder aufzunehmen.[144] 164

143 Einzelheiten zur Terminplanfortschreibung bei *von Minckwitz/Schmitt/Viering*, Rn 557 ff.
144 OLG Dresden v. 26.5.1999 – 8 U 327/99 – IBR 2000, 534.

165 Des Weiteren kommt ggf. ein **Zuschlag für die Verschiebung in eine ungünstigere Jahreszeit** hinzu, wenn die Leistung tatsächlich von Witterungseinflüssen abhängig ist und im Rahmen der nunmehrigen Ausführungszeit entgegen der ursprünglich bei Angebotsabgabe zu erwartenden Witterungseinflüsse deutlich stärke Witterungseinflüsse üblich sind oder sich in der anderen Jahreszeit eine nicht mit gleicher Intensität zu betreibende Bautätigkeit durchführen lässt.

6. Ende der Behinderung gem. § 6 Abs. 3 S. 2 VOB/B

166 Der Auftragnehmer hat gem. § 6 Abs. 3 S. 2 VOB/B nach Wegfall der hindernden Umstände die Arbeiten ohne Weiteres und unverzüglich **wieder aufzunehmen** und dem Auftraggeber die Wiederaufnahme anzuzeigen (= **Behinderungsabmeldung**). Schriftform ist für die Anzeige nicht vorgeschrieben, und sie ist auch keine Anspruchsvoraussetzung für den Bauzeitverlängerungsanspruch gem. § 6 Abs. 2 VOB/B oder den Verzugsschadensersatzanspruch gem. § 6 Abs. 6 VOB/B.

167 Verletzt der Auftragnehmer die Informationspflicht, so kann er sich allerdings schadensersatzpflichtig machen, wenn die Nichtanzeige der Wiederaufnahme eine Behinderung des Auftraggebers auslöst (z.B. durch den verspäteten Abruf nachfolgender Bauleistungen oder verspätete Bereitstellung von Materialien etc.).

7. Schadensersatz aus Behinderungen gem. § 6 Abs. 6 VOB/B

168 Dem **Auftraggeber und dem Auftragnehmer** stehen bei Behinderungen und Unterbrechungen Schadensersatzansprüche aus § 6 Abs. 6 S. 1 VOB/B zu. § 6 Abs. 6 S. 1 VOB/B ist als Auffangtatbestand für alle Fälle der Leistungsverzögerung anzusehen, die auf eine Behinderung oder Unterbrechung zurückzuführen und anderweitig nicht geregelt sind. Die Voraussetzungen des Schadensersatzanspruches sind für Auftraggeber und Auftragnehmer im Wesentlichen die Gleichen. Soweit Besonderheiten bestehen, wird nachfolgend darauf hingewiesen.

a) Vertretenmüssen

169 Ein Schadensersatzanspruch eines Vertragspartners gem. § 6 Abs. 6 S. 1 VOB/B setzt voraus, dass die hindernden Umstände von dem anderen Partner zu vertreten sind. Gem. § 276 Abs. 1 S. 1 BGB hat der Schuldner Vorsatz und Fahrlässigkeit zu vertreten. Der Begriff des „Vertretenmüssens“ entspricht somit dem des „Verschuldens“. Für Ansprüche des Auftragnehmers bedeutet dies, dass die Behinderungsursachen Streik, Aussperrung und höhere Gewalt (§ 6 Abs. 2 Nr. 1 lit. b) und c) VOB/B) dem Wortlaut nach von vorneherein zur Begründung von Verzugsschadensersatzansprüchen ausscheiden. Gleiches gilt für unabwendbare und aus der Auftraggebersphäre resultierende Behinderungen, die der Auftraggeber nicht verschuldet hat.

170 Beispiele für **Behinderungen, die der Auftraggeber zu vertreten hat**:

- **verspätete Bereitstellung der Pläne** durch den Auftraggeber oder seinen Architekten (Erfüllungsgehilfe gem. § 278 BGB);

- **fehlende Baugenehmigung**, wenn der Auftraggeber diese **nicht rechtzeitig beantragt** oder die erforderlichen Unterlagen nicht vollständig eingereicht hat;
- **Finanzierungsschwierigkeiten** des Auftraggebers sind stets von ihm zu vertreten, da als Kehrseite der Vertragsfreiheit jedermann für seine finanzielle Leistungsfähigkeit einzustehen hat.[145]

Auch die vom Auftragnehmer zu vertretenden Gründe haben ihren Anknüpfungspunkt **171** in dessen Vertragspflichten. Der Auftragnehmer muss z.B.:

- in eigener Verantwortung und mindestens nach den Regeln der Technik, insgesamt vertragsgemäß bauen,
- die Materialien und sonstigen Unterlagen rechtzeitig beschaffen,
- seinen Bauablauf auf die vertraglichen Fristen einstellen.

Dem eigenen Verschulden der Vertragspartei wird das Verschulden von Personen gleich- **172** gestellt, deren sich die Partei zur Erfüllung ihrer Verbindlichkeiten bedient (Erfüllungsgehilfen gem. § 278 BGB).

Der Vorunternehmer ist nicht Erfüllungsgehilfe des Auftraggebers im Verhältnis zum **173** Nachfolgeunternehmer, wenn der Vorunternehmer seine Leistung nur aufgrund und in Erfüllung des Vertragsverhältnisses zum Auftraggeber erbringt und nicht im Pflichtenkreis des Auftraggebers im Verhältnis zum Nachfolgeunternehmer tätig wird.[146] Eine Haftung des Auftraggebers nach § 6 Abs. 6 VOB/B für vom Vorunternehmer verschuldete Verzögerungen ist nur dann gegeben, wenn sich der Auftraggeber gegenüber dem Nachfolgeunternehmer vertraglich **besonders verpflichtet hat**, bis zu einem bestimmten Zeitpunkt eine Vorleistung zu stellen.

Fehlt eine besondere vertragliche Verpflichtung des Auftraggebers, dem Nachfolgeunter- **174** nehmer eine bestimmte Vorleistung fristgerecht zur Verfügung zu stellen, und ist eine Verletzung der auftraggeberseitigen Koordinierungspflicht nicht nachzuweisen, so hat der Nachfolgeunternehmer ggf. Anspruch auf eine angemessene Entschädigung nach § 642 BGB (siehe hierzu auch Rdn 87 ff. und Rdn 111 ff.).

Sofern Verzögerungen keiner Vertragspartei anzulasten sind, ist ein Verschulden nicht **175** gegeben, so dass **Schadensersatzansprüche ausscheiden**. Trotzdem können auch solche Verzögerungen für den Auftragnehmer relevant werden, da sie einen Bauzeitverlängerungsanspruch nach § 6 Abs. 2 VOB/B begründen können.

b) Schaden

Die Schadenshöhe bestimmt sich im Allgemeinen nach dem, was der Anspruchsteller **176** durch die hindernden Umstände an **Vermögensnachteilen** erlitten hat und nachweisen kann. Hierzu gehören grundsätzlich auch Materialgemeinkosten, Fertigungsgemeinkosten, Kosten der allgemeinen Verwaltung sowie Wagnis und Gewinn, wenn Personal und Material des Auftragnehmers wegen einer Bauzeitverzögerung auf der Baustelle

145 BGH v. 28.2.1989 – IX ZR 130/88 – BGHZ 107, 92, 102.
146 BGH v. 27.6.1985 – VII ZR 23/84 – BauR 1985, 561.

„gebunden“ bleiben und der Auftragnehmer Schadensersatz verlangt, weil er seine Betriebsmittel nicht anderweitig einsetzen konnte.[147] Entgangener Gewinn kann allerdings wegen der Sonderregelung in § 6 Abs. 6 S. 1 Hs. 2 VOB/B nur bei Vorsatz oder grober Fahrlässigkeit der anderen Vertragspartei geltend gemacht werden. Für leichte Fahrlässigkeit bleibt es bei den Vermögensnachteilen, die sich aus einer Differenzbetrachtung (d.h. Betrachtung der Vermögenssituation des Geschädigten mit und ohne schädigendes Ereignis) ergeben. Dazu kommt bei Vorsatz und grober Fahrlässigkeit noch der **entgangene Gewinn**.[148]

c) Kausalität

177 Weitere Voraussetzung für einen Anspruch nach § 6 Abs. 6 VOB/B ist, dass die Behinderung für den aufgetretenen Schaden ursächlich geworden ist, d.h. dass die Vertragspflichtverletzung des Auftraggebers **adäquat kausal** zur Behinderung (haftungsbegründende Kausalität) und diese adäquat kausal zu einem Schaden des Auftragnehmers geführt hat (haftungsausfüllende Kausalität).[149]

Das OLG Köln hat in einer neueren Entscheidung vom 28.1.2014[150] die Voraussetzungen für eine gerichtsverwertbare Darlegung der Kausalität lehrbuchmäßig dargestellt:

- Einem Auftragnehmer steht nur dann ein Anspruch auf Vergütung oder Erstattung von Zusatzkosten wegen einer Bauzeitverlängerung zu, wenn der Auftraggeber durch eine rechtmäßige Anordnung (§ 2 Abs. 5, 6 VOB/B) oder eine rechtswidrige Behinderung (§ 6 Abs. 6 VOB/B) eine Bauzeitverlängerung verursacht hat, auf der die geltend gemachten Zusatzkosten beruhen.
- Ein Ursachenzusammenhang zwischen dem Verhalten des Auftraggebers und der Überschreitung der geplanten Bauzeit setzt voraus, dass die Bauzeit mit den von der Preiskalkulation des Auftragnehmers umfassten Mitteln bei einem ungestörten Bauablauf hätte eingehalten werden können.
- Ob und inwieweit die geltend gemachte Behinderung zu Schäden für den Auftragnehmer geführt hat, kann nur aufgrund einer genauen Beschreibung der Behinderung beurteilt werden.[151] Wenn ein Auftragnehmer (z.B. wegen fehlender Dokumentation) hierzu nicht in der Lage ist, geht das grundsätzlich nicht zu Lasten des Auftraggebers.
- Ob und inwieweit eine oder mehrere eingetretene Behinderungen von bestimmter Dauer zu einer Verlängerung der gesamten Bauzeit geführt haben, unterliegt der einschätzenden Bewertung des Gerichts nach § 287 ZPO. Insoweit ist eine baustellenbezogene Darstellung der Ist- und Sollabläufe erforderlich, die die Bauzeitverlängerung nachvollziehbar macht. Zu diesem Zweck kann sich der Auftragnehmer der

147 BGH v. 19.11.2013 – VI ZR 363/12 – IBR 2014, 180.

148 In der Lit. werden ohne Begründung teilweise auch die erhöhten Wagniskosten als ersatzfähiger Schaden angesehen (Heiermann/Riedl/Rusam/*Kuffer*, § 6 VOB/B Rn 72). Dem kann jedoch nicht beigetreten werden, da diese Ansicht willkürlich erscheint. Das Wagnis beinhaltet das allgemeine Unternehmensrisiko.

149 BGH v. 21.3.2002 – VII ZR 224/00 – BauR 2002, 1249; BGH v. 21.10.1999 – VII ZR 185/98 – BGHZ 143, 32, 35 = IBR 2000, 217.

150 OLG Köln v. 28.1.2014 – 24 U 199/12 – IBR 2014, 257.

151 BGH v. 24.2.2005 – VII ZR 141/03 – IBR 2005, 246.

Hilfe graphischer Darstellungen durch Balken- oder Netzpläne bedienen, die gegebenenfalls erläutert werden. Eine nachvollziehbare Darstellung der Gesamtbauzeitverlängerung kann trotz Unklarheit oder Fehlerhaftigkeit in einzelnen Teilen eine geeignete Grundlage für eine Schätzung der Bauzeitverlängerung durch das Gericht – ggf. unter Zuhilfenahme eines Sachverständigen – sein.[152]

- Der Auftragnehmer muss in der von ihm aufgemachten Berechnung der behinderungsbedingten Verlängerung der Gesamtbauzeit auch die von ihm selbst verursachten Verzögerungen sowie die Erteilung von Nachträgen berücksichtigen. Anderenfalls ist seine Berechnung unschlüssig.

Der Nachweis der Kausalität kann in der Praxis schwierig werden. Auftraggeber und Auftragnehmer sind dazu übergegangen, sog. **baubetriebliche Gutachten** erstellen zu lassen, die sich im Schwerpunkt mit der Frage beschäftigen, wie sich die Störungen des Bauablaufs – bezogen auf den möglicherweise berechtigten Bauzeitverlängerungsanspruch – sowie die aus den Störungen i.S.v. Behinderungen resultierenden Kosten ermitteln und nachweisen lassen. Eine rechtliche Herleitung wird dabei oft nicht vorgenommen, weshalb die Gutachten im Ergebnis oftmals vor Gericht nicht verwertbar sind. 178

Man muss zwischen **haftungsbegründender** und **haftungsausfüllender** Kausalität unterschieden: 179

- Bei der **haftungsbegründenden** Kausalität geht es um den **Ursachenzusammenhang zwischen dem Verhalten des Auftraggebers und der eingetretenen Behinderung.**[153]
- Die **haftungsausfüllende** Kausalität ist hingegen der **Ursachenzusammenhang zwischen der Behinderung als Haftungsgrund und dem entstandenen Schaden.**[154]

d) Parallelität von Ansprüchen

Der Auftragnehmer kann gegen den Auftraggeber folgende monetäre Ansprüche, die im Wesentlichen bisher in der Rechtsprechung der Oberlandesgerichte nebeneinander angewendet worden sind, geltend machen: 180

- Vergütungsansprüche gem. § 2 Abs. 5 bzw. § 2 Abs. 6 VOB/B, ggf. auch Vergütungsansprüche gem. § 650c BGB,
- Schadensersatzanspruch gem. § 6 Abs. 6 S. 1 VOB/B,
- Entschädigungsanspruch gem. § 642 BGB.[155]

Der entscheidende **Unterschied** zwischen den Anspruchsgrundlagen des § 2 Abs. 5 und Abs. 6 VOB/B bzw. § 650c BGB und des § 6 Abs. 6 S. 1 VOB/B liegt im Umfang der Forderung, speziell beim **(entgangenen) Gewinn**. Aber auch im Bereich der Darlegung ist ein Schadensersatzanspruch wie der des § 6 Abs. 6 S. 1 VOB/B eher geeignet, Schwierigkeiten aufzuwerfen. An die Darlegungslast des Anspruchstellers werden im Bereich 181

152 BGH v. 24.2.2005 – VII ZR 225/03 – IBR 2005, 247.
153 *Grüneberg*, BGB, 82. Aufl., Vorb. v. § 249 BGB Rn 24.
154 *Grüneberg*, BGB, 82. Aufl., Vorb. v. § 249 BGB Rn 24.
155 A.A. *Thode*, ZfBR 2004, 214 ff.

des Schadensnachweises relativ hohe Anforderungen gestellt. Existieren dagegen verlässliche Kostenaufstellungen und Kalkulationen, so ist der Nachweis von Mehrkosten im Rahmen von § 2 Abs. 5 und Abs. 6 VOB/B bzw. § 650c BGB. verhältnismäßig einfach zu erbringen. Da § 642 BGB ein vergütungsähnlicher Anspruch ist, sind auch hier die Hürden der Darstellung niedriger, weil auf die **Kalkulation** abgestellt werden kann.

e) Verjährung

182 Für die Verjährung der behandelten monetären Ansprüche der Vertragsparteien gilt die **regelmäßige** Verjährungsfrist (§§ 195, 199 Abs. 1 BGB).

8. Vorzeitige Abrechnung bei längerer Unterbrechung (§ 6 Abs. 5 VOB/B)

183 Gem. § 6 Abs. 5 VOB/B sind, wenn die Ausführung für voraussichtlich längere Dauer unterbrochen wird, ohne dass die Leistung dauernd unmöglich wird, die ausgeführten Leistungen nach den Vertragspreisen abzurechnen und außerdem die Kosten zu vergüten, die dem Auftragnehmer bereits entstanden und in den Vertragspreisen des nicht ausgeführten Teils der Leistung enthalten sind.

a) Unterbrechung der Ausführung

184 Eine „Unterbrechung“ der Ausführung liegt nur vor, **wenn der Auftragnehmer seine Arbeit nicht weiterführt**. Eine bloße **Verzögerung bei der Leistungserbringung** oder die Nichtausführung einzelner Teilleistungen fällt **nicht** hierunter.[156]

185 Wann eine Unterbrechung für voraussichtlich längere Dauer vorliegt, ist eine Frage des Einzelfalls. Teilweise wird eine voraussichtliche Unterbrechung von zwei Monaten als Untergrenze angesehen,[157] teilweise wird angenommen, dass spätestens bei einer voraussichtlichen Unterbrechung von drei Monaten die Regelung des § 6 Abs. 5 VOB/B eingreift,[158] teilweise wird die Beurteilung ohne feste Grenzen anhand des Verhältnisses der voraussichtlichen Dauer der Unterbrechung zur voraussichtlichen Gesamtbauzeit vorgenommen.[159]

b) Keine dauernde Unmöglichkeit der Leistung

186 Die geschuldete Bauleistung darf nicht dauerhaft unmöglich sein. Bei dauerhafter Unmöglichkeit der Bauleistung ist keine Zwischenabrechnung nach § 6 Abs. 5 VOB/B möglich, sondern es gelten die gesetzlichen Bestimmungen (§§ 275, 323 BGB).

156 OLG Düsseldorf v. 29.1.2008 – 21 U 22/07 – rechtskräftig durch BGH v. 23.7.2009 – VII ZR 46/08 (Nichtzulassungsbeschwerde zurückgewiesen) – IBR 2009, 698 zu § 6 Abs. 7 VOB/B; *Kapellmann*/Messerschmidt, § 6 VOB/B Rn 45.

157 Beck'scher VOB-Kommentar/*Berger*, Teil B, § 6 Abs. 5 VOB/B Rn 18.

158 Ingenstau/Korbion/Leupertz/von Wietersheim/*Döring*, § 6 Abs. 5 VOB/B Rn 3.

159 *Leinemann/Kues*, VOB/B, 7. Aufl., § 6 VOB/B Rn 106, 107.

c) Abrechnung der ausgeführten Leistungen nach Vertragspreisen

Die Abrechnung der Vergütung für die ausgeführten Leistungen erfolgt nach den von der Rechtsprechung entwickelten Grundsätzen zur Abrechnung von Teilleistungen nach Kündigung von Bauverträgen.[160] 187

d) Vergütung der entstandenen Kosten

Zu den Kosten, die dem Auftragnehmer bereits entstanden und in den Vertragspreisen 188 des nicht ausgeführten Leistungsteils enthalten sind, gehören insbesondere Kosten für gekauftes und noch nicht eingebautes Material, Kosten für die Baustelleneinrichtung und Gerätekosten.[161]

Nicht nach § 6 Abs. 5 VOB/B zu vergüten sind die Kosten, die dem Auftragnehmer 189 durch die Unterbrechung unmittelbar entstanden sind (z.B. für Sicherungsmaßnahmen nach § 6 Abs. 3 VOB/B).[162]

9. Kündigung wegen längerer Unterbrechung (§ 6 Abs. 7 VOB/B)

Gem. § 6 Abs. 7 S. 1 VOB/B kann jeder Vertragspartner (Auftraggeber und Auftragneh- 190 mer) dann, wenn eine Unterbrechung länger als drei Monate dauert, nach Ablauf dieser Zeit den Vertrag kündigen. Die Kündigung bedarf zu ihrer Wirksamkeit der Schriftform. § 6 Abs. 7 VOB/B ist auch dann anwendbar, wenn ein Auftragnehmer vor der Unterbrechung der Bauausführung mit seiner Arbeit auf der Baustelle **noch nicht begonnen hat.**[163] Die Kündigung nach § 6 Abs. 7 VOB/B kann **vor Ablauf der Dreimonatsfrist erklärt werden**, wenn mit Sicherheit feststeht, dass die Unterbrechung **länger als drei Monate dauern wird**.[164]

Gem. § 6 Abs. 7 S. 2 Hs. 1 VOB/B regelt sich die Abrechnung nach § 6 Abs. 5 VOB/B. 191 Auf die Ausführungen unter Rdn 187 f. wird verwiesen. Zusätzlich kann der Auftragnehmer – anders als im Rahmen von § 6 Abs. 5 VOB/B – eine Bezahlung derjenigen Leistungen verlangen, die er infolge der Unterbrechung erbracht hat. Hierzu gehören insbesondere die Tätigkeiten nach § 6 Abs. 3 VOB/B (insbesondere **Sicherungsmaßnahmen**).[165]

Zusätzlich hat jede Vertragspartei gem. § 6 Abs. 7 S. 2 Hs. 1 VOB/B einen **Schadenser- 192 satzanspruch nach § 6 Abs. 6 VOB/B**, wenn die hindernden Umstände von der anderen Vertragspartei zu vertreten sind. Auf die Ausführungen unter A. II. 7. wird verwiesen (siehe Rdn 168).

160 Kapellmann/Messerschmidt/*Markus*, § 6 VOB/B Rn 46; Kapellmann/Messerschmidt/*Lederer*, § 8 VOB/B Rn 28, 29, 51, 52–55 mit Nachweisen zur Rspr.
161 Ingenstau/Korbion/Leupertz/von Wietersheim/*Döring*, § 6 Abs. 5 VOB/B Rn 14.
162 Kapellmann/Messerschmidt/*Markus*, § 6 VOB/B Rn 45; Ingenstau/Korbion/Leupertz/von Wietersheim/*Döring*, § 6 Abs. 5 VOB/B Rn 16.
163 BGH v. 13.5.2004 – VII ZR 363/02 – BauR 2004, 1285.
164 BGH v. 13.5.2004 – VII ZR 363/02 – BauR 2004, 1285.
165 Ingenstau/Korbion/Leupertz/von Wietersheim/*Döring*, § 6 Abs. 7 VOB/B Rn 11.

193 Wenn der Auftragnehmer die Unterbrechung nicht zu vertreten hat, dann hat er gem. § 6 Abs. 7 S. 2 Hs. 2 VOB/B einen Anspruch auf **Vergütung der Kosten für die Baustellenräumung**, soweit diese nicht in der Vergütung für die bereits ausgeführten Leistungen enthalten sind.

10. Rechtliche Folgen bei Unterlassung von Behinderungsanzeigen

194 Sofern der Auftragnehmer eine bestehende Behinderung dem Auftraggeber **nicht angezeigt** hat und die hindernden Umstände und deren hindernde Wirkung auf den Bauablauf dem Auftraggeber auch nicht offenkundig bekannt waren, hat der Auftragnehmer beim VOB/B-Bauvertrag weder Vergütungsansprüche nach § 2 Abs. 5 bzw. § 2 Abs. 6 VOB/B, noch einen Schadensersatzanspruch nach § 6 Abs. 6 S. 1 VOB/B, noch einen Entschädigungsanspruch nach § 642 BGB. Der Auftragnehmer gerät aber – auch bei **fehlender Behinderungsanzeige** – nicht in **Leistungsverzug.**[166]

III. Vertragsstrafe

195 In Bauverträgen werden typischerweise Vertragsstrafen bzw. Pönalen für Fristüberschreitungen vereinbart. Regelungen zur Vertragsstrafe sind in § 309 Nr. 6 BGB, §§ 339–345 BGB, § 8 Abs. 7 VOB/B und § 11 VOB/B enthalten. Weder nach dem Gesetz noch nach der VOB/B kann eine Vertragspartei automatisch eine Vertragsstrafe geltend machen. Die im Gesetz und in der VOB/B enthaltenen Regelungen setzen vielmehr voraus, dass eine Vertragsstrafe **vertraglich vereinbart wurde**.

1. Vertragsstrafengrundlagen nach §§ 339–345 BGB

196 Wenn der Auftragnehmer dem Auftraggeber eine Vertragsstrafe für den Fall nicht fristgerechter Ausführung der Bauleistung versprochen hat, dann ist die Vertragsstrafe verwirkt, wenn der Auftragnehmer in Schuldnerverzug gerät (§ 339 S. 1 BGB). Auf die Ausführungen unter Rdn 1 wird verwiesen.

197 Der Verzug endet mit der **Fertigstellung der Leistung**[167] oder mit Rücktritt des Auftraggebers vom Vertrag bzw. Kündigung des Vertrages nach § 8 VOB/B (§ 8 Abs. 7 VOB/B), da hierdurch die Leistungspflichten für die Zukunft entfallen und **nicht** – wie vom Auftraggeber oft gedacht – **mit der Abnahme**.

198 Der Auftraggeber kann die Vertragsstrafe als **Mindestbetrag des Verzugsschadens** verlangen, die Geltendmachung eines darüber hinaus gehenden Schadens ist möglich (§§ 340 Abs. 2, 341 Abs. 2 BGB), auf diesen ist die **Vertragsstrafe anzurechnen**.

166 BGH v. 14.1.1999 – VII ZR 73/98 – BauR 1999, 645, 648 = NJW 1999, 1108, 1110.
167 BGH v. 14.1.1999 – VII ZR 73/98 – BauR 1999, 645, 648 = NJW 1999, 1108, 1110.

2. Vertragsstrafengrundlagen nach § 11 VOB/B

Auch in einem VOB/B-Bauvertrag gelten im Falle einer Vertragsstrafenvereinbarung grundsätzlich die Regelungen der §§ 339–345 BGB (§ 11 Abs. 1 VOB/B) (siehe Rdn 196). 199

§ 11 Abs. 3 VOB/B enthält eine besondere Regel für die Berechnung der Vertragsstrafe wegen Frist- bzw. Terminüberschreitung. Wenn die Vertragsstrafe nach Tagen bemessen ist, dann zählen nur Werktage. Wenn die Vertragsstrafe nach Wochen bemessen ist, dann wird jeder Werktag angefangener Wochen als 1/6 Woche gerechnet. 200

3. Festlegung von Fristen bzw. Terminen zur Bewehrung mit einer Vertragsstrafe

Voraussetzung für einen automatischen Verzugseintritt ist, dass es sich bei der überschrittenen Frist um eine **verbindlich vereinbarte Vertragsfrist** gem. § 286 Abs. 2 Nr. 1 und 2 BGB und § 5 Abs. 1 S. 1 VOB/B handelt.[168] Das bedeutet, dass in einem Bauzeitenplan enthaltene Einzelfristen nur dann Grundlage einer Vertragsstrafenvereinbarung sein können, wenn dies im Bauvertrag ausdrücklich vereinbart ist (siehe hierzu ausführlich unter Rdn 5 ff.). 201

Vertragsstrafenklauseln in Bauverträgen sind in der Regel Allgemeine Geschäftsbedingungen, die daher auch AGB-widrig sein können und es auch häufig sind. Nach dem BGH werden Vertragsstrafenklauseln betreffend Zwischen- und Endtermine AGB-technisch getrennt beurteilt, d.h. jeweils einer eigenen Inhaltskontrolle unterzogen.[169]

4. Vertragsstrafe für „dynamische" Termine (terminneutrale Vertragsstrafe)

Die Vertragsfrist bzw. der Vertragstermin selbst muss zwar kalendermäßig bestimmt oder bestimmbar sein, **die kalendermäßige Bezeichnung muss aber nicht zwingend auch in die Vertragsstrafenklausel aufgenommen werden**. Es ist möglich, die Vertragsstrafenklausel „**terminneutral**" zu formulieren, etwa in der Art, dass das Strafversprechen an einen bestimmten – in einer anderen Vertragsklausel eindeutig definierten – Termin (z.B. Fertigstellungstermin) gekoppelt wird, ohne dass die kalendermäßige Bezeichnung des Termins in die Vertragsstrafenklausel übernommen wird. Auch dies stellt eine wirksame Vertragsstrafenvereinbarung dar.[170] 202

5. Geltung der Vertragsstrafe bei angepassten Fristen bzw. Terminen

Es gibt zwei Wege, auf denen vertraglich vereinbarte Fristen bzw. Termine nachträglich angepasst werden können: 203

- durch vertragliche Vereinbarung neuer Fristen bzw. Termine,
- durch Frist-/Terminanpassung nach § 6 Abs. 2, 4 VOB/B.

168 BGH v. 13.12.2001 – VII ZR 432/00 – BauR 2002, 782.
169 BGH v. 27.11.2013 – VII ZR 371/12 – IBR 2014, 70.
170 BGH v. 30.3.2006 – VII ZR 44/05 – BauR 2006, 1128, 1129.

204 Die ursprünglich vereinbarte Vertragsstrafe, die sich auf die ursprünglich vereinbarten Fristen bzw. Termine bezieht, gilt bei einer späteren Vereinbarung neuer Fristen bzw. Termine nicht automatisch auch für diese, sondern nur dann, wenn die Vertragsparteien dies vereinbaren.[171] Dies ist bei der voran geführten „terminneutralen“ Vertragsstrafenregelung nicht erforderlich.

6. Wegfall der Vertragsstrafe

205 Es gibt mehrere Gründe, aus denen eine Vertragsstrafe wegfallen kann:

- Wegfall des Vertragsstrafenversprechens wegen **Neuordnung der Termine**,[172]
- Wegfall einer bereits verwirkten Vertragsstrafe wegen **späterer Vereinbarung** neuer Fristen/Termine,
- Wegfall einer verwirkten Vertragsstrafe wegen **fehlenden Vorbehalts** bei der Abnahme.

206 Ob eine erhebliche Verzögerung der Bauausführung mit dem Zwang zur **völligen Neuordnung** des Terminplans durch den Auftragnehmer vorliegt, unterliegt der Wertung im Einzelfall.[173] Die **Darlegungs- und Beweislast** hierfür trifft den Auftragnehmer.[174] Ein Wegfall des Vertragsstrafenversprechens erfolgt nicht, wenn der Auftragnehmer bei Vertragsabschluss – insbesondere aufgrund von Hinweisen des Auftraggebers – mit Verzögerungen rechnen und sich hierauf einrichten musste.[175]

207 Eine vom Auftragnehmer verwirkte Vertragsstrafe entfällt, wenn der Auftraggeber die Bauleistung abnimmt, ohne sich die Vertragsstrafe vorzubehalten. Das gilt sowohl für den BGB-Bauvertrag (§ 341 Abs. 3 BGB) als auch für den VOB/B-Bauvertrag (§ 11 Abs. 4 VOB/B).

208 Der Vorbehalt ist eine **empfangsbedürftige Willenserklärung**. Er muss **bei der Abnahme** der Bauleistung – d.h. zusammen mit der Abnahmeerklärung – erklärt werden, eine Vorbehaltserklärung vor oder nach der Abnahme ist grundsätzlich nicht ausreichend,[176] es sei denn, die Parteien haben wirksam etwas Abweichendes geregelt. Der Vorbehalt muss

171 OLG Celle v. 21.9.2004 – 16 U 111/04 – BauR 2006, 1478; OLG Dresden v. 13.12.2006 – 6 U 946/06 – IBR 2009, 574; OLG Naumburg v. 30.7.2021 – 2 U 41/19 – IBR 2022, 118 für Terminverlängerung infolge eines zwischenzeitlichen Baustopps; abweichend OLG Schleswig v. 3.11.2017 – 1 U 1/16 – IBR 2019, 10 wg. Annahme, dass keine Neuordnung des Bauablaufs erforderlich wurde.

172 BGH v. 14.1.1999 – VII ZR 73/98 – BauR 1999, 645, 647; OLG Celle v. 13.7.2005 – 7 U 17/05 – BauR 2005, 1780, 1781; OLG Dresden v. 13.12.2006 – 6 U 946/06 – rechtskräftig durch BGH v. 4.6.2009 – VII ZR 11/07 (Nichtzulassungsbeschwerde zurückgewiesen) – IBR 2009, 574.

173 Beispielsfälle bei BGH v. 13.1.1966 – VII ZR 262/63 – NJW 1966, 971; BGH v. 14.1.1993 – VII ZR 185/91 – BauR 1993, 600, 601.

174 BGH v. 14.1.1999 – VII ZR 73/98 – BauR 1999, 645, 647.

175 BGH v. 9.11.1972 – VII ZR 137/71 – BauR 1973, 48.

176 BGH v. 25.1.1973 – VII ZR 149/72 – BauR 1973, 192, 193; *Grüneberg*, BGB, 82. Aufl., § 341 BGB Rn 3.

- bei einer förmlichen Abnahme (§ 12 Abs. 4 VOB/B) in das Abnahmeprotokoll aufgenommen werden,[177] was durch eine entsprechende Klausel in einem formularmäßig vorbereiteten Abnahmeprotokoll geschehen kann;[178]
- bei einer ausdrücklichen, aber formlosen Abnahme (§ 640 Abs. 2 S. 1 BGB, § 12 Abs. 1 VOB/B) zusammen mit der Abnahmeerklärung erklärt werden, was auch mündlich geschehen kann, aus Beweisgründen aber schriftlich geschehen sollte;
- bei einer konkludenten Abnahme zeitnah zu den Ereignissen, aus denen sich die schlüssige Abnahme ergibt (z.B. Benutzung des Bauobjekts, Bezahlung der Schlussrechnung) erklärt werden;
- bei einer fiktiven Abnahme nach § 640 Abs. 2 S. 1 BGB innerhalb der vom Auftragnehmer gesetzten angemessenen Abnahmefrist erklärt werden,[179]
- bei einer fiktiven Abnahme nach § 12 Abs. 5 VOB/B spätestens zu den in § 12 Abs. 5 Nr. 1 und 2 VOB/B bezeichneten Zeitpunkten erklärt werden (§ 12 Abs. 5 Nr. 3 VOB/B).

Bei einer **Abnahmeverweigerung** – sei sie berechtigt oder nicht – braucht der Auftrag- 209
geber nach herrschender Meinung keinen Vertragsstrafenvorbehalt zu erklären.[180] Gleiches gilt, wenn der Besteller die fiktive Abnahme nach § 640 Abs. 2 S.1 BGB durch die Anmeldung nur eines Mangels verhindert.

Wenn der Bauvertrag gekündigt und die offenstehende Restleistung von einer Drittfirma 210
fertig gestellt wird, dann muss, wenn der bis zur Kündigung erbrachte Leistungsteil nach § 8 Abs. 6 VOB/B gegenüber dem bisherigen Auftragnehmer auf dessen Verlangen abgenommen wird, bei dieser Abnahme ein Vertragsstrafenvorbehalt erklärt werden. Wenn keine Abnahme nach § 8 Abs. 6 VOB/B stattfindet, dann muss bei der Abnahme der von der Drittfirma fertig gestellten Gesamtleistung zur Erhaltung einer vom ersten Auftragnehmer geschuldeten Vertragsstrafe kein Vorbehalt erklärt werden.[181]

Der Vorbehalt kann durch den Auftraggeber oder seinen Bevollmächtigten erklärt wer- 211
den. Der die Bauüberwachung ausübende Architekt bzw. Ingenieur besitzt **keine „originäre“ Vollmacht** zur Erklärung des Vorbehalts.[182]

7. Vertragsstrafe und Allgemeine Geschäftsbedingungen

Grundsätzlich kann eine Vertragsstrafe nicht nur durch Individualvereinbarung, sondern 212
auch durch Allgemeine Geschäftsbedingungen (Formularklauseln) vereinbart werden.[183] Für den im Baurecht praktisch wichtigsten Fall einer Vertragsstrafe wegen Überschrei-

177 BGH v. 25.1.1973 – VII ZR 149/72 – BauR 1973, 192, 193; OLG Brandenburg v. 20.5.1999 – 12 U 131/98 – rechtskräftig durch BGH v. 6.4.2000 – VII ZR 240/99 (Revision nicht angenommen) – IBR 2000, 596.
178 BGH v. 25.9.1986 – VII ZR 276/84 – BauR 1987, 92, 93.
179 *Messerschmidt/Voit*, § 640 BGB Rn 204.
180 BGH v. 20.2.1997 – VII ZR 288/94 – BauR 1997, 640.
181 BGH v. 9.4.1981 – VII ZR 192/80 – BauR 1981, 373.
182 *Werner*/Pastor, 18. Aufl., Rn 1288 mit Nachweisen zur Rechtsprechung.
183 BGH v. 16.7.1998 – VII ZR 9/97 – BauR 1998, 1094, 1095.

tung von Ausführungsfristen wird von der Rechtsprechung jedoch verlangt, dass das Vertragsstrafenversprechen

- verschuldens- und verzugsabhängig formuliert ist,
- angemessene Tagessätze enthält (bis 0,3 %, jedoch nicht bei Kalendertagen, dann nur bis 0,2 %),
- eine angemessene Obergrenze für die Vertragsstrafe enthält (bis 5 %[184]),
- eine unangemessene Anhäufung von Vertragsstrafen für Zwischenfristen ausschließt (Kumulierungsverbot),
- eine unbeschränkte Geltendmachung von Vertragsstrafe und Schadensersatz nebeneinander ausschließt,
- das Erfordernis des Strafvorbehalts nicht ausschließt oder zeitlich unangemessen verlagert.

213 In der BGH-Rechtsprechung wurden bislang folgende Tagessätze für zulässig erachtet:

- 0,1–0,3 % pro **Werktag** (= 0,12–0,36 % pro Arbeitstag bzw. 0,08–0,24 % pro Kalendertag),[185]
- 0,3 % pro **Arbeitstag** (= 0,25 % pro Werktag bzw. 0,21 % pro Kalendertag),[186]
- 0,2 % pro **Kalendertag** (= 0,28 % pro Arbeitstag bzw. 0,23 % pro Werktag),[187]
- die vorstehenden Tagessätze dürfen sich für Zwischenfristen nur auf die anteilige Auftragssumme beziehen, die sich bezogen auf die pönalisierte Zwischenfrist ergibt.[188]

214 Bei der Überschreitung mehrerer Fristen können die vorstehenden Sätze überschritten werden, weshalb ein **Kumulierungsverbot** zu regeln ist.

215 Eine Klausel, wonach die für die Überschreitung der Vertragstermine vereinbarte Vertragsstrafe im Falle der Vereinbarung neuer Termine auch für diese gelten soll (**Vorratsklausel**), ist wegen Verstoßes gegen das Transparenzgebot (§ 307 Abs. 1 S. 2 BGB) wohl unwirksam.[189] Man sollte daher auf eine terminneutrale Vertragsstrafenregelung umschwenken.

216 Eine Klausel, wonach der Auftraggeber – abweichend von § 341 Abs. 3 BGB, § 11 Abs. 4 VOB/B – die Vertragsstrafe auch geltend machen kann, wenn er **bei der Abnahme keinen Vorbehalt gemacht hat**, hält einer AGB-rechtlichen Inhaltskontrolle nicht stand.[190] Als wirksam wird allerdings eine Klausel angesehen, wonach der Auftraggeber die Vertragsstrafe **noch bis zur Schlusszahlung geltend machen kann**.[191]

184 BGH v. 23.1.2003 – VII ZR 210/01 – BauR 2003, 870.
185 BGH v. 25.9.1986 – VII ZR 276/84 – BauR 1987, 92; BGH v. 6.12.2007 – VII ZR 28/07 – BauR 2008, 508, 509.
186 BGH v. 1.4.1976 – VII ZR 122/74 – BauR 1976, 279.
187 BGH v. 18.1.2001 – VII ZR 238/00 – BauR 2001, 791, 793.
188 Nicht ganz klar: BGH v. 6.12.2012 – VII ZR 133/11 – IBR 2013, 69, sicher nach OLG Karlsruhe v. 21.12.2018 – 8 U 55/17 – IBR 2019, 185.
189 Kapellmann/Messerschmidt/*Schneider*, § 11 VOB/B Rn 94.
190 BGH v. 18.11.1982 – VII ZR 305/81 – BauR 1983, 80, 82; OLG Celle v. 4.1.2007 – 13 U 244/05 – rechtskräftig durch BGH v. 27.9.2007 – VII ZR 23/07 – IBR 2008, 427.
191 BGH v. 23.1.2003 – VII ZR 210/01 – BauR 2003, 870, 874.

B. Muster

I. Checkliste: Voraussetzungen für Inverzugsetzung bei Schuldnerverzug nach BGB

1. **Allgemeine Voraussetzungen** 217
   a) Leistungsverpflichtung des Auftragnehmers
   b) Fälligkeit der Leistung und einredefrei
      aa) Vereinbarung einer Vertragsfrist
         (1) Vertragsfrist als datumsmäßig bestimmte Frist (§ 271 Abs. 1 i.V.m. § 286 Abs. 2 Nr. 1 BGB)
         (2) Vertragsfrist als bestimmbare Frist (berechenbar), da aus den Umständen zu entnehmen (§ 271 Abs. 1 i.V.m. § 286 Abs. 2 Nr. 2 BGB)
      bb) Leistung sofort gem. § 271 BGB
   c) Mahnung oder Entfall bei aa) und bb) oder wegen ernsthafter und endgültiger Erfüllungsverweigerung
      aa) Anfangstermin kalendermäßig bestimmt → keine Mahnung erforderlich, aber als Steuerungsmittel trotzdem sinnvoll einzusetzen
      bb) Anfangstermin kalendermäßig bestimmt, aber es bestanden bereits vorhergehende Verzögerungen, die Einfluss auf den Anfangstermin haben, wobei vorhergehende Verzögerung stammt
         (1) aus dem Risikobereich des Auftraggebers
             → Anfangstermin nicht mehr kalendermäßig bestimmt, Mahnung erforderlich zur Begründung des Verzuges
         (2) nicht aus dem Risikobereich des Auftraggebers
             → Anfangstermin weiterhin beachtlich
      cc) Anfangstermin nicht kalendermäßig bestimmt
          → Mahnung nach Eintritt der Fälligkeit erforderlich
   d) Verschulden des Auftragnehmers bezogen auf die Fristüberschreitung
2. **Besondere Voraussetzungen**
   a) kein Mitwirkungsverzug des Auftraggebers
   b) kein Bauzeitverlängerungsanspruch des Auftragnehmers, der sich auf die Fälligkeit der Leistung auswirkt (siehe auch unter Nr. 1c))
      aa) Vollmacht des Adressaten: Schreiben muss an die Person gerichtet werden, die die Gegenseite bei der Abwicklung des Bauvorhabens rechtsgeschäftlich vertreten darf
      bb) dem Einsatz durch den Auftragnehmer für die Einhaltung der Fristen erforderliche, vom Auftraggeber zu erbringende Vorleistungen definieren
      cc) Inhaltliche Übereinstimmung des Detail- oder/und Rahmenterminplans mit Vertragsfristen, sonst ggf. Vertragswiderspruch, der erst aufzulösen ist

3. Rechtsfolgen

- § 280 Abs. 1, Abs. 2 i.V.m. § 286 BGB, Ersatz des Verzögerungsschadens
- Geltendmachung der Vertragsstrafe als Mindestschaden ohne Darlegung und Substantiierung
- § 323 BGB Rücktritt wegen nicht erbrachter Leistung
- Ggf. § 648a BGB Vertragskündigung aus wichtigem Grund

II. Muster: Voraussetzungen für Inverzugsetzung bei Schuldnerverzug nach BGB

1. Muster: Vertragsfristvereinbarung im Bauvertrag (AG-freundlich): Im Verhandlungsprotokoll oder den Besonderen Vertragsbedingungen

218 ▼

1. Vertragsfristen/-termine

a)

- Beginn der Arbeiten auf der Baustelle spätestens am
- unverzüglich nach Erteilung des Auftrages
- nach besonderer schriftlicher Aufforderung durch den Auftraggeber, die spätestens Werktage nach Auftragserteilung erfolgt.

Der AN hat spätestens innerhalb von Werktagen nach Aufforderung durch den AG mit der Ausführung der Arbeiten zu beginnen. Er hat den Beginn der Arbeiten dem AG unverzüglich schriftlich anzuzeigen.

Die gesamte Ausführungszeit beträgt Arbeitstage (***alternativ:** Werktage/Wochen/Monate*).

b) Folgende Zwischentermine sind Vertragstermine:

Nr.	Leistung	Zwischentermin
1		
2		
3		
4		

2. Per Vorbehalt der Festlegung bis zum Zuschlagsschreiben

Der Auftraggeber behält sich vor, im Auftragsschreiben den Beginn und das Ende der Ausführungsfristen und etwaiger Einzelfristen datumsmäßig festzulegen. Grundlage hierfür ist der den Angebotsaufforderungsunterlagen beigefügte Rahmenterminplan.

▲

2. Muster: Vertragsfristvereinbarung nach Abschluss des Bauvertrags

a) Durch beidseitige Vereinbarung

aa) Muster: Schreiben des Auftraggebers

▼ 219

Firma ___ (*Auftragnehmer*)

___, den ___ 3.2

Bauvorhaben: ___

Bauvertrag vom: ___

Hier: Vereinbarung von verbindlichen Ausführungsterminen (Vertragsfristen)

Sehr geehrte Damen und Herren,

wir nehmen Bezug auf den zwischen uns am ___ geschlossenen Bauvertrag, in dem gem. § ___ verbindliche Ausführungstermine (Vertragsfristen) innerhalb von ___ Woche(n) nach Vertragsschluss in einer gemeinsamen Besprechung vereinbart werden sollen.

Hiermit laden wir Sie am ___ in ___ um ___ Uhr zu der entsprechenden Unterredung ein. Sollten Sie nicht persönlich erscheinen, fordern wir Sie auf, sich durch einen Mitarbeiter mit entsprechenden Vollmachten vertreten zu lassen. Zur Vorbereitung der Besprechung unterbreiten wir folgenden Vorschlag:

Art der Frist	Baumaßnahme (*Im Folgenden Definition der maßgeblichen Arbeiten*)	Termin
Baubeginn:	Baustelleneinrichtung	3.2.2023
Zwischenfristen:	Fertigstellung Baugrube	10.2.2023
	Fertigstellung Rohbau 2. OG	28.2.2023
	Fertigstellung Rohbau 3. OG	5.3.2023
Gesamtfertigstellungstermin:	Außenanlagen + Zuwegung	25.6.2023

Die vorgenannten Termine werden Vertragsbestandteil. Der bestehende Vertrag bleibt im Übrigen unberührt.

Mit freundlichen Grüßen

(*Unterschrift*) (*Auftraggeber*)

▲

bb) Muster: Schreiben des Auftragnehmers

Der Auftragnehmer kann hierzu nicht gezwungen werden. Daher sollten die Fristen besser bereits im Vertrag vereinbart sein oder einseitige Leistungsbestimmungsrechte des AG geregelt werden. 220

221 ▼

3.3

Firma (*Auftraggeber*)

, den

Bauvorhaben:

Bauvertrag vom:

Hier: Bestätigung von Vertragsfristen

Sehr geehrte Damen und Herren,

wir nehmen Bezug auf die am geführte Besprechung/Ihr Schreiben vom und bestätigen hiermit die dabei festgelegten Vertragsfristen wie folgt:

Art der Frist	Baumaßnahme (*Im Folgenden Definition der maßgeblichen Arbeiten*)	Termin
Baubeginn:	Baustelleneinrichtung	3.2.2023
Zwischenfristen:	Fertigstellung Baugrube	10.2.2023
	Fertigstellung Rohbau 2. OG	28.2.2023
	Fertigstellung Rohbau 3. OG	5.3.2023
Gesamtfertigstellungstermin:	Außenanlagen + Zuwegung	25.6.2023

Die vorgenannten Fristen und Termine werden Vertragsbestandteil. Das vertraglich vereinbarte Vertragsstrafeversprechen gilt für diese Fristen und Termine. Der Vertrag bleibt im Übrigen unberührt.

Mit freundlichen Grüßen

(*Unterschrift*) (*Auftragnehmer*)

▲

b) Muster: Durch einseitige Bestimmung des Auftraggebers gem. § 315 BGB

222 ▼

3.4

1. Vorbehalt im Vertrag

Der Auftraggeber behält sich vor, nach Vertragsabschluss Vertragstermine einseitig im Rahmen des Vertrages nach billigem Ermessen (§ 315 BGB) festzulegen. Grundlage hierfür sind der Rahmenvertrag, die vom Auftragnehmer angegeben Kapazitäten und die dem Auftragnehmer bekannten Notwendigkeiten, die sich aus dem Bauvorhaben ergeben.

2. Festlegung nach Vertragsabschluss

Firma (*Auftragnehmer*)

, den

Bauvorhaben:

Bauvertrag vom:

Hier: Vereinbarung von verbindlichen Ausführungsterminen (Vertragsfristen)

Sehr geehrte Damen und Herren,

wir nehmen Bezug auf den zwischen uns am geschlossenen Bauvertrag, in dem gem. § verbindliche Ausführungstermine (Vertragsfristen) nach Vertragsschluss von uns einseitig festgelegt werden können. Wir legen insofern folgende Termine als Vertragsfristen fest:

Art der Frist	Baumaßnahme (*Im Folgenden Definition der maßgeblichen Arbeiten*)	Termin
Baubeginn:	Baustelleneinrichtung	3.2.2023
Zwischenfristen:	Fertigstellung Baugrube	10.2.2023
	Fertigstellung Rohbau 2. OG	28.2.2023
	Fertigstellung Rohbau 3. OG	5.3.2023
Gesamtfertigstellungstermin:	Außenanlagen + Zuwegung	25.6.2023

Die vorgenannten Fristen und Termine werden damit Vertragsbestandteil. Das vertraglich vereinbarte Vertragsstrafeversprechen gilt für diese Fristen und Termine. Der Vertrag bleibt im Übrigen unberührt.

Mit freundlichen Grüßen

(*Unterschrift*) (*Auftraggeber*)

▲

3. Muster: Inverzugsetzung

a) Muster: Inverzugsetzung bei Anfangstermin

▼ 223

Firma (*Auftragnehmer*)

, den 3.5

Bauvorhaben:

Bauvertrag vom:

Hier: Fristsetzung zum Beginn der Ausführung

Sehr geehrte Damen und Herren,

als Ausführungsbeginn für Ihre Leistungen wurde der bindend vertraglich vereinbart. Dieser Termin ist zwischenzeitlich verstrichen. Die Baustelle steht Ihnen vertragsgemäß zur Verfügung. Dennoch haben Sie mit der Ausführung Ihrer vertraglich geschuldeten Leistungen bis heute nicht begonnen und befinden sich insoweit im Verzug.

Wir fordern Sie hiermit auf, unverzüglich, spätestens jedoch bis zum , mit der Ausführung Ihrer vertraglich geschuldeten Leistungen zu beginnen. Sämtliche Ansprüche unsererseits aus der Verzögerung (Vertragsstrafe, Schadenersatz, Rücktritt etc.) bleiben vorbehalten.

Mit freundlichen Grüßen

(*Unterschrift*) (*Auftraggeber*)

▲

b) Muster: Inverzugsetzung bei Zwischentermin

224 ▼

3.6

Firma (*Auftragnehmer*)

, den

Bauvorhaben:

Bauvertrag vom:

Hier: Fristsetzung zur Fertigstellung des Leistungsteils

Sehr geehrte Damen und Herren,

als Zwischentermin für den Leistungsteil wurde der bindend vertraglich vereinbart. Diesen Termin haben Sie schuldhaft überschritten und befinden sich im Verzug.

Wir fordern Sie hiermit auf, unverzüglich, spätestens jedoch bis zum , den oben genannten Leistungsteil fertig zu stellen. Sämtliche Ansprüche unsererseits, insbesondere Schadensersatzforderungen, Rücktritt etc., bleiben vorbehalten.

Mit freundlichen Grüßen

(*Unterschrift*) (*Auftraggeber*)

▲

c) Muster: Inverzugsetzung bei Zwischentermin mit Mängelbeseitigung

225 ▼

3.7

Firma (*Auftragnehmer*)

, den

Bauvorhaben:

Bauvertrag vom:

Hier: Fristsetzung zur Mangelbeseitigung und zur Fertigstellung des Leistungsteils

Sehr geehrte Damen und Herren,

wie wir vor Ort (***alternativ:*** *anhand der Pläne*) festgestellt haben, sind folgende Leistungen nicht vertragsgemäß:

Unabhängig hiervon wurde als Zwischentermin für den Leistungsteil der bindend vertraglich vereinbart. Diesen Termin haben Sie schuldhaft überschritten und befinden sich im Verzug.

Wir fordern Sie hiermit auf, unverzüglich, spätestens jedoch bis zum , die genannten Mängel zu beseitigen und den gesamten Leistungsteil innerhalb dieser Frist fertig zu stellen. Sämtliche Ansprüche unsererseits, insbesondere Schadensersatzforderungen, Rücktritt etc., bleiben vorbehalten.

Mit freundlichen Grüßen

(*Unterschrift*) (*Auftraggeber*)

▲

d) Muster: Inverzugsetzung bei Fertigstellungstermin

▼ 226

Firma (*Auftragnehmer*)

, den 3.8

Bauvorhaben:

Bauvertrag vom:

Hier: Fristsetzung zur Gesamtfertigstellung der Leistung

Sehr geehrte Damen und Herren,

als Gesamtfertigstellungstermin für Ihre Leistungen wurde der bindend vertraglich vereinbart. Dennoch haben Sie Ihre vertraglich geschuldeten Leistungen bis heute nicht fertig gestellt und befinden sich insoweit im Verzug.

Wir fordern Sie hiermit auf, unverzüglich, spätestens jedoch bis zum , Ihre vertraglich geschuldeten Leistungen fertig zu stellen. Sämtliche Ansprüche unsererseits aus der Verzögerung (Vertragsstrafe, Schadenersatz, Rücktritt etc.) bleiben vorbehalten.

Mit freundlichen Grüßen

(*Unterschrift*) (*Auftraggeber*)

▲

III. Checkliste: Voraussetzungen für Inverzugsetzung bei Schuldnerverzug nach VOB/B

1. **Allgemeine Voraussetzungen** 227
   a) Leistungsverpflichtung des Auftragnehmers
   b) Fälligkeit der Leistung und einredefrei
      aa) Vereinbarung einer Vertragsfrist gem. § 5 Abs. 1 VOB/B
      kein Beginntermin, dann Beginn 12 Werktage nach der Aufforderung des Auftraggebers
      bb) gem. Vertrag
   c) Verschulden des Auftragnehmers bezogen auf die Fristüberschreitung
2. **Besondere Voraussetzungen**
   a) kein Mitwirkungsverzug des Auftraggebers
   b) kein Bauzeitverlängerungsanspruch des Auftragnehmers, der sich auf die Fälligkeit der Leistung auswirkt
   c) Vollmacht des Adressaten: Schreiben muss an die Person gerichtet werden, die die Gegenseite bei der Abwicklung des Bauvorhabens rechtsgeschäftlich vertreten darf

d) dem Einsatz durch den Auftragnehmer für die Einhaltung der Fristen erforderliche, vom Auftraggeber zu erbringende Vorleistungen definieren
e) Inhaltliche Übereinstimmung des Detail- oder/und Rahmenterminplans mit Vertragsfristen, sonst ggf. Vertragswiderspruch, der erst aufzulösen ist

3. **Rechtsfolgen**
a) Konkrete Eingriffsbefugnis des Auftraggebers in den Betriebsablauf des Auftragnehmers durch Aufforderung, den Einsatz zu verstärken gem. § 5 Abs. 3 VOB/B
b) Schadensersatz nach § 5 Abs. 4 i.V.m. § 6 Abs. 6 VOB/B
c) Kündigungsandrohung gem. § 5 Abs. 4 VOB/B nach Fristsetzung mit Kündigungsandrohung
d) Kündigung gem. § 5 Abs. 4 VOB/B i.V.m. § 8 Abs. 3 VOB/B für Teile der Leistung, die in sich abgeschlossen sind, oder für den Gesamtauftrag nach fruchtlosem Verstreichen der Frist

IV. Muster: Voraussetzungen für Inverzugsetzung bei Schuldnerverzug nach VOB/B

1. Muster: Abruf der Leistungen durch den Auftraggeber nach § 5 Abs. 2 VOB/B

228 ▼

Firma   (*Auftragnehmer*)

3.9

     , den

Bauvorhaben:

Bauvertrag vom:

Hier: Abruf der Leistung und Verlangen nach Beginn der Ausführung gem. § 5 Abs. 2 S. 2 VOB/B

Sehr geehrte Damen und Herren,

wir rufen hiermit Ihre vertraglich geschuldeten Leistungen ab und fordern Sie auf, innerhalb von   Werktagen mit der Ausführung der Leistungen zu beginnen.

Der Ausführungsbeginn ist uns schriftlich anzuzeigen und im Bautagebuch zu vermerken.

Mit freundlichen Grüßen

(*Unterschrift*) (*Auftraggeber*)

▲

a) Muster: Mitteilung des voraussichtlichen Leistungsbeginns

229 ▼

Firma   (*Auftragnehmer*)

3.10

     , den

Bauvorhaben:

Bauvertrag vom:

Hier: Mitteilung des voraussichtlichen Ausführungsbeginns gem. § 5 Abs. 2 S. 1 VOB/B

Sehr geehrte Damen und Herren,

Sie haben mit Schreiben vom … Auskunft über den voraussichtlichen Ausführungsbeginn verlangt. Wir teilen Ihnen hierzu mit, dass der voraussichtliche Ausführungsbeginn am … in der … KW … sein wird. Sollte für uns absehbar sein, dass der benannte Termin nicht eingehalten werden kann, werden wir Ihnen dieses ungefragt mitteilen.

Mit freundlichen Grüßen

(*Unterschrift*) (*Auftraggeber*)

▲

b) Muster: Abhilfeverlangen nach § 5 Abs. 3 VOB/B

▼ 230

Firma … (*Auftragnehmer*)

…, den … 3.11

Bauvorhaben: …

Bauvertrag vom: …

Hier: Abhilfeverlangen gem. § 5 Abs. 3 VOB/B wegen unzureichenden Einsatzes von Arbeitsmitteln

Sehr geehrte Damen und Herren,

wir haben am … folgenden Bautenstand festgestellt:

….

Sie haben nur … (*Arbeitskräfte/Geräte/Gerüste/Stoffe/Bauteile eingesetzt/entgegen dem Kapazitäts- und Einsatzplan/Terminplan*) eingesetzt.

Damit sind folgende Vertragsfristen gefährdet:

….

Wir fordern Sie hiermit auf, unverzüglich, spätestens jedoch bis zum … Abhilfe zu schaffen und Ihre Arbeitsmittel so zu verstärken, dass der vorgesehene Bauablauf und die vereinbarten Ausführungsfristen eingehalten werden können. Eine vergütungspflichtige Beschleunigungsanordnung ist damit ausdrücklich nicht verbunden.

Mit freundlichen Grüßen

(*Unterschrift*) (*Auftraggeber*)

▲

c) Muster: Inverzugsetzung nach § 5 Abs. 4 VOB/B

aa) Muster: Inverzugsetzung betreffend den Ausführungsbeginn gem. § 5 Abs. 2 VOB/B

▼ 231

Firma … (*Auftragnehmer*)

…, den … 3.12

Bauvorhaben: …

Bauvertrag vom: …

Hier: Fristsetzung zum Beginn der Ausführung gem. § 5 Abs. 4 VOB/B mit Kündigungsandrohung

Sehr geehrte Damen und Herren,

wir hatten in unserem Schreiben vom … Ihre vertraglich geschuldeten Leistungen abgerufen und Sie aufgefordert, innerhalb von … Werktagen mit der Ausführung der Leistungen zu beginnen. Obwohl diese Frist inzwischen abgelaufen ist, haben Sie mit der Ausführung Ihrer Leistungen nicht begonnen.

Wir fordern Sie hiermit auf, unverzüglich, spätestens jedoch bis zum … mit der Ausführung Ihrer vertraglich geschuldeten Leistungen zu beginnen. Sollten Sie die gesetzte Frist ergebnislos verstreichen lassen, werden wir Ihnen den Auftrag entziehen. Sämtliche Ansprüche unsererseits, insbesondere Schadensersatzforderungen, bleiben vorbehalten.

Mit freundlichen Grüßen

(*Unterschrift*) (*Auftraggeber*)

▲

bb) Muster: Inverzugsetzung betreffend den Ausführungsbeginn gem. § 5 Abs. 1 VOB/B

232 ▼

3.13

Firma … (*Auftragnehmer*)

…, den …

Bauvorhaben: …

Bauvertrag vom: …

Hier: Fristsetzung zum Beginn der Ausführung gem. § 5 Abs. 4 VOB/B mit Kündigungsandrohung

Sehr geehrte Damen und Herren,

als Ausführungsbeginn für Ihre Leistungen wurde der … bindend vertraglich vereinbart. Obwohl diese Frist inzwischen abgelaufen ist, haben Sie mit der Ausführung Ihrer vertraglich geschuldeten Leistungen nicht begonnen und befinden sich insoweit im Verzug. Wir fordern Sie hiermit auf, unverzüglich, spätestens jedoch bis zum … mit der Ausführung Ihrer vertraglich geschuldeten Leistungen zu beginnen. Sollten Sie die gesetzte Frist ergebnislos verstreichen lassen, werden wir Ihnen den Auftrag entziehen. Sämtliche Ansprüche unsererseits, insbesondere Schadensersatzforderungen, bleiben vorbehalten.

Mit freundlichen Grüßen

(*Unterschrift*) (*Auftraggeber*)

▲

cc) Muster: Inverzugsetzung betreffend Zwischenfristen

▼ 233

Firma (*Auftragnehmer*)

, den 3.14

Bauvorhaben:

Bauvertrag vom:

Hier: Fristsetzung zur Fertigstellung von Leistungsteilen entsprechend § 5 Abs. 4 VOB/B

Sehr geehrte Damen und Herren,

als Zwischentermin für den Leistungsteil wurde der bindend vertraglich vereinbart. Diesen Termin haben Sie schuldhaft überschritten und befinden sich Verzug.

Wir fordern Sie hiermit auf, unverzüglich, spätestens jedoch bis zum den vertraglich geschuldeten Leistungsteil fertig zu stellen. Sollten Sie die gesetzte Frist ergebnislos verstreichen lassen, werden wir Ihnen den Auftrag entziehen. Sämtliche Ansprüche unsererseits, insbesondere Schadensersatzforderungen, bleiben vorbehalten.

(***ggf.:****Die Vertragsstrafe werden wir von der nächsten Zahlung in Abzug bringen.*)

Mit freundlichen Grüßen

(*Unterschrift*) (*Auftraggeber*)

▲

dd) Muster: Inverzugsetzung betreffend Endtermin

▼ 234

Firma (*Auftragnehmer*)

, den 3.15

Bauvorhaben:

Bauvertrag vom:

Hier: Fristsetzung zur Fertigstellung der Gesamtleistung gem. § 5 Abs. 4 VOB/B

Sehr geehrte Damen und Herren,

als Fertigstellungstermin für Ihre Leistungen wurde der bindend vertraglich vereinbart. Diesen Termin haben Sie schuldhaft überschritten und befinden sich im Verzug.

Wir fordern Sie hiermit auf, unverzüglich, spätestens jedoch bis zum Ihre vertraglich geschuldeten Leistungen fertig zu stellen. Sollten Sie die gesetzte Frist ergebnislos verstreichen lassen, werden wir Ihnen den Auftrag entziehen. Sämtliche Ansprüche unsererseits, insbesondere Schadensersatzforderungen, bleiben vorbehalten.

(***ggf.:*** *Die Vertragsstrafe werden wir von der nächsten Zahlung in Abzug bringen.*)

Mit freundlichen Grüßen

(*Unterschrift*) (*Auftraggeber*)

▲

ee) Muster: Inverzugsetzung bei unzureichendem Einsatz von Arbeitsmitteln und Versäumnis der Förderungspflicht gem. § 5 Abs. 3 VOB/B

235 ▼

3.16

Firma (*Auftragnehmer*)

, den

Bauvorhaben:

Bauvertrag vom:

Hier: Fristsetzung zur Abhilfe gem. § 5 Abs. 4 VOB/B wegen unzureichenden Einsatzes von Arbeitsmitteln

Sehr geehrte Damen und Herren,

wir hatten Sie mit unserem Schreiben vom auf den unzureichenden Bautenstand hingewiesen und Ihren unzureichenden Einsatz von Arbeitsmitteln gerügt. Wir hatten Sie unter Fristsetzung zur Schaffung von Abhilfe durch Verstärkung Ihrer Arbeitsmittel aufgefordert. Dem haben Sie nicht Folge geleistet.

Wir fordern Sie hiermit nochmals auf, unverzüglich, spätestens jedoch bis zum Ihre Arbeitsmittel so zu verstärken, dass der vorgesehene Bauablauf und die vereinbarten Ausführungsfristen eingehalten werden können. Sollten Sie die gesetzte Frist ergebnislos verstreichen lassen, werden wir Ihnen den Auftrag entziehen. Sämtliche Ansprüche unsererseits, insbesondere Schadensersatzforderungen, bleiben vorbehalten.

(***ggf.***: *Die Vertragsstrafe werden wir von der nächsten Zahlung in Abzug bringen.*)

Mit freundlichen Grüßen

(*Unterschrift*) (*Auftraggeber*)

▲

d) Muster: Kündigung nach § 5 Abs. 4 i.V.m. § 8 Abs. 3 VOB/B

236 ▼

3.17

Firma (*Auftragnehmer*)

, den

Bauvorhaben:

Bauvertrag vom:

Hier: Auftragsentziehung gem. § 5 Abs. 4 i.V.m. § 8 Abs. 3 VOB/B

Sehr geehrte Damen und Herren,

Sie sind unserer Aufforderung vom mit Fristsetzung und Androhung des Auftragsentzugs nicht nachgekommen. Wir **kündigen** hiermit den (*vorstehenden Bauvertrag/die Teilleistungen*) mit sofortiger Wirkung. Sämtliche Ansprüche unsererseits, insbesondere Schadensersatzforderungen, bleiben vorbehalten.

(***ggf.:*** *Wir fordern Sie auf, zur Weiterführung der Arbeiten gem. § 8 Abs. 3 Nr. 3 VOB/B folgende Geräte/Gerüste/Einrichtungen/Stoffe/Bauteile*

auf der Baustelle zu belassen. Sie erhalten hierfür von uns eine angemessene Vergütung, die wir Ihnen kurzfristig mitteilen.)

(***ggf.:*** *Wir erteilen Ihnen ab sofort Baustellenverbot.*[192] *Für die Nachbesserungsarbeiten, die wir noch verlangen werden, ist der Zutritt mit der Bauleitung mindestens 1 Arbeitstag vorher abzustimmen. Die Schlüssel sind spätestens bis zum … bei … abzugeben.*)

Mit freundlichen Grüßen

(*Unterschrift*) (*Auftraggeber*)

▲

2. Muster: Aufforderung zur Auskunft über den geplanten Einsatz

▼ 237

Firma … (*Auftragnehmer*)

…, den … 3.18

Bauvorhaben: …

Bauvertrag vom: …

Hier: Aufforderung zur Auskunft über geplanten Einsatz

Sehr geehrte Damen und Herren,

für den im Betreff genannten Bauabschnitt ist im Bauzeitenplan eine Bauzeit von … Tagen/Wochen vorgesehen.

Wir bitten um Mitteilung, welchen Einsatz von Arbeitskräften und Maschinen Sie für die Ausführung des Bauabschnitts planen.

Mit freundlichen Grüßen

(*Unterschrift*) (*Auftraggeber*)

▲

3. Muster: Beschleunigungsaufforderung gegen Vergütung gem. §2 Abs. 5 VOB/B

▼ 238

Firma … (*Auftragnehmer*)

…, den … 3.19

Bauvorhaben: …

Bauvertrag vom: …

Hier: Beschleunigungsaufforderung

Sehr geehrte Damen und Herren,

für den im Betreff genannten Bauabschnitt ist im Bauzeitenplan eine Bauzeit von … Tagen/Wochen vorgesehen. Es hat sich im Zuge der Bauausführung die Notwendigkeit ergeben, die Bauzeit für den Bauabschnitt um … Tage/Wochen zu verkürzen, und den Bauabschnitt bereits am … fertig zu stellen.

Wir fordern Sie auf, uns ein Angebot darüber zukommen zu lassen, wenn Sie Ihre Leistungen so beschleunigen, um den Bauabschnitt bis zum vorstehenden Termin fertig

192 Für die Mängelbeseitigung muss dem Auftragnehmer der Zutritt aber wieder gewährt werden.

zu stellen. Vor schriftlicher Anordnung der Beschleunigung ist mit den Maßnahmen zur Beschleunigung nicht zu beginnen. Sollten Sie von uns keine Reaktion auf Ihr Beschleunigungsangebot binnen ___ Werktagen nach Absendung erhalten, sind Ihre Leistungen nicht zu beschleunigen.

Mit freundlichen Grüßen

(*Unterschrift*) (*Auftraggeber*)

▲

4. Muster: Beschleunigungsaufforderung als Schadensminderung gem. § 6 Abs. 3 VOB/B, die zusätzlich zu vergüten ist

239 ▼

3.20

Firma ___ (*Auftragnehmer*)

___, den ___

Bauvorhaben: ___

Bauvertrag vom: ___

Hier: Beschleunigungsaufforderung zur Schadensminderung mit Kosten

Sehr geehrte Damen und Herren,

wir fordern Sie infolge der eingetretenen, aber nicht durch Sie verursachten Behinderungen auf, zur Schadensminderung Ihre Leistungen so zu beschleunigen, dass der Bauabschnitt bis zum vertraglich vorgesehenen Termin fertig gestellt werden kann. Bitte übersenden Sie uns dazu Ihre Vorschläge, einen angepassten Terminplan und eine Aufstellung der dadurch anfallenden Mehrkosten bis spätestens zum ___.

Mit freundlichen Grüßen

(*Unterschrift*) (*Auftraggeber*)

▲

5. Muster: Aufforderung zur Vorlage eines angepassten Terminplans

240 ▼

3.21

Firma ___ (*Auftragnehmer*)

___, den ___

Bauvorhaben: ___

Bauvertrag vom: ___

Hier: Aufforderung zur Vorlage eines angepassten Terminplans in Anlehnung an § 6 Abs. 4 VOB/B

Sehr geehrte Damen und Herren,

infolge der bisher aufgetretenen Ihrerseitig ___ (*zu vertretenden/nicht zu vertretenden*) Verzögerungen ist es zu Veränderungen des Bauablaufs gekommen.

Wir dürfen Sie bitten, einen entsprechend angepassten Terminplan in Abstimmung mit unserer örtlichen Bauüberwachung zu erstellen und den neuen Terminplan an uns zur Genehmigung bis spätestens zum zuzusenden.

Mit freundlichen Grüßen

(*Unterschrift*) (*Auftraggeber*)

▲

6. Muster: Bestimmung neuer Vertragstermine durch AG ohne Anerkennung eines Bauzeitverlängerungsanspruchs des AN

▼ 241

Firma (*Auftragnehmer*)

, den 3.22

Bauvorhaben:

Leistung:

Bauteil:

Bauabschnitt:

Hier: Neue Vertragstermine

Sehr geehrte Damen und Herren,

wir nehmen Bezug auf den zwischen uns am geschlossenen Bauvertrag. Gem. § des Vertrages ist der Auftraggeber berechtigt, im Falle von Arbeitsverzögerungen einseitig neue verbindliche Ausführungstermine (Vertragsfristen) nach billigem Ermessen festzulegen.

Aufgrund von (*Ursache für die Arbeitsverzögerung*) ist die Aufstellung eines neuen Bauzeitenplans für die weitere Koordinierung der Arbeiten erforderlich. Anliegend übersenden wir den überarbeiteten Bauzeitenplan. Dieser ist von Ihnen künftig zu beachten.

Hiermit ist kein Anerkenntnis eines Bauzeitverlängerungsanspruchs Ihrerseits verbunden. Der vertraglich vereinbarte Fertigstellungstermin bleibt unberührt, ebenso die hierfür vereinbarte Vertragsstrafe.

Mit freundlichen Grüßen

(*Unterschrift*) (*Auftraggeber*)

Anlage: Überarbeiteter Bauzeitenplan

▲

7. Muster: Bestimmung neuer Vertragstermine durch AG mit Anerkennung eines Bauzeitverlängerungsanspruchs des AN

242 ▼

Firma (*Auftragnehmer*)

3.23

, den

Bauvorhaben:

Leistung:

Bauteil:

Bauabschnitt:

Hier: Neue Vertragstermine

Sehr geehrte Damen und Herren,

Sie haben mit Schreiben vom angezeigt, dass Sie sich in der ordnungsgemäßen Ausführung Ihrer Leistung behindert sehen. Sie haben zudem mit Schreiben vom eine Bauzeitverlängerung von Tagen geltend gemacht.

Wir erkennen eine Bauzeitverlängerung von Tagen an. Anliegend übersenden wir den überarbeiteten Bauzeitenplan. Neuer verbindlicher Termin für die Fertigstellung Ihrer Leistungen ist der . Für diesen Termin gilt die vertraglich vereinbarte Vertragsstrafe. Wir dürfen Sie bitten, dieses Schreiben zum Zeichen Ihres Einverständnisses gegengezeichnet im Original an uns zurückzusenden.

Mit freundlichen Grüßen

(*Unterschrift*) (*Auftraggeber*)

Anlage: Überarbeiteter Bauzeitenplan

▲

8. Muster: Vereinbarung für Beschleunigungsprämie

a) Muster: Vereinbarung im Vertrag

243 ▼

§ Beschleunigungsprämie

3.24

1. Bei Unterschreitung der Zwischentermine gem. § bis § /des Fertigstellungstermins erhält der Auftragnehmer für jeden (*Kalendertag/Werktag/Arbeitstag*), um den die Frist unterschritten wird, eine Beschleunigungsprämie von % der bei Ablauf des jeweiligen Zwischentermins gem. Zahlungsplan (**Anlage**) erreichten Bruttoabrechnungssumme, maximal jedoch 5 % hieraus. Unterschreitet der Auftragnehmer den Termin – gleich aus welchem Grund – nicht, entfällt die Prämie ersatzlos.

2. Tage, die bei der Unterschreitung von Zwischenterminen in Ansatz gebracht wurden, werden bei der Unterschreitung von weiteren Zwischenterminen bzw. dem Gesamtfertigstellungstermin nicht nochmals berücksichtigt.

3. Bei Unterschreitung des Gesamtfertigstellungstermins gem. § erhält der Auftragnehmer für jeden (*Kalendertag/Werktag/Arbeitstag*), um den die Frist unterschritten wird, eine Beschleunigungsprämie von % der Nettoabrechnungssumme,

maximal jedoch 5 % hieraus. Die Prämien gem. a) werden hierauf angerechnet, d.h. davon in Abzug gebracht.

4. Werden neue Termine vereinbart oder verlängern sich die Ausführungsfristen nach § 6 Abs. 2 VOB/B, so gilt das Prämienversprechen entsprechend für die neuen Fristen nur, wenn der Auftraggebers dies schriftlich gegenüber dem Auftragnehmer erklärt. Andernfalls entfällt das Prämienversprechen ersatzlos.

5. Insgesamt werden die Beschleunigungsprämien aus Unterschreitung von Zwischen- und/oder dem Gesamtfertigstellungstermin auf maximal 5 % der Nettoabrechnungssumme begrenzt.

▲

b) Muster: Vereinbarung als Zusatzvereinbarung nach Vertragsabschluss

▼ 244

1. Erfolgsabhängige Beschleunigungsvergütung

Hiermit vereinbaren die Parteien eine Vergütung in Höhe von EUR zzgl. MwSt., falls der Auftragnehmer den Termin einhält. Wird der Termin – gleich aus welchem Rechtsgrund – nicht eingehalten, besteht kein Vergütungsanspruch (= erfolgsabhängige Beschleunigungsprämie). 3.25

▲

▼

2. Aufwandsbezogene Beschleunigungsvergütung

Hiermit beauftragen wir das Angebot des Auftragnehmers zu Beschleunigungsmaßnahmen vom . Der Aufwand ist auf Nachweis abzurechnen. Das Angebot ist ein Höchstpreis. 3.26

▲

V. Checkliste: Voraussetzungen für Mitwirkungsverzug nach BGB

1. **Allgemeine Voraussetzungen** 245
   a) Verletzung der Mitwirkungspflicht gem. § 642 BGB (z.B. Entscheidungsverzug, verspätete Zurverfügungstellung von Unterlagen, Freigabeerklärungen etc.)
   b) Fälligkeit der Mitwirkung des Auftraggebers
   c) Angebot der Leistung durch den Auftragnehmer gem. §§ 293 ff. BGB
      aa) wörtliches Angebot gem. § 295 BGB, wobei als wörtliches Angebot eine Behinderungsanzeige ausreicht (so auch § 295 S. 2 BGB)
      bb) Angebot entbehrlich gem. § 296 BGB, wenn für die vom Auftraggeber vorzunehmende Handlung eine Zeit nach dem Kalender bestimmt oder bestimmbar ist.
2. **Besondere Voraussetzungen**
   Annahmeverzug scheidet aus, wenn der Auftragnehmer selbst zu diesem Zeitpunkt nicht leistungsbereit ist (§ 297 BGB).

3. **Rechtsfolgen**
   a) § 642 BGB, Entschädigung (vergütungsgleicher Anspruch, d.h. abgeleitet aus der Kalkulation, ggf. auch auf Grundlage tatsächlicher Mehrkosten, zzgl. Mehrwertsteuer)
   b) § 300 BGB, der Auftragnehmer hat während des Mitwirkungsverzugs nur Vorsatz und grobe Fahrlässigkeit zu vertreten
   c) § 304 BGB, Ersatz der Mehraufwendungen, die der Auftragnehmer für das erfolglose Angebot sowie für die Aufbewahrung und Erhaltung seiner Leistungen machen musste (z.B. Lagerkosten, Mietkosten für Baugeräte, Umsetzungskosten für Baugeräte, etc.)
   d) Abwehr der Vertragsstrafen- und Verzugsschadensersatzansprüchen des Auftraggebers
   e) Aufhebung des Vertrages nach Kündigungsandrohung mit Nachfrist gem. § 643 BGB (keine Kündigung erforderlich!)

VI. Muster: Voraussetzungen für Mitwirkungsverzug nach BGB

1. Muster: Inannahmeverzugsetzung gem. §§ 293, 295 BGB

246 ▼

3.27

Firma (*Auftraggeber*)

, den

Bauvorhaben:

Bauvertrag vom:

Hier: Mitwirkungsaufforderung, wörtliches Angebot gem. § 295 BGB[193]

Sehr geehrte Damen und Herren,

wir benötigen für die Ausführung der oben genannten Leistung folgende, Ihrerseits zu erbringende Mitwirkung:

(*Schilderung der notwendigen Mitwirkungshandlung, z.B.:*

- Lieferung von Baustrom/Bauwasser
- Planlieferung
- Vorunternehmerleistungen)

Wir benötigen die Mitwirkung unverzüglich, spätestens jedoch bis zum , um folgende Leistungen auszuführen:

(*möglichst präzise Beschreibung der betreffenden Leistungen*)

Wir sehen uns (*derzeit/ab dem*) außer Stande, die genannten Leistungen zu erbringen, bieten die Leistungen Ihnen jedoch ausdrücklich an.

Mit freundlichen Grüßen

(*Unterschrift*) (*Auftragnehmer*)

▲

193 Wörtliches Angebot ist nicht erforderlich, wenn für die Mitwirkungshandlung des Auftraggebers gem. § 296 BGB eine Zeit nach dem Kalender bestimmt ist.

2. Muster: Behinderungsanzeige für Mitwirkungsverzug

▼ 247

Firma (*Auftraggeber*)

, den 3.28

Bauvorhaben:

Bauvertrag vom:

Hier: Behinderungsanzeige für Mitwirkungsverzug

Sehr geehrte Damen und Herren,

mit Schreiben vom haben wir Sie gebeten, folgende erforderliche Mitwirkungshandlung bis zum zu erbringen:

(*Schilderung der notwendigen Mitwirkungshandlung, z.B.:*

- Lieferung von Baustrom/Bauwasser
- Planlieferung
- Vorunternehmerleistung)

Aufgrund Ihrer fehlenden Mitwirkung sind wir seit dem außer Stande, folgende Leistungen zu erbringen:

(*möglichst präzise Beschreibung der betreffenden Leistungen*)

Wir zeigen hiermit entsprechende Behinderung an.

Mit freundlichen Grüßen

(*Unterschrift*) (*Auftragnehmer*)

▲

3. Muster: Anmeldung Mehrkosten gem. §642 BGB oder/und §304 BGB

▼ 248

Firma (*Auftraggeber*)

, den 3.29

Bauvorhaben:

Bauvertrag vom:

Hier: Anmeldung von Mehrkosten aus Mitwirkungsverzug

Sehr geehrte Damen und Herren,

mit Schreiben vom haben wir Sie gebeten, folgende erforderliche Mitwirkungshandlung bis zum zu erbringen:

(*Schilderung der Mitwirkungshandlung*)

Aufgrund Ihrer fehlenden Mitwirkung sehen wir uns derzeit außer Stande, die Leistung zu erbringen, und machen eine angemessene Entschädigung gem. §642 BGB geltend.

Folgende Mehrkosten sind uns entstanden:

(*Konkretisierung der Mehrkosten*)

Die genaue kalkulatorische Aufschlüsselung dieser Kosten ist als Anlage beigefügt.

Wir fordern Sie auf, diese Mehrkosten i.H.v. bis spätestens an uns zu zahlen.

Mit freundlichen Grüßen

(*Unterschrift*) (*Auftragnehmer*)

▲

VII. Checkliste: Behinderung nach VOB/B

249 Behinderungsanzeige

Verwendbar für Auftragnehmer

I. **Allgemeine Voraussetzungen**

1. Tatsächliche Behinderung, wobei Behinderungen alle Ereignisse sind, die den vorgesehenen Leistungsablauf in sachlicher, zeitlicher und räumlicher Sicht hemmen und verzögern
2. Behinderung verursacht durch:
   - Umstand aus dem Risikobereich des AG
   - Streik o.Ä.
   - höhere Gewalt/unabwendbare Ereignisse
3. Unverzügliche Behinderungsanzeige des AN
   → ohne schuldhaftes Zögern
   schriftlich
   → auch zuverlässige mündliche Anzeige (Schriftform dient Beweiszwecken) oder Behinderung für AG offenkundig

II. **Besondere Voraussetzungen**

1. zu richten an AG oder dessen Vertreter auf der Baustelle
   → kann nicht an Vertreter gerichtet werden, wenn Behinderung aus dem Bereich des Bauüberwachers resultiert
2. Darstellung aller Tatsachen, aus denen sich für den AG mit hinreichender Klarheit die Gründe für die Behinderung oder die Unterbrechung im Einzelnen ergeben, d.h. Ort der Behinderung, Zeit, Auswirkung auf Leistung und Umstände sowie Fristen
3. Keine Voraussetzung ist die Mitteilung über den ungefähren Umfang und die ungefähre Höhe eines etwaigen Ersatzanspruchs

III. **Nebenpflichten des AN**

1. Benachrichtigung AG über Fortfall Behinderung
2. unverzügliche Wiederaufnahme der Leistung (Definition: § 121 BGB)
3. Zügiges Vorantreiben der Bauleistung (Art und Maß nach Verursachung/Verschulden der Behinderung, Billigkeit, § 242 BGB, Kooperationspflicht der Bauvertragsparteien, Schadensminderungspflicht, § 254 Abs. 2 S. 1 BGB)

IV. **Rechtsfolgen**
1. Anspruch des AN auf Verlängerung der Bauzeit
2. Anspruch auf Schadensersatz gem. § 6 Abs. 6 VOB/B, bei Vorsatz oder grober Fahrlässigkeit auch auf entgangenen Gewinn
→ AN muss Behinderung dazu möglichst konkret darlegen, d.h. eine bauablaufbezogene Darstellung vorlegen; allgemeine Hinweise genügen nicht.[194]

V. **Zusammenfassung der Voraussetzungen von Behinderungsansprüchen**
1. objektive Behinderung der Ausführung
2. Behinderung vom anderen Vertragspartner verursacht oder
3. seiner Risikosphäre zuzurechnen und von ihm zu vertreten
4. unverzügliche Behinderungsanzeige (oder Behinderung offenkundig)
5. Behinderung ursächlich für Bauzeitverzögerung (haftungsbegründende Kausalität)
6. Kausalität zwischen Bauzeitverzögerung und Schaden (haftungsausfüllende Kausalität)
7. Schaden AN (AG) – grds. konkrete Schadensberechnung
8. Ist die Behinderung gleichzeitig eine Mitwirkungspflichtverletzung, Entschädigungsanspruch nach § 642 BGB
9. Kausalität → Berücksichtigung eines eventuellen Mitverschuldens des Vertragspartners
10. Schadensminderungspflicht des AN gem. den Interessen des AG
11. wegen erheblichen Bauunterbrechungen oder längerem Stillstand sind der bisherige Bauzeitenplan und Vertragsfristen hinfällig!

VI. **Anspruchsbegründende Voraussetzungen**

Darstellung des tatsächlichen (und nicht des geplanten oder kalkulierten) Bauablaufs bis zur Behinderung und Folgen der Behinderung durch Vergleich des hypothetischen ungestörten Bauablaufs mit dem gestörten tatsächlichen Bauablauf (BGH BauR 2002, 1249)

Wichtig:
- AN trägt Beweislast
- Baubetriebliches Gutachten darf den Schaden nicht aus typisierten Erfahrungswerten herleiten!
- Ersatz des nachweislich entstandenen Schadens (ohne Ust.)
– Stillstandkosten
– zeitabhängige Mehrkosten
– allg. Geschäftskosten (AGK)
– Beschleunigungskosten
- entgangener Gewinn nur bei Vorsatz und grober Fahrlässigkeit.

194 Zur bauablaufbezogenen Darstellung siehe Rdn 8.

VIII. Muster: Behinderung nach VOB/B und Rechtsfolgen

1. Muster: Behinderungsanzeige

250 ▼

3.30

Firma … (*Auftraggeber*)

…, den …

Bauvorhaben: …

Bauvertrag vom: …

Hier: Behinderungsanzeige

Sehr geehrte Damen und Herren,

gem. § 6 Abs. 1 VOB/B ist der Auftragnehmer verpflichtet, dem Auftraggeber unverzüglich schriftlich Anzeige zu erstatten, wenn er sich in der ordnungsgemäßen Ausführung der vertraglichen Leistung behindert glaubt. Dieser Verpflichtung kommen wir hiermit nach und melden folgende Behinderung/en an:

Folgende hindernden Umstände sind am … eingetreten:

… (*möglichst präzise Beschreibung der hindernden Umstände*)

Die vorgenannten Umstände … (*wirken sich/werden sich auswirken*) in folgender Weise hindernd auf den Bauablauf bzw. unsere nachfolgend aufgeführten Leistungen aus:

… (*möglichst präzise Beschreibung, in welcher Weise sich die Umstände hindernd auf den Bauablauf auswirken*)

(***ggf.**: Die Behinderung wird eine Verlängerung folgender Fristen voraussichtlich bewirken:*

….)[195]

(***ggf.**: Durch die Behinderung entsteht ein erheblicher Eingriff in den Bauablauf, der die Vertragsfristen und damit die Vertragsstrafe entfallen lässt.*[196])

Wir werden die Behinderung im Bautagebuch vermerken. Eine abschließende Bestimmung der Fristverlängerung gem. § 6 Abs. 4 VOB/B behalten wir uns vor, bis wir die Auswirkungen der Behinderungen abschließend feststellen können.

(***ggf.**: Sollte die Behinderung nicht vermieden werden/bis spätestens zum … abgestellt werden können, verschieben sich unsere weiteren Leistungen und damit folgende Termine … neben dem Behinderungszeitraum noch um die Tage, an denen wir nicht oder aufgrund der Witterung nur eingeschränkt arbeiten können.*)

Wir werden die Arbeiten unverzüglich wieder aufnehmen, sobald die hindernden Umstände wegfallen.

(***ggf.**: Über die Wiederaufnahme werden wir Sie unverzüglich benachrichtigen.*)[197]

195 Eine Behinderung muss sich nicht zwingend auf Fristen auswirken. Man sollte die Angabe aber höchst vorsorglich machen, zumal dann auftragnehmerseits die Wahrscheinlichkeit erhöht wird, mit Beschleunigungsleistungen beauftragt zu werden.

196 Nur bei massiver Behinderung oder bei einer großen Anzahl von wesentlichen Behinderungen.

197 Eine Behinderungsabmeldung gem. § 6 Abs. 3 S. 2 VOB/B ist nicht zwingend.

(***ggf.***: *Bitte teilen Sie uns unverzüglich, spätestens jedoch bis zum … mit, ob wir unsere … (Geräte/Personal) von der Baustelle abziehen und anderweitig einsetzen können, soweit uns dies möglich sein sollte. Wir prüfen dies zurzeit noch. Dies bedingt bezogen auf die Weiterführung der Arbeiten, dass wir einen Vorlauf von … Arbeitstagen benötigen, um die Umsetzung durchzuführen. Dies würde den Behinderungszeitraum verlängern. Die damit verbundenen Kosten wären uns zu erstatten.*)

Mit freundlichen Grüßen

(*Unterschrift*) (*Auftragnehmer*)

▲

2. Muster: Mehrkostenanmeldung infolge von Behinderungen[198]

▼ 251

Firma … (*Auftraggeber*)

3.31

…, den …

Bauvorhaben: …

Bauvertrag vom: …

Hier: Anmeldung von Mehrkosten aus Behinderung gem. § 6 Abs. 6 VOB/B

Sehr geehrte Damen und Herren,

mit Schreiben vom … haben wir Behinderung angemeldet. Die Behinderung ist auch eingetreten und hat sich auf einen Zeitraum von … erstreckt und wie folgt ausgewirkt:

….[199]

Es sind uns daher folgende Mehrkosten … (*als Schaden gem. § 6 Abs. 6 VOB/B/als Entschädigung gem. § 642 BGB*) entstanden, die wir hiermit anzeigen und … (*mit der nächsten Rechnung geltend machen werden/nach dieser Anmeldung bis zum … erstattet verlangen*:

…),[200] wobei wir die Nachweise in der Anlage beifügen.[201]

(***ggf.***: *Infolge Ihrer Anordnung zur Umsetzung unserer Mannschaft vom …/Anordnung des Terminplans vom … verlangen wir die folgenden Kosten gem. § 2 Abs. 5 VOB/B vergütet:*

…)[202]

(***ggf.***: *Dabei wurden keine Wagnis- und Gewinnanteile berücksichtigt.*[203])

198 Die Mehrkostenanmeldung ist keine Anspruchsvoraussetzung. Der Schaden könnte auch erst mit der Rechnung aufgeführt werden.

199 Auswirkungen, die Kostenrelevanz haben, anführen.

200 Aufstellung der Kosten z.B. aus verlängerter Vorhaltung von Baugeräten, Kosten aus verlängerten Bürgschaften, Unterdeckung allgemeine Geschäftskosten, etc.

201 Da es sich um einen Schadensersatzanspruch handelt, sind die IST-Kosten nachzuweisen. Der Auftragnehmer kann aber auch aus § 642 BGB eine Entschädigung verlangen, d.h. die Vergütung für den Verzögerungsaufwand gem. Kalkulation.

202 Kann ein Vergütungsanspruch sein, ist aber streitig. Andernfalls nur Anspruch aus § 642 BGB.

203 Berücksichtigung kalkulierten Wagnis und Gewinns nur bei Anspruch nach § 642 BGB, Anspruch auf Ersatz anderweitig entgangenen Gewinns nur bei Anspruch nach § 6 Abs. 6 VOB/B und Vorsatz oder grober Fahrlässigkeit.

Mit freundlichen Grüßen

(*Unterschrift*) (*Auftragnehmer*)

▲

3. Muster: Verlangen nach Anpassung der Vertragstermine

252 ▼

Firma (*Auftraggeber*)

3.32

, den

Bauvorhaben:

Bauvertrag vom:

Hier: Verlangen nach Anpassung der Vertragstermine

Sehr geehrte Damen und Herren,

mit Schreiben vom haben wir angezeigt, dass wir in der ordnungsgemäßen Ausführung der vertraglichen Leistung behindert worden sind. Aufgrund der Behinderung haben wir nach § 6 Abs. 2 und 4 VOB/B Anspruch auf Anpassung der Vertragstermine.

Die Behinderung hatte folgende Auswirkungen auf die Ausführungsfristen:

Dementsprechend verschieben sich die Ausführungstermine wie folgt:

Wir bitten um Bestätigung der vorstehenden Verlängerung der Ausführungsfristen.

Mit freundlichen Grüßen

(*Unterschrift*) (*Auftragnehmer*)

▲

4. Muster: Bestätigung der Vertragsfristverlängerung

253 ▼

Firma (*Auftragnehmer*)

3.33

, den

Bauvorhaben:

Bauvertrag vom:

Hier: Bestätigung neuer Vertragsfristen

Sehr geehrte Damen und Herren,

Sie haben mit Schreiben vom die Anpassung der vereinbarten Vertragstermine nach § 6 Abs. 2 und 4 VOB/B wegen Behinderung verlangt.

Wir bestätigen Ihnen diese Termine. Sie gelten nach dem Vertrag als neue Vertragsfristen. Das vertraglich vereinbarte Vertragsstrafenversprechen gilt entsprechend für die neuen Fristen und Termine. Der bestehende Vertrag bleibt im Übrigen unberührt.

(***Nur für Auftraggeber:*** *Durch die Vereinbarung der neuen Termine wird ein Verzug Ihrer Firma infolge Überschreitung der bisherigen Termine nicht beseitigt. Sämtliche Ansprüche* *unsererseits wegen bereits eingetretener Terminüberschreitungen – insbesondere auf Zahlung von Vertragsstrafe und Schadensersatz – bleiben ausdrücklich vorbehalten. Wir dürfen Sie bitten, die erforderliche Korrektur bzw. Neuerstellung des Detailterminplans in Abstimmung mit unserer örtlichen Bauüberwachung vorzunehmen und den neuen Terminplan an uns zur Genehmigung zuzusenden.*)

Mit freundlichen Grüßen

(*Unterschrift*) (*Auftraggeber*)

▲

5. Muster: Abmeldung der Behinderung

▼ 254

Firma (*Auftraggeber*)

, den 3.34

Bauvorhaben:

Bauvertrag vom:

Hier: Abmeldung einer Behinderung

Sehr geehrte Damen und Herren,

mit Schreiben vom haben wir angezeigt, dass wir in der ordnungsgemäßen Ausführung der vertraglichen Leistung behindert sind.

Die Behinderung ist am weggefallen.

Wir haben dementsprechend unsere Arbeit am wieder aufgenommen. (***alternativ:*** *Wir werden dementsprechend unsere Arbeit am wieder aufnehmen.*)

Mit freundlichen Grüßen

(*Unterschrift*) (*Auftragnehmer*)

▲

6. Muster: Zurückweisung einer Behinderungsanzeige[204]

▼ 255

Firma (*Auftragnehmer*)

, den 3.35

Bauvorhaben:

Bauvertrag vom:

Hier: Zurückweisung einer Behinderungsanzeige

Sehr geehrte Damen und Herren,

Sie haben mit Schreiben vom angezeigt, dass Sie sich in der ordnungsgemäßen Ausführung Ihrer Leistung behindert sehen.

204 Sie ist nicht erforderlich, um Ansprüche des Auftragnehmers abzuweisen.

Nach Rücksprache mit unserer örtlichen Bauüberwachung stellen wir fest, dass der in Ihrem Schreiben angegebene Behinderungsgrund nicht zutrifft. Richtig ist vielmehr Folgendes:

Somit ist in der Ausführung Ihrer Leistung keine Behinderung eingetreten.

(***ggf.:*** *Wir fordern Sie höchst vorsorglich auf, alle erforderlichen und vertraglich vorgesehenen Maßnahmen zu ergreifen, um Ihre Leistungen fristgemäß zu erbringen (§ 5 Abs. 3 VOB/B).*)[205]

Mit freundlichen Grüßen

(*Unterschrift*) (*Auftraggeber*)

▲

7. Muster: Aufforderung zur Bestätigung der Einhaltung der Vertragstermine[206]

256 ▼

Firma (*Auftragnehmer*) 3.36

, den

Bauvorhaben:

Bauvertrag vom:

Hier: Aufforderung zur Bestätigung der Einhaltung der Vertragstermine

Sehr geehrte Damen und Herren,

Sie haben mit Schreiben vom angezeigt, dass Sie sich in der ordnungsgemäßen Ausführung Ihrer Leistung behindert sehen. Mit Schreiben vom haben wir die Behinderungsanzeige zurückgewiesen.

Wir fordern Sie auf, uns bis zum zu bestätigen, dass Sie die vertraglich vereinbarten Fristen und Termine uneingeschränkt einhalten werden.

Mit freundlichen Grüßen

(*Unterschrift*) (*Auftraggeber*)

▲

IX. Checkliste: Vereinbarung einer Vertragsstrafe

257 1. **Allgemeine Voraussetzungen**
   a) Vereinbarung im Vertrag (gem. § 11 VOB/B auch erforderlich)
      – nicht notwendig vor Abschluss des Bauvertrags;
      – kann bis zu dessen Abwicklung auch nachträglich erfolgen;
      – eine Vereinbarung nach Fertigstellung der Leistung kommt nicht mehr in Betracht.

205 Zusatz ist nicht zwingend, nur wenn Verzug droht.

206 Kann vom Auftraggeber nicht verlangt werden. Ist ein Versuch zur Abfrage des vertragsgemäßen Verhaltens.

Als allgemeine Geschäftsbedingung ist sie nur wirksam, wenn:

- Zugrundelegung angemessener Tagessatz (0,2 % pro WT oder 0,3 % pro AT der Auftragssumme)[207]
- 0,5 % Wochensatz[208]
- Obergrenze 5 % der Auftrags- bzw. Abrechnungssumme[209] (absolute Begrenzung für alle Vertragsstrafen)
- Keine Kumulation bei Zwischenterminen (getrennte Regelung von Zwischenfristen und Fertigstellungstermin; Vertragsstrafe nur für wesentliche Zwischentermine, die nicht lediglich der Terminkontrolle dienen; Bezugsgröße für Tagessatz ist der Teilbetrag der jeweiligen Teilleistung; Anrechnung der vorangegangenen Zwischentermine auf Vertragsstrafe für nachfolgende Termine; Wegfall der Vertragsstrafe für Zwischentermine bei Einhaltung des Endtermins)
- Anrechnung der Vertragsstrafe auf etwaig weitergehenden Schadenersatz
- verschuldensabhängige Vertragsstrafenregelung (Einbeziehung VOB/B ist ausreichend)

b) Verzug des Auftragnehmers

2. **Besondere Voraussetzungen**

■ Vorbehalt der Vertragsstrafe bei Abnahme, spätestens bis zur Schlusszahlung, soweit entsprechend vereinbart (keine Abbedingung möglich) → Vorbehalt muss gegenüber dem AG oder einer bevollmächtigten Person erklärt werden

■ Bei Änderung der vereinbarten Ausführungsfristen (z.B. nach § 6 Abs. 2 VOB/B wg. Behinderung) ist die kalendermäßig bestimmte Vertragsfrist nicht mehr als fixe Frist, deren Überschreitung ohne Mahnung zum Verzug führt, gegeben, so dass der Auftraggeber (ggf. der Projektsteuerer) nach Ablauf der sich neu errechnenden Frist eine Mahnung aussprechen muss.[210]

3. **Rechtsfolgen**

a) Mindestschaden, der ohne Nachweis geltend gemacht werden kann

b) Verrechnung mit nächster Abschlagsrechnung oder Schlussrechnung möglich

c) Verwertung der Vertragserfüllungssicherheit möglich

d) Bei der Geltendmachung darüber hinausgehender Schäden ist eine Gesamtdarlegung der vollen Schadenssumme notwendig, und die Vertragsstrafe ist auf den Schaden anzurechnen.

207 0,5 % Tagessatz sind AGB-widrig, BGH v. 7.3.2002 – VII ZR 41,01.

208 OLG Hamburg v. 3.2.2021 – 8 U 33/20 – IBR 2022, 285.

209 Nach BGH v. 5.5.2022 – VII ZR 176/20 ist die Abrechnungssumme in einer vom Besteller verwendeten AGB immer die „Netto-Abrechnungssumme", wenn nicht vereinbart. Außerdem stellt der BGH fest, dass die Bezugnahme der Vertragsstrafe auf die Bruttoauftragssumme nicht AGB-widrig wäre, so auch OLG Hamburg v. 3.2.2021 – 8 U 33/20 (rechtskräftig) – IBR 2022, 285.

210 BGH v. 22.5.2003 – VII ZR 469/01 – BauR 2003, 1215.

X. Muster: Vereinbarung einer Vertragsstrafe

258 ▼

3.37

§ ___ Vertragsstrafe

1. Bei schuldhafter Überschreitung der Zwischentermine für ___-Arbeiten, ___-Arbeiten, ___-Arbeiten und ___-Arbeiten oder bei Verzug hat der Auftragnehmer für jeden ___ (*Kalendertag/Werktag/Arbeitstag*), um den die Frist überschritten wird, an den Auftraggeber eine Vertragsstrafe von ___ % der bei Ablauf des jeweiligen Zwischentermins gem. Zahlungsplan (**Anlage** ___) erreichten Bruttoabrechnungssumme, maximal jedoch 5 % hieraus, zu zahlen.

2. Tage, die bei der Überschreitung von Zwischenterminen oder dem Anfangstermin in Ansatz gebracht wurden, werden bei der Überschreitung von weiteren Zwischenterminen bzw. dem Gesamtfertigstellungstermin nicht nochmals berücksichtigt. Der Auftraggeber erlässt dem Auftragnehmer etwaig verwirkte Vertragsstrafen für die Überschreitung von Zwischenterminen bei Einhaltung des Gesamtfertigstellungstermins.

3. Bei schuldhafter Überschreitung des Gesamtfertigstellungstermins oder bei Verzug hat der Auftragnehmer für jeden ___ (*Kalendertag/Werktag/Arbeitstag*), um den die Frist überschritten wird, an den Auftraggeber eine Vertragsstrafe von ___ % der Bruttoabrechnungssumme, maximal jedoch 5 % hieraus, zu zahlen.

4. Verlängern sich die Ausführungsfristen nach § 6 Abs. 2 VOB/B, so gilt das Vertragsstrafenversprechen entsprechend für die neuen Fristen. Bereits verwirkte Vertragsstrafen entfallen jedoch nicht durch die Vereinbarung neuer Termine bzw. Fristen.

5. Insgesamt werden die Vertragsstrafen aus Überschreitung von Anfangs-, Zwischen- und/oder dem Gesamtfertigstellungstermin auf maximal 5 % der Bruttoabrechnungssumme begrenzt.

6. Die Geltendmachung weitergehender Ansprüche durch den Auftraggeber bleibt unberührt.

7. Die Vertragsstrafe kann bis zur Schlusszahlung geltend gemacht werden.

▲

XI. Checkliste: Kündigung des Auftraggebers/Auftragnehmers gem. § 6 Abs. 7 VOB/B

259 1. **Voraussetzungen**

a) Damit der Auftraggeber gem. § 6 Abs. 7 VOB/B kündigen kann, müssen folgende Voraussetzungen erfüllt sein:
   - Die Unterbrechung muss bereits länger als drei Monate andauern, oder aber sie hat bereits begonnen und es steht fest, dass sie länger als drei Monate andauern wird.
   - Die Unterbrechung muss unvorhersehbar gewesen sein. Dies ist nicht der Fall bei von Anfang an eingeplanten Unterbrechungen.
   - Der kündigende Teil ist für die Unterbrechung nicht verantwortlich.

   - Die Kündigung hat schriftlich zu erfolgen, um wirksam zu sein.
   - Richtiger Adressat ist nur der Vertragspartner selbst, nicht sein Baustellenvertreter.

b) Die Kündigung kann auch auf einen in sich abgeschlossenen Teil der Leistung beschränkt werden, wenn sich die Unterbrechung nur auf einen solchen Teil der Leistung bezieht, im Übrigen aber weiter gearbeitet werden kann.

2. **Rechtsfolgen**

a) Die Kündigung löst die Fälligkeit der Werklohnforderung aus, ohne dass eine Abnahme erforderlich ist. Sie liegt jedoch im Interesse des Auftragnehmers und kann von ihm verlangt werden.

b) Die Rechnung nach § 6 Abs. 7 VOB/B stellt eine echte Schlussrechnung i.S.d. §§ 14, 16 Abs. 3 VOB/B dar. Die Verjährungsfrist für die Werklohnforderung beginnt mit Fälligkeit der Schlussrechnung.

c) Hat der Auftragnehmer die Unterbrechung nicht zu vertreten, so kann er die Kosten für die Baustellenräumung abrechnen, wenn diese nicht schon im Vertragspreis enthalten sind.

3. **Hinweis**

Die Kündigung nach § 6 Abs. 7 VOB/B kann im Einzelfall im Interesse des Auftraggebers liegen, weil die Kosten für den Abschluss eines neuen Werkvertrages oft niedriger liegen als die Stillstandskosten und der Schadensersatz nach § 6 Abs. 6 VOB/B.

XII. Muster: Kündigung des Auftraggebers/Auftragnehmers gem. § 6 Abs. 7 VOB/B

1. Muster: Kündigung des Auftraggebers gem. § 6 Abs. 7 VOB/B

▼ 260

Firma (*Auftragnehmer*)

, den 3.38

Bauvorhaben:

Bauvertrag vom:

Hier: Kündigung des Bauvertrages wegen längerer Unterbrechung (§ 6 Abs. 7 VOB/B)

Sehr geehrte Damen und Herren,

die Fortführung der Bauleistungen ist seit dem unterbrochen.

- Damit dauert die Unterbrechung länger als drei Monate an.
- Bereits jetzt steht fest, dass die Unterbrechung mindestens drei Monate andauern wird, und zwar aus folgenden Gründen:

Unter Bezugnahme auf § 6 Abs. 7 VOB/B

kündigen

wir hiermit den Bauwerkvertrag vom

- **vollständig**. Wir fordern Sie auf, die Baustelle bis zum vollständig zu räumen. Nach fruchtlosem Verstreichen dieser Frist werden wir die Baustelleneinrichtung auf Ihre Kosten räumen und einlagern,
- **teilweise** und zwar beschränkt auf folgende in sich abgeschlossene Teile der Leistung:
- **Anlage**
- Wir fordern Sie ferner auf, innerhalb der Fristen des § 14 Abs. 3 VOB/B Ihre abschließende Schlussrechnung über die ausgeführten Teilleistungen
- bei uns
- bei unserer Bauleitung

einzureichen.

Sie haben die Unterbrechung zu vertreten. Die Kosten für die Baustellenräumung werden daher nicht erstattet (§ 6 Abs. 7 S. 2 Hs. 2 VOB/B). Weitergehende Schadensersatzansprüche nach § 6 Abs. 6 VOB/B bleiben vorbehalten.

Mit freundlichen Grüßen

(*Unterschrift*) (*Auftraggeber/Bauleiter*)

▲

2. Muster: Kündigung des Auftragnehmers gem. § 6 Abs. 7 VOB/B

261 ▼

3.39

Firma (*Auftraggeber*)

, den

Bauvorhaben:

Bauvertrag vom:

Hier: Kündigung des Bauvertrages wegen längerer Unterbrechung (§ 6 Abs. 7 VOB/B)

Sehr geehrte Damen und Herren,

die Fortführung der Bauleistungen ist seit dem unterbrochen.

- Damit dauert die Unterbrechung länger als drei Monate an.
- Bereits jetzt steht fest, dass die Unterbrechung mindestens drei Monate andauern wird, und zwar aus folgenden Gründen:
- Die Unterbrechung war für uns unvorhersehbar und ist nicht von uns zu vertreten.

Unter Bezugnahme auf § 6 Abs. 7 VOB/B

kündigen

wir hiermit den Bauwerkvertrag vom

- **vollständig**. Wir werden die Baustelle bis zum vollständig räumen.
  Wir fordern Sie auf, bis spätestens die Abnahme
  - förmlich

  zu erklären (§§ 12 Abs. 1, 8 Abs. 6 VOB/B).
- **teilweise** und zwar beschränkt auf folgende in sich abgeschlossene Teile der Leistung:
  - **Anlage**

  Wir fordern Sie auf, bis spätestens
  - förmlich

  die rechtsgeschäftliche Teilabnahme zu erklären (§§ 12 Abs. 2, 8 Abs. 6 VOB/B).

Da wir die Unterbrechung nicht zu vertreten haben, werden wir im Rahmen unserer Schlussrechnung auch die Kosten der Baustellenräumung berechnen, soweit diese nicht in den Preisen der ausgeführten Teilleistung enthalten sind.

Mit freundlichen Grüßen

(*Unterschrift*) (*Auftragnehmer*)

▲

XIII. Prozessformulare

1. Klage des Auftraggebers auf Schadensersatz bzw. Vertragsstrafe wegen Verzögerung der Leistungserbringung

a) Typischer Sachverhalt

Vertragstermine werden verbindlich vereinbart bzw. Bauleistung wird vom Auftraggeber abgerufen *[VOB-Vertrag]*, Auftragnehmer verzögert die Leistung (Beginn, Zwischenfristen, Fertigstellung) bzw. setzt unzureichende Arbeitsmittel ein *[VOB-Vertrag]*. **262**

b) Muster: Klage des Auftraggebers auf Schadensersatz bzw. Vertragsstrafe wegen Verzögerung der Leistungserbringung

▼ **263**

An das

Landgericht 3.40

(*Adresse*)

Klage

In Sachen

Firma , vertreten durch , (*Adresse*)

– Klägerin –

gegen

Firma ___, vertreten durch ___, (*Adresse*)

– Beklagte –

wegen: Schadensersatz/Vertragsstrafe

Streitwert: ___ EUR

Gerichtskosten i.H.v. ___ EUR in Anlage

zeige ich an, dass ich die Klägerin vertrete.

Namens und in Vollmacht der Klägerin erhebe ich

Klage

gegen die Beklagte; im Termin zur mündlichen Verhandlung werde ich beantragen:

I. Die Beklagte wird verurteilt, an die Klägerin ___ EUR nebst Zinsen i.H.v. 5 Prozentpunkten über dem Basiszinssatz hieraus seit dem ___ zu zahlen.

II. Die Beklagte trägt die Kosten des Rechtsstreits.

III. Das Urteil ist – ggf. gegen Sicherheitsleistung – vorläufig vollstreckbar.

Für den Fall des Vorliegens der entsprechenden Voraussetzungen wird bereits jetzt der Erlass eines Anerkenntnisurteils gem. § 307 ZPO bzw. eines Versäumnisurteils gem. § 331 ZPO beantragt.

Begründung:

Die Klägerin macht gegen die Beklagte Schadensersatzforderungen/Vertragsstrafenansprüche wegen Verzögerung der vertraglichen Leistung geltend.

1. Bauvertrag

Die Klägerin schloss als Auftraggeberin am ___ mit der Beklagten als Auftragnehmerin einen Bauvertrag zur Erstellung ___. Es war die Geltung der VOB/B in der bei Vertragsabschluss gültigen Fassung vereinbart *[nur bei VOB/B-Vertrag]*. In § ___ des Vertrages wurden folgende Vertragstermine verbindlich vereinbart:

1.1 Anfangstermin: ___

Zwischentermine:

1.2 Rohbau Untergeschoss: ___

1.3 Rohbau Decke über 3. Obergeschoss: ___

1.4 Dach und Fassade dicht: ___

1.5 Fertigstellung Estrich: ___

1.6 Fertigstellung Gebäude: ___

1.7 Gesamtfertigstellungstermin (Abnahmereife): ___

Beweis: Bauvertrag vom ___, **Anlage K** ___

2. Verzögerung der Leistung durch die Beklagte

Entgegen der vertraglichen Vereinbarung begann die Beklagte erst am ___ – und damit um ___ (*Tage/Wochen/Monate*) verspätet – mit den Bauarbeiten. Die Beklagte war bereits mit Schreiben vom nochmals ausdrücklich aufgefordert worden, mit den Bauarbeiten zu beginnen.

Beweis: Schreiben vom , **Anlage K**
Zeugnis

Die Beklagte ist durch die Nichteinhaltung der vertraglich vereinbarten Frist in Leistungsverzug geraten (§ 286 Abs. 2 Nr. 1 BGB). Die Beklagte ist zudem spätestens durch die ausgesprochene Mahnung in Verzug geraten (§ 286 Abs. 1 S. 1 BGB).

(***alternativ nur bei VOB/B-Vertrag***)

Die Beklagte wurde mit Schreiben vom aufgefordert, mit den Bauarbeiten zu beginnen. Sie war gem. § 5 Abs. 2 S. 2 VOB/B zum Beginn der Bauarbeiten innerhalb von 12 Werktagen nach der Aufforderung verpflichtet.

Beweis: Schreiben vom , **Anlage K**

Entgegen dieser Verpflichtung begann die Beklagte erst am – und damit um (*Tage/Wochen/Monate*) verspätet – mit den Bauarbeiten. Die Beklagte war bereits mit Schreiben vom nochmals ausdrücklich aufgefordert worden, mit den Bauarbeiten zu beginnen.

Beweis: Schreiben vom , **Anlage K**
Zeugnis

Die Beklagte ist durch die Nichteinhaltung der vertraglich vereinbarten Frist in Leistungsverzug geraten (§ 286 Abs. 2 Nr. 1 BGB). Die Frist des § 5 Abs. 2 S. 2 VOB/B ist eine Vertragsfrist für den Auftragnehmer i.S.d. § 5 Abs. 1 S. 1 VOB/B, die unter der Bedingung des Abrufs steht. Die Beklagte ist zudem spätestens durch die ausgesprochene Mahnung in Verzug geraten (§ 286 Abs. 1 S. 1 BGB).

(***alternativ***)

Entgegen der vertraglichen Vereinbarung stellte die Beklagte die -Arbeiten (Zwischentermin) erst am – und damit um (*Tage/Wochen/Monate*) verspätet – fertig. Die Beklagte war mit Schreiben vom nochmals ausdrücklich zur Fertigstellung der -Arbeiten aufgefordert worden.

Beweis: Schreiben vom , **Anlage K**
Zeugnis

Die Beklagte ist durch die Nichteinhaltung der vertraglich vereinbarten Frist in Leistungsverzug geraten (§ 286 Abs. 2 Nr. 1 BGB). Die Beklagte ist zudem spätestens durch die ausgesprochene Mahnung in Verzug geraten (§ 286 Abs. 1 S. 1 BGB).

(***alternativ***)

Entgegen der vertraglichen Vereinbarung stellte die Beklagte die Bauarbeiten erst am – und damit um (*Tage/Wochen/Monate*) verspätet – fertig. Die Beklagte war mit Schreiben vom nochmals ausdrücklich zur Fertigstellung der Bauarbeiten aufgefordert worden.

Beweis: Schreiben vom , **Anlage K**
Zeugnis

Die Beklagte ist durch die Nichteinhaltung der vertraglich vereinbarten Frist in Leistungsverzug geraten (§ 286 Abs. 2 Nr. 1 BGB). Die Beklagte ist zudem spätestens durch die ausgesprochene Mahnung in Verzug geraten (§ 286 Abs. 1 S. 1 BGB).

(***alternativ nur bei VOB/B-Vertrag***)

Die Klägerin stellte am … folgenden Bautenstand fest:

…

Damit war/waren die als Vertragsfrist(en) verbindlich vereinbarte(n) Frist(en)

- für folgende Bautenzwischenstände:
  … am … in der … KW
  … am … in der … KW
- für die Fertigstellung am … in der … KW

offenbar nicht einzuhalten, weil die von der Beklagten eingesetzten

- Arbeitskräfte
- Geräte, und zwar …
- Gerüste
- Stoffe, und zwar …
- Bauteile, und zwar …

unzureichend waren.

Beweis: Zeugnis …

Die Beklagte wurde mit Schreiben vom … aufgefordert, unverzüglich, spätestens jedoch bis zum … Abhilfe zu schaffen und ihre Arbeitsmittel so zu verstärken, dass der vorgesehene Bauablauf und die vereinbarten Ausführungsfristen eingehalten werden konnten.

Beweis: Schreiben vom …, **Anlage K** …

Die Beklagte hat trotz dieser Aufforderung ihre Arbeitsmittel nicht verstärkt. Sie hat entgegen ihrer Verpflichtung auch keinen Bauzeitenplan für die Restarbeiten vorgelegt, aus dem sich der unverzügliche und erkennbar effiziente, d.h. zur Einhaltung des Termins erforderliche Einsatz von Personal und Material ergäbe (vgl. OLG Hamm BauR 2007, 1737).

3. Verzögerungsschaden

Der Klägerin sind durch den verspäteten Beginn der Bauarbeiten/die verspätete Fertigstellung der … – Arbeiten/die verspätete Fertigstellung der Bauarbeiten/die Verletzung der Abhilfepflicht *[nur bei VOB/B-Vertrag]* folgende Schäden entstanden:

- erhöhte Baukosten wegen zwischenzeitlichen Preisanstiegs,
- erhöhter Zinsaufwand,
- Entschädigungszahlungen an weitere Auftragnehmer,
- zusätzliche Zahlungen an bauüberwachenden Architekten oder Ingenieur wegen Verlängerung der Bauzeit,
- verzugsbedingt entgangener Gewinn *[bei BGB-Vertrag bzw. bei VOB-Vertrag und Vorsatz bzw. grober Fahrlässigkeit der Beklagten]*,
- Rechtsverfolgungskosten, insbesondere Rechtsanwaltskosten.

Beweis: …

(***alternativ***)

4. Schadensersatz statt der Leistung

Die Klägerin hat der Beklagten mit Schreiben vom … ergebnislos eine (weitere) Frist zur Aufnahme der Bauarbeiten/Fertigstellung der …-Arbeiten/Fertigstellung der Bauarbeiten/Verstärkung ihrer Arbeitsmittel *[nur bei VOB-Vertrag]* bis zum … gesetzt und für den Fall des ergebnislosen Fristablaufs die Vertragskündigung angedroht.

Beweis: Schreiben vom …, **Anlage K** …

Nachdem die Beklagte die gesetzte Frist ergebnislos hat verstreichen lassen, hat die Klägerin mit Schreiben vom … den Bauvertrag gekündigt.

Beweis: Schreiben vom …, **Anlage K** …

Die Klägerin hat die Bauarbeiten durch die Firma … weiterführen und fertig stellen lassen. Hierdurch sind der Klägerin Mehrkosten i.H.v. EUR … entstanden.

Beweis: …

(***alternativ***)

5. Vertragsstrafe

In § … Ziffer … des Bauvertrages ist vereinbart, dass der Auftragnehmer bei schuldhafter Überschreitung der Zwischentermine oder bei Verzug für jeden Kalendertag/Werktag/Arbeitstag, um den die Frist überschritten wird, an den Auftraggeber eine Vertragsstrafe von … % der bei Ablauf des jeweiligen Zwischentermins gem. Zahlungsplan erreichten Bruttoabrechnungssumme, maximal jedoch 5 % hieraus, zu zahlen hat.

In § … Ziffer … des Bauvertrages ist vereinbart, dass der Auftragnehmer bei schuldhafter Überschreitung des Gesamtfertigstellungstermins oder bei Verzug für jeden Kalendertag/Werktag/Arbeitstag, um den die Frist überschritten wird, an den Auftraggeber eine Vertragsstrafe von … % der Bruttoabrechnungssumme, maximal jedoch 5 % hieraus, zu zahlen hat.

Beweis: Bauvertrag vom …, **Anlage K** …

Die Beklagte hat die vertraglich vereinbarte Frist zur … um … Tage überschritten und schuldet daher eine Vertragsstrafe i.H.v. EUR ….

6. Mahnung

Die Klägerin hat mit Schreiben vom … die Beklagte zum Ersatz der ihr entstandenen Schäden/zur Zahlung der geltend gemachten Vertragsstrafe aufgefordert.

Beweis: Schreiben vom …, **Anlage K** …

Da die Beklagte hierauf nicht reagierte, mahnte die Klägerin mit Schreiben vom … die Zahlung bei der Beklagte an und setzte hierfür eine Frist bis zum ….

Beweis: Schreiben vom …, **Anlage K** …

Die Beklagte befindet sich somit seit dem im Zahlungsverzug. Der geltend gemachte Zinsanspruch ergibt sich dem Grunde und der Höhe nach aus § 286 Abs. 3 i.V.m. §§ 288, 247 BGB.

Da die Beklagte bis heute keine Zahlung geleistet hat, ist Klage geboten.

(*Unterschrift*) (*Rechtsanwalt*)

▲

c) Muster: Klageerwiderung

264 ▼

3.41

An das

Landgericht

 (*Adresse*)

In Sachen

Firma

– Klägerin –

gegen

Firma

– Beklagte –

wegen: Schadensersatz/Vertragsstrafe

zeige ich an, dass ich die Beklagte vertrete. Die Beklagte wird sich gegen die Klage verteidigen.

Im Termin zur mündlichen Verhandlung werde ich beantragen:

I. Die Klage wird abgewiesen.

II. Die Klägerin trägt die Kosten des Rechtsstreits.

Das Urteil ist – ggf. gegen Sicherheitsleistung – in Ziff. II. vorläufig vollstreckbar.

Begründung:

Die Klage ist unbegründet. Der Klägerin stehen keine Ansprüche auf Zahlung von Schadensersatz/Vertragsstrafe gegen die Beklagte zu.

1. Keine bestimmte bzw. bestimmbare Leistungsfrist bzw. fehlendes Verschulden der Beklagten an der Leistungsverzögerung

1.1. Behinderung

1.1.1. Behinderung der Beklagten in der Erbringung ihrer Leistungen

In dem Bauvertrag war der Beginn der Bauarbeiten am vereinbart.

Beweis: Bauvertrag vom , **Anlage K**

Zum Zeitpunkt des vereinbarten Baubeginns lag die notwendige Baugenehmigung nicht vor.

Beweis: Zeugnis

Infolge des Fehlens der Baugenehmigung konnte die Beklagte mit ihren Arbeiten nicht beginnen und war daher in der Ausführung der vereinbarten Leistungen behindert. Die Behinderung dauerte bis zum … an.

Beweis: Zeugnis …

(***alternativ***)

In dem Bauvertrag war der Beginn der Bauarbeiten am … vereinbart.

Beweis: Bauvertrag vom …, **Anlage K** …

Zum Zeitpunkt des vereinbarten Baubeginns lagen der Beklagten die relevanten Baupläne nicht vor.

Beweis: Zeugnis …

Infolge des Fehlens der relevanten Pläne konnte die Beklagte mit ihren Arbeiten nicht beginnen und war daher in der Ausführung der vereinbarten Leistungen behindert. Die Behinderung dauerte bis zum … an.

Beweis: Zeugnis …

(***alternativ***)

Nach den vertraglichen Vereinbarungen sollte die Beklagte am … mit den …-Arbeiten beginnen.

Beweis: Bauvertrag vom …, **Anlage K** …

Zu diesem Zeitpunkt lagen der Beklagten jedoch die hierfür relevanten Baupläne nicht vor.

Beweis: Zeugnis …

Infolge des Fehlens der relevanten Pläne konnte die Beklagte mit den …-Arbeiten nicht beginnen und war daher in der Ausführung der vereinbarten Leistungen behindert. Die Behinderung dauerte bis zum … an.

Beweis: Zeugnis …

(***alternativ***)

Nach den vertraglichen Vereinbarungen sollte die Beklagte am … mit den …-Arbeiten beginnen.

Beweis: Bauvertrag vom …, **Anlage K** …

Zu diesem Zeitpunkt war die Beklagte durch Streik/durch eine von der Berufsvertretung der Arbeitgeber angeordnete Aussperrung in ihrem Betrieb/in dem unmittelbar für sie arbeitenden Betrieb der Firma … daran gehindert, die vereinbarten Leistungen zu erbringen.

Beweis: Zeugnis …

Infolge dessen konnte die Beklagte mit den -Arbeiten nicht beginnen und war daher in der Ausführung der vereinbarten Leistungen behindert. Die Behinderung dauerte bis zum an.

Beweis: Zeugnis

(***alternativ***)

Nach den vertraglichen Vereinbarungen sollte die Beklagte am mit den -Arbeiten beginnen.

Beweis: Bauvertrag vom , **Anlage K**

Zu diesem Zeitpunkt war die Beklagte durch Schlechtwetter daran gehindert, die vereinbarten Leistungen zu erbringen (*näher auszuführen*). Die Wetterverhältnisse wichen erheblich vom Durchschnitt der statistischen Daten der Wetterämter der letzten 10 bis 20 Jahre ab.

Beweis: Zeugnis
Auskunft des Wetteramts , **Anlage K**

Infolge dessen konnte die Beklagte mit den -Arbeiten nicht beginnen und war daher in der Ausführung der vereinbarten Leistungen behindert. Die Behinderung dauerte bis zum an.

Beweis: Zeugnis

1.1.2. Behinderungsanzeige/Offenkundigkeit der Behinderung *[nur bei VOB-Vertrag]*

Die Beklagte zeigte die Behinderung mit Schreiben vom der Klägerin an.

Beweis: Behinderungsanzeige vom , **Anlage K**

(***alternativ***)

Der Klägerin waren das Fehlen der Baugenehmigung/der relevanten Baupläne/der Streik/die Aussperrung/das Schlechtwetter und die daraus resultierende Behinderung der Beklagten in der Ausführung ihrer Leistungen offenkundig bekannt, denn

- Kenntnis oder einfache Wahrnehmbarkeit der Tatsachen und
- Kenntnis oder für im Bauwesen Tätige Klarheit der Auswirkungen auf Baufortschritt oder
- „wenn selbst der in Bausachen unerfahrene Laie geradezu darauf gestoßen wird".

Beweis: Zeugnis

1.1.3. Behinderungsbedingte Bauverzögerung

Die eingetretene Behinderung hat dazu geführt, dass die Beklagte ihre -Arbeiten nicht wie vereinbart am , sondern erst am abschließen konnte.

Beweis: Zeugnis

Baubetriebliches Sachverständigengutachten vom , **Anlage K**

1.1.4. Anspruch auf Bauzeitverlängerung *[nur bei VOB-Vertrag]*

Infolge der eingetretenen Bauverzögerung steht der Beklagten ein Anspruch auf entsprechende Verlängerung der Ausführungsfristen gem. § 6 Abs. 2 i.V.m. Abs. 4 VOB/B zu.

Infolge dessen sind die vereinbarten Vertragstermine entfallen. Jedenfalls fehlt es an einem Verschulden der Beklagten für die Leistungsverzögerung.

(***alternativ***)

1.2. Mitwirkungsverzug der Klägerin

1.2.1. Fehlende Mitwirkungshandlung der Klägerin

In dem Bauvertrag war der Beginn der Bauarbeiten am vereinbart.

Beweis: Bauvertrag vom , **Anlage K**

Zum Zeitpunkt des vereinbarten Baubeginns
- hatte die Klägerin das Baugrundstück noch nicht bereit gestellt,
- gestattete die Klägerin der Beklagten nicht das Betreten des Baugrundstücks,
- stellte die Klägerin der Beklagten nicht die für die Bauausführung notwendigen Pläne und Unterlagen zur Verfügung,
- erteilte die Klägerin der Beklagten nicht die für die Bauausführung notwendigen Informationen, und zwar ,
- lag die notwendige Baugenehmigung nicht vor,
- hatte die Klägerin die für die reibungslose Ausführung des Baues notwendigen Entscheidungen, und zwar noch nicht getroffen,
- waren die Vorarbeiten, auf die die Beklagte ihre Leistungen aufbauen sollte, und zwar , noch nicht fertig gestellt,
- hatte die Klägerin noch nicht für den von ihr zu gewährenden Hochwasserschutz gesorgt,
- hatte die Klägerin die Anfragen und Hinweise der Beklagten hinsichtlich noch nicht beantwortet.

Infolgedessen konnte die Beklagte mit ihren Arbeiten nicht beginnen und war in der Ausführung der vereinbarten Leistungen behindert. Die Behinderung dauerte bis zum an.

Beweis: Zeugnis

(***alternativ***)

Nach den vertraglichen Vereinbarungen sollte die Beklagte am mit den -Arbeiten beginnen.

Beweis: Bauvertrag vom , **Anlage K**

Zu diesem Zeitpunkt
- stellte die Klägerin der Beklagten nicht die für die Arbeitsausführung notwendigen Pläne und Unterlagen zur Verfügung,
- erteilte die Klägerin der Beklagten nicht die für die Arbeitsausführung notwendigen Informationen, und zwar ,
- hatte die Klägerin die für die reibungslose Ausführung des Baues notwendigen Entscheidungen, und zwar , noch nicht getroffen,
- waren die Vorarbeiten, auf die die Beklagte ihre Leistungen aufbauen sollte, und zwar , noch nicht fertig gestellt,
- hatte die Klägerin noch nicht für den von ihr zu gewährenden Hochwasserschutz gesorgt,

- hatte die Klägerin die Anfragen und Hinweise der Beklagte hinsichtlich noch nicht beantwortet.

Infolgedessen konnte die Beklagte mit den -Arbeiten nicht beginnen und war in der Ausführung der vereinbarten Leistungen behindert. Die Behinderung dauerte bis zum an.

Beweis: Zeugnis

1.2.2. Annahmeverzug der Klägerin

Die Beklagte hat mit Schreiben vom der Klägerin mitgeteilt, dass sie bereit ist, die geschuldeten Leistungen zu erbringen. Sie hat in demselben Schreiben die Klägerin aufgefordert, die fehlende erforderliche Mitwirkungshandlung vorzunehmen.

Beweis: Schreiben vom , **Anlage K**

Die Klägerin ist somit durch das wörtliche Leistungsangebot der Beklagten in Annahmeverzug geraten (§ 295 BGB).

(***alternativ***)

Nach dem in § des Bauvertrages vereinbarten Bauzeitenplan hatte die Klägerin der Beklagten die notwendigen Pläne und Unterlagen bis zum zur Verfügung zu stellen.

Beweis: Bauvertrag vom , **Anlage K**

Entgegen dieser Vereinbarung hat die Klägerin die Pläne und Unterlagen der Beklagten nicht fristgerecht zur Verfügung gestellt.

Beweis: Zeugnis

Die Klägerin ist hierdurch in Annahmeverzug geraten (§ 296 S. 1 BGB).

(***alternativ***)

Nach der Vereinbarung in § des Bauvertrages hatte die Klägerin der Beklagten die notwendigen Pläne und Unterlagen (*Tage/Wochen*) nach Abruf zur Verfügung zu stellen.

Beweis: Bauvertrag vom , **Anlage K**

Die Beklagte hat mit Schreiben vom die benötigten Pläne und Unterlagen bei der Klägerin abgerufen.

Beweis: Schreiben vom , **Anlage K**

Die Klägerin hat dennoch die benötigten Pläne und Unterlagen der Beklagten nicht zur Verfügung gestellt.

Beweis: Zeugnis

Die Klägerin ist hierdurch in Annahmeverzug geraten (§ 296 S. 2 BGB). Infolge dessen sind die vereinbarten Vertragstermine entfallen. Jedenfalls fehlt es an einem Verschulden der Beklagten für die Leistungsverzögerung.

(***alternativ***)

1.3. Zusatzaufträge/Nachträge

Die Klägerin hat der Beklagten folgende Änderungs-/Zusatzaufträge erteilt:

Dies hat dazu geführt, dass die Beklagte ihre -Arbeiten nicht wie vereinbart am , sondern erst am abschließen konnte.

Beweis: Zeugnis
Baubetriebliches Sachverständigengutachten vom , **Anlage K**

Infolge dessen sind die vereinbarten Vertragstermine entfallen. Jedenfalls fehlt es an einem Verschulden der Beklagten für die Leistungsverzögerung.

2. Keine wirksame Vertragsstrafenvereinbarung

Der Bauvertrag mit der in § enthaltenen Vertragsstrafenklausel stellt einen für eine Mehrfachverwendung vorformulierten Formularvertrag dar. Das ergibt sich bereits aus dem Gesamterscheinungsbild des Vertrages. Die Vertragsstrafenklausel unterliegt somit der Inhaltskontrolle nach §§ 305 ff. BGB.

Beweis: Bauvertrag vom , **Anlage K**

Die Vertragsstrafenklausel hält einer Inhaltskontrolle nicht stand, weil sie
- nicht verschuldens- und verzugsabhängig formuliert ist,
- keine angemessenen Tagessätze enthält,
- keine angemessene Obergrenze für die Vertragsstrafe enthält,
- die unangemessene Anhäufung von Vertragsstrafen für Zwischenfristen nicht ausschließt und damit gegen das Kumulierungsverbot verstößt,
- eine unbeschränkte Geltendmachung von Vertragsstrafe und Schadensersatz nebeneinander nicht ausschließt,
- das Erfordernis des Strafvorbehalts ausschließt bzw. zeitlich unangemessen verlagert.

(*Dies ist näher auszuführen.*)

3. Wegfall der Vertragsstrafe

3.1. Wegfall der Vertragsstrafe wegen Neuordnung der Termine

Durch die oben beschriebene erhebliche Verzögerung der Bauausführung war die Beklagte zu einer völligen Neuordnung ihres Terminplans gezwungen, denn .

Beweis: Zeugnis
Baubetriebliches Sachverständigengutachten vom , **Anlage K**

Durch die völlige Neuordnung der Termine ist die vereinbarte Vertragsstrafe entfallen (vgl. BGH v. 13.1.1966 – VII ZR 262/63 – NJW 1966, 971; BGH v. 14.1.1993 – VII ZR 185/91 – BauR 1993, 600, 601)

3.2. Wegfall der Vertragsstrafe wegen Vereinbarung neuer Termine

Die Parteien haben im Zuge der Arbeitsausführung der Beklagten neue Fristen und Termine vereinbart, und zwar

- für die Fertigstellung der -Arbeiten den ,
- für die Fertigstellung der -Arbeiten den ,
- für die Fertigstellung der -Arbeiten den ,
- für die Fertigstellung der -Arbeiten den ,
- für die Gesamtfertigstellung den .

Beweis:

Hierdurch ist die bisher vereinbarte Vertragsstrafe entfallen. Eine neue Vertragsstrafenvereinbarung wurde nicht getroffen.

3.3. Wegfall der Vertragsstrafe wegen fehlenden Vorbehalts bei der Abnahme

Die Klägerin hat am die Arbeiten der Beklagten förmlich abgenommen. Die Klägerin hat sich hierbei nicht die Geltendmachung der Vertragsstrafe vorbehalten.

Beweis: Abnahmeprotokoll vom , **Anlage K**

Hierdurch ist eine eventuell verwirkte Vertragsstrafe entfallen (§ 341 Abs. 3 BGB, § 11 Abs. 4 VOB/B).

(***alternativ***)

Die Klägerin hat am die Arbeiten der Beklagten mündlich abgenommen. Die Klägerin hat sich hierbei nicht die Geltendmachung der Vertragsstrafe vorbehalten.

Beweis: Zeugnis

Hierdurch ist eine eventuell verwirkte Vertragsstrafe entfallen (§ 341 Abs. 3 BGB, § 11 Abs. 4 VOB/B).

4. Verjährung

Hilfsweise wird die Verjährung der von der Klägerin geltend gemachten Ansprüche eingewendet. Für die Ansprüche gilt die regelmäßige Verjährungsfrist (§§ 195, 199 Abs. 1, 3 BGB).

(*Beginn und Ende der Verjährungsfrist sind näher darzulegen.*)

Die Klage ist daher abzuweisen.

(*Unterschrift*) (*Rechtsanwalt*)

▲

2. Klage des Auftragnehmers auf Schadensersatz wegen Behinderung

a) Typischer Sachverhalt

265 Im Bauvertrag ist die Geltung der VOB/B vereinbart, Auftragnehmer wurde in der Ausführung seiner Leistung behindert.

b) Muster: Klage des Auftragnehmers auf Schadensersatz wegen Behinderung

▼ 266

3.42

An das

Landgericht

(*Adresse*)

Klage

In Sachen

Firma , vertreten durch , (*Adresse*)

– Klägerin –

gegen

Firma , vertreten durch , (*Adresse*)

– Beklagte –

wegen: Schadensersatz

Streitwert: EUR

Gerichtskosten i.H.v. EUR in Anlage

zeige ich an, dass ich die Klägerin vertrete.

Namens und in Vollmacht der Klägerin erhebe ich

Klage

gegen die Beklagte; im Termin zur mündlichen Verhandlung werde ich beantragen:

I. Die Beklagte wird verurteilt, an die Klägerin EUR nebst Zinsen i.H.v. 5 Prozentpunkten über dem Basiszinssatz hieraus seit dem zu zahlen.

II. Die Beklagte trägt die Kosten des Rechtsstreits.

III. Das Urteil ist – ggf. gegen Sicherheitsleistung – vorläufig vollstreckbar.

Für den Fall des Vorliegens der entsprechenden Voraussetzungen wird bereits jetzt der Erlass eines Anerkenntnisurteils gem. § 307 ZPO bzw. eines Versäumnisurteils gem. § 331 ZPO beantragt.

Begründung:

Die Klägerin macht gegen die Beklagte Schadensersatzforderungen wegen Behinderung ihrer vertraglichen Leistung geltend (§ 6 Abs. 6 S. 1 VOB/B).

1. Bauvertrag

Die Klägerin schloss als Auftragnehmerin am mit der Beklagten als Auftraggeberin einen Bauvertrag zur Erstellung . Es war die Geltung der VOB/B in der bei Vertragsabschluss gültigen Fassung vereinbart.

Beweis: Bauvertrag vom , **Anlage K**

2. Behinderung der Klägerin in der Erbringung ihrer Leistungen

In dem Bauvertrag war der Beginn der Bauarbeiten am vereinbart.

Beweis: Bauvertrag vom , **Anlage K**

Zum Zeitpunkt des vereinbarten Baubeginns lag die notwendige Baugenehmigung nicht vor. Infolge des Fehlens der Baugenehmigung konnte die Klägerin mit ihren Arbeiten nicht beginnen und war daher in der Ausführung der vereinbarten Leistungen behindert. Die Behinderung dauerte bis zum an.

Beweis: Zeugnis

(***alternativ***)

In dem Bauvertrag war der Beginn der Bauarbeiten am vereinbart.

Beweis: Bauvertrag vom , **Anlage K**

Zum Zeitpunkt des vereinbarten Baubeginns lagen der Klägerin die relevanten Baupläne nicht vor. Infolge des Fehlens der relevanten Pläne konnte die Klägerin mit ihren Arbeiten nicht beginnen und war daher in der Ausführung der vereinbarten Leistungen behindert. Die Behinderung dauerte bis zum an.

Beweis: Zeugnis

(***alternativ***)

Nach den vertraglichen Vereinbarungen sollte die Klägerin am mit den -Arbeiten beginnen.

Beweis: Bauvertrag vom , **Anlage K**

Zu diesem Zeitpunkt lagen der Klägerin jedoch die hierfür relevanten Baupläne nicht vor. Infolge des Fehlens der relevanten Pläne konnte die Klägerin mit den -Arbeiten nicht beginnen und war daher in der Ausführung der vereinbarten Leistungen behindert. Die Behinderung dauerte bis zum an.

Beweis: Zeugnis

(*Die hindernden Umstände und die daraus resultierende Behinderung sind detailliert darzulegen und unter Beweis zu stellen.*)

3. Behinderungsanzeige/Offenkundigkeit der Behinderung

Die Klägerin zeigte die Behinderung mit Schreiben vom der Beklagten an.

Beweis: Behinderungsanzeige vom , **Anlage K**

(***alternativ***)

Der Beklagten waren das Fehlen der Baugenehmigung/der relevanten Baupläne und die daraus resultierende Behinderung der Klägerin in der Ausführung ihrer Leistungen offenkundig bekannt, denn

- Kenntnis oder einfache Wahrnehmbarkeit der Tatsachen und
- Kenntnis, oder für im Bauwesen Tätige Klarheit, der Auswirkungen auf Baufortschritt oder
- „wenn selbst der in Bausachen unerfahrene Laie geradezu darauf gestoßen wird".

Beweis: Zeugnis

4. Behinderungsbedingte Bauverzögerung

Die eingetretene Behinderung hat dazu geführt, dass die Klägerin ihre -Arbeiten nicht wie vereinbart am , sondern erst am abschließen konnte.

Beweis: Zeugnis
Baubetriebliches Sachverständigengutachten vom , **Anlage K**

5. Verzögerungsbedingter Schaden der Klägerin

Der Klägerin sind durch eingetretene Bauverzögerung folgende Schäden entstanden:

- erhöhte Lohnkosten,
- erhöhte Materialkosten,
- erhöhte Nachunternehmerkosten,
- Kosten für unbeschäftigtes Personal,
- Gerätestillstandskosten,
- Rechtsverfolgungskosten, insbesondere Rechtsanwaltskosten.

Beweis:
Baubetriebliches Sachverständigengutachten vom , **Anlage K**

6. Entgangener Gewinn

Die Klägerin hat über die vorstehend genannten Schäden hinaus Anspruch auf Ersatz des entgangenen Gewinns, denn die Beklagte hat die hindernden Umstände vorsätzlich/grob fahrlässig herbeigeführt.

Die Beklagte hatte die notwendige Baugenehmigung nicht rechtzeitig beantragt. Der Beklagten war aus einem Gespräch mit der Bauaufsichtbehörde am bekannt, dass die Erteilung der Baugenehmigung einen Zeitraum von mindestens (*Wochen/Monaten*) in Anspruch nehmen würde und dass sie demgemäß den Bauantrag spätestens am bei der Behörde einreichen musste, damit die Baugenehmigung noch rechtzeitig vor dem vereinbarten Baubeginn am vorlag. Die Beklagte hat trotz dieses Wissens den Bauantrag erst am bei der Behörde eingereicht. Sie hat hierbei einen verspäteten Baubeginn billigend in Kauf genommen (dolus eventualis). Jedenfalls aber ist das Verhalten der Beklagten als grob fahrlässig anzusehen.

Beweis:

(***alternativ***)

Die Beklagte hatte die für die Prüfung des Bauantrags und die Erteilung der Baugenehmigung notwendigen Unterlagen nicht rechtzeitig bei der Bauaufsichtsbehörde eingereicht. Der Beklagten war aus einem Gespräch mit der Bauaufsichtbehörde am bekannt, dass diese für die Prüfung des Bauantrags und die Erteilung der Baugenehmigung noch benötigte und dass sie diese Unterlagen umgehend bei der Behörde einreichen musste, damit die Baugenehmigung noch rechtzeitig vor dem vereinbarten Baubeginn am vorlag. Die Beklagte hat trotz dieses Wissens die notwendigen Bauantragsunterlagen erst am bei der Behörde eingereicht. Sie hat hierbei einen verspäteten

Baubeginn billigend in Kauf genommen (dolus eventualis). Jedenfalls aber ist das Verhalten der Beklagten als grob fahrlässig anzusehen.

Beweis: ___

(***alternativ***)

Die Beklagte hatte den von ihr eingeschalteten Planer nicht rechtzeitig mit der Anfertigung der notwendigen Baupläne beauftragt. Der Beklagten war aus einem Gespräch mit dem Planer am ___ bekannt, dass die Anfertigung der Baupläne einen Zeitraum von mindestens ___ (*Wochen/Monaten*) in Anspruch nehmen würde und dass sie demgemäß den Auftrag zur Anfertigung der Pläne spätestens am ___ erteilen musste, damit die benötigten Pläne noch rechtzeitig vor dem vereinbarten Baubeginn am ___ vorlagen. Die Beklagte hat trotz dieses Wissens den Auftrag zur Anfertigung der Pläne erst am ___ an den Planer erteilt. Sie hat hierbei einen verspäteten Baubeginn billigend in Kauf genommen (dolus eventualis). Jedenfalls aber ist das Verhalten der Beklagten als grob fahrlässig anzusehen.

Beweis: ___

Der Klägerin ist durch die eingetretene Bauverzögerung folgender Gewinn entgangen:

- ___
- ___

7. Mahnung

Die Klägerin hat mit Schreiben vom ___ die Beklagte zum Ersatz der ihr entstandenen Schäden aufgefordert.

Beweis: Schreiben vom ___, **Anlage K** ___

Da die Beklagte hierauf nicht reagierte, mahnte die Klägerin mit Schreiben vom ___ die Zahlung bei der Beklagte an und setzte hierfür eine Frist bis zum ___.

Beweis: Mahnschreiben vom ___, **Anlage K** ___

Die Beklagte befindet sich somit seit dem ___ im Zahlungsverzug. Der geltend gemachte Zinsanspruch ergibt sich dem Grunde und der Höhe nach aus § 286 Abs. 3 i.V.m. §§ 288, 247 BGB.

Da die Beklagte bis heute keine Zahlung geleistet hat, ist Klage geboten.

(*Unterschrift*) (*Rechtsanwalt*)

▲

c) Muster: Klageerwiderung

▼ 267

3.43

An das

Landgericht

(*Adresse*)

In Sachen

Firma

– Klägerin –

gegen

Firma

– Beklagte –

wegen: Schadensersatz

zeige ich an, dass ich die Beklagte vertrete. Die Beklagte wird sich gegen die Klage verteidigen.

Im Termin zur mündlichen Verhandlung werde ich beantragen:

I. Die Klage wird abgewiesen.

II. Die Klägerin trägt die Kosten des Rechtsstreits.

Das Urteil ist – ggf. gegen Sicherheitsleistung – in Ziff. II. vorläufig vollstreckbar.

Begründung:

Die Klage ist unbegründet. Der Klägerin stehen keine Schadensersatzansprüche gegen die Beklagte zu.

1. Kein Verschulden der Beklagten an den hindernden Umständen.

Die Beklagte trifft an den hindernden Umständen kein Verschulden, denn .

Beweis:

2. Keine unverzügliche Behinderungsanzeige

Gem. § 6 Abs. 1 S. 1 VOB/B ist die Behinderungsanzeige unverzüglich, d.h. ohne schuldhaftes Zögern (§ 121 Abs. 1 S. 1 BGB), abzugeben. Die Anzeigepflicht besteht nicht erst bei sicherer Kenntnis der Behinderung, sondern bereits bei begründeter Annahme, dass eine Behinderung aller Voraussicht nach eintreten wird. Die Klägerin konnte bereits am erkennen, dass eine Behinderung eintreten würde. Sie war bereits zu diesem Zeitpunkt zur Erstattung einer Behinderungsanzeige verpflichtet. Dennoch hat die Klägerin pflichtwidrig die Anzeige erst am erstattet.

Hätte die Klägerin pflichtgemäß die Behinderungsanzeige bereits am erstattet, so hätte die Beklagte die Möglichkeit gehabt, die Behinderung zu vermeiden, indem .

Beweis:

(***alternativ***)

Hätte die Klägerin pflichtgemäß die Behinderungsanzeige bereits am erstattet, so hätte die Beklagte die Möglichkeit gehabt, die zeitlichen/wirtschaftlichen Folgen der Behinderung zu vermeiden, indem .

Beweis:

Durch die verspätete Erstattung der Behinderungsanzeige hat die Klägerin ihre Schadensgeringhaltungspflicht verletzt. Dies führt zu einem Ausschluss/einer Minderung der Haftung der Beklagten nach § 254 Abs. 2 BGB.

3. Verjährung

Hilfsweise wird die Verjährung der von der Klägerin geltend gemachten Ansprüche eingewendet. Für die Ansprüche gilt die regelmäßige Verjährungsfrist (§§ 195, 199 Abs. 1, 3 BGB).

(*Beginn und Ende der Verjährungsfrist sind näher darzulegen.*)

Die Klage ist daher abzuweisen.

(*Unterschrift*) (*Rechtsanwalt*)

▲

3. Klage des Auftragnehmers auf Entschädigung wegen Behinderung bzw. Vergütungszahlung nach Vertragsbeendigung infolge fehlender notwendiger Mitwirkungshandlung des Auftraggebers

a) Typischer Sachverhalt

268 Der Auftragnehmer wurde infolge fehlender notwendiger Mitwirkungshandlung des Auftraggebers in der Ausführung seiner Leistungen behindert.

b) Muster: Klage des Auftragnehmers auf Entschädigung wegen Behinderung bzw. Vergütungszahlung nach Vertragsbeendigung infolge fehlender notwendiger Mitwirkungshandlung des Auftraggebers

269 ▼

3.44

An das

Landgericht

(*Adresse*)

Klage

In Sachen

Firma , vertreten durch , (*Adresse*)

– Klägerin –

gegen

Firma , vertreten durch , (*Adresse*)

– Beklagte –

wegen: Entschädigung gem. § 642 BGB/Vergütungsanspruch gem. § 645 *[nur bei BGB-Vertrag]*/Vergütungsanspruch gem. § 9 Abs. 3 VOB/B *[nur bei VOB-Vertrag]*

Streitwert: EUR

Gerichtskosten i.H.v. EUR in Anlage

zeige ich an, dass ich die Klägerin vertrete.

Namens und in Vollmacht der Klägerin erhebe ich

Klage

gegen die Beklagte; im Termin zur mündlichen Verhandlung werde ich beantragen:

I. Die Beklagte wird verurteilt, an die Klägerin EUR nebst Zinsen i.H.v. 5/8 Prozentpunkten über dem Basiszinssatz hieraus seit dem zu zahlen.

II. Die Beklagte trägt die Kosten des Rechtsstreits.

III. Das Urteil ist – ggf. gegen Sicherheitsleistung – vorläufig vollstreckbar.

Für den Fall des Vorliegens der entsprechenden Voraussetzungen wird bereits jetzt der Erlass eines Anerkenntnisurteils gem. § 307 ZPO bzw. eines Versäumnisurteils gem. § 331 ZPO beantragt.

Begründung:

Die Klägerin macht gegen die Beklagte einen Anspruch auf Entschädigung wegen Behinderung bzw. Vergütungszahlung nach Vertragsbeendigung infolge fehlender notwendiger Mitwirkungshandlung des Auftraggebers geltend.

1. Bauvertrag

Die Klägerin schloss als Auftragnehmerin am mit der Beklagten einen Bauvertrag zur Erstellung . Es war die Geltung der VOB/B in der bei Vertragsabschluss gültigen Fassung vereinbart.

Beweis: Bauvertrag vom , **Anlage K**

2. Fehlende Mitwirkungshandlung der Beklagten

In dem Bauvertrag war der Beginn der Bauarbeiten am vereinbart.

Beweis: Bauvertrag vom , **Anlage K**

Zum Zeitpunkt des vereinbarten Baubeginns

- hatte die Beklagte das Baugrundstück noch nicht bereitgestellt,
- gestattete die Beklagte der Klägerin nicht das Betreten des Baugrundstücks,
- stellte die Beklagte der Klägerin nicht die für die Bauausführung notwendigen Pläne und Unterlagen zur Verfügung,
- erteilte die Beklagte der Klägerin nicht die für die Bauausführung notwendigen Informationen, und zwar ,
- lag die notwendige Baugenehmigung nicht vor,
- hatte die Beklagte die für die reibungslose Ausführung des Baues notwendigen Entscheidungen, und zwar , noch nicht getroffen,
- waren die Vorarbeiten, auf die die Klägerin ihre Leistungen aufbauen sollte, und zwar , noch nicht fertig gestellt,
- hatte die Beklagte noch nicht für den von ihr zu gewährenden Hochwasserschutz gesorgt,

- hatte die Beklagte die Anfragen und Hinweise der Klägerin hinsichtlich noch nicht beantwortet.

Infolgedessen konnte die Klägerin mit ihren Arbeiten nicht beginnen und war in der Ausführung der vereinbarten Leistungen behindert.

(***alternativ***)

Nach den vertraglichen Vereinbarungen sollte die Klägerin am mit den -Arbeiten beginnen.

> *Beweis:* Bauvertrag vom , **Anlage K**

Zu diesem Zeitpunkt

- stellte die Beklagte der Klägerin nicht die für die Arbeitsausführung notwendigen Pläne und Unterlagen zur Verfügung,
- erteilte die Beklagte der Klägerin nicht die für die Arbeitsausführung notwendigen Informationen, und zwar ,
- hatte die Beklagte die für die reibungslose Ausführung des Baues notwendigen Entscheidungen, und zwar , noch nicht getroffen,
- waren die Vorarbeiten, auf die die Klägerin ihre Leistungen aufbauen sollte, und zwar , noch nicht fertig gestellt,
- hatte die Beklagte noch nicht für den von ihr zu gewährenden Hochwasserschutz gesorgt,
- hatte die Beklagte die Anfragen und Hinweise der Klägerin hinsichtlich noch nicht beantwortet.

Infolgedessen konnte die Klägerin mit den -Arbeiten nicht beginnen und war in der Ausführung der vereinbarten Leistungen behindert.

3. Behinderungsanzeige/Offenkundigkeit der Behinderung *[nur bei VOB-Vertrag]*

Die Klägerin zeigte die Behinderung mit Schreiben vom der Beklagten an.

> *Beweis:* Behinderungsanzeige vom , **Anlage K**

(***alternativ***)

Der Beklagten waren das Fehlen der notwendigen Mitwirkungshandlung und die daraus resultierende Behinderung der Klägerin in der Ausführung ihrer Leistungen offenkundig bekannt, denn

- Kenntnis oder einfache Wahrnehmbarkeit der Tatsachen und
- Kenntnis, oder für im Bauwesen Tätige Klarheit, der Auswirkungen auf Baufortschritt oder
- „wenn selbst der in Bausachen unerfahrene Laie geradezu darauf gestoßen wird".

> *Beweis:* Zeugnis

4. Annahmeverzug der Beklagten

Die Klägerin hat mit Schreiben vom der Beklagten mitgeteilt, dass sie bereit ist, die geschuldeten Leistungen zu erbringen. Sie hat in demselben Schreiben die Beklagte aufgefordert, die fehlende erforderliche Mitwirkungshandlung vorzunehmen.

> *Beweis:* Schreiben vom , **Anlage K**

Die Beklagte ist somit durch das wörtliche Leistungsangebot der Klägerin in Annahmeverzug geraten (§ 295 BGB).

(***alternativ***)

Nach dem in § des Bauvertrages vereinbarten Bauzeitenplan hatte die Beklagte der Klägerin die notwendigen Pläne und Unterlagen bis zum zur Verfügung zu stellen.

Beweis: Bauvertrag vom , **Anlage K**

Entgegen dieser Vereinbarung hat die Beklagte die Pläne und Unterlagen der Klägerin nicht fristgerecht zur Verfügung gestellt.

Beweis: Zeugnis

Die Beklagte ist hierdurch in Annahmeverzug geraten (§ 296 S. 1 BGB).

(***alternativ***)

Nach der Vereinbarung in § des Bauvertrages hatte die Beklagte der Klägerin die notwendigen Pläne und Unterlagen Tage/Wochen nach Abruf zur Verfügung zu stellen.

Beweis: Bauvertrag vom , **Anlage K**

Die Klägerin hat mit Schreiben vom die benötigten Pläne und Unterlagen bei der Beklagten abgerufen.

Beweis: Schreiben vom , **Anlage K**

Die Beklagte hat dennoch die benötigten Pläne und Unterlagen der Klägerin nicht zur Verfügung gestellt.

Beweis: Zeugnis

Die Beklagte ist hierdurch in Annahmeverzug geraten (§ 296 S. 2 BGB).

5. Entschädigungsanspruch

Der Klägerin ist infolge des Annahmeverzugs der Beklagten folgender Schaden entstanden:

- Kosten für unbeschäftigtes Personal,
- Gerätestillstandskosten.

Beweis:

Baubetriebliches Sachverständigengutachten vom , **Anlage K**

(***alternativ***)

6. Kündigung des Vertrages gem. § 9 Abs. 1 Nr. 1 VOB/B *[nur bei VOB-Vertrag]*

Die Klägerin war infolge der fehlenden Mitwirkungshandlung der Beklagten außer Stande, die von ihr geschuldeten Leistungen auszuführen, weil .

Beweis:

Die Klägerin hat gem. § 9 Abs. 2 VOB/B mit Schreiben vom die Beklagte zur Nachholung der notwendigen Mitwirkungshandlung aufgefordert, hierfür eine Frist bis zum gesetzt und die Kündigung des Bauvertrages angedroht für den Fall, dass die Mitwirkungshandlung nicht bis zum Ablauf der gesetzten Frist vorgenommen wird.

Beweis: Schreiben vom , **Anlage K**

Die Beklagte hat dennoch die notwendige Mitwirkungshandlung nicht vorgenommen.

Beweis: Zeugnis

Die Klägerin hat daraufhin das Vertragsverhältnis gekündigt.

Beweis: Kündigungsschreiben vom , **Anlage K**

Die Klägerin hat gem. § 9 Abs. 3 VOB/B der Beklagten einen der geleisteten Arbeit entsprechenden Teil der vereinbarten Vergütung in Rechnung gestellt. Die Klägerin hat ferner der Klägerin die in der Vergütung nicht inbegriffenen Auslagen

- gekauftes Material,
- Transportkosten,
- Baustelleneinrichtung,
- Kosten für die Anmietung von Geräten, Gerüsten etc.,
- Werkstattleistungen für noch nicht erbrachte Werkleistungen (z.B. vorgefertigte, aber noch nicht angelieferte Teile),
- erbrachte Planungsleistungen

in Rechnung gestellt.

Beweis: Rechnung vom , **Anlage K**

7. Mahnung

Die Klägerin hat mit Schreiben vom die Beklagte zum Ersatz der ihr entstandenen Schäden/zur Zahlung der abgerechneten Vergütung aufgefordert.

Beweis: Schreiben vom , **Anlage K**

Da die Beklagte hierauf nicht reagierte, mahnte die Klägerin mit Schreiben vom die Zahlung bei der Beklagte an und setzte hierfür eine Frist bis zum .

Beweis: Mahnschreiben vom , **Anlage K**

Die Beklagte befindet sich somit seit dem im Zahlungsverzug. Der geltend gemachte Zinsanspruch ergibt sich dem Grunde und der Höhe nach aus § 286 Abs. 3 i.V.m. §§ 288, 247 BGB, *§ 16 Abs. 5 Nr. 3 VOB/B [nur bei VOB-Vertrag]*.

Da die Beklagte bis heute keine Zahlung geleistet hat, ist Klage geboten.

(*Unterschrift*) (*Rechtsanwalt*)

▲

c) Muster: Klageerwiderung

▼ 270

3.45

An das

Landgericht

(*Adresse*)

In Sachen

Firma

– Klägerin –

gegen

Firma

– Beklagte –

wegen: Entschädigung gem. § 642 BGB/Vergütungsanspruch gem. § 645 *[nur bei BGB-Vertrag]*/Vergütungsanspruch gem. § 9 Abs. 3 VOB/B *[nur bei VOB-Vertrag]*

zeige ich an, dass ich die Beklagte vertrete. Die Beklagte wird sich gegen die Klage verteidigen.

Im Termin zur mündlichen Verhandlung werde ich beantragen:

I. Die Klage wird abgewiesen.

II. Die Klägerin trägt die Kosten des Rechtsstreits.

Das Urteil ist – ggf. gegen Sicherheitsleistung – in Ziff. II. vorläufig vollstreckbar.

Begründung:

Die Klage ist unbegründet. Der Klägerin steht kein Anspruch auf Entschädigung wegen Behinderung bzw. auf Vergütungszahlung nach Vertragsbeendigung infolge fehlender notwendiger Mitwirkungshandlung gegen die Beklagte zu.

1. Fehlendes Leistungsvermögen der Klägerin

Die Beklagte ist nicht in Annahmeverzug geraten, denn die Klägerin war zur Zeit ihres Leistungsangebotes/in dem Zeitpunkt, zu dem die Beklagte ihre Mitwirkungshandlung erbringen sollte, außer Stande, die geschuldete Leistung zu bewirken (§ 297 BGB). Die Klägerin war nicht auf den Arbeitsbeginn eingerichtet, denn .

Beweis:

2. Keine unverzügliche Behinderungsanzeige *[nur bei VOB-Vertrag]*

Gem. § 6 Abs. 1 S. 1 VOB/B ist die Behinderungsanzeige unverzüglich, d.h. ohne schuldhaftes Zögern (§ 121 Abs. 1 S. 1 BGB), abzugeben. Die Anzeigepflicht besteht nicht erst bei sicherer Kenntnis der Behinderung, sondern bereits bei begründeter Annahme, dass eine Behinderung aller Voraussicht nach eintreten wird. Die Klägerin konnte bereits am erkennen, dass eine Behinderung eintreten würde. Sie war bereits zu diesem Zeitpunkt zur Erstattung einer Behinderungsanzeige verpflichtet. Dennoch hat die Klägerin pflichtwidrig die Anzeige erst am erstattet.

Hätte die Klägerin pflichtgemäß die Behinderungsanzeige bereits am … erstattet, so hätte die Beklagte die Möglichkeit gehabt, die Behinderung zu vermeiden, indem … .

Beweis: …

(***alternativ***)

Hätte die Klägerin pflichtgemäß die Behinderungsanzeige bereits am … erstattet, so hätte die Beklagte die Möglichkeit gehabt, die zeitlichen/wirtschaftlichen Folgen der Behinderung zu vermeiden, indem … .

Beweis: …

Durch die verspätete Erstattung der Behinderungsanzeige hat die Klägerin ihre Schadensgeringhaltungspflicht verletzt. Dies führt zu einem Ausschluss/einer Minderung der Haftung der Beklagten nach § 254 Abs. 2 BGB.

3. Verjährung

Hilfsweise wird die Verjährung der von der Klägerin geltend gemachten Ansprüche eingewendet. Für die Ansprüche gilt die regelmäßige Verjährungsfrist (§§ 195, 199 Abs. 1, 3 BGB).

(*Beginn und Ende der Verjährungsfrist sind näher darzulegen.*)

Die Klage ist daher abzuweisen.

(*Unterschrift*) (*Rechtsanwalt*)

▲

§ 4 Sicherheiten am Bau

Philipp Schlemmer/Dr. Gabriele Bruchmann

Inhalt

A. Einleitung

I. Bedeutung von Sicherheiten am Bau

1 Das Thema „Sicherheiten am Bau" ist sowohl für den Bauunternehmer/Auftragnehmer (nachfolgend „Unternehmer") als auch für den Bauherrn/Auftraggeber (nachfolgend „Besteller") von großer Bedeutung, da beide Parteien ihre jeweils unterschiedlichen Sicherungsbedürfnisse bei Bau- und Architektenverträgen explizit abdecken müssen, um insbesondere im Hinblick auf eine Insolvenz am Bau möglichst umfassend geschützt zu sein. Gerade die Entwicklungen der vergangenen Jahre haben gezeigt, wie eng auch das Bauwesen mit der globalpolitischen Lage verknüpft ist und wie schnell einzelne Ereignisse und Krisen zu gravierenden Auswirkungen in der Baubranche führen können. Sowohl Unternehmer als auch Besteller können unverschuldet in finanzielle Schieflage geraten oder sogar insolvent werden. In solchen Fällen können Sicherheiten Schäden der Vertragspartner (teilweise) ausgleichen.

2 Der Unternehmer eines Bauwerks ist besonders sicherungsbedürftig, da er aufgrund seiner werkvertragsrechtlichen Vorleistungspflicht (§§ 631, 641 BGB) grundsätzlich die volle Leistung erbringen muss, bevor er eine Vergütung erhält. Damit trägt er das Insolvenzrisiko für Bauleistungen und die von ihm gelieferten und eingebauten Baustoffe.

3 Auch der Besteller ist trotz Vorleistungsverpflichtung des Unternehmers an einer Sicherheit für die vollständige, rechtzeitige und im Zeitpunkt der Abnahme mangelfreie Erbringung der vertraglich geschuldeten Leistung interessiert. Gerade der Anspruch auf Mängelbeseitigung ist im Hinblick auf eine mögliche Insolvenz des Unternehmers durch geeignete Instrumente abzusichern.

4 Um die Interessen einer Bauvertragspartei bestmöglich vertreten zu können, muss der Rechtsanwalt daher schon beim ersten Mandantengespräch prüfen, ob gesetzliche und/oder vertragliche Absicherungsmöglichkeiten bestehen, um seinen Mandanten vor Schaden durch eine Insolvenz am Bau bewahren zu können.

II. Gesetzliche und vertragliche Instrumente der Forderungssicherung

Der Gesetzgeber hat sowohl für den Unternehmer als auch für den Besteller verschiedene Möglichkeiten vorgesehen, um die Absicherung der jeweiligen Interessenlage vereinbaren bzw. geltend machen zu können und auch die VOB/B sieht verschiedene Instrumente der Forderungssicherung vor: 5

1. BGB-Bauvertrag

Die beiden bislang im BGB verankerten gesetzlichen Sicherungsinstrumente des § 648 BGB a.F. (Sicherungshypothek des Unternehmers) sowie des § 648a BGB a.F. (Bauhandwerkersicherung) sind im Rahmen der Reform des Bauvertragsrechts zum 1.1.2018 an jeweils neue Stellen gerückt. Inhaltlich kam es – bis auf einige redaktionelle Anpassungen sowie eine Abänderung des sog. Verbraucherprivilegs (§ 650f Abs. 6 S. 1 Nr. 2 BGB) – zu keinen grundlegenden Änderungen. Die **Sicherungshypothek des Unternehmers** (§ 648 BGB a.F.) ging in **§ 650e BGB** auf, die **Bauhandwerkersicherung** (§ 648a BGB a.F.) in **§ 650f BGB**. Rechtsprechung und Literatur zu den §§ 648 und 648a BGB a.F. können für die Auslegung der §§ 650e und 650f BGB weiterhin herangezogen werden.[1] 6

§ 650e BGB stellt mit der Einräumung einer Sicherungshypothek das traditionelle gesetzliche Sicherungsmittel dar, **um bereits erbrachte Vorleistungen des Unternehmers abzusichern**.

Daneben sieht **§ 650f BGB** vor, **Sicherheit für noch nicht erbrachte Leistungen sowie Nebenforderungen** zu erlangen. Als vertragliche Instrumente der Forderungssicherung nennt § 232 BGB für alle Bauvertragsparteien primär die Möglichkeiten der Hinterlegung von Geld und Wertpapieren, der Verpfändung von Forderungen und beweglichen Sachen sowie der Hypothekenbestellung, subsidiär die Leistung einer Sicherheit durch einen Bürgen. In der Baupraxis ist insbesondere die Sicherheitsleistung durch Bürgschaft (§ 232 Abs. 2 BGB) relevant. In Ausnahmefällen, wenn etwa besonders kurzfristig eine Sicherheit gestellt werden muss, empfiehlt sich auch, an die Möglichkeit der Hinterlegung zu denken.

Neben diesen beiden gesetzlichen Sicherheiten ist mit dem BauVG noch eine neue Sonderregelung im einstweiligen Rechtsschutz – eingefügt infolge Art. 1 Nr. 25 BauVG – hinzugekommen: Die erleichterte Erlangung einer einstweiligen Verfügung bei Streitigkeiten über das Anordnungsrecht (§ 650b Abs. 3 S. 1, Hs. 1 BGB) und über die Vergütungsanpassung durch Nachträge (§ 650c Abs. 5 S. 1, Hs. 1 BGB), auch bezeichnet als **einstweilige Verfügung bei der „Sicherung" von Anordnungsansprüchen und Nachtragsforderungen (§ 650d BGB)**.

1 Nicklisch/Weick/Jansen/Seibel/*Hildebrandt*, § 650e BGB Rn 2.

§ 650d BGB	§ 650e BGB	§ 650f BGB
Erleichterter einstweiliger Rechtsschutz bei Streitigkeiten über das Anordnungsrecht (§ 650b BGB) oder über Vergütungsanpassungen durch Nachträge (§ 650c – nicht aber für Werklohnansprüche oder Abschlagsforderungen allgemein) nach Beginn der Bauausführung, aber vor Fertigstellung	Sicherheit für bereits erbrachte Vorleistungen	Sicherheit für noch nicht erbrachte Leistungen sowie Nebenforderungen
„Sicherheit" durch einstweilige Verfügung	Sicherheit durch Einräumung einer Sicherungs hypothek	i.d.R. Sicherheit durch Bürgschaft (§ 232 Abs. 2 BGB)

2. VOB/B-Bauvertrag

7 Im VOB/B-Vertrag gelten die §§ 232–240 BGB ebenfalls, wenn Sicherheitsleistung vereinbart wurde. Nur für den Fall, dass der Vertrag keine bestimmte Art der Sicherheitsleistung vorsieht, reduziert § 17 Abs. 2 VOB/B die Arten der Sicherheitsleistungen auf den Einbehalt, die Hinterlegung von Geld oder die Leistung einer Bürgschaft. Zwar gilt § 17 Abs. 1, 2 VOB/B ausdrücklich nur für den Besteller (zur Sicherstellung der „vertragsgemäßen Ausführung der Leistung und der Mängelansprüche", § 17 Abs. 1 Nr. 2 VOB/B), schließt jedoch die Vereinbarung entsprechender Sicherungsinstrumente im umgekehrten Verhältnis nicht aus.

Auch die gesetzlichen Sicherungsmittel zugunsten des Unternehmers (§§ 650e und 650f BGB) sind auf einen VOB/B-Vertrag anwendbar, nicht aber die erleichterte einstweilige Verfügung nach § 650d BGB.

3. Geltungserlangung

8 Allen gesetzlich vorgesehenen sowie den in der VOB/B beschriebenen Sicherungsmöglichkeiten ist jedoch gemein, dass sie zwischen den Bauvertragsparteien ausdrücklich vereinbart bzw. im Falle der §§ 650e, 650f BGB ausdrücklich verlangt werden müssen, um Geltung zu erlangen. Sie entstehen also nicht bereits automatisch kraft Gesetzes oder mit der Vereinbarung der VOB/B.

Anders ist dies bei der prozessrechtlichen Norm des erleichterten einstweiligen Rechtsschutzes in § 650d BGB. Dieser Rechtsschutz kann ausschließlich auf Antrag einer Partei – ohne besondere vertragliche Vereinbarung – in Anspruch genommen werden, wenn ein wirksamer BGB-Bauvertrag (abgeschlossen ab dem 1.1.2018) vorliegt und es nach Beginn der Bauausführung zu Streitigkeiten über das Anordnungsrecht (§ 650b BGB) oder die Vergütungsanpassung (§ 650c BGB) gekommen ist.

B. Gesetzliches Instrument der Forderungssicherung: Bauhandwerkersicherungshypothek nach § 650e BGB

I. Rechtliche Grundlagen

1. Anspruchsvoraussetzungen

§ 650e BGB gewährt dem **Unternehmer** für seine Forderungen aus dem Vertrag einen schuldrechtlichen **Anspruch auf Einräumung einer Sicherungshypothek** am Baugrundstück des Bestellers: 9

- **Anspruchsteller** ist **„Unternehmer“**
- **Anspruchsgegner** ist **Eigentümer des als Sicherungsobjekt dienenden Baugrundstücks**
- **Wirksamer Werkvertrag**
- Anspruchsteller hat mit der **Leistungserbringung bereits begonnen** (Absicherung des Vorleistungsrisikos)
- § 650e BGB wurde zwischen den Parteien **nicht wirksam abbedungen (§ 650e BGB ist dispositiv**[2])

2. Vor- und Nachteile

Da mit § 650e BGB das **Vorleistungsrisiko des Unternehmers abgesichert** werden soll, setzt der Anspruch immer voraus, dass der Unternehmer tatsächlich schon (ungesichert) in Vorleistung getreten ist. Damit kann der Unternehmer nicht – wie bei § 650f BGB (siehe Rdn 64 ff.) – die von ihm erst noch zu erbringende Leistung absichern. Ist das Grundstück des Bestellers zum Zeitpunkt des Baubeginns bereits mit **vorrangigen Sicherheiten** belastet (z.B. durch die finanzierende Bank oder beim Kauf vom Bauträger durch Auflassungsvormerkungen zugunsten von Erwerbern), wird eine Befriedigung aus der Bauhandwerkersicherungshypothek i.d.R. verhindert. 10

Letztlich hat die Eintragung einer Bauhandwerkersicherungshypothek daher oft nur insoweit Bedeutung, als sie als **Druckmittel gegenüber einem Besteller** dient, der z.B. im Rahmen eines Bauträgervertrages lastenfreies Eigentum übertragen muss. 11

2 Jedoch Ausschluss durch AGB ohne Einräumung einer anderen angemessenen Sicherheit unwirksam (BGH NJW 1984, 2100).

12 Insgesamt lassen sich die Vor- und Nachteile des § 650e BGB wie folgt zusammenfassen:

a) Vorteile des § 650e BGB

13
- **Werthaltige Sicherheit** (Belastung eines Baugrundstücks des Bestellers)
- **Einseitige Durchsetzbarkeit** im Wege des einstweiligen Rechtsschutzes
- **Möglichkeit der vorrangigen Sicherheit** bei rechtzeitiger Geltendmachung
- **Druckmittel** auf den Besteller, da Sicherheit zur Einschränkung der Verkehrsfähigkeit des Grundstückes führt und sich faktisch als Grundbuchsperre auswirkt (insbesondere bei Verpflichtung des Bauträgers zur lastenfreien Eigentumsübertragung oder Verpflichtung zur vorrangigen Belastung von Finanzierungsgläubigern)
- Möglichkeit, **von einem vorrangig gesicherten Grundpfandgläubiger Zahlungen für die Freigabe der Sicherungshypothek** zwecks freihändiger Verwertung zu erhalten

b) Nachteile des § 650e BGB

14
- Anspruchsentstehung erst nach (i.d.R. ungesicherter) **Vorleistung** durch den Unternehmer[3]
- Anspruch nur bei **unmittelbarer werkvertraglicher Beziehung** zum Besteller
- Anspruch nur bei **Personenidentität des Bestellers und Eigentümers**[4]
- **Belastung des Baugrundstücks** ist regelmäßig schon zum Zeitpunkt des Baubeginns gegeben (z.B. durch die finanzierende Bank oder bei Bauträgern im Laufe des Baufortschritts durch Auflassungsvormerkungen zugunsten von Erwerbern), sodass eine **Befriedigung aus der Sicherungshypothek verhindert** wird
- **Manipulationsgefahr** durch den Besteller bei Eintragung vorrangiger Belastungen und Verfügungen über das Baugrundstück
- **Eingeschränkte Insolvenzbeständigkeit** wegen Rückschlagsperre i.S.v. § 88 InsO und Anfechtungsrecht gem. §§ 129 InsO
- **Möglichkeit der individualvertraglichen Abbedingung** des Sicherungsrechts

II. Anwendbarkeit auch auf den VOB/B-Vertrag

15 Die **VOB/B** sieht **keine Möglichkeit zur Sicherung der Ansprüche des Unternehmers** vor,[5] da § 16 VOB/B lediglich die Erfüllung der Zahlungspflichten des Bestellers und § 17 VOB/B nur diejenigen Sicherheiten regelt, die vom Unternehmer zugunsten des Bestellers zu stellen sind. Insoweit berührt die VOB/B die gesetzliche Möglichkeit zur Sicherung der Ansprüche des Unternehmers nicht, sodass **§ 650e BGB auch auf einen VOB/B-Bauvertrag anwendbar** ist.

3 BGH v. 10.3.1977 – VII ZR 77/76 – BauR 1977, 208, 209.
4 Nur ausnahmsweise bei unterschiedlichen Personen möglich, vgl. Rdn 25.
5 Ingenstau/Korbion/Leupertz/von Wietersheim/*Joussen*, VOB Teile A und B; Kommentar, Anhang 1 Rn 1.

III. Ausschluss von § 650e BGB

§ 650e BGB ist **dispositiv** und kann daher durch die Bauvertragsparteien abbedungen werden. Dies geschieht oft schon bei Erteilung des Bauauftrages, da der Besteller zu diesem Zeitpunkt eine stärkere Verhandlungsmacht besitzt: 16

Ein **individualvertraglich** vereinbarter Ausschluss kann sich entweder auf die **komplette Anwendung des § 650e BGB** beziehen, oder aber auf eine **Einschränkung der Rechte aus § 650e BGB**.[6] Insgesamt ist ein individualvertraglicher Ausschluss aber nur dann wirksam, wenn nachträglich keine wesentliche Verschlechterung in den Vermögensverhältnissen des Bestellers eintritt oder arglistiges Verhalten des Bestellers nachgewiesen werden kann.[7] 17

In Allgemeinen Geschäftsbedingungen dagegen ist ein Ausschluss des § 650e BGB i.d.R. **unwirksam**, da zum Nachteil des Unternehmers in das Leitbild des Werkvertragsrechts eingegriffen wird.[8] Etwas anderes kann gegebenenfalls dann gelten, wenn dem Unternehmer eine andere angemessene Sicherheit wie z.B. die Hinterlegung von Geld oder Wertpapieren oder eine Bankbürgschaft eingeräumt wird.[9] Dagegen kann jedoch allein die Möglichkeit, eine Sicherheit nach § 650f BGB fordern zu können, grundsätzlich nicht als angemessene Alternative zu § 650e BGB angesehen werden, da Ziel der Einführung des § 650f BGB war, die Rechte des Unternehmers zu stärken und ihm die Wahl zwischen einem Vorgehen nach § 650e BGB oder nach § 650f BGB zu überlassen.[10] 18

§ 650f Abs. 4 BGB schließt die Eintragung einer Sicherungshypothek auch nur dann aus, wenn der Unternehmer eine Sicherheit nach § 650f BGB „erlangt hat“ und nicht bereits dann, wenn ihm lediglich die Möglichkeit bleibt, eine Sicherheit nach § 650f BGB fordern zu können.

IV. Voraussetzungen im Einzelnen

1. Berechtigter: Unternehmer eines Bauwerks

Der Anspruch auf Einräumung einer Sicherungshypothek steht dem **Unternehmer** zu. Unternehmer i.S.d. § 650e BGB ist, wer Schuldner eines Bauvertrages ist, wie er in § 650a BGB legaldefiniert wird. Danach ist auch derjenige Unternehmer, der nicht nur mit der Herstellung, Wiederherstellung, Beseitigung oder dem Umbau eines Bauwerks oder eines Teils davon beauftragt ist (siehe bisherige Definition in § 648 BGB a.F.), sondern auch derjenige, der mit Herstellung, Wiederherstellung, Beseitigung oder dem Umbau einer Außenanlage beauftragt ist. Darin liegt eine Erweiterung des Unternehmer- 19

6 *Weise/Barber*, Sicherheit im Baurecht, Rn 474, 475.
7 OLG Köln v. 19.9.1973 – 16 U 63/73 – BauR 1974, 282.
8 OLG Frankfurt/Main v. 10.8.2001 – 13 W 39/01 – BauR 2002, 137; OLG Schleswig v. 23.12.1999 – 7 U 99/99 – BauR 2000, 1377.
9 BGH v. 3.5.1984 – VII ZR 80/82 – BauR 1984, 413, 415.
10 So: OLG Köln v. 19.5.1995 – 20 U 199/94 – BauR 1996, 272, 276; Ingenstau/Leupertz/von Wietersheim/Leupertz/*Joussen*, VOB Teile A und B, Kommentar, Anhang 1 Rn 129.

begriffs gegenüber dem bis zum 31.12.2017 geltenden Recht. Wer dagegen nur mit der Instandhaltung beauftragt ist, ist Unternehmer, wenn das Werk für die Konstruktion, den Bestand oder den bestimmungsmäßigen Gebrauch von wesentlicher Bedeutung ist (§ 650a Abs. 2 BGB).

Darüber hinaus muss der Unternehmer eine **unmittelbare werkvertragliche Beziehung** zum Besteller (Grundstückseigentümer) haben. Dies ist nicht zwangsläufig derjenige, der die Bauleistung erbringt. Damit hat der Nachunternehmer, der lediglich Vertragspartner des Generalunternehmers ist, weder einen Anspruch auf eine Sicherungshypothek gegen den Generalunternehmer als seinen Auftraggeber – da dieser nicht Grundstückseigentümer ist (siehe Rdn 24) – noch gegen den Auftraggeber des Generalunternehmers (Grundstückseigentümer), da er zu diesem keine unmittelbare vertragliche Beziehung hat.[11]

20 Da es sich um eine **werkvertragliche Beziehung** handeln muss, haben Vertragspartner aus Dienst-, Kauf- oder Werklieferungsverträgen keinen Anspruch auf Eintragung einer Sicherungshypothek. Auch Lieferanten von fertigen oder zu erstellenden Baumaterialien scheiden als Anspruchsberechtigte aus,[12] sofern die Sachen nicht vom Lieferanten selbst eingebaut werden. Architekten dagegen sind grundsätzlich anspruchsberechtigt, wenn sie auf werkvertraglicher Basis tätig werden (siehe auch § 650q Abs. 1 BGB).

2. Werterhöhungsprinzip

21 Die Leistung des Unternehmers muss sich **wertsteigernd** am Grundstück niedergeschlagen haben, d.h. zu einem Mehrwert an dem als Sicherungsobjekt dienenden Baugrundstück führen und sich teilweise schon darin niedergeschlagen haben.[13] Dabei ist jeder Einzelfall gesondert zu überprüfen.

22 Bei **Vollarchitekturleistungen** wird eine Werterhöhung bejaht, wenn sich die werkvertraglichen Leistungen des Architekten bereits in der Ausführung der Bauleistung niedergeschlagen haben.[14] Erbringt der Architekt dagegen nur **Teilleistungen**, die einen dienstvertraglichen Charakter[15] haben, scheidet eine Sicherungshypothek aus. Hat die Teilleistung aber werkvertraglichen Charakter[16] und wirkt sich die Leistung werterhöhend aus, liegt eine sicherungsfähige Forderung vor.[17] Nach neuerer Rechtsprechung ist es nicht

11 Ingenstau/Korbion/Leupertz/von Wietersheim/*Joussen*, VOB Teile A und B, Kommentar, Anhang 1 Rn 9.

12 Siehe zur weiteren Abgrenzung der Anspruchsberechtigten: *Werner/Pastor*, Der Bauprozess, Rn 183 ff.

13 Ingenstau/Korbion/Leupertz/von Wietersheim/*Joussen*, VOB Teile A und B, Kommentar, Anhang 1 Rn 7 (a.A. Erman/*Schwenker/Rodemann*, § 650e BGB Rn 6, wonach die Erhöhung des materiellen Werts des Grundstücks entgegen älterer Rechtsprechung keine Anspruchsvoraussetzung sein soll).

14 BGH v. 5.12.1968 – VII ZR 127, 128/66 – NJW 1969, 419, 421.

15 Z.B. Finanzierungsberatung oder Objektbetreuung und Dokumentation i.S.v. § 33 i.V.m. Anlage 11 Lph. 9 HOAI 2009 (früher § 15 Lph. 9 HOAI 1996).

16 Z.B. Planungsleistungen oder Objektüberwachung i.S.v. § 33 i.V.m. Anlage 11 Lph. 8 HOAI 2009 (früher § 15 Lph. 8 HOAI 1996).

17 Vgl. hierzu Ingenstau/Korbion/Leupertz/von Wietersheim/*Joussen*, VOB Teile A und B, Kommentar, Anhang 1 Rn 17 ff.

mehr zwingend nötig, dass auf Grundlage der Planung mit dem Bau tatsächlich begonnen wurde.[18]

Problematisch ist die **Abgrenzung bei Bau- und Sanierungsarbeiten**. Ausbesserungs- und Erneuerungsmaßnahmen (z.B. Schönheitsreparaturen) fallen nach der Rechtsprechung nicht in den Anwendungsbereich des § 650e BGB, wohl aber grundlegende Sanierungsarbeiten bzw. Modernisierungsmaßnahmen, die zu einer wesentlichen Veränderung des Bauwerks führen[19] (siehe jetzt ausdrücklich in § 650a Abs. 2 BGB geregelt). 23

3. Sicherungsobjekt: Baugrundstück des Bestellers

Nach § 650e BGB kann der Unternehmer die Eintragung einer Sicherungshypothek auf dem „**Baugrundstück des Bestellers**" verlangen, d.h. **Besteller und Grundstückseigentümer** müssen **identisch** sein. 24

Nur in Einzelfällen können von diesem Identitätserfordernis **Ausnahmen** zugelassen werden, etwa dann, wenn es **gem. § 242 BGB** als **unbillig** angesehen würde, dem Unternehmer die Sicherungshypothek zu verweigern. Dies ist z.B. dann der Fall, wenn der Besteller zwar nicht Eigentümer des Grundstücks ist, wohl aber den **Grundstückseigentümer wirtschaftlich beherrscht** und aus der vom Unternehmer erbrachten Bauleistung **tatsächlich Vorteile** zieht.[20] 25

Wurde die Bauleistung auf **mehreren Grundstücken** erbracht, die jedoch allesamt dem Besteller gehören, kann der Unternehmer für seine Forderung **an jedem dieser Grundstücke** in voller Höhe eine **Sicherungshypothek** beanspruchen oder auch eine **Gesamthypothek** (§ 1132 Abs. 1 BGB) eintragen lassen.[21] Handelt es sich dagegen um ein Bauwerk, das teilweise auf dem Grundstück des Bestellers, teilweise auf dem Grundstück eines Dritten errichtet wurde, erfolgt keine Aufteilung der erbrachten Werkleistung auf die einzelnen Grundstücke.[22] Vielmehr kann der Unternehmer für seine komplette Forderung allein an dem Grundstück des Bestellers eine Sicherungshypothek verlangen. 26

Bei einer **Teilung des Baugrundstücks** nach Auftragserteilung erstreckt sich der Anspruch des Unternehmers auch auf das abgetrennte Grundstück, solange der Besteller Eigentümer ist.[23] Manipulationen zum Nachteil des Unternehmers sind daher nicht möglich. 27

Auch ein **Erbbaurecht** kann mit einer Sicherungshypothek belastet werden, wenn der Besteller Erbbauberechtigter ist. Bei Bestehen einer Belastungsbeschränkung nach § 5 Abs. 2 ErbbauRG zwischen dem erbbauberechtigten Besteller und dem Grundstücksei- 28

18 KG v. 5.1.2021 – 27 W 1054/20.

19 Vgl. *Werner/Pastor*, Der Bauprozess, Rn 194 ff.

20 Vgl. aus der jüngeren Rspr.: LG Tübingen v. 4.9.2018 – 20 O 65/18; OLG Hamm v. 30.11.2006 – 21 U 80/06; BGH Nichtann.-Beschl. v. 26.7.2007 – VII ZR 1/07 – IBR 2008, 154; OLG Düsseldorf v. 12.9.2006 – I-21 U 49/06 – BauR 2007, 1590.

21 BGH v. 16.12.1999 – VII ZR 299/96 – BauR 2000, 1083, 1084.

22 BGH v. 16.12.1999 – VII ZR 299/96 – BauR 2000, 1083, 1084.

23 OLG Hamm v. 12.5.2000 – 12 U 39/00 – BauR 2000, 1527, 1528.

gentümer ist zur Bestellung einer Sicherungshypothek die Zustimmung des Grundstückseigentümers erforderlich.[24]

29 Ist der Besteller Eigentümer von **Wohnungseigentumseinheiten**, können auch diese mit einer Sicherungshypothek belastet werden. Der Unternehmer kann seinen Anspruch auf eine Sicherungshypothek dann im Wege der **Gesamthypothek nach § 1132 Abs. 1 BGB** verfolgen.[25] Der Vorteil für den Unternehmer besteht darin, dass sich die Sicherung an der jeweils selbstständigen Wohnungseigentumseinheit nicht auf den Wert der dort realisierten anteiligen Werkleistung beschränkt, sondern jeweils den **Gesamtbetrag der Vergütung** umfasst.[26] Dies ist insbesondere für den Fall vorteilhaft, in dem der Besteller einzelne Wohnungseinheiten veräußert und dadurch dem Zugriff des Unternehmers entzogen hat. Sind Einheiten aber bereits auf Erwerber zu Eigentum übertragen worden, stehen diese nicht mehr als Sicherungsgegenstand zur Verfügung. Wurde bislang nur eine Vormerkung zugunsten des Erwerbers zur Sicherung des Anspruchs auf Übertragung des Eigentums eingetragen, ist die Eintragung einer Sicherungshypothek zugunsten des Unternehmers zwar noch möglich, sie ist jedoch relativ unwirksam (§ 883 Abs. 2 BGB), soweit sie in Widerspruch zur Auflassungsvormerkung des Erwerbers steht. Der Erwerber kann dann nämlich die Löschung der später eingetragenen Vormerkung für die Sicherungshypothek verlangen.

4. Sicherbare Forderung

30 Eine Sicherungshypothek kann für die Forderungen des Unternehmers „**aus dem Vertrag**“ verlangt werden, sofern die Hypothekeneintragung nicht auf bestimmte Ansprüche beschränkt war.[27] Darunter versteht man **alle aus dem Vertrag herrührenden Zahlungsansprüche** des Unternehmers, die auf dem **Bau-/Architektenvertrag** sowie auf **bereits erbrachten Leistungen** beruhen:

- **Vergütungsansprüche**
  auch solche für Nachtragsleistungen sowie die dem Unternehmer nach einer Kündigung zustehenden Ansprüche für nicht erbrachte Leistungen aus § 648 S. 2 BGB bzw. § 8 Abs. 1 VOB/B (obgleich sich letztere nicht direkt werterhöhend auf das Grundstück auswirken[28]); auch bei Teilleistungen gem. § 650e S. 2 BGB
- **Ansprüche auf Schadensersatz**
  aus § 280 Abs. 1 BGB oder aus Verzug,[29] Entschädigungsansprüche, Ansprüche aus § 645 BGB und § 7 VOB/B, Ansprüche aufgrund von Kosten der Rechtsverfolgung für die Erwirkung der Eintragung der Vormerkung oder Hypothek[30]

24 Str. vgl. zum Meinungsstand *Werner/Pastor*, Der Bauprozess, Rn 206 m.w.N.
25 OLG Hamm v. 7.10.1998 – 12 U 19/98 – BauR 1999, 407, 408.
26 Motzke/Bauer/Seewald/*Jahn*, Prozesse in Bausachen, § 3 Teil A Rn 19.
27 BGH NJW 1974, 1761.
28 BGH v. 5.12.1968 – VII ZR 127, 128/66 – NJW 1969, 419, 421; a.A. OLG Jena v. 22.4.1998 – 2 U 1747/97 – BauR 1999, 179, 181; OLG Düsseldorf v. 14.8.2003 – 5 W 17/03 – NJW-RR 2004, 18.
29 BGH v. 17.5.1974 – VII ZR 187/82 – BauR 1974, 419, 420; a.A. OLG Jena v. 22.4.1998 – 2 U 1747/97 – BauR 1999, 179, 180.
30 Grüneberg/*Retzlaff*, § 650e Rn 6.

- **Rückzahlungsansprüche**
  Ansprüche auf Rückzahlung einer geleisteten Sicherheit (§ 17 Abs. 5 VOB/B) oder eines vom Besteller vorgenommenen Sicherheitseinbehalts (§ 17 Abs. 6 VOB/B).[31]

Bei **Mängeln** ist der sicherbare Anspruch um die Kosten der Mängelbeseitigung zu mindern, da dem Besteller gegenüber dem Werklohnanspruch des Unternehmers die Einrede des nicht erfüllten Vertrages gem. § 320 Abs. 1 BGB zusteht. Diese Einrede besteht, solange die Beseitigung des Mangels verlangt werden kann,[32] und zwar unabhängig davon, ob die Leistung bereits abgenommen wurde oder nicht. Für die Ermittlung der Höhe der Mängelbeseitigungskosten wird nur der **einfache Wert der Mängelbeseitigungskosten in Abzug** gebracht, nicht der in § 641 Abs. 3 BGB fixierte „Druckzuschlag",[33] unabhängig davon, ob dem Unternehmer hinsichtlich der Mängelbeseitigung ein Leistungsverweigerungsrecht zusteht.[34] Ein Wertzuwachs hat nämlich nur in dem Umfang stattgefunden, in dem die Leistung nicht mit Mängeln behaftet ist.[35] Stehen dem Besteller geldwerte Ansprüche (geldwerte Mängelansprüche[36] oder sonstige aufrechenbare Gegenforderungen) zu und macht er diese geltend, ist die sicherbare Forderung entsprechend zu kürzen. Nicht sicherbar sind dagegen Forderungen, denen eine dauernde Einrede entgegensteht.[37] 31

Des Weiteren muss die zu sichernde Forderung **nicht fällig** sein, da der Unternehmer durch § 650e BGB eine Sicherung für den von ihm herbeigeführten Wertzuwachs des Baugrundstücks erhalten soll (siehe Rdn 21).[38] Voraussetzung für das Verlangen nach Eintragung einer Sicherungshypothek ist somit nicht, dass die Leistung bereits abgenommen oder (beim VOB/B-Vertrag) eine Schlussrechnung erstellt wurde.[39] Auch müssen keine Fälligkeitsfristen gem. § 16 Abs. 1 Nr. 3 VOB/B für Abschlagszahlungen bzw. gem. § 16 Abs. 3 Nr. 1 VOB/B für die Schlusszahlung abgewartet werden, sodass auch ohne Eintritt der Fälligkeit eine Sicherungshypothek verlangt werden kann. 32

Der Anspruch kann jeweils in der Höhe der Teilvergütung geltend gemacht werden, die der bereits geleisteten Arbeit entspricht. Dies bestimmt nunmehr § 650e S. 2 BGB ausdrücklich.

31 Ingenstau/Korbion/Leupertz/von Wietersheim/*Joussen*, VOB Teile A und B, Kommentar, Anhang 1 Rn 68 ff.
32 BGH v. 10.3.1977 – VII ZR 77/76 – BauR 1977, 208.
33 OLG Stuttgart v. 25.1.2005 – 6 U 175/04 – BauR 2005, 1047, 1049.
34 OLG Celle v. 7.8.2002 – 7 U 60/02 – BauR 2003, 133, 134.
35 BGH v. 10.3.1977 – VII ZR 77/76 – BauR 1977, 208, 210.
36 BGH v. 10.3.1977 – VII ZR 77/76 – BauR 1977, 208, 210.
37 Grüneberg/*Retzlaff*, § 650e Rn 6.
38 BGH v. 10.3.1977 – VII ZR 77/76 – BauR 1977, 208, 209.
39 OLG Brandenburg v. 24.4.2002 – 13 U 245/01 – BauR 2003, 578, 579.

33 Wurde ein **Sicherheitseinbehalt** vereinbart, ist streitig, ob dieser von dem zu sichernden Anspruch in Abzug zu bringen ist:[40]

34 Geht man mit der herrschenden **Fälligkeitstheorie**[41] davon aus, dass es sich beim Sicherheitseinbehalt um einen **Teil des Vergütungsanspruchs** handelt, dessen Zahlung lediglich nicht fällig ist, da die **Fälligkeit für die Dauer der Bestellung des Sicherheitseinbehalts hinausgeschoben** wurde,[42] ist der Sicherheitseinbehalt von dem zu sichernden Anspruch **nicht in Abzug zu bringen**.

35 Folgt man der **gegenteiligen Auffassung**,[43] bedeutet ein Sicherheitseinbehalt kein Hinausschieben der Fälligkeit, sondern die vertragliche Verrechnungsmöglichkeit des Bestellers gegenüber dem Vergütungsanspruch des Unternehmers mit seinem Anspruch auf Leistung eines **Bardepots**. Nach dieser Auffassung ist der Sicherheitseinbehalt von dem zu sichernden Anspruch **in Abzug zu bringen**.

V. Verfahren/Umsetzung

1. Eintragung einer Sicherungshypothek bzw. einer Vormerkung

36 Voraussetzungen für die Bestellung einer Sicherungshypothek sind die **Einigung** der Parteien und die **Eintragung** ins Grundbuch gem. § 873 BGB. Die **Eintragungsbewilligung** des Bestellers hat dabei in notariell beglaubigter Form gem. §§ 19, 29, 39 GBO zu erfolgen. **Zur Sicherung der Rangstelle** für die Sicherungshypothek kann eine **Vormerkung** eingetragen werden. Alle Grundbucheintragungen, die nach Eintragung der Vormerkung erfolgen und dieser zuwiderlaufen, sind dann relativ unwirksam (§§ 883 Abs. 2, 888 BGB).

37 Da sich der Besteller in der Praxis oft nicht freiwillig bereit erklärt, die Eintragung einer Sicherungshypothek zur Sicherung der Ansprüche des Unternehmers zu bewilligen, muss der Unternehmer die **Bewilligung der Eintragung der Sicherungshypothek** i.d.R. **einklagen** (§§ 648 Abs. 1, 873 BGB, § 894 ZPO). Mit Erlass des vorläufig vollstreckbaren Urteils gilt die Eintragung einer Vormerkung als bewilligt (§ 895 ZPO).

38 Da die Durchführung eines **Hauptsacheverfahrens** zur Eintragung einer Sicherungshypothek **viel Zeit in Anspruch** nimmt, ist die schnelle Sicherung des Grundbuchranges durch eine **einstweilige Verfügung auf Eintragung einer Vormerkung** (§ 885 Abs. 1 BGB) einem Hauptsacheverfahren vorzuziehen. Vor Antragstellung sind nach Möglichkeit die Eigentumsverhältnisse hinsichtlich des Grundstücks sowie sonstige Voreintragungen zu untersuchen, um die Qualität einer Absicherung im Grundbuch abzuklären.

40 BGH, Nichtann.-Beschl. v. 25.11.1999 – VII ZR 95/99 – BauR 2000, 919.

41 Ingenstau/Korbion/Leupertz/von Wietersheim/*Joussen*, VOB Teile A und B, Kommentar, § 17 Abs. 6 Rn 1 unter Berufung auf BGH v. 12.7.1979 – VII ZR 174/78 – BauR 1979, 525; *Heiermann/Riedl/Rusam*, Handkommentar VOB, § 17 VOB/B Rn 34; OLG Hamm v. 30.10.1995 – 17 U 83/94 – BauR 1997, 141, 142 ff.

42 BGH v. 12.7.1979 – II ZR 174/78 – BauR 1979, 525, 526.

43 *Weise/Barbers*, Sicherheit im Baurecht, Rn 160.

Nachdem eine **Vormerkung aufgrund einer einstweiligen Verfügung eingetragen** wurde, muss die Eintragung der Sicherungshypothek anschließend mit einer **Hauptsacheklage auf Eintragung der durch die Vormerkung bereits gesicherten Sicherungshypothek** verfolgt werden. 39

2. Einstweilige Verfügung

a) Zuständigkeit

Der Erlass einer einstweiligen Verfügung auf Eintragung einer Vormerkung zur Rangsicherung einer Bauhandwerkersicherungshypothek erfolgt nur **auf Antrag**, der alle Tatsachen enthalten und glaubhaft machen muss, dass ein **Verfügungsanspruch** sowie die Dringlichkeit zur Sicherung dieses Anspruchs (**Verfügungsgrund**) bestehen. 40

Der Antrag ist nach §§ 937 Abs. 1, 802 ZPO beim **Gericht der Hauptsache zu stellen**, d.h. dem Gericht, das für eine Klage auf Eintragung einer Sicherungshypothek zuständig wäre.[44] Als **örtlich zuständiges Gericht** kommt entweder der **allgemeine Gerichtsstand** des Bestellers gem. **§ 12 ZPO** in Betracht, der bei VOB/B-Verträgen über **§ 18 Abs. 1 VOB/B** regelmäßig vereinbart ist, oder aber der **dingliche Gerichtsstand (§ 26 ZPO)** oder der **Gerichtsstand des Erfüllungsortes** (der Ort des Bauvorhabens nach **§ 29 ZPO**), wenn nichts anderes wirksam vereinbart ist (§ 38 ZPO). 41

Die **sachliche Zuständigkeit** richtet sich grundsätzlich nach dem **Streitwert**, der vornehmlich vom **Wert der zu sichernden Forderung** (bei einer Vormerkung in der Regel 1/3 der Bauforderung[45]) abhängt. Unabhängig vom Streitwert kann der Unternehmer die einstweilige Verfügung aber auch gem. § 942 Abs. 2 ZPO vor dem Amtsgericht beantragen, in dessen Bezirk das zu belastende Grundstück liegt. Zwar wird danach zusätzlich das Merkmal der Dringlichkeit der Anordnung verlangt, jedoch keine Darlegung der Gefährdung des zu sichernden Anspruchs (§ 885 Abs. 1 S. 2 BGB).[46] 42

b) Verfügungsanspruch

Ein **Verfügungsanspruch** besteht, wenn die **Anspruchsvoraussetzungen** vorliegen, die für die Eintragung einer Bauhandwerkersicherungshypothek erforderlich sind (Anspruchsteller als Unternehmer eines Bauwerks, Eigentümerstellung des Bestellers, werkvertragliche Beziehungen zum Besteller, bereits erbrachte Leistungen oder Teilleistungen etc.). 43

Der Unternehmer hat den Verfügungsanspruch gem. §§ 936, 920 ZPO **glaubhaft zu machen**. 44

Die **Glaubhaftmachung** der Anspruchsvoraussetzungen erfolgt gem. **§ 294 Abs. 1 ZPO** mit den üblichen Beweismitteln (Urkunde und eidesstattliche Versicherungen) und sollte so schlüssig und überzeugend wie möglich gestaltet werden, um eine Anhörung des 45

44 Grüneberg/*Retzlaff*, § 650e Rn 7.
45 *Werner/Pastor*, Der Bauprozess, Rn 272 m.w.N.
46 Zöller/*Vollkommer*, § 942 Rn 1.

Antragsgegners (§ 937 Abs. 2 ZPO) oder die Durchführung einer mündlichen Verhandlung zu verhindern. Denn der Antragsgegner sollte möglichst nichts über die Anstrengung des einstweiligen Rechtsschutzes durch den Antragsteller erfahren, um zwischenzeitliche Verfügungen über das Baugrundstück und den zu sichernden Rang zu vermeiden.

46 **Glaubhaftmachung:**

- **Anspruchsberechtigung des Unternehmers:**
  durch Vorlage des Bau- bzw. Werk-/Architektenvertrages nebst den bauvertraglichen Unterlagen (Angebot etc.) und Korrespondenz
- **Eigentümerstellung des Bestellers:**
  durch Vorlage eines aktuellen und beglaubigten Grundbuchauszugs
- **Antragsteller als Unternehmer des Bauwerks:**
  durch Vorlage des Handelsregisterauszuges, eidesstattliche Versicherung durch Dritte (z.B. Architekt, Bauleiter) oder den Antragsteller selbst
- **Beginn der Leistung und deren tatsächliche Ausführung bzw. bei Teilleistungen das Erreichen des entsprechenden Baufortschritts:**[47]
  durch eidesstattliche Versicherung, Vorlage einer vom Besteller geprüften Rechnung oder des Abnahmeprotokolls
- **Höhe der zu sichernden Forderung:**
  durch Vorlage der prüffähigen Abschlags- oder Schlussrechnung inkl. der Abrechnungsgrundlagen (Vertrag, Leistungsverzeichnis, Aufmaße, sonstige Leistungsnachweise, ggf. Rechnungs-Prüfvermerke des Architekten) sowie eidesstattliche Versicherung, dass die Abrechnung richtig ist;[48] Darstellung im Verfügungsantrag, welche Ansprüche – Vergütungs- und/oder andere Ansprüche, z.B. auf Schadensersatz – gesichert werden sollen
- **Mangelfreiheit der Leistung:**
  durch Vorlage des Abnahmeprotokolls, eines Privatgutachtens (durch öffentlich-bestellten und vereidigten Sachverständigen) oder einer eidesstattlichen Versicherung durch Dritte (z.B. Architekt, Bauleiter) oder den Antragsteller selbst; vor der Abnahme hat der Unternehmer die Mangelfreiheit glaubhaft zu machen, nach der Abnahme muss der Besteller Mängel an der Leistung glaubhaft machen[49]
- **Keine anderweitig bestehenden Sicherheiten:**
  Eidesstattliche Versicherung des Antragstellers

47 Hat der Unternehmer den Verfügungsanspruch glaubhaft gemacht, kann das Gericht entweder im Beschlusswege ohne mündliche Verhandlung entscheiden oder durch Urteil. Die Entscheidung darüber hängt davon ab, ob die Gefahr der Vereitelung des Zugriffs auf das Grundstück (z.B. durch Zwischenverfügungen des Antragsgegners) im Falle der

47 Nicht ausreichend ist die Vorlage eines Zahlungsplans, da damit nicht belegt ist, dass danach gebaut wurde (OLG Stuttgart v. 25.1.2005 – 6 U 175/04 – BauR 2005, 1047, 1048).
48 Grüneberg/*Retzlaff*, § 650e Rn 7.
49 BGH v. 10.3.1977 – VII ZR 77/76 – BauR 1977, 208, 211.

Durchführung einer vorherigen mündlichen Verhandlung zur Überzeugung des Gerichts glaubhaft gemacht worden ist.

c) Verfügungsgrund

48 Bei der Eintragung einer Vormerkung zur Sicherung einer Bauhandwerkersicherungshypothek gem. § 885 Abs. 1 S. 2 BGB besteht eine **gesetzliche Vermutung für die Eilbedürftigkeit bzw. Gefährdung des Anspruchs**, sodass es **keiner ausdrücklichen Darlegung** des Verfügungsgrundes bedarf.[50] Diese gesetzliche Vermutung kann aber widerlegt werden, wenn der Unternehmer lange Zeit zugewartet hat, bevor er seine Forderung abgerechnet und die Sicherung der Forderung durch eine einstweilige Verfügung verfolgt hat.[51]

d) Vollziehung der einstweiligen Verfügung

49 Mit Erlass des Beschlusses oder mit Verkündung des Urteils ist die einstweilige Verfügung sofort vollstreckbar. Der **Vollzug** der einstweiligen Verfügung erfolgt durch **Antragstellung auf Eintragung der Vormerkung beim Grundbuchamt unter Vorlage des vollstreckbaren Titels** sowie durch **Zustellung des Vollstreckungstitels an den Antragsgegner**.[52] Dies muss innerhalb der Vollzugsfristen der §§ 936, 929 ZPO (spätestens binnen eines Monats) erfolgen. Bei einer Entscheidung durch Beschluss beginnt die Frist mit dessen Zustellung oder, sofern diese nicht erfolgt, mit der Aushändigung der Ausfertigung an den antragstellenden Unternehmer. Ist die Entscheidung durch Endurteil ergangen, beginnt die Monatsfrist gem. § 929 Abs. 2 ZPO mit Verkündung (§ 922 Abs. 2 ZPO), nicht erst mit Zustellung des Urteils.

50 Ab Vollziehung der einstweiligen Verfügung beim Grundbuchamt muss der antragstellende Unternehmer die einstweilige Verfügung (den Vollstreckungstitel) dem Antragsgegner innerhalb einer Woche (§ 929 Abs. 3 ZPO) zustellen. Damit kann der Eintragungsantrag schon vom Grundbuchamt bearbeitet werden, bevor die einstweilige Verfügung den Antragsgegner erreicht.

e) Hauptsacheklage

51 Da die Vormerkung nur den Rang zur Eintragung einer Sicherungshypothek sichert, muss der Unternehmer zur Eintragung der Sicherungshypothek noch Hauptsacheklage erheben (§§ 894, 926 ZPO), es sei denn, der Grundstückseigentümer erklärt seine Einwilligung zur Eintragung der Sicherungshypothek. Wenn eine Vormerkung eingetragen ist, sollte die Klage auf Eintragung einer Sicherungshypothek schon mit der Zahlungsklage verbunden werden, da mit der Zahlungsklage alle Anspruchsvoraussetzungen für das Bestehen des Zahlungsanspruchs geklärt werden.

50 BGH v. 3.5.1984 – VII ZR 80/82 – BauR 1984, 413, 415.
51 OLG Hamm v. 4.11.2003 – 21 U 44/03 – BauR 2004, 872, 873; OLG Celle v. 27.2.2003 – 14 U 116/02 – BauR 2003, 1439.
52 Zöller/*Vollkommer*, § 929 Rn 17.

VI. § 650e BGB in der Insolvenz

52 Ist zum **Zeitpunkt der Eröffnung des Insolvenzverfahrens** bereits eine **Bauhandwerkersicherung eingetragen**, hat der Unternehmer ein **Recht auf abgesonderte Befriedigung** gem. §§ 49, 50, 51 Nr. 1 InsO. War nur eine **Vormerkung** eingetragen, muss der Insolvenzverwalter gem. § 106 InsO die Eintragung einer Sicherungshypothek noch bewilligen, aber nur dann, wenn zur Zeit der Insolvenzeröffnung der Antrag auf Eintragung einer Vormerkung bereits beim Grundbuchamt eingegangen war.[53]

C. Muster: Bauhandwerkersicherungshypothek nach § 650e BGB

I. Einstweilige Verfügung

1. Muster: Antrag auf Erlass einer einstweiligen Verfügung auf Eintragung einer Vormerkung zur Sicherung des Anspruchs auf eine Bauhandwerkersicherungshypothek, §§ 650e, 883, 885 BGB; §§ 935 ff. ZPO

53 ▼

4.1

An das

Amtsgericht /Landgericht

Antrag auf Erlass einer einstweiligen Verfügung auf Eintragung einer Vormerkung für eine Bauhandwerkersicherungshypothek

In Sachen

– Antragsteller –

Verfahrensbevollmächtigte: Rechtsanwälte

gegen

– Antragsgegner –

53 BGH v. 1.10.1958 – V ZR 26/57 – NJW 1958, 2013, 2014 ff.; a.A. *Werner/Pastor*, Der Bauprozess, Rn 173, wonach es auf den Zeitpunkt der Eintragung der Vormerkung ankomme.

wegen einstweiliger Verfügung auf Eintragung einer Vormerkung zur Sicherung des Anspruchs auf Einräumung einer Bauhandwerkersicherungshypothek

beantragen

wir namens und im Auftrag des Antragstellers wegen der Dringlichkeit der Sache ohne vorherige mündliche Verhandlung – gem. §§ 648, 883, 888 BGB; 935, 941 ZPO[54] – den Erlass folgender

einstweiliger Verfügung:[55]

1. Zugunsten des Antragstellers wird angeordnet, dass eine Vormerkung an nächst offener Rangstelle zur Sicherung des Anspruchs des Antragstellers auf Einräumung einer Sicherungshypothek (***alternativ:****Gesamtsicherungshypothek*) gem. § 650e BGB für das Bauvorhaben zur Sicherung seiner Forderung aus dem Bauvertrag vom gem. Schlussrechnung vom i.H.v. EUR nebst Zinsen i.H.v. Prozentpunkten über dem jeweiligen Basiszinssatz aus seit dem

sowie

veranschlagter Kosten i.H.v. EUR

an nachstehend bezeichnetem

Grundstück , Flur-Nr. , der Gemarkung in , vorgetragen im Grundbuch des Amtsgerichtes für , Band , Blatt Nr.

(***alternativ:***

Wohnungseigentum: Miteigentumsanteil zu je , an dem Grundstück , Flur-Nr. , der Gemarkung in , vorgetragen im Wohnungseigentums-Grundbuch des Amtsgerichts für , Band , Blatt-Nr. verbunden mit dem Sondereigentum an der Wohnung Nr. laut Aufteilungsplan)

(***alternativ:***

Erbbaurecht: Flur-Nr. , der Gemarkung v, Anwesen in , vorgetragen im Grundbuch des Amtsgerichts für Band , Blatt)

eingetragen wird.

2. Der Antragsgegner trägt die Kosten des Verfahrens.

(***Ggf.:***

3. Das zuständige Grundbuchamt wird gem. § 941 ZPO ersucht, die Eintragung der Vormerkung vorzunehmen und dem Antragsteller vom Eingang des Ersuchens unverzüglich Kenntnis zu geben.)

Vorläufiger Streitwert: EUR

54 Liegt ein dringender Fall i.S.v. § 937 Abs. 2 ZPO vor, kann die Entscheidung über die einstweilige Verfügung ohne mündliche Verhandlung durch Beschluss ergehen. Ein solch dringender Fall ist schon dann gegeben, wenn der Besteller das Baugrundstück bei Kenntnis von dem Antrag anderweitig belasten oder veräußern könnte. Wird eine mündliche Verhandlung durchgeführt, entscheidet das Gericht gem. §§ 936 i.V.m. 922 ZPO über den Antrag durch Endurteil. Im Rahmen einer mündlichen Verhandlung kann der Besteller seinerseits durch Vorlage von Mitteln der Glaubhaftmachung – eidesstattliche Versicherung, korrigierte Aufmaßunterlagen und Rechnungen, Privatgutachten – dem Anspruch des Unternehmers entgegentreten (Zum Meinungsstand *Werner/Pastor*, Der Bauprozess, Rn 232 ff.). Die Wertung des Vortrags und der Glaubhaftmachung obliegt gem. § 286 ZPO dem Gericht.

55 Siehe auch ähnlich *Weise/Barbers*, Sicherheit im Baurecht, Rn 807.

Begründung:

I. Verfügungsanspruch

1. Vertrag, Grundstückseigentümer

Die Parteien haben mit Datum vom einen Bauvertrag über am Bauvorhaben abgeschlossen. Die vorläufige Vergütung war im Vertrag mit EUR vereinbart.

Glaubhaftmachung: Kopie des Bauvertrages vom nebst Anlagen, **Anlage Ast 1**

Die nach dem Bauvertrag geschuldeten Bauleistungen wurden auf dem Grundstück des Antragsgegners erbracht. Dieser ist alleiniger Eigentümer des im Verfügungsantrag aufgeführten Baugrundstücks.

Glaubhaftmachung: Beglaubigter Grundbuchauszug vom , **Anlage Ast 2**

(***alternativ:***

Der Antragsgegner ist zwar nicht (formal) Eigentümer des im Antrag näher bezeichneten Grundstücks. Auf die fehlende Identität von Eigentümer und Besteller kann sich der Antragsgegner aber ausnahmsweise nicht berufen, weil dies nach den von der Rechtsprechung entwickelten Grundsätzen wegen der wirtschaftlichen Verflechtung von Eigentümer und Besteller als treuwidrig und damit als Verstoß gegen § 242 BGB zu bewerten ist.[56] *Eine rein formale Betrachtung würde hier nämlich zu untragbaren Ergebnissen für den Antragsteller führen. Dies ergibt sich aus Folgendem: .*

Glaubhaftmachung: Eidesstattliche Versicherung des Antragstellers vom , **Anlage Ast**)

2. Abnahme, Mängel, Schlussrechnungsstellung

Die dem Antragsteller übertragenen Arbeiten wurden ordnungsgemäß ausgeführt und fertiggestellt. Die Abnahme erfolgte am .

Glaubhaftmachung: Abnahmeprotokoll vom , **Anlage Ast 3**

Die im Abnahmeprotokoll aufgeführten geringfügigen Mängel hat der Antragsteller bereits vollständig beseitigt.

Glaubhaftmachung: Eidesstattliche Versicherung des , **Anlage Ast 4**

(***alternativ:***

Die im Abnahmeprotokoll aufgeführten Mängel hat sich der Antragsgegner bei der Abnahme vorbehalten.

Glaubhaftmachung: *Abnahmeprotokoll vom* , **Anlage Ast 3**, *wie vor*

56 Grundlegend dazu: BGHZ 102,95; Beispiele: Prütting/Wegen/Weinreich/*Leupertz*, BGB-Kommentar, § 650 2 Rn 6 m.w.N.

Von den bei der Abnahme vorbehaltenen Mängeln hat der Antragsteller beseitigt. Die Beseitigung der Mängel hat der bauleitende Architekt des Antragsgegners bestätigt.

Glaubhaftmachung: *Bestätigung des bauleitenden Architekten vom* , ***Anlage Ast***

Die noch vorhandenen Mängel erfordern einen Beseitigungsaufwand von , der von der im Antrag aufgeführten sicherbaren Forderung in Abzug gebracht wurde.

Glaubhaftmachung: *Privatgutachten des Sachverständigen vom* , ***Anlage Ast***)

Mit Datum vom hat der Antragsteller eine Schlussrechnung gestellt. Aus dieser Schlussrechnung sind noch netto EUR offen. Die Schlussrechnung erfolgte sachlich richtig. Die Abrechnung in der Schlussrechnung erfolgte anhand der vertraglichen Abrechnungsgrundlagen. Die abgerechneten Massen sind durch Aufmaße belegt, die von dem vom Antragsgegner mit der Bauleitung beauftragten Architekten unterzeichnet sind.

Glaubhaftmachung: Schlussrechnung vom nebst Aufmaßunterlagen, **Anlage Ast 5**
Eidesstattliche Versicherung des , **Anlage Ast 6**

Der Antragsgegner hat auf die Schlussrechnung trotz Nachfristsetzung mit Datum vom bis zum keine Zahlung geleistet.

Glaubhaftmachung: Nachfristsetzung vom , **Anlage Ast 7**

(***alternativ:***

Auf die Schlussrechnung hat der Antragsgegner trotz Nachfristsetzung mit Datum vom lediglich EUR gezahlt, sodass noch EUR offen sind.

Glaubhaftmachung: *Nachfristsetzung vom* ,**Anlage Ast**
Zahlungsbelege vom , **Anlage Ast**)

3. Veranschlagte Kosten

Die veranschlagten Kosten sind ebenfalls sicherbar, da der Antragsgegner mit der Zahlung in Verzug ist. Die Kosten ergeben sich wie folgt:

Verfügungsverfahren:

Streitwert: EUR

Gebühr

Auslagen

Gesetzliche Mwst.

Vollzug der einstweiligen Verfügung:

Streitwert: EUR

Gebühr

Auslagen

Gesetzliche Mwst.

Veranschlagte Kosten insgesamt: EUR

4. Sicherbare Forderung

Die sicherbare Forderung ermittelt sich daher wie folgt:

- Schlussrechnungsforderung: EUR
- abzgl. einfacher Beseitigungsaufwand: EUR
- veranschlagte Kosten: EUR
- sicherbare Forderung (ohne Kosten) EUR

II. Verfügungsgrund

Der Verfügungsgrund ist nicht glaubhaft zu machen. Im Übrigen ergibt sich dies aus § 885 BGB.[57]

Dem Antragsteller steht daher wegen der offenen Schlussrechnungsforderung i.H.v. EUR ein Anspruch auf Einräumung einer Sicherungshypothek nach § 650e BGB zu. Gem. §§ 883, 885 BGB kann er zur Sicherung dieses Anspruchs die Eintragung einer Vormerkung verlangen.

Der Antragsteller vollzieht selbst. Wir bitten um Erteilung von zwei Ausfertigungen.

(***Ggf.:***

Das Eintragungsersuchen gegenüber dem Grundbuchamt ist zur Beschleunigung des Verfahrens angezeigt und beruht auf § 941 ZPO. Das Gericht wird gebeten, diesem Antrag ebenfalls zu entsprechen.)

Sollte das Gericht weiteren Sachvortrag und/oder die Vorlage weiterer Unterlagen für erforderlich halten, wird um einen richterlichen Hinweis nach § 139 ZPO gebeten.

(*Unterschrift*) (*Rechtsanwalt*)

▲

2. Checkliste: Einstweilige Verfügung

54 **I. Verfügungsanspruch**

1. Glaubhaftmachung Abschluss eines wirksamen Bauvertrages
2. Eigentümerstellung des Antragsgegners
3. Unternehmereigenschaft des Antragstellers
4. Beginn der Leistung und deren tatsächliche Ausführung (bei Teilleistungen das Erreichen des entsprechenden Baufortschritts)
5. Abnahme und Mangelfreiheit der Leistung
6. Keine anderweitig bestehenden Sicherheiten

57 Das Rechtsschutzbedürfnis besteht so lange, solange nicht die Bauhandwerkersicherungshypothek im Grundbuch eingetragen ist (OLG Hamm v. 24.9.1965 – 6 U 193/65 – MDR 1966, 236; AG Siegburg BauR 1990, 290, 293). Eine vorherige Aufforderung zur Zahlung der offenen Forderung oder auf Bewilligung der Sicherungshypothek ist für das Vorliegen eines Rechtsschutzbedürfnisses nicht erforderlich (OLG Köln v. 23.5.1997 – 11 W 15/97 – NJW-RR 1997, 1242).

7. Höhe der zu sichernden Forderung
8. Ggf. Schlussrechnungsstellung
9. Veranschlagte Kosten

II. Verfügungsgrund

keine ausdrückliche Darlegung erforderlich; gesetzliche Vermutung für die Eilbedürftigkeit ergibt sich bereits aus § 885 Abs. 1 S. 2 BGB

II. Muster: Antrag auf Eintragung einer Vormerkung nach Erlangung eines Vollstreckungstitels im einstweiligen Rechtsschutz

▼ 55

An das

Amtsgericht

Antrag auf Eintragung einer Vormerkung

Grundbuch von , Band , Blatt

In Sachen

des

– Antragsteller –

Prozessbevollmächtigte: RAe

gegen

den

– Antragsgegner und Grundstückseigentümer –

wegen Eintragung einer Vormerkung

zeigen wir an, dass wir den Antragsteller anwaltlich vertreten. Namens und im Auftrag des Antragstellers wird

beantragt,

die in der einstweiligen Verfügung des Amtsgerichts/Landgerichts vom angeordnete Vormerkung zur Sicherung einer Bauhandwerkersicherungshypothek an dem Grundstück , Flur-Nr. , der Gemarkung in , im Grundbuch des Amtsgerichts für die Gemarkung , Band , Blatt einzutragen und dem Antragsteller Nachricht über die Eintragung zu geben.

Eine Ausfertigung der einstweiligen Verfügung liegt bei.

(*Unterschrift*) (*Rechtsanwalt*)

▲

III. Muster: Antrag auf Zustellung der einstweiligen Verfügung

56 ▼

Amtsgericht …

(*Gerichtsvollzieherverteilerstelle*)

Zustellung einer einstweiligen Verfügung an die

Firma … (*Adresse und Ort*)

Hiermit zeigen wir an, dass wir den Antragsteller anwaltlich vertreten. Die als Anlage beigefügte Ausfertigung der einstweiligen Verfügung des Landgerichts … vom …, Az.: …, nebst einer beglaubigten Kopie wird mit dem Auftrag, diese möglichst kurzfristig an den Antragsgegner unter der Anschrift … zuzustellen, übersandt.

Die Zustellung ist besonders eilbedürftig, da die Vollziehung der einstweiligen Verfügung am … erfolgte, sodass die Frist gem. § 929 Abs. 3 ZPO am … abläuft.

Sollte eine fristwahrende Zustellung durch den zuständigen Gerichtsvollzieher nicht oder nicht mit Sicherheit möglich sein, bitten wir Sie dringend, dass die Zustellung durch den Eilgerichtsvollzieher erfolgt.

(*Unterschrift*) (*Rechtsanwalt*)

▲

IV. Klage auf Eintragung einer Bauhandwerkersicherungshypothek

1. Muster: Klage auf Bewilligung der Eintragung einer Bauhandwerkersicherungshypothek nach Erlangung der Vormerkung

57 ▼

Landgericht …

Klage

In Sachen

…

– Kläger –

Prozessbevollmächtigte: RAe …

gegen

…

– Beklagter –

wegen Bewilligung der Eintragung einer Bauhandwerkersicherungshypothek und Forderung

Vorläufiger Streitwert: EUR …

Gerichtskostenvorschuss: EUR …

erheben wir namens und im Auftrag des Klägers Klage zum Landgericht und stellen folgende

Anträge:

I. Der Beklagte wird verurteilt, die Eintragung einer Bauhandwerkersicherungshypothek zur Sicherung der Forderung des Klägers aus dem Bauvertrag vom … gem. Schlussrechnung vom … i.H.v. EUR … nebst … Zinsen i.H.v. … Prozentpunkten über dem jeweiligen Basiszinssatz aus EUR … seit dem … sowie eines veranschlagten Kostenbetrags i.H.v. EUR … auf dem Grundstück [alt.: Miteigentumsanteil; Erbbaurecht] …, Flur-Nr. …, der Gemarkung … in …, vorgetragen im Grundbuch des Amtsgerichts … für …, Band …, Blatt Nr. …, an der durch die aufgrund der einstweiligen Verfügung durch das Landgericht … vom …, Az. … eingetragenen Vormerkung gesicherten Rangstelle zu bewilligen.

II. Der Beklagte wird ferner verurteilt, an den Kläger EUR … nebst Zinsen in Höhe von … Prozentpunkten über dem jeweiligen Basiszinssatz aus … EUR seit dem … zu bezahlen, Zug um Zug gegen Übergabe einer beglaubigten Bewilligung des Klägers zur Löschung der gem. vorstehender Nr. I bezeichneten Vormerkung oder der gem. vorstehender Nr. I genannten Bauhandwerkersicherungshypothek, falls diese zum Zeitpunkt der Zahlung oder der Vollstreckung bereits eingetragen sein sollte.

III. Der Beklagte trägt die Kosten des Rechtsstreits.

IV. Das Urteil ist – notfalls gegen Sicherheitsleistung – vorläufig vollstreckbar.

Begründung:

1. Vertrag, Grundstückseigentümer

Die Parteien haben mit Datum vom … einen Bauvertrag über … am Bauvorhaben … abgeschlossen. Die vorläufige Vergütung war im Vertrag mit EUR … vereinbart.

Beweis: Bauvertrag vom … nebst Anlagen, **Anlage K1**

Die nach dem Bauvertrag geschuldeten Bauleistungen wurden auf dem Grundstück des Beklagten erbracht. Dieser ist alleiniger Eigentümer des im Klageantrag aufgeführten Baugrundstücks.

Beweis: Beglaubigter Grundbuchauszug vom …, **Anlage K2**

(***alternativ:***

Die nach dem Bauvertrag geschuldeten Bauleistungen wurden auf dem Grundstück …, Flur-Nr. …, der Gemarkung … in …, vorgetragen im Grundbuch des Amtsgerichts … für …, Band …, Blatt-Nr. … erbracht.

Beweis: Beglaubigter Grundbuchauszug vom …, **Anlage K 2**

Der Beklagte ist zwar nicht (formal) Eigentümer des oben näher bezeichneten Grundstücks. Auf die fehlende Identität von Eigentümer und Besteller kann sich der Beklagte aber ausnahmsweise nicht berufen, weil dies nach den von der Rechtsprechung entwi-

ckelten Grundsätzen wegen der wirtschaftlichen Verflechtung von Eigentümer und Besteller als treuwidrig und damit als Verstoß gegen § 242 BGB zu bewerten ist.[58] *Eine rein formale Betrachtung würde hier nämlich zu untragbaren Ergebnissen für den Kläger führen. Dies ergibt sich aus Folgendem:*

Beweis: Zeugnis des Herrn)

2. Abnahme, Mängel, Schlussrechnungsstellung

Die dem Kläger übertragenen Arbeiten hat der Kläger ordnungsgemäß ausgeführt und fertig gestellt. Die Abnahme erfolgte am .

Beweis: Abnahmeprotokoll vom , **Anlage K3**

Die im Abnahmeprotokoll aufgeführten geringfügigen Mängel hat der Kläger bereits vollständig beseitigt.

Beweis: Zeugnis des Herrn

(***alternativ:***

Die im Abnahmeprotokoll aufgeführten Mängel hat sich der Beklagte bei der Abnahme vorbehalten.

Beweis: Abnahmeprotokoll vom , Anlage K , wie vor

Von den in der Abnahme vorbehaltenen Mängeln hat der Kläger beseitigt. Die Beseitigung der Mängel hat der bauleitende Architekt des Beklagten bestätigt.

Beweis: Bestätigung des bauleitenden Architekten vom , **Anlage K**

Die noch vorhandenen Mängel erfordern einen Beseitigungsaufwand von , der von der im Antrag aufgeführten sicherbaren Forderung in Abzug gebracht wurde.

Beweis: Privatgutachten des Sachverständigen vom , **Anlage K**)

Mit Datum vom hat der Kläger Schlussrechnung gestellt. Aus dieser Schlussrechnung sind noch netto EUR offen.

Beweis: Schlussrechnung vom nebst Aufmaßunterlagen, **Anlage K 4**

Der Beklagte hat auf die Schlussrechnung trotz Nachfristsetzung mit Datum vom bis zum keine Zahlung geleistet.

Beweis: Nachfristsetzung vom , **Anlage K 5**

(***alternativ:***

Auf die Schlussrechnung hat der Beklagte trotz Nachfristsetzung mit Datum vom lediglich EUR gezahlt, sodass noch EUR offen sind.

Beweis: Nachfristsetzung vom , **Anlage K**
Zahlungsbelege vom , **Anlage K**)

58 Grundlegend dazu: BGHZ 102, 95; Beispiele: Prütting/Wegen/Weinreich/*Leupertz*, BGB-Kommentar, § 650e Rn 6 m.w.N.

Mit Datum vom hat das Landgericht , Az. zugunsten des Klägers eine einstweilige Verfügung auf Eintragung einer Vormerkung zur Sicherung des streitgegenständlichen Anspruchs erlassen.

> *Beweis:* *Einstweilige Verfügung vom* , **Anlage K 6**
> *Beiziehung der Akten, Landgericht* , *Az.*

Die Vormerkung zugunsten des Klägers wurde am eingetragen.

> *Beweis:* Grundbuchauszug, **Anlage K 7**

Die mit der Vormerkung gesicherten Forderungen sind mit den im Antrag aufgeführten Forderungen identisch. Zahlungen auf die gesicherte Forderung hat der Beklagte nicht geleistet.

Mit Schreiben vom hat der Kläger den Beklagten zur Bewilligung der Eintragung einer Sicherungshypothek aufgefordert. Der Beklagte ist dieser Aufforderung aber nicht nachgekommen.

> *Beweis:* Schreiben der Klägerin vom , **Anlage K 8**

Daher steht der Klägerin ein Anspruch auf Eintragung einer Sicherungshypothek nach § 650e BGB zu.

(*Unterschrift*) (*Rechtsanwalt*)

▲

2. Checkliste: Eintragung einer Bauhandwerkersicherungshypothek

1. Örtliche, sachliche Zuständigkeit des Gerichts der Hauptsache **58**
2. Wirksamer Werkvertrag
3. Eigentümerstellung des Beklagten
4. Unternehmereigenschaft des Klägers
5. Beginn der Leistung und deren tatsächliche ordnungsgemäße Ausführung bzw. Darlegung der Beseitigung von Mängeln bzw. Abzug bei noch vorhandenen Mängeln (bei Teilleistungen das Erreichen des entsprechenden Baufortschritts)
6. Höhe der zu sichernden Forderung (Abnahme, Schlussrechnungsstellung)
7. Nichtzahlung auf die Schlussrechnung (bzw. Teilzahlung)
8. Darlegung des Erlasses der Einstweiligen Verfügung sowie der Eintragung der Vormerkung
9. Nichtabgabe der Eintragungsbewilligung durch den Beklagten

V. Schutzschrift

1. Muster: Schutzschrift gegen eine einstweilige Verfügung auf Eintragung einer Vormerkung

Ein ähnliches Muster findet sich bei *Weise/Barbers*, Sicherheit im Baurecht, Rn 811. **59**

60 ▼

Landgericht

Schutzschrift wegen einstweiliger Verfügung

In Sachen

– möglicher Antragsteller –

gegen

– möglicher Antragsgegner –

Prozessbevollmächtigte: RAe

wegen einstweiliger Verfügung auf Eintragung einer Vormerkung zeigen wir an, dass wir den Antragsgegner anwaltlich vertreten, hinterlegen folgende Schutzschrift und stellen folgende

Anträge:

1. Der Antrag auf Erlass einer einstweiligen Verfügung auf Eintragung einer Vormerkung zur Sicherung des Anspruchs des Antragstellers auf Einräumung einer Bauhandwerkersicherung wird zurückgewiesen.
2. Hilfsweise: Der Antrag auf Erlass einer einstweiligen Verfügung wird nicht ohne mündliche Verhandlung entschieden.
3. Der Antragsteller trägt die Kosten des Verfahrens einschließlich der Kosten der Hinterlegung der Schutzschrift.

Diese Schutzschrift darf und soll erst dann dem Antragsteller zugestellt werden, wenn er eine einstweilige Verfügung beantragt hat.

Begründung:

1. Der Antragsgegner ist Eigentümer des Grundstücks , Flur-Nr. , der Gemarkung in , vorgetragen im Grundbuch des Amtsgerichtes für , Band , Blatt Nr.

Glaubhaftmachung: Beglaubigter Grundbuchauszug, **Anlage Ag 1**

2. Die Parteien haben mit Datum vom einen Bauvertrag über am Bauvorhaben abgeschlossen. Im Bauvertrag war eine pauschale Vergütung von EUR vereinbart.

Glaubhaftmachung: Bauvertrag vom , **Anlage Ag 2**

Auf die vom Antragsteller gestellten Abschlagsrechnungen i.H.v insgesamt EUR hat der Antragsgegner Zahlungen i.H.v. EUR geleistet.

Glaubhaftmachung: Abschlagsrechnungen
Zahlungsbelege, **Anlagen Ag 3**

3. Aufgrund des Vorliegens wesentlicher Mängel hat der Antragsgegner die vom Antragsteller mit Schreiben vom beantragte Abnahme verweigert.

Glaubhaftmachung: Schreiben der Antragstellerin vom
Schreiben der Antragsgegnerin vom , **Anlagen Ag 4**

Der anschließend vom Antragsgegner beauftragte öffentlich bestellte und vereidigte Sachverständige hat die aufgetretenen Mängel in einem Gutachten mit Datum vom aufgenommen. Für die Beseitigung dieser Mängel hat er Beseitigungskosten (einfacher Wert) i.H.v. EUR ermittelt.

Glaubhaftmachung: Gutachten vom , **Anlage Ag 5**

Dennoch hat der Antragsteller mit Datum vom Schlussrechnung gestellt, die mit einer Forderung i.H.v. abschließt.

Glaubhaftmachung: Schlussrechnung vom , **Anlage Ag 6**

4. Die vom Antragsteller mit der Schlussrechnung geforderte Schlussrechnungssumme steht dem Antragsteller aus mehreren Gründen nicht zu: Zum einen stellen die in der Schlussrechnung geltend gemachten Nachträge Nr. keine zusätzlich zu vergütenden Leistungen dar, da sie bereits mit der vertraglich vereinbarten Pauschale abgegolten sind. Die Nachträge beinhalten Leistungen, die in der Leistungsbeschreibung ausdrücklich als geschuldete Leistung aufgeführt sind.

Glaubhaftmachung: Auszug aus der Leistungsbeschreibung
Eidesstattliche Versicherung des , **Anlage Ag 7**

Zum anderen steht dem Antragsteller auch wegen der vom Sachverständigen festgestellten Mängel keine sicherbare Forderung zu. Insbesondere übersteigen die vom Sachverständigen ermittelten Mängelbeseitigungskosten i.H.v. EUR (Anlage AG 5) die mit der Schlussrechnung geltend gemachte Forderung.

Da dem Antragsteller keine sicherbare Forderung zusteht, hat er auch keinen Anspruch auf Eintragung einer Vormerkung zur Sicherung eines Anspruchs aus § 650e BGB.

(*Unterschrift*) (*Rechtsanwalt*)

▲

2. Checkliste: Schutzschrift

1. Örtliche, sachliche Zuständigkeit des Gerichts der Hauptsache **61**
2. Wirksamer Werkvertrag
3. Eigentümerstellung des Antragsgegners
4. Unternehmereigenschaft des Antragstellers
5. Beginn der Leistung und deren nicht ordnungsgemäße Ausführung bzw. Darlegung von Mängeln
6. Darlegung von Abschlagsrechnungen und darauf erfolgte Zahlungen bzw. Nichtzahlungen

7. Abnahmeverweigerung wegen Mängeln
8. Darlegung der Mängelbeseitigungskosten
9. Darlegung der Nichtberechtigung der Schlussrechnungsforderung

D. Gesetzliches Instrument der Forderungssicherung: Bauhandwerkersicherung nach § 650f BGB (§ 648a BGB a.F.)

I. Einleitung

62 Mit dem am 1.1.2009 in Kraft Bauforderungssicherungsgesetz „FoSiG" wurde § 648a BGB a.F. in den Abs. 1, 5 und 6 neu gefasst. Diese Neufassung ist nach der Übergangsregelung des Art. 229 § 19 EGBGB auf solche Verträge anwendbar, die nach dem 1.1.2009 geschlossen worden sind. Für ältere Verträge, die noch vor dem 1.1.2009 abgeschlossen wurden, bleibt es bei der bisherigen Fassung des Gesetzes, dies auch, soweit es zu späteren Zusatzaufträgen kommt.

63 Mit dem BauVG wurde der bisherige § 648a BGB a.F. aus systematischen Gründen in Kapitel 2 (Bauvertrag, §§ 650a ff. BGB) zu Untertitel 1 (Werkvertrag), dort als neuer § 650f BGB, übernommen. Aufgrund der Definition des Bauvertrages in § 650a BGB mussten geringfügige redaktionelle Änderungen an § 650f BGB vorgenommen werden.

Neu formuliert wurde nur die Ausnahmefallregelung in Abs. 6 (sog. Verbraucherprivileg). Ein Anspruch auf Sicherheit zugunsten des Unternehmers besteht demnach nicht, wenn der Besteller Verbraucher ist und dieser einen Verbraucherbauvertrag oder einen Bauträgervertrag schließt.

Der Verbraucherbauvertrag ist ein Vertrag, durch den der Unternehmer von einem Verbraucher zum Bau eines neuen Gebäudes oder zu erheblichen Umbaumaßnahmen an einem bestehenden Gebäude verpflichtet wird (§ 650i BGB). Ein Bauträgervertrag ist ein Vertrag, der die Errichtung oder den Umbau eines Hauses oder eines vergleichbaren Bauwerks zum Gegenstand hat und der zugleich die Verpflichtung des Unternehmers enthält, dem Besteller das Eigentum an dem Grundstück zu übertragen oder ein Erbbaurecht zu bestellen oder zu übertragen (§ 650u BGB).

Im Unterschied zur Rechtslage bis zum 31.12.2017 ist damit der Bau aller Gebäude (auch der Bau eines Mehrfamilienhauses) privilegiert, sofern der Vertragspartner ein Verbraucher ist. Nicht mehr von der Privilegierung erfasst sind zukünftig kleinere Umbaumaßnahmen, da diese nicht zu einem Verbraucherbauvertrag nach § 650i Abs. 1 BGB führen.[59] Ebenfalls nicht privilegiert sind Architektenverträge, die mit einem Verbraucher geschlossen wurden, da der **Architektenvertrag kein Verbraucherbauvertrag** ist.[60] Auch handelt es sich bei den Regelungen der §§ 650p ff. BGB nicht um dem Verbrau-

59 *Zahn*, AnwBl Online 2017, 445 ff., 449.
60 OLG Köln, Hinweisbeschl. v. 23.3.2017 – 16 U 153/16.

cherbauvertrag entsprechende Normen im Architektenrecht, was zu einer analogen Privilegierung führen würde.[61]

II. Rechtliche Grundlagen

1. Bedeutung

Mit der Einführung des § 648a BGB a.F. (jetzt § 650f BGB) durch das Bauhandwerkersicherungsgesetz vom 27.4.1993[62] sollte die nur unzulänglich durch § 648 BGB a.F. (jetzt § 650e BGB) gewährleistete Absicherung des zur Vorleistung verpflichteten Unternehmers verbessert werden. Aufgrund der oft mangelnden Identität zwischen Besteller und Grundstückseigentümer sowie einer meist nur nachrangigen Sicherungsmöglichkeit knüpft der § 650f BGB **nicht mehr an das Grundstück** an, sondern an die **Finanzierung des Bestellers** (Fremd- oder Eigenkapitalfinanzierung).[63] Da davon auszugehen ist, dass der Besteller nur bei vorhandener Finanzierung einen Bauauftrag erteilt, wäre der Besteller auch in der Lage, **zur Absicherung des Unternehmers anstelle eines Finanzierungsnachweises eine Sicherheit über die Werklohnforderung** des Unternehmers auszustellen. 64

2. Anspruchsvoraussetzungen

Folgende Voraussetzungen werden an den Anspruch gestellt: 65

- **Anspruchsteller** ist ein **Unternehmer, der einen Bauvertrag i.S.d. § 650a Abs. 1 BGB abschließt Anspruchsgegner** ist **Besteller** (**werkvertragliche Beziehung** zwischen Unternehmer und Besteller); Besteller braucht **nicht Grundstückseigentümer** zu sein
- **Besteller** darf **kein öffentlicher Auftraggeber** sein, über dessen Vermögen ein Insolvenzverfahren unzulässig ist, **oder ein Verbraucher, der einen Verbraucherbauvertrag (§ 650i BGB) oder einen Bauträgervertag (§ 650u BGB) abschließt**
- Absicherung für **noch zu erbringende** (künftige, d.h. erst noch zu verdienende) **sowie bereits erbrachte Bauleistungen**; **Abnahme** der Bauleistung und **Fälligkeit** der Vergütung sind **nicht erforderlich**
- Anspruchsteller fordert Besteller zur **Sicherheitsleistung binnen angemessener Frist** auf
- **Keine Reduzierung** des Sicherungsanspruchs **durch Mängel**

3. Änderungen durch das FoSiG

Durch das FoSiG haben sich folgende Änderungen ergeben: 66

- **Einklagbarer Anspruch** auf Sicherheit, nicht nur Recht auf Sicherheit; bereits mit Vertragsabschluss entstanden

61 BeckOK Bauvertragsrecht, Leupertz/Preussner/Sienz/*Scharfenberg*, § 650f BGB Rn 19.
62 Gesetz v. 27.4.1993, BGBl I, 509.
63 So auch *Schulze-Hagen* in der 8. IBR-Fortbildung „§ 648a a.F. BGB n.F. – Neue und alte Fragen".

- **Einmalige Fristsetzung** zur Sicherheitsleistung ohne Nachfrist und Warnung (Ankündigungserfordernis für die Leistungsverweigerung entfällt)
- Sicherheit nicht nur für Vergütungsansprüche zzgl. 10 % Nebenforderungen, sondern für **alle geldwerten Ansprüche, die an die Stelle der Vergütung** treten
- Durch Erfüllungsansprüche des Bestellers ist Anspruch des Unternehmers nicht ausgeschlossen: **Aufrechenbarkeit** nur bei **unstreitigen oder rechtskräftig festgestellten Gegenansprüchen**
- **Kündigungsfolgen** in Abs. 5 entsprechen dem **§ 648 BGB, Kündigung muss jetzt noch gesondert ausgesprochen werden (anders als nach § 643 S. 2 BGB)**
- Anwendbarkeit des § 650f BGB auch auf **öffentlich-rechtliche Auftraggeber**, über deren Vermögen ein **Insolvenzverfahren zulässig** ist

4. Vorteile

67 Es bieten sich folgende Vorteile:

- Sicherheit **auch** für **Vorleistungen**, nicht erst dann, wenn Unternehmer tatsächlich schon Leistungen erbracht hat
- **Anspruch** schon **in dem Moment**, in dem der **Bauvertrag abgeschlossen** worden ist, nicht erst dann, wenn eine angemessene Frist für die Beibringung der Sicherheit ergebnislos verstrichen ist; bis zur Vorlage der Sicherheit hat der Unternehmer ein Zurückbehaltungsrecht (§ 320 Abs. 1 BGB); dadurch verringert sich das bislang noch bis zum Fristablauf bestehende Vorleistungsrisiko
- **Anspruch** ausdrücklich **auch noch nach Abnahme**
- **Anspruch auch noch nach einer Kündigung des Bauvertrages**[64]
- Besteller muss Sicherheit leisten und kann sich z.B. **wegen Mängeln nicht** mehr auf ein **Leistungsverweigerungsrecht** berufen
- Möglichkeit der **Aufrechnung** durch den Besteller nur noch **mit unstreitigen oder rechtskräftig festgestellten Gegenforderungen**
- Unternehmer wird im Falle der **Kündigung bei Nichtleistung** der Sicherheit nicht mehr nur das Vertrauensinteresse, sondern das **Erfüllungsinteresse** ersetzt
- **Geschützter Personenkreis** ist gegenüber § 650e BGB **größer**
- **Nicht dispositiv**
- **Druckmittel, um andere Forderungen**, z.B. Zahlung von ausstehenden Abschlagszahlungen, Beauftragung von Nachträgen o.Ä., **durchzusetzen**, da viele Besteller nicht in der Lage sind, der Forderung nach einer Sicherheit i.H.v. 110 % der nicht bezahlten Vergütung (siehe hierzu Rdn 79) nachzukommen
- Gewährung der Sicherheit wird aus dem Anwendungsbereich des § 131 InsO in den des **§ 130 InsO** überführt
- Kann vom Gericht im Wege eines **Teilurteils** zugesprochen werden[65]

64 BGH v. 6.3.2014 – VII ZR 349/12 – MDR 2014, 372; OLG Naumburg v. 10.2.2022 – 2 U 176/20.
65 BGH v. 20.5.2021 – VII ZR 14/20.

5. Nachteile

Die Nachteile für den Unternehmer sind überschaubar, folgende Nachteile könnten in manchen Fällen relevant sein: 68

- Sicherungsumfang führt zur **liquiditätsmäßigen Belastung des Bestellers**
- Abgrenzungsschwierigkeiten durch Ausnahmetatbestände

III. Abdingbarkeit

Gem. **§ 650f Abs. 7 BGB** ist der Inhalt der **Abs. 1–5 unabdingbar**. Abweichungen sind damit weder durch Allgemeine Geschäftsbedingungen des Bestellers noch durch Individualabreden möglich. Der Unternehmer kann sich also keine höhere Sicherheit, erleichterte Bedingungen für die Sicherheitenbestellung oder die Freistellung von den Kosten (§ 650f Abs. 3 BGB) ausbedingen. Vertragsklauseln, die die Schutzfunktion des § 650f BGB umgehen, sind daher i.d.R. unwirksam.[66] Möglich bleiben aber Abreden im Bereich des Abs. 6. 69

IV. Voraussetzungen

1. Anspruchsberechtigter

Nach dem BauVG ist Berechtigter der Sicherheitsleistung jeder Unternehmer, der einen Bauvertrag nach § 650a BGB abgeschlossen hat, d.h. einen Vertrag über die Herstellung, die Wiederherstellung, die Beseitigung oder den Umbau eines Bauwerks, einer Außenanlage oder eines Teils davon. Wer mit der Instandhaltung beauftragt ist, ist Unternehmer i.S.d. § 650f BGB, sofern das Werk für die Konstruktion, den Bestand oder den bestimmungsmäßigen Gebrauch von wesentlicher Bedeutung ist (§ 650a Abs. 2 BGB). 70

Aufgrund des Fehlens des Erfordernisses einer Identität zwischen Grundstückseigentümer und Besteller fallen auch **Nach-/Subunternehmer** in den begünstigten Personenkreis.

Nach höchstrichterlicher Rechtsprechung[67] sind nur solche Unternehmer vom Anwendungsbereich des § 650f BGB erfasst, deren Leistungen sich **werterhöhend** am Grundstück manifestieren. Begründet wurde dies bislang damit, dass der Wortlaut des § 648a BGB a.F. in diesem Zusammenhang genauso eindeutig war wie der des § 648 BGB a.F.: Erfasst wurden danach nur **Unternehmer eines Bauwerks** (bzw. einer Außenanlage) oder eines einzelnen Teils davon, **nicht** aber der **Unternehmer einer Bauleistung im Allgemeinen.**[68] Dies hat sich auch nach dem BauVG nicht geändert, da nur solche Unternehmer dem Anwendungsbereich des § 650f BGB unterfallen, die einen Bauver- 71

66 Vgl. Grüneberg/*Retzlaff*, § 650f Rn 22.

67 BGH v. 24.2.2005 – VII ZR 86/04 – BauR 2005, 1019, 1020; a.A. OLG Düsseldorf v. 5.10.2004 – 21 U 26/04 – BauR 2005, 416.

68 So entsprechend bislang auch Ingenstau/Korbion/Leupertz/von Wietersheim/*Joussen*, VOB Teile A und B, Kommentar, Anhang 1 Rn 146 mit Hinweis auf BGH BauR 2005, 1019.

trag über ein Bauwerk bzw. eine Außenanlage i.S.d. § 650a BGB abschließen, und nicht diejenigen, die nur Schuldner einer Bauleistung im Allgemeinen sind.

Die Bauwerksleistung (bzw. Leistung an einer Außenanlage) muss sich daher in einer Werterhöhung des geschaffenen Bauwerks niedergeschlagen haben.[69] Solch werterhöhende Leistungen sind Arbeiten zur Herstellung eines Gebäudes und solche, die für die Erneuerung oder den Bestand eines Gebäudes von wesentlicher Bedeutung sind, sofern die eingebauten Teile mit dem Gebäude fest verbunden werden. Isoliert in Auftrag gegebene Abbruch- oder Rodungsarbeiten oder Arbeiten zur Beseitigung von Altlasten stellen dagegen keine Arbeiten am Bauwerk in diesem Sinne dar. Bloße Renovierungsarbeiten sowie rein bauvorbereitende Tätigkeiten werden danach nicht als werterhöhende Leistungen angesehen.

Demgegenüber mehren sich jedoch die Stimmen,[70] die für eine großzügigere Auslegung des § 650f BGB plädieren, da § 650f BGB gegenüber § 650e BGB extensiver auszulegen sei, dies auch in Anlehnung an die bislang ergangene obergerichtliche Rechtsprechung.[71] Anders als bei § 650e BGB führe § 650f BGB nämlich lediglich zu einer finanziellen Belastung des Bestellers, nicht aber zu einer dinglichen Belastung mit der Eintragung einer Sicherungshypothek. Nur letztere rechtfertige, dass der Unternehmer auch bereits zur Werterhöhung des Bauwerks beigetragen habe. Daher bestünde bei § 650f BGB im Gegensatz zu § 650e BGB auch bei denjenigen Baubeteiligten ein Recht auf Absicherung der Vergütung, deren Leistungen zwar für das Bauwerk des Bestellers erbracht werden, sich aber noch nicht werterhöhend im Bauwerk manifestiert haben.[72]

72 Gesichert sind nur Vergütungsansprüche für **Werkleistungen**. Rein kaufvertragliche Beziehungen, z.B. beim Baustofflieferanten, fallen nicht unter § 650f BGB. Der Baustofflieferant ist im Übrigen nicht zur Vorleistung verpflichtet und kann die Lieferung der Baustoffe von der Bezahlung der Ware abhängig machen (§ 320 Abs. 1 S. 1 BGB). Auch Vertragspartner, mit denen ein Werklieferungsvertrag oder Bauträgervertrag abgeschlossen wurde, unterfallen nicht dem begünstigten Personenkreis.[73]

2. Sicherungsinteresse

73 Zunächst bestehende Auslegungsschwierigkeiten über die Voraussetzungen des Sicherungsinteresses des Unternehmers sind zwischenzeitlich durch die höchstrichterliche

69 BeckOK-BGB/*Voit*, § 650f Rn 4f; *Werner/Pastor*, Der Bauprozess, Rn 279 ff.; Grüneberg/*Retzlaff*, § 650f BGB Rn 2 ff.

70 Motzke/Bauer/Seewald/*Jahn*, Prozesse in Bausachen, § 3 Teil A Rn 37; Messerschmidt/Voit/*Cramer*, Privates Baurecht, § 650f Rn 14, 15; *Kniffka*, BauR 2007, 246, 250; *Schulze-Hagen*, BauR 2000, 28; *Hildebrandt*, BauR 2006, 2; *Kniffka/Koeble*, Kompendium des Baurechts, 9. Teil, Rn 107 ff.; Erman/*Schwenker*, § 650f Rn 5; MüKo-BGB/*Busche*, § 650f Rn 5.

71 OLG Köln v. 26.3.1999 – 4 U 47/98 – BauR 2000, 1874; OLG Düsseldorf v. 5.10.2004 – 21 U 26/04 – BauR 2005, 416.

72 Vgl. auch *Schmidt*, NJW 2013, 497 ff.; Messerschmidt/Voit/*Cramer*, Privates Baurecht, § 650f Rn 14.

73 Grüneberg/*Retzlaff*, § 650f Rn 6; a.A. im Zusammenhang mit der Anspruchsberechtigung des Bauträgers siehe *Motzke/Bauer/Seewald/Jahn*, Prozesse in Bausachen, § 3 Teil A Rn 38.

Rechtsprechung geklärt.[74] Da es bei § 650f BGB im Gegensatz zur Altfassung nicht mehr darauf ankommt, ob der Unternehmer noch „Vorleistungen" erbringen muss, ist die eigene Leistungsbereitschaft des Unternehmers kein ungeschriebenes Tatbestandsmerkmal mehr, wenn er eine Sicherheit nach § 650f BGB verlangen will.[75] Das Erfordernis dieser eigenen Leistungsbereitschaft des Unternehmers führte nach der Altfassung noch dazu, dass nach Beendigung eines Vertrages noch eine volle Sicherheit verlangt werden konnte, wenn noch geringe Mängel abzuarbeiten waren (dies bei fortbestehender eigener Bereitschaft und Fähigkeit des Unternehmers zur Leistung), ein Sicherungsbegehren jedoch erfolglos blieb, wenn der Unternehmer mangelfrei gearbeitet hatte und keine weiteren Leistungen seinerseits mehr ausstanden. Für dieses Ergebnis gab es keine innere Rechtfertigung, da in beiden Fällen ein Sicherungsbedürfnis vorlag.[76] Daher stellt § 650f BGB nunmehr konsequent auf das Sicherungsinteresse des Unternehmers ab, das so lange besteht, wie sein Vergütungsanspruch nicht befriedigt worden ist (unabhängig davon, ob den Unternehmer noch eine Vorleistungspflicht trifft). Für einen Anspruch des Unternehmers gegen den Besteller auf Leistung einer Sicherheit reicht es daher aus, dass dem Unternehmer noch ein Vergütungsanspruch zusteht.[77] Diesen Vergütungsanspruch hat er in dem Zeitpunkt schlüssig darzulegen, indem er die Sicherheit verlangt.

3. Verpflichteter: Auftraggeber

Jeder Besteller, der **werkvertraglich** mit einem Unternehmer verbunden ist, ist zur Sicherheitsleistung nach § 650f BGB verpflichtet, unabhängig davon, ob er Eigentümer des Baugrundstücks ist. Daher gilt § 650f BGB auch für Werkverträge zwischen Hauptunternehmer und Subunternehmer unter der Voraussetzung, dass Gegenstand der Verträge Bauarbeiten an einem Bauwerk oder einer Außenanlage oder eines Teils davon sind. **Ausgeschlossen** sind nur die gem. § 650f Abs. 6 BGB privilegierten Besteller wie juristische Personen des öffentlichen Rechts oder ein öffentlich-rechtliches Sondervermögen, über deren Vermögen ein Insolvenzverfahren unzulässig ist, sowie Verbraucher, die einen Verbraucherbauvertrag nach § 650i BGB oder einen Bauträgervertrag nach § 650u BGB abgeschlossen haben. Nicht ausgeklammert sind jedoch juristische Personen des Privatrechts, auch dann nicht, wenn sie mehrheitlich der öffentlichen Hand gehören oder im Wesentlichen oder ausschließlich durch die öffentliche Hand finanziert werden.[78] 74

Bis zum 31.12.2017 fanden die Vorschriften zur Bauhandwerkersicherung keine Anwendung, wenn der Besteller eine natürliche Person war, die Bauarbeiten zur Herstellung

74 BGH v. 6.3.2014 – VII ZR 349/12 – BauR 2014, 992.

75 *Schmitz*, ibr-online-Kommentar Bauvertragsrecht, Stand: 6.3.2023, § 650f BGB Rn 101 ff.

76 BGH v. 6.3.2014 – VII ZR 349/12 – NZBau 2014, 343.

77 Messerschmidt/Voit/*Cramer*, Privates Baurecht., § 650f BGB Rn 59 ff.; Grüneberg/*Retzlaff*, § 650f Rn 6; Kniffka/*Schmitz*, ibr-online-Kommentar Bauvertragsrecht, § 650f BGB Rn 6; Ingenstau/Korbion/Leupertz/von Wietersheim/*Joussen*, VOB Teile A und B, Kommentar, Anhang 1 Rn 144 ff.; *Fuchs*, BauR 2012, 326, 334; *Retzlaff*, BauR 2013, 1184, 1185.

78 Vgl. hierzu Ingenstau/Korbion/Leupertz/von Wietersheim/*Joussen*, VOB Teile A und B, Kommentar, Anhang 1 Rn 149, 255 ff.

oder Instandsetzung eines Einfamilienhauses mit oder ohne Einliegerwohnung ausführen ließ. Die Neufassung in § 650f BGB knüpft nun an die Definition des Verbraucherbauvertrages und des Bauträgervertrages an. Danach sind **auch Verträge eines Verbrauchers über den Bau eines Mehrfamilienhauses** vom Verbraucherprivileg erfasst. Auch bei solchen Verträgen wird nämlich in der Regel wie bei Einfamilienhäusern die finanzielle Situation des Verbrauchers vor und während der Realisierung des Bauprojektes ausreichend geprüft. Nicht in den Anwendungsbereich des Verbraucherprivilegs fallen daher Verträge über kleinere Bau- oder Umbaumaßnahmen, bei denen nicht davon ausgegangen werden kann, dass die Finanzierung in gleichem Maße gesichert ist wie bei einem Verbraucherbauvertrag oder einem Verbraucherbauträgervertrag.

Zunächst ungeklärt war nach den Änderungen durch das BauVG, ob ein Sicherungsanspruch nur dann ausgeschlossen ist, wenn die Gesamtmaßnahme beauftragt wird, oder auch dann, wenn einzelne Gewerke zum Bau eines neuen Gebäudes oder eines erheblichen Umbaus beauftragt werden.[79] Der BGH hat nun entschieden, dass kein Verbraucherbauvertrag i.S.d. § 650i BGB vorliegt, wenn ein Unternehmer im Rahmen des Neubaus eines Gebäudes nur ein einzelnes Gewerk ausführt.[80]

Nach dem BauVG erfasst die Verbraucherprivilegierung nur den Verbraucherbauvertrag und den Bauträgervertrag, nicht aber den Architektenvertrag. Ungeklärt ist daher noch, ob der Architekt, der mit der Planung eines Bauwerks oder erheblicher Umbaumaßnahmen von einem Verbraucher beauftragt wird, eine Sicherheit fordern kann. Nach einer nachrangigen Auffassung eines Teils der Literatur ist dies jedoch zu verneinen, da für den Architekten die Regeln des § 650f BGB entsprechend gelten.[81] Denn so, wie der Architekt entsprechend § 650f Abs. 1 BGB einen Anspruch auf Sicherung hat, wenn er mit der Planung eines Bauwerks beauftragt wird, hat er entsprechend § 650f Abs. 6 S. 1 Nr. 2 BGB keinen Anspruch, wenn der Besteller ihn mit der Planung eines Bauwerks beauftragt, das über einen Verbraucherbauvertrag errichtet würde.[82] Andere Stimmen weisen ebenfalls darauf hin, dass Architekten nach dem gesetzgeberischen Wortlaut sonst auch dann einen Sicherungsanspruch hätten, wenn der Verbraucherbauvertrag bauherrenseitig begründet wurde und der Bauherr bezogen auf dessen Realisierung zur Begleitung einen Architekten in Anspruch nimmt.[83] Nach der weit vorzugswürdigeren Meinung sind Architektenverträge nicht privilegiert i.S.d. § 650f Abs. 6 BGB. Architektenverträge, die mit einem Verbraucher geschlossen wurden, sind **keine Verbraucherbauverträge**.[84] Auch handelt es sich bei den Regelungen der §§ 650p ff. BGB nicht um dem Verbraucherbauvertrag entsprechende Normen im Architektenrecht, was zu einer analogen Privilegierung führen würde.[85] Die Regelung des § 650f BGB wird auf das

79 Kritisch dazu *Kniffka*, S. 49, in seiner Kommentierung zur Bauvertragsnovelle.
80 BGH v. 16.3.2023 – VII ZR 94/22.
81 So *Kniffka*, S. 49, in seiner Kommentierung zur Bauvertragsnovelle.
82 So *Kniffka*, S. 49, in seiner Kommentierung zur Bauvertragsnovelle.
83 So *Scholtissek*, in: FAZ-Artikel zu „Neue Absicherung der Planer und Bauunternehmer“, 22.9.2017.
84 OLG Köln, Hinweisbeschl. v. 23.3.2017 – 16 U 153/16.
85 BeckOK-Bauvertragsrecht, Leupertz/Preussner/Sienz/*Scharfenberg*, § 650f BGB Rn 19.

Architektenrecht nicht aufgrund einer Analogie angewendet, sondern aufgrund des eindeutigen Verweises in § 650q Abs. 1 BGB. Die Verweisung bezieht sich explizit nicht auf die Regelungen des Verbraucherbauvertrags gem. § 650i BGB ff. Auch hat der BGH mit seiner jüngsten Rechtsprechung klargestellt, dass die Definition des Verbraucherbauvertrags vom Gesetzgeber durch den Wortlaut des § 650i BGB trennscharf begrenzt wurde und hierüber hinaus nicht strapaziert werden soll.[86]

Mithin ist der Auffassung zu folgen, dass auch dem Architekten, der mit einem Verbraucher einen Vertrag schließt, ein Anspruch auf Sicherheit gem. § 650f BGB zusteht.

4. Zeitpunkt des Sicherungsverlangens

Nach Abschluss des Bauvertrages kann der Unternehmer das Sicherungsverlangen **zu jedem Zeitpunkt** stellen. Auch **nach Abnahme** ist der Unternehmer weiterhin berechtigt, eine Sicherheit nach § 650f BGB zu fordern. Dies ist nunmehr in § 650f Abs. 1 S. 3 BGB ausdrücklich geregelt. Auch nach einer Kündigung des Bauvertrages kann das Sicherungsverlangen noch gestellt werden,[87] da es nach dem Wortlaut des Gesetzes nicht mehr darauf ankommt, dass der Unternehmer noch Vorleistungen erbringen muss. 75

5. Taugliche Sicherheit

Die tauglichen Sicherheiten ergeben sich aus **§ 650f Abs. 2 S. 1 BGB** (**Garantie oder sonstiges Zahlungsversprechen** eines Kreditinstitutes oder Kreditversicherers) sowie aus den allgemeinen Vorschriften der §§ 232 ff. BGB. Die **Wahl**, welche Sicherheit gestellt wird, liegt **beim Besteller**, sodass der Unternehmer dem Besteller keine bestimmte Sicherheit in seinem Sicherungsverlangen vorschreiben darf. Die Sicherheitsleistung muss jedoch **insolvenzfest** sein.[88] 76

Der Besteller hat die Wahl, ob er selbst eine Sicherheit leisten will oder diese durch Einschaltung eines Kreditinstitutes leistet. I.d.R. nimmt die entsprechende Bank des Bestellers eine Zahlungszusage (Bürgschaft) vor. Die **Bürgschaft** muss **selbstschuldnerisch, unbefristet und grundsätzlich unwiderruflich** sein.[89] Sie darf nur insoweit widerruflich sein, als sich der Bürge gem. § 650f Abs. 1 S. 3 BGB das Recht vorbehalten darf, sein Versprechen im Falle einer wesentlichen Verschlechterung der Vermögensverhältnisse des Bestellers zu widerrufen. Dies gilt nur für solche Bauleistungen, die der Unternehmer bei Zugang der Widerrufserklärung noch nicht erbracht hat, nicht hinsichtlich der schon erbrachten, deren Umfang der Unternehmer zu beweisen hat. Des Weiteren muss die Bürgschaft **nicht auf erstes Anfordern** zu zahlen sein, sondern die in § 650f Abs. 2 S. 2 BGB definierten Voraussetzungen (Anerkenntnis des Bestellers oder Vorliegen eines vorläufig vollstreckbaren Urteils, aus dem vollstreckt werden kann) enthalten. 77

86 BGH v. 16.3.2023 – VII ZR 94/22.
87 BGH v. 6.3.2014 – VII ZR 349/12 – BauR 2014, 992.
88 BGH v. 9.11.2000 – VII ZR 82/99 – BauR 2001, 386, 390.
89 OLG Frankfurt a.M. v. 12.8.2002 – 1 U 127/01 – BauR 2003, 412.

78 Neben einer Bürgschaft kommen auch andere Sicherheiten wie **Garantien oder sonstige Zahlungsversprechen** eines Kreditinstituts oder Kreditversicherers in Betracht. Diese müssen einen unmittelbaren Zahlungsanspruch des Unternehmers gegen das Kreditinstitut oder den Kreditversicherer begründen.[90]

6. Höhe der Sicherheit

79 Gem. § 650f Abs. 1 S. 1 BGB kann Sicherheit

> für die auch in Zusatzaufträgen vereinbarte und noch nicht gezahlte Vergütung einschließlich dazugehöriger Nebenforderungen, die mit 10 % des zu sichernden Vergütungsanspruchs anzusetzen sind,

verlangt werden.

> Satz 1 gilt auch für Ansprüche, die an die Stelle der Vergütung treten.

Insoweit sind absicherbar **alle Forderungen, die dem Vergütungsbereich zuzurechnen** sind.

80 I.d.R. wird bei der Berechnung der Sicherheitsleistung (außerhalb des Anwendungsbereichs des § 13b UStG) von der **Bruttoauftragssumme** (einschließl. MwSt.) auszugehen sein, **wenn nichts anderes vereinbart** ist.[91]

81 Hat der **Unternehmer** im Zeitpunkt seines Sicherungsbegehrens **schon geleistet**, so ist auch der diesbezügliche Teil seiner Vergütung absicherbar, insoweit auch Ansprüche aus § 642 BGB, § 648 BGB und § 6 Nr. 6 BGB. Bei Schadensersatzansprüchen kommt es nun nicht mehr darauf an, ob sie bei wirtschaftlicher Betrachtungsweise dem Vergütungsanspruch entsprechen.

82 **Künftige Ansprüche** sind **zum Nennwert** abzusichern. Der künftige Anspruch ist dabei der volle, was auch bei der Vereinbarung von Abschlagszahlungen gilt. Steht der künftige Vergütungsanspruch noch nicht fest (z.B. bei Abrechnung nach Einheitspreisen oder Stundenlöhnen), muss nach § 287 ZPO geschätzt werden.

83 Ist der Unternehmer **bereit und in der Lage, aufgetretene Mängel zu beseitigen**, reduzieren Mängel die sicherbare Forderung nicht. Der auf die Mängelbeseitigung entfallende Teil des Werklohns kann durch Nachbesserung nämlich noch verdient werden.[92] Mängel, mit denen erst künftig zu rechnen ist, rechtfertigen keinen Sicherheitseinbehalt von der Sicherheitsleistung.

7. Sicherungsverlangen

84 Nach § 650f Abs. 1 S. 1 BGB muss der Unternehmer den Besteller zur Stellung einer Sicherheit **auffordern**. Ein solches Sicherungsverlangen kann **grundsätzlich formfrei**

90 BGH v. 9.11.2000 – VII ZR 82/99 – BauR 2001, 386, 390.
91 *Werner/Pastor*, Der Bauprozess, Rn 1619 m.w.N.; Ingenstau/Korbion/Leupertz/von Wietersheim/*Joussen*, VOB Teile A und B, Kommentar, § 17 Abs. 1 VOB/B Rn 67.
92 BGH v. 9.11.2000 – VII ZR 82/99 – NZBau 2001, 129, 131.

erfolgen, sollte aber **aus Beweisgründen schriftlich** (mit Zugangsnachweis) erklärt **oder per E-Mail** übermittelt werden.

Das Sicherungsverlangen muss den **konkreten Vertrag** und **ggf. entsprechende Zusatzaufträge** anführen und die **Höhe der geforderten Sicherheit** einschließlich deren **nachvollziehbarer Berechnung** enthalten.[93] Eine **Fristsetzung ist nicht (mehr) erforderlich**, wird aber allein aus verjährungsrechtlichen Gründen empfohlen.[94] Die **Art der Sicherheitsleistung** darf **nicht vom Unternehmer festgelegt werden**, da die Auswahl dem Besteller überlassen bleiben muss (§§ 650f Abs. 2, 232 ff. BGB i.V.m. § 262 BGB). Die Anforderung zur Sicherheitsleistung sollte daher stets darauf lauten, den Besteller zur Erbringung einer Sicherheit gem. § 650f Abs. 1, 2 BGB aufzufordern, nicht jedoch auf Stellung einer Bürgschaft.[95] Stellt der Unternehmer ein überhöhtes Sicherungsverlangen, schadet dies zunächst nicht. Im Rahmen der bauvertraglichen Kooperationspflichten ist ein solches Sicherungsverlangen vielmehr auf eine angemessene Höhe anzupassen, ohne dass es gleich unwirksam wird.[96] 85

Die **Frist zur Stellung der Sicherheit** gem. § 648a Abs. 5 S. 1 BGB muss „**angemessen**" sein. Während der **Gesetzgeber** von einer Frist von **durchschnittlich sieben bis zehn Tagen** ausging,[97] hat der **BGH**[98] erläutert, dass sich die Angemessenheit der Frist nur unter Berücksichtigung der **Umstände des Einzelfalles** bestimmen lasse. Danach komme es darauf an, ob es einem Besteller, der sich in normalen finanziellen Verhältnissen befinde, innerhalb der Dauer der Frist möglich sei, die Sicherheit ohne schuldhaftes Verzögern zu beschaffen. Die Frist müsse daher mindestens für die Kontaktaufnahme mit einer Bank, deren Bearbeitungszeit – gesunde finanzielle Verhältnisse des Bestellers unterstellt – und der Zuleitung der Sicherheit an den Unternehmer genügen. Das OLG Dresden[99] hat ausgeführt, dass dabei weiter zu differenzieren sei, ob die Sicherheit von einem Großauftraggeber[100] oder einem kleineren Gewerbetreibenden gefordert werde. Auch kann die Angemessenheit einer zu setzenden Frist davon abhängen, ob dem Sicherungsverlangen schon eine anderweitige darauf gerichtete Ankündigung vorangegangen ist, unabhängig davon, dass ein Sicherungsverlangen als solches nicht angekündigt werden muss.[101] Dann hängt die Angemessenheit einer Frist nämlich auch davon ab, dass der Besteller mit der Sicherheitsanforderung konkret rechnen musste. Insgesamt wird man **i.d.R. eine Frist von ein bis drei Wochen** als angemessen ansehen können.[102] 86

93 Ingenstau/Korbion/Leupertz/von Wietersheim/*Joussen*, VOB Teile A und B, Kommentar, Anh. 1 Rn 150.
94 Ingenstau/Korbion/Leupertz/von Wietersheim/*Joussen*, VOB Teile A und B, Kommentar, Anh. 1 Rn 150 ff.
95 Motzke/Bauer/Seewald/*Jahn*, Prozesse in Bausachen, § 3 Teil A Rn 48.
96 BGH v. 9.11.2000 – VII ZR 82/99 – BauR 2001, 386, 391.
97 BT-Drucks 12/1836, 8.
98 BGH v. 31.3.2005 – VII ZR 346/03 – BauR 2005, 1009, 1010; siehe dazu auch die Besprechung von *Vogel*, IBR 2005, 369.
99 OLG Dresden v. 1.3.2006 – 12 U 2379/04 – BauR 2006, 1318, 1319.
100 Gegenüber diesem sah das OLG Dresden v. 1.3.2006 – 12 U 2379/04 – BauR 2006, 1318, 1319 eine Frist von einer Woche als ausreichend an.
101 BGH v. 20.12.2010 – VII ZR 22/09 – BauR 2011, 514, 516.
102 Ingenstau/Korbion/Leupertz/von Wietersheim/*Joussen*, VOB Teile A und B, Kommentar, Anh. 1 Rn 220 m.w.N.

Ist die Frist zur Stellung einer Sicherheit zu kurz bemessen, ist die Fristbestimmung nicht wirkungslos, sondern setzt eine angemessene Frist in Gang.[103]

87 Im Sicherungsverlangen muss schließlich seit der Neufassung des § 648a Abs. 1 S. 1 BGB durch das FoSiG **keine Ankündigung der Leistungsverweigerung** als Folge des fruchtlosen Fristablaufs mehr erfolgen.

V. Rechtsfolgen bei fruchtlosem Fristablauf

88 Nach fruchtlosem Ablauf der gesetzten angemessenen Frist ist der Unternehmer berechtigt, die **Leistung zu verweigern oder den Vertrag zu kündigen**.

1. Leistungsverweigerung

89 Im Falle der Leistungsverweigerung muss der Unternehmer die Arbeiten **gar nicht erst beginnen** oder kann diese **während der Ausführung einstellen**. Bei bestehendem Leistungsverweigerungsrecht tritt kein Verzug ein; es liegt eine Behinderung aus dem Risikobereich des Unternehmers i.S.v. § 6 VOB/B vor.

90 Hat eine **Abnahme bereits stattgefunden** und verlangt der Unternehmer erst dann eine Sicherheit, ist er berechtigt, die **Mängelbeseitigung zu verweigern**, ohne dass er mit der Mängelbeseitigung in Verzug gerät. Führt der Besteller trotz bestehendem Leistungsverweigerungsrecht die Selbstvornahme durch, kann er in diesem Fall keine Kostenerstattung verlangen oder Schadensersatz fordern.[104]

91 Das Leistungsverweigerungsrecht entfällt erst dann wieder, wenn der Besteller nachträglich die geschuldete Sicherheit erbringt.

2. Kündigung

92 Die Kündigung kann ohne Weiteres nach Fristablauf ausgesprochen werden. Anders als nach dem alten Recht bedarf es **keiner Nachfristsetzung**, ehe der Vertrag aufgehoben wird. Es bedarf keiner Androhung der Kündigung bei Fristsetzung.[105]

93 Folge der Kündigung ist, dass der Unternehmer **von jeglicher Verpflichtung frei** wird, den Vertrag zu erfüllen.[106] Auch Mängel müssen daher nicht mehr beseitigt werden. Die Ansprüche des Unternehmers richten sich nach **§ 650f Abs. 5 BGB**.

VI. Kosten der Sicherheit

94 Nach § 650f Abs. 3 S. 1 BGB muss der **Unternehmer** die **üblichen Kosten der Sicherheit** tragen, dies bis zu einer **absoluten Obergrenze von 2 % p.a.** Darüber hinausge-

103 BGH v. 31.3.2005 – VII ZR 346/03 – BauR 2005, 1009, 1010; siehe dazu auch die Besprechung von *Vogel*, IBR 2005, 369.
104 BGH v. 27.9.2007 – VII ZR 80/05 – BauR 2007, 2052, 2056.
105 Messerschmidt/Voit/*Cramer*, § 650f BGB Rn 161 f.
106 BGH v. 12.10.2006 – VII ZR 307/04 – BauR 2007, 113, 114.

hende Kosten hat der Besteller zu tragen. „Üblich“ ist der statistische Mittelwert der Banken am Ort des Bauvorhabens zur Zeit der Zahlungszusage.[107] Trotz dieser ausdrücklichen gesetzlichen Regelung muss der Unternehmer **im Sicherungsverlangen keine Kostenübernahmeerklärung** abgeben.[108] Kosten, die nur deshalb entstehen, weil der Unternehmer die Sicherheit wegen unbegründeter Einwendungen des Bestellers länger aufrechterhalten muss, sind nicht vom Unternehmer zu tragen (§ 650f Abs. 3 S. 2 BGB).

Da das Gesetz von „Erstattung“ der Kosten spricht, hat der Besteller sie vorzufinanzieren, was u.U. zu einem erheblichen Ausfallrisiko führen kann. Gegebenenfalls kann der Besteller die Gestellung der Sicherheit dann davon abhängig machen, dass der Unternehmer insoweit seinerseits Sicherheit in Höhe der voraussichtlichen Kosten leistet.[109] **95**

Die Kosten der Sicherheit können sich dadurch erhöhen, dass sich das Bauvorhaben verzögert. **96**

VII. Anwendbarkeit VOB/B-Vertrag

Da die VOB/B das Recht, eine Sicherheit nach § 650f BGB zu verlangen, nicht eingeschränkt, ist § 650f BGB **auch auf einen VOB/B-Bauvertrag anwendbar**.[110] **97**

VIII. Verhältnis zu § 650e BGB

Grundsätzlich hat der Unternehmer hinsichtlich einer Absicherung bereits erbrachter Leistungen die **Wahl** zwischen einer Vorgehensweise nach **§ 650e oder § 650f BGB**. § 650f Abs. 4 BGB regelt ausdrücklich, dass ein Vorgehen nach § 650e BGB nur für den Fall ausgeschlossen ist, dass der Unternehmer bereits eine **Sicherheit nach § 650f BGB in ausreichender Höhe „erlangt hat“**. Der Unternehmer kann daher sowohl für einen ungesicherten Restvergütungsanspruch nach § 650e BGB[111] als auch generell, bis er eine ausreichende Sicherheit erhalten hat, parallel vorgehen und beide Wege beschreiten.[112] Zwar regelt § 650f BGB nicht den Fall, was gelten soll, wenn der Unternehmer **bereits eine Sicherheit nach § 650e BGB erlangt hat**. Da Sinn und Zweck der Regelung des § 648a Abs. 4 BGB jedoch die Vermeidung einer Übersicherung ist, kann der Unternehmer, wenn er mit einer Sicherungshypothek, insbesondere hinsichtlich ihrer Rangstelle, bereits eine gleichwertige Sicherheit erlangt hat, keine – zusätzliche – Sicherheit nach § 650f BGB mehr verlangen.[113] **98**

107 Staudinger/*Peters/Jacoby*, § 650f Rn 16.
108 OLG Dresden v. 1.3.2006 – 12 U 2379/04 – BauR 2006, 1318, 1319.
109 Staudinger/*Peters/Jacoby*, § 650f Rn 18; a.A. LG Bonn v. 2.12.1996 – 9 O 136/96 – NJW-RR 1998, 530, 532.
110 Ingenstau/Korbion/Leupertz/von Wietersheim/*Joussen*, VOB Teile A und B, Kommentar, Anh. 1 Rn 138.
111 Grüneberg/*Retzlaff*, § 650f Rn 3.
112 *Werner/Pastor*, Der Bauprozess, Rn 277.
113 Vgl. hierzu Ingenstau/Korbion/Leupertz/von Wietersheim/*Joussen*, VOB Teile A und B, Kommentar, Anhang 1 Rn 216.

E. Muster: Bauhandwerkersicherung nach § 650f BGB

I. Sicherheit nach § 650f BGB

1. Muster: Verlangen einer Sicherheit nach § 650f BGB

99 ▼

Einschreiben/Rückschein

An die

Firma

BV:

Bauvertrag vom

Stellung einer Sicherheit nach § 650f BGB

Sehr geehrte Damen und Herren,

wir haben am für o.g. Bauvorhaben einen Bauvertrag/Architektenvertrag über die Erbringung/Herstellung von mit einer Netto-Auftragssumme von EUR abgeschlossen.

Zur Absicherung der von uns zu erbringenden Vorleistungen sowie wegen Nebenforderungen verlangen wir hiermit gem. § 650f BGB i.V.m. §§ 232 ff. BGB die Leistung einer Sicherheit i.H.v.

EUR

bis spätestens zum Ablauf des

.

(***alternativ:***

Zur Absicherung der von uns zu erbringenden Vorleistungen sowie wegen Nebenforderungen dürfen wir unter Hinweis auf § 650f BGB darum bitten, uns eine Sicherheit i.H.v. EUR zu übermitteln. Für den Eingang dieser Sicherheitsleistung erlauben wir uns, als Frist den vorzumerken.)

Die Höhe der geforderten Sicherheit berechnet sich wie folgt:[114]

.

Die Wahl des Sicherungsmittels obliegt Ihnen, § 232 BGB. Gem. § 650f Abs. 2 BGB kann diese Sicherheit auch durch eine Garantie oder ein sonstiges Zahlungsversprechen eines

114 Nach § 648a BGB a.F. konnte nur der Vergütungsanspruch im weiteren Sinne abgesichert werden. Darunter fielen Ansprüche aus Nachtragsleistungen i.S.v. § 2 Nr. 5–8 VOB/B (das Bewertungsrisiko, ob und inwieweit die Nachträge berechtigt sind, trägt dabei der Unternehmer), Ansprüche aus §§ 677 ff. BGB oder nach § 9 Nr. 3 VOB/B sowie Ansprüche des Unternehmers aus §§ 649 BGB bzw. 8 Nr. 1 VOB/B (Ingenstau/Korbion/Kratzenberg/Leupertz/*Korbion*, VOB Teile A und B, Kommentar, 20. Aufl., Anh. 2 Rn 153a). Ansprüche aus § 6 Nr. 6 VOB/B wurden dann als sicherungsfähig angesehen, wenn sie bei wirtschaftlicher Betrachtung ein Ausgleich für eine erbrachte Leistung und damit vergütungsähnlich waren (Ingenstau/Korbion/Kratzenberg/Leupertz/*Korbion*, VOB Teile A und B, Kommentar, 20. Aufl., Anh. 2 Rn 153 a; a.A. *Werner/Pastor*, Der Bauprozess, Rn 286). Nicht sicherbar waren dagegen andere Ansprüche des Unternehmers, z.B. aus § 280 Abs. 1 BGB oder aus unerlaubter Handlung. Vom Besteller geleistete Zahlungen auf die erbrachte Leistung (BGH v. 9.11.2000 – VII ZR 82/99 – BauR 2001, 386, 390) reduzierten die abzusichernde Forderung ebenso wie Vorauszahlungen oder eine bereits bestehende Zahlungssicherheit, sei es durch ein vorheriges Teilsicherungsverlangen nach § 648a BGB a.F. oder eine vertragliche Zahlungssicherheit (BGH v. 9.11.2000 – VII ZR 82/99 – BauR 2001, 386, 388).

im Geltungsbereich dieses Gesetzes zum Geschäftsbetrieb befugten Kreditinstituts oder Kreditversicherers geleistet werden.

In diesem Zusammenhang möchten wir Sie darauf hinweisen, dass die Kosten für diese zu erbringende Sicherheitsleistung von uns bis zu einem Höchstsatz von 2 v.H. für das Jahr bezahlt werden (§ 650f Abs. 3 BGB).

(***Bei Altverträgen zusätzlich:***

Wir weisen darauf hin, dass wir berechtigt sind, die Leistung zu verweigern, wenn innerhalb der o.g. Frist keine angemessene Sicherheit von Ihnen geleistet wird./Bitte beachten Sie, dass wir gem. § 648a Abs. 1 BGB a.F. berechtigt sind, die von uns zu erbringenden Leistungen zu verweigern, und wir von diesem Recht Gebrauch machen und die Bauarbeiten einstellen werden, wenn innerhalb der genannten Frist keine angemessene Sicherheit von Ihnen geleistet wird.)

Mit freundlichen Grüßen

(*Unterschrift*) (*Rechtsanwalt*)

▲

2. Checkliste: Bauhandwerkersicherung

1. Wirksamer Werk-/Architektenvertrag (ggf. entsprechende Zusatzaufträge) 100
2. Sicherungsverlangen schon unmittelbar nach Abschluss des Bauvertrages möglich
3. Besteller hat Wahlrecht für Sicherheitsleistung
4. Höhe der Sicherheit und nachvollziehbare Berechnung
5. Fristsetzung (grundsätzlich nicht mehr erforderlich, aber aus verjährungsrechtlichen Gründen empfohlen)
6. Hinweis auf Kostenübernahme
7. Keine Ankündigung der Leistungsverweigerung bei fruchtlosem Fristablauf erforderlich

II. Bürgschaft nach § 650f BGB

1. Muster: Bürgschaft nach § 650f BGB

▼ 101

Die Firma

– im folgenden Auftraggeber genannt – 4.7

und

die Firma

mit dem Sitz in

– im folgenden Auftragnehmer genannt –

haben am

für das Bauvorhaben

über (*Art der Arbeiten*)

einen Vertrag geschlossen.

Gem. § 650f BGB hat der Auftragnehmer vom Auftraggeber die Stellung einer Sicherheit verlangt.

Dies vorausgeschickt übernehmen wir,

(*Name und Anschrift des Bürgen*),

hiermit die selbstschuldnerische Bürgschaft für sämtliche Vergütungsansprüche (inkl. Nebenforderungen) des Auftragnehmers aus dem o.g. Vertrag zuzüglich aller Ansprüche, die an die Stelle der Vergütung treten, gegen den Auftraggeber und verpflichten uns, jeden Betrag bis zu einem Höchstbetrag von EUR (in Worten: EUR)

an den Auftragnehmer zu zahlen.

Wir sind berechtigt, im Falle einer wesentlichen Verschlechterung der Vermögensverhältnisse des Auftraggebers die vorliegende Bürgschaft mit Wirkung für Vergütungsansprüche aus Bauleistungen zu widerrufen, die der Auftragnehmer bei Zugang der Widerspruchserklärung noch nicht erbracht hat.[115]

Zahlungen werden wir gem. § 650f Abs. 2 BGB nur leisten, wenn der Auftraggeber den Zahlungsanspruch des Auftragnehmers anerkennt oder durch vorläufig vollstreckbares Urteil zur Zahlung der Vergütung verurteilt worden ist und die Voraussetzungen vorliegen, unter denen die Zwangsvollstreckung begonnen werden darf. Unabhängig davon behalten wir uns die Überprüfung vor, ob der geltend gemachte Anspruch des Auftragnehmers berechtigt ist.

Die Bürgschaft ist unbefristet.[116] Sie erlischt mit der Rückgabe der Bürgschaftsurkunde.

Streitigkeiten aus der übernommenen Bürgschaft werden vor ordentlichen Gerichten nach deutschem Recht in deutscher Sprache verhandelt. Im vollkaufmännischen Geschäftsverkehr wird als Gerichtsstand der Sitz des Auftraggebers vereinbart.

(*Ort und Datum, Unterschrift und Stempel des Bürgen*)

▲

2. Checkliste: Bürgschaft

102 1. Wirksamer Bauvertrag, Bauvorhaben, Art der Arbeiten
2. Übernahme der selbstschuldnerischen, unbefristeten, grundsätzlich unwiderruflichen Bürgschaft
3. Nicht auf erstes Anfordern
4. Die von der Sicherheit umfassten Ansprüche und Forderungen
5. Höhe der Sicherheit
6. Beschreibung des Sicherungsfalles

115 *Weise/Barbers*, Sicherheit im Baurecht, Rn 814.
116 *Vogel*, IBR 2005, 534 (Besprechung zu OLG Koblenz v. 14.7.2005 – 5 U 267/05).

7. Regelung der Rückgabe
8. Rechtswahl
9. Gerichtsstandvereinbarung

III. Muster: Klage auf Stellung einer Sicherheit gem. § 650f BGB

▼ 103

An das

Landgericht

Klage

In Sachen

– Klägerin –

Prozessbevollmächtigte: RAe

gegen

– Beklagte –

wegen Leistung einer Sicherheit gem. § 650f BGB.

Vorläufiger Streitwert: EUR

erheben wir namens und im Auftrag der Klägerin Klage zum Landgericht und stellen folgende

Anträge:

1. Die Beklagte wird verurteilt, der Klägerin zu dem zwischen den Parteien geschlossenen Bauvertrag vom , bezogen auf das Bauvorhaben , eine Sicherheit gem. § 650f BGB i.V.m. §§ 232 ff. BGB in Höhe von zu stellen.
2. Die Beklagte trägt die Kosten des Rechtsstreits.
3. Das Urteil ist – notfalls gegen Sicherheitsleistung – vorläufig vollstreckbar.

Begründung:

Mit Datum vom haben die Parteien einen Bauvertrag über am Bauvorhaben geschlossen.

Beweis: Bauvertrag vom , **Anlage K 1**

Nach den Bestimmungen des Bauvertrages wurde keine Vereinbarung zur Sicherung der Vergütung der Klägerin getroffen.

Beweis: wie vor

Unmittelbar nach Abschluss des Bauvertrages begann die Klägerin mit der Ausführung ihrer Bauleistungen. Als es nach einigen Monaten Bauzeit zu Unstimmigkeiten zwischen den Parteien über die Berechtigung und die Höhe einzelner Nachträge kam, machte die Klägerin die weitere Ausführung ihrer Bauleistungen von der Leistung einer Sicherheit nach § 650f BGB abhängig. Dazu verlangte die Klägerin von der Beklagten mit Schreiben vom …, der Beklagten zugegangen am …, für die von ihr zu erbringenden weiteren Vorleistungen (vereinbarter Pauschalpreis von EUR … abzüglich des von der Beklagten mit Wertstellung zum … gezahlten Abschlages von EUR …, darauf wiederum 10 % Nebenforderungen) unter Hinweis auf § 650f BGB i.V.m. §§ 232 ff. BGB die Leistung einer Sicherheit i.H.v. EUR … bis spätestens zum ….

Beweis: Schreiben der Klägerin vom …

Die Höhe der geforderten Sicherheit berechnet sich wie folgt: …

Beweis: wie vor

Ferner wurde in dem Schreiben darauf hingewiesen, dass die Sicherheit auch durch eine Garantie oder ein sonstiges Zahlungsversprechen eines im Geltungsbereich dieses Gesetzes zum Geschäftsbetrieb befugten Kreditinstituts oder Kreditversicherers geleistet werden könne.

Beweis: wie vor

Gleichzeitig machte die Klägerin darauf aufmerksam, dass sie die Kosten für die zu erbringende Sicherheitsleistung bis zu einem Höchstbetrag von 2 v.H. für das Jahr übernehmen werde.

Beweis: wie vor

Des Weiteren wurde die Beklagte noch gebeten, der Klägerin vor Fristablauf mitzuteilen, ob die von der Klägerin angegebene Frist zur Leistung der Sicherheit gegebenenfalls nicht angemessen lang ist, um die verlangte Sicherheit leisten zu können. Sollte die Beklagte dazu nachvollziehbare Gründe darlegen können, wäre die Klägerin bereit, eine angemessene Fristverlängerung zu gewähren.

Beweis: wie vor

Schließlich wurde in dem Schreiben noch höchstvorsorglich darauf hingewiesen, dass die Klägerin berechtigt sei, die Leistung zu verweigern oder den Vertrag zu kündigen, wenn innerhalb der gesetzten Frist keine angemessene Sicherheit geleistet werde.

Beweis: wie vor

Auf dieses Schreiben erfolgte keine Reaktion der Beklagten. Auch wurde innerhalb der gesetzten Frist keine angemessene Sicherheit geleistet.

Nach Ablauf der gesetzten Frist stellte die Klägerin daher ihre Bauleistungen bis auf Weiteres ein und erhob Klage zum Landgericht.

(*Unterschrift*) (*Rechtsanwalt*)

▲

F. Prozessrechtliches Instrument der „Forderungssicherung": Erleichterte einstweilige Verfügung nach § 650d BGB

I. Rechtliche Grundlagen

1. Anspruchsvoraussetzungen

§ 650d BGB ist eine in das BGB implementierte prozessrechtliche Norm für Nachträge aus BGB-Bauverträgen, die ab dem 1.1.2018 abgeschlossen worden sind: 104

- **Antragsteller** ist „**Unternehmer**" oder „**Besteller**"
- **Antragsgegner** ist „**Unternehmer**" oder „**Besteller**"
- **Wirksamer BGB-Bauvertrag, abgeschlossen am 1.1.2018 oder später**
- **Bauausführung hat bereits begonnen**
- Streitigkeiten über **Nachträge, die auf Anordnungen nach § 650b BGB oder Vergütungsanpassungen nach § 650c BGB zurückzuführen sind**, oder über **Anordnungen nach § 650b BGB**
- § 650d BGB wurde zwischen den Parteien **nicht wirksam abbedungen (nur bei Verträgen zwischen Unternehmern möglich, nicht bei Verbraucherbauverträgen**).

2. Vor- und Nachteile

Insgesamt lassen sich die Vor- und Nachteile des § 650d BGB wie folgt zusammenfassen: 105

a) Vorteile des § 650d BGB

- **Erleichterung der Erlangung einer einstweiligen Sicherheit bei Streitigkeiten über das Anordnungsrecht nach § 650b BGB oder die Vergütungsanpassung nach § 650c BGB** 106
- **Einseitige Durchsetzbarkeit** im Wege des einstweiligen Rechtsschutzes
- **Keine Glaubhaftmachung eines Verfügungsgrundes (wird widerleglich vermutet)**
- **Druckmittel** auf den Besteller oder Unternehmer, zu einer einvernehmlichen Einigung im Vorfeld (binnen 30 Tagen nach § 650b Abs. 2 BGB) zu kommen
- Rasche Entscheidung zur Vermeidung von Liquiditätsengpässen und Baustillständen sowie einseitigen Kündigungen
- Abwendung der Gefahr, dass ohne vorherige gerichtliche Entscheidung über die Rechtmäßigkeit einer Anordnung vollendete Tatsachen geschaffen werden

b) Nachteile des § 650d BGB

107
- Selbst spezialisierte Baukammern der Landgerichte (§ 72a GVG) sind ohne sachverständige Hilfe regelmäßig nicht in der Lage, technische und baubetriebliche Themen zur Überprüfung der Angemessenheit von Anordnungen oder Nachtragsforderungen zu bewerten
- Unterlaufen des erleichterten einstweiligen Rechtsschutzes durch Schutzschriften des Bestellers
- Risiko der Vorwegnahme der Hauptsache, da die Ausführung der geänderten Leistung endgültig ist
- Risiko eines langwierigen Hauptsacheprozesses nach Fertigstellung der Bauarbeiten sowie eines Forderungsausfalls, wenn der Unternehmer bereits eine Abschlagszahlung von 80 % seiner Nachtragsforderung erhalten hat und anschließend insolvent wird
- **Möglichkeit der individualvertraglichen Abbedingung** des Sicherungsrechts unter Unternehmern

II. Keine Anwendbarkeit auf den VOB/B-Vertrag

108 Aufgrund des eindeutigen Wortlautes ist § 650d BGB weder auf Streitigkeiten über Anordnungen nach § 1 Abs. 3 und Abs. 4 VOB/B noch auf die Berechnung von Nachtragsvergütungen nach § 2 Abs. 5 und Abs. 6 VOB/B anwendbar.[117]

III. Ausschluss von § 650d BGB

109 Die Regelung des § 650d BGB ist durch Individualvereinbarung abbedingbar.[118] Ob dies auch im Rahmen von AGB möglich ist, ist strittig.[119] Höchstrichterlich ist dies allerdings noch nicht entschieden.

IV. Voraussetzungen im Einzelnen

1. Sachlicher Anwendungsbereich

110 § 650d BGB gilt nicht für Werklohnansprüche oder Abschlagsforderungen allgemein, sondern nur für Nachträge aus BGB-Bauverträgen (abgeschlossen ab 1.1.2018), die auf Anordnungen nach § 650b BGB oder Vergütungsanpassungen nach § 650c BGB zurückzuführen sind.

Gemäß dem eindeutigen Wortlaut in § 650q Abs. 1 BGB und 650u Abs. 2 BGB ist § 650d BGB nicht auf Architekten- und Ingenieurverträge sowie Bauträgerverträge anwendbar, wohl aber auf Verbraucherbauverträge (§ 650i Abs. 3 BGB).

117 So auch *Orlowski*, BauR 2017, 1427, 1439.
118 MüKo-BGB/*Busche*, § 650d Rn 2.
119 Beck-OGK/*Mundt*, Stand: 1.4.2022, § 650d BGB Rn 103.

2. Streitigkeiten über das Anordnungsrecht nach § 650b BGB oder die Vergütungsanpassung nach§ 650c BGB

§ 650d BGB zielt nach der Gesetzesvorlage auf eine Erleichterung des Erlasses einstweiliger Verfügungen (§§ 935, 940 ZPO) ab, insbesondere zur Durchsetzung von Forderungen des Unternehmers, aber nur im Zusammenhang mit Streitigkeiten über das 111

- Anordnungsrecht (§ 650b BGB) oder
- die Höhe des Vergütungsanspruchs (§ 650c BGB),

die **nach Beginn der Bauausführung** und vor Fertigstellung der Leistungen geführt werden.[120] Damit soll dem vorleistungspflichtigen Unternehmer schnell ein Titel über einen geänderten Abschlagszahlungsanspruch oder die entsprechende Sicherheit verschafft werden.[121] Trotz dieser Zielsetzung in der Gesetzesvorlage kann sich nicht nur der Unternehmer, sondern auch der Besteller auf diese Vorschrift berufen, wenn es z.B. um Streitigkeiten hinsichtlich der Durchsetzbarkeit von Anordnungen nach § 650b BGB geht.[122]

3. Entbehrlichkeit Verfügungsgrund

Streiten die Parteien daher über die Rechtmäßigkeit einer Anordnung des Bestellers nach § 650b Abs. 2 BGB (Muss der Unternehmer einer Anordnung nachkommen? Ist die Anordnung für ihn zumutbar?) oder über die Höhe einer Vergütungsanpassung (z.B. bei Streitigkeiten über die Höhe der zu leistenden Abschlagszahlungen, berechnet nach § 650c Abs. 3 BGB bzw. § 650c Abs. 1 und 2 BGB) und einer zu gewährenden Sicherheit (falls die Parteien sich über die Mehr- oder Mindervergütung infolge einer Änderung nicht geeinigt haben), ist es im Interesse einer raschen Einigung nicht erforderlich, dass der Verfügungsgrund (also die Begründung der Eilbedürftigkeit des Antrags) glaubhaft gemacht wird. Durch den Wegfall der Glaubhaftmachung des Verfügungsgrundes wird das **Bestehen der Dringlichkeit widerleglich vermutet** und damit die Erlangung des einstweiligen Rechtsschutzes erleichtert. 112

Nur der Verfügungsanspruch muss weiterhin geltend gemacht werden, d.h. die Rechtmäßigkeit einer Anordnung des Bestellers nach § 650b Abs. 2 BGB oder die Rechtmäßigkeit der Höhe einer Vergütungsanpassung nach § 650c Abs. 1–3 BGB. Dieser Verfügungsanspruch ist die materiell-rechtliche Anspruchsgrundlage, auf deren Basis die einstweilige Verfügung ergehen soll. 113

Begründet wurde der Verzicht auf die Darlegung des Verfügungsgrundes zum einen damit, dass der grundsätzlich vorleistungspflichtige Unternehmer in besonderem Maße auf Liquidität angewiesen sei, dies insbesondere auch, wenn aufgrund der Anordnung des Bestellers erhebliche Kostensteigerungen einträten.[123] Zum anderen rechtfertige sich der Verzicht auf die Darlegung der besonderen Dringlichkeit bei der Durchsetzung von 114

120 Grüneberg/*Retzlaff*, § 650d BGB Rn 1; BeckOK-BGB/*Voit*, § 650d Rn 1.
121 BeckOK-BGB/*Voit*, § 650d Rn 8 ff.
122 BeckOK-BGB/*Voit*, § 650d Rn 8.
123 Gesetzesentwurf der Bundesregierung, BT-Drucks 18/8486, 58.

Anordnungen des Bestellers damit, dass sich am Bau ständig die Sachlage ändere und vollendete Tatsachen geschaffen würden, wenn ohne vorherige gerichtliche Entscheidung über die Rechtmäßigkeit einer Anordnung weitergebaut würde.[124]

115 Dennoch mehren sich kritische Stimmen, die anführen, dass allein das Entfallen der Darlegung der besonderen Dringlichkeit dem Antragsteller im Rahmen einer einstweiligen Verfügung kaum helfen kann, wenn der Verfügungsanspruch – nämlich besonders die geltend gemachte Mehrvergütung – gerade nicht glaubhaft gemacht werden kann.[125] Die technisch und baubetrieblich diffizilen Fragestellungen, ob z.B. tatsächlich eine Änderung des Vertrages vorliegt oder ob die nach § 650c Abs. 2 BGB fortgeschriebene Vergütung den tatsächlich erforderlichen Kosten und angemessenen Zuschlägen entspricht, ist mit den Mitteln des einstweiligen Verfügungsverfahrens (Glaubhaftmachung und präsente Beweismittel) kaum zu bewältigen.[126]

116 Andererseits kann auch dahingehend argumentiert werden, dass die besondere Dringlichkeit gerade doch dargelegt werden solle, um einer Widerlegbarkeit des Verfügungsgrundes durch den Antragsgegner von vorneherein entgegenzutreten. Es ist dem Antragsteller daher auch immer zu raten, glaubhaft zu machen, dass bei Nichtgewährung der einstweiligen Verfügung ein erheblicher Nachteil droht, der später möglicherweise nicht mehr ausgeglichen werden kann.

Auch ist Bestellern zukünftig zu raten, vorsorglich Schutzschriften bei Gericht einzureichen und zu verwalten, um im Rahmen des einstweiligen Verfügungsverfahrens zumindest eine mündliche Verhandlung zu erzwingen.[127]

4. Sachliche Zuständigkeit

117 Für erleichterte einstweilige Verfügungen nach § 650d BGB sind gem. § 78 Abs. 2 Nr. 5 GVG ausschließlich die Landgerichte zuständig, ohne dass es auf den Streitwert ankommt.

5. Einwendungen der Parteien

118 Im einstweiligen Verfügungsverfahren können die Parteien die gleichen materiell-rechtlichen Einwendungen wie im Hauptsacheverfahren geltend machen. Wendet der Besteller im Rahmen eines vom Unternehmer eingeleiteten Verfügungsverfahrens Mängel ein und wurde das Werk noch nicht abgenommen, hat der Unternehmer glaubhaft zu machen, dass keine Mängel seinem Werklohn entgegenstehen. Dies wird in der Regel durch die Vorlage von Privatgutachten oder sonstige Urkunden, die Anhörung von Privatgutachtern oder Zeugen geschehen.

124 Gesetzesentwurf der Bundesregierung, BT-Drucks 18/8486, 54.
125 *Eichberger*, in: Hdb. des privaten Baurechts.
126 *Oberhauser*, in: Das neue Bauvertragsrecht, Rn 139.
127 *Eichberger*, in: Hdb. des privaten Baurechts.

Da das Bestehen eines Verfügungsgrundes nur widerlegbar vermutet wird, kann der Antragsgegner auch unter Vorlage entsprechender Beweismittel einwenden, dass keine besondere Dringlichkeit besteht.

G. Muster: Erleichterte einstweilige Verfügung nach § 650d BGB

I. Verlangen einer einstweiligen Verfügung

▼ 119

An das

Landgericht [128] 4.9

Antrag auf Erlass einer einstweiligen Verfügung zur Durchsetzung der Ausführung einer geänderten Leistung[129]

In Sachen

– Antragsteller –

Verfahrensbevollmächtigte: Rechtsanwälte

gegen

– Antragsgegner –

wegen einstweiliger Verfügung zur Durchsetzung der Ausführung einer geänderten Leistung

beantragen

wir namens und im Auftrag des Antragstellers wegen der Dringlichkeit der Sache ohne vorherige mündliche Verhandlung – gem. §§ 650b, 650d BGB; 935 ff ZPO – den Erlass folgender

einstweiliger Verfügung:

1. Dem Antragsgegner wird aufgegeben, bei Meidung eines Ordnungsgeldes von bei dem Bauvorhaben in dem Dachaufbau nach folgende zusätzliche Elemente einzubauen:

Begründung:

I. Verfügungsanspruch

Mit Pauschalvertrag vom wurde der Antragsgegner mit der Ausführung eines Daches bei dem Bauvorhaben beauftragt, wobei die Festlegung der Konstruktion im Einzelnen dem Angebot des Antragsgegners vom entstammt.

128 Nach § 78 Abs. 2 Nr. 5 GVG sind bei Streitigkeiten über das Anordnungsrecht des Bestellers nach § 650b BGB oder die Höhe des Vergütungsanspruches nach § 650c BGB ausschließlich die Landgerichte zuständig.

129 Nach *Schmid*, Das neue gesetzliche Bauvertragsrecht, Rn 230.

Unstreitig ist mit dem Bauvorhaben schon begonnen worden, insbesondere auch schon mit der Errichtung des Daches, bei welchem bislang folgender Leistungsstand erreicht ist:

Glaubhaftmachung:

Gemäß dem Gutachten des öffentlich-bestellten und vereidigten Sachverständigen vom , welches zum Zwecke der Glaubhaftmachung vom Antragsteller vorgelegt wird, führt eine unveränderte Ausführung des Daches in allen Details gem. dem Angebot des Antragsgegners jedoch dazu, dass die innen liegenden Elemente des Daches durchfeuchtet werden und mittelfristig verfaulen. Es ist deshalb dem Gutachten zufolge eine veränderte Ausführung mit folgenden zusätzlichen Leistungen erforderlich:

Glaubhaftmachung:

Der Antragsteller hat vom Antragsgegner gem. Schreiben vom diese geänderte Ausführung verlangt.

Glaubhaftmachung:

Der Antragsgegner hat dies mit Schreiben vom abgelehnt bzw. erklärt, diese Änderung nur vorzunehmen, wenn er dafür eine Nachtragsvergütung in Höhe von erhalte.

Glaubhaftmachung:

Mit Schreiben vom lehnte der Antragsteller das Angebot des Antragsgegners ab, da nach Auffassung des Antragstellers die im Angebot angesetzten Mehrkosten überzogen seien und die geänderte Ausführung bereits vom vertraglich vereinbarten Pauschalpreis umfasst sei.

Glaubhaftmachung:

Eine Einigung über die Preisdifferenz zum ursprünglichen Angebot kam innerhalb von 30 Tagen nach Zugang des Schreibens des Antragsgegners nicht zustande. Mit Schreiben vom ordnete der Antragsgegner daraufhin die Durchführung der geänderten Ausführung an.

Glaubhaftmachung:

II. Verfügungsgrund

Der Verfügungsgrund ist nicht glaubhaft zu machen, da er nach § 650d BGB widerlegbar vermutet wird.

Sollte das Gericht weiteren Sachvortrag und/oder die Vorlage weiterer Unterlagen für erforderlich halten, wird um einen richterlichen Hinweis nach § 139 ZPO gebeten.

(*Unterschrift*) (*Rechtsanwalt*)

▲

▼ 120

An das

Landgericht 4.10

Antrag auf Erlass einer einstweiligen Verfügung zur Durchsetzung einer Vergütungsanpassung nach § 650c BGB[130]

In Sachen

– Antragsteller –

Verfahrensbevollmächtigte: Rechtsanwälte

gegen

– Antragsgegner –

wegen einstweiliger Verfügung zur Durchsetzung einer Vergütungsanpassung

beantragen

wir namens und im Auftrag des Antragstellers wegen der Dringlichkeit der Sache ohne vorherige mündliche Verhandlung – gem. §§ 650c, 650d BGB; 935 ff ZPO – den Erlass folgender

einstweiliger Verfügung:

Der Antragsgegner wird verurteilt, an den Antragsteller einen Betrag von EUR nebst Zinsen in Höhe von Prozentpunkten über dem Basiszinssatz seit Zustellung dieses Verfügungsantrags zu bezahlen.

Begründung:

I. Verfügungsanspruch

Der Antragsteller betreibt ein Rohbauunternehmen. Bei dem Antragsgegner handelt es sich um eine überregional tätige Bauträgergesellschaft.

Mit Einheitspreisvertrag vom wurde der Antragsteller mit der Ausführung der Rohbauarbeiten für den Neubau mehrerer Einfamilienhäuser in beauftragt. Dem Bauvertrag lag das Leistungsverzeichnis des Antragsgegners vom nebst Vorbemerkungen zugrunde, ebenso die Besonderen und Zusätzlichen Vertragsbedingungen des Antragsgegners.

Glaubhaftmachung:

Zum Leistungsumfang des Antragstellers gehörten auch Betonarbeiten, die nach dem Leistungsverzeichnis mit der Betongüte ausgeführt werden sollten.

Glaubhaftmachung:

130 Nach *Oppler/Röder*, in: Münchener Prozeßformularbuch Privates Bau- und Architektenrecht.

Mit Schreiben vom ___ verlangte der Antragsgegner plötzlich eine geänderte Ausführung der Betongüte, nachdem er mit einem von ihm eingeschalteten Prüfstatiker gesprochen hatte.

Glaubhaftmachung: ___

Der Antragsteller legte dem Antragsgegner daraufhin ein Angebot über die durch die Änderung der Betongüte verursachten Mehrkosten im Sinne des § 650b Abs. 1 BGB vor.

Glaubhaftmachung: ___

Diesem Angebot lagen die detaillierten Berechnungen zur Ermittlung dieser Mehrkosten nebst Lageplänen der Systemdecken und zeichnerischen Darstellungen bei.

Glaubhaftmachung: ___

Mit Schreiben vom ___ lehnte der Antragsgegner das Angebot des Antragstellers ab, da nach Auffassung des Antragsgegners die im Angebot angesetzten Mehrkosten überzogen seien.

Glaubhaftmachung: ___

Eine Einigung über die Preisdifferenz zum ursprünglichen Angebot kam innerhalb von 30 Tagen nach Zugang des Schreibens des Antragstellers nicht zustande. Mit Schreiben vom ___ ordnete der Antragsgegner daraufhin die Ausführung der geänderten Leistung an.

Glaubhaftmachung: ___

Der Antragsteller hat die Betonarbeiten mittlerweile vertragsgerecht und mangelfrei ausgeführt. Weder vom Antragsgegner, noch vom überwachenden Architekten kamen etwaige Beanstandungen.

Glaubhaftmachung: ___

Der Antragsteller hat die Mehrkosten inklusive der Zuschläge für Allgemeine Geschäftskosten, Wagnis und Gewinn in Höhe von insgesamt ___ zutreffend ermittelt. Die vom Antragsteller angesetzten Mehrkosten sind tatsächlich erforderlich. Bei den Kürzungen des Angebotes des Antragstellers geht der Antragsgegner von unzutreffenden Preisansätzen aus und vertritt zu Unrecht die Auffassung, die allgemeinen Geschäftskosten könnten auf die Mehrkosten nicht angesetzt werden. Aufgrund der unterschiedlichen Auffassungen zur Ermittlung der Mehrkosten hat der Antragsteller höchst vorsorglich die Stellungnahme des öffentlich-bestellten und vereidigten Sachverständigen ___ eingeholt. Diese gutachterliche Stellungnahme vom ___ bestätigt die Mehrkostenermittlung des Antragstellers in vollem Umfang.

Glaubhaftmachung: ___

Deren Inhalt wird zum Gegenstand unseres Vortrages gemacht.

Von den gutachterlich ermittelten Mehrkosten macht der Antragsteller nach § 650c Abs. 3 BGB eine Quote von 80 % geltend, mithin einen Betrag in Höhe von EUR ___. Ihm steht auch eine Abschlagszahlung in dieser Höhe zu.

II. Verfügungsgrund

Der Verfügungsgrund ist nach Beginn der Bauausführung nicht glaubhaft zu machen, da er nach § 650d BGB widerlegbar vermutet wird.

Dem Antragsteller steht daher wegen der mangelfrei ausgeführten geänderten Betongüte ein Anspruch auf Erlass einer einstweiligen Verfügung auf Zahlung von 80 % der im Angebot genannten Mehrvergütung zu.

Sollte das Gericht weiteren Sachvortrag und/oder die Vorlage weiterer Unterlagen für erforderlich halten, wird um einen richterlichen Hinweis nach § 139 ZPO gebeten.

(*Unterschrift*) (*Rechtsanwalt*)

▲

II. Checkliste: Einstweilige Verfügung beim Anordnungsrecht des Bestellers sowie bei Streitigkeiten über die Vergütungsanpassung

1. Wirksamer BGB-Bauvertrag oder Verbraucherbauvertrag (nicht: Architekten- oder Ingenieurvertrag sowie Bauträgervertrag), abgeschlossen am 1.1.2018 oder später **121**
2. Einleitung eines einstweiligen Verfügungsverfahrens erst nach Beginn der Bauausführung – aber vor Fertigstellung – möglich
3. Antragsteller ist Besteller oder Unternehmer
4. Glaubhaftmachung des Verfügungsanspruches
5. Bestehen eines Verfügungsgrundes wird widerlegbar vermutet

H. Vertragliche Instrumente der Forderungssicherung

I. Vereinbarung von Sicherheitsleistungen (Sicherungsabrede)

Im **BGB** selbst ist keine gesetzliche Verpflichtung zur Stellung von Sicherheitsleistungen zugunsten von Bauvertragsparteien geregelt. Eine solche Verpflichtung besteht nur dort, wo dies zwischen den Parteien **ausdrücklich vereinbart** wurde. Dies ergibt sich bereits aus dem Wortlaut des **§ 232 Abs. 1 S. 1. Hs. 1 BGB („Wer Sicherheit zu leisten hat“)**. **122**

Auch im **VOB/B-Vertrag** stellt **§ 17 Abs. 1 Nr. 1 VOB/B** ausdrücklich darauf ab, dass **„eine Sicherheitsleistung vereinbart“** ist. Allein die Vereinbarung der VOB/B begründet somit noch keinen Anspruch auf Leistung einer Sicherheit. **123**

Soweit dies am Markt durchsetzbar ist, sollten sich die Bauvertragsparteien daher stets um zusätzliche vertragliche Sicherheitsleistungen bemühen. **124**

1. Einfache Sicherungsabrede

Der Inhalt der Sicherheit wird regelmäßig im Bauvertrag durch die **vertragliche Sicherungsabrede** getroffen, dies meist in Allgemeinen Geschäftsbedingungen. Die Sicherungsabrede legt fest, welche Risiken bzw. Ansprüche abgesichert sein sollen. **Fehlt** es an einer **Konkretisierung** in Bezug auf den **Sicherungszweck**, weil z.B. nur die Art der Sicherheitsleistung (z.B. Bezeichnung als Vertragserfülllungs- oder Gewährleis- **125** tungsbürgschaft) festgelegt wird, ohne sonstige Details wie Sicherungszweck, Höhe der Sicherheitsleistung, Sicherungsfall, Rückgabe der Bürgschaft etc. zu regeln, spricht man auch von einer „**einfachen Sicherungsabrede**".

2. Qualifizierte Sicherungsabrede

126 Die „**qualifizierte Sicherungsabrede**" dagegen hat zum Inhalt, dass eine Sicherheit für einen **bestimmten Sicherungszweck,** in **bestimmter Höhe**, in einer **bestimmten Art** (siehe Rdn 128 ff.) und **zu einem bestimmten Zeitpunkt (sog. Sicherungsfall) zu leisten ist**. Der Sicherungsfall tritt ein, wenn der Sicherungsnehmer berechtigt ist, die Sicherheit zu verwerten.[131] Daneben sollte in der Sicherungsabrede geregelt werden, wann die Sicherheit zu leisten und wieder zurückzugeben ist (vgl. Rdn 182).

127 Die Sicherungsabrede sollte sich immer innerhalb der durch die Rechtsprechung gezogenen AGB-rechtlichen Grenzen halten,[132] da eine unwirksame Sicherungsabrede in Allgemeinen Geschäftsbedingungen dazu führt, dass diese ersatzlos entfällt und der Bürgschaftsgläubiger keine Sicherheit zu stellen hat.[133] Eine aufgrund einer AGB-widrigen Klausel gestellte Sicherheit ist gem. §§ 818 ff. BGB zurückzugeben.[134]

II. Arten der Sicherheitsleistung

128 Beim Bauvertrag auf der Basis des **BGB** nennt **§ 232 Abs. 1 BGB** die zulässigen Arten der Sicherheitsleistung, die dann einschlägig sind, wenn die Bauvertragsparteien **nichts anderes vereinbart** haben. Fehlt eine konkrete Regelung, haben die Vertragsparteien die freie Wahl zwischen einer Sicherheitsleistung

- durch **Hinterlegung** von Geld oder Wertpapieren,
- durch **Verpfändung** von Forderungen, beweglichen Sachen oder Grundschulden/ Rentenschulden
- durch **Bestellung von Hypotheken**.

129 Nur dann, wenn eine Sicherheit nicht auf eine der in § 232 Abs. 1 BGB genannten Weisen geleistet werden kann, kann nach § 232 Abs. 2 BGB **hilfsweise** die Stellung eines tauglichen Bürgen erfolgen. In der baurechtlichen Praxis ist aber letztlich nur die in § 232 Abs. 2 BGB aufgeführte **Sicherheitsleistung durch Bürgschaft** von Belang.

130 Beim **VOB/B-Bauvertrag** gelten ebenfalls die §§ 232–240 BGB, wenn Sicherheitsleistung vereinbart wurde, dies aber nur, soweit sich nicht aus **§ 17 VOB/B** etwas anderes ergibt (§ 17 Abs. 1 Nr. 1 VOB/B). Ist im Bauvertrag keine bestimmte Sicherheitsart

131 Vgl. BGH v. 13.9.2001 – VII ZR 467/99 – BauR 2001, 1893, 1894.

132 Anzuführen sind dabei insbesondere die in mehreren Entscheidungen ausgesprochene AGB-Widrigkeit der Verpflichtung, eine auf erstes Anfordern zahlbare Bürgschaft zu stellen (vgl. nur BGH v. 28.2.2008 – VII ZR 51/07 – IBR 2008, 267).

133 BGH v. 3.11.1999 – VIII ZR 269/98 – NJW 2000, 1110, 1114 ff.; vgl. zu einzelnen Klauseln: Kapellmann/Messerschmidt/*Thierau*, VOB Teile A und B, Kommentar, § 17 Rn 23 ff.

134 Motzke/Bauer/Seewald/*Jahn*, Prozesse in Bausachen, § 3 Teil D Rn 145 m.w.N.

vereinbart, kann Sicherheit nur durch **Einbehalt** oder **Hinterlegung von Geld** oder durch eine **Bürgschaft** geleistet werden (§ 17 Abs. 2 VOB/B). Damit werden die Bauvertragsparteien auf diese drei aufgezeigten Möglichkeiten der Sicherheitsleistung festgelegt, da die Baupraxis gezeigt hat, dass andere Arten von Sicherheitsleistungen bei der Abwicklung von Bauverträgen i.d.R. nicht vereinbart werden. Die drei Sicherungsmittel stehen – entgegen der gesetzlichen Regelung in § 232 BGB – **gleichwertig und wahlweise** nebeneinander. Gem. § 17 Abs. 3 VOB/B hat der **Unternehmer das Wahl- und Austauschrecht**, d.h. er kann wählen, in welcher Form er Sicherheit leistet, und er kann eine geleistete Sicherheit durch eine andere ersetzen. Dieses Wahl- und Austauschrecht kann vertraglich eingeschränkt werden. Diesbezüglich sind aber auch die AGB-rechtlichen Grenzen zu berücksichtigen.[135]

1. Sicherheit durch Einbehalt

Im Fall eines zwischen den Parteien vereinbarten Sicherheitseinbehalts zugunsten des Bestellers (z.B. zur Absicherung seiner Mängelansprüche) kann der Besteller den Einbehalt – abhängig von der jeweiligen Vereinbarung der Parteien – in **Teilbeträgen oder in einem Betrag** vornehmen. Bei der Vereinbarung von Teilbeträgen sieht § 17 Abs. 6 VOB/B vor, dass der Besteller berechtigt ist, von jeder Zahlung 10 % der Bruttosumme der Rechnung einzubehalten. Der Besteller hat dabei grundsätzlich die Wahl, von welchen Zahlungen er solche Einbehalte macht. 131

a) Rechtsnatur des Einbehalts

Da der jeweils vom Besteller einbehaltene Betrag nur eine **Sicherheitsleistung** darstellt, darf der Besteller den Betrag nicht zu seinem Vermögen rechnen, sondern muss ihn als sog. **Fremdgeld** innerhalb von 18 Tagen nach Mitteilung über den vorgenommenen Einbehalt auf ein **Sperrkonto** bei dem mit dem Unternehmer vereinbarten Geldinstitut einzahlen (§ 17 Abs. 6 Nr. 1 S. 2 VOB/B). Aufgrund der Verweisung in § 17 Abs. 6 Nr. 1 S. 5 VOB/B auf § 17 Abs. 5 VOB/B muss es sich um ein sog. „**Und-Konto**“ handeln, über das **nur beide Parteien gemeinsam verfügen** können und dessen Zinsen dem Unternehmer zustehen. Öffentliche Auftraggeber sind dagegen nicht verpflichtet, den Einbehalt auf ein Sperrkonto einzuzahlen (§ 17 Abs. 4 VOB/B). 132

Zahlt der Besteller den einbehaltenen Betrag nicht fristgemäß auf ein Sperrkonto ein, kann der Unternehmer ihm hierfür eine **angemessene Nachfrist** setzen (ca. 8–10 Werktage), § 17 Abs. 6 Nr. 3 VOB/B. Diese Nachfristsetzung muss weder Konsequenzen der Nichteinzahlung androhen noch ein bestimmtes Geldinstitut für das Sperrkonto angeben.[136] Lässt der Besteller auch diese **Nachfrist ungenutzt verstreichen**, ist der Unternehmer berechtigt, die **sofortige Auszahlung des einbehaltenen Betrages** zu verlangen.[137] 133

135 Vgl. zu einzelnen Regelungen: Kapellmann/Messerschmidt/*Thierau*, VOB Teile A und B, Kommentar, § 17 Rn 107 ff.
136 OLG Jena v. 17.12.2003 – 2 U 384/03 – BauR 2004, 1456, 1457.
137 OLG Nürnberg v. 19.2.1998 – IBR 1998, 142.

134 Ob dem vertragsuntreuen Besteller gegen den Auszahlungsanspruch die Aufrechnung mit eigenen streitigen Gegenforderungen oder ein Zurückbehaltungsrecht zustehen, ist strittig.[138]

b) Vorgehen bei Nichtauszahlung des Einbehalts nach Stellung einer Austauschsicherheit

135 Hat der Unternehmer zur Ablösung des Einbehalts eine Austauschsicherheit (z.B. Bürgschaft) übergeben, ist der **Einbehalt fällig** und der Besteller hat diesen **grundsätzlich auszuzahlen**. Gegen diesen Auszahlungsanspruch wendet der Besteller häufig Gegenrechte, z.B. Zurückbehaltungs- oder Aufrechnungsrechte ein. Diese Gegenrechte hindern den Auszahlungsanspruch nur dann, wenn der Besteller bereits ein Recht zur Verwertung des Einbehalts hatte, d.h. wenn der Sicherungsfall bereits eingetreten ist (siehe zum Eintritt des Sicherungsfalls Rdn 177). Hierbei sind die drei folgenden, vom BGH aufgestellten **Konstellationen** zu unterscheiden:[139]

- Verwertung des Einbehalts ist bei Stellung der Austauschbürgschaft bereits erfolgt: Für einen Austausch des Einbehalts gegen eine Bürgschaft ist kein Raum mehr.
- Sicherungsfall ist bei Stellung der Austauschbürgschaft noch nicht eingetreten: Der Besteller ist verpflichtet, die Austauschbürgschaft entgegenzunehmen und den Sicherheitseinbehalt auszuzahlen.
  Kommt der Besteller dieser Verpflichtung nicht unverzüglich nach, verletzt er zwar die Sicherungsabrede, verliert aber seinen Anspruch auf Sicherheit zunächst nicht. Hierzu bedarf es vielmehr eines **Vorgehens nach § 17 Abs. 6 Nr. 3 VOB/B**, d.h. der Besteller, der die ursprüngliche Sicherheit (Einbehalt) trotz Übergabe einer Austauschsicherheit (Bürgschaft) nicht auszahlt, bleibt verpflichtet, den Einbehalt gem. § 17 Abs. 6 Nr. 1 S. 3 VOB/B auf ein Sperrkonto einzuzahlen. Der Unternehmer kann neben der Verfolgung des Auszahlungsanspruchs zumindest hilfsweise die Einzahlung auf ein Sperrkonto unter Setzung einer angemessenen Nachfrist fordern. Zahlt der Besteller innerhalb der Nachfrist den Einbehalt weder an den Unternehmer aus noch auf ein Sperrkonto ein, verliert er das Recht auf Sicherheit insgesamt, d.h. er ist zur Auszahlung des Einbehalts und zur Rückgabe der Austauschsicherheit verpflichtet.[140]
- Sicherungsfall ist bei Stellung der Austauschbürgschaft bereits eingetreten: Es steht im Belieben des Bestellers, ob er die Bürgschaft als Austauschsicherheit annimmt oder die ursprüngliche Sicherheit (Einbehalt) verwertet. Wählt er die Verwertung des Einbehalts, ist für einen Austausch kein Raum mehr. Er darf die Bürgschaft nicht entgegennehmen. Entscheidet sich der Besteller für die Bürgschaft, muss er den Sicherheitseinbehalt auszahlen.

138 Vgl. Ingenstau/Korbion/Leupertz/von Wietersheim/*Joussen*, VOB Teile A und B, Kommentar, § 17 Abs. 6 Rn 36 m.w.N.; Kapellmann/Messerschmidt/*Thierau*, VOB Teile A und B, Kommentar, § 17 Rn 212 m.w.N.
139 BGH v. 13.9.2001 – VII ZR 467/00 – BauR 2001, 1893, 1894.
140 BGH v. 10.11.2005 – VII ZR 11/04 – BauR 2006, 379, 381.

Mit dieser Rechtsprechung will der BGH erreichen, dass der Besteller durch den Austausch der Sicherheiten nicht besser stehen darf. Vielmehr soll ihm auch durch den Austausch nur eine der beiden Sicherheiten zur Verfügung stehen. 136

2. Sicherheit durch Hinterlegung von Geld

Sowohl § 232 Abs. 1 BGB als auch § 17 Abs. 2, 5 VOB/B sehen vor, Sicherheit durch Hinterlegung von Geld zu leisten. 137

Nach § 232 BGB hat die Hinterlegung **bei den Amtsgerichten als öffentliche Hinterlegungsstelle** zu erfolgen. 138

Gem. § 17 Abs. 5 VOB/B hat der Unternehmer, nachdem er vom Besteller den vollen Vergütungsbetrag erlangt hat, den zu hinterlegenden Geldbetrag zur Absicherung der vertragsgemäßen Ausführung und der Mängelansprüche bei einem zu vereinbarenden Geldinstitut auf ein Sperrkonto einzuzahlen, über das beide Parteien nur gemeinsam verfügen können. Der Besteller erwirbt an dem hinterlegten Geld ein Pfandrecht (§ 233 BGB; § 17 Abs. 1 Nr. 1 VOB/B), welches neben die gemeinsame Verfügungsbefugnis tritt. Hinterlegtes Geld wird in keinem Fall verzinst. 139

Diese Sicherheitsart hat jedoch **praktisch keine Bedeutung**, da sie i.d.R. schon aus wirtschaftlichen Gründen nicht gewählt werden wird. Es wird kaum der Fall eintreten, dass der Besteller die Vergütungsansprüche des Unternehmers zunächst voll bedient mit der Folge, dass der Unternehmer dann die Sicherheitsleistung nachträglich auf ein Sperrkonto ohne Verzinsung einzuzahlen hat. 140

3. Sicherheit durch Bürgschaft

Im Bauvertrag üblich sind folgende vertragliche Sicherheiten (i.d.R. Bürgschaften): 141

- **Vertragserfüllungsbürgschaft** zugunsten von Besteller und/oder Unternehmer
- **Bürgschaft** für Mängelansprüche (Gewährleistungsbürgschaft) zugunsten des Bestellers
- **Vorauszahlungsbürgschaft** zugunsten des Bestellers
- **Zahlungsbürgschaft** zugunsten des Unternehmers

a) Beschaffenheitskriterien bei einer Bürgschaft

aa) Dreipersonenverhältnis nach § 765 BGB

Sowohl in einem BGB- als auch in einem VOB/B-Bauvertrag wird die Stellung einer Bürgschaft durch **§ 765 BGB** konkretisiert. Danach verpflichtet sich der Bürge (i.d.R. Kreditinstitut), **bei Eintritt des Sicherungsfalls Zahlung aus der Bürgschaft für die Erfüllung der Verbindlichkeiten des Dritten** (Unternehmer oder Besteller) zu leisten. 142

Danach ergibt sich das nachfolgende Dreipersonenverhältnis: 143

- **Sicherungsabrede** (Besteller – Unternehmer):
  Regelung meist im Bauvertrag

- **Avalkreditvereinbarung** (Bürgschaftsschuldner – Bürge):
  i.d.R Geschäftsbesorgungsvertrag, der den Bürgen zur Stellung der Sicherheit gegenüber dem Bürgschaftsgläubiger verpflichtet
- **Bürgschaftsvertrag** (Bürgschaftsgläubiger – Bürge):
  Kommt auf der Grundlage der Sicherungsabrede zustande, i.d.R. durch Zuleitung der Bürgschaft an den Bürgschaftsgläubiger, hat jedoch unabhängig von der Wirksamkeit der Sicherungsabrede Bestand, da der Bürgschaftsvertrag ein selbstständiges Rechtsgeschäft ist; der Bürgschaftsvertrag hat jedoch einen engen Bezug zur Sicherungsabrede, da die Bürgschaft als akzessorisches Sicherungsmittel die Ansprüche aus dem konkreten Vertragsverhältnis sichert.

bb) Zusätzliche Anforderungen an eine Bürgschaft nach BGB

144 Ist die VOB/B nicht Vertragsgrundlage und wird eine Bauvertragspartei vertraglich verpflichtet, Sicherheit zu leisten, sind neben den §§ 765 ff. BGB auch die **§§ 232–240 BGB** einschlägig. Danach müssen die nachfolgenden Anforderungen für eine wirksame Bürgschaftsbestellung erfüllt sein:

(1) Tauglicher Bürge

145 Nach den Anforderungen des § 239 Abs. 1 BGB ist ein **Bürge** dann **tauglich**, wenn er ein der Höhe der zu leistenden Sicherheit **angemessenes Vermögen** hat. Des Weiteren muss er seinen **allgemeinen Gerichtsstand** grundsätzlich **im Inland** haben; ein Gerichtsstand in der Europäischen Union ist danach nur dann zulässig, wenn sich der Bürge in der Bürgschaftsurkunde der Geltung deutschen Rechts unterwirft und einen in Deutschland ansässigen Zustellbevollmächtigten benennt. Schließlich muss sich auch der **Sitz** des Bürgen **in einem Vertragsstaat der EU** befinden. Nur so ist eine einigermaßen unkomplizierte Rechtsverfolgung im Sicherungsfall möglich.[141]

(2) Schriftliche selbstschuldnerische Bürgschaft

146 Gem. § 239 Abs. 2 BGB muss der Bürge darüber hinaus auch eine Bürgschaft unter **Verzicht auf die Einreden der Vorausklage (§ 771 BGB)**, eine **sog. selbstschuldnerische Bürgschaft**, stellen.

(3) Umfang der Bürgschaftsschuld

147 Im Übrigen werden die weiteren Voraussetzungen der Bürgschaftserstellung nach den **§§ 765 ff. BGB** konkretisiert. Insbesondere der Umfang der Bürgschaftsschuld ergibt sich aus § 767 Abs. 1 BGB. Danach ist für die Verpflichtung des Bürgen der jeweilige **Stand der Hauptverbindlichkeit** maßgebend. Die Bürgschaftsschuld ist daher in Grund und Höhe von der Hauptverbindlichkeit abhängig.

141 Ingenstau/Korbion/Leupertz/von Wietersheim/*Joussen*, VOB Teile A und B, Kommentar, § 17 Abs. 4 Rn 2.

(4) Subsidiarität zu anderen Sicherungsmitteln

Nach § 232 Abs. 2 BGB ist die Stellung einer Bürgschaft aber nur dann zulässig, wenn der Unternehmer nicht in der Lage ist, Sicherheit nach einer der in Abs. 1 aufgeführten Arten zu leisten. Im BGB-Bauvertrag ist die Bürgschaft daher nur **subsidiäres Sicherungsmittel**. Daher braucht sich der Besteller bei Zugrundelegung eines BGB-Bauvertrages nicht auf eine Bürgschaft einzulassen, es sei denn, eine Bürgschaft wurde zwischen den Parteien ausdrücklich vereinbart oder es liegt ein vom Unternehmer zu beweisender Ausnahmefall des § 232 Abs. 2 BGB vor. 148

cc) Zusätzliche Anforderungen an eine Bürgschaft nach VOB/B

Vorgaben für die Beschaffenheit von Bürgschaften bei VOB/B-Verträgen enthält die Bestimmung des § 17 Abs. 4 VOB/B. Daneben gelten auch die §§ 232–240 BGB, soweit in § 17 Abs. 2–8 VOB/B nichts anderes bestimmt ist. 149

Nach **§ 17 Abs. 4 VOB/B** müssen bei der Bürgschaft folgende Anforderungen erfüllt sein: 150

- **Tauglichkeit des Bürgen** (S. 1);
- **schriftliche, selbstschuldnerische Bürgschaft** (Verzicht auf die Einrede der Vorausklage) (S. 2);
- **keine zeitliche Begrenzung** (S. 2 Hs. 2);
- **Ausstellung nach den Vorschriften des Bestellers** (S. 2 Hs. 2);
- **keine Zahlung auf erstes Anfordern** (S. 3).

Da § 17 Abs. 4 VOB/B die Beschaffenheitskriterien für eine Bürgschaft nur **zugunsten des Bestellers** regelt, wenn die Erbringung einer Sicherheitsleistung nach der VOB/B vereinbart wurde, bedarf es bei der Vereinbarung einer Sicherheitsleistung zugunsten des Unternehmers einer ausdrücklichen Regelung, falls die Kriterien des § 17 Abs. 4 VOB/B auch für die Ausgestaltung einer solchen Bürgschaft einschlägig sein sollen, dies auch für einen Bauvertrag auf der Basis des BGB. 151

Soweit die unter § 17 Abs. 4 VOB/B angeführten Vorgaben nicht in der Sicherungsabrede vereinbart sind, richten sich die Anforderungen nach §§ 232 Abs. 2, 239 BGB. Die Parteien können jedoch auch im Einzelfall Regelungen treffen, die von den §§ 232 ff. BGB und § 17 VOB/B abweichen. 152

(1) Tauglicher Bürge (§ 17 Abs. 4 S. 1 VOB/B)

Die Forderung nach einem tauglichen Bürgen entspricht grundsätzlich derjenigen in § 232 Abs. 2 BGB. Danach muss der Bürge ein der Höhe der zu leistenden Sicherheit **angemessenes Vermögen** besitzen und seinen **allgemeinen Gerichtsstand im Inland** haben. Auch ein Gerichtsstand **innerhalb der Europäischen Union** kann dabei **ausreichen**, wie die Konkretisierung in § 17 Abs. 2 VOB/B zeigt. Danach genügt die Bürgschaft eines Kreditinstitutes oder Kreditversicherers mit Sitz in der Europäischen Union, in einem Staat des europäischen Wirtschaftsraumes oder in einem Staat des WTO-Abkommens über das öffentliche Beschaffungswesen. § 17 Abs. 2 VOB/B ändert damit 153 den § 239 Abs. 2 BGB ab und geht in einem VOB/B-Vertrag als die speziellere Regelung vor.

(2) Schriftliche selbstschuldnerische Bürgschaft (§ 17 Abs. 4 S. 2 VOB/B)

154 Grundsätzlich ist die **Schriftlichkeit der Bürgschaftserklärung** nichts Besonderes, da diese Regelung derjenigen in § 766 S. 1 BGB entspricht. Ist der Bürge jedoch Kaufmann, kann nach § 350 HGB eine Bürgschaft auch ohne Einhaltung der Schriftform erteilt werden.

155 Die weiteren Anforderungen an eine selbstschuldnerische Bürgschaft stimmen mit denjenigen in § 239 Abs. 2 BGB überein. Danach genügt eine Bürgschaft den Anforderungen der VOB/B nur dann, wenn der Bürge auf die **Einrede der Vorausklage nach § 771 BGB** verzichtet.

(3) Keine zeitliche Begrenzung der Bürgschaft (§ 17 Abs. 4 S. 2 letzter Hs. VOB/B)

156 Die Bürgschaft darf keinen über den Zeitpunkt ihrer Ausstellung hinausgehenden Anfangs- oder Endzeitpunkt haben. Andernfalls wäre die Abwicklung noch rechtzeitig geltend gemachter Ansprüche über den vertraglich vereinbarten Rückgabezeitpunkt hinaus gefährdet.

(4) Ausstellung nach Vorschrift des Bestellers

157 Weder der Bürge noch der Unternehmer kann Einfluss auf die Gestaltung der Bürgschaft nehmen. **Allein der Besteller** kann in zulässigem Rahmen **Zweck, Höhe, Wortlaut und Form** der Bürgschaft im Rahmen des vereinbarten Sicherungszwecks festlegen.[142]

(5) Bürgschaft auf erstes Anfordern

158 Liegen Allgemeine Geschäftsbedingungen des Bestellers vor, stellt die Vereinbarung einer Bürgschaft auf erstes Anfordern eine unangemessene Benachteiligung des Verwendungsgegners aufgrund des damit einhergehenden Zins- und Insolvenzrisikos dar und ist damit grundsätzlich unwirksam (sog. qualitative Übersicherung).[143] In diesem Fall kommt auch keine geltungserhaltende Reduktion oder ergänzende Vertragsauslegung in Betracht.[144]

Dies gilt zunächst uneingeschränkt bei einer Gewährleistungsbürgschaft auf erstes Anfordern, selbst dann, wenn die weiteren Sicherungsmittel des § 17 Abs. 3 VOB/B – insbesondere die Einzahlung der Sicherheit auf ein Sperrkonto nach § 17 Abs. 6

142 OLG Köln v. 16.7.1993 – 19 U 240/92 – BauR 1994, 114.

143 BGH v. 20.4.2000 – VII ZR 458/97 – BauR 2002, 1239, 1240 ff.: Der Unternehmer wird bei einer Bürgschaft auf erstes Anfordern aufgrund des Liquiditätsentzuges unangemessen benachteiligt. Der Besteller ist bereits durch die Vorleistungspflicht des Unternehmers geschützt und ist zum Teil durch die Möglichkeit von Einbehalten und Aufrechnungen abgesichert. Außerdem wird der Unternehmer bei unberechtigter Inanspruchnahme auf einen Rückforderungsprozess verwiesen mit der Folge, dass er das Insolvenzrisiko des Bestellers tragen würde (BGH v. 5.6.1997 – VII ZR 324/95 – BauR 1997, 829 ff.).

144 BGH v. 9.12.2004 – VII ZR 265/03 – BauR 2005, 539.

VOB/B – verbleiben,[145] da die Bürgschaft auf erstes Anfordern aufgrund ihrer leichten Verwertbarkeit praktisch Bargeldfunktion besitzt. Selbst wenn daher die Sicherungsvariante Sperrkonto verbleibt, würde letztendlich nur „Bargeld gegen Bargeld" getauscht,[146] was den Unternehmer unangemessen benachteiligen würde.

Auch eine Vertragserfüllungsbürgschaft auf erstes Anfordern führt zu einer solchen Benachteiligung, da das Interesse des Bestellers, durch ein vertragswidriges Verhalten des Unternehmers nicht selbst in Liquidationsschwierigkeiten zu geraten, nicht rechtfertigt, dieses Liquiditätsrisiko durch Allgemeine Geschäftsbedingungen einseitig auf den Unternehmer zu verlagern. Denn durch eine unberechtigte Inanspruchnahme einer solchen Bürgschaft würde dem Unternehmer im selben Umfang Liquidität entzogen, zumal er über die schon bestehende Vorleistungspflicht hinaus das weitere Risiko der Insolvenz des Bestellers bei der nachfolgenden Durchsetzung seiner Rückforderungsansprüche tragen würde.[147]

Anders liegt der Fall dagegen bei einer Vorauszahlungsbürgschaft auf erstes Anfordern. Hat der Unternehmer nämlich schon vor Ausführung seiner Leistung Gelder erhalten, stellt seine Verpflichtung zur Leistung einer Vorauszahlungsbürgschaft auf erstes Anfordern nur diejenige Risikolage wieder her, die von Gesetzes wegen nach § 641 BGB ohnehin besteht.[148] Eine unangemessene Benachteiligung des Unternehmers wäre nur dann anzunehmen, wenn diese Vorauszahlungsbürgschaft erst mit Abnahme zurückgegeben werden soll und nicht bereits nach Verbrauch der Vorauszahlung.[149]

Individualvertraglich vereinbarte Bürgschaften auf erstes Anfordern werden dagegen eingeschränkt für zulässig gehalten.[150] Aufgrund der Gefährlichkeit dieses Sicherungsmittels muss sich aber zweifelsfrei aus dem Wortlaut des Bauvertrages ergeben, dass eine Bürgschaft auf erstes Anfordern gewollt ist.[151] Dazu reicht es aus, dass der Besteller im Bauvertrag eine „ohne Einrede behaftete Bürgschaft" verlangt, ohne dass der Begriff „auf erstes Anfordern" genannt sein muss.[152]

Da **§ 17 Abs. 4 S. 3 VOB/B** die **Bürgschaft auf erstes Anfordern ausdrücklich ausschließt**, könnte diese Anforderung als eine *„den Kerngehalt der VOB/B beschreibende Bedingung angesehen werden, wenn Sicherheitsleistung durch Bürgschaft vereinbart wird"*.[153] Die dennoch individualvertraglich vereinbarte Bürgschaft auf erstes Anfordern führt zumindest in jedem Fall dazu, dass die VOB/B nicht mehr „als Ganzes" vereinbart wäre mit der Folge, dass dann sämtliche Bestimmungen der VOB/B einer Inhaltskon- 159

145 Siehe dazu auch den Überblick bei Ingenstau/Korbion/Leupertz/von Wietersheim/*Joussen*, VOB Teile A und B, Kommentar, § 17 Abs. 4 Rn 59 ff.
146 Ingenstau/Korbion/Leupertz/von Wietersheim/*Joussen*, VOB Teile A und B, Kommentar, § 17 Abs. 4 Rn 65.
147 BGH v. 18.4.2002 – VII ZR 192/01 – BauR 2002, 1239, 1240 ff.
148 BGH v. 12.7.2001 – IX ZR 380/98 – BauR 2002, 123, 125.
149 *Vogel*, BauR 2001, 131, 132; *Joussen*, BauR 2003, 13, 15 ff.
150 *Thode*, ZfIR 2000, 165, 169; *Thode*, ZfBR 2002, 4, 8; *Praun/Merl*, Hdb. Privates Baurecht, § 15 Rn 1340; vgl. auch OLG Rostock v. 16.7.2002 – 4 U 246/01 – BauR 2003, 582; OLG Brandenburg v. 10.5.2004 – 12 W 3/04 – NJW-RR 2004, 1164, 1165.
151 Ingenstau/Korbion/Leupertz/von Wietersheim/*Joussen*, VOB Teile A und B, Kommentar, § 17 Abs. 4 Rn 57.
152 BGH v. 2.4.1998 – IX ZR 79/97 – BauR 1998, 634, 635.
153 *Motzke/Bauer/Seewald/Jahn*, Prozesse in Bausachen, § 3 Teil D Rn 134.

trolle unterlägen. Die für den unternehmerischen Verkehr heute noch fortgeltende Privilegierung der VOB/B (§ 310 Abs. 1 S. 3 BGB) würde damit beseitigt.

b) Bürgschaftsarten

aa) Vertragserfüllungsbürgschaft zugunsten des Bestellers und/oder des Unternehmers

160 Die Vertragserfüllungsbürgschaft kann sowohl dem Unternehmer als auch dem Besteller als Sicherungsinstrument zur Absicherung der jeweils unterschiedlichen Erfüllungsansprüche dienen.

(1) Sicherungsumfang für Besteller

(a) Einfache Sicherungsabrede

161 Die Vertragserfüllungssicherheit zugunsten des Bestellers sichert im Allgemeinen – insbesondere bei fehlender vertraglicher Konkretisierung in Bezug auf den Sicherungszweck (einfache Sicherungsabrede) – die Ansprüche auf die **vollständige, fristgerechte, ordnungsgemäße und – zum Zeitpunkt der Abnahme – mangelfreie Erbringung** der vertraglich geschuldeten Werkleistung:

- **Ordnungsgemäße, mangelfreie Leistung**
  Ansprüche aus § 4 Abs. 7 S. 2 VOB/B auf Schadensersatz, Ansprüche aus einer Kündigung gem. § 4 Abs. 7 S. 3 i.V.m. § 8 Abs. 3 VOB/B, Ansprüche aus § 10 Abs. 1 und 6 VOB/B, Ansprüche aus § 634 BGB vor der Abnahme
- **Rückzahlungsansprüche aus Schadensersatz**
  Rückforderung aus Schadensersatz wegen Nichterfüllung (Schadensersatz aus dem Ausführungsbereich, z.B. weil der Unternehmer wegen Insolvenz die Baumaßnahme nicht mehr durchführen kann),[154] nicht aber Rückforderungsansprüche aus einer „normalen" Überzahlung
- **Fristgerechte Erfüllung**
  Ansprüche aus Verzug gem. §§ 280, 286 ff. BGB, § 6 Abs. 6 VOB/B, § 5 Abs. 4 i.V.m. § 8 Abs. 3 VOB/B sowie Ansprüche auf Zahlung einer Vertragsstrafe

162 Im Unterschied zur Bürgschaft für Mängelansprüche (Gewährleistungsbürgschaft) deckt die Vertragserfüllungsbürgschaft die **Erfüllungspflicht des Unternehmers bis zur Abnahme** ab, während die Bürgschaft für Mängelansprüche regelmäßig zur Absicherung von Mängelansprüchen nach der Abnahme dient.[155] Nur Ansprüche des Bestellers, die schon vor der Abnahme entstanden sind, aber bereits in Zahlungsansprüche umgewandelt wurden (z.B. § 4 Abs. 7 i.V.m. § 8 Abs. 3 VOB/B), fallen noch in den Anwendungsbereich der Vertragserfüllungsbürgschaft, ebenso solche Mängelrechte des Bestellers, die sich der Besteller bei Abnahme vorbehalten hat.

154 BGH v. 17.12.1987 – IX ZR 263/86 – BauR 1988, 220, 222.

155 Kapellmann/Messerschmidt/*Thierau*, VOB Teile A und B, Kommentar, § 17 Rn 221 m.w.N.; *Werner/Pastor*, Der Bauprozess, Rn 1605; Ingenstau/Korbion/Leupertz/von Wietersheim/*Joussen*, VOB Teile A und B, Kommentar, § 17 Abs. 1 Rn 20.

Eine fehlende Sicherungsabrede ist bei Zugrundelegung eines VOB/B-Vertrages unschädlich, da § 17 Abs. 1 Nr. 2 VOB/B bereits regelt, dass eine vereinbarte Sicherheit dazu dienen soll, *„die vertragsgemäße Ausführung der Leistung und die Mängelansprüche sicherzustellen."* Damit liegt bereits eine **Zweckbestimmung** vor, ohne dass es einer zusätzlichen Sicherheitsabrede bedarf. Beim BGB-Bauvertrag muss der Zweck der Sicherheitsleistung dagegen noch einmal vertraglich konkretisiert werden, da § 17 Abs. 1 Nr. 2 VOB/B nicht gilt. 163

(b) Qualifizierte Sicherungsabrede

Ergeben sich spezielle Sicherungsbedürfnisse für den Besteller, sollten diese ausdrücklich in einer qualifizierten Sicherungsabrede berücksichtigt werden: 164

- **Rückzahlungsansprüche aus bereicherungsrechtlichen Aspekten**
  Die Sicherungsabrede sollte einen klaren Hinweis darauf enthalten, dass die Vertragserfüllungsbürgschaft auch Ansprüche auf Erstattung von Überzahlungen abdeckt, da Rückforderungsansprüche aus einer „normalen" Überzahlung von einer Vertragserfüllungsbürgschaft grundsätzlich nicht mehr umfasst sind; insoweit handelt es sich nämlich nicht mehr um eine nicht vertragsgemäße Leistung des Unternehmers i.S.d. § 17 Abs. 1 Nr. 2 VOB/B.
- **Freistellungs- oder Regressansprüche** bei Verletzung von Verpflichtungen des Unternehmers aus öffentlich-rechtlichen, arbeitsrechtlichen oder nachbarrechtlichen Obliegenheiten
- **Ansprüche wegen Nebenpflichtverletzungen,** insbesondere für die Verletzung von Treue- und Kooperationsverpflichtungen
- **Ggf. Ansprüche auf Stellung einer Sicherheit für Mängelansprüche**

(2) Sicherungsumfang für Unternehmer

(a) Einfache Sicherungsabrede

Bei einfacher Sicherheitsabrede sichert die Vertragserfüllungssicherheit für den Unternehmer i.d.R. die **vollständige und rechtzeitige Zahlung**. 165

(b) Qualifizierte Sicherungsabrede

Zusätzliche Sicherungsbedürfnisse des Unternehmers sollten ausdrücklich in eine qualifizierte Sicherungsabrede aufgenommen werden: 166

- Vergütung für geänderte und zusätzliche Leistungen
- Ansprüche wegen Behinderung und Bauablaufstörung
- Ansprüche wegen vertraglicher Nebenpflichtverletzungen

bb) Bürgschaft für Mängelansprüche zugunsten des Bestellers

Von der Bürgschaft für Mängelansprüche werden **Mängelansprüche des Bestellers nach der Abnahme** erfasst. 167

(1) Einfache Sicherungsabrede

168 Ist keine qualifizierte Sicherheitsabrede getroffen worden, ist davon auszugehen, dass **sämtliche vertraglichen und gesetzlichen Mängelansprüche nach Abnahme gesichert** sind:[156]

- **Kostenvorschuss für Selbstvornahme**, § 637 Abs. 3 BGB, § 13 Abs. 5 Nr. 2 VOB/B sowie nicht gedeckte Selbstvornahmekosten nach erfolgter Abrechnung
- **Kostenerstattung für durchgeführte Selbstvornahme**, § 637 Abs. 1 BGB, § 13 Abs. 5 Nr. 2 VOB/B
- **Minderung**, §§ 634 Nr. 3, 638 BGB, § 13 Abs. 6 VOB/B
- **Schadensersatz**, §§ 280 Abs. 1, 281 BGB, § 13 Abs. 7 VOB/B

169 Beim **BGB-Vertrag** werden zunächst alle nach Abnahme bestehenden Ansprüche gem. **§ 634 BGB** abgesichert. Ob auch Ansprüche des Bestellers vor der Abnahme gem. § 634 BGB abgesichert sind, ist streitig. Es wird jedoch vertreten, auch letztere Mängel über die Bürgschaft für Mängelansprüche abzusichern, da ein Besteller, der wegen Mängeln die Abnahme verweigert, nicht schlechter gestellt werden darf als ein solcher, der die Abnahme erklärt und dann die in § 634 BGB genannten Mängelrechte hat.[157] Dies gilt nur dann nicht, wenn eine Vertragserfüllungsbürgschaft besteht, die bereits Ansprüche vor Abnahme absichert.

170 Da die **VOB/B** für den Beginn der Gewährleistungsphase die Abnahme voraussetzt, ist für die Inanspruchnahme des Bürgen dringend die Abnahme erforderlich. Sollen auch Ansprüche wegen Mängeln abgesichert werden, die bereits vor Abnahme entstanden sind (§ 4 Abs. 7 S. 3 i.V.m. § 8 Abs. 3 Nr. 1 S. 1, Nr. 2 S. 1 VOB/B), muss dies ausdrücklich in einer qualifizierten Sicherungsabrede vereinbart werden. Der Besteller hat aber auch die Möglichkeit, speziell für solche, noch dem Erfüllungsbereich zuzurechnenden Ansprüche eine bestehende Erfüllungsbürgschaft anteilig zurückzubehalten. Dies ist auch möglich für Mängel, die bei Abnahme vorbehalten wurden.

(2) Qualifizierte Sicherungsabrede

171 Die nachfolgenden Ansprüche sind nicht von einer Bürgschaft für Mängelansprüche umfasst und müssen daher ausdrücklich in einer qualifizierten Sicherungsabrede vereinbart werden:

- **Schadensersatzansprüche aus § 4 Abs. 7 VOB/B**
  sowie Schadensersatzansprüche, die durch sonstige Vertragsverletzungen bedingt sind, für die der Unternehmer nicht nach den Regelungen zur Mängelhaftung, sondern aus anderem Rechtsgrund einzustehen hat[158]
- **Erstattungsansprüche wegen geleisteter Überzahlungen** einschließlich angefallener Zinsen

156 OLG Köln v. 30.10.1997 – 12 U 40/97 – BauR 1998, 555, 557.
157 BGH v. 4.12.1997 – IX ZR 247/96 – BauR 1998, 332, 334.
158 BGH v. 4.12.1997 – IX ZR 247/96 – BauR 1998, 332, 333.

- **Vertragsstrafenansprüche**
- **Rückgriffsansprüche**

cc) Abschlagszahlungsbürgschaft zugunsten des Bestellers

Die Abschlagszahlungsbürgschaft sichert vom Besteller **geleistete Abschlagszahlungen für** solche **Bauteile und Baustoffe**, die **noch nicht in sein Eigentum übergegangen** sind (§ 16 Abs. 1 Nr. 1 S. 3 VOB/B). Damit wird die Eigentumsverschaffung von Baustoffen und Bauteilen gesichert. Beim BGB-Bauvertrag bedarf es jeweils einer separaten Sicherungsabrede. 172

dd) Vorauszahlungsbürgschaft zugunsten des Bestellers

Die Vorauszahlungsbürgschaft sichert dagegen die **Rückzahlung frei vereinbarter Vorauszahlungen** des Bestellers ab, die **keinen Bezug zu einer bestimmten Bauleistung** des Unternehmers haben (§ 16 Abs. 2 Nr. 2 VOB/B). Damit soll der Rückzahlungsanspruch des Bestellers gesichert werden, der sich ergibt, wenn die entsprechenden Leistungen des Unternehmers die erbrachten Vorauszahlungen nicht decken. 173

Der Gegenstand der Vorauszahlungsbürgschaft ist wesentlich enger als derjenige bei einer Vertragserfüllungsbürgschaft, da die Vorauszahlungsbürgschaft weder Schadensersatzansprüche aus kündigungsbedingten Mehrkosten noch Erfüllungs- und/oder Mängelansprüche sichert. Es ist dem Besteller daher zu raten, in die Vorauszahlungsbürgschaft auch die typischen Sicherungszweckbestimmungen einer Vertragserfüllungsbürgschaft aufnehmen zu lassen. 174

ee) Zahlungsbürgschaft zugunsten des Unternehmers

Die Zahlungsbürgschaft zugunsten des Unternehmers ist ein Unterfall der Vertragserfüllungsbürgschaft, die sich ausschließlich auf die **Absicherung von Zahlungsansprüchen des Unternehmers** beschränkt. Da § 17 VOB/B auf Sicherheiten des Unternehmers keine unmittelbare Anwendung findet, ist in einer qualifizierten Sicherungsabrede explizit zu regeln, welche Zahlungsansprüche des Unternehmers, v.a. im Hinblick auf Nachtragsleistungen, abgesichert werden und zu welchem Zeitpunkt die Sicherheit zurückzugeben ist. Hierdurch entsteht ein **selbstständiger Anspruch** des Unternehmers auf Stellung dieser Sicherheit, der auch **eingeklagt** werden kann und der dem Unternehmer ein Zurückbehaltungsrecht gem. § 273 Abs. 1 BGB gewährt, wenn die Sicherheit nicht geleistet wird. 175

ff) Überzahlungsbürgschaft zugunsten des Bestellers

Die Überzahlungsbürgschaft zugunsten des Bestellers dient der **Absicherung von dessen Überzahlungen** und ist damit ebenfalls ein Unterfall der Vertragserfüllungsbürgschaft. Da die Überzahlungsbürgschaft einen **Rückforderungsanspruch aus Bereicherungsrecht** betrifft, ist sie nicht vom allgemeinen Sicherungszweck der Vertragserfüllungsbürgschaft erfasst, sodass die Vereinbarung einer Überzahlungsbürgschaft im Einzelfall sinnvoll sein kann, es sei denn, Ansprüche aus Überzahlung wurden in einer 176 qualifizierten Sicherungsabrede zu einer Vertragserfüllungsbürgschaft ausdrücklich mit aufgenommen.

c) Inanspruchnahme der Bürgschaft

177 **Mit Eintritt des Sicherungsfalls** kann die Bürgschaft in Anspruch genommen werden.

Der Sicherungsfall tritt grundsätzlich dann ein, **wenn die Verwertung der Sicherheitsleistung nach der Sicherungsabrede zulässig,**[159] die Bürgschaft – insbesondere die durch die Bürgschaft gesicherte Forderung – also fällig ist.[160] Der Sicherungsfall sollte daher zwischen den Parteien in der Sicherungsabrede ausdrücklich vereinbart werden. Fehlt hierüber eine Vereinbarung, muss der Vertrag nach den Interessen beider Parteien ausgelegt werden.

178 Der aus der Bürgschaft Begünstigte muss den Eintritt des Sicherungsfalls und die Fälligkeit der Hauptschuld ebenso wie die Berechtigung des aus der Bürgschaft geforderten Betrags darlegen und beweisen. Hierzu hat er alle Unterlagen vorzulegen, um den Anspruch zu begründen. Der Bürge darf entsprechend § 371 BGB[161] die Zahlung aus der Bürgschaft von der gleichzeitigen Rückgabe der Bürgschaft abhängig machen, sodass der Antrag auf Zahlung aus der Bürgschaft Zug um Zug gegen Rückgabe der Bürgschaft zu stellen ist.

179 Der Bürge kann neben **eigenen Einwendungen** gegen die Haftung aus der Bürgschaft gem. **§ 768 BGB**[162] **die dem Hauptschuldner zustehenden Einreden** geltend machen. Hierzu gehören u.a.:

180 **Unwirksamkeit der Sicherungsabrede wegen eines Verstoßes gegen das AGB-Recht**

- Verstöße gegen das AGB-Recht können beispielsweise in folgenden Regelungen vorliegen:
- **Regelungen zur Bürgschaftshöhe**: Lediglich eine Festlegung des Bürgschaftsbetrages auf **10 % der Auftragssumme** ist von der Rechtsprechung des BGH als AGB-rechtliche Beschränkung gestattet worden, soweit es sich um **Vertragserfüllungsbürgschaften zugunsten des Bestellers** handelt.[163]

  Vertragserfüllungsbürgschaften zugunsten des Unternehmers können dagegen AGB-rechtlich bis zu einem Höchstbetrag des vollen Vergütungsanspruches abgesichert werden, was sich im Umkehrschluss bereits aus § 650f BGB ergibt.[164]

159 *Werner/Pastor*, Der Bauprozess, Rn 1606.
160 BGH v. 5.4.1984 – VII ZR 167/83 – BauR 1984, 406.
161 OLG München v. 19.11.1997 – 27 U 177/97 – NJW-RR 1998, 992.
162 Ein genereller Ausschluss von § 768 BGB kann in Allgemeinen Geschäftsbedingungen nicht wirksam vereinbart werden (BGH v. 8.3.2001 – IX ZR 236/00 – BauR 2001, 1093, 1095).
163 BGH v. 9.12.2010 – VII ZR 7/10 – BauR 2011, 677, 679.
164 Sog. Höchstbetragsbürgschaften zugunsten des Bestellers sind dagegen nur durch individualvertragliche Vereinbarungen zulässig, um eine Übersicherung des Bestellers zu vermeiden.

Eine zulässige Höchstgrenze bei einer **Gewährleistungsbürgschaft** liegt dagegen bei (nur) **5 % der Abrechnungssumme.**[165] Dieser niedrigere Prozentsatz gilt vor allem deshalb, weil der Besteller mit der Abnahme bereits die erbrachte Bauleistung als im Wesentlichen vertragsgerecht entgegengenommen hat, sodass sein Sicherungsbedürfnis bereits aus diesem Grund als niedriger zu veranschlagen ist als bei den Vertragserfüllungssicherheiten.[166]

Da die Vergütung des Unternehmers in der Regel einschließlich oder zuzüglich Mehrwertsteuer vereinbart wird, ist für die Sicherheitsleistung auf den **Bruttobetrag** der Auftrags-/Abrechnungssumme abzustellen.[167]

Es sei darauf hingewiesen, dass auch handschriftliche Zusätze, die in vorformulierte Verträge eingetragen werden, auch dann Allgemeine Geschäftsbedingung sind, wenn sie auf den Vertragsinhalt und die gegenseitigen Vertragspflichten nur unwesentlichen Einfluss haben.[168]

– **Verbot der Kumulierung von Sicherheiten**: In Allgemeinen Geschäftsbedingungen ist eine Vertragserfüllungssicherheit zugunsten des Bestellers i.H.v. 10 % neben einer weiteren Sicherheitsleistung i.H.v. 10 % durch Einbehalt von fälligen Abschlagszahlungen nicht zulässig, da dies über das schutzwürdige Interesse des Bestellers hinausgeht.[169] Zudem würde die Höhe der Sicherheitsleistung mit fortschreitender Vertragserfüllung des Unternehmers zunehmen, was die Übersicherung noch weiter verstärken würde.

Bei kombinierten Vertragserfüllungs-/Gewährleistungssicherheiten, mit denen auch Ansprüche aus Überzahlung abgesichert werden, soll ein Mischsatz von 6 % noch angemessen sein,[170] wobei diese Grenze eher bei den 5 % der Gewährleistungs- als den 10 % der Vertragserfüllungssicherheiten anzusiedeln ist.[171]

Die Unwirksamkeit einer Sicherungsabrede kann sich auch daraus ergeben, dass einzelne Prozentsätze für die Sicherheiten, die für sich genommen unbedenklich sind, aufgrund ihrer Gestaltung addiert und deshalb unzulässig werden. Sind für die Vertragserfüllungs- und die Gewährleistungsbürgschaft z.B. je 5 % vereinbart, bestehen keine Bedenken. Soll die Umwandlung der Vertragserfüllungs- in eine Gewährleistungsbürgschaft aber erst „nach Abnahme und Erfüllung aller bis dahin erhobenen Ansprüche" verlangt werden können, können etwa vorbehaltene Mängel aus dem Ausführungsstadium mit der Abnahme der Mängelrechte fortbestehen. Nach der Sicherungsabrede wären diese Mängelrechte dann sowohl über die Vertragserfüllungs- als auch die Gewährleistungssicherheit abgedeckt, wodurch das Absicherungs-

165 Ingenstau/Korbion/Leupertz/von Wietersheim/*Joussen*, VOB Teile A und B, Kommentar, § 17 Abs. 1 VOB/B Rn 48 m.w.N.; BGH v. 22.1.2015 – VII ZR 120/14; BGH v. 5.5.2011 – VII ZR 179/10 – BauR 2011, 1324, 1327.

166 Ingenstau/Korbion/Leupertz/von Wietersheim/*Joussen*, VOB Teile A und B, Kommentar, § 17 Abs. 1 Rn 48.

167 Zum Begriff der Auftragssumme als Bruttosumme siehe BGH v. 11.5.2001 – V ZR 492/99 – NJW 2001, 2464; BGH v. 28.2.2002 – I ZR 318/99 – NJW 2002, 2312; weitere Hinweise unter Ingenstau/Korbion/Leupertz/von Wietersheim/*Joussen*, VOB Teile A und B, Kommentar, § 17 Abs. 1 VOB/B Rn 67.

168 OLG Celle v. 2.10.2019 – 14 U 94/19 – IBR 2019, 659.

169 Siehe jetzt auch ausdrücklich BGH v. 9.12.2010 – VII ZR 7/10 – BauR 2011, 677, 679.

170 BGH v. 25.3.2004 – VII ZR 453/02 – BauR 2004, 1143, 1145.

171 *Reichelt/Hutzel*, ZfIR 2011, 132, 133.

volumen für die Mängelansprüche auf insgesamt bis zu 10 % zu erhöhen wäre, was gegen AGB-Recht verstoßen würde.[172] Eine Vereinbarung, nach der sowohl eine Vertragserfüllungssicherheit, die auch Mängelansprüche abdeckt, als auch eine zusätzliche Sicherheit für Mängelansprüche (jeweils 5 % der Vertragssumme) zu stellen sind, ist unwirksam; selbst dann, wenn die Vertragserfüllungssicherheit nach vollständiger Erfüllung und Erledigung aller bis zu diesem Zeitpunkt erhobenen Ansprüche in eine Mängelansprüchesicherheit umgewandelt werden kann.[173]

Ergibt sich aus den formularmäßigen Vertragsbestimmungen eines Bauvertrags – für sich oder in ihrem Zusammenwirken –, dass der Auftragnehmer für einen nicht unerheblichen Zeitraum über die Abnahme hinaus wegen möglicher Mängelansprüche des Auftraggebers eine Sicherheit stellen muss, die 8 % der Auftragssumme beträgt, führt dies nach der Rechtsprechung des BGH zu einer unangemessenen Benachteiligung des Auftragnehmers.[174]

Ist der Auftragnehmer verpflichtet, eine Vertragserfüllungsbürgschaft über 10 % der Nettoauftragssumme zu leisten und wird zusätzlich vereinbart, dass der Auftraggeber auf die fälligen Abschlagszahlungen jeweils nur 90 % des Rechnungsbetrages zu leisten hat, restliche 10 % dagegen bis zur Prüfung und Bezahlung der Schlussrechnung einbehalten werden dürfen, handelt es sich um eine Kumulation der Überdeckung von Vertragserfüllungs-/Gewährleistungsbürgschaft, die zu einer Unwirksamkeit wegen Übersicherung führt.[175]

Auch eine in Allgemeinen Geschäftsbedingungen des Auftraggebers enthaltene Regelung, wonach Gewährleistungsansprüche und Überzahlungsansprüche bis zur vorbehaltlosen Annahme der Schlusszahlung des Auftraggebers in Höhe von 10 % der Auftrags- bzw. Abrechnungssumme gesichert sind, benachteiligt den Auftragnehmer unangemessen (wegen Übersicherung der Gewährleistungsansprüche).[176]

Unwirksam ist auch eine Regelung, wonach die Ablösung eines 5 %-igen Gewährleistungseinbehaltes „frühestens nach vollständiger Beseitigung der im Abnahmeprotokoll festgestellten Mängel oder fehlender Leistungen“ erfolgen kann,[177] ohne dass der Einbehalt durch eine Gewährleistungsbürgschaft abgelöst werden kann.

Auch Klauseln in AGB des Auftraggebers, wonach Gewährleistungsansprüche bis zur vorbehaltlosen Annahme der Schlusszahlung in Höhe von 7 % der Auftrags- bzw. der Abrechnungssumme durch Bürgschaften gesichert sind, benachteiligen den Auftragnehmer unangemessen und sind daher unwirksam.[178]

- **Verzicht auf Einrede des § 768 BGB**: Wird in Allgemeinen Geschäftsbedingungen vereinbart, dass der Bürge auf die Einrede des § 768 BGB verzichten soll, weicht

172 So OLG Celle v. 14.6.2012 – 13 U 11/12 – IBR 2012, 453; OLG München v. 10.4.2012 – 9 U 5645/10 – NJW-RR 2012, 1202.
173 OLG Düsseldorf v. 26.11.2020 – 5 U 354/19.
174 BGH v. 16.7.2020 – VII ZR 159/19.
175 OLG Celle NZBau 2014, 696.
176 BGH NJW 2011, 2195.
177 BGH v. 30.3.2017 – VII ZR 170/16.
178 BGH v. 1.10.2014 – VII ZR 164/12.

dies von wesentlichen Grundgedanken der gesetzlichen Bestimmung des § 768 Abs. 1 BGB (Grundsatz der Akzessorietät der Bürgschaft) ab, wonach dem Bürgen auch die dem Hauptschuldner zustehenden Rechte zustehen sollen. Damit würde die Bürgschaftsverpflichtung quasi zu einer Bürgschaft auf erstes Anfordern werden,[179] sodass der Verzicht auf die Einrede AGB-widrig ist.

- **Verzicht auf Einrede der Aufrechenbarkeit nach § 770 Abs. 2 BGB**: Wird in Allgemeinen Geschäftsbedingungen der Verzicht des Bürgen auf die Einrede der Aufrechenbarkeit des § 770 Abs. 1 BGB ohne Einschränkungen vereinbart und erfasst dieser Aufrechnungsausschluss damit auch unstreitige oder rechtskräftig festgestellte Forderungen, ist ein solcher Ausschluss unwirksam.[180] Er weicht vom Grundsatz der Akzessorietät der Bürgschaft ab, wonach der Bürge erst dann in Anspruch genommen werden soll, wenn sich der Gläubiger nicht durch Inanspruchnahme des Hauptschuldners – etwa durch Aufrechnung – befriedigen kann.[181] Zulässig ist es hingegen, den Verzicht auf die Erhebung der Einrede der Aufrechenbarkeit auf bestrittene oder nicht rechtskräftig festgestellte Forderungen zu beschränken.
- **Verzicht auf Einrede der Anfechtbarkeit nach § 770 Abs. 1 BGB**: Die Rechtsprechung hat bislang als zulässig erachtet, dass dem Bürgen formularmäßig die Einrede der Anfechtbarkeit nach § 770 Abs. 1 BGB genommen werden kann.[182] Es mehrten sich jedoch die Stimmen in der Literatur, die dies zumindest dann nicht gelten lassen wollten, wenn der Ausschluss der Anfechtbarkeit auch die Anfechtbarkeit der Hauptforderung wegen Arglist (nach § 123 BGB) betrifft, da dann der Auftraggeber als Verwender der AGB (und als Täuschender) geschützt wäre, was den Auftragnehmer unangemessen benachteiligen würde[183] Eine Anfechtbarkeit der Hauptforderung wegen Irrtums (§ 119 BGB) spielte dagegen kaum eine Rolle, da eine solche Anfechtung unverzüglich erfolgen müsste und es darauf bei Ausstellung der Sicherheiten dann nicht mehr ankäme, wenn der Hauptschuldner zuvor auf eine solche Anfechtung verzichtet hätte. Wenn ein Verzicht auf die Einrede der Anfechtbarkeit dem AGB-Verwender danach ohnehin keine Vorteile bringt, kann eine Aufnahme in eine Formularklausel auch nicht als angemessen angesehen werden. Auch der BGH ist dieser Auffassung nun gefolgt.[184] Danach benachteiligt der formularmäßige Verzicht auf die Einrede der Anfechtung den Schuldner unangemessen, wenn selbst eine Anfechtung wegen arglistiger Täuschung durch den Verwender ausgeschlossen wird.
- **Vorgabe von Bürgschaftsmustern**: Wird in einem Bauvertrag in Allgemeinen Geschäftsbedingungen auf ein Bürgschaftsmuster verwiesen, das dem Vertrag nicht beigefügt ist, und enthält der Vertrag auch ansonsten keine Regelungen über den

179 So auch Motzke/Bauer/Seewald/*Jahn*, Prozesse in Bausachen, § 3 Teil D Rn 141.
180 BGH NJW 2003, 1521.
181 Ingenstau/Korbion/Leupertz/von Wietersheim/*Joussen*, § 17 Abs. 4 VOB/B Rn 101.
182 BGH NJW 1986, 43, 45; BGH NJW 1995, 1886, 1888.
183 In diesem Sinne auch MüKo/*Habersack*, § 770 BGB; Wolff/Lindacher/Pfeiffer/*Schmidt*, AGB-Recht, 6. Aufl., Klauseln (B), Rn B 365; BGH NJW 2001, 2466, 2468; BGH NJW 1993, 3264, 3265 – wonach jedenfalls in der Sicherungsabrede ein Ausschluss der Einrede der Anfechtbarkeit vor allem im Fall einer arglistigen Täuschung keinen Bestand hätte.
184 BGH v. 2.11.2016 – VII ZR 158/14.

Inhalt der Sicherungsabrede, besteht Unklarheit darüber, wie die Bürgschaft tatsächlich beschaffen sein muss. Die Unbestimmtheit dieser Vertragsklausel führt daher zur Unwirksamkeit.[185]

- **Dauer der Sicherheitsleistung**: Da § 13 Abs. 4 Nr. 1 VOB/B eine Gewährleistungsfrist für Bauwerke von vier Jahren und § 634a Abs. 1 Nr. 2 BGB eine solche von fünf Jahren vorsieht, Ansprüche aus der Gewährleistungsbürgschaft aber in der regelmäßigen Verjährungsfrist von drei Jahren verjähren sowie eine nicht verwertete Gewährleistungsbürgschaft nach § 17 Abs. 8 Nr. 2 VOB/B i.d.R. nach zwei Jahren zurückzugeben ist, hat der Besteller ein Interesse an einer Gleichschaltung der unterschiedlichen Fristen. Da § 17 Nr. 8 Abs. 2 VOB/B eine Öffnungsklausel dahingehend enthält, dass auch ein anderer Rückgabezeitpunkt für die Gewährleistungsbürgschaft vereinbart werden kann, kann zwischen den Parteien ausdrücklich festgelegt werden, dass Sicherheit nicht nur für den Zeitraum von zwei Jahren, sondern für die Dauer der Gewährleistung zu erbringen ist.[186] Auch können besondere Risikobereiche in der Bürgschaft differenziert behandelt werden.[187]
- Hängt die Rückgabe der Bürgschaft von dem vollständigen Erlöschen des Sicherungszwecks ab, ohne Möglichkeit der vorherigen Teilrückgabe, ist die Sicherungsabrede insgesamt unwirksam.[188]

  Bei einem **Verstoß gegen das AGB-Recht** in der Sicherungsabrede kann der Verwendungsgegner die **Aufforderung zur Stellung der Bürgschaft bereits zurückweisen**. Wurde die **Bürgschaft bereits ausgereicht**, muss der aus der Bürgschaft Begünstigte die Bürgschaft gem. §§ 768 Abs. 1 S. 1, 812 Abs. 1 S. 1 BGB **zurückgeben**. Droht eine **Verwertung**, kann der Verwendungsgegner **einstweiligen Rechtsschutz** in Anspruch nehmen.

  Wurde die ausgereichte Bürgschaft bereits **verwertet**, hat der Verwendungsgegner Anspruch auf **Ausreichung des Geldbetrages** als stellvertretendes Commodum.

- **Fehlende Haftung für Veränderungen des Leistungssolls durch Nachträge (§§ 2 Nr. 5–8) und/oder durch Ansprüche aus § 6 Abs. 6 VOB/B oder § 642 BGB:**
  Ob der Bürge auch dann haften soll, wenn sich die Hauptschuld verändert, ist durch Auslegung des Bürgschaftstextes zu ermitteln. **Grundsätzlich** verbürgt sich der Bürge **nur für die Zahlung der vertraglich vereinbarten Vergütung** in bestimmter, in der Bürgschaft genannter Höhe. Hat der Bürge aber **in Kenntnis von bereits bestehenden Nachträgen** die Bürgschaft für die Erfüllung sämtlicher zum Zeitpunkt der Übernahme der Bürgschaft bestehender Zahlungspflichten des Bestellers übernommen, ist davon auszugehen, dass auch die Ansprüche des Unternehmers aus diesen Nachträgen von der Bürgschaft erfasst werden. Fehlen Anhaltspunkte im Bürgschaftstext, ist **§ 767 Abs. 1 S. 3 BGB** heranzuziehen, wonach die Verpflichtung

185 BGH v. 2.3.2000 – VII ZR 475/98 – BauR 2000, 1052, 1053.
186 Motzke/Bauer/Seewald/*Jahn*, Prozesse in Bausachen, § 3 Teil D Rn 169.
187 BGH v. 10.4.2003 – VII ZR 314/01 – BauR 2003, 1385, 1388.
188 BGH BauR 2017, 1202.

des Bürgen durch ein Rechtsgeschäft, das der Hauptschuldner nach der Übernahme der Bürgschaft vornimmt, nicht erweitert wird.

Fraglich ist, wie dies bei **VOB/B-Verträgen** zu sehen ist, denen die **Veränderung bzw. Erweiterung durch § 1 Abs. 3 und 4 VOB/B bereits immanent** ist. Nach Auffassung des BGH – zumindest zu Zahlungssicherheiten – sei die Bürgschaftserklärung grundsätzlich nicht darauf gerichtet, für künftige Forderungen einzustehen, deren Grund und Höhe bei Vertragsschluss nicht klar erkennbar seien und auf deren Entstehung der Bürge keinen Einfluss nehmen könne. Eine Belastung des Bürgen mit Risiken, die Hauptschuldner und Gläubiger nachträglich schaffen könnten, widerspräche den Grundsätzen der das Vertragsrecht beherrschenden Privatautonomie. Dies gelte einheitlich für alle Rechte nach §§ 1 Abs. 3 und Abs. 4 S. 1 und S. 2 VOB/B.[189]

Es mehren sich jedoch die Stimmen in der Literatur, die dies gerade für die Vertragserfüllungsbürgschaft nicht gelten lassen wollen, diesbezüglich eher die Grundsätze der Vorgänger-Rechtsprechung des BGH[190] entsprechend anwenden möchten. Danach sollen bei VOB-Verträgen Leistungsänderungen und -anordnungen nach § 1 Abs. 3 und Abs. 4 S. 1 VOB/B von einer Vertragserfüllungsbürgschaft abgedeckt sein, bei BGB-Verträgen nur dann, wenn sich der Besteller darauf hat eine Option einräumen lassen bzw. diese Änderungsmöglichkeit im Vertrag anderweitig vorgesehen ist. Demgegenüber würden keine Leistungsänderungen erfasst, die darüber hinausgingen und mit denen der Bürge bei Herausgabe seiner Bürgschaft nicht rechnen musste: Dies sind bei VOB-Verträgen Leistungsänderungen nach § 1 Abs. 4 S. 2 VOB/B, sowie bei BGB-Verträgen alle nachträglichen Leistungsänderungen, soweit diese nicht im Vertrag angelegt sind.[191]

Eine abschließende Entscheidung des BGH zu Vertragserfüllungssicherheiten liegt noch nicht vor, sodass anzuraten ist, diesen Aspekt in der Sicherungsabrede bzw. in der Bürgschaft explizit und wenn möglich individuell – also nicht im Rahmen von AGB – zu regeln.

- **Verjährung**

  Bei der Bürgschaft ist zwischen der **Verjährung der Bürgschaftsforderung** und der **Verjährung der Hauptschuld** zu unterscheiden, da beide Forderungen einer eigenen Verjährungsfrist unterliegen. Die Verjährung der Hauptschuld richtet sich im Bereich der Vertragserfüllung nach § 195 BGB (regelmäßige Verjährung von drei Jahren), im Bereich der Mängelhaftung nach § 634a BGB (fünf Jahre bei Bauwerken) bzw. § 13 Abs. 4 VOB/B (vier Jahre bei Bauwerken) und bei Zahlungsansprüchen nach § 195 BGB (regelmäßige Verjährung von drei Jahren). Die Bürgschaftsforderung verjährt nach § 195 BGB in drei Jahren mit der Höchstfristbegrenzung von 10 Jahren (§ 199 Abs. 4 BGB), wobei der Beginn der Verjährung der Bürgschaftsschuld mit der Fällig-

189 BGH v. 15.12.2009 – XI ZR 107/08 – BauR 2010, 609.

190 BGH v. 27.6.2007 – XII ZR 199/06 – BauR 2007, 1722, 1724.

191 Vgl. Ingenstau/Korbion//Leupertz/von Wietersheim/*Joussen*, VOB Teile A und B, Kommentar, § 17 Abs. 4 Rn 121 m.w.N.

keit der Hauptschuld zusammenfällt; eine Leistungsaufforderung an den Schuldner ist für den Beginn der Verjährungsfrist nicht erforderlich.[192] Bei einer Bürgschaft für Mängelansprüche kommt es für die Fälligkeit der Hauptschuld darauf an, ob bereits auf Geldzahlung gerichtete Mängelrechte entstanden sind (z.B. Vorschuss).[193] Folglich beginnt die Verjährung des Bürgschaftsanspruchs erst, wenn der durch die Bürgschaft gesicherte Mangelanspruch bereits in einen Zahlungsanspruch übergegangen ist.[194] Dabei genügt es sowohl bei einem VOB- als auch bei einem BGB-Bauvertrag, dass eine zur Mangelbeseitigung gesetzte Frist fruchtlos abgelaufen ist.

Derjenige, der eine Bürgschaft in Anspruch nehmen will, muss daher **beide Verjährungsfristen durch geeignete Maßnahmen hemmen** oder für einen Neubeginn sorgen:

Bei **Mängelbürgschaften** ist es nach Auffassung des BGH ausreichend, wenn der **Mangel in unverjährter Zeit** gegenüber dem Unternehmer **gerügt** wurde.[195] Jedoch muss bei Mängelbürgschaften die **unterschiedliche Dauer der Verjährungsfristen** (§ 195 BGB sowie § 634a BGB bzw. § 13 Abs. 4 VOB/B) beachtet werden, da die Verjährung der Bürgschaftsforderung bereits vor Ablauf der vereinbarten Verjährungsfrist für Mängelansprüche eingetreten sein kann. Um dem entgegenzuwirken, muss der Bürgschaftsgläubiger durch eine **Vereinbarung sowohl in der Sicherheitsabrede** mit dem Schuldner **als auch in der Bürgschaftsvereinbarung** mit dem Bürgen sicherstellen, dass seine Ansprüche aus der Bürgschaft in keinem Fall früher verjähren als die gesicherte Forderung.

Die Verjährungsfrist des Bürgschaftsanspruchs kann in einer solchen Vereinbarung jedoch nicht ohne Weiteres pauschal z.B. auf fünf oder mehr Jahre verlängert werden, da die Regelverjährungsfrist des § 195 BGB von drei Jahren zu den wesentlichen Grundgedanken des Verjährungsrechts gehört.[196] Das bedeutet, dass ein Abweichen davon in Allgemeinen Geschäftsbedingungen nach § 307 Abs. 2 Nr. 1 BGB im Zweifel eine unangemessene Benachteiligung des Vertragspartners bedeuten könnte, es sei denn, die Klausel benachteiligt aufgrund einer umfassenden Interessenabwägung in ihrer Gesamtheit nicht den Verwendungsgegner unangemessen.[197] Zu prüfen ist nach Ansicht des BGH daher immer, ob die Verlängerung der Verjährungsfrist maßvoll bleibt und der gesetzliche Schutzzweck des Verjährungsrechts dadurch nicht gefährdet wird.

Häufiger anzutreffen ist in der Praxis allerdings die AGB-Regelung, dass – ohne gesonderte Regelung zur Regelverjährung – **die Bürgschaftsforderung nicht vor der gesicherten Hauptforderung verjährt**.[198] Dazu sagt die aktuelle Rechtspre-

192 BGH v. 29.1.2008 – XI ZR 160/07 – IBR 2008, 266.
193 OLG Brandenburg v. 14.6.2007 – 12 U 216/06 – ibr-online.
194 BGH BauR 2013, 230, 232 = NJW 2013, 1228, 1229.
195 BGH v. 21.1.1993 – VII ZR 127/91 – BauR 1993, 335, 336; BGH v. 6.12.2007 – VII ZR 125/06 – BauR 2008, 510, 511.
196 BGH v. 21.4.2015 – XI ZR 200/14 – NJW 2015, 2571, 2572.
197 BGH v. 21.4.2015 – XI ZR 200/14.
198 Formblatt Bürgschaftsurkunde VHB 2008, Stand August 2014, Abschnitt 421, 422 und 423.

chung des BGH nichts.[199] Aufgrund des Leitbildcharakters der Regelverjährung von drei Jahren ist aber nicht sicher, ob diese Klausel einer AGB-Kontrolle standhält, gerade auch im Hinblick darauf, dass die Regelverjährungsfristen von vier oder fünf Jahren bei Gewährleistungsansprüchen gem. § 13 Abs. 5 Nr. 1 S. 3 VOB/B sogar noch verlängert werden können, sodass damit eine deutliche Abweichung von dem gesetzlichen Leitbild des § 195 BGB stattfinden könnte. Dennoch bestehen gegenüber dieser Klausel grundsätzlich keine AGB-rechtlichen Bedenken, wenn die Klausel nicht zwingend eine Verlängerung der Verjährung über die Regelverjährungsfrist hinaus vorsieht, etwa wenn es um Mängelansprüche geht, die – nach Kenntnis und Fristsetzung – erst am Ende der Gewährleistungszeit fällig werden.[200] Außerdem sei eine solche Klausel sachlich gerechtfertigt, da der Bürgschaftsgläubiger dadurch nicht gezwungen wäre, den Bürgen schon zu einem frühen Zeitpunkt in Anspruch zu nehmen, obwohl der Hauptschuldner ggf. sogar noch Leistungen erbringt bzw. diese noch nicht ausgeschlossen sind. Daran kann der Bürge gerade kein Interesse haben. Sowohl in der Sicherungsabrede als auch in der Bürgschaftsurkunde sollte deshalb folgender Passus aufgenommen werden:

Die Bürgschaft ist unbefristet. Sie erlischt mit der Rückgabe der Bürgschaftsurkunde. **181**
Ansprüche aus der Bürgschaft verjähren in keinem Fall früher als die gesicherte Forderung. Im Höchstfall gilt jedoch die Frist des § 199 Abs. 4 BGB.

d) Rückgabe der Bürgschaft

Grundsätzlich ist die Sicherheit **zum vertraglich festgelegten Zeitpunkt** zurückzugeben. **182**
Fehlt eine entsprechende Sicherungsabrede, wird die **Verpflichtung zur Rückgabe** durch den **Sicherungszweck** bestimmt. Spätestens dann, wenn der Sicherungsfall nicht mehr eintreten kann, ist die Sicherheit zurückzugeben.[201]

I. Muster: Vertragliche Sicherheitsleistungen

I. Vertragserfüllungsbürgschaft

1. Muster: Qualifizierte Sicherungsabrede für eine Vertragserfüllungsbürgschaft zugunsten des Bestellers/Auftraggebers (beim BGB- oder VOB/B-Vertrag)

Das folgende Muster basiert auf *Schmitz*, ibr-online „Muster zu Bausicherheiten“, **183**
Nr. 1.3.

199 Ingenstau/Korbion/Leupertz/von Wietersheim/*Joussen*, § 17 Abs. 4 VOB/B Rn 126.
200 Ingenstau/Korbion/Leupertz/von Wietersheim/*Joussen*, § 17 Abs. 4 VOB/B Rn 126.
201 BGH v. 4.7.2002 – VII ZR 502/99 – BauR 2002, 1533, 1534.

184 ▼

Nr.

4.11

Der Unternehmer/Auftragnehmer hat unverzüglich nach Vertragsschluss eine **nicht** auf erstes Anfordern zahlbare Bürgschaft eines in der Bundesrepublik Deutschland ansässigen Bürgen (Kreditversicherer, Bank oder Sparkasse) i.H.v. 10 % der Nettoauftragssumme **für die Erfüllung sämtlicher ihm obliegender Verpflichtungen aus diesem Vertrag** einschließlich/in begrenztem Umfang auch hinsichtlich geänderter und zusätzlicher Leistungen (*beim VOB/B-Vertrag zusätzlich: auf Grundlage von § 1 Abs. 3, Abs. 4 S. 1 VOB/B*) zu stellen, insbesondere für die vertragsgemäße Ausführung der Leistung einschließlich Abrechnung, Mängelbeseitigung (inkl. Aufwendungsersatz und Kostenvorschuss bei Selbstvornahme) und Schadensersatz sowie die Erstattung von Überzahlungen einschließlich der Zinsen, ferner für die Erfüllung von Schadensersatzansprüchen jeglicher Art, insbesondere wegen Schadensersatzes statt der Leistung, wegen Pflichtverletzung, wegen Verschuldens bei Vertragsverhandlungen und aus Abwicklungsverhältnissen, z.B. nach berechtigter Kündigung des Vertrages durch den Besteller/Auftraggeber.

Es besteht Einigkeit, dass die Sicherheit auch sämtliche Regress- und Rückgriffsansprüche des Bestellers/Auftraggebers gegen den Unternehmer/Auftragnehmer sichern muss, falls der Besteller/Auftraggeber durch Dritte in Anspruch genommen wird, soweit dies auf pflichtwidriges Verhalten des Unternehmers/Auftragnehmers oder von dessen Nachunternehmern oder nachgeschalteten Nachunternehmern zurückzuführen ist, insbesondere im Fall von Inanspruchnahme des Bestellers/Auftraggebers aufgrund von § 14 AEntG, für Sozial-/Unfallversicherungsbeiträge sowie durch das Finanzamt oder andere amtliche Stellen wegen nicht geleisteter Zahlungen des Unternehmers/Auftragnehmers und/oder seiner Nachunternehmer. Zu § 14 AEntG und anderen baurechtlichen Nebengesetzen, die ebenfalls als Rechtsfolge eine bürgenähnliche Haftung des Bestellers/Auftraggebers vorsehen, besteht Einigkeit, dass der Unternehmer/Auftragnehmer den Besteller/Auftraggeber umfassend von Ansprüchen freistellen muss, die seitens der Arbeitnehmer des Unternehmers/Auftragnehmers oder von gemeinsamen Einrichtungen der Tarifvertragsparteien wegen ausgebliebener Zahlungen der Nachunternehmer des Unternehmers/Auftragnehmers direkt gegen den Besteller/Auftraggeber erhoben werden, und dass sich auch hierauf die Sicherheit zu erstrecken hat.

Die Bürgschaft ist gem. dem diesem Vertrag als Anlage beigefügten Muster zu stellen.

Stellt der Unternehmer/Auftragnehmer die Bürgschaft nicht binnen (*18 beim VOB/B-Vertrag;* (1) *5 beim BGB-Vertrag*) (2) Werktagen nach Vertragsschluss, so kann der Besteller/Auftraggeber dem Unternehmer/Auftragnehmer zur Stellung der Bürgschaft eine angemessene Nachfrist setzen und nach deren erfolglosem Ablauf Schadensersatz statt der Leistung verlangen; dies gilt jedoch nicht, wenn der Unternehmer/Auftragnehmer die Nicht-Stellung der Bürgschaft nicht zu vertreten hat. Alternativ ist der Besteller/Auftraggeber – bei Aufrechterhaltung des Vertrages – dazu berechtigt, fällig werdende Abschlagszahlungen so lange – notfalls je in voller Höhe – einzubehalten, bis die vereinbarte Sicherheitssumme erreicht ist (*§ 17 Abs. 5–7 VOB/B beim VOB/B-Vertrag*). In diesem Fall gelten die Regelungen des nachfolgenden Absatzes sinngemäß und der Unternehmer/Auftragnehmer hat jederzeit das Recht, den vom Besteller/Auftraggeber aus fälligen Abschlagszahlungen vorgenommenen Einbehalt durch eine vertragsgemäße Bürgschaft in (voller) Höhe von 10 % der Nettoauftragssumme abzulösen.

Der Besteller/Auftraggeber hat grundsätzlich nach der Abnahme gem. Nr. dieses Vertrages die Bürgschaft mit Enthaftungserklärung dem Bürgen zurückzugeben Zug-um-Zug gegen Sicherheitsleistung des Unternehmers/Auftragnehmers gem. nachfolgender Nr. . Sofern sich jedoch der Besteller/Auftraggeber zu Recht im Abnahmeprotokoll unerledigte Ansprüche wegen Mängeln und sonstige Ansprüche gleich welcher Art (insbes. Schadensersatzansprüche und Ansprüche auf Zahlung von Vertragsstrafe) vorbehalten hat, ist er berechtigt, bis zu deren Erfüllung die Enthaftung der Bürgschaft zu verweigern in Höhe eines Betrages, der der zweifachen Höhe der Mängelbeseitigungskosten, im Übrigen dem einfachen Wert der geltend gemachten Ansprüche entspricht, zuzüglich einer Pauschale von 10 % des je einfachen Betrages für Nebenforderungen wie Zinsen, Kosten der Rechtsverfolgung usw. (3) Klargestellt wird jedoch, dass es dem Besteller/Auftraggeber verwehrt ist, wegen derselben Ansprüche einerseits die Bürgschaft nicht zu enthaften, andererseits aber gegen einen nicht etwa noch einbehaltenen Werklohn(-restbetrag) Einwendungen zu erheben und ihn nicht auszuzahlen (Verbot der Doppelbesicherung).

▲

2. Anmerkungen zum Muster

Zu (1) 185

§ 17 Nr. 7 VOB/B bestimmt, dass der Auftragnehmer verpflichtet ist, die Sicherheit binnen 18 Werktagen nach Vertragsschluss zu leisten, sofern nichts anderes vertraglich vereinbart ist. Zum Teil wird vertreten, § 17 Nr. 7 VOB/B gelte daher nur für die Vertragserfüllungssicherheit, da die Sicherheit „nach Vertragsschluss“ zu leisten sei.[202] Nach a.A. soll § 17 Nr. 7 VOB/B dagegen für sämtliche Sicherheiten gelten.[203] Teilweise wird auch die Auffassung vertreten, für eine Gewährleistungssicherheit begänne die 18-Werktage-Frist erst mit der Abnahme.[204]

Zu (2)

Falls keine vertragliche Vereinbarung vorliegt oder sich die Fälligkeit nicht aus dem vereinbarten Sicherungszweck ergibt, folgt aus § 271 BGB, dass unverzüglich nach Vertragsschluss bzw. Vereinbarung der Sicherungsabrede die Sicherheit zu leisten ist.[205]

Zu (3)

Bei der Vereinbarung einer Vertragserfüllungsbürgschaft nach VOB/B ist die Rückgabe in § 17 Nr. 8 Abs. 1 VOB/B geregelt. Danach ist die Vertragserfüllungsbürgschaft bei entsprechender Regelung zum vereinbarten Zeitpunkt, spätestens aber nach Abnahme und Stellung einer Gewährleistungssicherheit zurückzugeben. Sind aber Vertragserfüllungsansprüche noch nicht erfüllt (z.B. Schadensersatzansprüche wegen Mängeln nach § 4 Nr. 7 VOB/B oder Ansprüche wegen Mängeln, die bei Abnahme vorbehaltenen

202 *Kapellmann/Messerschmidt*, VOB Teile A und B, Kommentar, § 17 Rn 215; *Nicklisch/Weick*, Verdingungsordnung für Bauleistungen: VOB Teil B, Kommentar, § 17 Rn 165.
203 Ingenstau/Korbion/Leupertz/von Wietersheim/*Joussen*, VOB Teile A und B, Kommentar, § 17 Abs. 7 Rn 4, 6.
204 Beck'scher VOB-Kommentar/*Jagenburg*, § 17 Nr. 7 Rn 3.
205 *Weise*, Sicherheiten im Baurecht, Rn 374.

wurden) und auch nicht durch die Gewährleistungssicherheit abgedeckt, kann die Vertragserfüllungsbürgschaft zunächst anteilig zurückzubehalten bzw. gegen eine Vertragserfüllungsbürgschaft mit einem geringeren Betrag ausgetauscht werden.

3. Checkliste: Vertragserfüllungsbürgschaft

186 1. Tauglichkeit des Bürgen (allgemeiner Gerichtsstand und Sitz im Inland oder innerhalb der europäischen Union)
2. Schriftliche selbstschuldnerische Bürgschaft (Verzicht auf die Einrede der Vorausklage)
3. Keine Zahlung auf erstes Anfordern
4. Keine zeitliche Begrenzung
5. Ausstellung nach den Vorschriften des Bestellers/Auftraggebers (Zweck, Höhe, Wortlaut, Form)
6. Sicherungszweck: Erfüllung sämtlicher Verpflichtungen des Unternehmers/Auftragnehmers aus dem Vertrag einschließlich geänderter und zusätzlicher Leistungen, insbesondere die vertragsgemäße Ausführung der Leistung (einschließlich Abrechnung, Mängelbeseitigung inkl. Aufwendungsersatz und Kostenvorschuss bei Selbstvornahme, Schadensersatz sowie die Erstattung von Überzahlungen einschließlich der Zinsen); auch die Erfüllung von Schadensersatzansprüchen jeglicher Art (insbesondere Schadensersatz statt der Leistung, wegen Pflichtverletzung, wegen Verschulden bei Vertragsverhandlungen und aus Abwicklungsverhältnissen); auch Absicherung sämtlicher Regress- und Rückgriffsansprüche (insbesondere im Fall von § 14 AEntG, für Sozial-/Unfallversicherungsbeiträge, Inanspruchnahme durch das Finanzamt und anderer staatlicher Stellen)
7. Stellung der Bürgschaft innerhalb von 5 (*BGB-Vertrag*)/18 (*VOB/B-Vertrag*) Werktagen
8. bei fruchtlosem Fristablauf Ankündigung von Schadensersatz statt der Leistung oder Vornahme eines Einbehalts von Abschlagszahlungen gegen Ablösung durch Bürgschaft
9. Rückgabe der Bürgschaft nach Abnahme (bzw. Hinweis auf ggf. Verweigerung der Enthaftung wegen unerledigter Mängelansprüche und sonstiger Ansprüche)

II. Bürgschaft für Mängelansprüche

1. Muster: Qualifizierte Sicherungsabrede für eine Mängelbürgschaft zugunsten des Bestellers/Auftraggebers (beim BGB- oder VOB/B-Vertrag)

Das folgende Muster basiert auf *Schmitz*, ibr-online „Muster zu Bausicherheiten“, Nr. 1.4.

▼ 187

Nr.

4.12

Zur Absicherung von im nachstehenden Absatz spezifizierten Ansprüchen behält der Besteller/Auftraggeber **nach Abnahme der Leistungen** des Unternehmers/Auftragnehmers **5 % der Schlussrechnungssumme in ihrer objektiv richtigen Höhe** (netto; inklusive baukonstruktiven Nachträgen (*zusätzlich im VOB/B-Vertrag: gem. § 1 Abs. 3, Abs. 4 S. 1 VOB/B, jedoch ohne etwaige bauzeitbezogene Ansprüche*) **in Geld** ein. Der Unternehmer/Auftragnehmer kann, soweit die Sicherheitsleistung nicht (berechtigt) verwertet ist, die Auszahlung dieses Einbehalts verlangen, indem er eine **nicht** auf erstes Anfordern zahlbare Bürgschaft eines in der Bundesrepublik Deutschland ansässigen Bürgen (Kreditversicherer, Bank oder Sparkasse) gem. Anlage leistet. Der Besteller/Auftraggeber ist ausdrücklich nicht dazu verpflichtet, den Einbehalt auf ein gemeinsames Sperrkonto einzuzahlen. (1)

Diese Sicherheit – gleich ob als Einbehalt oder als Bürgschaft – dient im Zeitraum von der Abnahme bis zum Eintritt der Verjährung der Mängelansprüche dazu, auf Geldzahlung gerichtete Ansprüche des Bestellers/Auftraggebers wegen Mängeln (insbesondere gem. §§ 634, 637 BGB (§ 13 VOB/B); inkl. Aufwendungsersatzes und Kostenvorschusses bei Selbstvornahme), jedwede Schadensersatzansprüche des Bestellers/Auftraggebers (insbesondere gem. §§ 280 ff. BGB (§§ 4 Abs. 7, 13 Abs. 7 VOB/B), Vertragsstrafenansprüche) und Ansprüche des Bestellers/Auftraggebers auf Erstattung von Überzahlungen aus diesem Vertrag (auch hinsichtlich geänderter und zusätzlicher Leistungen) einschließlich angefallener Zinsen abzusichern.

Diese Sicherheit dient weiter zur Absicherung folgender Rückgriffs-, Regress- und Freistellungsansprüche des Bestellers/Auftraggebers gegen den Unternehmer/Auftragnehmer: Der Unternehmer/Auftragnehmer hat den Besteller/Auftraggeber, falls der Besteller/Auftraggeber durch Dritte in Anspruch genommen wird, soweit dies auf pflichtwidriges Verhalten des Unternehmers/Auftragnehmers, von dessen Nachunternehmern oder nachgeschalteten Nachunternehmern zurückzuführen ist, insbesondere im Falle von Inanspruchnahmen des Bestellers/Auftraggebers aufgrund von § 14 AEntG, für Sozial-/Unfallversicherungsbeiträge sowie durch das Finanzamt oder durch andere amtliche Stellen wegen nicht geleisteter Zahlungen des Unternehmers/Auftragnehmers, freizustellen und Rückgriffs- und Regressansprüche zu erfüllen.

(***alternativ:***

BGB-Vertrag:

Der Besteller hat die Sicherheit spätestens nach Ablauf der vereinbarten Verjährungsfrist für Mängelansprüche zurückzugeben. Sofern zu diesem Zeitpunkt noch Mängelansprüche aus Mängeln resultieren, die vor Ablauf der vereinbarten Verjährungsfrist für Mängelansprüche gerügt wurden, darf der Besteller einen entsprechenden Teil der Sicherheit bis zur Erfüllung dieser Mängelansprüche zurückbehalten.

VOB/B-Vertrag:

Zur Rückgabe der Sicherheit (Auszahlung des Bareinbehaltes/Enthaftung der Bürgschaft) bzw. zur (Teil-)Rückzahlung der Sicherheit ist der Auftraggeber unter den Voraussetzungen des § 17 Abs. 8 Nr. 2 VOB/B verpflichtet bzw. berechtigt, (2) jedoch mit der Maßgabe, dass statt des dort in Satz 1 genannten Zeitraums von zwei Jahren fünf Jahre ab Abnahme maßgeblich sind. Sofern zu diesem Zeitpunkt noch Mängelansprüche aus Mängeln resul-

tieren, die vor Ablauf der vereinbarten Verjährungsfrist für Mängelansprüche gerügt wurden, darf der Auftraggeber einen entsprechenden Teil der Sicherheit bis zur Erfüllung dieser Mängelansprüche zurückbehalten.)

▲

2. Anmerkungen zum Muster

188 **Zu (1)**

Ausschluss/Erschwerung des Austausches: Allgemeine Geschäftsbedingungen, nach denen die Ablösung von vorgenommenen Einbehalten durch Bürgschaft oder sonstige Sicherungsmittel ausgeschlossen wird, sind unwirksam,[206] da sie weder das Liquiditäts- und Zinsinteresse des Unternehmers berücksichtigen noch sein Insolvenzrisiko. Auch solche Allgemeinen Geschäftsbedingungen, die die Ablösung des Einbehalts von Bedingungen abhängig machen und damit die Ablösung ungerechtfertigt erschweren, sind unwirksam.[207]

Ablösung nur durch einfache Bürgschaft: Dagegen sind Allgemeine Geschäftsbedingungen wirksam, die vorsehen, dass ein Einbehalt nicht auf ein Sperrkonto einzuzahlen ist, sondern nur durch unbefristete, selbstschuldnerische Bürgschaft abgelöst werden kann.[208]

Ausschluss der Hinterlegung: Individualvertraglich zulässig ist der ausdrückliche Ausschluss der Hinterlegungsmöglichkeit des verbürgten Geldbetrages.[209] Für den Bürgschaftsgläubiger ist dieser Ausschluss vor allem deshalb wichtig, weil er die Freigabe des durch den Bürgen hinterlegten Betrages sonst zusätzlich durchsetzen muss.[210]

Zu (2)

Bei der Vereinbarung einer Gewährleistungsbürgschaft nach VOB/B ist die Rückgabe der Sicherheit in § 17 Nr. 8 Abs. 2 VOB/B geregelt. Dabei wird ebenfalls darauf abgestellt, ob und inwieweit noch von der Sicherheit erfasste Ansprüche bestehen, die den Besteller berechtigen, die Sicherheit in Anspruch zu nehmen. Die Gewährleistungssicherheit ist, sofern zwischen den Parteien kein anderer Zeitpunkt vereinbart wurde[211] (und sollte auch vertraglich vereinbart werden – dabei sollte die Rückgabe an den Ablauf der Verjährungsfrist für Mängelansprüche gekoppelt werden, um für während der laufenden Verjährungsfrist auftretende Mängel eine Sicherheit zu haben), nach Ablauf von zwei Jahren zurückzugeben. Soweit zu diesem Zeitpunkt vom Besteller geltend gemachte Ansprüche noch nicht erfüllt sind, ist er berechtigt, einen entsprechenden Teil der Sicherheit zurückzuhalten.

206 OLG Hamm v. 19.1.1988 – 21 U 110/87 – BauR 1988.
207 BGH v. 13.11.2003 – VII ZR 57/02 – BauR 2004, 325, 326.
208 BGH v. 13.11.2003 – VII ZR 57/02 – BauR 2004, 325, 326.
209 Ingenstau/Korbion/Leupertz/von Wietersheim/*Joussen*, VOB/B, § 17 Abs. 4 Rn 30.
210 BGH v. 10.4.2003 – VII ZR 314/01 – BauR 2003, 1385, 1388.
211 Die Vereinbarung eines anderen Rückgabezeitpunktes ist AGB-rechtlich möglich, vgl. Kapellmann/Messerschmidt/*Thierau*, VOB Teile A und B, § 17 Rn 229.

3. Checkliste: Bürgschaft für Mängelansprüche

1. Austauschmöglichkeit eines Sicherungseinbehalts durch eine Bürgschaft für Mängelansprüche **189**
2. Tauglichkeit des Bürgen (allgemeiner Gerichtsstand und Sitz im Inland oder innerhalb der europäischen Union)
3. Schriftliche selbstschuldnerische Bürgschaft (Verzicht auf die Einrede der Vorausklage)
4. Keine Zahlung auf erstes Anfordern
5. Sicherheit im Zeitraum von der Abnahme bis zum Eintritt der Verjährung der Mängelansprüche
6. Ausstellung nach den Vorschriften des Bestellers/Auftraggebers (Zweck, Höhe, Wortlaut, Form)
7. Sicherungszweck: Absicherung von auf Geldzahlung gerichteten Ansprüchen des Bestellers/Auftraggebers wegen Mängeln (insbesondere gem. §§ 634, 637 BGB, § 13 VOB/B, inkl. Aufwendungsersatz und Kostenvorschuss bei Selbstvornahme), jedwede Schadensersatzansprüche des Bestellers/Auftraggebers (insbesondere gem. §§ 280 ff. BGB, §§ 4 Nr. 7, 13 Abs. 7 VOB/B, Vertragsstrafenansprüche) und Ansprüche des Bestellers/Auftraggebers auf Erstattung von Überzahlungen; zusätzlich Rückgriffs-, Regress- und Freistellungsansprüche des Bestellers/Auftraggebers
8. Rückgabe der Bürgschaft

III. Zahlungsbürgschaft

1. Muster: Qualifizierte Sicherungsabrede für eine Zahlungsbürgschaft zugunsten des Unternehmers/Auftragnehmers (beim BGB- oder VOB/B-Vertrag)

Das folgende Muster basiert auf *Schmitz*, ibr-online „Muster zu Bausicherheiten“, Nr. 1.5. **190**

▼ **191**

Nr. (Pflicht des Bestellers/Auftraggebers zur Stellung einer ausschließlich nach deutschem Recht zu behandelnden, unbefristeten, selbstschuldnerischen Bürgschaft, die Zahlungsansprüche des Unternehmers/Auftragnehmers absichert) 4.13

Der Besteller/Auftraggeber hat unverzüglich nach Vertragsschluss eine ausschließlich nach deutschem Recht zu behandelnde, unbefristete, selbstschuldnerische, **nicht** auf erstes Anfordern zahlbare Bürgschaft eines in der Bundesrepublik Deutschland ansässigen Bürgen (Kreditversicherer, Bank oder Sparkasse) zu stellen i.H.v. 15 % der Netto-Auftragssumme für die Erfüllung sämtlicher, ihm obliegender Zahlungsverpflichtungen aus diesem Vertrag, wobei die Bürgschaft auch Zahlungsansprüche des Unternehmers/Auftragnehmers aus Nachtragsforderungen jeglicher Art abzudecken hat, insoweit allerdings der Höhe nach begrenzt auf ein Nachtragsvolumen von maximal 10 % der Netto-Auftragssumme. Das Recht zur Hinterlegung des Bürgschaftsbetrages muss ausgeschlossen sein.

Es besteht Einigkeit darüber, dass vor Stellung dieser Bürgschaft der Unternehmer/Auftragnehmer zur Aufnahme der Arbeiten nicht verpflichtet ist. Stellt der Besteller/Auftraggeber die Bürgschaften nicht binnen (*18 beim VOB/B-Vertrag, 5 beim BGB-Vertrag*) Werktagen nach Vertragsschluss, so hat der Unternehmer/Auftragnehmer bei Verzug des Auftraggebers die Rechte gem. § 281 BGB, kann also dem Auftraggeber zur Stellung der Bürgschaft eine angemessene Frist setzen und nach deren erfolglosem Ablauf Schadensersatz statt der Leistung verlangen.

▲

2. Checkliste: Zahlungsbürgschaft

192 1. Tauglichkeit des Bürgen (allgemeiner Gerichtsstand und Sitz im Inland oder innerhalb der europäischen Union)
2. Schriftliche selbstschuldnerische Bürgschaft (Verzicht auf die Einrede der Vorausklage)
3. Keine Zahlung auf erstes Anfordern
4. Keine zeitliche Begrenzung
5. Ausstellung nach den Vorschriften des Unternehmers/Auftragnehmers (Zweck, Höhe, Wortlaut, Form)
6. Sicherungszweck: Absicherung von Zahlungsansprüchen des Unternehmers/Auftragnehmers, auch solche aus Nachtragsforderungen jeglicher Art
7. Recht zur Hinterlegung ist ausgeschlossen

IV. Muster: Bürgschaften

1. Muster: Vertragserfüllungsbürgschaft

193 ▼

Die Firma

4.14

– nachfolgend „Auftraggeber“ genannt –

und

die Firma

mit dem Sitz in

– nachfolgend „Auftragnehmer“ genannt –

haben am

einen Vertrag über (*Art der Arbeiten*)

für das Bauvorhaben

geschlossen.

Nach den Bedingungen dieses Vertrages hat der Auftragnehmer als Sicherheit für

die **vertragsgemäße und fristgerechte Ausführung der Leistungen**

einschließlich folgender eventueller Ansprüche des Auftraggebers wegen

- Rückforderung aus Überzahlungen
- Regressansprüchen wegen nicht erfolgter Zahlung der Gesamtsozialversicherungsbeiträge
- Regressansprüchen wegen Ansprüchen aus dem Arbeitnehmerentsendegesetz auf Mindestlohn sowie auf Zahlung der Urlaubskassenbeiträge – auch für in der Nachunternehmerkette tätige Arbeitnehmer
- Regressansprüche wegen nicht erfolgter Zahlung der Unfallversicherungsbeiträge und/oder
- Stellung einer Sicherheit für Mängelansprüche

dem Auftraggeber eine Bürgschaft i.H.v.   % der Netto-Auftragssumme zu stellen.

(***alternativ:***

Der ursprüngliche Vertragsumfang kann (nach § 1 Abs. 3, 1 Abs. 4 S. 1 VOB/B beim VOB/B-Vertrag) durch geänderte und zusätzliche Leistungen abgeändert oder erweitert werden; unsere nachfolgend erklärte Bürgenhaftung erstreckt sich ausdrücklich auch auf diese Veränderungen und Erweiterungen des ursprünglichen Vertragsumfangs, allerdings nur bis zu einem Betrag von maximal 10 % der Netto-Auftragssumme.)

(***alternativ:***

Gem. Nr.   des vorliegenden Vertrages hat der Auftragnehmer Sicherheit in Form einer Bürgschaft zu leisten i.H.v.   % der Netto-Auftragssumme für die Sicherstellung sämtlicher ihm obliegender, dort genauer bezeichneter (Schadensersatz-)Verpflichtungen aus diesem Vertrag einschließlich Regress-, Rückgriffs- und Freistellungsansprüchen sowie Rückerstattung von Überzahlungen.)

Dies vorausgeschickt übernehmen wir, die

  (*Name und Anschrift des Bürgen*)

hiermit für den Auftragnehmer gegenüber dem Auftraggeber die unwiderrufliche, selbstschuldnerische Bürgschaft und verpflichten uns, jeden Betrag bis zu einer Gesamthöhe von

EUR   (in Worten: EUR)

an den Auftraggeber zu zahlen.

Wir verzichten auf die Einrede der Vorausklage (§ 771 BGB)

Außerdem verzichten wir auf die Einrede der Anfechtbarkeit (§ 770 Abs. 1 BGB), soweit diese nicht auf arglistiger Täuschung beruht. Auf die Einrede der Aufrechenbarkeit verzichten wir nur insoweit, als dies nicht die Fälle betrifft, in denen die Gegenforderung des Hauptschuldners unbestritten oder rechtskräftig festgestellt ist.

Befreiung durch Hinterlegung des Bürgschaftsbetrages ist nicht möglich. Die Bürgschaft behält auch bei einem Wechsel der Inhaber bzw. Änderung der Rechtsform des Auftragnehmers ihre Gültigkeit.

Aus dieser Bürgschaftserklärung können wir nur auf Zahlung von Geld in Anspruch genommen werden. Die Bürgschaft ist unbefristet. Sie erlischt mit der Rückgabe dieser Bürgschaftsurkunde.

Die Bürgschaftsforderung verjährt nicht vor Verjährung sämtlicher durch diese Bürgschaft gesicherter Ansprüche. Im Höchstfalle gilt jedoch die Frist des § 199 Abs. 4 BGB. Streitigkeiten aus der übernommenen Bürgschaft werden vor ordentlichen Gerichten nach deutschem Recht in deutscher Sprache unter Ausschluss des UN-Kaufrechts verhandelt. Im vollkaufmännischen Geschäftsverkehr wird als Gerichtsstand der Sitz des Auftraggebers vereinbart.

(*Ort und Datum*) (*Unterschrift und Stempel des Bürgen*)

▲

2. Muster: Bürgschaft für Mängelansprüche (Gewährleistungsbürgschaft)

194 ▼

4.15

Die Firma

– nachfolgend „Auftraggeber" genannt –

und

die Firma

mit dem Sitz in

– nachfolgend „Auftragnehmer" genannt –

haben am

über (*Art der Arbeiten*)

für das Bauvorhaben

einen Vertrag geschlossen.

Nach den Bedingungen dieses Vertrages hat der Auftragnehmer als Sicherheit für

die Erfüllung sämtlicher Mängelansprüche

einschließlich folgender evtl. Ansprüche des Auftraggebers wegen

- Rückforderung aus Überzahlungen
- Regressansprüchen wegen nicht erfolgter Zahlung der Gesamtsozialversicherungsbeiträge
- Regressansprüchen wegen Ansprüchen aus dem Arbeitnehmerentsendegesetz auf Mindestlohn sowie auf Zahlung der Urlaubskassenbeiträge – auch für in der Nachunternehmerkette tätige Arbeitnehmer
- Regressansprüchen wegen nicht erfolgter Zahlung der Unfallversicherungsbeiträge

dem Auftraggeber eine Bürgschaft i.H.v. % der Netto-Abrechnungssumme zu stellen.

(***alternativ:***

Der ursprüngliche Vertragsumfang wird u.U. durch geänderte und/oder zusätzliche Leistungen abgeändert und/oder erweitert; unsere nachfolgend erklärte Bürgenhaftung erstreckt sich ausdrücklich auch auf diese, mit der Schlussrechnung abgerechneten geänderten bzw. zusätzlichen Leistungen.)

(***alternativ:***

Gem. Nr. des uns vorliegenden Bauvertrages hat der Auftragnehmer im Zeitraum von der Abnahme bis zum Eintritt der Verjährung der Mängelansprüche Sicherheit zu leisten i.H.v. 5 % der Netto-Schlussrechnungssumme für die Sicherstellung der dort genauer bezeichneten Ansprüche inklusive Schadensersatzansprüchen des Auftraggebers, Ansprüchen des Auftraggebers auf Erstattung von Überzahlungen und Regress-, Rückgriffs- und Freistellungsansprüchen des Auftraggebers. Diese Sicherheit kann durch eine Bürgschaft gestellt werden.)

Dies vorausgeschickt übernehmen wir

 (*Name und Anschrift des Bürgen*)

hiermit für den Auftragnehmer (*für die Erfüllung sämtlicher dem Auftragnehmer gem. Nr. des Bauvertrages obliegender Verpflichtungen*) die unwiderrufliche, selbstschuldnerische Bürgschaft und verpflichten uns, jeden Betrag bis zu einer Gesamthöhe von

EUR (in Worten: EUR)

an den Auftraggeber zu zahlen.

Wir verzichten auf die Einrede der Vorausklage (§ 771 BGB)

Außerdem verzichten wir auf die Einrede der Anfechtbarkeit (§ 770 Abs. 1 BGB), soweit diese nicht auf arglistiger Täuschung beruht. Auf die Einrede der Aufrechenbarkeit verzichten wir nur insoweit, als dies nicht die Fälle betrifft, in denen die Gegenforderung des Hauptschuldners unbestritten oder rechtskräftig festgestellt ist.

Befreiung durch Hinterlegung des Bürgschaftsbetrages ist nicht möglich.

Die Bürgschaft behält auch bei einem Wechsel der Inhaber bzw. Änderung der Rechtsform des Auftragnehmers ihre Gültigkeit.

Der Auftraggeber hat eine nicht verwertete Sicherheit für Mängelansprüche nach Ablauf der vertraglich vereinbarten Verjährungsfrist für Mängelansprüche – unter Berücksichtigung evtl. Hemmungs- und Unterbrechungstatbestände – zurückzugeben. Soweit jedoch zu diesem Zeitpunkt vom Auftraggeber geltend gemachte Ansprüche noch nicht erfüllt sind, darf er einen entsprechenden Teil der Sicherheit zurückhalten.

Aus dieser Bürgschaftserklärung können wir nur auf Zahlung von Geld in Anspruch genommen werden.

Die Bürgschaft ist unbefristet. Sie erlischt mit der Rückgabe dieser Bürgschaftsurkunde. Wir erklären, dass Ansprüche aus dieser Bürgschaft – begrenzt durch § 199 Abs. 4 BGB – nicht vor den sie sichernden Hauptansprüchen verjähren.

(***alternativ:***

Wegen aller auf Zahlung gerichteter Mängelansprüche des Auftraggebers werden wir die Einrede der Verjährung frühestens mit Ablauf des Jahres erheben, in dem gem. § 634a Abs. 1 Nr. 2, Abs. 2 BGB die Verjährung der gegen den Auftragnehmer selbst gerichteten Mängelansprüche eintritt. Im Gegenzug haften wir für Ansprüche aus Mängeln nur, wenn der Auftraggeber dem Auftragnehmer die Mängel(symptome) bis zum Eintritt der in diesem Verhältnis geltenden Verjährungsfrist (§ 634a Abs. 1 Nr. 1, Abs. 2 BGB) schriftlich angezeigt hat.)

Streitigkeiten aus der übernommenen Bürgschaft werden vor ordentlichen Gerichten nach deutschem Recht in deutscher Sprache unter Ausschluss des UN-Kaufrechts verhandelt. Im vollkaufmännischen Geschäftsverkehr wird als Gerichtsstand der Sitz des Auftraggebers vereinbart.

(*Ort und Datum*) (*Unterschrift und Stempel des Bürgen*)

▲

3. Muster: Vorauszahlungsbürgschaft

195 ▼

4.16

Die Firma

– nachfolgend „Auftraggeber“ genannt –

und

die Firma

mit dem Sitz in

– nachfolgend „Auftragnehmer“ genannt –

haben am

einen Bauvertrag für das Bauvorhaben

über (*Art der Arbeiten*)

geschlossen.

Nach den Bedingungen dieses Vertrages hat der Auftragnehmer als Sicherheit für die Rückzahlung der geleisteten Vorauszahlung dem Auftraggeber eine Bürgschaft in Höhe des nachgenannten Bürgschaftsbetrages zu stellen.

Dies vorausgeschickt übernehmen wir

(*Name und Anschrift des Bürgen*)

hiermit für den Auftragnehmer die unwiderrufliche, selbstschuldnerische Bürgschaft und verpflichten uns, jeden Betrag bis zu einer Gesamthöhe von

EUR (in Worten: EUR)

an den Auftraggeber für sämtliche Rückzahlungsansprüche des Auftraggebers zu zahlen, die sich daraus ergeben, dass der Auftragnehmer eine Bauleistung erbringt, die – nach dem Preissystem des Bauvertrages vom bewertet – nicht der Vorauszahlung entspricht.

Wir verzichten auf die Einrede der Vorausklage (§ 771 BGB)

Außerdem verzichten wir auf die Einrede der Anfechtbarkeit (§ 770 Abs. 1 BGB), soweit diese nicht auf arglistiger Täuschung beruht. Auf die Einrede der Aufrechenbarkeit verzichten wir nur insoweit, als dies nicht die Fälle betrifft, in denen die Gegenforderung des Hauptschuldners unbestritten oder rechtskräftig festgestellt ist.

Befreiung durch Hinterlegung des Bürgschaftsbetrages ist nicht möglich. Die Bürgschaft behält auch bei einem Wechsel der Inhaber bzw. Änderung der Rechtsform des Auftragnehmers ihre Gültigkeit.

Aus dieser Bürgschaftserklärung können wir nur auf Zahlung von Geld in Anspruch genommen werden.

Die Bürgschaft ist unbefristet. Sie erlischt mit der Rückgabe dieser Bürgschaftsurkunde. (1)

(***alternativ:***

Die Verpflichtung aus dieser Bürgschaft ist aufschiebend bedingt und entsteht erst, wenn der verbürgte Betrag von EUR auf das bei uns geführte Konto des Auftragnehmers Nr. , BLZ gutgeschrieben worden ist.)

Die Bürgschaftsforderung verjährt nicht vor der gesicherten Hauptforderung. Im Höchstfall gilt jedoch die Frist des § 202 Abs. 2 BGB. Streitigkeiten aus der übernommenen Bürgschaft werden vor ordentlichen Gerichten nach deutschem Recht in deutscher Sprache unter Ausschluss des UN-Kaufrechts verhandelt. Im vollkaufmännischen Geschäftsverkehr wird als Gerichtsstand der Sitz des Auftraggebers vereinbart.

(*Ort und Datum*) (*Unterschrift und Stempel des Bürgen*)

▲

4. Muster: Zahlungsbürgschaft

▼ 196

Die Firma

– nachfolgend „Auftraggeber" genannt – 4.17

und

die Firma

mit dem Sitz in

– nachfolgend Auftragnehmer genannt –

haben am für das Bauvorhaben einen Vertrag über geschlossen.

Nach den Bedingungen des vorgenannten Vertrages hat der Auftraggeber als Sicherheit für sämtliche Zahlungsansprüche des Auftragnehmers aus o.g. Bauvertrag eine Zahlungssicherheit i.H.v. % der Netto-Auftragssumme zu stellen.

Dies vorausgeschickt übernehmen wir

(*Name und Anschrift des Bürgen*)

hiermit für den Auftraggeber die unwiderrufliche, unbedingte und selbstschuldnerische Bürgschaft und verpflichten uns, jeden Betrag bis zu einer Gesamthöhe von

EUR (in Worten: EUR)

an den Auftragnehmer zu zahlen.

Wir verzichten auf die Einrede der Vorausklage (§ 771 BGB)

Außerdem verzichten wir auf die Einrede der Anfechtbarkeit (§ 770 Abs. 1 BGB), soweit diese nicht auf arglistiger Täuschung beruht. Auf die Einrede der Aufrechenbarkeit verzichten wir nur insoweit, als dies nicht die Fälle betrifft, in denen die Gegenforderung des Hauptschuldners unbestritten oder rechtskräftig festgestellt ist.

Die Bürgschaft behält auch bei einem Wechsel der Inhaber bzw. Änderung der Rechtsform des Auftragnehmers ihre Gültigkeit.

Aus dieser Bürgschaftserklärung können wir nur auf Zahlung von Geld in Anspruch genommen werden.

Abgesichert aus dieser Bürgschaft sind auch etwaige Ansprüche des Auftragnehmers gegen den Auftraggeber aus Nachträgen zum vorbezeichneten Vertrag, jedoch nur bis zu einer maximalen Höhe von 10 % der Netto-Auftragssumme.

Die Bürgschaft ist unbefristet. Sie erlischt mit der Rückgabe dieser Bürgschaftsurkunde. (2)

Die Bürgschaftsforderung verjährt nicht vor der gesicherten Hauptforderung. Im Höchstfall gilt jedoch die Frist des § 199 Abs. 4 BGB.

Die Kosten der Bürgschaft trägt der Auftraggeber.

Streitigkeiten aus der übernommenen Bürgschaft werden vor ordentlichen Gerichten nach deutschem Recht in deutscher Sprache unter Ausschluss des UN-Kaufrechts verhandelt. Im vollkaufmännischen Geschäftsverkehr wird als Gerichtsstand der Sitz des Auftraggebers vereinbart.

(*Ort und Datum*) (*Unterschrift und Stempel des Bürgen*)

▲

5. Anmerkungen zu den Mustern

197 **Zu (1)**

Eine Vorauszahlungsbürgschaft nach VOB/B ist erst bei vollständiger Verrechnung der Vorauszahlung mit den Zahlungsansprüchen des Unternehmers zurückzugeben (§ 16 Nr. 2 Abs. 2 VOB/B).

Zu (2)

Eine Zahlungsbürgschaft ist zurückzugeben, wenn der Besteller die von der Sicherheit erfassten Zahlungsansprüche erfüllt hat, d.h. regelmäßig, wenn er die berechtigten Ansprüche des Unternehmers ausgeglichen hat.

V. Muster: Nachfristsetzung des Unternehmers an den Besteller zur Einzahlung eines Geldeinbehalts auf ein gemeinsames Sperrkonto

198 Das folgende Muster basiert auf *Schmitz*, ibr-online „Muster zu Bausicherheiten", Nr. 1.7.

199 ▼

Absender:

4.18 Fa.

Einschreiben/Rückschein

An die

Fa.

Bauvertrag vom

Bauvorhaben:

Sehr geehrte Damen und Herren,

zu vorbezeichnetem Bauvertrag beziehen wir uns auf Ihre Schlussrechnungsprüfung zu unserer Schlussrechnung vom , bei uns eingegangen am . Sie haben hierin gem. Bauvertrag einen Sicherheitseinbehalt für den Zeitraum nach Abnahme i.H.v. 5 % der Schlussrechnungssumme (netto) vorgenommen, also i.H.v.

EUR

Wir dürfen Sie höflich darum bitten, diesen Einbehalt spätestens bis zum

auf ein gemeinsames Sperrkonto, über welches beide Parteien nur gemeinsam verfügen dürfen, einzubezahlen. Da der Bauvertrag keine Regelung zu der Frage enthält, bei welchem Geldinstitut ein solches Sperrkonto einzurichten ist, überlassen wir die Auswahl des Geldinstitutes Ihnen. Gegen die Wahl des Geldinstituts, mit dem Sie in ständiger Geschäftsverbindung stehen, bestehen ausdrücklich keine Einwände.

Bitte veranlassen Sie weiterhin, dass uns das von Ihnen ausgewählte Geldinstitut nach Einzahlung durch Sie hierüber verbindlich benachrichtigt, bei uns eingehend spätestens am

.

Mit freundlichen Grüßen

(*Unterschrift*)

▲

VI. Auszahlung des Einbehalts

1. Muster: Klage auf Auszahlung des Einbehalts und Rückgabe der Bürgschaft (wg. Verbot der Doppelsicherung)

▼ 200

An das

Landgericht 4.19

Klage

In Sachen

– Klägerin –

Prozessbevollmächtigte: RAe

gegen

– Beklagte –

wegen Auszahlung eines Sicherheitseinbehalts nach Leistung einer Austauschbürgschaft

Vorläufiger Streitwert: EUR

Namens und im Auftrag der Klägerin erheben wir Klage und stellen folgende

Anträge:

1. Die Beklagte wird verurteilt, an die Klägerin EUR ___ nebst Zinsen i.H.v. ___ Prozentpunkten über dem jeweiligen Basiszinssatz hieraus seit dem ___ zu zahlen.
2. Die Beklagte wird zudem verurteilt, die Bürgschaft für Mängelansprüche der ___ vom ___ Nr. ___ an die Klägerin herauszugeben.

Begründung:

1. Vertrag

Mit Datum vom ___ haben die Parteien einen VOB/B-Bauvertrag über ___ am Bauvorhaben ___ geschlossen. Nach Nr. ___ des Bauvertrages war die Beklagte berechtigt, zur Sicherung der ihr zustehenden vertraglichen Mängelansprüche von der Schlussrechnung einen Einbehalt von 5 % der Netto-Schlussrechnungssumme vorzunehmen.

Beweis: Bauvertrag vom ___, **Anlage K 1**

2. Schlussrechnung, Prüfung der Schlussrechnung

Mit Datum vom ___ stellte die Klägerin Schlussrechnung, die mit einer Schlussrechnungssumme von netto EUR ___ abschloss.

Beweis: Schlussrechnung vom ___, **Anlage K 2**

Die Beklagte prüfte die Schlussrechnung und nahm den vereinbarten Einbehalt i.H.v. 5 % der Netto-Schlussrechnungssumme, mithin einen Betrag von EUR ___ vor, ohne dass eine Einzahlung auf ein Sperrkonto gem. § 17 Abs. 6 i.V.m. Abs. 5 VOB/B erfolgte.

Beweis: Schlussrechnungsprüfung vom ___, **Anlage K 3**

3. Stellung der Austauschsicherheit

Mit Datum vom ___ übermittelte die Klägerin der Beklagten die den vertraglichen Anforderungen entsprechende Austauschbürgschaft.

Beweis: Schreiben der Klägerin vom ___ nebst Austauschbürgschaft, **Anlage K 4**

Trotz entsprechender Aufforderung erfolgte jedoch keine Auszahlung des Sicherheitseinbehalts an die Klägerin. Stattdessen teilte die Beklagte mit Schreiben vom ___ lediglich mit, dass Mängel vorlägen, weshalb eine Auszahlung des Sicherheitseinbehalts nicht erfolgen könne.

Beweis: Schreiben der Beklagten vom ___, **Anlage K 5**

4. Aufforderung zur Auszahlung des Einbehalts, hilfsweise zur Einzahlung auf ein Sperrkonto

Daraufhin forderte die Klägerin die Beklagte mit Schreiben vom ___ unter Fristsetzung bis zum ___ zur Auszahlung des Sicherheitseinbehalts auf. Hilfsweise wurde die

Beklagte im gleichen Schreiben unter Fristsetzung bis zum zur Einzahlung des Einbehalts auf ein Sperrkonto ihrer Wahl aufgefordert.

Beweis: Schreiben der Klägerin vom , **Anlage K 6**

Dennoch hat die Beklagte den Einbehalt weder an die Klägerin ausgezahlt, noch auf ein Sperrkonto eingezahlt.

5. Verpflichtung zur Auszahlung des Einbehalts

Die Beklagte wäre aber gem. § 17 Abs. 6 i.V.m. Abs. 5 VOB/B verpflichtet gewesen, den vorgenommenen Einbehalt innerhalb von 18 Werktagen nach Übergabe der Schlussrechnungsprüfung (Anlage K 3) auf ein Sperrkonto einzuzahlen. Dies erfolgte jedoch nicht.

Nach Übergabe der Austauschsicherheit in Form einer den vertraglichen Anforderungen entsprechenden Bürgschaft (Anlage K 4) war die Beklagte gem. Nr. des Bauvertrages zudem verpflichtet, den Einbehalt an die Klägerin auszuzahlen. Die Ausführungen der Beklagten, es lägen Mängel vor, hindern die Auszahlungspflicht nicht, da die Beklagte nicht berechtigt ist, beide Sicherheiten – Bürgschaft und Einbehalt – zu behalten. Vielmehr war die Beklagte zur Auszahlung verpflichtet, da weder Mängel an der Leistung der Klägerin vorlagen noch solche behaupteten Mängel in ihrem Schreiben vom (Anlage K 5) tatsächlich aufgeführt und konkretisiert worden waren, mithin der Sicherungsfall nicht eingetreten war. Denn die Beklagte hat die Mängel nicht konkret gerügt und auch keine Aufforderung zur Beseitigung unter Fristsetzung ausgesprochen. Damit ist kein auf Geldzahlung gerichteter Anspruch der Beklagten gegeben.[212]

Da der Sicherungsfall somit nicht eingetreten war, bestand auch keine Auszahlungspflicht der Beklagten.[213]

Die Beklagte befindet sich seit dem mit der Auszahlung in Verzug, da sie nach Übergabe der Austauschsicherheit verpflichtet war, den Einbehalt zur Auszahlung zu bringen.

6. Verpflichtung zur Rückgabe der Bürgschaft

Da die Beklagte den Einbehalt trotz Übergabe der Bürgschaft nicht an die Klägerin auszahlte, blieb sie verpflichtet, den Einbehalt gem. § 17 Abs. 6 Nr. 1 S. 3 VOB/B auf ein Sperrkonto zu zahlen. Nach der Verfolgung des Auszahlungsanspruchs mit Schreiben vom (Anlage K 6) war die Klägerin daher berechtigt, hilfsweise die Einzahlung des Einbehalts auf ein Sperrkonto zu verlangen.

Da die Beklagte beide Aufforderungen nicht befolgte, hat sie gem. § 17 Abs. 6 Nr. 3 S. 2 VOB/B das Recht auf eine Sicherheit insgesamt verloren und ist daher verpflichtet, nicht nur den Einbehalt auszuzahlen, sondern auch die erhaltene Bürgschaft zurückzugeben.[214]

(*Unterschrift*) (*Rechtsanwalt*)

▲

212 Vgl. BGH v. 27.2.2003 – VII ZR 338/01 – BauR 2003, 693, 694.
213 Vgl. BGH v. 13.9.2001 – VII ZR 467/00 – BauR 2001, 1893, 1894.
214 BGH v. 10.11.2005 – VII ZR 11/04 – BauR 2006, 379, 381.

2. Checkliste: Einbehaltsauszahlung

201 1. Wirksamer Bauvertrag
2. Wirksame Vereinbarung eines Einbehalts
3. Schlussrechnungsstellung und Prüfung der Schlussrechnung
4. Vornahme des vereinbarten Einbehalts
5. Stellung der Austauschsicherheit
6. Aufforderung zur Auszahlung des Einbehalts, hilfsweise zur Einzahlung auf ein Sperrkonto
7. Fruchtloser Fristablauf
8. Verpflichtung der Beklagten zur Auszahlung des Einbehalts
9. Verpflichtung zur Rückgabe der Bürgschaft
10. Verlust des Rechts auf Sicherheit insgesamt

VII. Inanspruchnahme der Bürgschaft

1. Muster: Inanspruchnahme einer Zahlungsbürgschaft zugunsten des Auftragnehmers (Kläger) gegenüber Bürgen (Beklagte zu 2.) verbunden mit Klage gegenüber dem Hauptschuldner (Auftraggeber – Beklagte zu 1.)

202 ▼

4.20 An das
Landgericht

Klage

In Sachen

– Klägerin –

Prozessbevollmächtigte: RAe

gegen

– Beklagte zu 1.) –

– Beklagte zu 2.) –

wegen offener Werklohnforderung und Inanspruchnahme der Bürgschaft

Vorläufiger Streitwert: EUR

Namens und im Auftrag der Klägerin erheben wir Klage und stellen folgende

Anträge:

1. Die Beklagte zu 1.) und die Beklagte zu 2.) – diese jedoch als Bürgin für die Verpflichtungen der Beklagten zu 1.) – werden wie Gesamtschuldner verurteilt, an die Klägerin EUR nebst Zinsen i.H.v. Prozentpunkten über dem jeweiligen Basiszinssatz hieraus seit dem zu zahlen, wobei die Zahlung der Beklagten zu 2.) nur Zug um Zug gegen Rückgabe der von

ihr gestellten Originalbürgschaft Nr. … vom … in Höhe des Betrages von … zu erfolgen hat.

2. Die Beklagte zu 1.) wird des Weiteren verurteilt, an die Klägerin weitere EUR … nebst Zinsen i.H.v. 8 Prozentpunkten über dem jeweiligen Basiszinssatz hieraus seit … zu zahlen.

Begründung:

Die Klägerin macht gegenüber der Beklagten zu 1.) offenen Werklohn aus der Schlussrechnung hinsichtlich des Bauvorhabens … geltend. Gegenüber der Beklagten zu 2.), die sich mit selbstschuldnerischer Bürgschaft vom … gegenüber der Klägerin für die Erfüllung sämtlicher Zahlungsansprüche der Klägerin gegen die Beklagte zu 1.) verbürgt hat, macht die Klägerin den sich aus der Bürgschaft ergebenden Höchstbetrag als Teil aus der offenen Werklohnforderung geltend.

I. Forderung gegenüber der Beklagten zu 1.) (Hauptschuldnerin)

1. Vertrag

Mit Datum vom … haben die Beklagte zu 1.) und die Klägerin einen VOB/B – Bauvertrag über … am Bauvorhaben … abgeschlossen. Die Vergütung wurde gem. Nr. … des Bauvertrages pauschal mit EUR … beziffert. Als Fertigstellungstermin war der … festgelegt. Sollte die Klägerin mit der Einhaltung des Fertigstellungstermins in Verzug geraten, sah Nr. … des Bauvertrages eine Vertragsstrafe mit einer Obergrenze von 5 % der Netto-Schlussrechnungssumme vor. Nach Nr. … des Bauvertrages war ein Terminplan als Vertragsgrundlage vereinbart, in dem die Termine für die von der Beklagten zu 1.) zu liefernde Ausführungsplanung mit festen Daten angegeben waren. Nach Nr. … des Bauvertrages war die Beklagte zu 1.) zudem verpflichtet, der Klägerin eine selbstschuldnerische Bürgschaft zur Absicherung sämtlicher Zahlungsansprüche zu leisten.

Beweis: Bauvertrag vom … nebst Terminplan, **Anlage K 1**

2. Bürgschaft

In Erfüllung dieser Verpflichtung hat die Beklagte zu 1.) der Klägerin mit Datum vom … die von der Beklagten zu 2.) übernommene Bürgschaft Nr. … vom … über einen Betrag i.H.v. … übermittelt.

Beweis: Schreiben vom … nebst Bürgschaft, **Anlage K 2**

3. Verzug mit der Planlieferung

Nach dem vertraglich vereinbarten Terminplan (Anlage K 1) waren für die Lieferung der von der Beklagten zu 1.) geschuldeten Ausführungsplanung folgende Termine vereinbart:

…

Die Beklagte zu 1.) übermittelte die Ausführungsplanung jedoch erst zu folgenden Terminen:

…

Beweis: Schreiben der Beklagten zu 1.) vom … und vom …, **Anlagen K 3**

Aufgrund der nicht erfolgten Planlieferung hat die Klägerin jeweils mit Schreiben vom Behinderung angezeigt und dargelegt, wie sich die fehlenden Pläne auf den geplanten Bauablauf auswirken.

Beweis: Schreiben der Klägerin vom und vom , **Anlagen K 4**

Durch die nicht fristgerecht erfolgte Planlieferung war die Klägerin in der Ausführung ihrer Leistungen behindert. Der vertraglich vereinbarte Fertigstellungstermin konnte daher nicht eingehalten werden.

4. Abnahme, Schlussrechnung, Nachfrist

Die Klägerin hat die von ihr geschuldeten Leistungen vertragsgerecht erbracht. Die Leistung wurde mit Datum vom von der Beklagten zu 1.) förmlich abgenommen.

Beweis: Abnahmeprotokoll vom , **Anlage K 5**

Am stellte die Klägerin Schlussrechnung, die mit einer offenen Forderung i.H.v. abschloss.

Beweis: Schlussrechnung vom , **Anlage K 6**

Nach Schlussrechnungsprüfung mit Datum vom brachte die Beklagte zu 1.) die Vertragsstrafe i.H.v in Abzug.

Beweis: Schlussrechnungsprüfung vom , **Anlage K 7**

Zur Zahlung der offenen Schlussrechnungsforderung mit Datum vom hat die Klägerin der Beklagten zu 1.) eine Nachfrist gem. § 16 Abs. 5 Nr. 3 VOB/B gesetzt. Zahlung erfolgte jedoch nicht.

Beweis: Schreiben der Klägerin vom , **Anlage K 8**

5. Keine berechtigten Gegenforderungen

Im Rahmen der Prüfung der Schlussrechnung hat die Beklagte zu 1.) die Vertragsstrafe zu Unrecht in Abzug gebracht:

Zunächst war die Vertragsstrafe bereits deshalb nicht geschuldet, weil sich die Beklagte zu 1.) die Vertragsstrafe bei Abnahme nicht vorbehalten hat (§ 11 Ans. 4 VOB/B). Aufgrund des fehlenden Vorbehalts bei Abnahme entfiel der Vertragsstrafenanspruch, sodass die Vertragsstrafe von der Beklagten zu 1.) nicht mehr verlangt werden konnte.[215]

Des Weiteren hat die Klägerin die Überschreitung des Fertigstellungstermins nicht zu vertreten, da die Verlängerung der Ausführungsfristen gem. § 6 Abs. 2 Nr. 1 lit. a. VOB/B nur eine Folge der nicht fristgerechten Lieferung der Ausführungsplanung war. Die Klägerin hat die aus der verspäteten Planlieferung resultierenden Behinderungen mit Schreiben vom (Anlagen K 4) unter Darlegung der Auswirkungen der Behinderungen angezeigt.

Bislang hat die Klägerin auf die Einholung eines Privatgutachtens sowie eine weitere Darlegung der terminlichen Auswirkungen der verspäteten Planlieferung durch die Beklagte zu 1.) verzichtet, da die Vertragsstrafe bereits aus Rechtsgründen nicht geschuldet ist. Sollte das Gericht hierzu eine andere Auffassung vertreten, bitten wir um entsprechen-

215 BGH v. 4.11.1982 – VII ZR 11 /82 – BauR 1983, 77, 79 f.

den richterlichen Hinweis und Gewährung einer Schriftsatzfrist, innerhalb derer noch ergänzend vorgetragen wird.

6. Verzug mit der Zahlung der Schlussrechnungsforderung

Zinsen gem. §16 Abs. 5 Nr. 3 VOB/B sind mit Ablauf der im Schreiben vom (Anlage K 8) gesetzten Nachfrist geschuldet, da diese fruchtlos abgelaufen ist und sich die Beklagte zu 1.) seither in Verzug befindet.

II. Forderung gegenüber der Beklagten zu 2.) (Bürgin)

1. Sicherungsfall

Die Beklagte zu 2.) hat sich mit Bürgschaft vom (Anlage K 2) für die Erfüllung sämtlicher Zahlungsansprüche der Klägerin gegenüber der Beklagten zu 1.) bis zu einem Höchstbetrag von verpflichtet.

Der Sicherungsfall ist eingetreten, da die Beklagte zu 1.) ihren Zahlungspflichten aus der Schlussrechnung nicht nachgekommen ist, dies trotz Setzens einer Nachfrist.

Die Klägerin hat die Beklagte zu 2.) mit Schreiben vom unter Vorlage aller relevanten Unterlagen zur Zahlung der Bürgschaftssumme Zug um Zug gegen Rückgabe der Bürgschaft (§ 371 BGB) unter Fristsetzung aufgefordert. Eine Zahlung durch die Beklagte zu 2.) erfolgte jedoch nicht.

Beweis: Schreiben der Klägerin vom , **Anlage K 9**

2. Verzug mit der Zahlung der Bürgschaftssumme

Mit Ablauf der gesetzten Frist befindet sich die Beklagte zu 2.) in Verzug, sodass seit dem Zinsen gem. §288 BGB zu zahlen sind.

III. Einfache Streitgenossenschaft zwischen Beklagter zu 1.) und 2.)

Die Beklagte zu 2.) schuldet als Bürgin die Zahlung des von ihr als Höchstbetrag in der Bürgschaft angegebenen Betrages, während die Beklagte zu 1.) die Zahlung der kompletten offenen Schlussrechnungssumme schuldet.

Da eine Rechtsgemeinschaft i.S.d. §59 Alt. 1 ZPO auch in Fällen akzessorischer Haftung wie bei Hauptschuldner und Bürge gegeben ist, besteht zwischen den Beklagten eine einfache Streitgenossenschaft gem. §59 ZPO.[216]

Zur Vermeidung einer Doppelzahlung hinsichtlich des verbürgten Betrages wurde im Klageantrag zu I. der Zusatz aufgenommen, dass die Beklagte zu 2.) als Bürgin in Anspruch genommen wird (vgl. OLG München v. 4.2.1998 – 11 W 653–98 – NJW-RR 1998, 935).

(*Unterschrift*) (*Rechtsanwalt*)

▲

216 Vgl. Zöller/*Althammer*, § 60 Rn 5.

2. Checkliste: Bürgschaftsinanspruchnahme

203 1. Forderungen gegenüber dem Hauptschuldner
   a) Verzug mit der Durchführung der vertraglichen Verpflichtungen (z.B. Lieferung der geschuldeten Ausführungsplanung)
   b) Abnahme, Schlussrechnung, Nachfristsetzung
   c) fruchtloser Fristablauf
   d) keine berechtigten Gegenforderungen: fehlender Vorbehalt einer Vertragsstrafe bei Abnahme; kein Verschulden der Klägerin an der Überschreitung der Fertigstellungstermine; Verzug mit der Zahlung der Schlussrechnungsforderung
2. Forderungen gegenüber dem Bürgen
   a) Sicherungsfall
   b) Verzug mit der Zahlung der Bürgschaftssumme
3. Streitgenossenschaft zwischen Hauptschuldner und Bürge

§ 5 Architektenrecht

Dr. Tassilo Eichberger

Inhalt

A. Rechtliche Grundlagen zum Honorarrecht

I. Zur Abgrenzung von Akquisition und vergütungspflichtigem Auftrag

1 Anspruchsgrundlage für die Vergütung des Architekten ist und bleibt auch nach der Reform des Bauvertragsrechts[1] § 631 Abs. 1 BGB. Danach ist der Besteller eines Werkes zur Entrichtung der vereinbarten Vergütung verpflichtet. Der **Architektenvertrag** wird seit 1959 im Regelfall als **Werkvertrag** angesehen.[2] Dies gilt auch für den Fall, dass nur Teilleistungen beauftragt werden sowie im Bereich von **Ingenieurverträgen**.[3] Nur im **Ausnahmefall** kann ein Architektenvertrag ein **Dienstvertrag** sein, so z.B. bei Hinzuziehung eines Architekten zur Hausbesichtigung oder zur reinen Informationsbeschaffung.[4]

2 Die Honorarordnung für Architekten und Ingenieure (**HOAI**) – gleich in welcher aktuell geltenden Fassung – stellt keine Vertragsordnung, sondern lediglich eine Honorarordnung dar. Dies gilt jedenfalls im Grundsatz.[5] Da der Architekten-/Ingenieurvertrag grundsätzlich auch – von Ausnahmen abgesehen – nicht der Schriftform bedarf, kann ohne schriftliche Vereinbarung zur Honorierung des Architekten von einer stillschweigenden Vereinbarung einer Vergütung ausgegangen werden, wenn die Herstellung des Werkes den Umständen nach nur gegen eine Vergütung zu erwarten ist (§ 632 Abs. 1 BGB).

3 Grundsätzlich ist der **Architekt beweispflichtig** für das Vorliegen eines **Vertrages**.[6] Hat der Architekt den Vertragsschluss belegt, spricht eine **Vermutung** für die **Entgeltlichkeit** seiner Leistung. Die **Beweispflicht** für **Unentgeltlichkeit** liegt dann beim **Bauherrn**.[7]

1 Gesetz zur Reform des Bauvertragsrechts, zur Änderung der kaufrechtlichen Mängelhaftung, zur Stärkung des zivilprozessualen Rechtsschutzes und zum maschinellen Siegel im Grundbuch- und Schiffsregisterverfahren v. 28.4.2017, verkündet am 4.5.2017 im BGBl I, 969 ff.
2 BGH v. 26.11.1959 – VII ZR 120/58 – NJW 1960, 431.
3 *Korbion/Mantscheff/Vygen*, HOAI, Einführung Rn 113, 115.
4 *Korbion/Mantscheff/Vygen*, HOAI, Einführung Rn 115; vgl. zur Informationsbeschaffung OLG Düsseldorf v. 22.11.2013 – 22 U 57/13 – IBR 2014, 93; vgl. zur Einordnung eines Projektsteuerungvertrags als Dienstvertrag OLG München v. 7.2.2017 – 9 U 2987/16 Bau – IBR 2017, 377.
5 BGH v. 24.10.1996 – VII ZR 283/95 – BauR 1997, 154.
6 Vgl. zuletzt wieder OLG München v. 4.11.2011 – 9 U 3217/10 – IBR 2013, 689; OLG Koblenz v. 28.11.2008 – 10 U 125/08 – IBR 2009, 88; OLG Celle v. 23.5.2006 – 14 U 240/05 – MDR 2007, 86 sowie OLG Düsseldorf v. 19.4.2007 – 5 U 113/06.
7 OLG Köln v. 25.1.2006 – 11 U 57/03– IBR 2007, 141; OLG Düsseldorf v. 28.10.2005 – 22 U 70/05 – IBR 2006, 504; OLG Düsseldorf v. 21.6.2011 – 21 U 129/10 – IBR 2011, 529.

Für die Entscheidung der Frage, ob gem. § 632 Abs. 1 BGB aus den Umständen heraus eine Vermutung für die Vergütung spricht, ist eine Frage des Einzelfalls[8] und wird in der Rechtsprechung durch die Abgrenzung zwischen der bloßen **Akquisitionsphase** und **Indizien**, die bereits für einen **Vertragsschluss** sprechen, entschieden.[9] 4

1. Akquisitionsbereich

Dem **Akquisitionsbereich** zuzuordnen waren nach der Rechtsprechung etwa: 5

- Leistungserbringung, wenn der Auftraggeber einen Auftrag bestreitet und die Parteien später noch schriftlich einen Vertrag abschließen wollten,[10]
- Einreichen einer Bauvoranfrage des Architekten durch den Bauherrn, wenn dieser evtl. das Grundstück verkaufen will und der Architekt möglicherweise vom Erwerber einen lukrativen Auftrag erhalten konnte,[11]
- Unterbreiten eines Entwurfes auf Eigeninitiative des Architekten bei der Stadtverwaltung, die daraufhin auf seinen Wunsch mit ihm Realisierungsmöglichkeiten erörtert,[12]
- Erbringung lediglich vorbereitender Tätigkeit, wenn die Verwirklichung des Objektes noch nicht feststeht,[13]
- Durchführung der Klärung der Bebauungsmöglichkeiten und die hieran anschließende Entgegennahme per Fax übermittelter Vorplanungsleistungen durch den Bauherrn,[14]
- Abgabe eines Honorarangebots, selbst bei erheblichen Vorarbeiten (z.B. Bestandsaufnahme),[15]
- Bitte eines Bauherrn, unverbindlich eine Vorstellung für die Bebauung eines Grundstücks zu übermitteln,[16]
- Erbringung von Planungsleistungen zur Vorbereitung eines Vorstandsbeschlusses im Verein in Kenntnis, dass der Verein sich noch nicht abschließend für einen Neubau entschieden hat,[17]
- Kenntnis der fehlenden Vertretungsmacht des die Leistung veranlassenden (im Fall Leistungserbringung für Kirche).[18]

Eine einheitliche Linie, welche Leistungen des Architekten tendenziell noch der Akquisition zugeordnet werden, gab es in der Rechtsprechung nicht. So wird zum Teil bei der Erbringung von Leistungen, die nach HOAI der Leistungsphase 2 zuzuordnen sind, 6

8 OLG Celle v. 26.1.2022 – 14 U 116/21.
9 Vgl. dazu auch *Weller*, IBR 2013, 1223.
10 BGH v. 5.6.1997 – VII ZR 124/96 – NJW 1997, 3017 = BauR 1997, 1160 = ZfBR 1997, 305.
11 OLG Hamm v. 15.3.1995 – 12 U 137/94 – NJW-RR 1996, 83.
12 OLG Oldenburg v. 17.12.1986 – 3 U 201/86 – NJW-RR 1987, 1166 = BauR 1988, 620.
13 KG v. 3.10.1986 – 6 U 1198/86 – BauR 1988, 621; vgl. aber zuletzt OLG Jena v. 8.1.2014 – 2 U 156/13, welches dafür plädiert, dass der Architekt regelmäßig nur für eine gewisse Zeit unentgeltlich tätig werden will (was im Übrigen nicht nur bei Architekten zutreffend sein dürfte).
14 BGH v. 24.6.1999 – VII ZR 196–98 – NJW 1999, 3554 = BauR 1999, 1319.
15 OLG Köln v. 23.5.1997 – 19 U 177–96 – NJW-RR 1998, 309.
16 LG Stendal v. 17.6.1999 – 22 S 269/98 – NJW-RR 2000, 230.
17 OLG Celle v. 20.2.2003 – 14 U 195/02 – IBR 2003, 201.
18 LG Berlin v. 14.6.2020 – 34 O 469/20.

bereits ein konkludenter Vertragsschluss angenommen,[19] teils noch bis zur Leistungsphase 4 von Akquisitionsleistungen ausgegangen.[20] Teilweise wird auch zwischen „Klein- und Großprojekten“ unterschieden, wobei bei Großprojekten regelmäßig in höherem Umfang Akquisitionsleistungen erbracht werden.[21]

Generell neigten die Gerichte jedoch dazu, Leistungen, die nach HOAI den Leistungsphasen 1 und 2 zuzurechnen sind, mehr oder weniger indiziell der Akquisephase zuzuordnen, während ab der Leistungsphase 3 die Wahrscheinlichkeit zunimmt, dass die Rechtsprechung einen konkludenten Vertragsschluss bejahen wird. In jedem Falle endet eine akquisitorische Tätigkeit, wenn die Parteien eine Vergütungsvereinbarung treffen.[22]

Diese Situation wird sich nach dem 1.1.2018, zumindest was die rechtliche Grundlage angeht, nicht fundamental, aber doch im Detail ändern, ohne dass derzeit absehbar ist, wie die Gerichte mit der Neuregelung im Einzelnen umgehen werden.

2. Gesetzliche Neuregelung nach dem 1.1.2018

7 Mit der Novellierung des Baurechts zum 1.1.2018 wurde erstmals der Vertragstyp des „Architekten-/Ingenieurvertrags“ in das BGB eingeführt.[23] § 650p BGB neu regelt die hierfür kennzeichnenden Leistungspflichten: Der Unternehmer schuldet die Leistungen, die nach dem jeweiligen Stand der Planung und Ausführung erforderlich sind, um die zwischen den Parteien vereinbarten Planungs- und Überwachungsziele zu erreichen. Was im Einzelfall geschuldet ist, bestimmt sich also nach dem konkreten Leistungsstand.[24]

Neu ist die Regelung der sog. „Zielfindungsphase“ in § 650p Abs. 2 BGB neu:

> Soweit wesentliche Planungs- und Überwachungsziele noch nicht vereinbart sind, hat der Unternehmer zunächst eine Planungsgrundlage zur Ermittlung dieser Ziele zu erstellen. Er legt dem Besteller die Planungsgrundlage zusammen mit einer Kosteneinschätzung für das Vorhaben zur Zustimmung vor.

Ziel ist die verbindliche Festlegung des Vertragsziels. Dem vorgeschaltet ist die Klärung der Vorgaben und der Bedarfsplanung des Bestellers.

Der Gesetzgeber bezweckt mit der Neuregelung die Eingrenzung einer immer weiter gehenden unentgeltlichen Akquisephase zulasten des Planers.[25] Es geht in § 650p Abs. 2 BGB daher noch nicht um die „eigentliche“ Planung, sondern, wie der Wortlaut deutlich macht, um ein erstes Umreißen der Planungs*grundlagen*. Hürde für den Vertragsschluss bleibt stets der Wille der Parteien. Ob ein Besteller, der sich bis dato nur vage Vorstellungen über das umzusetzende Projekt gemacht hat, über den Willen zum Abschluss eines

19 OLG Dresden v. 16.2.2011 – 1 U 261/10 – IBR 2013, 86.
20 OLG Celle v. 26.10.2011 – 14 U 54/11 – IBR 2012, 210; OLG Hamm v. 9.9.2008 – 19 U 23/08 – IBR 2009, 278.
21 OLG Düsseldorf v. 29.2.2008 – 23 U 85/07 – IBR 2008, 333.
22 BGH v. 16.3.2017 – VII ZR 37/14.
23 Sehr ausführlich zum neuen Bauvertragsrecht: *Kniffka/Retzlaff*, BauR 2017, 1747. Ferner auch: *Fischer*, AnwZert BauR 18/2017 sowie *Deckers*, ZfBR 2017, 523 ff.
24 Kritisch zur funktionalen Leistungsbeschreibung des § 650p BGB: *Lederer*, BauR 2017, 605.
25 *Fuchs*, NZBau 2015, 675; *Fischer*, AnwZert BauR 19/2016 Anm. 1.

Architekten-/Ingenieurvertrags verfügt, dürfte in der Praxis jedoch häufig zu verneinen sein.[26]

Nach der bisherigen Rechtsprechung des BGH kann eine akquisitorische Tätigkeit des Architekten ohne vertragliche Bindung keinen Vergütungsanspruch nach den Grundsätzen der HOAI begründen. Die vergütungsfreie Akquisitionsphase endet jedoch, sobald eine Vergütungsvereinbarung – gleich welcher Art – getroffen wird.[27] Erbringt der Architekt im Folgenden Leistungen, für die die HOAI gemäß § 1 HOAI Anwendung findet, so gelten für die Vergütung ab diesem Zeitpunkt die Regeln und Mindestsätze der HOAI. Eine davon abweichende vertragliche Vergütungsvereinbarung ist unwirksam, da sie mit dem Zweck der HOAI, durch die Bindung an die Mindestsätze einem ruinösen Preiswettbewerb vorzubeugen, nicht vereinbar ist.[28]

Im Ergebnis bedeutet dies eine Art „Vorverlagerung" der Probleme, die sich bisher um die Akquisephase gerankt haben, in den Bereich der (ggf. eben auch nur mündlich nachzuweisenden) vertraglichen Regelung zur Findungsphase.

Ob sich die Einordnung der Findungsphase in den (strikt) werkvertraglichen Bereich etablieren wird (wovon der Verfasser ausgeht) oder nicht, bleibt abzuwarten und hängt sicherlich im Einzelfall wieder davon ab, welche vertraglichen Abreden die Parteien dazu getroffen haben bzw. welche sich nachweisen lassen. Geht es um eine reine und völlig ergebnisoffene Untersuchung von hypothetischen planerischen Möglichkeiten, wird sich möglicherweise auch nur ein Dienstvertrag mit geschäftsbesorgenden Elementen darlegen lassen. Wird der Vertrag nach der Zielfindungsphase fortgesetzt, spricht aber alles für einen Werkvertrag.[29]

3. Praxisempfehlungen

Ob und inwieweit die Praxis die Vorstellungen des Gesetzgebers überhaupt annimmt, bleibt abzuwarten. Nach Ansicht des Verfassers wird es sich ggf. empfehlen, die damit zusammenhängenden Probleme nach dem folgenden Grobschema zu prüfen: 8

- Gibt es eine Abrede zur Findungsphase und in welcher Form?
  - Wenn nur mündlich: Auslegung und Prüfung, in welchem Zusammenhang dies mit einem späteren (mündlichen) oder schriftlichen Vertrag steht;
  - wenn schriftlich: Prüfung, welche Konsequenzen sich daraus im Hinblick auf Honorar und ggf. Haftung ergeben.

26 Siehe zur Problematik der Reichweite des neuen § 650p BGB insbesondere *Motzke,* NZBau 2017, 251 ff.; *Deckers,* ZfBR 2017, 523 ff.; *Orlowski*, ZfBR 2016, 419.

27 Vgl. Anm. 20.

28 BGH v. 16.3.2017 – VII ZR 35/14 – NZBau 2017, 482.

29 Vgl. BeckOK-Bauvertragsrecht/*Fuchs*, 20. Edition, Stand 31.1.2023, § 650p Rn 167.

- Prüfung, ob dies ggf. Nachfolgeüberlegungen zu Problemen der „stufenweisen“ Beauftragung erfordert;[30]
- Klärung der Schnittstelle zur nachfolgenden Beauftragung, z.B. gab es eine (Teil-)Abnahme der Leistungen aus der Findungsphase? Wie fand die Überführung der Ergebnisse in den Vertrag statt? Gibt es Gesamtschuldprobleme bei wechselnden Planern zwischen Findungsphase und nachfolgendem Auftrag?[31]
- Prüfung der Belehrungspflichten des § 650r Abs. 1 S. 2 BGB bei Verbraucherverträgen.

Unklar bleibt derzeit auch, welche Haftungsfolgen sich aus möglichen Pflichtverletzungen im Bereich der Findungsphase ergeben; in Betracht kommen aber sämtliche werkvertraglichen Rechte (vgl. § 650p Abs. 1 BGB neu).

Wichtig ist in diesem Zusammenhang jedoch die soweit ersichtlich erste obergerichtliche Entscheidung des OLG Frankfurt.[32] In dieser Entscheidung hat das OLG Frankfurt entschieden, dass der Auftragnehmer eines nach dem 1.1.2018 geschlossenen, die Zielfindungsphase ausdrücklich aufnehmenden Architektenvertrags Honorar für darüber hinausgehende Leistungen nur unter der Voraussetzung beanspruchen kann, dass er die mindestens erforderlichen Ergebnisse jener Phase dem Auftraggeber zur Prüfung vorgelegt und hierzu eine klare Billigungserklärung erhalten hat. Dies erfordert mindestens eine Kosteneinschätzung, die erkennen lässt, worauf sie sich bezieht und woraus sie hergeleitet ist. Im entschiedenen Fall war die Leistungsphase 1 auch vollständig in die Zielfindungsphase integriert – damit schuldete der Auftragnehmer im Rahmen der Grundlagenermittlung auch die Klärung des wirtschaftlichen Rahmens des Bauherren. Auch im Übrigen waren Leistungen aus der Zielfindungsphase in dem der Entscheidung zugrunde liegenden Sachverhalt nicht vollständig erbracht worden. Wenn der Auftragnehmer danach ohne ausdrückliche Zustimmung des Auftraggebers zu den Ergebnissen der Zielfindungsphase Leistungen erbringt, prescht er insoweit vor. In diesem Zusammenhang ist auch die Entscheidung des BGH vom 17.11.2022 von Bedeutung[33] – in dieser Entscheidung hat der BGH klargestellt, dass die Zwei-Wochen-Frist des § 650r Abs. 1 S. 2 BGB erst nach Vorlage der Unterlagen nach § 650p Abs. 2 BGB zu laufen beginnt.[34]

30 *Motzke*, NZBau 2017, 251 ff.; zu Problemen bei der Bestimmung von Inhalt und Umfang der Zielfindungsphase: *Fuchs*, NZBau 2015, 675; *Locher/Koeble/Frik*, HOAI, Einleitung Rn 266 ff; zur Frage der Vergütung während der Zielfindungsphase: *DAI Deutsches Fachinstitut für Bau- und Architektenrecht*, Ausgewählte Problemfelder des privaten Baurechts – Der Regierungsentwurf zum neuen Baurecht und aktuelle Fragen, S. 34 ff.

31 Die Probleme können hier nur ansatzweise skizziert sein – es empfiehlt sich, sämtliche „klassischen“ Probleme des Architekten(haftungs) und -honorarrechts an die Vereinbarungen zur Findungsphase zu spiegeln, solange die Rechtsprechung keine Leitlinien vorgibt, um vor Haftungsfallen geschützt zu sein.

32 OLG Frankfurt v. 16.5.2022 – 29 U 94/21; vgl. dazu auch *Schwenker*, juris PR-PrifBauR 2/2023 Anm. 1.

33 BGH v. 17.11.2022 – VII ZR 862/21.

34 Vgl. auch hierzu *Schwenker*, a.a.O.

4. Vertragsbereich

Indizien für einen **konkludenten** Vertragsabschluss sollen dagegen sein: 9

- Einreichung einer Bauvoranfrage oder eines Baugesuchs durch den Bauherrn mit den notwendigen Planunterlagen,[35]
- Fertigung zahlreicher Entwurfsplanungen unter sukzessiver Einarbeitung der Wünsche des Auftraggebers,[36]
- Vollmachtserteilung an den Architekten mit dem Zweck, dass dieser im Namen des Bauherrn die Genehmigungsfähigkeit der Planung beim Bauordnungsamt abklärt,[37]
- Weiterleitung der Vorplanung des Bauherrn an den Grundstücksnachbarn für Erhalt der Nachbarzustimmung,[38]
- Entgegennahme von Ausführungsplänen und Übergabe an weitere am Bau Beteiligte,[39]
- Leistung von Abschlagszahlungen,[40]
- Entgegennahme der vollständigen Leistung aus Grundlagenermittlung und Vorplanung (Leistungsphasen 1 und 2 gem. § 15 HOAI Fassung 1996 bzw. § 33 HOAI Fassung 2009 – in Kraft getreten gem. § 56 HOAI am 18.9.2009 bzw. Fassung 2013 – in Kraft getreten gem. § 58 HOAI am 17.7.2013)[41] bzw. Fassung 2021- in Kraft getreten gem. § 58 HOAI am 1.1.2021.

Regelmäßig muss bei der anwaltlichen Prüfung des Risikos der Geltendmachung von auf § 632 Abs. 1 BGB gestützten Vergütungsansprüchen der **Einzelfall** sorgfältig **analysiert** werden. Insbesondere sollte geprüft werden, ob es vonseiten des Bauherrn eindeutige Vorbehalte bezüglich einer Beauftragung gab, ob die Personen, die mit dem Architekten verhandelt haben, im Zweifelsfall überhaupt zum Abschluss eines Vertrages befugt gewesen wären, aufgrund welcher spezifischen Interessenlage der Architekt möglicherweise „vorprescht" und ob sich im Einzelfall möglicherweise ein Vertragsschluss auf die Grundsätze des kaufmännischen Bestätigungsschreibens stützen lässt.[42] 10

5. Wettbewerbe

Sonderkonstellationen können vorliegen bei **Architektenwettbewerben**, die früher auf Grundlage der GRW 1995 (Grundsätze und Richtlinien für Wettbewerbe) auf den Gebieten der Raumplanung, des Städtebaus und des Bauwesens,[43] GRW 1995 in Novellierter 11

35 OLG Saarbrücken v. 10.2.1999 – 1 U 379–98–69 – NJW-RR 1999, 1035.
36 OLG Düsseldorf v. 22.1.2008 – 23 U 88/07 – IBR 2008, 334; OLG Frankfurt v. 30.4.2012 – 24 U 63/11 – IBR 2012, 397.
37 OLG Naumburg v. 22.2.2005 – 11 U 247/01 – IBR 2006, 207.
38 OLG Frankfurt v. 13.1.1987– 5 U 274/85 – NJW-RR 1987, 535.
39 BGH v. 6.5.1985 – VII ZR 320/84 – NJW-RR 1986, 18 = BauR 1985, 582.
40 BGH v. 6.5.1985 – VII ZR 320/84 – NJW-RR 1986, 18 = BauR 1985, 582 = ZfBR 1985, 222.
41 So OLG München v. 11.10.1995 – 27 U 12/95 – BauR 1996, 417 – diese Konstellation ist allerdings sehr strittig – vgl. hierzu insb. auch das Urt. des OLG Düsseldorf v. 29.6.1999 – 21 U 192/98 – NZBau 2000, 235 = NJW-RR 2000, 19.
42 Vgl. hierzu *Korbion/Mantscheff/Vygen*, HOAI, Einführung Rn 135 ff.
43 BAnz. 1996, 64a.

Fassung vom 22.12.2003, BAnz. 2004, Nr. 86a, vergeben wurden. Die GRW wurden 2009 per Erlass des Bundesministeriums für Verkehr, Bau und Stadtentwicklung (BMVBS) durch die Richtlinien für Planungswettbewerbe (RPW) ersetzt und Länder und Gemeinden gebeten, diese ebenfalls einzuführen, die GRW sind aber teilweise in den Ländern und bei nichtstaatlichen Auftraggebern weiterhin in Gebrauch.

Alternativ wurden auch die Regeln für Architektenwettbewerbe (RAW 2004) des Landes Nordrhein-Westfalen genutzt.[44] Aufgrund von Kritik an der GRW entstanden die RAW 2004. Sie wurden nur in den Bundesländern Nordrhein-Westfalen, Niedersachsen, Sachsen-Anhalt und Bremen angewandt. Die Anwendung ist umstritten. Um die ungleiche Rechtslage in den Bundesländern aufzulösen, wurden 2008 die Richtlinien für Planungswettbewerbe (RPW 2008) eingeführt, die jedoch noch nicht von allen Bundesländern ratifiziert wurden. Seit dem 1.1.2009 ist auf Bundesebene die Richtlinie für Planungswettbewerbe (RPW, letzter Stand 2013)[45] an die Stelle der bisherigen Regelungen getreten. Weitere Sonderkonstellationen betreffen die **ausdrücklich vereinbarte Unentgeltlichkeit** sowie sog. **Kompensationsabreden** zwischen Architekten/Ingenieuren und Bauherren/Auftraggebern bzw. Bauunternehmen und Architekten/Ingenieuren, bei denen es sich um eine Art „Verrechnungsvereinbarung" handelt. Bei diesen Konstellationen geht es jedoch weniger um die Abgrenzung zwischen Akquisition und vergütungspflichtigem Auftrag als vielmehr um die Frage, ob ein Anspruch auf Beauftragung besteht bzw. ob Verstöße gegen zwingendes Preisrecht vorliegen (zu Einzelheiten sei auf die maßgeblichen Großkommentare verwiesen).

II. Anwendbare Fassung der HOAI

12 Am 1.1.2021 ist die 8. Novelle der HOAI in Kraft getreten. Das Inkrafttreten dieser HOAI 2021 führt – wie es auch schon bei Inkrafttreten früherer Novellierungen der Fall war – zu Problemen, wenn im Architektenvertrag eine stufenweise Beauftragung vereinbart wurde und im Zeitpunkt des Abrufes späterer Stufen nun bereits die neue Fassung der HOAI gilt. Hier stellt sich regelmäßig die Frage, wie die später abgerufene Leistung zu vergüten ist, d.h. welche Fassung der HOAI anwendbar ist.[46]

13 Sowohl die HOAI 2009 (dort § 55) als auch die HOAI 2013 (dort § 57) und HOAI 2021 (dort § 57) enthalten eine Übergangsvorschrift, die für Leistungen, die vor Inkrafttreten der Novellierung **vertraglich vereinbart** wurden, die jeweils vorangehenden Fassungen der HOAI weitergelten lässt.

Maßgeblich ist also der Zeitpunkt der „vertraglichen Vereinbarung" – im Falle der stufenweisen Beauftragung ist somit maßgeblich, ob der spätere Abruf einer Stufe als

44 Vgl. hierzu OLG München v. 22.1.2001 – 31 U 5879/00 – IBR 2001, 429 und OLG Nürnberg v. 31.7.2002 – 4 U 391/02 – IBR 2003, 30.

45 BAnz AT 22.2.2013 B4.

46 Ausführliche Darstellung des Meinungsstandes bei *Kuhn*, ZfBR 2014, 3; *Thode/Kuhn*, ZfBR 2015, 419; *Motzke*, NZBau 2015, 195; *Kaiping*, NZBau 2015, 268; BGH v. 18.12.2014 – VII ZR 350/13 – IBR 2015, 144.

eigenständige vertragliche Vereinbarung zu werten ist oder ob auch hier auf den ursprünglichen Vertragsschluss abzustellen ist.

Das OLG Koblenz hatte hierzu erstmals (noch das Inkrafttreten der HOAI 2009 betreffend) entschieden, dass bei stufenweiser Beauftragung jeweils die bei Abruf geltende Fassung der HOAI anzuwenden ist – die aufeinanderfolgenden Leistungen des Architekten also unter Umständen unterschiedlich zu vergüten sind.[47] Beim Options- oder Stufenvertrag gebe der Architekt ein bindendes Angebot ab, das der AG später annehmen könne, aber nicht müsse. „Vereinbart" im Sinne des § 55 HOAI 2009 würden die weiteren Leistungen erst mit Annahme des Angebots, das heißt dem Abruf, sofern – wie mittlerweile wohl im Regelfall – die Verträge ausdrücklich den weiteren „Abruf" als aufschiebende Bedingung regeln, wird man dies wohl anders sehen müssen. Dieser Auffassung hat sich der BGH angeschlossen: Maßgeblich sei nicht der Zeitpunkt der vorab getroffenen Honorarvereinbarung, sondern allein der Zeitpunkt der Beauftragung der Leistung.[48] 14

Hinzuweisen ist auch auf die diesbezüglichen Anweisungen der öffentlichen Hand.[49]

Es ist allerdings zu beachten, dass die Anwendbarkeit einer neuen HOAI nicht zwingend auch eine Änderung der Vergütungsbemessung zur Folge hat. Nur wenn die ursprünglich vereinbarte Vergütung *unter* dem Mindestsatz der nun geltenden HOAI liegt, muss das Honorar entsprechend angepasst werden und auf die neu geltenden Mindestsätze angehoben werden. Es ändert sich also lediglich der Prüfungsmaßstab, an dem die Vergütungsvereinbarung der Parteien gemessen wird. 15

Am 4.7.2019 hat der EuGH ein lang erwartetes Grundsatzurteil dazu gefällt, ob die verbindlichen Preisregelungen der HOAI gegen Art. 15 Abs. 1, 2 lit. g) und Abs. 3 Richtlinie 2006 / 123 EG verstoßen.[50] Mit diesem Urteil stand fest, dass ein Verstoß der Bundesrepublik Deutschland gegen die Verpflichtung aus Art. 15 Abs. 1, Abs. 2 lit. g) und Abs. 3 der Dienstleistungsrichtlinie durch die Vorgabe verbindlicher Honorare für die Planungsleistung von Architekten und Ingenieuren vorlag. 16

Der Gesetz- und Verordnungsgeber hat hierauf durch die Anpassung der HOAI und ihrer Ermächtigungsgrundlage reagiert.

Unmittelbar danach entbrannte ein Meinungsstreit darüber, ob das verbindliche Preisrecht mit dieser Entscheidung für Altfälle hinfällig war oder erst nach der Anpassung der HOAI unanwendbar würde.[51]

Zu dieser Frage und den daraus resultierenden Konsequenzen, insbesondere im Rahmen sog. „Aufstockungsklagen" durch nationale Gerichte, hat der BGH in der Folge durch

47 OLG Koblenz v. 6.12.2013 – 10 U 344/13 – IBR 2014, 90.
48 BGH v. 18.12.2014 – VII ZR 350/13 – IBR 2015, 144.
49 Vgl. z.B. das Rundschreiben des Bundesministeriums für Verkehr, Bau und Umwelt (ARS) Nr. 16/2013 v. 13.8.2013 sowie Rundschreiben der Senatsverwaltung für Stadtentwicklung und Umwelt Berlin, VI A Nr. 02/2013.
50 EuGH v. 4.7.2019 – Rs. C 377/17.
51 Vgl. zum Meinungsstreit mit weitgehenden Entscheidungshinweisen etwa Beck`scher HOAI – und Architektenrechtskommentar, *Fuchs/Berger/Seifert*, 3. Aufl. 2022, Vorbemerkung § 1 Rn 4d.

Vorlagebeschluss v. 14.5.2020 dem EuGH gem. Art. 267 I lit. a) AEUV die Fragen vorgelegt, ob (1) aus dem Urteil des EuGH vor dem Hintergrund des Unionsrechts folgt, dass die Entscheidung auch in einem Gerichtsverfahren zwischen Privatpersonen unmittelbare Wirkung entfaltet und daher die Regelungen des § 7 der HOAI 2013 nicht mehr anzuwenden seien sowie ob (2) im Fall des Verneinens der ersten Frage in den Regelungen verbindlicher Mindestsätze in § 7 HOAI 2013 ein Verstoß gegen die Niederlassungsfreiheit gem. Art. 49 AEUV zu sehen sei und weiter (3) ob bei einem Bejahen dieser Frage dann folge, dass in einem laufenden Gerichtsverfahren zwischen Privatpersonen diese Regelung nicht mehr anzuwenden sei.[52] Dabei hatte der BGH zu erkennen gegeben, dass er zu einer weiterlaufenden Anwendung des verbindlichen Preisrahmens tendiere.

Mit Urt. des EuGH vom 18.1.2022 hat der EuGH dann klargestellt, dass durch die nationalen Gerichte die entsprechenden Regelegungen der HOAI 2013 auch weiter angewendet werden dürfen, da dem Einzelnen eine Richtlinie keine Verpflichtung auferlegen könne. Allerdings könnten aufgrund innerstaatlichen Rechts solche Anwendungen durch das Gericht ausgeschlossen werden und die durch die fehlerhafte Umsetzung der Richtlinie in der HOAI 2009 und 2013 geschädigte Partei könne ggf. von der Bundesrepublik Deutschland den Ersatz des unmittelbar hierauf bestehenden beruhenden Schadens verlangen.[53]

Konsequenterweise hat der BGH dann auch durch Beschl. v. 18.1.2023[54] die Nichtzulassungsbeschwerde gegen das Urt. des OLG Hamburg vom 22.4.2022 zurückgewiesen.[55] In diesem Urteil hatte das OLG Hamburg die bisherige Rechtsprechung bestätigt, wonach ein Aufstockungsverlangen eines Architekten, der mit seinem Auftraggeber ein unter den Mindestsätzen der HOAI 2013 liegendes Pauschalhonorar vereinbart hat und nun die Mindestsätze verlangt, nur dann treuwidrig sei, wenn der Auftraggeber auf die Wirksamkeit der Pauschalhonorarvereinbarung vertraut hat und darauf vertrauen durfte und er sich darauf in der Weise eingerichtet hat, dass ihm die Zahlung des Differenzbetrags nicht zugemutet werden kann.

Konsequenterweise hat der BGH dann auch im Urt. v. 2.6.2022[56] § 7 Abs. 5 HOAI 2013 – also der Regelung, dass die jeweiligen Mindestsätze unwiderleglich vermutet werden, sofern nicht bei Auftragserteilung etwas anderes schriftlich vereinbart worden ist – weiterhin für anwendbar erklärt.[57]

Ebenso konsequenterweise hat das OLG Karlsruhe mit Urt. v. 22.11.2019[58] festgestellt, dass auf einen Architekten- oder Ingenieurvertrag, der vor dem 28.12.2009 (Ablauf der

52 Vgl. BGH, Vorlage-Beschl. v. 14.5.2020 – VII ZR 174/19.
53 Vgl. EuGH v. 18.1.2022 – Rs C-261/20.
54 Vgl. BGH v. 18.1.2023 – VII ZR 106/22.
55 Vgl. OLG Hamburg v. 22.4.2022 – 8 U 78/19.
56 Vgl. BGH v. 2.6.2022 – VII ZR 229/19.
57 Anderer Auffassung war beispielsweise noch das OLG Düsseldorf im Urt. v. 17.9.2019 – 23 U 155/18 gewesen.
58 Vgl. OLG Karlsruhe v. 22.11.2019 – 15 U 73/19 (Nichtzulassungsbeschwerde zurückgenommen).

Umsetzungsfrist der EU-Dienstleistungsrichtlinie) geschlossen wurde, die Entscheidung des EuGH v. 4.7.2019 keine Anwendung findet.

Dies ist vom EuGH im Urt. v. 27.10.2022[59] bestätigt worden, in dem der EuGH festgestellt hat, dass die Richtlinie 2006/123/EG nicht auf Fälle anwendbar ist, in dem ein Vertrag vor dem Inkrafttreten dieser Richtlinie geschlossen wurde, und dieser Vertrag vor dem Ablauf der Frist für die Umsetzung der Richtlinie alle seine Wirkungen erschöpft hat.

Insgesamt gilt daher derzeit im Grundsatz Folgendes:

- Das Preisrahmenrecht der HOAI 2013 (und der Vorgängerfassung) bleibt für bis zum 31.12.2020 geschlossene Verträge weiter maßgeblich.
- Für nach dem 31.12.2020 geschlossene Verträge gilt die HOAI 2021, die nur noch eine Preisorientierung vorgibt, jedoch keine zwingenden Mindestsätze mehr vorschreibt.
- Für sog. Aufstockungsklagen gelten weiterhin die relativ hohen Anforderungen an den entsprechenden Sachvortrag – vgl. dazu Nr. 2 des Tenors des OLG Hamburg vom 22.4.2022 – 8 U 78/19. Daneben können auch die Grundsätze von Treu und Glauben gegen ein Aufstockungsverlangen sprechen.
- Für die Höchstsatzüberschreitung bleibt es ebenfalls bei der bisherigen Rechtsprechung,[60] wobei hier zu beachten sein dürfte, dass sich ein öffentlich-rechtlicher Auftraggeber den Einwand der Höchstsatzüberschreitung wohl gegenüber einem privaten nicht berufen kann.[61] Eine solche unmittelbare Anwendung der Richtlinie kommt jedoch bei Aufstockungsklagen gegen die öffentliche Hand nicht infrage.

III. Vertragliche Formerfordernisse und Schriftformerfordernis nach HOAI

Grundsätzlich ist der **Architektenvertrag nicht formbedürftig**. Dies betrifft jedoch nur den Vertrag als solchen, nicht die Honorarvereinbarung. Gem. § 7 Abs. 6 HOAI 2009 bzw. § 7 Abs. 5 HOAI 2013 bedarf jede von den **Mindestsätzen** der HOAI **abweichende Honorarvereinbarung** der **Schriftform**. 17

1. Formbedürftige Verträge

In **Ausnahmefällen** ist jedoch bereits der **Architektenvertrag formbedürftig**. Zum einen betrifft dies **Vorgaben des Kommunalrechts**. In den Gemeinde-/Kreisordnungen und den Zweckverbandsgesetzen der einzelnen Länder finden sich materiell-rechtliche Regelungen zur Beschränkung der Vertretungsmacht der Gemeindeorgane. Grundsätzlich können sich **Kommunen**, sofern es sich nicht um „Geschäfte der laufende Verwaltung" handelt, nur **schriftlich verpflichten**. Regelmäßig ist neben der Unterschrift des 18

59 Vgl. EuGH v. 27.10.2022 – Rs. C-544/21.

60 Vgl. hierzu etwa Urt. des BGH v. 1.10.2007 – VII ZR 25/06.

61 Dies beruht auf dem Grundsatz der sog. vertikalen unmittelbaren Anwendung von Richtlinien – vgl. dazu etwa EuGH v. 5.10.2004 – C 397/01 (zur unmittelbaren Wirkung von EG-Richtlinien bei Höchstarbeitszeit für Rettungsassistenten).

Bürgermeisters/Gemeindedirektors unter Beifügung des entsprechenden Dienstsiegels und/oder der Amtsbezeichnung auch die Unterschrift eines weiteren Mitglieds des Gemeindevorstandes oder Ratsmitgliedes erforderlich. Da es sich bei den entsprechenden Vorschriften um landesrechtliche Vorschriften und nicht um gesetzliche Formvorschriften i.S.d. § 125 BGB handelt, waren Verträge, die unter Nichtbeachtung der entsprechenden Vorschriften geschlossen wurden, nach der bisherigen Rechtsprechung ggf. gem. § 177 BGB wegen **Überschreitung der Vertretungsmacht** schwebend unwirksam.[62] Wurde der Vertrag nicht genehmigt, kam auch ein Anspruch aus § 179 Abs. 3 BGB gegen den Vertreter ohne Vertretungsmacht nicht in Frage, wohl allerdings ein Schadensersatzanspruch.[63] Nach der neueren Rechtsprechung des BGH wird eine Gemeinde aufgrund der allumfassenden und unbeschränkten Vertretungsmacht des ersten Bürgermeisters hingegen auch dann vertraglich gebunden, wenn dieser ohne den erforderlichen Beschluss des Gemeinderats handelt.[64] Ferner kann ein Vertrag nach den Grundsätzen von Treu und Glauben auch dann wirksam sein, wenn die Berufung auf die Verletzung der Formvorschriften durch die Kommune zu einem schlechthin unerträglichen Ergebnis für den Vertragspartner führen würde.[65] Dies gilt auch, wenn davon auszugehen ist, dass das nach der Gemeindeordnung **zuständige Organ** den Abschluss des Verpflichtungsgeschäftes **gebilligt hat**.

19 Wird der **Architektenvertrag** mit kirchlichen Institutionen geschlossen, müssen entsprechende kirchenrechtliche Vorschriften aus dem katholischen Landeskirchenrecht bzw. dem evangelischen Kirchenrecht beachtet werden. Hier ist umstritten, ob es sich um Formvorschriften i.S.d. § 125 BGB handelt. Richtigerweise gilt § 125 BGB aber nur für bundesrechtliche Vorschriften, sodass die Verträge gem. § 179 Abs. 1 BGB schwebend unwirksam sind.[66]

2. Preisrechtliche Formerfordernisse nach HOAI 2013 und 2021

20 Zu den preisrechtlichen Formerfordernissen nach HOAI 2013 vgl. die Vorauflage (3. Aufl. 2018, § 5 Rdn 20 ff.).

21 § 7 HOAI 2021 hat jedoch wesentliche Änderungen gegenüber der HOAI 2013 gebracht. Auslöser dafür war die Entscheidung des EuGH v. 4.7.2019, wonach die Beibehaltung

62 BGH v. 20.1.1994 – VII ZR 174/92 – BauR 1994, 363 und zuletzt auch OLG Celle v. 27.3.2006 – 14 U 237/05 – IBR 2006, 338.

63 BGH v. 10.6.1999 – IX ZR 409–97 – NJW 1999, 3335.

64 BGH v. 1.6.2017 – VII ZR 49/16 = NZBau 2017, 559; BGH v. 18.11.2016 – V ZR 266/14 = NJW 2017, 2412; neu ist diese Auffassung nur für bayerische Gemeinden, für alle anderen Länder entsprach das Urteil schon der bisher herrschenden Meinung. Als Reaktion hierauf hat die Bayerische Staatsregierung mit LT-Drs. 17/14651 v. 6.12.2016 einen Gesetzesentwurf zur Änderung des bisherigen Art. 38 BayGO in den Landtag eingebracht, um die Vertretungsmacht des Bürgermeisters nun normativ zu beschränken.

65 BGH v. 20.1.1994 – VII ZR 174/92 – BauR 1994, 363.

66 LAG Düsseldorf v. 12.6.2003 – 5 Sa 1324/01 – JurionRS 2003, 11406; Anders noch die Rechtsprechung, wenn die Genehmigung der bischöflichen Behörde (Landessynode) nötig ist oder öffentliches Interesse entgegensteht; vgl. OLG Hamm v. 16.11.1987 – 17 U 72/87 – NJW-RR 1988, 467 und KG v. 14.11.2000 – 15 U 9368/99 – IBR 2001, 674;

von verbindlichen Honoraren für Planungsleistungen von Architekten und Ingenieuren gegen die sog. Dienstleistungsrichtlinie verstoße.[67]

§ 7 Abs. 1 und 2 HOAI 2021 regeln nunmehr: 22

- Die bisherigen Abs. 2–6 HOAI 2013 sind weggefallen. Außerhalb der HOAI ist auch jetzt eine Honorarvereinbarung ohne Einschränkungen in zeitlicher oder formaler Hinsicht möglich. Der Entfall des damaligen Abs. 3 ist logisch, weil nunmehr auch ohne Vorliegen eines Ausnahmefalls der heute als Basishonorarsatz genannte frühere Mindestsatz unterschritten werden kann. § 7 Abs. 1 HOAI 2021 regelt nunmehr eine neue Fiktion des Basishonorarsatzes (Abs. 1 S. 2).
- § 7 HOAI 2021 enthält nur noch den Basishonorarsatz und einen oberen Satz als Orientierungswert und ersetzt das Schriftformerfordernis durch die Textform.

Textform meint die in § 126b BGB geregelte Form. Danach muss eine lesbare Erklärung, 23 in der die Person des Erklärenden genannt ist, auf einem dauerhaften Datenträger abgegeben werden. Ein dauerhafter Datenträger ist jedes Medium, dass es dem Empfänger ermöglicht, eine auf dem Datenträger befindliche, an ihn persönlich gerichtete Erklärung so aufzubewahren oder zu speichern, dass sie ihm während eines für ihren Zweck angemessenen Zeitraums zugänglich und geeignet ist, die Erklärung unverändert wiederzugeben. Diese Regelung gilt gem. § 127 BGB im Zweifel auch für durch Rechtsgeschäft bestimmte Formen.[68]

§ 7 HOAI 2021 gilt für die von der HOAI erfassten Sachverhalte, mit den Grundleistun- 24 gen, Fachplanungs- und Beratungsleistungen und besondere Leistungen, nicht aber für die Vereinbarung der Vergütungspflicht als Hauptpflicht selbst. Nicht unter § 7 HOAI fallen daher die Abrede über kostenlose Leistungserbringung oder Leistungen im Rahmen eines Anstellungsverhältnisses oder im Rahmen einer ARGE.[69]

Ersatzlos weggefallen ist das früher in der HOAI 2013 enthaltene Merkmal des Zeit- 25 punkts („bei Auftragserteilung“) für den wirksamen Abschluss einer Honorarvereinbarung. Im Übrigen gelten die allgemeinen rechtlichen Anforderungen an eine wirksame Vereinbarung wie Bestimmtheit der Vereinbarung und ggf. Berücksichtigung AGB-rechtlicher Besonderheiten auch im Rahmen der HOAI 2021. Entsprechend sind auch Änderungen von Honorarvereinbarungen ohne zeitliche Schranken und auf Basis der Einhaltung der Textform möglich.

Im Rahmen des § 7 HOAI 2021 ergeben sich im Hinblick auf die Regelungen in § 6 Abs. 2 S. 2 HOAI 2021 keine Besonderheiten mehr.

a) Zum Umfang der Honorarvereinbarung nach HOAI 2013

   Zum Umfang und den maßgeblichen Bewertungskriterien, insb. den anrechenbaren Kosten gem. § 4 Abs. 3 S. 2 HOAI 2013, vgl. insoweit die Vorauflage unter Rdn 25.

67 EuGH v. 4.7.2019 – C 377/17 sowie Richtlinie 2006, 123/EG des Europäischen Parlaments und des Rates vom 12.12.2006 über Dienstleistungen im Binnenmarkt, dort Art. 15 Abs. 1, 2 lit. g) und 3. Vgl. hierzu auch *Locher/Koeble/Frik*, 15. Aufl. 2021, Einleitung Rn 1 ff.

68 Vgl. zu Details Grüneberg/*Ellenberger*, 81. Aufl. 2022, § 126 b.

69 Vgl. hierzu insgesamt *Locher/Koeble/Frick*, § 7 Rn 6–12.

b) Zum Umfang der Honorarvereinbarung nach HOAI 2021

- Die HOAI 2021 hat, wie erwähnt, die bisher in den Fassungen der HOAI enthaltene Voraussetzung, dass die Honorarvereinbarung „bei Auftragserteilung" zu treffen sei, ersatzlos gestrichen.
- Generell muss auch nach der HOAI 2021 eine Honorarvereinbarung den allgemeinen Kriterien der Bestimmtheit genügen. Es genügt dabei allerdings, wenn das Honorar entsprechend den vertraglichen Vereinbarungen zuverlässig ermittelt und geprüft werden kann. Dabei kann auch weiterhin selbstverständlich Bezug auf den Orientierungssatz (früher Mindestsatz) der HOAI genommen werden. Ebenso zuverlässig wäre die Einbeziehung von Faktoren, die nicht unmittelbar mit dem konkreten Objekt zu tun haben.[70]
- Sinnvollerweise sollten Honorarvereinbarungen nach wie vor beispielsweise bei Leistungen für Gebäude und Innenräume Angaben zur Honorarzone und dem Honorarsatz enthalten, ebenso ggf. Angaben zur mitverarbeiteten Bausubstanz, zu den anrechenbaren Kosten oder Umbauzuschlägen (vgl. dazu §§ 2a, 4, 5, 6 HOAI 2021).
- Soweit es sich bei der Honorarvereinbarung um Allgemeine Geschäftsbedingungen i.S.d. §§ 305 ff. BGB handeln würde, wären die Regelungen anhand der üblichen Angemessenheitskontrolle einschließlich des Transparentgebots zu prüfen.
- Im Übrigen sind selbstverständlich Pauschalhonorarvereinbarung, Zeithonorarvereinbarung, Bonus- und/oder Malus-Regelungen oder auch Honorarvereinbarungen, die an Baukostenvereinbarungen anknüpfen und/oder die Feststellung des Honorars etwa einem Schiedsrichter oder einem Sachverständigen übertragen würden, möglich.

Bei **Nichteinhaltung der Schriftform** regelt § 7 HOAI 2021 nunmehr die Fiktion der Geltung des jeweiligen Basishonorarsatzes für die Grundleistungen, wobei der Architekt-/Ingenieurvertrag im Übrigen gültig bleibt.

26 Strittig war weiterhin, ob es für eine Honorarvereinbarung gem. § 7 Abs. 1 HOAI 2009/2013 genügt, wenn diese bei **stufenweiser Beauftragung** und **Abruf** der einzelnen Leistungsstufen bereits **vor konkretem Abruf** getroffen wird. Dies sollte nach Ansicht des OLG Rostock[71] möglich sein. Anderer Ansicht waren noch das OLG Bamberg[72] sowie das OLG Braunschweig.[73] Durch die Entscheidung des BGH vom 27.11.2008[74] ist nunmehr klar, dass es ausreichend ist, wenn sich die Parteien bei Beginn der vertraglichen Beziehungen auch über die Honorarparameter bezüglich späterer Abrufe einigen

70 Vgl. etwa Locher/Koeble/Frik/*Zahn*, HOAI, 15. Aufl., § 7 Rn 34.
71 OLG Rostock v. 17.11.2007 – 2 U 2/07.
72 OLG Bamberg v. 3.6.2005 – 6 U 49/04 – OLGR 2005, 530.
73 OLG Braunschweig v. 24.8.2006 – 8 U 154/05 – BauR 2007, 903.
74 BGH v. 27.11.2008 – VII ZR 211/07 – BauR 2009, 264.

(zumindest, wenn die Leistungen abgerufen werden, die ursprünglich intendiert waren).[75] Dieser Grundsatz gilt auch im Rahmen der HOAI 2021 weiter.

IV. Fälligkeit des Architektenhonorars und Grundzüge der prüffähigen Honorarschlussrechnung

1. Fälligkeit

Im Gegensatz zu § 15 Abs. 1 HOAI 2009, der für die Fälligkeit der Vergütung die vertragsgemäß erbrachte Leistung und das Vorliegen einer prüffähigen Honorarschlussrechnung verlangte, wurde in der HOAI 2013 neben der prüffähigen Schlussrechnung die **Abnahme** der Architektenleistung als Fälligkeitsvoraussetzung eingeführt, § 15 Abs. 1 HOAI 2013. 27

Dies wurde in § 15 HOAI 2021 unter Verweis auf § 650g Abs. 4 BGB fortgeschrieben.

Die Voraussetzungen für eine Abnahme der Architektenleistung haben durch die Baurechtsreform eine Neuregelung erfahren. Wie schon bisher nach § 640 Abs. 1 S. 3 BGB kann auch weiterhin die Abnahme fingiert werden. Voraussetzung hierfür ist nach dem neuen § 640 Abs. 2 BGB die Fertigstellung des Werkes, die Setzung einer angemessenen Abnahmefrist durch den Auftragnehmer sowie, dass der Besteller die Abnahme nicht innerhalb der gesetzten Frist unter Angabe mindestens eines Mangels verweigert. 28

Über die Verweisung in § 650q BGB findet die Abnahmefiktion ausdrücklich Anwendung auf den Architekten-/Ingenieurvertrag.

Neu ist zudem das Recht des Architekten auf Teilabnahme: Wurde die letzte Leistung des bauausführenden Unternehmers abgenommen, so kann der Architekt nach § 650s BGB künftig die Teilabnahme seiner bisher erbrachten Leistungen verlangen. Ziel der Regelung ist das Bestreben des Gesetzgebers, einen Gleichlauf der Verjährungsfristen der Mängelhaftung von bauausführendem Unternehmer und Architekten herbeizuführen.[76] Vor diesem Hintergrund ist auch der Wortlaut der „*letzten* Leistung des bauausführenden Unternehmers" einschränkend auszulegen: Gemeint sein dürfte nicht die letzte überhaupt zu erbringende Leistung, sondern diejenigen Bauleistungen, die vertraglich dem Leistungsbereich des Architekten zugeordnet sind. Typischerweise handelt es sich dabei um die Leistungen, deren Ausführung der Architekt zu überwachen hat.[77]

Anders als bisher in vertraglichen Regelungen üblich, ist der Abschluss der Leistungsphase 8 keine Voraussetzung für die Teilabnahme nach § 650s BGB. Ebenso wenig muss die erbrachte Architektenleistung in sich abgeschlossen sein. Dies kann im Einzelfall dazu führen, dass für eine einheitliche Grundleistung verschiedene Verjährungsfristen greifen.[78]

75 Zur Frage der maßgeblichen Fassung der HOAI bei stufenweiser Beauftragung vgl. oben Rdn 12 ff.
76 BT-Drucks 18/8486 v. 18.5.2016, 70.
77 *Kuhn*, ZfBR 2017, 211.
78 Sehr ausführlich hierzu *Kuhn*, a.a.O.

29 Schon gem. § 15 Abs. 4 HOAI 2009 waren Vereinbarungen zu anderen Zahlungsweisen möglich. Die HOAI 2013 verlangte hier nun in § 15 Abs. 1 HOAI eine schriftliche Vereinbarung.[79] Die Parteien konnten also insbesondere die Geltung der Fälligkeitserfordernisse des BGB (§ 632a BGB) vereinbaren und dadurch insbesondere auch das nach HOAI erforderliche Vorliegen einer prüffähigen Honorarschlussrechnung abbedingen. Dies ist auch weiterhin möglich. Werden solche abweichenden Vereinbarungen in **Allgemeinen Geschäftsbedingungen** getroffen, unterliegen sie der Inhaltskontrolle nach §§ 305 ff. BGB.[80] Allerdings normiert insoweit § 632a BGB ein gesetzliches Leitbild.

30 **Vertragsklauseln des Auftraggebers**, die dem Auftragnehmer 10 % seines Gesamthonorars nach Erbringung der Leistungen der Leistungsphasen 1 bis 8 gem. § 33 HOAI 2009 bzw. § 34 Abs. 3 HOAI 2013/2021 vorenthalten, sind gem. § 307 BGB unwirksam.[81] Gleiches gilt für entsprechende Sicherheitseinbehalte bei Abschlagszahlungen: Eine Klausel, nach der der Architekt Abschlagszahlungen nur in Höhe von 95 % des vereinbarten Honorars verlangen kann, die Fälligkeit der Schlussrechnung jedoch erst mit Erbringung aller Leistungen bis zur Leistungsphase 9 eintritt, benachteiligt den Architekten unangemessen und ist daher ebenfalls gemäß § 307 BGB unwirksam.[82] Ebenso sind Klauseln, die die Fälligkeit der Schlusszahlung vom Eingang eines amtlichen Gebrauchsabnahmescheins oder der vollständigen Beseitigung festgestellter Baumängel oder der Erledigung etwaiger Restarbeiten abhängig machen, unwirksam. Auch sogenannte „Pay-when-paid-Klauseln", wonach die Zahlung an den Subplaner erst nach der Zahlung des Bauherrn an den Generalplaner erfolgt, sind in AGB unwirksam.[83] Umgekehrt sind **vom Auftragnehmer gestellte** Klauseln unwirksam, in denen sich der Architekt unangemessen hohe, durch den Aufwand nicht gerechtfertigte und unabhängig von Gegenansprüchen bestehende Abschlagszahlungen versprechen lässt.[84]

a) Fälligkeit nach HOAI 2009

31 Insoweit sei auf die Ausführungen in den Vorauflagen an gleicher Fundstelle verwiesen.

b) Fälligkeit nach HOAI 2013

32 In Annäherung an die Regelungen des BGB ist für die Fälligkeit des Honoraranspruches neben der Vorlage einer prüfbaren Schlussrechnung nunmehr die Abnahme der Leistung des Architekten. Abweichende Vereinbarungen bedürfen gem. § 15 Abs. 1 HOAI 2013 der Schriftform.[85]

Unter der Abnahme versteht man die Billigung des Werks als einer im Wesentlichen vertragsgemäßen Leistung.[86] Dies setzt – wie bereits nach der HOAI 2009 – die vertrags-

79 Kritisch hierzu *Locher/Koeble/Frik*, HOAI, § 15 Rn 5, die die Wirksamkeit des Schriftformerfordernisses bezweifeln.
80 Vgl. hierzu *Kleine-Möller/Merl/Glöckner/Eichberger*, Handbuch des privaten Baurechts, § 4a.
81 Vgl. BGH im Einzelnen v. 9.7.1981 – VII ZR 139/80 – BauR 1981, 582, 588 noch zu § 9 AGBG.
82 BGH v. 22.12.2005 – VII ZB 84/05 = BauR 2006, 674.
83 OLG München v. 25.1.2011 – 9 U 1953/10 = BauR 2011, 985; beachte aber zur Zulässigkeit bei individualrechtlicher Vereinbarung: OLG Köln v. 6.5.2008 – 24 U 119/05 = IBRRS 2010, 1385.
84 OLG Hamm v. 8.11.1988 – 26 U 113/88 – NJW-RR 1989, 274.
85 Kritisch dazu *Locher/Koeble/Frik*, HOAI, § 15 Rn 19, die das Schriftformerfordernis für unwirksam halten.
86 Vgl. *Locher/Koeble/Frik*, HOAI, Einl. Rn 126.

gemäße Erbringung aller vom Architekten geschuldeten Leistungen voraus. Die Abnahme kann ausdrücklich oder konkludent erfolgen, so kann z.B. in der rügelosen Bezahlung der Schlussrechnung eine stillschweigende Billigung gesehen werden.[87] Auch der Bezug des fertiggestellten Bauwerks stellt eine konkludente Abnahme dar, wenn der Auftraggeber innerhalb einer Prüfungsfrist von sechs Monaten keine Mängel des Architektenwerks rügt.[88] Auch die Abnahmefiktion des § 640 Abs. 1 S. 3 BGB ist auf den Architektenvertrag anwendbar.

Wurde dem Architekten die Leistungsphase 9 mitübertragen, so konnte die Abnahme **33**
nach bisherigem Recht erst nach deren Abschluss erfolgen, wobei allerdings darauf hinzuweisen ist, dass insoweit die Überwachung der Beseitigung von Mängeln nicht mehr als Grundleistung, sondern nur noch als besondere Leistung geregelt ist.

Dies konnte die Fälligkeit des Vergütungsanspruches unangemessen hinauszögern, was durch die Vereinbarung einer Teilabnahme nach Abschluss der Leistungsphase 8 vermieden werden konnte. Bisher bedurfte es hierfür einer ausdrücklichen Vereinbarung zwischen den Parteien, ansonsten bestand kein Anspruch auf Teilabnahme.[89] Für die Vereinbarung und das Vorliegen einer Teilabnahme trug der Architekt die Beweislast.[90]

Nach der Reform des Bauvertragsrechts hat der Architekt nun ein gesetzliches Recht auf Teilabnahme, sobald die letzte Leistung des bauausführenden Unternehmers abgenommen wurde.[91]

c) Fälligkeit nach HOAI 2021

Die Novelle der HOAI 2021 verweist nunmehr für die Fälligkeit auf die Regelung des **34**
§ 650g Abs. 4 BGB. Danach ist die (vereinbarte) Vergütung zu entrichten, wenn

1. der Besteller das Werk abgenommen hat oder die Abnahme nach § 641 Abs. 2 entbehrlich ist und
2. der Unternehmer dem Besteller eine prüffähige Schlussrechnung erteilt.

§ 650g Abs. 2 BGB regelt, dass eine Schlussrechnung dann prüffähig ist, wenn sie eine übersichtliche Aufstellung der erbrachten Leistungen enthält und für den Besteller nachvollziehbar ist. Soweit der Besteller nicht innerhalb von 30 Tagen nach Zugang der Schlussrechnung begründete Einwendung gegen die Prüffähigkeit erhoben hat, wird die Prüffähigkeit fingiert (dies entspricht der bisherigen Rechtsprechung).

Infolgedessen gelten letzten Endes die Ausführungen zur Fälligkeit nach HOAI 2013 entsprechend.

87 OLG Hamm v. 14.2.2008 – 23 U 4/05 – BauR 2008, 1480.
88 BGH v. 26.9.2013 – VII ZR 220/12 – IBR 2013, 749.
89 OLG Celle v. 26.5.2011 – 5 U 87/10 – IBR 2012, 91.
90 Vgl. *Locher/Koeble/Frik*, HOAI, Einl. Rn 136 sowie *Eichberger*, Die Abnahme von Architektenleistungen, Juris AnwaltZertifikatOnline 3/2012 (Teil 1) und 7/2012 (Teil 2).
91 Siehe hierzu ausführlich unter Rdn 28.

2. Prüffähigkeit

35 Gem. § 15 Abs. 1 HOAI 2013 sowie § 640g Abs. 4 Nr. 2 BGB ist weitere Fälligkeitsvoraussetzung die Überreichung einer **prüffähigen Honorarschlussrechnung bzw. (§ 640g Abs. 4 Nr. 2 BGB) nunmehr einfach Schlussrechnung**. Die Schlussrechnung ist überreicht, wenn sich aus der Rechnung, die nicht zwingend ausdrücklich als „Schlussrechnung" bezeichnet werden muss, zweifelsfrei ergibt, dass der Architekt damit sein **Honorar endgültig berechnen** will. Gemäß allgemeiner Auslegungsgrundsätze ist im Zweifel auf den Empfängerhorizont abzustellen. Eine Schlussrechnung liegt daher auch vor, wenn der Auftragnehmer erklärt, dass er keine weiteren Forderungen mehr stellen werde oder eine als „Schlussrechnung" bezeichnete Rechnung unter den Vorbehalt von Nachforderungen gestellt wird.[92]

36 Die **Prüffähigkeit** der Schlussrechnung ist prozessual wahrscheinlich eines der am meisten ausgereizten Themen; für die Beurteilung von Chancen und Risiken der Honorarklage ist es wesentlich, die Grundsätze der Rechtsprechung zur Prüffähigkeit der Schlussrechnung zu kennen und nicht vorschnell mangelnde Prüffähigkeit zu rügen, die Prüffähigkeit mit der Frage der rechnerischen Richtigkeit zu verwechseln oder unter der Rüge der mangelnden Prüffähigkeit falsche prozesstaktische Weichenstellungen vorzunehmen.

37 Grundsätzlich kann die Frage, ob eine **Schlussrechnung prüffähig** ist oder nicht, **nicht abstrakt-generell**, sondern nur **im Einzelfall** beurteilt werden. Im Grundsatz ist die Prüffähigkeit dann gegeben, wenn die Abrechnung den **Kontroll- und Informationsinteressen des Auftraggebers** genügt, wobei das Vorliegen dieser Fälligkeitsvoraussetzung anhand objektiver Kriterien bestimmt werden muss.[93]

38 Nach objektiven Kriterien ist die Rechnung dann prüffähig, wenn sie die Angaben enthält, die nach der HOAI notwendig sind, um die Vergütung zu berechnen. Dies sind im Regelfall – und auch nach HOAI 2009 und 2013 zumindest für die Leistungsbilder der Teile 3 und 4:

- anrechenbare Kosten des Objekts,
- Umfang der Leistung,
- Bewertung der Leistung,
- Honorarzone,
- Honorarsatz,
- ggf. Zuschläge, z.B. §§ 35, 36 HOAI 2009, bzw. § 36 HOAI 2013[94]
- (bei vorzeitiger Vertragsbeendigung) Abgrenzung der erbrachten von den nicht erbrachten Leistungen und Abzug ersparter Aufwendungen bzw. anderweitigen Erwerbs.

92 Der Nachforderungsvorbehalt schließt nur die Bindungswirkung der Schlussrechnung aus, beseitigt aber nicht deren Charakter als Schlussrechnung – vgl. OLG Karlsruhe v. 6.5.1997 – 17 U 126/96 – BauR 1998, 171.

93 Vgl. BGH v. 27.11.2003 – VII ZR 288/02 – NJW-RR 2004, 445; sowie BGH v. 26.10.2000 – VII ZR 99/99 – NZBau 2001, 85.

94 Dem sog. Umbauzuschlag soll – OLG Köln v. 29.12.2016 – 16 U 49/12 zu HOAI 1996/2002 – kein Mindestsatzcharakter zukommen (vgl. auch § 6 Abs. 2 HOAI).

Wie weit darüber hinaus die **Aufgliederung** einer **Honorarschlussrechnung** gehen muss, ist Frage der Umstände des Einzelfalles, wobei auch die unterschiedliche Sachkunde aufseiten des Auftraggebers zu berücksichtigen ist.

Bei Geltung der HOAI 2021 (also bei Verträgen ab 1.1.2021) sind die Anforderungen anhand der getroffenen Honorarvereinbarung zu prüfen – so wird eine Pauschalhonorarabrede andere Prüffähigkeitsvoraussetzungen haben als etwa eine an der Orientierungsbasis des § 2a Abs. 2 HOAI 2021 angelehnte Honorarvereinbarung. Im Regelfall wird sich aber anbieten, die bisherigen Kriterien sowie die Kriterien der §§ 14, 15 und 16 VOB/B entsprechend anzulegen.

Besondere Angaben können etwa nötig sein, wenn das Honorar nach **Zeitaufwand** zu ermitteln ist. Hier reicht die bloße Angabe einer Gesamt-Stundenzahl nicht aus. Sind dem Auftragnehmer **nicht sämtliche Grundleistungen** einer Leistungsphase in Auftrag gegeben, muss in der Rechnung der Honoraranteil für die einzelnen Grundleistungen angegeben werden, wobei auf die sogenannte „Steinfort-Tabelle" zurückgegriffen werden kann.[95] Bei nur **teilweiser Erbringung der Grundleistungen** ist eine pauschale Angabe von Prozentsätzen ohne Begründung nicht prüfbar.[96] 39

Die Anforderungen an die Prüffähigkeit dürfen jedoch nicht überspannt werden; in der Rechtsprechung ist eine Tendenz nicht zu übersehen, die Anforderungen an die Prüffähigkeit der Schlussrechnung nicht mehr ganz so streng zu sehen, wie dies noch vor Jahrzehnten der Fall war.

Eine neue Honorargrundlage sollte mit § 6 Abs. 2 HOAI 2009, bzw. § 6 Abs. 3 HOAI 2013 geschaffen werden: danach konnten die Vertragsparteien abweichend von § 6 Abs. 1 HOAI 2009/2013 schriftlich vereinbaren, dass das Honorar auf der Grundlage der anrechenbaren Kosten einer **Baukostenvereinbarung** nach den Vorschriften der HOAI berechnet wird. 40

Mit Urt. v. 24.4.2014[97] **hat der BGH entschieden, dass § 6 Abs. 2 HOAI 2009 unwirksam ist**, da er von der gesetzlichen Ermächtigungsgrundlage in Art. 10 §§ 1 und 2 MRVG nicht gedeckt ist. Auch wenn sich das Urteil nur auf § 6 Abs. 2 HOAI 2009 bezieht, so ist doch davon auszugehen, dass § 6 Abs. 3 HOAI 2013 ebenfalls unwirksam ist.[98] Folglich wäre das Baukostenvereinbarungsmodell, wie es in der aktuellen Fassung der HOAI geregelt ist, unwirksam. In diesem Zusammenhang sei auch noch auf die – vergaberechtliche – Entscheidung des KG vom 1.9.2014 hingewiesen. Das Gericht hat hier festgehalten, dass Vergabeverfahren für Leistungen nach HOAI, die auf Grundlage der HOAI 2009 ausgeschrieben wurden und nicht bis zum 17.7.2013 beauftragt wurden, danach aufzuheben und neu auszuschreiben sind. Der Abschluss eines Vertrags

95 So ausdrücklich BGH v. 16.12.2004 – VII ZR 174/03 – NJW-RR 2005, 672; KG v. 13.4.2010 – 21 U 191/08 – IBR 2012, 461, s. *Locher/Koeble/Frik*, HOAI, Anh. 4 mit Abdruck der Bewertungstabelle.

96 OLG Rostock v. 15.4.1993 – 1 U 197/92 – BauR 1993, 762 = NJW-RR 1994, 661. Dies gilt auch nach erfolgter Kündigung des Architektenvertrags. Vgl. OLG Düsseldorf v. 26.3.2013 – 23 U 102/12 – IBR 2013, 693.

97 BGH v. 24.4.2014 – VII ZR 164/13 – IBR 2014, 353.

98 *Locher/Koeble/Frik*, HOAI, § 6 Rn 56 ff.; *Korbion/Mantscheff/Vygen*, HOAI, § 6 Rn 45.

zur Erbringung und Vergütung von Leistungen gemäß der HOAI 2009 sei mit Inkrafttreten der HOAI 2013 unmöglich geworden. Es stelle eine gemäß § 101b Abs. 1 Nr. 2 GWB unzulässige de-facto-Vergabe dar, wenn die Leistungen ohne erneute Ausschreibung nach HOAI 2013 vergeben werden.[99]

41 Um **prüffähig** zu sein, muss die Rechnung **nicht** auch **sachlich und rechnerisch richtig** sein.[100] Ausreichend ist eine nachvollziehbare Rechnung, wenn der Auftraggeber – ggf. mit ihm zur Verfügung stehenden weiteren Informationen – die Fehlerquelle und den Umfang des Fehlers ermitteln kann.[101] Beispiele für eine sachlich falsche, jedoch prüfbare Rechnung sind etwa die Berechnung einer **zu hohen Honorarzone** oder die Angabe zu hoher anrechenbarer Kosten.[102] Ferner können auch die zu Unrecht erfolgte Berechnung eines Umbauzuschlages[103] oder falsche Angaben zur Mehrwertsteuer sowie die Angabe fehlerhafter Vorschriften der HOAI zu einer zwar sachlich falschen, jedoch gleichwohl prüffähigen Rechnung führen.

42 Haben die Parteien (wirksam) ein **Pauschalhonorar** vereinbart, genügt eine einfache Rechnung, die das vereinbarte Pauschalhonorar ausweist.[104]

Bei einer **Kündigung** muss die Rechnung jedoch erkennen lassen, welche Leistungen erbracht sein sollen und welche anteilige Pauschale dafür beansprucht wird.[105] Dazu ist die Angabe von Prozentsätzen aus den Leistungsphasen ausreichend. Die Aufteilung nach erbrachter bzw. nicht erbrachter Leistung kann nicht nach reiner Zeitdauer des Objekts vorgenommen werden. Die erbrachte Leistung muss bewertet werden, wonach die auf die Bauleistungen geleisteten Abschlagszahlungen Anhaltspunkte geben können.[106] Als nicht ausreichend wird auch eine Angabe „Abzug 7.000,00 EUR für Einsparung der Bauleitung“ angesehen. Es genügt jedoch, wenn statt der erbrachten Leistungen erklärt wird, welche Leistungen nicht erbracht wurden.[107] Die Prüffähigkeit im Rahmen einer Kündigung kann bei einer Pauschalhonorarvereinbarung auch nicht mit dem Einwand bestritten werden, der Architekt habe keine korrekte Mindestabsatzrechnung nach HOAI vorgenommen.[108] Gleiches gilt bei einer unwirksamen Pauschalvereinbarung bezüglich der Anforderungen an die Prüfbarkeit.[109] Nur für den Fall, dass eine der Parteien die Honorarvereinbarung angreift, muss sie die Anforderung der HOAI – z.B. hinsichtlich der anrechenbaren Kosten – darlegen.[110]

99 KG v. 1.9.2014 – Verg 18/13.

100 Vgl. nur BGH v. 30.9.1999 – VII ZR 231/97 – BauR 2000, 124 = NJW 2000, 206 und BGH v. 25.11.1999 – VII ZR 388/97 – BauR 2000, 591 = NJW 2000, 808.

101 Vgl. zuletzt auch OLG Brandenburg v. 13.3.2014 – 12 U 136/13.

102 BGH v. 30.9.1999 – VII ZR 231/97 – BauR 2000, 124 = NJW 2000, 206; OLG Celle v. 17.7.2013 – 14 U 202/12 – IBR 2013, 625.

103 OLG Hamm v. 2.11.1993 – 24 U 21/93 – BauR 1994, 535.

104 Vgl. *Korbion/Mantscheff/Vygen*, HOAI, § 15 Rn 30 m.w.N.

105 BGH v. 27.11.2003 – VII ZR 288/02.

106 KG Berlin v. 22.2.1999 – 10 U 8304/97.

107 OLG Oldenburg v. 29. 8. 2001 – 2 U 122/01.

108 BGH v. 13.1.2005 – VII ZR 353/03.

109 OLG Koblenz v. 24.9.1998 – 5 U 112/98.

110 OLG Düsseldorf v. 5.2.1993 – 22 U 235/92.

Zur **Bindung an die Schlussrechnung** vgl. die Ausführungen in Rdn 48 und 57 unter VI., „Einwendungen des Auftraggebers“. 43

Ausnahmsweise können die Kontroll- und Informationsinteressen des Auftraggebers auch ohne Vorlage einer prüffähigen Rechnung gewahrt sein. Dies ist etwa der Fall bei: 44

- Nichtbestreiten der sachlichen und rechnerischen Richtigkeit der Schlussrechnung[111] (vgl. hierzu Rdn 41),
- Eigener Abrechnung des Architektenvertrages durch den Auftraggeber,[112]
- Unstreitig-Stellen der anrechenbaren Kosten trotz fehlender Angaben.[113]

In diesen Fällen ist zwar die Rechnung nicht prüffähig, jedoch ist es dem Auftraggeber nach Treu und Glauben (§ 242 BGB) verwehrt, sich darauf zu berufen, weil die Prüffähigkeit kein Selbstzweck ist.

Als **Checkliste** zur Überprüfung der ggf. notwendigen Angaben für eine prüffähige Schlussrechnung können etwa beispielhaft folgende Angaben überprüft werden: 45

- Angabe des Leistungsbilds,
- Aufnahme der vereinbarten Honorarparameter aus Honorarvereinbarung gem. § 7 HOAI 2021,
- Prüfung § 11 (auch § 32 Abs. 4) HOAI 2009[114] bzw. § 11 HOAI 2013 und ggf. getrennte Ermittlung der anrechenbaren Kosten an mehreren Gebäuden,
- Verwendung richtiger Kostenermittlung für die jeweiligen Leistungsphasen,
- Verwendung der zutreffenden DIN 276–1:2008–12 bei HOAI 2009/2013/2021 (§ 4 Abs. 1 HOAI 2013/2021),
- vollständige Angabe der anrechenbaren Kostengruppen (die jeweiligen Angaben nach den jeweiligen besonderen Grundlagen des Honorars, z.B. § 32 Abs. 2 HOAI 2009 bzw. § 33 Abs. 2 HOAI 2013/2021),
- ggf. Angabe der Baukostenvereinbarung § 6 Abs. 2 HOAI 2009 bzw. § 6 Abs. 3 HOAI 2013 – aber Vorsicht: nach BGH unwirksam – vgl. oben Rdn 46,
- richtige Ermittlung des Tabellenhonorars – ggf. Interpolation,
- richtige Angabe der Honorarzone und des Honorarsatzes,
- prozentuale Angabe des erbrachten Leistungsumfanges,
- Angabe von Zuschlägen,
- Angabe der Nebenkosten und ggf. des Honorars für besondere Leistungen,
- Berücksichtigung von Sonderfällen (Zeithonorar, nur teilweise Beauftragung bzw. Leistungserbringung etc.),
- Angabe von Mehrwertsteuer,
- Abzug von Abschlagszahlungen.

111 BGH v. 18.9.1997 – VII ZR 300/96 – NJW 1998, 135.
112 BGH v. 12.1.2006 – VII ZR 2/04 – IBR 2006, 211.
113 BGH v. 25.11.1999 – VII ZR 388/97 – NZBau 2000, 204.
114 § 11 HOAI 2009 entspricht § 22 HOAI 1996 und befindet sich nun im Allgemeinen Teil (also „vor der Klammer“) und gilt daher auch für Fachplanungen wie die amtliche Begründung ausdrücklich klarstellt.

Diese Punkte sind selbstverständlich nicht abschließend – im Regelfall wird man jedoch bei der Prüfung und Beachtung dieser Punkte eine prüffähige Schlussrechnung erstellen können.

V. Abrechnung nach Kündigung

46 Wird der Vertrag durch **Kündigung** vorzeitig beendet, so kann der Auftragnehmer sein Honorar sogleich nach der Kündigung in Rechnung stellen.[115] Wird der Architektenvertrag gekündigt, muss jedoch der Architekt seine Rechnung im Regelfall zwingend zweigeteilt aufstellen. Dabei müssen die erbrachten Leistungen von den nicht erbrachten Leistungen getrennt werden und bei den nicht erbrachten Leistungen ersparte Aufwendungen und anderweitiger Erwerb abgezogen werden. Klauseln, die die ersparten Aufwendungen pauschalieren, sind, sofern sie nicht den Nachweis einer geringeren Ersparnis oder die Anrechnung eines anderweitigen Erwerbs vorsehen, wegen Verstoßes gegen § 309 Nr. 5 lit. b, Nr. 7 BGB unwirksam.[116]

47 Wichtige Hinweise zur konkreten Abrechnung nach Kündigung ergeben sich aus dem Urteil des BGH vom 28.10.1999.[117] Danach ist bei den Sachkosten zwischen allgemeinen Fixkosten und projektbezogenen Sachkosten zu unterscheiden und ggf. eine an den Erfahrungswerten orientierte Gesamtpauschale anzusetzen. Ferner sind eingesparte Personalkosten zu ermitteln, wobei ggf. freie Mitarbeiter und Subunternehmer nach der konkreten vertragsspezifischen Vereinbarung abgerechnet werden müssen. Nimmt der Architekt einen anderen Auftrag an, den er ohne Kündigung nicht hätte annehmen können, ist dies ebenso eine Frage des anderweitigen Erwerbs wie die Freisetzung von Mitarbeitern aufgrund der Kündigung für andere Projekte. Maßgeblich bleibt auch bei der Kündigung für die Berechnung des Honorars diejenige Kostenermittlungsart, die der jeweiligen Leistungsphase zur Zeit der Kündigung entspricht.

VI. Einwendungen des Auftraggebers

48 Eine abstrakte Zusammenstellung aller möglichen Einwendungen, Gegenrechte und Verteidigungsmöglichkeiten des Auftraggebers ist nicht möglich. Die Verteidigungsmöglichkeiten lassen sich jedoch weitgehend danach systematisieren, ob sie sich gegen den **Vertragsschluss** bzw. die **Auftragserteilung** richten, die **Honorarrechnung als solche** bzw. deren **rechnerische Richtigkeit** oder die **Bindungswirkung** der Schlussrechnung betreffen, ob sie sich insbesondere gegen die mangelfreie Erfüllung des Leistungssolls richten oder ob sie schließlich allgemeine materiell-rechtliche Einwendungen/Einreden wie etwa **Verjährung, Aufrechnung/Verrechnung, Zurückbehaltungsrechte** oder ähnliches betreffen.

115 BGH v. 19.6.1986 – VII ZR 221/85 – BauR 1986, 569 = ZfBR 1986, 232 = NJW-RR 1986, 1279.
116 BGH v. 10.10.1096 – VII ZR 250/94 – BauR 1997, 156 = NJW 1997, 259. Vgl. hierzu auch OLG Düsseldorf v. 30.4.2002 – 23 U 182/01 – NZBau 2002, 686.
117 BGH v. 28.10.1999 – VII ZR 326/98 – NZBau 2000, 82.

Einwendungen gegen die **Wirksamkeit des abgeschlossenen Vertrages** können etwa die **Formerfordernisse** (vgl. hierzu Rdn 17 ff.) betreffen. Ferner kann der Vertrag im Ausnahmefall gegen das sogenannte **Kopplungsverbot** (§ 3 MRVG) verstoßen. Danach sind Ingenieurverträge, die im unmittelbaren Zusammenhang mit der Vermittlung eines Grundstückskaufvertrages durch den Ingenieur abgeschlossen werden, nichtig.[118] 49

Ferner kann der Vertrag als **Haustürgeschäft** unter den Voraussetzungen des § 312 BGB widerrufbar sein. Schließlich ist eine Anfechtung wegen **arglistigen Verschweigens** oder wegen **Irrtums** in Betracht zu ziehen, etwa wenn die Architekten-/Ingenieureigenschaft beim Vertragspartner nicht gegeben ist. 50

Gegenrechte des Auftraggebers können sich auch **gegen die Auftragserteilung** als solche richten. Hierbei ist insbesondere zu prüfen, ob es sich um Akquisitionsleistungen handeln kann (vgl. Rdn 5). Ferner kommt hier die Prüfung von **Bedingungen** (aufschiebend oder auflösend) in Betracht. Schließlich ist der **Auftragsumfang** zu prüfen und ggf. sind hierauf gestützte Einwendungen vorzubringen. 51

Bezüglich der Honorarrechnung selbst kann zunächst die **Prüffähigkeit** gerügt werden (vgl. dazu Rdn 35 ff.). Dieses Vorbringen muss jedoch zumindest substantiiert werden und kann nicht „ins Blaue hinein" und allgemein erhoben werden.[119] 52

Ferner ist nach der Grundsatzentscheidung des BGH vom 27.11.2003[120] auch wichtig, dass der **Einwand mangelnder Prüffähigkeit rechtzeitig** erhoben wird (vgl. jetzt auch die Prüffähigkeitsfiktion in § 650g Abs. 4 S. 2 BGB = 30 Tage ab Zugang der Schlussrechnung). 53

Nach der insoweit durch Gesetz überholten Rechtsprechung des BGH ergibt sich für Altfälle (HOAI 2013 oder 2009) aus dem Kooperationsgebot, dass es Sache des Auftraggebers ist, die notwendige Kontrolle der Schlussrechnung vorzunehmen und ggf. rasch zu entscheiden, ob er noch weitere Angaben benötigt. Mit diesem Zweck ist es unvereinbar, dass die Rüge der Prüffähigkeit zurückgestellt und womöglich erst Jahre später im Prozess erhoben wird. Als angemessenen Zeitraum hat der BGH – orientiert an § 16 Abs. 1 VOB/B – zwei Monate seit Zugang der Schlussrechnung in einer generalisierenden Sichtweise als angemessen angesehen.

Gem. § 640g Abs. 4 S. 2 BGB beträgt diese Einwendungsfrist nun gesetzlich nur noch 30 Tage ab Zugang der Schlussrechnung – wichtig ist daher aus Auftragnehmersicht, einen Zugangsnachweis zu haben.

Läuft dieser Zeitraum ab, ohne dass Einwände zur Prüffähigkeit erhoben werden, tritt die Fälligkeit der Rechnung auch ohne Vorliegen tatsächlicher Prüffähigkeit ein.[121] Zu diesem Zeitpunkt beginnt grundsätzlich auch die Verjährung. Erhebt der Auftraggeber

118 Vgl. zu den zahlreichen Rechtsprechungsbeispielen die Zusammenstellung bei *Locher/Koeble/Frik*, MRVG Art. 10 § 3 Rn 22. Vgl. zuletzt auch OLG Hamm v. 21.2.2014 – I 12 U 88/13 für Konstellationen von unternehmerischem Einsatz von Architektenleistungen bzw. von Architekten/Ingenieuren beherrschten Unternehmen.

119 Vgl. *Locher/Koeble/Frik*, HOAI, § 15 Rn 24.

120 BGH v. 27.11.2003 – VII ZR 288/02 – DS 2004, 376.

121 OLG Düsseldorf v. 11.10.2011 – 21 U 60/09 – IBR 2013, 551.

dagegen innerhalb einer Frist von 30 Tagen ausreichende Rügen gegen die Prüffähigkeit, beginnt die Verjährung noch nicht, es sei denn, der Auftraggeber wäre gemäß Treu und Glauben gehindert, sich auf die fehlende Prüffähigkeit zu berufen. In diesem letzteren Falle, dass der Auftraggeber sich nach Treu und Glauben nicht auf die fehlende Prüffähigkeit berufen kann, dies aber gleichwohl tut, beginnt die Verjährung, wenn die Umstände, die den Verstoß gegen Treu und Glauben begründen, nach außen zu Tage treten, sodass sie für den Architekten erkennbar werden. Diese Grundsätze gelten auch für **Abschlagsrechnungen.**[122]

54 Zu beachten ist in diesem Zusammenhang auch, dass bei **unterlassenem Einwand** mangelnder Prüffähigkeit innerhalb der vorgenannten Frist die Honorarforderung ohne Weiteres „fällig“ wird. Ist sie dann objektiv trotz mangelnden Einwandes nicht prüffähig, wäre eine Klage letztlich unschlüssig. Wird dies nicht trotz Hinweises des Gerichts behoben, wird die Honorarklage als **„endgültig“ unbegründet** abgewiesen, nicht nur als „derzeit“ unbegründet.[123] In diesem Zusammenhang ist hinsichtlich der Honorarklage auch das Urteil des BGH v. 23.1.2014 – VII ZR 49/13 von großer Bedeutung. Hier hat der BGH entschieden, dass im Falle der Abweisung eines Zahlungsanspruches als derzeit unbegründet (mangels Fälligkeit) in Rechtskraft gemäß § 322 Abs. 1 ZPO erwächst, dass der Kläger bis zum Schluss der mündlichen Verhandlung im Vorprozess gegen den Beklagten keinen zur Zahlung fälligen Anspruch hatte. Dies hat insoweit präjudizielle Wirkungen, als im nachfolgenden Prozess diese Rechtsfolge nicht mehr einer rechtlichen Würdigung zugänglich ist. Die Fälligkeit des Anspruchs kann daher in einem Folgeprozess nur aufgrund von nach dem Erstprozess entstandenen neuen Tatsachen angenommen werden – maßgeblicher Stichtag hierfür ist der Zeitpunkt vor der Entscheidung des Erstgerichtes, bis zu dem die Parteien Angriffs- und Verteidigungsmittel vorbringen konnten. Im Zivilprozess ist dies grundsätzlich der Zeitpunkt der letzten mündlichen Tatsachenverhandlung. Spätestens zu diesem Zeitpunkt muss daher eine Schlussrechnung prüffähig gemacht werden.[124]

55 Schließlich kann die **sachliche und rechnerische Richtigkeit** der Honorarrechnung angegriffen werden. Dabei können etwa die anrechenbaren Kosten, die Honorarzone oder nicht vorgenommene Abzüge wegen nicht vollständig erbrachter/nicht vollständig beauftragter Leistungen angegriffen werden.

Ferner kann gegen die Wirksamkeit der Honorarvereinbarung argumentiert werden (zum Schriftlichkeitserfordernis und richtigen Zeitpunkt vgl. die Ausführungen unter Rdn 28 f.).

56 Daneben muss der Auftraggeber die Geltendmachung von Zurückbehaltungsrechten, Schadensersatzansprüchen wegen Planungs- und Überwachungsfehlern oder Minde-

122 BGH v. 16.3.2005 – XII ZR 269/01 – BauR 2005, 1951; in diesem Zusammenhang sei jedoch der Hinweis gestattet, dass nach einer Entscheidung des OLG Düsseldorf vom 11.3.2005 – 22 U 99/04 – IBR 2006, 192 die Fälligkeitsregelung in § 16 Abs. 3 Nr. 1 VOB/B bei isolierter Inhaltskontrolle unwirksam ist.

123 Vgl. OLG Düsseldorf v. 14.5.2009 – 5 U 131/08 – IBR 2009, 657; sowie zur Thematik insgesamt *Krüger-Doyé*, Juris PraxisReport Privates Baurecht, 4/2010, Anm. 4.

124 Vgl. BGH v. 23.1.2014 – VII ZR 49/13.

rungsrechte prüfen (vgl. hierzu unter Rdn 101 ff. die Ausführungen zur Haftung des Architekten).

Der Auftraggeber kann sich auch auf die **Bindungswirkung** der Schlussrechnung berufen. So ist der Architekt daran gehindert, seine einmal erteilte Schlussrechnung mit vergessenen Positionen oder zu Unrecht gewährten Nachlässen abzuändern (jedenfalls gilt dies nach der früheren Rechtsprechung, hier ist jedoch Vorsicht geboten, vgl. dazu nachfolgende Ausführungen). Allerdings ist die Bindungswirkung durch die Rechtsprechung des BGH erheblich eingeschränkt worden.[125] Danach ist eine Nachforderung zur Schlussrechnung nicht immer als treuwidrig gem. § 242 BGB anzusehen, vielmehr müssen im Einzelfall die Interessen des Architekten und die des Auftraggebers umfassend geprüft und gegeneinander abgewogen werden. Insbesondere ist die Änderung der Schlussrechnung dann kein widersprüchliches Verhalten, wenn der Auftraggeber die mangelnde Prüffähigkeit der Schlussrechnung selbst gerügt hat, weil er in diesen Fällen gerade kein schutzwürdiges Vertrauen entwickeln konnte. Ferner ist der Architekt auch nicht generell an eine die Mindestsätze unterschreitende Honorarschlussrechnung gebunden. Dies ist vielmehr nur dann der Fall, wenn der Auftraggeber auf die Schlussrechnung vertraut hat, in diesem Vertrauen auch eine Vermögensdisposition getroffen hat und eine Nachforderung (also die Mindestsatzforderung) als unzumutbar erscheint.[126] Allein der Ablauf eines gewissen Zeitraums zwischen der erstmaligen Schlussrechnung und der späteren Forderung eines Differenzbetrags genügt zur Begründung eines Vertrauenstatbestands hingegen nicht.[127] Regelmäßig dürfte auch eine Bindungswirkung bei institutionellen Bauherren für Honorare unter den Mindestsätzen zu verneinen sein, ebenso natürlich auch bei Architekten/Ingenieuren als Auftraggeber,[128] weil diese hierauf nicht vertrauen können. 57

Hinsichtlich der Einrede der **Verjährung** ist wie folgt zu prüfen: 58

- Prüfung der Rechtslage unter altem Verjährungsrecht für vor dem 1.1.2002 abgeschlossene Verträge (im Grundsatz zwei Jahre gem. § 196 Abs. 1 Nr. 7 BGB a.F., ausnahmsweise bei Geltendmachung von Ansprüchen einer Planungs-GmbH gegen einen gewerblichen Bauherrn vier Jahre gem. § 196 Abs. 1 Nr. 1, Abs. 2 BGB a.F.).
- Für Verträge seit dem 1.1.2002 gilt grundsätzlich die Regelverjährung von drei Jahren gem. § 195 BGB.
- Für seit 1.1.2002 bestehende und noch nicht verjährte Ansprüche gelten die Vorschriften des neuen Rechts. Zu prüfen ist allerdings Art. 229 § 6 EGBGB. Von Relevanz ist dies nur insoweit, als die vierjährige Verjährungsfrist nach altem Recht inmitten

125 Vgl. hierzu die beiden Urteile des BGH v. 5.11.1992 – VII ZR 52/91 – BauR 1993, 236 sowie VII ZR 50/92 – BauR 1993, 239.; BGH v. 22.4.2010 – VII ZR 48/07 – IBR 2010, 379; Bindungswirkung bejaht von KG v. 25.1.2013 – 21 U 206/11 – IBR 2014, 218.

126 Vgl. dazu zuletzt OLG Naumburg v. 10.10.2013 – 1 U 9/13 sowie OLG Frankfurt v. 2.5.2013 – 3 U 212/11 und OLG München v. 9.12.2012 – 9 U 255/12.

127 BGH v. 19.11.2015 – VII ZR 151/13 – NZBau 2016, 107.

128 Vgl. OLG Rostock v. 2.4.2012 – 7 U 29/09.

steht, da das neue Recht hier zu einer Verkürzung führen würde, wobei die dreijährige Frist des § 195 BGB nicht vor dem 1.1.2002 zu laufen beginnt.

- Die Frist beginnt grundsätzlich am Ende des Jahres zu laufen, an dem die Honorarforderung nach § 8 HOAI 1996 bzw. § 15 HOAI 2009 fällig wird, also die vertragsgemäße Erbringung der Leistungen erfolgte und eine Übergabe der prüfbaren Honorarschlussrechnung erfolgte bzw. die Frist für den Einwand der mangelnden Prüffähigkeit abgelaufen ist (vgl. Rdn 38 ff. und 53). Dies gilt auch bei vorzeitiger Beendigung durch Kündigung oder einvernehmlicher Aufhebung des Architektenvertrages.[129]
- Formgerecht aufgestellte Abschlagszahlungsrechnungen **verjähren** nach ständiger Rechtsprechung **selbstständig**. Wird die Abschlagszahlungsforderung in noch nicht verjährter Zeit in eine neue Abschlagsrechnung oder in die Honorarschlussrechnung eingestellt, tritt keine Verjährung ein, weil die Verjährung dann einheitlich für die neue Grundlage zu laufen beginnt.[130]
- Der BGH hat zum vorzeitig beendeten Architektenvertrag entschieden, dass der Auftraggeber dem Auftragnehmer eine **angemessene Frist zur Rechnungsstellung setzen** kann. Legt der Auftragnehmer die Rechnung dann nicht innerhalb dieser Frist vor, muss er sich gemäß §§ 162 Abs. 1, 242 BGB so behandeln lassen, als sei die Honorarschlussrechnung innerhalb angemessener Frist erteilt worden.[131]

B. Muster

I. Honorarklage des Architekten aus schriftlicher Honorarvereinbarung

1. Typischer Sachverhalt

59 Anmerkung zum Sachverhalt: Der Sachverhalt enthält nur ein Grundmuster. Varianten, die sich etwa auf eine Pauschalhonorarvereinbarung oder eine Klage auf Mindestsätze in Abweichung der vereinbarten Vergütung oder auf eine Baukostenvereinbarung beziehen können, sind nicht ausgeführt. Entsprechende Ergänzungen in der Klageschrift werden nachfolgend in Anmerkungen kurz angesprochen.

60 Das Architekturbüro wird von zwei Architekten als Gesellschaft bürgerlichen Rechts in München betrieben. Am 13.9.2021 schloss der Architekt mit einer GmbH, geschäftsansässig ebenfalls in München, einen schriftlichen Architektenvertrag über die Leistungsphasen 1 bis 8 gem. § 33 HOAI 2021[132]), betreffend die Planung und Bauüberwachung einer Farbenproduktions- und Lagerungshalle in einem Industriege-

129 BGH v. 9.6.1994 – VII ZR 87/93 – BauR 1994, 655.

130 OLG Celle v. 17.10.1990 – 6 U 223/89 – BauR 1991, 371. Demzufolge können auch an sich verjährte Abschlagszahlungsforderungen in einer Schlussrechnung wieder aufgegriffen werden!

131 BGH v. 21.6.2001 – VII ZR 423/99.

132 Die HOAI 2013 ist im vorliegenden Sachverhalt selbstverständlich nicht anwendbar. Grundsätzlich muss bei Übertragung der Leistungsphasen 1 bis 9 ggf. überprüft werden, ob eine Abnahme nach der Leistungsphase 8 vereinbart wurde.

biet am Stadtrand von München. Der Bau wurde im Jahre 2022 begonnen und fertiggestellt. Die Abnahme erfolgte am 12.12.2022.

Die als „Schlussrechnung" bezeichnete Rechnung des Architekturbüros wurde mit Begleitschreiben vom 15.1.2023 an die GmbH übersandt. Eine schriftliche Mahnung folgte am 20.3.2023.

2. Muster: Honorarklage des Architekten

▼ 61

5.1

An das

Landgericht

Klage

In Sachen

Architekturbüro

– Klägerin –

gegen

Firma , vertreten durch den Geschäftsführer ,

– Beklagte –

wegen: Architektenhonorar

Streitwert: EUR

Gerichtskosten in Höhe von EUR in Anlage

zeige ich an, dass ich die Klägerin vertrete.

Namens und in Vollmacht der Klägerin erhebe ich

Klage

gegen die Beklagte; im Termin zur mündlichen Verhandlung werde ich beantragen:

I. Die Beklagte wird verurteilt, an die Klägerin 25.274,00 EUR nebst neun Prozentpunkten Zinsen über dem Basiszinssatz hieraus seit 20.3.2023 zu bezahlen.

II. Die Beklagte trägt die Kosten des Rechtsstreits.

III. Das Urteil ist – ggf. gegen Sicherheitsleistung – vorläufig vollstreckbar.

Für den Fall der Säumnis der Beklagten wird bereits jetzt Versäumnisurteil gem. § 331 Abs. 1, Abs. 3 ZPO beantragt.

Begründung:

Die Klägerin macht restliches Architektenhonorar aus der Planung und Bauüberwachung einer Produktions- und Lagerhalle für die Beklagte geltend. Zwischen den Parteien besteht ein schriftlicher Architektenvertrag.

I. Sachverhalt

1. Architektenvertrag und Honorarvereinbarung

Die Klägerin ist eine BGB-Gesellschaft, bestehend aus den Architekten Herrn Dipl.-Ing. und Frau Dipl.-Ing. . Herr Dipl.-Ing. lernte den Geschäftsführer der Beklagten, Herrn zum Jahresbeginn 2021 kennen. Der Geschäftsführer der Beklagten war von einem Geschäftsfreund zu einem Bundesligaspiel in die Allianz-Arena in eine Loge eingeladen worden, die die Klägerin dort für den Geschäftsfreund des Geschäftsführers der Beklagten gestaltet hat. Der Geschäftsführer der Beklagten äußerte sich sofort begeistert über die Gestaltung der Loge und forderte Dipl.-Ing. auf, ihm Informationsmaterial betreffend das Architekturbüro der Klägerin zuzusenden. In der Folgezeit kam es zu engeren Kontakten, bei denen der Geschäftsführer der Beklagten den Neubau einer Farbenproduktionshalle in Aussicht stellte und von diesem „erste Planungsvorschläge" für ein solches Vorhaben anforderte. Die Klägerin übersandte daraufhin im Februar/März 2021 erste Entwürfe sowie eine vorläufige Grobkalkulation betreffend die möglichen Baukosten.

Auf der Basis dieser Entwürfe schlossen die Klägerin sowie die Beklagte sodann am einen schriftlichen Architektenvertrag auf der Basis eines Muster-Architektenvertrages, den die Kläger zur Verfügung stellten. (1)

Beweis: Architektenvertrag vom , **Anlage K 1**

Der Vertrag enthält in § 1 die Regelungen zum Vertragsgegenstand, hier dem Neubau einer Farbenproduktionshalle. In § 3 des Vertrages sind die Leistungsphasen 1 bis 9 gem. § 15 HOAI aufgelistet, wobei die der Klägerin übertragenen Leistungsphasen angekreuzt sind. Daraus ergibt sich, dass der Klägerin hier die Leistungsphasen 1 bis 8 übertragen wurden. Ferner sind in § 4 des Vertrages Regelungen zur Honorierung der Klägerin enthalten. Demnach haben die Parteien dem Honorar die Zone III gem. §§ 5, 35 HOAI 2021 zugrunde gelegt und den Mittelsatz nach der Honorartafel des § 35 Abs. 1 HOAI 2021 gewählt. Darüber hinaus enthält der Vertrag in § Regelungen gem. § 14 HOAI 2021 über die Erstattung von Nebenkosten.

Beweis: wie vorstehend

Der Vertrag wurde in den Geschäftsräumen der Beklagten am von den beiden Architekten sowie dem Geschäftsführer der Beklagten ordnungsgemäß unterzeichnet.

Beweis: wie vorstehend

2. Ordnungsgemäße Planung und Bauüberwachung

Nach Abschluss des schriftlichen Architektenvertrags führte die Klägerin die Leistungen der Grundlagenermittlung und der Vorplanung, die sie zum Teil bereits akquisitorisch bereits vorweggenommen hatte, zu Ende und erbrachte in der Folgezeit im Weiteren die folgenden Architektenleistungen:

- Genehmigungsplanung: (*auszuführen*)
- Ausführungsplanung: (*auszuführen*)
- Vorbereitung der Vergabe: (*auszuführen*)
- Mitwirkung bei der Vergabe: (*auszuführen*)
- Objektüberwachung: (*auszuführen*)

Das Bauvorhaben wurde im ___ fertiggestellt, die technische Abnahme durch die Architekten erfolgte am ___; die Produktion in der Halle wurde zum ___ aufgenommen.

Beweis: Abnahmeprotokoll vom ___, **Anlage K 2**

3. Abnahme (2)

Mit Schreiben vom ___ forderte die Klägerin die Beklagte zur Abnahme ihrer Leistungen auf und setzte hierfür eine Frist bis zum ___.

Beweis: Schreiben der Klägerin vom ___, **Anlage K 3**

Die Frist lief ab, ohne dass die Beklagte auf die Aufforderung reagierte. (3)

4. Schlussrechnung

Mit Schreiben vom ___ übersandte die Klägerin an die Beklagte ihre als „Schlussrechnung" bezeichnete Honorarrechnung. Diese ist auf der Grundlage der von der Klägerin durchgeführten Kostenermittlung, Kostenberechnung und Kostenfeststellung auf Basis der mit der Beklagten bestehenden Honorarvereinbarung erstellt, wobei die Klägerin auch bisher geleistete Abschlagszahlungen der Beklagten abgesetzt hat. Die Schlussrechnung endet mit einer Honorar-Restforderung von insgesamt ___ EUR. (4)

Beweis: Schreiben vom ___ mit „Schlussrechnung" vom ___, **Anlage K 4**

5. Mahnung

Die Beklagte reagierte auf die Rechnung nicht, insbesondere gingen der Klägerin auch bis einschließlich ___ keinerlei Beanstandungen die Rechnung betreffend zu. Mit Schreiben vom ___ mahnte die Klägerin daher die Zahlung der noch ausstehenden Honorare schriftlich an.

Beweis: Mahnschreiben vom ___, **Anlage K 5**

Auch hierauf reagierte die Beklagte nicht – bei einem Telefonanruf von Herrn Dipl.-Ing. ___ bei dem Geschäftsführer der Beklagten im April wurde vonseiten der Beklagten lediglich geäußert, dass man die Schlussrechnung nicht bezahle, da man die Forderungen für unberechtigt halte und bei dem Bauvorhaben diverse Mängel aufgetreten seien, die die Klägerin angeblich zu vertreten habe. Eine Substantiierung dieser Behauptung erfolgte weder mündlich noch schriftlich. Nachdem der Geschäftsführer der Beklagten in dem Telefonat die Zahlung kategorisch ablehnte, ist Klage geboten.

II. Rechtliche Würdigung

Der Honoraranspruch ergibt sich aus dem zwischen den Parteien abgeschlossenen Architektenvertrag und der dort geregelten Honorarvereinbarung.

Der Zinsanspruch ergibt sich dem Grunde und der Höhe nach aus § 286 Abs. 3 i.V.m. §§ 288, 247 BGB.

Die Klägerin hat die dort beauftragten Leistungen ordnungsgemäß erbracht und mit Schreiben vom ___ eine prüffähige Honorarschlussrechnung übersandt. Die Honoraransprüche der Klägerin sind damit gem. § 15 Abs. 1 HOAI 2021 i.V.m. § 650g Abs. 4 BGB fällig; die Beklagte hat es insbesondere unterlassen, innerhalb von 30 Tagen nach Zugang Einwände gegen die Schlussrechnung zu erheben. Die Abnahme der Architektenleistung der Klägerin wird mit Ablauf der gesetzten Frist gem. § 640 Abs. 1 S. 3 BGB fingiert – die Prüffähigkeit wird mit Ablauf der Einwendungsfrist des § 650g Abs. 4 S. 2 BGB fingiert.

Der Zinsanspruch ergibt sich dem Grunde und der Höhe nach aus § 286 Abs. 3 i.V.m. §§ 288 Abs. 2, 247 BGB.

(*Unterschrift*) (*Rechtsanwalt*)

▲

3. Anmerkungen zum Muster

62 Zu (1) Bei einer Pauschalhonorarvereinbarung müssen diese und die näheren Umstände deren Zustandekommens kurz geschildert werden; bei HOAI 2021 kommt es auf den Zeitpunkt der Vereinbarung nicht mehr an. Bei einer Klage auf Zahlung der Mindestsätze in Abweichung von der vertraglichen Vereinbarung müssen die näheren Umstände des Zustandekommens der Vereinbarung dargestellt sein, die es plausibel erscheinen lassen, dass der Auftragnehmer keine besondere Aufklärungspflicht diesbezüglich gegenüber dem Auftragnehmer hatte und die Abweichung erklären helfen.

Zu (2) Dieser Punkt ist nur erforderlich im Anwendungsbereich der HOAI 2013 und 2021. In der HOAI 2009 ist die Abnahme keine Voraussetzung der Fälligkeit.

Zu (3) Vgl. hierzu § 640 Abs. 1 S. 2 BGB – zu beachten ist, dass die Abnahmefiktion nur dann eingreifen kann, wenn das Werk tatsächlich abnahmereif war.

Zu (4) Bei einer Klage auf Pauschalhonorar genügt grundsätzlich die Bezugnahme auf diese und die Rechnungsstellung entsprechend der (wirksamen) Vereinbarung. Ausführungen zu Berechnungsmodalitäten können daher regelmäßig kürzer ausfallen. Bei einer Klage auf Zahlung des Mindestsatzes in Abweichung von der vertraglichen Vereinbarung müssen wohl regelmäßig Ausführungen dazu erfolgen, warum der Auftragnehmer an die Vereinbarung nicht mehr gebunden ist und warum die Abweichung nicht unzumutbar für den Auftraggeber ist. Generell müssen Sachverhaltsdarstellung und rechtliche Würdigung daraufhin überprüft werden, ob sie vor dem Hintergrund der für die jeweilige Berechnungsart ergangenen Rechtsprechung begründet erscheinen.

4. Weitere Anmerkungen

a) Zuständigkeit

63 In Betracht kommen neben dem Wohnsitzgericht des Beklagten (§ 13 ZPO) auch das Gericht am Ort des Bauvorhabens (§ 29 ZPO).[133] In Ausnahmefällen kommt auch das Gericht am Bürositz des Architekten in Betracht – Einzelheiten sind hier allerdings strittig, wobei auch die Spruchpraxis der örtlichen Gerichte zu beachten ist. Für Bürositz

133 BGH NJW 2001, 1836.

des Architekten als Erfüllungsort z.B. LG München I[134] bei Leistungsphasen 1 und 2. Gegen Bürositz als Erfüllungsort bei Leistungsphasen 1 bis 4 z.B. KG[135] und LG München I[136] sowie OLG Köln.[137] Hinsichtlich der sachlichen Zuständigkeit verbleibt es bei den Regelungen in §§ 23, 71 GVG, sodass im vorliegenden Sachverhalt das LG München I zuständig wäre

b) Parteifähigkeit

Seit der Grundlagenentscheidung des BGH[138] zur Parteifähigkeit einer BGB-Gesellschaft müssen nicht mehr alle BGB-Gesellschafter klagen oder sich ermächtigen lassen oder ihre Ansprüche abtreten, sondern auch die BGB-Gesellschaft als solche kann klagen bzw. beklagt werden. 64

c) Honorarvereinbarung

Soweit nicht lediglich die zutreffenden Mindestsätze geltend gemacht werden – also sowohl bei Höchstsatzvereinbarung als auch bei Pauschalhonorarvereinbarungen – kann es nötig sein, dass die Klageschrift Ausführungen zur Wirksamkeit der Honorarvereinbarung i.S.v. § 7 Abs. 1 HOAI 2009 bzw. § 7 Abs. 1 HOAI 2013 enthält. Bei der HOAI 2021 werden die Wirksamkeitsvoraussetzungen der Honorarvereinbarung regelmäßig keine allzu hohe Hürde sein. 65

d) Fälligkeit

Gem. § 15 Abs. 1 HOAI 2009 war Voraussetzung der Fälligkeit des Honorars zum einen die ordnungsgemäße Leistungserbringung und zum anderen die Überreichung einer prüffähigen Honorarschlussrechnung. § 15 Abs. 1 HOAI 2013 ersetzte das Merkmal der ordnungsgemäßen Leistungserbringung durch die Abnahme; Gleiches gilt gem. § 15 HOAI 2021 i.V.m. § 650g Abs. 4 Nr. 1 BGB Zur ordnungsgemäßen Leistungserbringung ist daher Sachvortrag notwendig. Dies gilt insbesondere nach der Grundlagenentscheidung des BGH vom 24.6.2004 – VII ZR 259/02.[139] Ferner ist in einer Konstellation wie der hier vorliegenden, in der die Parteien das geschuldete Leistungssoll unter Bezugnahme auf die rein preisrechtlichen Regelungen des § 34 HOAI 2021 definieren, darüber hinaus notwendig, die Erbringung sämtlicher Grundleistungen i.S.d. § 34 HOAI 2021 vorzutragen. Nach dem BGH ist davon auszugehen, dass bei einer an den Leistungsphasen des § 33 HOAI 2009 bzw. § 34 HOAI 2013 orientierten Vereinbarung die dort 66

134 NJW-RR 1993, 212.
135 BauR 1999, 940.
136 BauR 1996, 421.
137 NJW-RR 1994, 996.
138 BauR 2001, 775.
139 BGH BauR 2004, 1640 = NJW 2004, 2588 = NZBau 2004, 509 = ZfR 2004, 767 = MDR 2004, 1293 = EWiR 2004, 1119.

definierten Arbeitsschritte als Teilerfolge geschuldet werden. Mittlerweile gibt es erste obergerichtliche Rechtsprechung zu möglichen Kürzungen, die ggf. anzuwenden ist.[140]

e) Pauschalhonorar

67 Soweit ein Pauschalhonorar (wirksam) vereinbart wurde, genügt eine Rechnung, die das Pauschalhonorar aufführt und ggf. geleistete Zahlungen hiervon abzieht. Weiterer Sachverhalt ist in der Klageschrift hierzu nicht notwendig. Dies kann sich ändern, wenn von Auftraggeberseite Einwendungen gegen die Wirksamkeit der Pauschalhonorarvereinbarung kommen.

f) Mindestsatzhonorar

68 Sofern sich der Architekt entgegen einer getroffenen Honorarabrede bei HOAI 2009 oder 2013 – Fällen auf die zutreffenden Mindestsätze beruft, sollte im Sachverhalt zumindest andeutungsweise Vortrag dazu zu finden sein, warum es zu einer die Mindestsätze unterschreitenden Honorarvereinbarung gekommen ist und im Idealfalle auch dazu, warum der Architekt an diese Honorarvereinbarung nicht gebunden ist. Dies kann allerdings aus strategischen Gründen auch erst in der Replik erfolgen. Bei HOAI 2021-Fällen spielt dieses Thema keine Rolle mehr.

g) Zinsen

69 Sofern Verzugszinsen und nicht nur Prozesszinsen geltend gemacht werden, muss der Verzug begründende Sachverhalt vorgetragen werden. Insoweit ergeben sich hier keine Besonderheiten zu übrigen Zivilprozessen.

5. Checkliste

70
1. Örtliche, sachliche Zuständigkeit
2. Parteifähigkeit, ggf. prozessstrategische Überlegungen (Zeugen)
3. Honorarvereinbarung: vorliegend? Wirksamkeit? Mindestsatzunter-/Höchstsatzüberschreitung bei Altfällen? Zeitpunkt bei Altfällen? Besonderheiten des Einzelfalls?
4. Leistungsumfang: ordnungsgemäße Leistungserbringung? Ggf. Reduzierung wegen Nichterbringung einzelner Leistungsphasen? Besondere Honorierungsformen (Zeithonorar/besondere Leistungen/ungewöhnlich lang dauernde Bauzeit?)
5. Abnahme?
6. Prüffähige Schlussrechnung: notwendige Angaben? Sachliche und rechnerische Richtigkeit?
7. Bereits vorliegende Einwände des Auftraggebers gegen Leistungserbringung?

140 Vgl. BGH v. 28.7.2011 – VII ZR 65/10 – IBR 2011, 588; OLG Hamm v. 24.1.2006 – 21 U 139/01 – NZBau 2006, 584; KG v. 16.3.2005 – 24 U 11/04 – IBR 2006, 100; OLG Rostock v. 20.10.2004 – 2 U 1/04 – IBR 2005, 379; OLG Celle v. 11.10.2005 – 14 U 68/04 – IBR 2005, 600.

8. Bereits vorliegende Einwände des Auftraggebers gegen Honorarschlussrechnung? Zeitliche Abfolge nach Schlussrechnungserhalt? Gegenrechte? Schadensersatzansprüche?
9. Verjährung

II. Muster: Klageerwiderung zur Honorarklage des Architekten

▼ 71

An das

Landgericht

In Sachen

Architekturbüro

– Klägerin –

gegen

Firma , vertreten durch den Geschäftsführer ,

– Beklagte –

wegen: Architektenhonorar

zeige ich an, dass ich die Beklagte vertrete. Die Beklagte wird sich gegen die Klage verteidigen.

Im Termin zur mündlichen Verhandlung werde ich beantragen:

I. Die Klage wird abgewiesen.

II. Die Klägerin trägt die Kosten des Verfahrens.

Das Urteil ist – ggf. gegen Sicherheitsleistung – in Nr. II. vorläufig vollstreckbar.

Die Beklagte hat – noch am Tage vor der Zustellung der Klageschrift – an die Klägerin einen Betrag von EUR überwiesen. Klageerhebung war insoweit nicht geboten, da der Geschäftsführer der Beklagten in dem auch von der Klägerin erwähnten Telefonat im April dieser gegenüber klar gemacht hat, dass er berechtigte Gegenansprüche von der Honorarforderung in Abzug bringen würde, jedoch einen verbleibenden Rest zeitnah zur Auszahlung bringen werde.

Beweis: Herr , zu laden über die Beklagte, als Partei

Bezüglich des die Honorarforderung in Höhe von EUR übersteigenden Restbetrages ist die Klage unbegründet.

1. Beauftragung nur mit Leistungsphasen 3 bis 8

Unzutreffend ist, dass die Parteien mit Vertrag vom eine Beauftragung der Klägerin für die Leistungsphasen 1 bis 8 gem. § 34 HOAI 2021 hätten vornehmen wollen. Richtig ist vielmehr, dass – im Vorfeld des Vertragsschlusses – die Klägerin sich gegenüber dem Geschäftsführer der Beklagten erboten hatte, Leistungen der Grundlagenermittlung und der Vorplanung „kostenlos“ zu erbringen, wenn die Klägerin auf der Grundlage ihrer Vorschläge einen Auftrag über die Leistungsphasen 3 bis 8 erhielte. Insoweit hatten die

Parteien sich bezüglich der Leistungsphasen 1 bis 2 auf eine unverbindliche Vorlage von Bebauungskonzepten und der „Grobkalkulation" geeinigt.

Beweis: Herr …, zu laden über die Beklagte, b.b.

Soweit im Vertrag vom … die Leistungsphasen 1 und 2 angekreuzt worden sind, ging die Beklagte aufgrund der bereits im Vorfeld dieser Beauftragung mit dem Dipl.-Ing. … von der Klägerin vereinbarten Abreden davon aus, dass diese Leistungen insoweit unentgeltlich erbracht worden sind bzw. erbracht würden. Dies ergibt sich nicht zuletzt auch daraus, dass die Klägerin von den Leistungsphasen 1 und 2 tatsächlich nur einige wenige Grundleistungen erbracht hat. Im Einzelnen waren dies:

… (*auszuführen*)

Beweis: „Konzeptionsbuch" vom …, **Anlage B 1**

Die in der Schlussrechnung vom … auf die Leistungsphasen 1 und 2 entfallenden Honoraranteile sind daher um … EUR zu kürzen, da insoweit die geschuldeten Teilerfolge von der Klägerin nicht erbracht worden sind (BGH BauR 2004, 1640).

Ferner hat die Klägerin nicht die erforderlichen Zwischenergebnisse nach Abschluss einer Zielfindungsphase vereinbart – zwar war eine solche im Vertrag nicht ausdrücklich vereinbart, die Beklagte ging aber aufgrund der vorstehend geschilderten Besonderheit davon aus, dass es sich bei den Leistungen um solche der Zielfindung handele. Da diese Ergebnisse nicht vorgelegt und gebilligt wurden, besteht der darüber hinausgreifende Anspruch schon dem Grunde nach nicht (vgl. OLG Frankfurt v. 16.5.2022 – 29 U 94/21).

2. Weitere nicht erbrachte Leistungen der Klägerin

Vorsorglich: Die Klägerin hat auch aus den Leistungsphasen 3 bis 8 nicht alle Grundleistungen erbracht, es jedoch unterlassen, in ihrer „Schlussrechnung" entsprechende Abzüge vorzunehmen. Im Einzelnen hat die Klägerin folgende Leistungen nicht erbracht:

- Entwurfsplanung: … (*auszuführen*)
- Genehmigungsplanung: … (*auszuführen*)
- Ausführungsplanung: … (*auszuführen*)
- Vorbereitung der Vergabe: … (*auszuführen*)
- Mitwirkung bei der Vergabe: … (*auszuführen*)
- Bauoberleitung: … (*auszuführen*)

Beweis: Vorlage aller Planungsunterlagen der Klägerin im Konvolut, **Anlage B 2**

Aufgrund der nicht durchgeführten Leistungen sind an der Honorarschlussrechnung die folgenden Abzüge vorzunehmen, wobei die Beklagte insoweit der Bewertung in der sogenannten Steinfort'schen Tabelle folgt. Daher sind die folgenden Abzüge anzusetzen:

- Entwurfsplanung: … % = … EUR
- Genehmigungsplanung: … % = … EUR
- Ausführungsplanung: … % = … EUR
- Vorbereitung der Vergabe: … % = … EUR
- Mitwirkung bei der Vergabe: … % = … EUR
- Bauoberleitung: … % = … EUR

Mithin setzt die Beklagte weitere … EUR von der Honorarforderung der Klägerin ab.

3. Schadensersatzansprüche der Beklagten

Die Leistungen der Klägerin sind teilweise mangelhaft; da die Klägerin – trotz entsprechender Aufforderung durch die Beklagte – die entsprechenden Planungsmängel nicht beseitigte, stehen der Beklagten insoweit Schadensersatzansprüche zu. Soweit es um mangelhafte Bauüberwachung geht, war eine Fristsetzung ohnehin entbehrlich.

Im Einzelnen:

Mit der Klägerin war vereinbart, dass diese hinter der Produktionshalle an der westlichen Grundstücksgrenze einen begrünten Außenbereich zu planen hat, der u.a. zum Aufenthalt der Mitarbeiter der Beklagten während der Sommermonate dienen sollte.

Beweis: Entwurfsskizze vom   sowie Schreiben der Beklagten an die Klägerin vom , **Anlage B 3**

Stattdessen hat die Klägerin lediglich eine befestigte Gebäudeumrandung geplant. Die entsprechenden Außenanlagen mussten von der Beklagten nachträglich gesondert erstellt werden. Hierfür sind Mehrkosten in Höhe von   EUR angefallen. Die Beklagte hat die Kosten, die ohnehin für den begrünten Außenbereich angefallen wären (sog. „Sowieso-Kosten"), bereits abgezogen und beansprucht nur die Mehrkosten.

Beweis: Rechnung Gartenbaufirma vom , **Anlage B 4**

In der Abschlagsrechnung Nr. 6 des Generalunternehmers   vom   wurden Leistungen in den Positionen 6 bis 10 als „Nachträge" abgerechnet und von der Klägerin zur Zahlung freigegeben, die vom ursprünglichen Pauschalangebot des GU umfasst waren und daher zu Unrecht abgerechnet wurden. Der Klägerin hätte dies bei ordnungsgemäßer Rechnungsprüfung auffallen müssen.

Beweis: GU-Vertrag sowie Abschlagsrechnung Nr. 6 vom   im Konvolut, **Anlage B 5**

Auch diesbezüglich setzt die Beklagte einen Betrag von   EUR von der Honorarforderung der Klägerin ab.

Schließlich setzt die Beklagte einen weiteren Betrag von   EUR von der Honorarforderung der Klägerin ab. Die Beklagte hat auf der Basis des Musters eines Bauvertrages, welches ihr von der Klägerin zur Verfügung gestellt wurde, neben dem Generalunternehmer für die Gestaltung des Parkplatzes sowie der Einzäunung des Grundstückes die Firma   beauftragt. Zu diesem Bauvertrag gab es ein von der Klägerin vorbereitetes Verhandlungsprotokoll, in den unter der Rubrik „Sicherheitseinbehalt" von der Klägerin vorbereitet folgender Textbaustein ergänzt war: „Der Sicherheitseinbehalt beträgt 5 % der Nettoschlussrechnungssumme, ablösbar durch Bürgschaft auf erstes Anfordern".

Beweis: Bauvertrag vom   nebst Verhandlungsprotokoll, **Anlage B 6**

Gemäß ständiger Rechtsprechung des BGH sind auch vorbereitete Textbausteine in Verhandlungsprotokollen als Allgemeine Geschäftsbedingungen anzusehen und unterliegen damit der Inhaltskontrolle gem. §§ 305 ff. BGB (BGH v. 19.5.2005 – III ZR 437/04). Eine Regelung wie die hier vorliegende, die die Ablösung des Sicherheitseinbehalts durch Bürgschaft auf erstes Anfordern vorsieht, ist nach ständiger Rechtsprechung des BGH so zu verstehen, dass damit das Wahlrecht des Werkunternehmers gem. § 17 Abs. 2 und

3 VOB/B in unzulässiger Weise eingeschränkt wird (BGH v. 16.5.2002 – VII ZR 494/00). Die entsprechende Regelung ist daher unwirksam, sodass die Beklagte davon ausgehen muss, den entsprechenden Sicherheitseinbehalt nicht durchsetzen zu können. Sie setzt daher den entsprechenden Betrag von der Honorarforderung der Klägerin ab. (1)

4. Zurückbehaltungsrecht

Der Beklagten steht darüber hinaus jedenfalls ein Zurückbehaltungsrecht gem. § 320 BGB zu. Die Klägerin war im Rahmen ihrer vertraglichen Verpflichtungen verpflichtet, die Abnahmeniederschriften, Prüfungsprotokolle sowie Wartungsvorschriften für das Objekt zusammenzustellen und die entsprechenden Verjährungsfristen der Gewährleistungsansprüche aufzulisten. Bislang hat die Klägerin jedoch nur das Protokoll der technischen Abnahme übergeben. Im Einzelnen fehlen folgende Abnahmeniederschriften und Prüfungsprotokolle:

■

■

5. Keine Zinsen

Nachdem die Klägerin selbst nicht alle nach dem Vertrag vorgesehenen Leistungen erbracht hat, liegen bereits die Voraussetzungen der Fälligkeit der Honorarschlussrechnung nicht vor (vgl. die Ausführungen unter vorstehender Ziffer); jedenfalls aber konnte die Beklagte mangels eigener Vertragstreue der Klägerin nicht in Verzug kommen. Zinsen sind daher allenfalls ab Rechtshängigkeit und dann nur aus dem um den von der Beklagten bereits an die Klägerin ausgereichten Betrag gekürzten zu berechnen.

Die Klage ist daher abzuweisen.

(*Unterschrift*) (*Rechtsanwalt*) (2)

▲

1. Anmerkungen zum Muster 5.2

72 Zu (1) Zu Schadensersatzpflichten des Architekten bei falscher „Rechtsberatung“ vgl. etwa OLG Hamm v. 15.2.2005 – 21 U 27/04 und OLG Brandenburg v. 26.9.2002 – 12 U 63/02.

Zu (2) Bei der Klageerwiderung wg. Pauschalhonorarvereinbarung ergeben sich keine Besonderheiten, sofern nicht konkrete Anhaltspunkte bestehen, die Vereinbarung als solche anzugreifen. Bei einer Klage auf Zahlung in Abweichung von vertraglicher Honorarvereinbarung, Mindestsatzvergütung werden regelmäßig Ausführungen zur Bindungswirkung und deren Wegfall nötig. Bei einer Baukostenvereinbarung i.S.v. § 6 Abs. 2 HOAI 2009, bzw. § 6 Abs. 3 HOAI 2013 könnte man etwa daran denken, ob der Architekt hier Referenzobjekte falsch angegeben hat oder sonst den Bauherrn „getäuscht“ hat, ohne dass diesem das hätte auffallen müssen – daneben könnten, sofern eine andere Abrechnungsgrundlage ein niedrigeres Honorar ergeben würde, auch die Umstände der Vereinbarung angegriffen werden („bei Vertragsschluss“?, Nichtvorliegen von Planungen für Kostenschätzung?, Schriftlichkeit? – vgl. § 6 Abs. 2 HOAI 2009/§ 6 Abs. 3 HOAI 2013).

2. Weitere Anmerkungen

a) Generelles

Die Klageerwiderung enthält eine Reihe von Ausführungen, wie sie typischerweise in einer Klageerwiderung auftauchen können. **Die Ausführungen sind daher nicht so zu lesen, als träfen sie materiell-rechtlich gesehen tatsächlich zu**, sondern sollen nur Beispiele geben, wie und an welchen Stellen der klägerische Vortrag zu einer Honorarklage eines Architekten angegriffen werden könnte. 73

b) Kürzung wegen nicht erbrachter Teilleistung

Die Bewertung von Teilen von Grundleistungen kann nach der Rechtsprechung des BGH anhand der sog. Steinfort'schen Tabelle erfolgen.[141] Daneben ist die entsprechende obergerichtliche Rechtsprechung zu einzelnen Teilen von Grundleistungen grundsätzlich zu verfolgen und zu beachten.[142] 74

c) Zielfindungsphase

Vgl. dazu die Ausführungen unter Rdn 8 a.E. – hier verbirgt sich ein großes Risiko für Architekten. 75

3. Checkliste

76

1. Örtliche/sachliche Zuständigkeit.
2. Aktivlegitimation der Klägerseite?
3. Einwendung gegen den Vertrag selbst: Formerfordernis? Kopplungsverbot? Anfechtung?
4. Einwendungen gegen die Honorarvereinbarung: Zeitpunkt? Schriftform? Transparenz?
5. Einwendungen aufgrund Zielfindungsphase ohne Vorlage der Ergebnisse und Billigung durch den Besteller.
6. Einwendungen wegen Schlechterfüllung/Nichterfüllung vertraglicher Pflichten: Minderung? Schadensersatz? Ggf. Berücksichtigung zwingender Abzüge z.B. bei „Sowieso-Kosten".
7. Sonstige Gegenrechte: Aufrechnung? Zurückbehaltung?
8. Verjährung?

141 BGH v. 16.12.2004 – VII ZR 174/03.

142 Vgl. zu dieser Thematik bisher die Entscheidungen BGH v. 28.7.2011 – VII ZR 65/10 – IBR 2011, 588; OLG Hamm v. 24.1.2006 – 21 U 139/01 – NZBau 2006, 584; KG v. 16.3.2005 – 24 U 11/04 – IBR 2006, 100; OLG Rostock v. 20.10.2004 – 2 U 1/04 – IBR 2005, 379; OLG Celle v. 11.10.2005 – 14 U 68/04 – IBR 2005, 600.

C. Rechtliche Grundlagen der Haftung des Architekten

I. Leistungssoll und Mängel des Architektenwerks

1. Grundlagen

77 Der Architektenvertrag ist (im Regelfall) ein Werkvertrag, sodass der Architekt die Verpflichtung hat, seine Leistung so zu erbringen, dass sie frei von Sachmängeln und frei von Rechtsmängeln ist (§ 631 Abs. 1 BGB) (vgl. Rdn 1).

78 Das Werk ist frei von **Rechtsmängeln**, wenn Dritte in Bezug auf das Werk keine oder lediglich die im Vertrag übernommenen Rechte gegenüber dem Besteller geltend machen können (§ 633 Abs. 3 BGB). Regelmäßig kommen insoweit Urheberrechte Dritter in Betracht, wobei praktisch jedoch die Rechtsmängelhaftung eine eher untergeordnete Rolle spielen wird.

79 Das Architektenwerk ist frei von **Sachmängeln**, wenn es die vereinbarte Beschaffenheit hat bzw. sonst, wenn es sich für die nach dem Vertrag vorausgesetzte Verwendung eignet bzw. sonst, wenn es sich für die gewöhnliche Verwendung eignet und eine Beschaffenheit aufweist, die bei Werken der gleichen Art üblich ist und die der Besteller nach Art des Werkes erwarten kann (§ 633 Abs. 2 BGB).

80 Ausgehend von der typischen Historie eines Architektenvertrages lassen sich bezüglich der Haftung des Architekten die folgenden Haftungskreise voneinander abheben:

- Aufklärungsfehler sowie Planungs- und Koordinierungsfehler,
- Bauüberwachungsfehler,
- Fehler im wirtschaftlichen Bereich bzw. sonstige Pflichtverletzungen.

2. Aufklärungsfehler sowie Planungsfehler des Architekten

81 Der Architekt schuldet, bezogen auf den jeweiligen Vertragsgegenstand, eine sachgerechte Lösung.[143] Die Planung des Architekten ist daher regelmäßig **mangelhaft**, wenn sie **gegen die anerkannten Regeln der Technik verstößt**, **nicht dauerhaft genehmigungsfähig ist** oder mit einem **Sach- oder Rechtsmangel** behaftet ist.

82 Die Planung des Architekten ist zunächst dann mangelhaft, wenn bestimmte im Vertrag definierte **Wünsche und Anforderungen** des Auftraggebers, **Garantien** für bestimmte Merkmale des Werkes oder eine **Beschaffenheitsvereinbarung** i.S.v. § 633 Abs. 2 S. 1 BGB **nicht beachtet** sind. In Fällen der Missachtung von vertraglich genau bestimmten Leistungsmerkmalen genügt es auch nicht, wenn die Werkleistung als solche den anerkannten Regeln der Technik entspricht, da diese nur Mindeststandards des vertragsgerechten Werkerfolges darstellen.[144]

143 OLG Karlsruhe v. 31.7.2001 – 17 U 140/99 – BauR 2001, 1933; OLG Frankfurt v. 20.1.1999 – 3 U 121/97 – BauR 2000, 598; OLG Braunschweig v. 16.12.2010 – 8 U 123/08 – IBR 2012, 462.

144 BGH v. 19.1.1995 – VII ZR 131/93 – BauR 1995, 230; BGH v. 30.4.1998 – VII ZR 74/97 – BauR 1998, 827.

Nach ständiger Rechtsprechung ist der Architekt weiterhin verpflichtet, eine **dauerhaft genehmigungsfähige Planung** herbeizuführen.[145] Dies bedeutet, dass die öffentlich-rechtlichen Vorschriften zu beachten sind, wobei die Mangelhaftigkeit der Planung nicht deshalb entfällt, weil die Baugenehmigung zu Unrecht abgelehnt wird – der Architekt muss dann den Bauherrn hinsichtlich der Rechtsmittel beraten.[146] Auch eine später aufgehobene und ursprünglich zu Unrecht erteilte Baugenehmigung befreit den Architekten nicht von der Haftung.[147] Sofern vonseiten der Genehmigungsbehörde eine Tektur (= Bearbeitung des Bauantrages) gefordert wird, muss der Bauherr dem Architekten grundsätzlich die Möglichkeit einräumen, entsprechend tätig zu werden, dies ergibt sich aus dem Nachbesserungsrecht bzw. der Obliegenheit des Auftraggebers zur Entgegennahme der Nachbesserung des Architekten[148] (vgl. §§ 634 Nr. 1, 635 BGB). Liegt eine **stufenweise Beauftragung** vor, ist die dauerhafte Genehmigungsfähigkeit allerdings dann nicht Teil des geschuldeten Leistungserfolges, wenn der Architekt nur mit der Entwurfsplanung beauftragt war.[149] 83

Ein Verstoß gegen die **anerkannten Regeln der Technik** bedeutet ebenfalls, dass jedenfalls indiziell ein Mangel des Architektenwerkes vorliegt. **Anerkannte Regeln der Technik** liegen vor, wenn es sich um technische Regeln für den Entwurf und die Ausführung baulicher Anlagen handelt, die in der technischen Wissenschaft als theoretisch richtig anerkannt sind und feststehen sowie insbesondere im Kreis der für die Anwendung maßgeblichen, nach dem neuesten Erkenntnisstand vorgebildeten Techniker durchwegs bekannt und aufgrund fortdauernder praktischer Erfahrung als technisch geeignet, angemessen und notwendig anerkannt sind.[150] Als anerkannte Regeln der Bautechnik kommen grundsätzlich die DIN-Normen, VdI-Richtlinien, VdE-Vorschriften, Normen des deutschen Ausschusses für Stahlbeton, einheitliche technische Baubestimmungen (ETB), Europäische Normen oder öffentlich-rechtliche Regeln (TA Luft oder Unfallverhütungsvorschriften der Berufsgenossenschaften) und Herstellerrichtlinien (soweit sie nicht den vorgenannten Regeln widersprechen) in Betracht. Jedoch stellt z.B. die DIN-Gerechtigkeit der Leistung nur eine Vermutung der Mangelfreiheit dar. Auch die Normen können bereits überholt sein, bzw. können auch Entwürfe bereits den Stand der Technik darstellen, wenn sie von der Wissenschaft anerkannt und in der Praxis ständig angewandt werden. Neue Werke müssen daher einer kritischen Überprüfung unterzogen werden. Der **Stand der Technik** kann gegenüber den anerkannten Regeln der Technik ein fortschrittlicherer Entwicklungsstand sein.[151] Nach gefestigter Rechtsprechung[152] ist der maßgebliche Zeitpunkt für die Beurteilung eines möglichen Man- 84

145 Vgl. nur BGH v. 27.9.2001 – VII ZR 391/99 – NZBau 2002, 41; OLG Frankfurt v. 15.12.2011 – 12 U 71/10 – IBR 2012, 274.
146 OLG Düsseldorf v. 12.12.1995 – 21 U 53/95 – BauR 1996, 287.
147 OLG Düsseldorf v. 31.5.1996 – 22 U 176/95 – BauR 1997, 159; KG v. 27.8.1999 – 7 U 4227/98 – IBR 2000, 90.
148 Vgl. zur Terminologie *Jansen*, BauR 2005, 1089.
149 BGH v. 18.9.1997 – VII ZR 300/96 – BauR 1997, 1065.
150 Vgl. etwa Kapellmann/Messerschmidt/*Merkens*, VOB Teile A und B, Kommentar, § 4 VOB/B Rn 54 m.w.N.
151 Vgl. Kapellmann/Messerschmidt/*Merkens*, VOB Teile A und B, Kommentar, § 4 VOB/B Rn 55.
152 Vgl. nur BGH v. 20.11.1986 – VII ZR 360/85 – BauR 1987, 207.

gels, wenn die Planung zum Zeitpunkt des Auftretens des Mangels innerhalb der Gewährleistungsfrist nicht mehr dem Stand der Technik entspricht. Auf die Abnahme oder Erbringung der Planungsleistung kommt es dagegen nicht an. Diese an sich geltende Rechtslage wird vertraglich jedoch zumeist dahingehend abgeändert, dass es für den Zeitpunkt der Konformität mit den anerkennten Regeln der Technik auf die Abnahme ankommt.

85 Beispiele für Planungsfehler – die ggf. auch Aufklärungsfehler sind – sind etwa:

- fehlende Überprüfung der vom Bauherrn überreichten Unterlagen,[153]
- Ausschreibungs- und Vergabefehler,[154]
- unzureichende, lückenhafte oder widersprüchliche Leistungsverzeichnisse,[155]
- fehlerhafte Höheneintragung in (vertraglich nicht geschuldeter) Ergänzung einer bereits vorliegenden Entwurfsplanung,[156]
- unterbliebene Prüfung der Abstandsflächen,[157]
- Fehler in der Zeitplanung,[158]
- nicht rechtzeitige Vorlage von Detailplanungen gegenüber den an der Bauausführung beteiligten Unternehmern,
- fehlende Klärung der Boden- und Grundwasserverhältnisse vor Ausführung der Planungen[159] sowie Ausrichtung der Planung nach dem höchsten bekannten Grundwasserstand zzgl. eines Sicherheitszuschlags,[160]
- fehlender Hinweis des Architekten auf die Möglichkeiten der Verwendung neuartiger Baustoffe, insbesondere, wenn sich diese bereits in der Praxis bewährt haben,[161]
- fehlender Hinweis des Architekten auf ein mögliches Risiko bei der Verwendung neuartiger, nicht erprobter Baustoffe oder Konstruktionen,[162]
- fehlende Detailplanungen, die nicht durch mündliche Weisungen auf der Baustelle nachgeholt werden,[163]
- unzureichende Wärme- oder Schalldämmung,[164]

153 OLG Düsseldorf v. 30.3.1990 – 22 U 203/89 – NJW-RR 1992, 156.
154 OLG Düsseldorf v. 15.5.2000 – 22 U 191/99 – BauR 2001, 281.
155 OLG Düsseldorf v. 20.10.2000 – 22 U 55/00 – BauR 2001, 281.
156 BGH v. 8.2.2001 – VII ZR 152/00 – BauR 2001, 983.
157 OLG Hamm v. 26.11.1999 – 25 U 56/99 – BauR 2000, 918.
158 OLG Köln v. 12.11.1998 – 18 U 68/98 – BauR 1999, 768; OLG Hamm v. 7.4.1992 – 26 U 121/91 – BauR 1993, 729.
159 BGH v. 14.2.2001 – VII ZR 176/99 – NZBau 2001, 270; OLG Düsseldorf v. 9.7.1992 – 5 U 249/91 – BauR 1993, 124; OLG Köln v. 16.6.1993 – 11 U 37/93 – BauR 1993, 756; OLG Celle v. 16.11.1982 – 16 U 15/82 – BauR 1983, 483; OLG Hamm v. 21.5.1997 – 12 U 150/96 – BauR 1997, 1069.
160 OLG Düsseldorf v. 12.1.1996 – 22 U 257/92 – OLGR 1996, 240; OLG Hamm v. 6.5.1997 – 24 U 154/96 – BauR 1997, 876; OLG Düsseldorf v. 19.10.1999 – 23 U 182/98 – IBR 2001, 213.
161 BGH v. 27.9.2001 – VII ZR 391/99 – NZBau 2002, 41.
162 BGH v. 10.7.1980 – VII ZR 110/79 – BauR 1981, 76; BGH v. 29.6.1981 – VII ZR 284/80 – BauR 1981, 479; OLG Celle v. 19.7.1990 – 7 U 89/89 – BauR 1990, 759; OLG Saarbrücken v. 28.2.1996 – 5 U 553/95 – NJW-RR 1998, 93.
163 OLG Düsseldorf v. 31.5.1996 – 22 U 176/95 – OLGR 1996, 240; OLG Hamm v. 6.5.1997 – 24 U 154/96 – BauR 1997, 876; OLG Düsseldorf v. 19.10.1999 – 23 U 182/98 – IBR 2001, 213.
164 BGH v. 9.4.1981 – VII ZR 263/79 – BauR 1981, 395; OLG Düsseldorf v. 5.2.1993 – 22 U 249/92 – BauR 1993, 622; OLG Köln v. 14.9.1999 – 22 U 30/99 – IBR 2000, 69; OLG Karlsruhe v. 11.4.2006 – 17 U 225/04 – IBR 2007, 692.

- unzureichende Dehnungsfugen,
- fehlende Abdichtung gegen drückendes Grundwasser,[165]
- fehlende Planung zur Entlüftung von Fassadenelementen, Entwässerung eines Balkonoberbelages oder wirksame Ausbeulung des unteren Abschlusses einer Schweißbahn,[166]
- fehlerhafte Gutachten von den durch den Architekten beauftragten Sonderfachleuten, wenn die Klärung der Gutachterfrage zu den vertraglichen Pflichten des Architekten gehört,[167]
- fehlende Dampfsperre,
- Auswirkungen von Deckenbewegungen auf Dämm- und Dichtungsschichten,[168]
- ein Architekt, der für eine Bauträgergesellschaft mehrere Einfamilienhäuser plant, muss davon ausgehen, dass diese – und zwar möglichst frühzeitig – Verträge mit Erwerbern schließen will. Daher muss er bei einer beabsichtigten Planungsänderung deren Auswirkungen auf eventuell schon bestehende oder künftige Erwerberverträge bedenken und grundsätzlich von sich aus mit der Bauträgergesellschaft erörtern.[169]

Der Architekt muss darüber hinaus das Bauvorhaben und den Bauablauf **koordinieren**. 86
Dies bedeutet, dass er die richtigen Entscheidungen zur richtigen Zeit zu treffen hat und für eine reibungslose Ausführung des Bauwerkes zu sorgen hat. Je nach Vertragsumfang besteht diese Koordinierungspflicht in der Planungs- als auch in der Bauüberwachungsphase.

Die allgemeine Koordinierungspflicht kann dabei als eine Tätigkeit definiert werden, die den planungs- und termingerechten Ablauf aller Leistungsbereiche und daran beteiligten Sonderfachleute umfasst.[170]

3. Überwachungsfehler

Im Rahmen der **Bauaufsicht** ist der Architekt verpflichtet, dafür zu sorgen, dass das 87
Bauwerk mangelfrei und plangerecht errichtet wird.[171] Der genaue **Umfang**, die **Reichweite** und die **Intensität** der Überwachungstätigkeit sind nur einzelfallbezogen anzugeben. Maßgeblich sind die vertraglichen Vereinbarungen, Umstände des Einzelfalles, insbesondere Bedeutung und Schwierigkeitsgrad der jeweiligen Arbeiten bzw. kritische Bauabschnitte und/oder besondere Gefahrenquellen, schließlich auch die Qualität und Leistungsfähigkeit der jeweiligen Unternehmer.

165 OLG Hamm v. 6.5.1997 – 24 U 154/96 – BauR 1997, 876; OLG Düsseldorf v. 17.3.2000 – 22 U 142/99 – BauR 2000, 1358; BGH v. 14.2.2001 – VII ZR 176/99 – BauR 2001, 823; OLG Düsseldorf v. 12.5.2000 – 22 U 191/99 – BauR 2001, 277.
166 BGH v. 5.11.1987 – VII ZR 326/86 – NJW-RR 1988, 275.
167 BGH v. 19.12.1996 – VII ZR 233/95.
168 BGH v. 26.9.1985 – VII ZR 50/84 – BauR 1986, 112.
169 BGH v. 9.5.1996 – VII ZR 181/93 – NJW 1996, 2370.
170 Vgl. hierzu *Eichberger*; AnwZert BauR 6/2023, Anm. 2.
171 BGH v. 6.7.2000 – VII ZR 82/98 – NJW-RR 2000, 1468.

88 Regelmäßig sind **handwerkliche Selbstverständlichkeiten** wie etwa Putzarbeiten, Malerarbeiten, Hinterfüllungsarbeiten sowie Eindecken eines Dachs mit Dachpappe. **Schwierige Arbeiten** sind dagegen grundsätzlich Dichtungs- und Isolierarbeiten,[172] Betonierungsarbeiten/Bewehrungsarbeiten,[173] Estrich vor Fliesenverlegung,[174] Abbruch- und Unterfangungsarbeiten,[175] Drainagearbeiten,[176] Schall- und Wärmeschutzisolierungen,[177] Standfestigkeit des Bauvorhabens und der Baugrube,[178] Winterfestigkeit eines Rohbaus,[179] Bestandsschutz beim Umbau,[180] Einbau von Fenstern,[181] Außenputzarbeiten,[182] Dehnungsfugenschnitte in Kenntnis einer darüber verlegten Fußbodenheizung,[183] generell bei Sanierungs- und Mangelbeseitigungsarbeiten,[184] Dichtigkeit von Glasdächern,[185] Einweisung des Unternehmers bei Bitumendickbeschichtung,[186] Abdichtung von Balkonen, Einbindetiefe bei Fundamenten,[187] Verarbeitung neuer Baustoffe und vorgefertigter Bauteile.

Allerdings bedeutet dies nicht, dass der Architekt hier keine Bauüberwachungspflichten hätte – er muss vielmehr auch hier, ggf. stichprobenartig, seiner Bauüberwachungspflicht nachkommen.[188]

89 **Besondere Überwachungspflichten** können dann entstehen, wenn dem Architekten bereits Informationen darüber vorliegen, dass ein Handwerker ungeeignet oder unzuverlässig ist. Gleiches gilt, wenn bereits während der Bauausführung unabhängig vom Schwierigkeitsgrad der Arbeiten Mängel erkennbar werden oder wenn die Planung und Bauüberwachung getrennt vergeben werden. Eine intensivere Objektüberwachung wird auch dann erforderlich, wenn keine ausreichende Detailplanung vorliegt.[189]

172 Vgl. etwa OLG Hamm v. 29.3.2001 – 24 U 60/00 – NZBau 2001, 691; OLG Dresden v. 26.8.2010 – 10 U 178/07– IBR 2012, 464.
173 Vgl. etwa OLG München v. 19.11.1987 – 24 U 831/86 – NJW-RR 1988, 336.
174 OLG Stuttgart v. 9.11.2000 – 13 U 43/00 – BauR 2001, 671.
175 OLG Frankfurt v. 13.11.1989 – 4 U 145/88 – BauR 1991, 377.
176 OLG Frankfurt v. 4.5.1970 – 18 U 99/69 – MDR 1970, 924; OLG Düsseldorf v. 24.11.2000 – 22 U 8/00 – NZBau 2001, 398.
177 OLG Köln v. 23.9.1980 – 15 U 262/79 – BauR 1981, 475; OLG Hamm v. 22.7.1986 – 26 U 143/84 – BauR 1988, 340; OLG Düsseldorf v. 5.2.1993 – 22 U 249/92 – BauR 1993, 622; OLG Hamm v. 14.11.1993 – 17 U 187/91 – BauR 1994, 246.
178 OLG Hamm v. 2.2.1990 – 26 U 135/89 – NJW-RR 1990, 915; OLG Köln v. 24.8.1993 – 22 U 134/92 – NJW-RR 1994, 89.
179 OLG Hamm v. 11.1.1991 – 26 U 228/89 – BauR 1991, 788.
180 OLG Oldenburg v. 29.5.1991 – 2 U 31/91 – BauR 1992, 258.
181 OLG Celle v. 23.5.2000 – 16 U 182/99 – BauR 2000, 1897.
182 OLG Hamm v. 19.11.1999 – 12 U 92/99 – BauR 2000, 757; OLG Brandenburg v. 1.2.2007 – 12 U 138/06 – IBR 2007, 379.
183 OLG Köln v. 12.11.1998 – 16 U 68/98 – BauR 1999, 768.
184 OLG Hamm v. 2.2.1990 – 26 U 135/89 – NJW-RR 1990, 915; BGH v. 18.5.2000 – VII ZR 436/98 – BauR 2000, 1217.
185 BGH v. 6.7.2000 – VII ZR 82/98 – BauR 2000, 1513.
186 OLG Celle v. 26.3.2001 – 14 U 141/98 – BauR 2001, 1778.
187 OLG Düsseldorf v. 17.9.1993 – 22 U 193/92 – NJW-RR 1995, 532.
188 Vgl. hierzu zuletzt OLG Jena: „*Eine Bauüberwachungspflicht des Architekten besteht auch bei handwerklichen Selbstverständlichkeiten; sie ist lediglich bei der Kontrolldichte herabgesetzt, erfordert aber jedenfalls stichprobenartige Kontrollen*"; OLG Jena v. 17.2.2022 – 8 U 1133/20.
189 OLG Koblenz v. 7.10.2010 – 5 U 820/10 – IBR 2012, 339.

Die **Überwachungspflicht** des Architekten findet regelmäßig ihre **Grenze** da, wo Sonderfachleute tätig werden (jedoch bleibt es auch hier bei der Koordinierungspflicht) – vgl. dazu Rdn 86 oben –, wo Spezialkenntnisse der am Bau Beteiligten erforderlich sind oder besondere Fachkunde des Bauherrn vorliegt (zur besonderen Problematik der dabei regelmäßig entstehenden Thematik „Gesamtschuld“ vgl. Rdn 107 ff.). 90

4. Fehler im wirtschaftlichen/rechtlichen Bereich

Der Architekt ist grundsätzlich **Sachwalter** des Bauherrn. Deshalb treffen ihn auch im wirtschaftlichen und – soweit er hier zulässig tätig wird – rechtlichen Bereich bestimmte Pflichten. 91

Zwar ist der Architekt kein Treuhänder der Vermögensinteressen des Bauherrn, jedoch muss die Planung des Architekten die wirtschaftlichen Belange des Auftraggebers berücksichtigen. Dazu gehört z.B. auch, dass der Architekt auf die Möglichkeit öffentlicher Fördermittel bzw. auf steuerliche Vergünstigungen hinzuweisen hat. 92

Bei der Vorbereitung und Durchführung der Vergabe können dem Architekten auch im rechtlichen Bereich haftungsrelevante Fehler unterlaufen. Der Architekt muss bei seiner Beratung **Grundkenntnisse der wesentlichen Grundsätze des Werkvertragsrechtes** haben und die Grundzüge der höchstrichterlichen Rechtsprechung auch zur VOB/B kennen. Empfiehlt der Architekt dem Bauherrn die Verwendung bestimmter Bauvertragsmuster, kann er sich u.U. Haftungsrisiken aussetzen, wenn einzelne Bestimmungen der von ihm empfohlenen Vertragsmuster unwirksam sind.[190] 93

Gerade hinsichtlich der Wirksamkeit/Unwirksamkeit einzelner Klauseln der VOB/B ist die Rechtslage unter Umständen komplex – jüngstes Beispiel dafür wäre etwa das Urteil des BGH v. 19.1.2023,[191] mit dem der BGH entschieden hat, dass § 4 Nr. 7 S. 3 i.V.m. § 8 Nr. 3 Abs. 1 S. 1 Var. 1 der VOB/B 2002 unwirksam ist.

Ferner können dem Architekt **Fehler im Kostenbereich** unterlaufen. Dabei werden in der Rechtsprechung und Literatur unter dem Stichwort **Bausummenüberschreitung** unterschiedliche Konstellationen behandelt. Richtigerweise ist bei den Haftung auslösenden Konstellationen im Einzelnen zu unterscheiden zwischen der strengen Bausummengarantie/Baukostengarantie, der Vereinbarung eines Kostenrahmens (bzw. der Baukostenüberschreitung) und der Verletzung der fortlaufenden Kostenkontrolle bzw. sonstigen Pflichtverletzungen im Kostenbereich. 94

Fehler im Kostenbereich können aber nicht nur Bausummenüberschreitungen sein, sondern beispielsweise auch das Unterlassen einer Kosteneinschätzung nach Abschluss der Zielfindungsphase, die erkennen lässt, worauf sie sich bezieht und woraus sie hergeleitet ist (vgl. dazu oben Rdn 8.a.E.).

190 Vgl. etwa OLG Hamm v. 15.2.2005 – 21 U 27/04 – IBR 2005, 334; OLG Brandenburg v. 26.9.2002 – 12 U 63/02 – NZBau 2003, 684.

191 BGH v. 19.1.2023 – VII ZR 34/20.

95 Eine **echte Bausummengarantie** dürfte in der Praxis selten vorkommen und liegt nur dann vor, wenn für ein bestimmtes Bauvorhaben (Bauvolumen), eine bestimmte Summe eine eindeutige und unmissverständliche Erklärung des Architekten entweder für typische Geschehensabläufe (sogenannte unselbstständige bzw. beschränkte Bausummengarantie) oder auch für unvorhersehbare Geschehensabläufe (sogenannte totale/selbstständige Bausummengarantie), verschuldensunabhängig haften zu wollen vorliegt. Dabei kommt es nicht allein auf den Wortlaut der Erklärung an, jedenfalls reicht es aber nicht aus, dass im Vertrag etwa „geschätzte Herstellungskosten" aufgeführt sind[192] oder dass der Architekt äußert, dass für das Bauvorhaben ein bestimmter Betrag ausreichen werde.[193] Insgesamt ist bei der Annahme einer echten Bausummengarantie wegen der erheblichen Risiken für den Architekten Zurückhaltung geboten.[194]

96 Eine Haftung wegen **Überschreitung eines vereinbarten Kostenrahmens** kommt dagegen nach dem hier grundlegenden Urteil des BGH vom 23.1.1997[195] nur dann in Betracht, wenn der Bauherr darlegen und beweisen kann, dass ein **verbindlicher Kostenrahmen** bzw. ein verbindliches Kostenlimit als vertraglich **geschuldete Beschaffenheit** des Architektenwerkes vereinbart wurde.[196] In diesen Fällen kommt es auch nicht (was teilweise nicht beachtet wird) zur Anwendung sogenannter „Toleranzgrenzen". Ein verbindlicher Kostenrahmen bzw. ein verbindliches Kostenlimit kann etwa vorliegen, wenn ein Auftrag über einen Maximalpreis erteilt ist,[197] bei Abgabe eines Honorarangebots mit im Einzelnen angegebenen Baukosten,[198] bei ausführlicher Korrespondenz über Kostenvorstellungen[199] oder bei Veranschlagung von Baukosten im Bauantrag in einer bestimmten Höhe und Unterschrift des Bauherrn unter dem Bauantrag.[200]

Grundsätzlich besteht aber bei der Überschreitung tatsächlich vorgegebener Baukosten ein nicht unerhebliches Risiko für den Architekten. So hat z.B. der BGH entschieden, dass ein Mangel des Architektenwerkes vorliegt, wenn Vorgaben des Bauherrn wie z.B. auch Budgetvorgaben nicht beachtet werden. Solche Vorgaben sind auch verbindlich, wenn sie erst im Laufe des Planungsprozesses gemacht worden sind.[201] Ein Kostenlimit kann auch vereinbart sein, wenn der Architekt immer wieder auf Finanzierungsbelange eingeht.[202] In solchen Fällen eines Mangels des Architektenwerkes wegen Überschreitung eines vorgegebenen Kostenrahmens kann, sofern der Architekt trotz Aufforderung die Baukosten nicht auf das vom Auftraggeber vorgegebene Niveau senkt, dies zur

192 OLG Düsseldorf v. 20.12.1991 – 22 U 145/91 – BauR 1993, 356.
193 OLG Koblenz v. 22.3.2001 – 5 U 627/00 – NZBau 2002, 231.
194 Vgl. etwa OLG Celle v. 30.1.2002 – 7 U 89/97 – IBR 2003, 260; OLG Frankfurt v. 14.12.2006 – 16 U 43/06 – BauR 2008, 555.
195 BGH v. 23.1.1997 – VII ZR 171/95 – BauR 1997, 494.
196 Zur Beweislast vgl. BGH v. 6.10.2016 – VII ZR 185/13 – Fortführung von BGH v. 23.1.2003 – VII ZR 362/01.
197 OLG Düsseldorf v. 5.2.1999 – 22 U 172/98 – NJW-RR 1999, 1696.
198 Vgl. OLG Stuttgart v. 19.10.1999 – 10 U 89/97 – OLGR 2000, 422.
199 OLG Naumburg v. 8.11.1995 – 6 U 153/95 – BauR 1996, 889.
200 Letzteres ist jedoch strittig, da der BGH zu Recht festgehalten hat, dass der Bauantrag ganz anderen Zwecken dient und daher keinen zuverlässigen Hinweis auf die Vereinbarung eines Kostenrahmens abgibt, BGH v. 23.1.1997 – VII ZR 171/95 – BauR 1997, 494; ebenso OLG Celle v. 28.9.2006 – 14 U 201/05 – IBR 2006, 626.
201 Vgl. BGH v. 22.1.1998 – VII ZR 259/96.
202 Vgl. OLG Frankfurt v. 14.12.2006 – 16 U 43/06 – rechtskräftig.

außerordentlichen (fristlosen) Kündigung aus wichtigem Grund berechtigen und soweit die Architektenleistungen für den Auftraggeber unbrauchbar sind, entfällt jeglicher Honoraranspruch des Architekten mit der Folge auch eines gegebenenfalls existierenden Rückzahlungsanspruches bezüglich Abschlagszahlungen.[203] Grundsätzlich genügt es für eine belastbare Vorgabe von Kostenvorstellungen, wenn der Auftraggeber erklärt, dass die Baukosten maximal einen bestimmten Betrag nicht überschreiten sollen.[204]

Schließlich kommt auch die Verletzung der **fortlaufenden Kostenkontrolle** als Pflicht- 97 verletzung im Kostenbereich in Betracht, etwa wenn die vom Architekten vorgelegte Kostenschätzung, Kostenberechnung oder der Kostenvoranschlag objektiv falsch sind und die zu erwartenden realistischen Kosten nicht zutreffend wiedergegeben werden bzw. die Verpflichtung zur Information des Bauherrn über die Kostenentwicklung verletzt wird.

Gem. § 636 BGB ist Voraussetzung eines Schadensersatzanspruches wegen Verletzungen 98 im Kostenbereich regelmäßig, dass dem Architekten eine **Frist zur Nacherfüllung** (Nachbesserung) gesetzt wurde. Dies bedeutet in der Praxis, dass möglicherweise sogar in Leistungsphase 8 des § 33 HOAI 2009 bzw. § 34 HOAI 2013 / 2021 dem Architekten noch Gelegenheit gegeben werden muss, die Planung zu ändern und die Baukosten anzupassen. Im Regelfall ist eine Nachbesserungsaufforderung auch nicht entbehrlich und es ist davon abzuraten, vorschnell eine Fristsetzung zur Nachbesserung für entbehrlich zu halten.

Hat der Bauherr die Vereinbarung des Kostenrahmens und die objektive Pflichtverlet- 99 zung des Architekten dargelegt und bewiesen, muss der **Architekt beweisen**, dass er die **Pflichtverletzung nicht zu vertreten** hat (vgl. § 280 Abs. 1 S. 2 BGB). Dabei wird das Verschulden vermutet, da die Kostenkontrolle aus dem Kernbereich der Pflichten des Architekten entstammt. Der Entlastungsbeweis des Architekten umfasst regelmäßig auch die Notwendigkeit der Darlegung, dass bei verteuernden Sonder- und Änderungswünschen eine ordnungsgemäße Aufklärung des Bauherrn erfolgt ist oder im Einzelfall entbehrlich war.

Die **Schadensermittlung** ist bei Pflichtverletzungen im Kostenbereich in der Praxis der 100 schwierigste Punkt für den Auftraggeber und die Hürde, an der Ansprüche häufig scheitern werden. Grundsätzlich ist die korrekte Schadensermittlung in mehreren Schritten zu vollziehen:

- Dem Grunde nach besteht zunächst Anspruch auf Ersatz aller über dem vereinbarten Baukostenlimit liegenden Baukosten;
- hiervon sind vom Architekten nicht zu vertretende Mehrkosten wegen späteren Sonderwünschen durch den Bauherren abzuziehen;

203 Vgl. hierzu OLG Karlsruhe v. 2.7.2004 – 14 U 69/02 – Nichtzulassungsbeschwerde vom BGH durch Beschl. v. 24.2.2005 – VII ZR 201/04 zurückgewiesen sowie OLG Düsseldorf v. 17.3.2005 – 5 U 75/04 sowie OLG Naumburg v. 14.10.2003 – 11 U 1610/97. Zur Beachtlichkeit von Vorgaben auch im Laufe des Planungsprozesses nochmals auch OLG Jena v. 9.9.2010 – 1 U 887/07. Vgl. hierzu auch *Löffelmann/Fleischmann/Ihle*, Architektenrecht, Kapitel 35 Rn 2138.

204 Vgl. BGH v. 21.3.2013 – VII ZR 230/11 – NZBau 2013, 386.

- hinzuzusetzen sind dem Grunde nach auch unmittelbar kausal durch die Bausummenüberschreitung notwendig werdende zusätzliche Zinsbelastungen (Finanzierungsmehraufwand);
- in einem letzten Schritt sind jedoch die Wertsteigerung des Objektes und Vorteile, die dem gegenüber stehen können (z.B. Mietmehreinnahmen) abzusetzen.

Dabei soll für die Vorteilsausgleichung bei Renditeobjekten vom Ertragswert auszugehen sein,[205] wogegen bei selbstgenutzten Immobilien daneben auch der Sachwert zu berücksichtigen sein kann.[206]

II. Sachmängelrechte im Einzelnen

101 Liegt ein Mangel des Architekten-/Ingenieurwerks vor, steht dem Auftraggeber grundsätzlich in erster Linie ein **Nachbesserungsanspruch** gem. §§ 634 Nr. 1, 635 BGB zu. Da sich der Planungsmangel typischerweise im Bauwerk realisiert, ist beim Nacherfüllungsanspruch bezüglich fehlerhafter Pläne danach zu differenzieren, ob diese bereits in das Bauwerk umgesetzt wurden oder nicht – nur solange es noch keine Realisierung des Planungsmangels in das Bauwerk gab, besteht der Nacherfüllungsanspruch.[207] Ist diese Nacherfüllung unmöglich geworden, bedarf es für den Schadenersatz natürlich auch keiner Fristsetzung mehr – unabhängig davon kann der Bauherr aber gegen seine Schadensminderungspflicht verstoßen, wenn er dem Architekten nicht Gelegenheit gibt, den infolge eines Mangels seiner Planungs- oder Bauüberwachungsleistungen entstandenen Mangel am Bauwerk zu beseitigen.[208] Bei der Objektüberwachung kann dagegen auch bei Realisierung des Mangels im Bauwerk im Zuge der Nacherfüllung eine erneute Überwachungstätigkeit gefordert werden – auch kann im Einzelfall, sofern vertraglich ausbedungen, ein Nacherfüllungsrecht des Architekten besonders ausgestaltet sein. Ggf. kann auch trotz bereits realisierten Mangels ein Recht des Architekten gegeben sein, den Schaden selbst zu beheben, wenn dies aus der Schadensminderungspflicht des Auftraggebers gem. § 254 Abs. 2 S. 1 BGB zwingend notwendig erscheint.[209]

102 Gem. §§ 634 Nr. 3 Alt. 1, 636, 323, 326 BGB tritt im Werkvertragsrecht das **Rücktrittsrecht** des Bestellers/Auftraggebers als Gestaltungsrecht an die Stelle des bisherigen, nach altem Schuldrecht vorgesehen Wandelungsrecht. Grundsätzlich sind die bereits empfangenen Leistungen zurückzugewähren und gezogene Nutzungen herauszugeben. Während im Bereich des reinen Bauvertrages das Rücktrittsrecht regelmäßig praktisch keine Rolle spielt, kann im Architektenrecht durchaus ein Rücktritt von Bedeutung sein. Gem. § 323 BGB kann der Auftraggeber wegen eines Mangels auch schon vor Ablauf der Fertigstellungsfrist zurücktreten, wenn offensichtlich ist, dass diese Frist wegen des Mangels nicht eingehalten wird. Hat der Architekt eine Teilleistung bewirkt, kann der

205 Vgl. BGH v. 16.6.1977 – VII ZR 2/76 – BauR 1979, 74.
206 OLG Koblenz v. 22.3.2001 – 5 U 627/00 – NZBau 2002, 231 und OLG Stuttgart v. 19.10.1999 – 10 U 89/97 – BauR 2000, 1893.
207 BGH v. 29.9.1988 – VII ZR 182/87 – BauR 1989, 97; BGH v. 4.7.1996 – VII ZR 24/95 – BauR 1996, 858.
208 BGH v. 16.2.2017 – VII ZR 242/13.
209 BGH v. 9.5.1996 – VII ZR 181/93 – BauR 1996, 735.

Auftraggeber gem. § 323 Abs. 5 S. 1 BGB auch vom gesamten Vertrag zurücktreten, wenn er an der Teilleistung kein Interesse hat. Dagegen ist der Rücktritt ausgeschlossen, wenn der Mangel unerheblich ist (§ 323 Abs. 5 S. 2 BGB). Schadensersatz und Rücktritt können grundsätzlich nebeneinander geltend gemacht werden (§ 325 BGB).

Ferner kommt gem. §§ 634 Nr. 2 Alt. 2, 638 BGB in Betracht, dass der Auftraggeber 103 die **Vergütung des Architekten mindert**. Dies ist auch bei unerheblicher Pflichtverletzung des Architekten möglich (§ 638 Abs. 1 S. 2, 323 Abs. 5 BGB). Neben dem Vorliegen der Rücktrittsvoraussetzungen muss auch hier eine angemessene Fristsetzung für Nacherfüllung erfolgen (vgl. § 638 Abs. 1 BGB – „Minderungsrecht statt des Rücktritts"). Die Fristsetzung ist nur ausnahmsweise bei endgültiger und ernsthafter Erfüllungsverweigerung entbehrlich (§ 323 Abs. 2 Nr. 1 BGB). In der Praxis ist grundsätzlich davor zu warnen, Fristsetzungen vorschnell für entbehrlich zu halten.

In der Regel haftet der Architekt bei im Bauwerk realisierten Mangel gem. §§ 634 Nr. 4 104 i.V.m. 636, 280, 281, 283 und 311a BGB auf **Schadensersatz**. Neben dem Architektenfehler setzt die Schadensersatzpflicht voraus, dass der Fehler für den Schaden ursächlich war und der Architekt eine Pflichtverletzung begangen hat. Für das fehlende Verschulden ist der Architekt aber grundsätzlich beweispflichtig.

Beim Schadensersatzanspruch hat der Bauherr grundsätzlich die Wahl zwischen dem 105 sogenannten **kleinen** und dem **großen Schadensersatz**. Er kann entweder das Werk behalten und den durch den Mangel verursachten Schaden ersetzt verlangen (kleiner Schadensersatzanspruch, Regelfall) oder er kann das Werk zurückweisen und Ersatz des durch die Nichterfüllung des ganzen Vertrags verursachten Schadens verlangen (großer Schadensersatzanspruch). Der praktisch regelmäßig relevante kleine Schadensersatzanspruch umfasst den mangelbedingten Minderwert des Bauwerks.[210] Von den tatsächlichen Mangelbeseitigungskosten sind ggf. die sogenannten „Sowieso-Kosten", d.h. Kosten, die das Werk bei ordnungsgemäßer Ausführung von vornherein teurer geworden wäre, abzuziehen.[211] Ersatzfähig sind auch die Kosten der Mangelfeststellung und weitere Mangelfolgeschäden wie etwa entgangener Gewinn oder Nutzungsausfall. Ferner sind bei der Schadensberechnung wirtschaftliche Vorteile zu berücksichtigen, die aus dem Fehler resultieren, sowie die Schadensminderungsverpflichtung des Auftraggebers zu beachten. Nicht mehr möglich ist es, Ersatz fiktiver Mangelbeseitigungskosten zu verlangen – vielmehr ist der Minderwert des Werkes zu ermitteln (vgl. nachstehend Rdn 126). Nach der **Grundsatzentscheidung** des BGH (Urt. v. 22.2.2018 – VII ZR 46/17) ist **keine fiktive Schadensberechnung** auf Basis voraussichtlicher Mangelbeseitigungskosten mehr möglich (unter Verzicht auf Beseitigung). Stattdessen **muss** nun entweder Vorschuss eingeklagt oder die Differenz zwischen Vergütung für das Werk und Minderwert ermittelt werden; diese kann nach BGH geschätzt werden.

210 BGH v. 11.7.1991 – VII ZR 301/90 – BauR 1991, 744. Grundlegend neu dazu BGH v. 22.2.2018 – VII ZR 46/17.
211 BGH v. 17.5.1984 – VII ZR 169/82 – BauR 1984, 510.

Eine andere Frage ist, ob nach der neuen Rechtsprechung des BGH zur fiktiven Schadensberechnung im werkvertraglichen Mangelrecht **Mangelfolgeschäden** noch fiktiv abgerechnet werden dürfen oder nicht.[212] Das OLG Oldenburg (**IBR 2021, 179**) hat das verneint, das OLG Köln (**IBR 2023, 15**) hingegen bejaht. Bei **Begleitschäden** gelten ohnehin unmittelbar §§ 280 Abs. 1, 241 Abs. 2, 249 Abs. 2 BGB. Die Zulässigkeit einer fiktiven Schadensberechnung folgt diesbezüglich direkt aus § 249 Abs. 2 S. 1 BGB.

106 Grundsätzlich kann der Bauherr einen Architektenvertrag auch aus wichtigem Grund kündigen.[213] Ein solcher wichtiger Grund muss nicht immer in der Haftungssphäre des Architekten liegen, kann aber selbstverständlich auch dann gegeben sein, wenn erhebliche Mängel der Planung bestehen – in diesen Fällen ist dem Architekten jedoch vorab Gelegenheit zur Nacherfüllung zu geben, falls der Mangel noch beseitigt werden kann.[214] Das Nachbesserungsrecht des Architekten an der Planung bleibt auch bezüglich der bis zur Kündigung erbrachten Leistungen nach Kündigung bestehen.[215]

Im Regelfall enthalten Architektenverträge oder Generalplanerverträge auch Regelungen zu wichtigen Kündigungsgründen des Auftraggebers, wie etwa das sich Herausstellen der Nichtgenehmigungsfähigkeit und/oder das Nichtgelingen einer entsprechenden Finanzierung.

Nach einer Kündigung aus wichtigem Grund kann selbstverständlich – sofern der Architekt diese zu vertreten hat – auch ein Anspruch auf Schadensersatz entstehen. Das Recht zur freien auftraggeberseitigen Kündigung gemäß § 649 BGB besteht daneben immer, betrifft aber nicht die Haftungssphäre des Architekten.[216]

III. Haftung mehrerer am Bau Beteiligter

107 Sonderkonstellationen betreffen die **Haftung mehrerer am Bau Beteiligter**. Ausgangspunkt der Problematik war der bis ins Jahr 1965 geführte Streit, ob zwischen Architekt/Ingenieur einerseits und Bauunternehmer andererseits eine Gesamtschuld bezogen auf die Bauwerkserstellung vorliege. Schließlich entschied der Große Senat des BGH, dass zwar bei der Bauwerkserstellung keine (echte) Gesamtschuld zwischen Architekt/Ingenieur und Bauunternehmer bestehe, dies sich jedoch ändere, wenn für den Bauwerksmangel beide schadensersatzpflichtig sind.[217]

212 Das OLG Oldenburg hat das verneint, Urt. v. 20.11.2018 – 2 U 37/17, das OLG Köln hingegen bejaht, Beschl. v. 19.10.2022 – 11 U 247/21.

213 Dies hat sich auch nach der Einführung des § 314 BGB im Zuge der Schuldrechtsmodernisierung nicht geändert – vgl. nur *Locher/Koeble/Frik*, HOAI, Einleitung, Rn 220.

214 Vgl. hierzu *Locher/Koeble/Frik*, HOAI, a.a.O., Rn 221. Ebenda auch zu Kündigungsgründen, die nicht aus der spezifischen Haftungssphäre des Architekten stammen, wie etwa nicht vorhersehbare Bebauungsplanänderungen oder Krankheit des Architekten.

215 Vgl. BGH v. 21.12.2000 – VII ZR 488/99.

216 Lediglich ergänzend sei darauf hingewiesen, dass ein formularmäßiger Ausschluss dieses freien Kündigungsrechtes in Allgemeinen Geschäftsbedingungen des Architekten gem. § 307 Abs. 2 BGB unwirksam wäre – vgl. BGH v. 8.7.1999 – VII ZR 237/98 für den Bauvertrag jedoch mit ausdrücklicher Erwähnung einer gleichgelagerten Interessenkonstellation im Rahmen von Architektenverträgen.

217 BGH v. 1.2.1965 – GSZ 1/64 – BGHZ 43, 227.

Die dahinterstehende Überlegung lässt sich schematisch wie folgt darstellen: 108

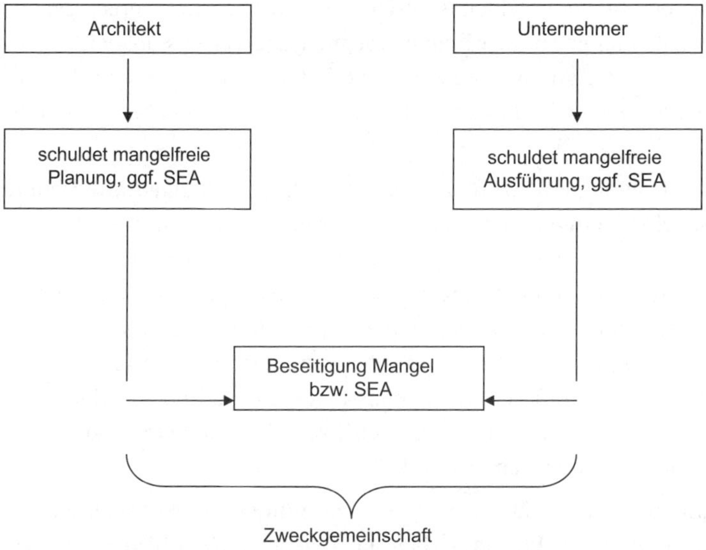

Eine wie oben skizzierte Zweckgemeinschaft soll nach BGH konsequenterweise auch zwischen dem Anspruch auf Nachbesserung gegenüber dem Bauunternehmer und demjenigen auf Schadensersatz gegenüber dem Architekten bestehen (gegenüber letzterem regelmäßig nur ein Schadensersatzanspruch, da sich der Mangel bereits im Bauwerk realisiert hat).[218] 109

Ist der Mangel im Bauwerk gleichzeitig auf einen **Planungsfehler des Architekten** oder einen **Ausführungsfehler des Bauunternehmers** zurückzuführen, wird der **Architekt als Erfüllungsgehilfe des Bauherrn behandelt**, da der Bauherr dem Bauunternehmer grundsätzlich die Zurverfügungstellung der Planung schuldet. In Konstellationen wie dieser besteht daher keine echte gesamtschuldnerische Haftung; vielmehr haftet der Bauunternehmer von vornherein nur auf eine Quote. Anders nur, wenn der Unternehmer kraft überlegener Sachkunde mit Gewissheit weiß, dass von ihm bemerkte Planungsfehler zu einem Bauwerksmangel führen. Das Gleiche gilt auch für den Fall, dass der Unternehmer den Bauherrn nachhaltig über die Bedenken aufgeklärt hat, jedoch gleichwohl auf Weisung des Bauherrn das Bauwerk fehlerhaft ausführt. In der Praxis werden bei einem Nebeneinander von Planungsfehlern und Ausführungsfehlern regelmäßig überwiegende Haftungsquoten des Architekten in Betracht kommen. 110

Regelmäßig werden die Haftungsquoten durch einen Sachverständigen ermittelt – dies kann auch im Rahmen eines Selbstständigen Beweisverfahrens geschehen (vgl. zum Selbstständigen Beweisverfahren § 10).

Ist der Mangel auf **fehlerhafte Bauleitung und mangelhafte Ausführung** gleichermaßen zurückzuführen, findet **keine Haftungsquotelung** statt, da der Bauherr dem Bauun- 111

218 BGH v. 19.12.1968 – VII ZR 23/66 – BGHZ 51, 275.

ternehmer hier keine Überwachung – auch nicht durch den Architekten als Erfüllungsgehilfen – schuldet. In diesen Fällen ist also der Schadensersatzanspruch gegen den Architekten einerseits und gegen den Bauunternehmer andererseits unabhängig voneinander. Der Bauherr kann den Architekten auf die volle Quote in Anspruch nehmen. Allerdings haftet der Unternehmer in diesem Falle im Verhältnis gegenüber dem Architekten oft allein.

112 Ist der Mangel darauf zurückzuführen, dass sowohl eine **mangelhafte Planung** als auch nachfolgend eine **mangelhafte Bauüberwachung** durch einen weiteren Architekten erfolgt, haften beide Architekten gegenüber dem Bauherrn voll. Insbesondere kann sich der bauüberwachende Architekt gegenüber dem Auftraggeber nicht auf ein Mitverschulden wegen Fehlern des planenden Architekten berufen. Anders nur, wenn die Haftung des bauüberwachenden Architekten darauf beruht, dass er einen Planungsfehler übersehen hat. Auch hier greift die Obliegenheit des Bauherrn ein, fehlerfreie Pläne zur Verfügung zu stellen, er muss sich also das Mitverschulden seines planenden Architekten anspruchsmindernd zurechnen lassen.[219]

113 Gleiches gilt auch im Verhältnis zwischen dem **planenden Architekten** und dem **Sonderfachmann**, wenn der Planungsfehler auf Leistungsfehler beider zurückzuführen ist. Regelmäßig ist der Sonderfachmann nicht Erfüllungsgehilfe des Bauherrn.[220] Gleiches gilt auch im Verhältnis zwischen dem **bauleitenden Architekten** und dem **Sonderfachmann**, da auch hier die Architekten einerseits und die Sonderfachleute andererseits nicht Erfüllungsgehilfen des Bauherrn im jeweiligen anderen Vertragsverhältnis sind.[221]

Auch hier ist jedoch stets zu prüfen, ob die Obliegenheit des Bauherrn, mangelfreie Pläne zur Verfügung zu stellen, zu einer Anspruchskürzung führen kann.

114 Nach dem 1.1.2018 gilt insoweit ergänzend **§ 650t BGB**. Danach kann der Architekt bei Bauüberwachungsleistungen, soweit er in Anspruch genommen wird, die Leistung verweigern, wenn zugleich ein ausführender Bauunternehmer für den Mangel haftet und der Besteller diesem noch nicht erfolglos eine Frist zur Nacherfüllung gesetzt hat. Dieser Aspekt ist daher bei Gesamtschuldnerkonstellationen ggf. zu prüfen.

IV. Einwendungen des Architekten

115 Grundsätzlich kann sich der Architekt zunächst in tatsächlicher Hinsicht gegen die Behauptung wenden, es liege ein Mangel vor. In Betracht kommt dies dann, wenn keine Abweichungen von vertraglich geschuldeten vereinbarten Beschaffenheiten vorliegen und keine belastbaren Anhaltspunkte dafür vorliegen, dass die Planung gegen anerkannte Regeln der Technik verstößt oder nicht dauerhaft genehmigungsfähig ist. Hierfür wird regelmäßig die Einschaltung eines Sachverständigen nötig sein.

219 BGH v. 27.11.2008 – VII ZR 206/06 – IBR 2009, 92.
220 BGH v. 10.7.2003 – VII ZR 329/02 – BauR 2003, 1918 = NZBau 2003, 567.
221 BGH v. 4.7.2002 – VII ZR 66/01 – ZfBR 2002, 786.

Zu prüfen ist des Weiteren, ob dem Architekten sein ihm grundsätzlich zustehendes Nacherfüllungsrecht (vgl. hierzu Rdn 98) nicht zu Unrecht genommen wurde. Ist dies der Fall, kann der Architekt sich hierauf berufen bzw. das Vorliegen der Voraussetzungen für einen Schadensersatzanspruch angreifen (keine Fristsetzung). 116

Ggf. kann der Architekt auch einwenden, dass das Nacherfüllungsverlangen mit unverhältnismäßigen Kosten verbunden ist (§ 635 Abs. 3 BGB). Unverhältnismäßigkeit ist dann gegeben, wenn der Aufwand des Unternehmers zur Mängelbeseitigung, berechnet nach dem Zeitpunkt, in dem die vertragsgemäße Leistung geschuldet war, in keinem vernünftigen Verhältnis zu dem mit der Beseitigung der Mängel erzielbaren Erfolg stünde.[222] Der Einwand scheidet regelmäßig aus, wenn es zu einer Beeinträchtigung der Optik, der Funktionsfähigkeit oder der Nutzungsdauer des Werkes kommt sowie generell, wenn es um den Ersatz von Mangelfolgeschäden geht.[223] Neben diesen Fällen des § 275 Abs. 2 BGB, auf die § 635 Abs. 3 BGB verweist, sind unverhältnismäßige Kosten i.S.v. § 635 Abs. 3 BGB nur anzunehmen, wenn sich die Nacherfüllungskosten in Bezug auf zum einen den objektiven Wertverlust des Werkes durch den Mangel, zum anderen den objektiven Gesamtwert des Objektes als unverhältnismäßig darstellen. Im Rahmen des (großen) Schadensersatzes richtet sich der Umfang des Schadens nach den §§ 249 ff. BGB, die Einrede der Unverhältnismäßigkeit aus § 633 Abs. 2 S. 3 BGB ist gegenüber der Schadenshöhe nicht möglich.[224] 117

Ggf. ist in **Sonderkonstellationen** auch im Verhältnis zum Auftraggeber an ein mitwirkendes Verschulden von dessen weiteren Architekten zu denken (so. z.B. wenn der Architekt nur mit der Planung bis Leistungsphase 4 gem. § 33 HOAI 2009 bzw. § 34 HOAI 2013 beauftragt war und der danach diese Planung weiterführende Architekt deren Überprüfung unterlassen hat oder wenn der Bauunternehmer trotz positiver Kenntnis der Planungsmängel und entsprechender Hinweise an den Bauherrn auf Weisung des Bauherrn handelt. Regelmäßig kommt jedoch in Konstellationen der Mitverantwortung sonstiger am Bau Beteiligter nur die **Streitverkündung** oder eine direkte **Freistellungsklage** in Betracht. 118

Der Architekt kann sich schließlich gegen die Schadenshöhe wenden. Dies betrifft zum einen den Einwand der sogenannten „Sowieso-Kosten“, also der Kosten, um die das Werk bei ordnungsgemäßer Erfüllung ohnehin teurer geworden wäre, zum anderen kann dies die konkret geltend gemachte Schadenshöhe betreffen. Einzelheiten sind hier ggf. Sachverständigenfrage. 119

Schließlich kann sich der Architekt auf die möglichen Einreden wie das Bestehen eines Zurückbehaltungsrechtes und selbstverständlich auch die Verjährung berufen. Hinsichtlich der Verjährung ist wie folgt zu unterscheiden: 120

222 Vgl. etwa BGH v. 23.2.1995 – VII ZR 235/93 – NJW 1995, 1836; BGH v. 24.4.1997 – VII ZR 110/96 – NJW-RR 1997, 1106.
223 Vgl. hierzu BGH v. 7.3.2002 – VII ZR 1/00; OLG Celle v. 4.10.2012 – 13 U 234/11 – IBR 2013, 421.
224 Vgl. BGH v. 7.3.2002 – VII ZR 1/00. Vgl. aber auch BGH v. 22.2.2018 – VII ZR 46/17.

- Grundsätzlich ist zunächst zu prüfen, welche Regelungen der Vertrag zur Verjährung enthält.
- Werkverträge über Planungs- und Überwachungsleistungen für ein Bauwerk verjähren grundsätzlich gem. § 634a Abs. 1 Nr. 2 Alt. 2 BGB in fünf Jahren. Dies umfasst also die typischen Architektenleistungen bei Bauwerken und gilt auch bei Teilbeauftragung. Die Verjährung beginnt mit der Abnahme des Werkes des Architekten (§ 634a Abs. 2 BGB) bzw., soweit die Abnahme ausgeschlossen ist, mit der Vollendung des Architektenwerkes oder aber mit einer ernsthaften und endgültigen Ablehnung des Werkes durch den Auftraggeber, die auch schon vor einer formellen Kündigung gegeben sein kann.[225]
- Für sonstige Planungs- und Überwachungsleistungen, d.h. andere als in § 634a Abs. 1 Nr. 2 BGB genannte Werke, gilt § 634a Abs. 1 Nr. 1 BGB. Hauptanwendungsfälle sind Wartungs- und Reparaturarbeiten. Im Einzelfall können dies auch baurelevante Planungs- und Überwachungsleistungen wie etwa gartenplanerische Leistungen sein. Hierfür beträgt die Verjährungsfrist zwei Jahre und beginnt ebenfalls mit der Abnahme gem. § 634a Abs. 2 BGB.
- Andere Werke, die weder in § 634a Abs. 1 Nr. 1 und 2 BGB genannt sind, fallen unter die regelmäßige dreijährige Verjährungsfrist des § 199 BGB. Hauptanwendungsfall ist hier die Tätigkeit als Gutachter. Der Verjährungsbeginn richtet sich hier nach § 199 BGB und beginnt mit dem Schluss des Jahres, in dem der Anspruch entstanden ist und der Gläubiger von den den Anspruch begründenden Umständen und der Person des Schuldners Kenntnis erlangt oder ohne grobe Fahrlässigkeit erlangen musste (§ 199 Abs. 1 Nr. 1 und 2 BGB).

D. Muster

I. Klage auf Schadensersatz wegen Planungsfehlern bzw. mangelhafter Bauüberwachung

1. Typischer Sachverhalt

121 Die Projekt X GmbH & Co. KG beauftragte am 17.1.2015 den Architekten Y mit der Planung und Bauüberwachung (Leistungsphasen 2 bis einschließlich 8) für den Neubau eines Wohnhauses mit Einliegerwohnung in München-Pasing. Der Vertrag enthält zur Dauer der Gewährleistung u.a. folgende Klausel: „Die Gewährleistungsfrist beträgt fünf Jahre nach Bezugsfertigkeit". Der Vertrag wurde dabei vom Architekten vorformuliert und wurde nur durch Ergänzungen vorgesehener Leerfelder bzw. Ankreuzen ausgefüllt. Der Bau wird in der Zeit zwischen 1.6.2016 und 31.3.2017 errichtet. Im April 2017 zieht ein Mieter in die Einliegerwohnung ein, der jedoch aus privaten Gründen bereits ein Jahr später, im April 2018 wieder auszieht. Zum

225 Vgl. hierzu insbesondere OLG Düsseldorf v. 2.7.2009 – 5 U 170/08 sowie Anm. *Eichberger,* Juris PraxisReport Privates Baurecht 4/2010, Anm. 5.

Zeitpunkt des Einzugs des Mieters ist zwar der provisorische Zugang zu der Einliegerwohnung durch den Keller möglich, die geplante Außentreppe wird jedoch erst im Verlauf des November 2017 fertiggestellt. Mit notarieller Urkunde vom 10.5.2018 veräußert die Projekt X GmbH & Co. KG das fragliche Grundstück an die Eheleute Z. Im Kaufvertrag trat die Projekt X GmbH & Co. KG an die Eheleute sämtliche ihr eventuell noch zustehenden Gewährleistungsansprüche gegen den Bau planende und den Bau ausführende Firmen bzw. Personen ab. Im Mai 2022 zeigen sich unterhalb des Balkons Feuchtigkeitsflecken und Streifen. Ein von den Eheleuten Z eingeholtes Privatgutachten vom 30.6.2022 führt die Feuchtigkeitsmängel auf Planungs- und Ausführungsfehler zurück und beziffert Mängelbeseitigungskosten i.H.v. insgesamt 15.000 EUR. Mit Schreiben vom 25.8.2022 forderten die Eheleute Z den Architekten Y unter vergeblicher Fristsetzung zum 20.9.2022 zur Zahlung von 15.000 EUR auf. Nachdem die Frist verstreicht, wird am 25.9.2022 Klage eingereicht.

2. Muster: Klage auf Schadensersatz

▼ 122

Landgericht

Klage

In Sachen

1. Herr ,

2. Frau ,

beide wohnhaft in

– Kläger –

gegen

Architekt

– Beklagter –

wegen: Schadensersatz

Streitwert: EUR

Gerichtskosten in Höhe von EUR in Anlage

zeige ich an, dass ich die Kläger vertrete.

Namens und in Vollmacht der Kläger erhebe ich

Klage

gegen den Beklagten; im Termin zur mündlichen Verhandlung werde ich beantragen:

I. Der Beklagte wird verurteilt, an die Kläger EUR nebst 5 Prozentpunkten Zinsen (1) über dem Basiszinssatz hieraus seit zu bezahlen.

II. Festzustellen, dass der Beklagte verpflichtet ist, den Klägern sämtliche über den in Nr. I. bezifferten Klageantrag hinaus entstehenden Schaden, der ihnen durch die Beseitigung der Feuchtigkeitsmängel im Anwesen (*Adresse*) entsteht, zu ersetzen.

III. Der Beklagte trägt die Kosten des Rechtsstreits.

IV. Das Urteil ist – ggf. gegen Sicherheitsleistung – vorläufig vollstreckbar.

Für den Fall der Säumnis des Beklagten wird bereits jetzt Versäumnisurteil gem. § 331 Abs. 1, Abs. 3 ZPO beantragt.

Begründung:

Die Kläger machen mit der Klage Schadensersatz gegen den Beklagten wegen Planungs- und Bauaufsichtsmängeln am Bauvorhaben … (*Adresse*) geltend.

I. Sachverhalt

Die Kläger sind Eigentümer des Anwesens … (*Adresse*), welches sie mit notarieller Urkunde vom … (*Urkunden-Nr.*) des Notars … erworben haben. In der notariellen Urkunde ist unter § … u.a. eine Abtretung der vormaligen Grundstückseigentümerin enthalten, womit diese den Käufern und jetzigen Klägern sämtliche ihr ggf. zustehenden Gewährleistungsansprüche gegen am Bauvorhaben … (*Adresse*) beteiligte bauplanende bzw. bauausführende Personen bzw. Firmen abtrat.

Beweis: Notarielle Urkunde vom …, **Anlage K 1**

Die vormalige Grundstückseigentümerin hatte mit Architektenvertrag vom … den Beklagten mit Planungs- und Bauüberwachungsleistungen am streitgegenständlichen Bauvorhaben beauftragt.

Beweis: Architektenvertrag vom …, **Anlage K 2**

Im … bemerkten die Eheleute … Feuchtigkeitsflecke und Feuchtigkeitsstreifen unterhalb des Balkons. Nachdem die Mangelsymptome nicht verschwanden, beauftragten die Kläger das Sachverständigenbüro … mit der Erforschung der Mangelursache. Laut Sachverständigengutachten vom … ist die Ursache für die auftretende Feuchtigkeit eine mangelhafte Planung und Ausführung der Abdichtung des Balkons sowie des Balkonanschlusses. Der Sachverständige beziffert den Minderwert des Werkes wegen des Mangels mit insgesamt … EUR.

Beweis: Sachverständigengutachten vom …, **Anlage K 3**

Mit Schreiben vom … haben die Kläger dem Beklagten das Sachverständigengutachten in Kopie übersandt und Zahlungsfrist zum … gesetzt.

Beweis: Schreiben der Kläger vom …, **Anlage K 4**

Nachdem die Zahlungsfrist fruchtlos verstrich und vonseiten des Beklagten keine weitere Reaktion mehr erfolgte, dieser vielmehr in einem Telefonat mit den Eheleuten … lediglich zu erkennen gegeben hat, dass er den Schadensersatzanspruch ohnehin für „nicht durchsetzbar" halte, ist Klage geboten.

II. Rechtslage

Den Klägern stehen wegen der Planungs- und Bauaufsichtsmängel Schadensersatzansprüche nach §§ 636, 280 Abs. 1, Abs. 3, 281 BGB zu. Laut Sachverständigengutachten vom … ist die Ursache der aufgetretenen Feuchtigkeitsschäden sowohl in einer mangelhaften Planung der Balkonabdichtung bzw. des Balkonanschlusses als auch in der mangelhaften Überwachung der Ausführung dieser Abdichtung zu sehen. Die im Sachverständigengutachten bezifferten Mangelbeseitigungskosten sind angemessen.

Beweis: wie vorstehend

Nachdem die Bezifferung des Minderwertes durch den Sachverständigen mit Unwägbarkeiten verbunden ist, da sich bei einer Öffnung des Balkonanschlusses bzw. der Bodenplatte weitere Mängel zeigen können, ist auch der Klageantrag zu II. gem. §249 Abs. 2 S. 2 BGB gerechtfertigt.

(*Unterschrift*) (*Rechtsanwalt*)

▲

3. Anmerkung zum Muster

Zu (1) Der Zinssatz des §288 Abs. 2 BGB, der an sich bei einer Forderung, die sich nicht gegen einen Verbraucher richtet, denkbar ist, gilt nur für „Entgeltforderungen", mithin **nicht** für Schadensersatzforderungen. 123

4. Weitere Anmerkungen

a) Örtliche/sachliche Zuständigkeit

Vgl. hierzu Rdn 81. 124

b) Aktivlegitimation der Klägerseite

Ist wie hier der Architektenvertrag ursprünglich zwischen einer dritten Partei und dem Beklagten geschlossen worden, bedarf es Ausführungen zu der Aktivlegitimation der Kläger. Hier sind die entsprechenden Gewährleistungsansprüche gemäß Abtretung durch den notariellen Kaufvertrag auf die Eheleute Z übergegangen. Die entsprechenden Ausführungen sind in die Klageschrift aufzunehmen. Zu prüfen wäre ggf., ob der Abtretung Hindernisse entgegenstehen können. 125

c) Verhältnis Schadensersatz zu anderen Mangelrechten, insbesondere Vorschuss

Bei mangelhafter Leistung kann der Geschädigte grundsätzlich zwischen Rücktritt und Schadensersatz wählen. Der Rücktritt spielt regelmäßig praktisch keine Rolle, der Schadensersatzanspruch gem. § 635 BGB ist grundsätzlich auf Entschädigung in Geld gerichtet, weil eine Naturalrestitution einem Nachbesserungsanspruch gleichkäme.[226] Ein Vorschussanspruch (§ 637 Abs. 3 BGB) besteht neben dem Schadensersatzanspruch nach § 280 BGB nicht. Dieser zunächst von der Rechtsprechung entwickelte und nunmehr gesetzlich geregelte Anspruch setzt grundsätzlich einen Nacherfüllungsanspruch voraus, der bei Planungsfehlern, die sich bereits im Bauwerk verkörpert haben, nicht mehr gegeben ist (vgl. hierzu Rdn 98). Nach der **Grundsatzentscheidung** des BGH (Urt. v. 22.2.2018 – VII ZR 46/17) ist **keine fiktive Schadensberechnung** auf Basis voraussichtlicher Mangelbeseitigungskosten mehr möglich (unter Verzicht auf Beseitigung). Statt- 126

226 Vgl. BGH v. 6.11.1986 – VII ZR 97/85 – BauR 1987, 89.

dessen **muss** nun entweder Vorschuss eingeklagt oder die Differenz zwischen Vergütung für das Werk und Minderwert ermittelt werden; diese kann nach BGH geschätzt werden.

d) Umsatzsteuer

127 Wegen § 249 Abs. 2 S. 2 BGB kann Umsatzsteuer nur verlangt werden, soweit sie tatsächlich angefallen ist. Um einen zweiten Prozess diesbezüglich zu vermeiden, muss die Schadensersatzklage daher mit einem Feststellungsantrag kombiniert werden – dies gilt insbesondere auch bei drohender Verjährung.

e) Feststellungsantrag

128 Sind lediglich gutachterliche Stellungnahmen oder Kostenvoranschläge vorhanden, lässt sich der Schaden nicht abschließend beziffern. Ändert sich dies während des Prozesses, kann auf die Leistungsklage umgestellt werden.

f) Verjährung

129 In der Klageschrift ist auf das Problem der Verjährung nicht eingegangen (vgl. dazu aber Musterklageerwiderung unter Rdn 120, Nr. 5). Dies ist bereits deswegen nicht tunlich, weil die Berufung auf die Verjährung eine **echte** Einrede ist, wenn auch in der Prozesspraxis von den Gerichten mehr und mehr dazu übergegangen wird, hierauf mehr oder minder deutlich hinzuweisen. Bereits im Vorfeld der Klage ist jedoch dieser Punkt selbstverständlich zu prüfen. Vorliegend ist zum einen nach dem Sachverhalt davon auszugehen, dass die fragliche Klausel im Architektenvertrag als vom Architekten gestellte Allgemeine Geschäftsbedingung angesehen würde. Als solche ist sie nach dem Urteil des BGH vom 15.4.2004[227] unwirksam. Darüber hinaus ist nach dem gleichen Urteil eine solche Klausel dahingehend auszulegen, dass die „Bezugsfertigkeit" jedenfalls so lange nicht vorliegt, als die als Zugang zu einer Einliegerwohnung vorgesehene Außentreppe noch nicht fertig gestellt ist. Ein Verjährungsbeginn kommt hier also gerade nicht mit Einzug der ersten Mieter im April 2017 in Betracht, auch wenn sich die Klageerwiderung wohl hierauf berufen müsste.

5. Checkliste

130
1. Örtliche/sachliche Zuständigkeit?
2. Aktivlegitimation der Klägerseite? Abtretungen?
3. Mangelbild?
4. Mangelursache: Planungsfehler oder Bauüberwachungsfehler?
5. Schadenshöhe? Schaden abschließend bezifferbar oder nicht? Umsatzsteuerproblem, § 249 Abs. 2 S. 2 BGB?
6. Zahlungsaufforderung mit Fristsetzung – Zinshöhe und Prozesszinsen oder Verzugszinsen?

227 VII ZR 397/02 – BauR 2004, 1171 = NZBau 2004, 376 = IBR 2004, 376.

II. Muster: Klageerwiderung zur Schadensersatzklage

1. Einreden/Einwendungen

▼ 131

An das

Landgericht

In Sachen

Architekturbüro

– Klägerin –

gegen

Firma ,vertreten durch den Geschäftsführer ,

– Beklagte –

wegen: Schadensersatz

zeige ich an, dass ich den Beklagten vertrete. Der Beklagte wird sich gegen die Klage verteidigen.

Im Termin zur mündlichen Verhandlung werde ich beantragen:

I. Die Klage wird abgewiesen.

II. Die Kläger tragen gesamtschuldnerisch die Kosten des Verfahrens.

III. Das Urteil ist – ggf. gegen Sicherheitsleistung – in Nr. II. vorläufig vollstreckbar.

Begründung:

1. Die Behauptung, der Beklagte habe die Ausführung der Balkonabdichtung falsch geplant ist unzutreffend. Die Detailplanung des Beklagten entspricht den Regeln der Technik und den einschlägigen DIN-Vorschriften. (***ggf.*** *im Detail ausführen*).

Beweis: Sachverständigengutachten

Der Beklagte verwahrt sich ausdrücklich gegen die Verwendung des Sachverständigengutachtens vom . Das Gutachten ist ein reines Parteigutachten. Die Ausführungen des Sachverständigen sind darüber hinaus unzutreffend (*ggf. Details ausführen*).

2. Unzutreffend ist auch, dass der Beklagte seine Bauüberwachungspflicht verletzt habe. Zutreffend ist vielmehr, dass der Beklagte in der Zeit zwischen dem und dem , als die fraglichen Balkonabdichtungsarbeiten durchgeführt wurden, regelmäßig auf der Baustelle anwesend war und dabei die wichtigen Arbeitsschritte überwacht hat.

Beweis: Vorlage des Bautagebuchs, **Anlage B 1**

Im Übrigen verwahrt sich der Beklagte auch hier gegen die Verwendung des Parteigutachtens.

3. Tatsächlich hat die ursprüngliche Bauherrin, die , die vom Beklagten vorgelegte Planung im eigenen Hause in einigen Punkten geändert. Möglicherweise ist dabei

– ohne dass dies dem Beklagten zur Kenntnis kam – auch die Planung der fraglichen Balkonabdichtung bzw. des Balkonanschlusses geändert worden.

Beweis: Planungsunterlagen der , ggf. anzufordern bei dieser (*Adresse*), **Anlage B 2**

4. Bestritten wird vorsorglich die Höhe des geltend gemachten Schadensersatzanspruches. Die Ermittlung des Minderwerts ist nicht angemessen.

Beweis: Sachverständigengutachten, unter Verwahrung gegen die Beweislast

5. Darüber hinaus erhebt die Beklagte ausdrücklich die Einrede der Verjährung. Vorliegend war der Bau bereits zum 31.3.2017 bezugsfertig errichtet. Die Verjährung endete daher spätestens mit dem 1.4.2022. Bereits das Aufforderungsschreiben vom 25.8.2022 der Kläger ging dem Beklagten nach Verjährung möglicher, tatsächlich jedoch nicht gegebener Schadensersatzansprüche zu. Die Einreichung der Klage erfolgte ebenfalls zu einem Zeitpunkt, zu dem mögliche Schadensersatzansprüche bereits verjährt gewesen wären. Die Schadensersatzklage ist daher abzuweisen.

(*Unterschrift*) (*Rechtsanwalt*)

▲

2. Anmerkungen

132 Die Klageerwiderung enthält nur Ausführungen, wie sie typischerweise in einer Klageerwiderung auftauchen können, ohne Rücksicht auf eine eventuelle materiell-rechtliche Richtigkeit der Ausführungen. Typischerweise wird im Falle einer Gewährleistungsklage eine Klageerwiderung eine Stellungnahme zur Mangelhaftigkeit, ggf. zum Ausschluss der Mängelhaftung enthalten. Sodann ist zu prüfen, ob eventuelle Gegenrechte bestehen (Einreden, Zurückbehaltungsrechte). Schließlich ist auf die Verjährung einzugehen.

3. Checkliste

133

1. Örtliche/sachliche Zuständigkeit
2. Aktivlegitimation des Klägers?
3. Stellungnahme zum Sachverhalt
4. Stellungnahme zum vorgebrachten Mangel: Vorbringen zutreffend/unzutreffend? Andere Mangelursachen? Mitwirkendes Verschulden des Bauherrn/Klägers?
5. Ausschluss der Mängelhaftung?
6. Mögliche Gegenrechte?
7. Verjährung?

§ 6 Bauträgerrecht und Verbraucherbauvertrag

Dr. Angelika Krug, LL.M.

Inhalt

Literatur:

Böttcher, Die Kündigung eines Werkvertrages aus wichtigem Grund nach dem Schuldrechtsmodernisierungsgesetz, ZfBR 2003, 213; *Brambring*, Schuldrechtsreform und Grundstückskaufvertrag – Ergänzung zu DNotZ 2001, 590, DNotZ 2001, 906; *Derleder*, Der Bauträgervertrag nach der Schuldrechtsmodernisierung – Die Auswirkungen auf die Sachmängelgewährleistung, NZBau 2004, 237, 243; *ders.*, Die gemeinschaftsbezogenen Mängelrechte gem. § 10 VI 3 WEG gegenüber dem Bauträger, ZWE 2009, 1, 11; *Dören*, Die rechtliche Einordnung des Bauträgervertrages nach der Schuldrechtsmodernisierung: Werkvertrag, ZfIR 2003, 497; *Grziwotz*, Neue Sachmängelhaftung beim Hauskauf?, ZfIR 2006, 77,78; *Heinemann*, Mängelhaftung im Bauträgervertrag nach der Schuldrechtsreform, ZfIR 2002, 167; *Hertel*, Werkvertrag und Bauträgervertrag nach der Schuldrechtsreform, DNotZ 2002, 6; *Hügel*, Ausübungsbefugnis der Wohnungseigentümergemeinschaft für die Abnahme des Gemeinschaftseigentums und zur Verfolgung von Mängelrechten, ZMR 2008, 855, 859; *Kranzleiter*, Vertragsfreiheit und Bauträgervertrag nach der Schuldrechtsreform – Wer bestimmt über den Inhalt und die rechtliche Einordnung eines Bauträgervertrages?, DNotZ 2006, 247; *Kemper*, Die Neuregelung der Mängelansprüche in VOB/B – 2002, BauR 2002, 1613; *Kornexl*, „Gekauft wie besichtigt“: Gestaltungsüberlegungen zum Kaufvertrag über eine gebrauchte Immobilie, ZNotP 2002, 86, 131; *Litzenburger*, Das neue Schuldrecht und der Bauträgervertrag, RNotZ 2002, 23, 24; *Meyer*, Ausgewählte Probleme des Bauträgervertrages, RNotZ 2006, 498; *Pause*, Auswirkungen der Schuldrechtsmodernisierung auf den Bauträgervertrag, NZBau 2002, 648 ff.; *Pause/Vogel*, Auswirkungen der WEG-Reform auf die Geltendmachung von Mängeln am Gemeinschaftseigentum, ZMR 2007, 577; *Pohlmann*, Fälligkeit nach der Bauträgerverordnung, BauR 1978, 335; *Preussner*, Das neue Werkvertragsrecht im BGB 2002, BauR 2002, 231; *Scherer*, Neuregelung für Grundstücksgeschäfte mit einer GbR – Rückschritt auf dem Weg zur Rechtsfähigkeit der GbR, NJW 2009, 3063, 3065; *Schmidt*, Abnahme im Bauträgervertrag und MaBV, BauR 1997, 221; *Sienz*, Die Neuregelungen im Werkvertragsrecht nach dem Schuldrechtsmodernisierungsgesetz, BauR 2002, 181, 194; *Teichmann*, Kauf- und Werkvertrag in der Schuldrechtsreform, ZfBR 2002, 13, 19; *Thode*, Die wichtigsten Änderungen im BGB-Werkvertragsrecht – Schuldrechtsmodernisierungsgesetz und erste Probleme – Teil 1, NZBau 2002, 297; *Ullmann*, Der Bauträgervertrag – quo vadit?, NJW 2002, 1074; *Voit*, Die Änderungen des allgemeinen Teils des Schuldrechts durch das Schuldrechtsmodernisierungsgesetz und ihre Auswirkungen auf das Werkvertragsrecht, BauR 2002, 145, 161; *Wagner*, Bauträgervertrag am Ende?, WM 2001, 718, 722; *ders.*, Die Bezugsfertigkeits-„Rate“ im Bauträgervertrag, BauR 2004, 569; *Wälzholz/Bülow*, Die Schuldrechtsreform in der notariellen Praxis – ein Überblick mit Checklisten und Formulierungsvorschlägen, MittBayNot 2001, 509, 522.

A. Rechtliche Grundlagen

I. Rechtsnatur des Bauträgervertrags

1. Definitionen

Der Bauträgervertrag ist nach § 1 der Verordnung über Abschlagszahlungen bei Bauträgerverträgen[1] und gem. § 650u Abs. 1 S. 1 BGB ein Vertrag, der die **Errichtung oder den Umbau eines Hauses oder eines vergleichbaren Bauwerks auf einem Grundstück** zum Gegenstand hat und zugleich die Verpflichtung enthält, dem Besteller das **Eigentum an dem Grundstück zu übertragen** oder ein Erbbaurecht zu bestellen oder zu übertragen. Nach § 3 Abs. 1 MaBV i.V.m. § 34c Abs. 1 S. 1 Nr. 4a GewO liegt für das **Gewerberecht** ein Bauträgervertrag vor, wenn ein Gewerbetreibender ein **Bauvorhaben als Bauherr im eigenen Namen für eigene oder fremde Rechnung durchführen** und dazu **Vermögenswerte von Erwerbern verwenden** will und dem Auftraggeber **Eigentum an einem Grundstück übertragen** oder ein Erbbaurecht bestellt oder übertragen werden soll. 1

2. Einheitlichkeit des Vertrags

Der Bauträgervertrag ist ein **einheitlicher Vertrag**, nach dem der Bauträger eine einheitliche Leistung, nämlich die **fristgemäße Bauerrichtung und die lastenfreie Eigentumsverschaffung gegen eine einheitliche Vergütung** des Erwerbers, schuldet. Ein Bauträgervertrag in diesem Sinne liegt nicht nur dann vor, wenn mit den **Bauarbeiten erst nach Vertragsschluss** begonnen wird. Vertragsgegenstand kann vielmehr auch ein **im Bau befindliches** oder bis auf **geringe Restarbeiten** fertig gestelltes Objekt sein. Aus der Einheitlichkeit des Bauträgervertrags folgt, dass für die Vergütung von Planungsleistungen die HOAI nicht gilt und auch das Koppelungsverbot aus Art. 10 § 3 MRVerbG nicht anwendbar ist. Durch letzteres ist eine Vereinbarung unwirksam, in der sich der Erwerber eines Grundstücks zur Beauftragung eines bestimmten Architekten oder Ingenieurs für die Planung oder Bauausführung verpflichtet. 2

3. Anwendbarkeit von Kauf- und Werkvertragsrecht

Der Anspruch auf Übertragung des Eigentums am Grundstück oder auf Bestellung oder Übertragung des Erbbaurechts richtet sich nach den Vorschriften des Kaufrechts (§ 650u Abs. 1 S. 2 BGB). Der Anspruch auf die Errichtung und Umbau des Gebäudes richtet sich nach den Regelungen des Werkvertrags (§§ 633 ff. BGB) und des Bauvertrags (§§ 650a ff. BGB). Zu Letzteren gehören auch die Regelungen über den Verbraucherbauvertrag (§§ 650i Abs. 1 BGB). Ausgenommen von der Anwendung sind gem. § 650u Abs. 2 BGB die Regelungen der §§ 648, 648a, 650b bis 650e, 650k Abs. 1 sowie 650l und 650m Abs. 1 BGB. Hierbei handelt es sich um die Kündigungsrechte des Bauver- 3

1 BGBl 2001, 946.

trags, das Anordnungsrecht des Bestellers, das Recht zum Widerruf und die Abschlagszahlungsregelung.

4 Gesondert zu betrachten sind die Fälle, in denen das **Bauwerk bei Vertragsschluss bereits fertig gestellt** ist („Nachzügler"). Die Rechtsprechung hat auf die das Bauwerk betreffenden Teile dieser Verträge unter dem bis zum 31.12.2001 geltenden Recht **Werkvertragsrecht** angewendet.[2][3] In der Literatur wird mit beachtlichen Argumenten für diese Fälle die Anwendung von **Kaufrecht** auch für das Bauwerk für sachgerecht angesehen.[4] Der BGH hat inzwischen entschieden (Urt. v. 12.5.2016 – VII ZR 171/15), dass sich Ansprüche der Erwerber wegen Mängeln an neu errichteten Häusern oder Eigentumswohnungen aus nach Inkrafttreten des Schuldrechtsmodernisierungsgesetzes abgeschlossenen Bauträgerverträgen weiterhin grundsätzlich nach Werkvertragsrecht richten, auch wenn das Bauwerk bereits fertiggestellt ist. In seinem Urt. v. 25.2.2016 – VII ZR 156/13 hat der BGH zur zeitlichen Anwendung des Werkvertragsrechts entschieden, dass sich bei Eigentumswohnungen, die der Bauträger ungefähr drei Jahre nach der Errichtung veräußert hat und die zuvor vermietet waren, die Sachmängelhaftung nach Kaufrecht richte.

5 Besonderheiten bestehen auch in den Fällen der **Altbausanierung**. Hat sich der Bauträger im Vertrag mit dem Erwerber zu einer **Totalsanierung** eines Bestandsobjektes verpflichtet, haftet er für Sachmängel der gesamten Bausubstanz nach den Gewährleistungsregeln des **Werkvertragsrechts**.[5] **Er haftet bei der Totalsanierung auch für die Altbausubstanz wie bei einem Neubau.**[6] Ob eine Totalsanierung vorliegt, richtet sich danach, ob die übernommene Herstellungsverpflichtung insgesamt nach Umfang und Bedeutung Neubauarbeiten vergleichbar ist.[7] Der BGH hat eine Totalsanierung angenommen bei umfassenden Modernisierungsarbeiten nebst Aufstockung der Altbausubstanz um zwei zusätzliche Stockwerke.[8] Ein Haftungsausschluss kann wegen §§ 633 ff. BGB i.V.m. § 309 Nr. 8 b. bb. BGB nicht wirksam vereinbart werden. Hat sich der Bauträger im Vertrag mit dem Erwerber zu einer **Teilsanierung** eines Bestandsobjektes verpflichtet, d.h. zu Arbeiten, die nach Umfang und Bedeutung Neubauarbeiten nicht vergleichbar sind, gilt für die unberührt gebliebene Altbausubstanz bei Mängeln **Kaufrecht und ein Haftungsausschluss kann wirksam vereinbart werden.**[9] Werkvertragsrecht gilt dann nur hinsichtlich der sanierten Bausubstanz, soweit die vertraglich übernommene Herstellungspflicht des Bauträgers betroffen ist. Der BGH unterscheidet bei

2 BGH v. 11.7.1997 – V ZR 246/96 – DNotZ 1998, 873; BGH v. 21.2.1985 – VII ZR 72/84 – NJW 1985, 1551; BGH v. 16.12.2004 – VII ZR 257/03 – ZfIR 2005, 134; BGH v. 29.6.1981 – VII ZR 259/80 – NJW 1981, 2344; BGH v. 11.7.1997 – V ZR 246/96 – NJW 1997, 2874; in der Lit. ebenso: *Derleder*, NZBau 2004, 237; *Thode*, NZBau 2002, 299; *Meyer*, RNotZ 2006, 498.

3 BGH v. 16.12.2004 – VII ZR 257/03 – DNotI-Report 2005, 61.

4 *Hertel*, DNotZ 2002, 6; *Brambring*, DNotZ 2001, 906; *Kranzleiter*, DNotZ 2006, 247; *Heinemann*, ZfIR 2002, 168.

5 BGH v. 16.12.2004 – VII ZR 257/03 – BauR 2005, 542.

6 BGH v. 6.10.2005 – VII ZR 117/04 – BauR 2006, 99.

7 BGH v. 26.4.2007 – VII ZR 210/05 – BauR 2007, 1407.

8 BGH v. 26.4.2007 – VII ZR 210/05 – BauR 2007, 1407.

9 BGH v. 6.10.2005 – VII ZR 117/04 – BauR 2006, 99; *Wälzholz/Bülow*, MittBayNot 2001, 509, 522; *Hertel*, DNotZ 2002, 16; *Kornexl*, ZNotP 2002, 86, 131; a.A. *Grziwotz*, ZfIR 2006, 77, 78.

der Anwendung dieser Grundsätze nicht zwischen einer Sanierung vor oder nach Vertragsabschluss mit dem Erwerber.

II. Wesentliche Rechte und Pflichten der Beteiligten des Bauträgervertrags

1. Bauerrichtung und Eigentumsverschaffung

Der Bauträger ist entsprechend den vertraglichen Regelungen zur **fristgerechten Bauerrichtung** und **lastenfreien Eigentumsverschaffung** verpflichtet. Der Umfang der geschuldeten Bauleistung ergibt sich regelmäßig aus der **Baubeschreibung**, die Bestandteil des Bauträgervertrages ist (siehe Rdn 26 und siehe auch § 16 Rdn 11, 26, 36). Daneben sind grundsätzlich die allgemeinen Regeln der Baukunst bzw. die anerkannten Regeln der Technik zum Zeitpunkt der Abnahme zu beachten.[10] Die vereinbarte Bauleistung bestimmt die Erfüllungsansprüche des Erwerbers und die Haftung des Bauträgers. Gem. § 633 Abs. 2 S. 1 BGB ist das **Werk frei von Sachmängeln**, wenn es die vereinbarte Beschaffenheit hat. Fehlen hierzu Vereinbarungen, kommt es nach § 633 Abs. 2 S. 2 BGB auf die Eignung für die nach dem Vertrag vorausgesetzte Verwendung an. Wenn auch hierzu konkrete Festlegungen fehlen, ist die Eignung für die gewöhnliche Verwendung maßgeblich. Nach herrschender Ansicht sind die **Angaben in der Baubeschreibung als Beschaffenheitsvereinbarung** i.S.d. § 633 Abs. 2 S. 1 BGB anzusehen.[11] Die Pflicht des Bauträgers zur lastenfreien Eigentumsverschaffung am Grundstück richtet sich nach Kaufrecht.[12] Gem. §§ 433 Abs. 1, 434 ff. BGB hat der Verkäufer dem Käufer **Besitz und Eigentum an dem Grundstück frei von nicht übernommenen Lasten und frei von Mängeln** zu verschaffen. Der Bauträger schuldet sämtliche **Erklärungen und Handlungen**, die von seiner Seite zur Eigentumsverschaffung notwendig sind, insbesondere die Auflassung.[13] Nach § 650k Abs. 3 S. 1 BGB muss der Bauträgervertrag verbindliche Angaben zum Zeitpunkt der Fertigstellung des Werks enthalten, nach Art. 249 § 2 Abs. 2 EGBGB muss die Baubeschreibung solche Angaben enthalten. Ob es genügt, den Fertigstellungszeitpunkt nur im Vertrag zu erwähnen, sofern dieser Vertragstext dem Erwerber gemeinsam mit der Baubeschreibung zur Verfügung gestellt wird, ist zweifelhaft. Zur Sicherheit sollte der Fertigstellungstermin in beiden Dokumenten enthalten sein. Kann der Fertigstellungstermin zum Zeitpunkt des Vertragsabschlusses nicht angegeben werden, muss der Vertrag Angaben zur Dauer der Bauausführung enthalten. Dies gilt ebenso für die Baubeschreibung. Die Neuregelung der Abnahmefiktion in § 640 Abs. 2 BGB dürfte am bisherigen Inhalt des Begriffs der Fertigstellung als der im wesentlichen vertragsgemäßen Leistung ohne wesentliche Mängel nichts geändert haben. 6

10 BGH v. 14.5.1998 – VII ZR 184/97 – BGHZ 139, 16; OLG München MittBayNot 2007, 116.
11 *Blank*, Rn 107; *Kemper*, BauR 2002, 1613; *Preussner*, BauR 2002, 231; a.A. *Basty*, Rn 822.
12 *Pause*, NZBau 2002, 648 ff.
13 BGH v. 6.12.1991 – V ZR 229/90 – MDR 1992, 254.

2. Abnahme

7 Die Abnahme gem. § 640 BGB gehört zu den **Hauptpflichten** des Erwerbers.[14] Der Erwerber ist verpflichtet, das vertragsgemäß hergestellte Bauwerk abzunehmen. Wegen unwesentlicher Mängel kann die Abnahme nicht verweigert werden. Als abgenommen gilt das Bauwerk auch, wenn der Bauträger dem Erwerber nach Fertigstellung des Werks eine angemessene Frist zur Abnahme gesetzt hat und der Erwerber die Abnahme nicht innerhalb dieser Frist unter Angabe mindestens eines Mangels verweigert hat. Ist der Erwerber ein Verbraucher, so tritt die vorgenannte Abnahmefiktion nur dann ein, wenn der Bauträger dem Erwerber zusammen mit der Aufforderung zur Abnahme auf die Folgen einer nicht erklärten oder ohne Angabe von Mängeln verweigerten Abnahme hingewiesen hat.

Die Abnahme ist maßgeblich für den **Gefahrübergang** gem. § 644 Abs. 1 BGB, den **Beginn der Verjährungsfristen** für Mängelansprüche gem. § 634a Abs. 2 BGB und hat die **Umkehr der Beweislast** für Mängel zur Folge.[15] Die Abnahme nach § 640 BGB bedarf grundsätzlich keiner besonderen Form. Bei **Wohnungs- oder Teileigentum** kann die Abnahme von Sondereigentum und Gemeinschaftseigentum getrennt erfolgen, sofern der Bauträgervertrag entsprechendes vorsieht.[16]

3. Kaufpreiszahlung

8 Nach § 650g Abs. 4 S. 1 BGB ist die Vergütung zu entrichten, wenn der Erwerber das Bauwerk abgenommen hat oder die Abnahme nach § 641 Abs. 2 BGB entbehrlich ist und der Bauträger dem Erwerber eine prüffähige Schlussrechnung erteilt hat. Der Erwerber schuldet dem Bauträger den Kaufpreis, der in der Regel in Raten zu zahlen ist. Der **Ratenplan** muss den Anforderungen der MaBV, der Verordnung über Abschlagszahlungen bei Bauträgerverträgen und § 650v BGB genügen (siehe § 16 Rdn 6). Zu den wesentlichen **Voraussetzungen der Kaufpreisfälligkeit** gem. § 3 Abs. 1 MaBV gehören die **Rechtswirksamkeit des Vertrages und seine Vollzugsfähigkeit** im Grundbuch nebst der Mitteilung des Notars hierüber (§ 3 Abs. 1 S. 1 Nr. 1 MaBV), die Eintragung der **Eigentumsvormerkung** im Grundbuch (§ 3 Abs. 1 S. 1 Nr. 2 MaBV), die Sicherstellung der **Lastenfreistellung** im Grundbuch (§ 3 Abs. 1 S. 1 Nr. 3 MaBV), die Erteilung der **Baugenehmigung** bzw. das Vorliegen eines Negativattests (§ 3 Abs. 1 Nr. 4 MaBV) und **ein Baufortschritt**, der dem beanspruchten Kaufpreis bzw. Kaufpreisteil entspricht (§ 3 Abs. 2 MaBV; § 1 der Verordnung über Abschlagszahlungen bei Bauträgerverträgen) (siehe Rdn 18 und siehe auch § 16 Rdn 13 ff.).

14 BGH v. 23.2.1989 – VII ZR 89/87 – BGHZ 107, 75, 77.
15 BGH v. 29.6.1981 – VII ZR 299/80 – BauR 1981, 575.
16 BGH v. 30.6.1983 – VII ZR 185/81 – BauR 1983, 573; zur Abnahme des Gemeinschaftseigentums durch Dritte siehe *Limmer* (Hsg.), Gestaltungspraxis und Inhaltskontrolle, Symposium des Instituts für Notarrecht an der Universität Würzburg 2013, S. 102 ff.

III. Leistungsstörungen beim Bauträgervertrag

1. Verzug des Bauträgers mit der Fertigstellung des Baus

Gerät der Bauträger mit der Fertigstellung der Baumaßnahme in Verzug, d.h. überschreitet er den vereinbarten **Fertigstellungstermin** und hat er dieses zu vertreten, steht dem Erwerber ein Anspruch auf **Schadensersatz** gem. §§ 280 Abs. 1, 2, 286 BGB zu. Zu ersetzen sind die dem Erwerber durch die **Verzögerung entstandenen Schäden**, z.B. Mietausfälle, zusätzliche Mietaufwendungen, Möbeleinlagerungskosten und Mehraufwendungen für die Finanzierung.[17] Sind die Voraussetzungen des § 281 BGB erfüllt, kann der Erwerber **Schadensersatz statt der Leistung** gem. § 280 Abs. 1, 3 BGB verlangen. Hiernach kann der Erwerber Abstand vom gesamten Bauträgervertrag nehmen und Ersatz seiner Schäden, insbesondere Ersatz aller im Hinblick auf den Vertrag gemachter und nutzlos gewordener Aufwendungen verlangen. Daneben kann der Erwerber vom Vertrag gem. § 323 Abs. 1 BGB zurücktreten. Der **Rücktritt** schließt Schadensersatzansprüche nicht aus (§ 325 BGB). Befindet sich der Bauträger nur mit **Teilleistungen in Verzug**, kann der Schadensersatzanspruch statt der Leistung gem. § 281 Abs. 1 S. 2 BGB auf diese Teilleistung beschränkt werden. Wählt der Erwerber den Rücktritt gem. § 323 BGB, entsteht das **Rückabwicklungsverhältnis** nicht nur für den werkvertraglichen Teil des Bauträgervertrags. Es erfasst vielmehr auch den die Grundstücksverschaffung betreffenden Teil des Vertrages.[18] Der Bauträger hat danach Anspruch auf **Löschung der Eigentumsvormerkung** im Grundbuch. Der Erwerber hat Anspruch auf **Rückzahlung des Kaufpreises**. Befindet sich der Bauträger in **Zahlungsschwierigkeiten**, droht dem Erwerber der **Verlust des von ihm gezahlten Kaufpreises**, sofern keine **Kaufpreissicherheit** gem. § 7 MaBV oder aufgrund eines **Freigabeversprechens** der Finanzierungsgläubigerin des Bauträgers vorliegt (siehe § 16 Rdn 16, 18). Dem Erwerber steht zwar gem. § 320 BGB ein **Zurückbehaltungsrecht** an der Eigentumsvormerkung bis zur Rückzahlung des Kaufpreises zu.[19] Dieses Recht schützt den Erwerber gegen das Risiko des Kaufpreisverlustes jedoch nur unzureichend, da die aufgrund des Rücktritts gegenstandslos gewordene Vormerkung keine Wirkungen bezüglich der Rechte Dritter entfaltet.[20] 9

Der Erwerber kann in bis zum 31.12.2017 abgeschlossenen Verträgen im Falle erheblicher Überschreitung der vertraglichen Bauzeit oder bei Absehbarkeit der Nichteinhaltung des Fertigstellungstermins grundsätzlich den Teil des Bauträgervertrags, der die Bauerrichtung betrifft, aus **wichtigem Grund kündigen**.[21] Der Erwerber schuldet in diesem Fall die **Zahlung des dem erreichten Bautenstandes entsprechenden Kaufpreisteil**. Der Bauträger schuldet die **Übereignung des Grundstücks**. Die Globalgläubi- 10

17 BGH v. 29.3.1990 – VII ZR 324/88 – NJW-RR 1990, 980; BGH v. 15.4.1983 – V ZR 152/82 – NJW 1983, 2137; BGH v. 20.2.2014 – VII ZR 172/13 – BauR 2014, 989.
18 BGH v. 21.11.1985 – VII ZR 366/83 – BauR 1986, 208.
19 BGH v. 1.10.1999 – V ZR 162/98 – MDR 2000, 21.
20 BGH v. 21.11.1985 – VII ZR 366/83 – BGHZ 96, 275, 282.
21 BGHZ 96, 275; *Sienz*, BauR 2002, 181, 194; *Voit*, BauR 2002, 145, 161; andere nehmen einen Teilrücktritt an: *Böttcher*, ZfBR 2003, 213.

ger der Bauträger sehen in ihren **Freistellungsversprechen** jedoch regelmäßig die Möglichkeit gem. § 3 Abs. 1 S. 3 MaBV vor, dass anstelle der Übereignung des Grundstücks an den Erwerber die von diesem bisher geleisteten Zahlungen bis zum anteiligen Wert des Vertragsgegenstandes von der Globalgläubigerin zurückgewährt werden und eine Übereignung des Grundstücks unterbleibt. Die Entscheidung, ob eine solche Transaktion bestehen bleibt oder rückabgewickelt wird, trifft somit regelmäßig die finanzierende Bank des Bauträgers. Wird der Erwerber Eigentümer des unfertigen Baues, muss er ihn selbst fertig stellen. Probleme ergeben sich hierbei insbesondere im Geschosswohnungsbau, wenn der Bauträger noch Eigentümer von Wohnungen ist, die er mangels finanzieller Mittel nicht fertig stellen kann. In Verträgen, die seit dem 1.1.2018 abgeschlossen werden, ist die oben beschriebene Kündigung aus wichtigem Grund nicht mehr möglich. Zwar hat der Gesetzgeber durch § 648a BGB nunmehr die Kündigung aus wichtigem Grund normiert; für den Bauträgervertrag ist dieses Kündigungsrecht jedoch ausdrücklich ausgeschlossen worden (§ 650u Abs. 2 BGB).

2. Zahlungsverzug des Erwerbers

11 Kommt der Erwerber mit der Zahlung des Kaufpreises in Verzug, kann der Bauträger gem. § 323 BGB vom Vertrag **zurücktreten** oder **Schadensersatz** gem. § 288 Abs. 4 BGB verlangen. Während des Verzugs i.S.d. § 286 BGB schuldet der Erwerber gem. § 288 BGB mindestens **Verzugszinsen** i.H.v. 5 Prozentpunkten über dem Basiszinssatz gem. § 247 BGB, wenn es sich um einen Verbraucher i.S.d. § 13 BGB handelt. Ansonsten sind mindestens 8 Prozentpunkte über dem Basiszinssatz geschuldet.

3. Mängel des Bauwerks und des Grundstücks

12 Der Bauträger haftet dem Erwerber für Mängel des Bauwerks nach Werkvertragsrecht gem. § 634 BGB; für Mängel des Grundstücks haftet der Bauträger nach § 437 BGB. Bei Mängeln am Grundstück ist zu beachten, dass sie sich dergestalt auf das Gebäude auswirken können, dass sie der werkvertraglichen Gewährleistung unterliegen. So können z.B. **Altlasten** im Boden die vertraglich vereinbarte Nutzbarkeit eines Bauwerks beeinträchtigen und einen Mangel des Bauwerks begründen.

13 Gem. § 634 BGB steht dem Erwerber nach der Abnahme[22] in erster Linie ein **Nacherfüllungsanspruch** gem. § 635 BGB zu. Der Bauträger kann nach seiner Wahl den Mangel beseitigen oder das Werk neu herstellen. Der Bauträger kann gem. § 635 Abs. 3 BGB die Nacherfüllung verweigern, wenn sie nur mit unverhältnismäßigen Kosten möglich ist. Der Erwerber kann nach erfolglosem Ablauf der dem Bauträger zur Nacherfüllung gesetzten angemessenen Frist gem. § 637 BGB den **Mangel selbst beseitigen** und Ersatz der erforderlichen **Aufwendungen** verlangen, sofern der Bauträger die Nacherfüllung nicht verweigern durfte. Für die zur Beseitigung des Mangels erforderlichen Aufwendungen kann der Erwerber vom Bauträger einen **Vorschuss** gem. § 637 Abs. 3 BGB verlan-

22 Zu Mängelrechten vor der Abnahme BGH v. 19.1.2017 – VII ZR 193/15.

gen. Alternativ kann der Erwerber gem. § 638 BGB den Kaufpreis **mindern**. Als weitere Alternative steht ihm ein **Rücktrittsrecht** nach §§ 636, 323, 326 Abs. 5 BGB und unter den Voraussetzungen des §§ 636, 280, 281, 283 und 311a BGB **Schadensersatz** oder nach § 284 BGB Ersatz der **vergeblichen Aufwendungen** zu. Sofern es sich um **geringfügige Mängel** handelt, sind jedoch der Rücktritt und der Anspruch auf Schadensersatz statt der ganzen Leistung gem. §§ 323 Abs. 5 S. 2, 281 Abs. 1 S. 3 BGB grundsätzlich ausgeschlossen. Bei **Wohnungs- und Teileigentum** stehen dem Erwerber die Mängelrechte uneingeschränkt nur zu, soweit Mängel am **Sondereigentum** betroffen sind. Bei Mängeln am **Gemeinschaftseigentum** oder solchen am Sondereigentum, die sich auf das Gemeinschaftseigentum auswirken, können die **sekundären Mängelansprüche** der Minderung und des Schadensersatzes grundsätzlich wegen der Gemeinschaftsbezogenheit des Gemeinschaftseigentums und zum Schuldnerschutz nur aufgrund einer **Entscheidung der Eigentümergemeinschaft** geltend gemacht werden.[23] Hat die Wohnungseigentümergemeinschaft durch Beschluss die Ausübung gemeinschaftsbezogener Gewährleistungsrechte wegen Mängel an der Bausubstanz an sich gezogen, ist die fristgebundene Aufforderung zur Mangelbeseitigung mit Ablehnungsandrohung durch einen einzelnen Wohnungseigentümer unwirksam, wenn diese mit den Interessen der Wohnungseigentümergemeinschaft kollidiert.[24] Rücktritt vom Vertrag und Schadensersatz statt der Leistung kann der einzelne Wohnungseigentümer uneingeschränkt geltende machen.[25]

IV. Verbraucherbauvertrag

Als Unterfall des Bauvertrags regeln §§ 650i ff. BGB den Verbraucherbauvertrag. Hierunter fallen Verträge zwischen einem Unternehmer und einem Verbraucher, durch die ein Unternehmer zum **Bau eines neuen Gebäudes** oder zu **erheblichen Umbaumaßnahmen** an einem bestehenden Gebäude verpflichtet wird. 14

Für den Begriff „**Bau von neuen Gebäuden**" kann an § 312b Abs. 3 Nr. 4 BGB a.F. angeknüpft werden. Danach fanden die Vorschriften über Fernabsatzverträge keine Anwendung auf Verträge über die „Errichtung von Bauwerken". Diese Vorschrift wurde von der Rechtsprechung im Sinne des Verbraucherschutzes eng ausgelegt. Sie umfasste nur Verträge über Maßnahmen, die das Grundstück wesentlich umgestalteten und somit den klassischen Immobiliengeschäften gleich gestellt werden konnten. Dagegen fanden die Vorschriften des Fernabsatzrechts Anwendung, wenn der Vertrag lediglich Erneuerungs-, Umbau- und Erweiterungsmaßnahmen an den bestehenden Gebäuden betraf oder wenn es sich um ein Bauwerk untergeordneter Funktion handelte. Zum Begriff der **erheblichen Umbaumaßnahmen** kann an Erwägungsgrund 26 zur EU-Verbraucherrechtsrichtlinie[26] in Art. 3 Abs. 3 lit. f der Richtlinie angeknüpft werden. Dort wird

23 BGH v. 21.2.1985 – VII ZR 72/84 – BauR 1985, 314; BGH v. 28.10.1999 – VII ZR 284/98 – BauR 2000, 285; BGH v. 10.3.1988 – VII ZR 171/87 – BauR 1988, 336; BGH v. 4.11.1982 – VII ZR 53/82 – BauR 1983, 84.
24 BGH v. 6.3.2014 – VII ZR 266/13 – BauR 2014, 997.
25 BGH v. 27.7.2006 – VII ZR 276/05 – BGHZ 169, 1.
26 RL 2011/83/EU v. 25.10.2011.

ausgeführt, dass unter den Begriff solche Umbaumaßnahmen fallen, die dem Bau eines neuen Gebäudes vergleichbar sind. Hierzu gehören Baumaßnahmen, bei denen nur die Fassade eines alten Gebäudes erhalten bleibt. Maßgeblich sind somit Umfang und Komplexität des Eingriffs sowie das Ausmaß des Eingriffs in die vorhandene bauliche Substanz des Gebäudes. Verträge zur Errichtung von Anbauten (z.B. Garagen, Wintergärten) sowie zur Instandhaltung bzw. Renovierung von Gebäuden, ohne dass es sich dabei um erhebliche Umbaumaßnahmen handelt, sind von § 650i BGB somit nicht erfasst.[27] Mit Urt. v. 16.3.2023 – VII ZR 94/22 hat der BHG entschieden, dass die Bestimmungen zu Verbraucherbauverträgen nicht für Verträge gelten, die lediglich die Fertigstellung eines einzelnen Gewerks eines Neubauprojekts betreffen.

§ 650i Nr. 3 BGB bestimmt, dass für die Verbraucherbauvertrag ergänzend §§ 650j–650o BGB und Art. 249 EGBGB gelten. Diese ergänzenden Vorschriften enthalten insbesondere Regelungen über die obligatorischen Mindestinhalte der Baubeschreibung und des Vertrags (z.B. Angabe des Fertigstellungstermins), obligatorische Regelungen über die Erstellung und Herausgabe von Unterlagen und ein gesetzliches Recht des Verbrauchers, den Vertrag zu widerrufen.

B. Muster

I. Klage des Bauträgers auf Zahlung einer rückständigen Kaufpreisrate

1. Muster: Klage des Bauträgers auf Zahlung einer rückständigen Kaufpreisrate

15 ▼

6.1

Landgericht

Im Namen und mit Vollmacht der

(*Firma, Adresse*), vertreten durch den Geschäftsführer (*Vorname, Nachname, Adresse*)

– Klägerin –

erhebe ich

Klage

gegen

(*Vorname, Nachname, Adresse*)

– Beklagte –

wegen: Forderung.

Vorläufiger Streitwert: EUR.

27 Begründung zum Gesetzentwurf der Bundesregierung, BR Drucks 123/16 v. 11.3.2016, 66 f.

Im Termin zur mündlichen Verhandlung werde ich beantragen:

> Die Beklagte wird verurteilt, an die C-Bank (BLZ) auf deren Konto Nr. 12.250 EUR zzgl. Zinsen i.H.v. 5 Prozentpunkten über dem Basiszinssatz p.a. hieraus seit dem zu bezahlen.

Für den Fall der Anordnung des schriftlichen Vorverfahrens und Säumnis wird der

Erlass eines Versäumnisurteils

beantragt.

Begründung:

Die Klägerin führt gewerbsmäßig Bauträgermaßnahmen durch. Sie nimmt die Beklagte wegen Kaufpreisrückständen aus einem Bauträgervertrag in Anspruch.

Die Klägerin hat sich mit notariellem Vertrag vom gegenüber der Beklagten zur Herstellung eines Einfamilienhauses gemäß der mitbeurkundeten Baubeschreibung auf dem Grundstück Eichenhain 7 in Frankfurt am Main und zur Übereignung dieses Grundstücks an die Beklagte verpflichtet.

Beweis: Notarieller Vertrag vom als **Anlage K 1**

Als Kaufpreis wurden 350.000 EUR vereinbart, deren Fälligkeit sich nach dem Ratenplan in Nr. 5 und den Fälligkeitsvoraussetzungen in Nr. 4 des notariellen Vertrags vom richtet.

Beweis: wie vor

Die Beklagte hat den Kaufpreis mit Ausnahme der letzten Rate bezahlt. Eine Bürgschaft zur Ablösung des Einbehaltes gem. § 650m Abs. 2 BGB wurde der Klägerin bereits bei Abschluss des notariellen Vertrags übergeben. Die letzte Rate i.H.v. 3,5 % des Kaufpreises, somit 12.250 EUR ist gem. Nr. 5 des Ratenplanes nach Vorliegen der allgemeinen Fälligkeitsvoraussetzungen und vollständiger Fertigstellung des Vertragsgegenstandes zu zahlen.

Beweis: wie vor

Die allgemeinen Fälligkeitsvoraussetzungen liegen nach Ziff. 4 des notariellen Vertrages und gem. § 3 Nr. 1 MaBV vor, wenn der Notar dem Erwerber schriftlich bestätigt hat, dass der Vertrag rechtswirksam geworden ist und die für seinen Vollzug erforderlichen Genehmigungen vorliegen, die Eigentumserwerbsvormerkung rangrichtig eingetragen wurde, die Lastenfreistellung sichergestellt ist, die Baugenehmigung erteilt wurde und keine vertraglichen Rücktrittsrechte bestehen.

Beweis: wie vor

Im vorliegenden Fall sind sämtliche allgemeinen Fälligkeitsvoraussetzungen erfüllt:

Der Notar hat den Beteiligten des Vertrags mit Schreiben vom bestätigt, dass der Vertrag rechtswirksam geworden ist und alle erforderlichen Genehmigungen für seinen Vollzug erteilt wurden.

Beweis: Schreiben des Notars vom als **Anlage K 2**

Die Eigentumserwerbsvormerkung wurde rangrichtig in das Grundbuch eingetragen.

Beweis: Grundbuchauszug vom als **Anlage K 3**

Die Lastenfreistellungserklärung der C-Bank hinsichtlich der Finanzierungsgrundschuld der Klägerin liegt vor.

Beweis: Schreiben der C-Bank vom als **Anlage K 4**

Die Baugenehmigung wurde von der Stadt am erteilt.

Beweis: Baugenehmigung vom als **Anlage K 5**

Das Einfamilienhaus ist vollständig fertig gestellt. Dieses wurde vom bauleitenden Architekten mit Schreiben vom bestätigt.

Beweis: Schreiben vom als **Anlage K 6**

Die Beklagte hat das Haus am vorbehaltlos förmlich abgenommen.

Beweis: Abnahmeprotokoll vom als **Anlage K 7**

Mit Schreiben vom hat die Beklagte der Klägerin mitgeteilt, 15 Natursteinplatten auf der Terrasse hätten Risse bekommen und müssten ausgetauscht werden. Bis zum Austausch behalte sie die letzte Kaufpreisrate von 12.250 EUR ein.

Beweis: Schreiben der Beklagten vom als **Anlage K 8**

Die Klägerin hat noch im November 2008 die gerissenen Natursteinplatten entfernt und neue Platten gleicher Art und Güte eingebaut. Sie hat die Beklagte hierüber mit Schreiben vom informiert und gleichzeitig um Zahlung der letzten Rate gebeten. Da keine Zahlung einging, hat sie die Beklagte mit Schreiben vom gemahnt, dafür Sorge zu tragen, dass die letzte Kaufpreisrate über 12.250 EUR nunmehr unverzüglich auf dem im notariellen Vertrag vom genannten Konto der C-Bank eingehe.

Beweis: Schreiben der Klägerin vom als **Anlage K 9**

Die Beklagte behauptete nach Erhalt der Mahnung – unzutreffend – Farbabweichungen der neuen Platten zum älteren Belag und zahlte nicht.

Die letzte Rate von 12.250 EUR ist fällig. Aufgrund des erfolgreichen Austausches der schadhaften Platten ist das Leistungsverweigerungsrecht der Beklagten an der letzten Rate entfallen. Die Beklagte befindet sich aufgrund der Mahnung der Klägerin vom in Verzug.

Die Klägerin hat den Kaufpreisanspruch gegen die Beklagte an die den Bau finanzierende C-Bank abgetreten. Dies wurde der Beklagten im notariellen Bauträgervertrag vom in Nr. 12 angezeigt.

Beweis: Notarieller Vertrag vom , vorgelegt als **Anlage K 1**

Die Klägerin wurde von der C-Bank zur gerichtlichen Geltendmachung der Kaufpreisforderung mit der Maßgabe ermächtigt, dass die Zahlung auf das im Klageantrag genannte Konto zu erfolgen habe.

Beweis: Schreiben der C-Bank vom als **Anlage K 10**

Die Klägerin ist aufgrund dieser Ermächtigung und ihres aus ihrer Verpflichtung zur Darlehensrückzahlung gegenüber der C-Bank resultierenden Interesses zur Klageerhebung in gewillkürter Prozessstandschaft berechtigt.

Beglaubigte und einfache Abschrift anbei.

(*Unterschrift*) (*Rechtsanwalt*)

▲

2. Anmerkungen

a) Klagebefugnis des Bauträgers

Finanziert der Bauträger die Baumaßnahme über ein Bankdarlehen, wird regelmäßig der Vergütungsanspruch des Bauträgers gegen den Erwerber an die Bank abgetreten und die Abtretung im Bauträgervertrag offenbart. Die Bank ermächtigt regelmäßig den Bauträger, die Ansprüche im eigenen Namen geltend zu machen und Zahlung auf das im Bauträgervertrag angegebene Konto der Bank zu verlangen. Der Bauträger macht in diesem Fall das Recht der Bank im eigenen Namen geltend. Diese gewillkürte Prozessstandschaft ist zulässig, wenn als weitere Voraussetzung ein schutzwürdiges rechtliches Interesse des Klägers an der Rechtsverfolgung besteht und er die Ermächtigung offenbart.[28] Im Falle der vorliegenden Musterklage liegen die Voraussetzungen vor, da der Bauträger mit der Durchsetzung des Vergütungsanspruchs seiner eigenen Verpflichtung zur Darlehensrückzahlung nachkommt und die Ermächtigung durch die Bank in der Klage offenbart. Das rechtliche Interesse kann hingegen fraglich sein, wenn sich der Erwerber im Bauträgervertrag hinsichtlich der Vergütung der sofortigen Zwangsvollstreckung unterworfen hat (siehe § 16 Rdn 24). In diesem Fall kann der Bauträger möglicherweise Zahlung auch ohne Klage erreichen. 16

b) Örtliche Zuständigkeit

Der allgemeine Gerichtsstand des Schuldners ist maßgeblich für die örtliche Zuständigkeit (§ 12 ZPO). Bei Gewerbetreibenden kann am Sitz (§ 17 ZPO) oder der Niederlassung (§ 21 ZPO) Klage erhoben werden. Alternativ kann im Gerichtsstand des Erfüllungsortes (§ 29 ZPO) geklagt werden. Der Ort der Baumaßnahme ist für die Klage auf Werklohn Erfüllungsort i.S.d. § 29 ZPO.[29] Dieses gilt auch für die Vergütungsklage des Bauträgers. 17

c) Fälligkeit des Kaufpreisanspruchs

Die vertraglichen Voraussetzungen der Fälligkeit des Kaufpreises müssen beim Bauträgervertrag mit den Regelungen in §§ 3, 7 MaBV, der Verordnung über Abschlagszahlungen bei Bauträgerverträgen und § 650m Abs. 2 BGB in Einklang stehen. Aus dem Klagevortrag muss sich somit ergeben, dass die Fälligkeitsregelungen des Bauträgervertrags den genannten Vorschriften entsprechen. Weiter muss sich aus dem Klagevortrag 18

28 MüKo-ZPO, 6. Aufl. 2020, § 114 Rn 45.
29 BGH v. 5.12.1985 – I AZR 737/85, NJW 1986, 935.

schlüssig ergeben, dass die Fälligkeitsvoraussetzungen auch eingetreten sind (siehe Rdn 8 und siehe auch § 16 Rdn 6, 13 ff.).

d) Vollständige Fertigstellung

19 Die vollständige Fertigstellung ist eine Voraussetzung der Fälligkeit der letzten Rate des Kaufreises nach § 3 Abs. 2 S. 2 Nr. 2 MaBV. In der Vergütungsklage ist schlüssig darzustellen, dass diese Fälligkeitsvoraussetzung vorliegt. Dazu gehört, dass alle vertraglichen Leistungen erbracht worden sind. Ausgeführt sein müssen auch die Außenanlagen und etwaige Restarbeiten, die bei einer vorausgegangenen Abnahme festgelegt wurden. Die Einzelheiten sind strittig (siehe § 16 Rdn 20, 25).[30]

e) Leistungsverweigerungsrecht des Erwerbers

20 Der Erwerber kann gegen den Vergütungsanspruch des Bauträgers die mangelhafte Leistung einwenden.[31] Der Erwerber kann bei allen Raten wegen Baumängeln die Zahlung in einem angemessenen Verhältnis zum voraussichtlichen Beseitigungsaufwand verweigern. Das Leistungsverweigerungsrecht dient dem berechtigten Interesse des Erwerbers an zügiger Mängelbeseitigung und bezweckt die Ausübung von Druck auf den Bauträger.[32] Die Höhe des Einbehaltes richtet sich nach § 641 Abs. 3 BGB. Die Klägerin der Vergütungsklage muss darlegen und beweisen, dass ein von der Beklagten zu Recht geltend gemachtes Leistungsverweigerungsrecht erloschen ist.

f) Verzugszinsen

21 Sie können vom Schuldner gem. §§ 286 Abs. 3, 288, 247 BGB verlangt werden. Zeitraum und Höhe des Zinsanspruchs müssen sich aus dem Klagevortrag schlüssig ergeben.

II. Klage des Erwerbers auf Übertragung von Wohnungseigentum aufgrund der Tilgung des Kaufpreises durch Zahlung, Minderung und Aufrechnung mit Schadensersatzansprüchen wegen Verzugs

1. Muster: Klage des Erwerbers auf Übertragung von Wohnungseigentum aufgrund der Tilgung des Kaufpreises durch Zahlung, Minderung und Aufrechnung mit Schadensersatzansprüchen wegen Verzugs

22 ▼

Landgericht

Im Namen und mit Vollmacht der

(*Vorname, Nachname, Adresse*)

– Klägerin –

30 BGH v. 20.1.2000 – VII ZR 224/98 – BauR 2000, 881; BGH v. 30.4.1998 – VII ZR 47/97 – BauR 1998, 783; *Pohlmann*, BauR 1978, 335; *Schmidt*, BauR 1997, 221; *Wagner*, WM 2001, 718, 722.
31 BGH v. 10.11.1983 – VII ZR 373/82 – DNotZ 1984, 478.
32 BGH v. 27.11.2003 – VII ZR 53/03 – BGHZ 157, 102, 115.

erhebe ich

Klage

gegen

(*Firma, Adresse*), vertreten durch den Geschäftsführer (*Vorname, Nachname, Adresse*)

– Beklagte –

wegen: Abgabe einer Willenserklärung

Vorläufiger Streitwert: EUR

Im Termin zur mündlichen Verhandlung werde ich beantragen:

> Die Beklagte wird verurteilt, den Notar mit Amtssitz in Frankfurt am Main schriftlich anzuweisen, die in dessen Urkunde URNr. erklärte Auflassung zu vollziehen und alles Erforderliche zu veranlassen, damit das Eigentum an dem in vorgenannter Urkunde bezeichneten Grundstück auf die Klägerin übergeht und diese als Eigentümerin im Grundbuch eingetragen wird.

Für den Fall der Anordnung des schriftlichen Vorverfahrens und Säumnis wird

Erlass eines Versäumnisurteils

beantragt.

Begründung:

Die Beklagte führt gewerbsmäßig Bauträgermaßnahmen durch. Sie hat sich gegenüber der Klägerin mit notariellem Vertrag vom zur schlüsselfertigen Herstellung einer Eigentumswohnung auf dem Grundstück und zur Übereignung des Sondereigentums an der Wohnung nebst dazugehörigem Miteigentumsanteil am Grundstück verpflichtet. Die Klägerin hat sich in dem Vertrag zur Zahlung eines Kaufpreises von insgesamt 350.000 EUR verpflichtet. Sie hat auf den Kaufpreis Zahlungen von 300.000 EUR geleistet. Hinsichtlich des Restkaufpreises von 50.000 EUR hat sie i.H.v. 30.000 EUR wegen Mängeln am Sondereigentum die Minderung gem. § 638 BGB erklärt und gegen den Kaufpreisanspruch i.H.v. 20.000 EUR mit Schadensersatzansprüchen aufgerechnet. Sie verlangt vom Beklagten die Eigentumsübertragung. Die Beklagte verweigert diese mit der Begründung, es seien zuvor von der Klägerin noch 50.000 EUR an Kaufpreis zu zahlen. Im Einzelnen:

Die Parteien haben in Nr. 15 des notariellen Vertrags geregelt, dass die Klägerin Anspruch auf Eigentumsübertragung am Vertragsgegenstand Zug um Zug gegen Kaufpreiszahlung hat. In Nr. 18 des Vertrags haben die Parteien die Auflassung erklärt und den Notar angewiesen, die Eigentumsumschreibung zu veranlassen, wenn die Beklagte ihn dazu schriftlich auffordert. Hierzu ist sie gem. Nr. 18 des Vertrags verpflichtet, sobald der Kaufpreis gezahlt ist.

Beweis: Notarieller Vertrag vom als **Anlage K 1**

Die Klägerin hat den Kaufpreis i.H.v. 300.000 EUR durch Zahlung auf das im notariellen Vertrag angegebene Konto getilgt. Über den Erhalt der Zahlung hat die Klägerin von der Beklagten am eine schriftliche Bestätigung erhalten.

Beweis: Bestätigung vom als **Anlage K 2**

I.H.v. weiteren 30.000 EUR hat die Klägerin den Kaufpreis gem. §§ 634 Nr. 3, 638 BGB wegen Mängeln am Sondereigentum gemindert.

In Nr. 4 des notariellen Vertrags vom wird auf die Bezugsurkunde des Notars N vom verwiesen, in der u.a. die Teilungserklärung, die Gemeinschaftsordnung und die Baubeschreibung nebst Plänen enthalten sind. Gem. Nr. 5 des notariellen Vertrags vom schuldet die Beklagte die Bauausführung entsprechend den Festlegungen in der Baubeschreibung. Aus Teil I Nr. 5 der Baubeschreibung ergibt sich, dass die Beklagte Dusche und Badewanne des Herstellers M in der hochwertigen Ausführung „Marmor", in den festgelegten Sondermaßen und mit den in Nr. 5 beschriebenen „De Luxe" Armaturen des Herstellers H einzubauen hatte.

Beweis: Beglaubigte Abschrift der Bezugsurkunde des Notars N vom als **Anlage K 3**

Die Festlegungen in der Baubeschreibung zur Badausstattung stellen eine Beschaffenheitsvereinbarung gem. § 633 Abs. 2 S. 1 BGB dar.

Die Beklagte baute entgegen den vertraglichen Vereinbarungen eine Dusche und eine Badewanne des Herstellers N ein, die den in der Baubeschreibung enthaltenen Sondermaßen nicht entsprechen, sondern sie um mehr als 12 % unterschreiten, die nicht in hochwertiger Qualität „Marmor", sondern nur in Keramik Qualität ausgeführt sind und die „Standard" Armaturen des Herstellers H aufweisen. Im Abnahmeprotokoll, dass die Parteien am gemeinsam aufgenommen und beide unterzeichnet haben, sind diese Sachverhalte entsprechend vermerkt worden. Die Klägerin hat sich im Abnahmeprotokoll sämtliche Mängelrechte wegen der Badausstattung des falschen Herstellers, der Qualitäts- und Maßabweichungen und der falschen Armaturen vorbehalten.

Beweis: Abnahmeprotokoll vom als **Anlage K 4**

Mit Schreiben vom forderte die Klägerin die Beklagte unter Fristsetzung zum zum Ausbau von Badewanne und Dusche und dem Einbau einer der Baubeschreibung entsprechenden Badausstattung auf.

Beweis: Schreiben der Klägerin vom als **Anlage K 5**

Die Beklagte ließ die Frist fruchtlos verstreichen. Daraufhin beauftragte die Klägerin den Sachverständigen S mit der Ermittlung des Minderwertes der eingebauten Badausstattung gegenüber der geschuldeten Ausstattung entsprechend den Regelungen der Baubeschreibung bezogen auf den Zeitpunkt des Abschlusses des notariellen Vertrags. Der Sachverständige S ermittelte einen Minderwert von 30.000 EUR.

Beweis: Privatgutachten des Sachverständigen S als **Anlage K 6**

Mit Schreiben vom erklärte die Klägerin gegenüber der Beklagten die Minderung des Kaufpreises i.H.v. 30.000 EUR.

Beweis: Schreiben vom als **Anlage K 7**

Darüber hinaus rechnete die Klägerin im selben Schreiben an die Beklagte gegen den restlichen Kaufpreis von 20.000 EUR mit Schadensersatzansprüchen in dieser Höhe auf.

Die Beklagte hatte sich in Nr. 4 des notariellen Vertrags verpflichtet, die Bezugsfertigkeit der Wohnung bis zum herzustellen und die Wohnung an diesem Tag an die

Klägerin zu übergeben. Anlässlich des von der Beklagten anberaumten Abnahmetermins am … stellte sich jedoch heraus, dass in der Wohnung die sanitären Anlagen noch nicht funktionsfähig waren, in der Küche Herd und Spüle noch fehlten und verschiedene Deckenlampen im Flur nicht funktionierten. Darüber hinaus bestanden die oben genannten Mängel an der Ausstattung des Bades. Die Klägerin verweigerte die Abnahme wegen wesentlicher Mängel und fehlender Leistungen und hielt im Begehungsprotokoll fest, dass keine Bezugsfertigkeit der Wohnung vorliege.

Beweis: Begehungsprotokoll vom … als **Anlage K 8**

Die Beklagte baute in der Folgezeit die fehlenden Leistungen ein und beseitigte die Mängel mit Ausnahme der oben genannten Mängel an der Badausstattung. Sie lud die Klägerin mit Schreiben vom … zur Abnahme und Übergabe für den … ein.

Beweis: Schreiben vom … als **Anlage K 9**

Die Abnahme wurde sodann am … mit dem oben geschilderten Ergebnis durchgeführt.

Die Klägerin musste ihre alte Wohnung am … räumen, da sie zu diesem Termin ihren Mietvertrag gekündigt hatte und der Nachmieter am … die Wohnung beziehen wollte. Da die neue Eigentumswohnung nicht bezugsfertig war, zog sie am … in das Hotel H und lagerte am selben Tag ihre Möbel bei der Spedition S ein. Am … zog sie aus dem Hotel H aus und transferierte ihre Möbel von der Spedition S in die nun bezugsfertige Wohnung. Für Hotellogis und Einlagerung der Möbel sind ihr insgesamt Kosten von 23.000 EUR entstanden.

Beweis: Rechnungen vom … als **Anlagen K 10 und K 11**

Die Kosten sind angemessen und marktgerecht.

Beweis: Sachverständigengutachten

Die Kosten stellen eine Verzugsschaden gem. §§ 280 Abs. 1, 2, 286 BGB aufgrund der verspäteten Fertigstellung des Vertragsgegenstandes dar. Verschulden der Beklagten an der verspäteten Leistung liegt vor.

Mit Schreiben vom … widersprach die Beklagte der Minderung und der Aufrechnung. Sie verlangte die Zahlung des Restkaufpreises i.H.v. 50.000 EUR und teilte mit, die Eigentumsumschreibung könne wegen der ausstehenden Zahlung derzeit noch nicht stattfinden.

Beweis: Schreiben der Beklagten vom … als **Anlage K 8**

Der Kaufpreisanspruch der Beklagten ist durch Zahlung, Minderung und Aufrechnung mit Gegenansprüchen der Klägerin erloschen. Die Voraussetzungen für den Anspruch der Klägerin auf Eigentumsübertragung liegen vor. Die Beklagte ist verpflichtet, den Notar zum weiteren Vollzug des Vertrags aufzufordern. Da sie dieses verweigert, ist Klage geboten.

Beglaubigte und einfache Abschrift anbei.

(*Unterschrift*) (*Rechtsanwalt*)

▲

2. Anmerkungen

a) Klagebefugnis des einzelnen Erwerbers von Wohnungseigentum

23 Der Erwerber kann Mängel am Sondereigentum selbstständig geltend machen, sofern nicht ausnahmsweise gemeinschaftsbezogene Interessen der Wohnungseigentümer beeinträchtigt sind. Mängel am Gemeinschaftseigentum kann der einzelne Erwerber geltend machen, solange die Wohnungseigentümergemeinschaft die Verfolgung der Ansprüche nicht an sich gezogen hat.[33] Der einzelne Erwerber kann in diesen Fällen die Nacherfüllung vom Bauträger verlangen, grundsätzlich aber nicht sekundäre Ansprüche, d.h. Minderung und Schadensersatz geltend machen. Die Entscheidung, zu sekundären Gewährleistungsrechten überzugehen, obliegt grundsätzlich der Gemeinschaft.[34] Das Recht des einzelnen Wohnungseigentümers, vom Bauträgervertrag zurückzutreten oder Schadensersatz statt der Leistung geltend zu machen, bleibt grundsätzlich unberührt.[35] Die Gemeinschaft kann durch Beschluss dem einzelnen Erwerber gestatten, die seinem Miteigentumsanteil entsprechende Minderung oder Schadensersatzansprüche geltend zu machen.[36] Sie kann den einzelnen Erwerber auch ermächtigen, Ansprüche bezüglich des Gemeinschaftseigentums für die Gemeinschaft geltend zu machen. Das berechtigte Interesse des einzelnen Erwerbers ergibt sich aus seinem Recht, von den Miteigentümern die Mitwirkung an der Instandhaltung und Instandsetzung verlangen zu können und aus seiner entsprechenden Pflicht gegenüber den Miteigentümern. Der einzelne Erwerber hat jedoch keine Möglichkeit, die Verfolgung von Gewährleistungsansprüchen am Gemeinschaftseigentum gegen den Bauträger durch die Gemeinschaft zu erzwingen.

b) Minderung

24 Bevor Minderung gem. § 638 BGB verlangt werden kann, muss der Erwerber den Bauträger grundsätzlich fruchtlos zur Nacherfüllung aufgefordert haben (§§ 634 Nr. 1, 635 BGB). Die Aufforderung ist gem. § 636 BGB entbehrlich, wenn der Bauträger die Nacherfüllung berechtigt wegen unverhältnismäßiger Kosten gem. § 635 Abs. 3 BGB verweigert hat, die Nacherfüllung fehlgeschlagen oder dem Erwerber unzumutbar ist.

c) Aufrechnung

25 Die Freistellungsverpflichtung der die Baumaßnahme finanzierenden Bank hinsichtlich des auf dem Vertragsgrundstück eingetragenen Grundpfandrechts kann davon abhängig gemacht werden, dass die Aufrechnung durch den Erwerber nur wegen Ansprüchen aus dem Bauträgervertrag zulässig ist (zum Freistellungsversprechen siehe § 16 Rdn 16). Hierdurch wird die Aufrechnung mit Schadensersatzansprüchen wegen Verzugs der Fertigstellung des Vertragsgegenstandes nicht ausgeschlossen. Bei der Aufrechnung mit

33 BGH v. 12.4.2007 – VII ZR 236/05 – BauR 2007, 1221; BGH v. 6.3.2014 – VII ZR 266/13 – BauR 2014, 997; *Pause/Vogel*, ZMR 2007, 577; *Hügel*, ZMR 2008, 855, 859; BGH v. 11.11.2022 – V ZR 213/21.

34 BGH v. 12.4.2007 – VII ZR 236/05 – BauR 2007, 1221; *Messerschmidt/Voit*, Privates Baurecht, 4. Aufl. 2022, § 635 Rn 20 ff.

35 BGH v. 27.7.2006 – VII ZR 276/05 – BauR 2006, 1747.

36 BGH v. 4.11.1982 – VII ZR 53/82 – BGH NJW 1983, 453.

Schadensersatzansprüchen wegen Baumängeln ist zu beachten, dass diese grundsätzlich nur bei Mängeln am Sondereigentum ohne weiteres zulässig ist. Bei Mängeln am Gemeinschaftseigentum ist die Aufrechnung der Eigentümergemeinschaft vorbehalten.

d) Baubeschreibung

Die vom Bauträger geschuldete Leistung wird regelmäßig durch die Baubeschreibung 26
nebst Plänen definiert. Sofern die Regelungen der Baubeschreibung nicht den Hauptleistungsanspruch des Erwerbers einschränken oder verändern, unterliegt sie nicht der Inhaltskontrolle der §§ 305 ff. BGB. Es gilt jedoch das Transparenzgebot des § 307 Abs. 1 S. 2 BGB. Angaben in der Baubeschreibung führen nach h.M. regelmäßig zu einer Beschaffenheitsvereinbarung im Sinne des § 633 Abs. 2 S. 1 BGB (siehe Rdn 6 und siehe auch § 16 Rdn 11).

III. Klage der Wohnungseigentümergemeinschaft auf Aufwendungsersatz und Schadensersatz wegen Mängeln am Gemeinschaftseigentum

1. Muster: Klage der Wohnungseigentümergemeinschaft auf Aufwendungsersatz und Schadensersatz wegen Mängeln am Gemeinschaftseigentum

▼ 27

Landgericht

6.3

Im Namen und mit Vollmacht der

Wohnungseigentümergemeinschaft (*Name, Adresse*), vertreten durch den Verwalter (*Vorname, Nachname, Adresse*)

– Klägerin –

erhebe ich

Klage

gegen

, (*Firma, Adresse*), vertreten durch den Geschäftsführer (*Vorname, Nachname, Adresse*)

– Beklagte –

wegen: Forderung

Vorläufiger Streitwert: EUR

Im Termin zur mündlichen Verhandlung werde ich beantragen:

> Die Beklagte wird verurteilt, an die Klägerin 49.000 EUR nebst Zinsen i.H.v. 8 Prozentpunkten über dem Basiszinssatz p.a. hieraus seit dem 23.12.2009 zu bezahlen.

Für den Fall der Anordnung des schriftlichen Vorverfahrens und Säumnis wird der

Erlass eines Versäumnisurteils

beantragt.

Begründung:

Die Klägerin ist eine Wohnungseigentümergemeinschaft, deren einzelne Mitglieder mit der Beklagten, die gewerbsmäßig Bauträgermaßnahmen durchführt, im Bauträgerverträge abgeschlossen haben, auf deren Grundlage die Beklagte die Wohnanlage W errichtet hat. Nach Fertigstellung und Abnahme durch die Mitglieder der Klägerin sind Mängel am Gemeinschaftseigentum sichtbar geworden. Die Klägerin macht Gewährleistungsansprüche geltend. Im Einzelnen:

Zwischen der Beklagten und den einzelnen Mitgliedern der Klägerin bestehen Bauträgerverträge, die – abgesehen von den Angaben zur Person, der Wohnung und der Höhe des Kaufpreises – inhaltlich gleichlautend abgeschlossen wurden. In diesen Verträgen wird hinsichtlich der von der Beklagten geschuldeten Bauausführung auf die Bezugsurkunde des Notars N vom verwiesen, in der sich außer der Teilungserklärung und der Gemeinschaftsordnung die Baubeschreibung nebst Plänen befindet.

Beweis: Vertrag vom des Erwerbers, exemplarisch vorgelegt als **Anlage K 1**

Aus Nr. 5 der Baubeschreibung ergibt sich u.a., dass der Trittschallschutz im Bereich des Treppenhauses den in Teil 2 der Baubeschreibung genannten Mindestanforderungen zu entsprechen hat.

Beweis: Beglaubigte Abschrift der Bezugsurkunde des Notars N vom als **Anlage K 2**

Das Gemeinschaftseigentum wurde am von den Mitgliedern der Klägerin gemeinsam in Anwesenheit des Geschäftsführers der Beklagten abgenommen.

Beweis: Abnahmeprotokoll vom als **Anlage K 3**

Seither hat sich aufgrund der Nutzung des Treppenhauses durch die Bewohner herausgestellt, dass der Trittschallschutz unzureichend ist und die Anforderungen der Baubeschreibung nicht erfüllt. Normale Gehgeräusche aus dem Treppenhaus sind in den Wohnungen deutlich zu vernehmen. Weiter sind unter dem Putz der Wände im Bereich im Kellergeschoß Hohlstellen entstanden und im Bereich des Kellers ist der hohl liegende Putz bereits von der Wand gefallen.

Die Klägerin hat in der Eigentümerversammlung vom unter TOP 5 beschlossen, die Mängel im Bereich des Treppenhauses und des Kellers durch einen privaten Sachverständigen feststellen zu lassen. Unter TOP 6 hat sie weiter beschlossen, dass die Klägerin ermächtigt sein soll, die Gewährleistungsansprüche hinsichtlich der vom privaten Sachverständigen festgestellten Mängel außergerichtlich und gerichtlich in Prozessstandschaft zu verfolgen. Unter TOP 7 wurde beschlossen, die Mängel im Bereich des Kellers, die vom Sachverständigen S festgestellt werden, vom Unternehmer U beseitigen zu lassen, wenn die Beklagte ihrer Pflicht zur Nacherfüllung nicht nachkommt. Die Kosten sollen anschließend von der Beklagten angefordert werden. Für die Mängel am Schallschutz im Treppenhaus soll von der Beklagten Schadensersatz verlangt werden, wenn sie ihrer Pflicht zur Nacherfüllung nicht nachkommt. Unter TOP 8 wurde der Verwalter entsprechend beauftragt und bevollmächtigt, Prozessvollmacht zu erteilen. Der Verwalter ist V, der mit Beschluss der Eigentümerversammlung vom als solcher bestellt wurde.

Beweis: Protokolle der Versammlungen vom und vom als **Anlagen K 4 und K 5**

Aus dem Gutachten des Sachverständigen S vom ergibt sich, dass der Trittschallschutz die Mindestanforderungen der Baubeschreibung unterschreitet, und zwar . Hinsichtlich des Hohlliegens des Putzes im Kellergeschoß hat der Sachverständige festgestellt, dass bei der Bauerrichtung dem Putzmörtel zu wenig Wasser zugesetzt wurde, sodass sein Abbindeverhalten unzureichend war. Es ist davon auszugehen, dass binnen Jahresfrist der gesamte Putz von den Wänden des Kellergeschosses abgefallen sein wird. Für die notwendige Neuverputzung schätzt der Sachverständige Kosten von 20.000 EUR netto. Für die Beseitigung der Mängel am Trittschallschutz im Treppenhaus sind nach den Berechnungen des Sachverständigen 30.000 EUR erforderlich.

Beweis: Gutachten des privaten Sachverständigen vom als **Anlage K 6**

Die Klägerin hat die Beklagte mit Schreiben vom und Fristsetzung zum zur Nachrüstung des Trittschallschutzes im Bereich des Treppenhauses und zur Neuverputzung der Kellerwände aufgefordert.

Beweis: Schreiben vom 3.11.2009 als **Anlage K 7**

Die Beklagte hat auf das Schreiben nicht reagiert. Die Klägerin hat sodann die Mängel im Bereich des Kellers vom Unternehmer U beseitigen lassen und hierfür 19.000 EUR aufgewendet.

Beweis: Rechnung vom als **Anlage K 8**

Die Klägerin hat die Beklagte mit Schreiben vom zur Erstattung von 19.000 EUR für die Behebung der Mängel am Putz des Kellergeschosses und zur Zahlung von weiteren 30.000 EUR als Schadensersatz für den mangelhaften Trittschallschutz des Treppenhauses aufgefordert. Die Beklagte teilte mit, sie werde wohl nicht zahlen. Die Klägerin überreichte ihr am eine Mahnung, die fruchtlos blieb. Die Beklagte befindet sich in Verzug.

Beweis: Schreiben vom als **Anlage K 9**

Die Beklagte schuldet Aufwendungsersatz für die Neuverputzung gem. §§ 634 Nr. 2, 637 Abs. 1 BGB. Sie schuldet Schadensersatz für den mangelhaften Trittschallschutz gem. §§ 634 Nr. 4, 636, 280, 281, 283, 311a BGB.

Die als Aufwendungsersatz geltend gemachten Kosten der Kellersanierung unterschreiten die Schätzung des privaten Sachverständigen um 5 %. Der Schadensersatzbetrag für die Mängel am Trittschallschutz entspricht den vom Sachverständigen veranschlagten notwendigen Kosten der Mangelbeseitigung. Vorsorglich bietet die Klägerin für die Angemessenheit der Beträge Beweis durch die Einholung eines

Sachverständigengutachtens

an.

Beglaubigte und einfache Abschrift anbei.

(*Unterschrift*) (*Rechtsanwalt*)

▲

2. Anmerkungen

a) Rechts- und Parteifähigkeit der Eigentümergemeinschaft

28 Die Gemeinschaft der Wohnungseigentümer ist rechtsfähig. Aufgabe der Gemeinschaft ist es nach § 18 Abs. 1 WEG, das gemeinschaftliche Eigentum zu verwalten. Die Eigentümergemeinschaft ist prozess- und parteifähig gem. § 9a Abs. 1 S. 1 WEG.[37] Sie wird gerichtlich vertreten durch den Verwalter (§ 9b Abs. 1 S. 1 WEG). Die einzelnen Mitglieder der Gemeinschaft müssen im Rubrum der Klage nicht genannt werden. Ist jedoch anzunehmen, dass im Rahmen der Zwangsvollstreckung des Urteils eine Zwangshypothek im Grundbuch eines Grundstücks der Beklagten eingetragen werden soll, dürfte es im Hinblick auf § 47 Abs. 2 S. 1 GBO sinnvoll sein, die einzelnen Mitglieder der Gemeinschaft im Rubrum aufzuführen.

b) Klagebefugnis der Eigentümergemeinschaft

29 Die Eigentümergemeinschaft übt gem. § 9a Abs. 2 WEG die sich aus dem gemeinschaftlichen Eigentum ergebenden Rechte sowie solche Rechte der Wohnungseigentümer aus, die eine einheitliche Rechtsverfolgung erfordern, und nimmt die entsprechenden Pflichten der Wohnungseigentümer wahr. Gem. § 19 Abs. 2 Nr. 2 WEG gehört zur ordnungsgemäßen Verwaltung auch die ordnungsgemäße Instandhaltung und Instandsetzung. Auch die erstmalige vertragsgemäße Herstellung des Gemeinschaftseigentums gehört hierzu. Auch Mängelrechte am Sondereigentum kann die Eigentümergemeinschaft geltend machen, sofern sie in einem engen rechtlichen und wirtschaftlichen Zusammenhang mit der Verwaltung des gemeinschaftlichen Eigentums stehen, die Gemeinschaft an ihrer Durchsetzung ein berechtigtes Interesse hat und ein entsprechender Beschluss gefasst wurde.[38] Die Eigentümergemeinschaft tritt bei der gerichtlichen Durchsetzung in letzteren Fällen in gewillkürter Prozessstandschaft auf. Alternativ kann sie einzelne Wohnungseigentümer durch Beschluss ermächtigen, die Rechte durchzusetzen. Diese treten dann in gewillkürter Prozessstandschaft auf.

37 *Bärmann*, Wohnungseigentumsgesetz, 15. Aufl. 2023, Rn 22 ff.
38 BGH v. 12.4.2007 – VII ZR 236/05 – BauR 2007, 1221.

c) Darstellung des Mangels

Der Mangel ist in der Klage schlüssig darzustellen. Sofern erforderlich, ist zuvor zum geschuldeten Leistungsumfang des Bauträgers vorzutragen. Es genügt die Beschreibung des Mangels nach seinem äußeren Erscheinungsbild.[39] 30

IV. Klage des Verwalters eines sanierten Altbaus auf Vorschuss wegen Mängeln an der Altbausubstanz des Gemeinschaftseigentums

1. Muster: Klage des Verwalters eines sanierten Altbaus auf Vorschuss wegen Mängeln an der Altbausubstanz des Gemeinschaftseigentums

▼ 31

Landgericht 6.4

Im Namen und mit Vollmacht der

(*Firma, Adresse*), vertreten durch den Geschäftsführer (*Vorname, Nachname, Adresse*)

– Klägerin –

erhebe ich

Klage

gegen

(*Firma, Adresse*), vertreten durch den Geschäftsführer (*Vorname, Nachname, Adresse*)

– Beklagte –

wegen: Forderung

Vorläufiger Streitwert: EUR

Im Termin zur mündlichen Verhandlung werde ich beantragen:

> Die Beklagte wird verurteilt, an die Klägerin 150.000 EUR zzgl. Zinsen i.H.v. 8 Prozentpunkten über dem Basiszinssatz p.a. hieraus seit dem 20.9.2009 zu bezahlen.

Für den Fall der Anordnung des schriftlichen Vorverfahrens und Säumnis wird der

Erlass eines Versäumnisurteils

beantragt.

Begründung:

Die Klägerin ist die Verwalterin der Wohnungseigentumsanlage W, Kastanienweg 5 in Frankfurt am Main. Die Wohnungseigentümergemeinschaft besteht aus A, B, C und D. Die Beklagte, die gewerbsmäßig Bauträgermaßnahmen durchführt, hat das Anwesen im Jahre 2008 erworben und in Wohnungseigentum aufgeteilt. Sie hat im Januar 2009 die

39 BGH v. 26.3.1992 – VII ZR 258/90 – NJW-RR 1992, 913; BGH v. 3.7.1997 – VII ZR 210/96 – NJW-RR 1997, 1376.

entstandenen vier Wohnungen an A, B, C und D (nachfolgend auch „Erwerber“ genannt) veräußert und sich in den notariellen Verträgen mit den Erwerbern zur Totalsanierung und Modernisierung der Wohnanlage verpflichtet. Die Klägerin macht als gewillkürte Prozessstandschafterin Mängel am Gemeinschaftseigentum der Wohnanlage geltend. Im Einzelnen:

Zwischen der Beklagten einerseits und jedem der Erwerber andererseits besteht ein Bauträgervertrag.

Beweis: Bauträgerverträge als **Anlagen K 1–4**

In den insoweit gleichlautenden Bauträgerverträgen wird unter Nr. 4 auf eine Bezugsurkunde des Notars N vom … verwiesen, die außer der Teilungserklärung und der Gemeinschaftsordnung die Baubeschreibung enthält. Aus letzterer ergeben sich die von der Beklagten geschuldeten Sanierungs- und Modernisierungsleistungen. Die Beklagte hatte u.a. den Keller in hochwertige Hobby- und Fitnessräume um- und auszubauen.

Beweis: Bezugsurkunde des Notars N vom … als **Anlage K 5**

Die Arbeiten wurden im … fertig gestellt und das sanierte und modernisierte Gemeinschaftseigentum wurde von den Erwerbern am … abgenommen.

Beweis: Abnahmeprotokoll vom … als **Anlage K 6**

Nach der Abnahme wurde erkennbar, dass im Kellergeschoss Mängel bestehen:

An den Innenseiten der Außenwände des Kellergeschosses im Bereich … sind Feuchtigkeit und Ausblühungen sichtbar geworden. Die Beklagte hatte im Zuge des Ausbaus des Kellers in Hobby- und Fitnessräume u.a. die Fensteröffnungen vergrößert, die Fenster erneuert, das Mauerwerk und den Boden von innen wärmeisoliert, eine Klimaanlage eingebaut und Zwischenwände eingezogen. Die bestehende Isolierung des Mauerwerks gegen von außen eindringende Feuchtigkeit wurde nicht untersucht und nicht verändert. Diese Isolierung ist an mehreren Stellen nicht vollflächig ausgeführt worden und daher mangelhaft. Dadurch kann Feuchtigkeit eindringen. Die Wände auf der Innenseite des Kellergeschosses und Teile der Decke sind feucht, die innere Wärmeisolierung ist beschädigt und es besteht in den Räumen ein unangenehmer Geruch.

Die Mängel an der Isolierung des Mauerwerks waren bereits Gegenstand eines selbstständigen Beweisverfahrens vor dem Landgericht Frankfurt am Main, Aktenz.: …, das die Klägerin am … einleitete und in dem die Mängel in dem hier geltend gemachten Umfang bestätigt wurden. Die Beiziehung und Verwertung des Gutachtens aus dem selbstständigen Beweisverfahren wird hiermit

beantragt.

Die Beklagte wurde mit Schreiben der Klägerin vom … unter Fristsetzung bis zum … zur Nacherfüllung aufgefordert.

Beweis: Schreiben der Klägerin vom … als **Anlage K 7**

Die Beklagte lehnte die Nacherfüllung mit der Begründung ab, die notariellen Verträge mit den Erwerbern vom … enthielten einen Haftungsausschluss der Beklagten für die Altbausubstanz. Hierzu gehöre auch das Mauerwerk im Kellerbereich.

Beweis: Schreiben der Beklagten vom … als **Anlage K 8**

Die Klägerin forderte die Beklagte darauf hin mit Schreiben vom zur Zahlung eines Vorschusses gem. § 637 Abs. 3 BGB für die Kosten der Mängelbeseitigung in Höhe der im Sachverständigengutachten des selbstständigen Beweisverfahrens genannten Sanierungskosten von 150.000 EUR auf. Die Beklagte reagierte hierauf und auf eine ihr am übergebene Mahnung hin nicht. Sie befindet sich in Verzug.

Beweis: Schreiben vom als **Anlagen K 9**

Die Beklagte beruft sich zu Unrecht auf einen vertraglichen Haftungsausschluss. Die Beklagte hatte den Keller in hochwertige Hobby- und Fitnessräume umzubauen. Die hierzu durchgeführten Arbeiten der Wärmedämmung, der Fenstervergrößerung, Klimatisierung, Einziehung von Zwischenwänden und Fenstererneuerung sind insgesamt nach Umfang und Bedeutung Neubauarbeiten vergleichbar. Die Beklagte haftet somit für die gesamte Bausubstanz des Kellerbereichs nach den Gewährleistungsregeln des Werkvertragsrechts wie für Neubauarbeiten. Einen Haftungsausschluss konnte die Beklagte nicht wirksam vereinbaren (BGH VII ZR 257/03; 117/04; 210/05).

Die Beklagte schuldet einen Vorschuss für die zur Beseitigung der Mängel erforderlichen Aufwendungen gem. §§ 634 Nr. 1, 637 Abs. 1, 3 BGB.

Die Klägerin wurde von der Wohnungseigentümerversammlung am zur Verwalterin bestellt. Auf der Versammlung am wurde unter TOP 2 beschlossen, die Beklagte wegen der Mängel, die mit dieser Klage geltend gemacht werden, sowohl außergerichtlich als auch notfalls gerichtlich in Anspruch zu nehmen. Die Klägerin wurde in diesem Zusammenhang beauftragt und ermächtigt, die Ansprüche im eigenen Namen auf Kosten der Wohnungseigentümergemeinschaft geltend zu machen. Aus dem Beschluss ergibt sich weiter, dass die Klägerin zum Einzug der Forderungen im eigenen Namen berechtigt sein soll.

Beweis: Protokolle der Versammlungen vom und vom als **Anlagen K 6 und K 7 (2)**

Beglaubigte und einfache Abschrift anbei.

(*Unterschrift*) (*Rechtsanwalt*)

▲

2. Anmerkung: Klagebefugnis des Verwalters

32

Der Wohnungseigentumsverwalter kann in Prozessstandschaft klagen, wenn die Angelegenheit zu seinen gesetzlichen Aufgaben gehört und er von der Eigentümergemeinschaft entsprechend durch Beschluss, Vertrag oder in der Gemeinschaftsordnung ermächtigt wurde.[40] Die erstmalige vertragsgemäße Herstellung des Gemeinschaftseigentums gehört zu den gesetzlichen Aufgaben des Verwalters und kann somit grundsätzlich von ihm im Klageweg verfolgt werden. Ob die Befugnis des Verwalters zur Klageerhebung auch eine Einziehungsermächtigung für Zahlungen enthält, hängt vom Umfang der Ermächtigung ab. Je nach Inhalt, fordert der Verwalter im Klageantrag die Leistung an sich oder an die Wohnungseigentümergemeinschaft.

40 BGH v. 10.5.1979 – VII ZR 30/78 – NJW 1979, 2207; BGH v. 27.2.1992 – IX ZR 57/91 – NJW 1992, 1881, 1883.

§ 7 Baustofflieferung

Prof. Dr. Christian Döring/Dr. Mario Leggio

Inhalt

Literatur:

Dammert/Lenkeit/Oberhauser/Pause/Stretz, Das neue Bauvertragsrecht, 2017, C.H.Beck Verlag; *Heßeler/Kleinhenz*, Der kaufrechtliche Anspruch auf Schadensersatz für Weiterfresserschäden, JuS 2007, 706; *Herrler*, Schuldrechtsreform 2.0 – Neuerungen im BGB aufgrund der Umsetzung der Warenkaufrichtlinie und der Richtlinie über digitale Inhalte, DNotZ 2022, 491; *Klose*, Zu den Besonderheiten des Kaufrechts im Bauwesen, NJ 2010, 325 und NJ 2012, 186; *Koppmann*, Der Nachunternehmer- und Lieferantenvertrag am Bau, IBR 2011, 1018; *Lorenz*, Aus- und Wiedereinbaukosten bei der kaufrechtlichen

Nacherfüllung zwischen Unternehmern, NJW 2013, 207; *Lorenz*, Die Umsetzung der EU-Warenkaufrichtlinie in deutsches Recht, NJW 2021, 2065; *Musielak*, Die Falschlieferung beim Stückkauf nach dem neuen Schuldrecht, NJW 2003, 89; *Retzlaff*, VIII. Kaufrecht, in: Das neue Recht nach dem Gesetz zur Reform des Bauvertragsrechts, zur Änderung der kaufrechtlichen Mängelhaftung und zur Stärkung des zivilprozessualen Rechtsschutzes (BauVG), BauR Heft 10a, 2017; *Schreiner/Pisal*, Zu den Regressmöglichkeiten des Bauunternehmers gegenüber seinen Lieferanten, BauR 2011, 571.

A. Einleitung

1 Regelmäßig obliegt es dem Auftragnehmer, sich die zur Abarbeitung ihm erteilter Bauaufträge notwendigen Baustoffe zu beschaffen; nur in selteneren Fällen fällt diese Verpflichtung dem Auftraggeber einer Baumaßnahme zu, etwa dann, wenn dieser vertraglich von der Möglichkeit der Baustoffbeistellung (vgl. § 2 Nr. 4 VOB/B) Gebrauch gemacht hat.[1] Die Beschaffungsverträge werden mit Baustoffhändlern oder auch direkt mit dem Hersteller des Baustoffs abgeschlossen. Bisweilen erfüllen auch Baumärkte das Beschaffungsbedürfnis. Die Beschaffungsverträge sind regelmäßig Kaufverträge, oft abgeschlossen im Rahmen einer gewachsenen Geschäftsbeziehung. Anzutreffen sind auch Werklieferungsverträge, die auch dann dem Kaufrecht unterliegen, wenn es um den „Kauf" spezieller, für das Bauvorhaben herzustellender Bauteile geht (§ 650 BGB). Das Schicksal dieser Werklieferungsverträge bestimmt sich seit der Reform des Schuldrechts nach den Bestimmungen des Kaufrechts, gegebenenfalls ergänzt um einzelne werkvertragliche Paragraphen.[2]

2 Im Zuge der Einführung des neuen Bauvertragsrechts (BauVertrRRG[3]) wurden auch die kaufvertraglichen Regelungen angepasst bzw. geändert, die u.a. zum Schließen einer von Bauhandwerkern empfundenen Gerechtigkeitslücke geführt haben. Seit dem 1.1.2018 hat nach § 439 Abs. 3 BGB jeder Käufer einen verschuldensunabhängigen Anspruch auf Ersatz der mangelbedingten Baukosten, somit auch der Bauhandwerker selbst. Regressansprüche in der gewerblichen Lieferkette sind in §§ 445a, 445b BGB normiert,[4] deren Anwendungsbereich jedoch auf den Verkauf neu hergestellter Sachen beschränkt ist.

3 Sofern die Beschaffungsverträge vom Auftragnehmer nicht unmittelbar mit dem Hersteller abgeschlossen werden, dieser also selbst den von ihm hergestellten Baustoff nicht vertreibt, fungieren die Baustofflieferanten als Zwischenhändler, die ihrerseits ihre Han-

1 Vgl. BGH v. 20.2.2013 – VIII ZR 339/11 – IBR 2013, 1152 für den Fall, dass der Auftraggeber dem Fliesenleger Fugenmaterial beistellt.

2 Vgl. BGH v. 20.1.2009 – X ZR 45/07; *Klose*, in: Motzke/Bauer/Seewald, § 9 Rn 36 ff.

3 Gesetz zur Reform des Bauvertragsrechts, zur Änderung der kaufrechtlichen Mängelhaftung, zur Stärkung des zivilprozessualen Rechtsschutzes und zum maschinellen Siegel im Grundbuch- und Schiffsregisterverfahren vom 28.4.2017, BGBl I, 969.

4 Vgl. hierzu: *Retzlaff*, a.a.O., VIII. Kaufrecht, BauR Heft 10a, 2017; *Lenkeit*, a.a.O., Das neue Bauvertragsrecht, § 7 Rn 9; Grüneberg/*Weidenkaff*, Überbl. v § 433 Rn 8.

delsware beim Hersteller kaufen müssen.[5] Für den in Anspruch genommenen Baustoffhändler bedeutet dies, dass er seine gegebenenfalls bestehenden Regressansprüche gegenüber dem Hersteller im Auge behalten muss.

Die gegen den Baustoffhersteller oder Baustofflieferanten in Betracht kommenden Ansprüche sind jedoch nicht allein vertragsrechtlicher Natur. Diese kaufvertraglichen Ansprüche des Auftragnehmers, die i.d.R. auch an den „Endverbraucher" (= Bauherr) abgetreten werden können, werden ergänzt durch Ansprüche nach dem Produkthaftungsgesetz und der deliktischen Produkthaftung nach § 823 BGB.[6] 4

B. Kaufvertrag

Die vom Auftragnehmer abgeschlossenen Beschaffungsverträge sind weit überwiegend reine Kaufverträge. Mit Blick auf die vielfältigen Baugewerke und die vom Gewerkeunternehmer zur Durchführung seines Auftrags benötigten Bauteile und Baustoffe ist dies leicht nachvollziehbar. Im Rahmen dieser Rechtsbeziehungen sind Probleme im Zusammenhang mit der Erfüllung der Hauptpflichten des Käufers (Kaufpreiszahlung) vorliegend von untergeordneter Bedeutung. Zwar kommt es vor, dass der Gewerkeunternehmer seinen Baustofflieferanten nicht oder nicht vollständig bezahlt, sodass dieser seine weiteren Lieferungen einstellt, zunächst die Begleichung offener Forderungen verlangt und gegebenenfalls gerichtlich durchsetzt. Diese Konstellation betrifft nahezu ausschließlich das Verhältnis zwischen Gewerkeunternehmer und Baustofflieferant. Sie entfaltet keine „Außenwirkung" für den Bauherren, da auch bei Vereinbarung eines Eigentumsvorbehaltes das dem Gewerkeunternehmer bereits gelieferte und von diesem verbaute Material aufgrund Verbindung und Vermischung (§§ 946 f. BGB) dem eigentumsrechtlichen Zugriff des Baustofflieferanten entzogen ist.[7] Es handelt sich um ein typisches Forderungsbeitreibungsproblem, welches an dieser Stelle nicht weiter vertieft und deshalb auf andere kaufvertragliche Formularbücher verwiesen werden soll. 5

Die Fälle der Liefersperre bzw. der Geltendmachung eines Eigentumsvorbehaltes an noch nicht verbautem Baustoff haben allerdings grundsätzlich eine „Außenwirkung". Die hierdurch entstehenden (selbst verschuldeten) Behinderungsprobleme des Gewerkeunternehmers betreffen jedoch in erster Linie sein Bauvertragsverhältnis zum Auftraggeber.[8] 6

I. Rügepflichten

Im Rahmen der kaufvertraglichen Pflichten ist nun von allen Gewerkeunternehmern/Käufern zu berücksichtigen, dass es sich bei ihren Kaufverträgen um Handelskäufe handelt. Waren vor Novellierung des § 1 Abs. 2 HGB a.F. im Jahr 1998 lediglich die im 7

5 Zum Katalog-Kauf: BGH v. 2.4.2014 – VIII ZR 46/13.
6 Vgl. u.a. *Klose*, in: Motzke/Bauer/Seewald, § 9 Rn 132.
7 Grüneberg/*Weidenkaff*, § 449 Rn 15; vgl. auch BGH v. 22.9.2003 – II ZR 172/01 – BauR 2004, 138.
8 Ingenstau/Korbion/*Döring*, § 6 Abs. 2 VOB/B Rn 10, 20; BGH v. 21.10.1982 – VII ZR 51/82 – BauR 1983, 73.

zweiten Absatz beschriebenen Tätigkeiten kaufmännische Tätigkeiten, nicht jedoch das klassische Bauhandwerk, so unterfallen seit der Gesetzesänderung auch Bauhandwerker dem kaufmännischen Handelsrecht, da § 1 Abs. 2 HGB jetzt auf das Unterhalten eines Gewerbebetriebes abhebt. Diese Voraussetzung ist regelmäßig auch bei kleineren Bauhandwerkern gegeben, sodass auch deren Beschaffungsverträge dem Handelskauf unterliegen.

8 Wesentlich ist deshalb für die Unternehmer, dass sie die vom Lieferanten oder Hersteller erhaltene Ware nach Lieferung auf ihre Ordnungsgemäßheit hin zu überprüfen haben. Sie unterliegen der Rügepflicht gem. § 377 HGB, die auch für Neulieferungen im Falle der Nacherfüllung gilt.[9] Verstöße gegen die Rügepflicht können nach § 377 Abs. 1 oder Abs. 2 HGB zum Verlust der kaufvertraglichen Gewährleistungsansprüche führen. Sonstige Sanktionen – etwa Schadensersatzansprüche des Verkäufers – sind mit der unterbliebenen Untersuchung der Ware und/oder der Rüge von Mängeln jedoch selbst bei einem Verschulden des Käufers nicht verbunden; anders als es der Wortlaut von § 377 HGB in Abs. 1 (hat der Käufer [...] zu untersuchen und [...] unverzüglich Anzeige zu machen) und in Abs. 3 (muß [...] gemacht werden) nahelegt, handelt es sich – vorbehaltlich einer anderslautenden (wirksamen) Vereinbarung zwischen den Parteien – gerade um keine echten (Rechts-)Pflichten des Käufers,[10] sondern um bloße Obliegenheiten. Die Überprüfungen sind, sofern die Ware in den Betrieb des Unternehmers geliefert wird, dort vorzunehmen. Wird die Ware bestimmungsgemäß auf die Baustelle geliefert, hat es vor Ort zu geschehen. Dies gilt auch für Sukzessivlieferungen mit zumindest stichprobenweiser Untersuchung jeder Lieferung.[11] Die Überprüfung hat gem. § 377 Abs. 1 HBG unverzüglich zu erfolgen.[12] Die erste Grobuntersuchung hat innerhalb Tagesfrist zu geschehen; für erforderliche Sonderuntersuchungen wird auf eine Frist von einer Woche abgestellt.[13] Die Überprüfungs- und Rügepflicht gilt nicht nur für so genannte „Palettenware". Sie betrifft beispielsweise auch Schuttgüter, Betonlieferungen u.Ä. Die Ordnungsgemäßheit der bestellten und gelieferten Ware ist dann im Regelfall durch Sichtkontrolle und anhand der Lieferpapiere zu überprüfen. Dies umfasst auch eine Überprüfung der Begleitpapiere auf Übereinstimmung mit DIN-Normen und ggf. erforderlich werdende Rückfragen.[14] Die Untersuchungspflicht entfällt nicht bei Vorlage von Bescheinigungen über die Kaufsache (Werkzeugnis) durch den Verkäufer.[15]

9 Grüneberg/*Weidenkaff*, § 434 Rn 2; *Klose*, in: Motzke/Bauer/Seewald, § 9 Rn 33.
10 MüKo-HGB/*Grunewald*, § 377 Rn 119.
11 OLG Brandenburg v. 22.2.2012 – 4 U 69/11 – IBR 2012, 263; OLG München v. 24.9.2015 – 23 U 417/15 – jurisPr-BauR 4/2016, Anm. 4 – *Döring*.
12 Instruktiv hierzu: OLG Düsseldorf v. 8.5.2015 – 22 U 11/15 – IBR 2015, 691.
13 OLG Nürnberg v. 11.10.2005 – 9 U 804/05 – BauR 2007, 122; OLG Karlsruhe v. 2.9.2004 – 12 U 144/04 – BauR 2005, 109; *Klose*, in: Motzke/Bauer/Seewald, § 9 Rn 34.
14 OLG Frankfurt v. 5.11.2009 – 3 U 45/08 – NJW-RR 2010, 535.
15 OLG Hamm v. 25.6.2010 – 19 U 154/09 – BauR 2011, 1013; zu weitgehend: OLG Naumburg v. 27.9.2013 – 10 U 9/13 – zur Vereinbarung von Untersuchungs- und Rügepflichten in AGB mit Verbrauchern IBR 2014, 271.

II. Kaufvertragliche Pflichten

Das Gesetz zur Modernisierung des Schuldrechts[16] hatte (zunächst) nicht nur einen im Kauf- und Werkvertragsrecht einheitlichen, dreistufigen Begriff des Sachmangels hervorgebracht, sondern auch eine Anpassung des Kaufrechts an das Leistungsstörungsrecht des allgemeinen Schuldrechts. Den 20 Jahre währenden einheitlichen Sachmangelbegriff haben das Kauf- und das Werkvertragsrecht zwischenzeitlich allerdings wieder eingebüßt, da (u.a.) die kaufrechtlichen Vorschriften über den Sachmangel in § 434 BGB mit Wirkung zum 1.1.2022 durch das Gesetz zur Regelung des Verkaufs von Sachen mit digitalen Elementen und anderer Aspekte des Kaufvertrages[17] reformiert wurden. Diese Reform diente der Umsetzung der Warenkaufrichtlinie (WKRL).[18] Gem. Art. 229 § 58 EGBGB sind auf einen Kaufvertrag, der vor dem 1.1.2022 geschlossen worden ist, die Vorschriften des BGB in der bis zum 31.12.2021 geltenden Fassung anzuwenden. **9**

Hauptpflicht des Verkäufers ist es auch nach der zum 1.1.2022 in Kraft getretenen Reform, dem Käufer die Sache frei von Rechts- und Sachmängeln zu verschaffen, somit das Eigentum zu übertragen und den Besitz einzuräumen. Die Bedeutung einer Gattungsschuld gem. § 243 BGB, wonach der Verkäufer bei einer nur der Gattung nach bestimmten Sache eine solche von mittlerer Art und Güte zu leisten hat, gewinnt nur noch im Rahmen des Leistungsstörungsrechts bis zur Übergabe der Kaufsache an Bedeutung.[19] Für die Rechte des Käufers kommt der Unterscheidung zwischen Stück- und Gattungskauf keine grundsätzliche Bedeutung mehr zu. In erster Linie gehen die Rechte des Käufers nun auf Nacherfüllung in Form der Nachbesserung oder Ersatzlieferung (vgl. §§ 437 Nr. 1, 439 Abs. 1 BGB), woraus ein Recht des Verkäufers zur zweiten Andienung abgeleitet wird.[20] Für den Fall des Scheiterns der Nacherfüllung, da diese erfolglos, dem Verkäufer unzumutbar oder auch unmöglich ist, kann der Käufer die Gestaltungsrechte des Rücktritts oder der Minderung ausüben. Wahlweise und kumulativ kann der Käufer auch, wenn die weiteren Voraussetzungen des Verschuldens vorliegen, Schadensersatz verlangen, alternativ hierzu den Ersatz vergeblicher Aufwendungen (vgl. §§ 284, 437 Nr. 2, 3 BGB). **10**

Die Rechtsfolgen für eine mangelhafte Lieferung seitens des Verkäufers enthalten bezüglich eines Sach- und eines Rechtsmangels bereits seit der Schuldrechtsreform des Jahres 2002 keine Unterschiede mehr. Die zum 1.1.2022 in Kraft getretene Reform hat hieran nichts geändert. Ab Gefahrübergang gelten die §§ 437 – 441 BGB. Im Vorfeld des Gefahrübergangs gilt das Recht der allgemeinen Leistungsstörung nach den §§ 275 ff. BGB.[21] **11**

16 Gesetz vom 26.11.2001, BGBl I, 3138.

17 Gesetz vom 26.6.2021, BGBl I, 2133.

18 Richtlinie (EU) 2019/771 des europäischen Parlaments und des Rates vom 20.5.2019 über bestimmte vertragsrechtliche Aspekte des Warenkaufs, zur Änderung der Verordnung (EU) 2017/2394 und der Richtlinie 2009/22/EG sowie zur Aufhebung der Richtlinie 1999/44/EG (ABl Nr. L 136, 28 v. 2019, ABl Nr. L 305, 66).

19 Grüneberg/*Grüneberg*, § 243 Rn 7.

20 BGH v. 23.2.2005 – VIII ZR 100/04 – NJW 2005, 1348; Grüneberg/*Weidenkaff*, § 437 Rn 2.

21 Statt vieler: Grüneberg/*Weidenkaff*, § 434 Rn 8.

12 Maßgeblicher Zeitpunkt für die Beurteilung des Vorhandenseins eines Sachmangels ist der Zeitpunkt des Gefahrübergangs. Dies ist regelmäßig der Zeitpunkt der Übergabe (§ 446 S. 1 BGB), sofern nicht Annahmeverzug vorliegt. Bei beweglichen Sachen ist also der Zeitpunkt der Ablieferung als spätester Zeitpunkt von Bedeutung (vgl. § 438 Abs. 2 BGB), was bei Baustoffen und Bauteilen oft der Fall sein wird, nämlich dann, wenn diese bestimmungsgemäß am Ort des Bauvorhabens dem Käufer zur Verfügung gestellt werden.[22]

13 Im Hinblick auf „Altfälle", für die § 434 BGB in der bis zum 31.12.2021 geltenden Fassung maßgeblich bleibt und die dem Rechtsanwender in der Praxis durchaus noch begegnen werden, gilt:[23] Die Beurteilung der Frage nach dem Vorliegen eines Sachmangels erfolgt auf der Grundlage der in § 434 Abs. 1 BGB a.F. enthaltenen und auch im Werkvertragsrecht (vgl. § 633 Abs. 2 BGB) zu findenden dreistufigen Mangeldefinition. Nach dem in § 434 Abs. 1 BGB a.F. normierten Stufenverhältnis kommt es in erster Linie auf die vereinbarte Beschaffenheit, in zweiter Linie auf die Eignung zum vertraglich vorausgesetzten Gebrauch und erst auf der dritten Stufe auf die Eignung zur gewöhnlichen Verwendung an. Der kaufvertragliche Begriff des Sachmangels wird in § 434 Abs. 2 BGB a.F. auf den Montagemangel sowie die mangelhafte Montageanleitung und in § 434 Abs. 3 BGB a.F. auf die Falschlieferung und die Mindermenge ausgedehnt.

14 Da § 434 BGB seit dem 1.1.2002 (bis zum 31.12.2021) in seinem Abs. 3 sowohl die Falschlieferung als auch die Mindermenge speziell regelte[24] und diese Regelungen auch auf den Handelskauf anwendbar sind bzw. waren, bedurfte es § 378 HGB a.F., der die Untersuchungs- und Rügepflichten des § 377 HGB auf die Falschlieferung und auf Mengenfehler ausdehnte, nicht mehr; § 378 HGB wurde daher mit Wirkung zum 1.1.2002 aufgehoben.

1. Sachmängel

15 Nach Übergabe oder Ablieferung der vom Verkäufer gelieferten Baustoffe und Bauteile – hierbei handelt es sich um sämtliche Sachen, die zur Herstellung von Bauwerken benötigt und üblicherweise verwendet werden, wie z.B. Beton, Steine, Zement, Hölzer, Eisen, Sande, somit die „klassischen" Baumaterialien, aber auch Bauteile wie Fenster, Türen, Lichtschächte, Fertigtreppen, Sanitärgegenstände sowie die einzelnen Anlagenkomponenten etwa der Haustechnik (vgl. § 438 Abs. 1 Nr. 2b BGB) – gilt das kaufvertragliche Mängelrecht. Die gelieferten Sachen müssen zum Zeitpunkt des Gefahrübergangs frei von Sach- und Rechtsmängeln sein. Die Kriterien zur Beurteilung der Sachmangelfreiheit beschreibt § 434 BGB, der auch unmittelbar beim Handelskauf, ergänzt um die Rügepflicht gem. § 377 HGB, Anwendung findet.

22 BGH v. 30.1.1985 – VIII ZR 238/83 – BGHZ 93, 338/45; Grüneberg/*Weidenkaff*, § 438 Rn 15. Zur Auskunftspflicht beim Verkauf asbesthaltiger Alt-Immobilien vgl. BGH v. 12.11.2010 – V ZR 181/09 – IMR 2011, 71, vorhergehend OLG Celle v. 17.9.2009 – 16 U 61/09 – IMR 2009, 439.

23 Es handelt sich um eine Grobdarstellung im Überblick; zu Einzelheiten vgl. die Vorauflage.

24 Zur Rechtslage seit dem 1.1.2022 vgl. sogleich.

Bereits auf den ersten Blick fällt auf, dass § 434 BGB in seiner ab dem 1.1.2022 geltenden Fassung im Vergleich zu § 434 BGB a.F. deutlich ausdifferenziertere Regelungen enthält. Der Mangelbegriff ist daher präziser und detaillierter ausgestaltet als bislang;[25] zu einer inhaltlichen Änderung dergestalt, dass der Mangelbegriff durch die Neuregelung gegenüber der bisherigen Rechtslage erweitert worden wäre, ist es jedoch nicht gekommen.[26] Eine signifikante Verschiebung hat sich im Zuge der Neufassung von § 434 Abs. 1 BGB allerdings in hierarchischer Hinsicht ergeben.[27] Primärer Anknüpfungspunkt für die Frage, ob ein Sachmangel vorliegt, war bislang die vereinbarte Beschaffenheit, sodass der Mangelbegriff im Ausgangspunkt subjektiv determiniert war; hatten die Parteien eine Beschaffenheitsvereinbarung getroffen, kam es in deren Anwendungsbereich auf sonstige – mithin objektive – Kriterien grundsätzlich nicht mehr an. Hierbei handelte es sich um ein Charakteristikum des oben in Rdn 13 zur alten Rechtslage dargestellten Stufenverhältnisses. Ein derartiges Stufenverhältnis liegt § 434 BGB in der seit dem 1.1.2022 geltenden Fassung nicht mehr zugrunde. Er bestimmt in seinem Abs. 1 vielmehr, dass die Sache frei von Sachmängeln ist, wenn sie bei Gefahrübergang (erstens) den **subjektiven** Anforderungen, (zweitens) den **objektiven** Anforderungen **und** (drittens) den **Montageanforderungen** entspricht. Die Absätze 2, 3 und 4 des § 434 BGB gestalten die in Abs. 1 BGB genannten Anforderungen näher aus, wobei Abs. 2 die subjektiven Anforderungen, Abs. 3 die objektiven Anforderungen und Abs. 4 die Montageanforderungen zum Gegenstand hat. In § 434 Abs. 5 BGB ist die von § 434 Abs. 3 BGB a.F. her bereits bekannte Aliud-Lieferung geregelt, die – nicht anders als bisher – einem Sachmangel gleichgestellt wird. Während die Aliud-Lieferung und die Lieferung einer Mindermenge nach der bis zum 31.12.2021 geltenden Rechtslage einheitlich in § 434 Abs. 3 BGB a.F. geregelt waren, ist die Lieferung einer Mindermenge nunmehr systematisch (insoweit als Bestandteil der subjektiven Anforderungen) in § 434 Abs. 2 BGB wie auch (insoweit als Bestandteil der objektiven Anforderungen) in § 434 Abs. 3 BGB verortet. **16**

Der in § 434 Abs. 1 BGB normierte Gleichrang der Anforderungen stellt kein absolutes Prinzip dar. Wie sich aus § 434 Abs. 3 S. 1 Hs. 1 BGB ergibt („Soweit nicht wirksam etwas anderes vereinbart wurde"), sind im Ausgangspunkt durchaus Parteivereinbarungen möglich, die die Frage der Mangelhaftigkeit von der Erfüllung der objektiven Anforderungen lösen können, sodass auf diesem Weg der subjektive Fehlerbegriff seine dominierende Bedeutung (zurück-)gewinnen kann. Im Anwendungsbereich des Verbrauchsgüterkaufs gilt das allerdings nicht bzw. jedenfalls nur sehr eingeschränkt; § 476 Abs. 1 S. 2 BGB bestimmt nämlich, dass von den (objektiven) Anforderungen nach § 434 Abs. 3 BGB nur unter den in der Norm genannten (engen) Voraussetzungen abgewichen werden kann. Außerhalb des Anwendungsbereichs der Bestimmungen über den Verbrauchsgüterkauf – also bei Verträgen, bei denen entweder auf beiden Seiten **17**

25 Vgl. die Regierungsbegründung, BT-Drucks 19/27424, 22.

26 Vgl. *Lorenz*, NJW 2021, 2065, 2073, wonach der „weiter aufgebläht[e] Begriff des Sachmangels […] materiell letztlich keine Änderungen mit sich" gebracht hat; Grüneberg/*Weidenkaff*, § 434 Rn 6.

27 *Herrler*, DNotZ 2022, 491, 492.

jeweils Verbraucher (B2B) bzw. jeweils Unternehmer (C2C) stehen oder bei denen ein Verbraucher gegenüber einem Unternehmer als Verkäufer auftritt – sind die Parteien damit nach wie vor frei darin, sich auf eine Beschaffenheit der Kaufsache zu verständigen, die von den sich aus § 434 Abs. 2 BGB ergebenden objektiven Anforderungen abweicht.

18 Die gekaufte Sache entspricht nach § 434 Abs. 2 S. 1 BGB den subjektiven Anforderungen, wenn sie (Nr. 1) die vereinbarte Beschaffenheit hat, (Nr. 2) sich für die nach dem Vertrag vorausgesetzte Verwendung eignet und (Nr. 3) mit dem vereinbarten Zubehör und den vereinbarten Anleitungen, einschließlich Montage- und Installationsanleitungen, übergeben wird. § 434 Abs. 2 S. 1 BGB benennt Kriterien, die zu der nach § 434 Abs. 2 S. 1 Nr. 1 BGB maßgeblichen Beschaffenheit gehören, und stellt in diesem Zusammenhang ab auf Art, Menge, Qualität, Funktionalität, Kompatibilität, Interoperabilität und **sonstige** Merkmale, für die die Parteien Anforderungen vereinbart haben. Da der Wortlaut ausdrücklich die Möglichkeit eröffnet, sonstige Merkmale zum Gegenstand einer Parteivereinbarung zu machen, ist die Aufzählung lediglich beispielhaft. Als sonstige Merkmale kommen etwa Größe, Gewicht, Herstellungsmaterial, Verarbeitung, Haltbarkeit, Energieverbrauch, „neu" oder „gebraucht" in Betracht.

19 Wie auch bisher enthält das Gesetz selbst keine Definition des zentralen Begriffs der Beschaffenheit. Anders als in der Begründung zum Schuldrechtsmodernisierungsgesetz, wo der Gesetzgeber sich eine bewusste Zurückhaltung auferlegte,[28] enthält die Regierungsbegründung zum jüngsten Reformgesetz allerdings durchaus eine ausdrückliche Aussage zum Beschaffenheitsbegriff. Hiernach meint Beschaffenheit „jegliche Merkmale einer Sache, die der Sache selbst anhaften oder sich aus ihrer Beziehung zur Umwelt ergeben."[29] Ob der Gesetzgeber in diesem Zusammenhang fast beiläufig die zu § 434 BGB a.F. bestehende Streitfrage,[30] ob der Beschaffenheitsbegriff nicht nur Beziehungen der Sache zur Umwelt, die ihren Ursprung (gerade) im Kaufgegenstand selbst haben, erfasst, sondern jeder tatsächliche Bezug zum Kaufgegenstand ausreicht,[31] zugunsten eines (sehr) weiten[32] Beschaffenheitsbegriffs entscheiden wollte, ist nicht eindeutig. Neben der zumindest in diese Richtung deutenden Gesetzesbegründung und dem Wortlaut von § 434 Abs. 2 S. 1 Nr. 1 BGB sprechen jedoch auch teleologische Erwägungen dafür, dass es für den Begriff der Beschaffenheit nicht darauf ankommen kann, ob an Beziehungen angeknüpft wird, die ihren Ursprung im Kaufgegenstand selbst haben.[33] Ansonsten würden die einen Mangel voraussetzenden, verschuldensunabhängigen Gewährleistungsansprüche insoweit leerlaufen und der Käufer wäre auf verschuldensabhängige Schadenersatzansprüche beschränkt. Wenn und weil es eine Vereinbarung zwischen den Parteien gibt, erscheint es gerechtfertigt, unter den Begriff der Beschaffen-

28 Vgl. BT-Drucks 14/6040, 213.
29 BT-Drucks 19/27424, 23.
30 Vgl. zum Meinungsstand Grüneberg/*Weidenkaff*, § 434 Rn 11 f.
31 Offengelassen von BGH v. 15.6.2015 – VIII ZR 134/15 – NJW 2015, 2874, Rn 13.
32 So möglicherweise jurisPK-BGB/*Pammler*, § 434 Rn 19.
33 Im Ergebnis ebenso jurisPK-BGB/*Pammler*, § 434 Rn 19.

heit jeden tatsächlichen Bezug des Kaufgegenstands zu seiner Umwelt zu subsumieren, unabhängig davon, ob ein wie auch immer gearteter physischer Bezug zum Kaufgegenstand vorhanden ist.[34] Nachvollziehbare Gründe dafür, den Parteien ein solches von vornherein zu verwehren, sind nicht ersichtlich. Die entscheidende – durch Auslegung zu beantwortende – Frage wird allerdings darin bestehen, ob die Parteien im jeweils maßgeblichen Zusammenhang wirklich eine Beschaffenheitsvereinbarung getroffen haben.

Um von einer Beschaffenheitsvereinbarung, die Bestandteil eines Kaufvertrags ist, aus- **20**
gehen zu können, bedarf es nach den allgemeinen Grundsätzen der Rechtsgeschäftslehre übereinstimmender Willenserklärungen des Käufers und des Verkäufers. Die Beschaffenheitsvereinbarung kann sowohl von vornherein (also im Rahmen des ursprünglichen Kaufvertragsabschlusses) als auch nachträglich im Rahmen der Änderung eines bereits zustande gekommenen Kaufvertrags getroffen werden. Unabhängig davon, dass es sich hierbei oftmals ohnehin eher um eine Formulierungsfrage handelt, spielt es keine Rolle, ob die Beschaffenheitsvereinbarung auf das Vorhandensein oder auf das Nichtvorhandensein bestimmter Umstände gerichtet ist. Letzteres ist etwa der Fall, wenn die Parteien beim Kaufvertrag über ein gebrauchtes Fahrzeug vereinbaren, dass das Fahrzeug nicht zum Fahren (sondern als „Ersatzteillager") verkauft wird; in diesem Fall liegt eine sog. negative Beschaffenheitsvereinbarung vor.[35] Ihrem Inhalt nach kann sich eine Beschaffenheitsvereinbarung auf beliebige Eigenschaften bzw. einen beliebigen (bestimmten) Zustand des Kaufgegenstands beziehen, was bereits dadurch geschehen kann, dass eine Vertragsinhalt werdende Beschreibung erfolgt.[36] Eine Beschaffenheitsvereinbarung kann ausdrücklich, aber auch konkludent getroffen werden. Ob eine Beschaffenheitsvereinbarung zustande gekommen ist, ist ebenso wie die Frage nach ihrem Inhalt durch Auslegung nach §§ 133, 157 BGB zu ermitteln. Gerade dann, wenn man davon ausgeht, dass auch solche Beziehungen zur Umwelt, die nicht in der Sache selbst ihren Ursprung haben, Gegenstand einer Beschaffenheitsvereinbarung sein können, ist es jedoch geboten, die beiderseitigen Erklärungen sehr sorgfältig auszulegen; jedenfalls insoweit wird man daher bei der Annahme einer konkludenten Beschaffenheitsvereinbarung angesichts ihrer weitreichenden Folgen sehr zurückhaltend sein müssen.

Zu den subjektiven Anforderungen, denen die Sache entsprechen muss, gehört nach **21**
§ 434 Abs. 2 S. 1 Nr. 2 BGB, dass sie sich für die nach dem Vertrag vorausgesetzte Verwendung eignet, und nach § 434 Abs. 2 S. 1 Nr. 3, dass sie mit dem vereinbarten Zubehör und den vereinbarten Anleitungen übergeben wird. Im Anwendungsbereich einer Beschaffenheitsvereinbarung bleibt kein Raum dafür, die Frage der Mangelhaftigkeit ergänzend nach objektiven Anforderungen zu beurteilen.[37] Dasselbe gilt im Zweifel auch für eine nach dem Vertrag vorausgesetzte Verwendungseignung (§ 434 Abs. 2 S. 1

34 Für einen umfassenden Beschaffenheitsbegriff auch BeckOK-BGB/*Faust*, § 434 Rn 18.
35 Grüneberg/*Weidenkaff*, § 434 Rn 6.
36 OLG Brandenburg v. 5.12.2012 – 4 U 118/11 – IBR 2013, 81.
37 BeckOK-BGB/*Faust*, § 434 Rn 9.

Nr. 2 BGB).[38] Bedeutung kommt der nach dem Vertrag vorausgesetzten Verwendung zu, wenn es hinsichtlich bestimmter Umstände (dann allerdings beschränkt auf diese) an einer Beschaffenheitsvereinbarung fehlt, sowie darüber hinaus dann, wenn – wie es namentlich bei Alltagsgeschäften typischerweise der Fall ist – die Parteien insgesamt keine Vereinbarungen über die Beschaffenheit des Kaufgegenstands treffen. Bei § 434 Abs. 2 S. 1 Nr. 3 BGB ist zu beachten, dass eine Verpflichtung des Verkäufers, Zubehör und/oder Anleitungen zu übergeben, nicht etwa (anders als z.B. bei § 650n BGB im Hinblick auf die dort genannten Unterlagen) kraft Gesetzes begründet, sondern von der Norm vielmehr vorausgesetzt wird.

22 Vorbehaltlich einer anderweitigen (wirksamen) Vereinbarung entspricht die Sache nach § 434 Abs. 3 S. 1 BGB den objektiven Anforderungen und ist daher mangelfrei, wenn die in Nr. 1–4 genannten Kriterien insgesamt – d.h. kumulativ – erfüllt sind.

23 Der Wirksamkeitsvorbehalt in § 434 Abs. 3 S. 1 BGB hätte nicht eigens geregelt werden müssen; er stellt offenbar einen unausgesprochenen Hinweis auf die Restriktionen dar, die sich beim Verbrauchsgüterkauf aus § 476 Abs. 1 S. 2 BGB ergeben.[39] Die Unwirksamkeit abweichender Vereinbarungen kann sich daneben vor allem aus §§ 307 ff. BGB ergeben, sofern Allgemeine Geschäftsbedingungen zum Einsatz gelangen.

24 In seinen Nrn. 1 und 2 (Eignung für die gewöhnliche Verwendung; übliche Beschaffenheit, die der Käufer erwarten kann) greift § 434 Abs. 3 S. 1 BGB die Tatbestandsmerkmale von § 434 Abs. 1 S. 2 Nr. 2 a.F. auf; anders als in der bis zum 31.12.2021 geltenden Gesetzesfassung werden die Umstände, die für die objektiv berechtigte Erwartungshaltung ausschlaggebend sein können, im Gesetz aufgeführt. Nach § 434 Abs. 3 S. 1 Nr. 3 BGB muss der Kaufgegenstand der Beschaffenheit einer Probe oder eines Musters entsprechen, die oder das der Verkäufer dem Käufer vor Vertragsschluss zur Verfügung gestellt hat. Aus § 434 Abs. 3 S. 1 Nr. 4 BGB folgt, dass die Mangelfreiheit des Kaufgegenstands voraussetzt, dass der Verkäufer dem Käufer auch das Zubehör und Anleitungen übergibt.

25 Ein Mangel liegt unter dem Gesichtspunkt des Auffangtatbestands in § 434 Abs. 3 S. 1 Nr. 1 BGB vor, wenn sich die Sache aufgrund ihrer tatsächlichen Beschaffenheit für die gewöhnliche Verwendung nicht eignet. Die im konkreten Fall gewöhnliche Verwendung ist objektiv aus der Art der Sache abzuleiten, was unter Berücksichtigung des Verkehrskreises, dem der Käufer angehört, zu geschehen hat.[40] Worauf die fehlende Eignung zurückzuführen ist, spielt im Ausgangspunkt keine Rolle. Sie kann sowohl auf dem physischen Zustand der Sache als auch auf den in ihrem Zustand wurzelnden tatsächlichen, wirtschaftlichen oder rechtlichen Beziehungen zu Umständen, die außerhalb der Sache selbst liegen, beruhen.[41] Bereits eine gegenüber dem „Standard" herabgesetzte

38 OLG Hamm v. 8.6.2012 – BeckRS 2012, 10382; vgl. auch („i.d.R.") Grüneberg/*Weidenkaff*, § 434 Rn 17.
39 Vgl. BT-Drucks 19/27424, 24.
40 BeckOK-BGB/*Faust*, § 434 Rn 75 f.; Grüneberg/*Weidenkaff*, § 434 Rn 25.
41 Grüneberg/*Weidenkaff*, § 434 Rn 26 i.V.m. Rn 20.

Tauglichkeit führt zur Mangelhaftigkeit der Sache,[42] sodass etwa bei Lebens- oder Futtermitteln der bloße (allerdings auf konkreten Tatsachen beruhende) Verdacht[43] einer erheblichen Kontamination eine Mangelhaftigkeit begründet. Entscheidend ist stets der Erwartungshorizont des vernünftigen Durchschnittskäufers, der sich auf der Grundlage eines Vergleichs mit Stücken der gleichen Art ergibt.[44]

§ 434 Abs. 3 S. 1 Nr. 2 enthält einen weiteren Auffangtatbestand, der an eine Beschaffen- 26
heit anknüpft, die bei Sachen derselben Art üblich ist und die der Käufer erwarten kann. Die Anwendbarkeit des Auffangtatbestands setzt voraus, dass es weder eine Beschaffenheitsvereinbarung noch eine vertraglich vorausgesetzte Verwendung gibt.[45] Vergleichsmaßstab ist insoweit die Normalbeschaffenheit von Sachen mit gleichem Qualitätsstandard,[46] wobei sich die maßgeblichen Kriterien in nicht abschließender Weise aus § 434 Abs. 3 S. 2 BGB ergeben. Die Beurteilung dessen, was der Käufer erwarten kann – d.h. vernünftigerweise erwarten darf –, richtet sich nach der Sicht eines Durchschnittskäufers;[47] will sich der Käufer einen höheren Standard sichern, bedarf es einer entsprechenden Beschaffenheitsvereinbarung.[48] Von Bedeutung sind in diesem Zusammenhang auch die öffentlichen Äußerungen gem. § 434 Abs. 3 S. 1 Nr. 2 lit. b) BGB des Verkäufers oder eines anderen Gliedes in der Vertragskette (z.B. auch des Herstellers), die die Sollbeschaffenheit um bestimmte Eigenschaften ergänzen, was mit einer Erweiterung der ansonsten zu erwartenden Beschaffenheit verbunden ist. Hierunter fallen etwa bei Katalogbestellungen die Kennzeichnung der Sache in den Katalogen u.Ä. Gleiches gilt für Werbe-/Verkaufsprospekte.[49]

Die in § 434 Abs. 4 BGB erwähnten Montagemängel können einen Sachmangel begrün- 27
den, wenn die Montage vom Verkäufer vertraglich übernommen und unsachgemäß durchgeführt wird, unabhängig davon, wie hoch der Wert der Montage ist.[50] Ist der Verkäufer nicht vertraglich zur Montage verpflichtet und führt deshalb der Käufer die Montage selbst oder durch von ihm beauftragte Personen durch, liegt ein Sachmangel des zu montierenden Kaufgegenstands vor, wenn die Montageanleitung mangelhaft ist. Anders als nach § 434 Abs. 2 S. 2 BGB a.F. schließt die fehlerfreie Montage einen Sachmangel nicht mehr aus.[51]

Besondere Erwähnung sollen schließlich noch die in § 434 Abs. 5 BGB geregelte Falsch- 28
lieferung sowie die in § 434 Abs. 2 S. 2 bzw. Abs. 3 S. 2 BGB angesprochenen Mengenfehler finden.

42 BGH NJW 2019, 1133 Rn 21.
43 BGH v. 22.10.2014 – VIII ZR 195/13 – NJW 2015, 544 Rn 42.
44 BeckOK-BGB/*Faust*, § 434 Rn 76 f.
45 Grüneberg/*Weidenkaff*, § 434 Rn 25.
46 BGH v. 18.10.2017 – VIII ZR 32/16 – NJW 2018, 150, Rn 25; Grüneberg/*Weidenkaff*, § 434 Rn 27.
47 BeckOK-BGB/*Faust*, § 434 Rn 102.
48 Grüneberg/*Weidenkaff*, § 434 Rn 27.
49 OLG München v. 15.9.2004 – 18 U 217/04 – NJW-RR 2005, 494, 494.
50 Grüneberg/*Weidenkaff*, § 434 Rn 35.
51 Zu den Folgen im Zusammenhang mit der Nacherfüllung vgl. BeckOK-BGB/*Faust*, § 434 Rn 141.

29 Bei der Falschlieferung handelt es sich begrifflich um ein aliud und um keinen Sachmangel. Die Lieferung eines aliud ist jedoch einem Sachmangel gleichgestellt und unterliegt denselben Rechtsfolgen. Auch der Identitätsmangel unterliegt dem Recht der Mängelansprüche.[52] Gleiches gilt für den Gattungskauf, bei dem eine Falschlieferung keinen Identitäts-, sondern einen Qualitätsmangel darstellt, wobei es auf die der Gattung eigenen Merkmale (§ 243 BGB) ankommt.[53]

30 Bei dem Mengenfehler behandelt § 434 Abs. 2 S. 2, Abs. 3 S. 2 BGB jeweils lediglich die Mindermenge, nämlich das Liefern einer zu geringen Stückzahl. Zuviel-Lieferungen werden von den kaufvertraglichen Sonderregelungen nicht erfasst. Diese sind vielmehr nach dem allgemeinen Schuldrecht zu behandeln. Über die zuviel gelieferte Ware besteht kein kaufrechtlicher Zahlungsanspruch, und zwar auch dann nicht, wenn der Käufer die Zuviel-Lieferung (lediglich) behält und gegenüber dem Verkäufer nicht moniert.[54] Anders können die Dinge allenfalls liegen, wenn in der Lieferung einer Mehrmenge ein konkludentes Angebot des Verkäufers auf Abschluss eines weiteren Kaufvertrags liegt, das der Käufer – konkludent oder sogar ausdrücklich – annimmt, was zwar durchaus vorstellbar ist, in der Praxis allerdings eher selten vorkommen dürfte.

31 Bei Mindermengenlieferungen ist der kaufvertragliche Erfüllungsanspruch zwar nicht erfüllt, der Käufer hat jedoch grundsätzlich nur die Rechte aus § 437 BGB, sofern der Verkäufer eine (versehentliche) Zuwenig-Lieferung in der Absicht erbringt, mit ihr seine Verbindlichkeit insgesamt zu erfüllen. Der primäre Erfüllungsanspruch besteht in diesen Fällen der sog. verdeckten Manko-Lieferung neben den Ansprüchen aus § 437 BGB nicht fort, da diese ab Gefahrübergang die Ansprüche des allgemeinen Leistungsstörungsrechts verdrängen. Der Käufer kann dann wegen des Primats der Gewährleistungsansprüche grundsätzlich Nacherfüllung, sprich Nachlieferung der fehlenden Stückzahlen, verlangen. Bei einem Stückkauf kommt auch das Verlangen auf komplette Neulieferung in Betracht.[55] Erbringt der Verkäufer hingegen bewusst eine (unzulässige) Teilleistung i.S.v. § 266 BGB, muss der Käufer diese von vornherein nicht annehmen. Weist er die unzulässige Teilleistung zurück, greift das kaufrechtliche Gewährleistungsregime nicht ein. In diesem Fall liegt nämlich kein Sachmangel vor, sondern eine Nichterfüllung.[56]

2. Mängelansprüche

32 Die dem Käufer zustehenden Mängelansprüche aus dem Baustofflieferungsvertrag sind in § 437 BGB beschrieben. Die bereits erwähnte Nacherfüllung ist der vorrangige und zentrale Anspruch. Hiernach kann der Käufer gem. § 437 Nr. 1 BGB i.V.m. § 439 BGB Nacherfüllung verlangen, somit die Beseitigung des Mangels oder Lieferung einer man-

52 *Musielak*, NJW 2003, 89; Grüneberg/*Weidenkaff*, § 434 Rn 39.
53 Grüneberg/*Weidenkaff*, § 434 Rn 41.
54 Grüneberg/*Weidenkaff*, § 434 Rn 10.
55 Grüneberg/*Weidenkaff*, § 434 Rn 10.
56 BeckOK-BGB/*Lorenz*, § 266 Rn 20 f.

gelfreien Sache. Diese Bestimmung nach §§ 437 Nr. 1, 439 BGB räumt dem Verkäufer grundsätzlich ein zweites Andienungsrecht ein, da die weitergehenden Mängelrechte gem. § 437 Nr. 2 BGB (Rücktritt, Minderung) oder § 437 Nr. 3 BGB (Schadensersatz, Aufwendungsersatz) von den weiteren Voraussetzungen des § 440 BGB abhängig sind, die dafür sorgen, dass dem Verkäufer grundsätzlich die Möglichkeit gegeben ist, nachzuerfüllen, somit Neulieferung oder zweimalige erfolglose Nachbesserung.[57]

a) Nacherfüllung

Nach § 439 Abs. 1 BGB kann der Käufer nach seiner Wahl die Beseitigung des Mangels oder die Lieferung einer mangelfreien Sache verlangen. Dieses dem Käufer zustehende Wahlrecht steht in seinem Belieben. Der Verkäufer kann der gewählten Art der Nacherfüllung vorbehaltlich einer Unmöglichkeit (§ 275 Abs. 1 BGB) lediglich seine Einreden aus § 439 Abs. 4 BGB sowie aus § 275 Abs. 2 und Abs. 3 BGB entgegenhalten. 33

Das Wahlrecht selbst bzw. der ihm zugrunde liegende Nacherfüllungsanspruch ist in seiner Ausübung nicht fristgebunden. Es gelten lediglich die allgemeinen Verjährungsfristen des § 438 BGB. Die Ausübung des Wahlrechts geschieht durch empfangsbedürftige Willenserklärung, aus der für den Verkäufer zweifelsfrei die Wahl – mithin die vom Käufer begehrte Art der Nacherfüllung – erkennbar sein muss. Das gilt jedoch nur unter der Voraussetzung, dass der Käufer sich auf eine Art der Nacherfüllung festlegen möchte. Gezwungen ist er hierzu keineswegs, da es ihm freisteht, den Verkäufer im Zusammenhang mit einer Mängelrüge zur Mangelbeseitigung aufzufordern und daher dem Verkäufer die Wahl zwischen Nacherfüllung und Nachlieferung zu überlassen. Auch nach Ausübung durch den Käufer erlischt das Wahlrecht erst dann, wenn der Verkäufer die verlangte Nacherfüllung vorgenommen hat. Selbstverständlich können die Parteien nach bereits erfolgter Ausübung des Wahlrechts jederzeit einvernehmlich eine andere Form der Nacherfüllung vereinbaren.[58] 34

Die Nacherfüllung ist für den Käufer unentgeltlich. Alle erforderlichen Aufwendungen zur Nacherfüllung fallen dem Verkäufer zur Last (§ 439 Abs. 2 BGB). Hierzu gehören gem. § 439 Abs. 3 BGB in der seit dem 1.1.2018 geltenden Fassung auch die Kosten für den Aus- und Einbau bestimmungsgemäß eingebauter Bauteile (Parkett u.Ä.), und zwar unabhängig davon, ob der Käufer Verbraucher oder Unternehmer ist.[59] Die mit dem BauVertrRRG eingeführten kaufvertraglichen Änderungen stellen damit in § 439 Abs. 3 BGB klar, dass der verschuldensunabhängige Nacherfüllungsanspruch für jeden Käufer auch die mangelbedingten Baukosten umfasst.[60] Eine Verpflichtung zur Eigendurchführung besteht nicht, weshalb die zunächst durch Eigenleistung des Käufers verbauten Materialien nun durch einen Dritten aus- und wieder eingebaut werden können, 35

57 BGH v. 23.2.2005 – VIII ZR 100/04 – NJW 2005, 1348; zur Unverhältnismäßigkeit einer Neulieferung vgl. OLG Frankfurt v. 19.9.2005 – 12 U 241/03; OLG Karlsruhe v. 14.3.2008 – 10 U 68/07.

58 Hierzu: Grüneberg/*Weidenkaff*, § 439 Rn 8.

59 Zur zweigeteilten Rechtslage bis zum 31.12.2017 vgl. BGH v. 21.12.2011 – VIII ZR 70/08 – NJW 2012, 1073; BGH v. 30.4.2014 – VIII ZR 275/13.

60 Grüneberg/*Weidenkaff*, § 439 Rn 12.

was zudem bei Verbraucherverträgen gem. § 475 Abs. 4 BGB vorschussfähig ist.[61] Der Verkäufer kann sich mit den Einreden des § 439 Abs. 4 BGB sowie des § 275 Abs. 2 und Abs. 3 verteidigen, also der Verweigerung der Nacherfüllung wegen unverhältnismäßig hoher Kosten oder einem unzumutbaren Aufwand oder wenn die Leistungen nach ihrer Art dem Schuldner unzumutbar ist.

36 Daneben kommt Unmöglichkeit der Nacherfüllung nach § 275 Abs. 1 BGB in Betracht, die zur Folge hat, dass der Nacherfüllungsanspruch insgesamt ausgeschlossen ist. Bei der Unmöglichkeit ist auf eine objektive Unmöglichkeit abzustellen. Diese ist gegeben, wenn beide Arten der Nacherfüllung unmöglich sind, so etwa bei unbehebbaren Mängeln.[62] Bei einem Gattungskauf ist die Ersatzlieferung erst dann unmöglich, wenn die gesamte Gattung untergegangen ist und nicht mehr hergestellt werden kann. Beim Stückkauf ist demgegenüber die Nachbesserung der Regelfall. Ist die Nachbesserung nur in einer bestimmten Weise möglich, sind anderslautende Angebote untauglich und können zurückgewiesen werden.[63] Die Ersatzlieferung ist jedoch nicht von vornherein ausgeschlossen.[64]

Besteht der Mangel in einem Identitätsaliud, so hat die Nacherfüllung regelmäßig durch Lieferung der richtigen Sache zu geschehen.

37 Die Verweigerung der möglichen Nacherfüllung durch den Verkäufer erfolgt – ebenso wie die Ausübung des Wahlrechts durch den Käufer – durch empfangsbedürftige Willenserklärung; es handelt sich bei hierbei um eine Einrede. Als Gestaltungsrecht ist sie bedingungsfeindlich und nach Zugang unwiderruflich.[65] Gefordert wird eine eindeutige und unmissverständliche Ablehnung, die in dem Bestreiten des Mangels liegen kann oder in der endgültigen Nacherfüllungsverweigerung.[66] Das bloße Bestreiten eines Mangels jedoch reicht nicht, da nicht ausgeschlossen werden kann, dass eine Fristsetzung eine Meinungsänderung herbeigeführt hätte.[67] Die Variante der unverhältnismäßig hohen Kosten, die zur Verweigerung der Nacherfüllung berechtigen, ist dann gegeben, wenn der Nacherfüllungsaufwand in keinem Verhältnis zum Wert der Sache im mangelfreien Zustand steht. Hierfür sind der Mangel und seine Auswirkungen auf die Gebrauchsfähigkeit für den Käufer ebenso von Bedeutung wie die Nachteile des Käufers bei der anderen Art der Nacherfüllung. So kann ein erhebliches Interesse an einem sich optisch einfügenden Werk einen größeren Aufwand verhältnismäßig erscheinen lassen.[68] Solche Nachteile bestehen regelmäßig nicht bei Ersatzlieferung einer neuen gleichwertigen und

61 *Lenkeit*, a.a.O., Das neue Bauvertragsrecht, § 7 Rn 90.
62 BGH v. 22.6.2005 – VIII ZR 281/04 – NJW 2005, 2852.
63 BGH v. 5.5.2011 – VII ZR 28/19 – NJW 2011, 1872.
64 BGH v. 7.6.2006 – VIII ZR 209/05 – NJW 2006, 2839; vgl. a.A. *Musielak*, NJW 2008, 2801.
65 Grüneberg/*Weidenkaff*, § 439 Rn 16.
66 BGH v. 21.12.2005 – VIII ZR 49/05 – NJW 2006, 1195; vgl. auch BGH v. 19.12.2012 – VIII ZR 96/12 – NJW 2013, 1074: Ein wirksames Nachbesserungsverlangen setzt die Bereitschaft zur Mangelprüfung durch den Verkäufer voraus; vgl. auch BGH v. 10.3.2010 – VIII ZR 310/08 – NJW 2010, 1448.
67 BGH v. 13.7.2011 – VIII 215/10 – NJW 2011, 3435.
68 BGH v. 5.5.2011 – VII ZR 28/10 – NJW 2011, 1872.

mangelfreien Sache.[69] Nachteile des Käufers sind auch dann nicht gegeben, wenn durch das Nachliefern eines fehlenden geringfügigen Teils eines technischen Gerätes die Mangelfreiheit und Funktionsfähigkeit hergestellt werden kann.[70] Die Ersatzlieferung eines neuen Gerätes kann dann verweigert werden.

Der Nacherfüllungsanspruch ist im Falle der Unmöglichkeit, Unverhältnismäßigkeit oder Unzumutbarkeit der gewählten Form der Nachbesserung auf die verbleibende andere Nacherfüllungsart beschränkt. Sind die gewählte als auch die nicht gewählte Art der Nacherfüllung unmöglich, unverhältnismäßig teuer oder unzumutbar, so kann der Käufer Nacherfüllung nicht verlangen. Er ist dann auf die Ansprüche nach § 437 Nr. 2 BGB zu verweisen.[71] Beim Verbrauchsgüterkauf ist zudem die angemessene Entschädigung nach § 475 Abs. 4 BGB zu erwähnen. Bei einer mangelfreien Nacherfüllung ist das Interesse des Käufers erfüllt. Für weitere Ansprüche aus § 437 Nr. 1 und Nr. 2 BGB besteht kein Raum mehr. Hat der Verkäufer die Nacherfüllung verzögert vorgenommen, besteht hinsichtlich der verzögerten Erfüllung gegebenenfalls ein Schadensersatzanspruch auf Erstattung des Verzögerungsschadens nach §§ 280 Abs. 2, 286 BGB.[72] 38

Eine mangelhafte Nacherfüllung seitens des Verkäufers kann ein Fehlschlagen der Nacherfüllung bedeuten. Der Käufer kann dann ohne weitere Fristsetzung vom Vertrag zurücktreten/oder Schadensersatz verlangen.[73] 39

Umstritten war früher, ob der Käufer neben der Neulieferung der mangelhaften Sache auch die Ausbau- bzw. Einbaukosten ersetzt verlangen kann, wenn die gelieferte Ware bereits in das Bauvorhaben durch einen Dritten eingebaut wurde. Hatten die Oberlandesgerichte Köln[74] und Frankfurt[75] zunächst entschieden, dass der Lieferant verschuldensunabhängig nur für die Ausbaukosten haftet, für die Einbaukosten aber nur verschuldensabhängig nach §§ 434 Abs. 1, 437 Nr. 3, 280 Abs. 1 BGB, kam das OLG Karlsruhe[76] zu dem Ergebnis, dass der Lieferant für Einbau- und Ausbaukosten im Rahmen der Nacherfüllung verschuldensunabhängig hafte. Der BGH hatte im Jahr 2008 hierzu entschieden,[77] dass im Zuge der Nacherfüllung nur die Lieferung neuer, mangelfreier Ware geschuldet werde, nicht hingegen die Kosten für den Neueinbau. Diese erfordern vielmehr einen Schadensersatzanspruch statt der Leistung aus §§ 437 Nr. 3, 280 Abs. 1, 281 ff. BGB. Insoweit haftete der Verkäufer nicht, wenn er die in der mangelhaften Lieferung liegende Pflichtverletzung nicht zu vertreten hat. Für den Verbrauchsgüterkauf wurde vom EuGH klargestellt, dass der Verkäufer bei einer bestimmungsgemäß eingebauten Kaufsache bei einer Ersatzlieferung auch die Kosten für den Ausbau der mangelhaften Kaufsache und den Einbau der Ersatzlieferung verschuldensunabhängig im Rah- 40

69 Grüneberg/*Weidenkaff*, § 439 Rn 16a.
70 Grüneberg/*Weidenkaff*, § 439 Rn 16a.
71 BGH v. 22.6.2005 – VIII ZR 281/04 – NJW 2005, 2852.
72 Grüneberg/*Weidenkaff*, § 439 Rn 22.
73 Grüneberg/*Weidenkaff*, § 439 Rn 22a.
74 Urt. v. 21.12.2005 – 11 U 46/05 – MDR 2006, 926.
75 Urt. v. 14.2.2008 – 15 U 5/07.
76 Urt. v. 2.9.2004 – 12 U 144/04 – BauR 2005, 109.
77 Urt. v. 15.7.2008 – VIII ZR 211/07 – NJW 2008, 2837.

men der Nacherfüllung zu tragen hat.[78] Dieses Ergebnis blieb vorerst auf den Verbrauchsgüterkauf beschränkt. Für Kaufverträge zwischen Unternehmern hatte der BGH am 17.10.2012[79] festgestellt, dass die richtlinienkonforme Auslegung des § 439 Abs. 1 Alt. 2 BGB bei Unternehmerverträgen nicht greift. Mit dem Inkrafttreten der Änderungen im Kaufrecht zum 1.1.2018 ist nun in § 439 Abs. 3 BGB geregelt, dass jeder Käufer im Rahmen seines Nacherfüllungsanspruchs auch die mangelbedingten Baukosten, somit die Ein- und Ausbaukosten verlangen kann, ohne dass eine Verpflichtung zum Selbsteinbau besteht.[80] Der Gerichtsstand ist im Übrigen der Ort der Nacherfüllung, somit der Einbauort, § 269 Abs. 1 BGB.[81]

b) Rücktritt/Minderung/Schadensersatz

41 Über die Fälle des § 281 Abs. 2 und des § 323 Abs. 2 BGB hinaus erweitert § 440 BGB die Entbehrlichkeit der Fristsetzung unter bestimmten Voraussetzungen auf den primären Mangelanspruch der Nacherfüllung. Die Fristsetzung kann entfallen, wenn der Verkäufer die Nacherfüllung gem. § 439 Abs. 4 BGB verweigert oder die dem Käufer zustehende Art der Nacherfüllung fehlgeschlagen oder ihm unzumutbar ist.[82] Bereits erfolgtes mehrmaliges Nachbessern anderer Mängel führt nicht zwingend zur Unzumutbarkeit.[83] Aufgrund der Vermutung in § 440 S. 2 BGB gilt die Nacherfüllung in Form der Nachbesserung dann als fehlgeschlagen, wenn auch ein zweiter Nachbesserungsversuch des Verkäufers nicht zum Erfolg führte. Diese Vermutung des Fehlschlagens nach zweimalig erfolgloser Nachbesserung ist jedoch für den Verkäufer widerlegbar, wenn sich dies beispielsweise aus der Art der Sache, des Mangels oder aus sonstigen Umständen ergeben sollte.[84]

42 Bei der Nacherfüllung in Form der Ersatzlieferung gilt die Einräumung eines zweiten Versuchs nicht. Ist auch die Ersatzlieferung mit dem gleichen Mangel oder mit anderen Mängeln versehen, so gilt die Nachbesserung als fehlgeschlagen.[85]

43 Unter diesen Voraussetzungen kann dann der Käufer vom Vertrag nach § 323 BGB zurücktreten oder stattdessen gem. § 441 BGB den Kaufpreis mindern. Die Wahl der Minderung erfolgt durch Erklärung wie auch die Rücktrittserklärung gegenüber dem Verkäufer. Bei der Minderung ist der Kaufpreis in dem Verhältnis herabzusetzen, in dem der wirkliche Wert der gelieferten Sache niedriger ist als der Wert des Kaufgegenstandes

78 EuGH v. 16.6.2011 – Rs. C-65/09 – NJW 2011, 2269; BGH, Vorlagebeschl. v. 14.1.2009 – VIII ZR 70/08 – NJW 2009, 1660; BGH v. 21.12.2011 – VIII ZR 70/08 – NJW 2012, 1073: Kostenerstattung eines angemessenen Betrags; BGH v. 30.4.2013 – VIII ZR 275/13: zur Zahlung von Gutachterkosten bei Minderung sowie BGH v. 2.4.2014 – VIII 46/13 = IBR 2014, 438, 1064.

79 BGH v. 17.10.2012 – VIII ZR 226/11 – NJW 2013, 220; *Lorenz*, NJW 2013, 207.

80 *Lenkeit*, a.a.O., Das neue Bauvertragsrecht, § 7 Rn 90; Vgl. hierzu: *Retzlaff*, a.a.O., VIII. Kaufrecht, BauR Heft 10a, 2017.

81 BGH v. 13.4.2011 – VIII ZR 220/10 – NJW 2011, 2278.

82 BGH v. 20.1.2009 – X ZR 45/07; BGH v. 21.2.2005 VIII ZR 49/05 – NJW 2006, 1195.

83 BGH v. 29.6.2011 – VIII ZR 202/10 – NJW 2011, 2872; zum „Montagsauto" vgl. BGH v. 23.1.2013 – VIII ZR 140/12 – NJW 2013, 1523.

84 BGH v. 15.11.2006 – VIII ZR 166/06 – NJW 2007, 504.

85 Grüneberg/*Weidenkaff*, § 440 Rn 7.

zum Zeitpunkt des Vertragsschlusses in mangelfreiem Zustand. Gegebenenfalls ist die Minderung durch Schätzung zu ermitteln.

Da die Minderung statt des Rücktritts gewählt werden kann, bedarf es grundsätzlich des Vorliegens der Voraussetzungen des Rücktrittsrechts gem. § 323 BGB. Dies bedeutet, dass eine erfolglos abgelaufene Frist zur Nacherfüllung gem. § 437 Nr. 1 BGB gesetzt worden sein muss, es sei denn, es liegen Fälle der Entbehrlichkeit der Fristsetzung gem. § 323 Abs. 2, § 440 BGB vor. Das bloße Bestreiten des Mangels lässt die Erforderlichkeit der Fristsetzung nicht entfallen.[86] Zum Zeitpunkt der Minderungserklärung muss das Rücktrittsrecht noch bestehen. Es darf noch nicht erloschen sein. Erforderlich ist weiter, dass der Käufer für den Mangel keine Verantwortung trägt, wohingegen eine Unerheblichkeit der Pflichtverletzung zwar den Rücktritt hindert, nicht jedoch die Minderung (vgl. § 323 Abs. 5 S. 2, Abs. 6 BGB).[87] Die Unerheblichkeit gemäß § 323 Abs. 5 S. 2 BGB wird vom BGH bejaht, wenn die Reparaturkosten eines Mangels 5 % des Kaufpreises nicht übersteigen.[88] 44

Zwischen Minderung und Rücktritt besteht ein Wahlrecht. Es wird durch eine empfangsbedürftige Willenserklärung des Käufers gegenüber dem Verkäufer ausgeübt. Das Wahlrecht ist als Gestaltungsrecht bedingungsfeindlich und ab Zugang unwiderruflich. 45

Entscheidet sich der Käufer für den Rücktritt, so wandelt sich das Vertragsverhältnis in ein Abwicklungsverhältnis um, hervorgerufen durch eine einseitige, das Rechtsverhältnis umgestaltende Willenserklärung des Käufers. Durch den Rücktritt erlöschen die beiderseitigen Erfüllungsansprüche und die hiermit zusammenhängenden sekundären Ansprüche. Der Rücktritt führt jedoch nicht zu einer Vertragsaufhebung als Ganzes, sondern bewirkt nur seine Inhaltsveränderung.[89]

Für die Rechtsfolgen nach erklärter Rücktrittserklärung gelten die §§ 346 ff. BGB. Die jeweils gewährten Gegenstände sind zurückzugewähren und herauszugeben bzw. stattdessen gem. § 346 Abs. 2 BGB Ersatz zu leisten. Hierbei werden nun für jeden Kauf auch die Einbau- und Ausbaukosten, die zum Nacherfüllungsanspruch gem. § 439 Abs. 1 BGB gehören, zu berücksichtigen sein.[90] 46

3. Kenntnis des Mangels/Vorbehalte

Nach § 442 BGB stehen dem Käufer die Mängelansprüche nicht zu, wenn er bei Vertragsschluss den Mangel kennt. Ist ihm der Mangel wegen grober Fahrlässigkeit unbekannt geblieben, so kann er den Verkäufer gleichwohl noch in Anspruch nehmen, wenn dieser den Mangel arglistig verschwiegen oder diesbezüglich eine Garantie für die Beschaffenheit der Sache übernommen hat. 47

86 BGH v. 13.7.2011 – VIII 215/10 – NJW 2011, 3435.
87 Grüneberg/*Weidenkaff*, § 441 Rn 7.
88 BGH v. 28.5.2014 – VIII ZR 94/13.
89 Grüneberg/*Grüneberg*, Einf. v. § 346 Rn 3.
90 Vgl. für den Fall von Gutachterkosten bei der Minderung; BGH v. 30.4.2014 – VIII ZR 275/13.

48 Die Kenntnis setzt positives Wissen der den Mangel begründenden Tatsachen voraus. Dieses tatsächliche Wissen muss sich auf den Umfang und die rechtliche Bedeutung des Mangels erstrecken und bei Vertragsabschluss vorhanden sein. Eventuelles Wissen seines Vertreters, der die Verhandlung geführt und den Vertrag abgeschlossen hat, muss sich der Käufer zurechnen lassen.[91] Kenntnis führt zum Verlust der Ansprüche aus § 437 BGB. Bei positiver Kenntnis gilt dies auch dann, wenn der Verkäufer den Mangel arglistig verschwiegen hat.[92] [93] Im Regelfall besteht keine Offenbarungspflicht für Erscheinungen, die bei Besichtigungen zugänglich und erkennbar sind.[94] Die Übergabe von Finanzierungsunterlagen beim Hauskauf steht der Besichtigung nicht gleich.[95]

49 Grob fahrlässige Unkenntnis des Käufers oder seines Vertreters von dem Mangel ist dann gegeben, wenn er die erforderliche Sorgfalt, die ein Mindestmaß an Information und Aufmerksamkeit erfordert, in besonders schwerem Maß vernachlässig hat. Diese Situation liegt jedoch nicht schon dann vor, wenn sich der Käufer auf die Angaben des Verkäufers verlässt, ohne weitere Informationen einzuholen.[96] Eine Verpflichtung hierzu besteht grundsätzlich nicht. In diesen Fällen haftet der Verkäufer gleichwohl, sofern er den Mangel arglistig verschwiegen hat. Dies setzt voraus, dass der Verkäufer seinerseits den Mangel positiv kennt oder für möglich hält.[97] Dieses Wissen muss sich auf die Tatsachen beziehen, aus denen sich der Sach- oder Rechtsmangel ergibt und setzt eine Pflicht zur Aufklärung voraus, die der Käufer aufgrund der Verkehrsanschauung nach Treu und Glauben erwarten darf.[98]

50 Gleiches gilt, wenn der Verkäufer eine Garantie i.S.d. § 443 BGB abgegeben hat. Sie muss tatsächlich vom Verkäufer erklärt worden sein. Hierzu ist notwendig, dass die Garantie Vertragsbestandteil ist und im Vertrag bzw. Angebot enthalten oder nachträglich in den Vertrag miteinbezogen worden ist. Andernfalls ist eine Haftung des Verkäufers für den Mangel nicht gegeben und die Ansprüche des Käufers aus § 437 BGB sind ausgeschlossen.

Dies gilt aber dann nicht, wenn sich der Käufer bei Vertragsabschluss Ansprüche wegen der erkannten Mängel vorbehält und der Verkäufer sich seinerseits verpflichtet, diese bis zum Gefahrübergang zu beseitigen.[99]

91 Grüneberg/*Weidenkaff*, § 442 Rn 9; OLG Brandenburg v. 5.12.2012 – 4 U 118/11 – IBR 2013, 81.
92 BGH v. 28.6.1978 – VIII ZR 112/77 – NJW 1978, 2240 zu § 460 BGB a.F., zur Beweislast: BGH v. 15.7.2011 – V ZR 171/10 – NJW 2011, 3641; BGH v. 12.11.2010 – V ZR 181/09 – NJW 2011, 1280.
93 Zur Arglist und Haftung 17 Jahre nach Abnahme, vgl. OLG München v. 25.1.2012 – 27 U 501/10 (NZB zurückgewiesen) – IBR 2014, 213.
94 BGH v. 15.6.2012 – V ZR 189/11 – NJW 2012, 2793; ebenso OLG Hamm v. 16.10.2013 – 12 U 3/13 – IBR 2014, 1054: kein Hinweis bei Selbstverständlichkeiten.
95 Vgl. BGH v. 28.6.1978 – VIII ZR 112/77 – NJW 1978, 2240 zu § 460 BGB a.F., zur Beweislast: BGH v. 15.7.2011 – V ZR 171/10 – NJW 2011, 3641; BGH v. 12.11.2010 – V ZR 181/09 – NJW 2011, 1280.
96 Grüneberg/*Weidenkaff*, § 442 Rn 11.
97 BGH v. 8.12.2006 – V ZR 249/05 – NJW 2007, 835; BGH v. 15.6.2012 – V ZR 189/11 – NJW 2012, 2793.
98 Grüneberg/*Weidenkaff*, § 442 Rn 18.
99 Grüneberg/*Weidenkaff*, § 442 Rn 9.

III. Verjährung

Die kaufvertraglichen Gewährleistungsansprüche des Käufers verjähren innerhalb der Fristen des § 438 BGB. Bei der Regelung der Verjährung hat das Gesetz zur Modernisierung des Schuldrechts für den Bauhandwerker Vorteile gebracht, indem nun in § 438 Abs. 1 Nr. 2 BGB beschrieben ist, dass die Ansprüche aus § 437 Nr. 1, Nr. 3 BGB in fünf Jahren bei einem Bauwerk und bei einer Sache, die entsprechend ihrer üblichen Verwendungsweise für das Bauwerk verwendet worden ist und dessen Mangelhaftigkeit verursacht hat, verjähren. Die Verjährung beginnt mit der Ablieferung der Kaufsache (§ 438 Abs. 2 BGB).[100] 51

In Fällen der Arglist verjähren die Ansprüche innerhalb der regelmäßigen Verjährungsfrist, jedoch nicht vor Ablauf der Fünf-Jahres-Frist gem. § 438 Abs. 1 Nr. 2 BGB.

Mit dieser Anpassung der Verjährungszeiträume für Baustoffe und Bauteile, die bei Bauwerken ihre Verwendung finden, wurde ein großes Haftungsproblem der Bauhandwerker, die ihrerseits aufgrund vertraglicher Bestimmungen dem Bauherrn fünf Jahre lang als Haftungspartner zur Verfügung gestanden haben, entschärft. Die Bauhandwerker haben nun die Möglichkeit wegen mangelhafter Baustoffe und -elemente, die zu einem Mangel des Bauwerks geführt haben, die Ansprüche des § 437 BGB innerhalb der Fünf-Jahres-Frist gegenüber ihrem Verkäufer geltend zu machen. Der eigene Haftungszeitraum der Bauhandwerker wurde damit dem Haftungszeitraum der Baustofflieferanten angenähert. Gleichwohl besteht ein Restrisiko, da die Verjährung der Gewährleistungsansprüche des Bauhandwerkers gegenüber seinem Lieferanten einerseits und des Auftraggebers gegenüber dem Bauhandwerker andererseits zu unterschiedlichen Zeitpunkten beginnen. Für die Gewährleistungsansprüche aus Kaufrecht ist der Zeitpunkt der Ablieferung, für die Mängelansprüche des Auftraggebers der Zeitpunkt der Abnahme maßgebend. Ablieferung der Baustoffe und Abnahme der Bauleistung fallen jedoch zeitlich – manchmal spürbar – auseinander, sodass trotz verlängerter Verjährungsfrist für den Bauhandwerker bei langer Bauzeit bzw. größerer Lagerhaltung gleichwohl Verjährungslücken entstehen können. 52

C. Werklieferungsvertrag

In vielen Fällen bestellt der Gewerkeunternehmer das von ihm benötigte Material nicht 53
per „Katalog“,[101] was zwanglos die Anwendung des Kaufvertragsrechts nach sich ziehen würde, sondern gibt dem Lieferanten Vorgaben an die Hand, nach denen das von ihm benötigte Bauelement oder der Baustoff herzustellen ist. Bei dieser Konstellation, nach der der Baustofflieferant die vom Gewerkeunternehmer benötigten Sachen neu herstellt oder neu erzeugt, ist von einem Werklieferungsvertrag auszugehen, beispielsweise beim

100 Zur Haftung 17 Jahre nach Abnahme, vgl. OLG München v. 25.1.2012 – 27 U 501/10 (NZB zurückgewiesen) – IBR 2014, 213.

101 Vgl. hierzu: BGH v. 2.4.2014 – VIII 46/13 – IBR 2014, 438, 1064.

Fertigen von Lichtschachtelementen aus Beton nach den Größenangaben des Rohbauunternehmers oder beim Herstellen von Fertigteildecken, die dann vom Rohbauunternehmer vor Ort aufbetoniert werden.[102] Diese Werklieferungsverträge über herzustellende oder neu zu erzeugende bewegliche Sachen unterscheiden sich vom Kaufrecht dadurch, dass sich hier der Lieferant verpflichtet, eine von ihm erst noch herzustellende oder zu erzeugende bewegliche Sache zu liefern, wohingegen der Verkäufer lediglich die Beschaffung einer fertigen Sache schuldet, gegebenenfalls mit kleineren Änderungen (z.B. Griffe an den Türen einer Einbauküche) oder Nebenleistungen (Montage) nebst deren Übereignung. Beim Werklieferungsvertrag wird demgegenüber entsprechend dem Werkvertrag eine Verpflichtung des Lieferanten zur Herstellung eines körperlichen Arbeitserfolges für den Besteller geschuldet. Andererseits ist von einem Werkvertrag, der nicht unter § 650 BGB fällt, auszugehen, wenn der Unternehmer und der von ihm geschuldete Erfolg dem Vertrag das typische Gepräge gibt und über die Herstellung einer beweglichen Sache hinausgeht, etwa wenn die herzustellende Sache in ein Gesamtwerk einzupassen ist (Herstellung und der Einbau einer Treppe in ein Gebäude) oder es um die Herstellung einer Funktionsfähigkeit des Gesamtwerkes geht (Klimatisierung eines Gebäudes mit Kälteaggregat und Lüftungskanälen usw.), bzw. Arbeiten an einem Grundstück sowie Arbeiten an Gebäuden, mag damit auch im Übrigen die Herstellung einer beweglichen Sache verbunden sein.[103] Grund für diese Neuregelung des Werklieferungsvertrages mit der Schuldrechtsmodernisierung in § 650 BGB war die Anpassung des geltenden Rechts bei Verbraucherverträgen über die Lieferung neu hergestellter beweglicher Sachen an die Verbrauchsgüterkaufrichtlinie und damit dem Unterwerfen dieser Verträge unter das Kaufrecht.

54 Für die Einordnung eines Lieferantenvertrages als Werklieferungsvertrag kommt der Unterscheidung der herzustellenden Sache als vertretbar/nicht vertretbar keinerlei entscheidende Bedeutung mehr zu, auch nicht bei Verträgen über die Herstellung oder Erzeugung nicht vertretbarer Sachen, die nach den Bestellerwünschen in der Herstellung angepasst wurden und deshalb individualisiert sind. Obwohl sie nicht austauschbar und für den Unternehmer im Regelfall nicht anderweitig absetzbar sind (Einbaumöbel, Einbauküchen nach den besonderen Wünschen des Bestellers), gilt grundsätzlich das Kaufrecht jedoch mit der Besonderheit, dass einzelne werkvertragliche Bestimmungen zusätzlich anzuwenden sind, allerdings mit der Maßgabe, dass bei den anwendbaren Bestimmungen §§ 642, 643, 645, 648 und 649 BGB gem. § 650 Abs. 1 S. 3 BGB an die Stelle der Abnahme der nach den §§ 446 und 447 BGB maßgebliche Zeitpunkt tritt.[104]

55 I.d.R. unterliegen somit die Verträge der Baustoff- und Bauelementeverschaffung dem Kaufrecht. Es handelt sich darüber hinaus regelmäßig um Handelskaufverträge, sodass

102 OLG Brandenburg v. 22.2.2012 – 4 U 69/11 – NJW 2012, 2124; OLG Bremen v. 19.3.2010 – 2 U 110/09 – BauR 2011, 1378 – IBR 2011, 406; OLG Hamm v. 22.1.2008 – 19 U 152/06 (NZB zurückgewiesen) – IBR 2009, 1160.
103 Grüneberg/*Retzlaff*, § 650 Rn 7.
104 Vgl. auch *Klose*, in: Motzke/Bauer/Seewald, § 9 Rn 39.

die handelsrechtlichen Rügepflichten besondere Bedeutung gewinnen, und zwar auch beim Beschaffungskauf über nicht vertretbare Baustoffe und -elemente.[105]

Da bei Werklieferungsverträgen über nicht vertretbare Sachen der Lieferant sich verpflichtet, einen Baustoff unter Berücksichtigung bestimmter Bestellerwünsche und -angaben herzustellen, somit werkvertragliche Elemente eine Rolle spielen, gibt § 650 BGB vor, dass einzelne Bestimmungen des Werkvertragsrechts auch bei diesen Beschaffungskaufverträgen Anwendung finden. Ein derartiger Beschaffungsvertrag kann vom Besteller gem. § 648 BGB jederzeit gekündigt werden, ebenso wie der Lieferant die Möglichkeit hat, von den §§ 642 und 643 BGB Gebrauch zu machen, etwa dann, wenn der Besteller die erforderliche Mitwirkungshandlung zum Herstellen dieser unvertretbaren Sache unterlässt.[106] Von Bedeutung ist jedoch, dass trotz Geltung einzelner werkvertraglicher Bestimmungen es beim Abnahmezeitpunkt entsprechend den §§ 446 und 447 BGB verbleibt. Die Schuldrechtsmodernisierung hat damit auch im Bereich des Beschaffungswesens der Bauhandwerker zu einer erheblichen Ausweitung der Anwendung des Kaufrechts geführt. Das neue Bauvertragsrecht hat insoweit keine inhaltlichen Änderungen formuliert. 56

D. Werkvertrag

Im Rahmen der Beschaffung von Baustoffen und -elementen spielt für den Gewerkeunternehmer das klassische Werkvertragsrecht keine Rolle mehr. Geordert werden vom Gewerkeunternehmer regelmäßig bewegliche Sachen, mögen sie auch nicht vertretbarer Art sein, sodass aufgrund der Änderung des § 650 BGB grundsätzlich das Kaufrecht Anwendung findet, bei nicht vertretbaren Sachen mit zusätzlicher Anwendung einzelner werkvertraglicher Bestimmungen. Sollte der seltene Fall vorliegen, dass das Betonfertigteilwerk die nach den Angaben des Rohbauunternehmers herzustellende Treppe nicht nur herstellt, sondern sich zudem verpflichtet, diese Fertigteiltreppe im Rahmen einer eigenen Leistungspflicht in das Bauwerk einzufügen, so wird ein Werkvertrag vorliegen und das Fertigteilwerk als Subunternehmer des Rohbauunternehmers tätig werden. Es handelt es sich dann um klassische Werkverträge, oft unter Einbeziehung der Bestimmungen der VOB/B, die von den Beschaffungsverträgen des Bauhandwerkers zu trennen sind und an einer anderen Stelle in diesem Buch behandelt werden. 57

E. Produkthaftung

Die Produkthaftung regelt die Verantwortlichkeit des Herstellers eines Produktes für Schäden, die durch die Benutzung desselben entstehen. Die Produkthaftung ist auf der Grundlage des Produkthaftungsgesetzes als Gefährdungshaftung geregelt. Umfasst 58

105 OLG Nürnberg v. 11.10.2005 – 9 U 804/05 – BauR 2005, 122.
106 *Klose*, in: Motzke/Bauer/Seewald, § 9 Rn 39.

werden Personen- und Sachschäden, die als Folge der bestimmungsgemäßen Benutzung dem Verbraucher oder sonstigen Personen außerhalb der Fehlerhaftigkeit des Produktes durch dieses entstehen. Das Produkthaftungsgesetz deckt damit im Unterschied zur vertraglichen Mängelhaftung das Einstehen des Herstellers für Gefahren, die aufgrund Fehler der Sicherheit des Produktes für Personen und Eigentum entstehen können. Geschützt wird somit das Integritätsinteresse.[107] Die (eigenständige) Haftung des Herstellers nach dem Produkthaftungsgesetz, dort insbesondere § 1 Abs. 1 ProdHaftG, wird ergänzt durch eine Delikthaftung gem. § 823 Abs. 1 und Abs. 2 BGB. Diese Ansprüche nach dem Produkthaftungsgesetz und aus Delikt stehen, sofern der Hersteller des Produkts zugleich Verkäufer desselben ist, in echter Konkurrenz zu den vertraglichen Mängelansprüchen.[108] Die Rechtsfolgen derartiger Ansprüche sind jedoch grundsätzlich unterschiedlich. Bei der Produkthaftung als auch bei der deliktischen Haftung wird das Integritätsinteresse des Benutzers sowie jedes Dritten darin geschützt, dass das Produkt so sicher- und risikolos für Leib, Leben, Gesundheit und Sachwerte genutzt werden kann, wie in allgemein berechtigter Weise erwartet werden kann.[109] Demgegenüber schützen die vertraglichen Mängelansprüche das Nutzungs- und Äquivalenzinteresse des Vertragspartners dahingehend, dass der Vertragsgegenstand nicht mit Mängeln behaftet ist, die ihren Wert oder die vertraglich vorgesehene Gebrauchsfähigkeit beeinträchtigen.

I. Delikthaftung

59 Wegen der Lieferung mangelhaften Baumaterials oder mangelhafter Bauelemente können dem Gewerkeunternehmer neben den kaufrechtlichen Mängelansprüchen auch deliktische Schadensersatzansprüche zustehen. Diese ein Verschulden erfordernden Ansprüche können sich gegen den Verkäufer, in Konkurrenz mit vertragsrechtlichen Ansprüchen, oder auch gegen Dritte, insoweit namentlich den Hersteller des Materials, richten.

60 Derartige Ersatzansprüche stehen dem Gewerkeunternehmer dann zu, wenn eines der in § 823 Abs. 1 BGB erwähnten Rechtsgüter schuldhaft und widerrechtlich verletzt wurde. Für reine Vermögensschäden kann der Gewerkeunternehmer nach § 823 Abs. 1 BGB keinerlei deliktische Ansprüche geltend machen.

61 Da auch das Eigentum in § 823 Abs. 1 BGB als geschütztes Rechtsgut erwähnt ist, ist erforderlich, dass durch den Gebrauch der Kaufsache vorher intaktes Eigentum beschädigt wurde. Die Lieferung mangelhaften Eigentums erfüllt somit den Tatbestand des § 823 Abs. 1 BGB nicht. In diesem Zusammenhang ist jedoch auf die Rechtsprechung des sogenannten „weiterfressenden Mangels“ hinzuweisen. Mit dieser Rechtsprechung wurde aufgrund der nach alten Schuldrecht stark auseinanderfallenden Verjährungszeiten für deliktische und kaufvertragliche Ansprüche eine Eigentumsverletzung dann bejaht, wenn durch das Einfügen eines eigenständigen, jedoch defekten Bauteils der übrige

107 Grüneberg/*Sprau*, ProdHaftG Einf. Rn 1 ff.
108 *Klose*, in: Motzke/Bauer/Seewald, § 9 Rn 132.
109 BGH v. 14.5.1985 – VI ZR 168/83 – NJW 1985, 2420.

ursprünglich mangelfreie Kaufgegenstand beschädigt wurde.[110] Ob in Anbetracht der durch die Schuldrechtsreform erheblich verlängerten kaufvertraglichen Verjährungsfristen für dieses Rechtsinstitut des weiterfressenden Mangels noch Bedarf besteht, bleibt in Zukunft abzuwarten.[111] Der BGH scheint hieran festhalten zu wollen.[112]

Im Regelfall wird der Gewerkeunternehmer Ansprüche gegen seinen Verkäufer aus § 823 Abs. 1 BGB geltend machen, wenn er etwa durch fehlerhafte Bauhilfsgeräte (Gerüste, Schalungen, Geräte u.Ä.) einen eigenen Schaden erleidet. 62

Häufig wird jedoch solchen deliktischen Ansprüchen aus § 823 Abs. 1 BGB der Gewerkeunternehmer selbst ausgesetzt sein, weil durch den Einbau mangelhafter Baumaterialien der bereits errichtete und mangelfreie Teil des Bauwerks beschädigt oder unbrauchbar wurde, sodass deshalb dem Auftraggeber des Gewerkeunternehmers ein Anspruch aus § 823 Abs. 1 BGB wegen Eigentumsverletzung zusteht. Ausreichend ist insofern für die Rechtsverletzung bereits eine Beeinträchtigung des bestimmungsgemäßen Gebrauchs der Sache. Nicht erforderlich ist ein Eingriff in die Sachsubstanz.[113] 63

Hinsichtlich des nach § 823 Abs. 1 BGB zu leistenden Schadensersatzes ist auf die §§ 249 ff. BGB zu verweisen. Auf der Grundlage dieser Bestimmungen kann der Geschädigte die Schadensbehebung selbst veranlassen und den hierfür erforderlichen Aufwand einfordern. Wenn es verschiedene Arten der Schadensbeseitigung gibt und eine einen geringeren Aufwand erfordert, ist jedoch der Geschädigte regelmäßig hierauf beschränkt.[114] 64

Deliktische Ansprüche des Endkunden sind nicht nur gegen den Gewerkeunternehmer möglich, sondern auch gegen den Hersteller des mangelhaften Baustoffs.[115] Mangels vertraglicher Beziehungen scheiden hier vertragsrechtliche Ansprüche etwa zwischen dem Endkunden (Bauherr) als auch regelmäßig dem Gewerkeunternehmer gegen den Hersteller aus, sodass es insoweit bei den deliktischen Ansprüchen verbleibt. 65

Hersteller und gegebenenfalls auch Vertriebshändler als Quasihersteller[116] haben dafür zu sorgen und müssen dafür einstehen, dass das hergestellte Produkt bestimmungsgemäß gebraucht und auch weiter verarbeitet werden kann, und zwar ohne Gefährdung der Rechtsgüter Dritter. Maßgeblich ist, dass mit dem Produkt grundsätzlich jedweder Einsatz, der nach der Art der Erwerbung und der Produktbeschreibung für einen Verwender in Betracht kommt, möglich ist. Wesentliche Bedeutung kommt insoweit den von dem Hersteller geweckten Gebrauchs- und Sicherungserwartungen zu. Er muss im Rahmen des Zumutbaren dafür sorgen, dass dem Verwender keinerlei Nachteile an seinem Eigen- 66

110 *Klose*, in: Motzke/Bauer/Seewald, § 9 Rn 133.
111 Weiterführend: *Heßeler/Kleinhenz*, JuS 2007, 706.
112 BGH v. 28.10.2010 – VII ZR 172/09 – NJW 2011, 594.
113 BGH v. 7.12.1993 – VI ZR 74/93 – BauR 1994, 258.
114 BGH v. 29.4.2003 – VI ZR 393/02 – NJW 2003, 2085.
115 Vgl. OLG Düsseldorf v. 29.4.2013 – 5 W 9/13 – IBR 2013, 417 für das Inverkehrbringen von Baustoffen ohne notwendige vorherige Prüfung – Haftung auch nach § 826 BGB.
116 BGH v. 7.12.1993 – VI ZR 74/93 – BauR 1994, 258.

tum entstehen[117] und zu diesem Zweck sein Produkt beobachten und dann, wenn sich der Verdacht einer Gefahr verdichtet, hiervor warnen,[118] gegebenenfalls den Rückruf des Produktes veranlassen.

67 Die Beobachtung des Produkts betrifft nicht nur die Beobachtung im Rahmen des Fertigungsprozesses, sondern auch die Beobachtung des Produkts im praktischen Einsatz, sodass die Verpflichtung des Produzenten nicht nach dem Inverkehrbringen seines Produkts endet, sondern im Rahmen der ihm obliegenden Verkehrssicherungspflicht das Produkt in der Praxis verfolgen und sich über Gefahren informieren muss.[119]

68 Im Rahmen der Anspruchsdurchsetzung muss der Geschädigte den Beweis für den Produktfehler ebenso führen, wie die Höhe als auch den kausal verursachten Schaden.[120] Demgegenüber hat der Hersteller dann, wenn die Schädigung einer Person oder einer Sache durch sein fehlerhaft hergestelltes Produkt bewiesen ist, nachzuweisen, dass ihn keinerlei Verschulden trifft, er insbesondere die ihm obliegende Verkehrssicherungspflicht (Produktbeobachtung) nicht verletzt hat.[121]

II. Produkthaftungsgesetz

69 Ansprüche nach dem Produkthaftungsgesetz stehen dem Geschädigten dann zu, wenn der Fehler eines Produktes zu Schäden an Leib, Leben oder Eigentum geführt hat. Für Sachschäden wird ebenfalls gehaftet, jedoch nur dann, wenn eine andere Sache als das fehlerhafte Produkt beschädigt wurde.[122] Des Weiteren wird insoweit nach § 1 Abs. 1 S. 2 ProdHaftG nur der bestimmungsgemäße private Gebrauch geschützt. Für den gewerblichen Produktkäufer, wie etwa den Gewerkeunternehmer, scheiden deshalb Ansprüche nach dem Produkthaftungsgesetz für Sachschäden aus.[123]

70 Die Produkthaftung ist als Gefährdungshaftung ausgestaltet. Ein Verschulden des Produzenten ist somit nicht notwendig. Demgemäß kann sich der Produzent auch nicht damit entlasten, dass der Produktfehler unvermeidbar war.[124]

71 Voraussetzung für einen Anspruch nach dem Produkthaftungsgesetz ist, dass das Produkt fehlerhaft war. Dies ist dann der Fall, wenn es nicht die Sicherheit in der Nutzung und im Gebrauch wiedergibt, die unter Berücksichtigung aller Umstände berechtigter Weise erwartet werden kann (§ 3 ProdHaftG). Die Erwartung an die Sicherheit wird insoweit wesentlich durch die Darbietung der Ware, wie z.B. die Produktpräsentation in der Öffentlichkeit geprägt. Hierfür haftet auch der „Quasihersteller“, somit der Vertriebshändler, den ebenfalls eine gesteigerte Produktbeobachtungspflicht trifft. Dies gilt insbe-

117 BGH v. 17.3.1981 – VI ZR 191/79 – NJW 1981, 1603.
118 BGH v. 17.3.1981 – VI ZR 191/79 – NJW 1981, 1603.
119 *Klose*, in: Motzke/Bauer/Seewald, § 9 Rn 141.
120 Zur örtlichen Zuständigkeit vgl. EuGH v. 16.1.2014 – Rs. C-45/13 – IBR 2014, 1047.
121 BGH v. 11.6.1996 – VI ZR 202/95 – NJW 1996, 2507.
122 Grüneberg/*Sprau*, ProdHaftG Einf. Rn 6.
123 Grüneberg/*Sprau*, ProdHaftG 1 Rn 7.
124 Grüneberg/*Sprau*, ProdHaftG Einf. Rn 5.

sondere auch für denjenigen, der sich in der Produktbeschreibung als Hersteller ausgibt, auch wenn er die Ware nicht selbst produziert.[125]

In Bezug auf die Beweislast ist auf die Regeln zu den deliktischen Ansprüchen zu verweisen. Der Geschädigte hat den Fehler, den Schaden als auch die Kausalität von Fehler und Schaden darzulegen und zu beweisen. Der Hersteller bzw. Quasihersteller trägt die Beweislast für das Vorliegen einer der Ausschlusstatbestände in § 1 Abs. 2 und Abs. 3 ProdHaftG. 72

III. Verjährung

Die Verjährung der deliktischen Ansprüche aus § 823 Abs. 1 BGB folgt nach der Regelverjährungsfrist des § 195 BGB. Für den Beginn der Drei-Jahres-Frist gilt § 199 BGB, somit die Kenntnis des Geschädigten von den anspruchsbegründenden Tatsachen sowie der Person des Schädigers. 73

Für die Ansprüche nach dem Produkthaftungsgesetz gilt § 12 ProdHaftG,[126] der sich an den Regelungen des Bürgerlichen Gesetzbuchs orientiert.

F. Beraterhaftung

Eine besondere, im Baustoffhandel nicht seltene Konstellation liegt darin begründet, dass das vom Gewerkeunternehmer erworbene Produkt als solches mangelfrei, jedoch für den vorgesehenen Verwendungszweck ungeeignet ist, sodass der Gewerkeunternehmer aufgrund der Nichteignung des Produktes eine abnahmefähige Werkleistung nicht zustande bringt. 74

Der Grund für die Wahl des für den vorgesehenen Verwendungszweck nicht geeigneten Produktes kann darin bestehen, dass sich der Gewerkeunternehmer vor dem Kauf des Produktes nicht sachkundig gemacht hat. Denkbar ist auch, dass der Verkäufer im Rahmen des Kaufvertrages über die Eignung des Materials und deren Einsatzzweck nicht richtig bzw. vollständig aufgeklärt und beraten hat. 75

I. Selbstständiger Beratungsvertrag

Die Falschberatung kann Ansprüche des Käufers als Nebenpflichtverletzung oder wegen schuldhafter Verletzung eines selbstständigen Beratungsvertrages begründen. Letzteres ist häufig der Fall, da Hersteller durch Verkaufsberater, Vertriebsmitarbeiter u.Ä. Beratungsleistungen für Kunden ihres Großhändlers anbieten, somit der Kaufvertrag zwischen dem Gewerkeunternehmer und dem Großhändler abgeschlossen wird, die Beratungsleistungen jedoch unmittelbar vom Hersteller bzw. seinen Vertriebsmitarbeitern oder speziellen Beratungsabteilungen des Herstellers erbracht werden. Eine derartige 76

125 BGH v. 7.12.1993 – VI ZR 74/93 – BauR 1994, 258; OLG Celle v. 7.11.2001 – 9 U 162/01 – BauR 2003, 396.
126 Vgl. OLG Düsseldorf v. 29.4.2013 – 5 W 9/13 – IBR 2013, 417 für das Inverkehrbringen von Baustoffen ohne notwendige vorherige Prüfung – Haftung auch nach § 826 BGB.

selbstständige Beratungspflicht aufgrund eines selbstständigen Beratungsvertrages liegt etwa dann vor, wenn der Gewerkeunternehmer im Vorfeld des Kaufvertrages unter Schilderung des Einsatzzweckes sich nach einem Produkt erkundigt, und für den Empfänger erkennbar ist, dass seine Auskunft über die Tauglichkeit entscheidend für den beabsichtigten Vertragsschluss ist, oder sich der Gewerkeunternehmer an den Verkäufer oder Hersteller mit der Bitte wendet, ihm für die konkret beschriebene Bauaufgabe geeignetes Material zu empfehlen.[127] Wenn sich in derartigen Fällen der Gewerkeunternehmer von dem Verkäufer oder durch Hinzuziehung eines Mitarbeiters des Herstellers sachkundigen Rat hinsichtlich eines für den Einsatzzweck tauglichen Produktes hat erteilen lassen, ist regelmäßig eine selbstständige Beratungspflicht aufgrund eines selbstständigen Beratungsvertrages zu bejahen.[128] So war dieser sachkundige Rat letztlich Grund für den im Anschluss abgeschlossenen Kaufvertrag über das vorgeschlagene Produkt. Bei einem derartigen selbstständigen Beratungsvertrag haftet der Berater für pflichtwidrige Falschberatung, da der Verkäufer/Hersteller erkennbar wegen seiner Sachkunde um Beratung gebeten wurde. Die Beratung muss richtig und vollständig sein und den Gewerkeunternehmer über alle Umstände informieren, die für den Vertragsabschluss und damit für den Kauf des Produktes für den vorgesehenen Einsatzzweck von Bedeutung sein können. Bei Verletzung dieser Beratungspflicht ist ein Haftungstatbestand des Beratenden auch dann gegeben, wenn sich die pflichtwidrige Falschberatung auf grundsätzlich zusicherungsfähige Eigenschaften bezieht.[129] Im Falle der schuldhaften Pflichtverletzung steht dem Gewerkeunternehmer Schadensersatz, ermittelt nach der Differenzmethode, zu. Ihm sind somit die Schäden aus dem fehlgeschlagenen Geschäft zu ersetzen.

II. Falschberatung als Nebenpflichtverletzung

77 Eine Beratungspflichtverletzung kann darüber hinaus auch als Nebenpflicht zum Kaufvertrag begründet werden. Der Verkäufer hat zumindest dann eine kaufvertragliche Beratungspflicht zu erfüllen, wenn er spezielle Sach- und Fachkenntnisse den Kaufgegenstand betreffend besitzt, über die der Käufer nicht verfügt und derentwegen er den Käufer in Kenntnis des konkreten Verwendungszweckes berät.[130] Hier obliegt es dem Käufer, den Vertragszweck deutlich herauszustellen. Die vom Verkäufer zu gebenden notwendigen Informationen beziehen sich dann auf die Eignung des Produktes für diesen Vertragszweck. Im Rahmen dieser Beratung und Aufklärung hat der Verkäufer auch über besondere Risiken der Kaufsache, etwa besondere Montagehinweise, deren Nichtbeachtung zu Fehlern führen kann, hinzuweisen.[131] Die Beratungspflicht des Verkäufers beschränkt sich jedoch auf die Eigenschaften der Kaufsache, die er kennt bzw. kennen

127 BGH v. 19.3.1992 – III ZR 170/90 – BauR 1993, 122; *Klose*, in: Motzke/Bauer/Seewald, § 9 Rn 157.
128 BGH v. 14.3.2003 – V ZR 308/02 – NJW 2003, 1811.
129 BGH v. 27.11.1998 – V ZR 344/97 – NJW 1999, 638.
130 *Klose*, in: Motzke/Bauer/Seewald, § 9 Rn 152.
131 BGH v. 13.6.2007 – VIII ZR 236/06 – BauR 2007, 1729; BGH v. 20.2.2013 – VIII ZR 339/11 – IBR 2013, 1152: unrichtige Verarbeitungshinweise und fehlerhafte Verlegung – anteilige Haftung im Fall der Doppelkausalität.

muss. Eine regelmäßige Nachfragepflicht des Verkäufers beim Hersteller besteht nicht, es sei denn, aufgrund des Beratungsgespräches hat er konkrete Zweifel an der Eignung des Produktes für den vorgesehenen Verwendungszweck.

Für die fehlerhafte Beratung im Rahmen einer kaufvertraglichen Nebenpflicht wird gehaftet nach den Grundsätzen des Verschuldens bei Vertragsschluss gem. §§ 311 Abs. 1, 241 Abs. 1, 280 Abs. 1 BGB, die im Grundsatz auf den Ersatz des Vertrauensschadens beschränkt ist.[132] 78

III. Verjährung

Die Verjährung der Ansprüche wegen fehlerhafter Beratung folgt den bekannten Verjährungsregeln. Die selbstständigen Beratungsverträge und die hierauf gestützten Ersatzansprüche verjähren in der Regelfrist des § 195 BGB in drei Jahren, beginnend unter den Voraussetzungen des § 199 BGB. Erforderlich für den Verjährungsbeginn sind somit die Kenntnis des Käufers von den anspruchsbegründenden Tatsachen und der Person des Schädigers.[133] 79

Gleiches gilt für die Ansprüche wegen fehlerhafter Beratung in Bezug auf eine Nebenpflicht zum Kaufvertrag nach den Grundsätzen des Verschuldens bei Vertragsschluss.[134]

G. Muster

I. Rücktritt vom Kaufvertrag, Verbrauchsgüterkauf

1. Typischer Sachverhalt

Bei dem nachfolgenden Mustertext handelt es sich um einen Fall des Verbrauchsgüterkaufs. Verkauft wurde ein Fertigparkett, welches in Eigenleistung verlegt wurde. Nach drei Monaten traten Mängel auf, die dem Verkäufer angezeigt wurden. Eine Mängelverantwortlichkeit wurde mit dem Argument abgelehnt, dass die Schäden auf eine fehlerhafte Pflege zurückzuführen seien. Die Käuferin erklärte daraufhin den Rücktritt vom Vertrag. 80

132 *Klose*, in: Motzke/Bauer/Seewald, § 9 Rn 156.
133 BGH v. 19.3.1992 – III ZR 170/90 – BauR 1993, 122; *Klose*, in: Motzke/Bauer/Seewald, § 9 Rn 157.
134 Grüneberg/*Grüneberg*, § 311 Rn 59.

2. Muster: Klage Rücktritt vom Kaufvertrag, Verbrauchsgüterkauf

81 ▼

An das

Amtsgericht

Klage

in Sachen

der

– Klägerin –

Prozessbevollmächtigte: Rechtsanwälte

gegen

Firma AG,

gesetzlich vertreten durch ihre Vorstände Herrn und ,

– Beklagte –

wegen Rücktritts

Streitwert: EUR

Namens und im Auftrag der Klägerin erheben wir Klage zum zuständigen Amtsgericht (*Stadt*) und bitten um Anberaumung eines nahen Termins zur mündlichen Verhandlung, in welchem **wir beantragen** werden, für Recht zu erkennen:

I. Die Beklagte wird verurteilt, an die Klägerin EUR nebst Zinsen i.H.v. fünf Prozentpunkten über dem Basiszinssatz p.a. seit Rechtshängigkeit zu zahlen, Zug um Zug gegen Rückgabe der verkauften m^2 Fertigparkett der Marke , Typ , Furnier Eiche, dunkel gebeizt.

II. Es wird festgestellt, dass sich die Beklagte seit dem mit der Rücknahme der von ihr verkauften m^2 Fertigparkett der Marke , Typ , Furnier Eiche, dunkel gebeizt, in Verzug befindet.

Sofern das Gericht das schriftliche Vorverfahren anordnet, wird für den Fall der Fristversäumnis oder des Anerkenntnisses bereits jetzt **beantragt**,

die Beklagte durch Versäumnisurteil oder Anerkenntnisurteil zu verurteilen.

Begründung:

I.

Die Klägerin beabsichtigte die Erneuerung des Bodenbelags in dem Wohnzimmer ihrer Eigentumswohnung. Zu diesem Zweck hat sie bei der Beklagten, die einen Baumarkt unterhält, Parkettmaterial gekauft. Der Klägerin zustehende Mängelansprüche sind Gegenstand dieser Klage. Im Einzelnen:

1. Am kaufte die Klägerin bei der Beklagten m^2 Fertigparkett der Marke , Typ , Furnier Eiche, dunkel gebeizt, zur Verlegung im Wohnzimmer ihrer Eigentumswohnung. Die in einem Prospekt beworbenen Fertigparkettelemente zum Selbstverlegen haben eine Größe von cm und eine Stärke von cm. Das Eichefurnier ist auf einer Trägerplatte aus Sperrholz verklebt; die Furnierdicke beträgt

___ mm. Der Mitnahmepreis betrug ___ EUR/m^2. Nach Zahlung des Kaufpreises i.H.v. ___ EUR und Erhalt eines Abholscheines hat sich die Klägerin das Parkett aushändigen lassen, es in ihren Pkw verladen und abtransportiert.

Beweis: Rechnung Nr. ___ vom ___, in Kopie als **Anlage K 1**
Kassenbon vom ___, in Kopie als **Anlage K 2**
Abholschein Nr. ___ vom ___, in Kopie als **Anlage K 3**

Am folgenden Wochenende verlegte die Klägerin mit ihrem Nachbarn, Herrn ___, das Fertigparkett, nachdem zunächst das Wohnzimmer leer geräumt und der alte Teppichboden entfernt wurde. Das Verlegen bereitete anhand der Montageanleitung keinerlei Schwierigkeiten; am Sonntagabend waren die Arbeiten bis auf das Anbringen der Sockelleisten abgeschlossen. Die Restarbeiten wurden eine Woche später erledigt. Die Verlegearbeiten haben insgesamt 12 Stunden in Anspruch genommen. Hierfür hat die Klägerin ihrem Nachbarn insgesamt ___ EUR zahlen müssen.

Beweis: Zeugnis des Herrn ___, ___ (*Adresse*)

2. Nach ca. ___ Monaten bemerkte die Klägerin, dass sich das Furnier einzelner Fertigparkettelemente von der Trägerplatte löste und sich offene Fugen bildeten. Nachdem diese Erscheinung schnell zunahm, wandte sie sich an die Service-Abteilung der Beklagten und monierte die Qualität des Parketts. Bei einer anschließenden Vor-Ort-Besichtigung erklärte im Beisein des Freundes der Klägerin der Mitarbeiter der Beklagten, Herr ___, dass das Parkett in der Tat mangelhaft sei und sich das Furnier eigentlich nicht lösen dürfte. Für diesen Mangel sei aber die Klägerin selbst verantwortlich, da vermutlich eine falsche Pflege Ursache für das Lösen des Furniers von der Trägerplatte sei. Ein Gewährleistungsfall liege nicht vor, weshalb keine Ansprüche geltend gemacht werden könnten und abgelehnt würden.

Beweis: Zeugnis des Herrn ___, ___ (*Adresse*)

Die Klägerin war nicht gewillt, dieses Ergebnis zu akzeptieren. Unter dem ___ erklärte sie den Rücktritt vom Kaufvertrag und forderte die Beklagte auf, den Kaufpreis zu erstatten sowie die gelieferte Ware, die sie mit ihrem Nachbarn bereits wieder ausgebaut hatte, abzuholen und auf ihrer Seite entstandene Kosten zu begleichen. Hierzu setzte sie eine Frist von drei Wochen, somit bis zum ___.

Beweis: Schreiben der Klägerin vom ___, in Kopie als **Anlage K 4**

Die Beklagte reagierte hierauf nicht, weshalb die Klägerin in der Folgezeit das Fertigparkett von ihrem Nachbarn hat in einem Lagerraum einlagern lassen. Für Ausbau und Einlagerung hat sie ihm ___ EUR zahlen müssen. Hiervon entfallen ___ EUR auf den Ausbau, der vier Stunden benötigt hat.

Beweis: Zeugnis des Herrn ___, ___ (*Adresse*)

Den Kaufpreis, die Kosten für den Ein- und Ausbau als auch die Einlagerungskosten i.H.v. EUR verlangt die Klägerin mit Klagantrag Nr. 1 von der Beklagten. Die seitens der Klägerin aufgewandten Kosten waren erforderlich und der Höhe nach angemessen.

Beweis: Sachverständigengutachten

II.

Der Anspruch der Klägerin aus dem Verbrauchsgüterkauf folgt aus §§ 440, 323 BGB. Das erworbene Fertigparkett weist einen Sachmangel gem. § 434 Abs. 3 S. 1 BGB auf, da sich das Eichefurnier nicht von der Trägerplatte lösen darf. Es birgt damit Unfallgefahren und weist nicht die Beschaffenheit auf, die von einem Fertigparkett üblicherweise erwartet werden darf. Diese übliche Beschaffenheit wurde nicht geleistet. Die Klägerin hat der Beklagten Gelegenheit zur Nacherfüllung gegeben, die jedoch abgelehnt wurde, weshalb sie gem. § 437 Nr. 2 BGB vom Vertrag zurücktreten konnte. Durch die Rücktrittserklärung wird das Vertragsverhältnis gestaltend in ein Rückgewährverhältnis umgewandelt, sodass die Klägerin Anspruch auf Erstattung des Kaufpreises hat.

Bei der Berechnung des Erstattungsbetrages beim Kauf ist weiter zu berücksichtigen, dass zur Nacherfüllungspflicht des Verkäufers der Ausbau des mangelhaften und der Wiedereinbau des mangelfreien Materials gehört und die Kosten gem. § 439 Abs. 3 BGB zu erstatten sind. Die von der Klägerin an ihren Nachbarn geleisteten Beträge für Ein- und Ausbau sind in jedem Fall angemessen.

Die Kosten für die Einlagerung des mangelhaften Parketts kann sie aufgrund Annahmeverzugs nach §§ 293, 304 BGB verlangen.

Die Klägerin hat die Beklagte schriftlich unter Fristsetzung ausdrücklich aufgefordert, die gelieferte Ware abzuholen. Dieser Aufforderung kam sie nicht nach, weshalb sie gem. § 293 f. BGB in Annahmeverzug kam. Mit Klagantrag Nr. 2 begehrt die Klägerin die Feststellung des Annahmeverzuges zur Erleichterung von ggf. erforderlich werdenden Zwangsvollstreckungsmaßnahmen gem. §§ 756, 765 ZPO.

Die mit dem Klagantrag verlangten Zinsen werden als Prozesszinsen gem. §§ 291, 288 Abs. 1 S. 2 BGB verlangt.

Gerichtskosten bitten wir, uns gesondert aufzugeben.

(*Unterschrift*) (*Rechtsanwalt*)

▲

3. Anmerkungen

82 Mit der Rücktrittserklärung als gestaltende Willenserklärung wandelt sich das Vertragsverhältnis in ein Abwicklungsverhältnis um. Es gelten §§ 346 ff. BGB, wonach die in Erfüllung des ursprünglichen Vertrages gewährten Sachen und Gegenstände Zug um Zug nach § 348 BGB zurückzugewähren sind. Dies wird im Antrag berücksichtigt.

83 Der Antrag Nr. 2 auf Feststellung des Verzuges ist sinnvoll. Gem. § 756 ZPO kann bei Zug um Zug-Verpflichtungen gegen den Schuldner nur vollstreckt werden, sofern er seine Zug um Zug-Leistung anbietet. Wenn jedoch der Annahmeverzug durch eine öffentliche oder öffentlich beglaubigte Urkunde (Urteil) dokumentiert werden kann, kann gleichwohl vom Gerichtsvollzieher vollstreckt werden.

Zur Diskussion stehen vorliegend kaufvertragliche Ansprüche gem. §§ 433 ff. BGB. 84
Die Tatsache, dass etwas zum Selbstbauen/-verlegen verkauft wurde, eröffnet keine anderweitige Einordnungsmöglichkeit. Montageleistungen des Verkäufers sind nicht vereinbart.

Vorliegend liegt ein Gattungskauf vor. Das angebotene Fertigparkett war nur der Gattung 85
nach bestimmt. Aus dieser Gattung wurde vom Verkäufer geliefert. Der Gewährleistungsanspruch der Nachlieferung besteht somit in der Lieferung einer anderen mangelfreien Sache mittlerer Art und Güte. Beim Unternehmerkauf sind ab dem 1.1.2018 die Kosten für den Aus- und Neueinbau von dem Anspruch auf Nacherfüllung mitumfasst; bei dem alten Recht unterfallenden Verträgen sind die Einbaukosten bei Nicht-Verbrauchern nur über einen Schadensersatzanspruch zu realisieren.

Beim Kauf unterfallen der Nacherfüllung jetzt die Kosten für den Ausbau der mangelhaften Kaufsache und den Einbau der Ersatzlieferung (vgl. oben Rdn 40). Diese Kosten sind auch beim Rücktritt zu berücksichtigen. Andernfalls würde die Weigerung des Verkäufers, seine Nacherfüllungspflicht zu erfüllen, ihn besserstellen.[135]

Auch beim Stückkauf, etwa dem Kauf eines Carports, der beim Baustoffmarkt aufgebaut 86
ist, kann ausnahmsweise die Nacherfüllung durch die Ersatzlieferung geschehen. Etwa dann, wenn es sich um eine vertretbare Sache handelt, die das Leistungsinteresse des Käufers zufrieden stellt. Im Grundsatz ist bei einem Stückkauf der Anspruch auf Ersatzlieferung einer anderen gleichen Sache regelmäßig nicht gegeben, da diese andere Sache nicht gekauft wurde.

Voraussetzungen für das vom Käufer ausgeübte Rücktrittsrecht nach §§ 437 Nr. 2, 323 87
BGB ist, dass zunächst dem Verkäufer einer Frist zur Nacherfüllung, ggf. mit der Möglichkeit der Mangelprüfung durch den Verkäufer, gesetzt worden ist. Diese Fristsetzung ist bei der Wahl des Schadensersatzes oder des Minderungsrechtes ebenso vonnöten. Sie ist aber unter gewissen Umständen entbehrlich. §§ 281 Abs. 2, 323 Abs. 2 sowie § 440 BGB beschreiben die Ausnahmefälle des Verzichts auf eine Fristsetzung. Diese Ausnahmetatbestände dürfen nicht leichtfertig bejaht werden. Eine Ablehnungsandrohung ist jedoch nicht erforderlich.

Anstelle des Rücktritts kann der Käufer gem. § 437 Nr. 3 BGB auch Schadensersatz 88
nach den §§ 440, 280, 281, 283 und 311a BGB verlangen. Alternativ hierzu steht der Anspruch auf Ersatz vergeblicher Aufwendungen gem. § 284 BGB.

Rücktritt und Minderung sind jeweils einseitige empfangsbedürftige Willenserklärungen. 89
Sie müssen lediglich zugehen, Zustimmungen des Schuldners sind nicht erforderlich. Das Wahlrecht steht dem Gläubiger zu.

135 Für den Fall der Minderung: BGH v. 30.4.2014 – VIII ZR 275/13.

90 Mit Ausübung des Rücktrittsrechtes wird das Vertragsverhältnis in ein Abwicklungsverhältnis umgestaltet, für die §§ 346 ff. BGB gelten. Mit Ausübung des Rücktrittsrechtes ist die Wahl der Minderung nicht mehr möglich.

91 Der Fall behandelt einen Verbrauchsgüterkauf. Die Käuferin ist Verbraucherin i.S.d. § 13 BGB, weshalb §§ 474 ff. BGB zur Anwendung kommen, die die §§ 433 ff. BGB ergänzen.

92 Grundsätzlich besteht gem. § 439 BGB ein Wahlrecht des Käufers dahingehend, ob er die Beseitigung des Mangels oder der Lieferung einer mangelfreien Sache wünscht. Dieses Wahlrecht des Käufers wird nur für den Fall beschränkt, dass die von ihm gewählte Art der Nacherfüllung nur mit unverhältnismäßig hohen Kosten möglich, objektiv unmöglich oder unzumutbar ist und der Verkäufer sich hierauf beruft. Dieses Wahlrecht des Käufers kann bei einem Verbrauchsgüterkauf gem. § 476 Abs. 1 BGB jedoch nicht von vornherein eingeschränkt werden, sodass beim Verbrauchsgüterkauf grundsätzlich der Käufer das Wahlrecht besitzt. Anzusprechen ist beim Verbrauchsgüterkauf weiter die Beweislastumkehr des § 477 BGB. Insofern ist von Bedeutung, dass gem. § 477 BGB innerhalb der ersten sechs Monate seit Gefahrübergang der Verkäufer die Beweislast für die Mangelfreiheit trägt. Reguliert der Verkäufer die Ansprüche des Verbrauchers, so kann er gem. § 445a Abs. 1 BGB seinen Lieferanten in Anspruch nehmen, ohne dass es einer vorherigen Fristsetzung bedarf. Auch insofern ist die Beweislastumkehr des § 477 BGB mit der Maßgabe von Bedeutung, dass die Frist mit dem Gefahrübergang auf den Endverbraucher beginnt. Diese Rückgriffsansprüche verjähren in den Fristen des § 445b BGB, mit unterschiedlichen Verjährungszeiten für Aufwendungserstattungsansprüche und Mängelansprüche.

4. Checkliste

93
1. Verbrauchsgüterkauf oder Handelskauf bzw. sonstiger Kauf?
   Bei Verbrauchsgüterkauf: Anwendung der §§ 474 ff. BGB.
2. Liegt ein Rechts- oder Sachmangel vor?
3. Bei Sachmangel: Entspricht die Kaufsache den subjektiven Anforderungen, den objektiven Anforderungen und den Montageanforderungen?
4. Liegt Kenntnis des Mangels beim Käufer zum Zeitpunkt des Vertragsschlusses vor (§ 442 BGB)?
   Bei grob fahrlässiger Unkenntnis: Liegt Kenntnis des Verkäufers vom Mangel vor?
5. Mängelrüge erhoben?
6. Erfolglose Gelegenheit zur Nacherfüllung, Verweigerung der Nacherfüllung, fehlerhafte Ersatzlieferung, erfolgloser zweiter Nachbesserungsversuch?
7. Nacherfüllung unverhältnismäßig?
8. Mängelanspruch des Käufers, gestaltende Willenserklärung (Rücktritt, Minderung) zugegangen?
9. Wahlrecht erloschen?

10. Ansprüche verjährt?
11. Beweislastumkehr, Mängelrüge innerhalb der Sechs-Monatsfrist beim Verbrauchsgüterkauf?

II. Handelskauf, Nacherfüllung/Ersatzlieferung

1. Typischer Sachverhalt

Es handelt sich um den Standardfall eines Handelskaufes nur der Gattung nach bestimmter Baumaterialien, vorliegend Fertigparkett. Das vom Lieferanten palettenweise angelieferte Fertigparkett wurde nach Lieferung untersucht und überprüft. Die dabei festgestellten Mängel wurden sogleich dem Lieferanten mitgeteilt, verbunden mit der Aufforderung, die Schlechtlieferung abzuholen und neue Ware mittlerer Art und Güte zu liefern. Nachdem sich der Lieferant dieses Wunsches nicht annahm, wurde er noch einmal schriftlich unter Fristsetzung zur Nacherfüllung und zur Abholung des fehlerhaften Materials aufgefordert. **94**

2. Muster: Klage auf Nacherfüllung/Ersatzlieferung

▼ **95**

7.2

An das
Landgericht
– Kammer für Handelssachen –

Klage

in Sachen

der

Firma GmbH & Co. KG,
gesetzlich vertreten durch die Verwaltungsgesellschaft mbH,
diese vertreten durch ihren Geschäftsführer Herrn ,

– Klägerin –

Prozessbevollmächtigte: Rechtsanwälte

gegen

Firma GmbH,
gesetzlich vertreten durch ihre Geschäftsführer Herrn und ,

– Beklagte –

wegen Nacherfüllung
Streitwert: EUR

Namens und im Auftrag der Klägerin erheben wir Klage zum zuständigen Landgericht …, Kammer für Handelssachen, und bitten um Anberaumung eines nahen Termins zur mündlichen Verhandlung, in welchem **wir beantragen** werden, für Recht zu erkennen:

I. Die Beklagte wird verurteilt, an die Klägerin … m^2 Fertigparkett der Marke …, Typ …, Furnier Eiche, dunkel gebeizt mit … mm starker Trittschalldämmeinlage zu liefern, Zug um Zug gegen Rückgabe von der Beklagten am … gem. Lieferschein Nr. … gelieferter … m^2 Fertigparkett des vorbezeichneten Typs.

II. Es wird festgestellt, dass sich die Beklagte seit dem … mit der Annahme des von ihr gelieferten, im Klagantrag Nr. 1 näher bezeichneten Fertigparketts in Verzug befindet.

Sofern das Gericht das schriftliche Vorverfahren anordnet, wird für den Fall der Fristversäumnis oder des Anerkenntnisses bereits jetzt **beantragt**,

die Beklagte durch Versäumnisurteil oder Anerkenntnisurteil zu verurteilen.

Begründung:

I.

Die Klägerin betreibt einen Handwerksbetrieb, der sich auf die Ausführung von Parkett- und Bodenbelagsarbeiten eingerichtet hat. Zur Durchführung eines Bauauftrages hat sie bei der Beklagten, die einen Baustoffhandel unterhält, Parkettmaterial eingekauft. Der Klägerin zustehende Mängelansprüche sind Gegenstand dieser Klage. Im Einzelnen:

1. Am … bestellte die Klägerin bei der Beklagten … m^2 Fertigparkett der Marke …, Typ …, Furnier Eiche, dunkel gebeizt mit … mm starker Trittschalldämmeinlage, zur Verlegung im Erd- und Obergeschoss des Neubauvorhabens … in …. Die Lieferung sollte auf Lieferschein und Rechnung zum Ort der Baustelle erfolgen, was die Beklagte gem. Lieferschein Nr. … am … veranlasste.

Beweis: Lieferschein Nr. … vom …, in Kopie als **Anlage K 1**

Mit Rechnung gleichen Datums verlangte die Beklagte von der Klägerin die Bezahlung des Kaufpreises i.H.v. … EUR. Die Rechnung wurde zum Zwecke der Skontierung fristgerecht beglichen.

Beweis: Zeugnis der Buchhalterin der Klägerin, Frau …, zu laden über die Klägerin

2. Unmittelbar nach der Anlieferung des palettenweise verpackten Fertigparketts begannen die Mitarbeiter der Klägerin dieses auszupacken, um es in das Erdgeschoss des Neubauvorhabens zum Zwecke der Verlegung zu verbringen. Hierbei stellte der Bodenlegermeister fest, dass das Parkett anstatt einer … mm starken Trittschalldämmeinlage lediglich über eine … mm starke Trittschalldämmeinlage verfügt.

Beweis: Zeugnis des Bodenlegermeisters der Klägerin, Herrn …, zu laden über die Klägerin

Die Klägerin setzte sich daraufhin sofort mit dem Geschäftsführer der Beklagten telefonisch in Verbindung und forderte ihn auf, das gelieferte Fertigparkett abzuholen und neues Fertigparkett gleicher Art mit … mm starker Trittschalldämmeinlage zu liefern.

3. Der Geschäftsführer der Beklagten war hierzu nicht bereit. Er vertrat die Auffassung, dass das Fertigparkett sich hinsichtlich der Trittschalldämmung allenfalls geringfügig unterscheide und deshalb eine genehmigungsfähige Lieferung vorliege. Auch der Einsatzzweck in einem Einfamilienhaus erfordere keinen besonderen Schallschutz. Zudem könne er neues Eiche-Parkett mit mm starker Dämmung nur gegen Zuzahlung liefern, da der Einkaufspreis mittlerweile gestiegen sei.

Beweis: Vernehmung des Geschäftsführers der Beklagten, Herrn , als Partei

Die Klägerin hat daraufhin noch einmal schriftlich mit Schreiben vom die Beklagte zur Lieferung mangelfreien Fertigparketts aufgefordert und die Rückgabe der bereits erhaltenen Lieferung angeboten. Sie setzte der Beklagten eine Erledigungsfrist bis zum .

Beweis: Schreiben der Klägerin vom , in Kopie als **Anlage K 2**

Die Beklagte reagierte hierauf nicht, weshalb Klage geboten ist.

II.

Die Beklagte hat gegenüber der Klägerin den Kaufvertrag vom schlecht erfüllt. Mit der Lieferung des Fertigparketts mit nur mm starker Trittschalldämmung konnte sie ihre kaufvertragliche Schuld nicht erfüllen, da das gelieferte Fertigparkett nicht von mittlerer Art und Güte war. Die Klägerin hat deshalb Anspruch auf Nacherfüllung gem. §§ 437 Nr. 1, 439 BGB. Der Einwand der Beklagten, dass die nur mm starke Trittschalldämmung genehmigungsfähig sei, auch vor dem Hintergrund des Einbaus in einem Einfamilienhaus, ist unzutreffend. Verkauft wurde Parkett mit mm starker Dämmung, die zu einer wesentlichen Erhöhung des Schallschutzes gegenüber einer mm Dämmung führt. Das gelieferte Parkett erfüllt diesen hohen Schallschutz nicht, weshalb von einer genehmigungsfähigen Abweichung nicht gesprochen werden kann. Der Einsatzzweck des Parketts im Einfamilienhaus ist für die Beurteilung einer mangelfreien Lieferung ohne Relevanz. Gleiches gilt für die Behauptung, dass der Einkaufspreis zwischenzeitlich gestiegen sei.

Die Rückgabe der Schlechtlieferung hat die Klägerin unter Fristsetzung angeboten, weshalb Annahmeverzug der Beklagten vorliegt und Feststellung gem. § 756 ZPO begehrt wird.

Gerichtskosten bitten wir, uns gesondert aufzugeben.

(*Unterschrift*) (*Rechtsanwalt*)

▲

3. Anmerkungen

Der dem Sachverhalt zugrunde liegende Vertrag ist für beide Prozessparteien ein Han- **96**
delsgeschäft, sodass grundsätzlich die Kammer für Handelssachen nach §§ 93 ff. GVG zuständig ist. Dem Kläger steht es frei, sich für die Kammer für Handelssachen oder für die Zivilkammer zu entscheiden. Die Klageerhebung vor der Kammer für Handelssachen muss in der Klageschrift beantragt werden (§ 96 GVG). Entscheidet sich der Kläger für die Klageerhebung vor der Zivilkammer, so kann der Beklagte, sofern er sich nicht

rügelos einlässt, die Verweisung des Rechtsstreits an die Kammer für Handelssachen beantragen (§ 98 Abs. 1 S. 1 GVG).[136]

97 Aus dem Handelsgeschäft folgt gem. § 377 Abs. 1 HGB die Verpflichtung zur unverzüglichen Überprüfung der Ware nach Anlieferung. Hierbei festgestellte Mängel sind zu rügen. Die Unverzüglichkeit – legal definiert in § 121 BGB – ist ernst zu nehmen. Die Grobuntersuchung hat innerhalb eines Tages zu erfolgen. Sofern Sonderuntersuchungen nötig sind, gilt insoweit eine Wochenfrist.

98 Bei Nacherfüllung durch Neulieferung kann natürlich die zunächst gelieferte Ware nicht beim Gläubiger verbleiben. Dieser hat sie gem. §§ 346 ff. BGB zurückzugewähren, sofern der Verkäufer dies verlangt, vgl. § 439 Abs. 6 S. 1 BGB. In diesem Zusammenhang anfallende Kosten sind vom Lieferanten gem. § 439 Abs. 2, Abs. 6 S. 2 BGB neben den mangelbedingten Baukosten gem. § 439 Abs. 3 BGB zu tragen. Die Rückgewähr der Erstlieferung sollte angeboten werden.

99 Der Verkäufer kann für die Neulieferung im Wege des Nacherfüllungsanspruchs keine Mehrkosten geltend machen, er hat zum ursprünglichen Preis zu erfüllen. Dies vereinfacht die Sache für den Käufer. Würde er Rücktritt wählen, würde er den zunächst an den Verkäufer gezahlten Kaufpreis zurückerhalten, um sodann einen Deckungskauf durchzuführen. Hinsichtlich eventueller Mehrkosten aufgrund von Preissteigerungen beim Deckungskauf müsste dann zusätzlich Schadensersatz nach § 281 BGB gefordert werden, was jedoch nur bei einem Verschulden des Verkäufers in Betracht kommt. Das Verlangen einer Nacherfüllung durch Neulieferung ist demgegenüber für den Käufer problemloser möglich und insbesondere von keinem Verschulden des Verkäufers abhängig.

4. Checkliste

100
1. Verbrauchsgüterkauf oder Handelskauf bzw. sonstiger Kauf?
   Bei Handelskauf Anwendung des § 377 HGB: Rügepflicht?
2. Bei Handelskauf: Wurde die unverzügliche Untersuchung durchgeführt?
3. (Bei Handelskauf: Unverzügliche) Rüge erhoben?
4. Liegt ein Rechts- oder Sachmangel vor?
5. Bei Sachmangel: Entspricht die Kaufsache den subjektiven Anforderungen, den objektiven Anforderungen und den Montageanforderungen?
6. Liegt Kenntnis des Mangels beim Käufer zum Zeitpunkt des Vertragsschlusses vor (§ 442 BGB)?
   Bei grob fahrlässiger Unkenntnis: Liegt Kenntnis des Verkäufers vom Mangel vor?
7. Erfolglose Gelegenheit zur Nacherfüllung, Verweigerung der Nacherfüllung, fehlerhafte Ersatzlieferung, erfolgloser zweiter Nachbesserungsversuch?
8. Nacherfüllung unverhältnismäßig?

136 Zum Streitwert für den Baustofflieferanten als Streithelfer, vgl. OLG Karlsruhe v. 24.1.2013 – 8 W 4/13 – IBR 2013, 1191.

9. Mängelanspruch des Käufers, gestaltende Willenserklärung (Rücktritt, Minderung) zugegangen?
10. Wahlrecht erloschen?
11. Ansprüche verjährt?
12. Abweichende Verjährungsregeln in Allgemeinen Einkaufsbedingungen?

III. Handelskauf, Regress

1. Typischer Sachverhalt

Der Mustertext behandelt die Regressklage eines Zwischenhändlers gegen den Hersteller 101
von Fertigparkett. Der Zwischenhändler wurde nach Verkauf des Fertigparketts vom Käufer wegen dessen Mangelhaftigkeit in Anspruch genommen. Der Hersteller hat sich auf Bitten des Zwischenhändlers der Beanstandungen des Verbrauchers nicht angenommen, weshalb dieser gegenüber dem Zwischenhändler den Rücktritt erklärte.

2. Muster: Klage auf Regress

▼ 102

An das
Amtsgericht

Klage
in Sachen

der
Firma GmbH,
gesetzlich vertreten durch ihre Geschäftsführer Herrn und ,

– Klägerin –

Prozessbevollmächtigte: Rechtsanwälte

gegen

Firma AG,
gesetzlich vertreten durch ihre Vorstände Herrn und ,

– Beklagte –

wegen Rücktritts
Streitwert: EUR

Namens und im Auftrag der Klägerin erheben wir Klage zum zuständigen Amtsgericht (Stadt) und bitten um Anberaumung eines nahen Termins zur mündlichen Verhandlung, in welchem **wir beantragen** werden, für Recht zu erkennen:

I. Die Beklagte wird verurteilt, an die Klägerin EUR nebst Zinsen i.H.v. fünf Prozentpunkten über dem Basiszinssatz p.a. seit Rechtshängigkeit zu zahlen, Zug um Zug gegen Rückgabe von der Beklagten am gem. Lieferschein Nr. gelieferter m^2 Fertigparkett des vorbezeichneten Typs.

II. Die Beklagte wird verurteilt, an die Klägerin weitere EUR nebst Zinsen i.H.v. fünf Prozentpunkten über dem Basiszinssatz p.a. seit Rechtshängigkeit zu zahlen.

III. Es wird festgestellt, dass sich die Beklagte seit dem mit der Rücknahme der von ihr verkauften m^2 Fertigparkett der Marke , Typ , Furnier Eiche, dunkel gebeizt, in Verzug befindet.

Sofern das Gericht das schriftliche Vorverfahren anordnet, wird für den Fall der Fristversäumnis oder des Anerkenntnisses bereits jetzt **beantragt**,

die Beklagte durch Versäumnisurteil oder Anerkenntnisurteil zu verurteilen.

Begründung:

I.

Die Klägerin unterhält einen Baumarkt. Im Rahmen ihrer Tätigkeit hat sie an ihre Kundin Parkettmaterial, welches die Beklagte als Produzentin herstellt, verkauft. Sie wurde von ihrer Kundin aufgrund von Parkettmängeln in Anspruch genommen. Der Klägerin zustehende Rückgriffsansprüche sind Gegenstand dieser Klage. Im Einzelnen:

1. Die Klägerin bestellte am für ihren Baumarkt m^2 Fertigparkett der Marke , Typ Furnier Eiche, dunkel gebeizt zu einem Quadratmeterpreis von EUR. Die Beklagte hat die Bestellung ausgeführt und das Fertigparkett am bei der Klägerin angeliefert. Der Kaufpreis i.H.v. EUR wurde bezahlt. Dies wird unstreitig bleiben.

2. Am kaufte die Kundin Frau bei der Klägerin m^2 des von der Beklagten gelieferten Fertigparketts zur Verlegung im Wohnzimmer ihrer Eigentumswohnung. Der Mitnahmepreis betrug EUR/m^2, in der Summe somit EUR.

Beweis: Rechnung Nr. vom , in Kopie als **Anlage K 1**
Zeugnis der Frau ,

Nach ca. Monaten monierte die Kundin, dass sich das Furnier einzelner Fertigparkettelemente von der Trägerplatte löste und offene Fugen bildeten. Bei einer anschließenden Vor-Ort-Besichtigung nahm der Mitarbeiter der Klägerin, Herr , das Fertigparkett in Augenschein. Der Verbund zwischen Trägerplatte und Furnier war großflächig zerstört; viele Furnierstäbe waren vollständig von ihr gelöst und bildeten mit den offenen Fugen Stolperfallen. Die Klägerin hat die Beklagte über die bei dem Ortstermin gewonnen Erkenntnisse schriftlich unter Beifügung von Lichtbildern unterrichtet und um Bestätigung des Gewährleistungsfalls gebeten. Eine Reaktion hat sie jedoch nicht erhalten.

Beweis: Schreiben der Klägerin vom , in Kopie als **Anlage K 2**
Zeugnis des Herrn ,

Unter dem erklärte die Kundin gegenüber der Klägerin den Rücktritt vom Kaufvertrag und forderte die Klägerin auf, den Kaufpreis zu erstatten sowie die gelieferte Ware unter Fristsetzung abzuholen. Zudem verlangte sie sowohl nachgewiesene Ein- und Ausbaukosten als auch Einlagerungskosten i.H.v. EUR.

Beweis: Schreiben der Frau vom , in Kopie als **Anlage K 3**

Die Klägerin hat in der Folge die Ansprüche der Kundin erfüllt und insgesamt EUR gezahlt.

Beweis: Zeugnis der Frau ,

3. Die Klägerin hat darauf mit Schreiben vom gegenüber der Beklagten ebenfalls den Rücktritt vom Kaufvertrag erklärt und die Beklagte zur Rückzahlung des Kaufpreises nebst Aufwendungs- und Schadensersatz i.H.v. EUR und EUR aufgefordert. Die Beklagte reagierte hierauf nicht.

Beweis: Schreiben der Klägerin vom , in Kopie als **Anlage K 4**

II.

Die Beklagte ist gem. § 346 BGB zur Rückzahlung des Kaufpreises wie auch zur Zahlung von Aufwendungs- und Schadensersatz gem. §§ 445a Abs. 1, 280 Abs. 1 BGB verpflichtet.

Das von der Beklagten hergestellte Fertigparkett ist mangelhaft. Die Klägerin war wegen dieser Mängel gem. §§ 437 Nr. 1, 323 BGB zum Rücktritt berechtigt. Einer Fristsetzung bedurfte es in diesem Fall gem. § 445a Abs. 2 BGB nicht.

Des Weiteren ist die Beklagte gem. §§ 437 Nr. 3, 280 Abs. 1 BGB auch zum Schadensersatz verpflichtet. Der Schaden der Klägerin besteht in dem entgangenen Gewinn aus der Weiterveräußerung des Fertigparketts i.H.v. $/m^2$ EUR und in den weiteren Aufwendungen von EUR, zu deren Ersatz die Klägerin der Endkundin aus § 445a Abs. 1 BGB verpflichtet war.

Die Klägerin hat die Beklagte schriftlich unter Fristsetzung ausdrücklich aufgefordert, die gelieferte Ware abzuholen. Dieser Aufforderung kam sie nicht nach, weshalb sie gem. §§ 293 f. BGB in Annahmeverzug kam. Mit Klagantrag Nr. 3 begehrt die Klägerin die Feststellung des Annahmeverzuges zur Erleichterung von ggf. erforderlich werdenden Zwangsvollstreckungsmaßnahmen gem. §§ 756, 765 ZPO.

Die mit dem Klageantrag verlangten Zinsen werden als Prozesszinsen gem. §§ 291, 288 Abs. 1 S. 2 BGB verlangt.

Gerichtskosten bitten wir, uns gesondert aufzugeben.

(*Unterschrift*) (*Rechtsanwalt*)

▲

3. Anmerkungen

Mit Einführung der Bestimmungen zum Verbrauchsgüterkauf wurden auch die Rück- **103**
griffsansprüche des Unternehmers neu geregelt. § 445a BGB sieht vor, dass der Unternehmer die in § 437 BGB bezeichneten Rechte ohne das Erfordernis einer vorherigen Fristsetzung ausüben kann, wenn er in Folge der Mangelhaftigkeit einer weiter veräußerten Sache die Kaufsache zurücknehmen musste oder der Käufer sich für die Kaufpreisminderung entschieden hat. Der Rückgriffsanspruch des Unternehmers umfasst darüber hinaus die Aufwendungen, die der Unternehmer im Verhältnis zum Verbraucher nach § 439 BGB hat tragen müssen. Die Verjährung dieser Rückgriffsansprüche ist in § 445b BGB beschrieben. Sie beträgt zwei Jahre ab Ablieferung der Sache und tritt frühestens

zwei Monate nach dem Zeitpunkt ein, zu dem der Unternehmer die Ansprüche des Verbrauchers erfüllt hat. Die maximale Ablaufhemmung dieser Ansprüche beträgt fünf Jahre nach Ablieferung der Sache an den Unternehmer.

104 Diese Rückgriffsansprüche stehen in der Lieferkette jedem einzelnen Verkäufer zu, wenn der jeweilige Schuldner Unternehmer ist.

105 Bei dem im Antrag beantragten Zins handelt es sich um einen Verzugsschaden gem. § 286 BGB. Die Verzugszinsen berechnen sich gem. § 288 BGB. Sie betragen seit der Schuldrechtsreform bei Kaufmannsgeschäften für Entgeltforderungen 8 Prozentpunkte über Basiszinssatz, seit dem 29.7.2014 für danach abgeschlossene Verträge jedoch 9 Prozentpunkte gem. § 288 Abs. 2 BGB, Art. 229 § 34 EGBGB, bei Verbraucherverträgen verbleibt es bei 5 Prozentpunkten über Basiszinssatz, der auch für Schadensersatzansprüche gilt; ein höherer Zinsschaden kann nachgewiesen werden. Sofern Zahlungsverzug nicht dokumentiert werden kann, ist der Zins ab Rechtshängigkeit zu zahlen. In § 291 BGB sind Zinsen in der in § 288 BGB genannten Höhe gem. § 291 BGB als Prozesszinsen zu zahlen. Bei Fälligkeit ersetzt die Klageerhebung die Mahnung. Tritt die Zahlungsfälligkeit erst später ein, so gilt der spätere Zeitpunkt gem. § 291 S. 1 Hs. 2 BGB. Die Bemessungsgrundlage Basiszins nach § 247 BGB wird zweimal im Jahr zum 1.1. und zum 1.7. durch die Bundesbank bekannt gegeben.

4. Checkliste

106
1. Verbrauchsgüterkauf oder Handelskauf bzw. sonstiger Kauf?
   Bei Zwischenhändler: Anwendung der §§ 445a, 445b BGB.
   Bei Handelskauf: Anwendung des § 377 HGB, Untersuchungs- und Rügepflicht.
2. Bei Handelskauf: Wurde die unverzügliche Untersuchung durchgeführt?
3. (Bei Handelskauf: Unverzügliche) Rüge erhoben?
4. Liegt ein Rechts- oder Sachmangel vor?
5. Bei Sachmangel: Entspricht die Kaufsache den subjektiven Anforderungen, den objektiven Anforderungen und den Montageanforderungen?
6. Liegt Kenntnis des Mangels beim Käufer zum Zeitpunkt des Vertragsschlusses vor (§ 442 BGB)?
   Bei grob fahrlässiger Unkenntnis: Liegt Kenntnis des Verkäufers vom Mangel vor?
7. Erfolglose Gelegenheit zur Nacherfüllung, Verweigerung der Nacherfüllung, fehlerhafte Ersatzlieferung, erfolgloser zweiter Nachbesserungsversuch?
8. Nacherfüllung unverhältnismäßig?
9. Mängelanspruch des Käufers, gestaltende Willenserklärung (Rücktritt, Minderung) zugegangen?
10. Wahlrecht erloschen?
11. Beweislastumkehr, Mängelrüge innerhalb der 6-Monatsfrist beim Verbrauchsgüterkauf?
12. Regressansprüche des Verkäufers, § 445a BGB?
13. Eigene Mängelansprüche des Verkäufers?

14. Sicherung der Ansprüche des Verkäufers im Prozess (Streitverkündung)?
15. Verjährung der Regressansprüche, § 445b BGB?
16. Abweichende Verjährungsregeln in Allgemeinen Einkaufsbedingungen?

IV. Werklieferungsvertrag – Schadensersatz

1. Typischer Sachverhalt

Die Klägerin unterhält ein Bauunternehmen, das sich auf die Ausführung von Ingenieurbauwerken, insbesondere Brückenbauvorhaben spezialisiert hat. Im Jahr 2013 hatte sie den Auftrag erhalten, im Zuge des Neubaus einer Eisenbahntrasse eine Talbrücke neu zu errichten. Zu ihrem Auftragsumfang gehörte auch das Herstellen einer Lärmschutzwand, bestehend aus Betonfertigteilen. Mit der Herstellung und Lieferung dieser Betonfertigteile beauftragte die Klägerin die Beklagte, die sie im Jahre 2014 herstellte und an die Klägerin lieferte. Die Abnahme fand im Jahr 2014 statt. Nach ca. drei Jahren wurden bei der Brückenhauptuntersuchung Risse und Korrosionsschäden in den Fertigteilen der Lärmschutzwände festgestellt und der Klägerin gegenüber angezeigt. Im Rahmen eines vom Bauherrn in Auftrag gegebenen Gutachtens wurde festgestellt, dass die Standsicherheit der Lärmschutzwände gefährdet war und der durch den Zugverkehr entstehenden Windsogbelastung nicht mehr Stand hielt, weshalb die Betonfertigteile ausgewechselt werden mussten. Mit der vorliegenden Klage begehrt die Klägerin von der Beklagten Ersatz des ihr hierdurch entstandenen Schadens. 107

2. Muster: Klage auf Schadensersatz bei Werklieferungsvertrag

▼ 108

7.4

An das

Landgericht

– Kammer für Handelssachen –

Klage

in Sachen

der

Firma GmbH & Co. KG,

gesetzlich vertreten durch die Verwaltungs- GmbH,

diese vertreten durch ihren Geschäftsführer Herrn ,

– Klägerin –

Prozessbevollmächtigte: Rechtsanwälte

gegen

Firma GmbH,

gesetzlich vertreten durch ihre Geschäftsführer Herrn und ,

– Beklagte –

wegen Schadensersatz

Streitwert: … EUR

Namens und im Auftrag der Klägerin erheben wir Klage zum zuständigen Landgericht (Stadt), Kammer für Handelssachen, und bitten um Anberaumung eines nahen Termins zur mündlichen Verhandlung, in welchem **wir beantragen** werden, für Recht zu erkennen:

> Die Beklagte wird verurteilt, an die Klägerin … EUR nebst Zinsen i.H.v. fünf Prozentpunkten über dem Basiszinssatz seit Rechtshängigkeit zu zahlen.

Sofern das Gericht das schriftliche Vorverfahren anordnet, wird für den Fall der Fristversäumnis oder des Anerkenntnisses bereits jetzt **beantragt**,

> die Beklagte durch Versäumnisurteil oder Anerkenntnisurteil zu verurteilen.

Begründung:

I.

Die Klägerin errichtet als Bauunternehmerin unter anderem Ingenieurbauwerke. Die Beklagte unterhält ein Werk zur Herstellung von Betonfertigteilen. Mit der vorliegenden Klage nimmt die Klägerin die Beklagte wegen mangelhaft gefertigter Betonfertigteile in Anspruch. Im Einzelnen:

1. Die Klägerin beauftragte die Beklagte unter dem … mit der Fertigung sämtlicher Betonfertigteile für eine auf der …-Talbrücke zu errichtenden Lärmschutzwand.

Die rechts und links der Talbrücke zu errichtende Lärmschutzwand bestand aus jeweils … baugleichen Elementen. Auslegung und Bemessung der einzelnen Betonelemente waren der Klägerin in ihrem Bauvertrag auf der Grundlage der Planung des Bauherrn vorgegeben. Diese Planung des Bauherrn ist Bestandteil des mit der Beklagten abgeschlossenen Vertrages, wie dort in § … unter näherer Aufgliederung der einzelnen Vertragsbestandteile nachgelesen werden kann. Nach dieser Planung hatte die Beklagte die Betonlärmschutzelemente zu fertigen. Dies wird unstreitig bleiben.

> *Beweis:* Vertrag vom …, in Kopie als **Anlage K 1**

Die Betonlärmschutzelemente wurden von der Beklagten am … in … Chargen geliefert, woraufhin die Klägerin zunächst die … Elemente in nördlicher Fahrtrichtung und eine Woche später nach Lieferung der zweiten Charge elf Elemente in südlicher Fahrtrichtung montierte. Die Abnahme der klägerischen Leistung fand am … statt. Im Rahmen der Brückenhauptuntersuchung wurden am … zahlreiche Korrosionsschäden in Form von Rostausblühungen und Betonabplatzungen festgestellt.

> *Beweis:* Bericht der Hauptuntersuchung vom …, in Kopie als **Anlage K 2**

Die Klägerin wurde durch Übermittlung des Untersuchungsberichtes von den schadhaften Lärmschutzelementen in Kenntnis gesetzt und veranlasste daraufhin eine genaue Untersuchung des Schadensbildes und der Schadensursache durch den öffentlich bestellten und vereidigten Sachverständigen …. In dem Gutachten des Sachverständigen … sind die Schadensstellen an den Lärmschutz-Betonwänden katalogisiert und im Einzelnen nach Lage, Umfang und Ausmaß beschrieben. Im Ergebnis hält der Sachverständige fest, dass nahezu alle Lärmschutz-Betonwandelemente (… von …) übermäßige Korrosionserscheinungen, Rostausblühungen sowie Betonabplatzungen in einer Größe von zum Teil mehr als … cm x … cm aufweisen. Im Bereich der Betonabplatzungen liegt der Bewehrungsstahl frei. In Bezug auf diejenigen vier Lärmschutzelemente, die noch keine deutlich sichtbaren Rostausblühungen und Betonabplatzungen aufweisen, hält der Sachverständige in seinem Gutachten eine für das Alter ungewöhnliche Verwitterung der Oberfläche fest, sodass weitere Schäden unmittelbar bevorstehen. Die Feststellungen im Gutachten des Sachverständigen … vom … macht die Klägerin zum Gegenstand ihres Vortrags.

Beweis: Gutachten des Sachverständigen … vom …, in Kopie als **Anlage K 3**

Zum weiteren Beweis dafür, dass die in der Schadenskatalogisierung vermerkten Schadensbilder tatsächlich vorhanden waren, beruft sich die Klägerin auf das

Beweis: Zeugnis des Herrn Sachverständigen Dipl.-Ing. …, …

Entsprechend der Empfehlung im vorgenannten Gutachten hat die Klägerin in Abstimmung mit dem Bauherrn Betonproben (Bohrkerne) gezogen und von der Materialprüfungsanstalt in … (Stadt) untersuchen lassen. Aus der labortechnischen Untersuchung der Materialprüfungsanstalt ergibt sich, dass die Betonüberdeckung des Bewehrungsstahls lediglich … cm statt der geforderten … cm beträgt und im Übrigen die Betonrezeptur erforderliche Zuschlagsstoffe vermissen lässt.

Beweis: Untersuchungsbericht der Materialprüfungsanstalt … vom …, in Kopie als **Anlage K 4**

Die Feststellungen der Materialprüfungsanstalt sind zutreffend. Sie belegen die vertragswidrige Ausführung der Lärmschutzelemente durch die Beklagte.

Beweis: Sachverständigengutachten

Parallel zu den Untersuchungen der Klägerin hat der Auftraggeber die Standsicherheit der Lärmschutzwände links und rechts seitlich der …-Talbrücke untersuchen lassen. Der insofern eingeschaltete Sachverständige Dipl.-Ing. … kommt in seinem Prüfbericht zu dem Ergebnis, dass ein kurzfristiger Austausch der Lärmschutzelemente erforderlich ist. Zwar besteht noch kein unmittelbares Gefahrenpotential für das Befahren der …-Talbrücke mit Hochgeschwindigkeitszügen, allerdings bewirken sowohl der durch das Befahren der Brücke mit vorgenannten Zügen entstehende Windsog als auch die mit dem Befahren einhergehenden Erschütterungen, dass sich der Korrosionsprozess aufgrund der schlechten Betonqualität und die hiermit im Zusammenhang stehenden Betonabplatzungen rapide erhöhen. Der Prüfstatiker empfiehlt aufgrund des Schadensbildes der stark befahrenen Talbrücke wöchentliche Kontrolluntersuchungen sowie bei einer auffälligen Zunahme insbesondere von Betonabplatzungen das Anordnen der reduzierten Befahrgeschwindigkeit der Brücke.

Beweis:
1. Statisches Gutachten des Sachverständigen Dipl.-Ing. … vom …, in Kopie als **Anlage K 5**
2. Zeugnis des Statikers Dipl.-Ing. …, …

2. Gestützt auf die Untersuchungen und Empfehlungen des Prüfstatikers setzte der Auftraggeber der Klägerin eine Frist zur Beseitigung der Mängel an den Lärmschutzelementen durch Austausch derselben bis zum ….

Unmittelbar nach Erhalt der Mängelrüge seitens ihrer Auftraggeberin wandte sich die Klägerin an die Beklagte unter Übermittlung der vorgenannten Gutachten und forderte sie mit Schreiben vom … auf, umgehend, jedoch spätestens bis zum … neue, mangelfreie Lärmschutzbetonelemente zu liefern sowie gegenüber der Klägerin zu erklären, sämtliche weitergehenden Kosten und Schäden, die der Klägerin in Zusammenhang mit dem Austausch der fehlerhaften Lärmschutzelemente entstehen, zu übernehmen.

Beweis: Schreiben der Klägerin vom …, in Kopie als **Anlage K 6**

Die Beklagte hat der Klägerin unter dem … geantwortet und auf die Aufforderung zur Neulieferung der Lärmschutzelemente ablehnend reagiert. Sie führte aus, dass sie die Lärmschutzelemente exakt nach den Vorgaben des Vertrages hergestellt hätte. Sollte die zum Einsatz gekommene Betonrezeptur tatsächlich zu übermäßigen Witterungs- und Korrosionsschäden führen, so liege das nicht an ihrer Produktion, sondern an der vertraglich vorgegebenen Betonrezeptur. Dass die vorgegebene Betonüberdeckung von … cm nicht eingehalten worden sei soll, könne sie sich keinesfalls vorstellen. Ihr Fertigteilwerk sei güteüberwacht, sodass derartige Fehler grundsätzlich auszuschließen seien. Im Übrigen seien eventuelle Gewährleistungsansprüche nach Ablauf von drei Jahren verjährt, sodass sie auch aus diesem Grund der Forderung der Klägerin nach Neulieferung und Kostenübernahme nicht entsprechen könne. Eine Verantwortung ihrerseits sei nicht gegeben.

Beweis: Schreiben der Beklagten vom …, in Kopie als **Anlage K 7**

3. Nach Erhalt des ablehnenden Schreibens der Beklagten war die Klägerin gezwungen, das Betonteilfertigwerk … mit der Herstellung und Lieferung der benötigten 22 Lärmschutzelemente zu beauftragen, um die von ihrer Auftraggeberin gesetzte Frist einzuhalten. Für die Fertigung der insgesamt … Lärmschutzelemente musste die Klägerin … EUR netto zahlen.

Beweis: Rechnung des Betonfertigteilwerks … vom …, in Kopie als **Anlage K 8**

Mit der De- und Remontage der neuen Lärmschutzelemente hat die Klägerin die Firma … beauftragt, der sie ausweislich der Rechnung vom … EUR netto zahlen sowie einen Autokran hat stellen müssen. Den Autokran hat die Klägerin bei der Mietservicefirma … nebst Fahrer gemietet, wofür sie pro Tag … EUR netto hat zahlen müssen. Der Autokran war insgesamt … Tage im Einsatz, weshalb sich die Rechnung der Mietservicefirma … auf … EUR netto beläuft.

Beweis:
1. Rechnung der Firma … vom …, in Kopie als **Anlage K 9**
2. Rechnung der Mietservicefirma … vom …, in Kopie als **Anlage K 10**

Vorgenannte Kosten erhöhen sich noch um die Kosten für die Sachverständigenuntersuchungen. Für die Ermittlung des Schadensumfanges und der Schadensursache hat die Klägerin an den Sachverständigen Dipl.-Ing. … EUR netto sowie an die Materialprüfungsanstalt (Stadt) EUR netto zahlen müssen. Die von der Klägerin von ihrer Auftraggeberin eingeforderten Kosten für die statische Untersuchung des Statikers betragen EUR netto. Sie wurden von der Klägerin dem Auftraggeber erstattet.

Beweis:
1. Rechnung des Sachverständigen Dipl.-Ing. vom , in Kopie als **Anlage K 11**
2. Rechnung der Materialprüfungsanstalt (Stadt) vom , in Kopie als **Anlage K 12**
3. Rechnung des Statikers vom , in Kopie als **Anlage K 13**
4. Zeugnis der Buchhalterin Frau , zu laden über die Klägerin

Ausweislich der vorgenannten Rechnungen beläuft sich somit der Gesamtschaden der Klägerin auf EUR netto, den die vorsteuerabzugsberechtigte Klägerin mit ihrer Klage von der Beklagten einfordert. Der Betrag ist ab Rechtshängigkeit mit dem Prozesszins zu verzinsen.

II.

Die Beklagte hat der Klägerin die Kosten der Mängelbeseitigung gem. §§ 437 Nr. 3, 281 BGB i.H.v. EUR zu erstatten. Bei diesen Kosten handelt es sich um die Kosten der Mängelbeseitigung, also um die Kosten für die Herstellung neuer Lärmschutzelemente. Die Beklagte hat insoweit die Nacherfüllung mit ihrem Schreiben vom endgültig verweigert, weshalb die Klägerin, bereits um ihrer eigenen Vertragspflicht genüge zu tun, die Ersatzvornahme einleiten und die Mängelbeseitigung leisten musste. Hinsichtlich der übrigen Kosten folgt der klägerische Anspruch aus §§ 437 Nr. 3, 280 BGB.

Die Ansprüche der Klägerin sind auch nicht verjährt. Die Auffassung der Beklagten, dass die Verjährungsfrist drei Jahre betrage, ist falsch. Gem. § 438 Abs. 1 Nr. 2 lit. b BGB beträgt die Verjährungsfrist fünf Jahre. Diese ist nicht abgelaufen.

Die mit dem Klageantrag verlangten Zinsen werden als Prozesszinsen gem. §§ 291, 288 Abs. 1 S. 2 BGB verlangt.

Die Beklagte ist antragsgemäß zu verurteilen.

Gerichtskosten bitten wir, uns gesondert aufzugeben.

(*Unterschrift*) (*Rechtsanwalt*)

▲

3. Anmerkungen

Aufgrund der Neugestaltung des § 650 BGB gilt auch dann Kaufrecht, wenn die gekaufte **109**
Sache vom Lieferanten nach den Wünschen des Käufers neu hergestellt wird. In den Fällen, in denen es sich um eine vertretbare Sache handelt, gilt uneingeschränkt das Kaufrecht.[137] Ist die neu herzustellende Sache nicht vertretbarer Art, wird das Kaufrecht um die Anwendung zusätzlicher ausgewählter Bestimmungen des Werkvertragsrechts

137 BGH v. 23.7.2009 – VII ZR 151/08 – IBR 2009, 575.

ergänzt. Anwendbar sind dann die §§ 642, 643 und 648 BGB, jedoch mit der Maßgabe, dass die Abnahme durch den in §§ 446 bzw. 447 BGB bestimmten Zeitpunkt ersetzt wird. So ist insbesondere von Bedeutung, dass auch für die Herstellung nicht vertretbarer neuer Sachen es bei den Verjährungszeiten des § 438 BGB verbleibt. § 634a BGB greift insofern nicht. Es kommt auf die Abnahme der neu hergestellten Sache beim Käufer an.

110 Vorliegend hatte die Beklagte die Betonelemente für die Lärmschutzwände nach den ihr vorgegebenen Unterlagen herzustellen und anzuliefern. Den Einbau selbst schuldete sie nicht. Damit war die Beklagte nicht verpflichtet, einen über die Lieferung der beweglichen Sachen hinausgehenden Erfolg herbeizuführen, sodass sich die Ansprüche der Klägerin nach § 437 BGB in Verbindung mit § 650 BGB richten.

111 Für den vorliegenden Schadensersatzanspruch sind die Voraussetzungen der §§ 437 Nr. 3, 440 und 281 BGB einzuhalten. Hiernach hat der Gläubiger eine Frist zur Nacherfüllung zu setzen, die ergebnislos verstrichen sein muss.[138] Diese Voraussetzungen wurden eingehalten, sodass die Klägerin berechtigterweise die Ersatzvornahme durchführen konnte.

112 Die auf Seiten der Klägerin entstandenen Schäden umfassen die Kosten der Ersatzvornahme für das Herstellen der Betonelemente. Zu ersetzen sind weiter die Kosten für das Einbauen der neuen Betonfertigteile als auch für die Untersuchungen der Schadensursache. Diese Schäden sind ohne vorherige Fristsetzung zu ersetzen. Diese (Mangelfolge-)Schäden werden von § 280 BGB umfasst. Sie sind einer Nachbesserung nicht zugänglich, sodass eine Fristsetzung im Vorfeld nicht notwendig ist. Dieser Schadensersatzanspruch nach § 280 BGB tritt neben den Schadensersatzanspruch nach §§ 437 Nr. 3, 281 BGB. Beide Ansprüche führen zum vollständigen Schadensausgleich beim Geschädigten. Die Ansprüche sind innerhalb der Fünf-Jahres-Frist des § 438 Abs. 1 Nr. 2 lit. b BGB, beginnend mit der Ablieferung gem. § 438 Abs. 2 BGB, verjährungshemmend geltend zu machen.

4. Checkliste

113
1. Welcher Vertragstyp liegt vor (Kaufvertrag/Werklieferungsvertrag/Werkvertrag)?
   Wenn Werkvertrag: Prüfen, ob VOB/B vereinbart wurde.
   Wenn Werklieferungsvertrag: Herstellen oder Erzeugen einer vertretbaren/nicht vertretbaren Sache? Gegebenenfalls Anwendung der §§ 642, 643 und 648 BGB.
2. Anwendung des § 377 HGB, Rügepflicht?
   Wurde die unverzügliche Untersuchung durchgeführt?
3. (Bei Handelskauf: Unverzügliche) Rüge erhoben?
4. Liegt ein Rechts- oder Sachmangel vor?
5. Bei Sachmangel: Entspricht die Kaufsache den subjektiven Anforderungen, den objektiven Anforderungen und den Montageanforderungen?

138 Vgl. OLG Hamm v. 22.1.2008 – 19 U 152/06 (NZB zurückgewiesen) – BauR 2009, 672.

6. Liegt Kenntnis des Mangels beim Käufer zum Zeitpunkt des Vertragsschlusses vor (§ 442 BGB)?
   Bei grob fahrlässiger Unkenntnis: Liegt Kenntnis des Verkäufers vom Mangel vor?
7. (Bei Handelskauf: Unverzüglich) Mängelrüge erhoben?
8. Erfolglose Gelegenheit zur Nacherfüllung, Verweigerung der Nacherfüllung, fehlerhafte Ersatzlieferung, erfolgloser zweiter Nachbesserungsversuch?
9. Wahlrecht erloschen?
10. Ansprüche verjährt?

V. Produkthaftung

1. Typischer Sachverhalt

Die Klägerin unterhält einen auf die Herstellung von Holzfertighäusern und deren Vertrieb eingerichteten Gewerbebetrieb. Zudem hat sie auf ihrem Betriebsgrundstück ein Musterhausgelände errichtet, auf dem die von ihr hergestellten Haustypen aufgebaut sind, um ihre Produkte ihren Kunden angemessen präsentieren und darstellen zu können. Die Musterhäuser sind mit Alarmanlagen ausgestattet. Die Beklagte ist die Herstellerin dieser Alarmanlagen. Aufgrund eines Defektes der Alarmanlage in einem neuen Musterhaus kam es zu einem Brand, der zur vollständigen Zerstörung des Musterhauses führte. Mit der vorliegenden Klage nimmt die Klägerin die Beklagte auf Ersatz des ihr hierdurch entstandenen Schadens in Anspruch. Da die Beklagte außergerichtlich eine Regulierung verweigert hat, ist Klage geboten. 114

2. Muster: Klage wegen Produkthaftung

▼ 115

An das

Landgericht 7.5

– Kammer für Handelssachen –

Klage

in Sachen

der

Firma GmbH,

gesetzlich vertreten durch ihren Geschäftsführer Herrn ,

– Klägerin –

Prozessbevollmächtigte: Rechtsanwälte

gegen

Firma AG,

gesetzlich vertreten durch ihre Vorstände Herrn und ,

– Beklagte –

wegen Produkthaftung

Streitwert: ___ EUR

Namens und im Auftrag der Klägerin erheben wir Klage zum zuständigen Landgericht ___, Kammer für Handelssachen, und bitten um Anberaumung eines nahen Termins zur mündlichen Verhandlung, in welchem **wir beantragen** werden, für Recht zu erkennen:

> Die Beklagte wird verurteilt, an die Klägerin ___ EUR nebst Zinsen i.H.v. fünf Prozentpunkten über dem Basiszinssatz p.a. seit dem ___ zu zahlen.

Sofern das Gericht das schriftliche Vorverfahren anordnet, wird für den Fall der Fristversäumnis oder des Anerkenntnisses bereits jetzt **beantragt**,

> die Beklagte durch Versäumnisurteil oder Anerkenntnisurteil zu verurteilen.

Begründung:

I.

Die Beklagte ist Herstellerin von Alarmanlagen, die auch in dem Musterhaus der Klägerin, einer Fertighausproduzentin, zum Einsatz kamen. Mit der vorliegenden Klage begehrt sie Schadensersatz für eine fehlerhafte Alarmanlage, die zur Zerstörung ihres Musterhauses geführt hat. Im Einzelnen:

1. Die Klägerin betreibt seit dem Jahr ___ auf ihrem Betriebsgelände eine Musterhaussiedlung. Die Musterhaussiedlung ist seitdem jedes Jahr erweitert worden, so auch im Jahr ___ um ihr neu entwickeltes Holzfertighaus, Typ ___. Alle auf dem Betriebsgelände stehenden Musterhäuser sind mit Alarmanlagen der Beklagten ausgestattet. Bei dem im Jahr ___ aufgestellten Holzfertighaus Typ ___ kam erstmals die von der Beklagten neu entwickelte Alarmanlage (Typ ___) zum Einsatz. Die Alarmanlage (Typ ___) wird von der Beklagten als Komplettsatz angeboten, für freistehende Einfamilienhäuser empfohlen und über die Firma ___ per Katalog vertrieben.

Die Klägerin hat für ihren neuen Haustyp die von der Beklagten empfohlene Alarmanlage (Typ ___) beim Lieferanten zu einem Preis von ___ EUR bestellt, geliefert erhalten und nach Rechnungserhalt bezahlt. Dies wird unstreitig bleiben.

Beweis: 1. Bestellschein vom ___ in Kopie als **Anlage K 1**
2. Lieferschein vom ___ in Kopie als **Anlage K 2**
3. Rechnung vom ___ in Kopie als **Anlage K 3**

2. Bei der von der Beklagten hergestellten Alarmanlage (Typ ___) handelt es sich um einen Komplettsatz mit allen für die Tür- und Fenstersicherung erforderlichen Sensoren inklusive Verkabelung und Schaltbox. Die Schaltbox ist ein Aufputzgerät, das über Netzstrom versorgt wird.

Beweis: Katalogbeschreibung der Beklagten in Kopie als **Anlage K 4**

3. Die Klägerin hat die Alarmanlage gemäß der Montageanleitung der Beklagten montiert und in Betrieb genommen. Sie funktionierte ordnungsgemäß.

Beweis: Zeugnis des Richtmeisters ___, zu laden über die Klägerin

Die Alarmanlage wurde täglich mit Schließung der Musterhaussiedlung in Betrieb genommen (scharf geschaltet) und morgens zum Betriebsbeginn wieder abgeschaltet. So auch am Freitag den … zur Absicherung des Hauses über das Wochenende.

Beweis: Zeugnis des Hausmeisters …, zu laden über die Klägerin

Am Samstag den …, kam es zu einem Brand in dem Holzfertighaus, der zu dessen vollständiger Zerstörung führte. Das Feuer brach am …, … Uhr aus und wurde von dem neben der Musterhaussiedlung wohnenden Anwohner bemerkt, der die Feuerwehr verständigte. … Minuten später war die Feuerwehr mit ihren Löschzügen vor Ort und nahm ihre Tätigkeit auf. Sie konnte verhindern, dass das Feuer auf die umliegenden Holzfertighäuser übergriff. Eine Rettung des in Brand geratenen Hauses war jedoch nicht möglich.

Beweis: Zeugnis des Feuerwehrhauptmanns …, zu laden über die Feuerwehr … (*Stadt*), … (*Straße*)

4. Bei den anschließend durchgeführten Untersuchungen durch den vom Landeskriminalamt eingeschalteten Sachverständigen wurde festgestellt, dass die Ursache des Brandes auf das Netzteil der Schaltbox der Alarmanlage der Beklagten zurückzuführen ist. Aufgrund einer fehlerhaften Wicklung nebst Isolierung des Wickeldrahtes der Transformatorspule hat sich der Transformator überhitzt und durch den dadurch entstehenden Hitzestau in der Schaltbox diese und anschließend das Holzhaus in Brand gesteckt.

Beweis:
1. Gutachten des Sachverständigen …, in Kopie als **Anlage K 5**
2. Zeugnis des Sachverständigen …, … (*Straße*), … (*Stadt*)

Der Brand wurde somit durch die fehlerhaft produzierte Transformatorspule in dem Netzteil der Schaltbox der Alarmanlage hervorgerufen. Aufgrund der unzureichenden Isolierung des Wickeldrahtes und deren Wicklung hat sich die Transformatorspule überhitzt und durch die Überhitzung die Schaltbox der Alarmanlage zum Entflammen gebracht. Die fehlerhafte Wicklung und der Einsatz des unzureichend isolierten Wickeldrahtes beruht auf einem Produktionsfehler des Transformators der Schaltbox.

Beweis: Sachverständigengutachten

Dieser Produktionsfehler der Transformatoreinheit der Schaltbox ist der Beklagten auch bekannt. Der Sachverständige … weist in seinem Gutachten darauf hin, dass die Beklagte, nachdem durch die Schaltbox wiederholt Brände verursacht worden sind, jetzt eine Rückrufaktion gestartet hat. Warnungen im Vorfeld wurden von ihr nicht veranlasst.

Beweis:
1. Gutachten des Sachverständigen vom …
2. Zeugnis des Sachverständigen …

5. Die der vorsteuerabzugsberechtigten Klägerin durch den Brand entstandenen Schäden addieren sich insgesamt auf … EUR netto. Sie setzen sich wie folgt zusammen:

Räumung des Hausgrundstücks vom Brandschutt und deren Entsorgung durch die Firma … i.H.v. … EUR netto.

Beweis: Rechnung der Firma … vom … in Kopie als **Anlage K 6**

Die Klägerin hat, bevor sie die Firma   beauftragt hat, mehrere Entsorgungsunternehmen angefragt, um ein günstiges Angebot zu erhalten. Das Angebot der Firma   war das preislich Annehmbarste, weshalb sie von der Klägerin den Auftrag zur Räumung der Baustelle erhielt.

Beweis: Vorlage der Alternativangebote der Klägerin in Kopie als **Anlage K 7**

Die von der Firma   mit Rechnung vom   in Ansatz gebrachten Kosten sind zudem ortsüblich und angemessen.

Beweis: Sachverständigengutachten

Die Kosten des Holzfertighauses, Typ   betragen   EUR. Es handelt sich hierbei um die Selbstkosten der Klägerin. Den Katalogpreis i.H.v.   EUR brutto hat sie um die 19 %-ige Mehrwertsteuer als auch um den kalkulierten Gewinnanteil von   % reduziert.

Die Selbstkosten für das Holzfertighaus sind zutreffend und auf der Grundlage der klägerischen Kalkulation ermittelt.

Beweis: Sachverständigengutachten

Hinzu kommt noch der Aufwand zur Aufstellung des Holzfertighauses. Die Klägerin hat diese Leistung durch eigene Mitarbeiter erbracht. Insgesamt sind   Stunden angefallen (Mitarbeiter à   Tage), die sie ihrer Schadensaufstellung mit dem tariflichen Stundensatz i.H.v.   EUR netto zugrunde gelegt. Der von der Klägerin angesetzte Zeitaufwand ist zeitlich angefallen.

Beweis: Zeugnis der Herren , , zu laden über die Klägerin

Die Höhe des Stundensatzes entspricht dem Tarif und ist angemessen.

Beweis: Sachverständigengutachten

Die Kosten für die zerstörte Alarmanlage bleiben bei der Schadensberechnung außer Betracht.

II.

Die Klägerin hat gegenüber der Beklagten einen Schadensersatzanspruch aus § 823 Abs. 1 BGB. Die von der Beklagten hergestellte Alarmanlage des Typs   hat über ein fehlerhaftes Netzteil verfügt, das aufgrund unzureichender Isolierung des Wickeldraht und fehlerhaften Wicklung zur Überhitzung und damit zum Entflammen neigt. Aufgrund dieses Fehlers im Herstellungsprozess war die erforderliche Funktionstätigkeit zu dem vorbestimmten Verwendungszweck zu keinem Zeitpunkt gegeben.

Ausweislich des Gutachtens des Herrn Sachverständigen   sind wiederholt Netzteile dieses Typs der Alarmanlage in Brand geraten, sodass sich die Beklagte zwischenzeitlich entschlossen hat, eine Rückrufaktion durchzuführen. Dass die Rückrufaktion erst jetzt durchgeführt wurde, belegt zudem die Verletzung der Produktbeobachtungspflicht der Beklagten.

Durch die Fehlerhaftigkeit des Transformators der Schaltbox der Alarmanlage und den hierdurch verursachten Brand wurde zum einen die Alarmanlage selbst zerstört. Der Brand hat darüber hinaus das durch die Alarmanlage gesicherte, im Eigentum der Klägerin stehende Holzhaus zerstört und zu einem entsprechenden Schaden der Klägerin geführt.

Mit Schreiben vom hat die Klägerin die Beklagte zur Zahlung des entstandenen Schadens unter Fristsetzung aufgefordert. Nachdem die Beklagten auch auf ein Mahnschreiben mit Fristsetzung bis zum nicht reagierte, ist Klage geboten.

Beweis: Mahnschreiben vom in Kopie als **Anlage K 8**

Der beantragte Zins steht der Klägerin unter Verzugsgesichtspunkten nach §§ 280, 286, 288 BGB zu. Die Zinshöhe ergibt auch aus dem Gesetzbuch.

Die Beklagte ist antragsgemäß zu verurteilen.

Gerichtskosten bitten wir, uns gesondert aufzugeben.

(*Unterschrift*) (*Rechtsanwalt*)

▲

3. Anmerkungen

Mit den Produkthaftungsansprüchen wird Schadensersatz vom Verantwortlichen eingefordert. **116** Bei Schadensersatzansprüchen ist grundsätzlich im Rahmen der Schadensberechnung zu prüfen, ob ein Abzug neu für alt in Betracht kommt. Der Geschädigte darf durch den Schadensausgleich keinen Vorteil erhalten. Abzüge neu für alt haben dann außer Betracht zu bleiben, wenn die zu ersetzende Maschine, die durch das Schadensereignis zerstört wurde, neu bzw. neuwertig war.[139]

Bei Schadensersatzansprüchen nach dem Produkthaftungsgesetz oder im Rahmen der **117** Produkthaftung gem. § 823 BGB sind Sachschäden an der fehlerhaften Sache selbst nicht auszugleichen. Das Deliktsrecht schützt nur das Integritätsinteresse. Das Nutzungs- und Äquivalentsinteresse der schadensauslösenden mangelhaften Sache wird nicht geschützt. Ersetzt werden nur die Schäden, die aufgrund des mangelhaften Produktes an anderen Sachen als dem Produkt selbst herbeigeführt werden. Der nach § 1 Abs. 1 S. 2 Produkthaftungsgesetz in Betracht kommende Schadensausgleich verlangt das Vorliegen einer Privatnützigkeit. Das Kriterium der Privatnützigkeit kann Abgrenzungsschwierigkeiten hervorrufen. Vorliegend ist zu bedenken, dass die Alarmanlage in einem Musterhaus, das die Klägerin im Rahmen ihrer gewerblichen Tätigkeit genutzt hat, eingetreten ist. Das Produkthaftungsgesetz ist deshalb nicht einschlägig. Die vorliegenden Ansprüche sind daher auf § 823 BGB zu stützen, der nicht vollkommen deckungsgleich mit einer Haftung nach dem Produkthaftungsgesetz ist. Im Unterschied zur Gefährdungshaftung nach dem Produkthaftungsgesetz setzt § 823 BGB ein Verschulden des Produzenten voraus. Demgemäß können über § 823 BGB mangels Verschulden auch keine Ansprüche wegen sog. Ausreißer, d.h. Produktionsfehler, die trotz aller zumutbaren Vorkehrungen unvermeidbar sind, im Unterschied zum Produkthaftungsgesetz nicht ersetzt werden. Die Haftung aus § 823 BGB konzentriert sich damit regelmäßig auf Organisations-,

139 Vgl. Grüneberg/*Grüneberg*, vor § 249 Rn 97 ff.

Konstruktions- sowie Fabrikationsfehler, auf Instruktionsfehler sowie auf ungenügende Produktbeobachtung.

118 Bei der Anspruchsgrundlage aus Delikt gibt es keinerlei Höchstgrenzen, weshalb sich auch insofern der Anspruch aus § 823 BGB von § 10 des Produkthaftungsgesetzes unterscheidet. § 823 BGB erfasst auch eine Haftung für „weiterfressende" Mängel.

119 Unter Beweislastgesichtspunkten ist zu berücksichtigen, dass im Produkthaftungsprozess der Kläger die Beweislast für das Vorliegen der Fehlerhaftigkeit des Produkts, den Schaden und der Ursächlichkeit des Fehlers für den Schadenseintritt trägt. Dies ist in § 1 Abs. 4 Produkthaftungsgesetz ausdrücklich beschrieben. Es greifen jedoch die Regeln des Anscheinsbeweises, die dann anzuwenden sind, wenn keinerlei Anhaltspunkte für eine nachträgliche Produktveränderung bestehen.

120 Ist nachgewiesen, dass durch einen Produktfehler ein Schaden entstanden ist, so wird das objektiv pflichtwidrige Verhalten des Produzenten, deren Ursächlichkeit für den Fehler sowie das Verschulden des Produzenten vermutet. Es obliegt dann diesem, sich zu entlasten.

4. Checkliste

121

1. Liegt ein Fehler des Produkts vor?
2. Handelt es sich um einen Fabrikations-, Produktions-, Instruktionsfehler?
3. Wurde das Produkt in den Verkehr gebracht?
4. Wurde das Produkt ausreichend im Verkehr beobachtet?
5. Wurde durch die Nutzung des Produktes ein Schaden des Nutzers verursacht?
6. Ist der Geschädigte ein Verbraucher (Privatnützigkeit)?
7. Wann sind Schadensursache und Schädiger bekannt geworden? Ab wann läuft die Verjährungsfrist?

VI. Beraterhaftung

1. Typischer Sachverhalt

122 Der Geschäftsführer der Klägerin ist gelernter Stuckateurmeister und hat sich vor drei Jahren selbstständig gemacht. Mit seinen mittlerweile vier gewerblichen Mitarbeitern führt er Gips- und Putzaufträge überwiegend für Bauträger aus. Im Jahr 2017 hat er von einem Privatmann den Auftrag erhalten, ein Bestandsgebäude aus dem 18. Jahrhundert neu zu verputzen, nachdem durch den Abriss eines Nachbargebäudes die Brandwand bloßlag. Zur Durchführung des Auftrags wandte sich der Kläger an den Systemberater der Beklagten, um die richtige Putzwahl zu treffen.

2. Muster: Klage wegen Beraterhaftung

▼ 123

7.6

An das

Landgericht

– Zivilkammer –

Klage

In Sachen

der

Firma GmbH,

gesetzlich vertreten durch ihren Geschäftsführer Herrn ,

– Klägerin –

Prozessbevollmächtigte: Rechtsanwälte

gegen

Firma AG,

gesetzlich vertreten durch ihre Vorstände Herrn und ,

– Beklagte –

wegen Schadensersatz

Streitwert: EUR

Namens und im Auftrag der Klägerin erheben wir Klage gegen die Beklagte vor dem zuständigen Landgericht und bitten um Anberaumung eines nahen Termins zur mündlichen Verhandlung, in welchen wir **beantragen** werden, für Recht zu erkennen:

> Die Beklagte wird verurteilt, an die Klägerin EUR nebst Zinsen i.H.v. fünf Prozentpunkten über dem Basiszinssatz seit dem zu zahlen.

Sofern das Gericht das schriftliche Vorverfahren anordnet, wird für den Fall der Fristversäumnis oder des Anerkenntnisses bereits jetzt **beantragt**,

> die Beklagte durch Versäumnisurteil oder Anerkenntnisurteil zu verurteilen.

Begründung:

I.

Mit der vorliegenden Klage begehrt die Klägerin von der Beklagten die Zahlung von Schadensersatz, da sie ihm im Vorfeld der Ausführung von Putzarbeiten falsch beraten hat, wodurch ihr ein Schaden entstanden ist. Im Einzelnen:

1. Am wandte sich Herr mit der Bitte an die Klägerin, sie möge ein Angebot für das Verputzen einer Brandwand einer Bestandsimmobilie aus dem 18. Jahrhundert unterbreiten. Diese Maßnahme war notwendig geworden, nachdem das Nachbargebäude abgerissen worden und die Haustrennwand im unverputzten Zustand der Witterung ausgesetzt war.

Da die Klägerin mit dem Sanieren von Mauerwerksaltbeständen noch keine allzu großen Erfahrungen hat sammeln können, fragte sie ihren Baustoffhändler um Rat, welches Putzsystem hierfür geeignet sei. Der Baustoffhändler erklärte, dass er bei Putzmaterialien mit der Beklagten zusammen arbeite und diese über speziell ausgebildete Systemberater verfüge, die den Gewerkeunternehmern mit Rat und Tat zur Seite stünden. Die Klägerin erhielt Name und Anschrift des Systemberaters der Beklagten, Herrn , von seinem Baustoffhändler, nahm Kontakt zum Systemberater auf und vereinbarte mit diesem einen Vororttermin für den nächsten Tag am , um die Einzelheiten seines Angebotes zu besprechen.

Am nächsten Tag suchte der Geschäftsführer der Klägerin das Bauvorhaben auf und traf dort den Systemberater der Beklagten, der bereits mit der Untersuchung des Bestandsmauerwerkes beschäftigt war. Er teilte mit, dass das Verputzen von Altgebäuden immer eine knifflige Aufgabe darstelle und auch vorliegend die zu verputzende Wand sich nicht mehr in dem besten Zustand befinde. Dies sei aber kein Problem, da die Beklagte speziell für den Altbaubereich ein Außenputzsystem entwickelt habe, das sich auch für die vorliegende Aufgabe bestens eigne. Vorliegend empfahl er den Putz Typ der Beklagten. Der Systemberater notierte die empfohlenen Materialien mit Namen und Bestell-Nr. unter der Überschrift „Termin , BV , Herr , Gipser, Herr , Systemberater".

Den Zettel übergab er dem Geschäftsführer der Klägerin mit dem Hinweis, hinsichtlich der Preise für die Materialien müsste er sich mit seinem Baustoffhändler in Verbindung setzen, da die Beklagte keine Direktlieferung tätige und verständlicherweise zu den Händlerpreisen keine Angaben machen könne.

> *Beweis:* Aktennotiz vom in Kopie als **Anlage K 1**

Der Systemberater verabschiedete sich mit den Worten, dass er gerne vorbeikommen wolle, wenn man mit der Ausführung der Putzarbeiten beginne.

2. Die Klägerin wandte sich mit dem Materialzettel wiederum an ihren Baustoffhändler, klärte mit diesem Menge und Preise, fertigte ihr Angebot und erhielt nach Einräumung eines 3 %-igen Skontos vom Bauherrn den Auftrag zum Verputzen der Haustrennwand. Sie kaufte in Folge das angebotene Material

> *Beweis:* Rechnung vom in Kopie als **Anlage K 2**

und teilte sowohl dem Bauherrn als auch dem Systemberater der Beklagten den Beginntermin mit. Am Tag der Arbeitsaufnahme erschien der Systemberater wie angekündigt und hat den Geschäftsführer der Klägerin und deren beide auf der Baustelle tätigen Mitarbeiter, die Facharbeiter und , noch einmal in den konkreten Einsatz der Materialien eingewiesen.

> *Beweis:* Zeugnis der Herren und , zu laden über den Kläger

In der Folge hat die Klägerin mit ihren vorgenannten Mitarbeitern die Außenwand guten Gewissens verputzt. Die Leistungen der Klägerin wurden vom Bauherrn am abgenommen. Die klägerische Rechnung wurde anstandslos bezahlt.

3. Am meldete sich der Bauherr bei der Klägerin und rügte Mängel der verputzten Außenwand. Es hatten sich Hohlstellen im Putz gebildet, teilweise verbunden mit tellergroßen Blasenbildungen. Der Bauherr bat um einen gemeinsamen Ortstermin, zu dem der Geschäftsführer auch den Systemberater einlud.

Der Ortstermin fand am statt. Der Systemberater der Beklagten zeigte sich jedoch wenig hilfsbereit und stellte lapidar fest, dass die Mitarbeiter der Klägerin sich offenbar bei der konkreten Ausführung nicht an die Herstellerrichtlinien gehalten haben. Nur so ließe sich das jetzige Erscheinungsbild erklären. Das von ihm empfohlene Material sei jedenfalls geeignet. Vorschläge zur Lösung bzw. Beseitigung der Mängel konnte und wollte der Systemberater nicht unterbreiten.

In Abstimmung mit dem Bauherrn beauftragte die Klägerin daraufhin den öffentlich bestellten und vereidigten Sachverständigen mit der Erarbeitung eines Gutachtens über die Ursache der Hohlstellen und Blasenbildung des aufgebrachten Putzes. In seinem Gutachten führt der Sachverständige Dipl.-Ing. aus, dass der auf Empfehlung des Systemberaters eingesetzte Putz in seinem Systemaufbau für Altbauwände der vorliegenden Art grundsätzlich ungeeignet ist. Altbauvorhaben der vorliegenden Art verfügen häufig nicht über eine horizontale Feuchtigkeitssperre, sodass im Erdreich befindliche Feuchtigkeit im Mauerwerkkapillar aufsteigt. Für derartige mit einer Grundfeuchtigkeit beaufschlagten Mauerwerke ist das von dem Systemberater empfohlene Putzsystem nicht geeignet. Die im Mauerwerk befindliche Feuchtigkeit hat den Haftverbund zwischen Putz und Mauerwerk beseitigt und so zu Hohlstellen und Blasenbildung geführt. Als Mängelbeseitigungsmaßnahme empfiehlt der Sachverständige das vollständige Entfernen des Putzauftrags im feuchtigkeitsbeaufschlagten Mauerwerksbereich, das Herstellen einer horizontalen Feuchtigkeitsabdichtung im Sockelbereich und das anschließende Aufbringen eines Sanierputzes. Zur Herstellung eines einheitlichen Erscheinungsbildes der Fassade wird ein anschließender Komplettanstrich empfohlen.

Beweis: 1. Gutachten des Sachverständigen Dipl.-Ing. , in Kopie als **Anlage K 3**

2. Zeugnis des Herrn Dipl. Ing. ,

Nach Erhalt des Gutachtens hat die Klägerin dieses an die Beklagte mit der Bitte um Stellungnahme weitergeleitet. Eine Stellungnahme hierauf hat sie nicht erhalten.

4. In Abstimmung mit dem Sachverständigen wurde daraufhin die Mängelbeseitigung in Angriff genommen und unter Begleitung des Sachverständigen durchgeführt. Für das Abschlagen des Putzes im feuchtigkeitsbeaufschlagten Mauerwerksbereich, das Säubern des Untergrundes, das Herstellen einer Feuchtigkeitssperre, das Aufbringen eines Sanierputzes sowie das vollständige Streichen der Fassade zur Erreichung eines einheitlichen Erscheinungsbildes hat die Klägerin insgesamt EUR netto aufwenden müssen. In diesem Betrag sind EUR netto für das Herstellen der Feuchtigkeitssperre enthalten, die ihm der Bauherr unter dem Stichwort Sowiesokosten vergütet hat, sodass der reine Mängelbeseitigungsaufwand EUR netto beträgt.

Beweis: Schadensaufstellung der Klägerin in Kopie als **Anlage K 4**

Die Schadensaufstellung der Klägerin wurde vom Sachverständigen geprüft und für in Ordnung, insbesondere für der Höhe nach angemessen erachtet.

Beweis: Zeugnis des Sachverständigen , b.b.

Die Schadenssumme erhöht sich noch um die Kosten für den Sachverständigen . Dieser hat unter dem seinen Aufwand für die Gutachtenerstellung und Begleitung der Sanierungsmaßnahme in Rechnung gestellt. Die Rechnung lautet über EUR netto. Sie wurde beglichen.

Beweis: Rechnung des Sachverständigen vom in Kopie als **Anlage K 5**

Der Gesamtschaden der vorsteuerabzugsberechtigten Klägerin beläuft sich somit auf EUR netto.

5. Mit Schreiben vom hat die Klägerin die Beklagte unter Beifügung seiner Schadensaufstellung nebst der Rechnung des Sachverständigen aufgefordert, unter Fristsetzung bis zum den vorgenannten Betrag zu zahlen.

Beweis: Schreiben der Klägerin vom in Kopie als **Anlage K 6**

Die Beklagte hat unter dem geantwortet und mitgeteilt, dass man keinerlei Veranlassung sieht, den Schaden zu begleichen. Selbst wenn es zutreffen sollte, dass der vom Systemberater Herr empfohlene Putz bei feuchtigkeitsbeaufschlagten Wänden nicht geeignet sei, liege gleichwohl keinerlei Fehler in der Beratung vor, da die Klägerin es verabsäumt habe, den Systemberater auf die Feuchtigkeit der Wände hinzuweisen.

Da die Beklagte die Begleichung des auf Seiten der Klägerin entstandenen Schadens verweigert, ist Klage geboten.

II.

Der Anspruch der Klägerin gründet sich aufgrund einer schuldhaften Pflichtverletzung eines selbstständigen Beratungsvertrages, den sie mit der Beklagten abgeschlossen hat.

Aufgrund eines Hinweises ihres Baustoffhändlers hat sich die Klägerin ausdrücklich mit der Bitte um Rat für die Lösung einer Bauaufgabe an die Beklagte gewandt, die zu diesem Zweck Systemberater unterhält. Der Systemberater hat das zu verputzende Mauerwerk in Augenschein genommen, untersucht und sodann der Klägerin einen Lösungsvorschlag für dieses schwierige Altbauproblem unterbreitet. Für ihn war erkennbar, dass die Klägerin auf das Wissen und den Informationsvorsprung des Systemberaters Wert legt und hierauf vertraut. Der Systemberater hat, ohne dass in irgendeiner Weise eine Feuchtigkeitsproblematik angesprochen wurde, der Klägerin ganz bestimmte Putzmaterialien empfohlen. Diese Empfehlung war falsch und hat auf Seiten der Klägerin zu dem geltend gemachten Schaden geführt. Hierfür hat die Beklagte gem. § 280 Abs. 1 BGB Schadensersatz zu leisten. Das Wissen und Verhalten des Systemberaters musste sich über § 278 BGB zurechnen lassen. Der Systemberater ist Wissensvertreter als auch Erfüllungsgehilfe.

Der beantragte Zins steht der Klägerin unter Verzugsgesichtspunkten nach §§ 280, 286, 288 BGB zu. Die Zinshöhe ergibt auch aus dem Gesetzbuch.

Gerichtskosten bitten wir, uns gesondert aufzugeben.

(*Unterschrift*) (*Rechtsanwalt*)

▲

3. Anmerkungen

124 Vorliegend ergibt sich die Haftung der Beklagten aus der Verletzung ihrer Beratungspflichten aus einem selbstständigen Beratungsvertrag.[140] Eine Haftung des Herstellers/

140 BGH v. 19.3.1992 – III ZR 170/92 – NJW-RR 1992, 1011.

Beraters ist dann gegeben, wenn er im Rahmen seiner Beratungsverpflichtung eine schuldhafte Pflichtverletzung begeht. Ein solcher Beratungsvertrag kommt nach einer Entscheidung des OLG Stuttgart[141] bereits dann zu Stande, wenn der Bauherr an den Hersteller den Wunsch heranträgt, ein Produkt für eine bestimmte Baumaßnahme zu empfehlen. Das daraufhin vom Hersteller erarbeitete Leistungsverzeichnis wird i.d.R. vor dem Hintergrund eines mit Rechtsbindungswillen abgeschlossenen Beratungsvertrages gefertigt. Gerade das Fertigen eines Leistungsverzeichnisses dokumentiert, dass die Tätigkeit über die übliche Beratung eines Verkäufers hinsichtlich seines Produktes hinausgeht, weshalb ein selbstständiger Beratungsvertrag anzunehmen ist.[142] Die Annahme eines derartigen Rechtsbindungswillen zum Eingehen von selbstständigen beratungsvertraglichen Pflichten entspricht regelmäßig auch den Interessenlagen der Parteien.[143] Maßgeblich und entscheidend ist jedoch, dass diese aus dem Beratungsvertrag übernommenen Pflichten verletzt worden sein müssen. Hierbei ist zunächst die Auslegung des Beratungsvertrages nach §§ 133, 157 BGB von Bedeutung, um den Inhalt der Beratungspflichten herauszuarbeiten. Hierfür sind die Umstände des Einzelfalles maßgeblich als auch die Bewertung der Informationen, die der Hersteller zur Durchführung seiner Beratungstätigkeit vom Bauherrn erlangt.

Im Beispielsfall hat der Systemberater nicht nur aufgrund einer Problemschilderung in seinem Verkaufsbüro das maßgebliche untaugliche Material empfohlen, sondern nach vorheriger Untersuchung des Einsatzortes, da aus dem Beratungsvertrag die Pflicht folgt, zu klären, ob das empfohlene Material für das konkrete Bauvorhaben geeignet ist. **125**

Da die Beratungsleistung regelmäßig unentgeltlich erbracht wird, ist sie auch nicht mit der Beratungstätigkeit eines Sonderfachmanns (Architekt, Ingenieur) vergleichbar. Er kann sich auf ihm erteilte Informationen verlassen und muss ohne Vorliegen von Anhaltspunkten keine eigenen Untersuchungen durchführen. **126**

Wenn aber – wie vorliegend – Untersuchungen des Einsatzortes vorgenommen werden, müssen die Untersuchungsergebnisse selbstverständlich bei der Materialwahl berücksichtigt werden. **127**

Darüber hinaus ist im Rahmen der Beraterhaftung bei der Beurteilung der Beraterpflichtigkeiten auch zu berücksichtigen, dass dieser regelmäßig nur ein mittelbares wirtschaftliches Interesse hat, da er zwar seine Produkte empfehlen kann, jedoch keinerlei Gewähr dafür gegeben ist, dass der Handwerker diese Produkte auch einsetzt. **128**

Auch dies ist im Musterfall von vornherein anders, da der Systemberater vom Handwerker um die Nennung eines konkreten, geeigneten Produktes gebeten wurde. Der daraufhin erteile Rat war falsch. **129**

141 Urt v. 27.10.2009 – 12 U 76/09 – NZBau 2010, 173 = IBR 2010, 448.
142 BGH v. 23.6.1999 – VIII ZR 84/98 – NJW 1999, 3192.
143 Vgl. BGH v. 21.7.2005 – I ZR 312/02 – NJW-RR 2006, 117.

130 Die Verjährung der Ansprüche aus Beraterhaftung folgt den allgemeinen Bestimmungen des Verjährungsrechts. So dass es für den Beginn der Verjährung auf die Entstehung des Anspruchs und Kenntnis von der Person des Schädigers ankommt.[144]

4. Checkliste

131
1. Wurde eine selbstständige oder unselbstständige Beratungspflicht begründet?
2. Hat der Käufer erkennbar die Fachkunde des Beraters in Anspruch genommen?
3. Geht die Beratung über reine Produktanpreisung hinaus?
4. War die Beratung fehlerhaft?
5. Ist durch die fehlerhafte Beratung ein Schaden entstanden?
6. Wann sind Schadensursache und Schädiger bekannt geworden?
7. Ab wann läuft die Verjährungsfrist?

144 Vgl. auch zur Frage des Beginns der Verjährung BGH v. 10.1.2008 – IX ZR 53/06.

§ 8 Baunachbarrecht

Prof. Dr. Bastian Fuchs, LL.M.

Inhalt

A. Einleitung

Das private Baunachbarrecht zählt zu den Rechtsgebieten, die im Baualltag ebenso wie in gerichtlichen und außergerichtlichen Baustreitigkeiten nicht nur besonders häufig aktuell, sondern auch hinsichtlich ihrer finanziellen Auswirkungen von größter Bedeutung sind. In diesem Kap. soll in gebotener Kürze das wichtigste Handwerkszeug bereitgestellt werden, um dem fachkundigen Bauanwalt die erforderlichen prozessualen und vertraglichen Schritte zu erleichtern. 1

B. Das Nachbargrundstück als Fokus der rechtlichen Betrachtung

Für eine eingehende Auseinandersetzung mit dem **Grundstücksbegriff** ist hier kein Raum. Es wird – mit dem BGH – nachfolgend der sogenannte „grundbuchrechtliche Grundstücksbegriff" als Basis weiterer Betrachtungen verwendet.[1] Zu einem Grundstück gehören des Weiteren noch Bestandteile (§§ 93 ff. BGB) sowie sogenannte „grundstücksgleiche Rechte".[2] 2

C. Rechte und Schranken des Eigentumsrechts – Anspruch des Eigentümers auf Duldung einer Baumaßnahme

Sofern der Bauherr und die Nachbarn keine Vereinbarung darüber getroffen haben, ob der Bauherr oder einer der sonstigen Baubeteiligten das Nachbargrundstück zur Ausführung der Bauarbeiten benutzen darf, kommt es auf Ansprüche aus der Eigentümer- oder Besitzerstellung an. 3

1 Vgl. dazu Wirth/*Boisserée/Fuchs*, Grundzüge des Baunachbarrechts, S. 2069 ff.
2 Vgl. dazu Wirth/*Boisserée/Fuchs*, Grundzüge des Baunachbarrechts, S. 2071 ff.

I. Der Nachbar als Eigentümer des berührten Grundstücks

4 Das Eigentum nach § 903 S. 1 BGB ist als das **umfassendste Herrschaftsrecht**, das die Rechtsordnung zulässt, an einer Sache zu verstehen; es vereinigt also alle Befugnisse in sich.[3] Aus der vorstehenden Beschreibung des Eigentums als „Vollrecht" an einer Sache ist nicht zu schließen, dass dieses Recht grenzenlos ist. Insbesondere bei Grundstücken gibt es mannigfaltige Einschränkungen, die nachstehend im Hinblick auf baurechtliche Zusammenhänge näher erläutert werden. Die umfassende Rechtsstellung des Eigentümers ergibt sich aus dem Gesetzestext des § 903 S. 1 BGB:

> Der Eigentümer einer Sache kann, (…) mit der Sache nach Belieben verfahren und andere von jeder Einwirkung ausschließen.

1. Inhalt des Eigentums

5 § 903 S. 1 BGB definiert den Begriff des Eigentums nicht, sondern beschreibt im ersten Halbsatz vielmehr in rechtstechnisch einfacher Form die Befugnisse und im zweiten Halbsatz die Schranken des Eigentumsrechts. Das Herausragende am Eigentumsrecht ist, dass es dem Rechtsinhaber eine **umfassende Rechtsmacht** über das Objekt des Eigentums verleiht.

2. Befugnisse des Eigentümers

6 Nach dem Gesetzestext kann der Rechtsinhaber **mit seinem Eigentum nach Belieben verfahren**, also auf seine Sache in beliebiger Weise einwirken (sowohl tatsächlich wie auch rechtlich).[4] Die Reichweite dieser Freiheit unterliegt der Disposition des Gesetzgebers, der sie im Rahmen des Art. 14 Abs. 1 S. 2 GG definieren kann. Weiter kann der Eigentümer über die positive Befugnis hinaus auch „**andere von jeder Einwirkung ausschließen**" (z.B. Kranüberschwenken, Materiallagerung, Notwegsbenutzung, Untergrabungen, Vertiefungen, Überbau). Danach ist er gegen jegliche Beeinträchtigung, die nicht seinem Willen entspricht, grundsätzlich umfassend geschützt. Eine Beschränkung dieser Kompetenz kommt aber, wie der Gesetzestext vorgibt, aus dem Gesetz oder Rechten Dritter in Betracht.

7 Es ist gut nachvollziehbar, dass sich der Eigentümer eines Grundstücks regelmäßig um eine möglichst optimale Ausnutzung seiner Fläche bemühen wird. Dies wird meist durch eine intensive Bebauung des Grundstücks erreicht. Dass sich dabei einhergehende Einflüsse auf die benachbarten Grundstücke temporär oder auch permanent auswirken und damit das ebenfalls berechtigte Ausschließungsrecht des Nachbarn tangieren können, ist die logische Konsequenz dieser wirtschaftlich orientierten Nutzung. Bei den vorbeschriebenen Interessenskonflikten sind neben den nachbarrechtlichen Landesvorschriften vor allem die §§ 905 ff. BGB (so z.B. bei Immissionen und Vertiefungen) einschlägig. Dabei ist zu berücksichtigen, dass jedes dieser Rechte des Nachbarn infolge

3 Staudinger/*Althammer*, § 903 Rn 2; Soergel/Siebert/*Baur*, § 903 Rn 5.
4 Vgl. Wirth/*Boisserée/Fuchs*, Grundzüge des Baunachbarrechts, S. 2077 f.

des räumlichen Zusammenhangs im Nachbarraum durch ein entsprechendes Rücksichtnahmegebot begrenzt wird. Dabei wird allerdings im Zweifel das Benutzungs- gegenüber dem Ausschließungsrecht zurücktreten müssen. Der BGH geht davon aus, dass ein Grundstückseigentümer unter Beachtung dieser Normen des Nachbarrechts sein Grundstück ohne jegliche Rechtfertigung benutzen darf, sofern sich die Nutzung innerhalb der Grenzen des Grundstücks hält. Der insoweit notwendige Ausgleich der widerstreitenden Interessen der Nachbarn könne vielmehr erst durch Heranziehen der entsprechenden nachbarrechtlichen Vorschriften (in diesem Falle des § 906 BGB) erreicht werden.[5]

Der zu umfassendem Ausschluss Dritter berechtigte Eigentümer ist zu zumutbarer Rück- 8
sichtnahme auf die berechtigten Interessen anderer verpflichtet. Es fließt damit bereits der Aspekt der gegenseitigen Rücksichtnahme, also letztlich eine Ausprägung des Grundsatzes von Treu und Glauben, § 242 BGB, in die Wertung mit ein. In der nachbarlichen Beziehung ist bei Berührungen, die unvermeidlich sind, eine wechselseitige Interessenbewertung und Abwägung vorzunehmen. Dabei kann u.U. zur Beurteilung des Einzelfalls neben der Heranziehung der allgemeinen nachbarrechtlichen Vorschriften die Anwendung allgemeiner Grundsätze, angezeigt sein.

3. Schranken des zivilrechtlichen Eigentums

Eine erste Beschränkung ergibt sich bereits aus dem Wortlaut des § 903 S. 1 BGB, 9
wonach die Rechte des Eigentümers nur soweit reichen, **als nicht das Gesetz oder Rechte Dritter entgegenstehen**. Damit werden alle Vorschriften mit normativem Charakter erfasst, also insbesondere die Verfassungsgesetze, die einfachen Gesetze sowie die Rechtsverordnungen des Bundes und der Länder.

Außerdem kommen als weitere Schranken nach dem Wortlaut des § 903 S. 1 BGB 10
Rechte Dritter in Betracht. Hierunter versteht man hauptsächlich die absoluten Rechte (beschränkt dingliche Rechte wie Erbbaurecht, §§ 1012 ff. BGB; Dienstbarkeiten, §§ 1018 ff. BGB etc.). Ob nicht jedoch die lediglich obligatorische Rechte (wie z.B. die Ansprüche des Mieters oder Pächters, §§ 535 ff. bzw. 581 ff. BGB) als Rechte Dritter in Betracht kommen, wird teilweise bestritten. Es kann jedoch dahinstehen, da der Eigentümer jedenfalls durch die schuldrechtliche Wirkung in der Ausübung seiner Befugnisse beschränkt wird, wobei diese ggf. dinglich gesichert sein können, z.B. bei sog. Mieterdienstbarkeiten.

Eine weitere Begrenzung ergibt sich – zumindest dem Wortlaut nach – aus § 905 S. 2 11
BGB, wonach der Eigentümer eine Einwirkung nicht untersagen kann, **die in solcher Höhe oder Tiefe stattfindet, dass er an der Ausschließung kein Interesse hat**.

Die §§ 903 ff. BGB werden durch zahlreiche Normen des Zivilrechts, aber auch durch 12
solche des öffentlichen Rechts ergänzt, womit die Reichweite der Befugnisse des Eigentümers näher konturiert werden. Insbesondere im Bereich des privaten Nachbarrechts

5 BGH v. 21.10.1983 – V ZR 166/82 – NJW 1984, 729; BGHZ 88, 344, 346; BGH v. 12.12.2003 – V ZR 180/03 – BGHZ 157, 188, 193; BGH v. 25.10.2013 – V ZR 230/12.

ist auf Art. 124 EGBGB hinzuweisen, der den Bundesländern die Kompetenz einräumt, eigentumsbeschränkende Regelungen im Bereich des Nachbarrechts zu erlassen.

a) § 905 BGB als räumliche Begrenzung des Eigentumsrechts

13 § 905 S. 1 BGB gestaltet den Rechtsraum des Eigentümers näher aus:

> Das Recht des Eigentümers eines Grundstücks erstreckt sich auf den Raum über der Oberfläche und auf den Erdkörper unter der Oberfläche,

während § 905 S. 2 BGB diese Reichweite wiederum eingrenzt:

> Der Eigentümer kann jedoch Einwirkungen nicht verbieten, die in solcher Höhe oder Tiefe vorgenommen werden, dass er an der Ausschließung kein Interesse hat.

Somit wird festgelegt, innerhalb welcher Grenzen eine Benutzung, z.B. durch Bebauung im Bereich des Hoch- und Tiefbaus, möglich und ohne Zustimmung des Nachbars zulässig ist.

aa) Erstreckung des Rechts auf das Grundstück gem. § 905 S. 1 BGB

14 Es ist nachvollziehbar, dass gerade im Hinblick auf §§ 905, 909 BGB das Grundstück im nachbarrechtlichen Sinne als Raum zu betrachten ist, zu dem auch die **Luftsäule über der Fläche** sowie der **Erdraum unterhalb der Oberfläche** gehören. Hieraus kann aber unzweifelhaft nicht geschlossen werden, dass sich auch der **Herrschaftsbereich des Eigentümers** ebenso weit erstreckt, der Eigentümer also auch in nur noch theoretische Höhen oder Tiefen die zuvor beschriebenen Eigentümerrechte, vor allem die Ausschließungsrechte, geltend machen kann. Richtigerweise hat hierzu das Gesetz in § 905 S. 2 BGB eine Regelung vorgenommen, welche die Ausübung dieser Machtsphäre begrenzt.

bb) Verbietungsrecht des Eigentümers gem. § 905 S. 1 BGB

15 Aus den aufgezeichneten Grundsätzen ergibt sich, dass ein Grundstückseigentümer sein eigenes Areal oberirdisch und unterirdisch grundsätzlich uneingeschränkt benutzen darf, solange er sich allein innerhalb seiner Grenzen bewegt. Es ist in diesem Zusammenhang und bei der Abwägung maßgeblich darauf abzustellen, ob der Eigentümer den Erdkörper einschließlich des Untergrunds nutzt oder zumindest zu nutzen beabsichtigt, und ob die Einwirkungen dieser Nutzung oder Nutzungsabsicht entgegenstehen. Dabei berücksichtigt die Rechtsprechung auch ein sich erst in der Zukunft ergebendes Interesse an einer Nutzung.

cc) Grenze des Verbietungsrechts: die Ausschlussregel des § 905 S. 2 BGB

16 Nach § 905 S. 2 BGB können zumindest derartige Einwirkungen nicht verboten werden, die **in solcher Höhe oder Tiefe vorgenommen werden, dass der Eigentümer an ihrem Verbot kein Interesse hat**. Wenn der Bauherr nun Maßnahmen vornimmt, die in den Bereich des Nachbargrundstücks einwirken, so hat der Bauherr im Zweifel die Beweislast dafür, dass ein Verbietungsrecht des Eigentümers nicht besteht bzw. dass der

Eigentümer kein Ausschließungsinteresse hat. Dieser **Beweislast** genügt er zunächst, wenn er die äußeren Umstände darlegt, welche den Mangel eines Interesses für den Eigentümer erkennen lassen. Dem Eigentümer steht es dann anheim, ein bestimmtes Interesse zu behaupten; dann muss der Nachbar jede vom Eigentümer vorgebrachte seriöse Tatsachenbehauptung widerlegen. Jedoch trifft ihn keine Beweislast gegenüber bloß abstrakt denkbaren, theoretischen Nutzungs- und Gefährdungsmöglichkeiten.[6] Ist der Eigentümer bereits einmal zur Duldung verurteilt worden und tritt im Nachhinein ein Umstand ein, der ihn zur Ausschließung der Einwirkung gem. §§ 903 S. 1, 905 S. 1 BGB berechtigt, so kann der Eigentümer mittels der **Vollstreckungsabwehrklage** gem. § 767 Abs. 1 ZPO gegen die erfolgte Verurteilung vorgehen.

dd) Sonstige Einschränkungen des § 905 S. 1 BGB

Weiterhin sind auch **privatrechtliche Vereinbarungen** (etwa einer Dienstbarkeit, 17
§§ 1018 ff., 1090 BGB) denkbar, wonach eine bestimmte Einwirkung berechtigt und dementsprechend ein Verbietungsrecht ausgeschlossen sein kann. Schließlich sind Einschränkungen des Verbietungsrechts nach den Grundsätzen des **„nachbarrechtlichen Gemeinschaftsverhältnisses“** (§ 242 BGB) denkbar.

b) § 906 BGB: zivilrechtlicher Immissionsschutz

Der Eigentümer darf als Bauherr ohne weitere (zivilrechtliche) Einschränkung Gebäude 18
auf seinem Grundstück errichten, solange er sich innerhalb der Grenzen seines Grundstücks bewegt. Dabei können die verschiedensten Einwirkungen auf das Nachbargrundstück entstehen. Zu denken ist dabei z.B. an **Lärm,**[7] **Staub**[8] oder **Erschütterungen.**[9]

aa) Vorbemerkung

§ 906 BGB bezweckt den notwendigen Interessenausgleich von Grundstücksnachbarn 19
im Hinblick auf bestimmte Einwirkungen, die von einem anderen Grundstück ausgehen, und stellt eine Begrenzung des Eigentums dar. § 906 BGB ist rechtstechnisch eine Einwendung. Die Norm regelt in unmittelbarer Anwendung die Frage, ob und unter welchen Voraussetzungen eine Duldungspflicht bestehen kann. Der Gesetzestext des § 906 BGB lautet:

> **§ 906 BGB Zuführung unwägbarer Stoffe**
> (1) Der Eigentümer eines Grundstücks kann die Zuführung von Gasen, Dämpfen, Gerüchen, Rauch, Ruß, Wärme, Geräusch, Erschütterungen und ähnliche von einem anderen Grundstück ausgehende Einwirkungen insoweit nicht verbieten, als die Einwirkung die Benutzung seines Grundstücks nicht oder nur unwesentlich beeinträchtigt. Eine unwesentliche Beeinträchtigung liegt in der Regel vor, wenn die in Gesetzen oder Rechtsverordnungen festgelegten Grenz- oder Richtwerte von den nach

6 BGH v. 31.10.1980 – V ZR 157/79 – NJW 1981, 573, 574.
7 BGH v. 6.2.1986 – III ZR 96/84 – NJW 1986, 1980.
8 OLG Karlsruhe v. 19.10.2000 – 19 U 24/00 – IBR 2001, 195.
9 BGH v. 20.11.1998 – V ZR 411/97 – NJW 1999, 1029.

diesen Vorschriften ermittelten und bewerteten Einwirkungen nicht überschritten werden. Gleiches gilt für Werte in allgemeinen Verwaltungsvorschriften, die nach § 48 des Bundes-Immissionsschutzgesetzes erlassen worden sind und den Stand der Technik wiedergeben.

(2) Das Gleiche gilt insoweit, als eine wesentliche Beeinträchtigung durch eine ortsübliche Benutzung des anderen Grundstücks herbeigeführt wird und nicht durch Maßnahmen verhindert werden kann, die Benutzern dieser Art wirtschaftlich zumutbar sind. Hat der Eigentümer hiernach eine Einwirkung zu dulden, so kann er von dem Benutzer des anderen Grundstücks einen angemessenen Ausgleich in Geld verlangen, wenn die Einwirkung eine ortsübliche Benutzung seines Grundstücks oder dessen Ertrag über das zumutbare Maß hinaus beeinträchtigt.

(3) Die Zuführung durch eine besondere Leitung ist unzulässig.

bb) Tatbestand

(1) Duldungsverpflichtete

20 Duldungsverpflichtet ist zunächst der Eigentümer sowie der Grunddienstbarkeitsberechtigte (§§ 1004, 1027 BGB) und der Berechtigte sonstiger Dienstbarkeiten (§§ 1004, 1090 Abs. 2; 1027 BGB) sowie der Erbbauberechtigte. Darüber hinaus wird nach ständiger Rechtsprechung § 906 BGB auch auf den Besitzer, so z.B. den Mieter und Pächter, angewandt.[10]

(2) Begriff der von einem anderen Grundstück ausgehenden Einwirkung

21 Die Einwirkungen müssen von einem anderen Grundstück ausgehen. § 906 Abs. 1 S. 1 BGB enthält einen Katalog, in welchem zwar keine konkrete Definition des Einwirkungsbegriffs vorgegeben, dieser Begriff jedoch in beispielhafter Weise veranschaulicht wird, sodass die Weiterentwicklung der Auslegung des § 906 BGB der Praxis vorbehalten bleibt. Bedeutsam für diese Betrachtung sind diejenigen Einwirkungen, die gerade bei Tiefbauarbeiten häufig auftreten: Erschütterungen, Vibrationen, Staub und Lärm. Insbesondere Erschütterungen treten als unregelmäßige einzelne Stöße (z.B. bei **Sprengungen**) oder als zumeist gleichförmige Schwingungen und Vibrationen auf, die insbesondere durch eingesetzte Maschinen und Baugeräte (**Ramme, Rüttelverdichter, Bagger, Vibrationswalze, Schwingungsverdichter, Bohrgerät usw.**) hervorgerufen werden können.

(3) Wesentlichkeit der Beeinträchtigung der Benutzung des Grundstücks

22 Weiter fordert § 906 Abs. 1 S. 1 BGB eine „wesentliche Beeinträchtigung", damit dem Grundstückseigentümer ein Verbietungsrecht zusteht. Für die Frage der Wesentlichkeit kommt es maßgeblich auf das Empfinden eines **„verständigen" Durchschnittsmenschen** an, wobei die Natur und die Zweckbestimmung des betroffenen Grundstücks,

10 BGH v. 14.10.1994 – V ZR 76/93 – NJW 1995, 132.

z.B. ob das Grundstück als Industriegrundstück oder als Wohngrundstück genutzt wird, entscheidend sind.[11]

Weiter ist bei der Bewertung der Wesentlichkeit ein so genannter **objektiv-differenzierter Maßstab** anzulegen, da es für die Frage der Wesentlichkeit nicht auf eine individuelle Person des mehr oder weniger empfindlichen Nachbarn ankommt, sondern auf das Empfinden eines objektiven Durchschnittsmenschen. Für die Beurteilung der Wesentlichkeit ist vor allem die Benutzung des beeinträchtigten Grundstücks in seiner konkreten Beschaffenheit zu untersuchen. 23

Die Überschreitung von Grenzwerten von einschlägigen DIN- oder auch VDI-Normen können auf eine Wesentlichkeit hindeuten.[12] Mit dem BGH ist im Rahmen der **Beweiswürdigung** § 287 ZPO anzuwenden, um damit einerseits dem Geschädigten die ohnehin schwierige Nachweisführung zu erleichtern, andererseits aber auch eine übermäßige Haftung des Emittenten zu verhindern. Wenn aber die vorgegebenen Grenzwerte eingehalten werden und damit die Voraussetzung für die vorstehenden Ausführungen entfällt, dann muss konsequenterweise den Geschädigten die volle Darlegungs- und Beweislast auch hinsichtlich der Kausalität treffen. Den Störer wiederum trifft für die ihm günstige Einwendung der Unwesentlichkeit i.S.d. § 906 Abs. 1 BGB nach allgemeinen Grundsätzen die **Darlegungs- und Beweislast**. Aufgrund der Vermutungsregel des § 906 Abs. 1 S. 2 und 3 BGB braucht er aber nur noch darzulegen und ggf. zu beweisen, dass die relevanten Grenz- und Richtwerte eingehalten sind. Einwirkungen in Form von Lärm werden aktuell besonders in Hinblick auf Luft- und Wärmepumpen relevant. Die Unwesentlichkeit wird hierbei jedoch indiziert, da durch die Pumpen grds. „die in einem reinen Wohngebiet zulässigen Werte der TA-Lärm eingehalten sind."[13] Diese gesetzliche Vermutung kann aber im Einzelfall widerlegt werden, wie es auch im Fall der Wärmepumpen vorkam, wenn die subjektive Wahrnehmung störender als der objektiv gemessene Wert ist. Hierfür obliegt aber dann dem gestörten Nachbarn die Darlegungs- und Beweislast. 24

(4) Ortsüblichkeit der Benutzung des anderen Grundstücks

§ 906 Abs. 2 S. 1 BGB stellt den unwesentlichen Einwirkungen solche gleich, die bei ortsüblicher Benutzung des emittierenden Grundstücks entstehen und dabei wesentlich sind, wenn sie nicht durch Maßnahmen verhindert werden können, die dem anderen Eigentümer zumutbar wären. Nach der Rechtsprechung des BGH beruht die nachbarrechtliche Beschränkung des Eigentums nach der **Maßgabe der Ortsüblichkeit seiner Nutzung** auf dem Gedanken, dass benachbarte Grundstücke in vergleichbar einheitlicher Weise genutzt werden sollen und damit aus diesem Grund die das benachbarte Grundstück berührenden Störungen dem jeweils anderen Nachbarn zumutbar sein sollen.[14] 25

11 BGH v. 5.2.1993 – V ZR 62/91 – BGHZ 121, 248, 255.
12 BGH v. 20.11.1992 – V ZR 82/91 – BGHZ 120, 239, 256.
13 AG Lüdinghausen v. 17.5.2017 – 12 C 222/15.
14 BGH v. 30.10.1970 – V ZR 150/67 – BGHZ 54, 384.

26 Bei der Beurteilung der **Ortsüblichkeit** ist nach dem Wortlaut des § 906 Abs. 2 S. 1 BGB auf die Benutzung des emittierenden Grundstücks abzustellen, da sonst die Kriterien der „Zumutbarkeit" und der „Ortsüblichkeit" vermischt würden. Es kann von einer Ortsüblichkeit dann ausgegangen werden, wenn eine gleichartige Übung bei einer Mehrheit von Grundstücken derselben Lage gegeben ist.

(5) Beeinträchtigung durch wirtschaftlich zumutbare Abhilfemaßnahmen

27 Das Tatbestandsmerkmal der **Zumutbarkeit** ist gegeben, wenn unter Berücksichtigung der nachbarschaftlichen Verhältnisse, der Vor- und Nachteile, der technisch-organisatorischen Möglichkeiten sowie der Leistungsfähigkeit eines **durchschnittlichen Emittierenden**, die Einbringung besonderer und die Einwirkung verhindernder Maßnahmen möglich sind.

cc) Rechtsfolgen

28 Es ergibt sich durch § 906 BGB zum einen ein Abwehranspruch des Eigentümers, der bestimmte, wesentliche Einwirkungen auf sein Grundstück verbieten kann. Überschreiten diese Einwirkungen jedoch die Grenze der Wesentlichkeit nicht, so hat der Eigentümer nach § 906 Abs. 1 BGB diese hinzunehmen. Selbst wenn nach § 906 Abs. 1 BGB eine wesentliche Einwirkung vorliegt, so besteht eine weitergehende Duldungspflicht des Eigentümers, wenn die Einwirkung auf einer ortsüblichen Nutzung des emittierenden Grundstücks beruht und des Weiteren einem vergleichbaren Grundstücksnutzer aus wirtschaftlichen Gründen nicht zumutbar ist. § 906 BGB kann nur in Verbindung mit § 1004 Abs. 1 BGB zu einem Abwehranspruch des Eigentümers führen (siehe Rdn 60 ff.).

c) § 909 BGB: Vertiefungen

29 Eine weitere wesentliche Regelung des privaten Nachbarrechts stellt § 909 BGB[15] dar. Der Text der Norm lautet:

> **§ 909 BGB Vertiefung**
> Ein Grundstück darf nicht in der Weise vertieft werden, dass der Boden des Nachbargrundstücks die erforderliche Stütze verliert, es sei denn, dass für eine genügende anderweitige Befestigung gesorgt ist.

30 Nachdem sich aus § 905 BGB ein Herrschaftsrecht zur Nutzung auch des Erdkörpers ergibt, muss § 909 BGB hier regulativ hinzutreten, um eine Einwirkung auf benachbarte Grundstücke zu verhindern. § 909 BGB sichert die bodenphysikalische Stütze, die sich benachbarte Grundstücke gegenseitig gewähren und schränkt dementsprechend die Befugnisse des Eigentümers ein.

15 BGH v. 26.1.1996 – V ZR 264/9.

aa) Voraussetzungen des Tatbestands

(1) Unzulässige Vertiefung

Unter einer Vertiefung wird ganz allgemein jede Maßnahme verstanden, welche dem Boden des benachbarten Grundstücks die **erforderliche Stütze** entzieht. Es darf also nicht so auf das Nachbargrundstück eingewirkt werden, dass dessen Erdreich in der Senkrechten den Halt verliert oder untere Bodenschichten in ihrem waagrechten Verlauf beeinträchtigt werden[16] (z.B. Beseitigung von Bodenbestandteilen, Gebäudeteilen und Baumaterialien, das Zusammenpressen durch Auflast des Neubaus und Aufschüttungen oder Auffüllungen, oder Einwirkungen auf das Grundwasser).[17] 31

(2) Stützverlust beim Nachbargrundstück

Der „Nachbar“ wird im Anwendungsbereich des § 909 BGB so interpretiert, dass auch weitere, nicht unmittelbar angrenzende Grundstücke in den Schutzbereich des § 909 BGB fallen. Hinsichtlich der „**erforderlichen Stütze**“ gilt: die Vertiefungshandlung muss so auf das Nachbargrundstück einwirken, dass dort der **Boden in der Senkrechten den Halt verliert, oder dass die unteren Bodenschichten in ihrem waagerechten Verlauf beeinträchtigt werden**. Die Erforderlichkeit der Stütze richtet sich nach den **örtlichen Verhältnissen** im jeweiligen Einzelfall. 32

(3) Genügende anderweitige Befestigung

Die Unzulässigkeit einer Vertiefung entfällt allerdings, wenn für eine **anderweitige, genügende Befestigung** Sorge getragen wird. Solche Befestigungen können etwa sein: eine rückverankerte Bohrpfahlwand, Spundwand, Baugrubenaussteifung oder auch eine eingestellte Schmalwand. Hieraus ergibt sich aber keine Verpflichtung des vertiefenden Grundstückseigentümers, für eine derartige Befestigung zu sorgen. 33

Dem Vertiefenden bleibt nach ganz herrschender Meinung die **Auswahl des Verfahrens zur ausreichenden anderweitigen Befestigung des Nachbargrundstücks** selbst überlassen, er muss hierbei besonderen Wünschen des Nachbarn (z.B. ästhetische Ansprüche) nicht gesondert Rechnung tragen. 34

bb) Rechtsfolgen

§ 909 BGB stellt ein Verbot dar, welches dem Bauherrn die Vertiefung seines Grundstücks untersagt, sofern dadurch ein anderes benachbartes Grundstück in seiner erforderlichen Stütze gefährdet wird, wenn nicht eine anderweitige Befestigung zur Verfügung steht. Es ergeben sich daraus drei wesentliche Konsequenzen: solange eine solche Vertiefung noch nicht vorgenommen worden ist, kann der Nachbar von dem Vertiefenden Unterlassung dieser Vertiefungshandlungen gem. §§ 909, 1004 Abs. 1 S. 2 BGB begehren. Ist bereits eine solche Handlung vorgenommen worden, so kann der gestörte Eigen- 35

16 BGH v. 10.7.1987 – BGHZ 101, 290, 291, BGHZ 101, 290, 291.

17 Aus Platzgründen kann an dieser Stelle auf die einzelnen Entscheidungsvarianten nicht eingegangen werden. Vgl. dazu näher: Wirth/*Boisserée/Fuchs*, Grundzüge des Baunachbarrechts, S. 85 ff.

tümer nach h.M. aus § 909 BGB direkt (ohne § 1004 Abs. 1 S. 1 BGB) Beseitigung[18] verlangen. Schließlich kommt auch, wenn § 909 BGB verletzt wurde, ein Schadensersatzanspruch zugunsten des benachbarten und gestörten Eigentümers in Betracht, §§ 823 Abs. 2, 909 BGB. Nach ganz herrschender Meinung in Rechtsprechung und Literatur stellt § 909 BGB ein Schutzgesetz i.S.d. § 823 Abs. 2 BGB dar, sodass eine schuldhafte Verletzung der Norm einen entsprechenden Schadensersatzanspruch nach sich zieht. Ein Anspruch aus 823 Abs. 1 BGB wegen Eigentumsverletzung kann danebenstehen.

Zur Abwehr eines unzulässigen Eingriffs ist auch hier, wie in den anderen Eingriffs- und Abwehrregelungen, eine einstweilige Verfügung denkbar. Ein Muster eines solchen Antrags findet sich unter Rdn 81.

d) § 912 BGB: Überbau

36 Diese Norm sieht vor:

> **§ 912 BGB Überbau; Duldungspflicht**
>
> (1) Hat der Eigentümer eines Grundstücks bei der Errichtung eines Gebäudes über die Grenze gebaut, ohne dass ihm Vorsatz oder grobe Fahrlässigkeit zur Last fällt, so hat der Nachbar den Überbau zu dulden, es sei denn, dass er vor oder sofort nach der Grenzüberschreitung Widerspruch erhoben hat.
>
> (2) Der Nachbar ist durch eine Geldrente zu entschädigen. Für die Höhe der Rente ist die Zeit der Grenzüberschreitung maßgebend.

aa) Tatbestand

(1) Errichtung eines Gebäudes

37 Zunächst muss ein **Gebäude** errichtet werden.

(2) Grenzüberschreitung

38 Weiter muss eine Überschreitung der Grundstücksgrenze vom Bau- zum Nachbargrundstück hin stattfinden. Dazu muss ein einheitliches Gebäude über die Grenze hinausgreifen.

(3) Bauausführung auf Veranlassung durch den Eigentümer

39 § 912 BGB setzt voraus, dass der Eigentümer des Baugrundstücks den Überbau vornimmt. Die Rechtsprechung stellt darauf ab, wer nach der Verkehrsanschauung als **Geschäftsherr des Bauvorhabens** anzusehen ist.[19]

(4) Verschulden des Überbauenden

40 Die Duldungsverpflichtung nach § 912 Abs. 1 BGB entsteht nicht, wenn dem Überbauenden Vorsatz oder grobe Fahrlässigkeit vorzuwerfen ist. In diesem Sinne handelt **vorsätzlich**, wer weiß, dass er die Grenze überschreitet und sich dabei bewusst ist, dass er

18 BGH v. 26.1.1996 – V ZR 264/94.
19 BGH v. 23.2.1990 – V ZR 231/88 – WM 1990, 718.

hierzu keine Befugnis hat.[20] Von **grober Fahrlässigkeit** ist auszugehen, wenn der Bauherr ein besonders unsorgfältiges Verhalten an den Tag legt, das in irgendeiner Weise für die Überschreitung der Grenze kausal war. Das **Verschulden von Hilfspersonen und Vertragspartnern** des Bauherrn ist dem Bauherrn nach der Rechtsprechung nur teilweise zurechenbar: so hat der BGH nur das Verschulden des **Architekten** als Bauherrenrepräsentant als zurechenbar angesehen, nicht jedoch das Verschulden etwa des **Bauunternehmers oder dessen Gehilfen** (und zwar weder gem. § 166, noch über § 278 oder § 831 BGB).[21] Die **Beweislast** für das Nichtvorliegen von Vorsatz oder grober Fahrlässigkeit liegt bei dem Bauherrn.

(5) Nachbarwiderspruch

Der Nachbar muss den Überbau dann nicht dulden, wenn er vor oder unmittelbar nach dem Überbau entsprechend widersprochen hat. **Widerspruchsberechtigt** sind der Eigentümer sowie die Erbbau- bzw. Dienstbarkeitsberechtigten. Nicht widerspruchsberechtigt sind Besitzer, Hypothekenberechtigte und Inhaber vergleichbarer Rechtspositionen. 41

bb) Rechtsfolgen

Als Rechtsfolge ergibt sich für den **entschuldigten Überbau** eine Duldungspflicht des tangierten Eigentümers, § 912 Abs. 1 BGB. Die weitere Rechtsfolge der **Rentenverpflichtung des Überbauenden** wird unter Rdn 65 dargestellt. 42

Sollten hingegen die Voraussetzungen des § 912 Abs. 1 BGB fehlen und auch keine anderweitigen Vereinbarungen zwischen den Nachbarn vorliegen, so ist ein **rechtswidriger und nicht entschuldigter Überbau** gegeben. Der Eigentümer des tangierten Grundstücks kann Beseitigung (§§ 903, 1004 BGB) sowie Herausgabe der überbauten Fläche verlangen (§ 985 BGB), soweit nicht im Ausnahmefall der Grundsatz von Treu und Glauben anderes gebietet. 43

e) § 917 BGB: Notwegrecht

Diese Vorschrift des Nachbarrechts regelt wie folgt: 44

> **§ 917 BGB Notweg**
>
> (1) Fehlt einem Grundstück die zur ordnungsmäßigen Benutzung notwendige Verbindung mit einem öffentlichen Wege, so kann der Eigentümer von den Nachbarn verlangen, dass sie bis zur Hebung des Mangels die Benutzung ihrer Grundstücke zur Herstellung der erforderlichen Verbindung dulden. Die Richtung des Notwegs und der Umfang des Benutzungsrechts werden erforderlichenfalls durch Urteil bestimmt.
>
> (2) Die Nachbarn, über deren Grundstücke der Notweg führt, sind durch eine Geldrente zu entschädigen. Die Vorschriften des § 912 Abs. 2 Satz 2 und der §§ 913, 914, 916 finden entsprechende Anwendung.

20 BGH v. 21.6.1974 – V ZR 164/72 – NJW 1974, 1552.
21 BGH v. 10.12.1976 – V ZR 235/75 – NJW 1977, 375.

45 Das Notwegrecht nach §§ 917 f. BGB stellt für das verbindende Grundstück eine gesetzliche Eigentumsbeschränkung dar, für das verbundene Grundstück hingegen eine Erweiterung des Eigentumsinhalts auf Teile des verbindenden Grundstücks.

aa) Tatbestand

(1) Fehlende Verbindung zu einem öffentlichen Weg

46 Zunächst muss dem Baugrundstück eine Verbindung zu einem öffentlichen Weg fehlen.

Einem Grundstück fehlt beispielsweise die Verbindung, wenn es von einem öffentlichen Weg vollständig abgetrennt ist (z.B. ein hinterliegendes Grundstück).

(2) Ordnungsgemäße Benutzung des verbindungslosen Grundstücks

47 Ob eine ordnungsgemäße Nutzung des hinterliegenden, einen Notweg begehrenden Grundstücks gegeben ist, misst sich an den objektiv zu beurteilenden faktischen Bedürfnissen einer praktischen Wirtschaft. Das Grundstück ist „seiner Natur nach" zu betrachten. Nach der Rechtsprechung ist das Notwegerecht zu bejahen, wenn der Eigentümer die Benutzungsart seines Grundstücks erst ändert und dann dadurch eine Inanspruchnahme der benachbarten Grundstücke erforderlich werden sollte. Die nunmehr gewählte Nutzungsart (z.B. auch Bebauungsweise) muss nach vernünftigen Erwägungen den naturgegebenen Verhältnissen des Grundstücks entsprechen. Dies wird im Regelfall bei Baumaßnahmen kein Problem darstellen.[22]

(3) Notwendigkeit der Nutzung des Verbindungsgrundstücks

48 An die Notwendigkeit sind aufgrund der schwerwiegenden Folgen des Eingriffs in das Eigentumsrecht des Nachbarn strenge Anforderungen zu stellen. Allein **Gründe der Zweckmäßigkeit oder Bequemlichkeit** des Bauherrn sind nicht ausreichend. Es darf also keine – wenn auch ggf. teurere – Alternative geben, die der Bauherr fruchtbar machen könnte. Maßgebender Zeitpunkt für die Beurteilung ist im Streitfall derjenige der letzten mündlichen Tatsachenverhandlung. So wird man beispielsweise eine Notwendigkeit des **Antransports von Baugeräten und Materialien zu einer Baustelle** auf einem hinterliegenden Grundstück annehmen können, wenn dies über einen öffentlichen Weg nicht möglich ist. Dies gilt zumindest für die Zeit der Baustellentätigkeit. Ebenso ist regelmäßig die Zulässigkeit eines **Leitungsnotwegs** für Ver- bzw. Entsorgungsleitungen anzunehmen, wenn eine Verbindung zu einem Ver- bzw. Entwässerungsnetz anderweitig nicht erreicht werden kann.

(4) Berechtigte und Verpflichtete

49 **Notwegberechtigt** ist der Eigentümer des hinterliegenden (Bau-)Grundstücks sowie Inhaber grundstücksgleicher Rechte. Das Notwegrecht soll einer Notlage eines hinterliegenden Grundstücks abhelfen; deshalb steht dem Eigentümer ein solches Notwegrecht

22 MüKo/*Brückner*, § 917 Rn 9 f.

auch dann zu, wenn er die Benutzung Dritten (z.B. einem Bauunternehmer) überlässt.[23] **Duldungsverpflichtet** ist der Eigentümer des in Anspruch genommenen Notweggrundstücks, das der Verbindung mit dem öffentlichen Weg entgegensteht.

bb) Rechtsfolgen

Der Eigentümer des Notweggrundstücks hat die notwendige Nutzung hinzunehmen. 50 Zur Herstellung und Unterhaltung des Notwegs ist der Verpflichtete allerdings nicht gezwungen. Die konkrete Ausgestaltung des Notwegs kann entweder durch eine Vereinbarung der Parteien erfolgen oder aber gem. § 917 Abs. 1 S. 2 BGB durch feststellendes Urteil.

Beachtlich ist hier noch, dass **Ausschlussgründe nach § 918 BGB** vorliegen können, 51 falls der Eigentümer des hinterliegenden Grundstücks die Trennung von einem öffentlichen Wege selbst (mit-)verursacht hat.

f) Landesnachbarrecht

Das Eigentum nach § 903 S. 1 BGB erfährt zahlreiche Einschränkungen auch durch 52 die Nachbarrechtsgesetze der einzelnen Bundesländer. In diesen Gesetzen finden sich Bestimmungen im Zusammenhang mit nachbarlichen Grundstücken und deren Benutzung im Kontext einer Baumaßnahme, z.B. zur zulässigen Gründungstiefe, Grenzwand und deren Unterfangung, zur Veränderung des Grundwasserspiegels, Bodenerhöhung und zu den sogenannten „**Hammerschlags- und Leiterrechten**".[24]

g) Nachbarliches Gemeinschaftsverhältnis

aa) Allgemeines

Im Baubereich handelt es sich bei dem nachbarlichen Gemeinschaftsverhältnis um ein 53 bedeutsames Thema, denn den Interessen des Nachbarn stehen ebenfalls beachtenswerte Motive des bauwilligen Grundstückseigentümers gegenüber.

bb) Voraussetzungen und systematische Betrachtungen

Bei dem nachbarlichen Gemeinschaftsverhältnis handelt es sich nicht um ein Schuldver- 54 hältnis (i.S.d. § 241 BGB) zwischen den betroffenen Grundstücksnachbarn. Maßgeblich erscheint die Einstufung des Gemeinschaftsverhältnisses als Ausprägung des § 242 BGB. Insbesondere die Rechtsprechung geht seit langem von dieser Einordnung des Gemeinschaftsverhältnisses unter die „Generalklausel" des Zivilrechts aus.[25] Dabei sollen von dem Verhältnis keine selbstständigen Ansprüche des Nachbarn unmittelbar ausgehen. Vielmehr dient der Gedanke von Treu und Glauben (§ 242 BGB) lediglich als Schranke der Rechtsausübung. Man kommt zu dem Ergebnis, dass § 242 BGB – der auch im Bereich des Sachenrechts anwendbar ist – zur Konstituierung des Rechtsinstituts des nachbarlichen Gemeinschaftsverhältnisses tauglich erscheint.

23 BGH v. 10.7.1973 – V ZR 32/62 – NJW 1963, 1917.
24 Vgl. dazu ausführlich bei *Fuchs*, Inanspruchnahme von Nachbargrundstücken, ab S. 286 ff.
25 BGH v. 21.10.1983 – V ZR 166/82 – BGHZ 88, 344, 351.

cc) Wichtigste Fallgruppen

(1) Hinnahmeverpflichtungen

55 An dieser Stelle soll ein kurzer Überblick über die möglichen Verpflichtungen gegeben werden. Wenn man von einem weiteren Begriff der Eigentumsbeeinträchtigung ausgeht, so kommt man in der Praxis relativ häufig zu einer Beeinträchtigung dieses Rechtsguts und damit – gerade in Baustreitigkeiten – zu der Frage, inwieweit eine Einschränkung der Abwehrrechte eines Nachbarn durch das Institut des nachbarlichen Gemeinschaftsverhältnisses vorgenommen werden muss. Andernfalls bestünde die Gefahr, dass eine sinnvolle Nutzung des Grundstücks dem Eigentümer nicht mehr möglich ist, da im Prinzip jegliche Nutzung eines Grundstücks zu irgendeiner theoretischen Interaktion mit dem Grund und Boden des Nachbarn führt. Für den Bereich der Imponderabilien ist durch den unter Rdn 18 ff. bereits beschriebenen § 906 BGB eine weitestgehend hinreichende Regelung getroffen worden. Eine Ausnahme gilt hier regelmäßig nur für die im Folgenden noch näher ausgeführten besonders kurzfristigen und damit zeitlich ohne Weiteres überschaubaren Beeinträchtigungen. Grobkörperliche Immissionen lassen sich im Regelfall mit den Vorschriften der §§ 1004, 862 BGB abwehren. Auch hier sind regelmäßig nur Ausnahmen bei besonders kurzen Einwirkungen und beim sogenannten „sozialüblichen Verhalten“ einschlägig.[26] Eine besondere Abweichung von dem vorstehenden Grundsatz stellen daneben die leges speciales der §§ 912, 917 BGB dar, welche den sogenannten „Überbau“ bzw. den „Notweg“ regeln. Dort ist unter spezifischen Voraussetzungen die Duldungspflicht des berührten Nachbarn ausgestaltet.

(2) Pflichten zur Unterlassung der Ausübung der nachbarlichen Rechte

56 Die vorstehend skizzierten Ansprüche auf Duldung können spiegelbildlich als Unterlassungsverpflichtungen formuliert werden. Dabei ist stets der Ausgangspunkt jeder Betrachtung der Gedanke, dass die Eigentumsverhältnisse an einem Grundstück letztlich definiert und gleichsam wirksam begrenzt werden müssen. Im Übrigen werden die bereits angesprochenen Verpflichtungen lediglich nach der jeweiligen Perspektive ausgestaltet. Dies bedeutet, dass auch ein Nachbar gehalten sein kann, seine „ihm zustehenden Rechte“ nur in einem bestimmten, angemessenen Rahmen auch tatsächlich auszuüben und darüber hinausgehende Handlungen aus dem Grundsatz von Treu und Glauben (§ 242 BGB) zu unterlassen.

(3) Sonderfälle: Zusammenwirken von § 905 S. 2 und § 242 BGB

57 Die Sonderfälle des Zusammenwirkens von § 905 S. 2 und § 242 BGB sowie die – notwendige – Differenzierung zwischen permanenten und temporären Einwirkungen können hier nicht im Detail ausgeführt werden. Dies ist aber im Einzelfall gesondert zu betrachten.[27]

26 Vgl. AG Passau v. 9.3.1984 – 11 C 708/82 – NJW 1983, 2885; LG Augsburg v. 24.8.1984 – 4 S 2099/84 – NJW 1985, 499; OLG Köln NJW 1985, 2335; AG Diez v. 19.10.1984 – 3 C 440/84 – NJW 1985, 2339; LG Oldenburg v. 15.11.1984 – 9 T 1009/85 – NJW-RR 1986, 883.

27 Wirth/*Boisserée/Fuchs*, Grundzüge des Baunachbarrechts, S. 114 ff.

dd) Mitwirkungspflichten des Eigentum haltenden Nachbarn

Weiter sind hier neben den vorgenannten Hinweis- und Fürsorgepflichten stehende Verpflichtungen zu formulieren. Danach kann ein Eigentümer gehalten sein, den Bauherrn rechtzeitig über eine etwaige **schlechte Substanz** des auf dem Grundstück des Eigentümers stehenden Gebäudes (z.B. wegen Alters, Bauweise, mangelnder Gründung, Kriegsschäden etc.) zu informieren. Eine in diesem Zusammenhang stehende Frage ist, ob sich der Eigentümer in einem Schadensfall die schlechte Bausubstanz (z.B. infolge von Kriegsschäden oder Alters des Gebäudes) anspruchsmindernd zurechnen lassen muss. Nach einer Entscheidung des BGH aus dem Jahre 1982 richtet sich die Beurteilung der Frage, ob eine rechtswidrige Vertiefung i.S.d. § 909 BGB vorliegt, danach, welche Befestigung das Nachbargrundstück tatsächlich nach seiner konkreten Beschaffenheit benötigt. Demnach kommt es gerade nicht nur auf eine **vorprägende Schadensanfälligkeit** an, sondern es kann allenfalls die bauliche Substanz anspruchsmindernd oder anspruchsausschließend wirken, wenn sich das Gebäude wegen grober Vernachlässigung in einem baufälligen Zustand befindet.[28] Der Grundstückseigentümer ist nach den Grundsätzen über das nachbarliche Gemeinschaftsverhältnis nur zu einem positiven Tun verpflichtet, wenn dies für einen billigen Interessenausgleich zwingend geboten ist.[29] 58

II. Besitzverhältnisse und vertragliche Vereinbarungen

Diese weiteren Anspruchsgruppierungen werden nun bei der Vorstellung der Anspruchsgrundlagen mitbehandelt. 59

D. Ansprüche des tangierten Nachbarn

I. Abwehr von Eigentumsstörungen

In Betracht kommen zum einen Abwehransprüche aus §§ 903 S. 1, 1004 BGB. Diese richten sich gegen Handlungs- wie auch gegen Zustandsstörer, unmittelbar wie auch mittelbar.[30] Der Beseitigungsanspruch des Eigentümers nach § 1004 Abs. 1 S. 1 BGB richtet sich lediglich auf die Beseitigung der Einwirkung für die Zukunft, nicht auf die Beseitigung bereits eingetretener Zustände. Diese müssen über eine gesonderte Anspruchsgrundlage geltend gemacht werden. Aus § 1004 Abs. 1 S. 2 BGB ergibt sich des Weiteren ein Unterlassungsanspruch, der vorbeugend geltend gemacht werden kann, wenn Wiederholungsgefahr bestehen sollte.[31] 60

28 BGH v. 13.7.1965 – V ZR 269/62 – BGHZ 44, 140; BGH v. 26.11.1982 – V ZR 314/81 – BauR 1983, 177.
29 BGH v. 8.2.2013 – V ZR 56/12.
30 BGH v. 11.6.1999 – V ZR 377/98 – NJW 1999, 2896; BGH v. 7.4.2000 – V ZR 39/99 – NJW 2000, 2901.
31 BGH v. 30.10.1998 – V ZR 64/98 – BGHZ 140, 1.

II. Abwehr von Immissionen

61 Ein Abwehranspruch kann sich aus §§ 906, 1004 Abs. 1 BGB ergeben. Ein Anspruch ist allerdings dann ausgeschlossen, wenn es eine Duldungspflicht nach § 1004 Abs. 2 BGB gibt (zu den Einzelheiten siehe Rdn 18 ff.). Als Anspruchsgegner kommen sowohl der Eigentümer des emittierenden Grundstücks als auch der wirtschaftliche Nutzer in Betracht (z.B. Bauherr als Mieter des Grundstücks).

III. Abwehr von Vertiefungen

62 Weiter kann eine Abwehr von Vertiefungen nach §§ 909, 1004 Abs. 1 BGB verlangt werden. Dies hat, da gerade in Innenstadtlagen häufig tiefe Baugruben erforderlich sind, in der Praxis erhebliche Bedeutung. Dem Anspruchsgegner (der Anspruch kann sich sowohl gegen den Eigentümer, den Bauherrn wie auch den Bauunternehmer richten) steht es dabei frei, den ursprünglichen Zustand wiederherzustellen oder für eine ausreichende anderweitige Befestigung zu sorgen.

IV. Abwehr von Besitzbeeinträchtigungen

63 Schließlich sind auch beeinträchtigte berechtigte Besitzer (z.B. Mieter oder Pächter) aus §§ 861, 862, 858 BGB berechtigt, einen Abwehranspruch gegen diese Beeinträchtigungen geltend zu machen. Bemerkenswert ist, dass nach der Rechtsprechung das Verbot weiterer Besitzstörungen auch die Verpflichtung zur Beseitigung störender Einwirkungen beinhalten kann.[32]

V. Vertragliche Ansprüche des Nachbarn auf Ersatz von entstandenen Schäden

64 Wenn ein Abwehr- oder Unterlassungsanspruch nicht mehr ausreicht, kommt neben den gesetzlichen Schadensersatzansprüchen auch ein vertraglicher Anspruch auf Schadensersatz in Betracht. Denkbar sind zum einen Verträge zugunsten Dritter oder mit Schutzwirkung zugunsten Dritter,[33] insbesondere aber auch direkte Verträge mit den betroffenen Nachbarn, die in der Regel bereits im Vorfeld, wenn eine Einwirkung auf ein benachbartes Grundstück zu besorgen ist (z.B. bei Einbringung einer Rückverankerung für eine Baugrubenumschließung im benachbarten Grundstück), abgeschlossen werden sollten.[34]

VI. Gesetzliche Ansprüche des Nachbarn

65 Schließlich gibt das Gesetz dem betroffenen Nachbarn auch eine Vielzahl von Anspruchsgrundlagen an die Hand, mittels derer er im Schadensfall Aufwendungsersatz[35] (Geschäftsführung ohne Auftrag, bereicherungsrechtliche Ansprüche), deliktischen

32 RGZ 63, 379.
33 Vgl. dazu eingehend Wirth/*Boisserée/Fuchs*, Darmstädter Baurechtshandbuch, 6. Kap. Rn 9 ff.
34 Vgl. Wirth/*Boisserée/Fuchs*, Darmstädter Baurechtshandbuch, 6. Kap. Rn 5 ff.
35 Vgl. Wirth/*Boisserée/Fuchs*, Darmstädter Baurechtshandbuch, 6. Kap. Rn 34 ff.

Schadensersatz[36] oder auch Ausgleichs- und Entschädigungsansprüche[37] geltend machen kann. Für eine detaillierte Darstellung dieser Anspruchsgruppen ist hier kein Raum. Allerdings werden die wesentlichen Voraussetzungen im Folgenden im Rahmen der einzelnen Muster noch näher vorgestellt.

E. Muster

I. Muster: Antrag auf Wiederherstellung der für ein Nachbargrundstück erforderlichen Stütze, falls eine Vertiefung erfolgt ist

1. Vorbemerkungen

Häufig wird bei Inanspruchnahme eines Baugrundstücks auch eine Inanspruchnahme eines benachbarten Grundstückes in der Weise realisiert, dass dem letztgenannten die Stütze entzogen wird und dabei das Grundstück oder ein darauf bestehendes Gebäude beeinträchtigt wird. Wie zuvor unter Rdn 29 ff. ausgeführt, steht dem betroffenen Eigentümer des tangierten Grundstücks ein Anspruch auf Wiederherstellung der erforderlichen Stütze oder auf Herstellung einer anderweitigen Befestigung zur Seite. **66**

Es sind dabei drei wichtige **Bedingungen** zu beachten: **67**

- Der **Vertiefende** ist **bei der Wahl** der genügenden anderweitigen **Befestigung**, aber auch der Wiederherstellung des ursprünglichen Stütz-Zustandes grundsätzlich **frei**.
- Die Klage muss die **Angabe der vor der Vertiefung vorhanden gewesenen Festigkeit** des beeinträchtigten Grundstücks enthalten, und
- die Klage muss **Angaben zur ursprünglichen Höhenlage** der beeinträchtigten Bodenschichten beinhalten.[38]

2. Muster

a) Typischer Sachverhalt

Ein Investor lässt durch seinen Bauunternehmer im Bereich der Grenze eine Baugrube ausheben. Die Baugrubensicherung erfolgt durch eine Bohrpfahlwand. Da ein teilweiser Nachrutsch des Nachbargrundstücks stattfindet, tritt auch ein Festigkeitsverlust ein. Dabei können sich folgende Parameter verändern: **68**

- die **bisherige Bodenfestigkeit**,
- die **Höhenlage der Oberfläche** und damit verbunden
- der **Neigungswinkel des Geländes** des Nachbargrundstücks, sofern nicht eine ebene Grundstücksfläche, sondern eine Hanglage vorliegt.

36 Vgl. Wirth/*Boisserée/Fuchs*, Darmstädter Baurechtshandbuch, 6. Kap. Rn 46 ff.
37 Vgl. Wirth/*Boisserée/Fuchs*, Darmstädter Baurechtshandbuch, 6. Kap. Rn 262 ff.
38 BGH v. 24.2.1978 – V ZR 95/75 – NJW 1978, 1584.

b) Muster: Antrag auf Wiederherstellung der für ein Nachbargrundstück erforderlichen Stütze, falls eine Vertiefung erfolgt ist

69 ▼

8.1

An das Amts-/Landgericht

Klage

des

– Kläger –

gegen

– Beklagter –

wegen unzulässiger Vertiefung

zeigen wir unter Vollmachtsvorlage die anwaltliche Vertretung des Klägers an. Im Termin zur mündlichen Verhandlung werden wir folgende Anträge stellen:

(*Beachtung der Bestimmtheitserfordernisse des § 253 ZPO und der höchstrichterlichen Rechtsprechung!*)

1. Der Beklagte wird verurteilt, die zum Zwecke der Erreichung einer Festigkeit der Bodenschichten des Grundstückes Flur-Nr. der Gemarkung , vorgetragen im Grundbuch des Amtsgerichts für von (*z.B. 250*) kN/mH^2, erforderlichen Maßnahmen so durchzuführen, dass die angegebene Festigkeit für das Grundstück bis zu einer Höhenlage von (über NN) gewährleistet wird, und zwar von Norden an der Grenze zu bei einer Höhenlage von (über NN) beginnend, in einem Hangneigungswinkel von Grad nach Süden ansteigend bis zur Grenze zu
2. Der Beklagte trägt die Kosten des Rechtsstreits.

Sachverhalt:

1.

Der Kläger ist Eigentümer des Grundstücks Flur.-Nr. der Gemarkung , vorgetragen im Grundbuch des Amtsgerichts für .

Beweis: Auszug aus dem Grundbuch, **Anlage K 1**

2.

Der Beklagte ist Eigentümer des Grundstücks Flur.-Nr. der Gemarkung , vorgetragen im Grundbuch des Amtsgerichts für .

Beweis: Auszug aus dem Grundbuch, **Anlage K 2**

3.

Der Beklagte hat auf seinem Grundstück Baugrundarbeiten vornehmen lassen. Dabei wurde unter anderem an der Grundstücksgrenze zu dem Grundstück des Klägers hin eine sogenannte Bohrpfahlwand errichtet.

Beweis: Zeuge , zu laden über

Lageplan, **Anlage K 2a**

Fotos der Baumaßnahmen, **Anlage K 3**

4.

Infolge der unter Nr. 3 genannten Arbeiten wurde dem klägerischen Grundstück die ursprünglich vorhandene Festigkeit der Bodenschichten von kN/mH^2 entzogen. Dies zeigte sich durch *(Beschreibung der Erscheinungsbilder, z.B. Setzungen, Rissbildungen etc.).*

Beweis: Gutachten des Privatsachverständigen , **Anlage K 4**

Sachverständigengutachten

Zeuge , zu laden über

Der Kläger hat diese Erscheinungsbilder durch den Privatsachverständigen untersuchen lassen, der im Rahmen seines als Anlage K 4 vorgelegten Gutachten vom festgestellt hat, dass dem Boden des klägerischen Grundstücks die erforderliche Stütze entzogen wurde. Das klägerische Grundstück hat insofern nur noch die Stütze von kN/mH^2. Des Weiteren hat sich das klägerische Grundstück infolge der Arbeiten des Beklagten/auf dem beklagten Grundstück um mm/cm abgesenkt.

(***ggf.*** *noch Angaben zum Hangneigungswinkel, falls vorhanden*)

Beweis: wie vor

5.

Für eine anderweitige Befestigung hat der Beklagte trotz schriftlicher Aufforderung vom mit Fristsetzung zum nicht gesorgt.

Beweis: wie vor

Augenschein des Gerichts

6.

Damit besteht ein Anspruch des Klägers gegen den Beklagten auf Wiederherstellung des ursprünglichen Zustandes. Die Art der Wiederherstellung ist dem Beklagten nach der Rechtsprechung des BGH freigestellt. Der Anspruch richtet sich nach §§ 909, 823 Abs. 2 BGB.

(***ggf.*** *auch bereits Angaben zu eingetretenen Schäden, soweit diese bereits festgestellt sind*)

(*Unterschrift*)(*Rechtsanwalt*)

▲

3. Anmerkungen

70 Bei der Klage unter Rdn 69 ist Folgendes besonders zu beachten:

a) Festigkeit und Angabe der Festigkeit des Grundstücks

71 Der BGH lässt offen, wie die frühere Festigkeit festgestellt werden kann. Da im Normalfall ein Grundstückseigentümer oder sonstig dinglich Berechtigter diese Werte vor einer Beeinträchtigung nicht feststellen lässt, er diese Parameter jedoch nach einer Vertiefung, die einen Stützverlust seines Grundstücks bewirkt, benötigt, muss er diese über eine nachträgliche Feststellung ermitteln. In der Regel erfolgt dies durch einen **Sachverständigen für Baugrundfragen**. Der Vertiefende hat über die Bestimmungen der §§ 909, 823 Abs. 2 BGB die Verpflichtung, auf seinem Grundstück eine solche Befestigung herzustellen, sodass die so ermittelte Festigkeit des Nachbargrundstücks wieder erreicht wird.[39]

b) Neigung/Höhenunterschiede

72 Wird durch eine Vertiefung auch die Höhenlage oder die Geländeneigung eines benachbarten Grundstücks verändert, so muss auch die ursprüngliche Höhenlage oder Neigung angegeben werden; denn der Geschädigte kann verlangen, dass die Festigkeit bis zur früheren Höhenlage gewährleistet wird. Die **Feststellung der ursprünglichen Höhenlage und Geländeneigung ist in der Regel einfacher** und kann **in Meereshöhe sowie Hangneigungswinkel** angegeben werden. Für die substantiierte Beschreibung des Geländeverlaufs bzw. der Neigung sind Lichtbilder ein hilfreiches Mittel, um den in der Regel erforderlichen Baugrundsachverständigen Anhaltspunkte für einen Soll-/Ist-Vergleich zu geben.

c) Beeinträchtigung von Grundstücksteilen

73 Wenn **nur Teilbereiche eines Grundstücks betroffen** sind, so sollte auch im Klageantrag eine entsprechende Eingrenzung erfolgen. Die Beigabe eines Lageplanes und verschiedene Schnitte eines Höhenplans dienen insoweit der Substantiierung.

d) Konkreter Schaden

74 Wenn bereits ein konkreter Schaden an dem Grundstück/Gebäude des Klägers eingetreten ist, kann dieser, wenn bereits entsprechend durch Sachverständigengutachten festgestellt und evtl. auch bereits bezifferbar, gleich mit geltend gemacht werden:

Es bietet sich dann an, sogleich zwei weitere Anträge zu stellen:

> „Der Beklagte wird verurteilt, an den Kläger EUR ______ (*durch ein Privatgutachten nachgewiesener Schaden infolge der Vertiefung*) nebst Zinsen hieraus in Höhe von 5 %-Punkten über dem jeweiligen Basiszins seit ______ (*ggf. bereits hier vorliegende Mahnung/Verzugslage berücksichtigen*) zu zahlen.

39 Näheres dazu auch: *Fuchs*, in: Englert/Grauvogl/Maurer, Der Klageantrag in Baugrund- und Tiefbauprozessen, 6. Kap. Rn 1283 ff.

Es wird festgestellt, dass der Beklagte verpflichtet ist, dem Kläger alle weiter auftretenden Schäden an dem Grundstück/Gebäude des Klägers, Flur.-Nr. der Gemarkung , vorgetragen im Grundbuch des Amtsgerichts für , zu ersetzen, die dadurch auftreten, dass der Beklagte eine unzulässige Vertiefung am auf seinem Grundstück Flur.-Nr. der Gemarkung , vorgetragen im Grundbuch des Amtsgerichts für , durch die Ausführung von -Arbeiten vorgenommen hat/vornehmen hat lassen.“

Der Feststellungsantrag sollte sogleich mit aufgenommen werden, um sicherzustellen, 75 dass auch etwaig später noch auftretende Schäden mitberücksichtigt werden und insoweit keine Verjährungsproblematik auftreten kann.

Zur Substantiierung des geltend gemachten Schadens kann entweder ein eigens eingehol- 76 tes Gutachten eines Parteigutachters, idealerweise eines vereidigten Sachverständigen für Bauschäden, als Grundlage verwendet werden, oder aber der Kläger stützt sich auf Kostenvoranschläge eines Bauunternehmens, der die Baulichkeiten besichtigt und darauf aufbauend ein Angebot abgegeben hat.

II. Muster: Antrag auf Unterlassung einer das Nachbargrundstück beeinträchtigenden Vertiefung – im einstweiligen Rechtsschutz und im Hauptsacheverfahren

1. Vorbemerkungen

Der hier beschriebene Fall gleicht dem vorhergehenden Fall unter Rdn 69. Allerdings 77 muss kein Grundstückseigentümer zuwarten bis tatsächlich eine Vertiefung eingetreten ist und daraus ggf. auch noch Schäden resultieren. In diesem Fall steht dem betroffenen Eigentümer und auch dem Besitzer ein Unterlassungsanspruch nach §§ 909, 1004 Abs. 1 S. 2 BGB zur Seite.[40]

Eine Vertiefung darf nur vorgenommen werden, wenn 78

- dadurch die erforderliche Stütze des benachbarten Grundstücks nicht beeinträchtigt wird **oder**
- Auswirkungen deshalb nicht entstehen können, weil zwar die erforderliche Stütze (z.B. der angrenzende Erdkörper) in Wegfall kommt, dafür jedoch eine **Ersatzmaßnahme getroffen** wurde.

Erkennt der Nachbar, dass Wasserhaltungs- oder Hangfußabtragungsarbeiten bevorste- 79 hen – etwa an Bohrungen für die Pumpen oder deren Antransport bzw. aufgrund des bereits antransportierten Baggers – und stellt er weiter fest, dass irgendwelche Sicherungsmaßnahmen nicht getroffen worden sind (z.B. Schluckbrunnen, Sicherungswand), dann kann er bereits **vorläufigen Rechtsschutz** durch den Antrag auf Erlass einer **einstweiligen Verfügung** bei unmittelbar bevorstehendem Arbeitsbeginn (z.B. Pumpen werden eingeschaltet, die oberste Bodenschicht wird abgetragen) erhalten. Denn dann

40 MüKo/*Säcker*, § 909 Rn 18; Staudinger/*Roth*, § 909 Rn 16; RGZ 62, 371; WarnRspr. 1912 Nr. 385; RGZ 132, 58.

ist die Wahrscheinlichkeit eines Stützverlustes durch die genannten Tiefbauarbeiten gegeben.[41]

2. Muster

a) Typischer Sachverhalt

80 Ein Investor lässt durch seinen Bauunternehmer im Bereich der Grenze eine Baugrube ausheben. Zur Vorbereitung des Aushubs ist eine Grundwasserabsenkung erforderlich. Dazu wird eine Grundwasserhaltungsanlage mit großen Pumpen bereits aufgebaut. Da – für den Nachbarn auch nicht ersichtlich – eine Stützmaßnahme nicht vorgesehen wird, hat dieser Sorge um die Standsicherheit und Schadensfreiheit seines Wohnhauses.

b) Muster: Antrag auf Unterlassung einer das Nachbargrundstück beeinträchtigenden Vertiefung – im einstweiligen Rechtsschutz und im Hauptsacheverfahren

81 ▼

8.2

An das Amtsgericht

Antrag

des

– Antragstellers –

gegen

den

– Antragsgegner –

wegen drohender unzulässiger Vertiefung

zeigen wir unter Vollmachtsvorlage die anwaltliche Vertretung des Antragstellers an. Wir stellen folgende Anträge und bitten aufgrund der Eilbedürftigkeit ohne mündliche Verhandlung zu entscheiden:

1. Dem Antragsgegner wird bei Meidung einer Ordnungsstrafe bis zu EUR , ersatzweise Ordnungshaft, untersagt, auf dem Grundstück Flur.-Nr. der Gemarkung , vorgetragen im Grundbuch des Amtsgerichts für folgende Arbeiten (*dezidierte Beschreibung der zu erwartenden Arbeiten*) ausführen zu lassen, solange nicht der Nachweis durch Vorlage eines amtlichen Prüfberichts oder eines von ihm bestellten und vereidigten Sachverständigen für Erd- und Grundbau gefertigten Gutachtens darüber geführt wird, dass durch die vorbezeichneten Arbeiten entweder die für den Boden des Nachbargrundstücks Flur.-Nr. der Gemarkung , vorgetragen im Grundbuch des Amtsgerichts für erforderliche Stütze nicht beeinträchtigt wird oder durch begleitende Maßnahmen für eine anderweitige Befestigung des Nachbargrundstücks gesorgt wird und diese im Prüfbericht oder Gutachten beschriebenen Maßnahmen auch ausgeführt werden.
2. Der Antragsgegner trägt die Kosten des Verfahrens.

41 MüKo/*Säcker*, § 909 Rn 18; Staudinger/*Roth*, § 909 Rn 16.

Sachverhalt:

1.

Der Antragsteller ist Eigentümer des Grundstücks Flur.-Nr. der Gemarkung , vorgetragen im Grundbuch des Amtsgerichts für .

Glaubhaftmachung: Auszug aus dem Grundbuch, **Anlage ASt 1**

2.

Der Antragsgegner ist Eigentümer des Grundstücks Flur.-Nr. der Gemarkung , vorgetragen im Grundbuch des Amtsgerichts für

Glaubhaftmachung: Auszug aus dem Grundbuch, **Anlage ASt 2**

3.

Der Antragsgegner hat auf seinem Grundstück Baugrundarbeiten vornehmen lassen. In diesem Zusammenhang werden auch Grundwasserabsenkungsmaßnahmen ausgeführt. Gegenwärtig wird eine entsprechende Grundwasserpumpenanlage installiert.

Glaubhaftmachung: Eidesstattliche Versicherung von Herrn/Frau , **Anlage ASt 3**

Lichtbilder, **Anlage ASt 4**

Skizzen und Lageplan, **Anlage ASt 5**

4.

Maßnahmen zur Sicherung der Standfestigkeit und Schadensfreiheit des Grundstücks des Antragstellers sind nicht ersichtlich.

Glaubhaftmachung: wie vor

5.

Infolge der unter Nr. 3 genannten Arbeiten besteht die dringende Gefahr, dass dem Grundstück des Antragstellers die ursprünglich vorhandene Festigkeit der Bodenschichten entzogen wird, indem das vorhandene Grundwasser in sehr großem Umfang abgepumpt wird.

Glaubhaftmachung: Gutachten des Privatsachverständigen , **Anlage ASt 6**

Eidesstattliche Versicherung des Privatsachverständigen , **Anlage ASt 7**

Der Antragsteller hat die Erscheinungsbilder und die vorgesehenen Arbeiten durch den Privatsachverständigen untersuchen lassen, der im Rahmen seines als Anlage ASt 6 vorgelegten Gutachten vom festgestellt hat, dass dem Boden des Grundstücks des Antragstellers die erforderliche Stütze entzogen zu werden droht. Dadurch kann sich das Grundstück des Antragstellers infolge der Arbeiten des Antragsgegners/auf dem Grundstück des Antragsgegners gegebenenfalls auch um mm/cm absenken.

(*ggf. noch Angaben zum Hangneigungswinkel, falls vorhanden*)

Glaubhaftmachung: wie vor

6.

Für eine anderweitige Befestigung hat der Antragsgegner trotz schriftlicher Aufforderung vom mit Fristsetzung zum nicht gesorgt.

Glaubhaftmachung: Eidesstattliche Versicherung, **Anlage ASt 3**

7.

Damit besteht ein Anspruch des Antragstellers gegen den Beklagten auf vorbeugenden Rechtsschutz. § 909 BGB gebietet es, dass bereits vor Eintritt einer unzulässigen Vertiefung Rechtsschutz gewährt wird, weil ansonsten die Gefahr besteht, dass unter Umständen massive und gegebenenfalls auch irreparable Schäden an dem Grundstück und Gebäude des Antragstellers eintreten. Der Schadenseintritt steht nun mangels Sicherungsmaßnahmen, zu denen der Antragsteller bereits aufgefordert hatte, unmittelbar bevor, sodass ein Unterlassungsanspruch nach §§ 909, 1004 Abs. 1 S. 2 BGB besteht.

(*Unterschrift*)(*Rechtsanwalt*)

▲

3. Anmerkungen

82 Bei dem vorgenannten Antrag unter Rdn 81 ist zu beachten:

a) Richtige Formulierung

83 Der Unterlassungsantrag muss sich an den Erfordernissen effektiven Rechtsschutzes orientieren.[42] Wenn gefordert würde, die Festigkeit des Bodens in gleicher Weise anzugeben wie bei einem Wiederherstellungsantrag, wäre dies, gerade im hier beschriebenen Fall, eine zeitnah kaum zu bewältigende Hürde.[43] Denn schnell ist dann die Vertiefung bereits ausgeführt und die erforderliche Stütze des Bodens beeinträchtigt, ohne dass eine Ersatzbefestigung geschaffen ist. Bei einem Unterlassungsantrag ist die Gefahr eines Stützverlustes gegeben. Diese ist auszuräumen.

84 Es kann der Nachweis der nicht bestehenden Gefahr für das Nachbargrundstück durch einen von einem Prüfingenieur abgezeichneten Bericht über die Tragwerksplanung ebenso geführt werden wie durch ein Gutachten eines öffentlich bestellten und vereidigten Baugrundsachverständigen, das die Auswirkungen der beabsichtigten Vertiefungsmaßnahmen auf die umliegenden Grundstücke beschreibt und zu eventuell notwendigen anderen Befestigungen Stellung nimmt. Diese Nachweismöglichkeiten hat der Vertiefende ohne große Schwierigkeiten; denn ihm liegen alle Daten seiner beabsichtigten Tiefbauarbeiten ebenso vor, wie ihm der Zustand des Nachbargrundstücks durch Augenschein oder Planstudium zugänglich ist. Insoweit ist auch die **Darlegungslast einzuschränken**. Es genügt demnach, wenn der Nachbar ein bestimmtes, die Festigkeit seines

42 Der Berechtigte (Eigentümer oder Besitzer) ist nicht gehalten, in seinem Klageantrag eine bestimmte, zur Erfüllung geeignete Maßnahme vorzuschlagen, damit die Klage den Bestimmtheitsanforderungen des § 253 Abs. 2 Nr. 2 ZPO genügt (MüKo/*Brückner*, § 909 Rn 35).

43 Die auf Unterlassung einer unzulässigen Vertiefung gerichtete Klage erfordert nicht die Angabe der Bodenfestigkeit des bedrohten Grundstücks (Abgrenzung zu Senat NJW 1978, 1584; WM 1982, 68); BGH v. 29.5.2009 – V ZR 15/08.

eigenen Grundstücks gefährdendes Verhalten des (demnächst) Vertiefenden als materiellrechtliche Voraussetzung des Unterlassungsanspruchs vorträgt,[44] sodass keine Aussagen zur bestehenden Festigkeit des tangierten Nachbargrundstücks erforderlich sind.[45]

Der BGH lässt offen, wie die frühere Festigkeit festgestellt werden kann. Da im Normalfall ein Grundstückseigentümer oder sonstig dinglich Berechtigter diese Werte vor einer anstehenden Vertiefung nicht kennt, muss nachträglich mit einer Rückrechnung durch vergleichende Betrachtung von einem anerkannten Sachverständigen gearbeitet werden.

b) Wichtiger Vortrag im einstweiligen Verfügungsverfahren bzw. im Hauptsacheverfahren

- **Räumliche Beziehung** des Nachbargrundstücks zum vertieft werdenden Grundstück (z.B. Vorlage eines Lageplanes, aus dem sich die Flurnummern ergeben) 85
- **Eigentümer- bzw. sonstige Berechtigtenstellung**, die durch eine unzulässige Vertiefung beeinträchtigt werden kann (z.B. Grundbuchauszug)
- **Darstellung der (beabsichtigten) Tiefbaumaßnahmen**, z.B. Wasserhaltung auf Grundstück Flur-Nr., (z.B. durch Vorlage von Plänen, Baugenehmigungsbescheiden, Skizzen, Lichtbildern, Zeugenaussagen)
- **Beschreibung der voraussichtlichen Auswirkungen der Tiefbaumaßnahmen auf das Nachbargrundstück** (z.B. Stützverlust durch Grundwasserentzug, Ausschwemmen von Bodenbestandteilen, Abrutschen des Hanges) (z.B. durch Kurzbericht eines Sachverständigen für Spezialtiefbau oder sonst Fachkundigen) und
- **Angabe, dass für eine anderweitige Befestigung nicht oder nicht ausreichend gesorgt und deshalb mit einer Schädigung des Nachbargrundstücks zu rechnen ist** (z.B. durch Kurzbericht eines Sachverständigen)

c) Beteiligte

Im Hauptsacheverfahren wird der Antragsgegner durch den Beklagten ersetzt, der Antragsteller durch den Kläger. 86

III. Muster: Geltendmachung von Schadensersatzansprüchen

1. Vorbemerkungen

In dem zuvor unter dem ersten Muster in Rdn 69 besprochenen Fall wurde die Wiederherstellung der eingetretenen Vertiefung nach §§ 909, 1004 Abs. 1 S. 2 BGB erörtert. Auch der weiter im Raum stehende Schadensersatz (§ 823 BGB) wurde dabei besprochen. Weiter kann ähnlicher Schadensersatz aus verschiedenen anderen Gründen, die im Erläuterungsteil (siehe Rdn 93) beschrieben werden, geltend gemacht werden. Entsprechend der Einwirkung auf das benachbarte Grundstück kann hier ein solcher Schadenser- 87

44 MüKo/*Brückner*, § 909 Rn 31; andernfalls wäre die Klage als unbegründet abzuweisen!
45 OLG Hamm v. 3.7.1997 – 21 U 81/96 – BauR 1998, 159; BGH v. 26.1.1996 – V ZR 264/94; BGH v. 24.2.1978 – V ZR 95/75 – NJW 1978, 1584; OLG Zweibrücken OLGZ 1974, 317; BGH v. 25.9.2009 – V ZR 15/08 – NZBAu 2009, 652.

satz verlangt werden, z.B. auch bei Beschädigung von Ver- und Entsorgungsleitungen, von Straßen, Gehsteigen und Plätzen, oder bei Schäden an sonstigen Rechtsgütern der Nachbarn.

2. Muster: Geltendmachung von Schadensersatzansprüchen

88 ▼

8.3

An das Amts-/Landgericht

Klage

des

– Kläger –

gegen

– Beklagter –

wegen Schadensersatz

zeigen wir unter Vollmachtsvorlage die anwaltliche Vertretung des Klägers an. Im Termin zur mündlichen Verhandlung werden wir folgende Anträge stellen:

1. Der Beklagte wird verurteilt, an den Kläger EUR (durch ein Privatgutachten nachgewiesener Schaden infolge der nachbarlichen Arbeiten) nebst Zinsen hieraus in Höhe von 5 %-Punkten über dem jeweiligen Basiszins seit (evtl. bereits vorliegende Mahnung/Verzugslage berücksichtigen) zu zahlen.
   Es wird festgestellt, dass der Beklagte verpflichtet ist, dem Kläger alle weiter auftretenden Schäden an dem Grundstück/Gebäude des Klägers, Flur.-Nr. der Gemarkung , vorgetragen im Grundbuch des Amtsgerichts für , zu ersetzen, die dadurch auftreten, dass der Beklagte am auf seinem Grundstück Flur.-Nr. der Gemarkung , vorgetragen im Grundbuch des Amtsgerichts für , durch die Ausführung von -Arbeiten vorgenommen hat/vornehmen hat lassen."
   (*Der Feststellungsantrag sollte sogleich mit aufgenommen werden, um sicherzustellen, dass auch etwaige später noch auftretende Schäden mitberücksichtigt sind und insoweit keine Verjährungsproblematik auftreten kann. Zur Substantiierung des geltend gemachten Schadens kann entweder ein eigens eingeholtes Gutachten eines Parteigutachters, idealerweise eines vereidigten Sachverständigen für Bauschäden, als Grundlage verwendet werden, oder aber der Kläger stützt sich auf Kostenvoranschläge eines Bauunternehmens, der die Baulichkeiten besichtigt und darauf aufbauend ein Angebot abgegeben hat.*)
2. Der Beklagte trägt die Kosten des Rechtsstreits.

Sachverhalt:

1.

Der Kläger ist Eigentümer des Grundstücks Flur.-Nr. der Gemarkung , vorgetragen im Grundbuch des Amtsgerichts für .

Beweis: Auszug aus dem Grundbuch, **Anlage K 1**

2.

Der Beklagte ist Eigentümer des Grundstücks Flur.-Nr. … der Gemarkung …, vorgetragen im Grundbuch des Amtsgerichts … für ….

Beweis: Auszug aus dem Grundbuch, **Anlage K 2**

3.

Der Beklagte hat auf seinem Grundstück folgende Bauarbeiten … vornehmen lassen. Dabei wurde unter anderem an dem Grundstück des Klägers folgende Beschädigung verursacht: …

Beweis: Zeuge …, zu laden über …
Lageplan, **Anlage K 2a**
Fotos der Baumaßnahmen**, Anlage K 3**
Bestandsaufnahme der Schäden, **Anlage K 3a**

4.

Infolge der unter Nr. 3 genannten Arbeiten sind dem Kläger folgende Schäden entstanden: … (*Beschreibung der Erscheinungsbilder, z.B. Setzungen, Rissbildungen etc.*).

Beweis: Gutachten des Privatsachverständigen …,
Anlage K 4
Sachverständigengutachten
Zeuge …, zu laden über …

Der Kläger hat diese Erscheinungsbilder durch den Privatsachverständigen … untersuchen lassen, der im Rahmen seines als Anlage K 4 vorgelegten Gutachten vom … festgestellt hat, dass die vorgenannten Schäden entstanden sind.

Beweis: wie vor

5.

Die Beseitigung der benannten Schäden wird nach Begutachtung des Privatsachverständigen … voraussichtlich circa … EUR kosten. Weitere Schäden sind zu besorgen.

Beweis: wie vor
Augenschein des Gerichts

6.

Damit besteht ein Anspruch des Klägers gegen den Beklagten auf Wiederherstellung des ursprünglichen Zustandes. Der Anspruch richtet sich nach § 823 Abs. 1 BGB.

(*Unterschrift*)(*Rechtsanwalt*)

▲

3. Anmerkungen

89 Bei der vorgenannten Klage ist besonders zu beachten:

a) Konkrete Schadensbezeichnung

90 Die Schäden sind konkret zu bezeichnen. Dazu ist in der Regel entweder ein entsprechendes Gutachten eines Privatsachverständigen einzuholen oder aber es sind entsprechende Angebote von Fachfirmen beizubringen.

b) Feststellungsantrag

91 Es sollte auch im Regelfall der Feststellungsantrag gestellt werden, um Verjährungsprobleme zu vermeiden.

c) Beklagte

92 Als Beklagte können neben dem Bauherrn auch die ausführenden Bauunternehmen in Betracht kommen, die in der Regel entsprechende Haftpflichtversicherungen vorhalten. Werden mehrere Baubeteiligte verklagt, was aus prozesstaktischen Gründen („Ausschaltung von Zeugen") zu überlegen ist (Kostenrisiko bei mehreren Beklagten mit individuellen Rechtsanwälten), so kommt häufig eine gesamtschuldnerische Haftung gem. § 840 BGB in Betracht.

d) Prinzip der Naturalrestitution

93 Im Rahmen des Schadensersatzrechts ist grundsätzlich das Prinzip der Naturalrestitution zu beachten: So hat der Schädiger den ursprünglichen Zustand wiederherzustellen (§ 249 S. 1 BGB) bzw. den zur Herstellung erforderlichen Geldbetrag zu leisten (§ 249 S. 2 BGB). Eine Ausnahme kann bestehen, wenn die Herstellung nur mit unverhältnismäßigem Aufwand möglich ist, § 251 Abs. 2 BGB.[46]

e) Vermutung der Schadensursächlichkeit

94 Bei Gebäude- und Grundstücksschäden gilt, dass bei Nichteinhaltung von anerkannten Regeln der Technik (z.B. in der Regel die DIN-Normen) und bei örtlich und zeitlich engem Zusammenhang zwischen den vorgenommenen Arbeiten und einem aufgetretenen Schaden eine – widerlegliche – Vermutung besteht, dass die Arbeiten auch ursächlich für den aufgetretenen Schaden waren.[47]

f) Anspruchsinhalt

95 Auch bei – verschuldensunabhängigem – enteignungsgleichem Eingriff oder nachbarrechtlichem Ausgleich sind die vorstehenden Grundsätze entsprechend zu verwenden. Der Anspruch (bei enteignungsgleichem Eingriff) geht allerdings nicht auf Schadensersatz, sondern auf einen angemessenen Ausgleich desjenigen, was von dem Geschädigten

46 Vgl. dazu *Fuchs* in: Englert/Grauvogl/Maurer, 6. Kap. Rn 1311 m.w.N.
47 BGH v. 19.4.1991 – V ZR 349/89 – BB 1991, 1149.

aufgewendet werden musste.[48] Bei nachbarrechtlichem Ausgleich ist der Anspruch dergestalt, dass alle von einem Grundstück auf ein benachbartes Grundstück ausgehenden Einwirkungen, die das zumutbare Maß einer entschädigungslos hinzunehmenden Beeinträchtigung übersteigen, umfasst sind. Es wird die Anforderung gestellt, dass der davon betroffene Eigentümer aus besonderen Gründen (rechtlich oder tatsächlich) gehindert gewesen sein muss, diese Einwirkungen zu unterbinden. Der Inhalt des Ausgleichsanspruchs bestimmt sich nach den Grundsätzen der vorgenannten Enteignungsentschädigung.[49]

IV. Muster: Geltendmachung von Notweganspüchen

Ansprüche nach dieser Fallgruppe, basierend auf § 917 BGB, sind in gleicher Weise wie vorstehend die Schadensersatzansprüche geltend zu machen. Auf die dortigen Ausführungen unter Rdn 44 ff. darf verwiesen werden. 96

V. Muster: Geltendmachung von Überbauansprüchen

Ansprüche nach dieser Fallgruppe, basierend auf §§ 912 ff. BGB, sind in gleicher Weise wie vorstehend die Schadensersatzansprüche geltend zu machen. Auf die dortigen Ausführungen unter Rdn 36 ff. darf verwiesen werden. 97

VI. Mustervereinbarungen und Musterverträge bei Baunachbarrechtsverhältnissen

1. Lagerplatzvertrag

a) Vorbemerkung

Häufig ist auf dem Baugrundstück die Fläche nicht ausreichend, um auch die Baustelleneinrichtung oder aber die Lagerfläche für erforderliches Material dort unterzubringen. In einem solchen Fall muss ein benachbart gelegenes Grundstück verwendet werden, damit diese Gegenstände darauf gelagert werden können. Das nachfolgende Muster kann als Vereinbarungsgrundlage mit dem Grundstückseigentümer verwendet werden: 98

b) Muster: Vertrag bei Baunachbarrechtsverhältnis

▼ 99

Vertrag 8.4

Zwischen

(*Grundstückseigentümer*)

und

(*Benutzer*)

48 Näher dazu: OLG Frankfurt v. 12.7.1984 – 12 U 16/83, n.v.; BGH NJW-RR 1997, 1374; OLG Düsseldorf NJW-RR 1997, 146.

49 BGH v. 22.12.1967 – V ZR 11/67 – BGHZ 49, 148, 155; BGH v. 31.5.1974 – V ZR 114/72 – BGHZ 62, 361, 371; BGH v. 4.7.1997 – V ZR 48/96 – NJW-RR 1997, 1374.

kommt folgender Vertrag zu Stande:

§ 1 Gegenstand

Der Eigentümer gestattet hiermit dem Nutzer die Inanspruchnahme des Grundstücks Flur.-Nr. in als Lagerplatz während der Ausführung von Bauarbeiten zum Zwecke der Errichtung eines Bauwerks auf dem Grundstück Flur.-Nr. in .

§ 2 Bedingungen

Der Lagerplatz darf nur innerhalb der in dem diesem Vertrag beigefügten Lageplan (*Farbe*) eingezeichneten Grenzen genutzt werden.

Entlang dieser Grenzen hat der Nutzer den Platz so einzuzäunen, dass ein Betreten durch Unbefugte und eine Gefährdung von Passanten ausgeschlossen ist. Der Nutzer übernimmt insoweit die Verkehrssicherungspflicht und schließt eine entsprechende Haftpflichtversicherung ab, die er auf Verlangen nachzuweisen hat. Das Lagern umweltgefährdender Stoffe oder die Verwendung derselben im Bereich des Lagerplatzes, z.B. zum Betanken von Maschinen und Geräten, darf nur entsprechend der gesetzlichen Vorschriften erfolgen. Soweit Maschinen und Geräte sowie sonstige Teile, die auf den Lagerplatz verbracht werden sollen, umstürzen und dadurch über die Lagerfläche hinausreichen können – insbesondere durch Sturm oder aufgeweichten Boden –, sind sie besonders zu sichern.

§ 3 Mängelhaftung

Der Eigentümer übernimmt keinerlei Haftung dafür, dass die zugewiesene Lagerfläche den Anforderungen des Nutzers, insbesondere hinsichtlich der Tragfähigkeit oder Sauberkeit, entspricht.

§ 4 Rückgabe

Nach Beendigung der Bauarbeiten, spätestens jedoch bis zum , ist der Lagerplatz in dem Zustand, wie er übergeben wurde (siehe dazu das Übergabeprotokoll vom), an den Eigentümer zurückzugeben. Etwaige Einbauten oder Änderungen des Oberbodens hat der Nutzer nach Wahl des Eigentümers zu entfernen oder kostenfrei zu belassen.

§ 5 Sicherheitsleistung

Der Nutzer bestellt als Sicherheit für die ordnungsgemäße, insbesondere nicht durch Verschmutzung des Erdreichs (z.B. durch Dieselöl) beeinträchtigte Rückgabe des Lagerplatzes eine Bürgschaft entsprechend den Regeln des § 17 VOB/B in Höhe von EUR (*z.B. dem Nutzungsentgelt für zwei Monate*).

§ 6 Nutzungsentgelt

Das Nutzungsentgelt beträgt EUR pro Monat (***alternativ:*** EUR *pro m²/Monat*) und ist monatlich im Voraus gebührenfrei auf das Konto Nr. bei der (*Bank, BLZ*) anzuweisen.

§ 7 Kündigung

Der Vertrag ist jederzeit bei Vorliegen der gesetzlichen Voraussetzungen außerordentlich kündbar.

§ 8 Anwendbares Recht

Soweit in diesem Vertrag keine Regelung getroffen wurde, ist das Recht der Miete gemäß §§ 535 ff. BGB anzuwenden.

(*Ort, Datum, Unterschriften*)

▲

c) Anmerkungen

Auch wenn der Eigentümer des als Lagerplatz gedachten Grundstücks dieses nicht nutzt oder die Nutzung als Lagerplatz die Nutzung des Nachbarn nicht tangiert, so ist dennoch dessen vorherige Einwilligung einzuholen. Ein Nutzungsanspruch besteht nur ganz ausnahmsweise bei besonders dringenden Bedürfnissen.[50] **100**

2. Einwilligung zur Inanspruchnahme des Grundstücks

a) Vorbemerkung

Häufig ist auf dem Baugrundstück die Möglichkeit nicht gegeben, dass die erforderlichen Sicherungsmaßnahmen, z.B. Rückverankerung einer Baugrubenumschließung, ausgeführt werden können, wodurch das benachbarte Grundstück mitbenutzt werden muss. Das nachfolgende Muster kann als Vereinbarungsgrundlage mit dem Grundstückseigentümer verwendet werden. **101**

b) Muster: Vertrag über die Einwilligung zur Inanspruchnahme eines Grundstücks

▼ **102**

Vertrag

Zwischen

(*Nachbar*)

und

(*Bauherr*)

kommt folgende Vereinbarung zu Stande:

§ 1 Gegenstand

Im Rahmen der (*z.B. Neubau- oder Anbauarbeiten*) auf dem Grundstück Flur.-Nr. (*Adresse*) ist zum Schutz der Nachbarbebauung eine (*z.B. rückverankerte Trägerbohlwand*) vorgesehen.

Soweit dazu in das Grundstück des Nachbarn Bauteile eingebracht werden oder Baumaßnahmen hinüberwirken, erteilt der Nachbar hiermit seine auf die Dauer der Baumaßnahme beschränkte (**oder** *dauernde*) Zustimmung unter folgenden Bedingungen:

a) Die Arbeiten sind so auszuführen, dass jede Beschädigung oder Beeinträchtigung bestehender Bauteile und vorhandener Bepflanzung auf dem Grundstück des Nachbarn ausgeschlossen wird.

50 Vgl. BGH v. 17.12.1999 – V ZR 144/98 – NJW 2000, 1719.

b) Die bei der Entfernung eingebrachter Bauteile oder Materialien entstehenden Hohlräume sind unter Verwendung zugelassener Substanzen zu verfüllen, zu verschließen oder zu verpressen.

c) Eine Einwirkung auf das Grundwasser darf nur in Abstimmung mit der zuständigen Behörde und unter Vermeidung jeder Gefährdung der bestehenden Gebäude stattfinden.

§ 2 Schadensersatz

Der Bauherr verpflichtet sich, dem Nachbarn jeden mit den vorbezeichneten Maßnahmen ursächlich zusammenhängenden Schaden, gleich, ob verschuldet oder unverschuldet und unabhängig von einer eigenen Regressmöglichkeit gegenüber den Bauausführenden, zu ersetzen. Insbesondere haftet der Bauherr für sämtliche Personen, die im Rahmen der grundstücksüberschreitenden Maßnahmen tätig werden.

§ 3 Vergütung

a) Für die im Nachbargrund verbleibenden, jedoch nicht mehr im Rahmen der Bauwerkserrichtung erforderlichen Bauteile oder Materialien (temporäre Maßnahmen), nämlich (*z.B. Spannanker, Bodennägel, Betonausfachung usw.*), erhält der Nachbar – zugleich für seine Rechtsnachfolger – eine einmalige Abgeltung für künftige Erschwernisse beim Beseitigen dieser Bauteile oder Materialien in Höhe von EUR.

b) Für die im Nachbargrund verbleibenden, ständig erforderlichen Bauteile oder Materialien (z.B. Daueranker) erhält der Nachbar eine einmalige Zahlung (**oder** *z.B. jährliche Rente*) in Höhe von EUR.

§ 4 Grunddienstbarkeit

Zur Sicherung des Verbleibs der unter § 3 b. genannten ständig erforderlichen Bauteile bestellt der Nachbar an seinem Grundstück Flur.-Nr. zugunsten des Bauherrngrundstücks Flur.-Nr. eine Grunddienstbarkeit. Die Kosten hierfür trägt der Bauherr.

§ 5 Ausschluss der Mängelhaftung

Der Nachbar übernimmt keinerlei Haftung für die Tauglichkeit seines Grundstücks zur dauerhaften Aufnahme von Kräften, Abtragungen von Lasten oder Erfüllung der vorausgesetzten Baugrundbedingungen zum Erhalt der mit der Maßnahme bezweckten Funktionen.

(*Ort, Datum, Unterschriften*)

▲

c) Anmerkungen

103
- Der zu duldende Eingriff ist grundsätzlich entschädigungspflichtig. Die Höhe richtet sich nach dem Wertinteresse.[51]
- Die Grunddienstbarkeit wird vom Notariat entsprechend z.B. den Kanalleitungsrechte formuliert.

51 Vgl. BGH BauR 1997, 1495.

3. Einwilligung zur Inanspruchnahme des Grundstücks bei Unterfangungen

a) Vorbemerkung

Häufig ist auf dem Baugrundstück die Möglichkeit nicht gegeben, dass die erforderlichen 104
Sicherungsmaßnahmen, z.B. Unterfangungsarbeiten, ausgeführt werden können. Deshalb muss dann das benachbarte Grundstück mitbenutzt werden. Das nachfolgende Muster kann als Vereinbarungsgrundlage mit dem Grundstückeigentümer verwendet werden. In der Praxis bietet sich des Weiteren an, dass der Eigentümer des zu tangierenden Grundstücks zu Dokumentationszwecken vor und nach der Durchführung der Arbeiten ein privates Beweissicherungsgutachten veranlasst, um die etwaigen Auswirkungen der vorzunehmenden Arbeiten nachvollziehen und ggf. in einem später erforderlich werdenden Verfahren beweisen zu können.

b) Muster: Vertrag über die Einwilligung zur Einbringung von Unterfangungskörpern

▼ 105

8.6

Vertrag

Zwischen

(*Nachbar*)

und

(*Bauherr*)

kommt folgende Unterfangungsvereinbarung zustande:

§ 1 Gegenstand

Der Bauherr plant die Errichtung eines Bauwerks, nämlich (*z.B. Hochhaus*), auf dem Grundstück Flur.-Nr. in .

Im Zuge der Bauarbeiten besteht die Gefahr eines Stützverlustes für das Grundstück Flur.-Nr. in , das im Eigentum des Nachbarn steht. Deshalb ist die Durchführung von Absicherungs-, Stütz- und Unterfangungsmaßnahmen erforderlich, die (zum Teil) auf dem Grundstück des Nachbarn ausgeführt werden müssen. Der Nachbar erteilt dazu unter den in § 2 genannten Bedingungen sein Einverständnis.

§ 2 Bedingungen

1. Die in § 1 genannten Maßnahmen sind entsprechend den anerkannten Regeln der Technik und dem als Anlage zu diesem Vertrag beigefügten (Unterfangungs-)Plan vom , Nr. auszuführen. Insbesondere dürfen nur Fachfirmen die Arbeiten erbringen.
2. Soweit Injektionsmaterial in den Boden eingebracht wird, ist auf Verlangen des Nachbarn ein Nachweis hinsichtlich der umweltrechtlichen Unbedenklichkeit zu führen, z.B. durch entsprechende Prüfzeugnisse oder amtliche Bescheide.
3. Muss das Grundstück des Nachbarn zum Zwecke der Unterfangung betreten oder sonst mitbenutzt werden, z.B. für das Betreiben von Maschinen und Geräten, so hat dies auf schonendste Weise und nur so lange wie unbedingt erforderlich zu erfolgen.
4. Der Bauherr hat dem Nachbarn jeden Schaden zu ersetzen, der im Zusammenhang mit den in § 1 genannten Maßnahmen am Grundstück des Nachbarn entsteht, einschließlich der Schäden an Pflanzen im Unterfangungsbereich.

5. Der Nachbar kann jederzeit sein Einverständnis widerrufen und eine Einstellung der Maßnahmen nach § 1 verlangen, wenn die Gefahr einer nicht sorgfältigen Ausführung besteht. Bei Gefahr in Verzug ist der Nachbar berechtigt, jederzeit auf Kosten des Bauherrn die zur Abwendung derselben notwendigen Maßnahmen zu beauftragen. Im Zweifelsfalle entscheidet über diese Voraussetzungen ein von der Industrie- und Handelskammer bestellter Sachverständiger für (Spezial-)Tiefbau.
6. Der Nachbar ist berechtigt, die Ausführung der Maßnahmen gemäß § 1 durch einen Sachverständigen auf Kosten des Bauherrn überwachen zu lassen.
7. Für den Fall der Veränderung des von den Maßnahmen nach § 1 betroffenen Bauwerks, insbesondere auch seines Abbruchs, verpflichtet sich der Bauherr – zugleich für seine Rechtsnachfolger – zur Tragung aller Kosten, die unmittelbar mit den in § 1 genannten Maßnahmen zusammenhängen (z.B. für die Beseitigung von Injektionskörpern einschließlich etwa anfallender Deponiekosten).
   (***Oder:*** *Zur Abgeltung aller Erschwernisse, die bei einer späteren Veränderung des von den Maßnahmen nach § 1 betroffenen Bauwerks auftreten können, verpflichtet sich der Bauherr, an den Nachbarn, zugleich mit Wirkung gegen dessen Rechtsnachfolger, einen einmaligen Betrag in Höhe von* EUR *zu bezahlen.*)

§ 3 Mitwirkung des Nachbarn

Der Nachbar stellt alle ihm zur Verfügung stehenden Pläne, Tragwerksplanungen und sonstigen Unterlagen, die zur Überprüfung der Standsicherheit seines Bauwerks dienen können, dem Bauherrn unentgeltlich zur Verfügung. Ebenso gestattet er jederzeit zwischen Uhr und Uhr den Zutritt zu den Untergeschossen des Bauwerks, auch durch Bevollmächtigte des Bauherrn.

§ 4 Sonstiges

Mündliche Nebenvereinbarungen zu diesem Vertrag sind nicht getroffen. Auch künftig bedürfen solche der Schriftform.

(*Ort, Datum, Unterschriften*)

▲

4. Gestattungsvertrag (für öffentlich-rechtlichen Mandanten, bei teilweiser Inanspruchnahme von öffentlichem Grund)

a) Vorbemerkung

106 Wenn beispielsweise eine Baugrubenumschließung nach außen hin abgesichert, und dabei die Inanspruchnahme des öffentlichen Grundes erforderlich wird, kann das nachfolgende Muster als Vereinbarungsgrundlage mit dem Grundstückseigentümer verwendet werden.

b) Muster: Vertrag zur Gestattung der Inanspruchnahme von öffentlichem Grund

107 ▼

Die Stadt , vertreten durch den (Ober-)bürgermeister, nachfolgend als „Stadt“ bezeichnet,

und

(*Name, Adresse, vertreten durch*) nachfolgend als „Benutzer“ bezeichnet, schließen zur Regelung eines Sondernutzungsverhältnis gemäß ___ (*z.B. Art. 22 Bayer. Straßen- und Wegegesetz*) folgenden Gestattungsvertrag:

§ 1 Gegenstand

Die Stadt ist Straßenbaubehörde für die ___-Straße (öffentliche, gewidmete Straße) in ___.

Als solche gestattet sie dem Benutzer, die zur Herstellung ___ (*z.B. eines Berliner Verbaus*), im Folgenden „Anlage" genannt, erforderlichen ___ (*z.B. Anker*) entsprechend dem als Vertragsgrundlage beigefügten Plan Nr. ___ vom ___ in den Erdkörper unterhalb der Straße einzubauen.

Die Anlage wird vor dem Grundstück Flur.-Nr. ___ auf der ___ (*z.B. Südseite*) der ___-Straße errichtet.

Die ___ (*z.B. Anker*) dürfen auf Dauer im Straßengrund verbleiben.

Die mit Schreiben des Baureferates der Stadt vom ___ übersandten Spartenrückäußerungen und dort genannten Auflagen und Bedingungen sind Gegenstand des Vertrages.

§ 2 Unterhaltung der Anlage

Die Anlage ist ausschließlich auf Kosten und Risiko des Benutzers zu errichten und zu erhalten.

Soweit der Stadt durch die Errichtung, den Bestand, die Instandsetzung, den Unterhalt oder die Beseitigung der Anlage zusätzlich Kosten entstehen (z.B. für die Änderung an Tiefbauobjekten und U-Bahn-Anlagen, für die Wiederherstellung der Straßenbefestigung usw.), hat der Benutzer diese Kosten der Stadt zu ersetzen.

§ 3 Haftung für Schäden

Für alle Schäden, gleich welcher Art, die im Zusammenhang mit der Errichtung, dem Bestand, der Instandsetzung, dem Unterhalt oder der Beseitigung der Anlage verursacht werden, haftet der Benutzer ohne die Möglichkeit, sich nach § 831 BGB exkulpieren zu können. Er stellt die Stadt auf seine Kosten von allen Ansprüchen frei, die gegen die Stadt im Zusammenhang mit der Straße durch die Anlage erhoben werden.

§ 4 Schäden an der Anlage

Die Stadt ist nicht verpflichtet, für Schäden und Mehraufwendungen an der Anlage aufzukommen, die sich in Folge von Maßnahmen der Stadt oder von ihr Beauftragter oder zugelassener Dritter, z.B. bei Reparaturarbeiten an Straßen und sonstigen Tiefbauobjekten, deren Verlegung usw., oder durch Auswirkung solcher Objekte, insbesondere Erschütterungen durch den Straßenverkehr, ergeben. Tiefbauobjekte in diesem Sinn sind auch alle Bestandteile einer U-Bahn-Linie.

Die gesetzlichen Ansprüche des Benutzers gegen Dritte werden hierdurch nicht berührt.

§ 5 Folgepflicht

Die Vertragsteile sind sich darüber einig, dass dieser Vertrag keine Beschränkung der Stadt in ihrem Bestimmungsrecht über den ober- und unterirdischen Verkehrsraum bedeutet. Der Benutzer wird daher die Anlage auf Verlangen und auf seine Kosten den Veränderungen an der Straße oder an den städtischen Tiefbauobjekten (das sind auch U-Bahn-Anlagen) anpassen, gleichgültig, auf welchem Grund diese Veränderungen beruhen; er hat sich dabei an die von der Stadt gesetzten Fristen zu halten. Der Benutzer erstattet der Stadt alle Mehrkosten, die ihr durch das Vorhandensein der Anlage im Straßengrund entstehen.

§ 6 Kündigung

Die Stadt behält sich die Kündigung dieses Vertrages insbesondere für den Fall vor, dass öffentliche Belange oder Gründe des Gemeinwohls dies notwendig machen. Die Kündigungsfrist bestimmt die Stadt unter Abwägung der öffentlichen Belange und der berechtigten Interessen des Benutzers.

Der Benutzer hat bei Beendigung des Vertragsverhältnisses kein Recht, eine Entschädigung oder einen Schadensersatz zu verlangen.

§ 7 Beseitigung der Anlage

Der Benutzer ist bei Kündigung dieses Vertrages durch die Stadt verpflichtet, die Anlage auf seine Kosten zu beseitigen und den vorherigen Zustand wieder herzustellen, soweit sich die Vertragsteile bei Vertragsende nicht auf eine andere Regelung einigen.

Das Gleiche gilt, falls der Benutzer seinerseits auf den Erhalt der Anlage verzichten sollte.

Der Benutzer ist verpflichtet, die Anlage entsprechend dem Baufortschritt Zug um Zug abzubauen.

§ 8 Entgelt

Für die Errichtung der Anlage werden öffentlich-rechtliche Sondernutzungsgebühren gemäß der städtischen Sondernutzungsgebührensatzung in der jeweils gültigen Fassung erhoben.

Für die Belassung der Anker ist ein Belassungsentgelt von   (*z.B. je 200 EUR einmalig/pro Jahr/*   ) zu entrichten.

§ 9 Schlussbestimmungen

Dieser Vertrag wird unter der aufschiebenden Bedingung geschlossen, dass dem Benutzer eine öffentlich-rechtliche Sondernutzungserlaubnis gemäß   (*z.B. Art. 18 Bayer. Straßen- und Wegegesetz*) zum Einbringen der Anlage erteilt wird und er von der Erlaubnis bestimmungsgemäß Gebrauch macht. Tritt eine dieser Bedingungen nicht ein, ist dieser Vertrag gegenstandslos. Vorstehendes gilt jedoch nur, wenn zur Einbringung der Anlage öffentlicher Straßengrund aufgegraben werden muss.

Mündliche Abreden bestehen nicht, Änderungen oder Ergänzungen bedürfen der Schriftform.

Erfüllungsort und Gerichtsstand für alle Verbindlichkeiten aus diesem Vertrag ist, soweit zulässig,   (*Ort und Gerichtsbezeichnung*).

(*Ort, Datum, Unterschriften*)

▲

§ 9 Prozessuales

Alexander Madorski/Björn Retzlaff

Inhalt

A. Wohnungseigentümergemeinschaft im Bauprozess

I. Materiell-rechtliche Grundlagen

Die Rechtsstellung der Wohnungseigentümergemeinschaft ist mit dem durch das Wohnungseigentumsmodernisierungsgesetz anstelle des § 10 WEG a.F. eingefügten § 9a WEG neu geregelt worden. Über die Reichweite der Gesetzesänderung und ihre Auswirkung auf die Geltendmachung von Gewährleistungsrechten im Prozess wurde in der Literatur ausführlich diskutiert, wobei sowohl die Beibehaltung der bisherigen Rechtsprechung als auch ihre Aufgabe als Folgen der Gesetzesnovelle angeführt wurden.[1] Wie der BGH nunmehr dankenswerterweise klargestellt hat,[2] ändert sich durch die Neuregelung jedenfalls im Bereich der Geltendmachung von Mängelrechten tatsächlich nicht viel, sodass die zu der früheren Rechtslage durch die Rechtsprechung aufgestellten Grundsätze in der Sache nach wie vor Geltung beanspruchen. 1

Die Wohnungseigentümergemeinschaft ist **rechtsfähig**. Sie kann Rechte erwerben und Verbindlichkeiten eingehen, vor Gericht klagen und verklagt werden (§ 9a Abs. 1 S. 1 WEG). Die damit einhergehende materielle Rechtslage ist komplex und soll nachfolgend zusammenfassend skizziert werden. 2

Die **Erfüllungs- und Gewährleistungsrechte** der Wohnungseigentümer ergeben sich aus ihren jeweiligen Erwerbsverträgen und nicht aus der Eigentümerstellung. Der Wohnungseigentümergemeinschaft stehen hingegen nur insoweit Mängelrechte zu, als sie selbst die entsprechenden Werkverträge (etwa über eine Sanierung des bestehenden Wohnungseigentums) geschlossen hat. Rechte, die sich auf die Erstellung des Wohnungseigentums beziehen, stehen ausschließlich den einzelnen Erwerbern zu. 3

Was die Verfolgung dieser Rechte angeht, ist zu differenzieren: 4

Betrifft ein Mangel nur das **Sondereigentum**, ist ausschließlich der jeweilige Erwerber befugt, die mit diesem Mangel verbundenen Rechte zu verfolgen. 5

Betrifft ein Mangel dagegen das **Gemeinschaftseigentum** (ggf. auch zusammen mit dem Sondereigentum), wird traditionell zwischen der „geborenen“ und der „gekorenen“ Ausübungsbefugnis der Wohnungseigentümergemeinschaft unterschieden. 6

Die **geborene Ausübungsbefugnis** betrifft solche Rechte der Erwerber, die eine einheitliche Rechtsverfolgung erfordern (§ 9a Abs. 2 Fall 2 WEG). Erforderlich ist die einheitli- 7

1 Vgl. zum Stand der Diskussion BGH v. 11.11.2022 – V ZR 213/2 – MDR 2023, 156, Rn 27 ff.
2 BGH, a.a.O.

che Rechtsverfolgung durch die Wohnungseigentümergemeinschaft, wenn schutzwürdige Belange der Eigentümer oder des Schuldners an einer einheitlichen Rechtsverfolgung das grundsätzlich vorrangige Interesse des Eigentümers, seine Rechte selbst und eigenverantwortlich auszuüben und prozessual durchzusetzen, deutlich überwiegen.[3] Solche Rechte sind **Minderung** und der sog. **kleine Schadensersatz**, deren Durchsetzung der Wohnungseigentümergemeinschaft allein zusteht. Der einzelne Wohnungseigentümer kann diese Rechte nur selbstständig verfolgen, wenn die Wohnungseigentümergemeinschaft ihn dazu ermächtigt. Die Ausübungsbefugnis erfasst auch die diesen Rechten vorausgehende Fristsetzung zur Nacherfüllung.

8 Die **gekorene Ausübungsbefugnis** betrifft die Ansprüche auf **Erfüllung, Nacherfüllung, Aufwendungserstattung** gem. §§ 634 Nr. 2, 637 Abs. 1 BGB sowie **Kostenvorschuss** gem. §§ 634 Nr. 2, 637 Abs. 3 BGB. Diese Ansprüche können grundsätzlich vom Erwerber selbstständig und eigenverantwortlich geltend gemacht und durchgesetzt werden. Dabei stehen die Ansprüche den Mitgliedern der Wohnungseigentümergemeinschaft als Mitgläubigern gem. § 432 BGB zu.[4] Die Frage, ob die Wohnungseigentümergemeinschaft auch unter der Geltung des neuen § 9a Abs. 2 WEG die Ausübungsbefugnis für diese Rechte durch einen Mehrheitsbeschluss an sich ziehen und damit die Rechte **„vergemeinschaften"** kann, wurde vom BGH bejaht.[5] Fasst die Wohnungseigentümergemeinschaft einen Vergemeinschaftungsbeschluss, können die einzelnen Eigentümer die genannten Rechte nicht mehr selbst geltend machen. Der Beschluss ist bereits zur Schaffung der Anspruchsvoraussetzungen erforderlich, also für das Setzen der Nacherfüllungsfrist oder die Wahl zwischen Schadensersatz und Minderung. Die Wohnungseigentümergemeinschaft kann sich grundsätzlich dabei auch auf die Fristsetzung durch einen einzelnen Eigentümer berufen,[6] es sei denn die Fristsetzung kollidiert mit den Interessen der Gemeinschaft.[7]

9 Die Wohnungseigentümergemeinschaft kann die Gewährleistungsansprüche auch dann an sich ziehen, wenn der Veräußerer gegenüber den einzelnen Erwerbern **Verjährung** einwenden kann. Es genügt, dass die Ansprüche auch nur eines einzigen Erwerbers nicht verjährt sind.[8]

10 Schließlich steht die Geltendmachung solcher Individualrechte wie dem **Rücktritt** und dem **großen Schadensersatz** sowie der diese Rechte vorbereitenden Fristsetzung zur Mängelbeseitigung ausschließlich den einzelnen Erwerbern zu. Auch das Recht zur Abnahme des Gemeinschaftseigentums steht dem einzelnen Erwerber zu.[9]

3 BGH v. 24.7.2015 – V ZR 167/14 – NJW 2015, 2874; BT-Drucks 19/18791, 46.
4 *Kniffka/Koeble/Jurgeleit/Sacher*, Kompendium des Baurechts, Teil 10, Rn 489; BGH v. 12.4.2007 – VII ZR 236/05 – NJW 2007, 1952.
5 BGH v. 11.11.2022 – V ZR 213/21 – NJW 2023, 217.
6 BGH v. 19.8.2010 – VII ZR 113/09 – NJW 2010, 3089.
7 BGH, a.a.O.; BGH v. 6.3.2014 – VII ZR 266/13 – NJW 2014, 1377.
8 BGH v. 21.2.1985 – VII ZR 72/84 – NJW 1985, 1551.
9 BGH v. 12.5.2016 – VII ZR 171/15 – NJW 2016, 2878.

II. Prozessuale Auswirkungen der Rechtsfähigkeit

1. Parteifähigkeit und Klagebefugnis der Gemeinschaft

Als rechtsfähige Gemeinschaft ist die Wohnungseigentümergemeinschaft hinsichtlich der Mängelansprüche der einzelnen Erwerber **parteifähig**. Regelmäßig wird sie von ihrem Verwalter vertreten. Als Partei ist die Gemeinschaft entweder als Gemeinschaft der Wohnungseigentümer oder als Wohnungseigentümergemeinschaft, jeweils gefolgt von der bestimmten Angabe des Grundstücks, zu bezeichnen (§ 9a Abs. 1 S. 3 WEG). Als „bestimmte Angabe des Grundstücks" wird üblicherweise die Adresse mit Straße, Hausnummer und Ort zu benennen sein. Für die sog. „geborenen" Ansprüche, also die Geltendmachung des kleinen Schadensersatzes oder der Minderung wegen Mängeln am Gemeinschaftseigentum, besitzt die Wohnungseigentümergemeinschaft eine **gesetzliche Prozessführungsbefugnis** aus § 9a Abs. 2 Fall 2 WEG, sodass weiteres Vorbringen hierzu nicht erforderlich ist. Werden sog. „gekorene" Ansprüche geltend gemacht (Erfüllung, Nacherfüllung, Aufwendungsersatz oder Kostenvorschuss), muss in der Klagebegründung ausgeführt werden, dass und warum die Wohnungseigentümergemeinschaft selbst klagebefugt ist. Dazu muss der Beschluss mitgeteilt werden, mit welchem die Gemeinschaft die Geltendmachung der jeweiligen Ansprüche an sich gezogen hat. 11

Nach der neuen Regelung des § 9b Abs. 1 S. 1 WEG vertritt der Verwalter die Wohnungseigentümergemeinschaft wirksam nach außen, ohne dass es dafür eines gesonderten Beschlusses bedürfte. Von der Vertretungsmacht nach außen ist die im Innenverhältnis bestehende Geschäftsführungsbefugnis (das rechtliche Dürfen) des Verwalters zu unterscheiden. Hier ist sein Tätigwerden für die Wohnungseigentümergemeinschaft nur beim Bestehen eines entsprechenden Beschlusses berechtigt.[10]

Die Einzelheiten zur wirksamen Beschlussfassung ergeben sich aus dem Wohnungseigentumsgesetz.

2. Besonderheiten der Prozessführung

Verklagt die Wohnungseigentümergemeinschaft den Bauträger aufgrund eines Vergemeinschaftungsbeschlusses oder kraft ihrer „geborenen" Ausübungsbefugnis, kann dieser die ihm gegen die einzelnen Erwerber zustehenden Zahlungsansprüche der Klageforderung weder als **Zurückbehaltungsrecht** noch im Wege der **Aufrechnung** entgegenhalten.[11] 12

10 Bärmann/*Becker*, Wohnungseigentümergesetz §9b Rn 6.
11 BGH v. 26.9.1991 – VII ZR 291/90 – NJW 1992, 435.

Die Eigentümer können im Prozess der Wohnungseigentümergemeinschaft grundsätzlich als **Zeugen** gehört werden.

Der Wohnungseigentümergemeinschaft kann nach § 116 ZPO **Prozesskostenhilfe** gewährt werden, wenn weder die Gemeinschaft noch die Eigentümer die voraussichtlichen Kosten der Prozessführung aufbringen können.[12]

3. Passivprozess der Gemeinschaft

13 Die Prozessführungsbefugnis der Gemeinschaft in Bezug auf die Mängelrechte der Erwerber beschränkt sich auf die Geltendmachung gemeinschaftsbezogener Ansprüche. Für Vergütungsklagen des Bauträgers ist die Wohnungseigentümergemeinschaft nicht passiv legitimiert oder prozessführungsbefugt. Dementsprechend kann der Bauträger die Gemeinschaft nicht auf Vergütung verklagen. Fraglich ist, ob er Drittwiderklage gegen einzelne Erwerber erheben kann.[13]

4. Die Gemeinschaft im selbstständigen Beweisverfahren

14 Die Gemeinschaft kann durch Beschluss die Befugnis, Mängel im selbstständigen **Beweisverfahren** klären zu lassen, an sich ziehen. Leitet der einzelne Erwerber ein Beweisverfahren ein, um das Vorhandensein von Mängeln klären zu lassen, ist dies zulässig. Seine Befugnis ergibt sich aus dem Erwerbsvertrag. Die Verfahrenseinleitung hemmt die Verjährung auch für die gemeinschaftsbezogenen Ansprüche.[14] Das in dem selbstständigen Beweisverfahren eingeholte Gutachten ist für die Wohnungseigentümergemeinschaft, die im Klagewege gemeinschaftsbezogene Ansprüche geltend macht, verwertbar.

III. Parteifähigkeit und Klagebefugnis des Erwerbers

15 Der Erwerber von Wohnungseigentum ist aus seinem Vertrag mit dem Bauträger berechtigt und verpflichtet. Wer von einem Wohnungseigentümer das Eigentum erwirbt, kann sich dessen Ansprüche gegen den Bauträger abtreten lassen. Fehlt eine Abtretungsvereinbarung, genügt eine Ermächtigung des Erwerbers zur Geltendmachung der sich aus dem Bauträgervertrag ergebenden Mängelrechte. Eine solche Ermächtigung ist in der Regel zu vermuten.[15]

16 Der Erwerber kann einen **Vorschussanspruch** gegen den Bauträger nur mit der Maßgabe geltend machen, dass dieser an die Gemeinschaft zu zahlen ist.[16] Eine Ausnahme gilt in dem Fall, dass alle Erwerber dem Kläger ihre Mängelansprüche abgetreten haben.[17] Hat

12 BGH v. 21.3.2019 – V ZB 111/18 – NJW-RR 2019, 723.
13 Verneinend *Kniffka/Koeble/Jurgeleit/Sacher*, Kompendium des Baurechts, Teil 10, Rn 565.
14 BGH v. 6.6.1991 – VII ZR 372/89 – BauR 1991, 606.
15 BGH v. 19.12.1996 – VII ZR 233/95 – BauR 1997, 488.
16 BGH v. 12.4.2007 – VII ZR 236/05 – NJW 2007, 1952.
17 OLG Düsseldorf v. 25.11.2005 – 22 U 71/05 – BauR 2007, 1890.

ein einzelner Erwerber Mängel des Gemeinschaftseigentums auf eigene Kosten behoben, kann er die Zahlung des Aufwendungsersatzes an sich verlangen.

Wird der Erwerber vom Bauträger auf Zahlung verklagt, kann er auch wegen Mängeln am Gemeinschaftseigentum ein **Zurückbehaltungsrecht** ausüben. Ob das Zurückbehaltungsrecht dabei nur in Höhe der auf den Erwerber entfallenden Miteigentumsquote[18] oder in voller Höhe[19] besteht, ist umstritten. Mit einem Vorschussanspruch kann der einzelne Erwerber allerdings nur dann **Aufrechnung** erklären, wenn gewährleistet ist, dass die Mittel zur ordnungsgemäßen Herstellung des Gemeinschaftseigentums der Gemeinschaft zufließen.[20]

IV. Klage des Verwalters

Der Verwalter hat nach § 9b Abs. 1 S. 1 WEG eine umfassende **Vertretungsmacht zur Prozessvertretung** der Wohnungseigentümergemeinschaft. Dabei kann er als Vertreter der Gemeinschaft in deren Namen klagen, sodass die Gemeinschaft als Klägerin auftritt. Hierzu bedarf es im Innenverhältnis zwischen dem Verwalter und der Wohnungseigentümergemeinschaft eines Beschlusses, mit dem der Verwalter mit der Geltendmachung der Ansprüche beauftragt wird. 17

Im eigenen Namen kann der Verwalter hingegen die Ansprüche der Gemeinschaft nur in Ausnahmefällen gerichtlich geltend machen, da ihm für die entsprechende gewillkürte **Prozessstandschaft** in der Regel das eigene schutzwürdige Interesse an der Durchsetzung von Rechten des Verbands fehlen dürfte.[21]

V. Beschluss der Gemeinschaft während des Prozesses des Erwerbers

Hat der Erwerber gegen den Bauträger Mängelrechte geltend gemacht, die die Wohnungseigentümergemeinschaft dann durch Beschluss an sich zieht, so muss er, weil ihm nunmehr die Prozessführungsbefugnis fehlt, den Rechtsstreit für erledigt erklären, um eine negative Kostenentscheidung zu vermeiden. 18

Die Wohnungseigentümergemeinschaft kann auch in den vom einzelnen Erwerber geführten Rechtsstreit eintreten – die darin zu sehende Klageänderung ist in der Regel sachdienlich und damit zulässig.

18 So *Kniffka/Koeble/Jurgeleit/Sacher*, Kompendium des Baurechts, Teil 10, Rn 501.
19 OLG Karlsruhe v. 10.4.2018 – 8 U 19/14 – BauR 2019, 266.
20 BGH v. 12.4.2007 – VII ZR 236/05 – NJW 2007, 1952.
21 BGH v. 28.1.2011 – V ZR 145/10 – NJW 2011, 1361.

VI. Muster

1. Muster: Klage der Wohnungseigentümergemeinschaft wegen Mängeln des Gemeinschaftseigentums auf kleinen Schadensersatz und/oder Minderung

19 ▼

An das Landgericht

Klage

der Wohnungseigentümergemeinschaft (**alternativ**: *Gemeinschaft der Wohnungseigentümer*) (*Straße, Hausnummer, Ort*), vertreten durch ihren Verwalter ,

– Klägerin –

gegen

die Bauträger GmbH,

– Beklagte –

wegen Minderung/Schadensersatz

Namens und in Vollmacht der Klägerin wird beantragt,

> die Beklagte zu verurteilen, an die Klägerin EUR nebst Zinsen in Höhe von 5 Prozentpunkten über dem jeweiligen Basiszinssatz seit dem zu zahlen.

Es wird bereits jetzt beantragt, die Beklagte für den Fall der Fristversäumnis durch Versäumnisurteil ohne mündliche Verhandlung zu verurteilen.

Begründung:

Die Beklagte errichtete als Bauträgerin die Eigentumswohnanlage (*genaue Bezeichnung wie im Rubrum*) in der Zeit vom bis . Die Erwerber des Wohneigentums nahmen die Bauleistung ab. Das fertig gestellte Gebäude weist erhebliche Mängel in den zum Gemeinschaftseigentum gehörenden Bauteilen auf.

Die Klägerin macht Rechte auf Schadensersatz (***alternativ:*** *und/oder Minderung*) geltend. Diesbezüglich ist sie gem. § 9a Abs. 2 Fall 2 WEG originär prozessführungsbefugt. Die Wohnungseigentümer haben durch den Beschluss der Gemeinschaft vom festgelegt, Schadensersatz (***alternativ:*** *und/oder Minderung*) wegen der Mängel zu verlangen.

> *Beweis*: anliegender Beschluss der Klägerin vom

Das Gemeinschaftseigentum der Wohnungseigentumsanlage weist Mängel im Sinne des § 633 Abs. 2 BGB auf. (ggf.: auf Antrag der Klägerin (***alternativ***: *des Erwerbers*) wurde das selbstständige Beweisverfahren vor dem erkennenden Landgericht durchgeführt, in dessen Rahmen das Sachverständigengutachten des Dipl.-Ing. vom eingeholt wurde). Die Beklagte hatte sich gemäß den insoweit übereinstimmenden Erwerbsverträgen verpflichtet, die (*Bezeichnung des mangelhaft ausgeführten Gewerks; etwa Abdichtung, Wände, Dach etc.*) wie nachfolgend dargestellt auszuführen. Die geschuldete Qualität dieser Bauleistungen ist in den Baubeschreibungen festgehalten, die Gegenstand der notariellen Beurkundung der Erwerbsverträge waren. Insbesondere war die Beklagte auch ohne gesonderte Vereinbarung verpflichtet, die allgemein anerkannten Regeln der Technik einzuhalten. Denn auch ohne ausdrücklichen Hinweis in den Verträgen bestand Einigkeit, dass die Bauleistungen diesen Anforderungen gerecht werden mussten. Die tatsächliche Ausführung weicht in den folgenden Punkten vom vertraglich geschuldeten Leistungssoll ab:

a) Die Beklagte schuldete gemäß der Baubeschreibung

Beweis: anliegender notarieller Vertrag des Erwerbers nebst Baubeschreibung

Die Leistung der Beklagten erfüllt diese Anforderungen nicht: (*spezifizierte Darstellung der tatsächlichen Abweichung von der Baubeschreibung*).

Beweis: Einholung eines Sachverständigengutachtens (ggf.: Lichtbilder; Privatgutachten des Bausachverständigen ; ***alternativ:*** *Beiziehung der Akten des selbstständigen Beweisverfahrens*)

b) Die (*Abdichtung, Wärmeputz o.Ä.*) musste die Beklagte gemäß den allgemein anerkannten Regeln der Technik in der Weise ausführen, dass .

Diesen Anforderungen genügt die Bauleistung der Beklagten nicht (*konkrete Darlegung der Abweichung von den allgemein anerkannten Regeln der Technik*).

Beweis: Einholung eines Sachverständigengutachtens (ggf.: Lichtbilder; Privatgutachten des Bausachverständigen ; alternativ Beiziehung der Akten des selbstständigen Beweisverfahrens)

c) Wegen dieser Mängel beschloss die Klägerin, Mängelrechte gegen die Beklagte geltend zu machen und ihr eine Frist zur Nacherfüllung zu setzen.

Beweis: anliegender Beschluss der Klägerin vom

Die Klägerin, vertreten durch ihre Verwalterin, forderte die Beklagte daraufhin mit Schreiben vom zur Beseitigung der streitgegenständlichen Mängel bis zum auf.

Beweis: anliegendes Schreiben vom

Die der Beklagten gesetzte Frist ist ausreichend und angemessen. Die Beklagte hat die ihr gesetzte Frist zur Nacherfüllung fruchtlos verstreichen lassen.

(***alternativ***: *Falls die Fristsetzung entbehrlich war, sind die Voraussetzungen hierfür darzustellen, §§ 636, 281 Abs. 2, 323 Abs. 2 BGB*).

Die Klägerin hat daraufhin die Mängel beseitigen lassen. Die ihr dabei entstandenen Kosten betragen EUR.

Beweis: Rechnung der vom .

(***alternativ:*** *Die Klägerin macht den Minderwert infolge der unzureichenden Bauleistungen geltend.*)

(*Unterschrift*) (*Rechtsanwalt*)

▲

2. Anmerkungen

a) Rechtsfähigkeit der Eigentümergemeinschaft

20 Die Rechtsfähigkeit der Eigentümergemeinschaft ergibt sich aus § 9a Abs. 1 WEG. Im Hinblick auf Ansprüche aus der Aufbauphase gilt dies auch für die in der Entstehung begriffene Wohnungseigentümergemeinschaft.[22]

b) Parteifähigkeit der Eigentümergemeinschaft

21 Als rechtsfähige Gemeinschaft ist die Wohnungseigentümergemeinschaft hinsichtlich der Mängelansprüche **parteifähig**. Sie ist für die Ansprüche auf **kleinen Schadensersatz** und **Minderung** ohne Weiteres gem. § 9a Abs. 2 Fall 2 WEG klagebefugt und wird regelmäßig von ihrem Verwalter vertreten. Als Partei ist die Wohnungseigentümergemeinschaft mit Straße, Hausnummer und Ort zu bezeichnen. In der Klagebegründung muss angegeben werden, dass und warum die Wohnungseigentümergemeinschaft selbst prozessführungsbefugt ist.

c) Vertretung der Wohnungseigentümergemeinschaft durch den Verwalter

22 Der Verwalter vertritt die Gemeinschaft gem. § 9b Abs. 1 S. 1 WEG und ist auch befugt, im Namen der Gemeinschaft Klage zu erheben. Für Klagen im eigenen Namen im Rahmen der gewillkürten Prozessstandschaft fehlt dem Verwalter in der Regel das erforderliche schutzwürdige Interesse.[23]

d) Abnahme des Erwerbers

23 Die Abnahme ist auch hinsichtlich des Gemeinschaftseigentums Sache des Einzelerwerbers, da sich dieses Recht aus dem jeweiligen Einzelvertrag ergibt. Die Bejahung der Rechtsfähigkeit der Wohnungseigentümergemeinschaft ändert daran nichts. Dass die Wohnungseigentümergemeinschaft Ansprüche, die die Herstellung des Gemeinschaftseigentums betreffen, an sich ziehen kann, steht der ausschließlichen Zuständigkeit des Erwerbers als Vertragspartner des Bauträgers hinsichtlich der Abnahme nicht entgegen.[24] Sog. **Abnahmeklauseln** in Bauträgerverträgen, wonach ein Dritter (unwiderruflich) mit der Abnahme des Gemeinschaftseigentums bevollmächtigt wird, sind oftmals unwirksam.[25] Wichtige Folge: Wenn auch eine konkludente Abnahme nicht festgestellt werden kann,[26] wird der Lauf der Verjährung nicht in Gang gesetzt.[27]

22 BGH v. 12.4.2007 – VII ZR 236/05 – BGHZ 172, 63.
23 BGH v. 28.1.2011 – V ZR 145/10 – ZWE 2011, 177.
24 Vgl. *Kniffka/Koeble/Jurgeleit/Sacher*, Kompendium des Baurechts, Teil 10, Rn 357; *Pause/Vogel*, BauR 2007, 1298; *Lotz*, BauR 2008, 740 ff.
25 Vgl. BGH v. 30.6.2016 – VII ZR 188/13 – NJW-RR 2016, 1143; BGH v. 12.5.2016 – VII ZR 171/15 – BGHZ 210, 206; BGH v. 25.2. 2016 – VII ZR 49/15 – BGHZ 209, 128.
26 Hierzu BGH v. 25.2. 2016 – VII ZR 49/15 – BGHZ 209, 128.
27 Allgemein zu der Problematik vgl. *Messerschmidt/Leidig*, BauR 2014, 1 ff.; *Scheffelt*, BauR 2014, 163; *Pause/Vogel*, BauR 2014, 764, vgl. a. BGH v. 30.6.2016 – VII ZR 188/13 – NJW-RR 2016, 1143.

e) Rechte des Erwerbers

Die Mängelansprüche haben ihre Grundlage in den einzelnen Erwerbsverträgen auch dann, wenn Mängel des Gemeinschaftseigentums in Rede stehen. Daher kann grundsätzlich auch jeder einzelne Erwerber die Mängelrechte geltend machen. Er ist jedoch in der Ausübung solcher Rechte beschränkt, die eine einheitliche Rechtsverfolgung erfordern oder die durch einen Beschluss des Wohnungseigentümergemeinschaft vergemeinschaftet wurden.[28] 24

f) Rechte der Eigentümergemeinschaft

Mängelrechte erfordern eine einheitliche Rechtsverfolgung, wenn schutzwürdige Belange der Eigentümer oder des Schuldners an einer einheitlichen Rechtsverfolgung das grundsätzlich vorrangige Interesse des Eigentümers, seine Rechte selbst und eigenverantwortlich auszuüben und prozessual durchzusetzen, deutlich überwiegen.[29] Das sind der Anspruch auf den **kleinen Schadensersatz** und das **Minderungsrecht**, deren Ausübung, wie die diesen Rechten vorausgehende Fristsetzung zur Nacherfüllung, der Gemeinschaft allein zustehen (vgl. § 638 Abs. 2 BGB). Die Geltendmachung der übrigen Rechte wegen mangelhaften Gemeinschaftseigentums – das sind Erfüllung, Nacherfüllung, Selbstvornahme und Kostenerstattung sowie Kostenvorschuss – stehen grundsätzlich den einzelnen Erwerbern zu. Die Gemeinschaft hat aber die Befugnis, diese Rechte durch Beschluss **an sich zu ziehen**. Die danach erfolgte Setzung einer Nacherfüllungsfrist durch einzelne Erwerber kann unwirksam sein, wenn sie mit den Interessen der Wohnungseigentümergemeinschaft kollidiert.[30] Andernfalls kann sich die Wohnungseigentümergemeinschaft auf die von einem einzelnen Erwerber gesetzte Frist berufen.[31] 25

g) Notwendige Beschlussfassung der Eigentümergemeinschaft

Die Wohnungseigentümergemeinschaft, die gemeinschaftsbezogene Ansprüche und Rechte gelten machen will, muss bereits zur Schaffung der Anspruchsvoraussetzungen einen Beschluss fassen. Das betrifft das Setzen der angemessenen Nachfrist zur Nacherfüllung, die Wahl zwischen Schadensersatz und Minderung sowie die Entscheidung, einem Wohnungseigentümer die Befugnis zur Geltendmachung dieser Rechte und des Wahlrechts zu übertragen. 26

h) Geschuldete Leistung

Wie bei jedem Prozess wegen einer mangelhaften Bauleistung muss die nach dem Vertrag geschuldete Leistung zunächst möglichst detailliert dargelegt werden, wobei die Anforderungen an die Bauleistung gegebenenfalls mittels Auslegung aller Vertragsunterlagen gemäß §§ 133, 157 BGB darzustellen sind. Dem Soll einer ordnungsgemäßen 27

28 Vgl. die zusammenfassende Darstellung in *Kniffka/Koeble/Jurgeleit/Sacher*, Kompendium des Baurechts, Teil 10, Rn 463 ff.
29 BGH v. 24.7.2015 – V ZR 167/14 – NJW 2015, 2874; BT-Drucks 19/18791, 46.
30 BGH v. 6.3.2014 – VII ZR 266/13– NJW 2014, 1377.
31 BGH v. 19.8.2010 – VII ZR 113/09 – NJW 2010, 745.

Leistung ist dann der tatsächlich abweichende Zustand als mangelhaft gegenüberzustellen.

i) Anerkannte Regeln der Technik

28 Die anerkannten Regeln der Technik gelten als Mindeststandard, wenn die Parteien nichts Anderes vereinbart haben. Dieser Standard ist jedenfalls stillschweigend zugesichert, wobei es auf den Stand der Technik im Zeitpunkt der Abnahme ankommt.[32]

j) Selbstständiges Beweisverfahren der Eigentümergemeinschaft

29 Die Gemeinschaft kann durch Beschluss die Befugnis, Mängel im selbstständigen Beweisverfahren klären zu lassen, an sich ziehen. Leitet der einzelne Erwerber ein Beweisverfahren ein, um das Vorhandensein von Mängeln klären zu lassen, ist dies zulässig. Seine Befugnis ergibt sich aus dem Erwerbsvertrag. Die Verfahrenseinleitung hemmt die Verjährung auch für die gemeinschaftsbezogenen Ansprüche.[33] Das in dem selbstständigen Beweisverfahren eingeholte Gutachten ist für die Wohnungseigentümergemeinschaft, die im Klageweg gemeinschaftsbezogene Ansprüche geltend macht, verwertbar.

k) Schadensersatz wegen voraussichtlicher Mängelbeseitigungskosten

30 Seit der Entscheidung des BGH vom 22.2.2018[34] kann der Besteller, der das Werk behält und den Mangel nicht beseitigen lässt, seinen Schaden im Rahmen eines Schadensersatzanspruchs statt der Leistung (kleiner Schadensersatz) nicht nach den **fiktiven Mängelbeseitigungskosten** bemessen. Es ist also zur Geltendmachung des Schadensersatzes nicht ausreichend, einen Kostenvoranschlag oder Ähnliches vorzulegen. Entweder muss der Besteller den Mangel beseitigt haben, um anhand der Rechnung des Drittunternehmers seinen Schaden darlegen zu können, oder er muss im Wege einer Vermögensbilanz die Differenz zwischen dem hypothetischen Wert des Werks ohne Mangel und dem tatsächlichen Wert des Werks mit Mangel ermitteln.

l) Geschuldete Beschaffenheit des Gemeinschaftseigentums

31 Es ist nicht erforderlich, dass die im Prozess geforderte Beschaffenheit in **sämtlichen Verträgen** mit den Erwerbern übereinstimmend vereinbart worden ist. Es ist ausreichend, dass die Vereinbarung der Beschaffenheit, die zur Begründung der Mangelhaftigkeit herangezogen wird, nur im Verhältnis zu einem einzigen Erwerber getroffen worden ist. Es ist Sache der Eigentümergemeinschaft, intern zu klären, welche Beschaffenheit sie gegenüber dem Unternehmer einheitlich geltend machen will.[35]

32 BGH v. 20.3.1975 – VII ZR 221/73 – BauR 1975, 341; BGH v. 14.5.1998 – VII ZR 184/97 – BauR 1998, 872, 873; vgl. hierzu *Kniffka/Koeble/Jurgeleit/Sacher*, Kompendium des Baurechts, Teil 5, Rn 46 ff.

33 BGH v. 6.6.1991 – VII ZR 372/89 – BauR 1991, 606.

34 VII ZR 46/17 – NJW 2018, 1463.

35 OLG Köln v. 30.6.2014 – 11 U 69/14 – BeckRS 19571.

3. Muster: Klage der Wohnungseigentümergemeinschaft auf Kostenvorschuss/ Kostenerstattung das Gemeinschaftseigentum betreffend

▼ 32

9.2

An das Landgericht

Klage

der Wohnungseigentümergemeinschaft (***alternativ***: *Gemeinschaft der Wohnungseigentümer*) (*Straße, Hausnummer, Ort*), vertreten durch ihren Verwalter ,

– Klägerin –

gegen

die Bauträger GmbH,

– Beklagte –

wegen Kostenvorschuss/Kostenerstattung

Namens und in Vollmacht der Klägerin wird beantragt,

> die Beklagte zu verurteilen, an die Klägerin EUR nebst Zinsen in Höhe von 5 Prozentpunkten über dem jeweiligen Basiszinssatz seit dem zu zahlen.

Es wird bereits jetzt beantragt, die Beklagte für den Fall der Fristversäumnis durch Versäumnisurteil ohne mündliche Verhandlung zu verurteilen.

Begründung:

Die Beklagte errichtete als Bauträgerin die Eigentumswohnanlage (*genaue Bezeichnung wie im Rubrum*) in der Zeit vom bis . Die Erwerber des Wohnungseigentums nahmen die Bauleistung ab. Das fertig gestellte Gebäude weist Mängel in den zum Gemeinschaftseigentum gehörenden Bauteilen auf. (ggf.: auf Antrag der Klägerin (***alternativ***: *des Erwerbers*) wurde das selbstständige Beweisverfahren vor dem erkennenden Landgericht durchgeführt, in dessen Rahmen das Sachverständigengutachten des Dipl.-Ing. vom eingeholt wurde).

Die Klägerin verlangt wegen der Mängel der Wohnungseigentumsanlage die Zahlung eines Kostenvorschusses (***alternativ:*** *die Erstattung von Mangelbeseitigungskosten*) in Höhe von EUR.

Die Klägerin ist zur Geltendmachung der Klageforderung befugt. Sie hat mit Beschl. v. die Durchsetzung der Ansprüche auf Nacherfüllung und auf Kostenvorschuss (***alternativ:*** *Kostenerstattung*) an sich gezogen.

> *Beweis*: anliegender Beschluss der Wohnungseigentümer vom

Das Gemeinschaftseigentum der Wohnungseigentumsanlage weist Mängel im Sinne des § 633 Abs. 2 BGB auf. Die Beklagte hatte sich gemäß den insoweit übereinstimmenden Erwerbsverträgen verpflichtet, die (*Bezeichnung des mangelhaft ausgeführten Gewerks, etwa Abdichtung, Wände, Dach etc.*) wie nachfolgend dargestellt auszuführen. Die geschuldete Qualität dieser Bauleistungen ist in den Baubeschreibungen festgehalten, die Gegenstand der notariellen Beurkundung der Erwerbsverträge waren. Insbesondere war die Beklagte auch ohne besondere Vereinbarung verpflichtet, die allgemein anerkannten Regeln der Technik einzuhalten. Denn auch ohne ausdrücklichen Hinweis in den Verträgen bestand Einigkeit, dass die Bauleistungen diesen Anforderungen gerecht werden mussten. Die tatsächliche Ausführung weicht in den folgenden Punkten vom vertraglich geschuldeten Leistungssoll ab:

a) Die Beklagte schuldete gemäß der Baubeschreibung ___.

Beweis: anliegender notarieller Vertrag des Erwerbers ___ nebst Baubeschreibung

Die Leistung der Beklagten erfüllt diese Anforderungen nicht: ___ (*spezifizierte Darstellung der tatsächlichen Abweichung von der Baubeschreibung*).

Beweis: Einholung eines Sachverständigengutachtens (ggf.: Lichtbilder; Privatgutachten des Bausachverständigen ___; ***alternativ:*** *Beiziehung der Akten des selbstständigen Beweisverfahrens* ___)

b) Die ___ (*Abdichtung, Wärmeputz o.Ä.*) musste die Beklagte gemäß den allgemein anerkannten Regeln der Technik in der Weise ausführen, dass ___.

Diesen Anforderungen genügt die Bauleistung der Beklagten nicht (konkrete Darlegung der Abweichung von den allgemein anerkannten Regeln der Technik*).*

Beweis: Einholung eines Sachverständigengutachtens (ggf.: Lichtbilder; Privatgutachten des Bausachverständigen ___; ***alternativ***: *Beiziehung der Akten des selbstständigen Beweisverfahrens* ___)

c) Wegen dieser Mängel beschlossen die Wohnungseigentümer, Mängelrechte gegen die Beklagte geltend zu machen, und ihr eine Frist zur Nacherfüllung zu setzen.

Beweis: anliegender Beschluss der Klägerin vom ___

(***1. Alternative: Kostenvorschuss***

Die Klägerin, vertreten durch ihre Verwalterin, forderte die Beklagte daraufhin mit Schreiben vom ___ *zur Beseitigung der streitgegenständlichen Mängel bis zum* ___ *auf.*

Beweis: anliegendes Schreiben vom ___

Die der Beklagten gesetzte Frist ist ausreichend und angemessen. Die Beklagte hat die ihr gesetzte Frist zur Nacherfüllung fruchtlos verstreichen lassen.

(***alternativ***: Falls die Fristsetzung entbehrlich war, sind die Voraussetzungen hierfür darzustellen, §§ 636, 281 *Abs.* 2, 323 *Abs.* 2 BGB*).*

Die Kosten für die Beseitigung der Mängel werden voraussichtlich ___ EUR *betragen. Die Klägerin hat über die auszuführenden Arbeiten Angebote verschiedener Unternehmer eingeholt.*

Beweis: *anliegende Angebote der* ___

Die angebotenen Preise sind üblich und angemessen.

Beweis: Sachverständigengutachten

(***alternativ**: Die Höhe der voraussichtlichen Mängelbeseitigungskosten hat der Sachverständige im Rahmen des selbstständigen Beweisverfahrens ermittelt.*)

(***2. Alternative: Kostenerstattung***

Die Voraussetzungen für den geltend gemachten Anspruch auf Erstattung der Mängelbeseitigungskosten gemäß § 637 Abs. 1 BGB liegen vor.

Die Klägerin, vertreten durch ihre Verwalterin, forderte die Beklagte daraufhin mit Schreiben vom zur Beseitigung der streitgegenständlichen Mängel bis zum auf.

Beweis: anliegendes Schreiben vom

Die Frist war ausreichend und angemessen. Die Beklagte hat die ihr gesetzte Frist zur Nacherfüllung fruchtlos verstreichen lassen.

*(**alternativ**: Falls die Fristsetzung entbehrlich war, sind die Voraussetzungen hierfür darzustellen, §§ 636, 281 Abs. 2, 323 Abs. 2 BGB).*

Daraufhin hat die Klägerin den Bauunternehmer mit der Ausführung der Mängelbeseitigungsarbeiten beauftragt. Dieser hat die Arbeiten ausgeführt und für seine Leistungen EUR *in Rechnung gestellt.*

Beweis: Anliegende Rechnung vom

Die vom Bauunternehmer ausgeführten Arbeiten waren erforderlich, um die von der Beklagten verursachten Mängel zu beseitigen. Die Rechnung, die von der Klägerin bezahlt worden ist, ist auch der Höhe nach nicht zu beanstanden.)

(*Unterschrift*) (*Rechtsanwalt*)

▲

4. Anmerkungen

a) Rechte des Erwerbers

33 Die Mängelansprüche haben ihre Grundlage in den einzelnen Erwerbsverträgen auch dann, wenn Mängel des Gemeinschaftseigentums in Rede stehen. Daher kann grundsätzlich jeder einzelne Erwerber die Mängelrechte geltend machen. Die Ausübung solcher Rechte, deren einheitliche Verfolgung erforderlich ist (in der Regel Minderung und kleiner Schadensersatz), steht stets der Gemeinschaft der Wohnungseigentümer zu (§ 9a Abs. 2 WEG). Die Geltendmachung der Ansprüche wegen mangelhaften Gemeinschaftseigentums auf Erfüllung, Nacherfüllung, Selbstvornahme und Kostenerstattung sowie Kostenvorschuss steht regelmäßig dem einzelnen Erwerber zu. Die Gemeinschaft hat aber die Befugnis, diese Rechte durch Beschluss an sich zu ziehen.

b) Darlegung der Voraussetzungen des § 637 BGB

34 Es ist darauf zu achten, dass die Voraussetzungen des § 637 BGB im Prozess dargelegt werden, denn die Rechtsprechung verneint jeglichen Anspruch auf Kostenerstattung

auch aus anderen Rechtsgründen, wenn die in § 637 BGB genannten Voraussetzungen nicht erfüllt sind.

Sofern ausnahmsweise eine **Fristsetzung zur Nacherfüllung** nicht erfolgt ist, ist zu ihrer **Entbehrlichkeit** umfassend und detailliert vorzutragen. Da die unterlassene Fristsetzung jedenfalls nach erfolgter Selbstvornahme nicht mehr nachgeholt werden kann, empfiehlt es sich, wenn irgendwie möglich, nicht auf die Fristsetzung zu verzichten.

5. Muster: Klage eines einzelnen Wohnungseigentümers, der wegen Mängeln des Gemeinschaftseigentums den Anspruch auf kleinen Schadensersatz oder Minderung geltend macht

35 ▼

An das Landgericht

Klage

des Herrn/Frau

– Kläger(in) –

gegen

die Bauträger GmbH

– Beklagte –

wegen Schadensersatz/Minderung

Namens und in Vollmacht des Klägers werden wir beantragen,

> die Beklagte zu verurteilen, an die Wohnungseigentümergemeinschaft -Straße (*genaue Bezeichnung*) EUR nebst Zinsen in Höhe von 5 Prozentpunkten über dem jeweiligen Basiszinssatz seit dem zu zahlen.

Es wird bereits jetzt beantragt, die Beklagte für den Fall der Fristversäumnis durch Versäumnisurteil ohne mündliche Verhandlung zu verurteilen.

Begründung:

Der Kläger erwarb von der Beklagten mit notariellem Vertrag vom eine noch zu errichtende Eigentumswohnung in der Wohnungseigentumsanlage .

> *Beweis*: anliegender Erwerbsvertrag vom

Die Beklagte hat die ihr obliegende Bauleistung ausgeführt. Die Abnahme durch den Kläger erfolgte am . Die Leistung der Beklagten ist mangelhaft gewesen, wobei die Mängel das Gemeinschaftseigentum betreffen. (ggf.: auf Antrag der Wohnungseigentümergemeinschaft (***alternativ***: *des Klägers*) wurde das selbstständige Beweisverfahren vor dem erkennenden Landgericht durchgeführt, in dessen Rahmen das Sachverständigengutachten des Dipl.-Ing. vom eingeholt wurde).

Der Kläger ist berechtigt, die Beklagte wegen dieser Mängel auf Schadensersatz (***alternativ:*** *Minderung*) in Anspruch zu nehmen. Zwar steht die Geltendmachung des hier streitgegenständlichen Anspruchs auf kleinen Schadensersatz (***alternativ:*** *Minderung*) grundsätzlich der Wohnungseigentümergemeinschaft zu (§ 9a Abs. 2 Fall 2 WEG). Diese hat aber mit Beschl. v. entschieden, dass der Kläger den der Gemeinschaft zustehenden Anspruch gerichtlich durchsetzen soll.

Beweis: anliegender Beschluss der Wohnungseigentümergemeinschaft vom

Das Gemeinschaftseigentum der Wohnungseigentumsanlage weist Mängel im Sinne des § 633 Abs. 2 BGB auf. Die Beklagte hatte sich nach dem Erwerbsvertrag mit dem Kläger verpflichtet, die (*Bezeichnung des mangelhaft ausgeführten Gewerks, etwa Abdichtung, Wände, Dach etc.*) wie nachfolgend dargestellt auszuführen. Die geschuldete Qualität dieser Bauleistungen ist in den Baubeschreibungen festgehalten, die Gegenstand der notariellen Beurkundung des Erwerbsvertrags waren. Insbesondere war die Beklagte auch ohne besondere Vereinbarung verpflichtet, die allgemein anerkannten Regeln der Technik einzuhalten. Denn auch ohne ausdrücklichen Hinweis im Vertrag bestand Einigkeit, dass die Bauleistungen diesen Anforderungen gerecht werden mussten. Die tatsächliche Ausführung weicht in den folgenden Punkten vom vertraglich geschuldeten Leistungssoll ab:

a) Die Beklagte schuldete gemäß der Baubeschreibung .

Beweis: anliegender notarieller Vertrag des Klägers nebst Baubeschreibung

Die Leistung der Beklagten erfüllt diese Anforderungen nicht: (*spezifizierte Darstellung der tatsächlichen Abweichung von der Baubeschreibung*).

Beweis: Einholung eines Sachverständigengutachtens (ggf.: Lichtbilder; Privatgutachten des Bausachverständigen ; ***alternativ:*** Beiziehung der Akten des selbstständigen Beweisverfahrens)

b) Die (*Abdichtung, Wärmeputz o.Ä.*) musste die Beklagte gemäß den allgemein anerkannten Regeln der Technik in der Weise ausführen, dass .

Diesen Anforderungen genügt die Bauleistung der Beklagten nicht (*konkrete Darlegung der Abweichung von den allgemein anerkannten Regeln der Technik).*

Beweis: Einholung eines Sachverständigengutachtens (ggf.: Lichtbilder; Privatgutachten des Bausachverständigen ; ***alternativ***: *Beiziehung der Akten des selbstständigen Beweisverfahrens*)

c) Wegen dieser Mängel beschloss die Gemeinschaft der Wohnungseigentümer, die Geltendmachung der Mängelrechte gegen die Beklagte dem Kläger zu übertragen.

Beweis: anliegender Beschluss der Wohnungseigentümergemeinschaft vom

Der Kläger hat die Beklagte daraufhin mit Schreiben vom zur Beseitigung der streitgegenständlichen Mängel bis zum aufgefordert.

Beweis: anliegendes Schreiben vom

Die der Beklagten gesetzte Frist ist ausreichend und angemessen. *Die Beklagte hat die ihr gesetzte Frist zur Nacherfüllung fruchtlos verstreichen lassen.*

(***alternativ***: *Falls die Fristsetzung entbehrlich war, sind die Voraussetzungen hierfür darzustellen, §§ 636, 281 Abs. 2, 323 Abs. 2 BGB).*

Die Wohnungseigentümergemeinschaft hat daraufhin die Mängel beseitigen lassen. Die ihr dabei entstandenen Kosten betragen EUR.

> *Beweis*: Rechnung der vom .

(***alternativ:*** *Der Kläger macht den Minderwert infolge der unzureichenden Bauleistungen geltend.*)(*Unterschrift*) (*Rechtsanwalt*)

▲

6. Muster: Klage eines einzelnen Eigentümers auf Erfüllung, Vorschuss oder Kostenerstattung wegen Mängeln des Gemeinschaftseigentums

36 ▼

9.4

An das Landgericht

Klage

des Herrn/Frau

– Kläger(in)–

gegen

die Bauträger GmbH

– Beklagte –

wegen Nacherfüllung/Kostenvorschuss/Kostenerstattung

Namens und in Vollmacht des Klägers wird beantragt,

> die Beklagte zu verurteilen, an die Wohnungseigentümergemeinschaft (*genaue Bezeichnung nach Straße, Hausnummer, Ort*) EUR nebst Zinsen in Höhe von 5 Prozentpunkten über dem jeweiligen Basiszinssatz seit dem zu zahlen.

(***alternativ:*** *bei Kostenerstattung an den Kläger)*

> *die Beklagte zu verurteilen, an den Kläger EUR nebst Zinsen in Höhe von 5 Prozentpunkten über dem Basiszinssatz seit dem zu zahlen.*

(***alternativ:*** *bei Nacherfüllung)*

> die Beklagte wird verurteilt, beim Bauvorhaben den Mangel (Bezeichnung der Mangelsymptome) zu beseitigen.

Es wird bereits jetzt beantragt, die Beklagte für den Fall der Fristversäumnis durch Versäumnisurteil ohne mündliche Verhandlung zu verurteilen.

Begründung:

Der Kläger erwarb von der Beklagten mit notariellem Vertrag vom eine noch zu errichtende Eigentumswohnung in der Wohnungseigentumsanlage .

Beweis: anliegender Erwerbsvertrag vom

Die Beklagte hat die ihr obliegende Bauleistung ausgeführt. Die Abnahme durch den Kläger erfolgte am . Die Leistung der Beklagten ist mangelhaft gewesen, wobei die Mängel das Gemeinschaftseigentum betreffen. (ggf.: auf Antrag der Wohnungseigentümergemeinschaft (***alternativ**: des Klägers*) wurde das selbstständige Beweisverfahren vor dem erkennenden Landgericht durchgeführt, in dessen Rahmen das Sachverständigengutachten des Dipl.-Ing. vom eingeholt wurde). Der Kläger macht die zur Beseitigung dieser Mängel erforderlichen Kosten als abzurechnenden Vorschuss geltend. (***alternativ**: Der Kläger macht die Erstattung der der Wohnungseigentümergemeinschaft (**alternativ**: ihm) für die Mängelbeseitigung entstandenen Kosten geltend.) (**alternativ**: Der Kläger macht Nacherfüllung geltend).*

Hierzu ist der Kläger berechtigt, auch wenn die Mängel das Gemeinschaftseigentum betreffen. Auch dann haben die Mängelansprüche ihre Grundlage in den einzelnen Erwerbsverträgen und können grundsätzlich durch jeden Erwerber geltend gemacht werden. Der einzelne Erwerber ist in der Geltendmachung des Kostenvorschusses (Kostenerstattung) nur beschränkt, wenn die Wohnungseigentümergemeinschaft von der Möglichkeit Gebrauch gemacht hat, diese Rechte an sich zu ziehen. Das war vorliegend nicht der Fall.

Das Gemeinschaftseigentum der Wohnungseigentumsanlage weist Mängel im Sinne des § 633 Abs. 2 BGB auf. Die Beklagte hatte sich nach dem Erwerbsvertrag mit dem Kläger verpflichtet, die (*Bezeichnung des mangelhaft ausgeführten Gewerks, etwa Abdichtung, Wände, Dach etc.*) wie nachfolgend dargestellt auszuführen. Die geschuldete Qualität dieser Bauleistungen ist in den Baubeschreibungen festgehalten, die Gegenstand der notariellen Beurkundung des Erwerbsvertrags waren. Insbesondere war die Beklagte auch ohne besondere Vereinbarung verpflichtet, die allgemein anerkannten Regeln der Technik einzuhalten. Denn auch ohne ausdrücklichen Hinweis im Vertrag bestand Einigkeit, dass die Bauleistungen diesen Anforderungen gerecht werden mussten. Die tatsächliche Ausführung weicht in den folgenden Punkten vom vertraglich geschuldeten Leistungssoll ab:

a) Die Beklagte schuldete gemäß der Baubeschreibung .

Beweis: anliegender notarieller Vertrag des Klägers nebst Baubeschreibung

Die Leistung der Beklagten erfüllt diese Anforderungen nicht: (*spezifizierte Darstellung der tatsächlichen Abweichung von der Baubeschreibung*).

Beweis: Einholung eines Sachverständigengutachtens (ggf.: Lichtbilder; Privatgutachten des Bausachverständigen ; ***alternativ:** Beiziehung der Akten des selbstständigen Beweisverfahrens*)

b) Die (*Abdichtung, Wärmeputz o.Ä.*) musste die Beklagte gemäß den allgemein anerkannten Regeln der Technik in der Weise ausführen, dass .

Diesen Anforderungen genügt die Bauleistung der Beklagten nicht (*konkrete Darlegung der Abweichung von den allgemein anerkannten Regeln der Technik).*

Beweis: Einholung eines Sachverständigengutachtens (ggf.: Lichtbilder; Privatgutachten des Bausachverständigen ; ***alternativ***: *Beiziehung der Akten des selbstständigen Beweisverfahrens*)

Der Kläger hat die Beklagte mit Schreiben vom zur Beseitigung der streitgegenständlichen Mängel bis zum aufgefordert.

Beweis: anliegendes Schreiben vom

Die der Beklagten gesetzte Frist ist ausreichend und angemessen. *Die Beklagte hat die ihr gesetzte Frist zur Nacherfüllung fruchtlos verstreichen lassen.*

(***alternativ***: Falls die Fristsetzung entbehrlich war, sind die Voraussetzungen hierfür darzustellen, §§ 636, 281 *Abs.* 2, 323 *Abs.* 2 BGB*).*(***1. Alternative: Kostenvorschuss***

Die Kosten für die Beseitigung der Mängel werden voraussichtlich EUR *betragen. Die Klägerin hat über die auszuführenden Arbeiten Angebote verschiedener Unternehmer eingeholt.*

Beweis: *anliegende Angebote der*

Die angebotenen Preise sind üblich und angemessen.

Beweis: *Sachverständigengutachten*

(***alternativ***: *Die Höhe der voraussichtlichen Mängelbeseitigungskosten hat der Sachverständige im Rahmen des selbstständigen Beweisverfahrens ermittelt.*)

(***2. Alternative: Kostenerstattung***

*Daraufhin hat die Wohnungseigentümergemeinschaft (**alternativ**: der Kläger) den Bauunternehmer mit der Ausführung der Mängelbeseitigungsarbeiten beauftragt. Dieser hat die Arbeiten ausgeführt und für seine Leistungen* EUR *in Rechnung gestellt.*

Beweis: *anliegende Rechnung vom* .

*Die von der Bauunternehmung ausgeführten Arbeiten waren erforderlich, um die von der Beklagten verursachten Mängel zu beseitigen. Die Rechnung, die von der Wohnungseigentümergemeinschaft (**alternativ**: vom Kläger) bezahlt worden ist, ist auch der Höhe nach nicht zu beanstanden.)*

(***3. Alternative: Nacherfüllung***:

Die Beklagte ist verpflichtet, die Mängel zu beseitigen und den vertragsgerechten Zustand herzustellen.)

(*Unterschrift*) (*Rechtsanwalt*)

▲

7. Anmerkungen

a) Kostenvorschuss

Die Zahlung des Kostenvorschusses kann der einzelne Erwerber regelmäßig nicht an 37
sich, sondern an die Eigentümergemeinschaft verlangen.[36] Etwas anderes gilt nur dann, wenn ihm sämtliche übrigen Erwerber ihre Mängelansprüche abgetreten haben.[37]

b) Kostenerstattung

Es kommt insoweit darauf an, wer die Kosten der Mängelbeseitigung getragen hat. War 38
dies der klagende Erwerber allein, kann er die Zahlung an sich verlangen. Falls die Kosten durch die Wohnungseigentümergemeinschaft getragen wurden, ist die Zahlung an diese zu fordern.

c) Nacherfüllung

Der Besteller hat in der Regel keinen Anspruch darauf, dass der Mangel in einer be- 39
stimmten Art und Weise beseitigt wird. Er muss lediglich die Symptome des Mangels genau bezeichnen. Die Beschreibung des Mangels muss aus sich heraus verständlich sein und erkennen lassen, was der Besteller vom Unternehmer verlangt.[38]

8. Muster: Klage eines einzelnen Wohnungseigentümers auf großen Schadensersatz oder Rückgewähr des Kaufpreises wegen Mängeln des Gemeinschaftseigentums

▼ 40

An das Landgericht

Klage

des Herrn/Frau

– Kläger(in) –

gegen

die Bauträger GmbH

– Beklagte –

wegen Rückgängigmachung des Erwerbsvertrages/Rücktritt

Namens und in Vollmacht des Klägers wird beantragt,

1. die Beklagte zu verurteilen, an den Kläger EUR nebst Zinsen in Höhe von 5 Prozentpunkten über dem jeweiligen Basiszinssatz seit dem zu zahlen, Zug um Zug gegen Rückübertragung des Eigentums an (*genaue Bezeichnung des erworbenen Eigentums gemäß Erwerbsvertrag*)
2. festzustellen, dass sich die Beklagte in Annahmeverzug befindet.

36 *Kniffka/Koeble/Jurgeleit/Sacher*, Kompendium des Baurechts, Teil 10, Rn 511.
37 OLG Düsseldorf v. 25.11.2005 – 22 U 75/01 – BauR 2007, 1890.
38 BGH v. 8.10.1992 – VII ZR 272/90 – BauR 1993, 111.

Es wird bereits jetzt beantragt, die Beklagte für den Fall der Fristversäumnis durch Versäumnisurteil ohne mündliche Verhandlung zu verurteilen.

Begründung:

Der Kläger erwarb von der Beklagten mit notariellem Vertrag vom eine noch zu errichtende Eigentumswohnung in der Wohnungseigentumsanlage .

Beweis: anliegender notarieller Vertrag vom

Der Kläger nahm die Leistung der Beklagten ab und zahlte die vereinbarte Vergütung. Der Kläger wurde als Eigentümer in das Grundbuch eingetragen.

Nunmehr verlangt der Kläger die Rückgängigmachung dieses Vertrags wegen der mangelhaften Bauleistungen der Beklagten.

(***alternativ:*** *Der Kläger ist von diesem Vertrag wegen der mangelhaften Bauleistungen der Beklagten zurückgetreten.*)

Der Kläger ist zur Geltendmachung dieser Ansprüche berechtigt, auch wenn die Mängel nicht nur das von dem Kläger erworbene Sondereigentum, sondern auch das Gemeinschaftseigentum betreffen. Der sogenannte große Schadensersatzanspruch, mit dem die Rückgängigmachung des Erwerbsvertrags verlangt wird, steht ebenso wie das Rücktrittsrecht allein dem Erwerber zu. (***alternativ***: *Das Rücktrittsrecht sowie der daraus folgende Rückabwicklungsanspruch stehen allein dem Erwerber zu.*) Die Ausübung dieser Rechte hat keinen Einfluss auf die Rechtsposition der Wohnungseigentümergemeinschaft wegen dieser Mängel.

Die Bauleistungen der Beklagten sind mangelhaft im Sinne des § 633 Abs. 2 BGB. Die Beklagte hatte sich nach dem Erwerbsvertrag mit dem Kläger verpflichtet, die (*Bezeichnung des mangelhaft ausgeführten Gewerks, etwa Abdichtung, Wände, Dach etc.*) wie nachfolgend dargestellt auszuführen. Die geschuldete Qualität dieser Bauleistungen ist in den Baubeschreibungen festgehalten, die Gegenstand der notariellen Beurkundung des Erwerbsvertrags waren. Insbesondere war die Beklagte auch ohne besondere Vereinbarung verpflichtet, die allgemein anerkannten Regeln der Technik einzuhalten. Denn auch ohne ausdrücklichen Hinweis im Vertrag bestand Einigkeit, dass die Bauleistungen diesen Anforderungen gerecht werden mussten. Die tatsächliche Ausführung weicht in den folgenden Punkten vom vertraglich geschuldeten Leistungssoll ab:

a) Die Beklagte schuldete gemäß der Baubeschreibung .

Beweis: anliegender notarieller Vertrag des Klägers nebst Baubeschreibung

Die Leistung der Beklagten erfüllt diese Anforderungen nicht: (*spezifizierte Darstellung der tatsächlichen Abweichung von der Baubeschreibung*).

Beweis: Einholung eines Sachverständigengutachtens (ggf.: Lichtbilder; Privatgutachten des Bausachverständigen ; ***alternativ***: *Beiziehung der Akten des selbstständigen Beweisverfahrens*)

b) Die ___ (*Abdichtung, Wärmeputz o.Ä.*) musste die Beklagte gemäß den allgemein anerkannten Regeln der Technik in der Weise ausführen, dass ___.

Diesen Anforderungen genügt die Bauleistung der Beklagten nicht (*konkrete Darlegung der Abweichung von den allgemein anerkannten Regeln der Technik).*

Beweis: Einholung eines Sachverständigengutachtens (ggf.: Lichtbilder; Privatgutachten des Bausachverständigen ___; ***alternativ***: *Beiziehung der Akten des selbstständigen Beweisverfahrens* ___)

Der Kläger forderte die Beklagte mit Schreiben vom ___ auf, die vorbezeichneten Mängel innerhalb einer Frist bis zum ___ zu beseitigen.

Beweis: anliegendes Schreiben des Prozessbevollmächtigten des Klägers vom ___

Die der Beklagten gesetzte Frist war ausreichend und angemessen. Die Beklagte ließ die ihr gesetzte Frist ergebnislos verstreichen.

Daraufhin erklärte der Kläger gegenüber der Beklagten mit anwaltlichem Schreiben vom ___ den Rücktritt von dem Vertrag.

(***alternativ:*** *dass er im Wege des Schadensersatzes Rückgängigmachung des notariellen Vertrages und Ersatz des ihm entstandenen Schadens verlange.*)

Beweis: anliegendes Schreiben des Prozessbevollmächtigten des Klägers vom ___

In diesem Schreiben hat der Kläger die Rückübertragung des Eigentums Zug um Zug gegen Erstattung des Erwerbspreises von ___ EUR und Ersatz der entstandenen Kosten von ___ EUR angeboten.

Die Beklagte hat in ihrer Erwiderung vom ___ das Begehren des Klägers zurückgewiesen.

Beweis: anliegendes Schreiben der Beklagten vom ___

Die bestehenden Mängel der Bauleistung der Beklagten sind nicht lediglich unerheblich, sodass der Anspruch des Klägers auf Rückgängigmachung des Vertrags nicht nach § 281 Abs. 1 S. 3 (***alternativ***: *§ 323 Abs. 5 S. 2 BGB*) ausgeschlossen ist.

Der Kläger macht die Rückzahlung des an die Beklagte gezahlten Kaufpreises in Höhe von ___ EUR geltend sowie die durch den gescheiterten Vertrag bedingten Aufwendungen (*z.B. Finanzierungskosten, Maklerkosten, Notarkosten, Grundbuchkosten etc.*). Weiter lässt sich der Kläger den Wert der Nutzung der streitgegenständlichen Wohnung in Höhe von ___ EUR anrechnen (*z.B.* zeitanteilig linear berechneter Betrag[39]).

Der Feststellungsantrag zu Nr. 2 ist begründet, da sich die Beklagte seit dem ___ wegen ihrer Weigerung, an der angebotenen Rückabwicklung mitzuwirken, im Annahmeverzug befindet.

(*Unterschrift*) (*Rechtsanwalt*)

▲

39 Vgl. BGH v. 31.3.2006 – V ZR 51/05 – NJW 2006, 1582; BGH v. 30.6.2017 – V ZR 134/16 – NJW 2017, 3438.

9. Checkliste

41 **Aktivprozess der Wohnungseigentümergemeinschaft**

1. Bezeichnung der klagenden Partei (Straße, Hausnummer, Ort). Vertretung durch Verwalter.
2. Aktivlegitimation/Prozessführungsbefugnis
   a) Rechte, die eine einheitliche Rechtsverfolgung erfordern, das sind der Anspruch auf den kleinen Schadensersatz und das Minderungsrecht sowie die diesen Rechten vorausgehende Fristsetzung zur Nacherfüllung, stehen der Gemeinschaft zu;
   b) die Rechte einzelner Erwerber wegen mangelhaften Gemeinschaftseigentums, das sind Erfüllung, Nacherfüllung, Selbstvornahme und Kostenerstattung sowie Kostenvorschuss, können von der Gemeinschaft durch Beschluss der Wohnungseigentümer an sich gezogen werden.
3. Die Geltendmachung der unter Nr. 2a genannten Rechte steht der Wohnungseigentümergemeinschaft nach § 9a Abs. 2 WEG originär zu. Zur Geltendmachung der unter Nr. 2b genannten Rechte ist (auch vorprozessual) immer ein Beschluss der Gemeinschaft erforderlich.

Aktivprozess des einzelnen Wohnungseigentümers/Erwerbers

Aktivlegitimation/Prozessführungsbefugnis

1. Rechte betreffend Mängel des Sondereigentums
2. Rechte wegen Mängeln des Gemeinschaftseigentums, die die Wohnungseigentümergemeinschaft nicht berühren (Rücktritt und großer Schadensersatz)
3. Die Geltendmachung der Ansprüche auf Erfüllung, Nacherfüllung, Selbstvornahme und Kostenerstattung sowie Kostenvorschuss steht grundsätzlich dem einzelnen Erwerber zu. Macht die Gemeinschaft von der Befugnis Gebrauch, diese Rechte an sich zu ziehen, ist die Geltendmachung der Rechte durch den einzelnen Erwerber ausgeschlossen.
4. Die Wohnungseigentümergemeinschaft kann durch Beschluss darüber entscheiden, dass Rechte, deren Geltendmachung ihr zusteht, von einem der Wohnungseigentümer/Erwerber geltend gemacht werden.

B. Beteiligung Dritter am Bauprozess: Nebenintervention und Streitverkündung

I. Einleitung

42 Die Beteiligung **Dritter** an einem Rechtsstreit ist in Bauprozessen weit häufiger als in sonstigen Rechtsstreiten. Das Baurecht ist geprägt von der arbeitsteiligen Vorgehensweise bei der Durchführung des Bauvorhabens. Der **Architekt** und die **Fachplaner** stellen Berechnungen und Ausführungspläne zur Verfügung, die von den Unternehmern zu beachten sind. Die einzelnen **Unternehmer** sind an dem Gesamterfolg des Bauwerks

nur mit ihren jeweiligen Leistungsteilen beteiligt. Dabei bauen ihre Leistungen auf denen der **Vorunternehmer** auf, während sie zugleich selbst Vorunternehmer für Folgegewerke sind. Ihre Bauausführung wird von dem Architekten im Rahmen der Objektüberwachung begleitet. Liegt ein Bauwerksmangel vor, ist es für den Bauherrn mitunter schwierig zu erkennen, wer die Ursache hierfür gesetzt hat und welcher Handwerker und/oder Planer verantwortlich ist. Der Bauherr läuft Gefahr, einen Unternehmer zu verklagen, von dem sich im Laufe des Rechtsstreits herausstellt, dass er nicht oder nur anteilig für den Mangel haftet. Zugleich besteht die Möglichkeit, dass die Geltendmachung des Anspruchs gegen den alternativ haftenden Unternehmer in einem Folgeprozess ebenfalls erfolglos bleibt, weil das Gericht des zweiten Prozesses grundsätzlich an die Ergebnisse des Vorprozesses nicht gebunden sein wird. Der verklagte Unternehmer wird, weil er die Haupt- oder Mitverantwortung bei einem anderen Baubeteiligten sieht, ein Interesse daran haben, dass die Feststellungen in dem gegen ihn gerichteten Prozess einem etwaigen **Regressanspruch** zugrunde gelegt werden. Daneben kommt eine Streitverkündung durch einen Bauunternehmer auch dann in Betracht, wenn er mit dem Bauherrn einerseits und dem Nachunternehmer andererseits um die Nachtragsvergütung ein und derselben Leistung streitet, die an den Nachunternehmer weitergegeben wurde[40] An der gerichtlichen Auseinandersetzung nicht beteiligte Unternehmer können ein Interesse daran haben, von sich aus auf die laufende Auseinandersetzung mit eigenen Anträgen, insbesondere zu Beweisfragen, Einfluss zu nehmen, um die aus ihrer Sicht entscheidenden Haftungsfragen zu klären. Die Möglichkeit, Dritte an dem Rechtsstreit zu beteiligen, ist für Bauherren und Bauunternehmer daher von nicht zu unterschätzender praktischer Relevanz. Auf diesem Wege können widersprüchliche Prozessergebnisse verhindert und die Zahl der Rechtsstreitigkeiten reduziert werden. Zudem kann die Beteiligung des Dritten die Aufklärung des Sachverhalts wesentlich fördern. Dabei gibt es grundsätzlich zwei Möglichkeiten der Beteiligung eines Dritten an dem Rechtsstreit. Entweder der Dritte wird selbst aktiv und tritt einem Prozess auf Seiten des Bauherrn oder des Unternehmers als Nebenintervenient bei (§§ 66 ff. ZPO) oder eine der Prozessparteien verkündet dem Dritten den Streit (§§ 72 ff. ZPO), woraufhin der Dritte dem Rechtsstreit beitreten kann.

Daneben kommt die Erhebung einer Widerklage gegen einen Dritten in Betracht, der hierdurch allerdings zur Partei des Rechtsstreits wird (und damit z.B. seine Stellung als Zeuge verliert – sog. **Drittwiderklage**).[41] Die Drittwiderklage gegen einen Nachunternehmer oder einen neben dem Widerkläger als Gesamtschuldner haftenden Baubeteiligten ist aber in aller Regel unzulässig.[42]

40 KG v. 9.5.2017 – 21 U 97/15.
41 BGH v. 30.9.2010 – Xa ARZ 191/10 – NJW 2011, 460.
42 BGH v. 7.11.2013 – VII ZR 105/13 – BauR 2014, 299; OLG Köln v. 13.3.2013 – 16 U 123/123 – BauR 2013, 1163.

II. Rechtliche Grundlagen und Wirkungen der Streitverkündung

43 Die rechtlichen Grundlagen der Streitverkündung finden sich in §§ 72–74 ZPO, die wiederum auf die Regelungen zur Nebenintervention verweisen. Der Zweck der Streitverkündung besteht neben der erhofften Hilfe für die Prozessführung hauptsächlich darin, die **Interventionswirkung** des § 68 ZPO herbeizuführen und die **Verjährung** des (möglichen) Regressanspruchs gegen den Streitverkündeten zu **hemmen** (§ 204 Abs. 1 Nr. 6 BGB). Interventionswirkung bedeutet, dass sich die tragenden tatsächlichen Feststellungen und rechtlichen Beurteilungen des Urteils im laufenden Prozess auf den Folgeprozess (Streitverkünder gegen Streitverkündungsempfänger) erstrecken. Der Bundesgerichtshof hat dies wie folgt zusammengefasst:

„Die Streitverkündung ist ein in erster Linie den Interessen des Streitverkünders dienender prozessualer Behelf, der dazu bestimmt ist, verschiedene Beurteilungen desselben Tatbestandes zu vermeiden, d.h. den Streitverkünder durch die Bindungswirkung gemäß §§ 74, 68 ZPO vor dem Risiko zu bewahren, dass er wegen der materiell-rechtlichen Verknüpfung der im Vor- und Folgeprozess geltend gemachten bzw. geltend zu machenden Ansprüche mehrere Prozesse führen muss, dabei aber Gefahr läuft, alle zu verlieren, obwohl er zumindest einen gewinnen müsste; außerdem soll sie dem Streitverkündungsgegner Gelegenheit zur Unterstützung des Verkünders im Prozess geben und den Verkünder gegen den Einwand schützen, er habe den Prozess schlecht geführt oder eine unrichtige Entscheidung herbeigeführt.“[43]

III. Wirkungen der Streitverkündung im laufenden Prozess

1. Rechte des beigetretenen Streitverkündeten im Prozess

44 Die Rechte des Streitverkündeten, der dem Prozess beigetreten ist, entsprechen denen des Nebenintervenienten. Beide werden auch als **Streithelfer** bezeichnet.

Der Streitverkündete wird durch seinen Beitritt nicht Prozesspartei, sondern er ist ein **Dritter**, der eine der Parteien **unterstützt**. Er kann daher in der Sache weder verurteilt werden noch kann er für sich eine Verurteilung des Gegners erwirken. Auch können ihm die Kosten der weiteren Prozessbeteiligten oder Gerichtskosten nicht auferlegt werden. Weil er nicht Partei ist, kann er auch **Zeuge** sein. Als Beteiligter des Prozesses hat er einen **Anspruch auf rechtliches Gehör**. Er kann sämtliche Prozesshandlungen für die unterstützte Hauptpartei vornehmen. So kann er Angriffs- und Verteidigungsmittel geltend machen, Tatsachen behaupten und bestreiten, Beweisanträge stellen, einem Dritten den Streit verkünden, durch sein Auftreten in der mündlichen Verhandlung den Erlass eines Versäumnisurteils abwenden[44] oder im selbstständigen Beweisverfahren für die unterstützte Partei den Antrag auf Fristsetzung zur Klageerhebung nach § 494a ZPO stellen[45] sowie Rechtbehelfe oder Rechtsmittel für die Hauptpartei einlegen. Stellt sich

43 BGH v. 14.11.1991 – I ZR 236/89 – BGHZ 116, 95, 100 = NJW 1992, 1698.
44 Siehe hierzu BGH v. 13.4.1994 – II ZR 196/93 – NJW 1994, 2022.
45 BGH v. 27.9.2007 – VII ZB 85/06 – NJW-RR 2008, 261.

die Frage, ob das Vorbringen des Streithelfers verspätet ist, ist auf die Hauptpartei und ihr Verschulden, nicht auf den Streithelfer abzustellen. Allerdings kann sich ein eigenes Verschulden der Prozesspartei bereits daraus ergeben, dass sie dem Streithelfer allein die Prozessführung überlässt.[46]

Will der Streithelfer ein **Rechtsmittel** für die Hauptpartei einlegen, ist dies nur innerhalb der für die Hauptpartei geltenden Rechtsmittelfrist möglich.[47] Dabei wird das Rechtsmittel stets für die Hauptpartei eingelegt, die weiterhin Partei des Rechtsstreits auch dann bleibt, wenn sie ihrerseits kein Rechtmittel einlegt.[48] Allerdings kann der Streithelfer das Rechtsmittel nicht gegen den erklärten oder erkennbaren Willen der Partei einlegen.[49] Für die Zulässigkeit des Rechtsmittels ist die Höhe der Beschwer der Hauptpartei maßgebend. Legen die Hauptpartei und der Streithelfer jeweils ein Rechtsmittel ein, handelt es sich um ein **einheitliches Rechtsmittel**, soweit die Anträge übereinstimmen. Verhandelt die Hauptpartei in der mündlichen Verhandlung nicht, gilt sie als durch den Streithelfer vertreten. Wenn die Hauptpartei ihr Rechtsmittel zurücknimmt, bedeutet das nicht, dass sie mit dem Rechtsmittelverfahren des Streithelfers nicht einverstanden ist. Dessen Rechtsmittel führt daher das Verfahren fort.[50] Etwas anderes gilt nur dann, wenn der Wille der Prozesspartei, das Verfahren insgesamt abzuschließen, erkennbar ist. Bei völliger Untätigkeit der Prozesspartei kann der Nebenintervenient sowohl das von ihm als auch das von der Partei eingelegte Rechtsmittel beschränken oder zurücknehmen.[51] 45

Den Möglichkeiten des Streithelfers, den Prozess der Hauptparteien zu beeinflussen, sind aber auch Grenzen gesetzt. Seine Befugnisse enden dort, wo er sich bei Wahrnehmung seiner Rechte in **Widerspruch zur unterstützten Partei** stellen würde. Der Streithelfer ist nach § 67 ZPO zur wirksamen Vornahme von Prozesshandlungen nur befugt, wenn sie Erklärungen und Handlungen der Hauptpartei nicht widersprechen. Ein Widerspruch der Hauptpartei kann sich dabei sowohl aus einer ausdrücklichen Erklärung als auch aus ihrem Gesamtverhalten im Prozess ergeben. Bloße **Untätigkeit** (Unterlassen) der Prozesspartei hindert den Nebenintervenienten (Streitverkündeten) nicht, Prozesshandlungen vorzunehmen.[52] Der Streithelfer kann für die Partei mit oder ohne ihren Willen, nicht aber gegen ihren Willen handeln.[53] Eine wirksam vorgenommene Handlung bleibt im Zweifel wirksam.[54] Steht ein möglicher Widerspruch nicht mit der nötigen Eindeutigkeit fest, ist die Prozesshandlung als wirksam anzusehen.[55] Ein Streithelfer soll sogar ein Geständnis der Hauptpartei widerrufen können, sofern diese nicht widerspricht 46

46 Musielak/Voit/*Weth*, § 67 Rn 6.
47 St. Rspr. des BGH so: BGH v. 6.7.2018 – V ZR 39/17 – BeckRS 2018, 24461; BGH v. 24.5.2012 – VII ZR 24/11 – MDR 2012, 1056; BGH v. 5.11.1987 – V ZB 3/87 – VersR 1988, 417; BGH v. 15.6.1989 – VII ZR 227/88 – VersR 1989, 932; BGH v. 26.3.1997 – IV ZR 137/97 – NJW-RR 1997, 919.
48 BGH v. 18.1.2022 – VI ZB 36/21 – NJW-RR 2022, 404.
49 BGH v. 9.2.2017 – I ZR 91/15 – BeckRS 2017, 101997.
50 BGH v. 18.1.2022 – VI ZB 36/21 – NJW-RR 2022, 404; BGH v. 1.7.1993 – V ZR 235/92 – NJW 1993, 2944.
51 BGH v. 28.9.1998 – II ZB 16/98 – NJW-RR 1999, 285.
52 BGH v. 18.1.2022 – VI ZB 36/21 – NJW-RR 2022, 404.
53 So schon RG v. 20.11.1886 – II 240/86 – RGZ 17, 33, 34.
54 BGH v. 28.3.1985 – VII ZR 317/84 – NJW 1985, 2480.
55 BGH v. 18.1.2022 – VI ZB 36/21 – NJW-RR 2022, 404.

und das Geständnis selbst gem. § 290 ZPO widerrufen könnte.[56] Lässt der Streitverkünder bestimmte Erklärungen des Streithelfers durch seinen Widerspruch nicht zu, riskiert er, dass das im laufenden Prozess ergangene Urteil für den Folgeprozess nicht die volle Interventionswirkung entfaltet.

Den Prozessgegenstand darf der Streithelfer nicht ändern, es sei denn, die Zustimmung der Hauptpartei steht positiv fest. Eine besondere Konstellation ergibt sich im Falle des Beitritts im Mahnverfahren. Bleibt die unterstützte Hauptpartei untätig, stellt dies kein Hindernis für eigene Prozesshandlungen des Streithelfers dar. Er darf Prozesshandlungen so lange vornehmen, wie sich ein – ausdrücklich erklärter oder aus dem Gesamtverhalten im Prozess zu entnehmender – entgegenstehender Wille der Hauptpartei nicht feststellen lässt. Demgegenüber muss das Interesse der antragstellenden Partei, im Mahnverfahren schnell und kostengünstig einen Titel zu erlangen, zurücktreten.[57] Im Mahnverfahren ist nur zu prüfen, ob die persönlichen Prozesshandlungsvoraussetzungen des Streithelfers vorliegen. Die besonderen Voraussetzungen der Nebenintervention sind lediglich auf Antrag einer Hauptpartei und nur im Verfahren nach § 71 ZPO zu prüfen; dies gilt insbesondere für die Frage, ob der Nebenintervenient ein rechtliches Interesse am Obsiegen einer Partei hat.[58]

47 Die Streithilfe gibt dem Beitretenden **prozessuale** Rechte. Er ist aber nicht befugt, **materiell-rechtlich wirksame Erklärungen** für die Hauptpartei vorzunehmen. Der Streithelfer kann weder eine gegnerische Forderung anerkennen noch auf eine Forderung der Prozesspartei verzichten. Ihm ist es verwehrt, mit Wirkung für und gegen die Prozesspartei einen **Vergleich** abzuschließen oder mit einer Forderung der Hauptpartei **aufrechnen**. Für Handlungen, die die materiell-rechtliche Stellung der unterstützen Prozesspartei verändern, bedarf er der besonderen Legitimation durch die Partei. Er ist allerdings nicht gehindert, materiell-rechtliche Einreden der Hauptpartei prozessual geltend zu machen, sofern ein entgegenstehender Wille der Prozesspartei nicht feststellbar ist. Er kann daher sowohl die Verjährung einwenden, als auch sich auf ein Zurückbehaltungsrecht der Prozesspartei berufen.

2. Folgen bei unterlassenem Beitritt des Streitverkündeten

48 Tritt der Streitverkündete nicht bei, wird der Rechtsstreit ohne Rücksicht auf ihn fortgesetzt. Die Interventionswirkungen treffen ihn in diesem Fall ab dem Zeitpunkt des möglichen Beitritts. Dieser liegt – unter Berücksichtigung einer Überlegungsfrist – einige Tage nach der Zustellung der Streitverkündungsschrift.

56 BGH v. 14.10.1975 – VI ZR 226/74 NJW 1976, 292.

57 BGH v. 10.1.2006 – VIII ZB 82/05 – BGHZ 165, 358 ff. = NJW 2006, 773.

58 *Kniffka/Koeble/Jurgeleit/Sacher*, Kompendium des Baurechts, 18. Teil, Rn 4, weist darauf hin, dass angesichts des Fehlens einer BGH-Entscheidung hierzu von der Streitverkündung im Mahnverfahren als Mittel der Verjährungshemmung abzuraten ist.

IV. Hemmung der Verjährung

Die Zustellung der Streitverkündungsschrift führt zur Hemmung der Verjährung der Ansprüche, aufgrund derer der Streit verkündet wird (§ 204 Abs. 1 Nr. 6 BGB). Dies setzt allerdings voraus, dass die Streitverkündung zulässig ist.[59] Dazu muss der Fall eines alternativen Obsiegens des Streitverkünders in einem der beiden möglichen Prozesse gegeben sein,[60] was nicht der Fall ist, wenn der Streitverkündete neben der Gegenpartei des laufenden Prozesses ungemindert als Gesamtschuldner haftet. Außerdem muss die Streitverkündungsschrift den möglichen Regressanspruch hinreichend genau individualisieren.[61] Das Rechtsverhältnis, aus welchem sich der Rückgriffanspruch gegen den Dritten oder dessen Anspruch gegen den Streitverkünder ergeben soll, ist so genau zu bezeichnen, dass der Streitverkündeter zumindest nach Einsicht in die Akten in der Lage ist, zu erkennen, welchen Anspruchs sich der Streitverkünder gegen ihn berühmt, um eine Entscheidung über seinen Beitritt zu treffen.[62] Erfolgt die Zustellung der Streitverkündungsschrift „demnächst" nach ihrem Eingang bei Gericht, ist der Lauf der Verjährung bereits vom Zeitpunkt dieses Eingangs an gehemmt (§ 167 ZPO).[63] 49

V. Interventionswirkungen im Folgeprozess

Für die Frage, ob eine Streitverkündung Interventionswirkung im Folgeprozess entfaltet, ist danach zu unterscheiden, ob der Streitverkündete einer der Parteien beigetreten ist oder nicht. Ist der Beitritt erfolgt, so ist die Zulässigkeit der Streitverkündung im Folgeprozess nicht mehr zu prüfen.[64] Die Interventionswirkung gem. §§ 74, 68 ZPO greift nur dann nicht ein, wenn die Nebenintervention nach § 71 ZPO rechtskräftig zurückgewiesen wurde.[65] Tritt der Streitverkündeter hingegen nicht bei, setzt die Interventionswirkung im Folgeprozess nur dann ein, wenn die Streitverkündung zulässig war. Die Zulässigkeit der Streitverkündung wird dazu im Folgeprozess geprüft.[66] 50

Das gilt allerdings nicht für die verjährungshemmende Wirkung der Streitverkündung. Hierfür ist eine zulässige Streitverkündung auch dann erforderlich, wenn der Streitverkündete dem Rechtsstreit beigetreten ist.[67]

Der Streitverkündete wird wie der Nebenintervenient im Verhältnis zu der Hauptpartei mit der Behauptung nicht gehört, dass der Rechtsstreit, wie er dem Richter vorgelegen hat, unrichtig entschieden sei. Er wird mit der Behauptung, dass die Hauptpartei den Rechtsstreit mangelhaft geführt habe, nur insoweit gehört, als er durch die Lage des Rechtsstreits zur Zeit seines Beitritts oder durch Erklärungen und Handlungen der Haupt- 51

59 BGH v. 6.12.2007 – IX ZR 143/06 – BGHZ 175, 1.
60 Vgl. BGH v. 14.11.1991 – I ZR 236/89 – BGHZ 116, 96 (vgl. oben Rdn 43).
61 BGH v. 6.12.2007 – IX ZR 143/06 – BGHZ 175, 1; BGH v. 21.2.2002 – IX ZR 127/00 – NJW 2002, 1414.
62 BGH v. 8.12.2011 – IX ZR 204/09 – NJW 2012, 674.
63 BGH v. 17.12.2009 – IX ZR 4/08 – BauR 2010, 626.
64 BGH v. 6.12.2007 – IX ZR 143/06 – NJW 2008, 519.
65 MüKo/*Schultes*, § 74 Rn 7.
66 BGH v. 8.2.2011 – VI ZB 31/09 – NJW 2011, 1078.
67 BGH v. 6.12.2007 – IX ZR 143/06 – NJW 2008, 519.

partei verhindert worden ist, Angriffs- oder Verteidigungsmittel geltend zu machen, oder als Angriffs- oder Verteidigungsmittel, die ihm unbekannt waren, von der Hauptpartei absichtlich oder durch grobes Verschulden nicht geltend gemacht worden sind, §§ 74 Abs. 3, 68 ZPO.

52 Es muss ein rechtskräftiges Sachurteil zum Nachteil der unterstützten Partei vorliegen. Einem Vergleich oder einem Prozessurteil kommt hingegen keine Interventionswirkung zu. Soll der Prozessvergleich auch für einen Streithelfer bindend sein, muss dieser der Vereinbarung beitreten. Auch verhindert die Klagerücknahme[68] oder übereinstimmende Erledigungserklärung den Eintritt der Interventionswirkung.

53 Der Inhalt und Umfang der Bindungswirkung beschränkt sich nicht auf den Entscheidungssatz, die im Tenor ausgesprochene Rechtsfolge, sondern erstreckt sich auf die tragenden Feststellungen und deren rechtliche Beurteilung im Ersturteil.[69] Was zu den tragenden Feststellungen des Ersturteils gehört, beurteilt sich danach, worauf die Entscheidung objektiv bei zutreffender Rechtsauffassung beruht.[70] Auf die Sicht des Gerichts des Erstprozesses kommt es nicht an. Feststellungen, die für die rechtliche Begründung im Erstprozess nicht von Bedeutung sind (sog. überschießende Feststelllungen) nehmen an der Interventionswirkung nicht teil.[71]

54 Feststellungen, die der Streithelfer nicht beeinflussen konnte, haben keine Bindungswirkung. Der Streithelfer muss den Rechtsstreit in der Lage annehmen, in dem er sich zur Zeit seines Beitritts befindet. Soweit der Streithelfer das Prozessgeschehen nicht mehr ändern konnte, kann ihm das im Folgeprozess nicht entgegengehalten werden. Eine Bindungswirkung kann auch insoweit nicht eintreten, als er sich durch seinen Vortrag im Erstprozess in Widerspruch zu der unterstützten Partei gesetzt hätte. Das Gleiche gilt, wenn die Hauptpartei Angriffs- oder Verteidigungsmittel, die dem Nebenintervenienten unbekannt waren, absichtlich oder grob fahrlässig nicht vorgebracht hat. Im Folgeprozess muss der Streithelfer die mangelhafte Prozessführung durch die unterstützte Prozesspartei darlegen und beweisen. In jedem Fall muss der Streitverkündete im Folgeprozess natürlich darlegen und beweisen, dass der ihm verwehrte Vortrag im Erstprozess zu einer anderen Entscheidung geführt hätte.

VI. Kosten der Streitverkündung

55 Der Streithelfer wird gemäß § 101 ZPO so behandelt wie die von ihm unterstützte Partei. Die durch eine Streithilfe verursachten Kosten sind dem Gegner der Hauptpartei aufzuerlegen, soweit er nach den Vorschriften der §§ 91–98 ZPO die Kosten des Rechtsstreits zu tragen hat; soweit dies nicht der Fall ist, sind sie dem Nebenintervenienten aufzuerlegen. Lediglich für den streitgenössischen Nebenintervenienten, § 69 ZPO, ist die Regelung des § 100 ZPO hinsichtlich der Kostentragung anzuwenden. Legt allerdings

68 BGH v. 24.1.2019 – IX ZR 233/17 – NJW 2019, 1219.
69 BGH v. 19.11.2020 – I ZR 110/19 – NJW 2021, 1242; BGH v. 4.4.2019 – III ZR 338/17 – NJW 2019, 1748.
70 BGH v. 27.11.2003 – V ZB 43/03 – BGHZ 157, 99 = MDR 2004, 464.
71 BGH v. 19.11.2020 – I ZR 110/19 – NJW 2021, 1242.

allein der Nebenintervenient ein Rechtsmittel ein, so ergeht im Falle des Unterliegens eine Kostenentscheidung zu seinen Lasten.

Wird der Rechtsstreit durch einen Vergleich beendet, so kann dessen Kostenregelung auch für den Streithelfer gelten. Wenn der Streithelfer dem Vergleich nicht beigetreten ist, hat der Gegner der von ihm unterstützten Hauptpartei die Kosten des Streithelfers in dem Umfang zu tragen, wie er die Kosten der Hauptpartei übernommen hat („**Kostenparallelität**“).[72] Das Gericht hat ggf. auf Antrag des Streitverkündeten eine dahingehende (Kostengrund-) Entscheidung durch Beschluss zu erlassen. Sieht der Vergleich die Kostenaufhebung zwischen den Parteien vor, hat der Streithelfer – wie die Hauptpartei – keinen Kostenerstattungsanspruch gegen den Gegner.[73] Hat sich hingegen der Streithelfer am Vergleich beteiligt, indem er dem Abschluss des Vergleichs zugestimmt hat, ist anhand der im Vergleich getroffenen Kostenregelung zu entscheiden, ob und ggf. in welchem Umfang der Streithelfer einen Anspruch auf Erstattung seiner Kosten hat. Haben die Parteien ausdrücklich geregelt, wer die Kosten der Nebenintervention zu tragen hat, hat der Streithelfer einen entsprechenden Erstattungsanspruch. Fehlt es an einer ausdrücklichen Bestimmung über die Kosten der Nebenintervention, ist damit eine prozessuale Kostenerstattung zugunsten des Streithelfers nur dann gegeben, wenn sich aus dem Kontext der Kostenregelung im Vergleich ergibt, dass die Kosten des Streithelfers erstattet werden sollten. Fehlt dafür jeder Anhaltspunkt, ist ein prozessualer Kostenerstattungsanspruch des Streithelfers ausgeschlossen.[74] 56

Der Gegenstandswert der Streitverkündung richtet sich nach zutreffender, aber umstrittener Auffassung nicht nach dem Streitwert des Rechtsstreits, sondern nach dem Interesse des Streithelfers am Beitritt,[75] das – je nach dem infrage stehenden Regressanspruch – geringer ausfallen kann. Diese Frage kann insbesondere relevant werden, wenn in einem Bauprozess u.a. viele Mängel im Streit stehen, für die jeweils unterschiedliche Subunternehmer verantwortlich sein sollen. Erklären alle Subunternehmer den Streitbeitritt, drohen dem Gegner der unterstützten Partei hohe Kosten der Streithelfer. Es kann dann einen sehr großen Unterschied ausmachen, ob sich die Rechtsanwaltskosten der einzelnen Streithelfer nach dem Wert der sie jeweils tangierenden Mängel oder aber nach dem (unter Umständen viel höheren) Gesamtstreitwert berechnen.

72 BGH v. 8.9.2011 – VII ZB 24/09 – BauR 2012, 130.
73 BGH v. 3.4.2003 – V ZB 44/02 – BGHZ 154, 351.
74 BGH v. 4.2.2016 – IX ZB 28/15 – NJW 2016, 1983.
75 Vgl. z.B. OLG München v. 6.11.2009 – 28 W 1975/09 – BauR 2010, 668; OLG Frankfurt v. 13.2.2009 – 10 W 4/09 – IBR 2009, 305; KG v. 23.8.2002 – 4 W 219/01 – NJW-RR 2003, 133; anders noch BGH v. 30.10.1959 – V ZR 204/97 – BGHZ 31,144, aber auch BGH v. 11.12.2012 – II ZR 233/09 – JurBüro 2013, 477, jedenfalls dann, wenn der Nebenintervenient die gleichen Anträge stellt wie die von ihm unterstützte Partei.

VII. Muster: Streitverkündung

1. Streitverkündung des verklagten Bauunternehmers an Subunternehmer

57 ▼

An das

9.6 Landgericht

(*AZ*)

In dem Rechtsstreit (*volles Rubrum*)

verkünden wir Namens der Beklagten

der Firma/der Bauunternehmung (*genaue Bezeichnung mit Zustellungsanschrift*)

den Streit mit der Aufforderung, dem Rechtsstreit auf Seiten des Beklagten beizutreten.

Das Gericht wird gebeten, diesen Schriftsatz nebst beigefügter beglaubigter Kopie der Klageschrift, der Klageerwiderung und der Schriftsätze vom dem Streitverkündeten alsbald zuzustellen.

Begründung:

Mit Bauvertrag vom beauftragte die Klägerin die Beklagte, an dem Bauvorhaben der Klägerin in die Arbeiten (*Bezeichnung des Gewerks*) auszuführen. Die Beklagte beauftragte ihrerseits den Streitverkündeten als Subunternehmer mit den Arbeiten (*genaue Darstellung*). Nach Abschluss und Abnahme der Bauleistungen rügte die Klägerin Mängel an den Leistungen des Streitverkündeten. Die Beklagte bestreitet deren Vorliegen. Für den Fall, dass die Behauptung der Klägerin zutrifft und die Beklagte deshalb den Prozess verliert, hat sie gegen den Streitverkündeten einen Anspruch auf Schadloshaltung gemäß §§ 634, 280, 281 BGB, da sie dem Streitverkündeten vorsorglich eine Frist von Wochen zur etwaigen Nacherfüllung gesetzt hat.

Der Stand des Prozesses ergibt sich aus den anliegenden Kopien der gewechselten Schriftsätze. Das Gericht hat Termin zur mündlichen Verhandlung bestimmt auf den .

(***ggf.*** *ist die weitere Prozessgeschichte wie etwa Beweisbeschlüsse, Beweisergebnisse, vorbereitende Ladungen zum Termin mitzuteilen.*)

Abschriften zur Zustellung an den Streitverkündeten sowie Abschriften dieses Schriftsatzes für den Kläger sind beigefügt.

(*Unterschrift*) (*Rechtsanwalt*)

▲

2. Anmerkungen

a) Anhängiger Rechtsstreit

58 Die Streitverkündung kann in jeder Lage des Rechtsstreits bis zur rechtskräftigen Entscheidung erfolgen. Sie ist frühestens ab dem Zeitpunkt der Anhängigkeit des Rechtsstreits möglich, die Klageschrift muss also noch nicht zugestellt sein. Möglich ist die Streitverkündung bis zum Eintritt der Rechtskraft. Es ist daher zulässig, erst in der

Rechtsmittelinstanz die Streitverkündung vorzunehmen. Dabei kann die Streitverkündung mit der Einlegung eines Rechtsmittels verbunden werden. Je später der Streit verkündet wird, desto größer ist die Gefahr für den Streitverkünder, dass sich der Streitverkündeter in einem Folgeprozess darauf berufen können wird, dass er durch die Lage des Rechtsstreits zur Zeit seines Beitritts daran gehindert war, Angriffs- oder Verteidigungsmittel geltend zu machen (§ 68 Hs. 2 ZPO.)

Der Rechtsstreit, dem der Streithelfer beitreten kann, ist nicht nur das kontradiktorische Klageverfahren. Die ZPO sieht die Streitverkündung ebenso wie die Nebenintervention in den allgemeinen Vorschriften grundsätzlich für Rechtsstreitigkeiten jeder Art vor.[76] Hauptprozess kann daher jedes **Entscheidungsverfahren** sein, durch dessen Entscheidung die Rechtslage des Streitverkündeten oder des Nebenintervenienten beeinflusst werden kann.[77] Daraus folgt die Möglichkeit der Streitverkündung und der Nebenintervention im **selbstständigen Beweisverfahren.**[78] Die Streitverkündung ist ebenso wie die Nebenintervention auch im **Mahnverfahren** zulässig.[79] Es wird die Auffassung vertreten, dass in einem **einstweiligen Rechtsschutzverfahren** eine Nebenintervention und eine Streitverkündung ausscheiden, weil eine die Sache abschließende Entscheidung im Eilverfahren nicht ergeht.[80] Dem ist nicht zuzustimmen. Die Streithilfe und die diese herbeiführende Streitverkündung ist in sämtlichen Verfahren zulässig, in denen die Entscheidung die Rechtslage des Dritten beeinflussen kann. Das kann aber auch im einstweiligen Verfügungsverfahren der Fall sein.[81] So, wenn durch eine einstweilige Verfügung das Grundstück des Bauherrn mit einer Vormerkung zur Eintragung einer Sicherungshypothek belastet werden soll, und der Dritte ein Interesse daran hat, dass die Eintragung unterbleibt. Es ist streitig, ob der Beitritt eines Dritten und die Streitverkündung in einem **schiedsgerichtlichen Verfahren** zulässig sind.[82] Richtig ist es, zu differenzieren. Die Nebenintervention ist ebenso wie die Streitverkündung im Schiedsgerichtsverfahren zulässig, wenn Schiedsgericht und Schiedsverfahrensparteien dem zumindest stillschweigend zustimmen.[83] Das Schiedsverfahren ist ein auf Vereinbarung beruhendes Verfahren der Parteien, das es ihnen ermöglicht, innerhalb des gesetzlichen Rahmens das Verfahren zu gestalten. An die Entscheidung des Schiedsgerichts werden die Parteien aufgrund ihrer Vereinbarung gebunden. Dementsprechend können auch Dritte nur gebunden sein, wenn zum einen die Schiedsparteien mit ihrer Verfahrensbeteiligung einverstanden sind und zum anderen der Beitretende erklärt, das Verfahren und 59

76 BGH v. 27.2.1980 – IV ZR 167/78 – NJW 1980, 1693.

77 Musielak/Voit/*Weth*, § 66 Rn 3.

78 BGH v. 5.12.1996 – VII ZR 108/95 – BGHZ 134, 190 = NJW 1997, 859, 860 (zur Streitverkündung); BGH v. 18.11.2015 – VII ZB 57/12 – NJW 2016, 532 (analoge Anwendung der §§ 66 ff. ZPO).

79 BGH v. 10.1.2006 – VIII ZB 82/05 – BGHZ 165, 358 ff. = NJW 2006, 773.

80 LAG Nürnberg v. 30.11.2004 – 6 Sa 691/04 – juris.

81 OLG Düsseldorf v. 31.7.1957 – 9 W 143/57 – NJW 1958, 794; Zöller/*Vollkommer*, § 66 Rn 2; Musielak/Voit/*Weth*, § 72 Rn 1.

82 Verneinend: *Zerhusen*, in: Festschrift Thode, S. 355, 362 ff.; *Roquette/Kunkel*, Jahrbuch Baurecht 2004, S. 269, 277 ff.; *Werner/Pastor*, Rn 521; bejahend: Musielak/*Voit*, § 1042 Rn 11; Zöller/*Geimer*, § 1042 Rn 42.

83 OLG Stuttgart v. 16.7.2002 – 1 Sch 8/02 – NJW-RR 2003, 495; Zöller/*Althammer*, § 66 Rn 3.

einen Schiedsspruch zu akzeptieren.[84] Ausführlich zum Schiedsverfahren siehe § 12 Rdn 1 ff.

Eine Nebenintervention im Prozesskostenhilfeverfahren soll nach Ansicht des OLG Karlsruhe nicht zulässig sein.[85]

b) Rechtsstreit zwischen anderen

60 Derjenige, dem der Streit verkündet wird, muss wie der Nebenintervenient eine von den Parteien verschiedene Rechtspersönlichkeit sein. Die Mitglieder eines Vereins sowie die Gesellschafter einer OHG oder KG können daher dem von oder gegen die juristische Person geführten Rechtsstreit beitreten. Streitgenossen können einander oder auch dem Gegner zu Unterstützung gegen den anderen Streitgenossen beitreten.[86] Dementsprechend ist auch unter Streitgenossen die Streitverkündung möglich. Das beruht darauf, dass bei der Streitgenossenschaft mehrere selbstständige Prozesse verbunden sind. Es ist daher möglich, dass ein rechtskräftig verurteilter beklagter Streitgenosse, dem Rechtsstreit auf Seiten der klagenden Partei durch Einlegung der Berufung gegen den früheren Mitbeklagten, gegen den die Klage abgewiesen wurde, beitritt.

c) Beziehung des Streitverkündeten zum Gegenstand des Prozesses

61 Der Streitverkünder muss darlegen, aufgrund welcher Rechtsbeziehung zum Verkündungsgegner sich die Voraussetzungen des § 72 ZPO ergeben.[87]

d) Zeitpunkt des Wirksamwerdens der Streitverkündung

62 Wirksam wird die Streitverkündung mit der Zustellung an den Verkündungsempfänger, was für die Wirkungen nach § 74 Abs. 3 ZPO von Bedeutung ist. Die Streitverkündung ist dem Prozessgegner mitzuteilen. Das Unterlassen der Mitteilung an den Prozessgegner hat allerdings keinen Einfluss auf die Zulässigkeit und die Rechtswirkungen der Streitverkündung.[88]

e) Streitverkündungsgrund

63 Ob ein Streitverkündungsgrund vorliegt, wird nicht im Erst-, sondern im Folgeprozess geprüft. In dem Folgeprozess hat das Gericht zu prüfen, ob die Wirkungen der Streitverkündung eingetreten sind, was eine zulässige Streitverkündung voraussetzt. Dies gilt für sämtliche Wirkungen der Streitverkündung, d.h. auch deren Verjährungshemmung.[89] Ein Streitverkündungsgrund liegt vor, wenn eine Partei für den Fall des ihr ungünstigen Prozessausgangs einen Anspruch auf Gewährleistung oder Schadloshaltung gegen einen Dritten erheben zu können glaubt (§ 72 Abs. 1, 1. Alt. ZPO) oder den Anspruch eines

84 Zöller/*Geimer*, § 1042 Rn 41.
85 OLG Karlsruhe v. 11.10.2019 – 12 W 10/19 – VersR 2020, 156.
86 BGH v. 18.10.1976 – II ZR 98/75 – BGHZ 68, 85 = NJW 1977, 615; BGH v. 12.10.1995 – VII ZR 209/94 – BGHZ 131, 76 = NJW 1996, 196.
87 BGH v. 21.5.2004 – IV ZR 209/02 – BGHZ 155, 69 = NJW 2003, 2376.
88 Zöller/*Althammer*, § 73 Rn 2.
89 BGH v. 11.2.2009 – XII ZR 114/06 – BGHZ 179, 361 = NJW 2009, 1488.

Dritten besorgt (§ 72 Abs. 1, 2. Alt. ZPO). Für die Frage der Zulässigkeit der Streitverkündung kommt es nicht darauf an, ob ein Anspruch eines Dritten oder gegen einen Dritten tatsächlich besteht. Vielmehr ist darauf abzustellen, ob die Prozesspartei im Zeitpunkt der Streitverkündung aus naheliegenden Gründen einen Anspruch zu haben glaubt oder gegen sich besorgt.[90]

aa) Streitverkündung zur Sicherung von Ansprüchen gegen Dritte, § 72 Abs. 1 Alt. 1 ZPO

Die im Gesetz genannten Ansprüche auf Schadloshaltung und Gewährleistung sind eine 64
beispielhafte, keine abschließende Aufzählung.[91] Die Regelung ist entsprechend dem Zweck der Streitverkündung weit auszulegen.[92] Wesentlich ist, dass der Anspruch, um dessen Willen die Streitverkündung erfolgt, und der im Erstprozess streitige Anspruch sich wechselseitig ausschließen.[93] Das Merkmal der Schadloshaltung ist nicht nur dann erfüllt, wenn Rückgriffansprüche drohen, aufgrund derer der Dritte den Schaden ersetzen muss, welcher der Partei daraus erwächst, dass sie den im Prozess befangenen Anspruch erfüllen muss oder dessen Erfüllung nicht durchsetzen kann; es ist vielmehr auch dann gegeben, wenn die beklagte Partei und der Dritte dem Streitverkünder alternativ haften.[94] Bei kumulativer oder subsidiärer Haftung scheidet hingegen die Streitverkündung aus.

(1) Mängelansprüche

Dies betrifft im Rahmen des Baurechts die Mängelrechte der §§ 633, 634 BGB. Ob das 65
Gewährleistungsrecht im Folgeprozess aktiv als Anspruch oder passiv im Wege der Einrede geltend gemacht werden soll, ist nicht erheblich.[95]

(2) Schadloshaltung – Regress

Dies betrifft die Ansprüche des Verkünders, die geeignet sind, seinen Prozessverlust 66
wieder auszugleichen. Schadloshaltung meint dabei nicht nur die eigentlichen Schadensersatzansprüche, sondern jegliche Ansprüche, die den Verlust des Streitverkünders ausgleichen können.

(3) Ansprüche bei Alternativverhältnissen

Dies betrifft Ansprüche des Streitverkünders gegen Dritte, die alternativ statt des im 67
Vorprozess Verklagten als Schuldner der eingeklagten Leistung oder von Schadensersatz in Betracht kommen. Ein Beispiel ist die Streitverkündung des Bauherrn an den Baubetreuer im Prozess gegen den Bauunternehmer wegen behaupteter Baumängel.[96] Die alternativen Ansprüche brauchen weder auf derselben Rechtsgrundlage zu beruhen noch

90 BGH v. 11.1.2006 – IV ZR 297/04 – VersR 2006, 533 m.w.N.; BGH v. 21.2.2002 – IX ZR 127/00 – NJW 2002, 1414.
91 Zöller/*Althammer*, § 72 Rn 5 m.w.N.
92 BGH v. 14.11.1991 – I ZR 236/89 – BGHZ 116, 95, 100.
93 BGH v. 18.12.2014 – VII ZR 102/14 – NJW 2015, 559.
94 BGH v. 28.10.1988 – V ZR 14/87 – BGHZ 106, 1 ff. = NJW 1989, 521 ff.
95 MüKo/*Schultes*, § 72 Rn 10.
96 BGH v. 22.12.1977 – VII ZR 94/96 – BGHZ 70, 187 = NJW 1978, 378 = BauR 1978, 148.

nach Inhalt und Umfang identisch zu sein. Erforderlich ist nur, dass sie im Ergebnis auf dasselbe Ziel gerichtet sind.[97] Von § 72 ZPO nicht erfasst werden die Fälle kumulativer Haftung. In dem Prozess des Bauherrn gegen einen Bauunternehmer wegen eines Mangels kann der Bauherr nicht dem Architekten deshalb den Streit verkünden, weil dieser als Gesamtschuldner wegen eines Fehlers der Bauüberwachung ebenfalls für den Mangel haften müsse. Die vollständige gesamtschuldnerische Haftung ist der typische Fall einer kumulativen Haftung, bei der die Streitverkündung ausscheidet. Allerdings kann der verklagte Bauunternehmer dem Architekten den Streit verkünden. Denn der Ausgleichsanspruch aus § 426 BGB ist im Verhältnis zwischen Unternehmer und Architekt ein auf Schadloshaltung gerichteter Anspruch.[98] Zulässig ist die Streitverkündung des Bauherrn bei möglicher gesamtschuldnerischer Haftung mehrerer jedoch dann, wenn die Haftung eines von mehreren Gesamtschuldnern begrenzt ist, weil dieser dem Berechtigten ein Mitverschulden entgegenhalten kann (Fall der teilweisen Alternativhaftung). Beruht ein Mangel auf einem Fehler des bauausführenden Unternehmers und auf einer fehlerhaften Planung des Architekten, muss sich der Bauherr das Mitverschulden des Architekten im Prozess gegen den Bauunternehmer anrechnen lassen. Der Bauherr kann dem Architekten wegen des Anteils, um den er wegen des Mitverschuldens unterliegt, in dem Prozess gegen den Unternehmer den Streit verkünden.

bb) Streitverkündung zur Abwehr drohender Drittansprüche, § 72 Abs. 1 Alt. 2 ZPO

68 Droht der Prozesspartei im Falle des Unterliegens die Inanspruchnahme durch einen Dritten, kann sie diesem den Streit verkünden. In baurechtlichen Leistungsketten kommt ein solcher Fall sowohl bei einem drohenden Mängelanspruch als auch bei einem drohenden Vergütungsanspruch wegen einer umstrittenen Nachtragsleistung in Betracht.[99] Zudem liegt ein solcher Fall immer vor, wenn die Partei den Prozess über ein fremdes Recht führt, etwa wenn der Pfändungspfandgläubiger im eigenen Interesse gegen den Drittschuldner klagt (hier sogar Pflicht zur Streitverkündung gegenüber dem Vollstreckungsschuldner gem. § 841 ZPO), oder wenn die Prozesspartei im fremden Interesse handelt, wie etwa bei der Drittschadensliquidation.

f) Mitteilung des Prozessstandes an Streitverkündeten

69 Die Prozesspartei muss dem Verkündungsgegner mitteilen, in welcher Lage sich der Prozess befindet. Eine Streitverkündungsschrift muss das Rechtsverhältnis, aus dem sich der Anspruch des Dritten gegen den Streitverkündenden oder dessen Anspruch gegen jenen ergeben soll, unter Angabe der tatsächlichen Grundlagen so genau bezeichnen, dass der Dritte prüfen kann, ob es für ihn angebracht ist, dem Rechtsstreit beizutreten. Eine Konkretisierung des Anspruchs der Höhe nach ist nicht erforderlich.[100] Zur Mitteilung des Streitstandes gehören die Informationen über Beweisbeschlüsse, Beweiserhe-

97 BGH v. 9.10.1975 – VII ZR 130/73 – BGHZ 65, 127 = NJW 1976, 39.
98 BGH v. 7.5.2015 – VII ZR 104/14.
99 KG v. 9.5.2017 – 21 U 97/15.
100 BGH v. 21.2.2002 – IX ZR 127/00 – NJW 2002, 1415.

bungen und anstehende mündliche Verhandlungen. Die Übersendung der gewechselten Schriftsätze ist zu empfehlen, aber im Hinblick auf das Recht zur Akteneinsicht gem. § 299 ZPO nicht zwingend. Weiter muss die Streitverkündungsschrift zu ihrer Wirksamkeit das volle Rubrum enthalten.[101] Etwaige Mängel der Streitverkündungsschrift können durch Rügeverzicht oder gemäß § 295 ZPO geheilt werden.

3. Muster: Streitverkündung des verklagten Bauunternehmers an Architekten

▼ 70

9.7

An das

Landgericht

(*AZ*)

In dem Rechtsstreit (*volles Rubrum*)

verkünden wir Namens des Beklagten

dem Architekten (*genaue Bezeichnung mit Zustellungsanschrift*)

den Streit mit der Aufforderung, dem Rechtsstreit auf Seiten des Beklagten beizutreten.

Das Gericht wird gebeten, diesen Schriftsatz nebst beigefügter beglaubigter Kopie der Klageschrift, der Klageerwiderung und der Schriftsätze vom dem Streitverkündeten alsbald zuzustellen.

Begründung:

Mit Bauvertrag vom beauftragte der Kläger den Beklagten, an dem Bauvorhaben des Klägers in die Arbeiten (*Bezeichnung des Gewerks*) auszuführen. Daneben beauftragte der Kläger den Streitverkündeten mit der Planung und der Überwachung der Bauarbeiten. Nach Abschluss und Abnahme der Arbeiten rügte der Kläger Mängel an den Leistungen des Beklagten und macht Ansprüche auf geltend.

Der Beklagte bestreitet das Vorliegen dieser Mängel. Für den Fall, dass die Behauptung des Klägers zutrifft und der Beklagte deshalb den Prozess verliert, hat er gegen den Streitverkündeten einen Anspruch auf Schadloshaltung gemäß § 426 BGB. Der Streitverkündete hat seine Pflichten zur Bauüberwachung nicht sorgfältig wahrgenommen. Er war lediglich sporadisch auf der Baustelle und kontrollierte die Ausführung der gefahrträchtigen Arbeiten nicht. Sofern eine Mängelhaftung in Betracht kommt, besteht deshalb gegenüber dem Bauherrn eine gesamtschuldnerische Haftung des Beklagten als Bauunternehmer und des Architekten. Der sich daraus für den Beklagten ergebende Ausgleichsanspruch ist ein Anspruch auf Schadloshaltung im Sinne des § 72 ZPO.

Der Stand des Prozesses ergibt sich aus den anliegenden Kopien der gewechselten Schriftsätze. Das Gericht hat Termin zur mündlichen Verhandlung bestimmt auf den

.

101 OLG Frankfurt v. 22.1.2021 – 29 U 166/19 – NJW 2021, 1825.

(***ggf.*** *ist die weitere Prozessgeschichte wie etwa Beweisbeschlüsse, Beweisergebnisse, vorbereitende Ladungen zum Termin mitzuteilen.*)

(*Unterschrift*) (*Rechtsanwalt*)

▲

4. Anmerkung

71 Beim Zusammentreffen eines Ausführungsfehlers des Bauunternehmers und eines Überwachungsfehlers des Architekten wird vielfach im Innenverhältnis weit überwiegende oder gar alleinige Haftung des Bauunternehmers angenommen.[102] Im obigen Beispiel wäre die Streitverkündung gleichwohl zulässig, da es hierfür nicht darauf ankommt, ob ein Ausgleichsanspruch des Streitverkünders gegen den Dritten tatsächlich besteht, sondern, ob der Streitverkünder das Vorliegen eines solchen Anspruchs berechtigt annehmen darf.

5. Muster: Streitverkündung des klagenden Bauherrn an Architekten

72 ▼

9.8

An das

Landgericht

(*AZ*)

In dem Rechtsstreit (*volles Rubrum*)

verkünden wir namens des Klägers

dem Architekten Dipl. Ing. (*genaue Bezeichnung mit Zustellungsanschrift*)

den Streit mit der Aufforderung, dem Rechtsstreit auf Seiten des Klägers beizutreten.

Das Gericht wird gebeten, diesen Schriftsatz nebst beigefügter beglaubigter Kopie der Klageschrift, der Klageerwiderung und der Schriftsätze vom dem Streitverkündeten alsbald zuzustellen.

Begründung:

Der Kläger macht gegen den beklagten Bauunternehmer Mängelrechte gemäß §§ 633, 634 BGB geltend. Der Kläger beauftragte ihn mit Bauvertrag vom , an dem Bauvorhaben in die Arbeiten (*Bezeichnung des Gewerks*) auszuführen. Mit der Planung und der Überwachung des Bauvorhabens beauftragte der Kläger den Streitverkündeten. Nach Fertigstellung und Abnahme der Leistungen des Beklagten stellte sich heraus, dass diese Mängel aufweisen. Die (*Abdichtung/sonstige Bauleistung*) wurde unter Verstoß gegen die allgemein anerkannten Regeln der Technik ausgeführt.

Der Beklagte bestreitet diese Mängel. Zudem behauptet er, seine Bauleistungen gemäß den Planungsvorgaben des Streitverkündeten erbracht zu haben. Sollte dies zutreffen, müsste sich der Kläger aus diesem Grund ein Mitverschulden anrechnen lassen. Für

102 Vgl. dazu *Kniffka/Jurgeleit/Zahn*, ibr-online-Kommentar Bauvertragsrecht, § 650t Rn 72 mit einer Kritik dieser Rechtsprechung.

den Fall, dass der Kläger deshalb den Prozess teilweise verliert, hat er gegen den Streitverkündeten einen Anspruch auf Schadloshaltung gemäß §§ 634, 280, 281 BGB.

Der Stand des Prozesses ergibt sich aus den anliegenden Kopien der gewechselten Schriftsätze. Das Gericht hat Termin zur mündlichen Verhandlung bestimmt auf den

.

(*ggf.* *ist die weitere Prozessgeschichte wie etwa Beweisbeschlüsse, Beweisergebnisse, vorbereitende Ladungen zum Termin mitzuteilen.*)

(*Unterschrift*) (*Rechtsanwalt*)

▲

VIII. Checkliste: Streitverkündung

I. Voraussetzungen der Streitverkündung, § 72 ZPO **73**
   1. anhängiger Rechtsstreit
   2. zwischen anderen Personen
   3. Streitverkündungsgrund
   4. bei Streitverkündung durch den Gläubiger eines Anspruchs: der Streitverkündete darf ihm nicht ungemindert neben der Partei des laufenden Rechtsstreits als Gesamtschuldner haften (dann keine Alternativität der Haftung)

II. Der Streitverkündungsschriftsatz, § 73 ZPO
   1. Angabe des vollen Rubrums
   2. Angabe des Grundes der Streitverkündung
   3. Mitteilung über die Lage des Rechtsstreits
   4. Zustellung des Schriftsatzes an den Dritten
   5. Abschrift des Schriftsatzes an Prozessgegner

III. Wirkungen der Streitverkündung im laufenden Prozess
   1. Im Falle des Beitritts des Streitverkündeten wie bei Nebenintervention, § 74 Abs. 1 ZPO
      a) Aufnahme des Rechtsstreits in der Prozesslage zur Zeit des Beitritts
      b) darf er Angriffs- und Verteidigungsmittel geltend machen, sowie Prozesshandlungen vornehmen, soweit dies nicht im Widerspruch zur Hauptpartei steht
   2. Ohne Erklärung oder bei Ablehnung des Beitritts wird der Rechtsstreit ohne Rücksicht auf den Streitverkündeten fortgesetzt, § 74 Abs. 2 ZPO

IV. Wirkungen der Streitverkündung im Folgeprozess, § 74 Abs. 3 ZPO

V. Interventionswirkung, § 68 ZPO

IX. Rechtliche Grundlagen und Wirkungen der Nebenintervention

Die Voraussetzungen der Beteiligung Dritter, die Rechte und Pflichten des Beteiligten **74** und die sich aus der Beteiligung ergebenden Rechtswirkungen sind in §§ 66 ff. ZPO festgehalten. Die Interventionswirkung zum Nachteil eines Nebenintervenienten (§ 68 ZPO) setzt voraus, dass der Beitritt nicht gem. § 71 ZPO rechtskräftig zurückgewiesen wurde. Eine spätere Rücknahme des Beitritts steht aber ebenso wenig entgegen wie die

Untätigkeit des Nebenintervenienten.[103] Für die Interventionswirkung im Folgeprozess ist es unerheblich, ob die Voraussetzungen der Nebenintervention tatsächlich gegeben waren und ob der Nebenintervenient ordnungsgemäß beigetreten ist. Streitig ist allerdings, ob der Nebenintervenient sich im Prozess zwischen ihm und der Prozesspartei darauf berufen kann, ihm habe im Vorprozess die Partei- oder Prozessfähigkeit oder seinem Vertreter habe die Vertretungsmacht gefehlt.[104]

X. Kosten der Nebenintervention

75 Der Streithelfer wird gem. § 101 ZPO so behandelt wie die von ihm unterstützte Partei. Es gelten die Ausführungen zur Streitverkündung (siehe oben Rdn 55).

XI. Muster: Beitritt eines Nebenintervenienten

76 Eine Nebenintervention gem. §§ 66 ff. ZPO kommt deutlich seltener vor als ein Beitritt nach einer Streitverkündung. Der Nebenintervenient erhält durch den selbstständigen Beitritt zwar die Möglichkeit, auf den Verlauf und Ausgang des Rechtsstreits Einfluss zu nehmen. Zugleich muss er in einem Folgeprozess die für ihn ggf. negativen Folgen der Interventionswirkung in Kauf nehmen.

Die Nebenintervention kommt in der Praxis der Bauprozesse im Wesentlichen in drei Fallkonstellationen vor, die jeweils die Feststellung von Baumängeln zum Gegenstand haben:

a) der Subunternehmer beteiligt sich an einem zwischen dem Auftraggeber und dem Hauptauftragnehmer geführten Prozess, bei dem Baumängel eine entscheidende Rolle spielen;

b) in dem Prozess zwischen Auftraggeber und Unternehmer, bei dem es auf die Feststellung von Mängeln der Bauleistung ankommt, schaltet sich der Architekt ein;

c) der Unternehmer tritt dem Rechtsstreit zwischen Bauherrn und Architekt bei. Der Beitritt erfolgt sowohl in der Variante, bei der der Bauherr Mängelrechte im Wege der Klage geltend macht, als auch in Fällen, bei denen der Bauherr sich gegen den Werklohnanspruch des Architekten mit Mängelrechten verteidigt.

1. Muster: Beitritt des Subunternehmers, der den beklagten Hauptunternehmer (Generalunternehmer) unterstützt

77 ▼

An das

9.9 Landgericht

(*AZ*)

103 Zöller/*Althammer*, § 68 Rn 3.

104 Die Möglichkeit der Einwendung fehlender Prozesshandlungsvoraussetzung im Vorprozess bejahen: Zöller/*Althammer*, § 68 Rn 3; MüKo/*Schultes*, § 68 Rn 4; verneinend Musielak/Voit/*Weth*, § 68 Rn 2.

In dem Rechtsstreit (*volles Rubrum*)

tritt

das Bauunternehmen (*genaue Firmenangaben/Anschrift*)

Prozessbevollmächtigte:

der beklagten Partei als Nebenintervenient bei.

Im Termin zur mündlichen Verhandlung werden wir beantragen,

die Klage abzuweisen.

Begründung:

1. Zulässigkeit der Streithilfe

Gegenstand des vorliegenden Prozesses sind Mängelrechte des Auftraggebers, der von dem beklagten Bauunternehmer (*Nacherfüllung/Kostenvorschuss/Kostenersatz/Minderung/Schadensersatz*) wegen Mängeln an dem Bauvorhaben des Klägers in verlangt. Die Streithelferin war an diesem Bauvorhaben als Subunternehmerin der Beklagten (Auftragnehmerin des beklagten Generalunternehmers) tätig. Sie hat ein rechtliches Interesse an der Unterstützung der Hauptunternehmerin, weil die Entscheidung in dem vorliegenden Prozess unmittelbare Auswirkungen auf ihr Rechtsverhältnis zu der Hauptunternehmerin hat. Die Hauptunternehmerin verweigert ihr die Werklohnzahlung unter Hinweis auf den vorliegenden Rechtsstreit.

2.

Die Klageforderung ist nicht begründet. Die Streithelferin hat ihre Bauleistungen mangelfrei erbracht.

Die Streithelferin erhielt von der Beklagten als Subunternehmerin den Auftrag zur Ausführung der -Arbeiten (*genaue Bezeichnung*) an dem Bauvorhaben (*genaue Bezeichnung*)

Beweis: anliegendes Auftragsschreiben vom

Dem Auftrag liegt das Angebot der Streithelferin vom zugrunde.

Beweis: anliegendes Angebot vom

Die von der Streithelferin in Ausführung dieses Subunternehmervertrages erbrachten Leistungen entsprechen den vertraglichen Vereinbarungen und erfüllen die allgemein anerkannten Regeln der Technik. (*detaillierte Ausführungen zu den Leistungen*). Die erbrachte Bauleistung ist mangelfrei.

Beweis: Einholung eines Sachverständigengutachtens

Da die Bauleistungen keine Mängel im Sinne des § 633 Abs. 2 BGB aufweisen, kann die Klage des Auftraggebers keinen Erfolg haben.

(*Unterschrift*) (*Rechtsanwalt*)

▲

2. Anmerkungen

a) Zeitpunkt des Beitritts

78 Ein Rechtsstreit muss schon oder noch **anhängig** sein. Der Beitritt kann auch nach **Schluss der mündlichen Verhandlung** mit dem Ziel ihrer Wiedereröffnung gem. § 156 ZPO erfolgen. Es ist zudem möglich, in der Berufungs- oder in der Revisionsinstanz beizutreten.[105] Nach Urteilszustellung und vor Rechtsmitteleinlegung erfolgt der Beitritt noch in der unteren Instanz. Wird der Beitritt mit dem **Rechtsmittel** verbunden, § 66 Abs. 2 ZPO, muss der beim Rechtsmittelgericht einzureichende Schriftsatz sowohl die Voraussetzungen des § 70 ZPO als auch des § 519 ZPO bzw. des § 549 ZPO erfüllen. Rechtsmittel i.S.d. § 66 Abs. 2 ZPO sind auch Rechtsbehelfe wie der Widerspruch gegen den Mahnbescheid, der Einspruch gegen ein Versäumnisurteil oder einen Vollstreckungsbescheid und der Widerspruch gem. § 924 ZPO im einstweiligen Rechtsschutzverfahren. Der Nebenintervenient, der dem Rechtsstreit bis zum Eintritt der Rechtskraft nicht formgerecht beigetreten ist, kann den Beitritt allerdings nicht mehr mit einem Wiedereinsetzungsgesuch nachholen.[106] Die dem Streithelfer gewährte Möglichkeit, die Beitrittserklärung mit der Einlegung des Rechtsmittels zu verbinden, erweitert nicht den Zeitraum, in dem die Beteiligung am Rechtsstreit erklärt werden kann. Die Regelung ändert nichts daran, dass Beitritt und Rechtsmittel zwei selbstständige Rechtshandlungen bleiben, deren Wirksamkeit je für sich gesondert zu beurteilen ist. Der Regelungsgehalt der §§ 66 Abs. 2, 70 Abs. 1 ZPO erschöpft sich darin, dem Nebenintervenienten die Beteiligung bis zum rechtskräftigen Abschluss des Rechtsstreits zu eröffnen, auch in der Weise, sie mit einem eigenen Rechtsmittel zu verbinden.

79 Die Nebenintervention wirkt ab dem Zeitpunkt des Beitritts für die **gesamte Dauer des Rechtsstreits**. Ein in der ersten Instanz erklärter Beitritt ist auch in der Rechtmittelinstanz wirksam. Der Beitritt endet durch seine Rücknahme, durch rechtskräftige Zurückweisung nach § 71 ZPO, durch Klagerücknahme, durch übereinstimmende Erledigungserklärung, durch Prozessvergleich, durch rechtskräftiges Urteil, durch Ausscheiden der unterstützen Partei aus dem Prozess oder durch Erlangung der Parteistellung infolge einer Rechtsnachfolge der unterstützten Partei.

b) Beitrittserklärung

80 Der Beitritt des Streithelfers erfolgt durch die Einreichung eines Schriftsatzes beim **Prozessgericht**, § 70 ZPO. Wird der Beitritt mit der Einlegung eines Rechtsmittels verbunden, ist der Schriftsatz beim Rechtsmittelgericht einzureichen. Der beiden Parteien zuzustellende Schriftsatz muss enthalten:

- die Bezeichnung der Parteien und des Rechtsstreits,
- die bestimmte Angabe des Interesses, das der Nebenintervenient hat,
- die Erklärung des Beitritts.

105 Zu Letzterem siehe BGH v. 17.2.1999 – X ZR 8/96 – NJW 1999, 2046.
106 BGH v. 4.10.1990 – IX ZB 78/90 – NJW 1991, 230.

Im Übrigen gelten die allgemeinen Vorschriften über vorbereitende Schriftsätze in einem Zivilprozess, §§ 70 Abs. 2, 129, 130 ff. ZPO. Ob der Schriftsatz des Beitretenden diesen Anforderungen genügt, wird nicht von Amts wegen geprüft. Die Mängel sind gem. § 295 ZPO heilbar.[107] Rügt eine Prozesspartei das Vorliegen der Voraussetzungen, findet eine Überprüfung gem. § 71 ZPO statt. Während der Beitretende in seinem Beitrittsschriftsatz das rechtliche Interesse nur angeben muss, muss er in diesem Prüfungsverfahren sein Interesse glaubhaft machen, § 71 Abs. 1 S. 2 ZPO. 81

Der Beitritt ist eine **Prozesshandlung**, so dass die von Amts wegen zu prüfenden Prozesshandlungsvoraussetzungen vorliegen müssen.[108] Der Nebenintervenient muss **parteifähig**, **prozessfähig** und **postulationsfähig** sein. Lässt sich der Beitretende vertreten, muss Vertretungsmacht vorliegen. Im Anwaltsprozess kann nur der Rechtsanwalt wirksame Prozesshandlungen vornehmen. Fehlen die persönlichen Prozessvoraussetzungen, so ist die Nebenintervention durch Beschluss als unzulässig zurückzuweisen. Dieser Beschluss ist mit der sofortigen Beschwerde anfechtbar, §§ 128 Abs. 4, 567 Abs. 1 Nr. 2 ZPO. Möglich ist auch, dass über die persönlichen Prozesshandlungsvoraussetzungen auf Antrag einer Prozesspartei gem. § 71 ZPO entschieden wird. Dann ist dieses Verfahren vorrangig. Die besonderen Voraussetzungen der Nebenintervention sind immer nur auf Antrag einer Hauptpartei und nur im Verfahren nach § 71 ZPO zu prüfen; dies gilt insbesondere für die Frage, ob der Nebenintervenient ein rechtliches Interesse am Obsiegen einer Partei hat.[109] 82

c) Rechtliches Interesse des Nebenintervenienten

Nach § 66 Abs. 1 ZPO kann nur derjenige, der ein **rechtliches Interesse** daran hat, dass in einem zwischen anderen Personen anhängigen Rechtsstreit eine Partei obsiegt, dieser Partei zum Zwecke ihrer Unterstützung beitreten. Das ist der Fall, wenn der Nebenintervenient zu der unterstützten Partei in einem Rechtsverhältnis steht, auf das die Entscheidung des Rechtsstreits zumindest mittelbar rechtlich einwirkt.[110] Das ist der Fall bei: 83

- Rechtskrafterstreckung,
- Gestaltungswirkung des Urteils und
- Vorgreiflichkeit der Entscheidung.

Vorgreiflichkeit ist nicht in dem Sinne zu verstehen, dass die Prozessentscheidung für einen Folgeprozess **Bindungswirkung** hat.[111] Entscheidend ist, dass bereits die Existenz der Entscheidung des Erstprozesses die Gefahr begründet, dass bei einem Streit zwischen dem Nebenintervenienten und der Hauptpartei des Prozesses die in dem Erstprozess getroffenen tatsächlichen und rechtlichen Feststellungen zugrunde gelegt werden. Ein rechtliches Interesse zur Streithilfe besteht daher bei **Regressfällen** sowie bei **akzessori-** 84

107 BGH v. 14.10.1975 – VI ZR 226/74 – NJW 1976, 292.
108 BGH v. 10.1.2006 – VIII ZB 82/05 – NJW 2006, 773.
109 BGH v. 10.1.2006 – VIII ZB 82/05 – NJW 2006, 773.
110 BGH v. 24.4.2006 – II ZB 16/05 – DStR 2006, 1380 = WM 2006, 1252; BGH v. 17.1.2006 – X ZR 236/01 – BGHZ 166, 18; Zöller/*Althammer*, § 66 Rn 8; Musielak/Voit/*Weth*, § 66 Rn 5; MüKo/*Schultes*, § 66 Rn 7.
111 OLG Karlsruhe v. 25.1.2021 – 6 W 24/20 – BeckRS 2021, 964.

scher Haftung des Streithelfers. Es handelt sich um die Fälle, bei denen die unterstützte Partei einen Rückgriffs- bzw. Erstattungsanspruch gegen den Nebenintervenienten hat, wenn sie den Prozess verliert. Hierbei besteht das rechtliche Interesse des Nebenintervenienten am Obsiegen der unterstützten Partei bereits deswegen, da die Geltendmachung eines Regressanspruchs zwingend voraussetzt, dass die unterstützte Partei ihrerseits einen Schaden erleidet, welcher aber dann bereits nicht entsteht, wenn die unterstützte Partei in ihrem Prozess obsiegt. Der bloße Wunsch des Nebenintervenienten, der Rechtsstreit möge für eine Partei entschieden werden, und die Erwartung, dass die damit befassten Gerichte auch in einem künftigen eigenen Rechtsstreit mit einer Partei an einem eingenommenen Standpunkt festhalten und zu einer ihnen günstigen Entscheidung gelangen, ist nach der Rechtsprechung des BGH für die Annahme eines rechtlichen Interesses am Beitritt nicht ausreichend.[112]

3. Muster: Beitritt des Subunternehmers, der den klagenden Hauptunternehmer (Generalunternehmer) unterstützt

85 ▼

9.10

An das

Landgericht

(*AZ*)

In dem Rechtsstreit (*volles Rubrum*)

tritt

das Bauunternehmen (*genaue Firmenangaben/Anschrift*)

Prozessbevollmächtigte:

der klagenden Partei als Nebenintervenient bei.

Im Termin zur mündlichen Verhandlung werden wir beantragen,

> die Beklagten zu verurteilen, an die Klägerin EUR nebst Zinsen in Höhe von 5 Prozentpunkten über dem jeweiligen Basiszinssatz seit dem zu zahlen

Begründung:

1. Zulässigkeit der Streithilfe

Die Beklagte wendet gegen die Werklohnforderung der Klägerin Mängelrechte ein. Die Entscheidung des Rechtsstreits ist daher, sofern das Bestehen des Vergütungsanspruches festgestellt wird, davon abhängig, ob die Bauleistungen Mängel aufweisen. Von der Entscheidung über das Vorliegen bzw. Nichtvorliegen der Mängel ist die Nebenintervenientin unmittelbar rechtlich betroffen. Die Streithelferin war an dem Bauvorhaben als Subunternehmerin der Klägerin tätig. Die Entscheidung in dem vorliegenden Prozess hat daher unmittelbare Auswirkungen auf ihr Rechtsverhältnis zu dem Hauptunternehmer.

112 BGH v. 18.11.2015 – VII ZB 57/12 – NJW 2016, 1018.

Der Hauptunternehmer verweigert ihr die Werklohnzahlung unter Hinweis auf den vorliegenden Rechtsstreit.

2.

Die Beklagte wendet gegen die Werklohnforderung der Klägerin zu Unrecht Mängelrechte ein. Die streitige Bauleistung (*genaue Darlegung, um welche Leistung es geht*) wurde von der Streithelferin mangelfrei erbracht.

Die Klägerin beauftragte die Streithelferin als Subunternehmerin mit den folgenden Arbeiten (*genaue Bezeichnung*) an dem Bauvorhaben der Beklagten: (*genaue Bezeichnung*).

Beweis: anliegendes Auftragsschreiben vom

Dem Auftrag liegt das Angebot der Streithelferin vom zugrunde.

Beweis: anliegendes Angebot vom

Die von der Streithelferin in Ausführung dieses Subunternehmervertrages erbrachten Leistungen entsprechen den vertraglichen Vereinbarungen und erfüllen die allgemein anerkannten Regeln der Technik. (*detaillierte Ausführungen zu den Leistungen*). Die erbrachte Bauleistung ist mangelfrei.

Beweis: Einholung eines Sachverständigengutachtens

(*Unterschrift*) (*Rechtsanwalt*)

▲

4. Muster: Beitritt des Architekten, der den beklagten Unternehmer unterstützt

▼ 86

An das

Landgericht 9.11

(*AZ*)

In dem Rechtsstreit (*volles Rubrum*)

tritt

der Architekt Dipl. Ing. (*Name, Anschrift*)

Prozessbevollmächtigte:

der beklagten Partei als Nebenintervenient bei.

Im Termin zur mündlichen Verhandlung werden wir beantragen,

die Klage abzuweisen.

Begründung:

1. Zulässigkeit der Streithilfe

Der Kläger nimmt den Beklagten wegen angeblicher Mängel an dem Bauvorhaben in auf (*Nacherfüllung/Kostenvorschuss/Kostenersatz/Minderung/Schadens-*

ersatz) in Anspruch. Von der Entscheidung über das Vorliegen bzw. Nichtvorliegen der Mängel ist der Streithelfer unmittelbar rechtlich betroffen. Der Streithelfer war an dem Bauvorhaben als *(planender und/oder bauüberwachender)* Architekt des Klägers tätig. Die Entscheidung des Rechtsstreits hat unmittelbare Auswirkungen auf das Rechtsverhältnis des Streithelfers zu den Prozessbeteiligten. Denn wenn die vom Kläger behaupteten Mängel tatsächlich vorliegen sollten – was aber nicht der Fall ist – kommt eine gesamtschuldnerische Haftung des Streithelfers mit dem Beklagten und daher ein Ausgleichsanspruch des Beklagten gegen den Streithelfer in Betracht.

2.

Der Bauherr macht zu Unrecht Mängelrechte geltend. Die Bauleistung wurde seitens des Bauunternehmers ordnungsgemäß und mangelfrei erbracht.

3.

Die Beklagte wurde aufgrund des Bauvertrages vom tätig.

Beweis: anliegender Bauvertrag vom

Den sich daraus ergebenden Anforderungen an ein mangelfreies Werk werden die Bauleistungen der Klägerin gerecht. Zu den Mängelvorwürfen des Klägers gilt im Einzelnen:

(*konkrete Darstellung gegen die Mängelbehauptungen*)

(*Unterschrift*) (*Rechtsanwalt*)

▲

XII. Checkliste: Nebenintervention

87 I. Voraussetzungen der Nebenintervention
   1. anhängiger Rechtsstreit, § 66 Abs. 2 ZPO
   2. zwischen anderen Personen, § 66 Abs. 1 ZPO
   3. rechtliches Interesse an der Verfahrensbeteiligung, § 66 Abs. 1 ZPO

II. Beitritt
   1. Form des § 70 ZPO
      a) Bezeichnung der Parteien und des Rechtsstreits
      b) Darstellung des rechtlichen Interesses
      c) Erklärung des Beitritts
   2. Allgemeine Regeln vorbereitender Schriftsätze

III. Stellung des Nebenintervenienten im Prozess, § 67 ZPO
   1. Aufnahme des Rechtsstreits in der Prozesslage zur Zeit des Beitritts
   2. darf Angriffs- und Verteidigungsmittel geltend machen sowie Prozesshandlungen vornehmen, soweit dies nicht im Widerspruch zur Hauptpartei steht

IV. Interventionswirkung, § 68 ZPO

C. Berufung

I. Einleitung

Vor Einlegung der Berufung sollte gerade in Bausachen gründlich überlegt werden, in welchem Umfang das erstinstanzliche Urteil angefochten werden soll. Das gilt insbesondere bei sog. Punktesachen, bei denen es der Rechtsmittelführer in der Hand hat, den Rechtsstreit auf die für ihn wirtschaftlich wesentlichen Fragen zu konzentrieren und zeitliche Verzögerungen dadurch zu vermeiden, dass geringfügige Ansprüche, die einer weiteren umfangreichen Aufklärung bedürfen, nicht weiterverfolgt, bzw. insoweit Einwände nicht mehr erhoben werden. Dem Berufungsgericht muss im Hinblick auf § 513 ZPO der Rechtsstreit in einer Weise vorgelegt werden, die den schnellen Einstieg in die Problematik ermöglicht. Deshalb sollte die Berufungsbegründung mit einem kurzen Abriss des Sachverhalts beginnen. Im Anschluss daran sind Umfang und Grund des Berufungsangriffs mit detaillierten Ausführungen zur Unrichtigkeit der erstinstanzlichen Entscheidung, zur Bewertung der tatsächlichen Feststellungen und zur Notwendigkeit neuer Feststellungen darzustellen. Will sich der Berufungskläger auf neue Angriffs- und Verteidigungsmittel stützen, ist unmittelbar im Zusammenhang mit diesem Vortrag die Zulassung des Vorbringens gem. § 531 ZPO zu begründen. 88

II. Muster: Berufung und Berufungsbegründung

1. Berufungseinlegung

a) Muster: Berufungseinlegung

▼ 89

9.12

An das
Oberlandesgericht

Berufung

In dem Rechtsstreit

(*Volles Rubrum*)

der Bauunternehmens GmbH , (*Anschrift*)

– Beklagten und Berufungsklägerin –

Prozessbevollmächtigte: Rechtsanwälte

gegen

Herrn

– Kläger und Berufungsbeklagten –

Prozessbevollmächtigte der I. Instanz: Rechtsanwälte

wegen Ansprüchen aus Werkvertrag

(*Aktenzeichen I. Instanz*)

legen wir namens und in Vollmacht der Beklagten gegen das am verkündete und am zugestellte Urteil des Landgerichts

Berufung

ein. Anträge und Begründung bleiben einem gesonderten Schriftsatz vorbehalten. Eine Urteilsausfertigung sowie zwei beglaubigte Abschriften fügen wir bei.

(*Unterschrift*) (*Rechtsanwalt*)

▲

b) Anmerkungen

aa) Zuständiges Berufungsgericht

90 Das Berufungsgericht ist mit Name und Ort zu bezeichnen, damit die Rechtsmittelschrift das zuständige Gericht fristgemäß erreicht. Der Rechtsanwalt muss die Berufungsschrift deshalb selbst auf ihre Richtigkeit überprüfen. Dazu gehört neben der Bezeichnung der Parteien auch die Bezeichnung des zuständigen Gerichts. Der an ein unzuständiges Gericht adressierte Schriftsatz geht erst dann beim zuständigen Gericht ein, wenn er nach Weiterleitung durch das zunächst angegangene Gericht tatsächlich in die Verfügungsgewalt des zuständigen Gerichts gelangt. Da das Gesetz nur auf den tatsächlichen Vorgang des Eingangs abhebt, kommt es für die Rechtzeitigkeit des Eingangs nicht darauf an, aus welchen außerhalb des anzurufenden Gerichts gelegenen Gründen sich der Eingang verzögert.[113] In einem solchen Fall kommt die Wiedereinsetzung in den vorigen Stand nur dann in Betracht, wenn der fristgebundene Schriftsatz so zeitig bei dem mit der Sache befasst gewesenen Gericht eingeht, dass die fristgerechte Weiterleitung an das Rechtsmittelgericht im ordentlichen Geschäftsgang ohne Weiteres erwartet werden kann. Geht der Schriftsatz dann entgegen dieser Erwartung nicht fristgerecht beim Rechtsmittelgericht ein, muss nach dieser Rechtsprechung Wiedereinsetzung in den vorigen Stand unabhängig davon gewährt werden, auf welchen Gründen die fehlerhafte Einreichung beruht.[114] Ist mit einer fristgerechten Weiterleitung im normalen Geschäftsgang nicht zu rechnen, ist im Hinblick auf die Kontrollpflichten des Rechtsanwalts wegen dessen Verschulden die Wiedereinsetzung zu versagen.[115]

Der Berufungsschriftsatz wie auch alle anderen Schriftsätze in Anwaltsprozessen können seit dem 1.1.2022 wirksam nur als elektronische Dokumente übermittelt werden (§ 130d ZPO). Dazu muss das elektronische Dokument gerade auf dem für das Berufungsgericht eingerichteten EGVP (elektronisches Gerichts- und Verwaltungspostfach) eingegangen sein. Dass der Schriftsatz beim EGVP des Erstgerichts eingeht, welches beim selben Dienstleister unterhalten wird wie das EGVP des Berufungsgerichts, ist nicht ausreichend.[116] Für den rechtzeitigen Eingang des Dokuments beim Berufungsgericht ist es ausreichend, dass das Dokument auf dem maßgeblichen System gespeichert worden ist. Ob es von dort aus rechtzeitig an andere Rechner innerhalb des Gerichtsnetzes weitergeleitet oder von solchen Rechnern abgeholt werden konnte, ist unerheblich.[117] Die Doku-

113 BGH v. 27.7.2000 – III ZB 28/00 – NJW-RR 2000, 1730.
114 BVerfG v. 20.6.1995 – 1 BvR 166/93 – NJW 1995, 3173.
115 BGH v. 5.3.2009 – V ZB 153/08 – NJW 2009, 1750.
116 BGH v. 30.11.2022 – IV ZB 17/22 – NJW-RR 2023, 351.
117 BGH v. 14.5.2020 – X ZR 119718 – GRUR 2020, 980.

mente sind nach § 2 Abs. 1 ERVV grundsätzlich im Dateiformat PDF zu übermitteln oder, wenn bildliche Darstellungen in diesem Dateiformat nicht verlustfrei wiedergegeben werden können, zusätzlich im Dateiformat TIFF. Ist das in einem nicht zulässigen Format (etwa docx) eingereichte Dokument für das Gericht im konkreten Fall lesbar und bearbeitungsfähig, führt ein lediglich formaler Verstoß gegen die ERVV nicht zu einer Formunwirksamkeit des Eingangs.[118] Geht das Gericht davon aus, dass das bei ihm eingereichte elektronische Dokument wegen unzulässigen Dateiformats formunwirksam ist, hat es dies dem Absender unverzüglich mitzuteilen. Reicht der Absender das Dokument unverzüglich formwirksam nach und macht glaubhaft, dass das nachgereichte Dokument mit dem ursprünglichen Dokument inhaltlich übereinstimmt, gilt das Dokument als zum Zeitpunkt der früheren Einreichung eingegangen (§ 130a Abs. 6 ZPO), sodass sich die Stellung eines Wiedereinsetzungsantrags erübrigt.

bb) Berufungsfrist

Die Berufung muss innerhalb einer **Frist** von einem Monat nach Zustellung der erstinstanzlichen Entscheidung eingelegt werden. Wird die Berufung von einem Nebenintervenienten eingereicht, ist zur Berechnung der Berufungsfrist die Zustellung an die unterstützte Partei maßgeblich. 91

cc) Angefochtene Entscheidung

Die Berufung richtet sich gegen die **Endurteile** der ersten Instanz, § 511 ZPO. Das Endurteil entscheidet den Rechtsstreit für die erste Instanz endgültig. Selbstständig mit der Berufung anzugreifen sind auch Teilurteile gem. § 301 ZPO, Ergänzungsurteile gem. § 321 ZPO, Zwischenurteile über prozesshindernde Einreden gem. § 280 Abs. 2 ZPO, Entscheidungen über den Grund des Anspruchs gem. § 304 ZPO und Vorbehaltsurteile (§§ 302, 599 ZPO). Gegen ein Zwischenurteil nach § 303 ZPO ist eine Berufung nicht zulässig.[119] 92

2. Berufungsbegründung

a) Muster: Berufungsbegründung

▼ 93

9.13

An das

Oberlandesgericht

Berufungsbegründung

In dem Rechtsstreit

der Bauunternehmens GmbH , (*Anschrift*)

– Beklagten und Berufungsklägerin –

118 Vgl. BGH v. 19.10.2022 – 1 StR 262/22; a.A. OLG Koblenz v. 7.6.2022 – 4 OLG 4 Ss 67/22 – juris, sowie BAG v. 25.8.2022 – 6 AZR 499/21 – NJW 2023, 623.

119 BGH v. 20.9.2018 – III ZB 7/17 – NJW-Spezial 2018, 763.

Prozessbevollmächtigte: Rechtsanwälte

gegen

Herrn

– Kläger und Berufungsbeklagten –

Prozessbevollmächtigte der I. Instanz: Rechtsanwälte

wegen Ansprüchen aus Werkvertrag

(*Aktenzeichen Berufungsinstanz*)

Berufungsstreitwert:

begründen wir die mit Schriftsatz vom eingelegte Berufung des Beklagten innerhalb der (verlängerten) Begründungsfrist.

Wir werden beantragen,

> das am verkündete Urteil des Landgerichts abzuändern und die Klage abzuweisen.

Es wird weiter beantragt,

> Vollstreckungsschutz und Sicherheitsleistung
>
> (***ggf.*** *mögliche alternative Anträge: auch bei Berufung Kläger/in*
>
> *das am verkündete Urteil des Landgerichts teilweise abzuändern und die Klage vollumfänglich abzuweisen.*
>
> *das am verkündete Urteil des Landgerichts abzuändern und die Beklagten zu verurteilen, an die Klägerin* EUR *zu zahlen.*
>
> *das am verkündete Urteil des* Landgerichts *teilweise abzuändern und die Beklagten zu verurteilen, an die Klägerin* EUR *zu zahlen.*)

Begründung:

I. Sachverhalt

Die Beklagte führte im Auftrag des Klägers an dessen Bauvorhaben in Rohbauarbeiten durch. Die Parteien vereinbarten die Geltung der VOB/B. Nach Durchführung der Arbeiten und Abnahme rügte der Kläger die folgenden Mängel: .

Die Beklagte besichtigte die gerügten Mängel und stellte fest, dass ihre Werkleistung sowohl den allgemein anerkannten Regeln der Technik als auch den vertraglichen Vereinbarungen entsprach.

Das Landgericht hat der auf Ersatz von Mängelbeseitigungskosten gerichteten Klage des Bauherrn nach Beweisaufnahme dennoch stattgegeben.

II. Umfang der Anfechtung

Das Landgericht hat die Beklagte zu Unrecht zum Ersatz von Mängelbeseitigungskosten verurteilt. Das Urteil wird deshalb in vollem Umfang zur Überprüfung durch das Berufungsgericht gestellt.

III. Rechtsverletzung

Das Landgericht hat die materiell-rechtlichen Voraussetzungen eines Anspruches auf Ersatz von Mängelbeseitigungskosten zu Unrecht angenommen.

Der Vertrag verpflichtete die Beklagte zu Errichtung des Rohbaus mit Ausnahme der -Arbeiten.

Beweis: anliegender Bauvertrag

Diese Leistungen erbrachte die Beklagte ordnungsgemäß. Am hat der Kläger die Arbeiten abgenommen. Es wurde das anliegende Abnahmeprotokoll unterzeichnet.

Beweis: Abnahmeprotokoll

Die mit Schreiben des Klägers vom gerügten Mängel liegen nicht vor.

Das Landgericht gelangte infolge einer fehlerhaften Beweiswürdigung zu dem Ergebnis, der festgestellte Zustand des Bauwerks beinhalte Mängel der von der Beklagten erbrachten Bauleistung. Das Landgericht hat die Ausführungen des Sachverständigen missverstanden und ist dem Antrag der Beklagten auf Anhörung des Sachverständigen verfahrensfehlerhaft nicht gefolgt.

(In Betracht kommende Angriffe gegen ein erstinstanzliches Gutachten):

Der Sachverständige hat in seinem schriftlichen Gutachten vom dargelegt, dass (*kurze Zusammenfassung der Feststellungen des Sachverständigen*). Diese Ausführungen hat das Landgericht zu Unrecht als eine ausreichende Grundlage für seine Entscheidung angesehen.

a) Die Auffassung des Sachverständigen, die erbrachten Leistungen entsprächen nicht den anerkannten Regeln der Technik, ist unzutreffend. Die Anforderungen an die hier geschuldeten Bauleistungen sind in der DIN näher beschrieben. Danach gilt, dass (*detaillierte Darstellung der technischen Anforderungen*). Der Sachverständige übersieht, dass die von ihm angenommen technischen Anforderungen für das Gewerk der Beklagten nicht gelten.

Beweis: Einholung eines neuen Sachverständigengutachtens
hilfsweise Anhörung des Sachverständigen

b) Die Ausführungen des Sachverständigen und ihre Würdigung durch das Landgericht sind widersprüchlich. (*konkrete Darstellung*)

c) Das Landgericht hat sich nicht mit den Ausführungen des von der Beklagten beauftragten Privatgutachters auseinandergesetzt, der im Einzelnen auf die Mängel des vom Gericht eingeholten Gutachtens hingewiesen hat. Darin liegt ein Verfahrensfehler, denn wenn eine Partei ein dem gerichtlichen Gutachten substantiiert widersprechendes Privatgutachten vorlegt, muss das Gericht zu erkennen geben, dass es den Streit zwischen dem gerichtlichen Sachverständigen und dem Privatgutachter sorgfältig und kritisch gewürdigt und die Streitpunkte zumindest mit dem gerichtlichen Sachverständigen erörtert hat (BGH, Beschl. v. 27.1.2010, VII ZR 97/08). Dem wird die angegriffene Entscheidung nicht gerecht. (*näher auszuführen*)

d) Das Landgericht ist dem von der Beklagten gestellten Antrag auf Anhörung des Sachverständigen nicht nachgekommen. Die unterlassene Anhörung des Sachverständigen ist ein Verfahrensfehler. Dem Antrag einer Partei auf Ladung des Sachverständigen zur Erläuterung seines schriftlichen Gutachtens hat das Gericht grundsätzlich zu entsprechen, auch wenn es das schriftliche Gutachten für überzeugend hält und selbst keinen weiteren Erläuterungsbedarf sieht. Ein Verstoß gegen diese Pflicht verletzt den Anspruch der Partei auf rechtliches Gehör (vgl. BGH v. 14.7.2009 – VIII ZR 295/08, BauR 2009, 1773). Die Anhörung des Gutachters ist nunmehr nachzuholen.

Angesichts der vorstehend aufgezeigten Fehler des Sachverständigengutachtens ist dieses keine ausreichende Entscheidungsgrundlage. Die Einholung eines neuen Gutachtens ist geboten, da die Voraussetzungen des § 412 ZPO erfüllt sind. Hilfsweise ist der Sachverständige anzuhören.

Das Landgericht hat im Übrigen übersehen, dass der Kläger der Beklagten keine Frist zur Mängelbeseitigung gesetzt hat.

IV. Neue Verteidigungsmittel

Die Beklagte hat nach Schluss der mündlichen Verhandlung erfahren, dass .

V.

Die Beklagte nimmt im Übrigen Bezug auf ihr gesamtes erstinstanzliches Vorbringen, insbesondere in den Schriftsätzen vom einschließlich der dortigen Beweisantritte. Sollte das Berufungsgericht eine Ergänzung des Vortrages für erforderlich halten, wird um einen Hinweis gemäß § 139 ZPO gebeten.

Beglaubigte Abschriften liegen bei.

(*Unterschrift*) (*Rechtsanwalt*)

▲

b) Anmerkungen

aa) Beschwer

94 Die Berufung ist zulässig, wenn der Wert des **Beschwerdegegenstandes** 600 EUR übersteigt oder das Gericht des ersten Rechtszuges die Berufung im Urteil zugelassen hat, § 511 Abs. 2, Abs. 3 ZPO. Der Umfang der **Beschwer** ist zum Zeitpunkt der Berufungseinlegung zu berechnen. Dabei ist auf die Beschwer des Rechtsmittelklägers abzustellen, die – etwa bei Auskunftsklagen – für den Kläger nach der Klageabweisung deutlich höher sein kann als für den Beklagten nach dessen Verurteilung. Es ist zu beachten, dass das Rechtsmittel nur dann zulässig ist, wenn es der Beseitigung einer Beschwer dient.

95 Der Kläger, der in der ersten Instanz unterlegen ist, muss, damit seine Berufung zulässig ist, den erstinstanzlichen **Streitgegenstand** zum Gegenstand des Berufungsverfahrens machen. Ein Rechtsmittel ist unzulässig, wenn es den in der Vorinstanz erhobenen Klageanspruch nicht wenigstens teilweise weiterverfolgt, also – im Falle einer vorinstanzlichen Klageabweisung – deren Richtigkeit gar nicht in Frage stellt, sondern lediglich im Wege der Klageänderung ein neuer bislang nicht geltend gemachter Streitgegenstand zur Entscheidung gestellt wird.[120] Die **Erweiterung** oder **Änderung** der Klage kann nicht alleiniges Ziel des Rechtsmittels sein; vielmehr setzt ein derartiges Prozessziel ein zulässiges Rechtsmittel voraus.[121] Stützt der Kläger seine Zahlungsklage in der Berufung auf einen neuen Streitgegenstand, so verfolgt er damit nicht die Beschwer des klageab-

120 BGH v. 29.6.2004 – X ZR 11/04 – NJW-RR 2004, 1365.

121 BGH v. 16.9.2008 – IX ZR 172/07 – NJW 2008, 3570; BGH v. 15.3.2002 – V ZR 39/01 – NJW-RR 2002, 1435; BGH v. 25.2.1999 – III ZR 53/98 – NJW 1999, 1407.

weisenden Urteils.[122] Im Bauprozess geschieht es nicht selten, dass sich im Verlaufe des Prozesses die Rechtsschutzziele ändern. Statt der zunächst geforderten Abschlagszahlungen wird, weil im Verlaufe des Rechtsstreits die Schlussrechnung erstellt wurde, der Schlussrechnungsbetrag verlangt, statt eines Kostenvorschusses macht der Bauherr, der während des Prozesses Mängelbeseitigungsarbeiten hat durchführen lassen, Kostenerstattung geltend. Für die Zulässigkeit der Berufung, mit der nur noch der neue Antrag weiterverfolgt werden soll, ist es von entscheidender Bedeutung, ob in derartigen Fällen eine Klageumstellung i.S.d. § 264 ZPO vorliegt, auf die allein die Berufung nicht gestützt werden kann. Dabei ist zu beachten, dass die Berufung zulässig ist, wenn der Kläger wegen später eingetretener Veränderung einen anderen Gegenstand oder das Interesse fordert, § 264 Nr. 3 ZPO.

In all diesen Fällen muss der Berufungsführer unbedingt darauf achten, dass **neues** 96 **Vorbringen**, das das geänderte Rechtsschutzziel begründen soll, gem. § 531 Abs. 2 ZPO möglicherweise nicht mehr zugelassen wird. Es bedarf daher der eingehenden Überprüfung des erstinstanzlichen Sachvortrages.

bb) Berufungsbegründungsfrist

Die **Frist zur Begründung der Berufung** beträgt zwei Monate und beginnt mit der 97 Zustellung des Urteils. Ein Berichtigungsbeschluss hat auf den Lauf der Fristen keinen Einfluss.[123] In Bausachen ist es wegen der Komplexität des Sachverhalts und der einzuholenden Informationen häufig schwierig, die Frist einzuhalten. Nicht selten bedarf es der Einholung eines Privatgutachtens, um die Erfolgsaussichten eines Rechtsmittels zu klären. Der Berufungsführer muss aber beachten, dass die **Fristverlängerung** gem. § 520 ZPO an strenge Voraussetzungen geknüpft ist. Eine erstmalige Verlängerung der Begründungsfrist ist ohne Einwilligung des Gegners um bis zu einem Monat möglich, wenn nach der freien Überzeugung des Vorsitzenden der Rechtsstreit durch die Verlängerung nicht verzögert wird oder wenn der Berufungskläger besondere Gründe darlegt. Allerdings besteht das Risiko, dass der Vorsitzende des Berufungsgerichts in Ausübung seines Ermessens eine beantragte Verlängerung der Begründungsfrist versagt. Konnte der Berufungsführer auf die Gewährung der Fristverlängerung vertrauen, kann er **Wiedereinsetzung in den vorigen Stand** beantragen. Dies wird aber nur dann Erfolg haben, wenn er die Fristverlängerung mit großer Wahrscheinlichkeit erwarten durfte. Das ist nach gefestigter Rechtsprechung des Bundesgerichtshofs bei einem ersten Antrag auf Verlängerung der Berufungsbegründungsfrist der Fall, sofern dieser auf erhebliche Gründe i.S.d. § 520 Abs. 2 S. 3 ZPO gestützt wurde.[124] Zu den erheblichen Gründen im Sinne dieser Vorschrift zählen etwa die Arbeitsüberlastung des Prozessbevollmächtigten,[125] dessen urlaubsbedingte Abwesenheit,[126] Erkrankung, ausstehende Rücksprache

122 BGH v. 9.10.2003 – VII ZR 81/02 – BauR 2004, 365.
123 BGH v. 24.6.2003 – VI ZB 10703 – NJW 2003, 2991.
124 BGH v. 15.8.2007 – XII ZB 82/07 – NJW-RR 2008, 76.
125 BGH v. 9.5.2017 – VIII ZB 69/16 – NJW 2017, 2041.
126 BGH v. 5.6.2012 – VI ZB 16/12 – NJW 2012, 2522.

mit dem Mandanten bzw. Informationsbeschaffung.[127] Eine Partei kann auf eine Fristverlängerung auch dann vertrauen, wenn diese unter Hinweis auf das erteilte Einverständnis des Gegners erstmalig beantragt wird, ohne dass erhebliche Gründe i.S.d. § 520 Abs. 2 S. 3 ZPO dargetan sind.[128] Über die erstmalige Verlängerung um einen Monat hinaus darf die Begründungsfrist nur mit Einwilligung des Gegners verlängert werden, § 520 Abs. 2 S. 2 ZPO. Dies gilt auch dann, wenn die erste Verlängerung um einen Monat mit dem Einverständnis des Gegners erfolgte.

98 Der Lauf der Begründungsfrist beginnt auch dann, wenn der Berufungsführer wegen Kostenarmut um **Prozesskostenhilfe** nachsucht und deshalb an der Einhaltung der Frist gehindert ist. Ein Rechtsmittelführer, der vor Ablauf der Rechtsmittelfrist die Bewilligung von Prozesskostenhilfe beantragt hat, ist bis zur Entscheidung über den Antrag so lange als ohne sein Verschulden an der Einlegung des Rechtsmittels verhindert anzusehen, als er nach den gegebenen Umständen vernünftigerweise nicht mit der Ablehnung seines Antrags rechnen musste, weil er sich für bedürftig i.S.d. §§ 114 ff. ZPO halten durfte und aus seiner Sicht alles Erforderliche getan hatte, damit aufgrund der von ihm eingereichten Unterlagen ohne Verzögerung über sein Prozesskostenhilfegesuch entschieden werden konnte. Gleiches gilt hinsichtlich der Frist zur Begründung des Rechtsmittels.[129] Die **Verbindung von Prozesskostenhilfegesuch und Rechtsmitteleinlegung** bedarf der sorgfältigen Formulierung. Die Einlegung oder auch die Begründung eines Rechtsmittels unter der Bedingung der Gewährung von Prozesskostenhilfe ist unzulässig.[130] Der Rechtsmittelführer muss bei grundsätzlich zulässiger Verbindung eines Rechtsmittels oder seiner Begründung mit einem Antrag auf Gewährung von Prozesskostenhilfe alles vermeiden, was den Eindruck erwecken könnte, er wolle lediglich eine „künftige" Prozesshandlung „ankündigen" und sie von der Bewilligung der Prozesskostenhilfe abhängig machen.[131] Sind aber die gesetzlichen Voraussetzungen an eine Berufungsschrift oder Berufungsbegründung erfüllt, kommt die Annahme, ein entsprechender Schriftsatz sei nicht als **unbedingte Berufungsbegründung** bestimmt, allenfalls dann in Betracht, wenn dies den Begleitumständen mit einer jeden vernünftigen Zweifel ausschließenden Deutlichkeit zu entnehmen ist. Da im Allgemeinen keine Partei die mit einer Fristversäumung verbundenen Nachteile in Kauf nehmen will, ist deshalb im Zweifel anzunehmen, dass ein inhaltlich den Anforderungen des § 520 Abs. 3 ZPO genügender, von einem Rechtsanwalt unterzeichneter Schriftsatz, als formelle Berufungsbegründung dienen soll, sofern nicht ein entgegenstehender Wille des Rechtsmittelführers deutlich erkennbar wird. Mit Rücksicht auf die schwerwiegenden Folgen einer bedingten und damit unzulässigen Berufungseinlegung bzw. Berufungsbegründung ist für die Annahme einer derartigen Bedingung eine ausdrückliche und zweifelsfreie Erklä-

127 BGH v. 16.3.2010 – VI ZB 46/09 – NJW 2010, 1610.
128 BGH v. 9.7.2009 – VII ZB 111/08 – NJW 2009, 3100.
129 BGH v. 27.8.2009 – VII ZB 89/08.
130 BGH v. 6.8.2008 – VI ZB 16/07 – NJW 2008, 2855, 2856.
131 BGH v. 12.12.2005 – XII ZB 33/05 – BGHZ 165, 318 = NJW 2006, 693.

rung erforderlich, die z.B. darin gesehen werden kann, dass der entsprechende Schriftsatz selbst ausdrücklich als „Entwurf einer Berufungsbegründung" bezeichnet wird.[132]

Grundsätzlich sind folgende Fälle zu unterscheiden:[133] 99

- **1. Fall:** Der Rechtsmittelführer legt einschränkungs- und bedingungslos Berufung ein und begründet diese fristgerecht. Parallel dazu beantragt er die Bewilligung von Prozesskostenhilfe für das Berufungsverfahren. Es ergeben sich keine Probleme. Wird die Prozesskostenhilfe bewilligt, erhält der Anwalt seine Vergütung aus der Staatskasse. Wird die Prozesskostenhilfe nicht bewilligt, muss sich die Partei überlegen, ob sie das Berufungsverfahren durchführt oder die Berufung zurücknimmt. Die Partei muss, falls sie von der Durchführung des Berufungsverfahrens Abstand nimmt, die Kosten des eigenen Anwalts, des Prozessbevollmächtigten des Gegners und die Gerichtskosten tragen. 100
- **2. Fall:** Die bedürftige Partei stellt für das Berufungsverfahren einen Antrag auf Gewährung von Prozesskostenhilfe, ohne die Berufung einzulegen. Gewährt das Berufungsgericht Prozesskostenhilfe, kann die Partei Wiedereinsetzung in den vorigen Stand beantragen, da sie wegen Vermögenslosigkeit an der rechtzeitigen Einlegung des Rechtsmittels gehindert war. Sie muss mit dem Wiedereinsetzungsantrag die Berufung und Berufungsbegründung nachholen. Wird die Prozesskostenhilfe nach Ablauf der Rechtsmittelfrist verweigert, bleibt der Partei eine Zeit von höchstens drei bis vier Tagen für die Überlegung, ob sie das Rechtsmittelverfahren auf eigene Kosten durchführen will. Im Anschluss an diese Überlegungsfrist beginnt die Frist gem. § 234 Abs. 1 S. 1 ZPO für die Einlegung des Wiedereinsetzungsgesuchs verbunden mit der Einlegung der Berufung. Dazu ist es erforderlich, dass die Partei vernünftigerweise davon ausgehen durfte, die wirtschaftlichen Voraussetzungen für die PKH-Bewilligung ausreichend dargetan zu haben. Ob sie erwarten konnte, dass das Berufungsgericht die Erfolgsaussichten der Berufung bejaht, ist hingegen irrelevant.[134]
- **3. Fall:** Der Rechtsmittelführer legt ohne Einschränkung Berufung ein und beantragt danach Prozesskostenhilfe für das Berufungsverfahren. Hierzu verweist er darauf, er werde nach Bewilligung der Prozesskostenhilfe Wiedereinsetzung beantragen und die Berufung begründen. Wiedereinsetzung in den vorigen Stand wegen Versäumung der Berufungsbegründungsfrist kann ihm nur gewährt werden, wenn er darlegt, dass die fehlende Begründung der Berufung auf seine Bedürftigkeit zurückzuführen ist. Zwar sind mit Einlegung der Berufung die Anwalts- und Gerichtsgebühren bereits entstanden, so dass die Versäumung der Begründungsfrist nicht kausal auf die Mittellosigkeit des Berufungsführers zurückzuführen ist. Diese Kausalität ist aber Voraussetzung für Wiedereinsetzung in den vorigen Stand. Allerdings wird die Ursächlichkeit dann bejaht, wenn der Anwalt die Berufung nur formularmäßig einlegt und sich nach dem Vorbringen der bedürftigen Partei weigert, ohne Vorschuss die Berufung

132 So BGH v. 27.5.2009 – III ZB 30/09 – FamRZ 2009, 1408 mit zahlreichen Rechtsprechungsnachweisen.
133 Siehe dazu die Ausführungen von *Schneider*, NJW 2008, 2857.
134 BGH v. 9.3.2021 – VIII ZB 1/21 – NJW-RR 2021, 568.

zu begründen. Die Kausalität scheidet aber immer dann aus, wenn der Anwalt bereits eine Berufungsbegründung, und sei es nur im Entwurf, vorlegt. In einem solchen Fall kann Wiedereinsetzung in den vorigen Stand nicht gewährt werden.[135]

3. Berufungsgründe

101 Die Berufung kann gem. § 513 ZPO nur darauf gestützt werden, dass die Entscheidung auf einer **Rechtsverletzung** i.S.d. § 546 ZPO beruht oder nach § 529 ZPO zugrunde zu legende **Tatsachen** eine andere Entscheidung rechtfertigen. An diesen grundsätzlichen Vorgaben muss sich die Berufungsbegründung orientieren. Die Berufungsbegründung muss diesem Prüfungsumfang des Berufungsberichts gerecht werden und insbesondere dann, wenn neue Tatsachen eingeführt werden sollen, die Zulassung des neuen Vortrages gem. § 531 ZPO begründen.

102 Die Berufungsbegründung muss erkennen lassen, in welchem **Umfang** und mit welchem **Antrag** die erstinstanzliche Entscheidung angegriffen wird. Dies bedarf einer auf den Streitfall eingehenden Darlegung, in welchen Punkten und aus welchen Gründen der Berufungsführer das angefochtene Urteil für falsch hält. Eine Berufung ist als nicht hinreichend begründet – und damit als unzulässig – anzusehen, wenn lediglich die Gründe des angefochtenen Urteils wiederholt und als „unzutreffend" bezeichnet werden, oder wenn die Nichteinholung eines beantragten Sachverständigengutachtens gerügt wird, ohne sich mit der Begründung zu befassen, die in dem Urteil hierzu niedergelegt ist.[136] Ebenso wenig genügen **formelhafte Wendungen** oder der pauschale Hinweis auf den erstinstanzlichen Sachvortrag.[137] Die Berufungsbegründung muss sich mit jedem selbstständigen Gegenstand der erstinstanzlichen Entscheidung auseinandersetzen, soweit er angegriffen wird.[138] Dies gilt nur dann nicht, wenn die Berufung ausschließlich auf neue Angriffs- oder Verteidigungsmittel gestützt wird.[139] Da das Berufungsgericht **an die vom Gericht des ersten Rechtszugs festgestellten Tatsachen grundsätzlich gebunden ist** (§ 529 Abs. 1 Nr. 1 ZPO), muss die Berufung, die den festgestellten Sachverhalt angreifen will, eine Begründung dahingehend enthalten, warum die Bindung an die festgestellten Tatsachen ausnahmsweise nicht bestehen soll. § 520 Abs. 3 Nr. 3 und 4 ZPO regeln diese Anforderungen näher. Nach § 520 Abs. 3 Nr. 3 ZPO muss der Berufungsführer konkrete Anhaltspunkte bezeichnen, die **Zweifel** an der **Richtigkeit** und **Vollständigkeit** der **Tatsachenfeststellungen** im angefochtenen Urteil begründen und deshalb eine erneute Feststellung gebieten. Nach § 520 Abs. 3 Nr. 4 ZPO muss er, wenn er **neue Angriffs- und Verteidigungsmittel** vorbringen will, dartun, warum er diese nicht bereits in erster Instanz geltend gemacht hat. Stützt sich die erstinstanzliche Entscheidung auf mehrere gleichwertige Gründe, muss die Berufung sich mit allen

135 BGH v. 6.5.2008 – VI ZB 16/07 – NJW 2008, 2855 f.
136 BGH v. 18.9.2001 – X ZR 196/99 – NJW-RR 2002, 209.
137 BGH v. 28.5.2003 – XII ZB 165/02 – NJW 2003, 2531.
138 BGH v. 11.7.2002 – VII ZR 261/00 – BauR 2003, 1590.
139 BGH v. 27.3.2007 – VIII ZB 123/06 – NJW-RR 2007, 723.

auseinandersetzen.[140] Das bedeutet für den Bauprozess insbesondere in sog. Punktesachen einen erheblichen Aufwand. Macht der Bauherr Ansprüche wegen verschiedener Mängel geltend, muss er, wenn er die abgewiesenen Ansprüche mit der Berufung weiterverfolgen will, sich mit jedem Mangel bzw. jedem Mangelanspruch auseinandersetzen und die Unrichtigkeit der Entscheidung der ersten Instanz begründen. Entsprechendes gilt für den Unternehmer, der sich mit der Berufung gegen die Zuerkennung von Ansprüchen wegen verschiedener Mängel wendet. Bloße Hinweise auf Sachverständigengutachten reichen dafür nicht aus, weil dies allein die Unrichtigkeit der angegriffenen Entscheidung nicht darlegt. Ausreichend für die Zulässigkeit der Berufung ist indes, dass ihre Begründung geeignet ist, das gesamte angefochtene Urteil infrage zu stellen. Enthält daher das angefochtene Urteil bei einer Verurteilung des Unternehmers wegen Baumängeln tragende Ausführungen zum Bestehen des Mangels und zu den weiteren Voraussetzungen des Mangelbeseitigungsanspruchs (etwa Fristsetzung zur Nacherfüllung), ist die Berufung bereits dann zulässig, wenn sie sich nur mit einer dieser Fragen auseinandersetzt, die Klage aber, bei Unterstellung der Sichtweise des Beklagten, insgesamt abzuweisen wäre. Wird ein einheitlicher prozessualer Anspruch unter Verneinung mehrerer Anspruchsgrundlagen abgelehnt, reichen demgemäß für die Zulässigkeit der Berufung Ausführungen zu einer Anspruchsgrundlage.

Der Berufungsführer muss sich wegen der Bindung des Berufungsgerichts an die tatsäch- **103**
lichen Feststellungen der ersten Instanz (§ 529 Abs. 1 ZPO) eingehend damit auseinandersetzen, inwieweit die **Tatsachenfeststellung** des Erstgerichts angegriffen werden kann. Diese Bindung entfällt nur dann, wenn konkrete Anhaltspunkte vorliegen, die Zweifel an der Richtigkeit und Vollständigkeit dieser Feststellungen begründen. Dies ist von Amts wegen zu prüfen, wobei der gesamte zum Gegenstand der mündlichen Verhandlung gewordene Akteninhalt zu berücksichtigen ist.[141] Auf eine darauf bezogene Berufungsrüge kommt es für die vorzunehmende Prüfung nicht an.[142] Gleichwohl ist der Anwalt angehalten, die entsprechenden konkreten Anhaltspunkte aufzuzeigen, um das Risiko einer Zurückweisung der Berufung nach § 522 Abs. 2 ZPO zu minimieren.[143] Anhaltspunkte für Zweifel an der Richtigkeit oder Vollständigkeit der entscheidungserheblichen Feststellungen können sich aus **Verfahrensfehlern** ergeben, die dem erstinstanzlichen Gericht bei der Feststellung des Sachverhalts unterlaufen sind.[144] Dies gilt insbesondere dann, wenn es **Beweise fehlerhaft erhoben oder gewürdigt** oder wenn es **Tatsachenvortrag** der Parteien **übergangen** oder von den Parteien nicht vorgetragene Tatsachen verwertet hat. Aber auch verfahrensfehlerfrei getroffene Tatsachenfeststellungen sind für das Berufungsgericht nicht bindend, wenn konkrete Anhaltspunkte dafür bestehen, dass die Feststellungen unvollständig oder unrichtig sind.[145] Zweifelhaft kön-

140 BGH v. 5.12.2006 – VI ZR 228/05 – NJW-RR 2007, 414; BGH v. 18.10.2005 – VI ZB 81/04 – NJW-RR 2006, 285.
141 BGH v. 12.3.2004 – V ZR 257/03 – BGHZ 158, 269 = BauR 2004, 1175.
142 BGH v. 9.3.2005 – VIII ZR 266/03 – NJW 2005, 1583.
143 Vgl. dazu *Kniffka/Koeble/Jurgeleit/Sacher*, Kompendium des Baurechts, 19. Teil, Rn 45.
144 BT-Drucks 14/4722, 100.
145 BGH v. 9.3.2005 – VIII ZR 266/03 – NJW 2005, 1583.

nen die Feststellungen des erstinstanzlichen Gerichts auch durch neue Angriffs- und Verteidigungsmittel werden, soweit sie in der Berufungsinstanz gem. § 529 Abs. 1 Nr. 2 i.V.m. § 531 Abs. 2 ZPO zu berücksichtigen sind, weil ihre Geltendmachung in erster Instanz wegen eines von dem Gericht zu vertretenden Umstands (§ 531 Abs. 2 Nr. 1 und 2 ZPO) oder sonst ohne Verschulden der Partei (§ 531 Abs. 2 Nr. 3 ZPO) unterblieben ist.

104 Nach Erhalt des erstinstanzlichen Urteils gilt es, den Inhalt des im dessen Tatbestand wiedergegebenen Parteienvorbringens sorgfältig zu überprüfen. Der Tatbestand beweist, dass die Parteien etwas mündlich zum maßgeblichen Zeitpunkt des Verhandlungsschlusses vorgetragen haben, nicht aber, dass sie etwas nicht vorgetragen haben. Mit anderen Worten kommt dem Tatbestand im Hinblick auf das schriftsätzlich angekündigte Parteienvorbringen keine negative Beweiskraft zu.[146] Anders ist es indes, wenn das sich aus dem Tatbestand ergebene Parteienvorbringen dem Inhalt der vorbereitenden Schriftsätze der Partei widerspricht (positive Beweiskraft des Tatbestands). In diesem Fall geht der Inhalt des Tatbestands vor, wobei eine etwaige Unrichtigkeit derartiger tatbestandlicher Darstellungen nur durch das Sitzungsprotokoll, nicht jedoch durch den Inhalt der Schriftsätze, entkräftet werden kann.[147] Daher ist eine im Tatbestand des angefochtenen Urteils als unstreitig dargestellte Tatsache selbst dann, wenn sie in den erstinstanzlichen Schriftsätzen tatsächlich umstritten war, als unstreitig und als für das Berufungsgericht bindend anzusehen, wenn keine Berichtigung des Tatbestands nach § 320 ZPO beantragt worden ist.[148] Das hat zur Folge, dass in den Fällen, in denen der Tatbestand des anzufechtenden Urteils tatsächliches Vorbringen der Parteien wiedergibt, das so nicht gehalten wurde, sich die Stellung eines Tatbestandsberichtigungsantrags nach § 320 ZPO zur Vermeidung von Rechtsnachteilen empfiehlt. Wird hingegen das gehaltene Parteivorbringen im Tatbestand nicht erwähnt, kann auf die Stellung eines Tatbestandsberichtigungsantrags verzichtet werden. Nicht erforderlich ist ein Antrag auf Berichtigung des Tatbestands, der eine Ergänzung oder Änderung der im Tatbestand wiedergegebenen Rechtsansicht der Partei bezweckt.

4. Neue Angriffs- und Verteidigungsmittel

105 Der Rechtsmittelführer, der sich auf **neue Angriffs- und Verteidigungsmittel** beruft, kann dies nur dann mit Erfolg tun, wenn die Zulassungsvoraussetzungen des § 531 Abs. 2 ZPO vorliegen. Angriffs- und Verteidigungsmittel sind die zur Begründung des Sachantrages oder zur Verteidigung vorgebrachten tatsächlichen und rechtlichen Behauptungen, Einwendungen und Einreden, sämtliches Bestreiten und alle Beweisanträge.[149] **Neu** ist das Vorbringen, wenn es bis zum Schluss der mündlichen Verhandlung in der ersten Instanz nicht vorgetragen worden oder im Falle verspäteten Vortrages gem.

146 BGH v. 12.3.2004 – V ZR 257/03 – NJW 2004, 1876.
147 BGH v. 8.1.2007 – II ZR 334/04 – NJW-RR 2007, 1434.
148 OLG Braunschweig v. 19.5.2022 – 9 U 12/21 – zfs 2023, 78.
149 BGH v. 8.6.2004 – VI ZR 230/03 – BGHZ 159, 254 = NJW 2004, 2828.

§ 296a ZPO bei der erstinstanzlichen Entscheidung unberücksichtigt geblieben ist.[150] Neu sind auch solche Angriffs- und Verteidigungsmittel, die die Partei zwar zunächst vorgebracht, dann aber fallengelassen hat.[151] Wird ein erstinstanzlich substantiierter Vortrag mit der Berufung **konkretisiert** oder erläutert, ist das Vorbringen nicht neu.[152] Dies ist etwa anzunehmen, wenn der erstinstanzliche Vortrag in der Berufungsinstanz durch ein Privatgutachten untermauert wird.[153] Anders verhält es sich, wenn der in erster Instanz unsubstantiierte Vortrag erstmals in der Berufungsinstanz substantiiert wird.[154]

Unstreitiges Vorbringen ist in der Berufungsinstanz in jedem Fall zu berücksichtigen. 106
Dies gilt auch dann, wenn dies eine Beweisaufnahme zu anderen tatsächlichen Feststellungen notwendig macht.[155] Für die Einrede der Verjährung hat der große Senat für Zivilsachen entschieden, dass die erstmals im Berufungsrechtszug erhobene Verjährungseinrede unabhängig von den Voraussetzungen des § 531 Abs. 2 S. 1 Nr. 1–3 ZPO zuzulassen ist, wenn die Erhebung der Verjährungseinrede und die den Verjährungseintritt begründenden tatsächlichen Umstände zwischen den Prozessparteien unstreitig sind.[156]

Die Zulassungsgründe des § 531 Abs. 2 ZPO sind 107

- vom Erstgericht übersehener oder für unerheblich gehaltener Gesichtspunkt, § 531 Abs. 2 Nr. 1 ZPO
- verfahrensfehlerhaft nicht berücksichtigter Gesichtspunkt, § 531 Abs. 2 Nr. 2 ZPO
- neuer Vortrag, der ohne Nachlässigkeit in erster Instanz unterblieben ist, § 531 Abs. 2 Nr. 3 ZPO

§ 531 Abs. 2 Nr. 1 ZPO gestattet neues, d.h. in erster Instanz noch nicht geltend gemach- 108
tes Vorbringen zu tatsächlichen oder rechtlichen Gesichtspunkten, die von dem Standpunkt des Berufungsgerichts aus betrachtet entscheidungserheblich sind, von dem Eingangsgericht jedoch **erkennbar übersehen oder für unerheblich gehalten** wurden und aus einem von diesem mit zu verantwortenden Grund in erster Instanz nicht geltend gemacht worden sind. § 531 Abs. 2 Nr. 2 ZPO betrifft insbesondere den Fall, dass nach § 139 ZPO gebotene **Hinweise des Eingangsgerichts** unterblieben sind, die zu entsprechendem Vorbringen in erster Instanz Anlass gegeben hätten. Der Fall des § 531 Abs. 2 Nr. 3 ZPO liegt nur dann vor, wenn der Rechtsmittelführer tatsächliche Umstände in der ersten Instanz nicht vorgebracht hat, und ihm diese Umstände und deren Bedeutung für den Ausgang des Rechtsstreits bis zum Schluss der mündlichen Verhandlung erster Instanz weder bekannt waren noch hätten bekannt sein müssen.[157] Der Rechtsmittelführer muss zu diesen Voraussetzungen vortragen.

150 BGH v. 2.4.2004 – V ZR 107/03 – NJW 2004, 2382.
151 BGH v. 31.5.2017 – VIII ZR 69/16 – NJW 2017, 2288.
152 BGH v. 26.4.2007 – VI ZR 123/06 – BauR 2007, 1416.
153 BGH v. 21.12.2006 – VII ZR 279/05 – BauR 2007, 585.
154 BGH v. 8.6.2004 – VI ZR 199/03 – NJW 2004, 2825, 2827.
155 BGH v. 18.11.2004 – IX ZR 229/03 – BGHZ 161, 138 = NJW 2005, 291.
156 BGH v. 23.6.2008 – GSZ 1/08 – BGHZ 177, 212 = NJW 2008, 3434.
157 BGH v. 19.3.2004 – V ZR 104/03 – NJW 2004, 2152.

109 Angriffs- und Verteidigungsmittel, deren materiell- rechtlichen Voraussetzungen erst **nach Schluss der mündlichen Verhandlung entstanden** sind, sind zuzulassen. Das Vorbringen kann nicht mit dem Einwand zurückgewiesen werden, der Berufungsführer hätte die **materiellen Voraussetzungen** schon zu einem früheren Zeitpunkt schaffen können.[158] In Bausachen ist dies etwa bei der Erstellung **neuer Schlussrechnungen** in der Berufungsinstanz von Bedeutung. Hat das Erstgericht eine Forderung mangels prüfbarer Schlussrechnung abgewiesen, ohne ausreichend auf diesen Mangel der Rechnung hinzuweisen, liegt ein Verstoß gegen die Hinweispflicht vor und die neue Schlussrechnung ist gem. § 531 Abs. 2 Nr. 2 ZPO in der Berufungsinstanz zuzulassen. Ist in erster Instanz ein ausreichender Hinweis erfolgt, so ist zu prüfen, ob die sonstigen Voraussetzungen des § 531 Abs. 2 ZPO vorliegen. Ein besonderer Fall liegt vor, wenn die prüfbare Abrechnung Fälligkeitsvoraussetzung ist, weil dann durch die neue Abrechnung erst die materiell-rechtlichen Voraussetzungen des Vergütungsanspruchs geschaffen werden. Dies betrifft die Abrechnung nach § 14 VOB/B und nach § 8 HOAI.[159] Derartige Abrechnungen, die die Voraussetzungen des Anspruchs materiell-rechtlich erst schaffen, sind zuzulassen. Dieselben Erwägungen gelten für die einer Partei nach materiellem Recht zustehenden Gestaltungsrechte, sodass ein erst nach Schluss der erstinstanzlichen mündlichen Verhandlung ausgeübtes Gestaltungsrecht bei der Entscheidung des Berufungsgerichts grundsätzlich zu berücksichtigen ist.[160] Auch besteht keine generelle Verpflichtung der Parteien, tatsächliche Umstände, die ihnen nicht bekannt sind, erst zu ermitteln.[161]

III. Klageänderung, Widerklage und Aufrechnung in der Berufung

1. Einleitung

110 Klageänderung, Widerklage und Aufrechnung sind in der Berufungsinstanz gem. § 533 ZPO nur zulässig, wenn der Gegner einwilligt oder das Gericht sie für sachdienlich hält und sie auf Tatsachen gestützt werden, die das Berufungsgericht gem. § 529 ZPO bei seiner Verhandlung und Entscheidung berücksichtigten muss. Derjenige, der diese Rechte in der Berufungsinstanz wahrnehmen will, muss sich mit den gesetzlichen Voraussetzungen ihrer Zulassung auseinandersetzen. In Bausachen kommt es häufig dann zur Klageänderung, Aufrechnung oder Widerklage, wenn Mängel Gegenstand des Rechtsstreits sind, und sich während des Prozesses daraus weitere Mangelschäden oder Mangelfolgeschäden ergeben, die in den Prozess einzuführen sind. Dies ist in aller Regel **sachdienlich**. Allein der Umstand, dass der Parteivortrag neue Beweiserhebungen notwendig macht, steht der Sachdienlichkeit nicht entgegen. Die Sachdienlichkeit ist nur dann zu verneinen, wenn ein völlig neuer Prozessstoff eingeführt wird.[162] Das ist aber nicht der Fall, wenn sich Klageänderung, Widerklage oder Aufrechnung **auf den**

158 BGH v. 6.10.2005 – VII ZR 299/03 – BauR 2005, 1959; BGH v. 9.10.2003 – VII ZR 335/02 – BauR 2004, 115.
159 BGH v. 9.10.2003 – VII ZR 335/02 – BauR 2004, 115; BGH v. 6.10.2005 – VII ZR 229/03 – BauR 2005, 1959.
160 BGH v. 17.10.2018 – VIII ZR 212/17 – NJW 2019, 80.
161 BGH v. 10.6.2010 – Xa ZR 110/09 – NJW-RR 2011, 211.
162 BGH v. 27.9.2006 – VIII ZR 19/04 – NJW 2007, 2414; BGH v. 6.4.2004 – X ZR 132/02 – BauR 2004, 1807.

erstinstanzlichen Sachvortrag beziehen, darauf aufbauen und ergänzen. Änderungen des Klageantrags nach § 264 Nr. 1–3 ZPO sind auch in der Berufungsinstanz nicht als Klageänderung anzusehen, sodass § 533 ZPO auf sie keine Anwendung findet. Bloße Erhöhung der Klageforderung oder Wechsel vom Vorschuss- auf einen Kostenerstattungsanspruch sind daher nicht nach § 533 ZPO zu beurteilen.[163] Beruht allerdings die vorgenannte Änderung des Klageantrags auf neuem Sachvortrag, ist dessen Zulässigkeit gem. § 531 Abs. 2 ZPO mit der Berufungsbegründung darzulegen.

2. Muster: Aufrechnung in der Berufungsinstanz

▼ 111

9.14

An das

Landgericht …

– Berufungskammer –

Berufung

In dem Rechtsstreit

… (*Volles Rubrum*)

des Herrn …

– Beklagten und Berufungsklägers –

Prozessbevollmächtigte: Rechtsanwälte …

gegen

die Bauunternehmen GmbH …, … (*Anschrift*)

– Klägerin und Berufungsbeklagte –

Prozessbevollmächtigte der I. Instanz: Rechtsanwälte …

wegen Ansprüchen aus Werkvertrag

… (*Aktenzeichen I. Instanz*)

Begründen wir die mit Schriftsatz vom … eingelegte Berufung der Beklagten innerhalb der (verlängerten) Begründungsfrist.

Wir werden beantragen,

> das am … verkündete Urteil des Amtsgerichts … zu ändern und die Klage abzuweisen.

Begründung:

1.

Das Amtsgericht hat den Beklagten mit Urt. v. … zur Zahlung von … EUR Werklohn an die Klägerin verurteilt. Diese Entscheidung ist in mehrfacher Hinsicht unrichtig:

… (*Ausführungen zu den Berufungsangriffen*)

163 BGH v. 26.11.2009 – VII ZR 133/08 – ZfBR 2010, 246.

2.

Hilfsweise rechnet der Beklagte gegen den Werklohnanspruch mit seinem Anspruch auf (*z.B. Kostenvorschuss/Kostenerstattung/Schadensersatz*) auf.

Der Gegenforderung liegt folgender Sachverhalt zugrunde: .

3.

Die Aufrechnung ist gemäß § 533 ZPO zuzulassen, weil sie sachdienlich ist. Sachdienlich ist die Aufrechnung, weil ihre Zulassung zur umfassenden Beilegung des Streits der Parteien beiträgt und einem andernfalls zu gewärtigenden Folgeprozess vorbeugt. Der entscheidende Gesichtspunkt ist die Prozesswirtschaftlichkeit. Das Streitverhältnis der Parteien, dem der Bauvertrag vom zugrunde liegt, ist zur Vermeidung eines Folgeprozesses durch eine die wechselseitigen Ansprüche erledigende Entscheidung in dem vorliegenden Rechtsstreit zu klären. Dem steht nicht entgegen, dass der Beklagte, der die Forderung der Klägerin mangels Fälligkeit und ordnungsgemäßer Abrechnung nicht für begründet hält, die Aufrechnung in erster Instanz nicht erklärt hat. Die Sachdienlichkeit kann nicht allein mit dem Argument verneint werden, die Aufrechnung hätte schon in erster Instanz erklärt werden müssen. Denn dies würde der Prozesswirtschaftlichkeit gerade widersprechen.

Die Aufrechnungsforderung wird im Übrigen auf Tatsachen gestützt, die das Berufungsgericht seiner Verhandlung und Entscheidung über die Berufung ohnehin nach § 529 ZPO zugrunde zu legen hat. Die Mangelhaftigkeit der Werkleistung der Klägerin ist bereits in der ersten Instanz dargetan worden. (***alternativ***: *Der Beklagte hat erst nach dem Schluss der mündlichen Verhandlung vor dem Amtsgericht ein Privatgutachten eingeholt, welches die Mangelhaftigkeit der Werkleistung der Klägerin offenbart hat. Die daraus gewonnenen Erkenntnisse sind nach § 531 Abs. 2 Nr. 3 ZPO im Berufungsverfahren zu berücksichtigen, da keine Verpflichtung des Beklagten bestanden hat, Ermittlungen zu etwaigen Mängeln der Werkleistung der Klägerin vor Abschluss der ersten Instanz anzustellen.)*

(*Unterschrift*) (*Rechtsanwalt*)

▲

IV. Anschlussberufung

1. Einleitung

112 Die Anschlussberufung wird in drei Fällen anstelle der selbstständigen Berufung einzulegen sein:

- Wenn die zum Teil unterlegene Partei die Berufungsfrist nicht einhält und der Gegner Berufung einlegt. Hier kann eine Anschlussberufung prozesstaktisch sinnvoll sein, da sie die Basis weiterer Verhandlungen der Parteien verbreitert.
- Wenn die Partei in der ersten Instanz voll obsiegt hat, im Berufungsverfahren jedoch weitere Angriffe durchführen will. Die Anschlussberufung setzt, anders als die eigentliche Berufung, keine Beschwer voraus. So kann sich die obsiegende Partei der Berufung des Gegners anschließen, wenn sie in zweiter Instanz die Klage auf einen anderen Klagegrund stützen, sie erweitern oder Widerklage erheben will. Wurde die Klage nur wegen der Hilfsaufrechnung des Beklagten abgewiesen, kann er sich der

Berufung anschließen, wenn er die Abweisung der Klage ohne Inanspruchnahme der Aufrechnungsforderung erreichen will.

- Wenn die sich aus dem erstinstanzlichen Urteil für die Partei ergebende Beschwer nach § 511 Abs. 2 ZPO nicht zur Einlegung einer Berufung berechtigt. Für die Zulässigkeit der Anschlussberufung muss die Berufungssumme von 600 EUR nicht erreicht sein.[164]

Der Nachteil der Anschlussberufung im Vergleich zu einer Hauptberufung besteht darin, dass der Anschlussberufungskläger die Durchführung des Berufungsverfahrens nicht in der Hand hat. Durch die Rücknahme der Hauptberufung aber auch durch deren Verwerfung gem. § 522 Abs. 1 ZPO oder Zurückweisung durch Beschluss gem. § 522 Abs. 2 ZPO verliert die Anschließung ihre Wirkung (§ 524 Abs. 4 ZPO).

2. Muster: Anschlussberufung

▼ 113

An das

Landgericht 9.15

– Berufungskammer –

Berufungserwiderung und Anschlussberufung

In dem Rechtsstreit

(*Volles Rubrum*)

des Herrn

– Beklagten, Berufungsklägers
und Anschlussberufungsbeklagten –

Prozessbevollmächtigte: Rechtsanwälte

gegen

die Bauunternehmen GMBH , (*Anschrift*)

– Klägerin, Berufungsbeklagte
und Anschlussberufungsklägerin–

Prozessbevollmächtigte: Rechtsanwälte

wegen Ansprüchen aus Werkvertrag

werden wir beantragen,

die Berufung des Beklagten zurückzuweisen.

Gleichzeitig legen wir namens und in Vollmacht der Klägerin gegen das Urteil des Amtsgerichts vom Anschlussberufung ein.

Wir werden beantragen,
das Urteil des Amtsgerichts vom teilweise abzuändern und den Beklagten zu verurteilen, an die Klägerin weitere EUR zu zahlen.

164 Zöller/*Heßler*, ZPO, § 524 Rn 29.

Begründung:

1.

Soweit das Amtsgericht der Klage stattgegeben hat, ist die angegriffene Entscheidung entgegen den Ausführungen in der Berufungsbegründung des Beklagten nicht zu beanstanden.

(*Ausführungen zu der gegnerischen Berufung*).

2.

Das Amtsgericht hat der Werklohnklage der Klägerin aber zu Unrecht nur in Höhe von EUR stattgegeben und einen weitergehenden Anspruch verneint. Die vorgenommenen Kürzungen des Anspruchs sind nicht berechtigt (*Ausführungen zur Begründetheit der Forderung*). (*ggf.: Die Anschlussberufung ist zulässig, obwohl mit ihr ein Betrag von lediglich 500 EUR geltend gemacht wird, da die Anschlussberufung zu ihrer Zulässigkeit das Erreichen der Berufungssumme von 600 EUR nicht erfordert.*)

Mit der Anschlussberufung macht die Klägerin zudem eine weitere Werklohnforderung aus dem streitgegenständlichen Bauvorhaben geltend, die bisher nicht streitgegenständlich gewesen ist. Am hat der Beklagte die Klägerin auf der Baustelle mündlich beauftragt, folgende Leistungen zu erbringen (konkretes Vorbringen zu den beauftragten Leistungen).

Beweis: *Zeuge*

Hierfür vereinbarten die Parteien einen Festpreis von EUR.

Beweis: *Zeuge*

Die Klägerin hat die beauftragten Leistungen mangelfrei erbracht.

Diese Werkleistung der Klägerin wurden vom Beklagten auf der Baustelle mündlich abgenommen.

Beweis: *Zeuge*

Am hat die Klägerin ihre Leistungen dem Beklagten in Rechnung gestellt.

Beweis: Rechnung der Klägerin vom

Der Beklagte hat weder auf diese Rechnung noch auf eine weitere Zahlungsaufforderung von Zahlungen geleistet, sodass die gerichtliche Geltendmachung der Forderung unumgänglich erscheint.

Die erstmalige Geltendmachung einer Klageerweiterung ist im Wege der Anschließung zulässig, da die Statthaftigkeit der Anschlussberufung nicht von einer Beschwer des Anschlussberufungsklägers abhängt. Die Klageerweiterung in der Berufungsinstanz ist auch sachdienlich, da in diesem Rechtsstreit die Streitigkeiten der Parteien aus dem einheitlichen Vertragsverhältnis insgesamt geklärt und ein Folgerechtsstreit vermieden werden kann. Das Vorbringen der Klägerin ist vom Berufungsgericht nach § 531 Abs. 1 S. 3 ZPO zu berücksichtigen, da die im Streit stehende Werkleistung der Klägerin erst nach Schluss der letzten mündlichen Verhandlung dem Beklagten in Rechnung gestellt worden ist, sodass diese Forderung im ersten Rechtszug nicht geltend gemacht werden konnte.

(*Unterschrift*) (*Rechtsanwalt*)

▲

V. Checkliste: Berufung

I. Zuständigkeit des Berufungsgerichts 114
II. Berufungsfrist
III. Aktenzeichen des angefochtenen Urteils
IV. richtige Parteibezeichnung
V. Urteil beifügen
VI. Falls notwendig: Verlängerung der Begründungsfrist beantragen

VI. Checkliste: Berufungsbegründung

I. Benennen des Schriftsatzes als Berufungsbegründung insbesondere bei beantragter Prozesskostenhilfe zu beachten[165] 115
II. Berufungsantrag, nach § 520 Abs. 3 Nr. 1 ZPO genügt es, wenn der Schriftsatz erkennen lässt, in welcher Weise das angefochtene Urteil geändert werden soll[166]
III. Besonderheiten des Bauprozesses zur Zulässigkeit der Berufung
Die Berufung ist auch **zulässig**:
- wenn der Kläger die erstinstanzlich geltend gemachte Schlussrechnungsforderung mit der Berufung auf eine neue Schlussrechnung stützt;[167]
- wenn anstelle der Abschlagszahlung mit der Berufung eine Schlussrechnungsforderung geltend gemacht wird, denn der Anspruch auf Abschlagszahlung ist lediglich eine modifizierte Form des Anspruchs auf Werklohn;[168]
- wenn der Kläger, der mit seinem auf Vertrag gestützten Werklohnanspruch unterlegen ist, mit der Berufung den Anspruch auf Geschäftsführung ohne Auftrag, auf Bereicherung oder § 2 Abs. 8 VOB/B stützt, weil hier nur die rechtliche Begründung geändert wird;
- wenn der Kläger, der in erster Instanz Nacherfüllung verlangt hat, mit der Berufung Schadensersatz in Höhe der Mängelbeseitigungskosten verlangt, weil er nach Schluss der mündlichen Verhandlung in der ersten Instanz die Mängelbeseitigung hat ausführen lassen;
- wenn der Kläger wegen Abschlusses der Arbeiten nach der letzten mündlichen Verhandlung der ersten Instanz vom ursprünglich geltend gemachten Vorschussanspruch mit der Berufung auf den Kostenerstattungsanspruch übergeht;

165 Vgl. BGH v. 21.12.2005 – XII ZB 33/05 – MDR 2006, 587.
166 BGH v. 22.3.2006 – VIII ZR 212/04 – MDR 2006, 1249.
167 BGH v. 4.7.2002 – VII ZR 103/01 – BauR 2002, 1588.
168 BGH v. 11.11.2004 – VII ZR 128/03 – BauR 2005, 400 = NJW-RR 2005, 318.

- wenn der Kläger, der in erster Instanz Vorschuss verlangt hat, in Ausübung seines Wahlrechts (= geänderte Umstände) mit der Berufung Schadensersatz verlangt;
- wenn der Kläger den Anspruch auf Ersatz von Mängelbeseitigungskosten statt auf Schadensersatz in der Berufung auf Kostenerstattung stützt.[169]

IV. Berufungsrügen

Es müssen die Umstände genannt werden, aus denen sich die Rechtsverletzung i.S.d. §§ 513, 546 ZPO und deren Erheblichkeit für die angefochtene Entscheidung ergeben; dies setzt voraus, dass sich die Berufungsbegründung mit dem angefochtenen Urteil konkret auseinandersetzt und auf den Streitfall zugeschnitten entscheidungserhebliche Mängel des Urteils nennt:

a) kurze Zusammenfassung der tatsächlichen und rechtlichen Erwägungen des Gerichts der ersten Instanz

b) falsche Rechtsanwendung
bei Angriff gegen die Beweiswürdigung sind konkrete Fehler wie Verstöße gegen Denkgesetze, anerkannte Erfahrungsgrundsätze, Verwertungsverbote aufzuzeigen oder Widersprüche und Lücken in der Beweiswürdigung darzulegen und/oder

c) Fehler der Tatsachenfeststellung darzulegen, also konkrete Anhaltspunkte an der Richtigkeit und Vollständigkeit der erstinstanzlichen Tatsachenfeststellung

V. Neue Angriffs- und Verteidigungsmittel: Die Tatsachen, aufgrund derer diese nach § 531 Abs. 2 ZPO zuzulassen sind, sind darzulegen

VI. Stützt sich das Urteil auf mehrere selbstständige rechtliche Erwägungen, ist eine Berufung nur zulässig, wenn sie diese sämtlich angreift oder der Angriff nur einer Erwägung zum Fall des Urteils insgesamt führt.

169 BGH v. 21.7.2005 – VII ZR 304/03 – BauR 2005, 1623 (gleicher Streitgegenstand, nur Austausch der rechtlichen Begründung).

§ 10 Selbstständiges Beweisverfahren

Dr. Andreas Fink

Inhalt

A. Rechtliche Grundlagen

1 Das selbstständige Beweisverfahren wurde durch das Rechtspflege-Vereinfachungsgesetz vom 17.12.1990, welches am 1.04.1991 in Kraft getreten ist, eingeführt. Es hat das frühere Beweissicherungsverfahren abgelöst. Das Rechtspflege-Vereinfachungsgesetz hat dazu geführt, dass die Anzahl der selbstständigen Beweisverfahren zugenommen hat. Aufgrund der praktischen Erfahrungen muss jedoch bezweifelt werden, ob mit dem selbstständigen Beweisverfahren tatsächlich das Ziel erreicht wurde, drohende streitige Verfahren zu vermeiden. In Bausachen wird vielfach im Anschluss an das selbstständige Beweisverfahren noch ein streitiges Verfahren geführt.

2 Die Regelungen zum selbstständigen Beweisverfahren befinden sich in den §§ 485–494a ZPO. Danach kann eine Partei innerhalb oder bereits außerhalb eines streitigen Verfahrens die Begutachtung durch einen Sachverständigen, die Vernehmung von Zeugen oder die Einnahme des Augenscheins durch das Gericht erreichen. Sinn und Zweck dieses Verfahrens ist es, in Fällen mit einer gewissen Eilbedürftigkeit Beweise, die in einem möglichen späteren Prozess nur schwer oder gar nicht mehr erhoben werden können, abzusichern. Beide Parteien dürfen sich in einem folgenden Prozess auf das Ergebnis der Beweiserhebung berufen, als wenn der Beweis im Hauptprozess selbst erhoben worden wäre (§ 493 ZPO).

3 Zudem erfolgt durch die Zustellung des Antrags auf Durchführung eines selbstständigen Beweisverfahrens eine Hemmung der Verjährung von Ansprüchen nach § 204 Abs. 1 Nr. 7 BGB.

B. Zulässigkeit des selbstständigen Beweisverfahrens

I. Zulässigkeit während des Rechtsstreits

4 Gem. § 485 Abs. 1 ZPO kann während eines Rechtsstreits („Hauptsacheprozess“) das selbstständige Beweisverfahren auf Antrag einer Partei angestrengt werden, wenn der Gegner zustimmt (§ 485 Abs. 1 Alt. 1 ZPO) oder zu besorgen ist, dass das Beweismittel verloren geht oder seine Benutzung erschwert wird (§ 485 Abs. 1 Alt. 2 ZPO). Sofern die Zustimmung des Antragsgegners während des Rechtstreits nicht erteilt wird, kann das selbstständige Beweisverfahren somit auch bei drohendem Beweismittelverlust in Gang gesetzt werden. Das Verfahren wegen drohenden Beweismittelverlustes hat jedoch an Praxisrelevanz verloren, da das Verfahren zur Feststellung nach § 485 Abs. 2 ZPO

wiederum gegenständliche Erweiterungen erfahren hat und hinsichtlich der Zulässigkeitsvoraussetzungen erleichtert wurde.[1]

Häufigste Fälle des drohenden Beweismittelverlustes sind die Veränderung durch Baufortschritt oder durch nicht aufzuschiebende Mängelbeseitigungsmaßnahmen.[2] Als Beweismittel kommen im Fall des § 485 Abs. 1 ZPO nur der Augenschein-, Zeugen-, oder Sachverständigenbeweis in Betracht; der Urkundenbeweis und die Parteivernehmung sind unzulässig.[3] 5

Inhaltlich kann in den Fällen des § 485 Abs. 1 Alt. 2 ZPO bei drohendem Beweismittelverlust Beweis erhoben werden sowohl über den Mangel als auch über seine Ursachen,[4] den Beseitigungsaufwand,[5] als auch über die Verantwortlichkeit für die Mängel.[6] 6

II. Zulässigkeit außerhalb des Rechtsstreits ohne Zustimmung des Gegners

Das selbstständige Beweisverfahren ist auch außerhalb eines Rechtstreits zulässig, wenn ein rechtliches Interesse daran besteht, dass 7

1. der Zustand einer Person oder der Zustand oder Wert einer Sache,
2. die Ursache eines Personenschadens, Sachschadens oder Sachmangels,
3. der Aufwand für die Beseitigung eines Personenschadens, Sachschadens oder Sachmangels festgestellt wird (§ 485 Abs. 2 ZPO).

Ein rechtliches Interesse ist nach § 485 Abs. 2 S. 2 ZPO anzunehmen, wenn die Feststellung der Vermeidung eines Rechtsstreits dienen kann. Dieses Verfahren zur Feststellung kann wohl in der Praxis als die relevanteste Form des selbstständigen Beweisverfahrens angesehen werden. 8

Das Feststellungsverfahren des § 485 Abs. 2 ZPO ermöglicht ein von einem Beweissicherungsbedürfnis unabhängiges selbstständiges Beweisverfahren durch Erhebung (nur) des Sachverständigenbeweises. Dieses Verfahren ist ausschließlich vorprozessual zulässig.[7] Ziel des Verfahrens ist die Entlastung der Gerichte.[8] 9

Der Begriff des rechtlichen Interesses wird von der h.M. weit ausgelegt und im Regelfall bejaht.[9] Das rechtliche Interesse wird von der Rechtsprechung nur verneint, wenn kein Rechtsverhältnis, kein möglicher Prozessgegner oder bereits gar kein Anspruch gegeben ist.[10] 10

1 *Werner/Pastor*, Der Bauprozess, Rn 25; OLG Düsseldorf v. 9.3.1993 – 23 W 5/93 – BauR 1993, 637 f.
2 *Kniffka/Koeble/Jurgeleit/Sacher*, Kompendium des Baurechts, 14. Teil Rn 96; *Werner/Pastor*, Der Bauprozess, Rn 15.
3 OLG Saarbrücken v. 2.10.2007 – 5 W 112/07 – 38 5 W 112/07 – OLGR Saarbrücken 2008, 26.
4 Zöller/*Herget*, § 485 Rn 5.
5 *Werner/Pastor*, Der Bauprozess, Rn 22.
6 OLG Düsseldorf v. 13.12.1996 – 21 W 42/96 – NJW-RR 1997, 1312.
7 OLG Düsseldorf v. 31.5.1995 – 9 W 39/95 – NJW-RR 1996, 510.
8 *Zöller/Herget*, § 485 Rn 6.
9 OLG Bamberg v. 16.6.1994 – 4 W 44/94 – NJW-RR 1995, 893; OLG Düsseldorf v. 16.1.2001 – 22 W 2/01 – BauR 2001, 1290; BGH v. 16. 9. 2004 – III ZB 33/04 – NJW 2004, 3488; OLG Karlsruhe v. 16.5.2013 – 9 W 15/13 – NJOZ 2013, 1814; Anders/Gehle/*Bünnigmann*, ZPO, § 485 Rn 13.
10 BGH v. 16.9.2004 – III ZB 33/04 – NJW 2004, 3488.

11 Nach § 485 Abs. 2 Nr. 1 ZPO kann neben der Feststellung des Zustands einer Person auch der Zustand einer Sache Gegenstand des Verfahrens und Inhalt des Antrags sein. Einerseits müssen im Rahmen des Antrags in Abgrenzung zur bloßen Ausforschung substantiierte Behauptungen aufgestellt werden. Andererseits genügt im Hinblick auf die Symptom-Rechtsprechung des BGH jedoch eine Beschreibung des „äußeren Erscheinungsbildes“.[11] Durch die Nennung des Symptoms sind sämtliche dafür in Frage kommende Mangelursachen erfasst.[12] Rechts- und Auslegungsfragen dürfen nicht Gegenstand des selbstständigen Beweisverfahrens sein.[13] Zum Aufwand für die Beseitigung i.S.d. § 485 Abs. 2 Nr. 3 ZPO gehören nicht nur Mängelbeseitigungsmaßnahmen, sondern auch der Kostenaufwand.[14]

III. Zulässigkeit außerhalb des Rechtsstreits mit Zustimmung des Gegners

12 Gem. § 485 Abs. 1 Alt. 1 ZPO ist auch außerhalb eines Rechtsstreits das selbstständige Beweisverfahren zulässig, wenn der Gegner zustimmt. Ist eine Zustimmung erfolgt, so ist diese als Prozesshandlung unwiderruflich und wegen Willensmängeln unanfechtbar. Angesichts der Tatsache, dass ein Feststellungsverfahren nach § 485 Abs. 2 ZPO aber schon bei Vorliegen eines rechtlichen Interesses erfolgen kann, sollte für die Erlangung der Zustimmung seitens des Antragsgegners nicht allzu viel Kraft und Zeit aufgewendet werden.

C. Verfahren

I. Antrag

1. Zuständigkeit

13 Um das selbstständige Beweisverfahren in Gang zu setzen, bedarf es, wenn der Rechtsstreit anhängig ist,[15] eines Antrags beim zuständigen Prozessgericht (§ 486 Abs. 1 ZPO). Gem. § 486 Abs. 2 ZPO ist bei fehlender Anhängigkeit das nach dem Vortrag des Antragstellers zur Entscheidung in der Hauptsache berufene Gericht zuständig. Für die örtliche Zuständigkeit gelten die allgemeinen Vorschriften der §§ 13 ff. ZPO. Es gilt der besondere Gerichtsstand des Erfüllungsortes, da der Ort des Bauvorhabens Erfüllungsort i.S.d. § 29 ZPO ist.[16] Sofern mehrere Gerichtsstände zur Verfügung stehen, hat der Antragsteller also ein Wahlrecht nach § 35 ZPO. Hinsichtlich der getroffenen Wahl des

11 BGH v. 28.10.1999 – VII ZR 115/97 – BauR 2000, 261; OLG Naumburg v. 12.11.2021 – 2 W 76/21, NJ 2022, 325.
12 BGH v. 3.7.1997 – VII ZR 210/96 – NJW-RR 1997, 1376; BGH v. 30.3.2004 – X ZR 127/01 – juris; BGH v. 24.8.2016 – VII ZR 41/14 – NJW-RR 2016, 1423.
13 OLG Köln v. 4.2.2002 – 17 W 24/02 – BauR 2002, 1120; OLG Nürnberg v. 19.11.2008 – 4 W 1874/08 – IBR 2009, 1089.
14 KG v. 13.11.1991 – 24 W 4409/91 – BauR 1992, 407.
15 Rechtshängigkeit nicht nötig, OLG Frankfurt v. 23.11.1964 – 6 W 446/64 – NJW 1965, 306; Anhängigkeit eines Arrest- oder Verfügungsanspruchs ist jedoch nicht ausreichend, OLG Frankfurt v. 17.7.1984 – 5 U 159/84 – NJW 1985, 811.
16 BGH v. 5.12.1985 – I ARZ 737/85 – NJW 1986, 935; BayObLG v. 12.9.2022 – 101 AR 82/22 – NZBau 2023, 7.

Gerichtsstandes besteht eine Bindungswirkung,[17] die Bindungswirkung einer etwaigen Verweisung nach § 281 ZPO ist jedoch zu berücksichtigen.[18] Das Wahlrecht ist damit für das selbstständige Beweisverfahren verbraucht und erzeugt keine Bindungswirkung für das Hauptsacheverfahren.[19] Ausnahmen von diesem Wahlrecht ergeben sich dann, wenn die VOB/B zugrunde liegt und die Zuständigkeitsvorschrift des § 18 VOB/B greift.

Bei Vorliegen „dringender Gefahr“ ist das AG zuständig, „in dessen Bezirk die zu vernehmende oder zu begutachtende Person sich aufhält oder die in Augenschein zu nehmende oder zu begutachtende Sache sich befindet“ (vgl. § 486 Abs. 3 ZPO). 14

In einem nachfolgenden Streitverfahren kann sich der Antragsteller auf die Unzuständigkeit des Gerichts nicht berufen (vgl. § 486 Abs. 2 S. 2 ZPO), der Antragsgegner dagegen schon. 15

Wird eine Hauptsache durch Klagerücknahme erledigt, beseitigt dies die Zuständigkeit des Gerichts für das selbstständige Beweisverfahren nicht, kann aber ebenso wie eine rechtskräftige Hauptsacheentscheidung das Rechtsschutzbedürfnis entfallen lassen.[20] 16

2. Form und Inhalt

Der Antrag muss schriftlich erfolgen, er kann aber auch zu Protokoll der Geschäftsstelle erklärt werden (§ 486 Abs. 4 ZPO). Für den Antrag besteht grundsätzlich kein Anwaltszwang (§ 486 Abs. 4, 78 Abs. 3 ZPO). Die mündliche Verhandlung über den Antrag und das weitere Verfahren unterliegen dagegen dem Anwaltszwang, sofern sie vor einem diesem Zwang gem. § 78 Abs. 1, Abs. 2 ZPO ausgesetzten Gericht erfolgen. Mit Antragsstellung bestimmt der Antragsteller eigenverantwortlich den Gegenstand der Beweisaufnahme und die Beweismittel.[21] 17

Hinsichtlich des Inhalts des Antrags sind die Angaben zu § 487 Nr. 1–4 ZPO Zulässigkeitsvoraussetzungen des selbstständigen Beweisverfahrens. So muss der Antrag nach 18

§ 487 Nr. 1–4 ZPO enthalten:

- die Bezeichnung des Gegners
- die Bezeichnung der Tatsachen, über die Beweis erhoben werden soll
- die Benennung der Zeugen oder die Bezeichnung der übrigen nach § 485 ZPO zulässigen Beweismittel
- die Glaubhaftmachung der Tatsachen, die die Zulässigkeit des selbstständigen Beweisverfahrens und die Zuständigkeit des Gerichts begründen sollen

Bevor es zu einer Zurückweisung des Antrags wegen Antragsmängeln kommt, gelten für das Gericht auch im selbstständigen Beweisverfahren die Hinweispflichten des § 139 19

17 OLG Zweibrücken v. 28.5.1997 – 2 AR 15/97 – BauR 1997, 885.
18 BGH v. 18.2.2010 – Xa ARZ 14/10 – NZBau 2010, 313; BGH v. 26.7.2022 – X ARZ 3/22 – NJW 2022, 2936.
19 OLG Jena v. 18.12.2007 – 5 W 481/07 – OLGR Jena 2008, 353.
20 Zöller/*Herget*, § 486 Rn 3.
21 BGH v. 4.11.1999 – VII ZB 19/99 – MDR 2000, 224; BGH v. 19.5.2020 – VI ZB 51/19 – NJW 2020, 2273.

ZPO. Ist das Beweismittel offensichtlich nicht geeignet, einen erheblichen Beweis zu erbringen, kann der Antrag als nutzlos zurückgewiesen werden.[22]

3. Gegenantrag

20 Stimmt der Antragsgegner nicht ausdrücklich zu (vgl. § 485 Abs. 1 Alt. 1 ZPO), kann er einen Gegenantrag stellen, in dem er z.B. eine Erweiterung der Beweisfrage oder Beweismittel beantragt oder den Gegenbeweis antritt.[23] Dabei ist ein solcher Gegenantrag jedenfalls immer dann zulässig, wenn die Erweiterung der Beweisfragen mit dem ursprünglichen Beweisthema in einem unmittelbaren sachlichen Zusammenhang steht, es durch den gleichen Sachverständigen behandelt werden kann und die Einbeziehung in die Beweiserhebung keine entscheidende Verzögerung zur Folge hat.[24] Hatte das Gericht jedoch bereits bei Identität beider Beweisthemen einen gem. § 404 ZPO ernannten Sachverständigen mit der Begutachtung beauftragt, ist der Gegenantrag unzulässig.[25]

4. Einbeziehung Dritter

21 Der Antragssteller kann weitere Antragsgegner einbeziehen, sofern die Zulässigkeitsvoraussetzungen für diese gegeben sind,[26] und die Einbeziehung weiterer Antragsgegner keine erhebliche Verfahrensverzögerung nach sich zieht.[27] Dritte können vom Antragsgegner nur im Wege einer zulässigen Streitverkündung in das Verfahren gezogen werden. Dabei unterliegt die Beitrittserklärung eines Nebenintervenienten in einem beim Landgericht anhängigen selbstständigen Beweisverfahren nicht dem Anwaltszwang.[28] In der mündlichen Verhandlung und im weiteren Verfahren besteht der Anwaltszwang aus § 78 ZPO für sämtliche Beteiligte.

22 Auch der Streithelfer kann unter gewissen Bedingungen durch Gegenanträge eine Erweiterung von Beweisfragen erreichen. Er kann dabei lediglich Ergänzungsanträge stellen, die das Verfahren „seiner“ Partei unterstützen.[29] Dazu müssen die Anträge jedoch in engem sachlichen Zusammenhang mit dem Beweisthema stehen, das im Verhältnis zwischen Streitverkünder und dessen Antragsgegner geklärt werden soll.[30]

22 Zöller/*Herget*, § 485 Rn 4.
23 OLG Hamm v. 29.10.2002 – 21 W 25/02 – BauR 2003, 1763; OLG Köln v. 6.12.2004 – 15 W 59/04 – BauR 2005, 752; OLG Koblenz v. 13.03.2015 – 10 W 135/15 – IBR 2015, 292.
24 OLG Nürnberg v. 25.7.2000 – 4 W 2323/00 – MDR 2001, 51; OLG Stuttgart v. 16.10.2018 – 13 W 40/18 – IBR 2019, 2254.
25 OLG Nürnberg v. 25.7.2000 – 4 W 2323/00 – MDR 2001, 51; OLG Köln v. 27.6.2016 – 19 W 13/16 – BeckRS 2016, 117978.
26 OLG Düsseldorf v. 2.5.1995 – 22 W 16/95 – NJW-RR 1995, 1216; OLG Celle v. 4.5.2005 – 16 W 44/05 – BauR 2005, 1670.
27 OLG Celle v. 4.5.2005 – 16 W 44/05 – BauR 2005, 1670.
28 BGH v. 12.7.2012 – VII ZB 9/12 – NJW 2012, 2812.
29 OLG Düsseldorf v. 25.3.2004 – I-5 W 61/03, 5 W 61/03 – BauR 2004, 1657; OLG Karlsruhe v. 9.7.2008 – 7 W 31/08 – MDR 2008, 1354; OLG Naumburg v. 16.11.2012 – 9 W 20/12 – IBR 2013, 1318; OLG Koblenz v. 25.3.2011 – 6 W 727/10 – IBR 2011, 557; *Werner/Pastor*, Der Bauprozess, Rn 89.
30 OLG Koblenz v. 25.3.2011 – 6 W 727/10 – IBR 2011, 557; OLG Köln v. 27.6.2016 – 19 W 13/16, BeckRS 2016, 117978.

Der Streithelfer hat einen Kostenerstattungsanspruch, auch wenn er lediglich dem selbstständigen Beweisverfahren, nicht aber dem Hauptsacheverfahren beitritt.[31] An den Prozesskosten des Hauptsacheverfahrens ist der Streithelfer nur dann zu beteiligen, wenn er nicht nur dem selbstständigen Beweisverfahren, sondern auch dem Hauptsacheverfahren beitritt.[32] 23

5. Prüfungsumfang des Gerichts

Das Gericht prüft die Zuständigkeitsvoraussetzungen des § 486 ZPO, das Vorliegen des allgemeinen rechtlichen Interesses i.S.d. § 485 Abs. 2 S. 2 ZPO, das Vorliegen des besonderen Beweisverlustrisikos (vgl. § 485 Abs. 1 ZPO) und die Zulässigkeit der angebotenen Beweismittel.[33] Dagegen findet außerhalb des Hauptsacheverfahrens keine Prüfung dahingehend statt, ob das Beweismittel für den Hauptprozess erheblich ist.[34] 24

6. Entscheidung

Gem. § 490 Abs. 1 ZPO entscheidet das Gericht über den Antrag nach freigestellter mündlicher Verhandlung (§ 128 Abs. 4 ZPO) durch Beschluss. Ein stattgebender Beschluss nach § 490 Abs. 2 ZPO entspricht inhaltlich einem Beweisbeschluss (§ 359 ZPO). Der Beschluss nach § 490 Abs. 2 ZPO ist ebenfalls wie ein Beweisbeschluss nicht anfechtbar.[35] Allerdings behält sich der BGH in seinem Urt. v. 4.5.2022 die Möglichkeit einer sofortigen Beschwerde in eng umrissenen Ausnahmefällen vor. Demnach ist eine sofortige Beschwerde jedenfalls dann statthaft, wenn bereits durch den Beweisbeschluss Grundrechte einer Partei verletzt werden, die im weiteren Verfahren nicht mehr oder nur unvollständig wiederhergestellt werden können.[36] 25

Ein abweisender Beschluss ergeht bei Fehlen der Zulässigkeitsvoraussetzungen der §§ 485 – 487 ZPO oder bei Ungeeignetheit des Beweismittels. Eine Abweisung wegen fehlender Entscheidungserheblichkeit[37] oder fehlender Beweisbedürftigkeit[38] kann jedoch nicht erfolgen, da deren Prüfung dem Hauptsacheverfahren vorbehalten bleibt.[39] 26

Statthafter Rechtsbehelf gegen den ablehnenden Beschluss ist die sofortige Beschwerde (§ 567 Abs. 1 Nr. 2 ZPO). Der Antragsgegner kann ebenfalls sofortige Beschwerde bei 27

31 BGH v. 19.12.2013 – VII ZB 11/12 – BauR 2014, 584 f.; BGH v. 5.12.2013 – VII ZB 15/12 – MDR 2014, 293 f.; OLG München v. 1.2.2022 – 11 W 40/22 – NJOZ 2022, 754.

32 OLG Nürnberg v. 14.2.2012 – 13 W 2249/11 – BauR 2012, 1282.

33 OLG Saarbrücken v. 2.10.2007 – 5 W 112/07 – NJOZ 2007, 5742.

34 BGH v. 4.11.1999 – VII ZB 19/99 – MDR 2000, 224; OLG Celle v. 30.9.2003 – 14 W 47/03 – OLGR 2004, 281; BGH v. 29.11.2016 – VI ZB 23/16 – NJOZ 2017, 1055; OLG Hamm v. 20.8.2020 – 6 W 32/20 – NJOZ 2021, 277.

35 KG Berlin v. 1.10.1998 – 10 W 6456/98 – NJW-RR 2000, 468; OLG Brandenburg v. 15.3.2001 – 11 W 12/01 – NJW-RR 2001, 1727; BGH v. 13.9.2011 – VI ZB 67/10 – NJW 2011, 3371.

36 BGH v. 4.5.2022 – VII ZB 46/21 – BauR 2022, 168.

37 OLG Düsseldorf v. 22.11.1991 – 22 W 60/91 – JurBüro 92, 426; BGH v. 4.11.1999 – VII ZB 19/99 – MDR 2000, 224.

38 BGH v. 4.11.1999 – VII ZB 19/99 – MDR 2000, 224.

39 BGH v. 19.5.2020 – VI ZB 51/19 – NJW 2020, 2273; OLG Hamm v. 20.8.2020 – 6 W 32/20 – NJOZ 2021, 277; Zöller/ *Herget*, § 490 Rn 3.

Zurückweisung des Gegenantrags stellen.[40] Ferner ist die sofortige Beschwerde zulässig, wenn ein Antrag der Parteien auf mündliche Erläuterung des Gutachtens (vgl. § 411 Abs. 3 ZPO) zurückgewiesen wird.[41] Bestellt das Gericht den vom Antragssteller benannten Sachverständigen nicht, so kann der Antragsteller dagegen nicht sofortige Beschwerde einlegen.[42] Dem Antragsgegner ist es jedoch nicht verwehrt, die Zulässigkeit des selbstständigen Beweisverfahrens und des Beweisbeschlusses zu rügen.[43] Er kann dann im Rahmen einer „Gegenvorstellung" schriftliche Einwendungen vorbringen, die auf die Änderung oder Aufhebung des Beschlusses abzielen.[44]

28 Das selbstständige Beweisverfahren ist mit der sachlichen Erledigung der Beweissicherung beendet. Die sachliche Erledigung kann zum einen durch den Abschluss eines Vergleiches erfolgen, zum anderen durch die Bekanntgabe des Beweisergebnisses oder die Übersendung eines Abdruckes des schriftlichen Gutachtens an die Beteiligten, solange weder Ergänzungsfragen gestellt noch die Ladung des Sachverständigen zur mündlichen Erörterung des Gutachtens verlangt wurden. Dies gilt jedoch nicht, wenn das Gericht die Fortsetzung der Begutachtung ablehnt. Die Beendigung des selbstständigen Beweisverfahrens muss nicht formal ausgesprochen werden und bedarf keines gerichtlichen Beschlusses.[45] Hat das Gericht einer Partei gemäß §§ 492 Abs. 1, 411 Abs. 4 S. 2 ZPO eine Frist zur Stellungnahme zum Gutachten gesetzt, diese ordnungsgemäß zugestellt und auf die Rechtsfolge bei Nichtbeachtung ordnungsgemäß hingewiesen, endet das Beweisverfahren nach fruchtlosem Ablauf dieser Stellungnahmefrist.[46] Maßgeblich für die Beurteilung der Angemessenheit der Frist sind in erster Linie die konkreten Umstände des Einzelfalls. Dazu gehören insbesondere der Umfang und die Schwierigkeit der Beweisfragen sowie die Verständlichkeit des Gutachtens. Generell wird dabei ein Zeitraum von einem bis zu sechs Monaten für angemessen gehalten, in der Regel jedoch nicht mehr als drei Monate.[47]

29 Eine Besonderheit in Bezug auf die Beendigung des selbstständigen Beweisverfahrens ergibt sich bei der Einholung mehrerer Sachverständigengutachten. Werden verschiedene Gutachten wegen mehrerer voneinander unabhängiger Mängel desselben Bauvorhabens eingeholt, endet nach Ansicht der herrschenden Meinung die Beweissicherung in Bezug auf jeden dieser Mängel mit der Übersendung des auf diesen Mangel bezogenen Gutach-

40 OLG Düsseldorf v. 25.6.1996 – 21 W 20/96 – BauR 1996, 896; OLG Hamm v. 29.10.2002 – 21 W 25/02 – BauR 2003, 1763, 1764.

41 OLG Köln v. 11.12.1997 – 12 W 59/97 – BauR 1998, 591; OLG Stuttgart v. 25.3.2002 – 1 W 12/02 – OLGR 2002, 418; BGH v. 22. 5. 2007 – VI ZR 233/06 – BauR 2007, 1610.

42 OLG München v. 16. 9. 1991 – 28 W 2316/91 – MDR 1992, 520; OLG Frankfurt v. 17.6.1993 – 22 W 24/93 – NJW-RR 1993, 1341; OLG Stuttgart v. 10.8.2017 – 7 W 51/17 – r+s 2019, 59; Zöller/*Herget*, § 487 Rn 5, § 490 Rn 4.

43 OLG Frankfurt v. 5.3.1990 – 1 W 4/90 – NJW-RR 1990, 1023.

44 *Werner/Pastor*, Der Bauprozess, Rn 92.

45 OLG Köln v. 28.10.2013 – 11 W 54/13 – NZBau 2014, 179; OLG Düsseldorf v. 14.11.2011 – 21 W 21/11 – BauR 2012, 1989.

46 OLG Braunschweig v. 18.7.2012 – 8 W 32/12 – IBR 2012, 622.

47 OLG Köln v. 4. 3. 2013 – 16 W 41/12 – NZBau 2013, 586; OLG Frankfurt a. M. v. 21.8.2019 – 13 W 40/19 – NJW-Spezial 2019, 621; Zöller/*Herget*, § 492 Rn 4 m.w.N.

tens.[48] Dies führt dazu, dass kein einheitliches Ende eines selbstständigen Beweisverfahrens besteht.

Dagegen wendet sich nun das OLG Stuttgart in seiner aktuellen Entscheidung v. 30.11.2021. Demnach endet die Verjährungshemmung der Ansprüche hinsichtlich einzelner Mängel einheitlich mit dem Abschluss des Verfahrens. Es gebe keinen Grund, die Verjährung einzelner Mängel zu verschiedenen Zeitpunkten weiterlaufen zu lassen, wenn diese im Rahmen eines einheitlichen selbstständigen Beweisverfahrens anhängig gemacht werden. Etwas anderes solle nur gelten, sofern das Gericht deutlich macht, dass das Verfahren hinsichtlich einzelner Mängel schon vorher beendet sein soll.[49]

Zwar hat das Berufungsgericht die Revision hinsichtlich der Frage, wann die Verjährungshemmung endet, zugelassen, diese wurde von dem BGH allerdings als unzulässig verworfen, sodass es zunächst offenbleibt, ob dieses Urteil zu einer grundlegenden Änderung der Rechtsprechung führt.[50]

Die Beendigung des selbstständigen Beweisverfahrens ist für die Verjährung der in der Hauptsache verfolgten Ansprüche von Bedeutung. Gemäß § 204 Abs. 1 Nr. 7 BGB hemmt die Zustellung des Antrages auf Durchführung eines selbstständigen Beweisverfahrens die Verjährung. Dabei hemmt das selbstständige Beweisverfahren nur dann die Verjährung, wenn hinreichend konkret zu den jeweiligen Beweisthemen vorgetragen wird. Die Hemmung der Verjährung endet gemäß § 204 Abs. 2 BGB sechs Monate nach der Beendigung des selbstständigen Beweisverfahrens. **30**

II. Glaubhaftmachung

Gem. § 487 Nr. 4 ZPO sind die Tatsachen, die die Zulässigkeit des selbstständigen Beweisverfahrens (§ 485 ZPO) und die Zuständigkeit des Gerichts (§ 486 ZPO) begründen sollen, glaubhaft zu machen. Zur Glaubhaftmachung kann sich der Antragsteller aller Beweismittel, vor allem der Versicherung an Eides Statt bedienen (§ 294 ZPO). Dies sind im Fall des § 485 Abs. 1 ZPO vor allem die Tatsachen, die die Gefahr des Beweismittelverlustes bzw. die Zustimmung des Gegners begründen. Im Fall des § 486 Abs. 1 ZPO ist die Bezeichnung des bereits anhängigen Verfahrens glaubhaft zu machen. Bei Anwendung von § 486 Abs. 2 ZPO sind die Tatsachen glaubhaft zu machen, die die Zuständigkeit des Gerichts begründen. Im Fall des § 486 Abs. 3 ZPO ist die dringende Gefahr sowie in jedem einzelnen Fall das rechtliche Interesse glaubhaft zu machen. Die Glaubhaftmachung i.S.d. § 294 ZPO ist nach dem Wortlaut des § 487 Nr. 4 ZPO zwingend erforderlich. Zu einer Antragsrückweisung wird es auch nicht kommen, wenn dem Gericht die erfolgte Glaubhaftmachung nicht ausreicht, da das Gericht auch hier seiner **31**

48 BGH v. 3.12.1992 – VII ZR 86/92 – NJW 1993, 851; OLG Hamm v. 16.12.2008 – 21 U 117/08 – BauR 2009, 1477 f.; OLG München v. 13.2.2007 – 9 U 4100/06 – NZBau 2007, 375; OLG Koblenz v. 17.5.2013 – 10 U 286/12 – VersR 2013, 1542.

49 OLG Stuttgart v. 30.11.2021 – 10 U 58/21 – BauR 2022, 666.

50 Vgl. BGH v. 18.1.2023 – VII ZR 881/21 – BeckRS 2023, 1722.

Hinweispflicht gem. § 139 ZPO nachkommen muss, bevor es den Antrag nach § 485 ZPO zurückweist.[51]

III. Vorschlag des Sachverständigen

32 Nach dem Wortlaut des § 487 Nr. 3 ZPO ist nach neuem Recht die Bezeichnung eines Sachverständigen als notwendiger Bestandteil des Antrags nicht mehr vorgesehen. Das Recht, einen Sachverständigen auszuwählen und zu ernennen, hat nach dem Willen des Gesetzgebers nur das Gericht. Gleichwohl schließt dies nicht aus, dass der Antragssteller in seiner Antragsschrift einen Sachverständigen benennt.

IV. Ablehnung des Sachverständigen

33 Nach nunmehr herrschender Meinung ist die Ablehnung eines Sachverständigen wegen Befangenheit im selbstständigen Beweisverfahren zulässig.[52] Die Ablehnung von Sachverständigen kann aus den gleichen Gründen wie bei der Richterablehnung erfolgen, also die Ausschließung wegen persönlichen Beziehungen zu einer Partei (§ 41 ZPO) und der Besorgnis der Befangenheit (§ 42 ZPO). Die Ablehnung eines Sachverständigen kann jedoch nicht auf § 41 Nr. 5 ZPO gestützt werden, so dass die Ablehnung nicht dadurch gerechtfertigt werden kann, dass der Sachverständige in der Vorinstanz oder in einem früheren Verfahren bereits ein (selbst nachteiliges) Gutachten erstattet hatte.[53] Anders verhält es sich allerdings, wenn der Sachverständige in derselben Sache für eine Partei bereits ein Privatgutachten erstellt hat. Ein Ablehnungsgrund liegt ebenfalls vor, wenn der Gutachter ein vergütetes Privatgutachten zu einem gleichartigen Sachverhalt für einen nicht unmittelbar am Rechtsstreit beteiligten Dritten erstellt.[54]

34 Wegen der Gefahr einer Zurückweisung im Hauptprozess wegen Verspätung, muss der Antragssteller daher den Befangenheitsantrag schon im selbstständigen Beweisverfahren stellen. Gem. § 406 Abs. 2 ZPO ist der Befangenheitsantrag „spätestens binnen zwei Wochen nach Verkündung oder Zustellung des Beschlusses über die Ernennung" zu stellen. Zu einem späteren Zeitpunkt muss der Antragsteller glaubhaft machen, dass er an einer früheren Geltendmachung ohne Verschulden gehindert war (vgl. § 406 Abs. 2 S. 2 ZPO).

51 Zöller/*Herget*, § 487 Rn 6; *Werner/Pastor*, Der Bauprozess, Rn 65.

52 KG v. 1.10.1997 – 4 W 5615–97 – BauR 1998, 364; OLG Düsseldorf v. 12.9.1997 – 22 W 48/97 – BauR 1998, 366; OLG Düsseldorf v. 13.12.2000 – 5 W 32/00 – BauR 2001, 835; OLG Jena v. 30.10.2020 – 6 W 336/20 – NJW-RR 2021, 191; Musielak/Voit/*Huber*, § 487 Rn 5.

53 OLG München v. 23.4.1993 – 1 W 1374/93 – VersR 1994, 704; OLG Stuttgart v. 18.9.1963 – 2 W 56/63 – MDR 1964, 63.

54 BGH v. 10.1.2017 – VI ZB 31/16 – BauR 2017, 765.

D. Einzelprobleme des Verfahrens

I. Streitverkündung gegenüber dem Sachverständigen

35 Mit Beschl. v. 27.7.2006[55] hat der BGH das höchstrichterlich entschieden, was ohnehin schon der überwiegenden Meinung[56] in Rechtsprechung und Literatur entsprach: Die Streitverkündung gegenüber dem gerichtlichen Sachverständigen ist unzulässig. Die verfahrensrechtliche Stellung des Sachverständigen als „Gehilfe des Richters" sei mit einer Behandlung des Sachverständigen als Dritter im Sinne von § 72 Abs. 1 ZPO nicht zu vereinbaren. Auch die strittige Frage, ob die Gerichte die Streitverkündungsschrift überhaupt zustellen müssen, ist nunmehr geklärt. Da nach dem BGH bereits die Zustellung der Streitverkündungsschrift dem ordnungsgemäßen Fortgang des Rechtstreits entgegenstehen könnte, argumentiert der BGH hier ergebnisorientiert: Eine Streitverkündungsschrift, die auf eine unzulässige Streitverkündung abzielt, ist daher ebenfalls unzulässig.

II. Selbstständiges Beweisverfahren gegen Gerichtssachverständigen

36 Zeitnah zur Entscheidung des vorgenannten Beschlusses hat sich der BGH mit Beschl. v. 28.7.2006[57] mit einer weiteren Problematik in Bezug auf den Sachverständigen beschäftigt. Hier ging es um die Frage, ob auf ein im Hauptsacheverfahren für unrichtig gehaltenes Sachverständigengutachten zur Vorbereitung eines Sachverständigenhaftpflichtprozesses ein selbstständiges Beweisverfahren angestrengt werden kann, welches dann im Hauptsacheverfahren wiederum Verwertung gegen den Sachverständigen findet. In seiner Entscheidung hat der BGH dies abgelehnt und das rechtliche Interesse für ein zur Vorbereitung eines Sachverständigenprozesses beantragtes selbstständiges Beweisverfahren gegen den gerichtlichen Sachverständigen abgelehnt, bevor nicht dasjenige Verfahren ein Ende gefunden hat, in dem der gerichtliche Sachverständige Beweismittel war.[58]

III. Bauteilöffnung durch den Sachverständigen

37 Weitgehend noch ungeklärt, da durch den BGH (noch) nicht abschließend entschieden und in Literatur und Rechtsprechung kontrovers diskutiert, ist die Frage, ob Sachverständige zu einer Bauteilöffnung berechtigt sind, bzw. durch das Gericht im Rahmen des § 404a ZPO verpflichtet werden können, Bauteilöffnungen vorzunehmen. Je nach vertretener Auffassung stellt sich darüber hinaus das Folgeproblem der Haftungsrisiken des

55 BGH v. 27.7.2006 – VII ZB 16/06 – BauR 2006, 1780.

56 OLG Koblenz v. 28.9.2005 – 12 W 251/05 – BauR 2006, 144; Zöller/*Althammer*, § 72 Rn 1; *Kniffka/Koeble/Jurgeleit/Sacher*, Kompendium des Baurechts, 14. Teil Rn 131; *Rickert/König*, NJW 2005, 1829; *Kamphausen*, BauR 2006, 142; differenzierend: *Ulrich*, BauR 2006, 724.

57 BGH v. 28.7.2006 – III ZB 14/06 – NJW-RR 2006, 1454, 1455.

58 BGH v. 28.7.2006 – III ZB 14/06 – NJW-RR 2006, 1454, 1455; BGH v. 19.5.2020 – VI ZB 51/19 – NJW 2020, 2273.

Sachverständigen im Rahmen einer Bauteilöffnung sowie die Frage, ob der Sachverständige die von ihm produzierten Öffnungen wieder verschließen muss.

38 Gem. § 404a Abs. 1, 4 ZPO hat das Gericht die Pflicht, die Tätigkeit des Sachverständigen zu leiten und ihm für Art und Umfang seiner Tätigkeit Weisungen zu erteilen. Daraus ergibt sich, dass der Sachverständige als Gehilfe des Gerichts agiert und ihm somit grundsätzlich auch rechtlich relevante Vorgaben vom Gericht gemacht werden können.[59] Ob dieses generelle Weisungsrecht des Gerichts auch die Befugnis umfasst, den Gutachter zu einer Bauteilöffnung zu verpflichten, wird unterschiedlich beurteilt.

Zum einen wird die Auffassung vertreten, der Sachverständige könne Bauteilöffnungen auch ohne gerichtliche Anordnung selbst oder mit von ihm beauftragten Dritten vornehmen. Anlässlich seiner Untersuchung angerichtete Schäden müsse der Sachverständige, nach Weisung des Gerichts – notfalls unter Heranziehung geeigneter Hilfspersonen –, die er auszuwählen oder zu beauftragen habe, beseitigen.[60]

39 Andere Oberlandesgerichte[61] lassen eine Bauteilöffnung durch den Sachverständigen hingegen erst nach richterlicher Zustimmung und Anweisung zu, wobei sich die Verpflichtung des Sachverständigen nach Anweisung des Gerichts zum einen aus der Systematik der §§ 404, 404a, 407, 407a und 408 ZPO ergebe, zum anderen jede andere Beurteilung effizienten und praktikablen Ergebnissen sowie dem pragmatischen Verständnis der Rolle des Sachverständigen widerspräche.

40 Dagegen vertreten andere Gerichte und Stimmen in der Literatur[62] die zutreffende Auffassung, der Sachverständige könne nicht aufgrund einer Weisung gem. § 404a ZPO verpflichtet werden, für notwendig erachtete Bauteilöffnungen in eigener Verantwortung vorzunehmen oder durch Dritte vornehmen zu lassen. Dies folge zum einen aus dem Fehlen einer derartigen gerichtlichen Befugnis, da es sich bei einer Bauteilöffnung lediglich um notwendige Vorbereitungsmaßnahmen handele, die dem Gutachter nicht gegen seinen Willen aufgegeben werden können. Auch ergebe sich aus § 404a ZPO nichts anderes. Danach sei das Gericht berechtigt, die Tätigkeit des Sachverständigen zu leiten. Die Leitung beziehe sich aber nur auf die Gutachtenerstellung selbst und auf die zu begutachtenden Tatsachen, nicht jedoch auf die handwerklichen Vorbereitungs-

59 BGH v. 15.1.2020 – VII ZB 96/17 – NJW 2020, 1074; KG v. 18.2.2021 – 3 UF 1069/20 – NZFam 2021, 416; Musielak/Voit/*Huber*, ZPO, § 404a Rn 2; *Anders/Gehle*, ZPO, § 404a Rn 5.

60 OLG Düsseldorf v. 16.1.1997 – 23 W 47/96 – BauR 1997, 697; OLG Koblenz v. 27.6.2001 – 2 W 327/01 – ZfIR 2002, 331.

61 OLG Jena v. 18.10.2006 – 7 W 302/06 – BauR 2007, 441; OLG Celle v. 8.2.2005 – 7 W 147/04 – BauR 2005, 1358; OLG Frankfurt v. 26.2.1998 – 18 U 50/95 – BauR 1998, 1052; OLG Brandenburg v. 9.8.1995 – 8 W125/95 – BauR 1996, 432; Stein/Jonas/*Leipold*, § 404a Rn 14; Zöller/*Greger*, § 404a Rn 8 mit der Einschränkung, dass eine Bauteilöffnung nur zulässig ist, wenn die entsprechende Maßnahme von der Fachkompetenz des Sachverständigen erfasst ist.

62 OLG Hamm v. 6.1.2006 – 26 U 16/04 – NJOZ 2007, 3094; LG Kiel v. 30.1.2009 – 9 OH 49/07 – juris; *Werner/Pastor*, Der Bauprozess, Rn 86; *Dötsch*, NZBau 2008, 217, 220; einschränkend: OLG Frankfurt v. 13.11.2003 – 15 W 87/03 – OLGR Frankfurt 2004, 145, wonach der Sachverständige nur dann zur Öffnung von Bauteilen verpflichtet sei, wenn gerade hierbei zu treffende Feststellungen für seine Gutachtertätigkeit unmittelbar von Bedeutung sind.

maßnahmen.[63] Die Verpflichtung des Sachverständigen, Bauteilöffnungen vorzunehmen, verstoße zudem gegen den das Zivilprozessrecht beherrschenden Grundsatz der Beibringung des Prozessstoffes durch die Parteien. Die Aufgabe des Sachverständigen bestehe ausschließlich darin, dass vorgefundene Werk zu begutachten.[64]

Dem ist zuzustimmen. Sollte eine Partei somit darauf bedacht sein, dass diese Begutachtung sich auch auf Bauteilöffnungen erstreckt, so bleibt es ihr schließlich unbenommen, diese Bauteilöffnung in Abstimmung mit dem Sachverständigen vorzunehmen und diesem bei dem Ortstermin die geöffnete Bausubstanz zur Begutachtung zu präsentieren. So ist die jeweilige Prozesspartei für die Öffnung des Bauteils nach Weisung des Sachverständigen verantwortlich und anschließend mit deren Wiederherstellung zu belasten, die für das konkrete Beweisthema die Beweislast trägt. Es bleibt damit bei dem allgemeinen Grundsatz, dass die beweisbelastete Partei die Risiken einer Beweisaufnahme zu dulden hat. 41

Allerdings kommt die Anwendung der Beweislastregeln erst dann zum Tragen, wenn das Gericht sämtliche verfügbaren Beweismittel ausgeschöpft hat, insbesondere eine Begutachtung ohne die Bauteilöffnung veranlasst hat. Sofern also ein Auftraggeber eine Bauteilöffnung bei einer vom Gericht angeordneten Begutachtung verweigert, führt dies somit noch nicht dazu, dass er beweisfällig geblieben ist.[65]

In seiner aktuellen Entscheidung lässt der BGH die Frage, ob das grundsätzliche Weisungsrecht des Gerichts auch die Befugnis umfasst, den Gutachter zu einer Bauteilöffnung zu verpflichten, offen. Demnach hänge es von den konkreten Umständen des Einzelfalls ab, ob das Gericht dem Gutachter eine Weisung erteilt und wenn ja, welche genaue Handlung es diesem aufgibt. Es stehe somit im Ermessen des Gerichts, zu entscheiden, ob der Sachverständige angewiesen wird, Bauteilöffnungen selbst durchzuführen oder ob der Beweisführer dazu verpflichtet wird.[66]

Auswirkungen hat dieser Meinungsstreit auch auf das Haftungsrisiko des Sachverständigen bei Vornahme einer Bauteilöffnung, bzw. bei Abschluss der dazu notwendigen Werkverträge mit Dritten. 42

Der Auffassung des OLG Celle,[67] wonach der Sachverständige grundsätzlich in eigener Verantwortung das Gutachten zu erstatten und die hierfür erforderlichen Voraussetzungen, sprich die Bauteilöffnung, vorzunehmen habe, ist nicht zu folgen. Nach Auffassung des OLG Celle könne der Sachverständige hierzu direkt an die betroffene Partei herantreten und um Vornahme des Substanzeingriffes bitten. In diesem Fall hafte er lediglich für eine grob fehlerhafte Einschätzung der Notwendigkeit der Beschädigung oder Zerstörung. Darüber hinaus sei eine Selbstvornahme der Maßnahme möglich, wenn der Sach- 43

63 OLG Frankfurt v. 13.11.2003 – 15 W 87/03 – OLGR Frankfurt 2004, 145; OLG Frankfurt v. 25.10.2017 – 1 W 52/17 – IBR 2018, 421.
64 LG Kiel v. 31.1.2009 – 9 OH 49/07; *Lehmann*, IBR 2009, 358 (Anm.).
65 BGH v. 7.2.2019 – VII ZR 274/17 – NJW-Spezial 2019, 204.
66 BGH v. 23.9.2020 – IV ZR 88/19 – BauR 2021, 111.
67 OLG Celle v. 8.2.2005 – 7 W 147/04 – BauR 2005, 1358.

verständige hierzu gewillt und im Stande sei. Von dieser Möglichkeit werde er regelmäßig dann Gebrauch machen, wenn er neben seiner gutachterlichen Tätigkeit auch noch einen entsprechenden Handwerksbetrieb führe, für dessen Leistungen schließlich auch eine Versicherung bestehe.

44 Das OLG Brandenburg[68] bejaht zwar nach Anweisung des Gerichts die Verpflichtung des Sachverständigen zur Bauteilöffnung, verneint aber indirekt die persönliche Verantwortung des Sachverständigen.

45 Eine Haftung des Sachverständigen führt indes zu nicht tragbaren Unbilligkeiten. *Volze*[69] verweist zu Recht darauf, dass der Versicherungsschutz des beispielsweise als Sachverständigen beauftragten Architekten grundsätzlich keine handwerklichen Tätigkeiten umfasst. Auch ist der Sachverständige nicht durch die Haftungsprivilegierung des § 839a BGB geschützt, da sich diese allein auf das Sachverständigengutachten erstreckt. Ebenfalls tritt die Architektenhaftpflicht für handwerkliche Tätigkeiten wie Bauteilöffnungen nicht ein.

Allein schon aufgrund der Haftungsrisiken sollte das Gericht deshalb von sich aus keine Bauteilöffnung anordnen und auch etwaigen Anregungen des Sachverständigen nicht ohne Weiteres folgen, wenn die betroffene Partei hierzu selbst in der Lage ist oder eine entsprechende Maßnahme veranlassen kann.[70]

46 Sollte der Sachverständige trotzdem durch das Gericht zur Bauteilöffnung angewiesen werden, sollte dann nach zutreffender Ansicht des LG Kiel[71] wegen der Schadensgeneigtheit seiner Tätigkeit an eine Haftungsfreistellung des Sachverständigen gedacht werden. Auch kann es dem Sachverständigen nicht zugemutet werden, selbst Handwerker mit der Bauteilöffnung zu beauftragen, weil er dann das Schadensrisiko und das Risiko der Insolvenz der Handwerker tragen müsste.[72] Das OLG Oldenburg[73] räumt dem derart durch das Gericht gem. § 404a ZPO angewiesenen Sachverständigen zudem die Möglichkeit der Beschwerde gegen den Beschluss ein.

47 Der Streit setzt sich fort bei der Frage, ob der Sachverständige die von ihm produzierten Folgen der Bauteilöffnung (z.B. durch Wiederverschließung) beseitigen muss.

48 Das OLG Düsseldorf geht von einer Verpflichtung des Sachverständigen zur Folgenbeseitigung aus.[74] Gemäß dem OLG Stuttgart[75] ist für eine Pflicht des Sachverständigen zur Wiederverschließung eine Anweisung des Gerichts erforderlich, die aber nur erfolgen könne, wenn der Beweisführer seine Zustimmung zur Öffnung des Bauteils daran ge-

68 OLG Brandenburg v. 9.8.1995 – 8 W 125/95 – BauR 1996, 432.
69 *Volze*, DS 2008, 24.
70 *Anders/ Gehle*, ZPO, § 404a Rn 11; OLG Celle v. 31.1. 2019 – 8 U 180/18 – BauR 2021, 125.
71 LG Kiel v. 31.1.2009 – 9 OH 49/07; *Lehmann*, IBR 2009, 358 (Anm.).
72 OLG Frankfurt v. 13.11.2003 – 15 W 87/03 – OLGR Frankfurt 2004, 145–148; OLG Frankfurt v. 25.10.2017 – 1 W 52/17 – IBR 2018, 421.
73 OLG Oldenburg v. 21.11.2013 – 3 W 30/13 – juris Rn. 28.
74 OLG Düsseldorf v. 16.1.1997 – 23 W 47/96 – BauR 1997, 697; OLG Koblenz v. 27.06.2001 – 2 W 327/01 – ZfIR 2002, 331.
75 OLG Stuttgart v. 13.9.2005 – 13 W 43/05 – IBR 2006, 62.

knüpft habe, dass der Sachverständige dieses nach Abschluss der Begutachtung wieder verschließe.

Auch hier sollte, wie bei der Öffnung des Bauteils, nach allgemeinen Grundsätzen derjenige mit der Folgenbeseitigung zu belasten sein, der für das konkrete Thema die Beweislast trägt.

E. Selbstständiges Beweisverfahren in der Praxis

Die Bedeutung des selbstständigen Beweisverfahrens hat insbesondere in Bausachen in 49 den letzten Jahren erheblich zugenommen. Denn gerade bei Bauvorhaben ist die Sicherung von Beweisen erforderlich, da sich die tatsächlichen Gegebenheiten auf der Baustelle stetig verändern. Dies führt in der Praxis dazu, dass die Parteien eines Bauvertrages bei einem Streit um Mängel das selbstständige Beweisverfahren mittlerweile selbst als Lösungsweg ansehen und vorschlagen. In der anwaltlichen Beratungspraxis hat dies zur Folge, dass Mandanten, unabhängig davon, ob sie Auftraggeber oder Auftragnehmer eines Bauvertrages sind, den Anwalt mit der Bitte um Einleitung eines selbstständigen Beweisverfahrens aufsuchen. Es besteht ein Interesse daran, dass ein unabhängiger Sachverständiger überprüft, ob Mängel des Bauwerks vorliegen, wer diese verursacht hat, in welcher Form eine Mängelbeseitigung möglich ist und wie hoch die Mängelbeseitigungskosten sind. Verbunden ist dieser Wunsch mit dem Ziel, das Sachverständigengutachten möglichst kurzfristig zu erhalten. Mit der Fertigstellung eines Bauvorhabens ist in der Regel ein erheblicher Zeitdruck verbunden. Aufgrund dessen können es sich die Parteien nicht leisten, wegen einzelner Mängel oder einer Vielzahl von Mängeln das gesamte Bauvorhaben ruhen zu lassen, bis diese Mängel in einem langwierigen gerichtlichen Verfahren rechtskräftig festgestellt sind. Dies gilt auch angesichts der Tatsache, dass bekanntlich Bauprozesse derzeit in vielen Fällen bis zu einer rechtskräftigen Entscheidung drei bis zehn Jahre andauern. Daher wäre es im Interesse aller, das selbstständige Beweisverfahren innerhalb weniger Wochen durchzuführen.

Die tägliche Praxis des selbstständigen Beweisverfahrens ist jedoch eine andere. Zeit- 50 räume von drei bis neun Monaten zwischen Eingang der Antragsschrift bei Gericht und Durchführung des Ortstermins durch den Sachverständigen sind, unabhängig vom Umfang der festzustellenden Mängel, die Regel. Aufgrund des langen Zeitraums zwischen Eingang des Antrags und Durchführung des Ortstermins ist das selbstständige Beweisverfahren nicht in der Lage, den Vorstellungen der Parteien als Eilverfahren, in dem schnell eine Feststellung von Mängeln und deren Verursachung erfolgen, zu genügen. In der Praxis kommt aufgrund dessen die Durchführung eines selbstständigen Beweisverfahrens nur noch für solche Mängel in Betracht, deren unverzügliche Beseitigung nicht kurz- oder mittelfristig erforderlich ist.

Aufgrund dessen wäre es erforderlich, dass das selbstständige Beweisverfahren zumin- 51 dest in der Form als Eilverfahren ausgestaltet wird, dass z.B. zwischen Eingang des Antrags auf Einleitung des selbstständigen Beweisverfahrens und Durchführung des

Ortstermins durch einen Sachverständigen mit Aufnahme der Mängel drei bis vier Wochen liegen. Dies wäre möglich, wenn den Gerichten, Rechtsanwälten und Sachverständigen aufgegeben wäre, das selbstständige Beweisverfahren als ein solches Eilverfahren durchzuführen. So könnte dem Antragsgegner vorgegeben werden, auf den Antrag innerhalb einer Woche zu erwidern. Der Sachverständige müsste verpflichtet werden, innerhalb von z.B. zwei Wochen nach Beauftragung den Ortstermin durchzuführen.

52 In den meisten Fällen der Einleitung des selbstständigen Beweisverfahrens zwischen den Parteien ist ein Rechtstreit noch nicht anhängig. Der Antragsteller rügt in der Regel Mängel, die seiner Auffassung nach der Antragsgegner an einem Bauvorhaben verursacht hat. Der Antragsgegner hat im Rahmen eines Bauvertrages Bauleistungen für den Antragsteller erbracht. Häufig ist der Antragsteller nicht sicher, wer den Mangel verursacht hat. In diesen Fällen wird der Antragsteller, der z.B. Bauherr ist, das selbstständige Beweisverfahren gegenüber mehreren Vertragspartnern anhängig machen, z.B. den planenden Architekten, den bauausführenden Architekten und einer oder mehreren ausführenden Firmen.

53 Nach Einreichung des Antrags auf Einleitung des selbstständigen Beweisverfahrens stellt das Gericht dem Antragsgegner diesen Antrag mit der Möglichkeit zur Stellungnahme zu. In der Regel werden hierfür Fristen von ein bis drei Wochen gewährt. Fristverlängerungsanträge des Antragsgegners werden ebenfalls in der Regel positiv beschieden. Nach Eingang der Antragserwiderung ergeht entweder der Beschluss im selbstständigen Beweisverfahren oder die Antragserwiderung wird dem Antragsteller nochmals zur Stellungnahme übersandt. In einer Vielzahl von Antragserwiderungen wird dem Antrag auf Einleitung des selbstständigen Beweisverfahrens mit der Begründung entgegengetreten, dass Mängel am Bauvorhaben nicht bestehen. Das Bestreiten der Mängel macht jedoch gerade deutlich, dass die Einleitung des selbstständigen Beweisverfahrens zur Klärung dieser streitigen Tatsache zwischen den Parteien erforderlich ist. Dennoch kann es sinnvoll sein, wenn auf Antragsgegnerseite im Einzelnen dargestellt wird, aufgrund welcher Tatsachen Mängel des Bauvorhabens nicht bestehen. Dies kann jedoch nicht als Begründung dafür dienen, dass das selbstständige Beweisverfahren nicht einzuleiten ist. Vielmehr ist dies sinnvoll, damit der zu beauftragende Sachverständige den vollständigen Streitstand auch aus Sicht der Antragsgegnerseite kennt und sich hierüber ein Bild machen kann.

54 In der Regel wird dem Antrag auf Einleitung des selbstständigen Beweisverfahrens durch das Gericht stattgegeben. Grund hierfür ist, dass lediglich das Bestehen eines Vertragsverhältnisses schlüssig begründet und Tatsachen genannt werden müssen, die zwischen den Parteien streitig sind. Zum Teil reagieren die Gerichte nicht in genügender Weise auf ausufernde Fragestellungen, Ausforschungsbeweise und ungenaue Formulierungen der Anträge im selbstständigen Beweisverfahren.

55 In einer Vielzahl von selbstständigen Beweisverfahren stellt der Antragsgegner zudem noch ergänzende Beweisfragen, die ebenfalls in den Beschluss zur Einleitung des selbstständigen Beweisverfahrens aufgenommen werden.

56 Mit dem Beschluss zur Einleitung des selbstständigen Beweisverfahrens wird in der Regel ein Sachverständiger durch das Gericht benannt. Vielfach handelt es sich um einen dem Gericht bekannten Sachverständigen, den dieses ausgewählt hat. In vielen Anträgen auf Einleitung des selbstständigen Beweisverfahrens ist ein Vorschlag zu einem Sachverständigen nicht zu finden. Es wird jedoch angeregt, einen konkreten Vorschlag zu unterbreiten. Sinn eines solchen Vorschlages ist es nicht, einen Sachverständigen für das selbstständige Beweisverfahren auszusuchen, der der Antragstellerseite näher bekannt oder freundschaftlich verbunden ist. Sinn des Vorschlags sollte es sein, dass ein möglichst qualifizierter Sachverständiger gefunden wird. Auf einen entsprechenden Vorschlag des Antragstellers ist vielfach in den Antragserwiderungen zu lesen, dass dieser Sachverständige abgelehnt wird. Die Ablehnung müsste von Seiten des Antragsgegners aber mit Gründen versehen werden. Anderenfalls wäre das Gericht berechtigt, auch den von dem Antragsteller vorgeschlagenen Sachverständigen zu beauftragen.

57 Im Anschluss an den Beschluss im selbstständigen Beweisverfahren ist ein Auslagenvorschuss durch den Antragsteller und im Falle von Ergänzungsfragen auch zum Teil durch den Antragsgegner einzuzahlen. Im Anschluss daran erhält der Sachverständige die gesamten Akten durch das Gericht. Leider ist in der Praxis in der Folgezeit festzustellen, dass selbstständige Beweisverfahren sowohl bis zur Bestimmung eines Ortstermins als auch bis zur Erstellung eines Sachverständigengutachtens Monate oder Jahre andauern.

F. Muster

I. Muster: Antrag auf Durchführung des selbstständigen Beweisverfahrens

1. Muster: Antrag auf Durchführung des selbstständigen Beweisverfahrens

▼ 58

10.1

An das

Landgericht

Antrag auf Einleitung des selbstständigen Beweisverfahrens

des Herrn

– Antragsteller –

Verfahrensbevollmächtigter: Rechtsanwalt

gegen die Firma

– Antragsgegnerin –

Namens und im Auftrage des Antragstellers beantragen wir, zur Sicherung des Beweises gem. § 485 Abs. 2 ZPO anzuordnen, dass Beweis über folgende Fragen durch Einholung eines schriftlichen Gutachtens eines Sachverständigen erhoben wird:

1. Sind an dem Bauvorhaben folgende Mängel vorhanden:
   a) Dringt auf der Gartenseite des Hauses Feuchtigkeit in den Keller ein?
   b)
2. Welches sind die Ursachen der Mängel?

3. Ist die Antragsgegnerin für die Verursachung der Mängel verantwortlich?
4. Welche Kosten sind für eine fachgerechte Beseitigung der vorstehend genannten Mängel erforderlich?
5. Falls eine Mängelbeseitigung nicht oder nur mit unverhältnismäßigem Aufwand möglich ist: Welcher Minderungsbetrag ist angemessen?
   [*6.* ***Achtung: Beispiel für eine unzulässige Beweisfrage!***
   Entsprechen die erbrachten Leistungen der Antragsgegnerin überhaupt und insgesamt den anerkannten Regeln der Baukunst?]

Wir regen an,

> Herrn/Frau , öffentlich bestellter und vereidigter Sachverständiger aus als Sachverständigen zu beauftragen.

Begründung:

Der Antragsteller hat mit der Antragsgegnerin, einer Bauunternehmerin aus einen Vertrag abgeschlossen, mit dem sich die Antragsgegnerin verpflichtet hat, auf dem Grundstück des Antragstellers in nach den anerkannten Regeln der Baukunst ein Einfamilienhaus zu errichten.

> *Beweis*: Bauvertrag vom , als **Anlage Ast 1** in Kopie beigefügt

Nach Bezug des Gebäudes am wies das Objekt noch eine Vielzahl von Mängeln auf, die der Antragsteller mit Schreiben vom rügte.

> *Beweis*: Vorlage des Schreibens als **Anlage Ast 2**

Die Antragsgegnerin bestritt ihre Verantwortlichkeit bezüglich der Mängel und verweigerte bisher die Durchführung der notwendigen Mängelbeseitigungsmaßnahmen.

> *Beweis im Bestreitensfalle*:

Da die Antragsgegnerin es ablehnt, die Mängel zu beseitigen, wird der Antragsteller die Mängelbeseitigung durch andere Fachunternehmer durchführen lassen. Aus diesem Grund hat er ein rechtliches Interesse daran, die vorhandenen Mängel sowie den Beseitigungsaufwand durch einen Sachverständigen feststellen zu lassen. Der Antragsteller müsste durch einen Rechtsstreit die Verantwortlichkeit der Antragsgegnerin klären lassen, der durch das selbstständige Beweisverfahren nach Einholung eines Sachverständigengutachtens mit hoher Wahrscheinlichkeit vermieden wird.

Den Antrag auf spätere Vernehmung des Sachverständigen behält sich der Antragsteller vor.

Ein Rechtsstreit ist noch nicht anhängig.

Sollte das Gericht die Beauftragung des Sachverständigen von einem Kostenvorschuss abhängig machen, wird gebeten, den Betrag unverzüglich – aus Gründen der Beschleunigung möglichst telefonisch – mitzuteilen.

Das Landgericht ist gem. § 486 Abs. 2 ZPO als Gericht der Hauptsache zuständig.

Der Streitwert wird derzeit auf EUR geschätzt. Als **Anlage Ast 3** wird das Angebot eines ausführenden Drittunternehmens beigefügt. Hieraus ergibt sich der geschätzte Streitwert.

(*Unterschrift*) (*Rechtsanwalt*)

▲

2. Anmerkungen

1. Die Zuständigkeit des Gerichts richtet sich nach § 486 ZPO. 59
2. Nach § 487 Nr. 1 ZPO muss der Antrag enthalten:
   a) die Bezeichnung des Gegners,
   b) die Angabe der Tatsachen, über die Beweis erhoben werden soll,
   c) die Benennung der Zeugen oder des nach § 485 ZPO zulässigen Beweismittels,
   d) die Glaubhaftmachung der Tatsachen, die die Zulässigkeit des Verfahrens und die Zuständigkeit des Gerichts begründen.

zu b): Die Beweiserhebung kann also nur über Tatsachen erfolgen, die im Antrag bezeichnet worden sind. Der Antragsteller allein bestimmt also im selbstständigen Beweisverfahren den Gegenstand der Beweisaufnahme und die Beweismittel. Die Tatsachen müssen dabei möglichst genau bezeichnet werden, so dass z.B. der Sachverständige den Beweisfragen ohne Weiteres nachgehen kann.[76]

zu d): Glaubhaftmachung, § 294 ZPO, ist eine bestimmte Art der Beweisführung. Sie ist entbehrlich, wenn die Tatsachen unstreitig sind oder der Gegner zum selbstständigen Beweisverfahren seine Zustimmung erklärt hat.[77]

3. Zu beachten ist, dass Sachverständige gelegentlich dazu neigen, von einer Unverhältnismäßigkeit der Mängelbeseitigung auszugehen und Minderungsbeträge lediglich zu schätzen, obwohl für die Unverhältnismäßigkeit und für die Höhe des Minderungsbetrages nicht die Kriterien vorliegen, die der Bundesgerichtshof hierfür ansetzt.[78]
4. Die Auswahl des Sachverständigen erfolgt von Amts wegen durch das Gericht.[79] Sofern der Antragsteller einen Sachverständigen vorschlägt, sollte das Gericht diesen Vorschlag beachten, sofern der Antragsgegner keine triftigen Gründe vorbringt, warum der vorgeschlagene Sachverständige nicht beauftragt werden sollte. Würde als Beweismittel ein Zeuge durch den Antragsteller angeboten werden, müsste dieser im Antrag benannt werden.[80]
5. Nach § 485 Abs. 2 S. 2 ZPO ist ein rechtliches Interesse immer dann gegeben, wenn die Feststellung der Vermeidung eines Rechtsstreits dienen kann. Ein Feststellungsin-

76 KG v. 1.10.1998 – 10 W 6456/98 – NJW-RR 2000, 468; OLG Saarbrücken v. 5.5.2021 – 2 W 11/21 – MDR 2021, 998; *Fink*, Das selbstständige Beweisverfahren in Bausachen, Rn 100; Anders/Gehle/*Bünnigmann*, ZPO, § 487 Rn 6.

77 Zöller/*Herget*, § 487 Rn 6; *Fink*, Das selbstständige Beweisverfahren in Bausachen, Rn 103.

78 Vgl. BGH v. 9.1.2003 – VII ZR 181/00 – NJW 2003, 1188; OLG Brandenburg v. 9.7.2020 – 12 U 76/19 – BauR 2022, 783.

79 *Musielak/Voit/Huber*, § 487 Rn 4; *Fink*, Das selbstständige Beweisverfahren in Bausachen, Rn 101.

80 *Fink*, Das selbstständige Beweisverfahren in Bausachen, Rn 101.

teresse ist schon dann anzunehmen, wenn der Antragsgegner vorprozessual jegliche Vergleichsbereitschaft abgelehnt hat. Ebenso ist es gegeben, wenn die Beweiserhebung der Vorbereitung eines Hauptsacheprozesses dient.[81]

6. Der Streitwert des selbstständigen Beweisverfahrens bestimmt sich nach dem Beweisinteresse des Antragsstellers bei Einleitung des Verfahrens und wird begrenzt durch den von ihm gestellten Antrag und die darauf erfolgte Beweisaufnahme.[82] Nicht maßgebend und bindend ist dabei der vom Antragssteller bei Verfahrenseinleitung geschätzte Wert. Stattdessen entspricht der Streitwert des selbstständigen Beweisverfahrens dem Streitwert des späteren Hauptsacheverfahrens.[83] Dies gilt allerdings nur insoweit, als der Gegenstand der Hauptsache vom selbstständigen Beweisverfahren betroffen ist.[84] Eine Angabe der geschätzten Mängelbeseitigungskosten ist erforderlich, um den Streitwert und damit die Zuständigkeit des Gerichts bestimmen zu können. Andere Positionen wie Mangelfolgeschäden bleiben jedoch außer Betracht und wirken nicht streitwerterhöhend.[85] Das Gericht benötigt insbesondere Anhaltspunkte dafür, ob funktional die Zuständigkeit des Amtsgerichts oder Landgerichts besteht. Detaillierte Angaben sind nicht erforderlich. Es muss auch kein Angebot eines ausführenden Unternehmens vorgelegt werden. So reichen z.B. grobe Schätzungen.
7. Der Antrag auf Einleitung eines selbstständigen Beweisverfahrens und die Durchführung des Beweisverfahrens bei einem Amtsgericht unterliegen grundsätzlich nicht dem Anwaltszwang. Auch für einen Antrag auf Einleitung eines selbstständigen Beweisverfahrens vor dem Landgericht besteht kein Anwaltszwang (§ 486 Abs. 4 ZPO). Für eine Verhandlung und das weitere Verfahren besteht jedoch Anwaltszwang vor Gerichten gemäß den §§ 78 Abs. 1 und 78 Abs. 2 ZPO.

3. Checkliste

60
1. Selbstständiges Beweisverfahren im laufenden Gerichtsverfahren
2. Selbstständiges Beweisverfahren außerhalb eines laufenden Rechtsstreits (Regelfall, § 485 Abs. 2 ZPO)
3. Ohne Zustimmung des Gegners
4. Mit Zustimmung des Gegners
5. Zuständiges Gericht (§ 486 ZPO)
6. Beweisantrag + Tatsachenangaben
7. Beweismittel
8. Glaubhaftmachung (§§ 487 Nr. 4, 294 ZPO)

81 OLG Celle v. 14.2.1992 – 16 W 5/92 – BauR 1992, 405; OLG Celle v. 20.4.2004 – 5 W 13/04 – BauR 2004, 1659; OLG Karlsruhe v. 16. 5. 2013 – 9 W 15/13 – NJOZ 2013, 1814.
82 OLG Stuttgart v. 7.10.2010 – 10 W 43/10 – NZBau 2011, 40 f.; *Kniffka/Koeble/Jurgleit/Sacher*, Kompendium des Baurechts, Rn 224 f.
83 BGH v. 16.9.2004 – III ZB 33/04 – NJW 2004, 3488.
84 OLG Köln 14.3.2013 – 16 W 6/13 – BauR 2013, 1317.
85 OLG Naumburg v. 11.2.2011 – 4 W 4/11 – IBR 2013, 62; Stein/Jonas/*Berger*, ZPO, § 486 Rn 6.

II. Muster: Antragserwiderung

1. Muster: Antragserwiderung

▼ 61

10.2

An das

Landgericht

In dem selbstständigen Beweisverfahren

/

Aktenzeichen:

bestreitet die Antragsgegnerin ihre Verantwortlichkeit für die Beseitigung etwaiger Mängel an dem Einfamilienhaus des Antragstellers.

Ein Beweisbeschluss ist aus folgenden Gründen unzulässig:

I.

Bezüglich der Fragen des Antragstellers,

1. ob an dem Bauvorhaben die genannten Mängel vorhanden sind,
2. welches die Ursachen der Mängel sind und welchen Umfang sie haben,
3. welche Maßnahmen erforderlich sind, um die Mängel zu beheben,
4. welche Kosten für eine fachgerechte Beseitigung der genannten Mängel erforderlich sind,
5. welcher Minderungsbetrag angemessen ist, falls eine Mängelbeseitigung nicht oder nur mit unverhältnismäßigem Aufwand möglich ist,

   ist kein Beweisbeschluss möglich, da zwischen dem Antragsteller und der Antragsgegnerin kein wirksamer Vertragsschluss über die Errichtung des Einfamilienhauses zustande gekommen ist. Ein gegebenenfalls zur Mängelbeseitigung verpflichtendes Vertragsverhältnis liegt zwischen den Parteien des selbstständigen Beweisverfahrens damit nicht vor.

II.

Unabhängig davon würde die Frage des Antragstellers, ob die erbrachten Leistungen der Antragsgegnerin überhaupt den anerkannten Regeln der Baukunst entsprechen, über die ebenfalls Beweis erhoben werden soll, einen Ausforschungsbeweis darstellen. Ein solcher ist jedoch im Zivilprozess und damit auch im selbstständigen Beweisverfahren unzulässig.

Aus diesen Gründen ist der Antrag des Antragstellers gem. §§ 485 ff. ZPO auf Beweiserhebung durch Beauftragung eines Sachverständigen abzuweisen.

(*Unterschrift*) (*Rechtsanwalt*)

▲

2. Anmerkungen

1. Dem Antragsgegner muss genügend Zeit eingeräumt werden, eine schriftliche Stellungnahme abzugeben. Dies ist Bestandteil seines rechtlichen Gehörs und somit des Verfassungsgebotes des Art. 103 GG.[86] Mit Hinweis auf § 491 ZPO erfolgt in der 62

86 OLG Koblenz v. 16.8.2012 – 5 W 445/12 – BauR 2013, 513.

Literatur die Einschränkung, dass eine Anhörung des Antragsgegners nur möglich ist, wenn der Eilzweck des selbstständigen Beweisverfahrens nicht eine sofortige Entscheidung über den Antrag gebietet.[87]

2. Es ist erforderlich für einen wirksamen Antrag auf Einleitung eines selbstständigen Beweisverfahrens, dass der Antragsteller konkrete Mängel der Werkleistung des Antragsgegners benennt. Hierfür reicht es gemäß der Symptom-Rechtsprechung des Bundesgerichtshofes aus, wenn der Antragsteller die Auswirkungen und Symptome des Mangels beschreibt. So muss er lediglich darlegen, dass z.B. der Keller feucht ist. Er muss nicht darüber hinaus darlegen und beweisen, dass und aufgrund welcher Tatsachen die Mängel durch die Antragsgegner verursacht wurden. Hierfür reicht lediglich die Vermutung. Demgegenüber stellt es einen Ausforschungsbeweis dar, wenn der Antragsteller versucht, die gesamte Werkleistung des Antragsgegners oder Teile hiervon pauschal und vollständig darauf überprüfen zu lassen, ob diese den vertraglichen Vorgaben oder den anerkannten Regeln der Technik entsprechen.

3. Checkliste

63 1. Anspruch auf rechtliches Gehör (Art. 103 GG)
2. Selbstständiges Beweisverfahren ist Eilverfahren
3. Rechtsverhältnis zwischen Antragssteller und Antragsgegner
4. Ausforschungsbeweis und Abgrenzung zu ausreichender Mangelbeschreibung

III. Muster: Gegenantrag im selbstständigen Beweisverfahren

1. Muster: Gegenantrag im selbstständigen Beweisverfahren

64 ▼

An das Landgericht ____

10.3 In dem selbstständigen Beweisverfahren

____ / ____

____ Aktenzeichen: ____

legt die Antragsgegnerin das in Auftrag gegebene Gutachten des Bausachverständigen ____ als Anlage AG 1 vor. Dieses Gutachten beinhaltet die Feststellung des Sachverständigen, dass die von dem Antragsteller gerügten Mängel einzig auf einen Wasserschaden zurückzuführen sind, den der Antragsteller selbst nach dem Bezug des Einfamilienhauses verursacht haben muss. Der Sachverständige gelangt zu dem Ergebnis, dass die Mängel keinesfalls durch fehlerhafte Durchführung der Arbeiten durch die Antragsgegnerin entstanden oder begründet worden sind.

Die Antragsgegnerin beantragt daher, dem vom Gericht zu beauftragenden Sachverständigen dieses Gutachten zur Verfügung zu stellen und den Beweisbeschluss gegenbeweislich dahin zu erweitern, dass die Mängel nicht durch fehlerhafte Durchführung der Arbeiten der Antragsgegnerin verursacht sind, sondern durch einen Wasserschaden.

87 *Fink*, Das selbstständige Beweisverfahren in Bausachen, Rn 230; Zöller/*Herget*, § 490 Rn 1.

Diese Erweiterung des Beweisbeschlusses ist erforderlich, um eine vollständige Beweiserhebung über die zwischen den Parteien zu klärenden Fragen zu erreichen.

(*Unterschrift*) (*Rechtsanwalt*)

▲

2. Anmerkungen

Es ist zulässig, im selbstständigen Beweisverfahren sowohl Sachverständigengutachten einzureichen, die durch eine der Parteien privat in Auftrag gegeben wurden, als auch Sachverständigengutachten, die in anderen Beweisverfahren oder Hauptsacheverfahren durch Gerichte in Auftrag gegeben worden sind. **65**

3. Checkliste

1. Gegenanträge des Antragsgegners zulässig **66**
2. Gegenanträge sollten begründet werden
3. Vorlage von Privat- oder Gerichtsgutachten zulässig

IV. Muster: Beschluss des Gerichts

1. Muster: Beschluss des Gerichts

▼ **67**

Landgericht

10.4

Beschluss

In dem selbstständigen Beweisverfahren

des Herrn

– Antragsteller –

Verfahrensbevollmächtigte: Rechtsanwalt

gegen die Firma

– Antragsgegnerin –

I.

Es wird zur Sicherung des Beweises gem. §§ 485 ff. ZPO angeordnet:

1. Es soll Beweis erhoben werden über folgende Fragen:
   a) Sind an dem Bauvorhaben folgende Mängel vorhanden:
   b) Welches sind die Ursachen der Mängel?
   c) Ist die Antragsgegnerin für die Verursachung der Mängel verantwortlich?
   d) Welche Maßnahmen sind erforderlich, um die Mängel zu beheben?
   e) Welche Kosten sind für eine fachgerechte Beseitigung der vorstehend genannten Mängel erforderlich?
   f) Falls eine Mängelbeseitigung nicht oder nur mit unverhältnismäßigem Aufwand möglich ist: Welcher Minderungsbetrag ist angemessen?

   durch ein schriftliches Gutachten des Sachverständigen

2. Dem Sachverständigen wird aufgegeben:
   a) sich die Kenntnis der für die Erstattung des Gutachtens erforderlichen Tatsachen durch Augenschein zu verschaffen,
   b) die Parteien – Antragsteller und Antragsgegnerin, ggf. ihre Verfahrensbevollmächtigten – zu dem von ihm festgesetzten Termin zur Augenscheinseinnahme (Ortsbesichtigung) rechtzeitig und nachweisbar zu laden.
3. Innerhalb von ______ Wochen nach Erstellung des Gutachtens können die Parteien einen gerichtlichen Termin beantragen, zu dem der Sachverständige zur Erläuterung seines Gutachtens zu laden ist. Die dem Sachverständigen vorzulegenden Fragen müssen zugleich mit dem Terminsantrag schriftlich dem Gericht mitgeteilt werden.
4. Die Beauftragung zur Erstellung des Gutachtens wird dem Sachverständigen nur erteilt, soweit der Antragsteller vorher einen Auslagenvorschuss i.H.v. ______ EUR bei der Gerichtskasse ______ einzahlt. Dem Antragsteller wird eine Frist zur Zahlung des Auslagenvorschusses von zwei Wochen gesetzt.

II.

Der Antrag des Antragstellers, die erbrachten Leistungen der Antragsgegnerin dahingehend zu untersuchen, ob sie überhaupt und insgesamt den anerkannten Regeln der Baukunst entsprechen, wird abgewiesen. Bei dieser Frage handelt es sich um einen Beweisantrag, der darauf abzielt, durch die beantragte Beweisaufnahme Tatsachen in Erfahrung zu bringen, die einen genaueren Vortrag oder die Benennung weiterer Beweismittel erst ermöglichen. Die Behauptung, das Bauwerk sei möglicherweise nicht nach den anerkannten Regeln der Baukunst errichtet worden, ist zu vage und unbestimmt. Ein solcher Ausforschungsbeweis ist unzulässig.

III.

Streitwert: ______ EUR

Der Streitwert ergibt sich aufgrund Schätzung seitens des Gerichts.

(Landgericht)

▲

2. Anmerkungen

68 1. In den seltensten Fällen wird im Rahmen des selbstständigen Beweisverfahrens davon Gebrauch gemacht, in einem gerichtlichen Termin den Sachverständigen zur Erläuterung seines Gutachtens zu laden. Diese Möglichkeit der Anhörung bewährt sich in der Praxis nicht, da entweder nach Vorliegen des Sachverständigengutachtens eine Einigung zwischen den Parteien herbeigeführt wird. Kann eine solche Einigung nicht erreicht werden, erfolgt in der Regel die unmittelbare Überleitung auf das Hauptsacheverfahren, in dem ebenfalls die Anhörung des Sachverständigen noch beantragt werden kann.

2. Das Gericht bestimmt nach freiem Ermessen die Höhe des Auslagenvorschusses. Grundlage hierfür ist die Überlegung, welchen Umfang die in Auftrag zu gebenden Prüfungen des Sachverständigen haben.

3. Eine Ausforschung ist unzulässig.[88] Es ist erforderlich, dass der Antragssteller konkrete Tatsachen vorträgt. Gemäß der Symptomtheorie müssen die Tatsachen benannt werden, die die äußere Mängelerscheinung ausmachen. Andernfalls handelt es sich um eine unzulässige Ausforschung.

3. Checkliste

1. Durch gerichtlichen Beschluss werden die Beweisfragen formuliert 69
2. Unzulässige Anträge werden abgewiesen
3. Das Gericht bestimmt einen Sachverständigen
4. Das Gericht bestimmt die Höhe des Auslagenvorschusses und die Höhe des Streitwerts

V. Muster: Sofortige Beschwerde des Antragstellers

▼ 70

An das

Landgericht 10.5

In dem selbstständigen Beweisverfahren

/

Aktenzeichen:

legt der Antragsteller gegen den Beschluss des Landgerichts vom

sofortige Beschwerde

ein mit den Anträgen:

Der Beschluss des Landgerichts vom wird insoweit abgeändert, als dem Antrag auf Durchführung des selbstständigen Beweisverfahrens zu Nr. 6 gem. Antragsschrift vom stattgegeben wird und einem Sachverständigen aufzugeben ist, Beweis darüber zu erheben, ob die erbrachten Leistungen der Antragsgegnerin überhaupt und insgesamt den anerkannten Regeln der Baukunst entsprechen.

Begründung:

Der Antragsteller, der mit der Antragsgegnerin einen Vertrag über die Errichtung eines Einfamilienhauses auf seinem Grundstück geschlossen hat, beantragte wegen von ihm behaupteter Baumängel die Durchführung eines selbstständigen Beweisverfahrens zu den tatsächlichen Ursachen und dem Umfang der Mängel, den erforderlichen Mängelbeseitigungsmaßnahmen, den Mängelbeseitigungskosten, zu einem gegebenenfalls zu fordernden Minderungsbetrag im Falle der Undurchführbarkeit der Mängelbeseitigung sowie zur Feststellung, ob das Werk der Antragsgegnerin überhaupt und insgesamt den anerkannten Regeln der Baukunst entspricht. Gegen die teilweise Zurückweisung des Antrages insoweit, als das Begehren auf Feststellung, ob die erbrachten Leistungen der An-

88 KG v. 1. 10. 1998 – 10 W 6456–98 – NJW-RR 1999, 1369; OLG Köln v. 29.10.1999 – 19 W 36/99 – MDR 2000, 226; OLG Köln v. 4.2.2002 – 17 W 24/02 – BauR 2002, 1120; OLG Hamm v. 23.5.2022 – 22 W 9/22 – ErbbauZ 2022, 107.

tragsgegnerin den anerkannten Regeln der Baukunst entsprechen, zurückgewiesen worden ist, wendet sich diese sofortige Beschwerde.

Entgegen der Auffassung des Landgerichts stellt die Feststellung der fachgerechten Errichtung des Bauwerks keinen Ausforschungsbeweis dar.

Anders als bei einem Ausforschungsbeweis erfolgt der Beweisantritt hinsichtlich der Frage der fachgerechten Bauwerkserstellung weder für unsubstantiierte Behauptungen noch für Vermutungen. Bei der Vielzahl der Mängel ist es erforderlich, das Werk der Antragsgegnerin in seiner Gesamtheit auf seine Fachgerechtheit zu überprüfen. Dass das Werk möglicherweise nicht den anerkannten Regeln der Baukunst entspricht, stellt keine vage oder unbestimmte Behauptung dar. Damit ist auch die Frage der fachgerechten Erstellung des Einfamilienhauses beweiserhebungsbedürftig.

(*Unterschrift*) (*Rechtsanwalt*)

▲

VI. Muster: Gegenvorstellung der Antragsgegnerin

1. Muster: Gegenvorstellung der Antragsgegnerin

71 ▼

An das

Landgericht

In dem selbstständigen Beweisverfahren

/

Aktenzeichen:

beantragt die Antragsgegnerin per

Gegenvorstellung:

Der Beschluss des Landgerichts vom wird bei gleichzeitiger Zurückweisung des Antrags auf Durchführung des selbstständigen Beweisverfahrens auf Kosten des Antragstellers aufgehoben.

Begründung:

Der Antragsteller hat mit seinem am bei dem Landgericht eingegangenen Antrag die Durchführung eines selbstständigen Beweisverfahrens begehrt. Durch die Einholung des Gutachtens eines unabhängigen Sachverständigen sollte geklärt werden, ob Mängel an dem von der Antragsgegnerin errichteten Einfamilienhaus entstanden sind und u.a., welche Ursachen und welchen Umfang diese haben. Der Antragsteller hat vorgetragen, die Antragsgegnerin habe ihre Verantwortlichkeit hinsichtlich der Mängel bestritten und sich geweigert, die Mängelbeseitigungsmaßnahmen durchzuführen.

Ein entsprechender stattgebender Beschluss des Landgerichts ist am ergangen.

Dieser Beschluss kann indes nicht aufrechterhalten werden. Zeitlich kurz vor dem Eingang des Antrages bei dem Landgericht auf Durchführung des selbstständigen Beweisverfahrens hatte die Antragsgegnerin schriftlich ihre Verantwortlichkeit für die Mängel anerkannt.

Glaubhaftmachung: Anerkenntnis der Antragsgegnerin vom

Damit fehlte bereits zur Zeit der Antragstellung für das später eingeleitete selbstständige Beweisverfahren das Rechtsschutzbedürfnis.

(*Unterschrift*) (*Rechtsanwalt*)

▲

2. Checkliste

1. Die Gegenvorstellung ist form- und fristlos 72
2. Die Gegenvorstellung sollte begründet werden

VII. Muster: Streitverkündung

1. Muster: Streitverkündung

▼ 73

An das

Landgericht 10.7

In dem selbstständigen Beweisverfahren

des Herrn

– Antragsteller –

Verfahrensbevollmächtigter: Rechtsanwalt

gegen

– Antragsgegnerin –

Verfahrensbevollmächtigter: Rechtsanwalt

verkündet die Antragsgegnerin der Firma (*gesetzlicher Vertreter*), (*Adresse*)

den Streit,

mit der Aufforderung, dem selbstständigen Beweisverfahren auf Seiten der Antragsgegnerin beizutreten.

Begründung:

Die Streitverkündete war von der Antragsgegnerin als Subunternehmerin mit dem Einbau der von diesem selbstständigen Beweisverfahren betroffenen Wasser- und Abwasserleitungen eingesetzt worden und führte diesen auch aus. Der Antragsteller behauptet, dass auf der Gartenseite seines Hauses Feuchtigkeit in den Keller eindringt. Sollte sich im Laufe des selbstständigen Beweisverfahrens zeigen, dass diese Behauptung richtig ist, besteht die Möglichkeit, dass diese Feuchtigkeit durch die von der Streitverkündeten eingebauten Wasser- und Abwasserleitungen verursacht wird, sofern diese Leitungen mangelhaft eingebaut wurden. In diesem Fall bestünde aus dem zwischen der Antragsgegnerin und der Streitverkündeten geschlossenen Werkvertrag vom ein

Mangelbeseitigungsanspruch bzw. Schadenersatzanspruch gegen die Streitverkündete. Zur Unterrichtung der Streitverkündeten über den Stand des selbstständigen Beweisverfahrens werden beglaubigte Kopien des Antrags auf Einleitung des selbstständigen Beweisverfahrens, der Antragserwiderung der Antragsgegnerin, des Gegenantrags der Antragsgegnerin vom jeweils nebst Anlagen überreicht. Das Landgericht hat mit dem beigefügten Beschl. v. die Einleitung des selbstständigen Beweisverfahrens angeordnet. Anliegend fügen wir ebenfalls die sofortige Beschwerde des Antragstellers und die Gegenvorstellung der Antragsgegnerin bei.

Eine Entscheidung zur sofortigen Beschwerde des Antragstellers und der Gegenvorstellung der Antragsgegnerin ist durch das Gericht noch nicht erfolgt. Der Sachverständige wurde ebenfalls noch nicht beauftragt.

(*Unterschrift*) (*Rechtsanwalt*)

▲

2. Checkliste

74 1. Die Streitverkündung im selbstständigen Beweisverfahren ist zulässig
2. Zulässigkeit der Streitverkündung (§ 72 ZPO)
3. Form der Streitverkündung (§ 73 ZPO)
4. Die Lage des selbstständigen Beweisverfahrens ist anzugeben

VIII. Muster: Ablehnung des Sachverständigen

1. Muster: Ablehnung des Sachverständigen

75 ▼

10.8

An das

Landgericht

In dem selbstständigen Beweisverfahren

/

Aktenzeichen

wird der Sachverständige wegen Besorgnis der Befangenheit von der Antragsgegnerin abgelehnt.

Begründung:

Der vom Gericht mit der Erstattung des Gutachtens über die von dem Antragsteller geltend gemachten Mängel beauftragte Sachverständige hat bereits mehrfach in seiner Eigenschaft als Architekt für den Antragsteller Privatgutachten erstellt sowie häufig letzteren in bauplanerischen Angelegenheiten beraten. Aufgrund seiner ständigen persönlichen Kontakte zu dem Antragsteller muss die Antragsgegnerin annehmen, dass der Sachverständige sein Gutachten nicht unparteiisch erstatten wird. Verstärkt wird dieser Eindruck dadurch, dass weder der Antragsteller noch der Sachverständige nach Ergehen des Beweisbeschlusses durch das Gericht von diesen Verhältnissen Mitteilung gemacht haben.

Von diesen Tatsachen hat die Antragsgegnerin erst vor wenigen Tagen Kenntnis erhalten, weil ein Mitarbeiter der Antragsgegnerin bei einer Besichtigung des Grundstücks des

Antragstellers zufällig von der Nachbarin desselben über diese Umstände aufgeklärt wurde.

Beweis: 1. eidesstattliche Erklärung des Mitarbeiters (Anlage)
2. eidesstattliche Erklärung der Antragsgegnerin (Anlage).

Die Ablehnung des Sachverständigen erfolgt daher zu Recht (§§ 406, 42 ZPO).

(*Unterschrift*) (*Rechtsanwalt*)

▲

2. Checkliste

1. Befangenheitsantrag ist zulässig 76
2. Die Zwei-Wochen-Frist des § 406 Abs. 2 ZPO ist zu beachten
3. Ablehnungsgrund ist darzulegen und glaubhaft zu machen (§ 406 ZPO)

IX. Muster: Antrag auf mündliche Anhörung des Sachverständigen

1. Muster: Antrag auf mündliche Anhörung des Sachverständigen

▼ 77

An das

Landgericht 10.9

In dem selbstständigen Beweisverfahren

/

Aktenzeichen:

beantragt die Antragsgegnerin, den Sachverständigen

zur mündlichen Erläuterung

seiner schriftlichen gutachterlichen Äußerung vom zu laden.

Begründung:

Die Ausfertigung des Sachverständigengutachtens ist bei der Antragsgegnerin am eingegangen. Die Antragsgegnerin begehrt innerhalb der gesetzten Stellungnahmefrist, den Sachverständigen zu den Einzelheiten seiner gutachterlichen Äußerungen hören zu dürfen. Die Schlussfolgerungen des gerichtlichen Sachverständigen, zu denen er im Rahmen seiner gutachterlichen Überprüfung bezüglich der Mängel sowie ihrer Ursachen gelangt ist, weichen erheblich von den gutachterlichen Untersuchungen eines von der Antragsgegnerin privat beauftragten Sachverständigen ab.

Der gerichtliche Sachverständige soll zudem zu den Einzelheiten der von ihm ermittelten und diesseits als unangemessen eingestuften Mängelbeseitigungsmaßnahmen ausführlich befragt werden. Insbesondere sollen dem Sachverständigen folgende Fragen gestellt werden:

1.
2.
3.

Im Falle einer weiteren erforderlichen Vorschusszahlung für die Ladung des Sachverständigen wird gebeten, den Betrag unverzüglich mitzuteilen.

(*Unterschrift*) (*Rechtsanwalt*)

▲

2. Checkliste

78 1. Mündliche Anhörung des Sachverständigen auf Antrag
2. Erklärungsbedarf sollte dargelegt werden
3. Dem Antrag auf Anhörung ist regelmäßig stattzugeben
4. Keine sofortige Beschwerde gegen Zurückweisung des Antrags

X. Muster: Antrag auf Klageerhebung im selbstständigen Beweisverfahren und Kostenantrag der Gegenseite gem. § 494a ZPO

1. Muster: Antrag auf Klageerhebung im selbstständigen Beweisverfahren und Kostenantrag der Gegenseite gem. § 494a ZPO

79 ▼

An das

10.10 Landgericht

In dem selbstständigen Beweisverfahren

/

Aktenzeichen:

beantragen wir für die Antragsgegnerin,

1. gegenüber dem Antragsteller anzuordnen, dass dieser binnen einer Frist von Wochen Klage zu erheben hat;
2. bei fruchtlosem Verstreichen dieser Frist auszusprechen, dass der Antragsteller die der Antragsgegnerin entstandenen Kosten zu tragen hat.

Begründung:

Die Beweiserhebung im selbstständigen Beweisverfahren ist beendet, da der Antragsteller innerhalb der nach § 411 Abs. 4 ZPO gesetzten Frist/innerhalb eines angemessenen Zeitraums keine Einwendungen gegen das Gutachten erhoben und keine ergänzenden Fragen oder sonstigen Anträge zum Gutachten gestellt hat. Die Voraussetzungen einer Anordnung nach § 494a Abs. 1 ZPO liegen damit vor. Eine Frist von Wochen erscheint als angemessen.

Für den Fall, dass der Antragsteller keine Klage erhebt, wird schon jetzt gem. § 494a Abs. 2 ZPO beantragt, dem Antragsteller ohne mündliche Verhandlung die Kosten aufzuerlegen.

(*Unterschrift*) (*Rechtsanwalt*)

▲

2. Checkliste

1. Kein Kostenfestsetzungsverfahren im selbstständigen Beweisverfahren 80
2. Frist zur Klageerhebung nur auf Antrag
3. Nach Fristablauf Kostenentscheidung möglich
4. Sofortige Beschwerde gegen Entscheidung zulässig

XI. Muster: Erwiderung auf Antrag gem. § 494a ZPO

1. Muster: Erwiderung auf Antrag gem. § 494a ZPO

▼ 81

An das

Landgericht 10.11

In dem selbstständigen Beweisverfahren

/

Aktenzeichen:

widersprechen wir dem Antrag der Antragsgegnerin gem. § 494a ZPO und beantragen,

diesen zurückzuweisen,

hilfsweise

den Antrag solange auszusetzen, bis das Verfahren mit umgekehrtem Rubrum beim Landgericht abgeschlossen ist.

Begründung:

Der Antrag ist rechtsmissbräuchlich. Beim Landgericht ist mit umgekehrtem Rubrum ein Rechtsstreit anhängig. Die Antragsgegnerin klagt dort vermeintliche Werklohnforderungen gegen den Antragsteller ein. Der Antragsteller macht, gestützt auf das Gutachten des Sachverständigen, Mängelbeseitigungsansprüche und damit ein Zurückbehaltungsrecht hinsichtlich des Werklohnanspruchs der Antragsgegnerin geltend. Das Landgericht hat über den Gegenstand des selbstständigen Beweisverfahrens zu entscheiden. Solange das Verfahren anhängig ist, ist ein Antrag nach § 494a ZPO rechtsmissbräuchlich.

(*Unterschrift*) (*Rechtsanwalt*)

▲

2. Checkliste

1. Frist nach § 494a ZPO nicht zulässig, wenn ein Hauptsacheverfahren, auch mit umgekehrtem Rubrum, anhängig ist 82
2. Anspruch des Antragsgegners auf rechtliches Gehör

§ 11 Zwangsvollstreckung

Dr. Mark Seibel

Inhalt

Literatur:

Brox/Walker, Zwangsvollstreckungsrecht, 12. Aufl. 2021; *Musielak/Voit*, Kommentar zur ZPO, 20. Aufl. 2023; *Nicklisch/Weick/Jansen/Seibel*, Kommentar zur VOB/B, 5. Aufl. 2019; *Salten*, Gerichtliches Mahnverfahren und Zwangsvollstreckung, 7. Aufl. 2023; *Seibel u.a.*, Zwangsvollstreckungsrecht aktuell, 2. Aufl. 2013, 3. Aufl. 2016 und 4. Aufl. 2020; *Seibel*, Beck'scher Kompakt-Kommentar Selbstständiges Beweisverfahren, 2013; *ders.*, Baumängel und anerkannte Regeln der Technik, 2009; *Staudt/Seibel*, Handbuch für den Bausachverständigen, 4. Aufl. 2018; *Stöber/Rellermeyer*, Forderungspfändung, 17. Aufl. 2020; *Vorwerk*, Das Prozessformularbuch, 11. Aufl. 2019; *Werner/Pastor*, Der Bauprozess, 17. Aufl. 2020; *Zöller*, Kommentar zur ZPO, 35. Aufl. 2024.

Geißler, Die Vollstreckungsklagen im Rechtsbehelfssystem der Zwangsvollstreckung, NJW 1985, 1865 ff.; *Kaiser*, Besondere Anträge neben Zwangsvollstreckungsrechtsbehelfen des Schuldners, NJW 2014, 364 ff.; *Kniffka*, Zur Zulässigkeit der Zwangsvollstreckung aus Unterwerfungserklärungen in Bauträgerverträgen, ZfBR 1992, 195 ff.; *Pause*, Unwirksamkeit von Vollstreckungsunterwerfungsklauseln in Bauträgerverträgen und damit zusammenhängende Rechtsfragen, NJW 2000, 769 ff.; *Salten*, Das neue Gerichtsvollzieherauftragsformular, MDR 2016, 125 ff.; *ders.*, Das Reparaturgesetz zur Reform der Sachaufklärung in der Zwangsvollstreckung, MDR 2017, 61 ff.; *ders.*, Rechtsnachfolgeklauseln im Massen-Inkasso, MDR 2018, 4 ff.; *ders.*, Die Fortentwicklung des Pfändungsschutzkontos, MDR 2021, 11 ff.; *ders.*, Die neue Anwalts- und Inkassovergütung im gerichtlichen Mahnverfahren, MDR 2022, 69 ff.; *ders.*, Die neuen Zwangsvollstreckungsformulare, MDR 2023, 538 ff.; *Seibel*, Die Prüfungskompetenz des Gerichtsvollziehers bei Zug um Zug zu erbringenden Mängelbeseitigungsmaßnahmen, ZfBR 2008, 330 ff.; *Vollkommer*, Die Reform der Sachaufklärung in der Zwangsvollstreckung, NJW 2012, 3681 ff.

A. Einleitung

Der folgende Abschnitt dieses Formularbuchs behandelt das **Zwangsvollstreckungsrecht**. Das Zwangsvollstreckungsverfahren muss im Anschluss an das Erkenntnisverfahren stattfinden, wenn der Schuldner[1] die ihm in dem zugrunde liegenden Titel (Urteil, Vergleich etc.) auferlegte Verpflichtung nicht freiwillig erfüllt. Der daraufhin vom Gläubiger beauftragte Rechtsanwalt stellt sehr schnell fest, dass er im Rahmen des sich an das Erkenntnisverfahren anschließenden Vollstreckungsverfahrens mit gänzlich neuen Fragen und Problemen konfrontiert wird. Genau in diesem Bereich setzt die **vorliegende Bearbeitung** an. Sie will den mit Bausachen betrauten Rechtsanwälten eine „**Handlungsanweisung**" im Umgang mit vollstreckungsrechtlichen Fallkonstellationen geben. Es kann und soll dabei jedoch nicht erreicht werden, das Vollstreckungsrecht vollständig abzuhandeln. Das würde den Umfang dieses Abschnitts bei Weitem sprengen. Aufgabe ist es vielmehr, nur **die im privaten Baurecht typischsten Fallkonstellationen** darzulegen. Die Untersuchung ist wie folgt aufgebaut: Im ersten Teil werden die rechtlichen Grundlagen der einzelnen Fallkonstellationen erläutert. Daran anschließend werden im zweiten Teil anhand von **Musterformularen** praktisch hilfreiche Formulierungen an die Hand gegeben und durch **Checklisten** ergänzt. 1

B. Rechtliche Grundlagen

I. Voraussetzungen der Zwangsvollstreckung

Bevor auf die einzelnen Vollstreckungskonstellationen mit baurechtlichem Bezug eingegangen werden kann, müssen zunächst die Voraussetzungen eines Zwangsvollstreckungsverfahrens dargestellt werden. Diese lassen sich in **allgemeine** und **besondere Vollstreckungsvoraussetzungen** einteilen. 2

1. Allgemeine Vollstreckungsvoraussetzungen

Unter den **allgemeinen Vollstreckungsvoraussetzungen** sind diejenigen zu verstehen, die in jedem Vollstreckungsverfahren vorliegen müssen.[2] Davon sind die allgemeinen Verfahrensvoraussetzungen (z.B. Vollstreckungsantrag beim zuständigen Vollstreckungsorgan, Parteifähigkeit nach § 50 ZPO, Prozessfähigkeit nach §§ 51 ff. ZPO, Prozessführungsbefugnis, Postulationsfähigkeit, Rechtsschutzbedürfnis etc.) strikt zu trennen, die an dieser Stelle nicht näher dargestellt werden sollen. 3

1 Im Folgenden wird zur Vereinfachung jeweils nur die männliche Bezeichnung des betroffenen Personenkreises genannt.
2 Näher dazu: *Brox/Walker*, § 3 Rn 1 ff.

a) Vollstreckungstitel

4 Jede Zwangsvollstreckung bedarf eines **Vollstreckungstitels**, d.h. einer öffentlichen Urkunde, die den zu vollstreckenden **materiell-rechtlichen Anspruch** hinreichend **genau bestimmt**. Nur so wird dieser Anspruch im Vollstreckungsverfahren durchsetzbar.

5 Der praktisch bedeutsamste Vollstreckungstitel ist das in **§ 704 ZPO** genannte **Endurteil** (§ 300 ZPO; siehe aber auch: §§ 301 ff. ZPO). Dieses wird dadurch vollstreckbar, dass es entweder **rechtskräftig** (§ 705 ZPO) ist oder für **vorläufig vollstreckbar** (§§ 708 ff. ZPO) erklärt wurde.

6 Neben dem Endurteil werden in **§ 794 Abs. 1 ZPO weitere Vollstreckungstitel** aufgezählt. Zu nennen sind insofern vor allem: der **Prozessvergleich** (Nr. 1), der **Kostenfestsetzungsbeschluss** (Nr. 2), der **Vollstreckungsbescheid** (Nr. 4) und die **vollstreckbaren Urkunden** (insbesondere notarielle Urkunden: Nr. 5).

7 Die Aufzählung in **§ 794 Abs. 1 ZPO** ist **nicht abschließend**. Wegen **weiterer Beispiele** bundes- und landesrechtlicher (§ 801 ZPO) Vollstreckungstitel wird auf die Darstellung in den einschlägigen Kommentierungen verwiesen.[3]

8 Grundlegende Voraussetzung für die Durchführung der Zwangsvollstreckung bei allen genannten Vollstreckungstiteln ist, dass der Titel einen **vollstreckungsfähigen Inhalt** hat, hinreichend **bestimmt** und **wirksam** ist. Der **Inhalt eines Titels** – lässt er sich nicht schon eindeutig aus diesem selbst bestimmen – ist dabei gegebenenfalls **durch Auslegung (§§ 133, 157 BGB) zu ermitteln**. Darauf wird später im Rahmen der einzelnen baurechtlich relevanten Fallkonstellationen noch näher eingegangen.

b) Vollstreckungsklausel

9 Die Zwangsvollstreckung aus einem Vollstreckungstitel setzt weiterhin grundsätzlich voraus, dass eine **Vollstreckungsklausel** auf diesem angebracht ist. Darunter ist ein **amtlicher Vermerk der Vollstreckbarkeit** des Titels zu verstehen. Die Ausfertigung des Titels, die mit der Vollstreckungsklausel versehen ist, wird auch „**vollstreckbare Ausfertigung**" genannt. § 725 ZPO sieht für die Klausel folgende Formulierung vor: „*Vorstehende Ausfertigung wird dem usw. (Bezeichnung der Partei) zum Zwecke der Zwangsvollstreckung erteilt.*" Diese Klausel ist der Ausfertigung des Urteils am Schluss beizufügen, von dem zuständigen Organ zu unterschreiben und mit einem Gerichtssiegel zu versehen.

10 Die **Vollstreckungsklauseln** lassen sich in **folgende Kategorien** einteilen:

- **einfache Vollstreckungsklauseln** (§ 724 Abs. 1 ZPO, zuständig für deren Erteilung ist der Urkundsbeamte der Geschäftsstelle: § 724 Abs. 2 ZPO),
- **qualifizierte Vollstreckungsklauseln**:
  - **titelergänzende Klauseln** (§ 726 Abs. 1 ZPO, zuständig ist der Rechtspfleger: §§ 3 Nr. 3a; 20 Abs. 1 Nr. 12; 26 RPflG; Ausnahme: beim gerichtlichen Vergleich ist nach § 795b ZPO der Urkundsbeamte der Geschäftsstelle zuständig),

3 Siehe z.B.: Musielak/Voit/*Lackmann*, § 794 Rn 49, § 801 Rn 1; Zöller/*Geimer*, § 794 Rn 43, § 801 Rn 1.

- **titelumschreibende** oder **titelübertragende Klauseln** (§§ 727–729 ZPO, zuständig ist der Rechtspfleger: §§ 3 Nr. 3a; 20 Abs. 1 Nr. 12; 26 RPflG).

Grundsätzlich ist eine Vollstreckungsklausel für alle Arten von Titeln erforderlich. Die Erforderlichkeit für Urteile folgt aus §§ 724 ff. ZPO, diejenige für die in § 794 ZPO genannten Titel aus § 795 ZPO i.V.m. §§ 724 ff. ZPO (analog). Allerdings gibt es auch **Vollstreckungstitel, die** abweichend von diesen Regelungen **keine Klausel benötigen**. Die Ausnahmen sind in §§ 795a ff. ZPO aufgezählt (vor allem Kostenfestsetzungsbeschluss und Vollstreckungsbescheid). Darüber hinaus bedarf es bei Pfändungs- und Überweisungsbeschlüssen (§§ 830 Abs. 1; 836 Abs. 3 ZPO), beim Haftbefehl (§ 802g ZPO) sowie bei Arrestbefehl und einstweiliger Verfügung (§§ 929 Abs. 1; 936 ZPO) keiner Vollstreckungsklausel. 11

c) Zustellung

Weitere allgemeine Voraussetzung der Zwangsvollstreckung ist die **Zustellung nach § 750 ZPO**. Der Sinn der Zustellung liegt einerseits darin, dem Zustellungsadressaten die **Gelegenheit zur Kenntnisnahme** von dem zuzustellenden Schriftstück zu geben. Andererseits wird dadurch dem Zustellungsauftraggeber der **Nachweis der Zustellung** ermöglicht. 12

Zustellungsempfänger ist regelmäßig der Schuldner oder sein gesetzlicher Vertreter (§§ 166, 170 ZPO). In einem noch anhängigen Verfahren hat die Zustellung an den für den Rechtszug bestellten Prozessbevollmächtigten zu erfolgen (§ 172 Abs. 1 S. 1 ZPO). 13

Der Gegenstand der Zustellung wird durch die zugrunde liegende Klausel beeinflusst. Im Falle der **einfachen Klausel** wird **allein der Titel** zugestellt (§ 750 Abs. 1 S. 1 ZPO). Im Falle der **qualifizierten Klausel** (§§ 726 Abs. 1; 727 ff. ZPO) muss dagegen außer dem Titel **auch noch die Klausel** selbst zugestellt werden (§ 750 Abs. 2 ZPO). 14

Hinsichtlich des **Zeitpunkts der Zustellung** gilt, dass diese vor oder gleichzeitig mit Vollstreckungsbeginn vorzunehmen ist (§ 750 Abs. 1 S. 1 ZPO). Zwingend vor der Zwangsvollstreckung muss die Zustellung etwa in den Fällen von §§ 750 Abs. 3 (§ 720a ZPO); 798 ZPO erfolgen. Ansonsten genügt grundsätzlich eine Zustellung gleichzeitig mit Beginn der Zwangsvollstreckung. 15

Auch bei der Zustellung gilt wieder, dass diese nicht in jedem Fall erforderlich ist. **Ausnahmsweise entbehrlich** ist eine vorherige Zustellung wegen der Eilbedürftigkeit der Sache beim Arrestbefehl und bei der einstweiligen Verfügung (§§ 929 Abs. 3; 936 ZPO). Auch die Vorpfändung setzt nach §§ 845, 802a Abs. 2 S. 1 Nr. 5 ZPO keine vorherige Zustellung voraus. Ein **Verzicht** des Schuldners auf die Zustellung *vor* der Zwangsvollstreckung wird nach h.M. als unzulässig, ein Verzicht *bei oder nach* Vornahme der ersten Vollstreckungsmaßnahme hingegen als zulässig angesehen.[4] 16

4 Vertiefung: Zöller/*Seibel*, § 750 Rn 22 m.w.N.

2. Besondere Vollstreckungsvoraussetzungen

17 Neben den soeben dargestellten allgemeinen sind in einigen Vollstreckungsverfahren zudem besondere Vollstreckungsvoraussetzungen zu beachten. Zu nennen sind dabei vor allem folgende Konstellationen:

18 Hängt die Vollstreckung von einer durch den Gläubiger an den Schuldner **Zug um Zug zu erbringenden (Gegen-)Leistung** ab – im Baurecht zumeist vom Werkunternehmer zu erbringende Mängelbeseitigungsarbeiten –, muss nach § 756 ZPO (§ 765 ZPO) der **Nachweis der Gegenleistung** vorliegen. Dies führt dazu, dass der Gläubiger (Werkunternehmer) grundsätzlich vorleistungspflichtig ist, wenn er seinen Anspruch auf Zahlung von Werklohn vollstrecken will. Diese im Baurecht sehr häufig vorkommende Konstellation wird später noch ausführlich behandelt.

19 Bei einem kalendermäßig **fristgebundenen Anspruch** ist es einleuchtend, dass die **Vollstreckung nicht vor Ablauf des maßgeblichen Kalendertages** vorgenommen werden darf. § 751 Abs. 1 ZPO bestimmt daher, dass die Zwangsvollstreckung nur mit Ablauf des entsprechenden Kalendertages beginnen darf.

20 Im Falle der **Vollstreckung gegen Sicherheitsleistung durch den Gläubiger** darf die Zwangsvollstreckung erst dann beginnen, wenn ein **Nachweis über die Erbringung dieser Sicherheitsleistung** vorliegt (§ 751 Abs. 2 ZPO). Damit werden insbesondere die Fälle von §§ 709, 711, 712 Abs. 2 S. 2 ZPO angesprochen. Eine Vollstreckung kann erst dann beginnen, wenn der Gläubiger seine Sicherheitsleistung durch eine öffentliche oder öffentlich beglaubigte Urkunde (vgl. § 415 ZPO) nachgewiesen hat und eine Abschrift dieser Urkunde vor oder gleichzeitig mit der Vollstreckung zugestellt worden ist.[5] Dabei ist **§ 720a ZPO** zu beachten, wonach eine Sicherheitsleistung durch den Gläubiger trotz deren Anordnung im Falle der Sicherungsvollstreckung eines Zahlungsurteils unter den dort genannten Voraussetzungen nicht notwendig ist.

3. Fehlen von Vollstreckungshindernissen

21 Des Weiteren hat das Vollstreckungsorgan vor der Zwangsvollstreckung zu überprüfen, ob dieser **Vollstreckungshindernisse** entgegenstehen. Darunter sind **besondere Umstände** zu verstehen, **die zur Einstellung der Zwangsvollstreckung und evtl. zur Aufhebung bereits ergangener Vollstreckungsmaßnahmen führen**. Hierbei sind vor allem folgende Hindernisse zu nennen, die an dieser Stelle nur kurz dargestellt werden sollen:

22 In **§ 775 Nr. 1–5 ZPO** werden die Tatbestände aufgezählt, bei deren Vorliegen die **Zwangsvollstreckung einzustellen oder zu beschränken** ist.

Siehe außerdem die **gesetzlichen Vollstreckungshindernisse** z.B. in §§ 778, 929 Abs. 2; 936 ZPO, § 290 Abs. 2 StPO.

5 Siehe: Zöller/*Seibel*, § 751 Rn 4 f.

Die **Eröffnung eines Insolvenzverfahrens** über das Vermögen des Schuldners kann ebenfalls ein Hindernis für die Zwangsvollstreckung darstellen. Hat der Gläubiger gegen den Schuldner einen gerechtfertigten Zahlungsanspruch (Insolvenzforderung i.S.d. § 38 InsO), darf die Vollstreckung während der Dauer des Insolvenzverfahrens weder in die Insolvenzmasse (§ 35 InsO) noch in das sonstige Vermögen des Schuldners vorgenommen werden, **§ 89 Abs. 1 InsO**. 23

Des Weiteren kann ein Vollstreckungshindernis auch in einem **zwischen** dem **Gläubiger und** dem **Schuldner** abgeschlossenen **Vollstreckungsvertrag** liegen. Darunter sind Vereinbarungen zwischen dem Vollstreckungsgläubiger und dem Vollstreckungsschuldner über die Durchführung der Zwangsvollstreckung zu verstehen. Man kann **drei Arten solcher Verträge** unterscheiden: 24

- **vollstreckungsbeschränkende**,
- **vollstreckungsausschließende** sowie
- **vollstreckungserweiternde** Absprachen.

Soweit solche Absprachen rechtlich zulässig sind, beschränken bzw. modifizieren sie die Möglichkeiten des Gläubigers im Rahmen der Zwangsvollstreckung.[6]

II. Zwangsvollstreckung wegen einer Geldforderung aus einem Bauvertrag/Werkvertrag

Nach der abstrakt gehaltenen Einführung in die allgemeinen und besonderen Voraussetzungen der Zwangsvollstreckung wendet sich die Darstellung nun den relevantesten baurechtlichen Zwangsvollstreckungskonstellationen zu. Als erstes soll in diesem Zusammenhang die **Zwangsvollstreckung einer Geldforderung aus einem Bauvertrag/ Werkvertrag** erörtert werden. Dabei sind grundsätzlich zwei Fallgestaltungen denkbar: 25

- Der Bauunternehmer (Auftragnehmer) erstreitet gegen den Bauherrn (Auftraggeber) ein Urteil, in dem der Bauherr zur Zahlung des noch offenstehenden Werklohn(teil)s verpflichtet wird (**1. Konstellation**).
- Darüber hinaus ist es möglich, dass diese Werklohnzahlung durch den Bauherrn Zug um Zug gegen Erbringung einer Gegenleistung durch den Bauunternehmer (etwa Mängelbeseitigungsarbeiten) zu erfolgen hat (**2. Konstellation**).

1. Zwangsvollstreckung aus einem „einfachen" Zahlungstitel

Die erste hier behandelte Konstellation betrifft den Fall, dass ein Bauunternehmer gegen den Auftraggeber einen Titel (Urteil, Vergleich etc.) erlangt hat, der auf Zahlung einer bestimmten Werklohnsumme lautet. Der Bauunternehmer will dann – da der Auftraggeber trotz des Titels nicht zahlt – die Zwangsvollstreckung wegen dieser Forderung gegen 26

6 Vertiefung: *Brox/Walker*, § 11 Rn 43 ff.; Zöller/*Seibel*, vor § 704 Rn 24 ff.

den Auftraggeber betreiben. Dabei bieten sich ihm grundsätzlich **zwei Möglichkeiten** der **Vollstreckung einer titulierten Geldforderung**:[7]

- die Zwangsvollstreckung **in das bewegliche Vermögen** („Mobiliarvollstreckung", §§ 803 ff. ZPO) sowie
- die Zwangsvollstreckung **in das unbewegliche Vermögen** („Immobiliarvollstreckung", §§ 864 ff. ZPO).

27 An dieser Stelle soll nur die Zwangsvollstreckung einer Geldforderung in das **bewegliche Vermögen** des Schuldners näher behandelt werden.[8] Diese erfolgt grundsätzlich **durch Pfändung**, § 803 Abs. 1 S. 1 ZPO. Daran schließt sich die **Verwertung** des gepfändeten Objektes an.

28 Die **Zwangsvollstreckung in das bewegliche Vermögen** lässt sich wiederum unterteilen in:

- die Vollstreckung **in körperliche Sachen** (§§ 808 ff. ZPO) sowie
- die Vollstreckung **in Forderungen und andere Vermögensrechte** (§§ 828 ff. ZPO).

a) Zwangsvollstreckung in körperliche Sachen

29 **Funktionell zuständig** für die Vollstreckung in körperliche Sachen ist nach § 808 Abs. 1 ZPO (§ 753 Abs. 1 ZPO) der **Gerichtsvollzieher**.

Örtlich zuständig ist der Gerichtsvollzieher, dem der **Bezirk, in dem die Pfändung erfolgen soll**, vom dienstaufsichtsführenden Richter des Amtsgerichts zugewiesen worden ist (§ 154 GVG, §§ 10, 14 ff. GVO).

30 Der Gerichtsvollzieher wird erst dann tätig, wenn ihm gegenüber ein **Vollstreckungsauftrag** erteilt worden ist (vgl. § 753 Abs. 1, 2 ZPO). Nach § 753 Abs. 3 ZPO ist die **Zwangsvollstreckungsformular-Verordnung** (ZVFV vom 16.12.2022, BGBl I, 2368) eingeführt worden;[9] mit Wirkung vom 22.12.2022 ist dadurch die bisherige Gerichtsvollzieherformular-Verordnung (GVFV) aufgehoben worden und sämtliche Formulare sind nunmehr einheitlich in der ZVFV enthalten. Für Vollstreckungsaufträge an den Gerichtsvollzieher ist seit dem 1.12.2023 (Übergangsregelung: § 6 ZVFV) nach § 1 Abs. 1 ZVFV das **Formular der Anlage 1** eingeführt (dazu unten: Rdn 137; abrufbar unter: www.bmj.de/Zwangsvollstreckungsformulare). **Formularzwang:** Dieses Formular ist für Aufträge an den Gerichtsvollzieher zur Vollstreckung von Geldforderungen verbindlich zu nutzen (§ 2 Abs. 1 Nr. 1 ZVFV; Zweck des Formularzwangs: Standardisierung des Vollstreckungsauftrags); nach § 2 Abs. 2 ZVFV ist Aufträgen an den Gerichtsvollzieher zur Vollstreckung von Geldforderungen zwingend auch das nach § 1

7 Die folgenden Übersichten sind bewusst kurz gehalten und konzentrieren sich darauf, nur die relevantesten rechtlichen Grundlagen wiederzugeben. Aufgabe dieses Abschnitts ist es nicht, in lehrbuchmäßiger Weise alle Verästelungen des Vollstreckungsrechts darzustellen. Es soll vielmehr erreicht werden, einen allgemeinen Überblick über die rechtlichen Möglichkeiten im Rahmen der einzelnen Vollstreckungsverfahren zu geben. Wegen der weiteren Einzelheiten wird im Übrigen auf die gängigen ZPO-Kommentierungen verwiesen.

8 Ausführlich zur Immobiliarvollstreckung: Zöller/*Seibel*, § 864 Rn 1 ff.

9 Ausführlich zur ZVFV (auch zu Ausnahmen vom Formularzwang): Zöller/*Seibel*, § 753 Rn 5; siehe auch: *Salten*, MDR 2023, 538 ff.

Abs. 4 Nr. 1 ZVFV eingeführte **Formular der Anlage 6** (Aufstellung von Forderungen) beizufügen (dazu unten: Rdn 138; abrufbar unter: www.bmj.de/Zwangsvollstreckungsformulare; grds. Einreichungszwang auch für Anlage 6: vgl. BR-Drucks 561/22, 62; zur mehrfachen Nutzung der Anlage 6: vgl. § 2 Abs. 5 ZVFV). Zu zulässigen Abweichungen von den Formularen: vgl. § 3 ZVFV. **Ausfüllhinweise zu den Formularen** sind abrufbar unter: www.bmj.de/Zwangsvollstreckungsformulare. Gem. § 754 Abs. 1 ZPO setzt der Auftrag außerdem voraus, dass dem Gerichtsvollzieher eine vollstreckbare Ausfertigung des Titels übergeben wird.

Zu Beginn der Zwangsvollstreckung **fordert der Gerichtsvollzieher den Schuldner** 31 zunächst **zur (freiwilligen) Leistung auf**, § 754 ZPO i.V.m. § 59 Abs. 2 S. 1 GVGA. Der Gerichtsvollzieher soll in jeder Lage des Verfahrens auf eine **gütliche Erledigung** bedacht sein (vgl. §§ 802a, 802b Abs. 1 ZPO).

Kommt der Schuldner dem nicht nach, erfolgt die **Pfändung** der **im Gewahrsam des** 32 **Schuldners** (§ 808 ZPO) **befindlichen beweglichen Sachen**. Dieser unterliegen grundsätzlich alle beweglichen Sachen i.S.d. § 90 BGB. Wegen der **Ausnahmen und Pfändungsverbote** wird insbesondere auf § 865 Abs. 2 ZPO, §§ 1120 ff. BGB und §§ 811 ff. ZPO verwiesen.

Die **Rechtsfolgen der wirksamen Pfändung** nach § 808 Abs. 1–3 ZPO sind die **Verstrickung der Sache** sowie das **Entstehen eines Pfändungspfandrechts**. Die Verstrickung 33 lässt ein öffentlich-rechtliches Gewahrsamsverhältnis an der gepfändeten Sache entstehen.[10] Durch das Pfändungspfandrecht (§ 804 Abs. 1 ZPO) werden dem Gläubiger nach § 804 Abs. 2 ZPO dieselben Rechte wie bei einem durch Vertrag erworbenen Faustpfandrecht (§§ 1204 ff. BGB) eingeräumt. Er erhält dabei insbesondere das Recht, durch Verwertung der gepfändeten Sache Befriedigung in Höhe seiner titulierten Forderung zu erlangen.

Die **Verwertung der gepfändeten Sache(n)** erfolgt regelmäßig durch **öffentliche Versteigerung** gem. §§ 814 ff. ZPO. Im Anschluss daran wird der Erlös verteilt. Es versteht 34 sich von selbst, dass bei dem Schuldner **gepfändetes Geld nicht zu versteigern**, sondern nach § 815 ZPO einfach bei dem Gläubiger abzuliefern ist.

b) Zwangsvollstreckung in Forderungen und andere Vermögensrechte

Neben der Vollstreckung einer Geldforderung in bewegliche Sachen besteht die Möglichkeit der Vollstreckung in Forderungen und andere Vermögensrechte des Schuldners. 35 Das ist in §§ 828 ff. ZPO geregelt. Dabei soll hier nur die **Zwangsvollstreckung in Geldforderungen des Schuldners** interessieren.

Funktionell zuständig für die Zwangsvollstreckung einer Geldforderung des Gläubigers 36 in eine Geldforderung des Schuldners (z.B. dessen Lohnanspruch gegen den Arbeitgeber; zur Pfändungsgrenze: §§ 850c ff. ZPO) ist nach §§ 828 Abs. 1; 764 Abs. 1; 802 ZPO i.V.m. § 20 Abs. 1 Nr. 17 RPflG der **Rechtspfleger** des Amtsgerichts als Vollstreckungs-

10 Einzelheiten dazu: *Brox/Walker*, § 14 Rn 5 ff.; Zöller/*Seibel*, § 804 Rn 1 ff.

gericht. Die **örtliche Zuständigkeit** bestimmt sich nach §§ 828 Abs. 2; 13 ff., 23, 802 ZPO. **Grundsätzlich** ist das **Amtsgericht des allgemeinen Gerichtsstandes des Schuldners** zuständig (§§ 13 ff. ZPO). **Hilfsweise** ergibt sich eine Zuständigkeit des **Amtsgerichts des Vermögensgerichtsstandes des Schuldners** (§ 23 ZPO).

37 Der Gläubiger muss einen **Pfändungsantrag** stellen, wobei insofern **kein Anwaltszwang** herrscht. Für diesen Antrag sind gem. § 829 Abs. 4 ZPO in der **Zwangsvollstreckungsformular-Verordnung** (ZVFV vom 16.12.2022, BGBl I, 2368) **Formulare** eingeführt worden (abrufbar unter: www.bmj.de/Zwangsvollstreckungsformulare; **zeitliche Geltung** der neuen Formulare: seit dem 1.12.2023 [Übergangsregelung: § 6 ZVFV]). Für (sämtliche) Anträge auf Erlass eines Pfändungsbeschlusses (§ 829 ZPO) sowie eines Pfändungs- und Überweisungsbeschlusses (PfÜB; §§ 829, 835 ZPO) ist nach § 1 Abs. 3 ZVFV in deren **Anlage 4** ein Formular enthalten (dazu unten: Rdn 140). **Anlage 5** enthält ein Formular „Entwurf eines Pfändungsbeschlusses und eines PfÜB" (dazu unten: Rdn 141). **Anlage 7** (keine gesetzlichen Unterhaltsansprüche; dazu unten: Rdn 142) und **Anlage 8** (gesetzliche Unterhaltsansprüche) enthalten außerdem Formulare für die Aufstellung von Forderungen. **Formularzwang**: Die Anlagen 4 und 5 sind verbindlich zu nutzen (§ 829 Abs. 4 S. 2 ZPO; § 2 Abs. 1 Nr. 3 ZVFV; Zweck des Formularzwangs: Standardisierung des Vollstreckungsauftrags); nach § 2 Abs. 4 ZVFV sind dem Formular der Anlage 4 zwingend auch die Formulare der Anlage 5 sowie Anlage 7 bzw. Anlage 8 beizufügen (grds. Einreichungszwang auch für Anlagen 7 bzw. 8: vgl. BR-Drucks 561/22, 62 f.; zur mehrfachen Nutzung der Anlagen 7 bzw. 8: vgl. § 2 Abs. 5 ZVFV). Zu zulässigen Abweichungen von den Formularen: vgl. § 3 ZVFV. **Ausfüllhinweise zu den Formularen** sind abrufbar unter: www.bmj.de/Zwangsvollstreckungsformulare.

Exkurs: § 3 ZVFV regelt mehr zulässige Abweichungen von den Formularen als bisher und greift damit u.a. die Rechtsprechung des BGH auf. Der Gläubiger ist nach bisheriger Rechtsprechung des BGH vom Formularzwang entbunden, soweit das **Formular unvollständig, unzutreffend, fehlerhaft oder missverständlich** ist.[11] Nach dieser Ansicht des BGH sollte es aber zu beanstanden sein, wenn der Gläubiger die Anlage 1 des Formulars (Forderungsaufstellung) nicht ausgefüllt und stattdessen (mit Hinweis in Modul C) eine selbstverfasste Anlage beigefügt hatte. Das ist äußerst bedenklich, weil der Formularzwang kein Selbstzweck ist und allein die Effektivität der Sachbearbeitung (kein zusätzlicher Mehraufwand) relevant sein sollte.[12]

38 Der zuständige Rechtspfleger legt seiner **Entscheidung** die bloßen Behauptungen des Gläubigers zugrunde. In den überaus meisten Fällen ergeht sodann **ohne Anhörung** des Schuldners (vgl. § 834 ZPO) und **ohne mündliche Verhandlung** (§§ 764 Abs. 3; 128 Abs. 4 ZPO) ein **Pfändungs- und Überweisungsbeschluss** (PfÜB). Dessen Inhalt ist in §§ 829 Abs. 1; 835 Abs. 1 ZPO geregelt. Mit der Zustellung des PfÜB an den Dritt-

11 BGH v. 26.9.2018 – VII ZB 56/16 – MDR 2018, 1525 = IBR 2018, 709 mit Anm. *Seibel*.

12 Ebenso: *Dörr*, MDR 2019, 147 (148: keine Überbetonung formaler Anforderungen); siehe auch: Zöller/*Seibel*, § 829 Rn 43, § 703c Rn 8 m.w.N.

schuldner ist die Pfändung als bewirkt anzusehen, §§ 829 Abs. 2–3; 835 Abs. 3 S. 1 ZPO.

Rechtsfolge der Pfändung ist zum einen die **Verstrickung der Forderung** (§§ 135, 136 BGB) und zum anderen das **Entstehen eines Pfändungspfandrechts**, wobei dessen Voraussetzungen im Einzelnen umstritten sind.[13] Die **Überweisung** stellt letztlich die **Verwertung der gepfändeten Forderung** dar. 39

2. Zwangsvollstreckung aus einem „Zug-um-Zug-Titel"

In baurechtlichen Fällen stellt sich nicht nur die Frage nach der Vollstreckung einer Werklohnforderung aus einem „einfachen" Zahlungstitel. Vielfach erhält der Bauunternehmer einen sog. **„Zug-um-Zug-Titel"**, d.h. er wird durch diesen Titel selbst zur Vornahme einer Gegenleistung an den Auftraggeber verpflichtet. In den allermeisten Fällen handelt es sich hierbei um die Vornahme von Mängelbeseitigungsarbeiten. 40

a) Allgemeines

Der Fall, dass der Auftraggeber/Bauherr zur Zahlung des Werklohns nur Zug um Zug gegen Beseitigung von gerichtlich festgestellten Mängeln verpflichtet wird, kommt in der Praxis sehr häufig vor. Damit wird der – bereits oben erwähnte – Fall von §§ 756, 765 ZPO (besondere Vollstreckungsvoraussetzungen) angesprochen. Hängt die Vollstreckung von einer Zug um Zug zu bewirkenden Leistung des Gläubigers an den Schuldner ab, **darf der Gerichtsvollzieher die Vollstreckung nicht beginnen, bevor er dem Schuldner die** diesem gebührende **Leistung in einer den Annahmeverzug begründenden Weise angeboten** hat. Das ist dann entbehrlich, wenn der Beweis, dass der Schuldner befriedigt ist oder sich in Annahmeverzug befindet, durch öffentliche oder öffentlich beglaubigte Urkunden geführt wird (§ 756 Abs. 1 ZPO). Die sich in diesem Zusammenhang ergebende Problematik ist dem Grunde nach im materiellen Recht verankert. Der Schuldner hat einen Anspruch auf vertragsgemäße Leistung. Eine Zahlung muss er erst nach Erbringung einer solchen durch den Bauunternehmer leisten. Damit wird augenscheinlich, dass die einem „Zug-um-Zug-Titel" innewohnende Gleichzeitigkeit der gegenseitigen Leistungen (§§ 320, 273 BGB) im Falle der Werklohnzahlung gegen Beseitigung von Baumängeln nicht eingreifen kann. Der **Bauunternehmer ist zur Vorleistung verpflichtet**, wenn er seine Werklohnforderung vollstrecken will. Dadurch werden **materielle Probleme** und Fragen – wie diejenige, ob nunmehr eine mangelfreie Bauleistung vorliegt[14] – **in das Vollstreckungsverfahren verlagert**. Diese vom BGH ausdrücklich gebilligte Verlagerung materiell-rechtlicher Probleme in das Vollstreckungsverfahren[15] führt zu einer **besonderen Belastung der Vollstreckungsorgane** – namentlich des Gerichtsvollziehers. Dieser muss gleichsam als „Gutachter" auftreten 41

13 Zum Meinungsstand: *Brox/Walker*, § 18 Rn 272 i.V.m. § 14 Rn 31 ff.; Zöller/*Seibel*, § 804 Rn 2 – jeweils m.w.N.

14 Siehe zu den Voraussetzungen einer mangelfreien Bauleistung z.B. folgende Veröffentlichungen des Autors: Nicklisch/Weick/Jansen/*Seibel*, VOB/B, § 13 Rn 29 ff.; *Seibel*, Baumängel und anerkannte Regeln der Technik, Rn 82 ff.; Staudt/*Seibel*, Handbuch für den Bausachverständigen, 10. und 11. Kapitel.

15 So etwa: BGH v. 4.6.1973 – VII ZR 112/71 – BGHZ 61, 42, 45 f.

und beurteilen, ob die Bauleistung mangelfrei ist oder nicht.[16] Dabei liegt es auf der Hand, dass zwischen den Parteien große Meinungsverschiedenheiten über die Frage, ob die Gegenleistung in einer den Annahmeverzug begründenden Weise erbracht worden ist, entstehen können. Es stellt sich insbesondere die Frage, inwieweit es dem Gerichtsvollzieher zugemutet werden kann, dies zu überprüfen. Gerade die Beantwortung von technischen Mängelfragen erfordert ein vertieftes Wissen von technischen Normen und der derzeit herrschenden Auffassung unter den Fachleuten („allgemein anerkannte Regeln der (Bau-)Technik"[17]). Der Gerichtsvollzieher ist – jedenfalls im Regelfall – kein bautechnisch versierter Sachverständiger, dem eine solche Begutachtung leichtfallen würde. Auf die Frage der **Prüfungspflicht bzw. -kompetenz des Gerichtsvollziehers** wird unten noch kurz einzugehen sein. Es wird aber bereits hier deutlich, dass dies ein besonderes Problem der Vollstreckung von „Zug-um-Zug-Titeln" darstellt.

42 **Ausblick: Zukünftige Änderung von §§ 756, 765 ZPO?**

Im Rahmen des **Forderungssicherungsgesetzes** („FoSiG")[18] war **ursprünglich geplant**, dieses Problem zu entschärfen: Nach den geplanten **§ 756 Abs. 1a ZPO und § 765 S. 2 ZPO** sollte der Beweis, dass die Zug um Zug zu erbringende Nacherfüllungsleistung des Gläubigers (Bauunternehmers) ordnungsgemäß erbracht worden ist, durch die **Bescheinigung eines Gutachters**, auf den sich die Parteien schriftlich nach Entstehen der Streitigkeit verständigt haben (§ 756 Abs. 1a S. 2 Nr. 1 ZPO), oder eines öffentlich bestellten und vereidigten (öbuv) Sachverständigen (§ 756 Abs. 1a S. 2 Nr. 2 ZPO) geführt werden können. In diesen Fällen hätte der Gerichtsvollzieher als Vollstreckungsorgan keine Probleme mit der Feststellung der Ordnungsgemäßheit der erbrachten Gegenleistung des Gläubigers gehabt. Er hätte einfach auf die gutachterliche Bescheinigung zurückgreifen können. **Diese wünschenswerten Änderungen in §§ 756 Abs. 1a; 765 S. 2 ZPO sind** jedoch bei der Umsetzung des FoSiG **vom Gesetzgeber** mit dem Hinweis „**auf Eis gelegt**" worden, diese seien einer weiteren Prüfung vorbehalten.[19] Da der Gesetzgeber bislang nicht weiter aktiv geworden ist, ist eine Änderung von §§ 756, 765 ZPO derzeit nicht mehr zu erwarten.

b) Zum Inhalt des Vollstreckungstitels (Problem: Bestimmtheit der Gegenleistung)

43 Weitere Probleme können sich hinsichtlich des **Titelinhalts** ergeben. Zunächst kann es schon sehr **schwierig** sein **zu erkennen**, ob überhaupt ein „**Zug-um-Zug-Titel**" vorliegt. Wird in dem der Vollstreckung zugrunde liegenden Titel ausdrücklich eine Zahlung „Zug um Zug" gegen Beseitigung bestimmter Baumängel erwähnt (**1. Fall**), ergeben

16 Dazu: Werner/Pastor/*Manteufel/Pastor*, Der Bauprozess, Rn 3182 ff.

17 Ausführlich zu den „allgemein anerkannten Regeln der Technik": Nicklisch/Weick/Jansen/*Seibel*, VOB/B, § 13 Rn 29 ff.; *Seibel*, Baumängel und anerkannte Regeln der Technik, Rn 20 ff., 96 ff.; *Seibel*, Der Stand der Technik im Umweltrecht (Diss., Hamburg 2003), S. 88 ff.; *Seibel*, BauR 2004, 266 ff.; *Seibel*, NJW 2013, 3000 ff.; *Seibel*, BauR 2014, 909 ff.; *Seibel*, Der BauSV 4/2023, 55 ff.; Staudt/*Seibel*, Handbuch für den Bausachverständigen, 10. Kapitel.

18 Entwurf eines Gesetzes zur Sicherung von Werkunternehmeransprüchen und zur verbesserten Durchsetzung von Forderungen (Forderungssicherungsgesetz) = BT-Drucks 16/511. Dieser Entwurf war – bis auf marginale Änderungen – identisch mit dem Entwurf v. 14.7.2004 = BT-Drucks 15/3594.

19 Dazu: BT-Drucks 16/9787, 1 (Ziffer B.).

sich keinerlei Probleme. Wird zwischen den Parteien aber z.B. ein Vergleich mit dem Inhalt geschlossen, dass der Bauherr zahlen und der Bauunternehmer die Mängel beseitigen soll (**2. Fall**), ist unklar, ob die Parteien ihre Verpflichtungen aus diesem Vergleich Zug um Zug zu erbringen haben. In einem solchen Fall muss der **Titel nach dem objektiven Empfängerhorizont** (§§ 133, 157 BGB) **ausgelegt** werden. Im 2. Fall wird man davon ausgehen müssen, dass die Parteien keinen von der materiellen Rechtslage abweichenden Zustand vereinbaren wollten und dass die Verpflichtungen Zug um Zug zu erbringen sind. Anders ist dies aber, wenn aus der Formulierung im Titel eindeutig hervorgeht, dass der Bauunternehmer vorleistungspflichtig sein soll.

Formulierungsbeispiel 44

„Nachdem der Bauunternehmer (...) die Baumängel (...) (*konkrete Bezeichnung*) beseitigt hat, verpflichtet sich der Bauherr (...), den noch offenstehenden Werklohn i.H.v. (...) zu zahlen.“ (**3. Fall**)

Hierbei dürfte es sich um den praktisch seltenen Fall von § 726 Abs. 1 ZPO handeln.[20]

Ein weiteres Problem hinsichtlich des Inhalts von „Zug-um-Zug-Titeln“ besteht darin, 45 dass die durch den Bauunternehmer zu erbringende **Gegenleistung** so **hinreichend bestimmt** sein muss, dass der Gerichtsvollzieher ohne Weiteres erkennen kann, was und wie vollstreckt werden soll. Fehlt eine **klare Tenorierung** der Zug um Zug zu erbringenden Leistung, wird eine ordnungsgemäße Vollstreckung erschwert bzw. vielleicht sogar unmöglich gemacht. Dem Vollstreckungsorgan muss durch den „Zug-um-Zug-Titel“ quasi eine unmissverständliche Anleitung an die Hand gegeben werden.[21] Gerade dies stellt in der Praxis häufig ein Problem dar – etwa deswegen, weil der Bauherr seine Mängelrüge zwar substantiiert, aber sehr knapp gehalten hat.[22] An dieser Stelle zeigt sich eine weitere Verknüpfung des Erkenntnisverfahrens mit dem nachfolgenden Zwangsvollstreckungsverfahren: Die **Prozessvertreter** beider (!) Parteien sollten schon **im Rahmen der gerichtlichen Auseinandersetzung darauf hinwirken**, dass eine Zug um Zug zu erbringende **Gegenleistung** von dem Gericht **hinreichend bestimmt** im Urteil beschrieben wird. Anderenfalls wird sich die Zwangsvollstreckung verzögern, weil zunächst eine Korrektur/Ergänzung des Titels (Urteil, Vergleich etc.) durch das Gericht notwendig werden kann.

Bei der Bestimmung der Zug um Zug zu erbringenden Mängelbeseitigung durch den 46 Bauunternehmer ist noch Folgendes zu beachten: **In dem Vollstreckungstitel** darf dem Bauunternehmer **nicht** etwa **die Art und Weise der Mängelbeseitigung vorgeschrieben** werden. Insofern steht dem Unternehmer nämlich ein Wahlrecht zu, wie er die Mängelbeseitigung vornimmt.[23] Maßgeblich ist allein das Ergebnis: Es muss gewährleis-

20 Siehe auch: Zöller/*Seibel*, § 726 Rn 4.

21 Vgl. dazu: Werner/Pastor/*Manteufel/Pastor*, Der Bauprozess, Rn 3169 ff.

22 Zum substantiierten Mängelvortrag im Bauprozess: Nicklisch/Weick/Jansen/*Seibel*, VOB/B, § 13 Rn 98 ff.; *Seibel*, Baumängel und anerkannte Regeln der Technik, Rn 420 ff.; *Seibel*, IBR 2006, 73 (Langaufsatz: IBR 2006, 1602 [nur online]); *Seibel*, DRiZ 2006, 361 ff.

23 Werner/Pastor/*Manteufel/Pastor*, Der Bauprozess, Rn 3170 a.E.

tet sein, dass nach der Beseitigung der Mängel die Bauleistung dem vertraglich geschuldeten Zustand entspricht und auf Dauer gebrauchstauglich sowie funktionstauglich ist (grds. Mindeststandard: „allgemein anerkannte Regeln der (Bau-)Technik“[24]).

47 *Beispiele für eine unbestimmte Bezeichnung der Zug um Zug durch den Bauunternehmer vorzunehmenden Mängelbeseitigungsmaßnahmen*

„Der Bauherr verpflichtet sich zur Zahlung des offenstehenden Werklohns i.H.v. 10.000 EUR an den Bauunternehmer Zug um Zug gegen Beseitigung der von dem Bauherrn im Laufe der Bauausführung festgestellten Mängel durch den Bauunternehmer.“

oder:

„Der Bauherr verpflichtet sich zur Zahlung von 10.000 EUR Zug um Zug gegen Beseitigung der sachverständig festgestellten Mängel durch den Bauunternehmer.“

48 In beiden Fällen lässt sich dem Tenor nicht entnehmen, welche Mängel genau zu beseitigen sind.

49 *Beispiel für eine hinreichend bestimmte Bezeichnung der Zug um Zug durch den Bauunternehmer vorzunehmenden Mängelbeseitigungsmaßnahmen*

„Der Bauherr zahlt den restlichen Werklohn i.H.v. 10.000 EUR an den Bauunternehmer Zug um Zug gegen Beseitigung folgender durch den Sachverständigen (…) im Gutachten vom (…) festgestellten Mängel: a) (…), b) (…), c) (…) (*genaue Auflistung der Mängelpositionen*).“

50 In diesem Fall wird ganz genau bestimmt, welche Mängelbeseitigungsmaßnahmen durch den Bauunternehmer vorzunehmen sind. Auf eine Formulierung dieser Art sollten die Prozessvertreter im Erkenntnisverfahren unbedingt hinwirken.

c) Überprüfung durch den Gerichtsvollzieher im Rahmen der Vollstreckung

51 Es fragt sich, welche **Prüfungspflichten** dem **Gerichtsvollzieher** im Rahmen der Vollstreckung aus einem „Zug-um-Zug-Titel“ hinsichtlich der Gegenleistung (Mängelbeseitigungsarbeiten) des Bauunternehmers obliegen. Nach § 756 ZPO darf der Gerichtsvollzieher die Vollstreckung nicht beginnen, bevor dem Schuldner die Gegenleistung in einer den Annahmeverzug begründenden Weise (§§ 293 ff. BGB) angeboten worden ist. Kann der Bauunternehmer durch eine öffentliche oder öffentlich beglaubigte Urkunde nachweisen, dass die Gegenleistung erbracht, der Auftraggeber hinsichtlich der Gegenleistung befriedigt ist oder dass er sich hinsichtlich der Gegenleistung bereits in Annahmeverzug befindet oder lehnt der Schuldner die Gegenleistung nach einem wörtlichen Angebot des Gerichtsvollziehers (§ 756 Abs. 2 ZPO – abweichend von § 295 BGB) ab, kann die Vollstreckung sofort stattfinden. Die Fälle, dass der Bauunternehmer durch

24 Zu den „allgemein anerkannten Regeln der Technik“ als grds. Mindeststandard eines Bauvertrages: BGH v. 10.7.2014 – VII ZR 55/13 – BauR 2014, 1801, Rn 17; BGH v. 20.12.2012 – VII ZR 209/11 – BauR 2013, 624 Rn 23; BGH v. 14.5.1998 – VII ZR 184/97 – BauR 1998, 872; Nicklisch/Weick/Jansen/*Seibel*, VOB/B, § 13 Rn 31 ff.; *Seibel*, Baumängel und anerkannte Regeln der Technik, Rn 96 ff., 142 ff.; *Seibel*, Der BauSV 4/2023, 55 ff.

öffentliche Urkunden die Befriedigung des Bauherrn bzw. den schon bestehenden Annahmeverzug beweisen kann, sollen hier nicht weiter vertieft werden.[25] Regelmäßig wird die Konstellation vorliegen, dass der Bauunternehmer nur nach erfolgter Gegenleistung (Mängelbeseitigung) die Vollstreckung beginnen darf. Dies erfordert in der Regel, dass der Gerichtsvollzieher das **Mängelbeseitigungsergebnis dem Bauherrn tatsächlich anbieten** muss. Der Bauunternehmer muss zuerst nachbessern, das daraus resultierende Produkt hat der Gerichtsvollzieher dem Bauherrn sodann anzubieten. Da im Falle der Zug um Zug zu erbringenden Gegenleistung des Gläubigers die Vollstreckungsklausel nach § 726 Abs. 2 ZPO regelmäßig ohne besonderen Nachweis erteilt wird (Ausnahme: Schuldner wird zur Abgabe einer Willenserklärung verurteilt: §§ 726 Abs. 2, 894 S. 2 ZPO), muss die Frage der Ordnungsgemäßheit der Gegenleistung im Rahmen der Durchführung der Vollstreckung geklärt werden. Erforderlich ist daher zunächst eine **eigene Prüfung des Gerichtsvollziehers**, ob z.B. die **Nachbesserungsarbeiten** überhaupt **ordnungsgemäß** erbracht worden sind.[26] Diese Prüfung bezieht sich auch auf alle mit der Nachbesserung verbundenen Nebenarbeiten.[27] An dieser Stelle zeigt sich wieder die Verknüpfung von materiell-rechtlichen Problemen mit dem Vollstreckungsverfahren. Die Frage, ob die Gegenleistung des Bauunternehmers in einer den Annahmeverzug begründenden Weise erbracht worden ist, richtet sich nach materiellem Recht (§§ 293 ff. BGB). Die Mängelbeseitigungsarbeiten des Bauunternehmers müssen mangelfrei, vollständig (eine Teilleistung ist nach § 266 BGB ausgeschlossen), am richtigen Leistungsort (§ 269 BGB) und zur richtigen Leistungszeit (§ 271 BGB; im Rahmen der Vollstreckung regelmäßig vor dem Angebot gegenüber dem Bauherrn) erbracht worden sein. Da dem Gerichtsvollzieher regelmäßig die Fachkompetenz zur Beantwortung von z.B. technischen Mängelfragen fehlen wird, muss er einen **Sachverständigen hinzuziehen**.[28]

Es liegt auf der Hand, dass bei der Frage der Ordnungsgemäßheit von Mängelbeseitigungen Spannungen zwischen den Parteien auftreten können. Will der **Bauherr** rügen, der Gerichtsvollzieher sei zu Unrecht vom Vorliegen einer ordnungsgemäßen Mängelbeseitigung ausgegangen, kann er dies mittels der **Vollstreckungserinnerung** (§ 766 ZPO) tun; die Vollstreckungsabwehrklage (§ 767 ZPO) ist ihm dabei nach h.M. versagt.[29] Dem 52

25 Sollte der Auftraggeber/Bauherr eine ihm von dem Bauunternehmer bereits angebotene Mängelbeseitigung abgelehnt haben, empfiehlt es sich für den Bauunternehmer, in dem Werklohnprozess neben dem Zahlungsantrag auch eine Feststellung dahingehend zu beantragen, dass sich der Auftraggeber/Bauherr mit der Annahme der schon angebotenen Mängelbeseitigung in Verzug befindet. Dies ist dann ein Fall, in dem durch öffentliche Urkunde (nämlich später das Urteil) der Annahmeverzug des Auftraggebers/Bauherrn nachgewiesen wird. Allgemein dazu schon: BGH v. 9.12.1981 – VIII ZR 280/80 – NJW 1982, 1048 (1049). Ein solcher Fall kann z.B. dann vorliegen, wenn der Bauunternehmer schon im Vorfeld des Prozesses die Mängelbeseitigung anbietet, der Auftraggeber/Bauherr aber erwidert, er werde den Bauunternehmer nicht mehr ins Haus lassen.

26 OLG Celle v. 5.7.1999 – 4 W 154/99 – NJW-RR 2000, 828. Der mittlerweile aufgehobene § 84 Nr. 2 GVGA a.F. bestimmte u.a.: „... Der Gerichtsvollzieher überprüft dabei, ob die angebotene Gegenleistung richtig und vollständig ist." Zum Meinungsstand: *Brox/Walker*, § 10 Rn 21 ff.

27 Werner/Pastor/*Manteufel/Pastor*, Der Bauprozess, Rn 3181.

28 OLG Celle v. 5.7.1999 – 4 W 154/99 – NJW-RR 2000, 828; KG v. 3.2.1989 – 7 U 3866/88 – NJW-RR 1989, 638. Ausführlich zur Prüfungskompetenz des Gerichtsvollziehers: Zöller/*Seibel*, § 756 Rn 8 a.E.; *Seibel*, ZfBR 2008, 330 ff.

29 KG v. 3.2.1989 – 7 U 3866/88 – NJW-RR 1989, 638; Zöller/*Seibel*, § 756 Rn 17 m.w.N.

Bauunternehmer steht hingegen – wenn der Gerichtsvollzieher keine ordnungsgemäße Mängelbeseitigung anerkennen und die Vollstreckung deswegen nicht beginnen will – die **Vollstreckungserinnerung** (§ 766 ZPO)[30] oder **daneben evtl.** auch die **Klage auf Feststellung** zu, seine Mängelbeseitigungsarbeiten seien ordnungsgemäß erbracht worden.[31]

53 Hinsichtlich der Frage, wie zu verfahren ist, wenn der **Bauherr dem Bauunternehmer** nach einer rechtskräftigen Verurteilung zur Zahlung von Werklohn Zug um Zug gegen Mängelbeseitigung **fruchtlos eine Frist zur ordnungsgemäßen Mängelbeseitigung gesetzt hat** und **danach Gewährleistungsansprüche geltend macht**, vertritt das OLG Naumburg (zweimal gescheiterte Mängelbeseitigungsarbeiten) die überzeugende Auffassung, dass der Bauherr sein Zurückbehaltungsrecht verliert und die (Zug um Zug) **titulierte Werklohnforderung** des Bauunternehmers dann **um die Minderungs- bzw. Schadensersatzansprüche etc. gekürzt** (sofort, d.h. ohne vorherige Beseitigung der im Urteil aufgeführten Mängel) vollstreckt werden kann.[32]

d) Besonderheit: Der „doppelte Zug-um-Zug-Titel“

54 Eine Besonderheit stellt der sog. „doppelte Zug-um-Zug-Titel“ dar. In der Sache handelt es sich dabei um die Konstellation, dass der Bauunternehmer einen Werklohnzahlungstitel gegen den Bauherrn Zug um Zug gegen Beseitigung von festgestellten Mängeln erhält („normaler“ Zug-um-Zug-Titel), wobei der **Bauherr** wiederum **im Rahmen der Mängelbeseitigungsarbeiten einen eigenen Beitrag** (etwa Vorarbeiten oder Zuschusszahlungen) **zu leisten** hat. Außerprozessual steht dem Bauunternehmer hinsichtlich dieses Beitrages des Bauherrn ein Recht auf Sicherheitsleistung zu.[33] Prozessual führt das im Rahmen eines Werklohnprozesses zu einer „doppelten Zug-um-Zug-Verurteilung“.

Dazu führte der BGH in seinem Urt. v. 22.3.1984 Folgendes aus:[34]

> *„... Handelt es sich ... um einen Restwerklohntitel mit doppeltem Zug-um-Zug-Vorbehalt, so muss ... der Auftragnehmer ordnungsgemäß die Nachbesserung anbieten. Da er nur Zug um Zug gegen Kostenbeteiligung zu leisten braucht, hat er nur zunächst den Auftraggeber zur Zuschusszahlung aufzufordern (entsprechend § 295 Satz 2 BGB). Lehnt dieser ab, kann der Vergütungstitel vollstreckt werden. Bietet der Auftraggeber den Kostenbeitrag tatsächlich an – mehr hat er gem. §§ 294, 298 BGB nicht zu tun, insbesondere also den Zuschuss noch nicht auszuzahlen –, so muss der Auftragnehmer sein Nachbesserungsangebot in die Tat umsetzen. Das kann er nur, indem er die Mängel abnehmbar beseitigt. Darin liegt zwar eine gewisse Benachteiligung gegenüber dem Auftraggeber, doch ist diese im unterschiedlichen Inhalt der beiderseitigen Leistungspflichten begründet. ... Im Ergebnis ist der Auftragnehmer also auch bei der „doppelten Zug-um-Zug-Verurteilung“ praktisch vorleistungs-*

30 Dazu: Zöller/*Seibel*, § 756 Rn 17 m.w.N.
31 Werner/Pastor/*Manteufel/Pastor*, Der Bauprozess, Rn 3184; siehe aber auch: Zöller/*Seibel*, § 756 Rn 17 m.w.N.
32 OLG Naumburg v. 12.10.2000 – 2 U 124/99 – BauR 2002, 347 ff.
33 BGH v. 22.3.1984 – VII ZR 50/82 – BauR 1984, 395 ff.
34 Siehe: BGH v. 22.3.1984 – VII ZR 286/82 – NJW 1984, 1679, 1680 f.

pflichtig. Er muss den Nachweis der erfolgten Mängelbeseitigung führen, bevor ihm der Zuschuss ausgehändigt wird und er seinen Restwerklohnanspruch vollstrecken kann.“

Zu diesen Ausführungen des BGH ist zu ergänzen, dass der **Auftragnehmer/Bauunternehmer** eine **Hinterlegung der** durch den Bauherrn angebotenen **Zuschusszahlung verlangen** kann.[35]

Im Rahmen der **Tenorierung eines „doppelten Zug-um-Zug-Titels“** muss also zum 55
Ausdruck kommen, dass der Bauunternehmer seinen (restlichen) Werklohn nur Zug um Zug gegen Mängelbeseitigung bekommt, seinerseits aber mit dieser Mängelbeseitigung erst Zug um Zug gegen Zuschusszahlung(sangebot) des Bauherrn beginnen muss.

> *Tenorierungsbeispiel*
>
> „Der Auftraggeber/Bauherr (...) verpflichtet sich zur Zahlung von 10.000 EUR an den Bauunternehmer (...) Zug um Zug gegen Beseitigung folgender Mängel durch den Bauunternehmer: a) (...), b) (...), c) (...) (*genaue Mängelbezeichnung*). Die Mängelbeseitigung durch den Bauunternehmer (...) ist ihrerseits davon abhängig, dass der Auftraggeber/Bauherr (...) Zug um Zug einen Zuschuss dazu i.H.v. (...) zahlt (***oder***: dass der Auftraggeber/Bauherr (...) Zug um Zug dazu folgende Vorarbeiten durchführen lässt: (...) (*genaue Bezeichnung der Vorarbeiten*)).“

III. Zwangsvollstreckung zur Erzwingung von Baumaßnahmen

Im Anschluss an das Erkenntnisverfahren, welches z.B. eine Verurteilung des Bauunter- 56
nehmers zur Mängelbeseitigung zum Inhalt hatte, kommt es in der Praxis nicht selten zum Verfahren nach §§ 887 f. ZPO. Wird der Bauunternehmer zur Mängelbeseitigung verurteilt, richten sich die Vollstreckungsmöglichkeiten des Bauherrn im Falle des **Untätigbleibens des Bauunternehmers** vor allem nach §§ 887 f. ZPO. In diesem Zusammenhang ist insbesondere § 887 ZPO von Interesse – handelt es sich bei den Mängelbeseitigungsarbeiten doch regelmäßig um vertretbare Handlungen.[36] Eine vertretbare Handlung wird dadurch erzwungen bzw. vollstreckt, dass der Gläubiger vom Gericht zur Vornahme der Handlung auf Kosten des Schuldners ermächtigt wird.

1. Voraussetzungen nach § 887 Abs. 1 ZPO

a) Nichtvornahme einer Handlung

Voraussetzung für die Anwendbarkeit von § 887 ZPO ist zunächst, dass der Schuldner 57
(Bauunternehmer) hinsichtlich der im Titel vorgeschriebenen Handlungspflicht (Mängelbeseitigung) untätig bleibt – er also die Vornahme der Handlung verweigert. Fraglich ist, ab **welchem Zeitpunkt der Gläubiger berechtigt ist, nach § 887 Abs. 1 ZPO vorzugehen** und dies zu beantragen. Das hängt unmittelbar mit der Frage zusammen,

35 BGH v. 22.3.1984 – VII ZR 50/82 – BauR 1984, 395 ff.

36 Zöller/*Seibel*, § 887 Rn 3 mit vielen weiteren Beispielen. Zur Anwendbarkeit von § 888 ZPO beim Vorliegen von „komplexen Baumaßnahmen“: OLG München v. 21.1.1992 – 27 W 302/91 – NJW-RR 1992, 768.

welche Frist dem Schuldner zur Pflichterfüllung einzuräumen ist. Es ist insofern **anerkannt**, dass dem Bauunternehmer **genügend Zeit** z.B. **zur Mängelbeseitigung** zugebilligt werden muss. Die Frage, welcher Zeitrahmen angemessen ist, hängt vom jeweiligen Einzelfall ab. Bei **größeren Bauvorhaben** wird eine **längere Zeitspanne** einzukalkulieren sein, weil dort eine Umsetzung der Mängelbeseitigungsarbeiten mit vielen tatsächlichen Problemen einhergehen kann (Terminabsprachen, Abwarten anderer Bauleistungen durch Drittunternehmen etc.). Im Rahmen der Antragstellung nach § 887 Abs. 1 ZPO durch den Bauherrn reicht es aber zunächst aus, dass dieser behauptet, dem Bauunternehmer genügend Zeit zur Mängelbeseitigung gelassen zu haben. Sollte das bestritten werden, muss das zuständige Gericht über diesen Punkt ggf. Beweis erheben. Anträge nach § 887 Abs. 1 ZPO können daher vor allem in folgenden Fällen gestellt werden:

- der **Bauunternehmer beginnt trotz angemessener Fristsetzung nicht** mit der Mängelbeseitigung bzw. vertröstet den Bauherrn ständig,
- der Bauunternehmer bringt eindeutig zum Ausdruck, die Mängelbeseitigung nicht vornehmen zu wollen (**ernsthafte und endgültige Ablehnung**),
- der **Bauunternehmer kümmert sich vorrangig um andere Bauvorhaben** und nennt dies als Grund dafür, warum er die Mängelbeseitigung bisher nicht habe durchführen können.[37]

b) Vertretbarkeit der Handlung

58 Weiter setzt § 887 Abs. 1 ZPO voraus, dass eine vertretbare Handlung betroffen ist. Eine **Handlung** ist nach der Gesetzesdefinition dann **vertretbar**, wenn sie **durch (irgend-)einen Dritten erfolgen** kann (vgl. § 887 Abs. 1 ZPO). Für den Bauherrn ist es regelmäßig völlig unerheblich, ob der Schuldner (Bauunternehmer) selbst die Mängelbeseitigung vornimmt oder ob diese durch einen anderen Bauunternehmer (Dritten) ausgeführt wird. Ihn interessiert in aller Regel allein das Ergebnis.[38]

c) Mitwirkungspflichten des Bauherrn im Rahmen von § 887 Abs. 1 ZPO

59 Von besonderem Interesse ist die Frage, wie sich **Mitwirkungspflichten des Bauherrn** auf die Vollstreckung nach § 887 Abs. 1 ZPO auswirken. Es ist augenscheinlich, dass eine Mängelbeseitigung/Nachbesserung durch den Bauunternehmer nur dann stattfinden kann, wenn der Bauherr diese zulässt. Dazu gehört z.B., dass er den Bauunternehmer sein **Grundstück** sowie die Baustelle **betreten lässt**.[39] Anderenfalls beginge der Bauunternehmer Hausfriedensbruch (§ 123 StGB). Des Weiteren zählt hierzu auch die Ver-

37 Dazu: OLG Düsseldorf v. 14.3.1978 – 21 W 8/78 – BauR 1978, 503 ff.

38 Zur Vertiefung: Werner/Pastor/*Manteufel/Pastor*, Der Bauprozess, Rn 3199 ff.

39 Ergänzend ist darauf hinzuweisen, dass auch der Nachbar des Bauherrn in die Vollstreckung einzubeziehen sein kann, wenn eine Mängelbeseitigung etwa ohne die Duldung des Betretens seines Grundstücks unmöglich ist, weil der Bauunternehmer seine Arbeit an dem Gebäude des Bauherrn nur von der Grundstücksseite des Nachbarn aus vornehmen kann. Die Verurteilung des Nachbarn zur Duldung dieser Maßnahmen umfasst dann auch eine (zumindest nach § 890 ZPO) vollstreckbare Pflicht zum positiven Tun (Öffnen der Haustür etc.): BGH v. 25.1.2007 – I ZB 58/06 – IBR 2008, 128 mit Anm. *Seibel*; siehe auch: Zöller/*Seibel*, § 890 Rn 3.

pflichtung des Bauherrn, einen **Termin** mit dem Bauunternehmer **abzustimmen.**[40] Denkbar ist auch, dass der Bauherr dem Bauunternehmer die zur ordnungsgemäßen Mängelbeseitigung **notwendigen Pläne und Unterlagen** (etwa seines Architekten) **zur Verfügung stellen** muss. Der Bauherr kann zudem verpflichtet sein, zunächst den Zustand für den Bauunternehmer herzustellen, dass dieser überhaupt mit einer Mängelbeseitigung beginnen kann – etwa **Beseitigung von mangelhaften Vorleistungen** durch Drittunternehmer.[41]

2. Vorschussanspruch nach § 887 Abs. 2 ZPO

§ 887 Abs. 2 ZPO bietet dem **Bauherrn die Möglichkeit**, von dem untätigen Bauunter- 60
nehmer einen **Kostenvorschuss hinsichtlich der Ersatzvornahme** zu verlangen. Das unter dem **Vorbehalt der Nachforderung**, wenn die tatsächliche Ersatzvornahme höhere als die zunächst erwarteten Kosten verursacht (§ 887 Abs. 2 ZPO). Die Höhe des Vorschusses richtet sich nach den **voraussichtlichen Mängelbeseitigungskosten**. Diese wird das zuständige Vollstreckungsgericht im Einzelfall durch Auslegung des Vollstreckungstitels bemessen müssen.[42] Für den Bauherrn empfiehlt es sich aber, bereits bei Antragstellung nach § 887 Abs. 2 ZPO ein **Gutachten zu den Mängelbeseitigungskosten** – sofern ein solches nicht bereits im Erkenntnisverfahren eingeholt worden ist (Regelfall) – vorzulegen oder seinem Antrag nach § 887 Abs. 2 ZPO **Kostenvoranschläge** beizufügen. Im Falle der Einholung eines Gutachtens im Vollstreckungsverfahren sind diese Kosten nach § 788 ZPO erstattungsfähig,[43] soweit sie zu einer ordnungsgemäßen Antragstellung notwendig waren.

3. Entscheidung durch das Prozessgericht des ersten Rechtszugs

Funktionell zuständig für die Anträge nach § 887 ZPO ist das **Prozessgericht des** 61
ersten Rechtszuges (§§ 887 Abs. 1; 802 ZPO). § 20 Abs. 1 Nr. 17 RPflG ist dabei zu entnehmen (argumentum e contrario), dass dort nicht der Rechtspfleger, sondern der **Richter** tätig wird.

Der **Antrag** des Bauherrn an das Prozessgericht (beim Landgericht besteht nach § 78 62
ZPO Anwaltszwang) muss **hinreichend bestimmt** sein. D.h. der Bauherr hat die vorzunehmende Handlung so genau wie möglich zu bezeichnen. Dabei ist umstritten, ob der

40 Wird eine solche Terminabsprache grundlos durch den Bauherrn verweigert, läuft dieser Gefahr, dass sein Antrag nach § 887 Abs. 1 ZPO wegen Rechtsmissbrauchs zurückgewiesen wird: OLG Zweibrücken v. 25.3.1982 – 3 W 5/82 – JurBüro 1982, 939 ff.

41 Hat z.B. der Estrichleger mangelhaft gearbeitet und wird der Fliesenleger ebenfalls wegen mangelhafter Leistung zur Mängelbeseitigung in Anspruch genommen, kann es notwendig werden, dass zunächst der Estrichbelag erneuert und neu hergestellt werden muss, bevor überhaupt mit den Fliesenlegerarbeiten begonnen werden kann. In einem solchen Fall kann die Mitwirkungspflicht des Bauherrn also darin bestehen, zunächst eine Mängelbeseitigung durch den Vorunternehmer durchführen zu lassen.

42 BGH v. 8.10.1992 – VII ZR 272/90 – NJW 1993, 1394 ff.

43 Dazu: OLG Frankfurt v. 10.9.1982 – 20 W 139/82 – DB 1983, 495.

Gläubiger auch die genaue **Art und Weise der Mängelbeseitigung** angeben muss.[44] Nach hier vertretener Ansicht ist dies nicht notwendig, weil einerseits auch im Vollstreckungsverfahren nach § 887 Abs. 1 ZPO ein **Wahlrecht**[45] hinsichtlich der Mängelbeseitigungsmaßnahmen bestehen sollte. Andererseits bekommt der Gläubiger ohnehin nur die notwendigen Kosten erstattet.

Vertiefung: Nach der Rechtsprechung des BGH hindert ein Beschluss gem. § 887 Abs. 1 ZPO den Schuldner grundsätzlich nicht daran, die Erfüllungshandlung noch selbst vorzunehmen. Der Schuldner kann die Erfüllung dabei auch auf andere (taugliche) Art und Weise vornehmen, als es der Gläubiger mit der Zwangsvollstreckung erreichen will.[46]

Der Antrag muss auf den zugrunde liegenden Titel und die dort enthaltene Verpflichtung des Bauunternehmers Bezug nehmen. Da es sich hier um das Prozessgericht des ersten Rechtszuges handelt, dürfte eine Kopie des Urteils/Vergleichs mit einem Hinweis auf das gerichtliche Aktenzeichen, verbunden mit dem Antrag, die Akten beizuziehen, in aller Regel ausreichen.

63 Bevor das Prozessgericht des ersten Rechtszuges eine Entscheidung fällt, hat es den **Schuldner** (Bauunternehmer) zwingend **nach § 891 S. 2 ZPO anzuhören** und ihm insofern rechtliches Gehör zu gewähren.

64 Lange Zeit war umstritten, wie der Einwand des Schuldners (Bauunternehmers), er habe die streitgegenständliche Handlung bereits vorgenommen (**Erfüllungseinwand**), zu berücksichtigen ist. Einerseits wurde die Ansicht vertreten, dieser Einwand sei im Rahmen des Verfahrens nach § 887 ZPO zu beachten. Andererseits wurde vertreten, dieser Einwand könne ausschließlich mit der Vollstreckungsabwehrklage nach § 767 ZPO (materiell-rechtliche Einwendung gegen den titulierten Anspruch) geltend gemacht werden.[47] Der **BGH** hat dazu entschieden, dass der Erfüllungseinwand **(auch) im Verfahren nach § 887 Abs. 1 ZPO zu beachten** ist.[48] In der Praxis wird man deswegen davon ausgehen können, dass der Schuldner den Erfüllungseinwand entweder mit der **Vollstreckungsabwehrklage (§ 767 ZPO) oder** aber **wahlweise** unmittelbar im **Verfahren nach § 887 Abs. 1 ZPO** geltend machen kann.[49]

65 Das **Prozessgericht** des ersten Rechtszuges **entscheidet** über den Antrag nach § 887 ZPO **durch Beschluss** (§ 891 S. 1 ZPO). Im Falle der Stattgabe enthält der Beschluss die Ermächtigung des Bauherrn, die Handlung auf Kosten des Bauunternehmers vorneh-

44 Siehe z.B.: OLG Hamm v. 21.3.1984 – 26 W 4/84 – MDR 1984, 591 m.w.N.; OLG Stuttgart v. 6.8.1998 – 2 W 6/98 – NJW-RR 1999, 792 f.; Zöller/*Seibel*, § 887 Rn 4 mit vielen Beispielen. Allgemein dazu: OLG Köln v. 2.5.1990 – 2 W 61/90 – NJW-RR 1990, 1087 f. m.w.N.

45 Vertiefung: Nach ständiger Rechtsprechung des BGH kann dem zur Mängelbeseitigung verpflichteten Unternehmer die Art und Weise der Mängelbeseitigung grds. Nicht vorgegeben werden. Vgl. z.B.: BGH v. 27.5.2010 – VII ZR 182/09 – NJW 2010, 2571, Rn 19; BGH v. 5.5.2011 – VII ZR 28/10 – NJW 2011, 1872, Rn 17 (Mängelbeseitigung nur auf eine Art möglich).

46 Vgl. dazu: BGH v. 22.6.1995 – IX ZR 100/94 – NJW 1995, 3189 (3190).

47 Zum Meinungsstand: *Brox/Walker*, § 36 Rn 21 m.w.N.

48 BGH v. 5.11.2004 – IXa ZB 32/04 – NJW 2005, 367 ff.; BGH v. 26.4.2007 – I ZB 82/06 – NJW-RR 2007, 1475 ff.; BGH v. 6.6.2013 – I ZB 56/12 – NJW-RR 2013, 1336 Rn 9.

49 Ebenso: *Brox/Walker*, § 36 Rn 22. Zur Vertiefung: Zöller/*Seibel*, § 887 Rn 7, 14.

men zu lassen. Dabei muss die vorzunehmende **Handlung möglichst genau bezeichnet** werden. Im Falle des § 887 Abs. 2 ZPO setzt das Prozessgericht auch die Höhe des durch den Bauunternehmer zu leistenden Vorschusses fest.

Tenorierungsbeispiel für § 887 Abs. 1 ZPO 66

„Der Bauherr (...) wird ermächtigt, die Nachbesserung der im Urteil des (...) vom (...) bezeichneten Mängel: a) (...) b) (...) c) (...) (*genaue Mängelbezeichnung*) auf Kosten des Bauunternehmers (...) vornehmen zu lassen."

Tenorierungsbeispiel für § 887 Abs. 2 ZPO

„Gleichzeitig wird der Bauunternehmer (...) verurteilt, an den Bauherrn (...) zur Beseitigung der im Urteil des (...) vom (...) bezeichneten Mängel: a) (...) b) (...) c) (...) (*genaue Mängelbezeichnung*) eine Vorauszahlung i.H.v. (...) EUR zu leisten. Das Recht des Bauherrn (...) zur Nachforderung eines weiteren Vorschusses für den Fall des Entstehens höherer Kosten bleibt hiervon unberührt."

IV. Bauhandwerkersicherungshypothek nach § 650e BGB

Eine für das private Baurecht praktisch sehr bedeutsame Konstellation mit vollstreckungsrechtlichen Bezügen betrifft den Fall der Eintragung einer **Bauhandwerkersicherungshypothek** nach § 650e BGB.[50] Diese Vorschrift verfolgt den **Zweck**, dem Bauunternehmer durch die Einräumung einer Sicherungshypothek an dem Baugrundstück des Bestellers seine Forderungen aus dem Vertrag (vor allem: Anspruch auf Zahlung des Werklohns[51]) zu sichern (§ 650e S. 1 BGB). Ist das Werk noch nicht vollendet, steht dem Bauunternehmer dieses Recht auch für einen der geleisteten Arbeit entsprechenden Teil der Vergütung und für die in der Vergütung nicht inbegriffenen Auslagen zu (§ 650e S. 2 BGB). Prozessuales/Vertiefung: Der Bauunternehmer ist grundsätzlich nicht dazu verpflichtet, den Besteller vorprozessual aufzufordern, freiwillig eine Sicherungshypothek zu bewilligen, um der Kostenfolge eines späteren sofortigen Anerkenntnisses gem. § 93 ZPO zu entgehen.[52] 67

Diese Art der Sicherung der Bauunternehmerforderung hat folgende **Nachteile**: Einerseits kann eine Bauhandwerkersicherungshypothek nach § 650e BGB grundsätzlich nur dann eingetragen werden, wenn Grundstückseigentümer und Besteller identisch sind. Andererseits ist zu beachten, dass in den allermeisten Fällen der Bauherr das Bauvorhaben durch einen Kredit finanziert haben und dem Kreditinstitut im Grundbuch ein der Bauhandwerkersicherungshypothek vorrangiges Recht eingeräumt sein wird. Damit ist die Sicherung nach § 650e BGB im Falle einer Versteigerung des Grundstückes für den Bauunternehmer ein **stumpfes Schwert**.

50 § 650e BGB ist durch das Gesetz zur Reform des Bauvertragsrechts etc. v. 28.4.2017 (BGBl I 2017, 969) mit Wirkung zum 1.1.2018 eingeführt worden. Bis auf wenige kleinere Änderungen entspricht dessen Inhalt § 648 Abs. 1 BGB a.F. Auf die Rechtsprechung zu § 648 Abs. 1 BGB a.F. kann daher auch weiterhin zurückgegriffen werden.

51 Siehe zudem: KG v. 5.1.2021 – 27 W 1054/20 – MDR 2021, 481 (Bauhandwerkersicherungshypothek für eine Architekten-Honorarforderung).

52 OLG Düsseldorf v. 28.3.2017 – 5 W 52/16 – IBR 2018, 269 m.w.N. (auch zu Ausnahmen von diesem Grundsatz).

68 In praktischer Hinsicht dürfte die Bauhandwerkersicherungshypothek wegen der in **§ 650f BGB** geregelten Möglichkeit der **Bauhandwerkersicherung** keine überragende Bedeutung haben.[53] Nach § 650f BGB kann der Bauunternehmer von dem Besteller Sicherheit für die auch in Zusatzaufträgen vereinbarte und noch nicht gezahlte Vergütung einschließlich dazugehöriger Nebenforderungen, die mit 10 % des zu sichernden Vergütungsanspruchs anzusetzen sind, verlangen (§ 650f Abs. 1 S. 1 BGB).[54] Gem. § 650f Abs. 3 S. 1 BGB hat der Bauunternehmer dem Besteller die üblichen Kosten der Sicherheitsleistung bis zu einem Höchstsatz von 2 % p.a. zu erstatten (Ausnahme: § 650f Abs. 3 S. 2 BGB). Soweit der Bauunternehmer eine Sicherheit nach § 650f Abs. 1 oder 2 BGB erlangt hat, ist der Anspruch auf Einräumung einer Bauhandwerkersicherungshypothek (§ 650e BGB) ausgeschlossen, § 650f Abs. 4 BGB! Weiterhin kann der Bauunternehmer gem. § 650f Abs. 5 S. 1 BGB nach erfolglosem Ablauf einer dem Besteller gesetzten, angemessenen Frist zur Sicherheitsleistung seine Leistung verweigern oder den Vertrag kündigen. **§ 650f BGB trägt** damit **der Vorleistungspflicht des Bauunternehmers Rechnung** und gibt diesem dadurch eine Sicherheit, dass er nicht Gefahr läuft, nach Abschluss seiner Arbeit das gesamte **Insolvenzrisiko** des Bauherrn tragen zu müssen. Dieses Risiko wird durch § 650f BGB jedenfalls **vermindert**. Nach der Rechtsprechung des BGH stellt es grds. keine unzulässige Rechtsausübung (§ 242 BGB) und auch keinen Verstoß gegen das bauvertragliche Kooperationsgebot dar, wenn dem Sicherungsverlangen des Unternehmers nach § 650f BGB auch andere Motive als die bloße Erlangung einer Sicherheit zugrunde liegen (**Bauhandwerkersicherung als Druckmittel für Verhandlungen?**).[55]

69 **Grundsätzlich (Ausnahme: § 650f Abs. 4 BGB) besteht neben § 650f BGB aber auch weiterhin die Möglichkeit der Einräumung einer Bauhandwerkersicherungshypothek nach § 650e BGB**. Diese bietet sich vor allem in den Fällen an, in denen der Bauunternehmer weiß, dass das Grundstück des Bauherrn nur gering zugunsten eines Kreditinstituts belastet ist. Die Eintragung einer Bauhandwerkersicherungshypothek im Grundbuch erfordert entweder eine dingliche Einigung zwischen den Parteien oder ein rechtskräftiges Urteil i.S.d. § 894 ZPO[56] sowie (in beiden Fällen) eine Eintragung (§ 873 BGB). Bis eine solche Eintragung tatsächlich vorgenommen wird, vergeht oft geraume Zeit. In dieser Zeit ist es möglich, dass weitere Belastungen im Grundbuch eingetragen werden, die dann später womöglich der Bauhandwerkersicherungshypothek vorgehen. Der Rechtsanwalt des Bauunternehmers sollte daher immer auf eine **schnelle Eintragung** der Bauhandwerkersicherungshypothek hinwirken, weil **anderenfalls** ein **Rang-**

53 § 650f BGB ist durch das Gesetz zur Reform des Bauvertragsrechts etc. v. 28.4.2017 (BGBl I 2017, 969) mit Wirkung zum 1.1.2018 eingeführt worden. Bis auf wenige kleinere Änderungen entspricht dessen Inhalt § 648a BGB a.F. Auf die Rechtsprechung zu § 648a BGB a.F. kann daher auch weiterhin zurückgegriffen werden. Siehe zuletzt z.B.: OLG Nürnberg v. 29.4.2021 – 13 U 2800/19 – MDR 2021, 1331 (Bauhandwerkersicherung für isoliert beauftragte Gerüstbauarbeiten).

54 Zur Verjährung des Anspruchs auf Stellung einer Bauhandwerkersicherung: BGH v. 25.3.2021 – VII ZR 94/20 – MDR 2021, 740; LG München I v. 30.12.2022 – 2 O 15750/21 – MDR 2023, 429.

55 Vgl.: BGH v. 23.11.2017 – VII ZR 34/15 – BauR 2018, 526 Rn 26 ff. (noch zu § 648a BGB a.F.).

56 Ausführlich dazu: Zöller/*Seibel*, § 894 Rn 1 ff.

verlust droht. Daher sollte zunächst regelmäßig im Wege des **einstweiligen Verfügungsverfahrens** nach §§ 935 ff. ZPO eine **Vormerkung** (§ 883 BGB) zur Sicherung des Anspruchs auf Einräumung einer Bauhandwerkersicherungshypothek (§ 650e BGB) beantragt werden. Nur hinsichtlich der Eintragung einer solchen Vormerkung sollen im Folgenden die rechtlichen Grundlagen kurz dargestellt werden.

Zuständig für die **Eintragung einer Vormerkung** im einstweiligen Verfügungsverfahren ist nach § 937 Abs. 1 ZPO das **Gericht der Hauptsache**. **In dringenden Fällen** kann nach § 942 ZPO auch das **Amtsgericht der belegenen Sache** die einstweilige Verfügung erlassen, wobei es dann eine Frist zu bestimmen hat, innerhalb der die Ladung des Gegners zur mündlichen Verhandlung über die Rechtmäßigkeit der einstweiligen Verfügung bei dem Gericht der Hauptsache zu beantragen ist (§ 942 Abs. 1 ZPO). 70

Inhaltlich muss in dem **Antrag** auf Erlass einer einstweiligen Verfügung zur Eintragung einer Vormerkung zur Sicherung des Anspruchs auf Eintragung einer Bauhandwerkersicherungshypothek „nur" ein **Verfügungsanspruch glaubhaft gemacht** werden (§§ 936; 920 Abs. 2; 294 ZPO). Der Glaubhaftmachung eines **Verfügungsgrundes bedarf es nach § 885 Abs. 1 S. 2 BGB nicht**, weil in dieser Konstellation von Gesetzes wegen die besondere Eilbedürftigkeit vermutet wird. 71

Der **Verfügungsanspruch** resultiert aus § 650e BGB, dessen Voraussetzungen gegenüber dem Gericht der Hauptsache (§ 937 Abs. 1 ZPO) oder ausnahmsweise dem Amtsgericht der belegenen Sache (§ 942 ZPO) glaubhaft zu machen sind. Dies erfordert die Glaubhaftmachung, dass der Antragsteller Anspruchsberechtigter (Bauunternehmer) ist und mit dem Antragsgegner/Bauherrn einen Bauvertrag geschlossen hat, aus dem sich der zu sichernde Anspruch ergibt. Insofern bieten sich die Vorlage des Bauvertrages, einer (Schluss-)Rechnung, einer Schuldurkunde, der zwischen den Parteien gewechselten Korrespondenz oder die Bezugnahme auf gerichtliche Akten, die dann beigezogen werden, an. Zu beachten ist aber, dass das Beiziehen von Akten die gerichtliche Entscheidung verzögern wird. Zur Beschleunigung des Verfahrens sollte sich der Rechtsanwalt des Antragstellers/Bauunternehmers bereits die notwendigen Unterlagen selbst beschaffen und seinem Antrag beifügen. 72

Des Weiteren muss der Antragsteller/Bauunternehmer regelmäßig das **Eigentum des Antragsgegners/Bauherrn an dem Grundstück**, in dessen Grundbuch die Vormerkung eingetragen werden soll, glaubhaft machen. Dazu sollte der Rechtsanwalt des Antragstellers/Bauunternehmers entweder einen Auszug aus dem entsprechenden Grundbuch vorlegen oder aber auf die entsprechende Akte des Grundbuchamtes, die beigezogen werden soll, Bezug nehmen. Auch hier ist wieder zu beachten, dass sich im letztgenannten Fall die gerichtliche Entscheidung verzögern wird, wenn das Gericht die entsprechenden Akten erst selbst anfordern muss. Allerdings muss **nicht in jedem Fall Identität zwischen Antragsgegner/Bauherr und Grundstückseigentümer** bestehen. Der BGH hat unter Beachtung des Grundsatzes von Treu und Glauben (§ 242 BGB) **Ausnahmen** 73 von dieser rein formalen Betrachtung zugelassen.[57] Sollte keine Identität im eingangs genannten Sinne vorliegen, muss der Antragsteller/Bauunternehmer mit seinem Antrag darlegen und glaubhaft machen, dass die Voraussetzungen eines anerkennenswerten Ausnahmefalles vorliegen.

74 Der Antragsteller/Bauunternehmer sollte letztlich seinen Antrag auf Eintragung der Vormerkung im Wege der einstweiligen Verfügung mit einem **Antrag nach § 941 ZPO** verbinden, dass das **Grundbuchamt direkt durch das Gericht zur Eintragung der Vormerkung ersucht** werden soll. Dies dient ebenfalls der Beschleunigung.

75 Gegen die einstweilige Verfügung steht dem Antragsgegner/Bauherrn das **Rechtsmittel** des **Widerspruchs** gem. §§ 936, 924 ZPO zu. Dieses Rechtsmittel ist im Falle der einstweiligen Verfügung durch das Amtsgericht der belegenen Sache unanwendbar. Es ist dann das durch das Amtsgericht bestimmte Verfahren zulässig. Wegen der weiteren Einzelheiten wird auf die einschlägigen ZPO-Kommentierungen verwiesen.

V. Rechtsbehelfe in der Zwangsvollstreckung

76 Bei der Durchführung der Zwangsvollstreckung wird in erheblichem Umfang in Rechtspositionen – vor allem des Schuldners – eingegriffen. Daher sind die **Rechtsbehelfsmöglichkeiten in der Zwangsvollstreckung** für alle Beteiligten besonders wichtig. Diese lassen sich in **formelle** und **materiell(-rechtlich)e Einwendungen** unterteilen.

1. Formelle Einwendungen

77 Soll eine Verletzung der **formellen Voraussetzungen** der Zwangsvollstreckung oder die **Durchführung des Zwangsvollstreckungsverfahrens** gerügt werden, sind folgende Rechtsbehelfe relevant:

- die **Vollstreckungserinnerung** nach § 766 ZPO,
- die **sofortige Beschwerde** nach § 793 ZPO,
- (in Ausnahmefällen) die **Rechtspflegererinnerung** nach § 11 Abs. 2 RPflG sowie
- die **Beschwerde nach § 71 GBO**.

a) Vollstreckungserinnerung nach § 766 ZPO

78 Nach § 766 Abs. 1 ZPO entscheidet das Vollstreckungsgericht über Anträge, Einwendungen und Erinnerungen, welche die **Art und Weise der Zwangsvollstreckung** oder das vom jeweiligen Vollstreckungsorgan (Gerichtsvollzieher etc.) bei ihr **zu beobachtende Verfahren** betreffen.

79 Im umgekehrten Fall der **Weigerung des Gerichtsvollziehers, einen Vollstreckungsauftrag zu übernehmen** oder eine Vollstreckungshandlung auftragsgemäß auszuführen, sowie **gegen die** vom ihm **in Ansatz gebrachten Kosten** steht als Rechtsbehelf die Vollstreckungserinnerung nach § 766 Abs. 2 ZPO zur Verfügung.

57 BGH v. 22.10.1987 – VII ZR 12/87 – MDR 1988, 220.

Es stellt sich die Frage, wann die Vollstreckungserinnerung nach § 766 ZPO einzulegen ist. Im Vollstreckungsverfahren gibt es eine Reihe von Rechtsbehelfen, die voneinander abgegrenzt werden müssen. Entscheidend ist dabei immer das Ziel, das der Antragsteller mit einem Rechtsbehelf erreichen will. Eine falsche Bezeichnung des Rechtsbehelfs gegenüber dem Gericht ist grundsätzlich unschädlich (falsa demonstratio non nocet), weil der Richter gehalten ist, den Antrag auszulegen und so den tatsächlich gewünschten Rechtsbehelf herauszufinden. Zum besseren Verständnis der Systematik der ZPO soll an dieser Stelle daher eine kurze **Abgrenzung** der Vollstreckungserinnerung **von anderen Rechtsbehelfen** (auch außerhalb der ZPO) vorgenommen werden: 80

Die **sofortige Beschwerde nach § 793 ZPO** richtet sich gegen Entscheidungen, die im Vollstreckungsverfahren durch Beschluss und deswegen ohne mündliche Verhandlung (§ 128 Abs. 4 ZPO) ergehen können. Vollstreckungserinnerung und sofortige Beschwerde schließen sich gegenseitig aus. Für die Abgrenzung zwischen Vollstreckungserinnerung nach § 766 ZPO und sofortiger Beschwerde nach § 793 ZPO kommt es darauf an, ob eine „**richterliche Entscheidung**" (= sofortige Beschwerde) oder eine „**Vollstreckungsmaßnahme**" (= Vollstreckungserinnerung) vorliegt.[58] Die Vollstreckungserinnerung nach § 766 ZPO ist daher der richtige Rechtsbehelf gegen die Art und Weise der Zwangsvollstreckung durch den Gerichtsvollzieher sowie gegen Vollstreckungsmaßnahmen des Vollstreckungsgerichts (Richter oder Rechtspfleger), soweit es sich hierbei nicht um Entscheidungen handelt. Ein wichtiges Kriterium für die Abgrenzung einer Entscheidung von einer Vollstreckungsmaßnahme ist die Tatsache, ob eine **Abwägung der widerstreitenden Interessen** erfolgt ist (dann: Entscheidung) oder nicht (dann: Vollstreckungsmaßnahme). Ein Indiz für das Vorliegen einer solchen Abwägung ist die Gewährung rechtlichen Gehörs, wonach regelmäßig ein zweiseitiges Vorbringen gegeben sein wird. 81

Vollstreckungsmaßnahmen sind folglich Zwangsmaßnahmen (in Form eines Beschlusses oder einer Verfügung), die auf Antrag oder von Amts wegen ohne Anhörung der übrigen Beteiligten ergehen.

Entscheidungen ergehen demgegenüber regelmäßig nach Anhörung aller Beteiligten.[59]

Gegen **Entscheidungen des Rechtspflegers** ist regelmäßig die **sofortige Beschwerde** nach § 11 Abs. 1 RPflG i.V.m. § 793 ZPO der richtige Rechtsbehelf. In Ausnahmefällen kommt auch die **Rechtspflegererinnerung** nach § 11 Abs. 2 RPflG in Betracht. Rechtspflegererinnerung und Vollstreckungserinnerung schließen sich ebenfalls gegenseitig aus. Statthaft gegen eine Entscheidung des Rechtspflegers ist die Rechtspflegererinnerung (§ 11 Abs. 2 RPflG), gegen eine Vollstreckungsmaßnahme dagegen die Vollstreckungserinnerung (§ 766 ZPO).[60] 82

Die Frage einer Konkurrenz zwischen der Vollstreckungserinnerung nach § 766 ZPO und der **Klauselerinnerung nach § 732 ZPO** stellt sich nicht, weil die Erinnerung 83

58 Ausführlich: Zöller/*Herget*, § 766 Rn 2.
59 Beispiele: Zöller/*Herget*, § 766 Rn 2 f.
60 Eingehend: *Brox/Walker*, § 40 Rn 6.

nach § 732 ZPO allein dem Klauselverfahren zuzuordnen und dieses wiederum dem Vollstreckungsverfahren vorgeschaltet ist.[61]

84 Trifft das **Grundbuchamt** eine Entscheidung/Maßnahme, ist der dagegen zu richtende Rechtsbehelf ausschließlich die **Beschwerde nach § 71 GBO**, auch wenn der Rechtspfleger tätig geworden ist (§ 11 Abs. 1 RPflG). Dies liegt daran, dass eine solche Maßnahme allein nach den Vorschriften und dem Verfahren der GBO ergeht, wofür § 71 GBO einen speziellen Rechtsbehelf (die Beschwerde) vorsieht.[62]

85 Will der Schuldner Einwendungen gegen den titulierten Anspruch selbst gelten machen, geschieht dies allein mit der **Vollstreckungsabwehrklage** (auch „Vollstreckungsgegenklage" genannt[63]) **nach § 767 ZPO**. Diese Klage betrifft den Fall der Rüge **materiellrechtlicher Einwendungen**. Da die Vollstreckungserinnerung nach § 766 ZPO mit der Vollstreckungsabwehrklage nach § 767 ZPO keine Berührungspunkte hat,[64] ist es möglich, beide Rechtsbehelfe nebeneinander geltend zu machen. Der Schuldner kann also einerseits die Art und Weise des Vollstreckungsverfahrens rügen und andererseits auch materiell-rechtliche Einwendungen (z.B. Aufrechnung, Erfüllung etc.) gegenüber dem titulierten Anspruch geltend machen.

86 Das Vollstreckungsgericht trifft auf eine **Vollstreckungserinnerung** nach § 766 ZPO z.B. folgende **Entscheidungen**:

Tenorierungsbeispiel

- „Die Erinnerung des Schuldners (…) gegen (…) (*genau zu bezeichnende Vollstreckungsmaßnahme*) wird **verworfen**."
  (Fall der unzulässigen Vollstreckungserinnerung)
- „Die Erinnerung des Schuldners (…) gegen (…) (*genau zu bezeichnende Vollstreckungsmaßnahme*) wird **zurückgewiesen**."
  (Fall der unbegründeten Vollstreckungserinnerung)
- „Die (…) (*genau zu bezeichnende Vollstreckungsmaßnahme*) wird **für unzulässig erklärt**."
  (Fall der erfolgreichen Vollstreckungserinnerung des Schuldners)
- „Der Gerichtsvollzieher (…) wird **angewiesen**, die (…) (*genau zu bezeichnende Maßnahme*) **auszuführen**/durchzuführen."
  (Fall der erfolgreichen Vollstreckungserinnerung des Gläubigers gegen eine Untätigkeit des Gerichtsvollziehers)

87 Neben den typischen Einwendungen, die mit der Vollstreckungserinnerung vorgebracht werden können (z.B. unwirksamer Vollstreckungstitel, fehlende Vollstreckungsklausel,

61 Zöller/*Seibel*, § 724 Rn 1, 13 f.
62 Zöller/*Herget*, § 766 Rn 4.
63 Im Folgenden wird allein die Bezeichnung „Vollstreckungsabwehrklage" verwendet, weil dies der amtlichen Überschrift von § 767 ZPO entspricht.
64 Innerhalb der Vollstreckungserinnerung nach § 766 ZPO findet grds. keine Prüfung der materiellen Richtigkeit statt. Vgl.: BGH v. 12.1.2012 – VII ZB 71/09 – NJW-RR 2012, 1146 Rn 15; siehe auch: BGH v. 23.5.2012 – VII ZB 31/11 – NJW-RR 2012, 1148 Rn 12.

keine Zustellung, unzuständiges Vollstreckungsorgan etc.), sind folgende **Beispiele zu § 766 ZPO mit baurechtlichem Bezug** zu nennen:

- die in dem Titel enthaltene **Forderung** ist **nicht bestimmt genug** (zulässig),
- der **Gerichtsvollzieher lehnt die Vornahme einer Vollstreckung** unzulässigerweise **ab**, **schränkt die Vollstreckung** unzulässig gegenüber dem Auftrag **ein** oder **stellt die Vollstreckung** unzulässigerweise **ein** (zulässig),
- die **Gegenleistung** im Falle eines „Zug-um-Zug-Titels" ist **zu unbestimmt** (zulässig),
- die **Gegenleistung** im Falle eines „Zug-um-Zug-Titels" ist **unvollständig** – soweit dies nach dem Titel feststellbar ist (zulässig, ansonsten: Vollstreckungsabwehrklage nach § 767 ZPO),
- der **Gerichtsvollzieher lehnt die Vollstreckung ab**, **weil die Gegenleistung durch den Bauunternehmer**/Gläubiger („Zug-um-Zug-Titel") **nicht ordnungsgemäß erbracht** worden sei (zulässig – daneben evtl. auch möglich: **Feststellungsklage des Bauunternehmers**/Gläubigers, er habe ordnungsgemäß nachgebessert),[65]
- der **Gerichtsvollzieher weigert sich**, zur Feststellung, ob die Gegenleistung des Bauunternehmers ordnungsgemäß ist, **einen Sachverständigen hinzuzuziehen** (zulässig),
- es besteht ein der Vollstreckung **entgegenstehender Vollstreckungsvertrag** (zulässig),
- der Gerichtsvollzieher gestattet dem Schuldner **ohne Zustimmung des Gläubigers** eine **Ratenzahlung**, **Stundung** etc. (grds. zulässig; vgl. nunmehr aber auch: § 802b Abs. 2, 3 ZPO!),
- Einwendung des Schuldners, die **Forderung stehe dem Gläubiger nicht mehr zu**, sie sei **erloschen** etc. (Vollstreckungserinnerung unzulässig, stattdessen: Vollstreckungsabwehrklage nach § 767 ZPO).

In eiligen Fällen empfiehlt sich ein Antrag auf Erlass einer **einstweiligen Anordnung** nach § 766 Abs. 1 S. 2 ZPO i.V.m. § 732 Abs. 2 ZPO. Danach kann das Vollstreckungsgericht vor seiner Entscheidung über die Vollstreckungserinnerung die Zwangsvollstreckung gegen oder ohne Sicherheitsleistung einstweilen einstellen sowie bestimmen, dass diese nur gegen Sicherheitsleistung fortgesetzt werden darf. 88

b) Sofortige Beschwerde nach § 793 ZPO

Wie bereits oben dargestellt, ist die **sofortige Beschwerde** nach § 793 ZPO auf Entscheidungen im Vollstreckungsverfahren anwendbar, die ohne mündliche Verhandlung ergehen können. Ergänzend zu § 793 ZPO gelten §§ 567 ff. ZPO.[66] Das Ziel der sofortigen Beschwerde besteht in der Beseitigung oder Einschränkung einer **richterlichen Entscheidung** im Vollstreckungsverfahren. Gegen **Entscheidungen des Rechtspflegers** 89

65 Dazu: Werner/Pastor/*Manteufel/Pastor*, Der Bauprozess, Rn 3184; vgl. auch: OLG Celle v. 9.11.2000 – 14 U 35/00 – MDR 2001, 686 (zur Möglichkeit der Feststellungsklage); siehe aber auch: Zöller/*Seibel*, § 756 Rn 17 m.w.N.

66 Zum Mindestbeschwerdewert: Seibel u.a./*Seibel*, Zwangsvollstreckungsrecht aktuell (2. Aufl. 2013), § 8 Rn 105 ff. m.w.N.

besteht ebenfalls die Möglichkeit der sofortigen Beschwerde (§ 11 Abs. 1 RPflG i.V.m. §§ 793, 567 ff. ZPO: dazu sogleich).

90 § 793 ZPO erfasst u.a. folgende Konstellationen:

- **Entscheidungen über Erinnerungen nach § 766 ZPO** (vgl. §§ 764 Abs. 3; 128 Abs. 4 ZPO),
- **Entscheidungen des Prozessgerichts 1. Instanz nach §§ 887 ff. ZPO** (vgl. § 891 S. 2 ZPO: vorherige Anhörung des Schuldners erforderlich, daher „Entscheidung" und keine „Vollstreckungsmaßnahme").

91 **Zuständig** für die Entscheidung nach § 793 ZPO ist **in der Regel das Landgericht** (vgl. § 72 GVG). Allerdings muss zuvor das Vollstreckungsgericht bzw. Prozessgericht 1. Instanz nach § 572 Abs. 1 ZPO einen **Nichtabhilfe-/Vorlagebeschluss** erlassen.

92 Die Entscheidung im Rahmen der sofortigen Beschwerde ergeht durch **Beschluss** (§ 572 Abs. 4 ZPO):

- Im Falle der **Unzulässigkeit** wird die Beschwerde **„verworfen"**, bei deren **Unbegründetheit** hingegen **„zurückgewiesen"**.
- Ist die sofortige **Beschwerde begründet**, kann z.B. tenoriert werden:

> „Der Beschluss des AG (…) vom (…) – Aktenzeichen: (…) – wird aufgehoben. Der Gerichtsvollzieher wird angewiesen, (…)." oder:
>
> „Auf die sofortige Beschwerde des (…) wird der Beschluss des AG (…) vom (…) – Aktenzeichen (…) – aufgehoben und die Sache zur erneuten Entscheidung an das Vollstreckungsgericht zurückverwiesen. (…)."

93 Die **sofortige Beschwerde** hat nach § 570 Abs. 1 ZPO **grundsätzlich keine aufschiebende Wirkung** (Ausnahme: Festsetzung eines Ordnungs- oder Zwangsmittels). In dringenden Fällen kann nach § 570 Abs. 2–3 ZPO vom Gericht im Wege der **einstweiligen Anordnung** bestimmt werden, dass die **Vollziehung der Entscheidung**, die angefochten wird, **auszusetzen** ist.

c) Rechtsbehelfe gegen Entscheidungen des Rechtspflegers

94 Im Vollstreckungsverfahren ist anstatt des Richters regelmäßig der Rechtspfleger zuständig. Welche **Aufgaben dem Rechtspfleger übertragen** sind, lässt sich **§ 20 RPflG** entnehmen. Das sind insbesondere die Geschäfte im Zwangsvollstreckungsverfahren nach dem 8. Buch der ZPO, soweit sie vom Vollstreckungsgericht (und nicht etwa vom Gerichtsvollzieher) zu erledigen sind (vgl. § 20 Abs. 1 Nr. 17 RPflG). Welche **Rechtsbehelfe** möglich sind, bestimmt **§ 11 RPflG**:

- Danach findet gegen „**Entscheidungen**" (siehe oben: Rdn 81) des Rechtspflegers grundsätzlich nach **§ 11 Abs. 1 RPflG i.V.m. §§ 793, 567 ff. ZPO** die **sofortige Beschwerde** statt.
- Gegen „**Vollstreckungsmaßnahmen**" (siehe oben: Rdn 81) des Rechtspflegers ist die **Vollstreckungserinnerung nach § 766 ZPO** gegeben.

- Besteht keine solche „Vollstreckungsmaßnahme" und findet gegen die „Entscheidung" des Rechtspflegers nach den allgemeinen Vorschriften ausnahmsweise keine sofortige Beschwerde statt, besteht die Möglichkeit der **Rechtspflegererinnerung nach § 11 Abs. 2 RPflG.**

  Als **Beispiele** hierfür sind etwa zu nennen:

  Einstweilige Anordnungen des Vollstreckungsgerichts nach § 769 Abs. 2 ZPO, die analog § 707 Abs. 2 S. 2 ZPO unanfechtbar sind;[67] einstweilige Anordnungen nach § 766 Abs. 1 S. 2 ZPO, die ausnahmsweise im Abhilfeverfahren durch den Rechtspfleger getroffen werden können und die analog § 707 Abs. 2 S. 2 ZPO ebenfalls unanfechtbar sind.[68]

Hinsichtlich der **Zuständigkeit** und der **Entscheidung** über die **sofortige Beschwerde** 95 **nach § 11 Abs. 1 RPflG i.V.m. § 793 ZPO** existieren keine Unterschiede zur sofortigen Beschwerde nach § 793 ZPO, sodass insofern auf die obigen Ausführungen verwiesen werden kann.

Zuständig für die **Rechtspflegererinnerung nach § 11 Abs. 2 RPflG** ist der **Richter** 96 **des Gerichts, dem der Rechtspfleger angehört** (vgl. § 11 Abs. 2 S. 6 RPflG). Eine richterliche Entscheidung ist entbehrlich, wenn der Rechtspfleger der Erinnerung abhilft (vgl. § 11 Abs. 2 S. 5 RPflG). Die Rechtspflegererinnerung darf ferner nicht nach § 11 Abs. 3 RPflG ausgeschlossen sein (das ist insbesondere bei einer Eintragung im Grundbuch durch den Rechtspfleger als zuständigem Vollstreckungsorgan nach § 71 Abs. 2 S. 1 GBO der Fall).

Hilft der Rechtspfleger der Rechtspflegererinnerung nicht ab, legt er diese nach § 11 97 Abs. 2 S. 6 RPflG dem zuständigen **Richter** zur **Entscheidung** vor. Bei Unzulässigkeit wird die Erinnerung „verworfen", im Falle der Unbegründetheit hingegen „zurückgewiesen". Erachtet der Richter die Erinnerung für begründet, hebt er die Entscheidung des Rechtspflegers auf etc. Die Entscheidung des Richters ist **unanfechtbar**.

In dringenden Fällen kann nach § 11 Abs. 2 S. 7 RPflG i.V.m. § 570 Abs. 2–3 ZPO 98 im Wege der **einstweiligen Anordnung** bestimmt werden, dass die **Vollziehung der Entscheidung**, die angefochten wird, **auszusetzen** ist.

d) Beschwerde nach § 71 GBO

Die Beschwerde nach § 71 GBO soll hier nicht vertieft behandelt werden, weil sie für ein 99 grundsätzliches Verständnis der Rechtsbehelfsmöglichkeiten im Vollstreckungsverfahren eine untergeordnete Rolle spielt. An dieser Stelle soll daher der Hinweis genügen, dass das Grundbuchamt im Zwangsvollstreckungsverfahren als Vollstreckungsorgan im Falle der Zwangsvollstreckung wegen einer Geldforderung in das unbewegliche Vermögen des Schuldners – z.B. durch Eintragung einer Zwangshypothek oder Arresthypothek nach § 932 ZPO – tätig wird. Soweit **Einwendungen gegen die Vollstreckungstätigkeit des Grundbuchamtes** nach den Vorschriften der GBO erhoben werden sollen, geschieht

67 Dazu: Zöller/*Herget*, § 769 Rn 13.
68 Dazu: Zöller/*Herget*, § 766 Rn 35.

das ausschließlich über den Weg der **Beschwerde gem. § 71 GBO**, die sowohl § 766 ZPO als auch § 793 ZPO als speziellerer Rechtsbehelf vorgeht.

2. Materiell-rechtliche Einwendungen

100 Von den zuvor dargestellten formellen Einwendungen sind die **materiell(-rechtlich)en Einwendungen** zu unterscheiden. Da das Zwangsvollstreckungsverfahren notwendigerweise formalisiert ist,[69] ist für das jeweilige Vollstreckungsorgan grds. allein der Titelinhalt maßgeblich.M.a.W.: Das **Vollstreckungsorgan überprüft** grds. **nicht**, ob **materiell-rechtliche Bedenken/Einwendungen** gegen den titulierten Anspruch bestehen. Will der Bauherr/Schuldner Einwendungen gegen den titulierten Anspruch selbst erheben, kann er das grds. nicht gegenüber dem Vollstreckungsorgan vorbringen, sondern muss dies vor dem Prozessgericht mit der Vollstreckungsabwehrklage (§ 767 ZPO) machen. Die folgende Darstellung konzentriert sich einerseits auf die **Vollstreckungsabwehrklage nach § 767 ZPO**, mit der der Vollstreckungsschuldner materiell-rechtliche Einwendungen gegen den titulierten Anspruch selbst vorbringt (z.B. Aufrechnung, Erfüllung etc.). Ziel ist es, die Zwangsvollstreckung aus dem betreffenden Titel für unzulässig erklären zu lassen. Andererseits soll auch kurz auf die **Drittwiderspruchsklage nach § 771 ZPO** eingegangen werden, mit der die materiell-rechtliche Einwendung erhoben wird, dass die zu vollstreckende Sache im Eigentum eines Dritten und nicht des Schuldners steht. Mit der Drittwiderspruchsklage begehrt der Dritte ein Urteil, das die Vollstreckung in den betreffenden Gegenstand für unzulässig erklärt.[70]

a) Vollstreckungsabwehrklage nach § 767 ZPO

101 Mit der Vollstreckungsabwehrklage nach § 767 ZPO erhebt der Schuldner materiell-rechtliche Einwendungen gegen den titulierten Anspruch selbst. Durch diese Klage wird der **Vollstreckungstitel nicht beseitigt** oder generell festgestellt, dass eine Vollstreckung aus dem Titel unzulässig ist; die **Vollstreckungsabwehrklage** ist nach h.M. **als prozessuale Gestaltungsklage** vielmehr **darauf gerichtet, dem Vollstreckungstitel** durch gerichtlichen Gestaltungsakt (nur) die **Vollstreckbarkeit zu entziehen**.[71]

102 **Neben der Vollstreckungsabwehrklage** kann eine **Feststellungsklage** (§ 256 ZPO) mit dem Ziel erhoben werden festzustellen, dass der titulierte Anspruch nicht mehr besteht (z.B. wegen Erfüllung).[72] Einer solchen Feststellungsklage fehlt nicht etwa deswegen

69 Grundlegend zur Formalisierung des Zwangsvollstreckungsverfahrens: BGH v. 29.6.2011 – VII ZB 89/10 – NJW 2011, 2803, Rn 20 ff.; Zöller/*Seibel*, vor § 704 Rn 22.

70 Dem Dritten steht noch eine weitere materiell-rechtliche Einwendung zu: Ist er nicht Eigentümer der zu vollstreckenden Sache, sondern hat er hinsichtlich derselben „nur“ ein besitzloses Pfandrecht (z.B. Vermieterpfandrecht nach § 562 BGB), kann er Klage auf vorzugsweise Befriedigung nach § 805 ZPO erheben. Durch ein dieser Klage stattgebendes Urteil wird bestimmt, dass der Dritte aus dem Erlös vor dem Vollstreckungsgläubiger zu befriedigen ist. Diese Konstellation soll hier nicht weiter vertieft werden. Ausführlich dazu: *Brox/Walker*, § 46 Rn 1 ff.; Zöller/*Seibel*, § 805 Rn 1 ff.

71 Dazu: BGH v. 14.5.1992 – VII ZR 204/90 – NJW 1992, 2160 ff.; BGH v. 20.9.1995 – XII ZR 220/94 – NJW 1995, 3318 f.; Zöller/*Herget*, § 767 Rn 1.

72 So schon: RG v. 14.10.1920 – VI 315/20 – RGZ 100, 123 ff. Siehe auch: BGH v. 3.6.1997 – XI ZR 133/96 – WM 1997, 1280 ff.

das Rechtsschutzbedürfnis, weil der Schuldner auch nach § 767 ZPO vorgehen kann.[73] Da die Vollstreckungsabwehrklage dem Titel „nur" die Vollstreckbarkeit nimmt, kann daher auch eine negative Feststellungsklage mit dem Ziel erhoben werden festzustellen, dass der titulierte Anspruch selbst nicht mehr besteht. Zu beachten ist aber, dass **mit einem** entsprechenden **Feststellungsurteil dem Titel nicht die Vollstreckbarkeit genommen** wird. Ist das Klageziel dagegen nicht darauf angelegt, die Vollstreckbarkeit des Titels zu beseitigen, so ist ausschließlich die Feststellungsklage statthaft, wenn allein die Reichweite des Titels gerichtlich geklärt werden soll.[74]

Ob nach der Leistung des Schuldners an den Gläubiger statt der Vollstreckungsabwehr- **103**
klage eine **Klage auf Herausgabe des Vollstreckungstitels analog § 371 BGB**[75] möglich ist, ist umstritten.[76]

Das **Konkurrenzverhältnis von Vollstreckungsabwehrklage und Berufung** ist wie **104**
folgt zu lösen:[77] **Grundsätzlich hat der Schuldner die Wahl** zwischen der Einlegung einer Berufung oder einer Vollstreckungsabwehrklage, wenn die Einwendung nach dem Schluss der mündlichen Verhandlung erster Instanz und vor dem Eintritt der Rechtskraft entstanden ist (arg. e. § 767 Abs. 2 ZPO). **Nach Einlegung einer Berufung fehlt** aber grundsätzlich **das Rechtsschutzbedürfnis für eine Vollstreckungsabwehrklage**, es sei denn, das Rechtsmittel wurde als unzulässig verworfen oder der Einwand, auf den die Vollstreckungsabwehrklage gestützt wird, steht im Berufungsverfahren nicht zur Prüfung. Umgekehrt ist die **Berufung auch dann zulässig**, wenn bereits **zuvor eine Vollstreckungsabwehrklage erhoben** worden ist. Das hat seinen Grund in den unterschiedlichen Zielrichtungen von Berufung und Vollstreckungsabwehrklage.[78]

Bei der Frage nach der **örtlichen und sachlichen Zuständigkeit** für eine Vollstreckungs- **105**
abwehrklage ist zu differenzieren: Richtet sich die Vollstreckungsabwehrklage gegen eine **gerichtliche Entscheidung**, ist ohne Rücksicht auf den Streitwert (!) das Prozessgericht des ersten Rechtszuges (§§ 767 Abs. 1; 802 ZPO) zuständig. Bei **Vollstreckungsbescheiden** ist nach § 796 Abs. 3 ZPO das Gericht zuständig, das nach den allgemeinen Vorschriften örtlich (§§ 12 ff. ZPO) und sachlich (§§ 23, 71 GVG) zuständig gewesen wäre. Bei **vollstreckbaren Urkunden** bestimmen sich die örtliche Zuständigkeit nach § 797 Abs. 5 ZPO (allgemeiner Gerichtsstand des Schuldners) und die sachliche Zuständigkeit nach §§ 23, 71 GVG. Im Falle eines **Prozessvergleichs** ist § 797 Abs. 5 ZPO nach allgemeiner Meinung nicht anwendbar; zuständig ist das Gericht, bei dem der Prozess erster Instanz anhängig gewesen ist.[79]

73 BGH v. 3.6.1997 – XI ZR 133/96 – WM 1997, 1280 (1281).
74 BGH v. 3.6.1997 – XI ZR 133/96 – WM 1997, 1280.
75 Zur Herausgabeklage analog § 371 BGB z.B.: BGH v. 18.7.2013 – VII ZR 241/12 – NJW 2013, 2975, Rn 9 m.w.N.
76 Nach der Rspr. des BGH ist dies möglich. Siehe z.B.: BGH v. 21.1.1994 – V ZR 238/92 – NJW 1994, 1161 ff. Allgemein dazu: Zöller/*Herget*, § 767 Rn 2.6 m.w.N.
77 Ausführlich dazu: Zöller/*Herget*, § 767 Rn 4 m.w.N.
78 Dazu: *Geißler*, NJW 1985, 1865 (1869).
79 Siehe: Zöller/*Herget*, § 767 Rn 10. A.A.: AG Königswinter v. 26.5.1989 – 7 (8) F 227/86 – FamRZ 1989, 1201 f.

106 Statthaft ist eine Vollstreckungsabwehrklage, wenn der Schuldner mit ihr materiellrechtliche Einwendungen gegen den titulierten Anspruch selbst erhebt. **Fraglich** ist die **Statthaftigkeit** der **Vollstreckungsabwehrklage** bei Mängeln des Titels – insbesondere beim Einwand der **Unwirksamkeit des Titels**. Nach der **Rechtsprechung des BGH** sind dabei **zwei Fallgruppen** zu unterscheiden:

107 Wendet sich der Schuldner gegen einen **nach Form und Inhalt vollstreckungsfähigen und mit einer Klausel versehenen Vollstreckungstitel**, ist die Vollstreckungsabwehrklage statthaft, auch wenn die Unzulässigkeit der Klauselerteilung nach § 732 ZPO geltend gemacht werden könnte.[80]

108 Wendet sich der Schuldner gegen einen **nach Form und Inhalt vollstreckungsfähigen Titel, der aber wegen Unbestimmtheit des Klagegrundes nicht der materiellen Rechtskraft fähig ist**, vertritt der BGH die Auffassung, dass in einem solchen Fall die Unzulässigkeit der Zwangsvollstreckung „analog § 767 ZPO" geltend gemacht werden kann.[81]

109 Eine weitere Besonderheit ergibt sich, wenn die **Unwirksamkeit eines Prozessvergleichs** geltend gemacht werden soll. Auch hier sind **zwei Fallgruppen** zu unterscheiden:

110 Handelt es sich um **Einwendungen, die den Prozessvergleich von Anfang an unwirksam/nichtig machen** (z.B. Anfechtung nach §§ 119 ff. BGB [Wirkung gem. § 142 Abs. 1 BGB: ex tunc]; Unwirksamkeit nach § 779 BGB; Prozessunfähigkeit), soll nach h.M. das frühere Verfahren unter dem Gesichtspunkt der Prozessökonomie fortgeführt werden.[82]

111 Handelt es sich hingegen um **Einwendungen, die einen nach Abschluss des Vergleichs eingetretenen Umstand betreffen und die keine rückwirkende Beseitigung des Prozessvergleichs bewirken** (z.B. Rücktritt, §§ 323 ff. BGB; Wegfall der Geschäftsgrundlage, § 313 BGB), soll nach h.M. die Vollstreckungsabwehrklage nach § 767 ZPO zulässig sein.[83]

112 Nach der **Rechtsprechung des BGH** kann mit der **prozessualen Gestaltungsklage analog § 767 ZPO** auch geltend gemacht werden, dass ein Urteil infolge eines Vergleichs wirkungslos geworden ist.[84]

113 Die Vollstreckungsabwehrklage ist begründet, wenn dem Schuldner eine **materiellrechtliche Einwendung** (oder mehrere) gegen den titulierten Anspruch zusteht, die **nicht nach § 767 Abs. 2–3 ZPO ausgeschlossen** („präkludiert") ist. Der Begriff der

80 Vgl.: BGH v. 16.7.2004 – IXa ZB 326/03 – NJW-RR 2004, 1718 f.; BGH v. 14.5.1992 – VII ZR 204/90 – NJW 1992, 2160 (2161). Für diese Lösung des BGH spricht schon die Tatsache, dass mit einer Klauselerinnerung nach § 732 ZPO keine rechtskräftige Entscheidung über die Unzulässigkeit der Vollstreckung aus dem Titel erreicht werden kann. Das Rechtsschutzbedürfnis für eine Vollstreckungsabwehrklage lässt sich also nicht verneinen.

81 BGH v. 18.11.1993 – IX ZR 244/92 – NJW 1994, 460 ff.

82 BGH v. 4.11.1976 – VII ZR 6/76 – NJW 1977, 583 f.; *Brox/Walker*, § 44 Rn 48.

83 BGH v. 4.11.1976 – VII ZR 6/76 – NJW 1977, 583 f. Kritisch dazu: *Brox/Walker*, § 44 Rn 48 a.E.

84 BGH v. 23.8.2007 – VII ZB 115/06 – IBR 2008, 1007 (nur online) mit Anm. *Seibel*. Dabei führte der BGH aus, dass das Rechtsschutzbedürfnis für eine solche Klage nicht wegen der Möglichkeit des Vorgehens nach § 732 ZPO zu verneinen sei.

Einwendung gem. § 767 ZPO umfasst sämtliche Einreden und Einwendungen des materiellen Rechts. Da § 767 Abs. 2 ZPO eine Zäsur dahingehend beinhaltet, dass grundsätzlich nur solche Einwendungen zulässig sind, die erst nach dem Schluss der letzten mündlichen Verhandlung entstanden sind, kommen vor allem rechtsvernichtende und rechtshemmende Einreden und Einwendungen in Betracht.

Beispiele für materiell-rechtlich beachtliche Einwendungen:[85] 114

- **Anfechtung** nach § 142 Abs. 1 BGB (§§ 119 ff. BGB),
- **Unmöglichkeit** nach § 275 Abs. 1–3 BGB,
- **Rücktritt** nach §§ 346 ff. BGB,
- **Widerruf** nach §§ 355 ff. BGB,
- **Erfüllung** nach §§ 362 ff. BGB,
- **Aufrechnung** nach §§ 387 ff. BGB,
- **Verjährung**,
- **Stundung**,
- **Zurückbehaltungsrechte**.

Die **Präklusionswirkung nach § 767 Abs. 2 ZPO gilt nicht bei jedem Vollstreckungs-** 115
titel! Es muss differenziert werden:

Bei **Urteilen** und **Vollstreckungsbescheiden** sind Einwendungen, die bis zur letzten 116
mündlichen Verhandlung (Urteil; Besonderheit beim **Versäumnisurteil**: bis zum Ablauf der Einspruchs(begründungs)frist, vgl. § 340 Abs. 3 ZPO) bzw. bis zur Zustellung (Vollstreckungsbescheid) bereits entstanden waren, nach §§ 767 Abs. 2; 796 Abs. 2 ZPO präkludiert.

Bei **allen anderen Vollstreckungstiteln** kommt über § 795 S. 1 ZPO grundsätzlich die 117
Vorschrift des § 767 Abs. 2 ZPO zur Anwendung. Das macht aber nur dann Sinn, wenn ein der Rechtskraft fähiger Titel vorliegt. Da **Prozessvergleiche** (§ 794 Abs. 1 Nr. 1 ZPO) nicht der Rechtskraft fähig sind, unterliegen sie nicht der Präklusionswirkung nach § 767 Abs. 2 ZPO. Das gilt nach § 797 Abs. 4 ZPO auch für **vollstreckbare Urkunden** (§ 794 Abs. 1 Nr. 5 ZPO).[86]

Einen **Spezialfall der Präklusionswirkung** enthält **§ 767 Abs. 3 ZPO**, der die **wieder-** 118
holte Vollstreckungsabwehrklage betrifft. Grundsätzlich muss der Schuldner in seiner ersten Vollstreckungsabwehrklage bis zum Schluss der letzten mündlichen Verhandlung alle Einwendungen erheben, die er bereits zu diesem Zeitpunkt geltend machen kann, wobei diese Präklusionswirkung auch bei Titeln gilt, die nicht der Rechtskraft fähig sind.[87] Dieser Bereich ist daher für den Rechtsanwalt – sollte er eine Einwendung vergessen – besonders haftungsträchtig.

85 Weitere Beispiele: Zöller/*Herget*, § 767 Rn 12.
86 Grundsätzlich dazu: Zöller/*Herget*, § 767 Rn 20.
87 BGH v. 17.4.1986 – III ZR 246/84 – WM 1986, 1032 ff.

119 Die **gerichtliche Entscheidung** einer Vollstreckungsabwehrklage kann wie folgt lauten:

- Im Falle ihrer **Unzulässigkeit und/oder Unbegründetheit** wird die **Klage abgewiesen**.
- Ist sie **begründet**, wird z.B. wie folgt tenoriert:

> „Die Zwangsvollstreckung aus dem (…) (*genaue Angabe des Titels*) wird **für unzulässig erklärt**.“
>
> oder:
>
> „Die Zwangsvollstreckung aus dem (…) (*genaue Angabe des Titels*) wird **insoweit für unzulässig erklärt**, als (…) (teilweise Beschränkung der Zulässigkeit der Zwangsvollstreckung); im Übrigen ist die Zwangsvollstreckung zulässig (*deklaratorisch*).“

120 Es besteht zudem die Möglichkeit des Erlasses von **einstweiligen Anordnungen nach § 769 ZPO** (i.V.m. § 767 ZPO). Diese erlässt im Falle des § 769 Abs. 1 ZPO das Prozessgericht. In dringenden Fällen kann auch das Vollstreckungsgericht tätig werden (§ 769 Abs. 2 ZPO).

b) Besonderheit: Vollstreckungsabwehrklage des Bauherrn gegen eine Bauträgergesellschaft

121 Eine im privaten Baurecht relevante Besonderheit stellt die **Vollstreckungsabwehrklage eines Bauherrn gegen eine Bauträgergesellschaft** dar. Letztere haben sich in der Vergangenheit in notariellen Verträgen regelmäßig die Möglichkeit einräumen lassen, die Zwangsvollstreckung gegen den Bauherrn ohne einen besonderen Fälligkeitsnachweis betreiben zu können. Üblicherweise sahen solche Vertragsklauseln eine **Unterwerfung des Bauherrn unter die sofortige Zwangsvollstreckung** aus dem in der notariellen Urkunde (§ 794 Abs. 1 Nr. 5 ZPO) bezeichneten Anspruch vor. Weiterhin wurde z.B. vereinbart, dass die Aufrechnung oder das Geltendmachen von Zurückbehaltungsrechten seitens des Bauherrn nur bei anerkannten oder rechtskräftig festgestellten Forderungen zulässig sein sollte.[88] Diesem unlauteren Vorgehen hat der BGH – nachdem dies lange Zeit umstritten war – eine Absage erteilt: Er hat die Verwendung einer Klausel, nach der sich der Bauträger ohne Fälligkeitsnachweis von dem Notar eine vollstreckbare Ausfertigung der Urkunde hinsichtlich seiner Forderung erteilen lassen konnte, als Verstoß gegen § 134 BGB i.V.m. §§ 3, 12 MaBV und zudem auch als Verstoß gegen § 307 BGB bewertet.[89]

122 Es stellt sich darüber hinaus die Frage nach dem richtigen **Rechtsmittel** gegen unwirksame Unterwerfungserklärungen. Wie kann der Bauherr eine Vollstreckung aus einem solchen Titel verhindern? Nach der **Rechtsprechung des BGH** ist insofern die **Vollstre-**

88 Allgemein zu dieser Problematik: *Kniffka*, ZfBR 1992, 195 ff.; *Pause*, NJW 2000, 769 ff.
89 BGH v. 22.10.1998 – VII ZR 99/97 – BGHZ 139, 387 ff.

ckungsabwehrklage als sog. **„prozessuale Gestaltungsklage" analog §767 ZPO** (siehe auch oben: Rdn 101) zulässig.[90]

Sofern eine Vollstreckungsabwehrklage des Bauherrn mit einem **Eilantrag nach §769 ZPO** verbunden wird, was regelmäßig der Fall sein dürfte, ist zur Vertiefung noch auf die **Rechtsprechung des OLG Hamm** hinzuweisen.[91] Danach ist die Zwangsvollstreckung im Falle des §769 Abs. 1 ZPO, wenn schon über die Fälligkeit der Forderung des Bauträgers gestritten wird, nur gegen Sicherheitsleistung des Bauträgers fortzusetzen. Sind die Fälligkeitsvoraussetzungen hingegen außer Streit und geht es in der Sache „nur" um Gewährleistungsansprüche, muss hingegen der Bauherr die Sicherheit erbringen. 123

c) Drittwiderspruchsklage nach §771 ZPO

Da das jeweilige Vollstreckungsorgan im Rahmen seiner Vollstreckungstätigkeit grundsätzlich nicht prüfen muss, ob das Vollstreckungsobjekt im Vermögen des Schuldners steht (formales Verfahren), muss einem Dritten Rechtsschutz dahingehend eingeräumt werden einzuwenden, dass der zu vollstreckende Gegenstand aus seinem Vermögen und nicht aus demjenigen des Schuldners stammt. Dies wird mit der **Drittwiderspruchsklage nach §771 ZPO** erreicht. **Ziel** dieser Klage ist es, die **Zwangsvollstreckung in den jeweiligen Gegenstand für unzulässig erklären zu lassen**, weil in schuldnerfremdes und damit dem Vollstreckungsgläubiger nicht haftendes Vermögen vollstreckt werden soll. 124

Bei der Abgrenzung zu anderen Rechtsbehelfen soll an dieser Stelle nur erwähnt werden, dass die **Drittwiderspruchsklage** nach §771 ZPO als **speziellerer Rechtsbehelf** eine **Herausgabeklage** (z.B. nach §985 BGB) oder eine **Unterlassungsklage** (z.B. nach §1004 BGB) **ausschließt**.[92] 125

Inhaltlich muss dem Kläger (Dritten) einer Drittwiderspruchsklage **„ein die Veräußerung hinderndes Recht"** an dem Gegenstand der Zwangsvollstreckung zustehen. Das ist insbesondere dann der Fall, wenn der Dritte **Eigentümer** der Sache ist. Wegen weiterer Fälle eines die Veräußerung hindernden Rechts wird auf die einschlägigen Kommentierungen verwiesen.[93] 126

In baurechtlicher Hinsicht ist insbesondere die Frage von Interesse, wie im Falle des Verkaufs einer Sache unter **Eigentumsvorbehalt** (§449 BGB) zu verfahren ist: 127

Verkauft ein Händler dem Bauherrn mehrere bewegliche Sachen und behält sich dabei sein Eigentum bis zur vollständigen Kaufpreiszahlung vor (Eigentumsvorbehalt, §449 128

90 BGH v. 27.9.2001 – VII ZR 388/00 – BauR 2002, 83 ff. Diese Frage wird jedoch kontrovers beurteilt. Ebenso: OLG Düsseldorf v. 20.8.2001 – 23 U 197/00 – BauR 2002, 515 ff.; OLG Hamm v. 23.1.1995 – 17 U 143/93 – BauR 1996, 141 ff. A.A.: OLG Braunschweig v. 23.3.2000 – 2 U 133/99 – BauR 2000, 1228 f. (nur Vollstreckungserinnerung nach §766 ZPO sowie Klauselerinnerung nach §732 ZPO zulässig).

91 Zur Vertiefung: OLG Hamm v. 10.2.1993 – 17 W 23/92 – BauR 1993, 362 ff.

92 BGH v. 7.3.1972 – VI ZR 158/70 – BGHZ 58, 207 (214 f.); OLG Hamm v. 11.4.2000 – 19 U 146/99 – NJW-RR 2001, 1575.

93 Siehe: Zöller/*Herget*, §771 Rn 14 m.w.N.

Abs. 1 BGB) und wird der Bauherr – vor vollständiger Kaufpreiszahlung – insolvent, kann sich der Händler gegen eine Zwangsvollstreckung anderer Gläubiger des Bauherrn in „seine" beweglichen Sachen grundsätzlich mit der Drittwiderspruchsklage nach § 771 ZPO wehren. Es ist anerkannt, dass das **Vorbehaltseigentum den Verkäufer zum Widerspruch nach § 771 ZPO berechtigt** und dieser nicht bloß auf die Möglichkeit nach § 805 ZPO (Klage auf vorzugsweise Befriedigung) zu verweisen ist.[94] Dies ist sachenrechtlich damit zu begründen, dass die Eigentumsübertragung nach § 929 S. 1 BGB an den Käufer/Bauherrn unter der Bedingung (vgl. § 158 Abs. 1 BGB) der vollständigen Kaufpreiszahlung an den Verkäufer stand. Solange das nicht geschehen ist, hat der Käufer/Bauherr höchstens ein Anwartschaftsrecht erworben, ist aber mangels Bedingungseintritts noch nicht Eigentümer der Sache. Daher bleibt der Verkäufer Eigentümer und kann somit nach § 771 ZPO vorgehen. Kommt es allerdings zum **Erlöschen des Vorbehaltseigentums** z.B. dadurch, dass der Bauherr die beweglichen Sachen mit seinem Grundstück bzw. seinem Haus derart nach § 946 BGB verbindet, dass sie wesentlicher Bestandteil des Grundstücks werden, geht das Vorbehaltseigentum unter. Dann steht dem Vorbehaltsverkäufer „nur" noch ein Entschädigungsanspruch nach § 951 Abs. 1 S. 1 BGB i.V.m. §§ 812 ff. BGB zu. In diesem Fall ist ihm die **Möglichkeit einer Drittwiderspruchsklage** nach § 771 ZPO gegen eine Zwangsvollstreckung der anderen Gläubiger des Bauherrn in dessen Grundstück **verwehrt**, weil er durch die Verbindung kein Recht an dem Grundstück des Bauherrn erworben hat.

129 Die Gläubiger des Bauherrn können im Falle des Verkaufs einer beweglichen Sache unter Eigentumsvorbehalt nicht in diese Sache selbst, sondern nur **in das Anwartschaftsrecht des Bauherrn vollstrecken**. Dabei ist umstritten, wie die Vollstreckung in ein solches Anwartschaftsrecht vorzunehmen ist.[95]

130 Umgekehrt kann sich der **Vorbehaltskäufer/Bauherr mit der Drittwiderspruchsklage** nach § 771 ZPO **gegen eine Vollstreckung der Gläubiger des Vorbehaltsverkäufers** wegen seines bestehenden Anwartschaftsrechts an der Sache zur Wehr setzen.[96]

131 Eine Drittwiderspruchsklage hat nur dann Erfolg, wenn dem Kläger (Dritten) ein die **Veräußerung hinderndes Recht** an dem Vollstreckungsobjekt zusteht **und** er auch **nicht zur Duldung der Zwangsvollstreckung nach § 242 BGB verpflichtet** ist. M.a.W.: Das die Veräußerung hindernde Recht darf nicht durch Einwendungen des Beklagten (z.B. Anfechtung nach §§ 2 ff., 9 AnfG, §§ 129 ff. InsO) ausgeschlossen sein.[97]

132 Für die Drittwiderspruchsklage ist **örtlich** das **Gericht zuständig**, in dessen Bezirk die Zwangsvollstreckung erfolgt (ausschließliche Zuständigkeit: §§ 771 Abs. 1; 802 ZPO). Die **sachliche Zuständigkeit** richtet sich nach der Höhe des Streitwerts (§§ 23, 71 GVG).

94 Dazu schon: BGH v. 1.7.1970 – VIII ZR 24/69 – BGHZ 54, 214 (218 f.).
95 Ausführlich dazu und zu den vertretenen Theorien: *Brox/Walker*, § 26 Rn 2 ff.
96 BGH v. 11.11.1970 – VIII ZR 242/68 – NJW 1971, 799 ff.; Zöller/*Herget*, § 771 Rn 14.7.
97 Näher dazu: Zöller/*Herget*, § 771 Rn 15.

Die **gerichtliche Entscheidung** lautet im Falle der Unzulässigkeit und/oder Unbegründetheit auf Klageabweisung. 133

Hat die Drittwiderspruchsklage hingegen Erfolg, kann der Tenor eines stattgebenden Urteils z.B. wie folgt lauten:

> „Die von dem Beklagten am (...) durch den Gerichtsvollzieher (...) aus dem (...) (*genaue Angabe des Vollstreckungstitels*) vorgenommene Zwangsvollstreckung in das (...) (*genaue Angabe des Vollstreckungsobjektes*) wird für unzulässig erklärt."

Hinsichtlich des **vorläufigen Rechtsschutzes** erklärt **§ 771 Abs. 3 S. 1 ZPO** die §§ 769, 770 ZPO für entsprechend anwendbar. Das Prozessgericht kann daher eine einstweilige Anordnung nach §§ 771 Abs. 3 S. 1; 769 Abs. 1 ZPO erlassen. In dringenden Fällen kann dies nach §§ 771 Abs. 3 S. 1; 769 Abs. 2 ZPO auch durch das Vollstreckungsgericht erfolgen. Im Unterschied z.B. zur Vollstreckungsabwehrklage ist die Aufhebung einer Vollstreckungsmaßregel nach § 771 Abs. 3 S. 2 ZPO auch ohne Sicherheitsleistung zulässig. 134

C. Muster

I. Checkliste: Voraussetzungen der Zwangsvollstreckung

1. **Allgemeine Verfahrensvoraussetzungen** 135
   a) Deutsche Gerichtsbarkeit, insbesondere: keine Befreiung nach §§ 18–20 GVG
   b) Zulässigkeit des Rechtsweges
   c) Zuständigkeit des Vollstreckungsorgans
   funktionell: Gerichtsvollzieher, Amtsgericht als Vollstreckungsgericht (RPfleger oder Richter), Prozessgericht 1. Instanz, Grundbuchamt
   örtlich: spezielle Regelung, sonst: Vollstreckungsbezirk (§ 764 Abs. 2 ZPO, § 154 GVG, §§ 10, 14 ff. GVO)
   d) Wirksamer Vollstreckungsantrag des Gläubigers
   Achtung: Formularzwang nach §§ 753 Abs. 3; 758a Abs. 6; 829 Abs. 4 ZPO; §§ 1 ff. ZVFV.
   e) Partei- und Prozessfähigkeit, §§ 50 ff. ZPO
   f) Prozessführungsbefugnis
   g) Postulationsfähigkeit
   h) Allgemeines Rechtsschutzbedürfnis
2. **Allgemeine Vollstreckungsvoraussetzungen** (§§ 35 ff. GVGA)
   a) Vollstreckungstitel, §§ 704, 794, 928, 936 ZPO
   b) Vollstreckungsklausel, §§ 724 ff., 795 ff. ZPO
   c) Zustellung, §§ 750, 798 ZPO; evtl. entbehrlich
3. **Besondere Vollstreckungsvoraussetzungen** (§§ 48 ff. GVGA)
   a) Leistung Zug um Zug: §§ 756, 765 ZPO
   b) Kalendermäßig fristgebundener Anspruch: § 751 Abs. 1 ZPO

   c) Vollstreckung gegen Sicherheitsleistung: § 751 Abs. 2 ZPO, beachte aber: § 720a ZPO
4. **Keine Vollstreckungshindernisse**
   a) Voraussetzungen der Einstellung oder Beschränkung der Zwangsvollstreckung: § 775 ZPO
   b) Eröffnung eines Insolvenzverfahrens: § 89 InsO
   c) Entgegenstehende/r Vollstreckungsvereinbarung/Vollstreckungsvertrag

II. Formular: Vollstreckungsauftrag an den Gerichtsvollzieher zur Vollstreckung von Geldforderungen (z.B. einer Werklohnforderung)

136 Für Vollstreckungsaufträge an den Gerichtsvollzieher ist seit dem 1.12.2023 (Übergangsregelung: § 6 ZVFV) nach § 1 Abs. 1 **ZVFV** das **Formular der Anlage 1** eingeführt (dazu: Rdn 137; abrufbar unter: www.bmj.de/Zwangsvollstreckungsformulare). **Formularzwang:** Dieses Formular ist für Aufträge an den Gerichtsvollzieher zur Vollstreckung von Geldforderungen verbindlich zu nutzen (§ 2 Abs. 1 Nr. 1 ZVFV); nach § 2 Abs. 2 ZVFV ist Aufträgen an den Gerichtsvollzieher zur Vollstreckung von Geldforderungen zwingend auch das nach § 1 Abs. 4 Nr. 1 ZVFV eingeführte **Formular der Anlage 6** (Aufstellung von Forderungen) beizufügen (dazu: Rdn 138; abrufbar unter: www.bmj.de/Zwangsvollstreckungsformulare; zur mehrfachen Nutzung der Anlage 6: vgl. § 2 Abs. 5 ZVFV). Zu zulässigen Abweichungen von den Formularen: vgl. § 3 ZVFV.

Ausfüllhinweise zu den Formularen sind abrufbar unter: www.bmj.de/Zwangsvollstreckungsformulare.

Achtung: Die folgenden Formulare entsprechen dem Stand 1.9.2023 (Redaktionsschluss für dieses Buch). Derzeit liegt eine Änderungsverordnung zur ZVFV als Referentenentwurf des BMJ vor. Um Verbesserungsvorschläge aus der Praxis aufzugreifen, sollen danach in den Formularen zukünftig zusätzliche Eintragungsmöglichkeiten bei den Angaben zum Schuldner geschaffen, bestimmte Eingabefelder vergrößert, die Nutzungsmöglichkeiten bei der Vollstreckung öffentlich-rechtlicher Forderungen verbessert und die Forderungsaufstellungen übersichtlicher gestaltet werden. Der aktuelle Stand der Formulare ist abrufbar unter: www.bmj.de/Zwangsvollstreckungsformulare.

137

Vollstreckungsauftrag an Gerichtsvollzieher

An

Bitte beachten Sie die Ausfüllhinweise zu diesem Formular auf www.bmj.de/Zwangsvollstreckungsformulare.

, den

Angaben zum Schuldner:

☐ Herr ☐ Frau ☐ Unternehmen ☐

Name/Firma

ggf. Vorname(n)

Straße

Hausnummer

Postleitzahl

Ort

Land (wenn nicht Deutschland)

Kontaktdaten des Ansprechpartners:

☐ Gläubiger ☐ gesetzlicher Vertreter ☐ Bevollmächtigter

Name/Firma

ggf. Vorname(n)

Telefon

E-Mail

Fax

Geschäftszeichen

Bankverbindung des

☐ Gläubigers: ☐ gesetzlichen Vertreters: ☐ Bevollmächtigten: ☐ abweichenden Kontoinhabers:

Name des Kontoinhabers

IBAN

BIC (Angabe kann entfallen, wenn IBAN mit DE beginnt)

Verwendungszweck

1

In der Zwangsvollstreckungssache

des Gläubigers (zu Ziffer)

☐ Herrn ☐ Frau ☐ Unternehmen ☐

Name/Firma
ggf. Vorname(n)
Straße
Hausnummer
Postleitzahl
Ort
Land (wenn nicht Deutschland)
Geschäftszeichen
Registergericht
Registernummer

☐ Der Gläubiger ist vorsteuerabzugsberechtigt.

☐ sowie der weiteren Gläubiger gemäß weiterer Anlage

A

Gläubiger (zu Ziffer) vertreten durch

☐ den gesetzlichen Vertreter

☐ Herrn ☐ Frau ☐

Name
Vorname(n)
Straße
Hausnummer
Postleitzahl
Ort
Land (wenn nicht Deutschland)

☐ den gerichtlich bestellten Betreuer,

☐ der eine Ausschließlichkeits-erklärung abgegeben hat (§ 53 Absatz 2 ZPO)

☐ Herrn ☐ Frau ☐

Firma/Name
ggf. Vorname(n)
Straße
Hausnummer
Postleitzahl
Ort
Land (wenn nicht Deutschland)

Firma oder Funktion

☐

☐ diese vertreten durch

Funktion
Name
ggf. Vorname(n)

☐ den gesetzlichen Vertreter

☐ Herrn ☐ Frau ☐

Name
Vorname(n)
Straße
Hausnummer
Postleitzahl
Ort
Land (wenn nicht Deutschland)

2

A

Gläubiger (zu Ziffer) vertreten durch den Bevollmächtigten

☐ Herrn ☐ Frau ☐ Unternehmen ☐

Name/Firma
ggf. Vorname(n)

Straße
Hausnummer
Postleitzahl
Ort

Land (wenn nicht Deutschland)
Geschäftszeichen

gegen

B

den Schuldner (zu Ziffer)

☐ Herrn ☐ Frau ☐ Unternehmen ☐

Name/Firma
ggf. Vorname(n)

Straße
Hausnummer

Postleitzahl
Ort

Land (wenn nicht Deutschland)
Geschäftszeichen

Registergericht
Registernummer

☐ sowie die weiteren Schuldner gemäß weiterer Anlage

Schuldner (zu Ziffer) vertreten durch

☐ den gesetzlichen Vertreter

☐ Herrn ☐ Frau ☐

Name

Vorname(n)

Straße

Hausnummer

Postleitzahl

Ort

Land (wenn nicht Deutschland)

☐ den gerichtlich bestellten Betreuer,

☐ der eine Ausschließlichkeitserklärung abgegeben hat (§ 53 Absatz 2 ZPO)

☐ Herrn ☐ Frau ☐

Firma/Name

ggf. Vorname(n)

Straße

Hausnummer

Postleitzahl

Ort

Land (wenn nicht Deutschland)

Firma oder Funktion

☐

☐ diese vertreten durch

Funktion

Name

ggf. Vorname(n)

☐ den gesetzlichen Vertreter

☐ Herrn ☐ Frau ☐

Name

Vorname(n)

Straße
Hausnummer

Postleitzahl
Ort

Land (wenn nicht Deutschland)

3

B

Schuldner (zu Ziffer) vertreten durch den Bevollmächtigten

☐ Herrn ☐ Frau ☐ Unternehmen ☐

Name/Firma | ggf. Vorname(n)

Straße | Hausnummer | Postleitzahl | Ort

Land (wenn nicht Deutschland) | Geschäftszeichen

werden

C

der Vollstreckungstitel (zu Ziffer)

Art | Aussteller

Datum | Geschäftszeichen

☐ **zuzüglich Zustellungsnachweis**

sowie der Vollstreckungstitel (zu Ziffer)

Art | Aussteller

Datum | Geschäftszeichen

☐ **zuzüglich Zustellungsnachweis**

☐ sowie die weiteren Vollstreckungstitel aufgeführt in weiterer Anlage

und die Forderungsaufstellung (bei Mehrfachverwendung Forderungsaufstellungen) übermittelt.

Bei elektronisch übermittelten Anträgen:

☐ Die Ausfertigungen der Vollstreckungstitel werden erst nach Mitteilung des Aktenzeichens versandt. Es wird um Mitteilung des Aktenzeichens gebeten.

☐ Die Ausfertigungen der Vollstreckungstitel werden gleichzeitig auf dem Postweg übersandt.

D

Es werden folgende weitere Anlagen übermittelt:

☐ Beschluss über bewilligte Prozesskosten- oder Verfahrenskostenhilfe

☐ Vollmacht

☐ Geldempfangsvollmacht

☐ Vorpfändungsbenachrichtigung

☐ Aufstellung über die geleisteten Zahlungen

☐ Aufstellung der Inkassokosten

☐ Aufstellung der bisherigen Vollstreckungskosten mit Belegen

☐ Bescheid nach § 9 Absatz 2 UhVorschG

☐ Negativauskunft des Einwohnermeldeamtes

☐

☐

☐

E

Versicherungen

☐ Es wird gemäß § 753a Satz 1 ZPO die ordnungsgemäße Bevollmächtigung zur Vertretung versichert.

☐ Es wird gemäß § 754a Absatz 1 Satz 1 Nummer 4 ZPO versichert, dass Ausfertigungen der als elektronische Dokumente übermittelten Vollstreckungsbescheide mit den jeweiligen Zustellungsnachweisen vorliegen und die Forderungen in Höhe des Vollstreckungsauftrags noch bestehen.

☐

4

Wegen der aus den Forderungsaufstellungen ersichtlichen Forderungen und der für dieses Verfahren entstehenden Kosten werden folgende Aufträge erteilt:

F

Zustellung

☐ sämtlicher beigefügter Vollstreckungstitel

☐ des Vollstreckungstitels (zu Ziffer)

☐ der beigefügten Vorpfändungsbenachrichtigung nach § 845 ZPO

☐

G

Gütliche Erledigung, Zahlungsvereinbarung (§ 802b ZPO)

☐ Der Vollstreckungsauftrag beschränkt sich auf die **gütliche Erledigung**.

☐ Mit einer **Zahlungsvereinbarung** besteht

☐ kein Einverständnis ☐ Einverständnis wie folgt:

☐ Folgende Zahlungsfrist wird gewährt:

☐ Es werden Teilbeträge eingezogen.

☐ Ratenhöhe mindestens Euro

☐ monatlicher Turnus ☐ sonstiger Turnus:

☐ Abweichung von den Zahlungsmodalitäten nach dem Ermessen des Gerichtsvollziehers.

☐ sonstige Weisungen:

H

Abnahme der Vermögensauskunft des Schuldners (zu Ziffer)

☐ Vermögensauskunft nach § 802c ZPO

☐ Weitere Vermögensauskunft nach § 802d ZPO
Die Vermögensverhältnisse des Schuldners haben sich wesentlich geändert, weil

Zur Glaubhaftmachung wird beigefügt:

Die Vermögensauskunft nach § 802c ZPO oder die weitere Vermögensauskunft nach § 802d ZPO soll erfolgen

☐ ohne vorherigen Pfändungsversuch nach den §§ 802c, 802f ZPO.

☐ nach vorherigem Pfändungsversuch nach den §§ 802c, 807 ZPO (Modul L).

☐ Sofern der Schuldner wiederholt nicht anzutreffen ist,

☐ wird beantragt, das Verfahren zur Abnahme der Vermögensauskunft nach den §§ 802c, 802f ZPO einzuleiten.

☐ wird um Rücksendung der Vollstreckungsunterlagen gebeten.

☐

☐ Auf die Mitteilung der Terminsbestimmung nach § 802f ZPO wird verzichtet.

☐ Es ist beabsichtigt, an dem Termin zur Abnahme der Vermögensauskunft teilzunehmen.

☐

I

Erlass eines Haftbefehls (§ 802g Absatz 1 ZPO) gegen den Schuldner (zu Ziffer)

Für den Fall, dass der Schuldner dem Termin zur Abgabe der Vermögensauskunft unentschuldigt fernbleibt oder sich ohne Grund weigert, die Vermögensauskunft zu erteilen, wird der Erlass eines Haftbefehls nach § 802g Absatz 1 ZPO beantragt. Der Gerichtsvollzieher wird gebeten, den Antrag an das zuständige Amtsgericht weiterzuleiten und dieses zu ersuchen, nach Erlass des Haftbefehls diesen zu übersenden an

☐ den Antragsteller. ☐ den zuständigen Gerichtsvollzieher.
Der Gerichtsvollzieher wird mit der Verhaftung des Schuldners nach § 802g Absatz 2 ZPO beauftragt.

5

J

Verhaftung des Schuldners (zu Ziffer) (§ 802g Absatz 2 ZPO)

Haftbefehl des Amtsgerichts | vom | Geschäftszeichen

K

Vorpfändung (§ 845 ZPO)

Anfertigung der Benachrichtigung über die Vorpfändung und Zustellung sowie unverzügliche Mitteilung über die

☐ pfändbaren Forderungen, die dem Gerichtsvollzieher bekannt sind oder bekannt werden

☐ mit Ausnahme folgender Forderungen:

☐ folgenden Forderungen:

L

Pfändung und Verwertung

☐ Es soll eine Sachpfändung durchgeführt werden

☐ einschließlich ☐ beschränkt auf:

☐ Taschenpfändungen

☐ Kassenpfändungen

☐

☐ Es soll eine Pfändung von Forderungen aus Wechseln und anderen Papieren, die durch Indossament übertragen werden können, durchgeführt werden.

☐ Mit der Erteilung einer Fruchtlosigkeitsbescheinigung nach § 32 GVGA besteht kein Einverständnis.

☐ Der Pfändungsauftrag steht unter der Bedingung, dass sich aus dem Vermögensverzeichnis pfändbare Gegenstände ergeben.

☐

M

Ermittlung des Aufenthaltsorts des Schuldners (zu Ziffer) (§ 755 ZPO)

Ermittlung des Aufenthaltsorts des Schuldners:

☐ für den Fall, dass sich im Verfahren herausstellt, dass keine zustellungsfähige Anschrift des Schuldners vorliegt:

☐ Ermittlung nach § 755 Absatz 1 ZPO

☐ der gegenwärtigen Anschriften sowie der Angaben zur Haupt- und Nebenwohnung des Schuldners durch Nachfrage bei der Meldebehörde

☐ der gegenwärtigen Anschriften, des Ortes der Hauptniederlassung oder des Sitzes des Schuldners durch Einsicht in das Handels-, Genossenschafts-, Partnerschafts-, Unternehmens- oder Vereinsregister

☐ der gegenwärtigen Anschriften, des Ortes der Hauptniederlassung oder des Sitzes des Schuldners durch Einholung einer Auskunft bei den nach Landesrecht für die Durchführung der Aufgaben nach § 14 Absatz 1 GewO zuständigen Behörden

☐ Ermittlung nach § 755 Absatz 2 ZPO

☐ des Aufenthaltsorts durch Nachfragen beim Ausländerzentralregister und bei der aktenführenden Ausländerbehörde

☐ der bekannten derzeitigen Anschrift sowie des derzeitigen oder zukünftigen Aufenthaltsorts des Schuldners bei

☐ den Trägern der gesetzlichen Rentenversicherung

☐ der folgenden berufsständischen Versorgungseinrichtung im Sinne des § 6 Absatz 1 Satz 1 Nummer 1 SGB VI:

Bezeichnung

Postfach

Straße | Hausnummer

Postleitzahl | Ort

Tatsächliche Anhaltspunkte dafür, dass der Schuldner Mitglied dieser berufsständischen Versorgungseinrichtung ist:

☐ der Halterdaten nach § 33 Absatz 1 Satz 1 Nummer 2 StVG des Schuldners beim Kraftfahrt-Bundesamt

☐

6

N

Einholung von Auskünften Dritter (§ 802l ZPO) über den Schuldner (zu Ziffer)

☐ Erhebung des Namens und der Vornamen oder der Firma sowie der Anschrift der derzeitigen Arbeitgeber des Schuldners bei

☐ den Trägern der gesetzlichen Rentenversicherung

☐ der folgenden berufsständischen Versorgungseinrichtung im Sinne des § 6 Absatz 1 Satz 1 Nummer 1 SGB VI:

Bezeichnung

Postfach

Straße | Hausnummer

Postleitzahl | Ort

Tatsächliche Anhaltspunkte dafür, dass der Schuldner Mitglied dieser berufsständischen Versorgungseinrichtung ist:

☐ Ersuchen an das Bundeszentralamt für Steuern, bei den Kreditinstituten die in § 93b Absatz 1 und Absatz 1a AO bezeichneten Daten abzurufen

☐ Erhebung der Fahrzeug- und Halterdaten nach § 33 Absatz 1 StVG zu einem Fahrzeug, als dessen Halter der Schuldner eingetragen ist, beim Kraftfahrt-Bundesamt

☐ Die Drittauskünfte sollen nicht eingeholt werden, wenn bei einer Vollstreckung in die in der Vermögensauskunft aufgeführten Vermögensgegenstände eine vollständige Befriedigung der Gläubiger zu erwarten ist.

☐ Antrag auf aktuelle Einholung von Auskünften (§ 802l Absatz 4 Satz 3 ZPO)
Zur Änderung der Vermögensverhältnisse des Schuldners wird vorgetragen:

☐

O

weitere Aufträge

☐

☐

P

Angaben zur Reihenfolge bzw. Kombination der einzelnen Aufträge

Die gestellten Aufträge sollen in folgender Reihenfolge durchgeführt werden:

1.

2.

3.

☐

Q

Dem Gerichtsvollzieher werden folgende Hinweise gegeben und es werden folgende Vorgaben gemacht:

☐ Es wird um Übersendung des

☐ Protokolls ☐ Gesamtprotokolls
gebeten.

☐ Im Fall der Nichtzuständigkeit wird um Weiterleitung des Vollstreckungsauftrags an den zuständigen Gerichtsvollzieher gebeten, wenn nicht bereits eine Weiterleitung von Amts wegen erfolgt.

☐ Es wird um Rücksendung der Vollstreckungsunterlagen für den Fall gebeten, dass

☐

☐

Namen der Auftraggeber

Unterschriften der Auftraggeber

7

138

Aufstellung von Forderungen für Vollstreckungsaufträge an Gerichtsvollzieher

Lfd. Nr.

Die Gläubiger können von den Schuldnern aus dem Vollstreckungstitel (zu Ziffer) die nachfolgend aufgeführten Beträge beanspruchen:

I. Hauptforderungen einschließlich dazugehöriger Zinsen und Säumniszuschläge			
☐ Hauptforderung	☐ Restforderung aus Hauptforderung in Höhe von Euro	☐ Teilforderung aus Hauptforderung in Höhe von Euro	Euro
(Teil-/Rest-)Zinsen wie im Vollstreckungstitel ausgerechnet			Euro
(Teil-/Rest-)Zinsen in Höhe von			
☐ Prozentpunkten über dem jeweiligen Basiszinssatz ☐ Prozent aus Euro seit dem bis			Euro
☐ Prozentpunkten über dem jeweiligen Basiszinssatz ☐ Prozent aus Euro seit dem bis			Euro
☐ Prozentpunkten über dem jeweiligen Basiszinssatz ☐ Prozent aus Euro seit dem			
☐ Prozentpunkten über dem jeweiligen Basiszinssatz ☐ Prozent aus Euro seit dem			
☐ Hauptforderung	☐ Restforderung aus Hauptforderung in Höhe von Euro	☐ Teilforderung aus Hauptforderung in Höhe von Euro	Euro
(Teil-/Rest-)Zinsen wie im Vollstreckungstitel ausgerechnet			Euro
(Teil-/Rest-)Zinsen in Höhe von			
☐ Prozentpunkten über dem jeweiligen Basiszinssatz ☐ Prozent aus Euro seit dem bis			Euro
☐ Prozentpunkten über dem jeweiligen Basiszinssatz ☐ Prozent aus Euro seit dem bis			Euro
☐ Prozentpunkten über dem jeweiligen Basiszinssatz ☐ Prozent aus Euro seit dem			
☐ Prozentpunkten über dem jeweiligen Basiszinssatz ☐ Prozent aus Euro seit dem			
☐ Hauptforderung	☐ Restforderung aus Hauptforderung in Höhe von Euro	☐ Teilforderung aus Hauptforderung in Höhe von Euro	Euro
Säumniszuschläge nach § 193 Absatz 6 Satz 2 VVG aus Euro seit dem bis			Euro
Säumniszuschläge nach § 193 Absatz 6 Satz 2 VVG aus Euro seit dem			
☐			Euro

II. Rückständiger Unterhalt oder rückständige Renten aus Anlass einer Verletzung des Körpers oder der Gesundheit für Name Vorname(n) geboren am	
Rückstand für die Zeit vom bis	Euro
(Teil-/Rest-)Zinsen wie im Vollstreckungstitel ausgerechnet	Euro
(Teil-/Rest-)Zinsen in Höhe von	
☐ Prozentpunkten über dem jeweiligen Basiszinssatz ☐ Prozent aus Euro seit dem bis	Euro
☐ Prozentpunkten über dem jeweiligen Basiszinssatz ☐ Prozent aus Euro seit dem bis	Euro
☐ Prozentpunkten über dem jeweiligen Basiszinssatz ☐ Prozent aus Euro seit dem	
☐ Prozentpunkten über dem jeweiligen Basiszinssatz ☐ Prozent aus Euro seit dem	

1

III. Titulierte Kosten einschließlich dazugehöriger Nebenforderungen	
In den Vollstreckungsbescheid aufgenommene Kosten des Mahnverfahrens	
☐ Gesamtkosten ☐ Restkosten aus Gesamtkosten in Höhe von Euro ☐ Teilkosten aus Gesamtkosten in Höhe von Euro	Euro
(Teil-/Rest-)Zinsen wie im Vollstreckungsbescheid ausgerechnet	Euro
(Teil-/Rest-)Zinsen in Höhe von	
☐ Prozentpunkten über dem jeweiligen Basiszinssatz ☐ Prozent aus Euro seit dem bis	Euro
☐ Prozentpunkten über dem jeweiligen Basiszinssatz ☐ Prozent aus Euro seit dem bis	Euro
☐ Prozentpunkten über dem jeweiligen Basiszinssatz ☐ Prozent aus Euro seit dem	
☐ Prozentpunkten über dem jeweiligen Basiszinssatz ☐ Prozent aus Euro seit dem	
Titulierte vorgerichtliche Kosten	
☐ Gesamtkosten ☐ Restkosten aus Gesamtkosten in Höhe von Euro ☐ Teilkosten aus Gesamtkosten in Höhe von Euro	Euro
(Teil-/Rest-)Zinsen wie im Vollstreckungstitel ausgerechnet	Euro
(Teil-/Rest-)Zinsen in Höhe von	
☐ Prozentpunkten über dem jeweiligen Basiszinssatz ☐ Prozent aus Euro seit dem bis	Euro
☐ Prozentpunkten über dem jeweiligen Basiszinssatz ☐ Prozent aus Euro seit dem bis	Euro
☐ Prozentpunkten über dem jeweiligen Basiszinssatz ☐ Prozent aus Euro seit dem	
☐ Prozentpunkten über dem jeweiligen Basiszinssatz ☐ Prozent aus Euro seit dem	
Festgesetzte Kosten	
☐ Gesamtkosten ☐ Restkosten aus Gesamtkosten in Höhe von Euro ☐ Teilkosten aus Gesamtkosten in Höhe von Euro	Euro
(Teil-/Rest-)Zinsen wie im Kostenfestsetzungsbeschluss ausgerechnet	Euro
(Teil-/Rest-)Zinsen in Höhe von	
☐ Prozentpunkten über dem jeweiligen Basiszinssatz ☐ Prozent aus Euro seit dem bis	Euro
☐ Prozentpunkten über dem jeweiligen Basiszinssatz ☐ Prozent aus Euro seit dem bis	Euro
☐ Prozentpunkten über dem jeweiligen Basiszinssatz ☐ Prozent aus Euro seit dem	
☐ Prozentpunkten über dem jeweiligen Basiszinssatz ☐ Prozent aus Euro seit dem	
☐	Euro

IV. Kosten der Zwangsvollstreckung gemäß § 788 Absatz 1 ZPO	
Bisherige Vollstreckungskosten gemäß Aufstellung in weiterer Anlage	Euro
Kosten für dieses Verfahren:	
Rechtsanwaltskosten nach RVG für Vollstreckungsmaßnahme ; Gegenstandswert (§ 25 RVG): Euro	
Verfahrensgebühr (VV Nr. 3309, ggf. i. V. m. VV Nr. 1008)	Euro
Entgelte für Post- und Telekommunikationsdienstleistungen, ggf. Pauschale (VV Nr. 7001 oder 7002)	Euro
weitere Auslagen	Euro
Umsatzsteuer (VV Nr. 7008)	Euro
Rechtsanwaltskosten nach RVG für Vollstreckungsmaßnahme ; Gegenstandswert (§ 25 RVG): Euro	
Verfahrensgebühr (VV Nr. 3309, ggf. i. V. m. VV Nr. 1008)	Euro
Entgelte für Post- und Telekommunikationsdienstleistungen, ggf. Pauschale (VV Nr. 7001 oder 7002)	Euro
weitere Auslagen	Euro
Umsatzsteuer (VV Nr. 7008)	Euro
Kosten von Inkassodienstleistern nach § 13e RDG gemäß Aufstellung in weiterer Anlage	Euro

2

III. Formular: Antrag auf Erlass eines Pfändungs- und Überweisungsbeschlusses

139 Für diesen Antrag sind gem. § 829 Abs. 4 ZPO in der **ZVFV Formulare** eingeführt worden (abrufbar unter: www.bmj.de/Zwangsvollstreckungsformulare; **zeitliche Geltung** der neuen Formulare: seit dem 1.12.2023 [Übergangsregelung: § 6 ZVFV]). Für (sämtliche) Anträge auf Erlass eines Pfändungsbeschlusses (§ 829 ZPO) sowie eines Pfändungs- und Überweisungsbeschlusses (PfÜB; §§ 829, 835 ZPO) ist nach § 1 Abs. 3 ZVFV in deren **Anlage 4** ein Formular enthalten (dazu: Rdn 140). **Anlage 5** enthält ein Formular „Entwurf eines Pfändungsbeschlusses und eines PfÜB" (dazu: Rdn 141). **Anlage 7** (keine gesetzlichen Unterhaltsansprüche; dazu: Rdn 142) und **Anlage 8** (gesetzliche Unterhaltsansprüche) enthalten außerdem Formulare für die Aufstellung von Forderungen. **Formularzwang:** Die Anlagen 4 und 5 sind verbindlich zu nutzen (§ 829 Abs. 4 S. 2 ZPO; § 2 Abs. 1 Nr. 3 ZVFV); nach § 2 Abs. 4 ZVFV sind dem Formular der Anlage 4 zwingend auch die Formulare der Anlage 5 sowie Anlage 7 bzw. Anlage 8 beizufügen (zur mehrfachen Nutzung der Anlagen 7 bzw. 8: vgl. § 2 Abs. 5 ZVFV). Zu zulässigen Abweichungen von den Formularen: vgl. § 3 ZVFV.

Ausfüllhinweise zu den Formularen sind abrufbar unter: www.bmj.de/Zwangsvollstreckungsformulare.

Achtung: Die folgenden Formulare entsprechen dem Stand 1.9.2023 (Redaktionsschluss für dieses Buch). Derzeit liegt eine Änderungsverordnung zur ZVFV als Referentenentwurf des BMJ vor. Um Verbesserungsvorschläge aus der Praxis aufzugreifen, sollen danach in den Formularen zukünftig zusätzliche Eintragungsmöglichkeiten bei den Angaben zum Schuldner geschaffen, bestimmte Eingabefelder vergrößert, die Nutzungsmöglichkeiten bei der Vollstreckung öffentlich-rechtlicher Forderungen verbessert und die Forderungsaufstellungen übersichtlicher gestaltet werden. Der aktuelle Stand der Formulare ist abrufbar unter: www.bmj.de/Zwangsvollstreckungsformulare.

140

Antrag auf Erlass eines Pfändungsbeschlusses und eines Pfändungs- und Überweisungsbeschlusses

Vom Gericht auszufüllen:
Raum für Kostenvermerke und Eingangsstempel

An das Amtsgericht

– Vollstreckungsgericht –

Bitte beachten Sie die Ausfüllhinweise zu diesem Formular auf www.bmj.de/Zwangsvollstreckungsformulare.

, den

☐ Elektronische Kostenmarke:
Nummer , Wert Euro vom Datum

☐ Ein SEPA-Lastschriftmandat wurde erteilt.

Angaben zum Schuldner:

☐ Herr ☐ Frau ☐ Unternehmen ☐

Name/Firma | ggf. Vorname(n)

Straße | Hausnummer

Postleitzahl | Ort

Land

☐ Es besteht bereits ein vorläufiges Zahlungsverbot nach § 845 ZPO (Vorpfändung).

Kontaktdaten des Ansprechpartners:

☐ Gläubiger ☐ gesetzlicher Vertreter ☐ Bevollmächtigter

Name/Firma | ggf. Vorname(n)

Telefon | E-Mail | Fax

Geschäftszeichen

Es wird beantragt, den beigefügten Entwurf wie ausgefüllt als Beschluss zu erlassen.

Zusätzlich wird beantragt,

☐ anstelle einer beglaubigten Abschrift eine Ausfertigung des Beschlusses zu erteilen.

☐ die Zustellung durch die Geschäftsstelle zu vermitteln (anstatt die Zustellung selbst in Auftrag zu geben).

☐ Gleichzeitig ist der Drittschuldner aufzufordern, eine Erklärung nach § 840 Absatz 1 ZPO abzugeben.

☐ Prozesskostenhilfe für den Gläubiger (zu Ziffer) zu bewilligen.

☐ Gleichzeitig wird beantragt, einen Rechtsanwalt beizuordnen.
Begründung:

☐ Die Schuldnerseite wird rechtsanwaltlich vertreten.

☐ Die Vertretung durch einen Rechtsanwalt ist aus den folgenden Gründen erforderlich:

1

☐ Es wird folgender zur Vertretung bereiter Rechtsanwalt gewählt:

☐ Herr ☐ Frau ☐ Unternehmen ☐

Name/Firma | ggf. Vorname(n)

Straße | Hausnummer

Postleitzahl | Ort

☐

Es werden

- **die in dem Beschlussentwurf bezeichneten Vollstreckungstitel mit den jeweiligen Zustellungsnachweisen**
- **und die Forderungsaufstellung (bei Mehrfachverwendung: Forderungsaufstellungen)**

übermittelt.

Bei elektronisch übermittelten Anträgen:

☐ Die Ausfertigungen der Vollstreckungstitel werden erst nach Mitteilung des Aktenzeichens versandt. Es wird um Mitteilung des Aktenzeichens gebeten.

☐ Die Ausfertigungen der Vollstreckungstitel werden gleichzeitig auf dem Postweg übersandt.

Es werden folgende weitere Anlagen übermittelt:

☐ Verrechnungsscheck für Gerichtskosten

☐ Abdruck Gerichtskostenstempler

☐ Elektronische Kostenmarke

☐ Beschluss über bewilligte Prozesskostenhilfe

☐ Im Fall eines Antrags auf Bewilligung von Prozesskostenhilfe: Erklärung über die persönlichen und wirtschaftlichen Verhältnisse des Gläubigers mit Belegen

☐ Vollmacht

☐ Geldempfangsvollmacht

☐ Belege zu Angaben über die persönlichen und wirtschaftlichen Verhältnisse der Schuldner oder Dritter

☐ Aufstellung über die geleisteten Zahlungen

☐ Aufstellung der Inkassokosten

☐ Aufstellung der bisherigen Vollstreckungskosten mit Belegen

☐ Bescheid nach § 9 Absatz 2 UhVorschG

☐

☐

☐

Versicherungen

☐ Es wird gemäß § 753a Satz 1 ZPO die ordnungsgemäße Bevollmächtigung zur Vertretung versichert.

☐ Es wird gemäß § 829a Absatz 1 Satz 1 Nummer 4 ZPO versichert, dass Ausfertigungen der als elektronische Dokumente übermittelten Vollstreckungsbescheide mit den jeweiligen Zustellungsnachweisen vorliegen und die Forderungen in Höhe des Vollstreckungsantrags noch bestehen.

☐

Namen der Antragsteller

Unterschriften der Antragsteller

2

141

Amtsgericht
– Vollstreckungsgericht –

Vom Gericht auszufüllen:
Geschäftszeichen:

Beschluss

In der Zwangsvollstreckungssache

A

des Gläubigers (zu Ziffer)

☐ Herrn ☐ Frau ☐ Unternehmen ☐

Name/Firma	ggf. Vorname(n)
Straße	Hausnummer
Postleitzahl	Ort
Land (wenn nicht Deutschland)	Geschäftszeichen
Registergericht	Registernummer

☐ Der Gläubiger ist vorsteuerabzugsberechtigt.

☐ sowie der weiteren Gläubiger gemäß weiterer Anlage

Gläubiger (zu Ziffer) vertreten durch

☐ den gesetzlichen Vertreter

☐ Herrn ☐ Frau ☐

Name

Vorname(n)

Straße

Hausnummer

Postleitzahl

Ort

Land (wenn nicht Deutschland)

☐ den gerichtlich bestellten Betreuer,

☐ der eine Ausschließlichkeitserklärung abgegeben hat (§ 53 Absatz 2 ZPO)

☐ Herrn ☐ Frau ☐

Firma/Name

ggf. Vorname(n)

Straße

Hausnummer

Postleitzahl

Ort

Land (wenn nicht Deutschland)

Firma oder Funktion

☐

☐ diese vertreten durch

Funktion

Name

ggf. Vorname(n)

☐ den gesetzlichen Vertreter

☐ Herrn ☐ Frau ☐

Name

Vorname(n)

Straße Hausnummer

Postleitzahl Ort

Land (wenn nicht Deutschland)

1

A

Gläubiger (zu Ziffer) vertreten durch den Bevollmächtigten

☐ Herrn ☐ Frau ☐ Unternehmen ☐

Name/Firma | ggf. Vorname(n)

Straße | Hausnummer | Postleitzahl | Ort

Land (wenn nicht Deutschland) | Geschäftszeichen

Bankverbindung des

☐ Gläubigers: ☐ gesetzlichen Vertreters: ☐ Bevollmächtigten: ☐ abweichenden Kontoinhabers:

Name des Kontoinhabers

IBAN | BIC (Angabe kann entfallen, wenn IBAN mit DE beginnt)

Verwendungszweck

gegen

B

den Schuldner (zu Ziffer)

☐ Herrn ☐ Frau ☐ Unternehmen ☐

Name/Firma | ggf. Vorname(n)

Straße | Hausnummer

Postleitzahl | Ort

Land (wenn nicht Deutschland) | Geschäftszeichen

Registergericht | Registernummer

☐ sowie die weiteren Schuldner gemäß weiterer Anlage

Schuldner (zu Ziffer) vertreten durch

☐ den gesetzlichen Vertreter

☐ Herrn ☐ Frau ☐

Name

Vorname(n)

Straße

Hausnummer

Postleitzahl

Ort

Land (wenn nicht Deutschland)

☐ den gerichtlich bestellten Betreuer,

☐ der eine Ausschließlichkeitserklärung abgegeben hat (§ 53 Absatz 2 ZPO)

☐ Herrn ☐ Frau ☐

Firma/Name

ggf. Vorname(n)

Straße

Hausnummer

Postleitzahl

Ort

Land (wenn nicht Deutschland)

Firma oder Funktion

☐

☐ diese vertreten durch

Funktion

Name

ggf. Vorname(n)

2

B

☐ den gesetzlichen Vertreter

☐ Herrn ☐ Frau ☐

Name

Vorname(n)

Straße Hausnummer

Postleitzahl Ort

Land (wenn nicht Deutschland)

Schuldner (zu Ziffer) vertreten durch den Bevollmächtigten

☐ Herrn ☐ Frau ☐ Unternehmen ☐

Name/Firma ggf. Vorname(n)

Straße Hausnummer Postleitzahl Ort

Land (wenn nicht Deutschland) Geschäftszeichen

ergeht folgender

☐ Pfändungs- und Überweisungsbeschluss ☐ Pfändungsbeschluss:

C

Aus dem Vollstreckungstitel (zu Ziffer)

Art Aussteller

Datum Geschäftszeichen

sowie aus dem Vollstreckungstitel (zu Ziffer)

Art Aussteller

Datum Geschäftszeichen

☐ sowie aus den weiteren Vollstreckungstiteln aufgeführt in weiterer Anlage

können die Gläubiger von den Schuldnern die sich aus den als Anlagen beigefügten Forderungsaufstellungen ergebenden Beträge beanspruchen.

Wegen dieser Ansprüche

Vom Gericht auszufüllen:

☐ **sowie wegen der Kosten für die Zustellung dieses Beschlusses an sämtliche aufgeführte Schuldner und sämtliche aufgeführte Drittschuldner**

werden

3

D

gegenüber dem Drittschuldner (zu Ziffer)

☐ Herrn ☐ Frau ☐ Unternehmen ☐

Name/Firma | ggf. Vorname(n)

Straße | Hausnummer

Postleitzahl | Ort

Land (wenn nicht Deutschland)

Registergericht | Registernummer

Geschäftszeichen | elektronische Zustelladresse

wegen der Forderungen, Ansprüche und sonstigen Rechte des Schuldners (zu Ziffer) aus den Modulen

sowie dem Drittschuldner (zu Ziffer)

☐ Herrn ☐ Frau ☐ Unternehmen ☐

Name/Firma | ggf. Vorname(n)

Straße | Hausnummer

Postleitzahl | Ort

Land (wenn nicht Deutschland)

Registergericht | Registernummer

Geschäftszeichen | elektronische Zustelladresse

wegen der Forderungen, Ansprüche und sonstigen Rechte des Schuldners (zu Ziffer) aus den Modulen

sowie dem Drittschuldner (zu Ziffer)

☐ Herrn ☐ Frau ☐ Unternehmen ☐

Name/Firma | ggf. Vorname(n)

Straße | Hausnummer

Postleitzahl | Ort

Land (wenn nicht Deutschland)

Registergericht | Registernummer

Geschäftszeichen | elektronische Zustelladresse

wegen der Forderungen, Ansprüche und sonstigen Rechte des Schuldners (zu Ziffer) aus den Modulen

☐ sowie den weiteren Drittschuldnern aufgeführt in weiterer Anlage

die angeblichen fälligen und noch künftig fällig werdenden nachfolgend aufgeführten Forderungen, sonstigen Ansprüche und anderen Vermögensrechte der Schuldner so lange gepfändet, bis der Gläubigeranspruch gedeckt ist:

4

E

Forderungen gegenüber Arbeitgebern

1. Forderung auf Zahlung des gesamten gegenwärtigen und künftigen Arbeitseinkommens (einschließlich des Geldwertes von Sachbezügen)
2. Forderung auf Auszahlung des als Überzahlung jeweils auszugleichenden Erstattungsbetrages aus dem durchgeführten Lohnsteuer-Jahresausgleich sowie aus dem Kirchenlohnsteuer-Jahresausgleich für das Kalenderjahr ______ und für alle folgenden Kalenderjahre
3. Forderung auf Zahlung des Kurzarbeitergeldes

☐ ______

F

Forderungen gegenüber ☐ Agentur für Arbeit ☐ Versicherungsträger ☐ Versorgungseinrichtung

Forderung auf Zahlung der nachfolgend genannten gegenwärtig und künftig dem Schuldner zustehenden Geldleistungen:

Bezeichnung der Geldleistung	Konto-/Versicherungs-/Mitgliedsnummer

☐ ______

G

Forderungen gegenüber dem Finanzamt

Forderung auf Auszahlung des als Überzahlung auszugleichenden Erstattungsbetrages bzw. des Überschusses, der sich als Erstattungsanspruch bei Abrechnung der auf die Einkommensteuer (zuzüglich Solidaritätszuschlag) und Kirchensteuer sowie Körperschaftsteuer anzurechnenden Leistungen für das abgelaufene Kalenderjahr ______
☐ und für alle früheren Kalenderjahre
ergibt.

☐ ______

H

Forderungen und sonstige Rechte gegenüber Kreditinstituten

1. Forderung auf Zahlung der zu Gunsten des Schuldners bestehenden Guthaben seiner sämtlichen Zahlungskonten bei diesen Kreditinstituten einschließlich der Ansprüche auf Gutschrift der eingehenden Beträge; mitgepfändet wird die angebliche (gegenwärtige und künftige) Forderung des Schuldners an den Drittschuldner auf Auszahlung eines vereinbarten Dispositionskredits („offene Kreditlinie"), soweit der Schuldner den Kredit in Anspruch nimmt
2. Forderung auf Auszahlung des Guthabens und der bis zum Tag der Auszahlung aufgelaufenen Zinsen sowie das Recht auf fristgerechte bzw. vorzeitige Kündigung der für ihn geführten Sparguthaben und/oder Festgeldkonten
3. Forderung auf Auszahlung der bereitgestellten, noch nicht abgerufenen Darlehensvaluta aus einem Kreditgeschäft, wenn es sich nicht um zweckgebundene Ansprüche handelt
4. Forderung auf Zahlung aus dem zum Wertpapierkonto gehörenden Gegenkonto, auf dem die Zinsgutschriften für die festverzinslichen Wertpapiere gutgeschrieben sind

☐ Anspruch auf Zugang zu Bankschließfächern und auf Mitwirkung des Drittschuldners bei der Öffnung des Bankschließfachs bzw. auf die Öffnung des Bankschließfachs allein durch den Drittschuldner zum Zweck der Entnahme des Inhalts

☐ Anspruch auf Herausgabe der in den Depots und Unterdepots des Schuldners verwahrten Wertpapiere aus Sonder- und Drittverwahrung mitsamt den Eigentumsrechten an den Wertpapieren sowie bei Sammelverwahrung den Anspruch auf Herausgabe einer dem Anteil bzw. dem Wertpapiernennbetrag des Schuldners entsprechenden Anzahl von Einzelstücken aus der Sammelverwahrung mitsamt dem Miteigentumsanteil des Schuldners am Sammelbestand sowie bei Verbriefung von Wertpapieren in Sammelurkunden, insbesondere Globalurkunden, den Anspruch auf Übertragung der Buchforderung bzw. auf Umbuchung von Girosammel-Depotgutschriften mitsamt dem Miteigentumsanteil des Schuldners an solchen Sammelurkunden, jeweils einschließlich des Anspruchs auf Auskehrung von jeglichen Wertpapiererträgen

☐ ______

I

Forderungen und sonstige Rechte gegenüber Bausparkassen

aus dem über eine Bausparsumme von (rund) ______ Euro abgeschlossenen Bausparvertrag Nummer
Vertragsnummer
______,
insbesondere

1. Forderung auf Auszahlung des Bausparguthabens nach Zuteilung
2. Forderung auf Auszahlung der Sparbeiträge nach Einzahlung der vollen Bausparsumme
3. Forderung auf Rückzahlung des Sparguthabens nach Kündigung
4. Recht zur Kündigung und Änderung des Vertrags

☐ ______

5

J

Forderungen und sonstige Rechte gegenüber Versicherungsgesellschaften

1. Forderung auf Zahlung der Versicherungssumme, der Gewinnanteile und des Rückkaufwertes aus den Lebensversicherungen, die mit dem Drittschuldner abgeschlossen sind
2. Recht zur Bestimmung desjenigen, zu dessen Gunsten im Todesfall die Versicherungssumme ausgezahlt wird, bzw. Recht zur Bestimmung einer anderen Person an Stelle der von dem Schuldner vorgesehenen
3. Recht zur Kündigung des Lebens-/Rentenversicherungsvertrages, Recht auf Umwandlung der Lebens-/Rentenversicherung in eine prämienfreie Versicherung sowie Recht zur Aushändigung der Versicherungspolice

☐

K

Weitere Forderungen, Ansprüche und Vermögensrechte

L

Es ergehen folgende Anordnungen nach § 829 Absatz 1 und § 835 Absatz 1 ZPO:

Die Drittschuldner dürfen, soweit die Forderungen gepfändet sind, an die Schuldner nicht mehr zahlen; die Schuldner dürfen insoweit nicht über die Forderungen verfügen, sie insbesondere nicht einziehen. Im Anwendungsbereich des § 850c ZPO wird auf die Pfändungsfreigrenzenbekanntmachung in der jeweils geltenden Fassung Bezug genommen (§ 850c Absatz 5 Satz 3 ZPO).

Dem Gläubiger werden die Forderungen in Höhe des gepfändeten Betrages

☐ **zur Einziehung überwiesen**. ☐ an Zahlungs statt überwiesen.

M

Es wird des Weiteren angeordnet, dass:

☐ der Schuldner (zu Ziffer) die ihm vom Drittschuldner (zu Ziffer) ausgestellten Lohn- oder Gehaltsabrechnungen oder die Verdienstbescheinigungen einschließlich der entsprechenden Bescheinigungen der letzten drei Monate vor Zustellung dieses Beschlusses an die Gläubiger herauszugeben hat.

☐ der Schuldner (zu Ziffer) die für ihn vom Drittschuldner (zu Ziffer) über das jeweilige Sparguthaben geführten Sparbücher bzw. die Sparurkunden an die Gläubiger herauszugeben hat und diese die Sparbücher bzw. Sparurkunden unverzüglich dem Drittschuldner vorzulegen haben.

☐ der Schuldner (zu Ziffer) die ihm vom Drittschuldner (zu Ziffer) erteilten Kontoauszüge ab Zustellung dieses Beschlusses an den Drittschuldner im Original oder als Kopie an die Gläubiger herauszugeben hat.

☐ ein von den Gläubigern zu beauftragender Gerichtsvollzieher für die Pfändung des Inhalts Zugang zum Schließfach des Schuldners (zu Ziffer) bei Drittschuldner (zu Ziffer) zu nehmen hat.

☐ der Drittschuldner (zu Ziffer) an einen von den Gläubigern zu beauftragenden Gerichtsvollzieher die Wertpapiere herauszugeben hat.

☐ der Schuldner (zu Ziffer) die ihm vom Drittschuldner (zu Ziffer) ausgestellten Versicherungspolicen an den Gläubiger herauszugeben hat und dieser sie unverzüglich dem Drittschuldner vorzulegen hat.

☐

☐

N

Es wird nach § 850e Nummer 2 und 2a ZPO angeordnet, dass zur Berechnung des nach § 850c ZPO pfändbaren Teils des Gesamteinkommens des Schuldners (zu Ziffer) zusammenzurechnen sind:

☐ Arbeitseinkommen bei Drittschuldner (zu Ziffer) in Höhe von Euro

und

Arbeitseinkommen bei Drittschuldner (zu Ziffer) in Höhe von Euro.

Der unpfändbare Grundbetrag ist in erster Linie den Einkünften des Schuldners bei Drittschuldner (zu Ziffer) zu entnehmen, weil diese Einkünfte die wesentliche Grundlage der Lebenshaltung des Schuldners bilden.

☐ Folgende laufende Geldleistung nach dem Sozialgesetzbuch:
bei Drittschuldner (zu Ziffer)

und

Arbeitseinkommen bei Drittschuldner (zu Ziffer).

Der unpfändbare Grundbetrag ist in erster Linie

☐ dem Arbeitseinkommen ☐ der genannten laufenden Geldleistung nach dem Sozialgesetzbuch

zu entnehmen.

☐ Folgende laufende Geldleistung nach dem Sozialgesetzbuch:
bei Drittschuldner (zu Ziffer) in Höhe von Euro

und

folgende laufende Geldleistung nach dem Sozialgesetzbuch:
bei Drittschuldner (zu Ziffer) in Höhe von Euro.

Der unpfändbare Grundbetrag ist in erster Linie den Einkünften des Schuldners bei Drittschuldner (zu Ziffer) zu entnehmen, weil diese Einkünfte die wesentliche Grundlage der Lebenshaltung des Schuldners bilden.

6

O

Es liegen folgende Angaben über die wirtschaftlichen und persönlichen Verhältnisse des Schuldners (zu Ziffer) vor (Angaben für Pfändungen nach § 850d ZPO (**Modul Q**) oder § 850f Absatz 2 ZPO (**Modul S**)):

Der Schuldner kommt laufenden gesetzlichen Unterhaltspflichten gegenüber nachstehend genannten Personen wie folgt nach:

Name | Vorname(n)

Geburtsdatum | Verwandtschaftsverhältnis zum Schuldner:

☐ vollständig. ☐ teilweise. ☐ nicht.

Name | Vorname(n)

Geburtsdatum | Verwandtschaftsverhältnis zum Schuldner:

☐ vollständig. ☐ teilweise. ☐ nicht.

Name | Vorname(n)

Geburtsdatum | Verwandtschaftsverhältnis zum Schuldner:

☐ vollständig. ☐ teilweise. ☐ nicht.

Angaben zur teilweisen Erfüllung von Unterhaltspflichten:

Sonstige Angaben:

Der Schuldner ist

☐ erwerbstätig. ☐ nicht erwerbstätig.

Der Schuldner ist

☐ ledig. ☐ mit dem Gläubiger verheiratet oder eine eingetragene Lebenspartnerschaft führend. ☐ mit einem Dritten verheiratet oder eine eingetragene Lebenspartnerschaft führend. ☐ geschieden.

Zusätzliche Angaben ausschließlich für Pfändungen nach § 850d ZPO (Modul Q):

☐ Der Schuldner hat sich in Bezug auf Unterhaltsrückstände, die länger als ein Jahr vor Stellung dieses Antrags fällig geworden sind, seiner Zahlungspflicht nicht absichtlich entzogen.

P

Angaben über Einkünfte von Unterhaltsberechtigten (zusätzliche Angaben für Pfändungen nach § 850d ZPO (**Modul Q**) oder § 850f Absatz 2 ZPO (**Modul S**) sowie bei Anträgen nach § 850c Absatz 6 ZPO (**Modul R**)):

Folgende Personen, denen der Schuldner (zu Ziffer) aufgrund gesetzlicher Verpflichtung Unterhalt gewährt, haben eigenes Einkommen:

der Ehegatte oder eingetragene Lebenspartner

Name | Vorname(n)

die Kinder

Name | Vorname(n) | Geburtsdatum

Art und Höhe des Einkommens

Name | Vorname(n) | Geburtsdatum

Art und Höhe des Einkommens

Name | Vorname(n) | Geburtsdatum

Art und Höhe des Einkommens

☐

7

Q

☐ **Es wird eine Pfändbarkeit bei Unterhaltsansprüchen nach § 850d ZPO angeordnet.**

Vom Gericht auszufüllen:

Es ergehen folgende Anordnungen nach § 850d ZPO:

☐ Für die Pfändung wegen der Rückstände, die länger als ein Jahr vor dem Antrag auf Erlass des Pfändungsbeschlusses, bei Gericht eingegangen am ______, fällig geworden sind, gilt § 850d Absatz 1 Satz 1 bis 3 ZPO nicht.

Dem Schuldner sind bis zur Deckung des Gläubigeranspruchs für seinen eigenen notwendigen Unterhalt ______ Euro als unpfändbarer Betrag monatlich zu belassen.

Darüber hinaus sind ihm bis zur Deckung des Gläubigeranspruchs als unpfändbarer Betrag monatlich zu belassen:

☐ ______ Euro zur Erfüllung seiner laufenden gesetzlichen Unterhaltspflichten gegenüber den Berechtigten, die dem Gläubiger vorgehen.

☐ ___ / ___ des verbleibenden Betrages zur gleichmäßigen Befriedigung der Unterhaltsansprüche der unterhaltsberechtigten Personen, die dem Gläubiger gleichstehen.

Der dem Schuldner danach zu belassende Teil seines Arbeitseinkommens darf den Betrag nicht übersteigen, der ihm nach der Tabelle in der Pfändungsfreigrenzenbekanntmachung in der jeweils geltenden Fassung bei voller Berücksichtigung der genannten unterhaltsberechtigten Person zu verbleiben hätte.

Dieser monatliche unpfändbare Betrag gilt für

☐ das Arbeitseinkommen und die in § 850a Nummer 1, 2 und 4 ZPO genannten Bezüge, jeweils ohne die in § 850c ZPO bezeichneten Pfändungsgrenzen.

☐ das Guthaben auf dem Pfändungsschutzkonto des Schuldners.

Sonstige Anordnungen:

Gründe:

R

☐ **Es wird die (teilweise) Nichtberücksichtigung von Unterhaltsberechtigten des Schuldners nach § 850c Absatz 6 ZPO angeordnet.**

Vom Gericht auszufüllen:

Bei der Berechnung des unpfändbaren Teils des

☐ Arbeitseinkommens des Schuldners

☐ Guthabens auf dem Pfändungsschutzkonto des Schuldners

bleiben nachfolgende Personen, denen der Schuldner auf Grund gesetzlicher Verpflichtung Unterhalt gewährt und die eigene Einkünfte haben, wie folgt unberücksichtigt:

Name	Vorname(n)	Geburtsdatum

☐ ganz ☐ in Höhe von ______ Euro ☐ in Höhe von ___ Prozent.

Name	Vorname(n)	Geburtsdatum

☐ ganz ☐ in Höhe von ______ Euro ☐ in Höhe von ___ Prozent.

Name	Vorname(n)	Geburtsdatum

☐ ganz ☐ in Höhe von ______ Euro ☐ in Höhe von ___ Prozent.

Gründe:

8

S

☐ **Es wird eine Pfändbarkeit bei Forderungen aus einer vorsätzlich begangenen unerlaubten Handlung nach § 850f Absatz 2 ZPO angeordnet.**

Vom Gericht auszufüllen:

Der pfändbare Teil des Arbeitseinkommens wird ohne Rücksicht auf die in § 850c ZPO vorgesehenen Beschränkungen bestimmt.

Dem Schuldner sind

☐ von dem pfändbaren Arbeitseinkommen

☐ von dem Guthaben auf seinem Pfändungsschutzkonto

für seinen eigenen notwendigen Unterhalt Euro

☐ sowie zur Erfüllung seiner laufenden gesetzlichen Unterhaltspflichten Euro monatlich zu belassen.

Gründe:

T

Vom Gericht auszufüllen:

Vom Gericht auszufüllen:

Datum | Name Rechtspflegerin/Rechtspfleger

Unterschrift Rechtspflegerin/Rechtspfleger

☐ Ausgefertigt ☐ Beglaubigt

Datum | Name Urkundsbeamtin/Urkundsbeamter

Unterschrift Urkundsbeamtin/Urkundsbeamter

9

142

Aufstellung von Forderungen, die keine gesetzlichen Unterhaltsansprüche sind, für den Antrag auf Erlass eines Pfändungsbeschlusses und eines Pfändungs- und Überweisungsbeschlusses

Lfd. Nr.

Die Gläubiger können von den Schuldnern aus dem Vollstreckungstitel (zu Ziffer) die nachfolgend aufgeführten Beträge beanspruchen:

I. Hauptforderungen einschließlich dazugehöriger Zinsen und Säumniszuschläge			
☐ Haupt-forderung	☐ Restforderung aus Hauptforderung in Höhe von Euro	☐ Teilforderung aus Hauptforderung in Höhe von Euro	Euro
(Teil-/Rest-)Zinsen wie im Vollstreckungstitel ausgerechnet			Euro
(Teil-/Rest-)Zinsen in Höhe von			
☐ Prozentpunkten über dem jeweiligen Basiszinssatz ☐ Prozent aus Euro seit dem bis			Euro
☐ Prozentpunkten über dem jeweiligen Basiszinssatz ☐ Prozent aus Euro seit dem bis			Euro
☐ Prozentpunkten über dem jeweiligen Basiszinssatz ☐ Prozent aus Euro seit dem			
☐ Prozentpunkten über dem jeweiligen Basiszinssatz ☐ Prozent aus Euro seit dem			
☐ Haupt-forderung	☐ Restforderung aus Hauptforderung in Höhe von Euro	☐ Teilforderung aus Hauptforderung in Höhe von Euro	Euro
(Teil-/Rest-)Zinsen wie im Vollstreckungstitel ausgerechnet			Euro
(Teil-/Rest-)Zinsen in Höhe von			
☐ Prozentpunkten über dem jeweiligen Basiszinssatz ☐ Prozent aus Euro seit dem bis			Euro
☐ Prozentpunkten über dem jeweiligen Basiszinssatz ☐ Prozent aus Euro seit dem bis			Euro
☐ Prozentpunkten über dem jeweiligen Basiszinssatz ☐ Prozent aus Euro seit dem			
☐ Prozentpunkten über dem jeweiligen Basiszinssatz ☐ Prozent aus Euro seit dem			
☐ Haupt-forderung	☐ Restforderung aus Hauptforderung in Höhe von Euro	☐ Teilforderung aus Hauptforderung in Höhe von Euro	Euro
Säumniszuschläge nach § 193 Absatz 6 Satz 2 VVG aus Euro seit dem bis			Euro
Säumniszuschläge nach § 193 Absatz 6 Satz 2 VVG aus Euro seit dem			
☐			Euro

II. Renten aus Anlass einer Verletzung des Körpers oder der Gesundheit
Die Rente in Höhe von Euro ist zu zahlen:
☐ wöchentlich ☐ monatlich ☐ vierteljährlich
laufend ab
zahlbar am (Wochentag bzw. bezifferten Tag des Monats oder des Jahres angeben)
☐ jeder Woche ☐ jeden Monats ☐ jeden Jahres ☐ bis

1

III. Titulierte Kosten einschließlich dazugehöriger Nebenforderungen	
In den Vollstreckungsbescheid aufgenommene Kosten des Mahnverfahrens	
☐ Gesamtkosten ☐ Restkosten aus Gesamtkosten in Höhe von Euro ☐ Teilkosten aus Gesamtkosten in Höhe von Euro	Euro
(Teil-/Rest-)Zinsen wie im Vollstreckungsbescheid ausgerechnet	Euro
(Teil-/Rest-)Zinsen in Höhe von	
☐ Prozentpunkten über dem jeweiligen Basiszinssatz ☐ Prozent aus Euro seit dem bis	Euro
☐ Prozentpunkten über dem jeweiligen Basiszinssatz ☐ Prozent aus Euro seit dem bis	Euro
☐ Prozentpunkten über dem jeweiligen Basiszinssatz ☐ Prozent aus Euro seit dem	
☐ Prozentpunkten über dem jeweiligen Basiszinssatz ☐ Prozent aus Euro seit dem	
Titulierte vorgerichtliche Kosten	
☐ Gesamtkosten ☐ Restkosten aus Gesamtkosten in Höhe von Euro ☐ Teilkosten aus Gesamtkosten in Höhe von Euro	Euro
(Teil-/Rest-)Zinsen wie im Vollstreckungstitel ausgerechnet	Euro
(Teil-/Rest-)Zinsen in Höhe von	
☐ Prozentpunkten über dem jeweiligen Basiszinssatz ☐ Prozent aus Euro seit dem bis	Euro
☐ Prozentpunkten über dem jeweiligen Basiszinssatz ☐ Prozent aus Euro seit dem bis	Euro
☐ Prozentpunkten über dem jeweiligen Basiszinssatz ☐ Prozent aus Euro seit dem	
☐ Prozentpunkten über dem jeweiligen Basiszinssatz ☐ Prozent aus Euro seit dem	
Festgesetzte Kosten	
☐ Gesamtkosten ☐ Restkosten aus Gesamtkosten in Höhe von Euro ☐ Teilkosten aus Gesamtkosten in Höhe von Euro	Euro
(Teil-/Rest-)Zinsen wie im Kostenfestsetzungsbeschluss ausgerechnet	Euro
(Teil-/Rest-)Zinsen in Höhe von	
☐ Prozentpunkten über dem jeweiligen Basiszinssatz ☐ Prozent aus Euro seit dem bis	Euro
☐ Prozentpunkten über dem jeweiligen Basiszinssatz ☐ Prozent aus Euro seit dem bis	Euro
☐ Prozentpunkten über dem jeweiligen Basiszinssatz ☐ Prozent aus Euro seit dem	
☐ Prozentpunkten über dem jeweiligen Basiszinssatz ☐ Prozent aus Euro seit dem	
☐	Euro

IV. Kosten der Zwangsvollstreckung gemäß § 788 Absatz 1 ZPO	
Bisherige Vollstreckungskosten gemäß Aufstellung in weiterer Anlage	Euro
Kosten für dieses Verfahren:	
Gerichtskosten nach GKG (Gebühr nach KV Nr. 2111)	Euro
Rechtsanwaltskosten nach RVG (Gegenstandswert (§ 25 RVG): Euro)	
Verfahrensgebühr (VV Nr. 3309, ggf. i. V. m. VV Nr. 1008)	Euro
Entgelte für Post- und Telekommunikationsdienstleistungen, ggf. Pauschale (VV Nr. 7001 oder 7002)	Euro
weitere Auslagen	Euro
Umsatzsteuer (VV Nr. 7008)	Euro
Kosten von Inkassodienstleistern nach § 13e RDG gemäß Aufstellung in weiterer Anlage	Euro

2

IV. Zwangsvollstreckung zur Erwirkung von Baumaßnahmen

1. Muster: Kombinierter Antrag nach § 887 Abs. 1, Abs. 2 ZPO

143 ▼

An das

Amtsgericht/Landgericht …[98]

Antrag auf Ersatzvornahme und Kostenvorschuss (§ 887 Abs. 1, Abs. 2 ZPO)

In der Zwangsvollstreckungssache

des …

– Gläubigers –

Verfahrensbevollmächtigter: Rechtsanwalt …[99]

gegen

den …

– Schuldner –

wird namens und im Auftrag des Gläubigers beantragt:

1. den Gläubiger zu ermächtigen, die dem Schuldner im Urteil des Amtsgerichts/Landgerichts … vom …, AZ: …, auferlegte vertretbare Handlung, nämlich: die an der östlichen Kellerwand des Bauvorhabens, … (*genaue Angabe der Straße und des Ortes*), vorhandene Wasserundichtigkeit nach den „allgemein anerkannten Regeln der Technik" (***alternativ:*** *durch Anbringen einer bituminösen Abdichtung an der Maueraußenwand*)[100] zu beseitigen, auf Kosten des Schuldners vornehmen zu lassen (§ 887 Abs. 1 ZPO);
2. zugleich den Schuldner zu verurteilen, auf die für die Vornahme der Handlung gemäß Ziff. 1. entstehenden Kosten einen Vorschuss i.H.v. … EUR an den Gläubiger zu zahlen. Das Recht der Nachforderung, wenn die Vornahme der Handlung einen größeren Kostenaufwand verursacht, bleibt hiervon unberührt (§ 887 Abs. 2 ZPO);
3. dem Schuldner die Kosten des Verfahrens aufzuerlegen.

Streitwert: … EUR.

Begründung:

Der Gläubiger schloss am … mit dem Schuldner einen Bauvertrag über die Errichtung eines Einfamilienhauses auf dem Grundstück … zu einem Werklohn von … EUR.

Beweis: Kopie des Vertrages vom … als **Anlage A 1**.

98 Zuständig für den Antrag nach § 887 Abs. 1, Abs. 2 ZPO ist das Prozessgericht des ersten Rechtszuges, §§ 887 Abs. 1, Abs. 2; 802 ZPO. Im Falle notarieller Urkunden (§ 794 Abs. 1 Nr. 5 ZPO) ist das Gericht zuständig, in dessen Bezirk der Notar seinen Amtssitz hat (§ 797 Abs. 3 ZPO). Ausführlich dazu: Zöller/*Seibel*, § 887 Rn 6.

99 Vor dem Landgericht besteht gem. § 78 ZPO Anwaltszwang.

100 Es ist umstritten, ob der Gläubiger die genaue Art und Weise der Mängelbeseitigung in seinem Antrag nach § 887 Abs. 1 ZPO angeben muss. Siehe z.B.: OLG Hamm v. 21.3.1984 – 26 W 4/84 – MDR 1984, 591 m.w.N.; OLG Stuttgart v. 6.8.1998 – 2 W 6/98 – NJW-RR 1999, 792 f. Allgemein dazu: OLG Köln v. 2.5.1990 – 2 W 61/90 – NJW-RR 1990, 1087 f. m.w.N. Nach hier vertretener Auffassung ist das nicht notwendig. Ausführlich dazu oben: Rdn 62.

Nach Fertigstellung und Abnahme des Hauses zahlte der Gläubiger den vereinbarten Werklohn. Später stellte der Gläubiger Undichtigkeiten an der östlichen Kellerwand des Hauses fest (Lastfall: drückendes Wasser von außen). Da der Schuldner eine Beseitigung der Mängel verweigerte, führte der Gläubiger eine Mängelbeseitigungsklage vor dem Amtsgericht/Landgericht … . Mit Urteil des Amtsgerichts/Landgerichts … vom … – Aktenzeichen: … – wurde der Schuldner verurteilt, die Undichtigkeit an der östlichen Kellerwand in dem vorbenannten Bauvorhaben entsprechend den „allgemein anerkannten Regeln der Technik" zu beseitigen.

Beweis: Kopie der vollstreckbaren Ausfertigung des Urteils vom … als **Anlage A 2** / Beiziehung der Akten … .

Dieses Urteil wurde rechtskräftig, weil das LG/OLG … mit Urt. v. … die Berufung des Schuldners zurückwies und die Revision hiergegen nicht zuließ. Die Nichtzulassungsbeschwerde des Schuldners blieb vor dem BGH erfolglos.

Beweis: Kopie des Urteils des LG/OLG vom … als **Anlage A 3**,
Kopie des Beschlusses des BGH vom … als **Anlage A 4**.

Der Schuldner ist daher zur Mängelbeseitigung i.S.d. Urteils des Amtsgerichts/Landgerichts … vom … verpflichtet. Eine vollstreckbare Ausfertigung des Urteils wurde dem Schuldner am … zugestellt. Der Gläubiger forderte den Schuldner sodann mit Schreiben vom … zur Vornahme der entsprechenden Beseitigungsarbeiten bis zum … auf. Hierauf reagierte der Schuldner mit Schreiben vom … . Darin erklärte er, eine Vornahme der Mängelbeseitigung abzulehnen, weil er die in dem Urteil enthaltene Verpflichtung nicht anerkenne. Damit hat der Schuldner eine Beseitigung ernsthaft und endgültig verweigert, sodass nun das Verfahren nach § 887 ZPO zu beschreiten ist.

Beweis: Schreiben des Gläubigers vom … als **Anlage A 5**,
Schreiben des Schuldners vom … als **Anlage A 6**.

(***alternativ:*** *Der Schuldner wurde mit Schreiben vom … , vom … und vom … zur Beseitigung der Mängel aufgefordert. Auf diese Schreiben erfolgte keine Reaktion. Der Schuldner hatte insgesamt mehr als … Monate zur Mängelbeseitigung Zeit. Das stellt eine angemessene Frist dar.*[101] *Daher ist nunmehr das Verfahren nach § 887 ZPO zu beschreiten.*)

Bei den Mängelbeseitigungsarbeiten (Abdichten der östlichen Kellerwand) handelt es sich um vertretbare Handlungen nach § 887 Abs. 1 ZPO, weil diese durch jeden fachkundigen Dritten vorgenommen werden können.

Dem Antrag nach § 887 Abs. 1 ZPO ist daher stattzugeben und der Gläubiger durch Beschluss nach § 891 ZPO zu ermächtigen, die Mängelbeseitigung auf Kosten des Schuldners vornehmen zu lassen.

Nach dem außergerichtlich eingeholten Kostenvoranschlag der Fa. … (***alternativ:*** *nach dem Sachverständigengutachten des … vom …*)[102] verursacht die Mängel-

101 Zur Frage, welche „Ausführungsfrist" dem Unternehmer zur Mängelbeseitigung nach dem Eintritt der Vollstreckbarkeit des Titels zuzubilligen ist: Werner/Pastor/*Manteufel/Pastor*, Der Bauprozess, Rn 3202 ff.

102 Im Falle des Antrags nach § 887 Abs. 2 ZPO sollten die zu erwartenden Kosten vom Gläubiger belegt werden. Dabei zusätzlich anfallende Kosten (z.B. Sachverständigenkosten) sind nach § 788 ZPO als notwendige Kosten der Zwangsvollstreckung erstattungsfähig. Allgemein dazu: *Brox/Walker*, § 36 Rn 25 f.; Zöller/*Seibel*, § 887 Rn 9.

beseitigung Kosten i.H.v. EUR. Dieser Betrag wird zugleich als Kostenvorschuss nach § 887 Abs. 2 ZPO geltend gemacht. Die Nachforderung weiterer Kosten bleibt ausdrücklich vorbehalten, § 887 Abs. 2 ZPO.

Beweis: Kostenvoranschlag der Fa. vom als **Anlage A 7**.

Um antragsgemäße Entscheidung durch Beschluss nach § 891 ZPO wird gebeten.

Sollte das Gericht weiteren Sachvortrag und/oder die Vorlage weiterer Unterlagen durch den Gläubiger für notwendig halten, wird um einen richterlichen Hinweis nach § 139 ZPO gebeten.

(*elektronische Signatur / Unterschrift*) (*Rechtsanwalt*)

▲

2. Checkliste

144
- **Zuständig** ist das **Prozessgericht des ersten Rechtszuges**, §§ 887 Abs. 1, Abs. 2; 802 ZPO. Im Falle notarieller Urkunden (§ 794 Abs. 1 Nr. 5 ZPO) folgt die örtliche Zuständigkeit aus § 797 Abs. 3 ZPO.[103]
- Die **allgemeinen Vollstreckungsvoraussetzungen** müssen vorliegen.
- Der Antrag nach § 887 Abs. 1 ZPO muss die **Maßnahme**, die vorgenommen werden soll, **so genau wie möglich bezeichnen**. Er muss also hinreichend bestimmt sein. Es ist umstritten, ob der Gläubiger auch die genaue **Art und Weise der Mängelbeseitigung** in seinem Antrag nach § 887 Abs. 1 ZPO angeben muss. Das ist nach hier vertretener Ansicht abzulehnen.[104] Ausführlich dazu oben: Rdn 62.
- Es muss sich um eine **vertretbare Handlung** handeln (§ 887 Abs. 1 ZPO). Das ist in Bausachen regelmäßig der Fall.
- Der Schuldner muss die **Vornahme der Handlung verweigern**. Es ist darzulegen, ob dem Schuldner nach dem Eintritt der Vollstreckbarkeit des Titels **genug Zeit zur Mängelbeseitigung**[105] eingeräumt wurde („Ausführungsfrist") und dieser trotzdem untätig blieb. Hat der Schuldner eine Mängelbeseitigung abgelehnt, kann sofort nach § 887 Abs. 1 ZPO vorgegangen werden.
- Hinsichtlich des Vorschussantrags nach § 887 Abs. 2 ZPO ist die **Höhe der Vorschusszahlung** nachvollziehbar **darzulegen**. Das kann z.B. durch Vorlage von **Kostenvoranschlägen** bzw. **Sachverständigengutachten** geschehen.
- Dem Antrag nach § 887 ZPO sind **alle notwendigen Unterlagen beizufügen**: Titel, Korrespondenz zwischen den Parteien, Kostenvoranschlag o.Ä., evtl. auch zugrunde liegender Vertrag, Zustellungsurkunden etc.
- Das Gericht entscheidet nach § 891 S. 1 ZPO durch **Beschluss**. Hiergegen findet gem. §§ 567 Abs. 1 Nr. 1; 793 ZPO die **sofortige Beschwerde** statt.

103 Zöller/*Seibel*, § 887 Rn 6.

104 Ebenso: OLG Hamm v. 21.3.1984 – 26 W 4/84 – MDR 1984, 591; siehe auch: Zöller/*Seibel*, § 887 Rn 4 mit Beispielen.

105 Einzelheiten: Werner/Pastor/*Manteufel/Pastor*, Der Bauprozess, Rn 3202 ff.

Auch im Anschluss an einen Beschluss gem. §§ 887, 891 ZPO bleibt der Schuldner grundsätzlich zur Vornahme der Handlung berechtigt.[106]

V. Bauhandwerkersicherungshypothek, § 650e BGB

1. Muster: Antrag auf Erlass einer einstweiligen Verfügung auf Eintragung einer Vormerkung zur Sicherung des Anspruchs auf Einräumung einer Bauhandwerkersicherungshypothek, §§ 650e, 883, 885 BGB, §§ 935 ff. ZPO

▼ 145

An das

Amtsgericht/Landgericht [107] 11.2

EILT! Antrag auf Erlass einer einstweiligen Verfügung!

In dem einstweiligen Verfügungsverfahren

des

– Antragstellers –

Verfahrensbevollmächtigter: Rechtsanwalt

gegen

den

– Antragsgegner –

wird namens und im Auftrag des Antragstellers wegen der Dringlichkeit der Sache ohne Durchführung einer mündlichen Verhandlung (§ 937 Abs. 2 ZPO)[108] beantragt:

1. zugunsten des Antragstellers und Gläubigers auf dem Grundstück des Antragsgegners und Schuldners (*Anmerkung: Diese müssen nicht identisch sein!*) Gemarkung , Flur , Flurstück , eingetragen im Grundbuch von , Bezirk , Band , Blatt , wegen einer Forderung i.H.v. EUR nebst Zinsen hieraus i.H.v. Prozentpunkten über dem jeweiligen Basiszinssatz seit dem sowie wegen weiterer Kosten von EUR eine Vormerkung zur Sicherung des Anspruchs auf Einräumung einer Bauhandwerkersicherungshypothek einzutragen;
2. das Grundbuchamt um die Eintragung der Vormerkung zu ersuchen (§ 941 ZPO);
3. die Kosten des Verfahrens dem Antragsgegner aufzuerlegen.

Gegenstandswert: EUR.

Begründung:

Dem Antragsteller steht gegen den Antragsgegner ein Anspruch auf Eintragung einer Vormerkung zur Sicherung seines Anspruchs auf Eintragung einer Bauhandwerkersicherungshypothek nach §§ 650e, 883, 885 BGB, §§ 935 ff. ZPO zu.

106 Dazu und zu den Ausnahmen: Zöller/*Seibel*, § 887 Rn 7 m.w.N.

107 Zuständig ist regelmäßig nach § 937 Abs. 1 ZPO das Gericht der Hauptsache; in dringenden Fällen nach § 942 Abs. 1 ZPO auch das Amtsgericht der belegenen Sache.

108 Achtung: Die zu beobachtende gerichtliche Praxis, einstweilige Verfügungen gem. § 937 Abs. 2 ZPO regelmäßig ohne vorherige mündliche Verhandlung und ohne Einbeziehung der Gegenseite zu erlassen, ist verfassungswidrig. Vgl. dazu: BVerfG v. 17.6.2020 – 1 BvR 1380/20 – juris Tz 14 m.w.N.; Zöller/*G. Vollkommer*, § 937 Rn 3 f. m.w.N.

Der Antragsteller hat mit dem Antragsgegner am einen Bauvertrag über eine Werklohnsumme i.H.v. insgesamt EUR geschlossen.

Beweis: Kopie des Bauvertrages vom als **Anlage A 1**.[109]

Der Antragsteller hat seine Bauleistungen vollständig und mangelfrei erbracht. Diese hat der Antragsgegner auch abgenommen (*evtl.* ***Abnahmeprotokoll*** *als Anlage beifügen*). Damit ist die Werklohnsumme i.H.v. EUR fällig. Auf diese hat der Antragsgegner lediglich EUR (*evtl.* ***Zahlungsbelege*** *als Anlage beifügen*) gezahlt, sodass noch EUR offen stehen.

(***alternativ:*** *Bisher hat der Antragsgegner keinerlei Zahlungen geleistet, sodass die gesamte Werklohnsumme i.H.v.* EUR *offen steht.*)

Aus dem Bauvertrag vom folgt zugleich, dass der Antragsteller Berechtigter einer Forderung i.S.d. § 650e BGB ist.

Der Antragsgegner ist als Besteller/Vertragspartner und Eigentümer des im Antrag näher bezeichneten Grundstücks auch Verpflichteter des Anspruchs aus § 650e BGB. Zur Glaubhaftmachung des Eigentums des Antragsgegners wird auf die als

Anlage A 2 beigefügte Kopie des Grundbuchauszuges[110]

Bezug genommen.

(***alternativ:*** *Der Antragsgegner ist (formal) nicht Eigentümer des im Antrag näher bezeichneten Grundstücks. Die Eigentumsstellung des Bestellers setzt § 650e BGB zwar grundsätzlich voraus. Hier kann sich der Antragsgegner aber ausnahmsweise nicht auf die fehlende Identität von Besteller und Eigentümer berufen, weil dies nach den von der Rechtsprechung entwickelten Grundsätzen wegen der wirtschaftlichen Verflechtung von Eigentümer und Besteller als treuwidrig und damit als Verstoß gegen § 242 BGB zu bewerten ist.*[111] *Eine rein formale Betrachtung würde hier nämlich zu untragbaren Ergebnissen für den Antragsteller führen. Dies ergibt sich aus Folgendem:*)

Im Übrigen wird zur Glaubhaftmachung des gesamten vorgetragenen Sachverhalts auch auf die als

Anlage A 3 beigefügte eidesstattliche Versicherung des Antragstellers

Bezug genommen.

Nach alledem ist die beantragte einstweilige Verfügung zu erlassen. Das sollte wegen der besonderen Dringlichkeit der Sache nach § 937 Abs. 2 ZPO ohne vorherige mündliche Verhandlung geschehen.

Das Eintragungsersuchen gegenüber dem Grundbuchamt ist zur Beschleunigung des Verfahrens angezeigt und beruht auf § 941 ZPO. Das Gericht wird gebeten, diesem Antrag ebenfalls zu entsprechen.

109 Anstatt eines Bauvertrages können auch andere Unterlagen vorgelegt werden; z.B. eine Rechnung, die zwischen den Parteien gewechselte Korrespondenz oder eine eidesstattliche Versicherung.

110 Hier kann alternativ eine eidesstattliche Versicherung beigefügt oder das Beiziehen der Grundbuchakten beantragt werden. Es ist aber zu beachten, dass der Erlass der einstweiligen Verfügung im Falle des Beiziehens von Akten einige Zeit in Anspruch nehmen kann. Daher sollte der Rechtsanwalt zur Beschleunigung des Verfahrens bereits alle Unterlagen selbst gesichtet haben und seinem Antrag entsprechende Kopien beifügen.

111 Grundlegend dazu: BGH v. 22.10.1987 – VII ZR 12/87 – MDR 1988, 220.

Als Gegenstandswert ist ein Betrag von EUR angemessen, § 3 ZPO.

Sollte das Gericht weiteren Sachvortrag und/oder die Vorlage weiterer Unterlagen durch den Antragsteller für notwendig halten, wird um einen richterlichen Hinweis nach § 139 ZPO gebeten.

(*elektronische Signatur/Unterschrift*) (*Rechtsanwalt*)

▲

2. Checkliste

Beim Antrag auf Erlass einer einstweiligen Verfügung zur Eintragung einer Vormerkung 146
hinsichtlich einer Bauhandwerkersicherungshypothek (§§ 650e, 883, 885 BGB, §§ 935 ff. ZPO) ist Folgendes zu beachten:

- **zuständiges Gericht**: §§ 937 Abs. 1; 942 Abs. 1 ZPO,
- **Glaubhaftmachung** des Bestehens eines **Bauvertrages** zwischen den Parteien i.S.d. § 650e BGB,
- **Glaubhaftmachung** der **Forderungshöhe** nach § 650e BGB,
- **Glaubhaftmachung** der **Passivlegitimation** des Antragsgegners:
  – Antragsgegner als **Eigentümer** oder
  – **Ausnahme:** Antragsgegner ist nicht Eigentümer, es besteht aber eine **wirtschaftliche Verflechtung zwischen tatsächlichem Eigentümer und Antragsgegner**, die die nach § 650e BGB erforderliche Identität gem. § 242 BGB entbehrlich macht,
- zur **Beschleunigung**: Erlass der einstweiligen Verfügung **ohne vorherige mündliche Verhandlung** anregen, § 937 Abs. 2 ZPO,[112]
- zur **Beschleunigung**: Gericht um eine **sofortige Eintragung durch das Grundbuchamt** ersuchen, § 941 ZPO.[113]

VI. Rechtsbehelfe in der Zwangsvollstreckung

1. Vorbemerkung

Die Darstellung der Muster von Rechtsbehelfen in der Zwangsvollstreckung beschränkt 147
sich auf die in der Praxis häufig vorkommende Vollstreckungserinnerung (§ 766 ZPO = formelle Einwendungen) sowie auf die Vollstreckungsabwehrklage (§ 767 ZPO = materiell-rechtliche Einwendungen). Hinsichtlich der anderen Rechtsbehelfe wird auf die obigen Ausführungen im Rahmen der rechtlichen Grundlagen verwiesen.

112 Achtung: Die zu beobachtende gerichtliche Praxis, einstweilige Verfügungen gem. § 937 Abs. 2 ZPO regelmäßig ohne vorherige mündliche Verhandlung und ohne Einbeziehung der Gegenseite zu erlassen, ist verfassungswidrig. Vgl. dazu: BVerfG v. 17.6.2020 – 1 BvR 1380/20 – juris Tz 14 m.w.N.; Zöller/*G. Vollkommer*, § 937 Rn 3 f. m.w.N.

113 Lehnt das Gericht dieses Ersuchen ab, soll dagegen kein Rechtsmittel möglich sein. Der Rechtsanwalt muss in diesem Fall besonders auf die Fristen gem. §§ 936, 929 Abs. 2, Abs. 3 ZPO achten. Lehnt hingegen das Grundbuchamt das Ersuchen ab, sollen sowohl das Gericht als auch der Antragsteller Beschwerde gem. § 71 GBO einlegen können. Allgemein dazu: Musielak/Voit/*Huber*, § 941 Rn 2; Zöller/*G. Vollkommer*, § 941 Rn 1 m.w.N.

2. Vollstreckungserinnerung nach § 766 ZPO (formelle Einwendungen)

a) Muster: Vollstreckungserinnerung

148 ▼

An das

Amtsgericht [114]

Vollstreckungserinnerung nach § 766 ZPO

In der Zwangsvollstreckungssache

des

– Schuldners –

Verfahrensbevollmächtigter: Rechtsanwalt

gegen

den

– Gläubiger –

Verfahrensbevollmächtigter: Rechtsanwalt

wird namens und im Auftrag des Schuldners beantragt:

1. die vom Gerichtsvollzieher am in vorgenommene Pfändung des für unzulässig zu erklären;
2. den Gerichtsvollzieher anzuweisen, die Pfändung des aufzuheben (*z.B. Pfandsiegel entfernen*) und den/die (*gepfändete Gegenstände*) an den Erinnerungsführer (Schuldner) herauszugeben;[115]
3. die außergerichtlichen Kosten des Erinnerungsverfahrens dem Gläubiger aufzuerlegen.[116]

Gegenstandswert: EUR.

Begründung:

Die Parteien schlossen am über einen Bauvertrag.

> *Beweis:* Bauvertrag vom als **Anlage A 1**.

Nach Fertigstellung der Bauleistung stellte der Schuldner eine Vielzahl von Mängeln fest, weshalb die Zahlung des offenstehenden Werklohns i.H.v. EUR bis zur Mängelbeseitigung verweigert wurde. Der Gläubiger erwirkte sodann gegen den Schuldner vor dem Amtsgericht/Landgericht am ein Urteil, in dem der Schuldner zur Zahlung des offenstehenden Werklohns i.H.v. EUR Zug um Zug gegen Beseitigung folgender Mängel durch den Gläubiger verurteilt wurde: (*Auflistung der Mängel*).

> *Beweis:* Urteil des AG/LG vom als **Anlage A 2**,
> Beiziehung der Akten .

114 Zuständig ist nach §§ 766 Abs. 1 S. 1; 764 Abs. 2 ZPO (§ 802 ZPO) das Amtsgericht als Vollstreckungsgericht (dort: der Richter, vgl. § 20 Abs. 1 Nr. 17 RPflG).

115 Das Vollstreckungsgericht kann die Pfändung nicht selbst aufheben. Das ist dem Vollstreckungsorgan vorbehalten. Daher ist dieses zugleich mit dem Ausspruch über die Unzulässigkeit der Vollstreckungsmaßnahme anzuweisen, die Vollstreckung aufzuheben und die gepfändeten Gegenstände herauszugeben.

116 Das Erinnerungsverfahren ergeht gerichtsgebührenfrei (vgl. § 1 Abs. 1 S. 1 GKG, vgl. zudem: § 11 Abs. 4 RPflG), Auslagen werden hingegen angesetzt. Dazu: Zöller/*Herget*, § 766 Rn 39.

Am erfolgten Mängelbeseitigungsarbeiten am streitgegenständlichen Bauwerk durch den Gläubiger. Nach Ansicht des Gläubigers soll darin eine ordnungsgemäße Mängelbeseitigung zu sehen sein. Das ist jedoch unzutreffend, weil die in dem Urteil des Amtsgerichts/Landgerichts vom zu beseitigenden Mängel immer noch vorhanden sind. Daher verweigerte der Schuldner auch weiterhin die Zahlung des offen stehenden Werklohns.

Aufgrund dieser Zahlungsverweigerung wandte sich der Gläubiger am an den Gerichtsvollzieher und beauftragte diesen mit der Durchführung der Pfändung in das Vermögen des Schuldners.

Beweis: Vollstreckungsauftrag vom als **Anlage A 3**.

Im Rahmen dieses Zwangsvollstreckungsverfahrens zog der Gerichtsvollzieher den Sachverständigen hinzu, der am zur Frage der Ordnungsgemäßheit der Mängelbeseitigung ein Gutachten erstattete. Darin kam dieser zu dem Ergebnis, dass die vom Gläubiger vorgenommene Mängelbeseitigung entsprechend den „allgemein anerkannten Regeln der Technik" und damit mangelfrei erfolgt sei.

Beweis: Gutachten des Sachverständigen vom als **Anlage A 4**.

Im Anschluss an dieses Gutachten führte der Gerichtsvollzieher den Vollstreckungsauftrag durch und pfändete bei dem Schuldner folgende Gegenstände: (*Auflistung und genaue Bezeichnung der gepfändeten Gegenstände*).

Gegen diese Pfändung wendet sich der Schuldner mit der vorliegenden Vollstreckungserinnerung nach §766 ZPO, weil die Zug um Zug durch den Gläubiger zu erbringende Mängelbeseitigung bisher nicht ordnungsgemäß erfolgt ist. Die Vollstreckungserinnerung ist der richtige Rechtsbehelf für die Rüge des Schuldners, dass die Zug-um-Zug-Leistung entgegen der Bestätigung des Sachverständigen durch den Gläubiger nicht ordnungsgemäß erbracht wurde.[117] Der Schuldner ist auch erinnerungsbefugt, weil er durch die vorgenommene Pfändung seiner Sachen unmittelbar beschwert ist.

Die Pfändung ist schon deswegen unzulässig, weil bis jetzt keine ordnungsgemäße Mängelbeseitigung durch den Gläubiger erfolgt ist. Zwar kommt das oben zitierte Gutachten des Sachverständigen vom zu einem gegenteiligen Ergebnis. Dieses Gutachten ist jedoch aus folgenden Gründen unzutreffend und daher fehlerhaft: (*ausführliche Darlegung der Bedenken gegen das Sachverständigengutachten*).

Beweis: anliegendes Privatgutachten des Sachverständigen vom als **Anlage A 5**,
Einholung eines weiteren Sachverständigengutachtens.

Insgesamt ging der Gerichtsvollzieher deswegen am zu Unrecht vom Vorliegen einer ordnungsgemäßen Beseitigung der in dem Urteil des Amtsgerichts/Landgerichts vom genannten Mängel durch den Gläubiger aus. Der Schuldner ist auch weiterhin zur Verweigerung der Zahlung des offenstehenden Werklohns berechtigt, weil eine Zahlungspflicht erst Zug um Zug nach ordnungsgemäßer Mängelbeseitigung durch den Gläubiger eintritt.

117 Dazu: Werner/Pastor/*Manteufel/Pastor*, Der Bauprozess, Rn 3184 a.E. m.w.N.

Die angegriffenen Vollstreckungsmaßnahmen sind daher für unzulässig zu erklären. Zugleich ist der Gerichtsvollzieher anzuweisen, die Vollstreckungsmaßnahmen aufzuheben und die Gegenstände an den Schuldner herauszugeben.

Die außergerichtlichen Kosten des Erinnerungsverfahrens sind dem Gläubiger gemäß § 91 Abs. 1 ZPO aufzuerlegen.

Der Gegenstandswert des Verfahrens beträgt EUR, § 3 ZPO.

(*elektronische Signatur/Unterschrift*) (*Rechtsanwalt*)

▲

b) Checkliste

149 ■ **Sachlich zuständig** ist nach §§ 766 Abs. 1 S. 1; 764 Abs. 2 ZPO (§ 802 ZPO) das **Amtsgericht als Vollstreckungsgericht** (dort: der Richter, vgl. § 20 Abs. 1 Nr. 17 RPflG). Die **örtliche Zuständigkeit** richtet sich nach dem Bezirk, in dem das Vollstreckungsverfahren stattfinden soll oder bereits stattgefunden hat (§ 764 Abs. 2 ZPO).

■ **Statthaft** ist die Vollstreckungserinnerung vor allem gegen das **Vollstreckungsverhalten des Gerichtsvollziehers** (Verfahrensweise bei der Vollstreckung, Auftragsverweigerung, Kostenansatz: § 766 Abs. 1, Abs. 2 ZPO) und gegen **Vollstreckungsmaßnahmen des Vollstreckungsgerichts** (nicht: Entscheidungen!), § 766 Abs. 1 ZPO.

■ Der Erinnerungsführer muss **erinnerungsbefugt** sein, d.h. durch die angegriffene Maßnahme beschwert werden (h.M.).

■ Die **Form** der Vollstreckungserinnerung richtet sich nach h.M. analog § 569 Abs. 2, Abs. 3 ZPO.[118]

■ Eine **Frist** gibt es für die Erinnerung nicht. Nach Beendigung der Zwangsvollstreckung kann diese aber mangels Rechtsschutzbedürfnisses unzulässig sein.

■ Die **allgemeinen Verfahrensvoraussetzungen** müssen gegeben sein. Hinsichtlich des **Antrags** ist zu beachten, dass ein solcher – § 253 Abs. 2 Nr. 2 ZPO gilt nicht! – zwar grundsätzlich nicht erforderlich ist. Ein bestimmter Antrag, der die Vollstreckungsmaßnahme genau bezeichnet, sollte aber dennoch zur Klarstellung gestellt werden. Dieser sollte sich an dem möglichen Beschlusstenor der Entscheidung orientieren.[119] Das **allgemeine Rechtsschutzbedürfnis** besteht grundsätzlich in dem Zeitraum zwischen Beginn (ausnahmsweise auch davor) und Beendigung (bei der Erinne-

118 Siehe z.B.: *Brox/Walker*, § 40 Rn 36.

119 Im umgekehrten Fall der Weigerung des Gerichtsvollziehers, eine Vollstreckung vorzunehmen, lautet der Antrag des Gläubigers nach § 766 ZPO grundsätzlich: „*... den Gerichtsvollzieher anzuweisen, die vom Gläubiger am ... beantragte Pfändung ... auszuführen.*" Dieser Antrag ist nur dann möglich, wenn das Vollstreckungsgericht die Weigerung des Gerichtsvollziehers nach dem Antrag des Gläubigers unter allen rechtlichen Gesichtspunkten geprüft hat. Ist die Weigerung des Gerichtsvollziehers dagegen nach dem Antrag des Gläubigers nur unter einem rechtlichen Gesichtspunkt geprüft worden, muss – um die Prüfungskompetenz des Gerichtsvollziehers nicht zu verletzen – der Antrag wie folgt lauten: „*... den Gerichtsvollzieher anzuweisen, die von dem Gläubiger am ... beantragte Pfändung nicht wegen ... zu verweigern.*" Neben § 766 ZPO steht dem Gläubiger im Falle der Weigerung des Gerichtsvollziehers zur Vornahme der Vollstreckung wegen angeblich nicht ordnungsgemäßer Mängelbeseitigung (Zug-um-Zug-Titel) auch eine Klage auf Feststellung der ordnungsgemäßen Mängelbeseitigung zu. So: Werner/Pastor/*Manteufel/Pastor*, Der Bauprozess, Rn 3184; siehe aber auch: Zöller/*Seibel*, § 756 Rn 17 m.w.N.

rung gegen den Kostenansatz auch nach Beendigung, § 766 Abs. 2 ZPO) der Zwangsvollstreckung.

- Innerhalb der **Begründetheit der Vollstreckungserinnerung** prüft das Vollstreckungsgericht, ob die Voraussetzungen für die Zulässigkeit der Zwangsvollstreckung vorliegen (allgemeine Voraussetzungen der Zwangsvollstreckung) und ob das Vollstreckungsorgan bei der Durchführung oder Unterlassung der Maßnahme gegen wesentliche Verfahrensvorschriften verstoßen hat.
- Die **Entscheidung** des Vollstreckungsgerichts ergeht **durch Beschluss**. Dieser ist gerichtsgebührenfrei, Auslagen werden hingegen angesetzt. Die Entscheidung über die außergerichtlichen Kosten des Erinnerungsverfahrens richtet sich nach §§ 91 ff. ZPO. Analog § 570 Abs. 2 ZPO kann die **Aussetzung der Vollziehung** der Erinnerungsentscheidung angeordnet werden.[120] Gegen die gesamte Entscheidung findet das **Rechtsmittel** der **sofortigen Beschwerde** nach § 793 ZPO statt.

3. Vollstreckungsabwehrklage nach § 767 ZPO (materiell-rechtliche Einwendungen)

a) Muster: Vollstreckungsabwehrklage

▼ 150

11.4

An das

Amtsgericht/Landgericht [121]

Eilt! Vollstreckungsabwehrklage nach § 767 ZPO sowie

Antrag auf einstweilige Einstellung der Zwangsvollstreckung nach § 769 ZPO!

In dem Rechtsstreit

des

– Klägers –

Prozessbevollmächtigter: Rechtsanwalt

gegen

den

– Beklagten –

Prozessbevollmächtigter: Rechtsanwalt

120 Das Gericht muss die Aussetzung der Vollziehung von Amts wegen prüfen. Soll eine Vollstreckungsmaßnahme aufgehoben werden, ist diese Anordnung grundsätzlich geboten, weil die Beschwerde des Gläubigers keine aufschiebende Wirkung hat (§ 570 Abs. 1 ZPO) und ihm ansonsten erheblicher Schaden – z.B. durch eine zwischenzeitliche Pfändung anderer Gläubiger – entstehen kann. Siehe auch: Zöller/*Heßler*, § 570 Rn 4 m.w.N. Der Rechtsanwalt des Gläubigers sollte daher bei einer für seinen Mandanten negativen Erinnerungsentscheidung immer die Aussetzung der Vollziehung anregen.

121 Zuständig für die Vollstreckungsabwehrklage nach § 767 ZPO ist grundsätzlich das Prozessgericht des 1. Rechtszuges. Im hier vorliegenden Beispielsfall einer vollstreckbaren notariellen Urkunde ist nach § 797 Abs. 5 ZPO das Gericht zuständig, bei dem der Schuldner (!) – also Kläger – seinen allgemeinen Gerichtsstand hat. Die örtliche Zuständigkeit folgt aus §§ 13 ff. ZPO. Die sachliche Zuständigkeit ist streitwertabhängig und folgt aus §§ 23, 71 GVG (Streitwert = Wert des zu vollstreckenden Anspruchs).

wird namens und im Auftrag des Klägers beantragt:

1. die Zwangsvollstreckung des Beklagten aus der vollstreckbaren notariellen Urkunde des Notars aus vom (Urkundenrolle Nr.) für unzulässig zu erklären (***alternativ:*** *in Höhe eines Betrages von* EUR *für unzulässig zu erklären*);
2. **vorab im Beschlusswege:** die Zwangsvollstreckung aus der unter Ziff. 1. genannten Urkunde nach § 769 Abs. 1 ZPO bis zur Entscheidung über die Vollstreckungsabwehrklage einstweilen ohne Sicherheitsleistung einzustellen (***alternativ:*** *gegen angemessene Sicherheitsleistung durch den Kläger einstweilen einzustellen*);
3. die Kosten des Rechtsstreits dem Beklagten aufzuerlegen.

Streitwert: EUR.

Begründung:

I.

Durch notariellen Vertrag des Notars aus vom (Urkundenrolle Nr.) erwarb der Kläger von dem Beklagten ein Grundstück in nebst einem von dem Beklagten gemäß beigefügter Baubeschreibung zu errichtenden Einfamilienhaus zum Preis von EUR (= Bauträgervertrag i.S.d. § 650u BGB). Je nach fertiggestelltem Bauabschnitt wurden dabei folgende Abschlagszahlungen (vgl. § 650v BGB i.V.m. Art. 244 EGBGB, § 1 Verordnung über Abschlagszahlungen bei Bauträgerverträgen) vereinbart: . Nach den vom Beklagten in solchen Verträgen regelmäßig verwendeten Klauseln unterwarf sich der Kläger wegen des Erwerbspreises und der Bauraten „*der sofortigen Zwangsvollstreckung aus der notariellen Urkunde in sein gesamtes Vermögen*“ (Vertragsklausel Nr.). Des Weiteren wurde der Notar gemäß Vertragsklausel Nr. ermächtigt, „*jederzeit eine vollstreckbare Ausfertigung der Urkunde ohne besonderen Fälligkeitsnachweis zu erteilen*“. Wegen der weiteren Einzelheiten wird auf die anliegende notarielle Urkunde Bezug genommen.

Beweis: notarielle Urkunde vom als **Anlage K 1**.

Der Beklagte betreibt hinsichtlich eines unstreitig noch offenen (Rest-)Anspruchs i.H.v. EUR, dies entspricht den Zahlungsraten , die Zwangsvollstreckung aus vorstehend genannter vollstreckbarer notarieller Urkunde (§ 794 Abs. 1 Nr. 5 ZPO) gegen den Kläger.

Dagegen wendet sich der Kläger mit der vorliegenden Vollstreckungsabwehrklage nach § 767 ZPO mit dem Ziel, die Zwangsvollstreckung für unzulässig erklären zu lassen.

Bei den vom Beklagten in dem vorliegenden Bauträgervertrag verwendeten Klauseln handelt es sich unzweifelhaft um Allgemeine Geschäftsbedingungen (AGB). Das lässt sich schon deren Erscheinungsbild entnehmen.

Die in dem Vertrag verwendeten Klauseln sind insgesamt unwirksam. Diesbezüglich wird vor allem folgende materiell-rechtliche Einwendung geltend gemacht:

Die Klauseln, wonach sich der Kläger der sofortigen Zwangsvollstreckung aus der notariellen Urkunde in sein gesamtes Vermögen unter Verzicht auf einen Fälligkeitsnachweis unterwirft, sind nach der Rechtsprechung des BGH gemäß § 134 BGB i.V.m. §§ 3, 12 MaBV insgesamt unwirksam. Das stellt einen Verstoß gegen § 307 BGB dar.[122]

122 Grundlegend: BGH v. 22.10.1998 – VII ZR 99/97 – BGHZ 139, 387 ff.

Diese auf § 134 BGB gestützte Einwendung kann zeitlich unbeschränkt durch den Kläger erhoben werden, weil eine Präklusion nach § 767 Abs. 2 ZPO wegen § 797 Abs. 4 ZPO nicht eintreten kann.

Insgesamt liegt damit eine nach § 134 BGB unwirksame Unterwerfung des Klägers unter die sofortige Zwangsvollstreckung vor. Die auf die notarielle Urkunde vom gestützte Vollstreckung des Beklagten ist daher (analog) § 767 ZPO durch das Gericht für unzulässig zu erklären. Die prozessuale Gestaltungsklage (analog) § 767 ZPO ist als richtiger Rechtsbehelf anzusehen.[123]

Des Weiteren ist vorsorglich darauf hinzuweisen, dass die von dem Beklagten bzw. dessen Subunternehmern erbrachten Bauleistungen mangelhaft sind. Im Einzelnen: *(Auflistung der nach Ansicht des Klägers bestehenden Baumängel)*. Der Kläger macht hinsichtlich des unstreitig offenstehenden Anspruchs des Beklagten rein vorsorglich Zurückbehaltungsrechte wegen Mängelansprüchen geltend. Die Beseitigung der Mängel wird etwa Kosten i.H.v. EUR verursachen. Hinsichtlich dieser Kosten steht dem Kläger ein Zurückbehaltungsrecht wenigstens in Höhe des zweifachen Wertes (§ 320 BGB bzw. § 641 Abs. 3 BGB [nach der Abnahme!]) zu – also i.H.v. EUR. (***alternativ:*** *Sollte dem Beklagten schon fruchtlos eine Frist zur Mängelbeseitigung mit Ablehnungsandrohung gesetzt worden sein, bietet sich eine Aufrechnung gegenüber dem titulierten Anspruch an!*)

II.

Gleichzeitig mit der Klage nach § 767 ZPO wird im Wege der einstweiligen Anordnung nach § 769 Abs. 1 ZPO die einstweilige Einstellung der Zwangsvollstreckung bis zur Entscheidung über die Vollstreckungsabwehrklage begehrt. Das ist geboten, um den Kläger vor Nachteilen zu bewahren, die durch eine zwischenzeitliche Vollstreckung durch den Beklagten eintreten könnten. Die Einstellung der Zwangsvollstreckung hat ohne Sicherheitsleistung seitens des Klägers zu erfolgen, weil dieser zur Leistung einer solchen wirtschaftlich nicht in der Lage ist und seine Rechtsverfolgung hinreichende Aussicht auf Erfolg bietet (dazu oben unter I.). Es darf an dieser Stelle darauf hingewiesen werden, dass im Falle der Einstellung ohne Sicherheitsleistung nach § 769 Abs. 1 S. 2 ZPO die weiteren Voraussetzungen nach § 707 Abs. 1 S. 2 ZPO nicht gelten.[124]

Zur Glaubhaftmachung des Antrags auf einstweilige Einstellung der Zwangsvollstreckung nach § 769 Abs. 1 ZPO wird auf den Vortrag nebst Unterlagen im Rahmen der Vollstreckungsabwehrklage (oben unter I.) verwiesen. Darüber hinaus wird als **Anlage K 2** eine eidesstattliche Versicherung des Klägers beigefügt.

Es wird gebeten, über die einstweilige Einstellung nach § 769 Abs. 1 ZPO vorab und auf schnellstem Wege per Beschluss zu entscheiden.

III.

Darüber hinaus wird schon jetzt angeregt, im späteren Urteil zeitlich bis zu dessen Rechtskraft eine einstweilige Anordnung nach §§ 770, 769 Abs. 1 ZPO zu treffen.

123 Dazu: BGH v. 27.9.2001 – VII ZR 388/00 – BauR 2002, 83 ff.
124 Siehe auch: Zöller/*Herget*, § 769 Rn 7.

Die Kosten des Rechtsstreits hat nach § 91 Abs. 1 ZPO der Beklagte zu tragen.

Der Streitwert des Rechtsstreits beläuft sich auf EUR, § 3 ZPO.

(*elektronische Signatur/Unterschrift*) (*Rechtsanwalt*)

▲

b) Checkliste

151 ■ **Zuständig** für die Vollstreckungsabwehrklage ist nach § 767 Abs. 1 ZPO grundsätzlich das **Prozessgericht des 1. Rechtszuges**. Ausnahmen: §§ 796 Abs. 3; 797 Abs. 5; 797a Abs. 3 ZPO.

■ **Statthaft** ist die Vollstreckungsabwehrklage bei Vorliegen eines **vollstreckungsfähigen Titels** und bei Geltendmachung von **materiell-rechtlichen Einwendungen**.

■ Der **Klageantrag** ist darauf gerichtet, die **Zwangsvollstreckung** aus dem genau zu bezeichnenden Titel (entweder insgesamt oder teilweise) **für unzulässig zu erklären**.

■ **Richtige Parteien** der Vollstreckungsabwehrklage sind grundsätzlich Vollstreckungsschuldner und -gläubiger (Aktiv-/Passivlegitimation = Frage der Begründetheit[125]).

■ Die **Vollstreckungsabwehrklage** ist **begründet**, wenn dem Kläger eine materiellrechtliche Einwendung gegen den titulierten Anspruch zusteht, die nicht nach § 767 Abs. 2, Abs. 3 ZPO oder § 796 Abs. 2 ZPO präkludiert ist. Ausnahmen von der Präklusionswirkung nach § 767 Abs. 2 ZPO: § 797 Abs. 4 ZPO und generell nicht der Rechtskraft fähige Titel (Prozessvergleiche, Kostenfestsetzungsbeschlüsse etc.).

■ Über die Vollstreckungsabwehrklage entscheidet das Gericht durch **Urteil**. Die Kostenentscheidung richtet sich nach §§ 91 ff. ZPO, die Entscheidung über die vorläufige Vollstreckbarkeit nach §§ 708 ff. ZPO.

■ Schließlich sind die Möglichkeiten einer **einstweiligen Anordnung nach § 769 ZPO** sowie **später** nach **§ 770 ZPO** zu beachten.

125 Vgl. dazu: Zöller/*Althammer*, vor § 50 Rn 16.

§ 12 Schiedsverfahren/Schlichtung

Prof. Dr. Winfried Grieger

Inhalt

A. Schiedsverfahren

I. Rechtliche Grundlagen

1. Wirksamkeit

1 Allgemein wird im Übrigen beklagt, dass der Justizstandort Deutschland international an Bedeutung verloren hat. Dies will das Bundesministerium der Justiz korrigieren und den Justizstandort stärken. Hierzu hat es ein Eckpunktepapier zur Stärkung der Gerichte in Wirtschaftsstreitigkeiten und zur Einführung eines Commercial Court gegeben. Man will zum einem die englische Sprache gerichtsfähig machen und zum anderen erreichen, dass eine Ersteingangszuständigkeit für internationale Handelssachen bei englischsprachigen Spezialsenaten ausgewählter Oberlandesgerichte gegeben ist. Dies sollen die sog. Commercial Courts sein.

Auf der einen Seite entsteht damit eine weitere Nähe zu Schiedsgerichtbarkeit, auf der anderen Seite meint man damit, mit anderen Ländern sich immer mehr auf Augenhöhe zu befinden, vgl. auch Prof. *Hilmer*, AnwBl 2023, 145.

Nach § 1030 ZPO kann jede vermögensrechtliche Auseinandersetzung Gegenstand einer Schiedsvereinbarung sein. Entscheidend für die Durchführung eines schiedsgerichtlichen Verfahrens ist allerdings gem. § 1031 ZPO eine entsprechende wirksame Vereinbarung.

2 Gem. § 1029 Abs. 1 ZPO ist dann von einer Schiedsvereinbarung auszugehen, wenn die Parteien vereinbaren, alle oder einzelne Streitigkeiten, die zwischen ihnen in Bezug auf ein bestimmtes Rechtsverhältnis vertraglicher oder nicht vertraglicher Art entstanden sind oder zukünftig entstehen, der Entscheidung durch ein Schiedsgericht zu unterwerfen.[1] Dabei ist gem. § 1031 ZPO darauf zu achten, dass die Schiedsvereinbarung entweder in einem von den Parteien unterzeichneten Dokument oder in zwischen ihnen gewechselten Schreiben, Fernkopien, Telegrammen oder anderen Formen der Nachrichtenübermittlung enthalten sein muss. Es ist nicht zulässig, dass eine Aufteilung in Zuständigkeiten für das staatliche Gericht und solchen für das Schiedsgericht vorgenommen wird. Ist das Schiedsgericht vereinbart, kann nur dann das staatliche Gericht tätig werden, wenn niemand die Einrede erhebt, dass ein Schiedsvertrag abgeschlossen ist, § 1032 ZPO. Sobald diese Einrede erhoben wird, kann entsprechend dieser gesetzlichen Regelung das staatliche Gericht nicht mehr weiterverhandeln.

Herauszuheben ist an dieser Stelle, dass der Übergang eines Vertragsverhältnisses, das eine Schiedsvereinbarung enthält, dazu führt, dass auch der übernehmende Rechtsträger an die Schiedsgerichtsvereinbarung gebunden ist. Das OLG München hat in seinem Beschl. v. 26.1.2016 – 34 SC H 13/15, ZIP 2016, 972 ff., deutlich gemacht, dass es sich vorliegend um einen Fall der sog. Quasiakzessorietät handelt. Bei rechtsgeschäftlichen Übertragungen von Vertragsverhältnissen ist anerkannt, dass Schiedsvereinbarungen mit

1 *Zöller*, § 1029 Rn 1 ff.

auf den Erwerber übergehen. Dies müsse auch im Rahmen einer partiellen Gesamtrechtsnachfolge gelten.

Ein wichtiger Beschluss des BGH v. 9.8.2016, IBR 2016, 614, hat darüber hinaus deutlich gemacht, dass die Unwirksamkeit eines Vertrages nicht dazu führt, dass damit auch die Schiedsvereinbarung unwirksam ist. Im Zweifel bleibt sie wirksam. Keine Schiedsvereinbarung jedoch sind Regelungen mit der Formulierung, dass man die Anrufung eines Schiedsgerichtes anstrebe, vgl. BGH v. 7.5.2015, EWIR 6/2015, 189. Erst recht entfällt eine Schiedsvereinbarung, wenn beide einvernehmlich das staatliche Gericht anrufen, vgl. BGH NJW 2017, 892 ff.

Die Wirksamkeit der Einrede einer Schiedsvereinbarung entfällt erst, wenn das Schieds- 3
gericht seine Tätigkeit beendet und die Schiedsvereinbarung voll ausgeschöpft hat.[2]

Es ist an dieser Stelle darauf hinzuweisen, dass die Zuständigkeitsrüge, d.h. das zwei Gerichte zuständig sind, nur erhoben werden kann im Schiedsverfahren, nicht mehr im anschließenden Verfahren zur Vollstreckbarerklärung, vgl. BGH v. 16.12.2021, SchiedsVZ 2022, 237 ff.

Wird die Einrede erhoben, ist die Partei, die diese Einrede erhebt, gehindert, während der 4
Einleitung des schiedsgerichtlichen Verfahrens zu erklären, dass nun doch das staatliche Gericht zuständig sei.[3]

Im Hinblick auf den Umfang der Regelungsinhalte ist der Abschluss eines Schiedsvertra- 5
ges zu empfehlen. Es gilt insoweit gem. den §§ 1025 ff. ZPO die Regelungsfreiheit. Soweit die Parteien auf bestehende Schiedsordnungen Bezug nehmen wollen und sie zum Inhalt ihrer Vereinbarung machen wollen, ist eine Schiedsklausel ausreichend.

Diese Schiedsklauseln müssen wiedergeben, dass eine Willenseinigung über die Deroga- 6
tion der staatlichen Gerichtsbarkeit zugunsten der privaten Gerichtsbarkeit stattgefunden hat.[4] Findet sich eine Abrede, die Streitigkeiten aus einem Vertrag allgemein einem Schiedsgericht zuordnet, ist solch eine Erklärung weit auszulegen.[5] Auch eine Schiedsklausel, in der es lediglich heißt „arbitration Hamburg“, kann wirksam sein.[6]

Schiedsklauseln in einem Gesellschaftsvertrag sind dabei nach BGH ZIP 2016, 2435 ff. dahingehend auszulegen, dass sie sich auf alle, auch auf nach dem Ausscheiden eines Gesellschafters aus der Gesellschaft entstandene Streitigkeiten bezieht. Gem. § 1040 Abs. 1 S. 2 ZPO führt im Übrigen die Unwirksamkeit oder Beendigung eines Vertrages im Zweifel nicht zur Unwirksamkeit oder Beendigung der in einer Schiedsklausel enthaltenen Schiedsvereinbarung, vgl. BGH MDR 2017, 139 ff.

Schiedsklauseln können aber auch teilnichtig sein. So können z.B. Schiedsklauseln in Gesellschaftsverträgen teilnichtig sein. Mit solch einem Verfahren musste sich der BGH

2 BGH v.13.1.2009 – XI ZR 66/08 – ZIP 2009, 1540 ff.
3 BGH v. 30.4.2009 – III ZB 91/07 – SchiedsVZ 2009, 287 ff.
4 OLG Hamm v. 19.2.1998 – 24 U 84/97 – IBR 1998, 360.
5 OLG Düsseldorf v. 27.2.2004 – I-26 SchH 01/04 – SchiedsVZ 2004, 162 ff.
6 *Kroll*, SchiedsVZ 2005, 194 ff.

in seiner Entscheidung vom 29.9.2021 auseinandersetzen. Der BGH entschied, bei einer alle Streitigkeiten aus dem Vertragsverhältnis umfassenden Schiedsklausel muss man, wenn keine anderen konkreten Umstände entgegenstehen, davon ausgehen, dass auch bei Teilnichtigkeit der Rest der Schiedsklausel aufrechterhalten werden soll, vgl. BGH v. 3.9.2021, IBR 2022, 436.

Das BVerfG hat in seiner Entscheidung im Übrigen auch deutlich gemacht, dass Schiedsvereinbarungen und schiedsgerichtliche Regelungen nur dann wirksam sind, wenn sie dem Grundsatz der Öffentlichkeit mündlicher Verhandlungen folgen, vgl. BVerfG v. 3.6.2022, NVWZ 2022, 1785 ff. Der BGH hat hierbei dem allgemeinen Justizgewährungsanspruch noch einmal deutlich Hintergrund gegeben, denn das schiedsgerichtliche Verfahren müsse auch effektiven Rechtsschutz gewähren und rechtsstaatlichen Mindeststandards genügen. Dementsprechend muss auch dort das Gebot der mündlichen Verhandlung gelten. Dies ist ein zwingender Grundsatz der Öffentlichkeit, der in rechtsstaatlichen Verfahren beachtet werden muss. Dies sei nicht nur eine bloße Verfahrensklausel.

7 Da §§ 1029 ff. ZPO keine Regelung darüber enthalten, zu welchem Zeitpunkt eine solche Vereinbarung zu treffen ist, kann eine schiedsvertragliche Vereinbarung auch nachträglich, d.h. dann getroffen werden, wenn ein Streit sich im Entstehungsprozess befindet oder bereits vorhanden ist. Entscheidend ist dabei nur, dass es sich um eine eigenständige Schiedsgerichtsvereinbarung handelt.[7]

Wird ein Schiedsgericht nach der Schiedsordnung der deutschen Institution für deutsche Schiedsgerichtsbarkeit e.V. gewählt, so muss man wissen, dass danach ein Schiedsgericht erst mit der Konstituierung in der jeweiligen Streitsache entstanden ist. Wird ein Verfahren angestrengt zur Frage der Zulässigkeit oder Unzulässigkeit eines schiedsrichterlichen Verfahrens, ist dieser Antrag nur dann rechtzeitig gestellt, wenn er vor der Konstituierung des Gerichts erfolgt. Diese Entscheidung des BayOLG macht deutlich, dass institutionalisierte Schiedsgerichte einen formellen Vorteil haben, da sie ohnehin existent sind und sich nicht erst noch konstituieren müssen. Auf der anderen Seite kann damit jedoch einer Feststellungsklage mehr Zeit gegeben sein, vgl. BayOLG v. 10.10.2022, IBR 2023, 110.

2. Grenzüberschreitung

8 Eine Schiedsvereinbarung kann auch als grenzüberschreitende Vereinbarung getroffen werden. Hierbei stellt sich natürlich die Frage, nach welchem Recht die Wirksamkeit und das Zustandekommen der Vereinbarung zu beurteilen ist. Zur Beantwortung dessen muss das Internationale Privatrecht herangezogen werden. Man spricht auch vom so genannten Kollisionsrecht. Nach ihm wird ermittelt, welches Recht auf einen grenzüberschreitenden Vertrag anzuwenden ist. Dieses anzuwendende Recht entscheidet dann über die Wirksamkeit der schiedsgerichtlichen Vereinbarung. In der Bundesrepublik Deutschland ist das Kollisionsrecht im EGBGB geregelt. In Art. 27 ff. EGBGB ist gere-

7 *Englert/Franke/Grieger*, S. 34 ff.

gelt, dass das Recht anzuwenden ist, dass die Parteien vereinbart haben. Ist keine Regelung getroffen, ist zu prüfen, ob eine stillschweigende Rechtswahl getroffen worden ist. Ist auch dies nicht möglich ist auf die im EGBG enthaltenen Anknüpfungspunkte abzustellen, um zu ermitteln, welches Recht der Vereinbarung zugrunde liegt. Dieses anwendbare Recht entscheidet dann über die Wirksamkeit der Schiedsvereinbarung.

3. Einbeziehung und Wirkung gegenüber Dritten

Nach § 1029 Abs. 1 ZPO bedarf es zur Durchführung eines schiedsgerichtlichen Verfahrens einer Vereinbarung der Parteien. Aus diesen Formulierungen ist bereits zu entnehmen, dass Betroffene bzw. Einbezogene in ein schiedsgerichtliches Verfahren nur solche Personen sein können, die durch eine entsprechende Vereinbarung mit einbezogen werden. Dies ist eine Vereinbarung zwischen den Schiedsrichtern, Parteien und des Dritten. Dementsprechend können in einem schiedsgerichtlichen Verfahren die Nebeninterventionsregeln der ZPO nur insoweit greifen, als entsprechende Vereinbarungen zwischen allen Beteiligten vorliegen. 9

4. Anforderungen an den Inhalt

Nach § 1031 ZPO sind nur geringe Anforderungen an eine wirksame Schiedsvereinbarung zu stellen. Danach kann sie sowohl in Fernkopien, Telegrammen oder anderen Formen der Nachrichtenübermittlung enthalten sein. 10

Einen besonderen Schutz jedoch gibt es in Bezug auf Verbraucher. Nach § 1031 Abs. 5 ZPO sind Schiedsvereinbarungen mit Verbrauchern nur wirksam, wenn sie in einer von den Parteien eigenhändig unterzeichneten Urkunde enthalten sind. Dabei darf diese Urkunde andere Vereinbarungen nicht enthalten. Dies wiederum gilt nicht für notarielle Beurkundungen. 11

Die Schiedsvereinbarung ist ein selbstständiger Vertrag, wobei natürlich darauf abzustellen ist, wo die diese Vereinbarung abschließenden Parteien ihren Sitz haben. 12

Im Hinblick auf den Ablauf des Verfahrens haben die Parteien die Möglichkeit, auf unterschiedlichste Schiedsordnungen zurückzugreifen. Zu erwähnen sind u.a. 13

- die Schiedsgerichtsordnung für das Bauwesen, einschließlich Anlagenbau der Deutschen Gesellschaft für Baurecht,
- die Schieds- und Schlichtungsordnung der ARGE Baurecht im Deutschen Anwaltverein,
- die Schiedsgerichtsordnung der Deutschen Institution für Schiedsgerichtsbarkeit e.V.,
- die ICC Vergleichs- und Schiedsgerichtsordnung,
- die Schiedsgerichtsordnung der Amerika Arbitration Association,
- die Schiedsordnung der Landencort of Arbitration,
- die Uncitralschiedsordnung,
- die Schiedsgerichtsordnung des Deutschen Ausschusses für das Schiedsgerichtswesen,

- die Schiedsgerichtsordnung der Chinesischen Foreign Trade Arbitration Commission, FTAC,
- die Schiedsordnung der Japan Commercial Arbitration Association.

14 Wenn man sich für eine Schiedsgerichtsordnung entscheiden sollte, so sollte genau geprüft werden, ob sie die genannten Eckpunkte beachtet und ob sie zu dem Konfliktfeld, in dem man sich bewegt, Lösungen anbietet. Schließlich kommt hinzu, dass die Schiedsgerichtsordnung und ihr Verfahren entscheidend dafür sind, ob die Vollstreckbarkeit des schiedsgerichtlichen Urteils gegeben ist. In der Bundesrepublik Deutschland wird die Schiedsordnung an den Regelungen der §§ 1029 ff. ZPO gemessen. Nur wenn diese Regelungen beachtet sind, kann der schiedsgerichtliche Vergleich oder das Urteil Vollstreckbarkeit erlangen.

15 Der EuGH hat deutlich gemacht, dass eine Schiedsvereinbarung nichtig ist, wenn sie missbräuchliche Klauseln zu Lasten des Verbrauchers enthält.[8] Eine Schiedsvereinbarung, die undurchführbar ist, ist ebenfalls nicht zu beachten. Die Einrede der schiedsgerichtlichen Vereinbarung kann nicht erhoben werden. So ist eine Schiedsvereinbarung zwischen einem Bauträger und den Mitgliedern der WEG dann nicht durchführbar, wenn die Schiedsvereinbarung nicht in allen Verträgen enthalten ist. Umgekehrt ist von Bedeutung, dass ein Schiedsvertrag nicht durch die Nichtigkeit des Hauptvertrages berührt wird.[9]

16 Im Übrigen können die ordentlichen Gerichte nur eingeschränkt Schiedsgerichte überprüfen. Das angerufene Gericht hat darauf zu achten, dass der ordre public gegen Missbrauch durch private Schiedsgerichte im Hinblick auf die diesem Gericht zustehenden Rechtsprechungsbefugnisse eingehalten wird. Dies hat umgekehrt zur Folge, dass unrichtige Rechtsanwendungen keinen Aufhebungsgrund darstellen.[10] Hierbei ist zusätzlich zu beachten, dass das Schiedsgericht auch nicht verpflichtet ist, auf alle Einzelheiten des Vorbringens der Schiedsparteien in den Entscheidungsgründen einzugehen.[11] In seinem Urteil aus 2016 hat der BGH noch einmal deutlich gemacht, dass zum ordre public nur die nicht abdingbaren Normen, die Ausdruck einer für die Rechtsordnung grundlegenden Wertentscheidung sind, gehören, vgl. BGH NJW-RR 2016, 892 Rn 29.

5. Anzahl und Qualifikation der Schiedsrichter

17 Grundsätzlich ist es den Parteien überlassen, die Zahl der Schiedsrichter festzulegen. Sie entscheiden, ob sie das Verfahren nur einem Richter übergeben wollen oder zweien oder dreien. Die verschiedenen Schiedsordnungen enthalten verschiedene Formen, wobei entweder das Ein-Mann-Schiedsgericht oder das sog. Dreier Schiedsgericht die üblichen Formen des Schiedsgerichtes darstellen.

8 EuGH v. 26.10.2006 – Rs C 168/03 – Schieds VZ 2007, 46 ff.
9 OLG München v. 20.4.2009 – 34 SchH 17/08 – IBR 2009, 430.
10 OLG Frankfurt v. 13.9.2007 – 26 SchH 10/07 – IBR 2008, 480.
11 OLG München v. 20.4.2009 – 34 SchH 17/08 – IBR 2009, 430.

Beim Dreier-Schiedsgericht wählen die beiden jeweils von den Parteien benannten Richter den Vorsitzenden des Schiedsgerichts.

Im Hinblick auf die Zusammensetzung des Schiedsgerichtes hat der BGH eine sehr wichtige Entscheidung im Jahr 2016 gefällt. Er hat ausgeführt, dass auch eine fehlerhafte Bildung des Schiedsgerichtes nicht zu einem Aufhebungsgrund führt, wenn die Fehlbesetzung damit im Zusammenhang steht, dass einem Berufsrichter nicht die erforderliche Genehmigung für seine Nebentätigkeit erteilt worden ist, vgl. BGH v. 10.3.2016 – I ZB 99/14, AnwBl 6/2016.

Kriterien an die Befähigung der Richter legen die Parteien selbst fest. Hierzu gehören ohne Zweifel baurechtlicher Sachverstand, technisches Verständnis, betriebswirtschaftliche Kenntnisse, menschliche Kompetenz, Autorität und Akzeptanz, Sachlichkeit, Freundlichkeit, Aufgeschlossenheit und insbesondere das Verständnis für das zu gewährende rechtliche Gehör. 18

Gerade in einem schiedsgerichtlichen Verfahren ist der Gewährung des rechtlichen Gehörs besondere Aufmerksamkeit zu widmen. Dieses fundamentale Recht steht nicht zur Disposition, sodass jeder Richter in jeder Situation das rechtliche Gehör stets vor seinem geistigen Auge haben sollte, wenn er irgendwelche Verfügungen oder Entscheidungen erlässt.[12] Mit der Wahl der Schiedsrichter wird somit eine entscheidende Weichenstellung für die Qualität des schiedsgerichtlichen Verfahrens vorgenommen.

Es besteht für die Beteiligten die Möglichkeit, gem. §§ 1034 ff. ZPO die Schiedsrichter abzulehnen. Die Schiedsrichter dürfen nämlich nicht befangen sein. Sie sind daher gem. § 1036 ZPO verpflichtet, alle Umstände offen zu legen, die Zweifel an der Unparteilichkeit oder Unabhängigkeit wecken können. Dabei ist es den Parteien möglich, ein Verfahren für die Ablehnung zu vereinbaren, vgl. § 1037 Abs. 1 ZPO. Fehlt eine solche Vereinbarung, so muss eine Partei innerhalb von zwei Wochen nach Kenntnis der Umstände das Schiedsgericht über die Ablehnungsgründe informieren. Stimmt der ablehnende Schiedsrichter nicht zu oder stimmt die andere Partei nicht zu, entscheidet das Schiedsgericht. Nach ergebnislosem Ablauf eines weiteren Monates entscheidet auf Antrag das nach § 1062 ZPO zuständige Gericht. 19

Die ausgewählten Schiedsrichter können bereits in der Schiedsvereinbarung benannt werden. Mit der Benennung im Vertrag ist jedoch die Ernennung noch nicht erfolgt. Die Ernennung setzt das Einverständnis der Schiedsrichter voraus. Sie können auch schon bei Abschluss des Vertrages mitwirken, sodass mit der Schiedsvereinbarung und ihrer Benennung auch zugleich die Ernennung verbunden ist. 20

Wer soll das Amt bekleiden? Wer gibt hierauf die Antwort? An wen können sich die Parteien oder deren Anwälte wenden? 21

Werden Schiedsordnungen entsprechender Einrichtungen gewählt, so kann man sich an diese Organisationen wenden. Diese verfügen jeweils über eine Liste von Schiedsrich- 22

12 *Englert/Franke/Grieger*, S. 31.

tern, auf die zurückgegriffen werden kann. Dies gilt für alle oben genannten Schiedsgerichtsorganisationen.

23 Man kann sich auch wenden an den Präsidenten des jeweiligen LG, die jeweilige Anwaltskammer oder an die jeweilige IHK.

24 Sind keine Richter benannt und können die Parteien sich nicht einigen, so entscheidet über die Ernennung eines Schiedsrichters das zuständige Gericht, vgl. § 1035 Abs. 2 ZPO.

Allen Beteiligten muss bewusst sein, dass der Rücktritt eines Schiedsrichters jederzeit ohne wichtigen Grund möglich ist. Der Rücktritt beendet das Amt sofort.[13]

6. Besondere Berücksichtigung des Gerichtsstands und des Sitzes des Schiedsgerichts

25 Die Bestimmung des Sitzes, d.h. des Orts, an dem das Schiedsgericht zu tagen hat, hat auf das sich daran anschließende Schiedsgerichtsverfahren elementare Auswirkungen. So ergibt sich aus § 1043 Abs. 1 ZPO, dass der Ort des Schiedsgerichtes darüber entscheidet, welches Verfahrensrecht anzuwenden ist.

26 Darüber hinaus ist dieses Verfahrensrecht und damit der Ort oder der Sitz des Schiedsgerichtes entscheidend dafür, was mit dem Schiedsspruch erreicht werden kann, vgl. § 1061 Abs. 1 ZPO. Die Qualifikation des Schiedsspruches ist nämlich wiederum im Zusammenhang zu sehen mit der Frage seiner Vollstreckbarkeit. Dies beurteilt sich danach, ob das Land, in dem sich der Sitz des Schiedsgerichtes befindet, dem Hager Vollstreckungsübereinkommen beigetreten ist oder nicht. Der Ort bzw. der Sitz des Schiedsgerichtes wirken sich folglich auf den Verlauf des Verfahrens des Schiedsgerichtes als solchem aus und darauf, wie die Vollstreckbarkeit des Schiedsspruches zu beurteilen ist.

Das OLG München hat in seinem Beschl. v. 22.11.2016, IBR RS 2016, 3181, deutlich gemacht, dass die fehlende Angabe über den Ort des schiedsgerichtlichen Verfahrens den ergangenen Schiedsspruch oder die eingegangene Schiedsvereinbarung nicht unwirksam werden lässt.

7. Einstweilige Maßnahmen

27 Grundsätzlich bleiben die staatlichen Gerichte für einstweilige Verfahren zuständig, vgl. § 1041 ZPO. Es können jedoch auch die Schiedsgerichte tätig werden. Nach § 1041 Abs. 2 ZPO geht jedoch das staatliche Gericht vor, wenn es zuvor angerufen wurde.

Vor der Änderung der ZPO im Jahre 2001 war das Schiedsgericht nach h.M. für vorläufige Maßnahmen nicht zuständig. Jetzt gibt es, wie oben dargestellt, diese Zuständigkeit, aber es gilt die Einschränkung, dass das Schiedsgericht keinen Zwang ausüben kann.[14]

13 Vgl. KG v. 15.3.2010 – 20 SchH 4/09 – IBR 2010, 726.
14 *Schwab/Walter,* Kap. 17 Rn 16 ff.

Die Empfehlung geht dahin, solche Maßnahmen, bei denen abzusehen ist, dass Zwangsmaßnahmen zur erfolgreichen Durchsetzung notwendig sein werden, nicht dem Schiedsgericht zu überlassen, sondern ausdrücklich im Vertrag zu regeln, dass diese Kompetenz des Schiedsgerichtes ausgeschlossen ist. **28**

Anders ist dies für die Durchführung eines selbstständigen Beweisverfahrens zu sehen. Hier geht es um die Beweissicherung mittels Sachverständiger. Im Hinblick auf die Ausführungen zur Kompetenz der Schiedsrichter ist es nur konsequent, die Zuständigkeit des Schiedsgerichtes auch auf diese Verfahren zu erstrecken.[15] **29**

Bestellt das Schiedsgericht im Namen der Parteien einen Sachverständigen, wird ein Vertrag mit allen Schiedsparteien begründet.[16]

8. Vollstreckbarkeit von Schiedssprüchen

Sehr wichtig ist auch die Frage, wie Schiedsgerichtsurteile zu begründen sind. Der BGH hat deutlich gemacht, dass die Begründung eines Schiedsspruchs nur gewissen Mindestanforderungen entsprechen muss. Sie darf nicht widersprüchlich sein, sie darf nicht im Widerspruch zu Entscheidungen der Rechtsprechung stehen und sich nicht auf inhaltsleere Redensarten beschränken. Es genüge, wenn das Schiedsgericht eine kurze Zusammenfassung der den Schiedsspruch tragenden Erwägungen wiedergibt. Es muss auf die zentralen Fragen eingehen, die für das Schiedsgericht von Bedeutung ist. Es muss zu den wesentlichen Verteidigungsmitteln der Parteien Stellung nehmen, sich nicht aber in jedem Punkt mit dem Parteivorbringen auseinandersetzen, vgl. BGH v. 9.12.2021, IBR 2022, 217. **30**

Wichtig zu wissen ist, dass eine Begründung auch ausreichend ist, wenn sie auf eine Entscheidung Bezug nimmt, die zwischen denselben Parteien ergangen ist. Dies gilt auch für Hinweisbeschlüsse gem. § 522 Abs. 2 ZPO, vgl. Beschl. v. 29.9.2022, IBR 2023, 167.

Im Hinblick auf Schiedsverfahren finden sich in § 1060 ZPO entsprechende Regelungen. Danach entscheidet das zuständige Oberlandesgericht, es handelt sich um das Oberlandesgericht, das für den Sitz des Schiedsgerichtes zuständig ist, über die Vollstreckbarkeit. Die Antragstellung an dieses Gericht auf Vollstreckbarkeitserklärung führt zu einer formellen Prüfung des Schiedsgerichtsurteils oder des schiedsgerichtlichen Vergleichs (vgl. § 1059 Abs. 2, Nr. 2 ZPO). Es wird geprüft, ob es sich um einen schiedsfähigen Sachverhalt handelt und ob das Urteil nicht gegen den ordre public verstößt. **31**

Der Verhältnismäßigkeitsgrundsatz ist solche ordre public, vgl. BGH v. 14.11.2021 – IBR 2022, 158.

Dementsprechend ergibt sich folgende Prüfungsreihenfolge für das zuständige Gericht: **32**

- Lag eine Schiedsvereinbarung vor?
- Wurden die Kompetenzen eingehalten?

15 *Schwab/Walter*, Kap. 17 Rn 12.
16 OLG Düsseldorf BauR 2014, 878 ff.

- Wurde § 139 ZPO in seinem gesetzlichen Inhalt beachtet?
- Handelt es sich bei den erhobenen Einwänden um solche, die mit der Vollstreckungsgegenklage geltend gemacht würden?
- Enthält ein Vertrag zwischen der Bundesrepublik Deutschland und einem ausländischen Staat eine Regelung, wonach im Rahmen einer Schiedsabrede der Schiedsspruch nach innerstaatlichem Recht vollstreckt wird, so bedeutet dies, dass der andere Staat sich dem innerstaatlichen Recht unterwirft, so BGH v. 30.1.2013, NJW 2013, 3184 ff. Es ist zu beachten, dass im Rahmen der Verfahren über die vollstreckbare Erklärung geltend gemachte Zurückbehaltungsrechte oder der Einwand der unzulässigen Rechtsausübung grundsätzlich beachtet sind, so OLG München v. 1.12.2015, IBR 2016, 193.

33 Im letzteren Fall ist wieder das Schiedsgericht zuständig. Solche Einwendungen können aber auch durch das staatliche Gericht im Verfahren über die Vollstreckbarerklärung des Schiedsspruches nach § 1060 ZPO entschieden werden.[17]

34 Die Unwirksamkeits- oder Aufhebungsgründe können im Übrigen nur innerhalb von drei Monaten nach Zugang des Schiedsspruches geltend gemacht werden.

Die Anerkennung oder Vollstreckung eines Schiedsspruches verstößt nur dann gegen den ordre public, wenn ein Ergebnis eintreten würde, das in krassem Gegensatz zu den wesentlichen Grundsätzen des deutschen Rechts stünde.

Der Verhältnismäßigkeitsgrundsatz ist solch ein ordre public, vgl. BGH v. 14.11.2021, IBR 2022, 158.

Wenn man von der Aufhebung von Schiedssprüchen spricht, so muss man stets darauf achten, dass nicht jede Rechtsverletzung zur Aufhebung eines Schiedsspruchs führt. Er kann nur dann aufgehoben werden, wenn seine Anerkennung oder seine Vollstreckung zu einem Ergebnis führt, das, wie oben bereits ausgeführt, der öffentlichen Ordnung (ordre public) widerspricht. Ein Verstoß gegen den materiell-rechtlichen ordre public reicht nicht aus, es sei denn, er ist offensichtlich unvereinbar mit deutschem Recht, vgl. OLG Köln v. 24.6.2022, IBR 2023, 111.

Ein anderer wichtiger Punkt ist das Thema der Verletzung des rechtlichen Gehörs. Ein solcher Verstoß kann vorliegen, wenn das Schiedsgericht es unterlässt, den Schiedsspruch zu erlassen, obwohl eine entsprechende Rüge erhoben worden ist, vgl. BGH v. 9.12.2021, IBR 2022, 216.

9. Verjährung

35 Das Schiedsgericht ist ausdrücklich in § 204 Nr. 11 BGB genannt, mit der Folge, dass der Eintritt der Verjährung mit der Erhebung der Schiedsklage gehemmt ist, § 204 Abs. 1 BGB.

17 BGH v. 18.11.2007 – III ZB 95/06.

10. Kosten und Verfahrensdauer

Die Gerichtskosten sind nach §§ 675, 612 BGB zu ermitteln.[18] Ist die Schiedsgerichtsordnung einer entsprechenden Organisation gewählt worden, finden sich dort entsprechende Regelungen über die Gerichtskosten. 36

Die SOBau der ARGE Baurecht im Deutschen Anwaltverein verweist z.B. auf das RVG und dort auf § 36 RVG. Danach sind die Abschnitte 1 und 2 des RVG anzuwenden. 37

Dies würde bei einem Streitwert von 25.000 EUR zu Gebühren für den Einzelrichter und für den Vorsitzenden eines Dreierschiedsgerichtes i.H.v. netto 2.229,50 EUR führen, die Beisitzer bei einem Dreierschiedsgericht erhielten je 1.715 EUR netto.

Die Anwaltskosten würden sich ebenfalls gem. § 36 RVG nach den Regelungen des RVG richten.

Bei der Dauer eines Verfahrens ist zu unterscheiden zwischen einem Einzelrichter und einem Dreierschiedsgericht. 38

Bei einem Einzelrichter wird man von drei Monaten aufwärts je nach Schwierigkeitslage und Verfügbarkeit der Beteiligten ausgehen können.

Bei einem Dreierschiedsgericht kann allein die Ernennung des Schiedsgerichtes erhebliche Zeit in Anspruch nehmen. Zunächst müssen die Parteien jeweils einen Schiedsrichter benennen. Diese beiden Schiedsrichter müssen sich dann auf den Vorsitzenden einigen. Dieser Einigungsprozess kann viel Zeit in Anspruch nehmen. Dementsprechend sollte man bei einem Dreierschiedsgericht von einer Dauer von sechs Monaten aufwärts ausgehen, da schon die Frage der terminlichen Verfügbarkeit der beteiligten Schiedsrichter in der Regel nicht sehr einfach zu beantworten sein wird. 39

11. Schiedsklausel

Anstelle eines Schiedsvertrages kann natürlich eine Schiedsklausel gewählt werden, die dann allerdings auf eine Verfahrensordnung verweist. So findet sich sehr häufig die Regelung: 40

> *„Alle aus dem gegenwärtigen Vertrag sich ergebenden Streitigkeiten werden nach der Vergleichs- und Schiedsgerichtsordnung der internationalen Handelskammer von einem oder mehreren gem. dieser Ordnung ernannten Schiedsrichter endgültig entschieden.“*

Dies ist eine schon über Jahrzehnte hinweg geübte Schiedsklausel der internationalen Handelskammer in Paris.

Ähnliche Vorschläge finden sich in den anderen bereits aufgeführten Schiedsgerichtsordnungen.

18 *Zöller*, § 1026 Rn 127, § 1035 Rn 24.

41 Ein weiteres Beispiel ist die Schiedsklausel der SOBau der ARGE Baurecht im Deutschen Anwaltverein:

> *„Bei Auseinandersetzungen der Vertragsparteien im Zusammenhang mit diesem Vertrag gelten die Bestimmungen der SOBau, soweit die Parteien nichts anderes vereinbart haben."*

42 Wie weit die Rechtsprechung bei der Beurteilung von Schiedsklauseln geht, zeigt das zitierte Urteil zur Klausel: „arbitration Hamburg".

II. Muster

1. Muster: Schiedsgerichtsvereinbarung

43 ▼

12.1

Schiedsvereinbarung

1. Partei A
2. Partei B

treffen folgende Schiedsgerichtsvereinbarung im Sinne der ZPO:

1. Alle Streitigkeiten zwischen den Parteien im Zusammenhang mit dem Vertrag vom bezüglich des Bauvorhabens sollen unter Ausschluss des ordentlichen Rechtsweges durch ein Schiedsgericht, das auf der Grundlage der Vorschriften der ZPO gebildet wird, entschieden werden.
   Die Parteien sind sich darüber einig, dass das Schiedsgericht bestehen soll aus Schiedsrichter(n).
2. Als Schiedsrichter benennen die Parteien .
3. Der Ort des schiedsgerichtlichen Verfahrens ist .
   Das Schiedsgericht hat die Möglichkeit, auch an einem anderen Ort seine Sitzungen durchzuführen.
   Das Schiedsgericht hat die Möglichkeit, ein isoliertes Beweisverfahren durchzuführen. Es ist für das schiedsrichterliche Verfahren bindend.
   Mit der Zustellung des Antrages auf Einleitung eines isolierten Beweisverfahrens beim Schiedsgericht, das zuvor gebildet sein muss, wird die Verjährung gehemmt. Es gelten insoweit die entsprechenden Regelungen der ZPO.
   Die Parteien verpflichten sich, sich über jegliche Adressenänderungen informiert zu halten.
4. Beiden Parteien ist die Möglichkeit eröffnet, Dritte auf diese Vereinbarung zu verpflichten. Für den sich dann anschließenden zulässigen Fall der Streitverkündung, sind diese Dritten verpflichtet, dem schiedsgerichtlichen Verfahren beizutreten, und zwar im Sinne des § 98 ZPO. Es gelten insoweit die Regelungen über die Interventionswirkung nach § 98 ZPO.
5. Einleitung des Verfahrens und Anforderungen an den Klageantrag
6. Verfahrensablauf
7. mündliche Verhandlung und Beweisaufnahme

8. selbstständiges Beweisverfahren
   a) Anforderungen an den Antrag
   b) Wirkungen des Antrages
   c) Wirkungen eines solchen Antrages bei laufendem schiedsgerichtlichen Verfahren
   d) Entscheidung
   e) Durchführung
   f) Beendigung des Verfahrens
   g) Kosten des Verfahrens
9. Beendigung des Verfahrens durch
   a) Vergleich
   b) Schiedsspruch mit vereinbartem Wortlaut
   c) Spruch
   d) Kosten und Gebühren
10. Aufbewahrung der Akten
11. Honorare und Auslagen

▲

Anmerkung: Eine Ausformulierung wurde nicht vorgenommen, da jede Ausformulierung den AGB-rechtlichen Bestimmungen nach §§ 305 ff. BGB unterliegt. **44**

Wenn man auf vollständige Texte zurückgreifen will, empfehlen sich die in diesem Beitrag bereits genannten Schiedsgerichtsordnungen. Die Schiedsgerichtsorganisationen, die hierfür verantwortlich sind, veröffentlichen in der Regel auch entsprechende Vertragsmuster.

Alternativ zu ausführlichen Schiedsverträgen empfehlen sich die angesprochenen Schiedsklauseln.

2. Muster: Schriftsatz zur Einleitung eines Schiedsverfahrens

a) Muster: Schiedsgericht mit drei Schiedsrichtern

▼ **45**

(*Adressat ist die andere Partei des Schiedsvertrages*)

Einschreiben/Rückschein (*wichtig wegen der Nachweisführung*) 12.2

Firma

Wir machen gegen Sie einen Anspruch geltend. Diesen haben Sie ohne nachvollziehbare Begründung abgelehnt. Wir stellen daher den Antrag, die Streitigkeit gem. der zwischen uns getroffenen Schiedsvereinbarung vom einem Schiedsgericht vorzulegen.

Wir bestellen als Schiedsrichter . .

Wir fordern Sie hiermit auf, binnen eines Monats nach Zugang dieses Schreibens Ihrerseits einen Schiedsrichter zu bestellen und uns die entsprechenden Daten dieses Schiedsrichters zu übermitteln.

(*Unterschrift*)

▲

b) Muster: Einmannschiedsgericht – Schiedsrichter ist in der Schiedsvereinbarung benannt

46 ▼

Einschreiben/Rückschein (*wichtig wegen der Nachweisführung*)

12.3 Firma

Wir machen gegen Sie einen Anspruch geltend. Diesen haben Sie ohne nachvollziehbare Begründung abgelehnt. Wir werden daher diese Streitigkeit dem in der von uns getroffenen Schiedsvereinbarung vom benannten Schiedsrichter vorlegen.

(*Unterschrift*)

▲

c) Muster: Einmannschiedsgericht – ohne bisherige Benennung

47 ▼

Einschreiben/Rückschein (*wichtig wegen der Nachweisführung*)

12.4 Firma

Wir machen gegen Sie einen Anspruch geltend. Diesen haben Sie ohne nachvollziehbare Begründung abgelehnt. Wir stellen daher den Antrag, die Streitigkeit gem. der zwischen uns getroffenen Schiedsvereinbarung vom dem Schiedsgericht vorzulegen.

Wir schlagen als Schiedsrichter vor.

Wir fordern Sie hiermit auf, binnen eines Monats nach Zugang dieses Schreibens uns mitzuteilen, ob Sie mit diesem Vorschlag einverstanden sind. Sollten Sie es nicht sein, sollte zunächst eine mündliche Abstimmung über den gemeinsam zu bestellenden Schiedsrichter erfolgen.

(*Unterschrift*)

▲

3. Muster: Schriftsatz an ein Dreierschiedsgericht wegen Ablehnung eines Schiedsrichters

48 ▼

An das Schiedsgericht

12.5 Vorsitzender Richter

In dem schiedsrichterlichen Verfahren

lehnt die Schiedsklägerin/-beklagte den von der Schiedsbeklagten/-klägerin benannten Richter ab.

Begründung:

(*Gründe zur Befangenheit mit den entsprechenden Beweismitteln vortragen*)

(*Unterschrift*)

▲

4. Muster: Antrag auf Durchführung eines Beweisverfahrens, wenn es vereinbart worden ist

▼ 49

An das Schiedsgericht

Betr.: 12.6

Schiedsvereinbarung vom

Es wird beantragt, zu folgenden Streitpunkten Beweis zu erheben.

Begründung:

Ein selbstständiges Beweisverfahren vor dem ordentlichen Gericht ist nicht beantragt.

(*Unterschrift*)

▲

5. Muster: Antrag auf Anordnung einer vorläufigen Maßnahme

▼ 50

An das Schiedsgericht

In dem Schiedsgerichtsverfahren 12.7

– Schiedskläger(in) –

gegen

– Schiedsbeklagte(r) –

wird beantragt, im Wege der einstweiligen Verfügung wegen der besonderen Eilbedürftigkeit der Sache ohne mündliche Verhandlung zu beschließen

Begründung:

Vor dem ordentlichen Gericht ist kein entsprechendes einstweiliges Verfügungsverfahren anhängig.

(*Unterschrift*)

▲

6. Muster: Möglichkeit zur Einbeziehung Dritter

Die SOBau der ARGE Baurecht im Deutschen Anwaltverein schlägt zur Einbeziehung 51
Dritter, also z.B. von Nachunternehmern eine vertragliche Regelung folgender Art vor:

▼

„Der Auftragnehmer wird, soweit dies sachgerecht und er hierzu tatsächlich und rechtlich in der Lage ist, seine Nachunternehmer verpflichten, sich dieser Vereinbarung zu unterwerfen. Für den Fall der Streitverkündung sind sie zu verpflichten, dem Verfahren mit allen Interventionswirkungen nach § 68 ZPO beizutreten. Der Nachunternehmer soll diese Verpflichtung auch seinen Nachunternehmern mit der Verpflichtung zur Weitergabe auferlegen. 12.8

Der Auftraggeber wird die sonstigen Baubeteiligten, soweit dies sachgerecht und tatsächlich und rechtlich möglich ist, in diese Vereinbarung einbeziehen. Er soll jedem der sonstigen Baubeteiligten auferlegen, deren Nachunternehmer in diese Vereinbarung einzubeziehen.

Soweit für die Einbeziehung Dritter die Zustimmung der jeweils anderen Partei dieser Vereinbarung erforderlich ist, wird diese hiermit erteilt."

▲

7. Checkliste

52
1. Abschluss des Schiedsgerichtsvertrags möglichst zum Zeitpunkt des Abschlusses des Hauptvertrages
2. Wahl von Schiedsgerichtsordnung oder Schiedsgericht nach §§ 1025 ff. ZPO
3. Zahl der Schiedsrichter
4. Berufliche Qualifikation der Schiedsrichter und Anforderung an die Erfahrung der Schiedsrichter
5. Sitz des Schiedsgerichtes
6. Vollstreckbarkeit des Schiedsgerichtes
7. Einbeziehung Dritter
8. Selbstständiges Verfahren im Schiedsgericht
9. Einstweiliges Verfahren im Schiedsgericht
10. Schiedsgerichtsvertrag möglichst zum Zeitpunkt des Abschlusses des Hauptvertrages abschließen
11. Beachtung der §§ 1025 ff. ZPO

B. Schlichtung

I. Rechtliche Grundlagen

1. Wirksamkeit einer Schlichtungsvereinbarung

53 Die Schlichtung ist eine nicht prozessrechtlich vorgegebene Form zur Regelung von Streitigkeiten. Der Sinn der Schlichtung besteht darin, mit Hilfe eines Dritten und mediativer Mittel zwischen den Parteien eine gütliche Einigung zu erzielen.[19] Gelingt das nicht, kann der von beiden Parteien bestimmte Dritte einen Einigungsvorschlag unterbreiten, den die Parteien annehmen, aber auch ablehnen können.

54 Entscheidend für diesen Weg ist, dass die Parteien selbst den Lösungsweg aus ihren Problemen herausfinden sollen und nur im Notfall von dem gewählten Schlichter auf eine Lösungsmöglichkeit hingewiesen werden darf. In Bezug auf diese Lösungsmöglichkeit haben die Parteien dann die Entscheidungsalternative zwischen Annahme und Ablehnung. Im letzteren Fall jedoch führt dies dann zu einer weiteren Ebene der Auseinandersetzung, die entweder eine schiedsgerichtliche oder eine gerichtliche Auseinandersetzung sein kann.

19 *Englert/Franke/Grieger*, S. 168 ff.

In seinem Beschl. v. 28.4.2017 hat das OLG Köln noch einmal deutlich gemacht, dass sich Bauvertragsparteien jederzeit zu einem anderen Verfahren bekennen können als dem staatlichen Gerichtsverfahren. Eine Schlichtungsvereinbarung führt jedoch nicht zu einer von Amts wegen zu prüfenden Prozessvoraussetzung. Auf sie muss man sich berufen. Die Einrede ist jedoch dann hinfällig, wenn die Schlichtung erkennbar aussichtslos ist, vgl. OLG Köln v. 28.4.2017, IBR 2018, 176.

Neben diesem negativen Beschluss muss man natürlich beachten, dass gesetzlich Schlichtungen vorgeschrieben sind. Dieser gesetzliche Grundsatz ergibt sich u.a. aus § 15a EGZPO und § 1 HSchlG.

In Nachbarrechtsstreitigkeiten ist zuvor die Schlichtung nach § 15a EGZPO durchzuführen, ansonsten würde das gerichtliche Verfahren wegen Unzulässigkeit und damit mangels Rechtsschutzinteresses zurückgewiesen werden.

Schließlich, und hierauf wird für Baustreitigkeiten noch einmal deutlich hingewiesen, gibt es auch als Schlichtungsstelle die sog. vorgesetzte Stelle gem.§ 18 Abs. VOB/B. Sie stellt auch einen Weg der außergerichtlichen Streitbeilegung dar.

Wie diese wenigen einleitenden Worte bereits deutlich machen, steht somit am Anfang **55**
eines solchen Weges der außergerichtlichen Streitlegung, die Vereinbarung zwischen den Parteien. Ihr kommt allein schon deswegen eine ganz besondere Bedeutung zu, weil keine prozessrechtliche Vorschrift sich mit dem Verfahren und den Folgen einer solchen Streitbeilegung wie der Schlichtung auseinandersetzt.

Diese Vereinbarung ist, wenn man sich für einen solchen Weg außergerichtlicher Streit- **56**
beilegung als erstem Schritt entscheiden will, möglichst zu Anfang, d.h. vor dem Beginn eines Streites zu treffen, da in diesem Fall das Harmoniebestreben auf beiden Seiten so stark ist, dass sich niemand gegen eine solche Regelung wehren wird. Zumindest ist festzustellen, dass zu diesem Zeitpunkt einer Vertragsbeziehung zwischen beiden Parteien kein negativer Verdacht geschöpft wird, wenn man über den Abschluss einer Vereinbarung über eine solche außergerichtliche Streitbeilegung nachdenkt und sie anregt.

2. Grundsätzliche Anforderungen an eine Schlichtungsvereinbarung

Zunächst sollten sich die Beteiligten fragen, welche Aufgabe der Schlichter haben soll. **57**
Soll er während der gesamten Vertragslaufzeit zur Verfügung stehen und bei aufkeimenden Konflikten sofort zur Verfügung stehen?

Soll der Schlichter erst dann kommen, wenn keinerlei Ausweg gefunden werden kann **58**
oder soll jede Partei die Möglichkeit haben, den Schlichter anzufordern, wenn sie meint, der vorzufindende Sachverhalt ergäbe einen entsprechenden Handlungsbedarf?

Eine weitere Frage, die man sich stellen muss, ist in Baustreitigkeiten stets und immer **59**
das Thema, ob die Schlichtung sowohl die technischen Probleme als auch die juristischen Probleme umfassen soll. Wenn sie beide Bereiche umfassen soll, stellt sich natürlich auch die Frage, ob im Rahmen der Schlichtung auch Sachverständige hinzugezogen

werden können. Letzteres ist zu empfehlen, da eine überwiegende Zahl der Auseinandersetzungen der am Bau beteiligten sich auf technische Fragen zurückführen. Nur ein kleiner Anteil umfasst ausschließlich und allein juristische Fragen, die juristische Fachkenntnisse verlangen.

60 Des Weiteren muss man sich die Frage stellen, was eine baubegleitende Schlichtung erreichen soll. Soll sie bereits zu endgültigen unumstößlichen Vereinbarungsinhalten führen? Ist es vielleicht nicht vielmehr der Sinn und Zweck einer solchen Regelung, zunächst Ruhe in die bauliche Abwicklung zu bringen, um, wenn überhaupt noch nötig, später streitige Fragen zu klären?

61 Diese vorgenannten Gesichtspunkte sind nicht typisch für eine Checkliste, sondern sie sind entscheidend für die Frage, ob man eine außergerichtliche Streitbeilegung installieren möchte und wann man sie in Anspruch nehmen können soll.

62 Es empfiehlt sich, die vorgenannten Themen in einer Schlichtungsvereinbarung zusammenzufassen. Ein entsprechender Vorschlag findet sich in der Anlage.

3. Anforderung an den Inhalt

63 Die ZPO stellt keine Anforderungen an eine Vereinbarung über eine außergerichtliche Streitbeilegung. Auch das Bürgerliche Gesetzbuch enthält keine Regelung. Es gilt die Parteiautonomie und insoweit auch die Formfreiheit.

Allein schon zu Beweiszwecken und im Hinblick auf die spätere Situation eines möglichen Konfliktes erscheint es jedoch sinnvoll, die Schriftform zu wahren.

Probleme bereitet eine Schlichtungsvereinbarung dann, wenn der bezeichnete Schlichter oder die Schlichtungsstelle, die in der Vereinbarung bezeichnet ist, nicht existent ist. In diesem Fall kommt es darauf an, ob im Wege einer ergänzenden Vertragsauslegung eine andere Person oder Stelle als Schlichter anzusehen ist, vgl. BGH v. 15.12.2016, ZKM 2017, 76.

4. Schlichtungsklausel

64 Wird anstelle eines Vertrages eine Schlichtungsklausel gewählt, ist stets auf deren Bestimmtheit zu achten. Wenn es heißt, „Meinungsverschiedenheiten über Auslegung und Durchführung des Vertrages sollen auf dem Verhandlungswege geklärt werden", ist davon auszugehen, dass die Parteien den Streit nicht durch ein ordentliches Gericht entscheiden lassen wollen, sondern durch ein anderes Streitbeilegungsmodell. In jedem Fall ist die Klausel hinreichend bestimmt.[20] Die Klausel ist, wenn keine Schlichtungsstelle genannt ist und auch keine Hinweise gegeben sind, wie sich die Schiedsstelle zusammensetzen soll, ergänzend auszulegen.

20 BGH v. 26.10.2008 — XII ZR 165/06.

5. Anforderungen an das Verfahren

Ein Schlichtungsmodell sollte in jedem Fall folgende Grundlagen beachten, damit es zu den bei Abschluss der Vereinbarung gewollten Ergebnissen führt. 65

Wichtig ist, dass zwischen den Parteien eine klare Kommunikation gepflegt wird. Das Wort „klar" ist hierbei nicht nur zu verstehen i.S.v. Eindeutigkeit, sondern vor allem i.S.v. einer gemeinsamen Sprache. Häufig gehen die gewählten Sprachen weit auseinander; dieselben Begriffe haben unterschiedliche Inhalte und genau dies kann ein Moment sein, der eine gemeinsame Lösung behindert. 66

I.S.d. Kooperationsprinzips des Werkvertragsrechts muss eine außergerichtliche Streitregelung wie die Schlichtung von der Kooperation beherrscht werden. Kooperation jedoch bedingt Informiertheit aller Beteiligten, Freiwilligkeit und Vertraulichkeit. 67

Diese Grundsätze sind in einem Verfahren, das eine außergerichtliche Streitbeilegung darstellen soll, zu beachten. Eine Abweichung würde nicht zu den bei Abschluss der Vereinbarung zum Ausdruck gebrachten Zielen führen.

6. Anforderungen an den Schlichter

Die oben aufgeführten einzelnen Inhaltspunkte des außergerichtlichen Streitbeilegungsmodells Schlichtung zeigen bereits, dass ein Schlichter bestimmte Voraussetzungen erfüllen muss. 68

Er muss vor allem in der Lage sein, neutral zu bleiben, d.h. zwischen den Parteien als eine Bühne dienen zu können, damit über ihn das gemeinsame Gespräch über die vorgefundenen Probleme stattfinden kann.[21] 69

Vor dem Hintergrund der Notwendigkeit der klaren Kommunikation muss er in der Lage sein, kommunikative Techniken zu beherrschen, er muss Reflexionskompetenz besitzen und natürlich entsprechende Verfahrenskompetenz. 70

Neben diesen wichtigen Gesichtspunkten ist der Gesichtspunkt der Erfahrung besonders hervorzuheben. 71

Die gewählte Person muss sowohl Erfahrung haben in der Anwendung der außergerichtlichen Streitbeilegungsmodelle als aber auch auf dem Gebiet der zuvor genannten Themengebiete, insbesondere sollte sie auch auf fachliche Bau- und Rechtserfahrung zurückblicken können.

Die Kompetenz des Schlichters und die Akzeptanz seiner Kompetenz durch die Parteien ist ein wichtiger Schlüssel dazu, dass eine baubegleitende außergerichtliche Streitbeilegung bzw. überhaupt eine außergerichtliche Streitbeilegung i.S.d. Schlichtung möglich ist. 72

Die verschiedensten Schiedsgerichts- und Schlichtungsorganisationen verfügen über entsprechende Listen von Schlichtern. Auf sie kann bei der Suche nach einem Schlichter 73

21 BGH v. 26.10.2008 — XII ZR 165/06.

zurückgegriffen werden. Ebenso kann das zuständige Landgericht, die zuständige Anwaltskammer oder aber auch die zuständige IHK gefragt werden.

7. Verhandlungsort

74 Die Lokalisierung des Verhandlungsortes ist situativ zu sehen.

Bei einer baubegleitenden Schlichtung ist es häufig sehr empfehlenswert, an Ort und Stelle des Streitgeschehens das Schlichtungsgespräch zu führen.

75 Bei einer Situation des starken emotionalen Aufgewühltseins kann es sich jedoch auch empfehlen, einen neutralen Ort auszusuchen, der Harmonie und vor allem kein Subordinationsverhältnis in irgendeine Richtung ausstrahlt.

76 Der Ort der Sitzung sollte die Neutralität eines Schlichtungsgespräches wiedergeben, aber zugleich auch die entsprechende fachliche Kompetenz.

8. Einbeziehung und Wirkung gegenüber Dritten

77 Das Schiedsverfahrensneuregelungsgesetz setzt für die Anwendung des schiedsgerichtlichen Verfahrens eine Schiedsvereinbarung voraus (siehe §§ 1029 ff. ZPO). In § 1029 Abs. 1 ZPO heißt es, die Schiedsvereinbarung ist eine Vereinbarung der Parteien, alle oder einzelne Streitigkeiten, die zwischen ihnen in Bezug auf ein bestimmtes Rechtsverhältnis vertraglicher oder nicht vertraglicher Art entstanden sind oder künftig entstehen, der Entscheidung durch ein Schiedsgericht zu unterwerfen.

78 Aus diesen Formulierungen ist bereits zu entnehmen, dass Betroffene bzw. Einbezogene in ein schiedsgerichtliches Verfahren nur solche Personen sein können, die die entsprechende Vereinbarung unterschrieben haben.

79 Wenn folglich schon für die schiedsgerichtliche Regelung das Einbeziehen Dritter nur über einen Vertrag möglich ist, gilt dies erst recht für die Schlichtung.

9. Verjährung

80 Die Schlichtung ist unter § 203 BGB zu subsumieren, die Hemmung der Verjährung durch das Führen von Verhandlungen.

81 Die Schlichtung ist als ein Fall des pactum de non petendo zu qualifizieren. Die Schlichtung beinhaltet nämlich die Vereinbarung, vorübergehend die Einklagbarkeit der Forderung auszuschließen.[22] Die Tatsache, dass die Parteien über den Anspruch miteinander verhandeln genügt allerdings nicht.[23] Auch die Abrede, ein Sachverständigengutachten einzuholen, reicht nicht aus, um den Tatbestand der Hemmung zu erreichen. Andererseits ist ein solches Stillhalteabkommen dann anzunehmen, wenn die Entscheidung im Rahmen eines Vorprozesses herbeigeführt werden soll oder wenn ein Dritter auf Ersatz in Anspruch genommen werden soll oder wenn ein einverständliches Schiedsgutachten

22 Grüneberg/*Ellenberger*, § 205 Rn 2 ff.
23 BGH VersR 53, 36.

eingeholt werden soll. Natürlich hat die Rechtsprechung sich damit beschäftigt, welche Sachverhalte dem so genannten pactum de non petendo gleichzustellen sind. Verhandeln nämlich die Parteien über Grund und Höhe des Anspruches, greift § 242 BGB ein, wenn die Beteiligten darauf vertrauen durften, dass die Parteien mit der Zurückstellung der gerichtlichen Geltendmachung einverstanden sind. Ausdrücklich mit der Schlichtung hat sich der BGH im Zusammenhang mit der Tätigkeit der Schlichtung- und Gutachterstelle für Arzthaftpflichtstreitigkeiten 1980 auseinandergesetzt.[24] Dabei kam es auch auf die Bedeutung des § 852 BGB an. Es geht um Ansprüche auf Ersatz des aus einer unerlaubten Handlung entstandenen Schadens. In Abs. 2 der genannten Regelung heißt es:

> Schweben zwischen dem Ersatzpflichtigen und dem Ersatzberechtigten Verhandlungen über den zu leistenden Schadenersatz, so ist die Verjährung gehemmt, bis der eine oder der andere Teil die Fortsetzung der Verhandlungen verweigert.

In einer noch sehr jungen Entscheidung hat der BGH sich mit Schadenersatzansprüchen vor ärztlichen Schlichtungsstellen beschäftigt. Er hat dabei festgestellt, dass der Eintritt der Verjährungshemmung nach § 204 Abs. 1 Nr. 4 BGB a.F. nicht voraussetzt, dass sich der Arzt oder der hinter diesem stehende Haftpflichtversicherer auf das Schlichtungsverfahren einlässt. Dies gelte auch dann, wenn ein Schlichtungsverfahren nach der Verfahrensordnung der jeweiligen Schlichtungsstelle nur dann durchgeführt wird, wenn Arzt und Haftpflichtversicherer der Durchführung des Verfahrens zustimmen, vgl. BGH NJW 2017, 1879 ff.

Hintergrund dieser Entscheidung ist es, dass § 204 Abs. 1 Nr. 4 BGB a.F. ein entsprechendes Einvernehmen von vornherein nicht voraussetzt. Denn ob der Schlichtungsantrag nach der Verfahrensordnung der jeweiligen Schlichtungsstelle unzulässig oder unbegründet ist, sei für den Eintritt der Hemmungswirkung grundsätzlich unerheblich. Diese Entscheidung trifft sicherlich auf Gütestellen und andere Verfahrensordnungen ähnlicher Art zu. Bei der Schlichtung, wie sie hier behandelt wird, kann diese Entscheidung sicherlich nicht angewandt werden, da sie tatsächlich ein gemeinsames Verhandeln voraussetzt. Im Übrigen sei an dieser Stelle darauf hingewiesen, dass nach dem Ende eines Güteverfahrens die Hemmung der Verjährung sechs Monate nach dem Zeitpunkt endet, nachdem die Gütestelle die Bekanntgabe dieser Mitteilung veranlasst hat, vgl. BGH NJW 2016, 236 ff.

Der BGH hat herausgestellt, dass das Tatbestandsmerkmal „Verhandeln" i.S.d. § 203 **82** BGB weit auszulegen ist. Der Senat neigt daher auch dazu, eine Hemmung auch bei einem reinen Gutachterverfahren zu bejahen, auf das sich der betreffende Arzt eingelassen hat. In dem entschiedenen Fall kam es auf diesen Gesichtspunkt nicht an, da der Kläger erheblich später nach Abschluss des Gutachterverfahrens Klage erhoben hat.

In jedem Fall wurde mit der genannten BGH-Entscheidung deutlich gemacht, dass das **83** Verhandeln vor der Gutachterstelle als Hemmungstatbestand i.S.d § 852 Abs. 2 BGB

24 BGH NJW 1983, 2075.

und damit auch i.S.d. § 203 BGB zu qualifizieren ist. Diese Entscheidung über die Gutachterstelle ist auf eine Schlichtung anzuwenden. Bei einer Schlichtung wählen die Parteien ganz bewusst dieses Instrument zur Streitbeilegung und machen damit deutlich, und zwar schriftlich durch den Vertrag und durch das Verhandeln, dass sie solange die Ansprüche nicht gerichtlich geltend machen können und wollen, so lange das Schlichtungsverfahren noch nicht abgeschlossen ist.

84 Der Begriff des Verhandelns i.S.d. § 203 ZPO ist dabei weit zu fassen. Er liegt bereits vor, wenn das Schuldnerverhalten bei dem Gläubiger den Eindruck erweckt, der Schuldner lasse sich auf Erörterungen über die Berechtigung des Anspruches ein.[25]

85 Mit der ausdrücklichen Erklärung des Gläubigers, die Verhandlungen nicht mehr weiterführen zu wollen, endet allerdings in jedem Fall dieser Hemmungstatbestand.

86 Die Schlichtung ist ein Gespräch, ein Verhandeln im weitesten Sinne. Dieses wiederum erfüllt das Tatbestandsmerkmal des Verhandelns mit der weiteren Folge, dass somit die Schlichtung als Sachverhalt qualifiziert werden muss, der den Tatbestand der Hemmung erfüllt. Somit ist die Schlichtung auch unter § 203 BGB zu subsumieren.

87 Zusätzliche Voraussetzung für das Vorliegen des Tatbestandes der Hemmung der Verjährung und damit das Erzielen der Hemmungswirkung ist, dass der Einigungsversuch einvernehmlich unternommen wird.

88 Bei branchengebundenen Gütestellen, wie der Einigungsstelle der IHK, wird dies unwiderleglich wieder vermutet.[26] Bei anderen Gütestellen muss dies belegt werden.

89 Wird das Verfahren, wie an anderer Stelle beschrieben (siehe Rn 54 ff.), eingehalten, liegt der Schlichtung eine Vereinbarung zugrunde. Ist sie in der dargestellten Form gehalten, wird die Einvernehmlichkeit durch diese Vereinbarung belegt.

90 Somit ist festzustellen, dass die Durchführung der Schlichtung unter Beachtung der dargestellten Form zur Hemmung der Verjährung führt.

10. Vollstreckbarkeit

91 Wie an anderer Stelle (siehe Rn 30) bereits dargelegt, ist es möglich, nationale und internationale Schiedssprüche für vollstreckbar zu erklären, und zwar gemäß §§ 1060 ff. ZPO. Dies gilt nicht für Schlichtungsergebnisse.

92 Aus diesen kann nicht unmittelbar das zuständige Gericht nach § 1062 ZPO mit dem Antrag auf Vollstreckbarkeitserklärung angerufen werden. Vielmehr bedingt das Schlichtungsergebnis, dass es erneut tituliert werden muss. Allerdings ist durch ein entsprechendes Schlichtungsergebnisprotokoll, das von allen Beteiligten unterschrieben ist, gewährleistet, dass aus anderen Rechtsinstituten, deren Tatbestandsmerkmale mit diesem Protokoll erfüllt sind, auf Erfüllung geklagt werden kann. Zum einen könnte es sich um ein Schuldanerkenntnis nach § 781 BGB handeln, zum anderen um einen Vergleich gemäß

25 BT-Drucks 14/6040, 112.
26 BT-Drucks 14/6040, 114.

§ 779 BGB oder aber auch um ein negatives Schuldanerkenntnis gemäß § 397 BGB handeln.

Mit diesen Urkunden könnte ein entsprechender Urkundenprozess geführt werden, da im Rahmen eines solchen Urkundenprozesses nicht nur öffentliche Urkunden ausreichend sind, sondern auch Privaturkunden, vgl. § 416 ZPO. Solche Privaturkunden sind von den Parteien unterzeichnete Ergebnisprotokolle einer Schlichtung, sodass insoweit im Wege eines Urkundenprozesses die Ansprüche geltend gemacht werden könnten. Diese Protokolle müssen natürlich entsprechend gestaltet sein, d.h., die jeweiligen Leistungen müssen darin klar und eindeutig umschrieben sein und das Protokoll muss von allen Beteiligten unterschrieben sein. 93

11. Dauer des Verfahrens und seine Kosten

Entscheidend für die Höhe der Kosten ist die getroffene Vereinbarung. Wurde keine Vergütungsvereinbarung getroffen ist auf die §§ 675, 612 BGB zurückzugreifen. 94

Die verschiedensten Schiedsgerichts- und Schlichtungsorganisationen bieten hierzu verschiedene Modelle an.

Bei einem Streitwert von 25.000 EUR ergäben sich bei der ICC, internationale Handelskammer in Paris, Verfahrenskosten i.H.v. 1.052 EUR zuzüglich des Honorars des Schlichters. 95

Bei der SOBau der ARGE Baurecht im DAV wird auf das RVG abgestellt. Damit käme man zu ähnlichen Ergebnissen wie bei einem Einzelschiedsrichter.[27] 96

In der Regel wird man von einem Stundenhonorar für den Schlichter ausgehen müssen. Hinzu kämen dann noch die Kosten des Sachverständigen, wenn dieser vom Schlichter eingesetzt wird.

In jedem Fall wird bei einem solchen Schlichtungsverfahren der Kostenrahmen nicht gesprengt. Dies hängt auch nicht zuletzt mit der Dauer zusammen.

Bei einer baubegleitenden Schlichtung wird man stets auf eine sofortige Verfügbarkeit des Schlichters abstellen müssen, der die Schlichtung in geringer Zeit durchführen wird. Zu erinnern ist daran, dass die baubegleitende Schlichtung darauf abzielt, den aufkommenden Streit so schnell wie möglich aus dem Baugeschehen herauszunehmen. 97

Schon wegen dieser kurzen Zeit wird daher der Kostenrahmen eingehalten werden.

Angesichts der einvernehmlichen Zielsetzung der Schlichtung werden die Kosten des Verfahrens zwischen den Parteien geteilt. 98

Eine Schlichtung, die nicht baubegleitend eingesetzt ist, wird nicht wesentlich länger andauern. Auch Ziel dieser Schlichtung ist es, eine Verhärtung der Parteien durch den Streit so schnell wie möglich abzuwenden. 99

27 *Zöllner*, § 1026 Rn 177.

II. Muster

1. Muster: Schlichtungsvertrag (mit der Möglichkeit der Einbeziehung Dritter)

100 ▼

Vertrag zwischen

12.9 und

und

als

Schlichter.

1. Ziel

Die Parteien streben unter Mitwirkung des Schlichters für auftretende Streitigkeiten in Bezug auf das Bauvorhaben eine außergerichtliche Einigung an. Ihr Ziel ist es, die Durchführung der Arbeiten für das Bauvorhaben nicht mit Streitigkeiten zu belasten. Gegebenenfalls sollen verbleibende Streitigkeiten am Ende des Bauvorhabens anderweitig ausgetragen werden.

2. Auftrag

Die Parteien beauftragen den Schlichter, auf Antrag einer der Parteien baubegleitend für die Schlichtung zur Verfügung zu stehen.

3. Einholung eines Sachverständigengutachtens

Sie beauftragen den Schlichter, im Falle des Antrages einer Partei, auch die Begutachtung durch einen Sachverständigen anzuordnen, insbesondere zur .

Die Parteien bevollmächtigen den Schlichter, zu diesem Zweck Sachverständige auf Kosten und für Rechnung der Parteien zu beauftragen. Die Höhe der Kosten soll zuvor mit den Parteien abgestimmt werden.

4. Anforderungen an den Schlichter

Der Schlichter ist gegenüber den Parteien zur Unparteilichkeit und Unabhängigkeit verpflichtet.

Das Schlichtungsverfahren unterliegt der Vertraulichkeit.

Der Schlichter kann später nicht als Zeuge in einem gerichtlichen Verfahren benannt werden.

Der Schlichter erklärt, dass er die Schlichtung zügig durchführen wird. Ziel sollte es sein, die Schlichtung am selben Tag des Schlichtungsgespräches zum Abschluss zu bringen. Vor diesem Hintergrund ist es die Pflicht der Parteien, diese Zielvorstellung des Schlichters durch eine entsprechende Koordination und Kooperation zu unterstützen.

5. Einigungsvorschlag des Schlichters

Für denjenigen Fall, dass die Parteien nicht in der Lage sind, selbst eine Lösung des Konfliktes vorzuschlagen, ist der Schlichter berechtigt und verpflichtet, einen Lösungsvorschlag den Parteien zu unterbreiten.

Die Parteien verpflichten sich, innerhalb von drei Tagen ab Zugang des Vorschlages des Schlichters, zu entscheiden, ob sie dem Vorschlag folgen oder nicht. Unterbleibt eine Erklärung, wird dies als Zustimmung zum Vorschlag des Schlichters gewertet. Sie müssen sich ausdrücklich erklären, wenn sie den Schlichtungsvorschlag ablehnen wollen.

6. Scheitern einer Einigung

Für denjenigen Fall, dass es nicht gelingt, dass eine gemeinsame Lösung gefunden wird, bleibt es den Parteien überlassen, welche weiteren Wege sie zur Streitregelung gehen wollen.

7. Einbeziehung Dritter

Die Parteien sind sich darüber einig, ihre anderen Auftragnehmer bzw. Nachunternehmer zu verpflichten, sich dieser Vereinbarung zu unterwerfen, soweit dies rechtlich und tatsächlich möglich ist.

Die diese Vereinbarung abschließenden Parteien erklären schon jetzt ihre Zustimmung zur Einbeziehung dieser genannten Dritten.

8. Hemmung der Verjährung

Die Verjährung regelt sich nach den § 203 BGB. Die Schlichtung gilt als Verhandlung im Sinne der genannten Vorschrift.

9. Haftung des Schlichters

Der Schlichter haftet gegenüber den Parteien wie ein staatlicher Richter.

(*Unterschriften*)

▲

2. Beispiel einer Schlichtungsklausel auf der Grundlage der SOBau

Bei Auseinandersetzungen der Vertragsparteien im Zusammenhang mit diesem Vertrag gelten die Bestimmungen der SOBau zur Schlichtung (mit/oder ohne Regelungen des isolierten Beweisverfahrens), soweit die Parteien nichts anderes vereinbart haben. **101**

Die ARGE Baurecht im Deutschen Anwaltverein empfiehlt folgende Klausel: **102**

▼

Bei Auseinandersetzungen der Vertragsparteien im Zusammenhang mit diesem Vertrag gelten die Bestimmungen der SOBau zur Schlichtung (mit/ohne Regelungen des isolierten Beweisverfahrens), soweit die Parteien nichts anderes vereinbaren. 12.10

▲

3. Muster: Antrag auf Einleitung einer Schlichtung

▼ **103**

An den Schlichter

Betr.: 12.11

Schlichtungsvereinbarung vom

Ich/Wir nehmen Bezug auf die im Betreff genannte Schlichtungsvereinbarung und beantragen hiermit die Einleitung eines Schlichtungsverfahrens.

Folgender Sachverhalt liegt dieser Anrufung zugrunde

.

(*Unterschrift/en*)

▲

4. Muster: Einleitung eines Beweisverfahrens, wenn hierfür auch der Schlichter vereinbarungsgemäß zuständig ist

104 ▼

12.12

An den Schlichter

Betr.:

Schlichtungsvereinbarung vom

Wir beziehen uns auf die obige Schlichtungsvereinbarung und beantragen die Durchführung eines Beweisverfahrens zu folgenden Streitpunkten:

Begründung:

Ein selbstständiges Beweisverfahren vor dem ordentlichen Gericht ist nicht beantragt.

(*Unterschrift/en*)

▲

C. Mediation

105 Die Mediation als solche wird nicht durch das Mediationsgesetz definiert. Dort findet sich nur folgende Regelung:

> *Die Mediation ist ein vertrauliches und strukturiertes Verfahren, bei dem Parteien mit Hilfe eines oder mehrerer Mediatoren freiwillig oder eigenverantwortlich eine einvernehmliche Regelung ihres Konfliktes anstreben.*

106 Mit dieser Begriffsbestimmung des Mediationsgesetzes wird die Mediation als solche nicht klar und eindeutig definiert, da verschiedenste Formen der Mediation bestehen. Es ist schlicht und einfach ein außergerichtliches, nicht öffentliches Verfahren konstruktiver Konfliktregelung.[28]

107 Die Durchführung einer Mediation sollte auf der Grundlage eines Vertrages erfolgen. Im Gesetz sind hierüber keine Regelungen enthalten.

108 In Bezug auf die Frage, welche Anforderungen an den Mediator zu stellen sind, ist zwischenzeitlich eine entsprechende Rechtsverordnung nach dem Mediationsgesetz erlassen worden. Es ist zukünftig zu unterscheiden zwischen zertifizierten Mediatoren und nicht zertifizierten Mediatoren.

109 Das Verfahren der Mediation ist im Mediationsgesetz, siehe § 2 Mediationsgesetz, nicht im Detail beschrieben. Es kann sich um die Anwendung eines Harvard-Konzeptes handeln oder andere Formen der Mediation.[29]

Die verschiedensten Gerichts- und Schiedsordnungen enthalten Regelungen über die Mediation.

28 Vgl. *Englert/Franke/Grieger,* a.a.O., Kommentar zur SL Bau.
29 Vgl. u.a. *Haft*, Münchener Handbuch zur Mediation; *Englert/Franke/Grieger*, Streitlösung ohne Gericht, S 235 ff.

In der Vereinbarung sollte geregelt werden, welches Mediationsverfahren im Sinne von § 2 Mediationsgesetz dem Sachverhalt zugrunde gelegt wird. 110

Das Verfahren läuft ähnlich wie das Verfahren der Schlichtung. Insoweit wird auf die vorhergehenden Teile verwiesen. Entscheidend ist hierbei, dass der Mediator an keiner Stelle des Verfahrens Vorschläge zur Beendigung unterbreitet. Er ist Vermittler bzw. Transformationsbühne der Beiträge der Parteien. Seine Aufgabe ist es, die Parteien zu einer Lösung ihres Konfliktes zu bewegen. 111

Bezüglich der Kosten gilt das zur Schlichtung bereits ausgeführte. Darüber hinaus wird ausdrücklich auf die Veröffentlichung der IHK Essen auf ihrer Homepage zum Thema Mediation verwiesen.[30] 112

Auch in Bezug auf die prozessualen Regelungen insbesondere in Bezug auf das Thema Einbindung Dritter gelten die Ausführungen zur Schlichtung. Dasselbe gilt in Bezug auf die Wirkung der erzielten Einigung. Auch insoweit wird auf die Ausführungen zum Thema Schlichtung verwiesen, vgl. Schlichtung Nr. 8. 113

I. Muster: Mediationsvertrag

▼ 114

Vereinbarung zwischen 12.13

und

Die Parteien vereinbaren hiermit, ein Mediationsverfahren nach durchzuführen. Die ist Vertragsbestandteil.

I. Gegenstand der Mediation

Das Mediationsverfahren wird im Zusammenhang mit dem Vertrag zur Behandlung durchgeführt

oder

Das Mediationsverfahren wird in Bezug auf die nachfolgend beschriebene Streitigkeit durchgeführt.

(*Beschreibung des Streites*)

II. Auswahl der Mediatoren

Die Parteien vereinbaren die Beauftragung von Herrn/Frau .

III. Gerichtsverfahren und Verjährung der Ansprüche

Mit der Dokumentation des Eingangs der Antragsschriften durch den Mediator bis zur Verfahrensbeendigung wird die Verjährung der geltend gemachten Ansprüche gehemmt.

30 http://www.essen.ihk24.de/recht_und_steuern/schlichtung/.

Die Parteien vereinbaren, dass während der Durchführung der Mediation bis zu deren Beendigung auf die Anrufung eines ordentlichen Gerichtes oder Schiedsgerichtes verzichtet wird. Ausgenommen hiervon sind Arrest, einstweilige Verfügung und das selbstständige Beweisverfahren.

Ferner vereinbaren die Parteien, dass das laufende Verfahren nicht weiter betrieben wird.

IV. Der Mediator darf nicht als Zeuge oder Sachverständige in einem späteren gerichtlichen Verfahren oder anderen Verfahren benannt werden.

V. Weitere Vereinbarungen

VI. Scheitern der Mediation

Für den Fall des Scheiterns der Mediation vereinbaren die Parteien

(*Unterschrift/en*)

▲

II. Anmerkungen

115 Es ist wichtig, dass für das Verfahren die hemmende Wirkung formuliert wird. Ebenso ist es genauso wichtig, dass auf der einen Seite der Ausschluss gerichtlicher Verfahren formuliert wird wie aber auf der anderen Seite, dass einstweilige Verführungsverfahren und selbstständige Beweisverfahren möglich sein müssen.

Im Hinblick auf das Scheitern der Mediation sind die Parteien wieder frei. Sie können ein streitiges Verfahren vor den staatlichen Gerichten durchführen oder andere außergerichtliche Streitlösungsmodelle vereinbaren.

Zusätzlich sind an dieser Stelle die staatlich anerkannten Gütestellen zu nennen. Das Anrufen solcher Gütestellen, d.h., die Einreichung eines Güteantrages führt zur Hemmung der Verjährung nach § 204 BGB.

Nach § 15a Abs. 2 Nr. 5 EGZPO können Bundesländer auch obligatorische Gütestellen einführen. Sie findet man in Bayern, Brandenburg, Hessen, Saarland, Schleswig-Holstein. In NRW gilt insoweit das Gütestellen- und Schlichtungsgesetz.

§ 13 Gesamtschuldverhältnisse

Dr. Angelika Krug, LL.M.

Inhalt

A. Rechtliche Grundlagen

I. Gesamtschuldnerschaft im Erfüllungsstadium und bei Leistungsstörungen

1 Zur Errichtung eines Bauwerks ist regelmäßig das Zusammenwirken mehrerer Baubeteiligter erforderlich. In der Erfüllungsphase schulden die Baubeteiligten regelmäßig Teilleistungen im Sinne des § 420 BGB, da die zu erbringenden Bauleistungen mit den geschuldeten Leistungen der anderen nicht identisch sind. Jeder Baubeteiligte schuldet ausschließlich seine spezifische Bauleistung. Ein Gesamtschuldverhältnis liegt im Erfüllungsstadium daher regelmäßig nicht vor.[1] Baumängel, Schäden und eine verspätete Fertigstellung des Baues können hingegen durch mehrere oder alle am Bau Beteiligte zusammen verursacht werden. Durch Leistungsstörungen werden die Primärleistungspflichten der Baubeteiligten zu sekundären Leistungspflichten verändert. Fällt ein Mangel, Schaden oder eine Zeitverzögerung in den Verantwortungsbereich mehrerer oder aller Baubeteiligten, liegt regelmäßig Gesamtschuldnerschaft im Verhältnis zum Besteller vor. Es besteht dann grundsätzlich Leistungsidentität bezüglich der Mangel- und

1 *Soergel*, BauR 2005, 239 ff.; *Zerr*, NZBau 2002, 241 ff.

Schadensbeseitigung im Sinne des § 421 BGB.[2] Jeder Verursacher schuldet dem Besteller Nachbesserung oder Schadensersatz bzw. seine Vergütung kann gemindert werden. Dies bedeutet, dass jeder verantwortliche Baubeteiligte dem Besteller für den Gesamtschaden haftet, unabhängig davon, welcher Verantwortungsanteil auf den jeweiligen Baubeteiligten im Innenverhältnis zu den anderen verantwortlichen Baubeteiligten entfällt.[3] Die Mangel- oder Schadensbeseitigung durch einen Baubeteiligten befreit gleichzeitig die anderen Baubeteiligten von der Leistung. Dem Besteller steht die Auswahl unter mehreren Gesamtschuldnern frei. Er ist grundsätzlich nicht verpflichtet, sich an eine bestimmte Rangfolge bei der Auswahl seiner Anspruchsgegner zu halten.[4] Für das Gesamtschuldverhältnis zwischen Architekt und Unternehmer hat der BGH jedoch entschieden, dass der Bauherr ausnahmsweise gehindert ist, einen Architekten wegen Bauaufsichtsfehlern in Anspruch zu nehmen, wenn und soweit er auf einfachere, insbesondere billigere Weise von dem Unternehmer die Beseitigung des Mangels verlangen kann.[5] Dieser Rechtsprechung hat der Gesetzgeber durch Einfügung des § 650t BGB Rechnung getragen. Nimmt der Bauherr den Architekten oder Ingenieur wegen eines Überwachungsfehlers in Anspruch, der zu einem Mangel am Bauwerk oder der Außenanlage geführt hat, kann der Architekt oder Ingenieur die Leistung verweigern, wenn auch der ausführende Bauunternehmer für den Mangel haftet und der Bauherr dem bauausführenden Unternehmer noch nicht erfolglos eine angemessene Frist zur Nacherfüllung bestimmt hat. Nicht erforderlich für die Inanspruchnahme des Architekten oder Ingenieurs ist es, dass der Besteller den bauausführenden Unternehmer verklagt hat. Muss sich der Besteller im Verhältnis zu dem in Anspruch genommenen Baubeteiligten jedoch ein Mitverschulden im Sinne des § 254 BGB an dem entstandenen Mangel oder Schaden zurechnen lassen, haftet der in Anspruch genommene Baubeteiligte nur auf eine um den Mitverschuldensanteil des Bestellers gekürzte Haftungsquote.

1. Mehrere Unternehmer als Gesamtschuldner

2 Mehrere Unternehmer schulden im Erfüllungsstadium meistens keine identische Leistung, sodass Gesamtschuldnerschaft in diesem Stadium regelmäßig nicht gegeben ist. Nur dann, wenn eine zweckgerichtete Verbindung ihrer Primärleistungen besteht, d.h. ihre Primärleistungen im Sinne einer Erfüllungsgemeinschaft verbunden sind, besteht Gesamtschuldnerschaft. Schulden mehrere Unternehmer gegenüber dem Besteller eine identische Leistung im vorgenannten Sinne, liegt Gesamtschuldnerschaft nicht nur hinsichtlich der Primärleistung sondern auch hinsichtlich der sekundären Leistungspflichten (z.B. Nachbesserung, Schadensersatz) vor, da Leistungsidentität gegeben ist.[6] Sind die Primärleistungen verschieden, bauen die Leistungen mehrerer Unternehmer z.B. nur aufeinander auf, liegt grundsätzlich auch hinsichtlich der sekundären Leistungspflichten

2 BGH v. 19.12.1968 – VII ZR 23/66 – NJW 1969, 653.
3 *Glöckner*, BauR 2005, 251.
4 BGH v. 26.7.2007 – VII ZR 5/06 – BauR 2007, 1875; a.A. *Knoche*, BauR 2008, 1782 ff.
5 BGH v. 26.7.2007 – VII ZR 5/06 – BauR 2007, 1875.
6 OLG Celle v. 2.6.2010 – 14 U 205/03 – BauR 2010, 1613.

keine Gesamtschuldnerschaft vor. Jeder Unternehmer schuldet unabhängig von anderen Unternehmern Nachbesserung und Schadensersatz für die Mängel an seinem Gewerk. Nur ausnahmsweise kann dann, wenn die Primärleistungen verschieden sind, hinsichtlich der Nacherfüllungsleistung Gesamtschuldnerschaft zwischen den Unternehmern bestehen. Dies ist der Fall, wenn die Mängel und Schäden zumindest teilweise durch die Leistungen beider Unternehmer verursacht wurden und eine einheitliche Mangel- und Schadensbeseitigung sinnvoll ist, d.h. die zu treffenden Maßnahmen sich überschneiden.[7] Wird z.B. von einem Unternehmer der Estrich mangelhaft eingebaut und von einem anderen Unternehmer der Fliesenbelag hierauf mangelhaft verlegt und lösen sich aufgrund der mangelhaften Leistungen beider Unternehmer die Fliesen vom Untergrund, schulden beide Unternehmer als Gesamtschuldner die Erneuerung des Fliesenbelags. Gleiches gilt im Falle, dass ein Nachunternehmer seine Prüfungs- und Hinweispflicht in Bezug auf die Vorleistung, auf die sein Gewerk aufbaut, gegenüber dem Besteller verletzt.[8] Beide Unternehmer haben in diesem Fall den Mangel oder Schaden verursacht; der Vorunternehmer durch fehlerhafte Bauausführung und der Nachunternehmer durch die Unterlassung der Anmeldung von Bedenken. Da der Vorunternehmer nicht Erfüllungsgehilfe des Bestellers im Verhältnis zum Nachunternehmer ist, kann letzterer auch nicht Mitverschulden des Bestellers wegen Fehlern des Vorunternehmers einwenden.

2. Planender oder bauleitender Architekt und Unternehmer als Gesamtschuldner

Verursacht ein Unternehmer durch eine nicht fachgerechte Leistung einen Baumangel 3
und ist der bauleitende Architekt seinen Überwachungspflichten hinsichtlich der Leistung dieses Unternehmers nicht ordnungsgemäß nachgekommen, haften Architekt und Unternehmer als Gesamtschuldner.[9] Gleiches gilt, wenn der Unternehmer eine fehlerhafte und zu einem Baumangel führende Planung des planenden Architekten ausführt, ohne gegen die als fehlerhaft erkannte oder erkennbare Planung Bedenken bei dem Besteller anzumelden.[10] In beiden Fällen sind sowohl der Architekt als auch der Unternehmer ursächlich für den Mangel oder Schaden geworden und sie haften somit als Gesamtschuldner. Zwar haftet der Unternehmer auf Mangelbeseitigung und der Architekt auf Schadensersatz. Dieser Unterschied hindert jedoch nach der Rechtsprechung des BGH die Annahme eines Gesamtschuldverhältnisses nicht, da das Leistungsinteresse des Bestellers identisch ist.[11] Zu beachten ist jedoch, dass nach § 650t BGB ein Planer, den der Besteller wegen eines Überwachungsfehlers als Gesamtschuldner in Anspruch nimmt, die Leistung verweigern kann, wenn auch der bauausführende Unternehmer als Gesamtschuldner für die Mängel haftet und der Besteller dem bauausführenden Unternehmer noch nicht erfolglos eine angemessene Frist zur Nacherfüllung bestimmt

7 BGH v. 26.6.2003 – VII ZR 126/02 – BauR 2003, 1379.
8 BGH v. 16.3.1974 – VII ZR 35/72 – BauR 1975, 130.
9 BGH v. 1.2.1965 – GSZ 1/64 – NJW 1965, 1175.
10 BGH v. 1.12.1994 – VII ZR 232/92 – BauR 1995, 231.
11 BGH, a.a.O.

hat. Nimmt der Besteller den Architekten auf Schadensersatz in Anspruch, kann er vom Unternehmer nicht mehr Mängelbeseitigung verlangen. Entsprechendes gilt im umgekehrten Fall. Verlangt der Besteller Schadensersatz vom Architekten, kann der Unternehmer auf diese Weise sein Nachbesserungsrecht verlieren und muss im Rahmen des Ausgleichsanspruchs nach § 426 BGB sodann an den Architekten Geld leisten. Beruht ein Mangel oder Schaden allerdings ausschließlich auf Planungsfehlern des Architekten, die der Unternehmer nicht erkennen konnte, besteht keine gesamtschuldnerische Haftung zwischen planendem Architekten und Unternehmer. Der Architekt haftet in diesen Fällen dem Besteller allein. Nimmt bei einem Gesamtschuldverhältnis zwischen Unternehmer und planendem Architekten der Besteller den Unternehmer auf Mängelbeseitigung in Anspruch, kann dieser dem Besteller gegenüber regelmäßig Mitverschulden gem. § 254 BGB einwenden, da der planende Architekt Erfüllungsgehilfe des Bestellers ist im Hinblick auf dessen Pflicht, dem Unternehmer eine ordnungsgemäße Planung zur Verfügung zu stellen.[12] Der Unternehmer haftet in diesen Fällen dem Besteller nur in Höhe seiner Mitverantwortung und das Gesamtschuldverhältnis mit dem planenden Architekten besteht nur in dieser Höhe. Nimmt bei einem Gesamtschuldverhältnis zwischen planendem Architekten und Unternehmer der Besteller den planenden Architekten in Anspruch, kann dieser kein Mitverschulden des Unternehmers gem. § 254 BGB gegenüber dem Besteller einwenden, da der Unternehmer regelmäßig nicht Erfüllungsgehilfe des Bestellers gegenüber dem Architekten ist. Der Architekt haftet in diesem Fall somit in vollem Umfang. Da der Besteller dem Unternehmer keine Bauüberwachungsleistung durch den Architekten schuldet, kann der als Gesamtschuldner in Anspruch genommene Unternehmer kein Mitverschulden des Bestellers i.S.d. § 254 BGB hinsichtlich einer unzureichenden Leistung des bauüberwachenden Architekten einwenden.[13] Der Unternehmer haftet dem Besteller somit in vollem Umfang und muss seine Ansprüche gegen den bauleitenden Architekten wegen dessen Mitverantwortung an der Entstehung des Mangels oder Schadens im Wege des Gesamtschuldnerausgleichs gem. § 426 BGB geltend machen. Keine Gesamtschuldnerschaft besteht zwischen dem objektbetreuenden Architekten (Leistungsphase 9 HOAI) und dem Unternehmer, da es an der erforderlichen Gleichstufigkeit der Verpflichtungen fehlt (BGH v. 1.12.2022 – VII ZR 90/22).

3. Planender und bauleitender Architekt als Gesamtschuldner

4 Der planende und der bauüberwachende Architekt haften als Gesamtschuldner, wenn durch die fehlerhafte Planung Mängel oder Schäden entstehen, die vermieden worden wären, wenn der bauüberwachende Architekt die als fehlerhaft erkannte, oder für ihn erkennbare Planung bei der Bauerrichtung nicht hätte ausführen lassen.[14] Ob der pla-

12 BGH v. 24.5.2005 – VII ZR 328/03 – BauR 2005,1016; hat der Ausführungsfehler unabhängig vom Planungsfehler zum vollen Schaden geführt, ist dem Unternehmer der Einwand des Mitverschuldens des Bauherrn wegen Planungsfehlers abgeschnitten nach OLG Frankfurt v. 10.10.2012 – 9 U 90/11 – NZBau 2013, 232 ff.

13 BGH v. 15.5.2002 – VII ZR 81/00 – BauR 2002, 1423.

14 BGH v. 29.9.1988 – VII ZR 182/87 – BauR 1989, 97; *Kniffka*, BauR 2005, 274.

nende Architekt Erfüllungsgehilfe des Bauherrn gegenüber dem bauleitenden Architekten bei der Zurverfügungstellung einer fehlerfreien Planung ist, und der vom Bauherrn als Gesamtschuldner in Anspruch genommenen bauleitende Architekt somit Mitverschulden des Bauherrn gem. § 254 BGB einwenden kann, wird in der Literatur und Rechtsprechung unterschiedlich beurteilt. Nach einer Ansicht hat der Bauherr die Pflicht, dem bauleitenden Architekten fehlerfreie Pläne zur Verfügung zu stellen. Nach der Gegenansicht trifft ihn eine solche Pflicht nicht.[15] Der BGH hat bisher die Frage, ob hinsichtlich der Planung eine Leistungspflicht des Bestellers gegenüber dem bauleitenden Architekten besteht, offengelassen, bejaht jedoch eine Obliegenheit zur Vorlage fehlerfreier Pläne. Er kommt so zu dem Ergebnis, dass der bauleitende Architekt bei Vorliegen fehlerhafter Pläne nur auf eine Quote haftet.[16] Diese Rechtsprechung erscheint im Ergebnis zutreffend, da kein überzeugender Grund ersichtlich ist, den bauleitenden Architekten bei Planungsfehlern schlechter zu stellen als den Unternehmer. Wird hingegen der planende Architekt als Gesamtschuldner vom Bauherren in Anspruch genommen, haftet er in vollem Umfang, ohne sich auf die Mitverantwortung des bauleitenden Architekten berufen zu können.[17] Der bauleitende Architekt ist nicht Erfüllungsgehilfe des Bauherrn in dessen Verhältnis zum planenden Architekten.

4. Sonderfachmann und Architekt als Gesamtschuldner

Ein Gesamtschuldverhältnis kann auch zwischen einem Sonderfachmann (z.B. Vermessungsingenieur, Statiker, Geologe) und einem Architekten bestehen, wenn sich ihre Pflichten aus selbstständigen Verträgen mit dem Besteller ergeben. Gesamtschuldnerschaft liegt vor, wenn ein Mangel durch die fehlerhafte Leistung des Sonderfachmannes verursacht wurde und den Architekten ein Mitverschulden trifft.[18] Im umgekehrten Fall gilt Entsprechendes. Mitverschulden des Architekten liegt z.B. vor, wenn er den Fehler des Sonderfachmanns, der zu dem Mangel oder Schaden führt, erkannt hat oder erkennen konnte und gleichwohl die fehlerhafte Leistung des Sonderfachmanns in die Bauausführung hat einfließen lassen. Mitverschulden in diesem Sinne ist jedoch vielfach zu verneinen, da der Architekt mangels einschlägiger Fachkenntnisse regelmäßig nicht zur Prüfung der Leistung des Sonderfachmannes in der Lage ist.[19] Im umgekehrten Fall gilt Entsprechendes. Insbesondere Mängel der Statik sind für den Architekten vielfach nicht erkennbar. Er darf sich grundsätzlich auf die Berechnungen des Statikers verlassen, muss jedoch prüfen, ob dieser seine Leistung auf der Grundlage korrekter und vollständiger bautechnischer Vorgaben erbracht hat.[20] Auch ist nach der Auffassung des BGH der Sonderfachmann regelmäßig nicht Erfüllungsgehilfe des Bauherrn gegenüber dem Ar- 5

15 Für Erfüllungsgehilfen: OLG Celle v. 2.6.2010 – 14 U 205/03 – BauR 2010, 1613; *Soergel*, BauR 2005, 239 ff.; *Kirberger*, BauR 2006, 239; dagegen: OLG Karlsruhe v. 12.8.2003 – 17 U 188/02 – BauR 2003, 1921; OLG Stuttgart v. 20.6.2002 – 2 U 209/01 – NZBau 2003, 446; *Glöckner*, BauR 2005, 251 ff.

16 BGH v. 27.11.2008 – VII ZR 206/06 – BauR 2009, 515.

17 *Soergel*, BauR 2005, 239 ff.

18 BGH v. 10.7.2003 – VII ZR 329/02 – BauR 2003, 1918.

19 BGH v. 14.2.2001 – VII ZR 176/99 – BauR 2001, 823.

20 OLG Köln v. 17.8.2011 – 11 U 16/11 – IBR 2011, 704.

chitekten, sodass der Architekt nicht Mitverschulden des Bestellers gem. § 254 BGB im Hinblick auf Fehler des Sonderfachmanns einwenden kann. Architekt und Sonderfachmann haften somit grundsätzlich beide dem Besteller als Gesamtschuldner in voller Höhe für die entstandenen Mängel und Schäden am Bauwerk, wenn sie in selbstständigen Verträgen mit ihren jeweiligen Leistungen vom Besteller beauftragt wurden. Nur ausnahmsweise kann nach dieser Rechtsprechung der Architekt bei seiner Inanspruchnahme durch den Besteller Mitverschulden gem. § 254 BGB einwenden.[21] Gleiches gilt nach Ansicht des BGH im umgekehrten Fall. Andere Gerichte und Teile des Schrifttums[22] sind großzügiger. So sieht z.B. das OLG Karlsruhe den Statiker als Erfüllungsgehilfen des Bauherrn an, wenn sich dieser zur Vorlage von Unterlagen zum Baugrund verpflichtet hat.[23]

II. Gesamtschuldnerausgleich

6 Der Gesamtschuldnerausgleich richtet sich nach § 426 BGB. Der Ausgleichsanspruch nach § 426 Abs. 1 BGB entsteht als selbstständiger Anspruch bereits mit der Begründung des Gesamtschuldverhältnisses i.S.d. § 199 BGB.[24] Dies ist der Zeitpunkt, zu dem der geschädigte Besteller seine Ansprüche, ggfs. im Wege der Leistungs- oder Feststellungsklage, durchsetzen kann. Im Falle von Planungsfehlern ist dies der Zeitpunkt der Realisierung der fehlerhaften Planung im Bauwerk. Hat ein Gesamtschuldner an den Besteller gezahlt, steht ihm neben dem Anspruch aus § 426 Abs. 1 BGB auch der Anspruch nach § 426 Abs. 2 BG aus übergegangenem Recht zu. Der Anspruch nach § 426 Abs. 1 BGB verjährt kenntnisabhängig[25] in drei Jahren (§§ 195, 199 Abs. 1 BGB). Die Verjährungsfrist beginnt zu laufen, wenn der Ausgleichsberechtigte von den anspruchsbegründenden Umständen und der Person des Schuldners Kenntnis erlangt oder ohne grobe Fahrlässigkeit erlangen musste.[26] Zur Kenntnis gehören kumulativ die Umstände, (i.) die den Anspruch des Gläubigers gegen den Ausgleichsverpflichteten begründen, (ii.) die den Anspruch des Gläubigers gegen den Ausgleichsberechtigten begründen, (iii.) die das Gesamtschuldverhältnis begründen und (iv.) die im Innenverhältnis die Ausgleichspflicht begründen. Die Verjährungsfrist des Anspruchs nach § 426 Abs. 2 BGB richtet sich nach der Frist, die für den übergegangenen Anspruch gilt. Sie beträgt im Regelfall fünf Jahren gem. § 634a BGB. Wird Ausgleich nach § 426 Abs. 2 BGB verlangt, gehen mit der Forderung auch die akzessorischen Sicherungsrechte gem. § 401 BGB über, sodass der zahlende Gesamtschuldner z.B. gegen den Bürgen des Hauptschuldners vorgehen kann, wenn dieser insolvent ist.

21 BGH v. 15.11.2002 – VII ZR 66/01 – BauR 2002,1719.
22 *Soergel*, BauR 2005, 239 ff.
23 OLG Karlsruhe v. 27.2.2002 – 7 U 134/00 – BauR 2002, 1884.
24 BGH v. 15.10.2007 – II ZR 136/06 – BauR 2008, 381.
25 Zu den Anforderungen an die Kenntnis: OLG Karlsruhe v. 24.4.2012 – 8 U 6/10 – IBR 2013, 635; OLG Frankfurt v. 25.5.2012 – 13 U 146/10 – IBR 2013, 159.
26 OLG Karlsruhe v. 24.4.2012 – 8 U 6/10; BGH v. 1.7.2013 – VII ZR 146/12.

Grundsätzlich und solange ein anderer Verteilungsmaßstab fehlt, sind die Gesamtschuldner zu gleichen Teilen verpflichtet (§ 426 Abs. 1 S. 1 BGB). Als anderer Verteilungsmaßstab kommt regelmäßig das Maß des Verantwortungsbeitrags des jeweiligen Gesamtschuldners zur Anwendung, d.h. die Höhe der Quote richtet sich nach dem Umfang seiner Pflichtverletzung. Ergebnis dieser Verteilung kann sein, dass die Gesamtschuldner Anteile in gleicher oder unterschiedlicher Höhe tragen müssen oder ein Gesamtschuldner den ganzen Schaden tragen muss und die anderen Gesamtschuldner frei werden. Für die Verteilung gelten folgende allgemeine Grundsätze: Der direkte Verursacher eines Mangels oder Schadens haftet in stärkerem Maße als der nur indirekte Verursacher.[27] Der an der Bauausführung Beteiligte haftet stärker als derjenige, der lediglich seine Pflicht zur Bauüberwachung oder zur Anmeldung von Bedenken verletzt hat.[28] Der Verursacher eines Mangels, der die Fehlerhaftigkeit seiner Leistung erkennt, haftet grundsätzlich allein, da er vorsätzlich handelt.[29] Entscheidend sind jedoch stets die Umstände des Einzelfalls.[30] Diese Grundsätze führen dazu, dass z.B. der Architekt, der durch eine fehlerhafte Planung die eigentliche Ursache für einen Mangel oder Schaden gesetzt hat, gegenüber dem Bauunternehmer, der lediglich seine Pflicht zur Anmeldung von Bedenken gegen diese Planung verletzt hat, in vollem Umfang oder zumindest überwiegend ausgleichspflichtig ist. Umgekehrt führen die Grundsätze dazu, dass der Unternehmer, der durch fehlerhafte Ausführung seines Gewerkes die eigentliche Ursache für den Mangel oder Schaden gesetzt hat, gegenüber dem bauleitenden Architekten, der lediglich seine Pflicht zur Überwachung der Bauausführung des Unternehmers verletzt hat, in vollem Umfang oder zumindest überwiegend ausgleichspflichtig ist. 7

Sind mehr als zwei Gesamtschuldner beteiligt, kann ein ausgleichsberechtigter Gesamtschuldner die anderen Gesamtschuldner nur in Höhe ihres jeweiligen Anteils an der Mitverantwortung in Anspruch nehmen. Ein Gesamtschuldverhältnis zwischen mehreren Ausgleichspflichtigen besteht gegenüber dem Ausgleichsberechtigten nicht. 8

Häufig liegen zwischen dem Besteller und einzelnen Baubeteiligten vertragliche Vereinbarungen über Haftungserleichterungen oder -ausschlüsse vor. Hier stellt sich die Frage, inwieweit sich solche Haftungsunterschiede auf den Gesamtschuldnerausgleich auswirken. Grundsätzlich gilt, dass sich haftungsbegünstigende Vereinbarungen mit einem Gesamtschuldner nicht zu Lasten des nicht begünstigten Gesamtschuldners auswirken dürfen, sondern nur zwischen den Vertragsbeteiligten gelten dürfen.[31] Nach der Rechtsprechung des BGH[32] haftet der vom Besteller in Anspruch genommene und von einer Haftungserleichterung nicht begünstigte Gesamtschuldner dem Besteller gegenüber in vollem Umfang. Der Ausgleich verlangende Gesamtschuldner sei jedoch berechtigt, gegenüber dem begünstigten Gesamtschuldner den Ausgleichsanspruch nach § 426 BGB 9

27 BGH v. 19.12.1968 – VII ZR 23/66 – NJW 1969, 653.
28 BGH, a.a.O.
29 BGH v. 11.10.1990 – VII ZR 228/89 – BauR 1991, 79.
30 Zum Haftungsmaßstab innerhalb einer ARGE siehe BGH v. 24.9.2013 – II ZR 391/12 – BauR 2014, 132 ff.
31 *Kniffka*, BauR 2005, 274 f.; *Eberz*, BauR 1995, 442 ff.
32 BGH v. 21.3.2000 – IX ZR 39/99 – NJW 2000, 1942.

uneingeschränkt geltend zu machen. Dies gilt nach der Auffassung des BGH nicht nur bei im Voraus getroffenen Haftungsabreden, sondern grundsätzlich auch für einen Vergleich, einen Erlass oder den Verjährungseintritt bei einem Gesamtschuldner.[33] In der Literatur wird dagegen überwiegend die Ansicht vertreten, dass sich der Anspruch des Bestellers gegen den nicht begünstigten Gesamtschuldner um den Verantwortungsteil des haftungsbegünstigten Gesamtschuldners mindere.[34] Die Auffassung des BGH dürfte unter dogmatischem Blickwinkel der zutreffende Lösungsweg sein.

B. Muster

I. Klage des Bestellers gegen mehrere Gesamtschuldner

1. Muster: Klage des Bestellers gegen mehrere Gesamtschuldner

10 ▼

Landgericht

Adresse

Im Namen und mit Vollmacht des

(*Name, ladungsfähige Adresse*)

– Kläger –

erhebe ich

Klage

gegen

(*Name, ladungsfähige Adresse*)

– Beklagter zu 1 –

(*Name, ladungsfähige Adresse*)

– Beklagter zu 2 –

wegen: Forderung

vorläufiger Streitwert: EUR

Im Termin zur mündlichen Verhandlung werde ich beantragen:

1. Die Beklagten werden als Gesamtschuldner verurteilt, an den Kläger EUR nebst Zinsen in Höhe von 5 Prozentpunkten über dem Basiszinssatz p.a. seit zu bezahlen.
2. Die Beklagten tragen als Gesamtschuldner die Kosten des Rechtsstreits.
3. Das Urteil ist – ggfs. gegen Sicherheitsleistungen – vorläufig vollstreckbar.

Für den Fall des Vorliegens der Voraussetzungen des § 331 Abs. 3 ZPO beantrage ich hiermit den Erlass eines Versäumnisurteils ohne mündliche Verhandlung.

33 *Kniffka*, BauR 2005, 274 ff.
34 *Glöckner*, BauR 2005, 110 ff.; *Kniffka*, BauR 2005, 274 ff.

Begründung:

Der Kläger verlangt als Besteller von Baulichkeiten von den Beklagten Schadensersatz für von diesen gemeinschaftlich verursachte Baumängel und Schäden.

Im Einzelnen:

I. Sachverhalt:

Der Kläger hat ein Einfamilienhaus in … (*Ort, Adresse*) nebst Außenanlagen errichten lassen. Der Beklagte zu 1 war als Architekt mit der Planung und Bauleitung beauftragt.

Beweis: Architektenvertrag vom … in Kopie als **Anlage K 1**

Der Beklagte zu 2 war als Gartenbauunternehmer mit der Erstellung der Außenanlagen und dort insbesondere mit der Herstellung einer Holz- und Natursteinterrasse beauftragt.

Beweis: Werkvertrag vom … in Kopie als **Anlage K 2**

Der Kläger hat die fertiggestellten Außenanlagen am … abgenommen. Drei Monate nach der Abnahme entstanden Vertiefungen an einigen Stellen des Holzbodens der Terrasse, in denen sich nach Regengüssen Wasser sammelte und mangels Gefälle nicht ablief. Sechs Monate nach der Abnahme begann sich das Holz im Bereich der Vertiefungen zu zersetzen.

Beweis: Fotos als **Anlage K 3**

Die Ursache der Vertiefungen war eine vom Beklagten zu 2 nicht fachgerecht und entgegen der Planung des Beklagten zu 1ausgeführte Verdichtung des Untergrundes.

Beweis: Gutachten des Sachverständigen … vom … in Kopie als **Anlage K 4**

Der Kläger hat die Beklagten mit Schreiben vom … aufgefordert, unverzüglich, spätestens bis zum … für den Ausbau und die Neuverlegung des Holzbodens zu sorgen und zuvor den Untergrund ausreichend zu stabilisieren.

Beweis: Schreiben vom … in Kopie als **Anlage K 5**

Der Beklagte zu 1 hat eine Mitwirkung an der Sanierung mit der Begründung abgelehnt, seine Planung habe eine ausreichende Verdichtung des Untergrundes vorgesehen. Die Ausführung der Arbeiten habe er nicht überwacht. Er habe annehmen dürfen, dass der Beklagte zu 2 als Fachunternehmer ordnungsgemäß verdichte.

Beweis: E-Mail des Beklagten zu 1 an den Kläger vom … in Kopie als **Anlage K 6**

Der Beklagte zu 2 hat die Sanierung davon abhängig gemacht, dass sie ihm vom Kläger oder dem Beklagten zu 1 vergütet werde, da die Planung der Untergrundverdichtung des Beklagten zu 1 nicht nachvollziehbar gewesen sei und er (der Beklagte zu 2) trotz Nachfragen vom Beklagten zu 1 keine Aufklärung erhalten habe.

Beweis: E-Mail des Beklagten zu 2 an den Kläger vom … in Kopie als **Anlage K 7**

Der Kläger hat das als Anlage K 4 vorgelegte Gutachten des Sachverständigen eingeholt. In dem Gutachten wird festgestellt, dass die Planung des Beklagten zu 1 fehlerfrei ist. Der Beklagte zu 2 habe diese Planung wohl falsch verstanden und fehlerhaft umgesetzt. Der Beklagte zu 1 habe bei seiner Bauüberwachung die fehlerhafte Ausführung jedoch bemerken und vom Beklagten zu 2 eine Korrektur verlangen müssen. Wegen der Nachfragen und offensichtlichen Verständnisschwierigkeiten des Beklagten zu 2 habe der Beklagte zu 1 eine erhöhte Bauüberwachungspflicht gehabt, der er nicht nachgekommen sei. Der Sachverständige hat die Kosten der Sanierung des Holzbodens einschließlich der Verdichtungsmaßnahmen auf EUR beziffert.

Beweis: Gutachten, bereits vorgelegt als Anlage K 4

Mit Schreiben vom hat der Kläger den Beklagten Kopien des Gutachtens übersandt und sie aufgefordert, bis zum Schadensersatz für die mangelhafte Terrasse in Höhe der vom Sachverständigen angesetzten Kosten von EUR zu leisten. Für den Fall des ergebnislosen Fristablaufs hat er Klage angedroht.

Beweis: Schreiben des Klägers vom in Kopie als **Anlage K 8**

Die Beklagten haben nicht gezahlt, sodass Klage geboten ist.

II. Rechtslage:

Die Beklagten haften dem Kläger für die entstandenen Mängel und Schäden als Gesamtschuldner nach § 421 BGB auf Schadensersatz (§§ 634 Nr. 4, 280 Abs. 1, 281 Abs. 1 BGB).

Der Beklagte zu 2 hat die Mängel und Schäden durch fehlerhafte Bauausführung und der Beklagte zu 1 hat sie durch unterlassene Bauaufsicht verursacht. Beide Beklagten sind als Verantwortliche für die Mängel und Schäden dem Kläger zum Schadensersatz verpflichtet. Bevor der Kläger Schadensersatz verlangt hat, wurden die Beklagten von ihm ergebnislos mit angemessener Fristsetzung zur Mängel- und Schadensbeseitigung aufgefordert. Schadensersatz ist in Höhe der Kosten des Austauschs des Holzbodens und der Verdichtung des Untergrundes zu leisten.

(*Unterschrift*) (*Rechtsanwalt*)

▲

2. Anmerkungen

a) Streitverkündung

11 Kommen über den Kreis der Beklagten hinaus weitere Baubeteiligte als Verursacher eines streitgegenständlichen Mangels oder Schadens in Frage, ist von den Beklagten eine Streitverkündung in Erwägung zu ziehen.[35] Hierdurch kann eine Bindung der weiteren Baubeteiligten an die Ergebnisse des Prozesses (§§ 74, 68 ZPO) und eine Hemmung der Verjährung der Ausgleichsansprüche (§ 204 Abs. 1 Nr. 6 BGB) erreicht werden.

35 BGH v. 6.12.2007 – IX ZR 143/06 – BauR 2008, 711.

b) Rechtsmittel

Werden mehrere als Gesamtschuldner verklagte Baubeteiligte vom Gericht verurteilt, 12
entfällt die Beschwer einer Partei für die Einlegung eines Rechtsmittels nicht dadurch, dass die andere Partei nach der letzten mündlichen Verhandlung und vor Einlegung des Rechtsmittels den Urteilsbetrag an den Kläger zahlt. Der BGH hat hierzu entschieden, die Zahlung des einen Gesamtschuldners sei grundsätzlich nicht geeignet, den Rechtsstreit zwischen dem Kläger und dem anderen Gesamtschuldner zu erledigen.[36]

c) Anrechnung von Mitverschulden

Wäre im Fallbeispiel dem Architekten auch ein Planungsfehler anzulasten, hätte der 13
Bauherr bei seiner Aufforderung zur Nachbesserung gegenüber dem Unternehmer beachten müssen, dass diesem ein Zuschussanspruch in Höhe der Quote der Mitverantwortung des für den Bauherrn als Erfüllungsgehilfe handelnden Architekten zusteht.[37] Dieser Zuschussanspruch führt bei einer Klage auf Nacherfüllung dazu, dass der Unternehmer nur Zug um Zug gegen Zahlung des Kostenzuschusses verurteilt werden kann.

II. Klage auf Gesamtschuldnerausgleich

1. Muster: Klage auf Gesamtschuldnerausgleich

▼ 14

13.2

Landgericht

Adresse

Im Namen und mit Vollmacht des

(*Name, ladungsfähige Adresse*)

– Kläger –

erhebe ich

Klage

gegen

(*Name, ladungsfähige Adresse*)

– Beklagter –

wegen: Forderung;

vorläufiger Streitwert: EUR

Im Termin zur mündlichen Verhandlung werde ich beantragen:

1. Der Beklagte wird verurteilt, an den Kläger EUR nebst Zinsen in Höhe von 5 Prozentpunkten über dem Basiszinssatz p.a. seit zu bezahlen.
2. Der Beklagte trägt die Kosten des Rechtsstreits.
3. Das Urteil ist – ggf. gegen Sicherheitsleistungen – vorläufig vollstreckbar.

36 BGH v. 13.1.2000 – VII ZB 16/99 – BauR 2000, 771.
37 BGH v. 17.5.1984 – VII ZR 169/82 – BauR 1984, 395.

Für den Fall des Vorliegens der Voraussetzungen des § 331 Abs. 3 ZPO beantrage ich hiermit den Erlass eines Versäumnisurteils ohne mündliche Verhandlung.

Begründung:

Der Kläger verlangt vom Beklagten Gesamtschuldnerausgleich gem. § 426 Abs. 2 BGB wegen einer Schadensersatzzahlung für gemeinsam verursachte Baumängel und Schäden.

Im Einzelnen:

I. Sachverhalt:

Der Kläger als Gartenbauunternehmer und der Beklagte als bauleitender Architekt haben zusammen an der Erstellung der Außenanlagen des Neubaus eines Einfamilienhauses in für den Bauherrn aus mitgewirkt.

Die Parteien wurden durch Urteil des Landgerichts vom Aktenzeichen verurteilt, als Gesamtschuldner an den klagenden Bauherrn Schadensersatz von EUR zzgl. Zinsen in Höhe von wegen der Verursachung von Baumängeln und Schäden am Terrassenbelag des vorbezeichneten Neubaus zu zahlen. Der Kläger hat den Schadensersatz von EUR an den Bauherrn geleistet.

Beweis: Quittung in Kopie als **Anlage K 1**

Der Kläger hatte im Zuge der von ihm zu erstellenden Außenanlagen eine Holz- und Natursteinterrasse zu errichten. Die hierfür in der Planung des Beklagten vorgesehenen Bodenverdichtungsmaßnahmen waren für den Kläger nicht nachvollziehbar. Mehrfache Nachfragen bei dem Beklagten erbrachten für den Kläger keine Aufklärung, sodass er die Verdichtungsmaßnahmen fehlerhaft ausführte. Wegen der fehlerhaften Verdichtung sind im Holzbelag der Terrasse Vertiefungen entstanden, in denen sich nach Regengüssen Wasser ansammelt, das nicht ablaufen kann. Dieses zersetzt den Holzbelag. Zur Mängelbeseitigung sind eine Nachverdichtung des Untergrundes und der Austausch des Holzbelags erforderlich. Diese Maßnahmen erfordern Kosten von EUR

Beweis: Beiziehung der Akten des Verfahrens Az.

Der Beklagte, dem die Bauüberwachung oblag, hat die Verdichtungsarbeiten des Klägers nicht kontrolliert, obwohl er von den Verständnisschwierigkeiten des Klägers hinsichtlich der Planung wusste. Durch diese Unterlassung hat er gegen seine Bauüberwachungspflicht verstoßen. Hätte sich der Beklagte die Arbeiten des Klägers am Untergrund angesehen, wären die Mängel und Schäden vermieden worden.

Beweis: wie vor

Wegen der unterlassenen Bauüberwachung trifft den Beklagten eine Mitverantwortung an der Entstehung der Mängel und Schäden von mindestens %. Der Kläger legt hierbei die Beurteilung des Sachverständigen , der im Vorprozess für den Bauherrn das dort als Anlage K 4 vorgelegte Privatgutachten erstellt hat, zugrunde. Die Feststellungen dieses Sachverständigen sind zutreffend.

Beweis: Sachverständigengutachten

Der Kläger hat den Beklagten mehrfach, zuletzt mit Schreiben vom und Fristsetzung bis zum zur Zahlung von % des von ihm an den Bauherrn geleisteten Schadensersatzes, d.h. von EUR aufgefordert.

Beweis: Schreiben vom in Kopie als **Anlage K 2**

Der Beklagte hat nicht reagiert, sodass Klage geboten ist.

II. Rechtslage:

Dem Kläger steht ein Ausgleichsanspruch gegen den Beklagten aus § 426 Abs. 2 BGB zu.

Die Parteien wurden als Gesamtschuldner gem. § 421 BGB zum Schadensersatz von EUR zzgl. Zinsen von Landgericht rechtskräftig verurteilt. Der Kläger hat den Betrag von EUR voll bezahlt. Im Innenverhältnis der Gesamtschuldner beträgt die Verantwortungsquote des Beklagten mindestens %, sodass der Beklagte zum Gesamtschuldnerausgleich in Höhe von EUR verpflichtet ist.

(*Unterschrift*) (*Rechtsanwalt*)

▲

2. Anmerkungen

a) Verjährung

Der Ausgleichsanspruch nach § 426 Abs. 2 BGB wird grundsätzlich nicht davon berührt, 15
dass der Anspruch des Gläubigers gegen den anderen Gesamtschuldner verjährt ist. Macht ein Gesamtschuldner den Ausgleichsanspruch geltend, kann der zum Ausgleich aufgeforderte Gesamtschuldner somit nicht einwenden, der Anspruchsteller habe die Befriedigung des Gläubigers wegen Eintritts der Verjährung verweigern dürfen.[38]

b) Ausgleichsanspruch bei Zahlung durch Bürgen

Befriedigt nicht der Gesamtschuldner selbst, sondern sein Bürge den Gläubiger, steht 16
dem Bürgen der Ausgleichsanspruch aus § 426 Abs. 2 BGB nicht zu, da die Vorschrift nur das Rechtsverhältnis der Gesamtschuldner untereinander regelt. Der BGH hat für diesen Fall entschieden, dass die Ansprüche des ursprünglichen Gläubigers gegen die Gesamtschuldner nicht untergehen, sondern nach §§ 774, 401 Abs. 1 S. 1 BGB auf den Bürgen übergehen, soweit der Schuldner, für den die Bürgschaft übernommen worden ist, von den übrigen Gesamtschuldnern Ausgleich verlangen könnte.[39]

c) Prozesskosten

Ein vom Gläubiger im Klageweg in Anspruch genommener Gesamtschuldner hat wegen 17
der ihm auferlegten Prozesskosten keinen Ausgleichsanspruch gegen die anderen Gesamtschuldner. Dies gilt auch dann, wenn mehrere Gesamtschuldner gemeinsam verur-

38 BGH v. 9.7.2009 – VII ZR 109/08 – BauR 2009, 1609; BGH v. 9.3.1972 – VII ZR 178/70 – BauR 1972, 246; BGH v. 25.11.2009 – IV ZR 70/05 – IBR 2010, 79.

39 BGH v. 26.4.1976 – VIII ZR 290/74 – NJW 1976, 2135.

teilt werden und die Kosten des Rechtsstreits gem. § 100 Abs. 4 ZPO als Gesamtschuldner tragen. Eine Erstattung kann jedoch unter dem Gesichtspunkt des Schadensersatzes in Frage kommen, wenn z.B. ein Gesamtschuldner den anderen durch mutwillige Verweigerung der Mitwirkung an der Befriedigung des Gläubigers dazu zwingt, einen aussichtslosen Prozess zu führen.[40]

III. Klage auf Freistellung

1. Muster: Klage auf Freistellung

18 ▼

13.3

Landgericht

Adresse

Im Namen und mit Vollmacht des

(*Name, ladungsfähige Adresse*)

– Kläger –

erhebe ich

Klage

gegen

(*Name, ladungsfähige Adresse*)

– Beklagter –

wegen: Forderung;

vorläufiger Streitwert: EUR

Im Termin zur mündlichen Verhandlung werde ich beantragen:

1. Der Beklagte wird verurteilt, den Kläger aus der Forderung des Bauherrn auf Schadensersatz von EUR wegen in Höhe von EUR nebst Zinsen von 5 Prozentpunkten über dem Basiszinssatz p.a. seit freizustellen.
2. Der Beklagte trägt die Kosten des Rechtsstreits.
3. Das Urteil ist – ggfs. gegen Sicherheitsleistungen – vorläufig vollstreckbar.

Für den Fall des Vorliegens der Voraussetzungen des § 331 Abs. 3 ZPO beantrage ich hiermit den Erlass eines Versäumnisurteils ohne mündliche Verhandlung.

Begründung:

Die Parteien sind Gesamtschuldner einer Schadensersatzforderung wegen gemeinsam verursachter Baumängeln und Schäden. Der Kläger verlangt vom Beklagten die Freistellung von der Verbindlichkeit in Höhe des internen Verantwortungsanteils des Beklagten.

40 BGH v. 26.6.2003 – VII ZR 126/02 – BauR 2003, 1379; BGH v. 18.12.1973 – VI ZR 158/72 – NJW 1974, 693; *Kniffka*, BauR 2005, 274 ff.

Im Einzelnen:

I. Sachverhalt

Die Parteien haben an der Erstellung der Außenanlagen des Neubaus eines Einfamilienhauses des Bauherrn in mitgewirkt.

Der Kläger war als Architekt mit der Planung und Bauleitung beauftragt.

Beweis: Architektenvertrag vom in Kopie las **Anlage K 1**

Der Beklagte war als Gartenbauunternehmer mit der Herstellung einer Holz- und Natursteinterrasse beauftragt.

Beweis: Werkvertrag vom in Kopie als **Anlage K 2**

Der Bauherr hat die fertiggestellten Außenanlagen am abgenommen. Drei Monate nach der Abnahme entstanden Vertiefungen an einigen Stellen des Holzbodens der Terrasse, in denen sich nach Regengüssen Wasser sammelte und mangels Gefälle nicht ablief. Sechs Monate nach der Abnahme begann sich das Holz im Bereich der Vertiefungen zu zersetzen.

Beweis: Fotos als **Anlage K 3**

Die Ursache für die Vertiefungen ist eine vom Beklagten nicht fachgerecht und entgegen der Planung des Klägers ausgeführte Verdichtung des Untergrundes.

Beweis: Gutachten des Sachverständigen vom in Kopie als **Anlage K 4**

Der vom Bauherrn beauftragte Sachverständige hat den Mitverantwortungsanteil des Klägers wegen unzureichender Bauüberwachung mit % angesetzt. Nach seiner Einschätzung trafen den Kläger erhöhte Bauüberwachungspflichten, da der Beklagte vor der Ausführung zu erkennen gegeben hatte, dass er die (fehlerfreie) Planung des Klägers nicht nachvollziehen könne.

Beweis: wie vor

Der Bauherr hat den Beklagten mit Schreiben vom aufgefordert, unverzüglich, spätestens bis zum den Holzboden auszutauschen und zuvor den Untergrund ausreichend zu verdichten.

Beweis: Schreiben des Bauherrn vom in Kopie als **Anlage K 5**

Der Beklagte hat die Frist ergebnislos verstreichen lassen.

Mit Schreiben vom hat der Bauherr den Kläger und den Beklagten aufgefordert, Schadensersatz für die Mängel und Schäden an der Terrasse in Höhe von EUR bis zum zu leisten.

Beweis: Schreiben des Bauherrn vom in Kopie als **Anlage K 6**

Der geforderte Betrag entspricht den vom Sachverständigen im Gutachten errechneten Sanierungskosten für den Austausch des Holzbodens und die Verdichtung des Untergrundes.

Beweis: Gutachten, vorgelegt **als Anlage K 4**

Mit Schreiben vom … hat der Bauherr die Zahlung des Schadensersatzes von EUR … bei dem Kläger angemahnt, eine Nachfrist bis zum … gesetzt und für den Fall des ergebnislosen Fristablaufs dem Kläger Zahlungsklage angedroht. Der Kläger hat dem Beklagten mitgeteilt, er beabsichtige, den seiner vom Sachverständigen festgelegten internen Verantwortungsquote entsprechenden Anteil am Schadensersatz von EUR … an den Bauherrn zu bezahlen. Er hat den Beklagten aufgefordert, seinerseits den Restbetrags von EUR … an den Bauherrn zu bezahlen, damit es nicht zur Zahlungsklage kommt.

Beweis: Schreiben des Klägers vom … in Kopie als **Anlage K 7**

Der Beklagte hat dem Kläger mitgeteilt, er werde nichts freiwillig bezahlen.

Beweis: E-Mail des Beklagten vom … in Kopie als **Anlage K 8**

Klage auf Freistellung ist somit geboten.

II. Rechtslage:

Die Parteien sind Gesamtschuldner gem. § 421 BGB bezüglich des Schadensersatzanspruchs des Bauherrn von EUR … gem. §§ 634 Nr. 4, 280 Abs. 1, 281 Abs. 1 BGB.

Der Beklagte hat die Mängel und Schäden durch einen Bauausführungsfehler verursacht. Dem Kläger wurde vom Sachverständigen unzureichende Bauüberwachung angelastet. Beide Pflichtverletzungen haben die Mängel und Schäden, für die vom Bauherrn Schadensersatz verlangt wird, verursacht. Der Bauherr hat den Beklagten mit angemessener Fristsetzung erfolglos zur Nacherfüllung aufgefordert.

Im Innenverhältnis beträgt die Verantwortungsquote des Beklagten mindestens … %, da er durch fehlerhafte Bauausführung schuldhaft die Hauptursache für die Mängel und Schäden gesetzt hat. Der vom Bauherrn verlangte Schadensersatz von EUR … entspricht dem Betrag, den der Sachverständige für die Nachverdichtung des Untergrundes und den Austausch des Holzbodens errechnet hat.

Dem Kläger steht ein Ausgleichsanspruch gegen den Beklagten aus § 426 Abs. 1 BGB in Höhe der Verantwortungsquote des Beklagten von … % zu. In Höhe dieser Quote, d.h. in Höhe von EUR … hat der Beklagte den Kläger von dem fälligen Schadensersatzanspruch des Bauherrn freizustellen.

(*Unterschrift*) (*Rechtsanwalt*)

▲

2. Anmerkung

Voraussetzungen des Freistellungsanspruchs 19

Der selbstständige Ausgleichsanspruch aus § 426 Abs. 1 BGB entsteht nicht erst mit der Befriedigung des Gläubigers, sondern von vorneherein zugleich mit der Entstehung des Gesamtschuldverhältnisses. Der mithaftende Gesamtschuldner kann daher schon vor seiner eigenen Leistung an den Gläubiger von den anderen Gesamtschuldnern verlangen, ihren Anteilen entsprechend an der Befriedigung des Gläubigers mitzuwirken und dadurch so zu handeln, dass es später nicht mehr zu einem Ausgleich im Wege des Rückgriffs zu kommen braucht. Der Anspruch eines Gesamtschuldners gegen die anderen Gesamtschuldner, ihn in dieser Höhe von seiner Verbindlichkeit gegenüber dem Gläubiger freizustellen, setzt Fälligkeit der Schuld voraus, von der Befreiung verlangt wird.[41]

Wie jede Leistungsklage unterliegt die Freistellungsklage dem Gebot ausreichender Bestimmtheit des Klageantrags im Sinne des § 253 Abs. 2 Nr. 2 ZPO. Geht es um die Freistellung von einer auf Geldleistung gerichteten Verbindlichkeit, so setzt der Freistellungsantrag die bestimmte Angabe von Grund und Höhe der Schuld voraus, von der freigestellt werden soll.[42]

41 BGH v. 7.11.1985 – III ZR 142/84 – NJW 1986, 978; BGH v. 21.3.1991 – IX/90 – ZR 286/90 – NJW 1991, 1733.
42 BGH v. 4.6.1996 – VI ZR 123/95.

Teil 2: Vertragsformulare

§ 14 Bauvertrag

Prof. Dr. Peter Fischer

Inhalt

A. Einführung

I. Allgemeines

Der Bauvertrag ist seit dem 1.1.2018 im BGB in den §§ 650a BGB bis 650h BGB geregelt. Das Bauvertragsrecht ist somit das erste Mal Bestandteil des BGB und befindet sich nicht mehr verstreut und in skriptischerweise unter dem Begriff Werkvertrag des BGB. Unter dem Untertitel 1 „Werkvertrag" befindet sich nunmehr im Kapitel 2 der „Bauvertrag". Das Bauvertragsrecht beginnt mit der Definition des Bauvertrages in § 650a BGB. In § 650b BGB sind gesetzliche Regeln zum Anordnungsrecht des Bestellers für Änderungen der Bauleistung und in § 650c BGB sind Vorgaben für die Preisberechnung bei Änderungsanordnung enthalten. Kommt eine Einigung der Parteien über die Berechtigung der Änderungsanordnung oder die Höhe der Vergütungsanpassung nicht zustande, gewährt § 650d BGB die Möglichkeit, eine einstweilige Verfügung beim Gericht zu erwirken. Die Sicherungshypothek des Bauunternehmers befindet sich nun in § 650e BGB, die Bauhandwerkersicherung in § 650f BGB. In § 650g Abs. 1, 2 BGB ist die Regelung der Zustandsfeststellung bei Verweigerung der Abnahme und in § 650g Abs. 3 BGB die Verpflichtung, eine prüffähige Schlussrechnung zu erstellen, enthalten. In § 650h BGB ist die Schriftform der Kündigung festgelegt. 1

Im Unterschied zum Bauträgervertrag nach § 650u BGB, der neben der Bauleistung zugleich auf die Übereignung eines Grundstücks oder eines Anteils hieran gerichtet ist und deshalb der notariellen Beurkundung bedarf, kann der Bauvertrag formfrei, grundsätzlich auch mündlich abgeschlossen werden Eine Ausnahme bildet der Verbrauchervertrag, der für die Wirksamkeit die Textform erfordert, § 650i Abs. 2 BGB. Der Bauvertrag unterliegt aber Formvorschriften, wenn er mit einem formbedürftigen Vertrag rechtlich eine Einheit bildet, also bei gemischten oder zusammengesetzten Verträgen (im Baubereich nicht selten im Zusammenhang mit einem Grundstücksvertrag, darunter der schon erwähnte Bauträgervertrag). 2

3 Steht der Grundstückskaufvertrag im Zusammenhang mit dem Bauvertrag, ist grundsätzlich eine notarielle Beurkundung auch des Bauvertrages notwendig. Eine Beurkundung ist auf jeden Fall dann erforderlich, wenn der Vertrag mit dem Erwerb des Baugrundstückes steht und fällt. Eine rechtliche Einheit besteht dann, wenn die Verträge nach dem Willen der Parteien derart voneinander abhängen, dass sie miteinander stehen und fallen sollen. Die Beurkundungsbedürftigkeit des Bauvertrages ist nur dann nicht gegeben, wenn durch den Bauvertrag keine mittelbare Veräußerungspflicht des Grundstücks erfolgt. Bei der Beurkundung des mit dem Grundstückskaufvertrag verbundenen Bauvertrages ist auch darauf zu achten, dass die Baubeschreibung und die Pläne Gegenstand der notariellen Urkunde werden.

Aus Beweiszwecken ist es immer sinnvoll, einen Bauvertrag schriftlich oder in Textform abzuschließen, damit man später keine Schwierigkeiten beim Nachweis des zu erbringenden Leistungsumfangs und der hierfür zu zahlenden Vergütung hat. Beim Verbraucherbauvertrag ist die Textform nach § 650i Abs. 2 BGB vorgeschrieben, sodass ein mündlicher Verbraucherbauvertrag nach § 125 BGB nichtig ist.

4 Der nun in § 650a BGB enthaltene Bauvertrag umfasst die Herstellung, die Wiederherstellung, die Beseitigung oder den Umbau eines Bauwerkes, einer Außenanlage oder eines Teils davon, § 650a BGB. Bei Verträgen zwischen Verbraucher und Unternehmer gelten ergänzend die Vorschriften des Verbraucherbauvertrags, wenn der Unternehmer ein neues Gebäude erstellt oder erhebliche Umbaumaßnahmen an einem bestehenden Gebäude durchführt, § 650i BGB.

5 Auch beim BGB-Bauvertrag im Sinne des § 650a BGB besteht die Möglichkeit, die VOB/B zu vereinbaren. Ist eine Vertragspartei Verbraucher i.S.d. § 13 BGB, so ist § 310 BGB zu beachten (dazu unten Rdn 13 f. und 28 f.).“

II. Vertragsparteien

6 Die Vertragsparteien sind genau zu bezeichnen, insbesondere ihre Rechtsform und ihre Vertreter, wie z.B. der Geschäftsführer einer GmbH. Es ist von Bedeutung, ob der Vertrag mit einer natürlichen oder einer juristischen Person (GmbH) abgeschlossen ist. Es macht auch einen Unterschied, ob Vertragspartner ein Verbraucher (§ 13 BGB) oder ein Unternehmer (§ 14 BGB) ist. Nur die exakte Bezeichnung der Vertragsparteien ermöglicht in einem späteren Gerichtsverfahren und bei der Zwangsvollstreckung die sichere Durchsetzung der Forderungen.

7 Bei natürlichen Personen sollte immer der Vor- und Zuname aufgenommen werden, bei Gesellschaften des Bürgerlichen Rechts sind sämtliche Gesellschafter mit Vor- und Zunamen zu bezeichnen. Da die Gesellschaft bürgerlichen Rechts (GbR) eine eigene Rechtsfähigkeit besitzt, können sowohl die Gesellschaft als auch die einzelnen Gesellschafter persönlich verklagt werden. Die Gesellschaft bürgerlichen Rechts selbst haftet nur mit ihrem Gesellschaftsvermögen. Die Gesellschafter haften aber mit ihrem Privatvermögen. Die Gesellschafter einer Gesellschaft bürgerlichen Rechts haften auch bei

Verwendung des Zusatzes „mbH" oder „mit beschränkter Haftung" ihren Gläubigern unbeschränkt mit ihrem Privatvermögen. Eine Haftungsbegrenzung ist nur durch eine individuell getroffene Absprache zwischen den Parteien im Rahmen des zwischen ihnen geschlossenen Vertrages möglich.

Bei Personen oder Gesellschaften, die im Handelsregister eingetragen sind, ist in Zweifelsfällen ein Handelsregisterauszug beim zuständigen Registergericht anzufordern. **8**

Wird der Bauvertrag nicht von dem Auftraggeber selbst, sondern von einem Bevollmächtigten unterzeichnet, ist darauf zu achten, dass bei Vertragsabschluss eine Vollmachtsurkunde vorgelegt und dem Vertrag beigefügt wird. **9**

III. VOB/B

Wegen der Unvollständigkeit des BGB bis zum Jahre 2018 im Hinblick auf das private Baurecht ist im Jahre 1926 die Verdingungsordnung für Bauleistungen (VOB) vom Reichs-Verdingungs-Ausschuss geschaffen worden. Dabei erfolgte im Vorwort der Hinweis: **10**

> *„Die allgemeinen Vertragsbedingungen für die Ausführung und die Technischen Vorschriften (Teil B und C der VOB) sollten allen Bauverträgen einheitlich und grundsätzlich unverändert zugrunde gelegt werden. Für die Ausschreibung und den Vertragsabschluss genügt der Hinweis, dass diese in der verbindlichen Ausgabe der Normblätter Vertragsbestandteil werden. Bei der Aufstellung dieser Vertragsbedingungen hat der Ausschuss maßgebenden Wert auf die scharfe Abgrenzung der Rechte und Pflichten der Vertragsparteien gelegt."*

Bereits seit längerem lautet der Name der VOB Vergabe- und Vertragsordnung für Bauleistungen. Bauleistungen sind Arbeiten jeder Art, durch die eine bauliche Anlage hergestellt, instandgehalten, geändert oder beseitigt wird.[1] **11**

Da die VOB/B Allgemeine Geschäftsbedingungen darstellt (DIN 1961), muss die VOB/B zwischen den Vertragsparteien bei Vertragsabschluss vereinbart werden. **12**

Wird die VOB/B ohne inhaltliche Abweichungen insgesamt einbezogen, ist sie der Inhaltskontrolle durch das AGB-Recht entzogen, soweit eine Verwendung gegenüber einem Unternehmer, einer juristischen Person des öffentlichen Rechts oder einem öffentlich-rechtlichen Sondervermögen stattfindet, § 310 Abs. 1 BGB. Jede vertragliche Abweichung von der VOB/B führt dazu, dass diese nicht mehr als Ganzes vereinbart ist. Es kommt nicht darauf an, welches Gewicht der Eingriff hat. Eine Ausnahme gilt nur dann, wenn die VOB/B ausdrücklich eine abweichende Vereinbarung zulässt, z.B. in § 13 Abs. 4 Nr. 1 VOB/B (ist … keine Verjährungsfrist im Vertrag vereinbart, so beträgt sie …). **13**

Bei einer Verwendung gegenüber dem Verbraucher (§ 13 BGB) ist die VOB/B nicht mehr privilegiert. Danach ist die VOB/B auch dann nicht der Inhaltskontrolle durch das **14**

1 § 1 VOB/A.

AGB-Recht (§§ 307 ff. BGB) entzogen, wenn der Auftragnehmer die VOB/B ohne Abänderung gegenüber einem Verbraucher verwendet. Dass die VOB/B bei Verbrauchern nicht mehr privilegiert ist, regelt § 310 Abs. 1 BGB. Dies gilt dann, wenn der Unternehmer die VOB/B gegenüber einem Verbraucher stellt. In diesem Fall verliert die VOB/B ihre privilegierte Stellung und wird als normale Allgemeine Geschäftsbedingung behandelt mit der Folge, dass einzelne Bestimmungen der VOB/B nicht wirksam sind. Stellt jedoch der Verbraucher seinerseits die VOB/B gegenüber dem Auftragnehmer, so kann er sich nicht auf die fehlende Privilegierung nach § 310 Abs. 1 BGB berufen. In diesem Fall gilt die VOB/B vollumfänglich, sofern sie insgesamt und ohne Abweichungen zugrunde gelegt wurde.

15 Sofern die VOB/B nicht wirksam vereinbart ist, gleichgültig ob ein Verbraucher- oder Unternehmensbauvertrag vorliegt, halten folgende Regelungen der Inhaltskontrolle nach §§ 307 ff. BGB nicht Stand:

- Die Änderung des Bauentwurfes nach § 1 Abs. 3 VOB/B, da diese Klausel völlig unbestimmt ist;
- Wort „Norm" durch Wort „Klausel" ersetzt;
- § 2 Abs. 5 VOB/B, der die Vergütung bei Änderungsleistungen regelt;
- § 2 Abs. 6 VOB/B, der die Vergütung bei zusätzlichen Leistungen regelt;
- § 2 Abs. 8 Nr. 1 S. 1 VOB/B, der Leistungen betrifft, die nicht in Auftrag gegeben worden sind;
- § 4 Abs. 7 VOB/B, der die Kündigung wegen Mängeln vor der Abnahme regelt;[2]
- die fiktiven Abnahmen nach § 12 Abs. 5 VOB/B;
- § 13 Abs. 4 VOB/B, da bezüglich des Bauwerkes eine vierjährige Verjährungsfrist und bezüglich anderer Werke nur eine zweijährige Verjährungsfrist vorsieht;
- § 16 Abs. 6 VOB/B: Zahlung an Nachunternehmer;
- die Rückgabe der nicht verwerteten Sicherheit nach dem Ablauf von zwei Jahren gemäß § 17 Abs. 8 Nr. 2 VOB/B.

16 Der zunächst im Folgenden dargestellte Standardbauvertrag basiert auf den §§ 650a ff. BGB und sieht die Einbeziehung der VOB/B nicht vor. Der dann folgende Verbraucherbauvertrag schließt aufgrund seiner zwingenden Vorschriften nach § 650u BGB die wirksame Vereinbarung der VOB/B aus. Der unter Rdn 91 nachfolgende VOB/B-Vertrag ist auf die ergänzende Geltung der VOB/B zugeschnitten, ebenso die unter Muster D., E. und F. (Rdn 91, 133, 196) daran anschließenden Vertragsformulare Generalunternehmervertrag, Subunternehmervertrag und Generalübernehmervertrag, wobei dort die Besonderheiten je nach Vertragstypen in den einzelnen Vertragsbestandteilen Ausdruck finden.

2 BGH v. 19.1.2023 – VII ZR 34/20 – IBR 23, 173; MDR 2023, 492.

B. Muster: Standard-Bauvertrag

I. Muster: Standard-Bauvertrag

▼ 17

Standard-Bauvertrag

Zwischen 14.1

– nachstehend Auftraggeber genannt –

vertreten durch

und

– nachstehend Auftragnehmer genannt –

wird folgender Bauvertrag geschlossen:

§ 1 Gegenstand des Vertrages

1.1

Der Auftraggeber beauftragt den Auftragnehmer mit den

- Erdarbeiten
- Beton- und Stahlbauarbeiten
- Maurerarbeiten
- Putzarbeiten

bei dem Bauvorhaben auf dem Grundstück in entsprechend den nachfolgenden Unterlagen und den Einzelheiten dieses Vertrages.

1.2

Der Inhalt und der Umfang der vom Auftragnehmer zu erbringenden Leistungen ergeben sich aus diesem Bauvertrag und den in § 2 des Vertrages näher bezeichneten Vertragsunterlagen.

§ 2 Vertragsbestandteile

2.1

Dem Vertrag liegen in der nachfolgenden Rang- und Reihenfolge folgende Unterlagen zugrunde:

1. das Verhandlungsprotokoll mit den Anlagen vom (Anlage 1)
2. das ausgefüllte Leistungsverzeichnis vom (Anlage 2)
3. die Pläne gemäß der Planliste vom (Anlage 3)
4. die Statik des Ingenieurs vom (Anlage 4)
5. die Baugenehmigung vom (Anlage 5)
6. der Terminplan vom (Anlage 6)
7. der Zahlungsplan vom (Anlage 7)

2.2

Bei Widersprüchen gelten die oben bezeichneten Vertragsbestandteile nacheinander in der aufgeführten Reihenfolge.

§ 3 Mitwirkungspflichten des Auftraggebers

3.1

Der Auftraggeber hat die zur Bauausführung notwendigen Genehmigungen, insbesondere die Baugenehmigung zu besorgen.

3.2

Der Auftraggeber hat die von ihm zu treffenden notwendigen Entscheidungen zur Durchführung des Bauvorhabens zügig zu treffen. Trifft der Auftraggeber notwendige Entscheidungen nicht, ist der Auftragnehmer berechtigt, die Arbeiten einzustellen. Die vereinbarte Bauzeit und die vereinbarten Termine werden entsprechend verlängert.

§ 4 Leistungsänderungen

4.1

Der Auftraggeber ist berechtigt, Änderungen der vereinbarten Bauleistungen anzuordnen, wenn dies für den Auftragnehmer zumutbar ist. Auf die Zumutbarkeit kommt es nicht an, wenn die Änderung zur Erreichung des vereinbarten Werkerfolges notwendig ist. Die Anordnung der Änderung ist in Textform zu erteilen.

4.2

Über die Vergütungsanpassung ist eine Vereinbarung zwischen den Parteien zu treffen. Der Auftragnehmer ist verpflichtet, ein Angebot über die Mehr- oder Mindervergütung zu erstellen. Die Höhe des Vergütungsanspruches für die geänderte Leistung richtet sich nach dem vermehrten oder verminderten Aufwand und ist nach den tatsächlich erforderlichen Kosten mit angemessenen Zuschlägen für die allgemeinen Geschäftskosten, Wagnis und Gewinn zu ermitteln.

(***alternativ:***

4.3

Der Auftragnehmer kann zur Berechnung der Vergütung für den Nachtrag alternativ auf die Ansätze in der vereinbarungsgemäß hinterlegten Urkalkulation zurückgreifen.)

§ 5 Vergütung

5.1

Die Vergütung für sämtliche Leistungen nach diesem Vertrag beträgt pauschal EUR einschließlich Umsatzsteuer.

Soweit die Umsatzsteuer, beispielsweise aufgrund der Vorschrift des § 13b UStG, gegenüber den Finanzbehörden vom Auftraggeber geschuldet wird, hat der Subunternehmer keinen Anspruch auf Ausbezahlung der Umsatzsteuer; diese ist in diesem Fall vom Auftraggeber an die zuständige Finanzbehörde abzuführen.

5.2

Der Pauschalpreis umfasst alle von diesem Vertrag umfassten Leistungen. Zusätzliche Vergütung kann der Auftragnehmer nur verlangen, wenn der Auftraggeber Änderungen anordnet und hierdurch Mehrkosten entstehen und nachgewiesen werden.

(***alternativ:***

5.1

Die Vergütung des Auftragnehmers erfolgt auf der Grundlage der in seinem Angebot genannten Einheitspreise und der tatsächlich ausgeführten Leistungen. Der vorläufige Gesamtpreis beträgt EUR brutto.

5.2

Dem Auftragnehmer steht in den Fällen nach § 4 des Vertrages ein geänderter oder zusätzlicher Vergütungsanspruch zu.)

5.3

Stundenlohnarbeiten werden nur vergütet, wenn sie vor Ausführung der entsprechenden Leistung vom Auftraggeber in Textform beauftragt sind.

5.4

Einigen sich die Parteien nicht über die Höhe der Vergütung für die geänderte Leistung, so soll der Sachverständige die verbindliche Bestimmung der Zusatzvergütung unter Berücksichtigung des § 650c BGB als Schiedsgutachter vornehmen. Stattdessen steht jeder Partei das Recht zu, eine einstweilige Verfügung nach § 650d BGB zu beantragen.

(***ggf.:***

5.5

Bei Handwerkerleistungen für Renovierungs-, Erhaltungs- und Modernisierungsmaßnahmen sind die Arbeitskosten (Lohnstunden) gesondert in der Rechnung auszuweisen.)

§ 6 Zahlung

6.1

Die Zahlung ist nach Eingang einer prüfbaren Rechnung und vertragsgemäßer Erbringung der Leistung innerhalb von 14 Tagen nach Zugang der Rechnung zu zahlen.

6.2

Dem Auftragnehmer steht es zu, Abschlagszahlungen für nachgewiesene und erbrachte Leistungen zu verlangen.

6.3

Die Schlusszahlung ist erst nach Vorlage einer prüfbaren Schlussrechnung und der erfolgten Abnahme fällig.

§ 7 Ausführungsfristen

7.1

Für die Ausführung der Arbeiten werden folgende Fristen vereinbart:

a) Ausführungsbeginn:

b) Fertigstellungstermin:

(***alternativ:***

Für die Ausführung der Bauleistung ist der vereinbarte Terminplan vom (Anlage Nr. maßgeblich. Insbesondere folgende Fristen werden verbindlich vereinbart:

a) Ausführungsbeginn:

b) Zwischentermine (Fertigstellung von):

c) Fertigstellungstermin:)

7.2

Die Ausführungsfristen werden verlängert, wenn der Auftragnehmer in der Ausführung seiner Arbeiten behindert ist, soweit dies nicht vom Auftragnehmer zu vertreten ist. Die Behinderung ist dem Auftraggeber in Textform unverzüglich mitzuteilen.

7.3

Witterungsbedingte Verzögerungen, mit denen bei Abschluss des Vertrages zu rechnen ist, verlängern die Bauzeit nicht.

§ 8 Abnahme

8.1

Nach Beendigung der Arbeiten ist eine förmliche Abnahme durchzuführen. Über die Abnahme ist ein Protokoll zu fertigen, in welches alle wichtigen Umstände wie Bautenstand, Qualität der Arbeiten, Mängel und Restarbeiten aufzunehmen sind. Jede Partei hat das Protokoll zu unterzeichnen und erhält ein Exemplar dieses Protokolls. § 640 Abs. 2 S. 3 BGB bleibt unberührt.

8.2

Die Abnahme darf nur beim Vorliegen wesentlicher Mängel verweigert werden.

8.3

Verweigert der Auftraggeber die Abgabe unter Angabe von Mängeln, hat er auf Verlangen des Auftragnehmers an einer gemeinsamen Zustandsfeststellung mitzuwirken, § 650g Abs. 2 BGB.

§ 9 Gewährleistung/Mängelbeseitigung

9.1

Die Gewährleistung beginnt mit der Abnahme und beträgt fünf Jahre.

9.2

Bevor der Auftraggeber Mängel selbst beseitigt oder einen Dritten hiermit beauftragt, ist er zuvor verpflichtet, den Auftragnehmer unter Setzung einer angemessenen Frist schriftlich zur Mängelbeseitigung aufzufordern.

§ 10 Sicherheitsleistung

10.1

Der Auftraggeber ist verpflichtet, dem Auftragnehmer mit Abschluss des Vertrages und vor Ausführungsbeginn eine Sicherheitsleistung zur Vertragserfüllung in Höhe von 5 % der Auftragssumme zu leisten. Die Sicherheitsleistung ist in Form einer selbstschuldnerischen Bankbürgschaft zu leisten. Die Bürgschaftsurkunde wird bei der Abnahme zurückgegeben.

10.2

Die Parteien vereinbaren für die Dauer der Gewährleistungsfrist eine vom Auftragnehmer zu leistende Sicherheit in Höhe von % der Schlussrechnungssumme.

10.3

Die Sicherheitsleistung ist entweder in Form einer selbstschuldnerischen, unbefristeten, tauglichen Bürgschaft durch ein Kreditinstitut oder einen Kreditversicherer zu erbringen oder auf ein gemeinsam eingerichtetes Sperrkonto (Und-Konto) einzuzahlen.

*(**alternativ:***

Die Sicherheit ist vom Auftragnehmer in Form einer selbstschuldnerischen tauglichen Bürgschaft durch ein Kreditinstitut oder einen Kreditversicherer zu leisten. Kommt der Auftragnehmer dieser Verpflichtung nicht nach, so kann der Auftraggeber einen Gewährleistungseinbehalt in Höhe der vereinbarten Sicherheit vornehmen. Der Auftraggeber ist verpflichtet, den Gewährleistungseinbehalt unverzüglich auf ein von den Vertragsparteien gemeinsam eingerichtetes Sperrkonto (Und-Konto) einzuzahlen.)

§ 11 Versicherungen

11.1

Der Auftraggeber schließt für die Durchführung des Bauvorhabens eine Bauleistungsversicherung ab, die sowohl das Auftraggeber- als auch das Auftragnehmerrisiko umfasst. Der Auftragnehmer trägt die Kosten in Höhe von % der Baukosten. Die entsprechende Summe ist von der Schlussrechnung in Abzug zu bringen.

11.2

Der Auftragnehmer ist verpflichtet, eine Betriebshaftpflichtversicherung nachzuweisen, die folgende Deckungssummen aufweist für

- Personenschäden eine Höhe von EUR,
- Sachschäden eine Höhe von EUR,
- Vermögensschäden eine Höhe von EUR.

§ 12 Gerichtsstand

Soweit beide Parteien Kaufleute sind, wird als Gerichtsstand vereinbart.

*(**alternativ:***

§ 12 Schiedsgericht

Alle Streitigkeiten zwischen den Parteien aus oder im Zusammenhang mit diesem Vertrag sollen unter Ausschluss des Rechtsweges zu den ordentlichen Gerichten durch ein Schiedsgericht auf Grundlage der Schlichtungs- und Schiedsordnung für Baustreitigkeiten (SOBau) der Arbeitsgemeinschaft für privates Bau- und Architektenrecht im Deutschen Anwaltsverein entschieden werden. Bei einem Streitwert bis zu 50.000 EUR entscheidet ein Einzelschlichter/Schiedsrichter.)

§ 13 Weitere Vereinbarungen

§ 14 Widerruf und Rücktritt

14.1

Dem Auftraggeber stehen kein Widerrufsrecht und Rücktrittsrecht zu.

(***alternativ:***

14.1

Dem Auftraggeber steht ein Rücktrittsrecht zu, welches bis zum Ablauf von 14 Tage nach Abschluss des Vertrages ausgeübt werden kann. Der Ablauf der Frist für den Rücktritt soll abgewartet werden, bevor der Auftragnehmer mit den Bauleistungen beginnt.)

14.2

Das gesetzliche Widerrufsrecht bleibt von den vorstehenden Regeln unberührt.

, den	, den
(Auftraggeber)	(Auftragnehmer)

II. Anmerkungen

1. Gegenstand des Vertrags

18 Dieser Standard-Bauvertrag ist für die Fälle konzipiert, dass die Leistungen als Einzelgewerke vergeben werden und nicht als schlüsselfertige Bauausführung an einen Unternehmer. Hier sollte generell klargestellt werden, welche bestimmten Arbeiten bzw. welche Gewerke übernommen werden. Wichtig ist die Bezeichnung des Bauvorhabens, wobei die Bezeichnung des Baugrundstückes empfehlenswert ist.

2. Vertragsbestandteile

19 Der Bauvertrag kommt in der Regel dadurch zustande, dass der Bauherr bzw. sein Architekt dem Bauunternehmer ein Blanko-Leistungsverzeichnis übersendet mit der Aufforderung, hierauf durch Ausfüllung des Angebotes unter Einsetzung der Preise ein Angebot abzugeben. Dieses Angebot mit dem ausgefüllten Leistungsverzeichnis wird dann vom Auftraggeber, wenn es ihm zusagt, angenommen. Somit liegen Angebot und Annahme nach §§ 145 ff. BGB vor. Entsprechend sind Angebot und Leistungsverzeichnis des Auftraggebers bei den Vertragsbestandteilen aufzuführen.

20 Sofern nach Abgabe des Angebotes noch Verhandlungen zwischen den Parteien geführt worden sind, ist hierüber ein Verhandlungsprotokoll zu erstellt. Dieses Verhandlungsprotokoll ist im Vertrag als Vertragsbestandteil aufzuführen.

a) Bezeichnung der Pläne

21 Bezüglich der Pläne des Architekten und Tragwerkplaners bedarf es unter Umständen der Beifügung von Planlisten. Hier muss darauf Wert gelegt werden, dass die Pläne genau bezeichnet werden, sowohl was den Ausführungsstand als auch den Zeitpunkt der Entstehung betrifft.

Wenn die Baugenehmigung bereits vorliegt, sollte diese zum Gegenstand des Vertrages gemacht werden, weil diese bei genehmigungspflichtigen Bauvorhaben zwingende Voraussetzung für die Durchführung der Bauarbeiten ist. 22

Damit für den Bauherrn die Fertigstellung des Bauvorhabens in zeitlicher Sicht gesichert ist, sind die entsprechenden Baufristen verbindlich zu vereinbaren. Neben den in § 5 dieses Vertrages enthaltenen Ausführungsfristen ist insbesondere ein Terminplan dann erforderlich, wenn es sich um umfangreiche oder mehrere Gewerke umfassende Bauleistungen handelt.

b) Bauzeitplan

Die wichtigsten Fristen aus dem Terminplan werden dann nochmals unter § 5 des Vertrages als Ausführungsfristen aufgenommen, damit eine Inverzugsetzung ohne Mahnung gem. § 286 Abs. 2 BGB eintritt. Ist keine Vertragsfrist für die Fertigstellung vereinbart, muss der Auftraggeber den Auftragnehmer in Verzug zu setzen. Neben der Mahnung fordert § 286 Abs. 1 BGB das Setzen einer angemessenen Frist zur Fertigstellung. 23

c) Vereinbarung eines Zahlungsplans

Abschlagszahlungen können beim BGB-Bauvertrag nach § 632a BGB verlangt werden, und zwar in Höhe des Werts der vom Unternehmer erbrachten und nach dem Vertrag geschuldeten Leistungen. Dabei muss auch die Abschlagsrechnung prüfbar sein, was sich aus § 632a Abs. 1 S. 5 BGB ergibt. Ein Zahlungsplan ist dann wichtig, wenn die Parteien einen Pauschalpreis vereinbart haben, damit der Unternehmer nicht wie beim Einheitspreisvertrag die erbrachten Leistungen im Einzelnen nachvollziehbar darlegen muss. 24

§ 632a Abs. 1. BGB lautet wie folgt: 25

> Der Unternehmer kann von dem Besteller eine Abschlagszahlung in Höhe des Wertes der von ihm erbrachten und nach dem Vertrag geschuldeten Leistung verlangen.

Eine Sicherheitsleistung steht dem Verbraucher nur zu, wenn es sich um einen Verbraucherbauvertrag handelt, § 650m Abs. 2 BGB. Wenn der Besteller eine Vertragserfüllungssicherheit haben will, muss er dies im Vertrag vereinbaren, wobei hier die Höhe von 10 % der Auftragssumme nicht überschritten werden darf. 26

Wichtig ist auch die Widerspruchsregelung. Dies ist insbesondere für Widersprüche zwischen dem Leistungsverzeichnis und den Plänen von Bedeutung. Das Leistungsverzeichnis hat gegenüber den Plänen eine größere Bedeutung, wenn dort die Leistung im Einzelnen genauer beschrieben wird. Um hier Auslegungsschwierigkeiten zu entgehen, ist eine klare Entscheidung bezüglich der Rangfolge zu treffen. Soweit AGB-Klauseln vorliegen, ist die Bestimmung der Rangfolge auch von Bedeutung, um bei Widersprüchen die Anwendung des § 305c Abs. 2 BGB zu vermeiden, wonach Unklarheiten zulasten des Verwenders gehen. Ist die Rangfolge bestimmt, kann ein Widerspruch zwischen dem Inhalt aus verschiedenen Vertragsbestandteilen nicht auftreten. 27

d) Vereinbarung der VOB/B

28 Der Standard-Bauvertrag richtet sich nach den Vorschriften des Bürgerlichen Gesetzbuches, insbesondere den §§ 650a ff. BGB. Die VOB/B muss ausdrücklich vereinbart werden, damit sie Vertragsgrundlage wird. Die Klauseln der VOB/B sind Allgemeine Geschäftsbedingungen. Die VOB/B wird nur Grundlage des Vertrages, wenn die VOB/B wirksam vereinbart ist. Der Text der VOB/B muss nur dann nicht ausgehändigt werden, wenn die VOB/B gegenüber einem Kaufmann, einer juristischen Person des öffentlichen Rechts oder einem öffentlich-rechtlichen Sondervermögen verwendet wird. Eine Aushändigung des Textes der VOB/B ist auch dann nicht erforderlich, wenn die andere Vertragspartei im Baubereich tätig ist. Ist jemand Nichtkaufmann und im Baubereich nicht bewandert, muss bei Abschluss des Vertrages der gesamte Text der VOB/B übergeben werden. Dies trifft auch für die Abrechnungsregelungen der VOB Teil C zu. Die Abrechnungsregelungen der VOB/C in Teil 5 sind ebenfalls Allgemeine Geschäftsbedingungen.

29 Bei Verwendung gegenüber dem Verbraucher ist die VOB/B nicht mehr gegenüber dem AGB-Recht (§§ 307 ff. BGB) privilegiert. Danach ist die VOB/B auch dann nicht der Inhaltskontrolle durch das AGB-Recht entzogen, wenn der Auftragnehmer die VOB/B ohne Abänderungen gegenüber einem Verbraucher verwendet. Nach § 310 Abs. 1 BGB ist nur bei einem Vertrag zwischen Unternehmern die VOB/B insgesamt der Inhaltskontrolle durch das Recht der Allgemeinen Geschäftsbedingungen entzogen ist, wenn die VOB/B „ohne inhaltliche Abweichungen insgesamt einbezogen" ist. Die VOB/B ist nicht „als Ganzes" vereinbart, wenn in dem Vertrag einbezogene „Besondere Vertragsbedingungen" Regelungen enthalten sind, die von denen der VOB/B abweichen. Dies ist beispielsweise dann der Fall, wenn die Einheitspreise als fest und unvereinbar vereinbart sind, was von § 2 Abs. 3 VOB/B abweicht. Ein Eingriff stellt auch die Abweichung von § 16 Abs. 1 VOB/B dar, wenn der Auftraggeber Abschlagszahlungen nur bis zu 90 % der nachgewiesenen Leistungen zu zahlen hat.[3] Dies gilt jedoch dann nicht, wenn der Auftragnehmer die VOB/B gegenüber einem Verbraucher stellt.

3. Mitwirkungspflichten des Auftraggebers

30 Die generellen Mitwirkungspflichten des Auftraggebers ergeben sich aus § 642 BGB. Beim Bauvertrag ist der Auftraggeber insbesondere dazu verpflichtet, die eventuell notwendige Baugenehmigung zu besorgen. Weiterhin hat der Auftraggeber dafür Sorge zu tragen, dass von ihm zu treffende Entscheidungen zügig und rechtzeitig getroffen werden, damit die Arbeiten des Auftragnehmers nicht behindert werden.

3 BGH v. 19.1.2023 – VII ZR 34/20 – IBR 2023, 773.

4. Leistungsänderungen

Das BGB-Bauvertragsrecht sieht in § 650b BGB ein Anordnungsrecht des Bestellers auf Änderung des Vertrages vor. Der Besteller kann eine Vertragsänderung anordnen: 31

- zur Änderung des vereinbarten Werkerfolges (§ 631 Abs. 1 BGB) oder
- für Änderungen, die zur Erreichung des vereinbarten Werkerfolges notwendig sind.

Die Vertragsparteien sollen hier Einvernehmen über die Änderung und die in Folge der Änderung zu leistende Mehr- und Mindervergütung treffen. Der Besteller seinerseits kann eine Änderung des vereinbarten Werkerfolges nur verlangen, wenn dies für den Unternehmer zumutbar ist. An der Zumutbarkeit kann es scheitern, wenn der Betrieb des Unternehmers auf die Art der Arbeit nicht eingerichtet ist oder er nicht über die personellen und sachlichen Kompetenzen verfügt, um den Auftrag ausführen zu können. Liegt keine Unzumutbarkeit vor, hat der Unternehmer ein Angebot über die durch die Änderung entstehende Mehr- oder Mindervergütung dem Besteller zu unterbreiten.

Wenn es sich um eine Änderung handelt, die zur Erreichung des vereinbarten Werkerfolgs notwendig ist, muss der Unternehmer diese auf Anordnung hinausführen. Da es sich hier um eine notwendige Änderungsanordnung handelt, kommt eine Vergütungsanpassung nur bei zusätzlichen Kosten in Betracht. 32

> *Beispiel* 33
>
> Das vereinbarte Leistungsverzeichnis sieht eine Abdichtung gegen Bodenfeuchte vor, die örtlichen Verhältnisse erfordern eine Abdichtung gegen drückendes Wasser, anderenfalls besteht kein funktionierender Schutz gegen Feuchtigkeit. Der Besteller ordnet eine Abdichtung gegen drückendes Wasser an.

Wenn die Parteien sich nicht über die Änderung der Leistungsausführung einigen, kann der Besteller binnen 30 Tagen nach Zugang des Änderungsbegehrens beim Unternehmer die Änderung in Textform anordnen, § 650b Abs. 2 BGB. 34

5. Vergütung

Bezüglich der Vergütung ist wahlweise ein Pauschalpreis oder ein Einheitspreis zu vereinbaren. Das Werkvertragsrecht spricht in § 631 Abs. 1 BGB nur von der „vereinbarten Vergütung". Der Begriff „Festpreis" ist weder im BGB noch in der VOB/B erwähnt. Diese Formulierung ist entsprechend zu vermeiden, sodass der Begriff Pauschalpreis geeigneter ist. Von dem Pauschalpreis sind nur die Bauleistungen mit umfasst, die im Zeitpunkt des Vertragsabschlusses vom Auftragnehmer nach dem Vertrag zu erbringen sind. Auch beim Pauschalpreisvertrag gibt es Mehrvergütungsansprüche für zusätzliche Leistungen und auch für geänderte Leistungen, die Mehrkosten verursachen. 35

Der alternativ vorgeschlagene Einheitspreis ist beim BGB-Bauvertrag die Regel, wenn eine Einzelvergabe der Gewerke erfolgt. Hier ist nach den vereinbarten Einheiten (m^2, Stück, lfm. etc.) abzurechnen, wobei die tatsächlich ausgeführten Leistungen zugrunde zu legen sind. Die Vereinbarung des Einheitspreises setzt voraus, dass in den 36 einzelnen Positionen des Leistungsverzeichnisses technisch und wirtschaftlich einheitliche Teilleistungen bezeichnet sind, deren Menge nach Maß, Stück oder Gewichtszahl angegeben werden kann. Der Einheitspreis ist für die Dauer der Vertragsausführung ein Festpreis. Eine Abrechnung nach der VOB/C ist nicht zulässig. Die Position 5 (Abrechnung) sieht in verschiedenen ATV vor, dass Leistungen abgerechnet werden dürfen, die nicht erbracht worden sind. Die ATV DIN 18330 (Maurerarbeiten) lässt es in Pos. 5.2.1 zu, dass Öffnungen bis 2,5 m^2 „übermessen" werden.

37 Stundenlohnarbeiten führen schnell zu Streitigkeiten. Da im BGB-Werkvertragsrecht nach § 632 BGB bei Nichtvereinbarung die übliche Vergütung gilt, könnte in gewissen Fällen die übliche Vergütung auch eine Stundenlohnvergütung sein. Um dies jedoch ausdrücklich von der Vereinbarung der Parteien abhängig zu machen, ist die entsprechende Regelung mit der Zustimmung des Auftraggebers vor Ausführung der Bauarbeiten im Vertragsmuster vorgesehen.

38 Grundsätzlich ist für jeden Vertragstyp eine möglichst genaue Bestimmung der Bauleistung und der hierfür zu entrichtenden Vergütung empfehlenswert, um die nachträgliche Bestimmung und die damit verbundenen Kosten (Sachverständigen-, Rechtsanwalts- und Gerichtskosten) zu vermeiden. Die nachträgliche Ermittlung einer üblichen Vergütung (§ 632 Abs. 2 BGB) kann schon bei Neubauten erhebliche Fehler aufweisen, erst recht gilt dies für Sanierungsbauten (Bauen im Bestand).

Die Einkommenssteuerermäßigung nach § 35a Abs. 3 EStG von bis zu 1.200 EUR setzt voraus, dass die Arbeitskosten gesondert ausgewiesen werden, § 35a Abs. 5 S. 2 EStG.

6. Zahlungen

39 In § 650g Abs. 4 BGB ist geregelt, dass die Vergütung zu entrichten ist, wenn der Besteller das Werk abgenommen hat und der Unternehmer dem Besteller eine prüffähige Schlussrechnung erteilt hat. Damit hier eine Rechnungsprüfung auch vorgenommen werden kann, ist eine Zahlungsfrist von 14 Tagen im Vertrag aufgenommen.

40 Bezüglich der Abschlagszahlungen ist in § 632a Abs. 1 BGB Folgendes geregelt:

> Der Unternehmer kann von dem Besteller eine Abschlagszahlung in Höhe des Wertes der von ihm erbrachten und nach dem Vertrag geschuldeten Leistungen verlangen.

41 Eine 5 %ige Sicherheit ist nach dem Gesetz nur geschuldet, wenn es sich um einen Verbraucherbauvertrag nach § 650i BGB handelt.

Alternativ ist hier in § 2.1 Nr. 8 des Vertragsmusters ein Zahlungsplan zur Vertragsgrundlage gemacht worden, damit die entsprechenden Zahlungstermine auch festgelegt sind.

7. Ausführungsfristen

42 Die Ausführungsfristen sind verbindlich festzulegen. Für den Auftragnehmer kann der Ausführungsbeginn von entscheidender Bedeutung sein, weil gerade Außenarbeiten im Frühling und Sommer im Allgemeinen wesentlich leichter auszuführen sind als in den

Wintermonaten. Für den Bauherrn ist insbesondere der Fertigstellungstermin von Bedeutung. Sind hier Vertragsfristen vereinbart, tritt nach § 286 Abs. 2 BGB ohne Mahnung Verzug ein, wenn der Auftragnehmer die Fristüberschreitung zu vertreten hat.

Da dieser Vertrag auch gerade für Teilgewerke von Bedeutung ist, können Zwischenfer- 43
tigstellungstermine für Nachfolgehandwerker von Bedeutung sein.

Die Verlängerung der Ausführungsfrist ist im Bauvertragsrecht des BGB nicht geregelt. 44
Entsprechend ist eine Regelung aufgenommen worden, welche die Verzugsregelung des § 286 Abs. 4 BGB präzisiert.

Da viele Baubeteiligte der Auffassung sind, dass generell Witterungsverhältnisse eine 45
Fristverlängerung gewähren, dies jedoch nicht zutreffend ist, wurde hier aufgenommen, dass nur unvorhersehbare Witterungsverhältnisse bei der Verlängerung der Bauzeit Berücksichtigung finden.

8. Abnahme

Da § 640 BGB nicht näher ausführt, in welcher Weise die Abnahme durchzuführen ist, 46
wird hier eine förmliche Abnahme vereinbart. Damit sind mündliche und stillschweigende Abnahmen ausgeschlossen, nicht aber die Abnahmefiktion nach § 640 Abs. 2 BGB durch Fristsetzung. Die förmliche Abnahme bedeutet weiterhin, dass nur das, was schriftlich im Abnahmeprotokoll aufgeführt ist, später rechtlich von Bedeutung ist. Die Abnahme kann nur wegen wesentlicher Mängel verweigert werden, § 640 Abs. 1 S. 2 BGB. Ein wesentlicher Mangel setzt voraus, dass die Funktionsfähigkeit des Bauwerkes erheblich beeinträchtigt ist. Verweigert der Besteller die Abnahme unter Angabe von Mängeln, kann der Unternehmer eine gemeinsame Feststellung des Zustandes des Bauwerkes verlangen, § 650g Abs. 1 BGB.

9. Gewährleistung/Mängelbeseitigung

Bezüglich Beginn und Dauer der Verjährung der Mängelrechte wird die gesetzliche 47
Regelung des § 634a Abs. 1 Nr. 2 BGB klarstellend wiederholt.

Die weitere Regelung ergibt sich aus § 634 BGB. Hier wird nur darauf hingewiesen, dass der Auftragnehmer auch zuerst ein Recht zur Nachbesserung nach § 635 BGB hat.

10. Sicherheitsleistung

Um den Auftragnehmer vor Forderungsausfällen zu schützen, ist eine Vertragserfül- 48
lungssicherheit vereinbart. Diese Vereinbarung ist insbesondere dann erforderlich, wenn eine Sicherheit nach § 650f BGB nicht verlangt werden kann. Die Sicherheit nach § 650f BGB kann nicht verlangt werden, wenn der Auftraggeber eine juristische Person des öffentlichen Rechts oder ein öffentlich-rechtliches Sondervermögen ist. Weiterhin kann eine Sicherheit nicht verlangt werden, wenn der Auftraggeber Verbraucher ist und es sich um einen Verbraucherbauvertrag nach § 650i BGB handelt, § 650f Abs. 6 BGB.

49 Zugunsten des Auftraggebers ist für die Gewährleistungszeit eine Sicherheitsleistung von 5 % der Schlussrechnungssumme vereinbart. Die Sicherheitsleistung ist entweder auf ein Sperrkonto (Und-Konto) einzuzahlen oder kann durch eine selbstschuldnerische Bürgschaft geleistet werden.

11. Versicherungen

50 Die Bauleistungsversicherung (früher Bauwesenversicherung) ist eine reine Sachversicherung und bietet für die Erstellung von Bauobjekten aller Art Versicherungsschutz. Sie gewährt Versicherungsschutz gegen alle Schäden durch unvorhergesehen eintretende Ereignisse, die zu einer Zerstörung oder Beschädigung der versicherten, ordnungsgemäß erbrachten Bauleistung führen. Dabei ist es gleichgültig, ob diese Schäden zulasten des Auftragnehmers oder des Auftraggebers selbst gehen, sofern sie nur während der Bauzeit vor der Abnahme eintreten. Die Ursache für die eintretenden Schäden können außergewöhnliche Witterungsverhältnisse, unsachgemäße oder böswillige Handlung unbekannter Personen, unbekannte und nicht erkennbare Eigenschaften des Baugrundes und der Diebstahl eingebauter Bauteile oder Materialien sein. Die Bauleistungsversicherung bietet dagegen keinen Schutz bei Schäden, die durch eine mangelhafte oder vertragswidrige Ausführung der Bauleistung entstanden sind.

51 Die Regelung zur Betriebshaftpflichtversicherung gilt im Wesentlichen zur Klarstellung und soll dem Auftragnehmer seine Verpflichtung zum Abschluss einer Betriebshaftpflichtversicherung vor Augen führen. Wichtig ist hier die Höhe der Versicherungssumme. Besonders ist auf die Höhe der Versicherung der reinen Vermögensschäden zu achten, die, wenn sie überhaupt versichert sind, meist nur in einem geringen Umfang in der Betriebshaftpflichtversicherung enthalten sind.

12. Gerichtsstand/Schiedsgericht

52 Eine Gerichtsstandsvereinbarung ist nur möglich, wenn beide Parteien Kaufleute sind sowie in den weiteren gesetzlich vorgesehenen Fällen, § 38 ZPO. Zu beachten ist insbesondere die Möglichkeit zur Gerichtsstandsvereinbarung in Fällen mit Auslandsberührung. Hier besteht eine grundsätzlich freiere Möglichkeit der Bestimmung des Gerichtsstandes im Vertrag, § 38 Abs. 2 ZPO. Die Wahl eines inländischen Gerichtsstandes kann empfehlenswert sein, wobei dann auch das inländische Recht als anwendbar vereinbart werden soll.

53 Alternativ könnte hier auch eine Schlichtung oder auch ein Schiedsgerichtsverfahren vereinbart werden. Die Vereinbarung einer Schlichtung oder eines Schiedsgerichtsverfahrens ist auch dann zulässig, wenn die Vertragsparteien nicht Kaufleute sind. Allerdings sind die besonderen Anforderungen zu beachten, im Fall der Vereinbarung eines Schiedsgerichtsverfahrens sind es die §§ 1025 ff. ZPO. Schiedsvereinbarungen, an denen ein Verbraucher beteiligt ist, müssen in einer von den Parteien eigenhändig unterzeichneten Urkunde enthalten sein, § 1031 Abs. 5 ZPO. Auch kann geregelt werden, ob eine

bestimmte Schiedsordnung gelten soll, z.B. die SGO-Bau oder die SOBau der ARGE Baurecht im Deutschen Anwaltverein. Wird keine Schiedsordnung vereinbart, so bestimmt sich das Schiedsgerichtsverfahren – so weit deutsches Recht gilt – ausschließlich nach den Regeln der ZPO. Wird nur eine Schlichtung vereinbart, so kann bestimmt werden, dass die Schlichtung zwingend oder fakultativ ist.

Weiterführend und vertiefend hierzu siehe § 12 Rdn 1 ff.

13. Weitere Vereinbarungen

Hier können zusätzliche Vereinbarungen aufgenommen werden. Möglich sind die Vereinbarungen, welche die Parteien noch bei Abschluss des Vertrages treffen. **54**

Sofern sich herausstellt, dass der Vertrag Auslandsberührung aufweist, empfiehlt es sich, das anwendbare Recht zu vereinbaren. Art. 3 Abs. 5 i.V.m. Art. 10 Abs. 1 Rom I-VO3 gestattet es den Parteien, das auf den Vertrag anzuwendende Recht frei im Vertrag zu vereinbaren. Auslandsberührung kann schon dann gegeben sein, wenn die Baufirma im Zeitpunkt des Vertragsabschlusses ihren Geschäftssitz im Ausland hat. Dabei spielt es auch keine Rolle, dass das Bauvorhaben in Deutschland abgewickelt wird.

14. Widerrufs- und Rücktrittsrecht

Unter 14.1 ist der Fall des vertraglich vereinbarten Widerrufsrechtes geregelt. Daneben ist in bestimmten Fällen das gesetzliche Widerrufsrecht zu beachten, welches gilt, wenn Verbraucher am Bauvertrag beteiligt sind. Dies gilt besonders für den Verbraucherbauvertrag, aber auch in weiteren Fällen: **55**

- Für den Verbraucherbauvertrag ist ein Widerrufsrecht in §§ 650l, 355 BGB geregelt.
- Für den Verbraucherbauvertrag, aber auch bei allen anderen Verträgen, also auch allen anderen Verbraucherverträgen, an denen ein Verbraucher beteiligt ist (§ 312 Abs. 1 BGB: Verbrauchervertrag i.S.d. § 310 Abs. 3 BGB) besteht das Widerrufsrecht gem. § 312b BGB[4] (außerhalb der Geschäftsräume) und auch gem. § 312c BGB (Fernabsatzverträge).

Zu beachten sind die Ausnahmen in § 312g Abs. 2 BGB.

Ist Auftraggeber also ein Verbraucher im Sinne des §§ 13 BGB, so sind die vorstehend benannten gesetzlichen Widerrufsrechte zu beachten. Die Widerrufsfrist beträgt 14 Tage. Die Widerrufsfrist sollte gemäß den gesetzlichen Anforderungen in Gang gesetzt werden, um einen sonst bis zum Ablauf von 12 Monaten und 14 Tagen möglichen Widerruf des Verbrauchers zu vermeiden (vgl. § 356 Abs. 3 S. 2 BGB) **56**

Beim Verbraucherbauvertrag (§ 650i BGB) ist für den Beginn der Widerrufsfrist § 356e BGB zu beachten. Danach beginnt die Frist nicht, bevor der Unternehmer den Verbraucher nicht gemäß Art. 249 § 3 des Einführungsgesetzes zum Bürgerlichen Gesetzbuche über sein Widerrufsrecht belehrt hat (§ 356e BGB).

4 KG v. 16.11.2021 – 21 U 41/21 – IBR 2022, 129.

Bei Verträgen, die außerhalb von Geschäftsräumen abgeschlossen werden oder bei Fernabsatzverträgen, an denen ein Verbraucher beteiligt ist, beginnt die Widerrufsfrist nicht, bevor nicht der Unternehmer den Verbraucher entspricht den Anforderungen des Art. 246a § 1 Abs. 2 S. 1 Nr. 1 oder des Art. 246b § 2 Abs. 1 des Einführungsgesetzes zum Bürgerlichen Gesetzbuche unterrichtet hat (§ 356 Abs. 3 BGB).

57 Bei Bauverträgen über nicht erhebliche Umbaumaßnahmen räumt das BGB dem Verbraucher in § 312b BGB ein Widerrufsrecht bei außerhalb von Geschäftsräumen abgeschlossenen Verträgen ein. Hierbei handelt es sich beispielsweise um Bauverträge insbesondere im Zusammenhang mit der Errichtung von Anbauten an Gebäuden (z.B. dem Anbau einer Garage oder eines Wintergartens) und im Zusammenhang mit der Instandsetzung und Renovierung von Gebäuden, die keine erheblichen Umbauarbeiten darstellen. Verträge sind außerhalb von Geschäftsräumen geschlossen,

(1) die bei gleichzeitiger körperlicher Anwesenheit des Verbrauchers und des Unternehmers an einem Ort geschlossen werden, der kein Geschäftsraum des Unternehmers ist,
(2) für die der Verbraucher unter den oben genannten Umständen ein Angebot abgegeben hat,
(3) die in den Geschäftsräumen des Unternehmers oder durch Fernkommunikationsmittel geschlossen werden, bei denen der Verbraucher jedoch unmittelbar zuvor außerhalb der Geschäftsräume des Unternehmers bei gleichzeitiger körperlicher Anwesenheit des Verbrauchers und des Unternehmers persönlich und individuell angesprochen wurde oder
(4) die auf einem Ausflug geschlossen werden, der von dem Unternehmer oder mit seiner Hilfe organisiert wurde, um beim Verbraucher für den Verkauf von Waren oder die Erbringung von Dienstleistungen zu werben und mit ihm entsprechende Verträge abzuschließen, § 312b BGB.

58 Dem Auftraggeber steht kein Widerrufsrecht zu, wenn der Vertrag entweder bei gleichzeitiger Anwesenheit der Parteien in den Geschäftsräumen des Auftragnehmers (Bauunternehmers) unterzeichnet wird, oder aber dadurch zustande kommt, dass der Auftraggeber den unterzeichneten Vertrag per Post, Fax oder E-Mail an den Unternehmer übersendet.

59 Ein Muster einer Widerrufsbelehrung befindet sich im Bundesgesetzblatt. Die Widerrufsbelehrung muss vom Verbraucher unterschrieben werden.

C. Muster: Verbraucherbauvertrag

I. Muster: Verbraucherbauvertrag

▼ 60

14.2

Verbraucherbauvertrag

zwischen

– nachstehend Verbraucher genannt –

und

– nachstehend Unternehmer genannt –

wird folgender Bauvertrag geschlossen:

§ 1 Gegenstand des Vertrags

1.1

Der Verbraucher beauftragt den Unternehmer mit den kompletten Bauleistungen für

- den Bau eines neuen Gebäudes,
- die erheblichen Umbaumaßnahmen

auf dem Grundstück in entsprechend den nachfolgenden Unterlagen und den Einzelheiten dieses Vertrags.

1.2

Die Vorschriften über den Verbraucherbauvertrag (§§ 650i-650o BGB) finden Anwendung.

§ 2 Vertragsbestandteile

2.1

Dem Vertrag liegen in der nachfolgenden Reihen- und Rangfolge folgende Unterlagen zugrunde:

1. dieser Verbraucherbauvertrag
2. die Widerrufsbelehrung Anlage Nr. 1
3. die Baubeschreibung vom , Anlage Nr.
4. *eventuell: das ausgefüllte Leistungsverzeichnis vom , Anlage Nr.*
5. die Pläne vom gemäß Planliste vom , Anlage Nr.
6. die Statik (Berechnung und Pläne) vom , Anlage Nr.
7. die Baugenehmigung vom , Anlage Nr.
8. der Terminplan vom , Anlage Nr.
9. der Zahlungsplan vom , Anlage Nr.
10. die anerkannten Regeln der Technik

2.2

Bei Widersprüchen gelten die oben aufgeführten Vertragsbedingungen in der aufgeführten Reihenfolge.

§ 3 Vergütung

3.1

Die Vergütung für sämtliche nach diesem Vertrag vom Unternehmer zu erbringenden Leistungen beträgt pauschal EUR einschließlich der Mehrwertsteuer.

Der Pauschalpreis umfasst alle von diesem Vertrag umfassten Leistungen.

(alternativ:

3.1

Die Vergütung des Unternehmers erfolgt auf der Grundlage der in seinem Angebot genannten Einheitspreise und den tatsächlich ausgeführten Leistungen. Der vorläufige Gesamtpreis beträgt EUR (einschließlich Mehrwertsteuer).)

3.2

Dem Unternehmer steht ein zusätzlicher Vergütungsanspruch nur zu, wenn der Verbraucher geänderte Leistungen beauftragt und hierdurch Mehrkosten entstanden und die vom Unternehmer nachgewiesen worden sind.

3.3

Stundenlohnarbeiten werden nur vergütet, wenn sie vor der Ausführung der Leistung vom Verbraucher in Textform beauftragt worden sind.

§ 4 Vertretung der Vertragsparteien

4.1

Der vom Verbraucher beauftragte Architekt hat keine rechtsgeschäftliche Vollmacht, auch nicht zur Abnahme der Leistungen. Der Architekt ist jedoch berechtigt, die Beseitigung von Mängeln vom Unternehmer zu verlangen.

Eventuell: Der vom Verbraucher bevollmächtigte Vertreter ist .

4.2

Der Unternehmer wird vertreten durch , der umfassend bevollmächtigt ist.

§ 5 Änderung der vereinbarten Bauleistung

5.1

Der Verbraucher ist berechtigt, Änderung der vereinbarten Bauleistung anzuordnen, wenn dies für den Unternehmer zumutbar ist. Auf die Zumutbarkeit kommt es nicht an, wenn die Änderung zur Erreichung des vereinbarten Werkerfolgs notwendig ist. Die Anordnung der Änderung soll in Textform erteilt werden.

5.2

Über die Vergütungsanpassung ist eine Vereinbarung zwischen den Parteien zu treffen. Der Unternehmer ist verpflichtet, ein Angebot über die Mehr- oder Mindervergütung zu erstellen. Die Höhe des Vergütungsanspruchs für die geänderte Leistung richtet sich nach dem vermehrten oder verminderten Aufwand und ist nach den tatsächlich erforderlichen Kosten mit angemessenen Zuschlägen für allgemeine Geschäftskosten, Wagnis und Gewinn zu ermitteln.

5.3

Erfolgt keine Vereinbarung über die Vergütung der geänderten Leistung, kann der Verbraucher die Ausführung der geänderten Leistungen in Textform verlangen, wenn vom Zeitpunkt der Anordnung der geänderten Leistung 30 Tage vergangen sind. Der Unternehmer kann nach Ausführung der geänderten Leistung eine Abschlagsrechnung in Höhe von 80 % der in seinem Angebot aufgeführten Mehrvergütung ansetzen, wenn die Parteien sich nicht über die Höhe geeinigt haben oder keine anders lautende gerichtliche Entscheidung ergeht.

§ 6 Zahlungen

6.1

Die Zahlungen sind innerhalb von 14 Tagen nach Zugang einer prüfbaren Rechnung beim Verbraucher zu leisten. Die Schlusszahlung ist fällig mit der Abnahme und Übermittlung einer prüfbaren Schlussrechnung durch den Unternehmer.

6.2

Die Abschlagszahlungen richten sich nach § 650m BGB und dürfen 90 % der vereinbarten Gesamtvergütung einschließlich der Vergütung für Nachträge nach § 650c BGB nicht übersteigen.

6.3

Dem Verbraucher steht bei der ersten Abschlagszahlung eine Sicherheit für die rechtzeitige Herstellung des Werks ohne wesentliche Mängel in Höhe von 5 % der vereinbarten Gesamtvergütung zu. Erhöht sich der Vergütungsanspruch infolge von Anordnungen des Verbrauchers oder infolge sonstiger Änderungen des Vertrags um mehr als 10 %, ist dem Verbraucher bei der nächsten Abschlagszahlung eine weitere Sicherheit in Höhe von 5 % des zusätzlichen Vergütungsanspruchs zu stellen.

6.4

Die restlichen 10 % der Vergütung werden erst mit der Abnahme und der Überreichung der prüfbaren Schlussrechnung fällig.

6.5

(Beim Pauschalpreisvertrag)

- 5 von hundert nach Fertigstellung der Erdarbeiten
- 10 von hundert nach Fertigstellung der Bodenplatte
- 25 von hundert nach Rohbaufertigstellung, einschließlich Zimmererarbeiten
- 8 von hundert für die Herstellung der Dachflächen und Dachrinnen
- 3 von hundert für die Rohinstallation der Heizungsanlage
- 3 von hundert für die Rohinstallation der Sanitäranlagen
- 3 von hundert für die Rohinstallation der Elektroanlagen
- 10 von hundert für den Fenstereinbau, einschließlich der Verglasung
- 6 von hundert für den Innenputz, ausgenommen Beiputzarbeiten
- 3 von hundert für den Estrich
- 4 von hundert für die Fliesenarbeiten im Sanitärbereich
- 10 von hundert nach Bezugsfertigkeit und Zug um Zug
- 10 von hundert mit Abnahme und Schlussrechnung

(alternativ: 6.5 beim Einheitspreisvertrag

Dem Unternehmer stehen Abschlagszahlungen für die erbrachten und vertragsgerechten Leistungen zu, wobei die Höhe der Abschlagszahlungen auf insgesamt 90 % der Gesamtvergütung beschränkt ist.)

§ 7 Termine und Vertragsstrafe

7.1

Der Baubeginn wird spätestens am erfolgen, sofern die Baugenehmigung vorliegt.

7.2

Der Unternehmer ist verpflichtet, seine vertraglichen Leistungen bis spätestens zum fertigzustellen.

7.3

Der Unternehmer schuldet dem Verbraucher bei schuldhafter Überschreitung der vereinbarten Fertigstellungsfrist pro Tag des Verzugs eine Vertragsstrafe in Höhe von 0,2 % der Brutto-Auftragssumme, höchstens jedoch 5 %. Weitergehende Schadenersatzansprüche des Verbrauchers bleiben unberührt. Die Vertragsstrafe wird auf eventuelle Schadenersatzansprüche angerechnet.

7.4

Witterungsbedingte Verzögerungen, mit denen bei Abschluss des Vertrags zu rechnen ist, verlängern die Bauzeit nicht.

§ 8 Abnahme

Die Parteien vereinbaren eine förmliche Abnahme. Über die Abnahme ist ein Protokoll in Textform zu fertigen, in welches alle wichtigen Umstände wie Bautenstand, Qualität der Arbeiten, Mängel und Restarbeiten aufzunehmen sind. § 640 Abs. 2 BGB bleibt unberührt.

§ 9 Versicherungen

9.1

Der Verbraucher schließt für die Durchführung des Bauvorhabens eine Bauleistungsversicherung ab, die sowohl das Auftraggeber- als auch das Unternehmerrisiko umfasst. Der Unternehmer trägt die Kosten der Versicherung pauschal in Höhe von Promille der Baukosten. Die entsprechende Summe ist von der Schlussrechnung in Abzug zu bringen.

9.2

Der Unternehmer ist verpflichtet, eine ausreichende Betriebshaftpflichtversicherung nachzuweisen, die folgende Deckungssummen aufweist

- für Personenschäden in Höhe von EUR,
- für Sachschäden in Höhe von EUR,
- für Vermögensschäden in Höhe von EUR.

§ 10 Sicherheiten

10.1

Der Unternehmer ist verpflichtet, dem Verbraucher bei der ersten Abschlagszahlung eine Sicherheit für die rechtzeitige Herstellung des Werks in Höhe von 5 % der vereinbarten

Gesamtvergütung zu leisten. Die Sicherheit ist in Form des § 650m Abs. 3 BGB zu erbringen.

10.2

Der Verbraucher erhält vom Unternehmer für die Dauer der Gewährleistungsfrist eine vom Auftraggeber zu leistende Sicherheit in Höhe von 5 % der Schlussrechnungssumme.

10.3

Die Gewährleistungssicherheit ist in Form einer selbstschuldnerischen, unbefristeten, tauglichen Bürgschaft durch ein Kreditinstitut oder einen Kreditversicherer im Geltungsbereich dieses Gesetzes zu erbringen. Bis zur Vorlage der Bürgschaft ist der Verbraucher berechtigt, die Sicherheit durch Abzug von der Schlussrechnung einzubehalten.

§ 11 Widerrufsrecht des Verbrauchers

Dem Verbraucher steht ein Widerrufsrecht nach § 650l BGB zu. Die Widerrufsfrist beträgt 14 Tage ab Vertragsabschluss. Die Widerrufsbelehrung ist als Anlage Nr. 1 diesem Vertrag beigefügt.

§ 12 Sonstige Vereinbarungen

, den

(Unterschrift des Verbrauchers)

, den

(Unterschrift des Unternehmers)

A. Widerrufsbelehrung

Anlage 1 Widerrufsbelehrung zum Verbraucherbauvertrag

Sie haben als Verbraucher das Recht, innerhalb von 14 Tagen ohne Angabe von Gründen diesen Vertrag zu widerrufen. Die Widerrufsfrist beträgt 14 Tage ab dem Vertragsabschluss. Sie beginnt nicht zu laufen, bevor Sie diese Belehrung in Textform erhalten haben. Um Ihr Widerrufsrecht auszuüben, müssen Sie uns

(Name und Anschrift des Unternehmers sowie Telefonnummer und E-Mailadresse einfügen)

mittels einer eindeutigen Erklärung (z.B. Brief oder E-Mail) über Ihren Entschluss, diesen Vertrag zu widerrufen, informieren. Zur Wahrung der Widerrufsfrist reicht es aus, dass Sie die Erklärung über die Ausübung des Widerrufsrechts vor Ablauf der Widerrufsfrist absenden.

Wenn Sie diesen Vertrag widerrufen, sind alle gegenseitigen Leistungen unverzüglich zurückzugewähren. Wir müssen also bereits gezahlten Werklohn zurückzahlen und Sie müssen alle Leistungen zurückgeben, die Sie bis zum Widerruf von uns erhalten haben. Ist die Rückgewähr einer Leistung ihrer Natur nach ausgeschlossen, lassen sich Baumaterialien beispielsweise nicht ohne Zerstörung entfernen, ist von Ihnen Wertersatz zu zahlen.

B. Widerrufsformular

(Wenn Sie diesen Vertrag widerrufen wollen, dann füllen Sie bitte dieses Formular aus und senden dies an uns zurück):

An

(Name und Anschrift des Unternehmers sowie Telefonnummer und E-Mail-Adresse einfügen).

Hiermit widerrufe(n) ich/wir den von mir/uns abgeschlossenen Verbraucherbauvertrag:

Name und Anschrift des/der Verbraucher:

, den

(Unterschrift)

Ich habe die Widerrufsbelehrung zur Kenntnis genommen und ein Exemplar erhalten.

, den

(Unterschrift Verbraucher)

▲

II. Anmerkungen

1. Gegenstand des Vertrags

61 Dieser Verbraucherbauvertrag findet Anwendung für Verträge, durch die der Unternehmer von einem Verbraucher zum Bau eines neuen Gebäudes oder zu erheblichen Umbaumaßnahmen an einem bestehenden Gebäude verpflichtet wird, § 650i BGB. Der Abschluss dieses Vertrags bedarf zu seiner Wirksamkeit der Textform nach § 126b BGB, § 650i Abs. 2 BGB. Der Begriff des Verbrauchers ist in § 13 BGB geregelt und umfasst ausnahmslos natürliche Personen, die Rechtsgeschäfte abschließen, die überwiegend weder ihrer gewerblichen noch ihrer selbstständigen beruflichen Tätigkeit zugerechnet werden können. Die Vermögensverwaltung als solche schließt erst dann die Verbrauchereigenschaft aus, wenn sie berufs- oder erwerbsmäßig ausgeübt wird und einen planmäßigen Geschäftsbetrieb erfordert.[5] Umstritten war, ob ein Verbraucherbauvertrag nur dann vorliegt, wenn für den Bau des neuen Gebäudes ein Unternehmer beauftragt wird oder ein Verbraucherbauvertrag auch dann vorliegt, wenn der Verbraucher das Bauvorhaben in mehrere Bauverträge aufspaltet, die er mit mehreren Unternehmern isoliert abschließt.[6] Der BGH hat entschieden, dass ein Verbraucherbauvertrag voraussetzt, dass

5 OLG Hamm v. 27.4.2021 – 24 U 198/20.

6 Für den Bau durch einen Unternehmer: KG v.16.11.2021 – 21 U 41/21; OLG München v. 9.6.2022 – 20 U 82/99–21 Bau; für den Bau mit mehreren Unternehmern: OLG Hamm v. 27.4.2021 – 24 U 198/20; OLG Zweibrücken v. 29.3.2022 – 5 U 52/21.

es sich um einen Vertrag mit einem Verbraucher handelt, durch den der Unternehmer zum Bau eines neuen Gebäudes verpflichtet wird. Dazu reicht es schon nach dem Wortlaut nicht aus, dass der Unternehmer die Verpflichtung zur Erbringung eines einzelnen Gewerks im Rahmen eines Neubaus übernimmt. Voraussetzung ist vielmehr, dass ein Unternehmer zum Bau eines neuen Gebäudes bzw. zu erheblichen Umbaumaßnahmen an einem Gebäude verpflichtet wird.[7] Bei Umbaumaßnahmen handelt es sich nur um einen Verbraucherbauvertrag, wenn die Umbaumaßnahmen „erheblich“ sind, § 650i Abs. 1 BGB. Umbaumaßnahmen sind erst dann „erheblich“, wenn sie in ihrem Umfang einem Neubau gleichkommen und mehrere Gewerke umfassen.[8]

2. Vertragsbestandteile

a) Textform

Der Verbraucherbauvertrag kommt nur wirksam zustande, wenn die Textform nach § 126b BGB eingehalten ist. Zustande kommt der Verbraucherbauvertrag somit entweder durch Unterschrift beider Parteien unter dem Vertrag oder durch Austausch von wechselseitigen Erklärungen (Angebot und Annahme). Dabei müssen beide Erklärungen mindestens in Textform sein. Hat der Verbraucher einen Architekten eingeschaltet, kann der Vertrag dadurch zustande kommen, dass dieser im Auftrag des Verbrauchers ein Blanko-Leistungsverzeichnis an den Unternehmer übersendet mit der Aufforderung, hierauf durch Einsetzen der Preise ein Angebot abzugeben. Dieses Angebot mit dem ausgefüllten Leistungsverzeichnis muss dann vom Verbraucher in Textform, z.B. durch Bestätigungs-E-Mail, angenommen werden. Ein vom Verbraucher mündlich per Telefon angenommenes Angebot des Unternehmers ist nach § 125 BGB nichtig und somit unwirksam. 62

b) Widerrufsrecht

Nach § 650l BGB steht dem Verbraucher ein Widerrufsrecht zu. Um die Belehrungspflicht nach EGBGB Art. 249 § 3 zu erfüllen, die in Textform zu erfolgen hat, ist dem Vertrag eine Widerrufsbelehrung als Anlage beizufügen. Der Unternehmer kann seine Belehrungspflicht dadurch erfüllen, dass er dem Verbraucher das nach Anlage 10 zu Art. 249 § 3 EGBGB vorgesehene Muster für die Widerrufsbelehrung bei Verbraucherbauverträgen beifügt.[9] Das Widerrufsrecht gilt unabhängig davon, wo der Verbraucherbauvertrag abgeschlossen worden ist. Dies weicht somit vom Widerrufsrecht des § 312g BGB ab, welches voraussetzt, dass der Vertrag außerhalb von den Geschäftsräumen geschlossen worden ist. 63

c) Baubeschreibung

Der Unternehmer hat eine Baubeschreibung, deren Einzelheiten sich aus EGBGB Art. 249 § 2 ergeben, dem Vertrag zugrunde zu legen, § 650j BGB. Eine Ausnahme besteht nur dann, wenn der Verbraucher oder ein von ihm Beauftragter, in erster Linie 64

7 BGH v. 16.3.2023 – VII ZR 94/22.
8 OLG Celle v. 28.3.2022 – 6 U 6/22 – IBR 2022, 569.
9 BGBl I 2017, 979.

ein Architekt, die wesentlichen Planungsvorgaben erstellt. Die Baubeschreibung hat folgende Informationen zu enthalten:

1. allgemeine Beschreibung des herzustellenden Gebäudes oder der vorzunehmenden Umbauten, ggf. Haustyp und Bauweise,
2. Art und Umfang der angebotenen Leistung, ggf. der Planung und der Bauleitung, der Arbeiten am Grundstück oder der Baustelleneinrichtung sowie der Ausbaustufen,
3. Gebäudedaten, Pläne mit Raum- und Flächenangaben sowie Ansichten, Grundrisse und Schnitte,
4. ggf. Angaben zum Energie-, zum Brandschutz, zum Schallschutz sowie zur Bauphysik,
5. Angaben zur Baubeschreibung der Baukonstruktionen aller wesentlichen Gewerke,
6. ggf. Beschreibung des Innenausbaus,
7. ggf. Beschreibung der gebäudetechnischen Anlagen,
8. Angaben zu Qualitätsmerkmalen, denen das Gebäude oder der Umbau genügen muss,
9. ggf. Beschreibung der Sanitärobjekte, der Armaturen, der Elektroanlage, der Installationen, der Informationstechnologie und der Außenanlagen.[10]

Die Baubeschreibung ist dem Bauherrn in Textform[11] rechtzeitig vor der Unterzeichnung des Vertrags auszuhändigen. Soweit die Baubeschreibung unvollständig oder unklar ist, geht dies zulasten des Unternehmers. Der Vertrag wird in Streitfällen unter Berücksichtigung sämtlicher vertragsbegleitenden Umstände, insbesondere des Komfort- und Qualitätsstandards, nach der übrigen Leistungsbeschreibung ausgelegt, § 650k Abs. 2 BGB.

Wenn der Verbraucher durch seinen Architekten das Leistungsverzeichnis und somit die Baubeschreibung vorgibt, ist dieses vom Unternehmer ausgefüllte Leistungsverzeichnis beizufügen. Pläne und Statik sind notwendig, um damit festzulegen, was gebaut werden soll und sind darüber hinaus Bestandteil der notwendigen Baubeschreibung. Hier muss darauf geachtet werden, dass die Pläne genau bezeichnet werden, sowohl was den Ausführungszustand als auch den Zeitpunkt der Entstehung betrifft.

d) Vorliegen einer Baugenehmigung

65 Wenn eine Baugenehmigung bereits vorliegt, sollte diese zum Gegenstand des Vertrags gemacht werden, weil die Baugenehmigung bei genehmigungspflichtigen Bauvorhaben zwingende Voraussetzung für die Durchführung der Bauarbeiten ist. Damit für den Verbraucher die Fertigstellung des Bauvorhabens in zeitlicher Sicht gesichert ist, sind die entsprechenden Baufristen verbindlich zu vereinbaren. § 650k Abs. 3 BGB verlangt verbindliche Angaben zum Zeitpunkt der Fertigstellung des Bauwerks. Wenn dieser Zeitpunkt zum Abschluss des Bauvertrags nicht angegeben werden kann, etwa wenn die Baugenehmigung noch nicht vorliegt, ist eine Angabe zur Dauer der Bauausführung notwendig. Enthält der Vertrag diese Angaben nicht, werden die vorvertraglich in der

10 EGBGB Art. 249 § 2 Inhalt der Baubeschreibung.
11 § 126b BGB.

Baubeschreibung übermittelten Angaben zum Zeitpunkt der Fertigstellung oder zur Dauer der Bauausführung Inhalt des Vertrags, § 650k Abs. 3 S. 2 BGB.

e) Zahlungsplan

Ein Zahlungsplan ist immer dann erforderlich, wenn die Parteien einen Pauschalpreis vereinbart haben. Ansonsten richten sich die Abschlagszahlungen nach § 632a BGB, wobei diese in Höhe der erbrachten und nach dem Vertrag geschuldeten Leistungen verlangt werden können. Eingeschränkt werden die Abschlagszahlungen durch § 650m BGB, der den Gesamtbetrag der Abschlagszahlungen auf 90 % der vereinbarten Gesamtvergütung beschränkt. 66

f) Anerkannte Regeln der Technik

Die anerkannten Regeln der Technik sind beim Verbraucherbauvertrag ebenso wie beim BGB-Bauvertrag nicht erwähnt. Hier handelt es sich zwar um einen Begriff aus der VOB/B, jedoch gelten die anerkannten Regeln der Technik gleichermaßen auch als ungeschriebene Beschaffenheitsvereinbarung beim BGB-Vertrag, somit auch beim Verbraucherbauvertrag. Dies dient der Klarstellung und zeigt die Verpflichtung des Unternehmers auf, seine Leistung vertragsgerecht und mangelfrei zu erbringen. 67

g) Widerspruchsregelung

Die Widerspruchsregelung gilt insbesondere für Widersprüche zwischen der Baubeschreibung und den Plänen. Das Leistungsverzeichnis hat gegenüber den Plänen eine größere Bedeutung, weil dort im Regelfall die Leistungen im Einzelnen genauer beschrieben werden. Andererseits können detaillierte Pläne einer nicht präzisen Baubeschreibung vorgehen. Um hier Auslegungsschwierigkeiten bei Widersprüchen zu vermeiden,[12] ist eine klare Entscheidung bezüglich der Rangfolge zu treffen. 68

3. Vergütung

Bezüglich der Vergütung kann wahlweise ein Pauschalpreis oder ein Einheitspreis vereinbart werden. Das BGB-Bauvertragsrecht spricht in § 631 Abs. 1 BGB nur von der „vereinbarten Vergütung“. Der Begriff Festpreis ist weder im BGB noch in der VOB/B erwähnt. Diese Formulierung ist entsprechend zu vermeiden, sodass der Begriff Pauschalpreis, der in § 2 Abs. 7 VOB/B erwähnt wird, geeigneter ist. Im Pauschalpreis sind nur die Bauleistungen mit umfasst, die im Zeitpunkt des Vertragsabschlusses vom Unternehmer nach dem Vertrag zu erbringen sind. 69

Sowohl beim Pauschal- als auch beim Einheitspreisvertrag gibt es Mehrvergütungsansprüche für geänderte Leistungen nach § 650c BGB. Grundsätzlich wird der Einheitspreisvertrag gewählt, wenn die Gewerke einzeln vergeben werden, was beim Verbraucherbauvertrag nicht geht.[13] Dennoch kann auch bei der Gesamtvergabe an einen Unter- 70

12 BGH v. 5.12.2002 – VII ZR 342/07 – BauR 2003, 388.
13 BGH v. 16.3.2023 – VII ZR 94/22.

nehmer vereinbart werden, dass die Leistungen nach Einheitspreisen abgerechnet werden. Die Vereinbarung des Einheitspreises setzt voraus, dass neben der Baubeschreibung die einzelnen Positionen in einem Leistungsverzeichnis in technisch und wirtschaftlich einheitlichen Teilleistungen bezeichnet sind, deren Menge nach Maß, Stück oder Gewichtszahl angegeben werden kann. Der Einheitspreis ist für die Dauer der Vertragsausführung für die einzelnen Leistungen ein Festpreis. Beim Verbraucherbauvertrag ändert sich der Einheitspreis nicht bei Mengenmehrungen und Mengenminderungen, soweit keine Anordnung des Verbrauchers vorliegt. Eine Änderung tritt nur beim Gesamtpreis ein, weil der Abrechnung die tatsächlich erbrachte und erforderliche Menge zugrunde liegt.

71 Stundenlohnarbeiten führen schnell zu Streitigkeiten. Damit hier eine klare Situation geschaffen wird, wird die Beauftragung von Stundenlohnarbeiten durch den Verbraucher unter Textform gestellt.

4. Vertretung der Vertragsparteien

72 Damit klar ist, wer außer den Vertragsparteien berechtigt ist, ist eine ausdrückliche Vertretungsregelung im Vertrag vorgesehen. Dabei ist klargestellt, dass der Architekt keine Vollmacht hat, also weder berechtigt ist, Zusatzaufträge zu erteilen noch die Abnahme durchzuführen. Da der Architekt jedoch verpflichtet ist, für die Beseitigung von Baumängeln Sorge zu tragen, ist es auch sinnvoll klarzustellen, dass er hierzu auch vom Verbraucher bevollmächtigt ist. Die Vertretungsregelung beim Unternehmer ist deswegen erforderlich, weil der Geschäftsführer bzw. Inhaber des Bauunternehmens grundsätzlich nicht bzw. nicht ständig auf der Baustelle anwesend ist.

5. Leistungsänderungen

73 Da die Vorschriften des Bauvertragsrecht grundsätzlich auch für den Verbraucherbauvertrag gelten, gilt hier auch § 650b BGB, der ein Anordnungsrecht des Bestellers (Verbrauchers) auf Änderung des Vertrags vorsieht. Der Verbraucher kann folgende Vertragsänderungen nach § 650b BGB anordnen:

1. Änderung des vereinbarten Werkerfolgs (§ 631 Abs. 1 BGB)
2. Änderungen, die zur Erreichung des vereinbarten Werkerfolgs notwendig sind.

Die Vertragsparteien sollen Einvernehmen über die Änderung und die hieraus folgende Vergütung erreichen. Der Verbraucher kann eine Änderung des vereinbarten Werkerfolgs nur verlangen, wenn dies für den Unternehmer zumutbar ist. An der Zumutbarkeit kann es scheitern, wenn der Betrieb des Unternehmers auf die Art der Arbeit nicht eingerichtet ist, was bei einem Bauunternehmen, welches sämtliche Leistungen für die Errichtung des Gebäudes übernimmt, nicht der Fall sein dürfte. Liegt keine Unzumutbarkeit vor, hat der Unternehmer nach der Aufforderung zur Ausführung der Änderung dem Verbraucher ein Angebot über die voraussichtlichen Kosten zu unterbreiten, § 650b Abs. 1 S. 2 BGB.

Wenn es sich jedoch um eine Änderung handelt, die zur Erreichung des vereinbarten Werkerfolgs notwendig ist, muss der Unternehmer diese auf Anordnung des Verbrauchers hin grundsätzlich kostenneutral ausführen. Hier handelt es sich um eine Vermeidung von Mängeln bzw. eine Mängelbeseitigung.

Der Unternehmer ist verpflichtet, ein Angebot über die Vergütung der angeordneten Änderung zu erstellen. Um dieses Nachtragsangebot erstellen zu können, benötigt der Unternehmer die erforderliche Planung, die der Verbraucher über seinen Architekten vorlegen muss. Dies gilt nur dann nicht, wenn der Unternehmer die Planungsleistung mit im Vertrag übernommen hat. 74

Erfolgt keine Einigung über die geänderte Leistung und deren Vergütung, kann der Verbraucher 30 Tage nach Stellen seines Änderungsbegehrens die Ausführung der Leistung verlangen, wobei diese Anordnung der Textform bedarf,[14] § 650b Abs. 2 S. 1 BGB. Nach Ausführung der geänderten Leistung kann der Unternehmer eine Abschlagsrechnung in Höhe von 80 % seiner im Angebot verlangten Mehrvergütung verlangen. Die möglicherweise restliche Mehrvergütung darf der Unternehmer dann in die Schlussrechnung aufnehmen. 75

6. Abschlagszahlungen

Bezüglich der Fälligkeit von Abschlagszahlungen gibt es keine besondere Regelung beim Verbraucherbauvertrag. Geregelt ist nur, dass die Obergrenze der Abschlagszahlungen nicht 90 % der Gesamtvergütung übersteigen darf, § 650m Abs. 1 BGB. Die Höhe der Abschlagszahlungen richtet sich im Übrigen nach § 632a Abs. 1 BGB, sodass Abschlagszahlungen nur in Höhe des Werts der vom Unternehmer erbrachten und nach dem Vertrag geschuldeten Leistungen verlangt werden darf. 76

Nach § 650m Abs. 2 BGB steht dem Verbraucher bei der ersten Abschlagszahlung eine Sicherheit für die rechtzeitige Herstellung des Werks ohne Mängel in Höhe von 5 % der Gesamtvergütung zu. Diese erhöht sich entsprechend, wenn die Vergütung durch Änderungen oder Ergänzungen des Vertrags mehr als 10 % übersteigt, § 650m Abs. 2 S. 2 BGB. Der Gesamtbetrag der vereinbarten Vergütung ist in die Schlussrechnung einzustellen, die fällig ist, wenn die Leistung abgenommen und eine prüfbare Schlussrechnung dem Verbraucher vorliegt. Wird der Einwand der mangelnden Prüfbarkeit nicht innerhalb von 30 Tagen nach Zugang der Schlussrechnung erhoben, gilt sie als prüffähig, § 650g Abs. 4 S. 3 BGB. 77

Da beim Pauschalvertrag eine prüffähige Abschlagsrechnung entfällt, bedarf es zum Erhalt von Abschlagszahlungen einer Ratenzahlungsvereinbarung, die den Voraussetzungen des § 632a Abs. 1 BGB entspricht. Entsprechend müssen die einzelnen Raten so aufgestellt sein, dass diese dem Wert der Leistung entsprechen, die bei Fälligkeit der Rate tatsächlich erbracht worden ist. 78

14 § 126b BGB.

Beim Einheitspreisvertrag bedarf es dem Grunde nach keiner Regelung, da die Fälligkeit sich nach den Voraussetzungen des § 632a Abs. 1 BGB unter Berücksichtigung des § 650m BGB richtet.

7. Ausführungsfristen und Vertragsstrafe

79 Die Frist für den Beginn der Bauarbeiten muss nicht zwingend im Vertrag festgelegt werden, jedoch ist dies sinnvoll.

80 Aufgenommen werden muss jedoch ein verbindlicher Fertigstellungstermin, § 650k Abs. 3 BGB. Eine Ausnahme besteht nur dann, wenn der Fertigstellungszeitpunkt zum Zeitpunkt des Abschlusses des Bauvertrags noch nicht angegeben werden kann, beispielsweise weil noch keine Baugenehmigung vorliegt und somit der Baubeginn noch ungewiss ist. In diesem Fall muss der Vertrag jedoch eine Dauer für die Bauausführung enthalten. Enthält der Vertrag diese Angaben nicht, werden die vorvertraglich in der Baubeschreibung ermittelten Angaben zum Zeitpunkt der Fertigstellung des Werks oder zur Dauer der Bauausführung Inhalt des Vertrags, § 650k Abs. 3 S. 2 BGB.

81 Für die Nichteinhaltung der vertraglich vereinbarten Fertigstellungsfrist nach § 650k Abs. 3 BGB kann eine Vertragsstrafe vereinbart werden, wobei die Vertragsstrafe eine angemessene Begrenzung pro Einheit (Tag, Woche) und bezüglich der Höchstsumme enthalten muss. Hier sind pro Tag 0,2 % nach der Rechtsprechung angemessen, bezüglich der Höchstgrenze ist zwingend die Grenze 5 % der Auftragssumme.[15] Die Vertragsstrafe schließt weitergehende Ansprüche bei nicht rechtzeitiger Fertigstellung, z.B. entgangene Mieteinnahmen und ähnliches, nicht aus. Die Vertragsstrafe ist jedoch auf die Schadenersatzansprüche anzurechnen. Eine Doppelabrechnung findet nicht statt.

82 Normale Witterungseinflüsse sind vom Unternehmer einzukalkulieren und stellen keine Behinderung dar.

8. Abnahme

83 Die Abnahme richtet sich nach § 640 Abs. 1 BGB, wobei die Art und Weise hier nicht geregelt ist. Im Vertrag wird eine förmliche Abnahme vorgesehen, sodass mündliche und stillschweigende Abnahmen ausgeschlossen sind. Dies betrifft jedoch nicht die Abnahmefiktion nach § 640 Abs. 2 BGB durch Fristsetzung. Die förmliche Abnahme bedeutet, dass ein schriftliches Abnahmeprotokoll erstellt wird, in dem die Einzelheiten wie Teilnahme der Personen, Zustand des Baus und eventuelle Mängel festgehalten werden. Grundsätzlich ist aufgrund der Schriftlichkeit der förmlichen Abnahme das Protokoll maßgebend. Die Abnahme selbst kann nur wegen wesentlicher Mängel verweigert werden, § 640 Abs. 1 S. 1 BGB. Ein wesentlicher Mangel setzt voraus, dass die Funktionsfähigkeit des Bauwerks erheblich beeinträchtigt ist. Verweigert der Besteller die Abnahme unter Angabe von Mängeln, kann der Unternehmer eine gemeinsame Feststellung des Zustands des Bauwerks verlangen, § 650g Abs. 1 BGB.

15 BGH v. 23.1.2003 – VII ZR 210/01 – BGHZ 153, 311.

9. Versicherungen

Die Bauleistungsversicherung ist eine reine Sachversicherung und bietet für die Erstellung von Bauobjekten Versicherungsschutz für alle Schäden durch unvorhergesehen eingetretene Ereignisse, die zur Zerstörung oder Beschädigung der versicherten, ordnungsgemäß erbrachten Bauleistung führen. Dabei ist es gleichgültig, ob dieser Schaden zulasten des Unternehmers oder des Verbrauchers geht, sofern er nur während der Bauzeit vor der Abnahme eintritt. Die Ursachen für eingetretene Schäden können außergewöhnliche Witterungsverhältnisse, unsachgemäße oder böswillige Handlungen unbekannter Personen, unbekannt oder nicht erkennbare Eigenschaften des Baugrunds oder der Diebstahl eingebauter Teile oder Materialien sein. Die Bauleistungsversicherung bietet jedoch keinen Versicherungsschutz bei Schäden, die durch eine mangelhafte oder vertragswidrige Ausführung der Bauleistung entstanden sind. Wer die Kosten der Bauleistungsversicherung trägt, ist Vereinbarungssache. 84

Die Regelung zur Betriebshaftpflichtversicherung gilt im Wesentlichen zur Klarstellung und soll sicherstellen, dass vom Unternehmer oder seinen Mitarbeitern verursachte Schäden an Drittgütern ersetzt werden. Wichtig ist dabei die Höhe der Versicherungssumme. Bei reinen Vermögensschäden ist darauf zu achten, dass diese überhaupt versichert sind. 85

10. Sicherheitsleistung

Beim Verbraucherbauvertrag ist bei der ersten Abschlagszahlung eine Sicherheit für die rechtzeitige Fertigstellung des Bauwerks in Höhe von 5 % der vereinbarten Gesamtvergütung zu leisten, § 650m Abs. 2 BGB. 86

Die Vereinbarung einer Gewährleistungssicherheit ist zwar im Verbraucherbauvertrag nicht vorgesehen, dient jedoch zur Absicherung des Verbrauchers. Entsprechend ist zugunsten des Verbrauchers eine Sicherheitsleistung im angemessenen Rahmen von 5 % der Schlussrechnungssumme vereinbart. 87

Die Sicherheitsleistung kann entweder durch Einbehalt des Betrags von der Schlussrechnung vorgenommen werden oder durch Übergabe einer Bankbürgschaft durch den Unternehmer. Wenn die Bankbürgschaft in der entsprechenden Form, insbesondere ohne Befristung, übergeben ist, ist der einbehaltene Betrag auszuzahlen. 88

11. Widerrufsrecht

Das Widerrufsrecht des Verbrauchers ist in § 650l BGB geregelt und richtet sich nach § 355 BGB. Der Unternehmer ist verpflichtet, den Verbraucher über das Widerrufsrecht zu belehren, sodass die entsprechende Widerrufsbelehrung als Anlage Nr. 1 diesem Vertrag beigefügt ist. Das Widerrufsrecht ist zwingend und kann im Vertrag nicht ausgeschlossen werden, § 650o BGB. 89

12. Sonstige Vereinbarungen

90 Hier können noch Vereinbarungen getroffen werden, die bestimmte Rechte zwischen den Parteien regeln. Dies können auch zusätzliche Leistungen sein oder Besonderheiten bezüglich des Bauvorhabens. Gerichtsstandsvereinbarungen sind zulasten des Verbrauchers nicht möglich.

D. Muster: VOB-Vertrag

I. Muster: VOB-Vertrag

91 ▼

14.3

VOB-Bauvertrag

Zwischen

Bauherr

vertreten durch

– Auftraggeber –

und

Firma

vertreten durch:

– Auftragnehmer –

wird folgender Bauvertrag geschlossen:

§ 1 Gegenstand des Vertrages

1.1

Der Auftraggeber beauftragt den Auftragnehmer mit den
- Erdarbeiten
- Maurerarbeiten
- Betonarbeiten
-

Die zu erbringenden Leistungen ergeben sich aus diesem Vertrag und dem Angebot des Auftragnehmers vom (Anlage 1).

1.2

Es handelt sich um einen Neubau auf dem Grundstück in , (Straße) (Nr.)

(***alternativ:***

1.2

Es handelt sich um einen Umbau des Hauses auf dem Grundstück in , (Straße), (Nr.)

1.3

Der Auftragnehmer hat das Grundstück besichtigt und ihm sind die Örtlichkeiten bekannt.

§ 2 Vertragsbestandteile

2.1

Folgende Unterlagen sind nach diesem Vertrag in der nachfolgenden Reihenfolge Vertragsbestandteile:

- das Verhandlungsprotokoll von (Anlage 1)
- das Angebotsschreiben des Auftragnehmers vom (Anlage 2)
- die Ausführungspläne des Gebäudes des Architekten gemäß Planliste vom (Anlage 3)
- die Statik des Ingenieurbüros vom (Anlage 4)
- der Bauzeitenplan vom (Anlage 5)
- der Zahlungsplan vom (Anlage 6)
- das Bodengutachten des Ingenieurbüros vom (Anlage 7)
- die Baugenehmigung der Stadt vom (Anlage 8)
- die Vergabe- und Vertragsordnung Teil B (VOB/B) in der zum Abschluss des Vertrages gültigen Fassung (Anlage 9).

2.2

Bei Widersprüchen gelten die oben bezeichneten Vertragsbestandteile nacheinander in der aufgeführten Reihenfolge.

§ 3 Pflichten des Auftraggebers

3.1

Der Auftraggeber ist verpflichtet, dem Auftragnehmer neben der Beibringung der Baugenehmigung und den oben aufgeführten Planungsleistungen alle weiteren Planungsleistungen (Architekten- und Ingenieurleistungen) vollständig und fachgerecht zur Verfügung zu stellen.

3.2

Der Auftraggeber wird mit dem Auftragnehmer eine Beweissicherung durchführen lassen. Der Auftraggeber verpflichtet sich, gemeinsam mit dem Auftragnehmer eine Beweissicherung an folgenden Gebäuden auf dem Nachbargrundstück vornehmen zu lassen:

Die Parteien einigen sich hier gemeinsam auf den öffentlich bestellten und vereidigten Sachverständigen Dipl.-Ing. .

3.3

Soweit notwendig, beauftragt der Auftraggeber den nach der Baustellenverordnung erforderlichen Sicherheits- und Gesundheitsschutzkoordinator.

§ 4 Vergütung

4.1

Die Parteien vereinbaren eine Vergütung nach Einheitspreisen. Die vorläufige Gesamtvergütung beträgt nach dem Angebot des Auftragnehmers EUR netto.

4.2

Die endgültige Vergütung bestimmt sich unter Berücksichtigung der durch das Aufmaß nachgewiesenen Mengen unter Zugrundelegung der Einheitspreise zuzüglich der jeweils geltenden Mehrwertsteuer.

4.3

Das Aufmaß ist möglichst gemeinsam vorzunehmen und schriftlich zu dokumentieren.

(***alternativ zu 4.1 bis 4.3:***

4.1

Die Parteien vereinbaren als Vergütung einen Pauschalpreis. Für die vom Auftragnehmer übernommenen Leistungen wird ein Pauschalpreis von netto EUR zuzüglich der jeweils geltenden Mehrwertsteuer vereinbart.)

§ 5 Zahlungen

5.1

Die Abschlagszahlungen erfolgen auf Rechnung des Auftragnehmers in Höhe der jeweils nachgewiesenen Leistungen zuzüglich der darauf entfallenen Mehrwertsteuer.

(***alternativ beim Pauschalvertrag:***

5.1

Die Abschlagszahlungen erfolgen nach dem diesem Vertrag als Anlage beigefügtem Zahlungsplan gemäß dem Baufortschritt, der vom Auftragnehmer nachgewiesen werden muss.)

5.2

Bei Zahlungen innerhalb von zehn Tagen nach Rechnungserhalt werden % Skonto vereinbart.

§ 6 Ausführungsfristen

6.1

Die Vertragsparteien vereinbaren folgende verbindlichen Ausführungsfristen gemäß § 5 Abs. 1 VOB/B:

a. Beginn der Ausführung der Leistung auf der Baustelle:
b. Zwischentermine:
c. Fertigstellung:

6.2

Die einzelnen Termine ergeben sich aus dem Bauzeitenplan, der Vertragsbestandteil ist und dessen Einzelfristen Vertragsfristen sind.

(***alternativ zu 6.1 und 6.2:***

6.1

Die übertragenen Leistungen sind in einer Vertragsfrist von Wochen fertigzustellen. Die Ausführungsfrist beginnt Tage nach der vom Auftraggeber gegenüber dem Auftragnehmer erklärten Aufforderung, mit der Ausführung der Arbeiten zu beginnen.)

§ 7 Vertragsstrafe

7.1

Die Vertragsparteien vereinbaren eine Vertragsstrafe.

7.2

Für die schuldhafte Überschreitung der vereinbarten Termine hat der Auftragnehmer für jeden Werktag eine Vertragsstrafe von   % der Nettoauftragssumme zu zahlen.

7.3

Die Vertragsstrafe wird auf insgesamt   % der Nettoauftragssumme begrenzt.

7.4

Die Geltendmachung von Schadenersatzansprüchen neben der Vertragsstrafe bleibt unberührt. Eine verwirkte Vertragsstrafe ist auf Schadenersatzansprüche anzurechnen.

§ 8 Ausführung der Leistung

8.1

Der Auftragnehmer hat arbeitstäglich ein Bautagebuch zu führen und dieses arbeitstäglich dem Auftraggeber oder dessen Bevollmächtigten zu übergeben.

8.2

Der Auftragnehmer ist verpflichtet, etwaige Vorleistungen anderer Auftragnehmer oder solche des Auftraggebers selbstständig und eigenverantwortlich vor Beginn der Ausführung darauf zu überprüfen, dass diese für die Ausführung seiner eigenen Leistung geeignet sind und etwaige Bedenken hiergegen nach § 4 Abs. 3 VOB/B dem Auftraggeber unverzüglich nach Feststellung in Textform mitzuteilen.

§ 9 Sicherheiten

9.1

Der Auftragnehmer übergibt dem Auftraggeber mit Abschluss des Bauvertrages (***alternativ:*** *innerhalb von 14 Tagen nach Abschluss dieses Vertrages*) eine Vertragserfüllungsbürgschaft in Höhe von   % der Bruttoauftragssumme zur Absicherung der vertragsgemäßen Ausführung der Leistung des Auftragnehmers. Die Bürgschaftsurkunde wird bei der Abnahme zurückgegeben.

9.2

Die Parteien vereinbaren eine Sicherungsleistung für die Zeit der Gewährleistung in Höhe von   % der Abrechnungssumme gemäß § 17 VOB/B. Die Freigabe der Sicherheit erfolgt nach Ablauf der Gewährleistungsfrist.

9.3

Der Auftragnehmer hat die Wahl unter den verschiedenen Sicherheiten (Bürgschaft oder Hinterlegung von Geld). Er kann eine Sicherheit durch eine andere ersetzen.

§ 10 Abnahme

Die Abnahme soll möglichst als förmliche Abnahme gemäß § 12 Abs. 4 VOB/B erfolgen. Im Übrigen gilt § 12 VOB/B. Verweigert der Auftraggeber die Abnahme unter Berufung auf Mängeln, steht dem Auftragnehmer das Recht zu, eine Zustandsfeststellung zu verlangen.

§ 11 Gewährleistung

Die Gewährleistung und die Verjährungsfrist richten sich nach § 13 VOB/B.

§ 12 Versicherung

12.1

Der Auftraggeber schließt für die Durchführung des Bauvorhabens eine Bauleistungsversicherung ab. Zur Deckung der dabei anfallenden Kosten werden von der Nettoschlussrechnungssumme % abgezogen. Der Abzug entfällt, wenn der Auftragnehmer im eigenen Namen eine Bauleistungsversicherung abschließt und dem Auftraggeber bis zum Beginn der Ausführung einen entsprechenden Versicherungsnachweis aushändigt.

12.2

Der Auftragnehmer ist verpflichtet, eine ausreichende Betriebshaftpflichtversicherung zu den üblichen Versicherungsbedingungen vorzuhalten und dem Auftraggeber durch Vorlage eines entsprechenden Versicherungsnachweises den Versicherungsschutz nachzuweisen. Die Mindestdeckungssummen der Versicherung werden wie folgt festgelegt:

a. EUR für Personenschäden
b. EUR für Sachschäden
c. EUR für Vermögensschäden

§ 13 Baunebenkosten

Der Auftragnehmer wird an den allgemeinen Kosten der Baustelle (Ver- und Entsorgung, Sanitär) dergestalt beteiligt, dass von der Netto-Schlussrechnungssumme nachfolgende Beträge einbehalten werden:

a. Kosten für das Bauwasser %
b. Kosten für die Energie %
c. Kosten für Sanitäreinrichtungen %

§ 14 Form

Änderungen des Vertrags sollen, sofern gesetzlich nicht eine andere Form vorgeschrieben ist, in Textform festgelegt werden. Soweit diese Form nicht beachtet wird, hat die Änderungen des Vertrages derjenige zu beweisen, der sich auf sie beruft.

§ 15 Streitigkeiten

Soweit die Vertragsparteien beide Kaufleute sind, wird als Gerichtsstand vereinbart.

(***alternativ:***

Alle Streitigkeiten zwischen den Parteien aus oder im Zusammenhang mit diesem Vertrag sollen unter Ausschluss des ordentlichen Rechtsweges durch ein Schiedsgericht nach der Schiedsordnung-Bau der ARGE Baurecht im Deutschen Anwaltverein (SOBau) in der jeweils geltenden Fassung entschieden werden.)

§ 16 Rechtswahl

Die Parteien vereinbaren für alle aus diesem Vertrag folgende Ansprüche einschließlich deliktischer Ansprüche das deutsche Recht.

Als Zustellungsbevollmächtigter wird benannt:

für den Auftraggeber, Herr Rechtsanwalt

für den Auftragnehmer, Herr Rechtsanwalt

, den	, den
(Auftraggeber)	(Auftragnehmer)

▲

II. Anmerkungen

1. Gegenstand des Vertrags

Die vom Auftragnehmer zu erbringenden Leistungen sind möglichst genau zu bezeich- 92
nen. Dies umfasst zum einen das Gewerk, zum anderen die einzelnen Teilleistungen, die sich beim Einheitspreisvertrag insbesondere aus dem Angebot ergeben.

Wichtig ist auch, dass das Grundstück genau bezeichnet ist, auf welchem die Bauleistung 93
zu erbringen ist.

Was die Verpflichtung zur Grundstücksbesichtigung betrifft, so darf eine entsprechende 94
Klausel nicht so ausgestaltet sein, dass spätere Nachforderungen aufgrund unberücksichtigter Erschwernisse nicht anerkannt werden können.

2. Vertragsbestandteile

Bestandteile des Bauvertrages sind alle Unterlagen, auf die im Vertrag ausdrücklich 95
Bezug genommen wird. Hierbei handelt es sich in erster Linie um das vom Auftragnehmer ausgefüllte Leistungsverzeichnis, welches sein Angebot beinhaltet. Sofern nach Abgabe des Angebotes noch Verhandlungen zwischen den Parteien geführt worden sind, sollte hierüber ein Verhandlungsprotokoll erstellt und zur Grundlage des Vertrages gemacht werden. Da das Verhandlungsprotokoll die speziellsten Regelungen enthält, ist es sinnvoll, dieses an erster Stelle zu setzen, wie im Formular vorgesehen.

a) Bezeichnung der Pläne

Von Bedeutung ist dann die genaue Bezeichnung der Pläne des Bauvorhabens, sowohl 96
derjenigen des Architekten als auch der des Statikers. Bezüglich der Architektenpläne ist darauf zu achten, dass es sich hier um eine Ausführungsplanung handelt. Die Ausführungsplanung wird definiert als zeichnerische Darstellung des Objektes mit allen für die Ausführung notwendigen einzelnen Angaben. Werden dem Auftragnehmer nur Entwurfspläne zur Verfügung gestellt, muss der Auftragnehmer nach § 3 Abs. 3 VOB/B Bedenken anmelden. Gleiches gilt bei Plänen, die als Vorabzügen bezeichnet werden.

b) Bauzeitplan

97 Der Bauzeitplan muss ausdrücklich Vertragsgegenstand werden, damit die darin enthaltenen Einzelfristen als Vertragsfristen gelten, § 5 Abs. 1 Nr. 2 VOB/B.[16]

c) Vereinbarung eines Zahlungsplans

98 Im Gegensatz zum BGB-Werkvertragsrecht sieht die VOB/B eine leichter praktizierbare Regelung in § 16 Abs. 1 VOB/B vor, Abschlagszahlungen zu verlangen. Abschlagszahlungen sind auf Antrag in Höhe des Wertes der nachgewiesenen vertragsgemäßen Leistungen in möglichst kurzen Abständen zu gewähren.

99 Dies stellt beim Einheitspreisvertrag kein Problem dar. Beim Pauschalpreisvertrag möchte der Auftragnehmer gerade nicht die erbrachte Leistung prüfbar nachweisen, sodass hier die Notwendigkeit eines Zahlungsplanes besteht. Bei der Erstellung des Zahlungsplanes muss darauf geachtet werden, dass entsprechend dem Grundsatz in § 16 Abs. 1 VOB/B der Auftragnehmer nur in dem Umfang Zahlungen erhält, soweit er Leistungen vertragsgemäß erbracht hat.

d) Vereinbarung der VOB/B

100 Da die VOB/B Allgemeine Geschäftsbedingungen beinhaltet und keine gesetzliche Verordnung ist, muss die VOB/B ausdrücklich vereinbart werden. Dies geschieht am besten dadurch, dass im Vertrag auf die VOB/B Bezug genommen und diese als Vertragsgegenstand aufgenommen wird. Wenn die VOB/B vereinbart ist, gilt automatisch die VOB/C, § 1 Abs. 1 Nr. 2 VOB/B. Soweit es sich bei den Vertragsparteien um Kaufleute oder um juristische Personen des öffentlichen Rechtes handelt, bedarf es nicht der Notwendigkeit, die VOB/C und VOB/B auszuhändigen. Gleiches gilt dann, wenn der Vertragspartner des Verwenders im Baubereich bewandert ist. Dies gilt insbesondere für Bauhandwerker und Bauunternehmer. Wenn der Auftraggeber bei den Vertragsverhandlungen durch einen Architekten vertreten ist, muss die VOB/B und VOB/C auch nicht in Textform ausgehändigt werden, weil vorausgesetzt wird, dass der Architekt die VOB/B und VOB/C kennt. Diese Kenntnis wird dem Auftraggeber zugerechnet.

101 Handelt es sich um einen im Baubereich nicht bewanderten Auftraggeber, muss der Text der VOB/B vollständig vor Vertragsabschluss übergeben werden. Auch die VOB/C enthält Allgemeine Geschäftsbedingungen, was insbesondere für die Abrechnungsregelungen gilt. Um die VOB/B und VOB/C wirksam als Vertragsgrundlage zu vereinbaren, bedarf es bei nicht im Baubereich Tätigen der Aushändigung der kompletten Texte. Eine Ausnahme gilt nur dann, wenn der Vertragspartner Kaufmann ist und der Bauvertrag seinen kaufmännischen Bereich betrifft.

102 § 310 Abs. 1 BGB regelt, dass die VOB/B insgesamt der Inhaltskontrolle durch das Recht der Allgemeinen Geschäftsbedingungen entzogen ist, wenn die VOB/B „ohne inhaltliche Abweichungen insgesamt einbezogen" ist. Voraussetzung ist, dass keine

16 OLG Hamburg v. 23.2.2023 – 4U 54/22 – IBR 2023, 450.

vertragliche Abweichung von der VOB/B vorliegt, unabhängig davon, welches Gewicht der Eingriff hat.

Bei Verwendung gegenüber dem Verbraucher ist die VOB/B nicht mehr gegenüber dem AGB-Recht (§§ 307 ff. BGB) privilegiert. Danach ist die VOB/B auch dann nicht der Inhaltskontrolle durch das AGB-Recht entzogen, wenn der Auftragnehmer die VOB/B ohne Abänderungen gegenüber dem Verbraucher verwendet. § 310 Abs. 1 BGB regelt, dass die VOB/B insgesamt der Inhaltskontrolle durch das Recht der Allgemeinen Geschäftsbedingungen entzogen ist, wenn die VOB/B „ohne inhaltliche Abweichungen insgesamt einbezogen" ist. Dies gilt jedoch dann nicht, wenn der Auftragnehmer die VOB/B gegenüber einem Verbraucher (§ 13 BGB) stellt. Nur wenn der Verbraucher bzw. sein Architekt die VOB/B selbst stellt, kann diese wirksam vereinbart werden zwischen Unternehmer und Verbraucher, ohne dass eine AGB-Kontrolle stattfindet. 103

e) Rangfolge der Vertragsbestandteile

Wichtig ist es, die Rangfolge der einzelnen Vertragsbestandteile festzulegen. Die Regelung des § 1 Abs. 2 VOB/B ist unzureichend, weil diese mit der Leistungsbeschreibung beginnt. Gegenstand der Leistungsbeschreibung sind das Leistungsverzeichnis, eine eventuelle Baubeschreibung, Vorbemerkungen und die Pläne. Fehlt es an einer Regelung der Rangfolge, ist gem. §§ 133, 157 BGB aus dem objektiven Empfängerhorizont unter Berücksichtigung von Treu und Glauben und der Verkehrssitte zu beurteilen, was in welcher Regelung vorgeht. Dabei ist nach der Rechtsprechung des BGH[17] ein Bauvertrag als sinnvolles Ganzes auszulegen. Um eine dahingehende Auslegungsschwierigkeit zu vermeiden, ist es empfehlenswert, die Rangfolge im Vertrag zu bestimmen. 104

3. Pflichten des Auftraggebers

Der Auftraggeber ist verpflichtet, dem Auftragnehmer die Baugenehmigung beizustellen. Darüber hinaus hat er vollständige und fachgerechte Pläne zur Verfügung zu stellen. Hier handelt es sich um eine komplette für das Objekt notwendige Ausführungsplanung. Dem Auftragnehmer obliegt eine Überprüfungspflicht. Kann der Auftragnehmer bei ordnungsgemäßer Überprüfung Mängel oder Unstimmigkeiten der Planung feststellen, hat er entsprechend § 3 Abs. 3 VOB/B den Auftraggeber hierauf hinzuweisen. 105

In verschiedenen Fällen ist es ratsam, vor Beginn der Ausführungen eine Beweissicherung durchzuführen. Insoweit sieht § 3 Abs. 4 VOB/B vor, dass der Zustand der baulichen Anlagen, der Straßen und Geländeoberfläche, der Vorfluter und der Vorfluterleitungen festgestellt wird. Insoweit ist es sinnvoll, dass sich die Parteien auf einen gemeinsamen Sachverständigen einigen. Am besten ist es hier, wenn es sich um einen öffentlich bestellten und vereidigten Sachverständigen für das entsprechende Gebiet handelt. Das Protokoll über die Feststellung sollte von beiden Parteien unterzeichnet werden. Besteht die Gefahr, dass die Nachbarbebauung in Mitleidenschaft gezogen wird, empfiehlt es 106

17 BGH v. 5.12.2002 – VII ZR 342/01 – BauR 2003, 388.

sich, auch die entsprechenden Eigentümer der Nachbargebäude mit in das Beweissicherungsverfahren nach § 3 Abs. 4 VOB/B einzubeziehen. Da diese nicht Vertragspartner sind, kann dies nur auf freiwilliger Basis erfolgen. Verweigert der Dritte die Unterzeichnung der Niederschrift, so dürfte ein besonderer Anlass gegeben sein, einen Sachverständigen beizuziehen. Grundsätzlich dürfte eine Weigerung des Dritten im Zusammenhang mit der Zustandsfeststellung bei einem späteren Schadenersatzprozess zu dessen Nachteil bezüglich der Beweislast führen.

107 Bei Bauvorhaben ab einem gewissen Umfang oder wenn besonders gefährliche Arbeiten ausgeführt werden, ist die Bestellung eines Sicherheits- und Gesundheitskoordinators notwendig. § 4 BaustellV bestimmt, dass der Auftraggeber die entsprechenden Maßnahmen zu treffen und den Sicherheits- und Gesundheitskoordinator zu beauftragen hat. Hier empfiehlt es sich, dass diese Tätigkeit nicht von dem für den Auftraggeber tätigen Architekten durchgeführt wird, weil dieser möglicherweise in Interessenkollision gerät. Im Übrigen ist hier darauf zu achten, dass ein qualifizierter Baustellen- und Gesundheitsschutzkoordinator beauftragt wird. Die Honorierung des Baustellenkoordinators ist frei vereinbart. Die HOAI findet auf die Vergütung des Baustellenkoordinators keine Anwendung.

4. Vergütung

108 Ausgegangen wird von einer Vergütung nach Einheitspreisen. § 2 Abs. 2 VOB/B geht davon aus, dass nach den vertraglichen Einheitspreisen die ausgeführte Leistung berechnet wird, wenn keine andere Berechnungsart (z.B. Pauschalsumme, Stundenlohnsätze) vereinbart ist. Bei einem Einheitspreisvertrag liegt das Mengenrisiko beim Auftraggeber. Der Auftragnehmer rechnet die am Schluss festgestellte tatsächliche Leistung ab. Entsprechend ist der Gesamtpreis im Zeitpunkt des Vertragsabschlusses ein vorläufiger Preis. Die Abrechnung muss prüffähig unter Zugrundelegung der Abrechnungsregeln unter Nr. 5 der jeweiligen allgemeinen technischen Vertragsbedingungen (ATV = VOB/C) abgerechnet werden. Grundsätzlich ist der vertragliche Einheitspreis für die Dauer der Ausführung ein Festpreis. Eine Abweichung des Einheitspreises ist nur dann gegeben, wenn die voraussichtliche Menge um mehr als 10 % nach oben oder unten von dem im Vertrag vorgesehenen Umfang abweicht, § 2 Abs. 3 VOB/B. In diesem Fall kann jede Vertragspartei einen neuen Einheitspreis auf Basis der tatsächlichen Kosten verlangen. Ein Ausschluss des Vergütungsanpassungsanspruchs aus § 2 Abs. 3 VOB ist wohl wirksam, stellt aber einen Eingriff in die VOB/B dar.

109 Alternativ wird die Vereinbarung eines Pauschalpreises vorgesehen. Ist eine Pauschalsumme vereinbart, so bleibt die Vergütung unverändert, § 2 Abs. 7 VOB/B. Dies gilt nur für die Leistungen, die im Zeitpunkt des Vertragsabschlusses Inhalt des Vertrages sind. Sofern der Auftraggeber nach Vertragsabschluss zusätzliche Leistungen oder Leistungsänderungen beauftragt, ändert sich die Vergütung entsprechend dem nachgewiesenen Mehraufwand, § 2 Abs. 7 Nr. 2 VOB/B.

5. Zahlungen

§ 16 Abs. 1 VOB/B sieht ein Recht auf Abschlagszahlungen vor, und zwar in Höhe der nachgewiesenen vertragsgemäßen Leistung. Die Abschlagsrechnung ist in voller Höhe zu bezahlen, also zu 100 % und nicht zu 90 % des berechtigten Betrages. Soweit eine dahingehende Beschränkung auf 90 % der erbrachten Leistung vorliegt, liegt ein Eingriff in die VOB/B vor.[18] Hierin liegt ein Verstoß gegen § 307 Abs. 2 BGB mit der Folge, dass eine dahingehende Klausel unwirksam ist. **110**

Zumindest für den Auftragnehmer empfiehlt sich die Einbeziehung einer konkreten Regelung von Abschlagszahlungen im Vertrag. Die VOB/B kann im Einzelfall nicht wirksam einbezogen sein, sodass dann die für den Auftragnehmer nachteilige gesetzliche Regelung in § 632a BGB gilt. Deshalb sollten die Voraussetzungen von Abschlagszahlungen – wie hier – im Vertrag geregelt sein. **111**

Da auch Abschlagsrechnungen prüfbar erfolgen müssen, stellt dies beim Pauschalvertrag ein Problem dar. Hier wollen die Parteien gerade vermeiden, dass der Auftragnehmer die von ihm zu erbringende Leistung bezüglich der Menge prüfbar abrechnet. Entsprechend ist im Vertrag darauf zu achten, dass bei Vereinbarung eines Pauschalpreises ein Zahlungsplan gekoppelt an Leistungsstände vereinbart wird. **112**

Abschlagszahlungen sind binnen 21 Tagen fällig, § 16 Abs. 1 Nr. 3 VOB/B. Die VOB/B lässt auch die Vereinbarung von Skontoabzügen zu, § 16 Abs. 5 Nr. 2 VOB/B. Dies bedeutet lediglich ein Recht des Auftraggebers, vorzeitig zu zahlen, um den Genuss des vereinbarten Skontos zu erhalten. **113**

6. Ausführungsfristen

Die Ausführung der Bauleistung ist in erster Linie nach den im Vertrag vereinbarten Fristen durchzuführen. Hierbei kann es sich um Fristen bezüglich des Baubeginns, der Fertigstellung, aber auch um Zwischen- oder Einzelfristen handeln. Wichtig ist, dass es sich um Vertragsfristen gem. § 5 Abs. 1 VOB/B handelt. Dies ist dann der Fall, wenn die Frist zwischen beiden Parteien im Sinne eines Vertrages vereinbart worden ist. Einseitig gesetzte Fristen sind grundsätzlich keine Vertragsfristen und haben somit keine bindende Wirkung. Die in einem Bauzeitenplan enthaltenen Einzelfristen gelten nur dann als Vertragsfristen, wenn dies im Vertrag ausdrücklich vereinbart ist, § 5 Abs. 1 Nr. 2 VOB/B. Aus diesem Grunde sind im Vertrag nicht nur bestimmte Fristen aufgenommen worden. Es ist auch klargestellt, dass die im Bauzeitenplan enthaltenen Einzelfristen Vertragsfristen sind. **114**

Kann eine Frist für den Beginn der Arbeiten nicht vereinbart werden, etwa weil noch keine Baugenehmigung vorliegt, sieht die VOB/B vor, dass der Auftragnehmer zwölf Werktage nach Aufforderung durch den Auftraggeber die Arbeiten aufzunehmen hat, § 5 Abs. 2 VOB/B. **115**

18 BGH v. 19.1.2023 – VII ZR 34/20.

7. Vertragsstrafe

116 Eine Vertragsstrafe kann nach § 11 VOB/B vereinbart werden. Sie dient dazu, den Auftragnehmer zur Einhaltung der vereinbarten Fristen anzuhalten. Gekoppelt an die Ausführungsfristen ist eine angemessene und wirksame Vertragsstrafe zu vereinbaren. Nach § 11 Abs. 1 VOB/B ist die Vereinbarung einer Vertragsstrafe zulässig. Sie wird fällig, wenn der Auftragnehmer in Verzug gerät, § 11 Abs. 2 VOB/B. Ist die Leistung abgenommen, kann die Vertragsstrafe nur verlangt werden, wenn der Auftraggeber sie bei der Abnahme vorbehalten hat, § 11 Abs. 4 VOB/B.

117 Für die wirksame Vereinbarung einer Vertragsstrafe unter Berücksichtigung der §§ 305 ff. BGB ist es notwendig, dass die Höhe der Vertragsstrafe angemessen ist. Die Vertragsstrafe muss pro Einheit (hier Werktag) und insgesamt der Höhe nach angemessen begrenzt sein. Fehlt eines dieser Erfordernisse oder ist die Vertragsstrafe unangemessen, ist die Vertragsstrafeklausel insgesamt unwirksam. Pro Werktag ist eine Vertragsstrafe in Höhe von 0,3 % der Auftragssumme angemessen. Die Höchstgrenze der Vertragsstrafe darf 5 % der Auftragssumme nicht übersteigen.[19] Die Vertragsstrafe muss nach § 11 Abs. 4 VOB/B bei der Abnahme vorbehalten bleiben. Eine Regelung, dass die Vertragsstrafe ohne Vorbehalt von der Schlussrechnung abgezogen werden kann, ist zwar in Allgemeinen Geschäftsbedingungen wirksam, stellt aber einen Eingriff in die VOB/B dar.

118 Die Vertragsstrafe ist unabhängig vom Vorliegen eines Schadens zu zahlen. Ist ein Schaden entstanden und kann dieser konkret nachgewiesen werden, ist die verwirkte Vertragsstrafe hierauf anzurechnen.

8. Ausführung der Leistung

119 Die Führung eines Bautagebuches und die zeitnahe Übergabe der entsprechenden Aufzeichnungen durch den Auftragnehmer an den Auftraggeber sind hilfreich, mögliche Nachweise von Verzögerungen, Anordnungen und Mehrkosten aufgrund der charakteristischen Darstellung der Einflüsse auf das Baugeschehen darzulegen. Das Bautagebuch kann später bei der Durchsetzung von Nachträgen oder deren Abwehr, je nachdem ob man dies aus der Sicht des Auftraggebers oder Auftragnehmers sieht, hilfreich sein.

120 Eine ordnungsgemäße Anzeige von Bedenken bezüglich der Leistungsbeschreibung, bezüglich Anordnungen des Auftraggebers, von diesem gelieferten oder vorgeschriebenen Stoffen oder Bauteilen oder bezüglich der Beschaffenheit der Vorleistung eines anderen Unternehmers führt nach § 13 Abs. 3 VOB/B zur Gewährleistungsbefreiung. Wichtig ist hier, dass die schriftliche Bedenkenanmeldung gegenüber dem Auftraggeber oder einem von ihm Bevollmächtigten erfolgt.

19 BGH v. 23.1.2003 – VII ZR 210/01 – BauR 2003, 870; BGHZ 153, 311.

9. Sicherheiten

Nach § 17 Abs. 2 VOB/B können die Parteien eine Vertragserfüllungsbürgschaft für die vertragsgemäße Ausführung der Leistung vereinbaren. Die Sicherung des Auftraggebers mit einer Vertragserfüllungsbürgschaft i.H.v. 10 % benachteiligt den Auftragnehmer nicht unangemessen und ist somit wirksam.[20] Als übliche Höhe einer vereinbarten Vertragserfüllungssicherheit haben sich 10 % der Auftragssumme durchgesetzt. Die Vertragserfüllungsbürgschaft darf nicht neben der Gewährleistungssicherheit vorliegen. 121

Ebenso wie für die Vertragserfüllung kann für die Sicherstellung der Mängelansprüche eine Gewährleistungssicherheit vereinbart werden. Hier ist der Betrag von 5 % der Abrechnungssumme üblich, wobei der öffentliche Auftraggeber nach § 9 Abs. 8 S. 2 VOB/A keine Sicherheit für Mängelansprüche über 3 % der Abrechnungssumme verlangen sollte. 122

Da § 17 Abs. 8 Nr. 2 VOB/B vorsieht, wenn nichts anderes vereinbart ist, dass eine Gewährleistungssicherheit nach Ablauf von zwei Jahren nach der Abnahme zurückzugeben ist, ist hier vereinbart, dass die Sicherheitsleistung für die Zeit der Gewährleistung einbehalten werden darf. 123

10. Abnahme

Hier ist die förmliche Abnahme als Idealfall vorgesehen, ohne dass die fiktive Abnahme nach § 12 Abs. 5 VOB/B durch Benutzung der fertiggestellten Bauleistung oder durch Fertigstellungsmitteilung ausgeschlossen ist. Ein Ausschluss der fiktiven Abnahme ist AGB-rechtlich unbedenklich, stellt jedoch einen Eingriff in die VOB/B dar, sodass diese der Inhaltskontrolle nach dem AGB-Recht nach §§ 305 ff. BGB unterliegt. 124

11. Gewährleistung

Die Gewährleistung einschließlich der Verjährungsfristen ist in § 13 VOB/B umfassend bezüglich des Auftretens von Sachmängeln nach der Abnahme geregelt. Wenn die Parteien hier bezüglich der Bauleistungen eine längere Verjährung als vier Jahre vereinbaren wollen, ist eine Gewährleistungsvereinbarung auf fünf Jahre grundsätzlich unbedenklich.[21] Dies entspricht der Regelung des § 634a BGB und ist auch nach § 13 Abs. 4 VOB/B gestattet. Hier ist ausdrücklich darauf hingewiesen, dass bei Bauwerken die Verjährungsfrist von vier Jahren dann gilt, wenn keine Verjährungsfrist im Vertrag vereinbart ist, § 13 Abs. 4 Nr. 1 VOB/B. Hier sollte die oft gebrauchte Formulierung „fünf Jahre nach BGB" vermieden werden, weil darin ein Ausschluss der schriftlichen Mängelrüge mit der verjährungsunterbrechenden Wirkung nach § 13 Abs. 5 Nr. 1, Abs. 2 VOB/B zu sehen ist. 125

20 BGH v. 9.12.2010 – VII ZR 7/10 – BauR 2011, 677.
21 Bedenken hiergegen: OLG Hamm v. 17.7.2008 – 21 U 145/05 – BauR 2009, 137.

12. Versicherungen

126 Die Bauleistungsversicherung schützt den Auftraggeber davor, dass er für durch höhere Gewalt oder andere unabwendbare, vom Auftragnehmer nicht zu vertretende Umstände beschädigte oder zerstörte Bauleistungen eine Bezahlung nach § 7 Abs. 1 VOB/B leisten muss. Die dann zu leistende Bezahlung wird durch die Bauleistungsversicherung ersetzt. Die Bauleistungsversicherung schützt den Versicherungsnehmer gegen alle Schäden durch unvorhergesehen eingetretene Ereignisse sowie durch Diebstahl eingebauter Bauteile oder Materialien. Die Kosten der Bauleistungsversicherung können pauschal auf den Auftragnehmer umgelegt werden.

Daneben verpflichtet sich der Auftragnehmer, den Abschluss einer angemessenen Betriebshaftpflichtversicherung nachzuweisen.

13. Baunebenkosten

127 Die pauschale Umlage von Baunebenkosten ist immer dann zulässig, wenn es sich um eine Preisabrede und nicht eine Preisnebenabrede handelt. Der Inhaltskontrolle der §§ 305 ff. BGB unterliegen die Preisnebenabreden, die zwar mittelbare Auswirkungen auf den Preis und Leistung haben, an deren Stelle aber, wenn eine wirksame vertragliche Regelung fehlt, dispositives Gesetzesrecht treten kann. In vorformulierten Bauverträgen ist eine Bauschuttklausel unwirksam, die dem Auftragnehmer sowohl die Beseitigung des eigenen Schutts als auch die Zahlung einer Schuttumlage aufgibt.[22]

14. Form

128 Vielfach schließen die Parteien einen schriftlichen Vertrag, ändern diesen jedoch nach Absprache in der Folgezeit. Es können darauf Unklarheiten folgen. Dementsprechend sollen die Vertragspartner auch alle Änderungen, Ergänzungen und Nebenabreden eines Vertragsverhältnisses schriftlich erfassen. Wollen die Parteien mündliche Abreden treffen, soll als „Warnfunktion“ die einvernehmlich vereinbarte Schriftform nur durch schriftliche Vereinbarung aufgehoben werden können. Zu eng gefasste Schriftformklauseln sind unwirksam, sodass eine Beweislastumkehr erreicht wird. Faktisch werden die Parteien gezwungen, Änderungen des Vertrages schriftlich zu vereinbaren.

15. Streitigkeiten

129 Ein Gerichtsstand kann nur vereinbart werden, wenn beide Parteien Kaufleute oder juristische Personen des öffentlichen Rechts sind, § 38 Abs. 1 ZPO, außerdem in Fällen mit Auslandsberührung, § 38 Abs. 2 ZPO.

130 Wird kein Gerichtsstand im Vertrag vereinbart, so ist § 18 Abs. 1 VOB/B zu beachten, soweit dafür die Voraussetzungen vorliegen. Liegen die Voraussetzungen für eine Gerichtsstandsvereinbarung nicht vor oder ist kein Gerichtsstand vereinbart, so gelten

22 BGH v. 6.7.2000 – VII ZR 73/01 – BauR 2000, 1756.

die allgemeinen Regeln (§§ 13 ff. ZPO). Von besonderer Bedeutung ist § 29 ZPO für Baustreitigkeiten: Der Ort des Bauvorhabens ist der Erfüllungsort für die wechselseitigen Verpflichtungen aus dem Bauvertrag.

Alternativ könnte hier auch eine Schlichtung oder auch ein Schiedsgerichtsverfahren 131 vereinbart werden. Die Vereinbarung einer Schlichtung oder eines Schiedsgerichtsverfahrens ist auch dann zulässig, wenn die Vertragsparteien nicht Kaufleute sind. Allerdings sind die besonderen Anforderungen zu beachten, im Fall der Vereinbarung eines Schiedsgerichtsverfahrens sind es die §§ 1025 ff. ZPO. Schiedsvereinbarungen, an denen ein Verbraucher beteiligt ist, müssen in einer von den Parteien eigenhändig unterzeichneten Urkunde enthalten sein, § 1031 ZPO. Auch kann geregelt werden, ob eine bestimmte Schiedsordnung gelten soll, z.B. die SGO-Bau oder die SOBau der ARGE Baurecht im Deutschen Anwaltverein. Wird keine Schiedsordnung vereinbart, so bestimmt sich das Schiedsgerichtsverfahren – so weit deutsches Recht gilt – ausschließlich nach den Regeln der ZPO. Wird nur eine Schlichtung vereinbart, so kann bestimmt werden, dass die Schlichtung zwingend oder fakultativ ist (vgl. im Übrigen die ausführliche Darstellung in § 12).

16. Rechtswahl

Art. 3 Abs. 5 i.V.m. Art. 10 Abs. 1 Rom I-VO3 gestattet es den Parteien, das auf den 132 Vertrag anzuwendende Recht frei im Vertrag zu vereinbaren. Es empfiehlt sich, eine eindeutige Rechtswahl zu treffen, wobei im Allgemeinen dem deutschen Recht der Vorzug zu geben ist, da sowohl das ausländische Recht oder ein neutrales Recht dem deutschen Vertragspartner unbekannt sind.

E. Muster: Generalunternehmervertrag

I. Muster: Generalunternehmervertrag

▼ 133

14.4

Generalunternehmervertrag

zwischen

– nachstehend Auftraggeber genannt –

und

– nachstehend Auftragnehmer genannt –

wird folgender Vertrag geschlossen.

§ 1 Präambel

Der Auftraggeber ist Eigentümer der Grundstücke Flur, Gemarkung , Flurstücke in . Auf diesen Grundstücken wird die neue Bankzentrale errichtet, wobei als Fertigstellungstermin der avisiert ist.

Die Errichtung der Gebäude soll in kooperativer Zusammenarbeit mit dem Auftragnehmer und den anderen am Bau Beteiligten sowie den Generalplanern erfolgen. Das Bauvorhaben soll möglichst ohne größere Differenzen, auf jeden Fall ohne Streitigkeiten zwischen den Parteien durchgeführt werden. Ziel ist es, gemeinsam ein Objekt zu errichten, welches für (z.B. die Bankzentrale) des Auftraggebers auch nach außen hin in jeder Weise vorbildlich ist. Dazu gehört es in erster Linie, dass bei etwaigen Differenzen vor allen anderen Möglichkeiten erst ein Schlichtungsversuch unternommen wird. Dieser Schlichtungsversuch ist Voraussetzung für weitere rechtliche und gerichtliche Schritte.

Weiterhin ist auch im Vertrag berücksichtigt, dass eine kooperative Zusammenarbeit unter Ausführung aller möglichen Leistungen erfolgen kann. Es ist bewusst vermieden worden, eine funktionale Ausschreibung vorzunehmen, um dem Auftragnehmer auch die reellen Möglichkeiten zu geben, das Objekt wirtschaftlich und qualitativ anspruchsvoll durchführen zu können.

§ 2 Vertragsgegenstand

2.1

Der Gegenstand dieses Vertrages ist die schlüsselfertige Erstellung von (z.B. der Bankzentrale) des Auftraggebers und alle damit zusammenhängenden Leistungen, wie sie sich aus den nachfolgend aufgeführten Unterlagen ergeben.

2.2

Die Ausführung der übertragenden Bauleistungen erfolgt ausschließlich auf Grundlage der in diesem Vertrag und seinen Bestandteilen getroffenen Vereinbarungen.

§ 3 Vertragsbestandteile

Die auszuführende Leistung wird nach Art und Umfang durch den Vertrag bestimmt. Bestandteile sind neben dem vorrangig geltenden Vertrag nachfolgende Unterlagen und Bestimmungen in ihrer jeweils zuletzt gültigen Fassung:

3.1

Bestandteile des Vertrages sind:

a. dieser Vertrag einschließlich des Verhandlungsprotokolls vom (Anlage Nr.)
b. das Leistungsverzeichnis vom (Anlage Nr.)
c. die Vorbemerkungen vom (Anlage Nr.)
d. die Pläne gemäß dem den Ausschreibungsunterlagen vorangestellten Inhaltsverzeichnis vom (Anlage Nr.)
e. die anerkannten Regeln der Technik somit insbesondere die allgemeinen technischen Vorschriften und Leistungen und die einschlägigen DIN-Normen bzw. EU-Normen
f. Unfallverhütungsvorschriften (UVV) sowie die Vorschriften der Berufsgenossenschaft
g. das geotechnische-baugrundgeologische Übersichtsgutachten vom
h. die Baugenehmigung der Stadt vom (Anlage Nr.)
i. der mit dem Auftraggeber abgestimmte Bauzeitenplan vom (Anlage Nr.)
j. der mit dem Auftraggeber abgestimmte Zahlungsplan des Auftragnehmers vom (Anlage Nr.)
k. die VOB Teil B und Teil C.

3.2

Bei Widersprüchen gilt zuerst dieser Vertrag, sodann die unter 3.1 aufgeführten Vertragsunterlagen in der jeweils nachfolgenden Rangfolge.

3.3

Der Auftragnehmer hat die einzelnen Vertragsbestandteile und Unterlagen eingehend geprüft und keine Widersprüche festgestellt. Er übernimmt die Vertragsbestandteile als von ihm zu verantwortende Grundlage seiner Leistung, es sei denn, er hat etwaige Fehler oder Widersprüche nicht erkennen können.

3.4

Der Auftragnehmer hat das Baugrundstück besichtigt. Er hat auch die Zufahrtswege überprüft und auch die dort vorhandenen Lagerflächen.

3.5

Der Auftragnehmer bestätigt, dass er sich durch eigene Überprüfung über die örtlichen Gegebenheiten einschließlich des Zustandes der Nachbargrundstücke und der umliegenden Bebauung ausreichend und gründlich informiert hat, keine Widersprüche zu den insofern relevanten Vertragsbestandteilen festgestellt hat und dass er das Risiko einer etwaigen verschuldensabhängigen Beschädigung der Nachbargrundstücke und Nachbargebäude infolge Bautätigkeit übernimmt.

3.6

Der Auftraggeber hat ein Baugrund- und Bodengutachten erstellen lassen. Der Auftraggeber und der Auftragnehmer gehen davon aus, dass die von dem Sachverständigen angenommenen Bodenverhältnisse in der beschriebenen Art vorliegen. Sollten abweichende Bodenverhältnisse angetroffen werden, gehen hieraus resultierende Mehraufwendungen zulasten des Auftraggebers.

3.7

Der Auftragnehmer hat alle ihm zur Verfügung gestellten Zeichnungen, Unterlagen und Informationen auf sachliche und fachliche Richtigkeit und Geeignetheit zu prüfen.

§ 4 Vertretung des Auftraggebers und des Auftragnehmers

4.1

Der Auftraggeber benennt als seinen für die technische Abwicklung des Bauvorhabens zuständigen Vertreter den Generalplaner. Dieser ist berechtigt, Anweisungen zu erteilen, die zur technischen und zeitlichen ordnungsgemäßen Ausführung der Bauleistungen erforderlich sind. Weitergehende rechtsverbindliche Erklärungen, die während der Abwicklung dieses Vertrages abgegeben oder entgegenzunehmen sind, bleiben ausschließlich dem Auftraggeber vorbehalten. Dies gilt insbesondere für solche Erklärungen, die zu einer Änderung oder Ergänzung dieses Vertrages führen und mit finanziellen Folgen für den Auftraggeber verbunden sind. Berechtigt sind neben dem Vorstand Herr/Frau … .

4.2

Der Auftragnehmer benennt als zuständigen Bauleiter und Bevollmächtigten Herrn/Frau … und als Vertreter Herrn/Frau … . Diese/r ist zur Abgabe und Entgegennahme von rechtsverbindlichen Erklärungen nach diesem Vertrag befugt.

4.3

Der Generalplaner hat keine rechtsgeschäftliche Vollmacht und ist nicht befugt, zusätzliche oder geänderte Leistungen namens des Auftraggebers zu beauftragen.

§ 5 Ausführung

5.1

Die vom Auftragnehmer zu erbringenden Leistungen ergeben sich aus den in § 3 dieses Vertrages aufgeführten Vertragsbestandsteilen.

5.2

Im Umfeld des Baugrundstückes befinden sich folgende Nachbarbebauungen:

5.3

Im Umfeld des Baugrundstückes befindet sich folgender Kanalbestand:

Zur Beweissicherung und Feststellung des Zustandes der Nachbarbebauung hat der Auftraggeber ein Gutachten bei dem Ingenieurbüro in Auftrag gegeben. Das Gutachten ist dem Auftragnehmer bekannt.

5.4

Der Auftraggeber und der Auftragnehmer werden vor Baubeginn eine Beweissichtung gemäß § 3 Abs. 4 VOB/B auf Grundlage dieses Gutachtens durchführen. Die Parteien einigen sich auf den Sachverständigen .

5.5

Der Auftragnehmer ist verpflichtet, für die gesamte Dauer seiner Tätigkeit auf der Baustelle eine der Art und dem Umfang des Bauvorhabens entsprechende sachverständige technische Aufsicht (Bauleiter, Poliere) zu stellen. Verantwortlicher Bauleiter ist Herr/Frau , Vertreter ist Herr/Frau .

5.6

Der verantwortliche Bauleiter bzw. sein Vertreter hat während der normalen Arbeitszeit ständig auf der Baustelle anwesend zu sein. Außerhalb der Arbeitszeit muss er telefonisch erreichbar sein. Der Auftraggeber ist berechtigt, den Austausch von einzelnen Mitgliedern der technischen Aufsicht zu verlangen, wenn hierfür ein wichtiger Grund vorliegt.

5.7

Der Auftragnehmer ist verpflichtet, alle für die Erbringung seiner Leistung erforderlichen Abstimmungen mit dem Auftraggeber, dem Generalplaner, den Behörden, den Prüfstatikern und allen weiteren Beteiligten vorzunehmen.

5.8

Der Auftragnehmer ist verpflichtet, Bautageberichte in Textform zu erstellen und diese wöchentlich dem Auftraggeber in Kopie zu übergeben. Diese Bautageberichte müssen alle für die Bauausführung und Abrechnung relevanten Angaben enthalten, wie beispielsweise Baufortschritt, Wetter, Zahl und Art der auf der Baustelle beschäftigen Arbeitnehmer, Zahl und Umfang der eingesetzten Baugeräte, Beginn und Ende von Leistungen,

Größe und Umfang, Abnahmen, Unterbrechungen der Arbeitszeit mit Angaben der Gründe, Unfälle, behördliche Anordnung und sonstige besondere Vorkommnisse.

5.9

Durch den Generalplaner werden 14-tägig, bei Bedarf aber auch öfters, zu einem mit dem Auftragnehmer abzustimmenden regelmäßigen Termin Baubesprechungen durchgeführt. Der Generalplaner fertigt ein Besprechungsprotokoll, welches dem Auftragnehmer zuzuleiten ist. Der Auftragnehmer ist verpflichtet, an diesen Baubesprechungen durch ausreichend bevollmächtigte Mitglieder der technischen Aufsicht teilzunehmen.

5.10

Alle mit der Bauleitung beauftragten Personen des Auftragnehmers sowie die Teilnehmer an den Besprechungen müssen über gute Deutschkenntnisse verfügen.

5.11

Der Auftragnehmer verpflichtet sich, auch bei der Bauausführung nur Arbeitnehmer und andere Personen zur Bauausführung einzusetzen, die über ausreichende Deutschkenntnisse verfügen.

5.12

Der Auftragnehmer versichert, dass alle von ihm eingesetzten Personen über die entsprechende Arbeitserlaubnis verfügen und dass er dies auch bei seinen Nachunternehmern überwacht. Weiterhin verpflichtet sich der Auftragnehmer, die Vorschriften des Arbeitnehmerentsendegesetzes einzuhalten. Kommt es zu Unterbrechungen, weil der Auftragnehmer diesen Verpflichtungen nicht nachkommt, hat der Auftragnehmer die hierdurch entstehenden Kosten zu tragen.

§ 6 Vergütung

6.1

Die Vergütung für sämtliche Leistungen und Lieferungen nach diesem Vertrag beträgt pauschal

EUR (in Worten EUR)

Die Zahlung erfolgt zuzüglich der gültigen Umsatzsteuer.

6.2

Der Pauschalpreis gilt für die im Vertrag enthaltenen Leistungen für die gesamte Bauzeit fest. Eine Gleitklausel etwa für Lohn- oder Materialkosten wird nicht vereinbart.

6.3

Der Auftragnehmer ist verpflichtet, dem Auftraggeber die Urkalkulation in einem verschlossenen Umschlag bei Vertragsabschluss zu übergeben. Dieser Umschlag darf nur im Beisein beider Parteien geöffnet werden, um strittige Punkte zur Vergütungshöhe von den Nachtragsforderungen zu klären. Die Urkalkulation ist dann wieder in einen verschlossenen Umschlag einzustecken.

In der Kalkulation müssen folgende Kosten getrennt ausgewiesen sein:

- Summe der Einzelkosten der Teilleistung
- Summe der Baustellengemeinkosten
- Allgemeine Geschäftskosten
- Wagnis
- Gewinn.

6.4

Die Abschlagszahlungen sind entsprechend dem Zahlungsplan für die nachgewiesenen vertragsgemäßen Leistungen 21 Tage nach Rechnungseingang zu zahlen.

6.5

Verständigen sich die Parteien nicht über die Mehr- oder Minderkosten oder über die Terminänderung, schlichtet ein auf schriftliches Ersuchen einer Partei durch den Präsidenten der Ingenieurkammer benannter öffentlich bestellter und vereidigter Sachverständiger. Die Kosten des Sachverständigen tragen die Parteien je zur Hälfte.

Kommt keine Änderung über den Preis oder sonstige Bedingungen eines Änderungsauftrages zustande, so ist der Auftragnehmer trotzdem verpflichtet, die Änderungsforderung des Auftraggebers auszuführen. Jede Partei hat dabei das Recht, über die Angemessenheit des Preises oder der sonstigen Bedingungen das Schiedsgericht gemäß der vereinbarten Schlichtungs- und Schiedsgerichtsordnung anzurufen.

§ 7 Leistungsänderungen

7.1

Die Anordnung von Leistungsänderungen bzw. zusätzlichen Leistungen darf nur durch die von dem Auftraggeber rechtsgeschäftlich bevollmächtigten Personen erfolgen. Die Vergütung der Nachträge richtet sich nach § 2 Abs. 5 VOB/B oder § 2 Abs. 6 VOB/B.

7.2

Der Auftragnehmer soll dem Auftraggeber vor Ausführung der Leistung ein schriftliches Nachtragsangebot vorlegen, in dem die für die Leistungsänderung bzw. für die zusätzliche Leistung entstehenden Mehr- oder Minderkosten dargestellt werden. Ferner sind die voraussichtlichen Auswirkungen der Leistungsänderung bzw. zusätzlichen Leistungen auf den Bauablauf anzugeben.

7.3

Die auf die Auftragssumme gewährten Nachlässe sind auch bei der Vereinbarung eines neuen Preises für die Nachtragsleistung zu berücksichtigen.

7.4

Das Gleiche gilt sinngemäß im Falle von Minderkosten infolge von Änderungswünschen, d.h., der Minderbetrag ist von der nach Ausführung der Änderung nächstfälligen Rate in Abzug zu bringen.

§ 8 Nachunternehmer

8.1

Nach § 4 Abs. 8 VOB/B dürfen Nachunternehmer nur mit Zustimmung des Auftraggebers beauftragt werden. Dabei gilt Folgendes:

8.2

Der Auftragnehmer darf Leistungen nur Nachunternehmern übertragen, die fachkundig, leistungsfähig und zuverlässig sind. Dazu gehört auch, dass sie ihren gesetzlichen Verpflichtungen zur Zahlung von Steuern und Sozialabgaben nachkommen und die gewerberechtlichen Voraussetzungen erfüllen. Der Auftragnehmer hat dem Auftraggeber vor Beauftragung schriftlich Art und Umfang der Leistung, die an den Nachunternehmer weiter vergeben werden soll, sowie Name, Anschrift und Berufsgenossenschaft (einschließlich Mitgliedsnummer) des vorgesehenen Nachunternehmers mitzuteilen. Der Auftraggeber ist berechtigt, Nachweise über die Fachkunde, Leistungsfähigkeit und Zuverlässigkeit des Nachunternehmers zu verlangen. Die vom Nachunternehmer eingesetzten Arbeitskräfte müssen über ausreichende Deutschkenntnisse verfügen.

8.3

Der Auftragnehmer ist verpflichtet, den Auftraggeber laufend über eingesetzte Nachunternehmer und die mit ihm abgeschlossenen Verträge zu informieren, soweit dies den berechtigten Interessen des Auftragnehmers oder des Nachunternehmers nicht widerspricht oder der Geheimhaltung unterliegt.

8.4

Setzt der Auftragnehmer bei Leistungen, auf die sein Betrieb eingerichtet ist, Nachunternehmer mit Zustimmung des Auftraggebers ein, kann der Auftraggeber dem Auftragnehmer eine angemessene Frist zur Abhilfe setzen und erklären, dass er ihm nach fruchtlosem Ablauf der Frist den Auftrag entziehe (§ 8 Abs. 3 VOB/B), wenn die eingesetzten Nachunternehmer nicht fachkundig, leistungsfähig oder zuverlässig sind oder der Auftragnehmer diese Voraussetzungen auf Verlangen des Auftraggebers nicht schriftlich innerhalb der gesetzten Frist nachweist.

§ 9 Ausführungsfristen

9.1

Die Parteien vereinbaren folgende verbindlichen Ausführungsfristen gemäß § 5 Abs. 1 VOB/B:

a. Ausführungsbeginn der Leistung:

b. Zwischentermine:

c. Fertigstellungstermin:

9.2

Die einzelnen Termine ergeben sich aus dem Bauzeitenplan, der gemäß § 3 Vertragsbestandteil ist und dessen Fristen Vertragsfristen sind.

§ 10 Vertragsstrafe, Verzugsschaden

10.1

Die Parteien vereinbaren folgende verbindlichen Ausführungsfristen gemäß § 5 Abs. 1 VOB/B:

a. Ausführungsbeginn der Leistung:

b. Zwischentermine:

c. Fertigstellungstermin:

10.2

Die einzelnen Termine ergeben sich aus dem Bauzeitenplan, der gemäß § 3.1 Vertragsbestandteil ist und dessen Fristen Vertragsfristen sind.

10.3

Für die Überschreitung des Gesamtfertigstellungstermins hat der Auftragnehmer für jeden Werktag eine Vertragsstrafe in Höhe von 0,3 % der Nettoauftragssumme zu zahlen.

10.4

Die Vertragsstrafe wird auf insgesamt 5 % der Nettoauftragssumme begrenzt.

10.5

Die Geltendmachung von Schadenersatzansprüchen neben der Vertragsstrafe bleibt unberührt. Jedoch wird eine verwirkte Vertragsstrafe auf Schadenersatzansprüche angerechnet.

§ 11 Rechnung und Zahlung

11.1

Die Abschlagsrechnungen sind entsprechend dem Zahlungsplan nach § 3 dieses Vertrages für vertragsgemäß erbrachte Leistungen einschließlich etwaiger Nachtragsleistungen zu stellen. Die Fälligkeit von Abschlagsrechnungen tritt innerhalb von 21 Tagen nach Zugang der Rechnung beim Generalplaner ein, wenn ein Nachweis über die ausgeführten und abgerechneten Leistungen beigefügt ist.

11.2

Die Bezahlung von Abschlagsrechnungen stellt weder ein Anerkenntnis des erreichten Bautenstandes noch eine Abnahme der ausgeführten Leistungen dar.

11.3

Die Schlussrechnung ist innerhalb von 30 Tagen nach Fertigstellung der Leistung und Durchführung der Endabnahme nach diesem Vertrag mit allen notwendigen Unterlagen in prüfbarer Form aufzustellen und dem Generalplaner zuzuleiten. In der Schlussrechnung müssen die bisher geleisteten Abschlagszahlungen jeweils einzeln aufgeführt werden.

Die Umsatzsteuer ist gesondert auszuweisen.

11.4

Die Rechnungen müssen folgende formale Vorgaben erfüllen:

Die Rechnungen sind kumuliert aufzustellen.

Abschlagsrechnungen und Schlussrechnungen sind an den Generalplaner zu senden, parallel eine Kopie an den Auftraggeber.

§ 12 Stundenlohnarbeiten

12.1

Wenn ausnahmsweise Stundenlohnarbeiten entsprechend § 2 Abs. 10 VOB/B beauftragt sind, gilt Folgendes:

a) Der Auftragnehmer hat arbeitstechnisch Stundenlohnzettel in dreifacher Ausfertigung einzureichen. Diese müssen außer den Angaben nach § 15 Abs. 3 VOB/B folgende Angaben erhalten:
   - das Datum
   - die Bezeichnung der Baustelle
   - die genaue Bezeichnung des Ausführungsortes innerhalb der Baustelle
   - die Art der Leistung
   - die Namen der Arbeitskräfte und deren Berufs-, Lohn- oder Gehaltsgruppe
   - die geleisteten Arbeitsstunden je Arbeitskraft, ggf. aufgegliedert nach Mehr-, Nacht-, Sonntags- und Feiertagsarbeit sowie nach im Verrechnungssatz nicht enthaltenen Erschwernissen
   - die eingesetzten Baugeräte unter genauer Bezeichnung.

b) Die Unterzeichnung von Stundenlohnzetteln gilt nicht als Anerkenntnis und gilt nur als Bestätigung hinsichtlich Art und Umfang der erbrachten Leistung. Es bleibt dem Auftraggeber die Prüfung vorbehalten, ob es sich um Stundenlohnarbeiten oder bereits im Vertrag enthaltene Arbeiten handelt.

12.2

Folgende Stundensätze sind vereinbart:

- Facharbeiter EUR
- Bauhelfer EUR
- Auszubildender EUR.

§ 13 Freistellung gemäß § 48b EStG

13.1

Soweit dies nicht schon mit der Angebotsabgabe geschehen ist, hat der Auftragnehmer unverzüglich nach Vertragsabschluss dem Auftraggeber eine Freistellungsbescheinigung seines zuständigen Finanzamtes nach § 48b EStG vorzulegen und bei Ablauf der zeitlichen Geltung unaufgefordert eine neue Bescheinigung nachzureichen. Der Auftragnehmer verpflichtet sich, jede vom zuständigen Finanzamt vorgenommene Änderung in Bezug auf die Freistellungsbescheinigung dem Auftraggeber unverzüglich anzuzeigen.

13.2

Liegt eine Freistellungsbescheinigung nicht vor oder wird eine vorgelegte Bescheinigung widerrufen oder zurückgenommen, ist der Auftraggeber berechtigt, die zu entrichtende Steuer vom Werklohn einzubehalten.

§ 14 Abnahme

14.1

Die Parteien vereinbaren eine förmliche Abnahme nach § 12 Abs. 4 VOB/B. Im Übrigen gilt § 12 VOB/B.

14.2

Die förmliche Abnahme ist nach Beendigung der gesamten Leistung des Auftragnehmers mit schriftlicher Mitteilung der Fertigstellung an den Auftraggeber binnen zwölf Werktagen durchzuführen. Der Auftraggeber behält sich das Recht vor, Teilabnahmen nach § 12 Abs. 2 VOB/B durchzuführen.

Zur vertragsgemäßen Fertigstellung gehören auch Bedienungsanweisungen sowie Prüfzeugnisse, behördliche Genehmigungen u.Ä. Diese Unterlagen sind rechtzeitig vor dem Abnahmetermin beim Generalplaner einzureichen, damit die Abnahme vorbereitet werden kann.

14.3

Der Generalplaner führt die technischen Abnahmen durch, deren Ergebnis schriftlich niederzulegen ist. Eine Vollmacht zur Durchführung der rechtsgeschäftlichen Abnahme besteht nicht.

14.4

Ohne gesonderte Vergütung hat der Auftragnehmer bei der Abnahme mitzuwirken einschließlich des Stellens der notwendigen Arbeitskräfte und Geräte.

14.5

Die Abnahme kann bis zur Beseitigung wesentlicher Mängel durch den Auftraggeber verweigert werden.

§ 15 Gewährleistung und Mängelrechte

15.1

Für die Gewährleistung und Mängelbeseitigung gelten die Bestimmungen des § 13 VOB/B mit der Maßgabe, dass für die Bauleistung anstelle der Regelfrist des § 13 Abs. 4 Nr. 1 VOB/B eine Verjährungsfrist von fünf Jahren gilt.

Diese Verjährungsfrist gilt auch für maschinelle und elektrotechnische/elektronische Anlagen oder Teile hiervon. Voraussetzung für Letzteres ist jedoch, dass der Auftragnehmer mit dem Auftraggeber Wartungsverträge zu angemessenen Bedingungen angeboten hat.

15.2

Nach der Abnahme auftretende Mängel hat der Auftragnehmer nach Maßgabe des § 13 Abs. 5 VOB/B innerhalb angemessener Frist zu beseitigen.

15.3

Werden bereits während der Ausführung Leistungen des Auftragnehmers als mangelhaft oder vertragswidrig erkannt, ist der Auftragnehmer verpflichtet, diese nach erfolgter Anzeige des Mangels durch den Auftraggeber innerhalb einer schriftlich zu setzenden Nachfrist zu beseitigen.

§ 16 Vertragserfüllungs- und Gewährleistungssicherheit

16.1

Zur Sicherung der ordnungs- und termingemäßen Ausführung der Bauleistung übergibt der Auftragnehmer dem Auftraggeber zum Abschluss des Vertrages eine Vertragserfüllungssicherheit gemäß § 17 Abs. 2 VOB/B in Höhe von 10 % des Angebotspreises. Die Wirksamkeit des Vertrages steht unter der aufschiebenden Bedingung, dass die Sicherheit dem Auftraggeber übergeben bzw. entsprechend hinterlegt wird. Die Vertragserfüllungssicherheit ist nach der Abnahme Zug um Zug gegen die Gewährleistungssicherheit herauszugeben.

16.2

Die Parteien vereinbaren eine Sicherungsleistung für die Zeit der Gewährleistung in Höhe von 5 % der Abrechnungssumme gemäß § 17 VOB/B. Die Gewährleistungssicherheit ist nach Ablauf der Gewährleistungsfrist herauszugeben.

§ 17 Versicherungen

17.1

Der Auftraggeber schließt für die Durchführung des Bauvorhabens eine Bauleistungsversicherung ab, und zwar zugunsten des Auftragnehmers und des Auftraggebers. Die Kosten für die Bauleistungsversicherung trägt der Auftraggeber.

17.2

Die Feuerversicherung wird von dem Auftraggeber abgeschlossen.

17.3

Der Auftragnehmer ist verpflichtet, eine ausreichende Betriebshaftpflichtversicherung zu den üblichen Versicherungsbedingungen abzuschließen und dem Auftraggeber durch Vorlage eines entsprechenden Versicherungsnachweises das Bestehen einer solchen Versicherung zu bestätigen. Die Mindestdeckungssumme einer solchen Versicherung wird wie folgt festgelegt:

a. EUR für Personenschäden
b. EUR für Sachschäden
c. EUR für Vermögensschäden

Die Haftpflichtversicherung des Auftragnehmers unterliegt bezüglich ihres Inhalts, insbesondere hinsichtlich Versicherungssumme, Versicherungsbedingungen und etwaigen Versicherungsausschlüssen, der Genehmigung durch den Auftraggeber.

Im Übrigen hat der Inhalt der Versicherung dem internationalen Standard für vergleichbare Projekte zu entsprechen.

17.4

Der Auftragnehmer hat in regelmäßigen Abständen das Weiterbestehen der Haftpflichtversicherung nachzuweisen.

§ 18 Kündigung

Für die Kündigung dieses Vertrages gelten die §§ 8 und 9 VOB/B. Der Auftraggeber ist darüber hinaus zur Kündigung aus wichtigem Grunde insbesondere dann berechtigt,

a. wenn der Auftragnehmer Personen, die auf Seiten des Auftraggebers mit der Vorbereitung, dem Abschluss oder der Durchführung dieses Vertrages befasst sind, oder ihnen nahestehenden Personen Vorteile anbietet, verspricht oder gewährt. Solche Handlungen des Auftragnehmers stehen Handlungen von Personen gleich, die von ihm bevollmächtigt, beauftragt oder für ihn tätig sind. Dabei ist es gleichgültig, ob solche Vorteile unmittelbar den Personen oder in deren Interesse einem Dritten angeboten oder versprochen werden;

b. wenn der Auftragnehmer gegen die Bestimmungen des Schwarzarbeitergesetzes, des Arbeitnehmerentsendegesetzes oder das SGB verstößt.

§ 19 Schriftform

Änderungen des Vertrages sollen, sofern gesetzlich nicht eine andere Form vorgeschrieben ist, schriftlich festgelegt werden. Soweit diese Form nicht beachtet wird, hat Änderungen des Vertrages derjenige zu beweisen, der sich auf sie beruft. Dies gilt auch für geänderte oder zusätzliche Leistungen.

§ 20 Gerichtsstand

Soweit die Vertragsparteien beide Kaufleute sind, wird als Gerichtsstand vereinbart.

(***alternativ:***

§ 20 Schlichtung und Schiedsgericht

Alle Streitigkeiten zwischen den Parteien aus oder im Zusammenhang mit diesem Vertrag sollen unter Ausschluss des ordentlichen Rechtsweges durch ein Schiedsgericht nach der Schiedsordnung-Bau der ARGE Baurecht im Deutschen Anwaltverein in der jeweils geltenden Fassung entschieden werden.

Dem Schiedsgerichtsverfahren muss ein Schlichtungsverfahren nach der SOBau vorangehen.

Der Sitz des Schiedsgerichtes ist .

Der Auftragnehmer ist verpflichtet, eine entsprechende Schlichtungs- und Schiedsgerichtsvereinbarung mit seinen Subunternehmern abzuschließen.)

§ 21 Rechtswahl

Die Parteien vereinbaren für alle aus diesem Vertrag folgenden Ansprüche einschließlich möglicher deliktischer Ansprüche das deutsche Recht.

Als Zustellungsbevollmächtigter wird benannt:

für den Auftraggeber, Herr Rechtsanwalt

für den Auftragnehmer, Herr Rechtsanwalt .

, den	, den
(Auftraggeber)	(Auftragnehmer)

▲

II. Anmerkungen

1. Präambel

Von einem Generalunternehmervertrag spricht man, wenn ein Bauunternehmer es übernimmt, alle Bauleistungen zur Errichtung des Bauwerkes zu erbringen, wobei im Regelfall das Bauwerk schlüsselfertig erstellt wird. Einen erheblichen Teil der Bauleistungen erbringt der Generalunternehmer mit seinen eigenen Leuten, zumeist die Erstellung des Rohbaus. Dabei sind im Regelfall die Maurer- und Betonarbeiten und oftmals auch die Erdarbeiten von ihm zu erbringen. Die weiteren Leistungen für die einzelnen Gewerke wie Zimmermann, Dachdecker, Tischler und weitere vergibt er an Subunternehmer, auch Nachunternehmer genannt. **134**

Nach § 4 Abs. 8 VOB/B hat der Unternehmer die Leistungen mit seinen eigenen Leuten auszuführen. Die Übertragung an Nachunternehmer bedarf der schriftlichen Zustimmung des Auftraggebers. Eine solche Zustimmung ist nicht notwendig bei Leistungen, auf die der Betrieb des Auftragnehmers nicht eingerichtet ist. Dies liegt im Regelfall vor, weil aus dem Generalunternehmervertrag für den Auftraggeber erkennbar ist, dass der Auftragnehmer nicht alle Leistungen selbst ausführen kann. Dieses ist in § 8 des Generalunternehmervertrages geregelt. **135**

Im Generalunternehmervertrag wird dem Kooperationsgedanken im Baugeschehen Rechnung getragen. Diesem Gedanken folgend ist die Durchführung einer Schlichtung Voraussetzung für die Einleitung eines gerichtlichen Verfahrens. Näheres ist in § 20 des Generalunternehmervertrages geregelt. **136**

Grundlage des Vertrages ist ein Leistungsverzeichnis, untergliedert in einzelne Gewerke und mit einzelnen Positionen, welche die Leistung detailliert beschreibt. Es vereinfacht dem Auftragnehmer die Bearbeitung des Angebotes und die Kalkulation seiner Einheitspreise. Eine funktionale Ausschreibung (Leistungsbeschreibung mit Leistungsprogramm, § 7 Abs. 13 bis 15 VOB/A) beschreibt mehr oder weniger präzise, welches Bauwerk mit welchen Leistungen der Auftraggeber erwartet. Der Auftragnehmer muss zur Abgabe seines Angebotes und zur Ermittlung seiner Preise die notwendigen Massen und Mengen selbst ermitteln. **137**

2. Vertragsgegenstand

Der Begriff „schlüsselfertig" ist in der VOB/B nicht aufgeführt. Unter schlüsselfertiger Erstellung versteht man, dass das Bauwerk so weit fertig gestellt ist, dass der Auftraggeber bzw. der von ihm ausgesuchte Nutzer das Objekt nur noch mit dem Inventar einrichten muss, um es zu nutzen. **138**

3. Vertragsbestandteile

Bestandteile des Vertrages sind nur die Unterlagen und Bedingungen, die im Generalunternehmervertrag aufgeführt sind. Weicht der Auftraggeber nach Vertragsabschluss hier- **139** von ab und will er geänderte oder zusätzliche Leistungen vom Generalunternehmer ausgeführt haben, so kommt es auch beim Pauschalpreisvertrag zu Nachtragsforderungen, § 2 Abs. 7 Nr. 2 VOB/B. Aus diesem Grunde ist auf die Vollständigkeit und Eindeutigkeit der Vertragsbestandteile zu achten. Kernstück sind das Leistungsverzeichnis sowie die Pläne, in vielen Fällen ergänzt um ein Verhandlungsprotokoll. Da im Zeitpunkt der Ausfertigung des Verhandlungsprotokolls bereits der Vertragstext, das Leistungsverzeichnis und die Pläne vorliegen, muss darauf geachtet werden, dass die zu erbringenden Leistungen sich aus dem Generalunternehmervertrag, ggf. modifiziert durch das Verhandlungsprotokoll, ergeben. Da das Verhandlungsprotokoll zum Vertrag ergänzende Regelungen erhält, ist dieses mit dem Vertrag an die erste Stelle zu setzen.

140 Das Leistungsverzeichnis wird ergänzt durch die Vorbemerkung, in denen übergreifende Leistungen, u.a. auch für verschiedene Gewerke, allgemein vorangestellt werden.

a) Bezeichnung der Pläne

141 Bei den Plänen ist auf eine genaue Bezeichnung zu achten, wobei es sich hier um die Pläne des Architekten, des Tragwerksplaners und der Fachingenieure für die technische Ausrüstung handelt. Bei den Plänen muss es sich um freigegebene Ausführungspläne handeln. Vorabzüge erfüllen diese Voraussetzungen nicht. Die Ausführungsplanung wird definiert als zeichnerische Darstellung des Objektes mit allen für die Ausführung notwendigen Vorgaben. Werden dem Auftragnehmer nur Entwurfspläne zur Verfügung gestellt, muss dieser Bedenken nach § 3 Abs. 3 VOB/B gegenüber dem Auftraggeber anmelden. Im Übrigen ist in diesen Fällen oftmals der Auftragnehmer in der Ausführung seiner Leistung behindert, sodass der Auftragnehmer eine schriftliche Behinderungsanzeige dem Auftraggeber übersenden muss und die Arbeiten bis zur Vorlage einer fachgerechten Ausführungsplanung einstellen kann, § 6 Abs. 1 VOB/B.

142 Der Auftragnehmer hat die anerkannten Regeln der Technik und die gesetzlichen und behördlichen Bestimmungen zu beachten, § 4 Abs. 2 Nr. 1 S. 2 VOB/B. Die DIN-Normen bzw. Euro-Normen sind im Regelfall anerkannte Regeln der Technik, was aber nicht zwingend ist. Es gibt DIN-Normen, die veraltet sind und nicht mehr den anerkannten Regeln der Technik entsprechen. Abzugrenzen sind die anerkannten Regeln der Technik von dem Stand der Technik. Dieser mag für sich genommen eine Leistung sein, die technisch besser ist. Hier fehlt jedoch das für die anerkannten Regeln der Technik notwendige Erfordernis der Bewährung in der Praxis.

b) Bauzeitplan

143 Damit die im Bauzeitplan enthaltenen Einzelfristen verbindliche Vertragsfristen sind, muss dies im Vertrag ausdrücklich vereinbart werden, § 5 Abs. 1 S. 2 VOB/B. Ergänzend hierzu ist in § 9 des Generalunternehmervertrages die Möglichkeit eingeräumt, die wichtigsten Fristen im Einzelnen aufzuführen.

c) Vereinbarung eines Zahlungsplans

Auch wenn § 16 Abs. 1 VOB/B die Möglichkeit von Abschlagszahlungen ohne gesonderte Vereinbarung vorsieht, empfiehlt sich insbesondere dann ein Zahlungsplan, wenn ein Pauschalpreis vereinbart ist. Dieser Zahlungsplan ist an den Leistungsstand der erbrachten Arbeiten anzuknüpfen. 144

d) Vereinbarung der VOB/B

Da die VOB/B Allgemeine Geschäftsbedingungen darstellen und keine gesetzliche Verordnung sind, muss die Anwendung der VOB/B ausdrücklich vereinbart werden. Dies geschieht am besten dadurch, dass im Vertrag auf die VOB/B Bezug genommen und diese als Vertragsbestandteil aufgenommen wird. Wenn die VOB/B vereinbart ist, gilt automatisch die VOB/C, § 1 Abs. 1 S. 2 VOB/B. Da es sich bei den Auftraggebern eines Generalunternehmers grundsätzlich um im Baubereich bewanderte Personen oder Kaufleute handelt, bedarf es nicht der Aushändigung des Textes der VOB/B bzw. der VOB/C. Bei wirksamer Vereinbarung der VOB/B ist sie der Kontrolle des AGB-Rechts (§§ 305 ff. BGB) entzogen. § 310 Abs. 1 BGB regelt, dass die VOB/B insgesamt der Inhaltskontrolle durch das Recht der Allgemeinen Geschäftsbedingungen entzogen ist, wenn die VOB/B „ohne inhaltliche Abweichungen insgesamt einbezogen" ist. Die Privilegierung der VOB/B nach § 310 Abs. 1 BGB gilt nur für Unternehmerverträge. Beim Verbraucher unterliegt die VOB/B der Inhaltskontrolle des AGB-Rechts, es sei denn, dass die VOB/B vom Verbraucher gestellt wird. 145

e) Rangfolge der Vertragsbestandteile

Die Festlegung der Rangfolge der Vertragsbestandteile vermeidet bei Widersprüchen Auslegungsschwierigkeiten. Probleme gibt es immer dann, wenn die Vorbemerkungen bzw. das Leistungsverzeichnis Widersprüche gegenüber den Plänen enthalten. Es gibt grundsätzlich keinen Vorrang des Leistungsverzeichnisses vor den Vorbemerkungen. Die Leistungsbeschreibung hat gegenüber den Plänen eine größere Bedeutung, wenn dort die Leistung im Einzelnen genauer beschrieben wird. Um hier Auslegungsschwierigkeiten zu entgehen, ist eine klare Entscheidung bezüglich der Rangfolge zu treffen. 146

Die Prüfpflicht bezüglich der Unterlagen ergibt sich aus § 3 Abs. 3 VOB/B. Wenn der Auftragnehmer Mängel und Widersprüche an den Vertragsunterlagen aus seiner fachlichen Sicht erkennen konnte und diese nicht angemeldet hat, haftet der Auftragnehmer gegenüber dem Auftraggeber, § 13 Abs. 3 VOB/B. Die Prüfungspflicht gilt auch für den vorhandenen Baugrund des Baugrundstückes und folgt hier aus § 4 Abs. 3 VOB/B. 147

4. Vertretung des Auftraggebers und Auftragnehmers

Für den Auftraggeber ist hier ein Generalplaner tätig, der alle Architekten- und Ingenieurleistungen erbringt. Dabei erbringt der Generalplaner einen Teil der Leistungen selbst, oftmals handelt es sich um die Architektenleistungen, die übrigen Ingenieurleistungen wie Fachingenieurleistungen Sanitär, Heizung usw. und die Tragwerksplanung lässt er 148 durch Subingenieure erstellen. Genauso wie beim Generalunternehmervertrag hat der Auftraggeber beim Generalplanervertrag mit dem Generalplaner einen Ansprechpartner und einen Verantwortlichen. Bei Vorliegen von Planungsfehlern muss der Auftraggeber nicht nachweisen, ob der Architekt oder Tragwerksplaner für den Mangel verantwortlich ist.

149 Der Generalplaner hat ebenso wenig wie der Architekt ohne eine besondere rechtsgeschäftliche Erteilung keine Vollmacht zur Vertretung des Auftraggebers. Durch die Klarstellung im Vertrag wird dies dem Auftragnehmer deutlich gemacht. Andererseits ist es notwendig, dass die für den Auftraggeber und den Auftragnehmer vertretungsberechtigten Personen im Einzelnen aufgeführt werden, weil die nach dem Handelsregister gesellschaftsrechtlich vertretungsberechtigten Personen mit der Bauabwicklung zumeist nichts zu tun haben.

5. Ausführungen

150 Bezüglich der Umgebung des Baugrundstückes, bezogen auf die baulichen Anlagen, Straßen, Kanäle und Ähnlichem, besteht die Möglichkeit einer Beweissicherung zwischen Auftraggeber und Auftragnehmer nach § 3 Abs. 4 VOB/B. Hierbei sind die Eigentümer der Nachbargrundstücke mit einzubeziehen, damit nach Abschluss des Bauvorhabens festgestellt werden kann, ob es sich bei Schäden an den umliegenden baulichen Anlagen um Altschäden oder um Schäden handelt, die durch die Bauausführung entstanden sind.

151 Obwohl es in einigen Bundesländern den verantwortlichen Bauleiter nach der Landesbauordnung nicht mehr gibt, ist es zu empfehlen, einen verantwortlichen Bauleiter zu bestimmen, um die Verantwortlichkeiten klarzustellen. Im Rahmen der Bauabwicklung ist es von Bedeutung, Abläufe und Veränderungen zu dokumentieren. Dies gilt insbesondere für Behinderungen oder Änderungen der Bauleistungen, die regelmäßig Kosten auslösen. Bei einem Bautagesbericht handelt es sich primär um eine tägliche Dokumentation der geleisteten Arbeiten und Vorgänge auf einer Baustelle. Die Bautagesberichte sind für die Durchsetzung oder Abwehr von Nachträgen hilfreich und bieten eine Unterstützung bei der Durchsetzung von Mängelansprüchen. Wichtig ist hier, dass möglichst detailliert die einzelnen baurelevanten Umstände aufgeführt sind. Damit hier Streitigkeiten vermieden werden, ist die Unterschrift der Parteien hierauf empfehlenswert.

152 Bezüglich der Baubesprechung ist eine Regelmäßigkeit von Vorteil. Bei diesen Besprechungen sollten die Verantwortlichen zugegen sein und über ausreichende deutsche Sprachkenntnisse verfügen, worauf hingewiesen wird. Über die Baubesprechung ist jeweils ein Protokoll zu fertigen und an die Parteien zu verteilen.

153 Obwohl grundsätzlich der Auftragnehmer verpflichtet ist, darauf zu achten, dass nur Arbeitnehmer mit einer gültigen Arbeitserlaubnis tätig sind, ist der Auftraggeber seinerseits berechtigt, sich den Nachweis erbringen zu lassen. Dadurch vermeidet er Unannehmlichkeiten, wenn der Auftragnehmer Schwarzarbeiter beschäftigt.

6. Vergütung

Bei Generalunternehmerverträgen ist es üblich, einen Pauschalpreis zu vereinbaren. Beim Pauschalpreis bleibt die Vergütung für die im Zeitpunkt des Vertragsabschlusses nach dem Vertrag geschuldete Leistung unverändert, § 2 Abs. 7 Nr. 1 VOB/B. Werden nach Vertragsabschluss zusätzliche Leistungen nach § 1 Abs. 4 VOB/B oder geänderte Leistungen nach § 1 Abs. 3 VOB/B angeordnet, ändert sich der Pauschalpreis entsprechend, § 2 Abs. 7 Nr. 2 VOB/B. 154

Bei unverändertem Vertragsinhalt ist der Pauschalpreis bis zum Abschluss bindend und kann auch bei Lohnsteigerungen oder Preissteigerung bei Baumaterialien nicht geändert werden. Sollte die Kostenerhöhung auf den Pauschalpreis einen Einfluss haben, muss eine entsprechende Preisgleitklausel vereinbart werden. Die Lohn- und Stoffpreisgleitklauseln müssen ausdrücklich und eindeutig vereinbart sein und unterliegen als vorformulierte Vertragsbedingungen der Inhaltskontrolle des § 307 BGB. 155

Die Kalkulation, die den Vertragspreisen zugrunde liegt, wird Vertrags- oder Urkalkulation genannt. Diese Urkalkulation wird nur noch zum Teil benötigt, soweit es um die Preisermittlung für zusätzliche Leistungen nach § 2 Abs. 6 VOB/B geht. Die Vergütung für die zusätzlichen Leistungen bestimmt sich gem. § 2 Abs. 6 Nr. 2 VOB/B nach den Grundlagen der Preisermittlung für die vertragliche Leistung und den besonderen Kosten der geforderten Leistung. Mit der Urkalkulation kann der Auftraggeber überprüfen, ob diese Vorgaben vom Auftragnehmer für die Berechnung der zusätzlichen Leistungen nach § 2 Abs. 6 VOB/B eingehalten sind. Da der Auftragnehmer seine Kalkulation grundsätzlich nicht offenlegen will, wird vereinbart, dass die Urkalkulation in einem verschlossenen Umschlag beim Auftraggeber hinterlegt und nur im Beisein beider Vertragsparteien oder ihrer Vertreter geöffnet wird. Anders ist es bei den geänderten Leistungen nach § 2 Abs. 2 VOB/B. Hier bestimmt die VOB in § 2 Abs. 5 nur, dass ein neuer Preis unter Berücksichtigung der Mehr- und Minderkosten zu vereinbaren ist. Einigen die Parteien sich nicht über einen Preis für die geänderte Leistung, richtet sich dieser nach den tatsächlich erforderlichen Kosten zzgl. angemessener Zuschläge für allgemeine Geschäftskosten, Wagnis und Gewinn.[23] 156

Ein Recht auf Abschlagszahlungen sieht § 16 Abs. 1 VOB/B vor. Der Auftragnehmer hat einen Anspruch auf Abschlagszahlungen für nachgewiesene vertragsgemäße Leistungen. Da der Auftragnehmer beim Pauschalvertrag die einzelnen Leistungen nicht im Einzelnen unter Beifügung von Aufmaßen nachweisen kann oder will, ist es insbesondere beim Pauschalpreisvertrag notwendig, einen entsprechenden Zahlungsplan zu vereinbaren. Dieser Zahlungsplan ist so aufzustellen, dass ein festgesetzter Prozentsatz der Vergütung nach Erreichung eines bestimmten Bautenstandes abgerechnet werden kann. Die Zahlungsfrist von 21 Tagen folgt aus § 16 Abs. 1 Nr. 3 VOB/B. 157

Entsprechend dem Kooperationsgedanken soll im Falle von Differenzen bezüglich der Vergütungshöhe bei Nachtragsforderungen erst eine Schlichtung durch einen öffentlich 158

23 KG v. 27.8.2019 – 21 U 160/18 – NZBau 2019, 771.

bestellten und vereidigten Sachverständigen erfolgen. Erst nachdem dies fehlgeschlagen ist, entscheidet das Schiedsgericht.

7. Leistungsänderungen

159 Der Auftraggeber hat das Recht, Änderungen des Bauentwurfes anzuordnen, § 1 Abs. 3 VOB/B. Die Anordnung zusätzlicher Leistungen kann der Auftraggeber verlangen, wenn der Betrieb des Auftragnehmers hierauf eingerichtet ist und die zusätzliche Leistung zur Ausführung der vertraglichen Leistung erforderlich wird, § 1 Abs. 4 VOB/B. Die Vergütungsfolge für Nachtragsforderungen richtet sich nach § 2 Abs. 5 VOB/B bzw. § 2 Abs. 6 VOB/B. Nach § 2 Abs. 5 VOB/B berechnet sich die Nachtragsforderung nach den tatsächlich erforderlichen Kosten zuzüglich angemessener Zuschläge.[24]

160 Der Idealfall ist die Vorlage eines Angebotes über die Kosten für die geänderte oder zusätzliche Leistung vor der Ausführung. Wenn dies aus Zeitgründen möglich ist, sollte dies auch eingehalten werden. Der Erhalt der Vergütung ist nicht davon abhängig, dass ein entsprechendes Angebot vorliegt. Bei der zusätzlichen Leistung ist nach § 2 Abs. 6 VOB/B nur erforderlich, dass der Auftragnehmer die Mehrkosten ankündigt. Da dem Auftragnehmer grundsätzlich ein Anspruch auf Fristverlängerung bei einer zusätzlichen Leistung u.U. auch bei einer geänderten Leistung zusteht, ist es hier empfehlenswert, die entsprechende Fristverlängerung in den Bauzeitenplan einzuarbeiten.

8. Nachunternehmer

161 Der Auftragnehmer hat die Leistungen im eigenen Betrieb, d.h. selbst durch eigene Leute auszuführen, § 4 Abs. 8 VOB/B. Nachunternehmer darf er nur einsetzen, wenn die schriftliche Zustimmung des Auftraggebers vorliegt. Die Zustimmung ist nicht notwendig bei Leistungen, auf die der Betrieb des Auftragnehmers nicht eingerichtet ist, § 4 Abs. 8 Nr. 1 S. 3 VOB/B. Bei Abschluss des Vertrages sollte möglichst bereits aufgeführt werden, welche Leistungen der Auftragnehmer durch Subunternehmer durchführen lässt.

162 Das Auswahlrecht der Nachunternehmer steht grundsätzlich dem Auftragnehmer allein zu. Der Auftraggeber kann nur Einfluss nehmen, wenn offensichtlich ungeeignete oder unqualifizierte Firmen den Auftrag erhalten sollen. Der Auftragnehmer seinerseits hat die Verpflichtung darauf zu achten, dass die Nachunternehmer die entsprechenden Arbeitserlaubnisse besitzen. Insoweit ist hier dem Auftraggeber ein Kontrollrecht eingeräumt.

163 Die Informationspflicht über die eingesetzten Nachunternehmer ermöglicht es erst, dass der Auftraggeber sein Kontroll- und Prüfrecht auch ausüben kann. Das Recht des Auftraggebers gegenüber dem Auftragnehmer, dass ihm die Nachunternehmer bekannt gegeben werden, folgt aus § 4 Abs. 8 Nr. 3 VOB/B. Bezüglich der mit den Nachunternehmern

24 OLG Frankfurt v. 21.9.2021 – 29 U 171/19 – IBR 22, 57; OLG Düsseldorf v. 19.12.2019 – 5 U 52/19 – BauR 2020, 1466.

abgeschlossenen Verträge ist der Auftragnehmer verpflichtet, in diesen Verträgen auch die VOB/B und VOB/C zu vereinbaren, § 4 Abs. 8 Nr. 2 VOB/B.

9. Ausführungsfristen

Verbindliche Fristen sind nur Vertragsfristen, die zwischen den Vertragsparteien vereinbart worden sind, § 5 Abs. 1 VOB/B. Die wichtigsten Termine in Bezug auf die Bauleistung müssen im Vertrag aufgenommen werden. **164**

Die in einem Bauzeitenplan enthaltenen Einzelfristen gelten nur dann als Vertragsfristen, wenn dies im Vertrag ausdrücklich vereinbart ist, § 5 Abs. 1 S. 2 VOB/B.[25] Entsprechend folgt im Vertrag eine explizite Bezugnahme auf den Bauzeitenplan. **165**

10. Vertragsstrafe, Verzugsschaden

Die Vereinbarung einer Vertragsstrafe dient dazu, den Auftragnehmer zur rechtzeitigen Fertigstellung seiner vertraglich geschuldeten Leistung zu bewegen. Die Vertragsstrafe muss nach § 11 Abs. 1 VOB/B vereinbart werden. Die Vertragsstrafe wird fällig, wenn der Auftragnehmer seine Leistung nicht innerhalb der vereinbarten Fristen erfüllt hat. Der Nachweis eines Schadens ist nicht erforderlich. Die Vertragsstrafe ist auch dann zu zahlen, wenn kein Schaden eingetreten ist, § 11 Abs. 1 VOB/B, § 339 BGB. Nach §§ 341 Abs. 2, 340 Abs. 2 BGB ist eine verwirkte Vertragsstrafe auf den entstandenen Schaden anzurechnen. Davon abweichende Regelungen in Allgemeinen Geschäftsbedingungen sind unwirksam. **166**

Für eine wirksame Vereinbarung einer Vertragsstrafe in Allgemeinen Geschäftsbedingungen ist es unter Berücksichtigung der §§ 305 ff. BGB notwendig, dass die Höhe der Vertragsstrafe angemessen ist. Die Vertragsstrafe muss pro Einheit (hier Werktag) und in der Gesamthöhe angemessen sein. Fehlt eines dieser Erfordernisse oder ist die Vertragsstrafe unangemessen hoch, ist die Vertragsstrafeklausel insgesamt unwirksam. Pro Werktag ist eine Vertragsstrafe in einer Höhe bis zu 0,3 % der Auftragssumme angemessen. Die Höchstgrenze der Vertragsstrafe darf insgesamt 5 % der Auftragssumme nicht übersteigen.[26] Die Vertragsstrafe muss bei der Abnahme vorbehalten bleiben, § 11 Abs. 4 VOB/B. Eine vertragliche Regelung, dass die Vertragsstrafe ohne Vorbehalt noch von der Schlussrechnung abgezogen werden kann, ist zwar in Allgemeinen Geschäftsbedingungen wirksam, stellt aber einen Eingriff in die VOB/B dar. **167**

11. Rechnung und Zahlung

Abschlagszahlungen sind nach Rechnungsstellung für nachgewiesene und vertragsgemäße Leistungen zu zahlen, § 16 Abs. 1 Nr. 1 VOB/B. Um der Vereinbarung eines Pauschalvertrages Rechnung zu tragen, der einzelne Nachweise der Leistungen wie z.B. ein Aufmaß nicht verlangt, wird auf den vereinbarten Zahlungsplan Bezug genommen. **168**

25 OLG Hamburg v. 23.2.2023 – IBR 2023,450.
26 BGH v. 23.1.2003 – VII ZR 210/01 – BauR 2003, 870.

Dies entbindet jedoch den Auftragnehmer nicht davon, einen generellen Leistungsnachweis über den Leistungsstand zu erbringen.

169 Die Fristen zur Erstellung der Schlussrechnung ergeben sich aus § 14 Abs. 3 VOB/B. Erstellt der Auftragnehmer keine prüfbare Schlussrechnung und setzt ihn der Auftraggeber in Verzug, kann der Auftraggeber selbst eine Schlussrechnung auf Kosten des Auftragnehmers erstellen, § 14 Abs. 4 VOB/B. Grundsätzlich ist die Schlussrechnung an den Auftraggeber und nicht seinen Architekten bzw. Generalplaner zu richten. Im vorliegenden Fall ist hier eine Ermächtigung aufgenommen, die Rechnung an den Generalplaner zu übersenden.

12. Stundenlohnarbeiten

170 Ein Anspruch auf Vergütung von Stundenlohnarbeiten besteht nur, wenn eine Vereinbarung zwischen den Vertragsparteien vor Beginn der Arbeiten ausdrücklich vereinbart worden ist, § 2 Abs. 10 VOB/B. Bei fehlender Vereinbarung von Stundenlohnarbeiten muss der Auftragnehmer die zusätzlich in Auftrag gegebenen Leistungen im Einheitspreis abrechnen.

171 Die Abrechnung der Stundenlohnarbeiten ist im Einzelnen in § 15 VOB/B dargelegt. Für den Auftragnehmer ist es sehr wichtig, dass die Stundenlohnzettel (Rapportzettel) alles Notwendige beinhalten, damit der Auftraggeber die Abrechnung der Stundenlohnarbeiten prüfen kann. Der Auftragnehmer hat die Stundenlohnzettel werktäglich oder wöchentlich einzureichen, § 15 Abs. 3 S. 2 VOB/B. Werden die Stundenlohnzettel vom Auftragnehmer nicht rechtzeitig vorgelegt, kann der Auftraggeber verlangen, dass die entsprechenden Arbeitsleistungen im Einheitspreis abgerechnet werden, § 15 Abs. 5 VOB/B.

172 Der Auftragnehmer hat ein Recht darauf, dass seine Stundenlohnzettel vom Auftraggeber bzw. seinem Architekten oder Generalplaner überprüft und bestätigt werden. Die Abzeichnung von Stundenlohnzettel durch den Auftraggeber bzw. seinem Architekten stellt in der Regel keine stillschweigende Vereinbarung einer Stundenlohnzahlung dar.[27] Damit der bauleitende Architekt nicht befürchten muss, dass durch seine Unterschrift die Stundenlohnarbeiten als dem Grunde nach anerkannt sind, ist eine klarstellende Regelung im Vertrag aufgenommen.

173 Die hier aufgeführten Stundensätze gelten nur für den Fall, dass der Auftraggeber oder sein Bevollmächtigter ausdrücklich Stundenlohnarbeiten in Auftrag gegeben hat.

13. Freistellung nach § 48b EStG

174 Nach dem Gesetz über die Eindämmung illegaler Beschäftigung im Baugewerbe, auch als Bauabzugssteuer bezeichnet, ist jeder Auftraggeber von Bauleistungen verpflichtet, 15 % der geschuldeten Werklohnforderung direkt an das Finanzamt abzuführen. Diese

27 OLG Köln v. 4.1.2021 – 17 U 165/19 – IBR 2021, 565.

Regelung greift nicht bei privaten Gebäuden, einer sog. Bagatellgrenze von 15.000 EUR pro Jahr oder wenn der Unternehmer die Freistellungsbescheinigung eines deutschen Finanzamtes vorlegt. Der abgeführte Betrag wird mit den vom Auftragnehmer geschuldeten Steuern verrechnet.

Da der Auftraggeber zur Abführung der Bauabzugssteuer verpflichtet ist, darf er das **175**
Geld bei Nichterhalt einer Freistellungsbescheinigung abziehen und direkt an das Finanzamt abführen. Die Zahlung der Bauabzugssteuer durch den Auftraggeber an das Finanzamt hat im Verhältnis zum Auftragnehmer Erfüllungswirkung i.S.v. § 362 BGB.

14. Abnahme

Die in § 12 Abs. 4 VOB/B geregelte förmliche Abnahme hat für beide Parteien den **176**
Vorteil, dass aufgrund des schriftlichen Abnahmeprotokolls Klarheit über die Feststellungen und getroffenen Absprachen bei der Abnahme herrscht. Die förmliche Abnahme hat nach § 12 Abs. 4 VOB/B auf Verlangen einer Partei stattzufinden, wobei die Vereinbarung über die förmliche Abnahme bereits im Bauvertrag erfolgen kann. Der Ausschluss der fiktiven Abnahme nach § 12 Abs. 5 VOB/B durch Benutzung der fertig gestellten Bauleistung oder durch Fertigstellungsmitteilung ist zwar nach dem AGB-Recht gem. §§ 305 ff. BGB zulässig, stellt jedoch einen Eingriff in die VOB/B mit den sich daraus ergebenden negativen Konsequenzen dar. Entsprechend wird dies im Vertragsmuster auch vermieden.

Die Abnahme ist nach Fertigstellung auf Verlangen des Auftragnehmers binnen einer **177**
Frist von zwölf Werktagen durchzuführen, § 12 Abs. 1 VOB/B. Auch wenn § 12 Abs. 1 VOB/B es zulässt, die Frist zur Durchführung der Abnahme zu verlängern, sollte man hierbei vorsichtig sein, damit man nicht ungewollt einen Eingriff in die VOB/B vornimmt. Die Durchführung einer Teilabnahme ist nur für in sich abgeschlossene Teile der Leistungen möglich, § 12 Abs. 2 VOB/B. Diese Voraussetzung liegt vor, wenn die Leistungsteile selbstständig und von anderen Teilleistungen aus demselben Bauvertrag unabhängig bestehen können und für sich allein gebrauchsfähig sind. Diese Voraussetzung ist nur in Ausnahmefällen gegeben. Leistungsteile innerhalb eines Gewerks stellen grundsätzlich keinen in sich abgeschlossenen Teil der Leistung dar.

Da das Bauwerk voll funktionsfähig sein muss, gehört es auch dazu, dass Bedienungsan- **178**
weisungen und andere Unterlagen, die z.B. für den Betrieb von technischen Anlagen des Gebäudes oder für die Heizung notwendig sind, übergeben werden.

Die technische Abnahme ist keine Abnahme i.S.v. § 640 BGB. Nach § 4 Abs. 10 **179**
VOB/B ist der Zustand von Teilen der Leistung auf Verlangen gemeinsam vom Auftraggeber und Auftragnehmer festzustellen, wenn diese Teile der Leistung durch die weitere Ausführung der Prüfung und Feststellung entzogen werden. Das Ergebnis ist schriftlich niederzulegen. Zur Durchführung dieser technischen Abnahme ist der Architekt und Generalplaner ohne rechtsgeschäftliche Vollmacht berechtigt. Die technische Abnahme hat im Ergebnis zur Folge, dass eine Beweislastumkehr zugunsten des Auftragnehmers

bei Auftreten eines Mangels an den festgestellten Teilen zu einem späteren Zeitpunkt geschieht.

180 Dass die Abnahme nur wegen wesentlicher Mängel verweigert werden kann, folgt aus § 12 Abs. 3 VOB/B. Ein wesentlicher Mangel setzt voraus, dass die Gebrauchsfähigkeit erheblich beeinträchtigt ist.

15. Gewährleistung und Mängelbeseitigung

181 Die Gewährleistungsfrist für Bauwerke beträgt vier Jahre, wenn keine andere Verjährungsfrist im Vertrag vereinbart ist. Entsprechend kann eine längere Verjährungsfrist wie diejenige des § 634a BGB auf fünf Jahre vereinbart werden.

182 Für maschinelle und elektrotechnische/elektronische Anlagen, bei denen die Wartung Einfluss auf die Sicherheit und Funktionsfähigkeit hat, beträgt für diese Anlagen eine Verjährungsfrist von zwei Jahren. Dies gilt dann nicht, wenn der Auftraggeber sich dafür entschieden hat, dem Auftragnehmer die Wartung für die Dauer der Verjährungsfrist zu übertragen, § 13 Abs. 4 Nr. 2 VOB/B, die dann vier Jahre beträgt.

183 Eine Abkürzung der Gewährleistungsfrist – also weniger als vier Jahre – stellt mit Sicherheit einen Eingriff in die VOB/B dar. Eine Verlängerung der Gewährleistungsfrist – also über fünf Jahre hinaus – ist in begründeten Fällen zulässig, weil hier die Möglichkeit der Vertragsgestaltung nach § 13 Abs. 4 VOB/B bestehen. Die Verlängerung der Gewährleistungsfrist auf zehn Jahre ist zulässig, wenn es sich um Arbeiten handelt, bei denen Mängel häufig vorkommen und erfahrungsgemäß erst später als fünf Jahre nach der Abnahme auftreten.[28] Dies gilt auch für besonders gefahrträchtige Arbeiten.[29] Die Verlängerung der Frist über die gesetzliche Frist von fünf Jahren hinaus ist durch die besonderen Interessen des Auftraggebers gerechtfertigt.

16. Vertragserfüllungs- und Gewährleistungssicherheit

184 Nach § 17 Abs. 1 VOB/B kann eine Vertragserfüllungssicherheit zur Absicherung der vertragsgemäßen Ausführung der Leistung vereinbart werden. Die Höhe der vereinbarten Vertragserfüllungssicherheit darf 10 % der Auftragssumme nicht überschreiten.[30] Damit der Auftraggeber vom Auftragnehmer die Vertragserfüllungssicherheit auch erhält, wird der Vertrag unter eine auflösende Bedingung nach § 158 BGB gesetzt.

185 Ebenso wie für die Vertragserfüllung kann für die Gewährleistungszeit eine Sicherheit vereinbart werden. Hier ist der Betrag von 5 % der Abrechnungssumme üblich, wobei der öffentliche Auftraggeber nach § 9 Abs. 8 S. 2 VOB/A keine Sicherheit für Mängelansprüche über 3 % der Abrechnungssumme verlangen sollte. Da § 17 Abs. 8 Nr. 2 VOB vorsieht, dass die Gewährleistungssicherheit nach Ablauf von zwei Jahren zurückzuge-

28 BGH v. 9.5.1996 – VII ZR 259/94 – BauR 1996, 707.
29 OLG Stuttgart v. 17.10.2017 – 10 U 55/17 – IBR 2020, 239.
30 BGH v. 9.10.2010 – VII ZR 7/10 – BauR 2011, 677.

ben ist, wenn die Parteien im Vertrag nichts anderes vereinbaren, ist hier ausgeführt, dass die Sicherheitsleistung für die Zeit der Gewährleistung einbehalten werden darf.

17. Versicherungen

Die Bauleistungsversicherung schützt den Auftraggeber davor, dass das Bauwerk vor der Abnahme durch höhere Gewalt oder andere unabwendbare, vom Auftragnehmer nicht zu vertretende Umstände beschädigt oder zerstört wird und der Auftraggeber eine Bezahlung nach § 7 Abs. 1 VOB/B leisten muss. Insoweit wird hier der Gefahrübergang gegenüber § 644 BGB vorverlegt. Die für die zerstörte Bauleistung zu zahlende Vergütung wird dem Auftraggeber durch die Bauleistungsversicherung ersetzt. Die Bauleistungsversicherung schützt den Versicherungsnehmer gegen alle Schäden durch unvorhergesehen eingetretene Ereignisse sowie durch Diebstahl eingebauter Bauteile und Materialien. Die Kosten der Bauleistungsversicherung können pauschal auf den Auftragnehmer umgelegt werden. **186**

Daneben verpflichtet sich der Auftragnehmer, eine angemessene Betriebshaftpflichtversicherung nachzuweisen. Bei größeren Schäden ist hier zu überlegen, ob nicht eine Objektversicherung für das betreffende Bauwerk abgeschlossen wird. Dies hat den Vorteil, dass die zur Verfügung stehende Deckungssumme nicht durch Schadensfälle aus anderen Bauvorhaben des Auftragnehmers ausgehöhlt ist. Weiterhin ist darauf zu achten, dass die reinen Vermögensschäden in angemessener Höhe versichert sind. Nach den Allgemeinen Haftpflichtbedingungen sind reine Vermögensschäden grundsätzlich vom Versicherungsschutz nicht umfasst. Daher muss hier eine gesonderte Vereinbarung nachgewiesen werden. **187**

18. Kündigung

Zu den Kündigungsgründen des Auftraggebers aus § 8 VOB/B und des Auftragnehmers aus § 9 VOB/B sind hier noch weitere Gründe genannt, die eine Kündigung aus wichtigem Grund rechtfertigen. **188**

19. Schriftform

Zu eng gefasste Schriftformklauseln sind unwirksam. Die Klausel, wonach das Schriftformerfordernis seinerzeit nur schriftlich abbedungen werden kann, ist im Rahmen von Allgemeinen Geschäftsbedingungen unwirksam, weil der Ausschluss von übereinstimmenden mündlichen Vereinbarungen der Vertragspartner nicht zulässig ist. Andererseits sollen die Parteien darauf hingewiesen werden, Änderungen des Vertrages schon aus Beweisgründen schriftlich abzufassen. **189**

20. Gerichtsstand

190 Ein Gerichtsstand kann nur vereinbart werden, wenn beide Parteien Kaufleute oder juristische Personen des öffentlichen Rechts sind, § 38 Abs. 1 ZPO, außerdem in Fällen mit Auslandsberührung, § 38 Abs. 2 ZPO.

191 Wird kein Gerichtsstand im Vertrag vereinbart, so ist § 18 Abs. 1 VOB/B zu beachten, soweit dafür die Voraussetzungen vorliegen. Liegen die Voraussetzungen für eine Gerichtsstandsvereinbarung nicht vor oder ist kein Gerichtsstand vereinbart, so gelten die allgemeinen Regeln (§§ 13 ff. ZPO). Von besonderer Bedeutung ist § 29 ZPO für Baustreitigkeiten: Der Ort des Bauvorhabens ist der Erfüllungsort für die wechselseitigen Verpflichtungen aus dem Bauvertrag.

21. Schlichtung und Schiedsgericht

192 Bauprozesse ab einer gewissen Komplexität sind von staatlichen Gerichten kaum noch zu bewältigen. Die Verfahrensdauer ist oftmals derart lang, dass sie für die Partei, die Vergütung oder Schadenersatz einklagt, oft existenzbedrohend ist.

193 Alternativ könnte hier auch eine Schlichtung oder auch ein Schiedsgerichtsverfahren vereinbart werden. Die Vereinbarung einer Schlichtung oder eines Schiedsgerichtsverfahrens ist auch dann zulässig, wenn die Vertragsparteien nicht Kaufleute sind. Allerdings sind die besonderen Anforderungen zu beachten, im Fall der Vereinbarung eines Schiedsgerichtsverfahrens sind es die §§ 1025 ff. ZPO. Auch kann geregelt werden, ob eine bestimmte Schiedsordnung gelten soll, z.B. die SGO-Bau oder die SOBau der ARGE Baurecht im Deutschen Anwaltverein. Wird keine Schiedsordnung vereinbart, so bestimmt sich das Schiedsgerichtsverfahren – so weit deutsches Recht gilt – ausschließlich nach den Regeln der ZPO. Wird nur eine Schlichtung vereinbart, so kann bestimmt werden, dass die Schlichtung zwingend oder fakultativ ist (vgl. ausführlich § 12).

194 Die Vorschaltung eines Schlichtungsverfahrens hat den Vorteil, dass frühestmöglich Differenzen für die weitere Abwicklung beseitigt und nicht selten persönliche Beziehungen unter einzelnen Baubeteiligten beseitigt werden können.

22. Rechtswahl

195 Art. 3 Abs. 5 i.V.m. Art. 10 Abs. 1 Rom I-VO3 gestattet es den Parteien, das auf den Vertrag anzuwendende Recht frei im Vertrag zu vereinbaren. Es empfiehlt sich, eine eindeutige Rechtswahl zu treffen, wobei im Allgemeinen dem deutschen Recht der Vorzug zu geben ist, weil sowohl das ausländische Recht oder ein neutrales Recht dem deutschen Vertragspartner unbekannt sind.

F. Muster: Subunternehmervertrag

I. Muster: Subunternehmervertrag

▼ 196

14.5

Subunternehmervertrag

zwischen

Firma

vertreten durch

– Generalunternehmer –

und

Firma

vertreten durch

– Subunternehmer –

wird folgender Subunternehmervertrag geschlossen:

§ 1 Gegenstand des Vertrages

1.1

Der Generalunternehmer beauftragt den Subunternehmer mit folgenden Bauarbeiten:

Die Arbeiten sind auszuführen bei dem Bauvorhaben in .

(***ggf.:***

1.2

Der Subunternehmer ist damit einverstanden, dass ihm der Auftrag unter der aufschiebenden Bedingung erteilt wird, dass der Generalunternehmer den Auftrag seinerseits als Generalunternehmer für das vorbezeichnete Bauvorhaben bis spätestens erhält. Tritt diese Bedingung ein, so wird der Generalunternehmer den Subunternehmer unverzüglich unterrichten.)

§ 2 Vertragsbestandteile

2.1

Die auszuführende Leistung wird nach Art und Umfang durch den Vertrag bestimmt. Maßgeblich für die Durchführung des Vertrages sind die folgenden rechtlichen und technischen Vertragsbestandteile in der angegebenen Reihenfolge:

a) Das Verhandlungsprotokoll vom (Anlage Nr.)
b) die in diesem Vertrag aufgeführten Regelungen
c) das Angebot des Subunternehmers vom (Anlage Nr.)
d) die Vorbemerkung vom (Anlage Nr.)
e) die Pläne gemäß Planliste vom (Anlage Nr.)
f) der Bauzeitenplan vom (Anlage Nr.)
g) der Zahlungsplan vom (Anlage Nr.)
h) die anerkannten Regeln der Technik, somit die gültigen DIN-Normen bzw. EN-Normen sowie die allgemeinen technischen Vorschriften und Richtlinien
i) die VOB Teil B und C.

2.2

Bei Widersprüchen gelten die oben bezeichneten Vertragsbestandteile nacheinander in der aufgeführten Reihenfolge.

2.3

Dem Subunternehmer ist das Leistungsverzeichnis/Baubeschreibung des Generalunternehmervertrages zwischen dem Generalunternehmer und seinem Auftraggeber bekannt.

§ 3 Vergütung

3.1

Die Vergütung für die nach diesem Vertrag vom Subunternehmer zu erbringende Bauleistung beträgt pauschal EUR netto. Die Zahlung erfolgt zuzüglich der gültigen Umsatzsteuer.

3.2

Der Pauschalpreis ist für die im Vertrag enthaltenen Leistungen für die gesamte Bauzeit unveränderlich. Eine Preisgleitklausel ist nicht vereinbart.

3.3

Der Subunternehmer ist verpflichtet, dem Generalunternehmer die Urkalkulation in einem verschlossenen Umschlag bei Vertragsabschluss zu übergeben. Dieser Umschlag darf nur im Beisein beider Parteien geöffnet werden, um strittige Punkte zur Vergütungshöhe von Nachtragsforderungen zu klären. Die Urkalkulation ist dann wieder in einem verschlossenen Umschlag einzustecken.

3.4

In der Kalkulation müssen folgende Kosten getrennt ausgewiesen sein:

- Summe der Einzelkosten der Teilleitung
- Summe der Baustellengemeinkosten
- Allgemeine Geschäftskosten
- Wagnis
- Gewinn

§ 4 Zahlungsbedingungen

4.1

Abschlagsrechnungen und Zahlungsrechnungen sind an den Generalunternehmer zu richten.

4.2

Die Abschlagsrechnungen sind entsprechend dem Zahlungsplan bei Erreichen des entsprechenden Bautenstandes für die vertragsgemäßen Leistungen innerhalb von 21 Tagen nach Rechnungseingang zu zahlen.

4.3

Die Parteien vereinbaren ein Skonto von 2 % bei Zahlungseingang beim Subunternehmer innerhalb von zehn Tagen nach Rechnungseingang beim Generalunternehmer.

4.4

Die Schlusszahlung erfolgt nach Abnahme und Vorlage einer prüfbaren Schlussrechnung innerhalb der Fristen des § 16 Abs. 3 VOB/B.

§ 5 Ausführung

5.1

Der Subunternehmer muss die geschuldete Leistung selbst mit seinen eigenen Arbeitskräften durchführen. Die Weitervergabe von Bauleistungen an Nachunternehmer ist nicht zulässig, es sei denn, es liegt eine schriftliche Zustimmung des Generalunternehmers vor. Auf das Kündigungsrecht des Generalunternehmers bei Verstößen hiergegen nach § 4 Abs. 8 VOB/B i.V.m. § 8 Abs. 3 VOB/B wird hingewiesen.

5.2

Der Subunternehmer ist verpflichtet, für seine Arbeiten nur einwandfreies Material zu verwenden und die Arbeiten durch geschultes, zuverlässiges Fachpersonal ausführen zu lassen. Der vom Subunternehmer eingesetzte Polier/Bauleiter muss über gute Deutschkenntnisse, das eingesetzte Personal über ausreichende Deutschkenntnisse verfügen, um den Anweisungen der Bauleitung oder des Sicherheits- und Gesundheitskoordinators fachgerecht Folge leisten zu können.

5.3

Der Subunternehmer ist verpflichtet, ein Bautagebuch nach Muster des Generalunternehmers zu führen.

5.4

An den Baubesprechungen mit dem Auftraggeber des Generalunternehmers hat der für die Baustelle bevollmächtigte Vertreter des Subunternehmers auf Verlangen des Generalunternehmers teilzunehmen.

5.5

Der Subunternehmer hat alle im Zusammenhang mit seiner Leistung erforderlichen Sicherheitsvorkehrungen zu treffen. Falls der Subunternehmer fremde Gerüste oder Einrichtungen zulässigerweise benutzt, hat er vorher zu prüfen, ob sie für seine Zwecke geeignet sind.

5.6

Für die Unterbringung und den Transport von seinen Arbeitskräften und den von ihn eingesetzten Baustoffen hat der Subunternehmer zu sorgen.

§ 6 Besonderheiten der Baustelle

6.1

Dem Subunternehmer werden unentgeltlich zur Verfügung gestellt:

- Lager- und Arbeitsplätze:
-

6.2

Etwa darüber hinaus erforderliche Lager- und Arbeitsplätze hat der Subunternehmer zu beschaffen. Die Kosten sind durch die Vertragspreise abgegolten.

- Wasseranschluss:
- Stromanschluss:

6.3

Die Kosten des Verbrauchs hat der Subunternehmer zu tragen. Die Verbrauchskosten werden Höhe von % des Endbetrages von der Schlussrechnung des Subunternehmers abgesetzt.

§ 7 Ausführungsfristen

7.1

Die Ausführung ist zu beginnen am .

7.2

Die Arbeiten sind bis zum fertigzustellen.

Der Subunternehmer wird im Mittel Arbeitskräfte auf der Baustelle einsetzen.

§ 8 Vertragsstrafe

8.1

Die Parteien vereinbaren eine Vertragsstrafe gemäß § 11 VOB/B.

8.2

Für die schuldhafte Überschreitung der vereinbarten Ausführungstermine hat der Subunternehmer für jeden Werktag eine Vertragsstrafe von 0,3 % der Nettoauftragssumme zu zahlen, maximal beträgt die Vertragsstrafe 5 % der Nettoauftragssumme.

8.3

Im Falle der schuldhaften Nichteinhaltung der Vertragstermine haftet der Subunternehmer für alle Schäden und Nachteile, die dem Auftraggeber entstehen.

8.4

Die Geltendmachung von Schadenersatzansprüchen neben der Vertragsstrafe bleibt unberührt. Eine verwirkte Vertragsstrafe ist auf Schadenersatzansprüche anzurechnen.

8.5

Der Generalunternehmer hat den Subunternehmer darauf hingewiesen, dass er gegenüber seinem Auftraggeber eine Vertragsstrafe von maximal 5 % bezogen auf eine Auftragssumme von Mio. EUR im Vertrag übernommen hat. Sollte der Subunternehmer durch schuldhaft verzögerte Fertigstellung seiner Leistung die verspätete Fertigstellung des Gesamtobjektes durch den Generalunternehmer herbeiführen und muss dieser gegenüber seinem Auftraggeber dann eine weitaus höhere Vertragsstrafe an seinen Auftraggeber bezahlen, als dies im Verhältnis von Subunternehmer zum Generalunternehmer ist, könnte bei Vorliegen der entsprechenden Voraussetzungen diese Differenz vom Subunternehmer als Verzugsschaden auszugleichen sein.

§ 9 Abnahme

Es ist vorgesehen, nach Fertigstellung der Bauleistungen des Subunternehmers eine förmliche Abnahme gemäß § 12 Abs. 4 VOB/B durchzuführen. Im Übrigen gilt § 12 VOB/B.

§ 10 Behinderung und Unterbrechung der Ausführung

10.1

Der Subunternehmer hat seine Arbeiten so durchzuführen, dass alle anderen am Bau tätigen Unternehmer nicht behindert werden. Er hat rechtzeitig für alle erforderlichen Abstimmungen und Unterrichtungen hinsichtlich des technischen und zeitlichen Ablaufes bezüglich seiner Bauleistung Sorge tragen.

10.2

Der Subunternehmer ist verpflichtet, alle Behinderungen, welche die termingerechte Ausführung seiner Arbeiten tangieren könnten, unverzüglich schriftlich gegenüber dem Generalunternehmer anzuzeigen. Die Art der Behinderung ist detailliert zu beschreiben.

§ 11 Gewährleistung und Mängelrechte

11.1

Der Umfang der Gewährleistung (Mängelrechte) richtet sich nach § 13 VOB/B.

11.2

Der Subunternehmer ist verpflichtet, alle während der Verjährungsfrist hervortretenden Mängel, die auf seine vertragswidrige Leistung zurückzuführen sind, auf seine Kosten zu beseitigen, wenn der Generalunternehmer dies schriftlich verlangt.

11.3

Die Verjährungsfrist für die Bauleistungen beträgt ab der Abnahme ______ Jahre plus sechs Monate.

§ 12 Sicherheitsleistungen

12.1

Der Subunternehmer übergibt dem Generalunternehmer mit Abschluss dieses Vertrages eine Ausführungsbürgschaft in Höhe von 10 % der Bruttoauftragssumme zur Absicherung aller sich aus diesem Vertrag ergebenden Verpflichtungen des Auftragnehmers. Die Bürgschaftsurkunde wird bei erfolgreicher Durchführung der Abnahme zurückgegeben.

12.2

Die Parteien vereinbaren eine Sicherheitsleistung für die Zeit der Gewährleistung in Höhe von 5 % der Abrechnungssumme gemäß § 17 VOB/B. Die Gewährleistungssicherheit ist mit Ablauf der Gewährleistungsfrist herauszugeben.

§ 13 Versicherungen

13.1

Der Generalunternehmer schließt für die Durchführung des Bauvorhabens eine Bauleistungsversicherung ab, und zwar auch zugunsten des Subunternehmers. Die Kosten für die Bauleistungsversicherung trägt der Subunternehmer.

13.2

Der Subunternehmer ist verpflichtet, eine ausreichende Betriebshaftpflichtversicherung zu den üblichen Versicherungsbedingungen abzuschließen und dem Generalunternehmer durch Vorlage eines entsprechenden Versicherungsnachweises das Bestehen einer solchen Versicherung zu bestätigen. Die Mindestdeckungssummen einer solchen Versicherung werden wie folgt festgelegt:

a. EUR für Personenschäden

b. EUR für Sachschäden

c. EUR für Vermögensschäden

§ 14 Schriftform

Änderungen dieses Vertrages sollen, sofern gesetzlich nicht eine andere Form vorgeschrieben ist, schriftlich festgelegt werden. Soweit diese Form nicht beachtet wird, hat die Änderungen des Vertrages derjenige zu beweisen, der sich auf sie beruft. Dies gilt auch für geänderte oder zusätzliche Leistungen.

§ 15 Gerichtsstand

Soweit die Vertragsparteien beide Kaufleute sind, wird als Gerichtsstand vereinbart.

(***alternativ:***

§ 15 Schlichtung und Schiedsgericht

Alle Streitigkeiten zwischen den Parteien aus oder im Zusammenhang mit diesem Vertrag sollen unter Ausschluss des ordentlichen Rechtsweges durch ein Schiedsgericht nach der Schiedsordnung-Bau der ARGE Baurecht im Deutschen Anwaltverein in der jeweils geltenden Fassung entschieden werden.

Dem Schiedsgerichtsverfahren muss ein Schlichtungsverfahren nach der SOBau vorangehen.

Der Sitz des Schiedsgerichtes ist in .)

§ 16 Rechtswahl

Die Parteien vereinbaren für alle aus diesem Vertrag folgende Ansprüche einschließlich deliktischer Ansprüche das deutsche Recht.

Als Zustellungsbevollmächtigter wird benannt:

für den Generalunternehmer, Herr Rechtsanwalt

für den Subunternehmer, Frau Rechtsanwältin

§ 17 Sonstiges

17.1

Der Subunternehmer ist nur berechtigt, Ansprüche aus diesem Vertrag mit schriftlicher Zustimmung des Generalunternehmers an Dritte abzutreten. Der Generalunternehmer muss der Abtretung nur zustimmen, wenn der Subunternehmer berechtigte Interessen für die Abtretung nachweist.

17.2

17.3

, den	, den
(Generalunternehmer)	(Subunternehmer)

▲

II. Anmerkungen

1. Gegenstand des Vertrags

Der Subunternehmer, auch Nachunternehmer genannt, übernimmt im Unterschied zum **197** Generalunternehmer nur einen Teil der für die Erstellung des Bauwerkes notwendigen Leistungen. Der Subunternehmer steht nur zum Generalunternehmer in einem Vertragsverhältnis, zum Bauherrn hat er keine rechtlichen Beziehungen. Dies bedeutet, dass er nur Ansprüche auf Vergütung des Werklohns gegenüber dem Generalunternehmer hat. Andererseits kann der Bauherr dem Subunternehmer gegenüber keine Gewährleistungsansprüche bezüglich von ihm verursachter Mängel geltend machen, es sei denn, der Generalunternehmer hat diese Ansprüche gegenüber dem Subunternehmer an den Bauherren abgetreten. Da der Subunternehmer einen Teil der Leistung des Generalunternehmers, die dieser gegenüber dem Bauherrn schuldet, als Erfüllungsgehilfe des Generalunternehmers zu erbringen hat, ist von Seiten des Generalunternehmers darauf zu achten, dass der Vertrag des Subunternehmers möglichst im Gleichlauf zum Vertrag des Generalunternehmers mit seinem Auftraggeber steht. Wenn in dem Vertrag zwischen dem Generalunternehmer und seinem Auftragnehmer die VOB/B vereinbart ist, ist der Generalunternehmer verpflichtet, auch die VOB/B mit dem Subunternehmer zu vereinbaren, § 4 Abs. 8 Nr. 2 VOB/B. Im Übrigen bedarf der Generalunternehmer grundsätzlich der Genehmigung seines Auftraggebers für die Beauftragung von Subunternehmern, § 4 Abs. 8 Nr. 1 VOB/B. Die fehlende Genehmigung hat jedoch keine Auswirkung auf die Rechtswirksamkeit des zwischen dem Generalunternehmer und Subunternehmer geschlossenen Bauvertrages.

Da der Generalunternehmer oftmals zur Abgabe seines Angebotes gegenüber dem Auf- **198** traggeber verbindliche Preise für die Subunternehmerleistung benötigt, besteht die Möglichkeit, den Vertrag mit dem Subunternehmer unter die aufschiebende Bedingung zu stellen, dass der Vertrag zwischen Generalunternehmer und seinem Auftraggeber zustande kommt, § 158 BGB.

Die Bindungsfrist des Subunternehmers muss jedoch zeitlich begrenzt sein, damit die **199** Klausel nicht wegen Verstoßes gegen § 307 Abs. 1 BGB unwirksam ist. Alternativ zu einem Vertrag unter einer aufschiebenden Bedingung kann der Generalunternehmer den

Subunternehmer dadurch an sich binden, dass er sich von dem Subunternehmer ein Angebot für die Bauleistung mit einer Bindefrist unterbreiten lässt.

2. Vertragsbestandteile

a) Leistungsbestandteile

200 Im Mittelpunkt der Vertragsunterlagen steht die Leistungsbeschreibung. Die Leistungsbeschreibung kann umfassen:

- die Baubeschreibung,
- das Leistungsverzeichnis,
- die Pläne der Architekten und Ingenieure,
- Vorbemerkungen sowie
- das Verhandlungsprotokoll.

b) Bezeichnung der Pläne

201 Von Bedeutung ist die genaue Bezeichnung der Pläne, die der Generalunternehmer dem Subunternehmer zur Verfügung zu stellen hat. Hierbei handelt es sich um Pläne des Architekten, des Tragwerkplaners und zumeist auch der Fachingenieure für das entsprechende technische Gewerk. Der Subunternehmer hat einen Anspruch darauf, dass er Ausführungspläne vom Generalunternehmer erhält. Die Ausführungsplanung wird definiert als zeichnerische Darstellung des Objektes mit allen für die Ausführung notwendigen Vorgaben. Werden ihm nur Entwurfspläne zur Verfügung gestellt, ist die Verpflichtung des Generalunternehmers aus § 3 Abs. 1 VOB/B nicht erfüllt. Gleiches gilt für Vorabzüge, die noch nicht vom Generalunternehmer freigegeben sind.

c) Bauzeitplan

202 Der entsprechende Bauzeitenplan (Terminplan) ist zwischen den Parteien zu vereinbaren und als Vertragsbestandteil mit aufzuführen. Verbindlich sind nur Vertragsfristen, § 5 Abs. 1 VOB/B. In einem Bauzeitenplan enthaltene Einzelfristen gelten nur dann als Vertragsfristen, wenn dies im Vertrag ausdrücklich vereinbart ist, § 5 Abs. 1 S. 2 VOB/B.

d) Vereinbarung eines Zahlungsplans

203 Die VOB/B sieht das Recht auf Abschlagszahlungen für nachgewiesene und vertragsgemäße Leistungen vor, § 16 Abs. 1 VOB/B. Bei der Vereinbarung eines Pauschalpreises ist darauf zu achten, dass ein Zahlungsplan zwischen den Parteien vereinbart wird, weil ansonsten der Subunternehmer den Nachweis der erbrachten Leistungen durch Aufmaße u.Ä. darlegen muss, was er gerade nicht möchte. Der daher zu vereinbarende Zahlungsplan sollte an den Bautenstand geknüpft werden. Entspricht der im Zahlungsplan vereinbarte Leistungsstand für die Abschlagszahlung nicht dem Wert der erbrachten Leistungen, sondern liegt er darunter, ist der Zahlungsplan wegen des Verstoßes gegen § 307 Abs. 1 BGB unwirksam.

e) Vereinbarung der VOB/B

204 Da die VOB/B eine Allgemeine Geschäftsbedingung ist und keine gesetzliche Verordnung, muss die VOB/B ausdrücklich vereinbart werden. Dies geschieht am besten dadurch, dass im Vertrag auf die VOB/B Bezug genommen und diese als Vertragsgegenstand aufgeführt wird. Wenn die VOB/B vereinbart ist, gelten automatisch die anwendbaren Normen der VOB/C, § 1 Abs. 1 S. 1 VOB/B. Da Generalunternehmer und Subunternehmer, wenn sie nicht schon Kaufleute sind, im Baubereich bewandert sind, bedarf es keiner Aushändigung der VOB/B und der anwendbaren Normen der VOB/C. Bei wirksamer Vereinbarung der VOB/B ist sie der Kontrolle des AGB-Rechts (§§ 305 ff. BGB) entzogen. § 310 BGB regelt, dass die VOB/B insgesamt der Inhaltskontrolle durch das Recht der Allgemeinen Geschäftsbedingungen entzogen ist, wenn die VOB/B „ohne inhaltliche Abweichungen insgesamt einbezogen" ist.

f) Rangfolge der Vertragsbestandteile

205 Da die VOB in § 1 Abs. 2 Nr. 1 VOB/B nur den Begriff Leistungsbeschreibung verwendet und nicht zwischen Leistungsverzeichnis und Plänen unterscheidet, ist es wichtig, die Rangfolge der einzelnen Vertragsbestandteile festzulegen. Fehlt es an einer Regelung der Rangfolge, ist aus dem objektiven Empfängerhorizont unter Berücksichtigung von Treu und Glauben und nach der Verkehrssitte gem. §§ 133, 157 BGB zu beurteilen, welche Regelung vorrangig gilt. Dabei ist nach der Rechtsprechung des Bundesgerichtshofes[31] ein Bauvertrag als sinnvolles Ganzes auszulegen. Um dahin gehende Auslegungsschwierigkeiten zu vermeiden, ist die Aufnahme einer Rangfolgeregelung im Vertrag notwendig.

206 Es muss sichergestellt werden, dass der Subunternehmer die Leistung erbringt, die der Generalunternehmer bezüglich des betreffenden Gewerkes gegenüber seinem Auftraggeber zu leisten hat. Aus diesem Grund muss dem Subunternehmer der entsprechende Auszug aus dem Leistungsverzeichnis bzw. der Baubeschreibung des Vertrages zwischen dem Generalunternehmer und seinem Auftraggeber bekannt sein. Sinnvoll ist es, den entsprechenden Teil des Leistungsverzeichnisses, welcher das Gewerk des Subunternehmers betrifft, direkt aus dem Leistungsverzeichnis des Generalunternehmervertrages zu entnehmen und als Vertragsbestandteil beizufügen.

3. Vergütung

207 Da bei Generalunternehmerverträgen meist eine Pauschalvergütung vereinbart wird, ist es sinnvoll, diese Vergütungsart auch im Subunternehmervertrag aufzunehmen. Der Pauschalpreis bleibt für die Dauer der Abwicklung des Vertrages bei gleichem Leistungsstand unverändert, sofern nicht die Grundsätze der Störung der Geschäftsgrundlage aus § 313 BGB erfüllt sind, § 2 Abs. 7 Nr. 1 VOB/B. Mehrkosten, die durch nach Vertragsabschluss in Auftrag gegebene geänderte oder zusätzliche Leistungen entstehen,

31 BGH v. 5.12.2002 – VII ZR 342/01 – BauR 2003, 388.

werden auch beim Pauschalvertrag zusätzlich vergütet, § 2 Abs. 7 Nr. 2 VOB/B. Die Vereinbarung einer Preisgleitklausel kommt nur dann in Betracht, wenn im Generalunternehmervertrag eine dahin gehende Klausel enthalten ist.

208 Wenn dem Subunternehmer Nachtragsforderungen aufgrund geänderter oder zusätzlicher Leistungen zustehen, müssen diese Nachträge prüfbar gem. § 14 Abs. 1 VOB/B auf Grundlage der Preisermittlungen für die vertragliche Leistung des Subunternehmervertrages erstellt werden. Nur wenn diese Voraussetzung vorliegt, kann der Generalunternehmer diese Nachträge gegenüber seinem Auftraggeber durchstellen. Um eine Überprüfung der Richtigkeit der Nachträge vornehmen zu können, benötigt der Generalunternehmer die Kalkulation der Vertragspreise (Urkalkulation) des Subunternehmers. Da der Subunternehmer seine Kalkulation grundsätzlich nicht offenlegen will, wird vereinbart, dass die Urkalkulation in einem verschlossenen Umschlag beim Generalunternehmer hinterlegt und nur im Beisein beider Vertragsparteien oder deren Vertreter geöffnet wird.

4. Zahlungsbedingungen

209 Die Rechnungen sind grundsätzlich an den Vertragspartner, somit an den Generalunternehmer zu richten. Sollte eine Zustellung an Dritte, z.B. an den Architekten erfolgen, muss dies ausdrücklich vereinbart werden. Ohne eine dahin gehende vertragliche Regelung ist der Architekt nicht berechtigt, als Vertreter des Auftraggebers die Rechnungen rechtswirksam in Empfang zu nehmen.

210 Die Zahlungsfrist für Abschlagsrechnungen ergibt sich aus § 16 Abs. 1 Nr. 3 VOB/B. Bei dem Pauschalvertrag muss nur der erreichte Bautenstand, nicht jedoch die einzelnen Mengen und Massen nachgewiesen werden. Skonto kann vom Rechnungsbetrag nur abgezogen werden, wenn die Vertragsparteien eine entsprechende Skontovereinbarung getroffen haben, § 16 Abs. 5 Nr. 2 VOB/B. Der Abzug des Skontos ist zulässig, wenn die Zahlung innerhalb der vereinbarten Frist geleistet wird. Die Skontofähigkeit ist für jede Zahlung gesondert zu beurteilen. Zu unterscheiden vom Skonto ist der Nachlass. Der Nachlass wird bei Vertragsabschluss auf die Angebotssumme gewährt und bedeutet eine Reduzierung der Vertragssumme um einen bestimmten prozentualen Anteil, ohne dass es des Eintrittes einer Bedingung, wie beim Skonto die fristgerechte Bezahlung der Rechnung, bedarf.

211 Voraussetzung für die Fälligkeit der Schlusszahlung ist die Abnahme nach § 12 VOB/B. Die Frist von 30 Tagen zur Zahlung der Schlussrechnung ist für den Auftragnehmer gerade bei kleineren Aufträgen nachteilig. Eine Abänderung dieser Frist bedeutet jedoch einen Eingriff in die VOB/B mit der Folge, dass in einem späteren gerichtlichen Verfahren eine Kontrolle der gesamten VOB Teil B und auch teilweise VOB Teil C durch das Gericht über das AGB-Recht der §§ 305 ff. BGB stattfindet.

5. Ausführung

Gerade beim Subunternehmervertrag ist dem Generalunternehmer daran gelegen, dass der von ihm beauftragte Subunternehmer die Bauleistung selbst erbringt. Hierauf hat er einen rechtlichen Anspruch nach § 4 Abs. 8 VOB/B. Ein Verstoß gegen die Verpflichtung, die Leistung selbst auszuführen, kann zu einer Kündigung des Subunternehmervertrages aus wichtigem Grund nach § 8 Abs. 3 VOB/B führen. 212

Dass der Subunternehmer geeignetes Material und geschultes Personal einsetzt, ist eine Verpflichtung, die ihm auch ohne vertraglichen Hinweis obliegt. Ein Problem stellen immer wieder die Deutschkenntnisse ausländischer Bauarbeiter dar, wenn ausländische Subunternehmer beauftragt sind. Daher wird die vertragliche Verpflichtung aufgenommen, Personal einzusetzen, welches für die entsprechende Tätigkeit ausreichende deutsche Sprachkenntnisse besitzt. Die Führung des Bautagebuches liegt im eigenen Interesse des Subunternehmers. Der Generalunternehmer hat jedoch auch ein Interesse daran, weil er eine entsprechende Dokumentation über die Ausführung der Bauleistung seines Subunternehmers benötigt, um entweder Nachtragsansprüche gegenüber seinem Auftraggeber durchzusetzen oder Gewährleistungsansprüche abzuwehren. 213

Bei Baubesprechungen ist eine Teilnahme des Subunternehmers nur dann erforderlich, wenn sein Gewerk oder seine Bauleistung betroffen ist. In diesem Fall obliegt ihm auch eine Verpflichtung, damit der Generalunternehmer den Gleichlauf zwischen seinem Vertrag mit dem Auftraggeber und mit dem Subunternehmervertrag gewährleisten kann. Gerade bei zusätzlichen oder geänderten Leistungen aus dem Bereich des Subunternehmers ist es erforderlich, dass der Subunternehmer direkt erfährt, welche zusätzliche oder geänderte Leistung der Bauherr, vertreten durch seinen Bauleiter bzw. Architekten, beauftragen will. 214

Der Subunternehmer ist für die Ausführung seiner Bauleistung allein verantwortlich, § 4 Abs. 2 VOB/B. Dem Auftraggeber steht jedoch ein Überwachungs- und Anordnungsrecht zu, § 4 Abs. 1 VOB/B. Die Benutzung von fremden Gerüsten und Einrichtungen darf der Subunternehmer nur vornehmen, wenn die Einwilligung des zuständigen Unternehmers vorliegt. 215

Dass der Subunternehmer seine Leute zur Baustelle transportiert, ist der Grundsatz. Gleiches gilt auch für die Unterbringung. Hier besteht die Möglichkeit, dass der Generalunternehmer Unterkünfte gegen Zahlung eines Entgelts dem Subunternehmer zur Verfügung stellt. Gleiches gilt für die Lagerung von Baustoffen. 216

6. Besonderheiten der Baustelle

Notwendige Lager- und Arbeitsplätze sind dem Subunternehmer nach § 4 Abs. 4 Nr. 1 VOB/B unentgeltlich zur Verfügung zu stellen. Dies betrifft nur Lager- und Arbeitsplätze auf der Baustelle. Bei größeren Bauvorhaben in bebauten Gebieten ist oftmals der vorhandene Lagerplatz nicht ausreichend. Hier muss der Subunternehmer selbst dafür sorgen, dass er sich den notwendigen Lager- und Arbeitsplatz beschafft. Vorhandene 217

Wasser- und Energieanschlüsse hat der Generalunternehmer dem Subunternehmer unentgeltlich zur Verfügung zu stellen. Beim Bauen in neuen Wohn- und Gewerbegebieten kann es vorkommen, dass noch keine Wasser- und Stromanschlüsse vorhanden sind. Diese Anschlüsse muss sich dann der Subunternehmer auf seine eigenen Kosten besorgen. Die Kostentragung bezüglich des Verbrauchs folgt aus § 4 Abs. 4 Nr. 1 VOB/B.

7. Ausführungsfristen

218 Die Ausführung der Bauleistung ist in erster Linie nach den im Vertrag vereinbarten Fristen durchzuführen. Hierbei kann es sich um Fristen bezüglich des Baubeginns, der Fertigstellung aber auch um Zwischen- oder Einzelfristen handeln. Wichtig ist, dass es sich um Vertragsfristen gem. § 5 Abs. 1 VOB/B handelt. Dies ist dann der Fall, wenn die Frist zwischen beiden Parteien im Sinne eines Vertrages vereinbart worden ist. Einseitig gesetzte Fristen sind grundsätzlich keine Vertragsfristen und haben somit keine bindende Wirkung. Die in einem Bauzeitenplan enthaltenen Einzelfristen gelten nur dann als Vertragsfristen, wenn dies im Vertrag ausdrücklich vereinbart ist, § 5 Abs. 1 S. 2 VOB/B. Aus diesem Grunde sind im Vertrag nicht nur bestimmte Fristen aufgenommen worden. Es ist auch klargestellt, dass die im Bauzeitenplan enthaltenen Einzelfristen Vertragsfristen sind.

219 Kann eine Frist für den Beginn der Arbeiten nicht vereinbart werden, etwa weil noch keine Baugenehmigung vorliegt, sieht die VOB/B vor, dass der Auftragnehmer zwölf Werktage nach Aufforderung durch den Auftraggeber die Arbeiten aufzunehmen hat, § 5 Abs. 2 VOB/B.

8. Vertragsstrafe

220 Eine Vertragsstrafe kann nach § 11 VOB/B vereinbart werden. Sie dient dazu, den Auftragnehmer zur Einhaltung der vereinbarten Fristen anzuhalten. Gekoppelt an die Ausführungsfristen ist eine angemessene und wirksame Vertragsstrafe vereinbart. Nach § 11 Abs. 1 VOB/B ist die Vereinbarung einer Vertragsstrafe zulässig. Sie wird fällig, wenn der Subunternehmer in Verzug gerät, § 11 Abs. 2 VOB/B. Ist die Leistung abgenommen, kann die Vertragsstrafe nur verlangt werden, wenn der Auftraggeber sie bei der Abnahme vorbehalten hat, § 11 Abs. 4 VOB/B.

221 Für die wirksame Vereinbarung einer Vertragsstrafe unter Berücksichtigung der §§ 305 ff. BGB ist es notwendig, dass die Vertragsstrafe angemessen ist. Die Vertragsstrafe muss pro Einheit (hier Werktag) und in der Gesamthöhe angemessen begrenzt sein. Fehlt eines dieser Erfordernisse oder ist die Vertragsstrafe unangemessen hoch, ist die Vertragsstrafeklausel unwirksam. Pro Werktag ist eine Vertragsstrafe in Höhe von 0,3 % der Auftragssumme angemessen. Die Höchstgrenze der Vertragsstrafe darf 5 % der Auftragssumme nicht übersteigen.[32] Die Vertragsstrafe muss nach § 11 Abs. 4 VOB/B bei der Abnahme vorbehalten bleiben. Eine Regelung, dass die Vertragsstrafe

32 BGH v. 23.1.2003 – VII ZR 210/01 – BauR 2003, 870; OLG Koblenz v. 24.6.2021 – 2 U 391/19 – IBR 2022, 617.

ohne Vorbehalt von der Schlussrechnung abgezogen werden kann, ist zwar in Allgemeinen Geschäftsbedingungen wirksam, stellt aber einen Eingriff in die VOB/B dar.

Die Vertragsstrafe ist unabhängig vom Vorliegen eines Schadens zu zahlen. Ist ein 222
Schaden entstanden und kann dieser konkret nachgewiesen werden, ist die verwirkte Vertragsstrafe hierauf anzurechnen. Da die Auftragssumme zwischen Bauherrn und Generalunternehmer oft wesentlich höher als die Auftragssumme zwischen Generalunternehmer und Subunternehmer ist, kann eine vom Generalunternehmer zu zahlende Vertragsstrafe an den Bauherrn wesentlich höher sein als die Vertragsstrafe, die der Subunternehmer an den Generalunternehmer zu zahlen hat. Ist im Innenverhältnis der Subunternehmer für diese Vertragsstrafe durch die schuldhaft verspätete Erbringung seiner Leistung verantwortlich, kann die vom Generalunternehmer an den Bauherrn zu zahlende Vertragsstrafe als Verzugsschaden gegenüber dem Subunternehmer geltend gemacht werden. Grundsätzlich muss der Subunternehmer damit rechnen, dass sein Auftraggeber, der Generalunternehmer, mit seinem Bauherrn eine Vertragsstrafe vereinbart hat. Allerdings kann ein mitwirkendes Verschulden des Generalunternehmers in Betracht kommen, wenn er den Subunternehmer nicht auf die hohen Risiken hingewiesen hat.

9. Abnahme

Da der Subunternehmer die Abnahme seiner Leistung fordern kann, wenn er seinen 223
Vertrag erfüllt hat, § 12 Abs. 1 VOB/B, kann dies zu Problemen beim Generalunternehmer bezüglich der Gewährleistungsfristen führen. Ist der Subunternehmer mit seiner Bauleistung früh fertig, was beim Bauunternehmer, der die Maurer- und Betonarbeiten ausführt, der Fall ist, verjähren die Gewährleistungsansprüche des Generalunternehmers gegenüber dem Subunternehmer früher als diejenigen des Bauherrn gegenüber dem Generalunternehmer. Dies kann nicht dadurch geregelt werden, dass eine Vereinbarung getroffen wird, dass die Abnahme vom Subunternehmer erst verlangt werden kann, wenn das gesamte Bauwerk fertig gestellt ist. Dahin gehende Regelungen stellen einen Eingriff in die VOB/B dar. Die Verschiebung des Abnahmetermins über die Frist von 12 Werktagen ist nur sehr eingeschränkt wirksam. Zwar sieht § 12 Abs. 1 VOB/B vor, dass eine andere Frist als die zwölftägige Werktagsfrist vereinbart werden kann, jedoch muss es sich um einen angemessenen Zeitpunkt handeln. Eine Verlängerung auf 24 Werktage soll noch zulässig sein.[33]

Hier ist die förmliche Abnahme als Idealfall vorgesehen, ohne dass die fiktive Abnahme 224
nach § 12 Abs. 5 VOB/B durch Benutzung der fertiggestellten Bauleitung oder durch Fertigstellungsmitteilung ausgeschlossen ist. Ein Ausschluss der fiktiven Abnahme ist AGB-rechtlich unbedenklich, stellt jedoch einen Eingriff in die VOB/B dar, so dass diese der Inhaltskontrolle nach dem AGB-Recht gem. §§ 305 ff. BGB unterliegt.

33 BGH v. 16.12.1982 – VII ZR 92/82 – BauR 1983, 362.

10. Behinderung und Unterbrechung der Ausführung

225 Der Generalunternehmer hat für die Aufrechterhaltung der allgemeinen Ordnung auf der Baustelle zu sorgen und das Zusammenwirken der verschiedenen Einzelunternehmer zu regeln, § 4 Abs. 1 VOB/B. Der Subunternehmer seinerseits hat die Leistung unter eigener Verantwortung nach dem Vertrag auszuführen, § 4 Abs. 2 VOB/B.

226 Damit der Bauablauf auch ordnungsgemäß und insbesondere unter Beachtung der vereinbarten Fristen durchgeführt wird, ist dem Generalunternehmer sehr daran gelegen, dass ihm der Subunternehmer jede Störung unverzüglich mitteilt, damit er entsprechende Abhilfe schaffen kann. Die entsprechende Verpflichtung zur Anmeldung von Behinderungen ergibt sich aus § 6 Abs. 1 VOB/B. Auch die genaue Bezeichnung der Art der Behinderung ist für den Generalunternehmer von großer Bedeutung, um Abhilfe zu schaffen.

11. Gewährleistung und Mängelrechte

227 Die Mängelrechte des Generalunternehmers sind ausreichend in § 13 VOB/B geregelt. Hier wird nur darauf hingewiesen, dass der Subunternehmer nicht nur verpflichtet, sondern auch berechtigt ist, Mängel zu beseitigen. Dies ist von Bedeutung, weil die Mängelbeseitigung durch eigene Mitarbeiter des Subunternehmers wesentlich günstiger ist, als wenn der Generalunternehmer eine Drittfirma mit der Mängelbeseitigung beauftragt. Die Beauftragung einer Drittfirma ist erst dann zulässig, wenn dem Subunternehmer eine angemessene Frist zur Mängelbeseitigung gesetzt und er diese hat verstreichen lassen, ohne den Mangel zu beseitigen, § 13 Abs. 5 VOB/B. Einer Fristsetzung mit Ablehnungsandrohung bedarf es nicht. Der dann mögliche Verzicht auf Mängelbeseitigung und die Geltendmachung anderer Mängelrechte führt zum Wegfall des Zurückbehaltungsrechts einschließlich des Druckzuschlages.

228 Während die Verschiebung der Abnahme auf einen späteren Zeitpunkt als zwölf Werktage nach Aufforderung problematisch ist und in den meisten Fällen eine dahin gehende Regelung gegen das AGB-Recht verstößt, kann eine Verlängerung der Gewährleistungsfrist vereinbart werden, § 202 Abs. 2 BGB. Unwirksam sind jedoch Klauseln, welche die fünfjährige Gewährleistungsfrist gem. § 634a Abs. 1 Nr. 2 BGB verkürzen, § 309 Nr. 8b ff. BGB. Zulässig ist dies nur, wenn die VOB/B insgesamt einbezogen ist, § 309 Nr. 8b ff. BGB. Bei wirksamer Vereinbarung der VOB/B ist sie der Kontrolle des AGB-Rechts (§§ 305 ff. BGB) entzogen. § 310 Abs. 1 BGB regelt, dass die VOB/B insgesamt der Inhaltskontrolle durch das Recht der Allgemeinen Geschäftsbedingungen entzogen ist, wenn die VOB/B „ohne inhaltliche Abweichungen insgesamt einbezogen“ ist und es sich um einen Bauvertrag zwischen Unternehmern handelt.

229 Eine Verlängerung der Gewährleistungsfrist für Mängelansprüche ist auch in Allgemeinen Geschäftsbedingungen grundsätzlich möglich. Diese muss jedoch angemessen sein und sich am Maßstab des § 307 BGB messen lassen. Abzustellen ist auf das anzuerkennende Bedürfnis auf eine Verlängerung der Verjährungsfrist, das in einer Regel durch

die Eigenart des Gewerkes begründet sein kann. So ist eine Verjährungsfrist von zehn Jahren bei Flachdacharbeiten nicht zu beanstanden. Ein anzuerkennendes Bedürfnis auf Verlängerung der Verjährungsfrist liegt auch bei Subunternehmerverträgen vor, wenn der Generalunternehmer die Abnahme später erlangt als sein Subunternehmer und deshalb für ihn die Verjährung erst später beginnt. Der Generalunternehmer hat dann ein schützenwertes Interesse an der Gleichhaltung von Verjährungsfristen.

12. Sicherheitsleistungen

Nach § 17 Abs. 1 VOB/B können die Parteien als Sicherheitsleistung eine Vertragserfüllungsbürgschaft für die vertragsgemäße Ausführung der Leistung vereinbaren. Die maximale Höhe einer vereinbarten Vertragserfüllungsbürgschaft ist 10 % der Auftragssumme. Diese Sicherheit dient dem Generalunternehmer dazu, anfallende Mehrkosten aufzufangen, die entstehen, wenn der Subunternehmer seinen vertraglichen Verpflichtungen nicht nachkommt. Häufigster Fall der Nichterfüllung ist der Eintritt der Insolvenz beim Subunternehmer. **230**

Ebenso wie für die Vertragserfüllung kann für die Gewährleistungszeit eine Sicherheit vereinbart werden. Hier ist der Betrag von 5 % der Abrechnungssumme üblich, wobei der öffentliche Auftraggeber nach § 9c Abs. 2 VOB/A keine Sicherheit für Mängelansprüche über 3 % der Abrechnungssumme verlangen sollte. Da § 17 Abs. 8 Nr. 2 VOB vorsieht, dass die Gewährleistungssicherheit nach Ablauf von zwei Jahren zurückzugeben ist, wenn die Parteien im Vertrag nichts anderes vereinbaren, ist hier ausgeführt, dass die Sicherheitsleistung für die Zeit der Gewährleistung einbehalten werden darf. Weiterhin kann der Auftragnehmer, sofern es sich nicht um einen öffentlichen Auftraggeber handelt, eine Sicherheitsleistung nach § 650f BGB verlangen, ohne dass es einer Vereinbarung bedarf. **231**

13. Versicherungen

Die Bauleistungsversicherung (früher: Bauwesenversicherung) schützt den Generalunternehmer davor, dass er durch höhere Gewalt oder andere unabwendbare, vom Subunternehmer nicht zu vertretende Umstände, beschädigt oder zerstört wird und Generalunternehmer eine Bezahlung nach § 7 Abs. 1 VOB/B leisten muss. Insoweit wird hier der Gefahrübergang gegenüber § 644 BGB vorverlegt. Die für die zerstörte Bauleistung zu zahlende Vergütung wird dem Generalunternehmer durch die Bauleistungsversicherung ersetzt. Die Bauleistungsversicherung schützt den Versicherungsnehmer gegen alle Schäden durch unvorhergesehen eingetretene Ereignisse sowie durch Diebstahl eingebauter Bauteile und Materialien. Die Kosten der Bauleistungsversicherung können pauschal auf den Subunternehmer umgelegt werden. **232**

Daneben verpflichtet sich der Subunternehmer, eine angemessene Betriebshaftpflichtversicherung nachzuweisen. Es ist darauf zu achten, dass die reinen Vermögensschäden in angemessener Höhe versichert sind. Nach Nr. 2 der Allgemeinen Haftpflichtbedingungen **233** sind reine Vermögensschäden grundsätzlich vom Versicherungsschutz nicht umfasst. Daher muss hier eine gesonderte Vereinbarung in der Betriebshaftpflichtversicherung nachgewiesen werden.

14. Schriftform

234 Vielfach schließen die Parteien einen schriftlichen Vertrag, ändern diesen jedoch nach Absprache in der Folgezeit. Es können darauf Unklarheiten folgen. Dementsprechend sollen die Vertragspartner auch alle Änderungen, Ergänzungen und Nebenabreden eines Vertragsverhältnisses schriftlich erfassen. Wollen die Parteien mündliche Abreden treffen, soll als „Warnfunktion" die einvernehmlich vereinbarte Schriftform nur durch schriftliche Vereinbarung aufgehoben werden können. Zu eng gefasste Schriftformklauseln sind unwirksam, so dass eine Beweislastumkehr erreicht wird. Faktisch werden die Parteien gezwungen, Änderungen des Vertrages schriftlich zu vereinbaren.

15. Gerichtsstand

235 Ein Gerichtsstand kann nur vereinbart werden, wenn beide Parteien Kaufleute oder juristische Personen des öffentlichen Rechts sind, § 38 Abs. 1 ZPO, außerdem in Fällen mit Auslandsberührung, § 38 Abs. 2 ZPO.

236 Wird kein Gerichtsstand im Vertrag vereinbart, so ist § 18 Abs. 1 VOB/B zu beachten, soweit dafür die Voraussetzungen vorliegen. Liegen die Voraussetzungen für eine Gerichtsstandsvereinbarung nicht vor oder ist kein Gerichtsstand vereinbart, so gelten die allgemeinen Regeln (§§ 13 ff. ZPO). Von besonderer Bedeutung ist § 29 ZPO für Baustreitigkeiten: Der Ort des Bauvorhabens ist der Erfüllungsort für die wechselseitigen Verpflichtungen aus dem Bauvertrag.

16. Schlichtung und Schiedsgericht

237 Alternativ könnte hier auch eine Schlichtung oder ein Schiedsgerichtsverfahren vereinbart werden. Die Vereinbarung einer Schlichtung oder eines Schiedsgerichtsverfahrens ist auch dann zulässig, wenn die Vertragsparteien nicht Kaufleute sind. Allerdings sind die besonderen Anforderungen zu beachten, im Fall der Vereinbarung eines Schiedsgerichtsverfahrens sind es die §§ 1025 ff. ZPO. Auch kann geregelt werden, ob eine bestimmte Schiedsordnung gelten soll, z.B. die SGO-Bau oder die SOBau der ARGE Baurecht im Deutschen Anwaltverein. Wird keine Schiedsordnung vereinbart, so bestimmt sich das Schiedsgerichtsverfahren – so weit deutsches Prozessrecht gilt – ausschließlich nach den Regeln der ZPO. Wird nur eine Schlichtung vereinbart, so kann bestimmt werden, dass die Schlichtung zwingend oder fakultativ ist (vgl. im Übrigen die ausführliche Darstellung in § 12).

238 Die Vorschaltung eines Schlichtungsverfahrens hat den Vorteil, dass frühestmöglich Differenzen für die weitere Abwicklung beseitigt und nicht selten persönliche Beziehungen unter einzelnen Baubeteiligten beseitigt werden können.

17. Rechtswahl

Art. 3 Abs. 5 i.V.m. Art. 10 Abs. 1 Rom I-VO3 gestattet es den Parteien, das auf den Vertrag anzuwendende Recht frei im Vertrag zu vereinbaren. Es empfiehlt sich, eine eindeutige Rechtswahl zu treffen, wobei im Allgemeinen dem deutschen Recht der Vorzug zu geben ist, weil sowohl das ausländische Recht oder ein neutrales Recht dem deutschen Vertragspartner unbekannt sind. 239

18. Sonstiges

Der Generalunternehmer hat grundsätzlich kein Interesse daran, sich mit Dritten auseinanderzusetzen, denen der Subunternehmer seine Werklohnforderungen gegenüber dem Generalunternehmer abgetreten hat. Auch wenn Abtretungsverbote im Handelsverkehr grundsätzlich wirksam sind, kann es ausnahmsweise berechtigte Interessen geben, die den Subunternehmer in die Situation bringen, dass er die Forderung abtreten muss. In diesem Fall bedarf es dann einer schriftlichen Zustimmung des Generalunternehmers zur Wirksamkeit des Vertrages. 240

Ansonsten können hier noch zusätzlich getroffene Vereinbarungen festgehalten werden, wie beispielsweise ein noch ausgehandelter Nachlass, Zusatzleistungen oder Änderungen der Bauleistung. 241

G. Muster: Generalübernehmervertrag

I. Muster: Generalübernehmervertrag

▼ 242

14.6

Generalübernehmervertrag

Zwischen

vertreten durch

– nachfolgend Auftraggeber genannt –

und

Firma

vertreten durch

– nachfolgend Generalübernehmer genannt –

wird folgender Generalübernehmervertrag abgeschlossen:

§ 1 Vertragsgegenstand

1.1

Der Auftraggeber wird auf dem Grundstück in mit einer Größe von m² ein errichten lassen.

1.2

Der Auftraggeber überträgt dem Generalübernehmer die schlüsselfertige Erstellung des Bauobjektes nach Maßgabe dieses Generalübernehmervertrages. Sämtliche behördlichen Abnahmen sind vom Generalübernehmer einzuholen.

1.3

Der Generalübernehmer entscheidet über die Art und Weise der Baudurchführung. Es ist ihm überlassen, ob er für die zu erbringenden Bauleistungen einen Generalunternehmer mit der Bauausführung beauftragt oder die Gewerke einzeln vergibt. Es ist Sache des Generalübernehmers, den Inhalt der einzelnen Bau- und Architektenverträge festzulegen und geeignete Unternehmen bzw. Architekten und Ingenieure auszuwählen, vorbehaltlich der Regelungen des Generalübernehmervertrages. Bezüglich der zu beauftragenden Bauunternehmen bzw. Architekten und Ingenieure ist der Auftraggeber vorher zu unterrichten. Der Auftraggeber hat ein Vorschlagsrecht bezüglich der Bauunternehmer und Architekten und Ingenieure, wobei dieses die Entscheidungsfreiheit des Generalübernehmers nicht einschränkt.

§ 2 Vertragsbestandteile

2.1

Die auszuführende Leistung wird durch den Generalübernehmervertrag bestimmt. Vertragsgrundlagen sind die nachfolgend aufgeführten Unterlagen in der dort bezeichneten Reihenfolge:

a. der Generalübernehmervertrag einschließlich des Verhandlungsprotokolls vom   (Anlage Nr.   )
b. die funktionale Baubeschreibung vom   einschließlich der Raumbücher und sonstigen Bestandteile (Anlage Nr.   )
c. folgende Pläne gemäß dem den Planungsunterlagen vorangestellten Inhaltsverzeichnis vom   (Anlage Nr.   )
d. der verbindliche Bauzeitenplan vom   (Anlage Nr.   )
e. der zwischen den Parteien erstellte Zahlungsplan vom   (Anlage Nr.   )
f. die anerkannten Regeln der Technik einschließlich der gültigen DIN-Normen und EU-Normen zum Zeitpunkt der Abnahme.
g. das Bodengutachten des Ingenieurbüros   vom   (Anlage Nr.   )
h. die Vorschriften der VOB Teil B und Teil C für die Bauleistungen (§ 1 VOB/A)
i. die Vorschriften des BGB für die Architekten- und Ingenieurleistungen.

2.2

Bei Widersprüchen gilt zuerst dieser Vertrag, sodann die unter 2.1 aufgeführten Vertragsunterlagen in der jeweiligen nachfolgenden Rangfolge.

2.3

Sonstige Regelungen und Vertragsbedingungen, die in Nr. 2.1 nicht genannt sind, werden nur dann Vertragsbestandteil, wenn dies zwischen den Parteien ausdrücklich schriftlich vereinbart wird.

2.4

Der Generalübernehmer hat die einzelnen Vertragsbestandteile und Unterlagen eingehend geprüft und keine Widersprüche festgestellt. Er übernimmt die Vertragsbestandteile als von ihm zu verantwortende Grundlage seiner Leistung, es sei denn, er hat etwaige Fehler und Widersprüche nicht erkennen können.

§ 3 Vertretung des Auftraggebers und des Generalübernehmers

3.1

Der Auftraggeber bevollmächtigt folgende Personen, ihn rechtsgeschäftlich zu vertreten:

1. den Projektsteuerer
2. Herr/Frau

3.2

Für den Generalübernehmer sind Herr/Frau und als Vertreter Herr/Frau bevollmächtigt. Diese sind zur Abgabe und Entgegennahme von rechtsverbindlichen Erklärungen nach diesem Vertrag befugt.

3.3

Der Generalübernehmer benennt als verantwortlichen Bauleiter Herrn/Frau Dipl.-Ing. und als deren/dessen Vertreter Herrn/Frau Dipl.-Ing. .

3.4

Die für den Generalübernehmer tätigen Generalplaner sind für die technische Abwicklung des Bauvorhabens zuständig und haben keine rechtsgeschäftliche Vollmacht. Insbesondere sind diese nicht befugt, zusätzliche oder geänderte Leistungen namens des Generalübernehmers zu beauftragen.

§ 4 Leistungsumfang des Generalübernehmers

4.1

Der Generalübernehmer hat sämtliche Leistungen zu erbringen, die zur schlüsselfertigen Herstellung des Bauvorhabens erforderlich sind.

4.2

Die vom Generalübernehmer zu erbringenden Leistungen werden durch diesen Vertrag und die ihm zugrunde liegenden Anlagen beschrieben. Dem Generalübernehmer ist bekannt, dass in diesem Vertrag und seinen Vertragsbestandteilen nicht alle Leistungen im Einzelnen beschrieben sind, die für die Herstellung des Vertragsobjektes erforderlich sind. Dies beruht darauf, dass u.a. die Ausführungsplanung vom Generalübernehmer zu erbringen ist. Der Generalübernehmer verpflichtet sich, alle Planungs-, Liefer- und Bauleistungen zu erbringen, die erforderlich sind, um das Objekt mangelfrei, schlüsselfertig und zur vertraglich vorgesehenen Nutzung betriebsbereit und funktionsfähig herzustellen.

4.3

Die vom Generalübernehmer zu erbringenden Leistungen umfassen auch die Lieferung und den rechtzeitigen gebrauchsfertigen Einbau aller Versorgungsleistungen, insbesondere für Strom, Gas, Fernwärme, Wasser, Regen- und Schmutzwasser, Telefon- und Kabelanschlüsse sowie sämtliche üblichen baubedingten erforderlichen Leitungen.

4.4

Die Erschließungsbeiträge nach dem BauGB einschließlich der Anschlussgebühr und der kommunalen und öffentlich-rechtlichen Versorgungsträger übernimmt der Auftraggeber.

4.5

Zum Leistungsumfang gehören insbesondere:

4.5.1

Bestellung des Bauleiters gemäß den einschlägigen Vorschriften der anwendbaren Landesbauordnung.

4.5.2

Die Übernahme der Verpflichtungen aus der Baustellenverordnung einschließlich der Erstellung eines Sicherheits- und Gesundheitsschutzplanes sowie der Überwachung und Koordination während der Ausführung des Bauvorhabens gemäß § 2 Abs. 3 BaustellV durch qualifizierte Ingenieure.

4.5.3

Alle Maßnahmen zur Sicherung der Baustelle wie Absperrung, Beleuchtung, Einzäunung.

4.5.4

Die Beschaffung von Bauwasser und Baustrom. Der Generalübernehmer hat für die Beschaffung des Bauwassers und Baustromes sowie für die Installation von Strom- und Wasserzuführungen von der Hauptentnahmestelle zu den Verwendungsstellen selbst zu sorgen, soweit die Zuführungen nicht bereits vorhanden sind. Der Generalübernehmer hat zudem etwaige erforderliche Zwischenzähler einzubauen.

4.5.5

Die Architektenleistungen, die Leistungen des Tragwerkplaners, die Fachingenieurleistung für technische Ausrüstung, die Leistungen des Wärme- und Schallschutzes sowie etwaige notwendige Baugrunduntersuchungs- oder Vermessungsarbeiten.

4.5.6

Die Einhaltung der Verkehrssicherungspflichten obliegt dem Generalübernehmer. Der Generalübernehmer trägt für das gesamte Baustellengelände einschließlich der Zufahrtstraßen während der gesamten Bauzeit bis zur Abnahme die Verkehrssicherungspflicht in vollem Umfang. Er übernimmt die erforderlichen Sicherheitsvorkehrungen entsprechend den rechtlichen und berufsgenossenschaftlichen Vorschriften. Der Generalübernehmer verpflichtet sich, die Baustelle in einem ordentlichen und sauberen Zustand zu halten. Der Generalübernehmer hat die Zufahrten einschließlich der Straßenfläche und Gehfläche sowie den im Bau befindlichen Baukörper instand zu halten, abzusichern und zu reinigen.

4.5.7

Der Generalübernehmer hat die notwendigen Zufahrten zu den Baugrundstücken zu schaffen und zu unterhalten und hierbei mit den zuständigen Behörden abzuklären, welche Straßen hierfür zur Verfügung stehen. Die Kosten dafür sowie für etwaige verkehrsregelnde Maßnahmen trägt der Generalübernehmer. Gewichtsbeschränkungen für die in Betracht kommenden öffentlichen Straßen sind dem Auftraggeber nicht bekannt. Der Generalübernehmer hat sich hiernach zu erkundigen. Sollten derartige Gewichtsbeschränkungen bestehen, trägt etwa hierdurch anfallende Kosten der Generalübernehmer.

4.5.8

Die Herbeiführung aller notwendigen Abnahmen, Gutachten und Prüfungen sowie die Beschaffung mängelfreier Abnahme- und Prüfbescheinigungen, z.B. der Bauordnungsbehörden und des TÜV, die im Zusammenhang mit dem Bauvorhaben und seiner angestrebten Nutzung stehen, einschließlich der Übernahme der hierdurch entstehenden Kosten obliegt dem Generalübernehmer.

4.6

Die Ausführung des gesamten Bauvorhabens erfolgt durch den Generalübernehmer in Abstimmung mit dem Auftraggeber. Dem Auftraggeber ist bekannt, dass der Generalübernehmer eigene Bauleistungen nicht erbringt und hierfür Subunternehmer beauftragt. Der Generalübernehmer hat dem Auftraggeber auf Verlangen rechtzeitig vor einer etwaigen weiteren Vergabe von Leistungen aus diesem Vertrag Name, Firmenbezeichnung, Sitz und Anschrift des Subunternehmers sowie die zu vergebende Leistung schriftlich mitzuteilen und über den Betrieb, Geschäftsführung und Inhaber des Subunternehmers Auskunft zu erteilen. Der Auftraggeber ist berechtigt, bei Vorlage eines sachlich gerechtfertigten Grundes innerhalb von zwei Wochen nach Eingang der vorbezeichneten schriftlichen Mitteilung und der von ihm verlangten Auskünfte, der Beauftragung des Subunternehmers zu widersprechen mit der Folge, dass die Auftragserteilung an diesem Subunternehmer nicht erfolgen darf.

§ 5 Ausführung der Leistung

5.1

Der Generalübernehmer ist verpflichtet, in der gesamten Dauer bis zur Abnahme der Bauleistung auf der Baustelle eine der Art und des Umfangs des Bauvorhabens entsprechende sachverständige technische Aufsicht (Bauleiter, Polier) zu stellen. Der verantwortliche Bauleiter bzw. sein Vertreter hat während der normalen Arbeitszeit ständig auf der Baustelle anwesend zu sein. Außerhalb der Arbeitszeit muss er telefonisch erreichbar sein. Der Auftraggeber ist berechtigt, den Austausch von einzelnen Mitgliedern der technischen Aufsicht zu verlangen, wenn hierfür ein wichtiger Grund vorliegt.

5.2

Im Umfeld des Baugrundstückes befindet sich folgende Nachbarbebauung:

.

Zur Beweissicherung und Feststellung des Zustandes der Nachbarbebauung hat der Generalübernehmer unter Hinzuziehung des Auftraggebers eine Beweissicherung nach § 3 Abs. 4 VOB/B durch einen öffentlich bestellten und vereidigten geeigneten Sachverständigen auf seine Kosten durchführen zu lassen. Über die Beweissicherung ist ein Protokoll zu erstellen und dem Auftraggeber zu übergeben.

5.3

Der Generalübernehmer ist verpflichtet, Bautageberichte in Druckschrift zu erstellen und diese wöchentlich dem Auftraggeber in Kopie zu übergeben. Diese Bautageberichte müssen sämtliche Angaben enthalten, die für die Durchführung und Abwicklung des Vertrages von Bedeutung sein können, wie beispielsweise Baufortschritt, Wetter, Zahl und Art der auf der Baustelle beschäftigten Arbeitnehmer, Zahl und Umfang der eingesetzten Baugeräte, Beginn und Ende der Leistung, Größe und Umfang, Abnahme und Unterbrechung der Arbeitszeit mit Angabe der Gründe, Unfälle, behördliche Anordnung und sonstige besondere Vorkommnisse.

5.4

Wöchentlich sind zu einem zwischen den Vertragsparteien abzustimmenden regelmäßigen Termin Baubesprechungen durchzuführen, über die ein schriftliches Protokoll zu fertigen ist, von welchem jede Vertragspartei eine Abschrift erhält. Der Generalübernehmer ist verpflichtet, an diesen Baubesprechungen durch ausreichend bevollmächtigte Mitglieder der technischen Aufsicht teilzunehmen.

5.5

Der Auftraggeber behält sich vor, zur Wahrung seiner Interessen gegenüber dem Generalübernehmer eine Projektleitung einzusetzen. Im Falle einer Einsetzung eines Oberbauleiters ist dieser berechtigt, dem Generalübernehmer Anweisungen hinsichtlich des Bauablaufes, insbesondere der allgemeinen Ordnung auf der Baustelle, des Brandschutzes, der Art und Weise bestimmter Baudurchführung sowie Beseitigung von Mängeln zu erteilen. Der Generalübernehmer hat diesen Anweisungen Folge zu leisten. Die Projektleitung ist nicht berechtigt, für den Auftraggeber rechtsgeschäftliche Erklärungen in der Art abzugeben, dass sie finanzielle Auswirkungen für den Auftraggeber haben.

Die Verantwortlichkeit des Generalübernehmers für seine Vertragsleistung wird durch die Projektleitung nicht eingeschränkt. Der Generalübernehmer bleibt für seine Ausführungen allein verantwortlich, soweit er Bedenken gegenüber den Anweisungen der Projektleitung hat, ist er verpflichtet, schriftlich gegenüber dem Auftraggeber die Bedenken nachvollziehbar anzumelden.

§ 6 Vergütung

6.1

Die Vergütung für sämtliche Leistungen und Lieferungen nach diesem Vertrag beträgt pauschal

EUR (in Worten EUR).

Die Zahlung erfolgt zuzüglich der gültigen Umsatzsteuer.

6.2

Soweit die Umsatzsteuer, beispielsweise aufgrund der Vorschrift des § 13b UStG, gegenüber den Finanzbehörden vom Auftraggeber geschuldet wird, hat der Generalübernehmer keinen Anspruch auf Ausbezahlung der Umsatzsteuer; diese ist in diesem Fall vom Auftraggeber an die zuständige Finanzbehörde abzuführen.

6.3

Der Pauschalpreis gilt für die im Vertrag enthaltenen Leistungen für die gesamte Bauzeit fest. Eine Preisgleitklausel etwa für Lohn- oder Materialkosten wird nicht vereinbart.

6.4

Der Generalübernehmer ist verpflichtet, dem Auftraggeber die Urkalkulation in einem verschlossenen Umschlag bei Vertragsabschluss zu übergeben. Dieser Umschlag darf nur im Beisein beider Parteien geöffnet werden, um strittige Punkte zur Vergütungshöhe von Nachtragsforderungen zu klären. Die Urkalkulation ist dann wieder in einen verschlossenen Umschlag einzustecken.

In der Kalkulation müssen folgende Kosten getrennt ausgewiesen sein:

- Summe der Einzelkosten der Teilleistung
- Summe der Baustellengemeinkosten
- Allgemeine Geschäftskosten
- Wagnis
- Gewinn.

6.5

Die Abschlagszahlungen sind entsprechend dem Zahlungsplan für die nachgewiesenen vertragsgemäßen Leistungen 21 Tagen nach Rechnungseingang zu zahlen.

6.6

Verständigen sich die Parteien nicht über die Mehr- oder Minderkosten oder über die Terminänderung, schlichtet ein auf schriftliches Ersuchen einer Partei durch den Präsidenten der Architektenkammer benannter öffentlich bestellter und vereidigter Sachverständiger. Die Kosten des Sachverständigen tragen die Parteien je zur Hälfte.

Kommt keine Einigung über den Preis oder sonstige Bedingungen eines Änderungsauftrages zustande, so ist der Generalübernehmer trotzdem verpflichtet, die Änderungsforderung des Auftraggebers auszuführen. Jede Partei hat dabei das Recht, über die Angemessenheit des Preises oder der sonstigen Bedingungen das nach Scheitern der Schlichtung das vereinbarte Gericht anzurufen.

(***alternativ:***

Jede Partei hat dabei das Recht, über die Angemessenheit des Preises oder der sonstigen Bedingungen das nach Scheitern der Schlichtung das Schiedsgericht gemäß der vereinbarten Schlichtungs- und Schiedsgerichtsordnung anzurufen.)

6.7

Stundenlohnarbeiten werden nur vergütet, wenn sie als solche vor ihrem Beginn ausdrücklich vereinbart worden sind. Wenn Stundenlohnarbeiten entsprechend § 2 Abs. 10 VOB/B beauftragt sind, gilt Folgendes:

a) Der Generalübernehmer hat arbeitstechnisch Stundenlohnzettel in dreifacher Ausfertigung beim Auftraggeber einzureichen. Diese müssen außer den Angaben nach § 15 Abs. 3 VOB/B folgende Angaben erhalten:
   - das Datum
   - die Bezeichnung der Baustelle
   - die genaue Bezeichnung des Ausführungsortes innerhalb der Baustelle
   - die Art der Leistung
   - die Namen der Arbeitskräfte und deren Berufs-, Lohn- oder Gehaltsgruppe
   - die geleisteten Arbeitsstunden je Arbeitskraft, ggf. aufgegliedert nach Mehr-, Nacht-, Sonntags- und Feiertagsarbeit sowie nach im Verrechnungssatz nicht enthaltenen Erschwernissen
   - die entsprechenden Geräte unter genauer Bezeichnung
   - Die Unterzeichnung von Stundenlohnzetteln gilt nicht als Anerkenntnis und ist nur eine Bestätigung hinsichtlich Art und Umfang der erbrachten Leistung. Es bleibt dem Auftraggeber die Prüfung vorbehalten, ob es sich bei den Stundenlohnarbeiten um gesonderte Leistungen oder bereits nach dem Vertrag zu erbringende Leistungen (vgl. § 4 des Vertrages) handelt.

b) Vereinbarungen über Stundenlohnarbeiten sind ausschließlich mit dem Auftraggeber oder seinen rechtsgeschäftlich Bevollmächtigten zu treffen. Vom Auftraggeber eingesetzte Bauleiter sind nicht bevollmächtigt, Stundenlohnarbeiten abzuschließen.

c) Der Bauleiter des Auftraggebers ist bevollmächtigt, Stundenlohnzettel abzuzeichnen. Die hiermit verbundene Anerkenntniswirkung bezieht sich nur auf Art und Umfang der erbrachten Stundenlohnarbeiten.

Für Stundenlohnarbeiten, die gemäß der vorstehenden Regel zu vergüten sind, werden folgende Preise vom Auftraggeber gezahlt:

Polier EUR/Std.

Vorarbeiter EUR/Std.

Facharbeiter EUR/Std.

Bauhelfer EUR/Std.

Auszubildender EUR/Std.

Die Stundenlohnsätze stellen Festpreise dar. Sie erhöhen sich auch nicht bei Lohn- und/oder Materialpreisveränderungen.

Die Abrechnung der Stundenlohnarbeiten erfolgt gemäß § 15 VOB/B. Der Generalübernehmer hat hierbei am Ende eines jeden Kalendertages, in dem Stundenlohnarbeiten durchgeführt werden, Stundenlohnzettel beim Auftraggeber oder dessen Bauleitung einzureichen, spätestens in der Frist des § 15 Abs. 4 VOB/B.

§ 7 Ausführungsfristen

7.1

Die Parteien vereinbaren folgende verbindlichen Ausführungsfristen gemäß § 5 Abs. 1 VOB/B:

a. Ausführungsbeginn der Leistung:

b. Zwischentermine:

c. Fertigstellungstermin:

7.2

Die einzelnen Termine ergeben sich aus dem Bauzeitenplan, der gemäß § 3 Vertragsbestandteil ist und dessen Fristen Vertragsfristen sind.

7.3

Der Generalübernehmer hat auf Verlangen des Auftraggebers, insbesondere nach eingetretenen Verzögerungen, seinen Bauzeitenplan zu aktualisieren und dem Auftraggeber ein Exemplar dieses Bauzeitenplanes auszuhändigen. Mit der Übergabe dieses Bauzeitenplanes ist keine Änderung des Vertrages verbunden, insbesondere nicht bezüglich der vertraglich vereinbarten Termine. Der Generalübernehmer verpflichtet sich jedoch, zumindest die sich aus dem neuen Bauzeitenplan ergebenden Fristen einzuhalten.

7.4

Eine Verlängerung von Ausführungsfristen gemäß § 6 Abs. 4 VOB/B setzt voraus, dass der Generalübernehmer dem Auftraggeber unverzüglich die seiner Auffassung nach bestehenden Behinderungen schriftlich angezeigt hat. Hierbei hat der Generalübernehmer alle Tatsachen mitzuteilen, aus denen sich für den Auftraggeber mit hinreichender Klarheit die Gründe der Behinderung ergeben. Er hat insbesondere Angaben dazu zu machen, ob und wann seine Arbeiten, die nach dem Bauablauf nunmehr ausgeführt werden müssen, nicht oder nicht wie vorgesehen ausgeführt werden können. Einer Behinderungsanzeige bedarf es lediglich dann nicht, wenn dem Auftraggeber offenkundig die Tatsachen und deren hindernde Wirkungen bekannt sind.

§ 8 Vertragsstrafe, Verzugsschaden

8.1

Die schuldhafte Terminüberschreitung durch den Generalübernehmer ist mit einer Vertragsstrafe versehen.

8.2

Für die Überschreitung des Gesamtfertigstellungstermins hat der Generalübernehmer für jeden Werktag eine Vertragsstrafe in Höhe von 0,3 % der Nettoauftragssumme zu zahlen.

8.3

Die Vertragsstrafe wird auf insgesamt 5 % der Nettoauftragssumme begrenzt.

8.4

Die Geltendmachung von Schadenersatzansprüchen neben der Vertragsstrafe bleibt unberührt. Jedoch wird eine verwirkte Vertragsstrafe auf Schadenersatzansprüche angerechnet.

8.5

Schadenersatzansprüche des Generalübernehmers aufgrund Behinderungen setzen neben den sonstigen Forderungen gemäß § 6 Abs. 6 VOB/B voraus, dass der Generalübernehmer substantiiert eine Pflichtverletzung des Auftraggebers und eine hierdurch kausal verursachte Behinderung, insbesondere deren Dauer und Umfang, darlegt. Hierzu ist vom Generalübernehmer eine konkrete, bauablaufbezogene Darstellung der Behinderung unter Berücksichtigung des Bau-Solls und des Bau-Ist darzulegen.

§ 9 Abnahme

9.1

Die Parteien führen eine förmliche Abnahme nach § 12 Abs. 4 VOB/B nach der Fertigstellung der Bauleistungen durch, wenn eine Vertragspartei das verlangt. Im Übrigen richtet sich die Abnahme nach § 12 VOB/B.

9.2

Zusammen mit der Abnahme der Bauleistung werden die Architekten- und Ingenieurleistungen förmlich abgenommen, sofern keine wesentlichen Mängel vorhanden sind. Die Abnahme erfolgt in der Weise, dass ein Protokoll erstellt wird, in welchem die Genehmigungs- und Ausführungspläne im Einzelnen aufgeführt werden. Weiterhin sind bei dieser Abnahme folgende Unterlagen zu übergeben:

- Installationsschemata
- Revisionspläne der technischen Ausrüstung
- Bedienungsanleitung und Betriebsvorschrift
- Nachunternehmerverzeichnis einschließlich Auflistung der Gewährleistungsfristen
- behördliche Akten und Genehmigungen, soweit diese nicht direkt von der Behörde zum Auftraggeber gingen.

9.3

Der Auftraggeber wird dem Generalübernehmer für die Beseitigung der bei der Abnahme festgestellten Mängel eine angemessene Frist von mindestens zwei Wochen einräumen. Nach Beseitigung dieser Mängel erfolgt eine förmliche Nachabnahme.

9.4

Auf Verlangen des Auftraggebers hat der Generalübernehmer künftigen Nutzern des Bauvorhabens, insbesondere Käufern oder Mietern, den Einbau entsprechender Einrichtungen und das Einbringen von Gegenständen, insbesondere von Möbeln und Einrichtungen zu gestatten, soweit hiermit keine wesentlichen Beeinträchtigungen des Bauablaufes verbunden sind. In diesem Fall ist vor Beginn des Einbaus oder der Einbringung zwischen den Parteien ein gemeinsames Protokoll entsprechend § 4 Abs. 10 VOB/B anzufertigen, in dem der Bautenstand sowie etwa vorhandene Mängel des betroffenen Teils des Bauvorhabens schriftlich festgehalten werden. Diese Feststellungen erfolgen ausschließlich zu Beweissicherungszwecken und beinhalten keine rechtliche Teilabnahme.

§ 10 Rechnungen und Zahlungen

10.1

Die Abschlagsrechnungen sind entsprechend dem Zahlungsplan nach § 2 des Generalübernehmervertrages für nachgewiesene vertragsgemäße Leistungen einschließlich etwaiger Nachtragsleistungen zu stellen. Die Fälligkeit von Abschlagsrechnungen tritt innerhalb von 21 Tagen nach Zugang der Rechnung beim Auftraggeber ein, wenn ein Nachweis über den ausgeführten und abgerechneten Leistungsstand beigefügt ist.

10.2

Die Fälligkeit der Abrechnungen des Generalübernehmers setzt deren Prüfbarkeit gemäß § 14 VOB/B voraus. Der Auftraggeber muss hierbei in die Lage versetzt werden, die Berechtigung der vom Generalübernehmer geltend gemachten Forderungen, gemessen an den vertraglichen Vereinbarungen, zu überprüfen.

10.3

Die Schlussrechnung ist innerhalb von   Wochen nach Fertigstellung der Leistung und Durchführung der Endabnahme nach diesem Vertrag mit allen notwendigen Unterlagen in prüfbarer Form aufzustellen und dem Auftraggeber zuzuleiten. In der Schlussrechnung müssen die bisher geleisteten Abschlagszahlungen jeweils einzeln aufgeführt werden.

Die Umsatzsteuer ist gesondert auszuweisen.

10.4

Bei Zahlung von Abschlagsrechnungen innerhalb von   Tagen nach Zugang und/oder bei Bezahlung der Schlussrechnung innerhalb von   Tagen nach Zugang ist der Auftraggeber berechtigt,   % Skonto von dem jeweiligen Rechnungsbetrag in Abzug zu bringen. Dies gilt auch für vom Auftraggeber gekürzte und fristgerecht bezahlte Rechnungsbeträge. Die Geltendmachung des Skontoabzuges setzt nicht voraus, dass der Auftraggeber sämtliche vom Generalübernehmer gestellten Rechnungen innerhalb der Skontofrist bezahlt hat.

10.5

Die Schlussrechnung ist vom Auftraggeber alsbald, spätestens innerhalb von 30 Tagen nach Zugang, zu prüfen und festzustellen. Verzögert der Auftraggeber schuldhaft die Prüfung und Feststellung, hat er dem Generalübernehmer den hierdurch entstehenden Schaden zu ersetzen. Unbeschadet dessen ist der Auftraggeber auch nach Ablauf der Prüfungsfrist berechtigt, Einwendungen gegen die Schlussrechnung geltend zu machen. Dieses Recht verwirkt der Auftraggeber nur, wenn der Generalübernehmer aufgrund längeren Zeitablaufes und weiterer auf dem Verhalten des Auftraggebers beruhender Umstände darauf vertraut hat und darauf vertrauen durfte, dass der Auftraggeber seine Rechte nicht mehr geltend machen wird.

Der Auftraggeber hat etwaige Einwendungen gegen die Prüfbarkeit der Schlussrechnung des Generalübernehmers spätestens innerhalb einer Frist von zwei Monaten nach Zugang der Schlussrechnung vorzubringen. Unterlässt er dies, kann er sich nicht mehr auf eine etwaige fehlende Prüfbarkeit der Schlussrechnung berufen.

§ 11 Freistellung gemäß § 48b EStG

11.1

Soweit dies nicht schon mit der Angebotsabgabe geschehen ist, hat der Generalübernehmer unverzüglich nach Vertragsabschluss dem Auftraggeber eine Freistellungsbescheinigung seines zuständigen Finanzamtes nach § 48b EStG vorzulegen und bei Ablauf der zeitlichen Geltung unaufgefordert eine neue Bescheinigung nachzureichen. Der Generalübernehmer verpflichtet sich, jede vom zuständigen Finanzamt vorgenommene Änderung in Bezug auf die Freistellungsbescheinigung dem Auftraggeber unverzüglich anzuzeigen.

11.2

Liegt eine Freistellungsbescheinigung nicht vor oder wird eine vorgelegte Bescheinigung widerrufen oder zurückgenommen, ist der Auftraggeber berechtigt, die zu entrichtende Steuer vom Werklohn einzubehalten.

§ 12 Gewährleistung und Mängelrechte

12.1

Für die Gewährleistung und Mängelrechte gelten die Bestimmungen des § 13 VOB/B mit der Maßgabe, dass für die Bauleistung anstelle der Regelfrist des § 13 Abs. 4 Nr. 1 VOB/B eine Verjährungsfrist von fünf Jahren gilt.

Diese Verjährungsfrist gilt auch für maschinelle und elektrotechnische/elektronische Anlagen oder Teile hiervon. Voraussetzung für Letzteres ist jedoch, dass der Auftragnehmer mit dem Auftraggeber Wartungsverträge zu angemessenen Bedingungen angeboten hat.

12.2

Nach der Abnahme auftretende Mängel hat der Generalübernehmer nach Maßgabe des § 13 Abs. 5 VOB/B innerhalb angemessener Frist nach Aufforderung zu beseitigen.

12.3

Werden bereits während der Ausführung Leistungen des Generalübernehmers als mangelhaft oder vertragswidrig erkannt, ist der Auftragnehmer verpflichtet, diese nach erfolgter Anzeige des Mangels durch den Auftraggeber innerhalb einer schriftlich zu setzenden Nachfrist zu beseitigen.

12.4

Die Mängelrechte für die Architekten- und Ingenieurleistungen richten sich nach dem Werkvertragsrecht des BGB, insbesondere nach § 634 BGB. Die Verjährungsfrist beträgt fünf Jahre ab Abnahme gemäß § 634a Abs. 1 Nr. 2 BGB.

§ 13 Sicherheitsleistung

13.1

Der Generalübernehmer hat dem Auftraggeber spätestens bis zum ______ eine Vertragserfüllungsbürgschaft in Höhe von 10 % der Auftragssumme zu übergeben, welche sämtliche Ansprüche des Auftraggebers im Zusammenhang mit diesem Generalübernehmervertrag, insbesondere Erfüllungs-, Schadensersatz-, Mängel- und Vertragsstrafenansprüche absichert. Hierbei handelt es sich um eine Hauptleistungspflicht des Generalübernehmers.

13.2

Die Parteien vereinbaren eine Sicherheit für Mängelansprüche in Höhe von 5 % der Nettoauftragssumme für die Dauer der Verjährungsfrist der Mängelansprüche. Die Sicherheitsleistung richtet sich nach § 17 VOB/B.

13.3

Die Vertragserfüllungsbürgschaft ist vom Auftraggeber dem Generalübernehmer nach erfolgter Abnahme und Zug um Zug gegen Erhalt der Gewährleistungssicherheit herauszugeben.

§ 14 Versicherungen

14.1

Der Generalübernehmer schließt eine für dieses Bauvorhaben bestimmte Objekthaftpflichtversicherung ab, die eine Nachhaftung von zehn Jahren ab der Abnahme beinhaltet. Die Kosten für die Objekthaftpflichtversicherung trägt der Generalübernehmer. Die Deckungssummen der Objekthaftpflichtversicherung müssen sich wie folgt belaufen:

a) für Personenschäden ______ EUR
b) für Sachschäden ______ EUR
c) für Vermögensschäden ______ EUR.

14.2

Der Auftraggeber hat für das Bauvorhaben eine Bauleistungsversicherung auch zugunsten des Generalübernehmers abgeschlossen. Die Selbstbeteiligung je Schadensfall beträgt EUR und ist vom Generalübernehmer zu übernehmen. Der Generalübernehmer wird an den Kosten der Bauleistungsversicherung in Höhe von % der Nettoauftragssumme beteiligt. Er hat den sich ergebenden Betrag dem Auftraggeber im Zusammenhang mit der Schlussrechnung zu erstatten.

§ 15 Kündigung

Für die Kündigung dieses Vertrages gelten die §§ 8 und 9 VOB/B. Der Auftraggeber ist darüber hinaus zur Kündigung aus wichtigem Grunde insbesondere dann berechtigt,

a) wenn der Generalübernehmer Personen, die auf Seiten des Auftraggebers mit der Vorbereitung, dem Abschluss oder der Durchführung dieses Vertrages befasst sind, oder ihnen nahestehenden Personen Vorteile anbietet, verspricht oder gewährt. Solche Handlungen des Generalübernehmers stehen Handlungen von Personen gleich, die von ihm bevollmächtigt, beauftragt oder für ihn tätig sind. Dabei ist es gleichgütig, ob solche Vorteile unmittelbar den Personen oder in deren Interesse einem Dritten angeboten oder versprochen werden;
b) wenn der Generalübernehmer gegen die Bestimmungen des Schwarzarbeitergesetzes, des Arbeitnehmerentsendegesetzes und/oder des SGB verstößt;
c) wenn durch ein schuldhaftes Verhalten der anderen Partei der Vertragszweck so gefährdet ist, dass der vertragstreuen Partei die Fortsetzung des Vertragsverhältnisses nicht mehr zugemutet werden kann. Eine Kündigung des Vertrages aus wichtigem Grund durch den Auftraggeber ist insbesondere zulässig, wenn feststeht, dass der Generalübernehmer eine Vertragsfrist aus von ihm zu vertretenden Gründen nicht einhalten wird und diese Vertragsverletzung von so erheblichem Gewicht ist, dass eine Fortsetzung des Vertrages für den Auftraggeber nicht zumutbar ist.

§ 16 Schriftform

Änderungen des Vertrages sollen, sofern gesetzlich nicht eine andere Form vorgeschrieben ist, schriftlich festgelegt werden. Soweit diese Form nicht beachtet wird, hat Änderungen des Vertrages derjenige zu beweisen, der sich auf sie beruft. Dies gilt auch für geänderte oder zusätzliche Leistungen.

§ 17 Gerichtsstand

Soweit die Vertragsparteien beide Kaufleute sind, wird als Gerichtsstand vereinbart.

(***alternativ:***

§ 17 Schlichtung und Schiedsgericht

Alle Streitigkeiten zwischen den Parteien aus oder im Zusammenhang mit diesem Generalübernehmervertrag sollen unter Ausschluss des ordentlichen Rechtsweges durch ein Schiedsgericht nach der Schiedsordnung-Bau der ARGE Baurecht im Deutschen Anwaltverein in der jeweils geltenden Fassung entschieden werden.

Dem Schiedsgerichtsverfahren muss ein Schlichtungsverfahren nach der SOBau vorangehen.

Der Sitz des Schiedsgerichtes ist .

Der Generalübernehmer ist verpflichtet, eine entsprechende Schlichtungs- und Schiedsgerichtsvereinbarung mit seinen Subunternehmern abzuschließen.)

§ 18 Rechtswahl

Die Parteien vereinbaren für alle aus diesem Generalübernehmervertrag folgenden Ansprüche einschließlich möglicher deliktischer Ansprüche das deutsche Recht.

§ 19 Zustellungsbevollmächtigter

Als Zustellungsbevollmächtigter wird benannt:

für den Auftraggeber, Frau Rechtsanwältin

für den Generalübernehmer, Herr Rechtsanwalt .

Der Zustellungsbevollmächtigte ist zur Entgegennahme aller an die betreffende Vertragspartei zuzustellenden Schriftstücke, auch Klagen, mit Wirkung für und gegen diese Vertragspartei bevollmächtigt. Die Vertragsparteien dürfen die Vollmacht nur dann widerrufen, wenn sie zuvor einen neuen Zustellungsbevollmächtigten bestimmt und ihn der anderen Partei schriftlich durch Einschreiben mit Rückschein benannt haben. Solange dies nicht geschehen ist, sind die Zustellungen an den zuvor gezeichneten Bevollmächtigten wirksam.

§ 20 Sonstiges

20.1

Der Generalübernehmer ist nur berechtigt, Ansprüche aus diesem Vertrag mit schriftlicher Zustimmung des Auftraggebers an Dritte abzutreten. Der Auftraggeber muss nur zustimmen, wenn der Subunternehmer berechtigte Interessen für die Abtretung nachweist.

20.2

, den	, den
(Auftraggeber)	(Generalübernehmer)

▲

II. Anmerkungen

1. Vertragsgegenstand

243 Der Generalübernehmer übernimmt es gegenüber dem Bauherrn, die Bauleistungen komplett zu erbringen. Im Gegensatz zum Generalunternehmer führt der Generalübernehmer keine Bauleistungen selbst aus, sondern vergibt diese vollständig an Dritte, zumeist an einen Generalunternehmer. Die Funktion des Generalübernehmers besteht ausschließlich im Projektmanagement der Bauleistungen. Dieses Projektmanagement enthält Aufgaben sowohl von der Bauherrenseite, z.B. Abschluss der Bauverträge, als auch aus dem Bereich der Architekten und Ingenieure, soweit es z.B. um die Ausführungsplanung, Koordination und Überwachung der Bauleistung geht. Die Architekten- und Ingenieurleistungen sind ebenfalls im Generalübernehmervertrag enthalten, wenn auch nicht vollständig. Meist basieren diese auf einer Entwurfsplanung, die der Bauherr dem Generalübernehmer als Vertragsgrundlage zur Verfügung stellt. Ab diesem Stadium

erbringt der Generalübernehmer durch Einschaltung eines Generalplaners die dann noch erforderlichen kompletten Architekten- und Ingenieurleistungen. Der Generalübernehmervertrag ist ein Bauvertrag nach §§ 650a ff. BGB.

Der Generalübernehmer verpflichtet sich, das zu erstellende Objekt schlüsselfertig zu errichten. Der Begriff „schlüsselfertig" ist weder im Gesetz noch in der VOB/B definiert. Der mit der schlüsselfertigen Errichtung beauftragte Generalübernehmer schuldet ein funktionstaugliches Bauwerk. Die schlüsselfertig zu erbringende Leistung basiert meistens auf einer funktionalen Ausschreibung, sodass es ein Leistungsverzeichnis mit einzelnen Leistungen und Mengen von Seiten des Auftraggebers nicht gibt. Abgerundet wird dies vertraglich meist durch Komplettheitsklauseln. Entsprechend wird der Generalübernehmervertrag als Pauschalvertrag abgeschlossen. Dies bedeutet, dass der Generalübernehmer alle Leistungen zur schlüsselfertigen und funktionsfähigen Errichtung des Bauwerkes schuldet, die im Vertrag enthalten sind. Werden nach Vertragsabschluss Änderungen oder zusätzliche Leistungen vom Auftraggeber gefordert, sind diese auch beim Generalübernehmervertrag als Pauschalvertrag zusätzlich zu vergüten. 244

Die vom Generalübernehmer geschuldeten Architekten- und Ingenieurleistungen ergeben sich aus dem mit dem Auftraggeber geschlossenen Generalübernehmervertrag und nicht der aus Honorarordnung für Architekten und Ingenieure (HOAI). Der Generalübernehmer kann die von ihm zu erbringenden Architekten- und Ingenieurleistungen nicht nach der HOAI abrechnen. Die HOAI ist ein unverbindliches Preisrecht und gilt für Honorare für Ingenieur- und Architektenleistungen, § 1 HOAI.[34] Die Bestimmungen der HOAI, insbesondere die Beschreibung der wichtigsten Leistungsbilder (Anlagen 10 bis 15 zur HOAI), gehen ersichtlich nur von Auftragnehmern aus, die mit den dort beschriebenen Architekten- und Ingenieuraufgaben betraut sind. Daraus folgt, dass die HOAI auf solche Anbieter, die neben oder zusammen mit Bauleistungen auch Architekten- und Ingenieurleistungen zu erbringen haben, nicht anwendbar ist. Dies gilt insbesondere für Bauträger und andere Anbieter kompletter Bauleistungen, welche die dazu erforderlichen Ingenieur- und Architektenleistungen einschließen. Der Generalübernehmer ist somit unabhängig von der HOAI bei der Kalkulation der Kosten für die Erbringung der Architekten- und Ingenieurleistungen, die er in den Pauschalpreis einkalkulieren muss. Wenn der Generalübernehmer seinerseits separat Architekten- und Ingenieurleistungen in Auftrag gibt, kann er die HOAI zugrunde legen. 245

2. Vertragsbestandteile

Die auszuführende Leistung wird nach Art und Umfang durch den Generalübernehmervertrag und die diesem zugrunde liegenden Unterlagen und Bedingungen bestimmt. Beauftragt der Auftraggeber nach Vertragsabschluss zusätzliche Leistungen oder ordnet er Änderungen des Bauentwurfes an, so kommt es auch beim Pauschalpreisvertrag zu 246

34 Verordnung über die Honorare für Architekten- und Ingenieurleistungen (HOAI) v. 10.7.2013 (BGBl I, 2276) in der Fassung v. 2.12.2020, BGBl I, 2636 v. 7.12.2020.

Nachtragsforderungen. Aus diesem Grunde ist auch bei einem Generalübernehmervertrag, der die schlüsselfertige Errichtung eines Bauwerkes umfasst, auf die Vollständigkeit und Eindeutigkeit der Vertragsgrundlagen zu achten.

247 Der Generalübernehmervertrag wird meistens vor Abschluss zwischen den Parteien verhandelt. Es werden noch Details geregelt und oftmals ein Preisnachlass ausgehandelt. Über diese Verhandlung wird ein Protokoll geführt, welches Regelungen enthält, die oftmals individuell ausgehandelt werden und den Regelungen des bei der Verhandlung bereits vorliegenden Generalübernehmervertrages vorgehen.

a) Funktionale Baubeschreibung

248 Kernstück ist die funktionale Baubeschreibung. Bei Objekten, die durch Generalübernehmer errichtet werden, erfolgt die Ausschreibung grundsätzlich funktional. Die funktionale Leistungsbeschreibung ist eine andere Bezeichnung für eine Leistungsbeschreibung mit Leistungsprogramm, wie sie in § 7 Abs. 9–12 VOB/A beschrieben ist. Im Gegensatz zur Leistungsbeschreibung mit Leistungsverzeichnis wird bei der funktionalen Leistungsbeschreibung (§ 7 Abs. 13–15 VOB/A) auf Grundlage einer Vorentwurfsplanung ein Leistungsprogramm mit der Erläuterung der Bauaufgabe in Form von Funktionsbeschreibungen, Raumprogrammen, der Festlegung von Mindestqualitäten usw. ausgeschrieben.

b) Verbindliche Fristen

249 Fristen bezüglich der Herstellung der Bauleistung sind nur verbindlich, wenn es sich um verbindliche Fristen (Vertragsfristen) handelt, § 5 Abs. 1 VOB/B. Dies bedeutet, dass einseitig gesetzte Fristen grundsätzlich bedeutungslos sind. Gleiches gilt für den Bauzeitenplan. In einem Bauzeitenplan enthaltene Einzelfristen gelten nur dann als Vertragsfristen, wenn diese Fristen im Vertrag ausdrücklich vereinbart sind, § 5 Abs. 1 S. 2 VOB/B. Entsprechend sollte bereits im Zeitpunkt des Vertragsabschlusses ein Bauzeitenplan vorliegen, der dann ausdrücklich zum Vertragsinhalt wird.

c) Vereinbarung eines Zahlungsplans

250 Auch wenn nach § 16 Abs. 1 VOB/B der Generalübernehmer für nachgewiesene vertragsgemäße Leistungen ohne sonstige Vereinbarung Abschlagszahlungen verlangen kann, ist beim Generalübernehmervertrag mit einer Pauschalsumme die Vereinbarung eines Zahlungsplanes notwendig. Da der Generalübernehmer nur die vertragsgemäße Fertigstellung des Objektes zum vereinbarten Pauschalpreis schuldet, nicht aber den Nachweis der erbrachten Leistungen und Massen, hätte er Probleme, den Leistungsnachweis für Abschlagszahlungen zu erbringen. Bei Vereinbarung eines Zahlungsplanes wird für die Fälligkeit ein bestimmter Leistungsstand festgelegt.

d) Verwendung der anerkannten Regeln der Technik

Der Generalübernehmer hat die anerkannten Regeln der Technik einzuhalten, § 4 Abs. 2 S. 2 VOB/B. Bei den DIN-Normen bzw. Europäischen-Normen (EN) wird vermutet, dass sie den anerkannten Regeln der Technik entsprechen. Dies ist jedoch nicht zwingend. Unter die anerkannten Regeln der Technik fallen noch eine Vielzahl von Richtlinien und Ähnlichem. 251

e) Vereinbarung der VOB/B

Da die VOB/B eine Allgemeine Geschäftsbedingung ist und keine gesetzliche Verordnung, muss die VOB/B zwischen den Parteien ausdrücklich vereinbart werden. Dies geschieht am besten dadurch, dass im Vertrag auf die VOB/B Bezug genommen wird und diese als Vertragsgrundlage aufgenommen wird. Wenn die VOB/B wirksam vereinbart ist, gilt automatisch die VOB/C, § 1 Abs. 1 S. 2 VOB/B. Da es sich bei Generalübernehmern ausschließlich um im Bau bewanderte Gesellschaften oder um Kaufleute handelt, bedarf es nicht der Aushändigung der VOB/B bzw. der VOB/C. Da die VOB/B Allgemeine Geschäftsbedingung für die Ausführung von Bauleistungen ist, eignet sie sich nicht für die vom Generalübernehmer auch zu erbringenden Architekten- und Ingenieurleistungen. Diese Leistungen unterliegen dem Bürgerlichen Gesetzbuch, insbesondere dem Bauvertragsrecht, §§ 650a ff. BGB. 252

f) Rangfolge der Vertragsbestandteile

Die Festlegung der Rangfolge der Vertragsbestandteile vermeidet bei Widersprüchen Auslegungsschwierigkeiten. Probleme gibt es immer dann, wenn es einen Widerspruch zwischen den in der Baubeschreibung enthaltenen Leistungen und denen in den Plänen gibt. Bei Unklarheiten über nicht von vornherein in Übereinstimmung zu bringende Vertragserklärungen hat sich die Auslegung des Vertrages zunächst an demjenigen Teil zu orientieren, der die Leistung konkret beschreibt. Dabei kommt dem Wortlaut der Leistungsbeschreibung gegenüber etwaigen Plänen jedenfalls dann eine große Bedeutung zu, wenn damit die Leistung im Einzelnen genau beschrieben wird, während die Pläne sich nicht im Detail an dem angebotenen Bauvorhaben orientieren. Die VOB gibt hier keine Lösung, da sie nur von der Leistungsbeschreibung spricht, § 1 Abs. 2 VOB/B. Da die Leistungsbeschreibung die Baubeschreibung, das Leistungsverzeichnis, die Vorbemerkungen, die Pläne und Berechnungen umfasst, sind alle diese Vertragsbestandteile auf einer gleichen Stufe. Um Überraschungen zu vermeiden, ist eine Rangfolgeklausel erforderlich. 253

g) Prüfpflicht

Die Prüfpflicht bezüglich der Unterlagen ergibt sich aus § 3 Abs. 3 VOB/B bzw. § 4 Abs. 3 VOB/B. Wenn der Generalübernehmer Mängel und Widersprüche an den Vertragsunterlagen hätte erkennen können und diese nicht gegenüber dem Auftraggeber schriftlich anmeldet, haftet er diesem gegenüber, § 13 Abs. 3 VOB/B. Diese Prüfpflicht gilt auch für den vorhandenen Baugrund des Baugrundstückes. 254

3. Vertretung des Auftraggebers und des Generalübernehmers

255 Die Regelung der rechtsgeschäftlichen Vertretungsbefugnis schafft Klarheit und vermeidet Streitigkeiten. Der Projektsteuerer hat aufgrund seines Vertrages mit dem Auftraggeber genauso wenig Vollmacht wie der Architekt aus dem Architektenvertrag. Beide sind nur mit einer entsprechenden Vollmacht berechtigt, rechtswirksam für den Auftraggeber Vertragsänderungen oder Vertragserweiterungen abzuschließen. Der Projektsteuerer übernimmt Bauherrenaufgaben, insbesondere Beratungs-, Koordinations-, Informations- und Kontrollleistungen. Eine gesetzliche Definition des Projektsteuerers gibt es nicht. Die Regelung des § 31 HOAI 1996 über die Projektsteuerung war aufgrund fehlender Ermächtigungsgrundlage nichtig. Die HOAI 2013 enthält keine Vorschrift, die den Projektsteuerer erwähnt. Die Regelungen des Projektsteuerungsvertrages folgen, je nach inhaltlicher Gestaltung, entweder aus den Vorschriften des Dienstvertrages (§§ 611 ff. BGB) oder aus den Regeln des Werkvertrages (§§ 631 ff. BGB).

256 Der Generalplaner hat die Aufgabe, alle notwendigen Architekten- und Ingenieurleistungen zu erbringen, wobei er in den Bereichen, in denen er nicht tätig ist, Subplaner beauftragt. Der Generalplaner hat ebenso wenig wie der Architekt ohne eine besondere rechtsgeschäftliche Erteilung Vollmacht zur Vertretung des Generalübernehmers. Durch die Klarstellung im Vertrag wird dies dem Auftraggeber deutlich gemacht. Dies ist insbesondere im Zusammenhang mit Nachträgen wegen geänderter Leistung nach § 1 Abs. 3 VOB/B bzw. wegen zusätzlicher Leistungen nach § 1 Abs. 4 VOB/B von Bedeutung.

4. Leistungsumfang des Generalübernehmers

a) Funktionstauglichkeit des Bauwerks

257 Ein typisches Merkmal des Generalübernehmervertrages ist die schlüsselfertige Erstellung des Bauwerkes. Geschuldet wird somit ein funktionstaugliches Bauwerk. Die vom Generalübernehmer zu erbringende Leistung wird oftmals funktional ausgeschrieben. Eine funktionale Ausschreibung (Leistungsbeschreibung mit Leistungsprogramm, § 7 Abs. 10–12 VOB/A) erfolgt auf Grundlage einer Vorentwurfsplanung, dem Rahmenentwurf eines Leistungsprogramms mit der Erläuterung der Bauaufgabe in Form von Funktionsbeschreibungen, Raumprogrammen und der Festlegung von Mindestqualitäten usw. Die Ausschreibung reicht von einer globalen Leistungsbeschreibung (z.B. Kaufhaus nach noch zu erstellender Entwurfsplanung durch den Stararchitekten P.) bis zu einer Funktionalbeschreibung mit detailliertem Leistungsverzeichnis. Alle funktionalen Leistungsbeschreibungen haben die Gemeinsamkeit, dass die Massenangaben fehlen. Der Generalübernehmer übernimmt bei einer funktionalen Leistungsbeschreibung das Mengenermittlungsrisiko.

b) Planung/Ausführungsplanung

Die weitergehende Planung, insbesondere die Ausführungsplanung wird vom Generalübernehmer übernommen. Dazu gehören neben der Architektenleistung auch die Leistungen der Tragwerksplaner und der entsprechenden Fachingenieure. 258

c) Überwachung der Bauausführungen

Einzelne Landesbauordnungen sehen die Stellung eines verantwortlichen Bauleiters vor. 259 Hierunter wird ein fachkundiger Vertreter des Bauherrn gegenüber der Bauaufsichtsbehörde verstanden. Zu dessen wesentlichen Aufgaben gehören die Überwachung der Bauausführung nach den genehmigten Bauvorlagen, die Einhaltung der Arbeitsschutzbestimmungen und die Bestellung von Fachbauleitern, soweit erforderlich.

d) Gewährung der Sicherheit

Die Baustellenverordnung (BaustellV) dient der Sicherheit und dem Gesundheitsschutz 260 auf Baustellen. Durch die Baustellenverordnung sollen Arbeitsunfälle auf Baustellen verhindert werden. Für Baustellen ab einer bestimmten Größenordnung, bei denen die voraussichtliche Dauer der Arbeiten mehr als 30 Arbeitstage überschreitet und mehr als 20 Beschäftigte sich gleichzeitig auf der Baustelle befinden oder der Umfang der Arbeiten voraussichtlich 500 Personentage überschreitet, ist ein Sicherheits- und Gesundheitsplan zu erstellen und in diesem Zusammenhang ein Sicherheits- und Gesundheitskoordinator zu beauftragen, § 2 BaustellV. Die Erbringung der notwendigen Leistungen im Zusammenhang mit der Baustellenverordnung sowie die Beauftragung eines Sicherheits- und Gesundheitskoordinators obliegen dem Bauherrn, § 4 BaustellV. Dieser kann die Aufgabe einem Dritten übertragen, der die erforderliche Eignung hat. Bei diesem Dritten handelt es sich zumeist um Architekten oder Bauingenieure, die eine entsprechende zusätzliche Ausbildung zum Sicherheits- und Gesundheitsschutzkoordinator absolviert haben.

e) Verkehrssicherungspflicht

Die Verkehrssicherungspflicht beinhaltet die Verpflichtung, der Allgemeinheit zugängli- 261 che Orte ausreichend abzusichern, um eine Gefährdung Dritter auszuschließen. Die Verkehrssicherungspflicht des Auftraggebers kann auf den Generalübernehmer übertragen werden. Hierzu ist eine klare Absprache erforderlich. Im Übrigen obliegt diese Verkehrssicherungspflicht dem Generalübernehmer nach § 4 Abs. 2 Nr. 1 VOB/B für seine Arbeiten, soweit sein Aufgabenbereich betroffen ist.

f) Abnahme

Geschuldet werden hier nicht nur die Abnahme der entsprechenden Bauleistungen des 262 Generalübernehmers gegenüber seinen Subunternehmern, sondern auch die öffentlich-rechtlichen Abnahmen. Bei der öffentlich-rechtlichen Abnahme überprüft die Bauaufsichtsbehörde die Übereinstimmung des erstellten Bauwerkes mit den öffentlich-rechtlichen Vorschriften. Die Landesbauordnungen kennen eine Rohbau- und Schlussabnahme.

Hierbei handelt es sich einzig und allein um Maßnahmen des öffentlichen Baurechts. Weiterhin kommen hier Abnahmen durch den Prüfstatiker und die Brandschutzbehörde in Betracht.

g) Beauftragung eines Subunternehmers für die Bauleistung

263 Bei einem Generalübernehmervertrag ist dem Auftraggeber bekannt, dass der Generalübernehmer selbst keine eigenen Bauleistungen durchführt, sondern diese entweder an einen Generalunternehmer oder an einzelne Bauhandwerker vergibt. Dem Grunde nach ist somit hier eine Zustimmung nach § 4 Abs. 8 VOB/B entbehrlich. Der Auftraggeber hat ein berechtigtes Interesse daran zu wissen, wer als Subunternehmer tätig ist. Wenn der vorgesehene Subunternehmer nachgewiesenermaßen als unzuverlässig bekannt ist, ist dem Auftraggeber ein Recht eingeräumt, der Auftragserteilung dieses Subunternehmers zu widersprechen.

5. Ausführung der Leistung

264 Für den Auftraggeber ist es von Bedeutung, einen verantwortlichen Ansprechpartner zu haben. Darüber hinaus ist es auch Teil der Übertragung der Verkehrssicherungspflicht, dass eine technische Aufsicht durch einen Bauleiter oder Polier während der Arbeitszeit sichergestellt ist.

265 Bezüglich der Umgebung des Baugrundstückes, bezogen auf die baulichen Anlagen, Straßen, Kanäle u.Ä., besteht die Möglichkeit einer Beweissicherung zwischen Auftraggeber und Generalübernehmer nach § 3 Abs. 4 VOB/B. Hierbei sind die Eigentümer der Nachbargrundstücke mit einzubeziehen, damit nach Abschluss des Bauvorhabens festgestellt werden kann, ob es sich bei Schäden an den umliegenden baulichen Anlagen um Altschäden handelt oder um Schäden, die durch die Bauausführung entstanden sein können.

266 Im Rahmen der Baudurchführung ist es von Bedeutung, Abläufe, Veränderungen, Behinderungen oder andere Einflüsse zu dokumentieren. Dies gilt insbesondere für geänderte Ausführungen und zusätzliche Leistungen, die grundsätzlich Kosten auslösen können. Bei einem Bautagesbericht handelt es sich primär um eine tägliche Dokumentation der geleisteten Arbeit und Vorgänge auf der Baustelle. Die Bautagesberichte sind für die Durchsetzung oder Abwehr von Nachträgen hilfreich und bieten eine Unterstützung bei der Durchsetzung von Mängelansprüchen. Wichtig ist bei diesen Berichten, dass möglichst detailliert die einzelnen baurelevanten Umstände aufgeführt sind. Damit es nicht zu Streitigkeiten zwischen den Parteien bezüglich des Inhaltes der Berichte kommt, ist eine gemeinsame Unterschrift der Verantwortlichen der Parteien hierauf hilfreich.

267 Bezüglich der Baubesprechungen ist eine Regelmäßigkeit von Vorteil. Bei diesen Baubesprechungen sollen die Verantwortlichen zugegen sein und über ausreichende deutsche Sprachkenntnisse verfügen. Über die Baubesprechung ist ein Protokoll zu fertigen und an die Parteien zu verteilen.

Der Auftraggeber hat das Recht, die Ausführung der Bauleitungen zu überwachen, § 4 Abs. 1 Nr. 2 VOB/B. Entsprechend ist er berechtigt, einen eigenen Bauleiter einzusetzen. Klargestellt wird, dass der Oberbauleiter keine rechtsgeschäftliche Vollmacht hat und somit Nachträge nicht wirksam zulasten des Auftraggebers anordnen kann. 268

6. Vergütung

a) Pauschalpreis

Beim Generalübernehmervertrag wird üblicherweise ein Pauschalpreis vereinbart. Die Vergütung bleibt beim Pauschalpreis für die im Zeitpunkt des Vertragsabschlusses geschuldete Leistung unverändert, § 2 Abs. 7 Nr. 1 VOB/B. Werden nach Vertragsabschluss geänderte Leistungen nach § 1 Abs. 3 VOB/B oder zusätzliche Leistungen nach § 1 Abs. 4 VOB/B vom Auftraggeber angeordnet, ändert sich der Pauschalpreis unter Berücksichtigung der Mehr- und Minderkosten, § 2 Abs. 7 Nr. 2 VOB/B. Zwar können die Parteien vereinbaren, dass der Generalübernehmer auch solche Mehrleistungen ohne Anspruch auf Mehrvergütung zu erbringen hat, die dadurch entstehen, dass der Auftraggeber nach Vertragsschluss die dem Generalübernehmervertrag zugrunde liegende Planung ändert. Wegen der damit übernommenen Risiken sind dann an die Annahme einer solchen Vereinbarung strenge Anforderungen zu stellen. Eine dahin gehende Vereinbarung stellt im Übrigen einen Eingriff in die VOB/B dar mit der Konsequenz, dass die einzelnen Paragrafen der VOB/B der Inhaltskontrolle der §§ 307 ff. BGB unterliegen. 269

Bei unverändertem Vertragsinhalt ist der Pauschalpreis bis zur Erfüllung des Vertrages bindend und kann auch bei Lohn- oder Preissteigerungen bei Baumaterialien nicht geändert werden. Sollten Kostenerhöhungen auf den Pauschalpreis einen Einfluss haben, muss eine entsprechende Preisgleitklausel vereinbart werden. Die Lohn- und Stoffpreisgleitklauseln müssen ausdrücklich und eindeutig vereinbart sein und unterliegen als vorformulierte Vertragsbedingungen der Inhaltskontrolle der §§ 307 ff. BGB. 270

b) Kalkulation

Die Kalkulation, die dem Pauschalpreis zugrunde liegt, wird Vertrags- oder Urkalkulation genannt. Um beurteilen zu können, ob Nachträge wegen geänderter oder zusätzlicher Leistungen nach den Grundlagen der Preisermittlung für die vertraglichen Leistungen erstellt sind, benötigt der Auftraggeber die Urkalkulation. Die VOB/B bestimmt in § 2 Abs. 6 VOB/B, dass eine zusätzliche Vergütung auf den Grundlagen der Vertragspreise zu berechnen ist. Mit der Vertrags- bzw. Urkalkulation kann der Auftraggeber überprüfen, ob diese Vorgaben vom Generalübernehmer eingehalten sind. Da der Generalübernehmer seine Kalkulation grundsätzlich nicht offenlegen will, wird vereinbart, dass die Urkalkulation in einem verschlossenen Umschlag beim Auftraggeber hinterlegt und nur im Beisein beider Vertragsparteien geöffnet wird. 271

c) Abschlagszahlungen

272 Nach § 16 Abs. 1 VOB/B steht dem Generalübernehmer ein Anspruch auf Abschlagszahlungen für nachgewiesene vertragsgemäße Leistungen zu. Da der Generalübernehmer beim Pauschalvertrag die einzelnen Leistungen nicht detailliert unter Beifügung von Aufmaßen nachweisen kann oder will, ist es insbesondere beim Pauschalpreisvertrag notwendig, einen entsprechenden Zahlungsplan zu vereinbaren. Dieser Zahlungsplan ist so aufzustellen, dass ein festgesetzter Prozentsatz der Vergütung nach Erreichen eines bestimmten Bautenstandes abgerechnet werden kann. Die Zahlungsfrist von 21 Tagen folgt aus § 16 Abs. 1 Nr. 3 VOB/B.

d) Schlichtung

273 Unter Berücksichtigung des Umstandes, dass der Bauvertrag als Kooperationsvertrag zu werten ist, sollen Differenzen über Nachträge und die damit verbundene Zusatzvergütung durch einen unabhängigen Sachverständigen geschlichtet werden. Erst beim Scheitern der Schlichtung kann das entsprechend vereinbarte Gericht oder Schiedsgericht tätig werden. Eine vor Durchführung eines Schlichtungsverfahrens erhobene Klage ist nach Einwand des Beklagten unzulässig.[35]

e) Vergütung von Stunden

274 Stundenlohnarbeiten sind nur zu vergüten, wenn sie als solche vor ihrem Beginn ausdrücklich vereinbart worden sind, § 2 Abs. 10 VOB/B. Grundsätzlich sind nur der Auftraggeber oder seine rechtsgeschäftlich Bevollmächtigten zur Vereinbarung von Stundenlohnarbeiten berechtigt. Der Bauleiter des Auftraggebers selbst bestätigt mit seiner Unterschrift auf den Stundenlohnzetteln des Generalübernehmers bzw. des für ihn tätigen Subunternehmers nur, dass die dort aufgeführten Arbeiten ausgeführt worden sind und die aufgeführte Stundenzahl zutrifft. Durch die Unterschrift wird nicht bestätigt, dass eine Abrechnung dieser Leistungen im Stundenlohn vereinbart ist. Die Einzelheiten der Abrechnung von Stundenlohnarbeiten regelt § 15 VOB/B.

7. Ausführungsfristen

275 Verbindliche Fristen sind nur zwischen den Vertragsparteien ausdrücklich vereinbarte Fristen, sog. Vertragsfristen, § 5 Abs. 1 VOB/B. Die wichtigsten Fristen in Bezug auf die Bauleistung sollten im Vertrag aufgenommen werden. Die in einem Bauzeitenplan enthaltenen Einzelfristen gelten nur dann als Vertragsfristen, wenn dies ausdrücklich im Generalübernehmervertrag vereinbart ist, § 5 Abs. 1 S. 2 VOB/B. Entsprechend muss eine ausdrückliche Bezugnahme auf den Bauzeitenplan erfolgen.

276 Eine Fristverlängerung erhält der Generalübernehmer nur dann, wenn eine Behinderung aus dem Risikobereich des Auftraggebers vorliegt und der Generalübernehmer gegenüber dem Auftraggeber schriftlich und substantiiert die Behinderung angezeigt hat. Damit soll dem Auftraggeber geholfen werden, auftretende Behinderungen so schnell

35 BGH v. 18.11.1998 – VIII ZR 344/97 – BauR 1999, 515; NJW 1999, 647.

wie möglich beseitigen zu lassen. Die Fristverlängerung berechnet sich nach § 6 Abs. 4 VOB/B.

8. Vertragsstrafe, Verzugsschaden

Eine Vertragsstrafe muss nach § 11 Abs. 1 VOB/B im Generalübernehmervertrag vereinbart werden. Die Vereinbarung einer Vertragsstrafe dient dazu, den Generalübernehmer zur rechtzeitigen Fertigstellung seiner vertraglich geschuldeten Leistung zu bewegen. Die Vertragsstrafe wird fällig, wenn der Generalübernehmer seine Leistungen innerhalb der vereinbarten Fristen schuldhaft nicht erfüllt hat. Der Nachweis eines Schadens ist nicht erforderlich. Die Vertragsstrafe ist auch dann zu zahlen, wenn kein Schaden eingetreten ist, § 11 Abs. 1 VOB/B, § 339 BGB. Eine verwirkte Vertragsstrafe ist aber auf den Schaden anzurechnen. **277**

Für eine wirksame Vereinbarung einer Vertragsstrafe ist es in Allgemeinen Geschäftsbedingungen unter Berücksichtigung der §§ 307 ff. BGB notwendig, dass die Höhe der Vertragsstrafe angemessen ist. Die Vertragsstrafe muss pro Einheit (hier Werktage) bemessen und der Höhe nach angemessen sein. Fehlt eines dieser Erfordernisse oder ist die Vertragsstrafe unangemessen hoch, ist die Vertragsstrafeklausel insgesamt unwirksam. Pro Werktag ist eine Vertragsstrafe in einer Höhe bis zu 0,3 % der Abrechnungssumme angemessen. Die Höchstgrenze der Vertragsstrafe darf insgesamt 5 % der Abrechnungssumme nicht übersteigen.[36] Die Vertragsstrafe muss bei der Abnahme vorbehalten bleiben, § 11 Abs. 4 VOB/B. Eine vertragliche Regelung, dass die Vertragsstrafe auch ohne Vorbehalte von der Schlussrechnung abgezogen werden kann, ist zwar in Allgemeinen Geschäftsbedingungen wirksam, stellt aber einen Eingriff in die VOB/B mit allen daraus folgenden Konsequenzen dar. **278**

Der Generalübernehmer muss darauf achten, dass die von ihm gegenüber seinem Auftraggeber geschuldete Vertragsstrafe wesentlich höher sein kann als die Vertragsstrafe, die er mit den einzelnen Subunternehmern vereinbaren kann. Aus diesem Grunde muss daran gedacht werden, dass gegenüber dem Subunternehmer ein dahingehender Hinweis erfolgt, damit der übersteigende Schaden aufgrund der Vertragsstrafe gegenüber dem Subunternehmer als Verzugsschaden wirksam durchgesetzt werden kann. **279**

9. Abnahme

Die förmliche Abnahme nach § 12 Abs. 4 VOB/B hat für beide Vertragsparteien den Vorteil, dass aufgrund des schriftlichen Abnahmeprotokolls Klarheit über die Feststellungen und getroffenen Absprachen bei der Abnahme gegeben ist. Die förmliche Abnahme hat nach § 12 Abs. 4 VOB/B auf Verlangen einer Vertragspartei stattzufinden, wobei die Vereinbarung über die förmliche Abnahme bereits im Bauvertrag erfolgen kann. Die fiktive Abnahme ist in § 12 Abs. 5 VOB geregelt und tritt ohne Durchführung einer Abnahme nur durch Zeitablauf ein. Danach wird eine Abnahme fingiert, wenn der **280**

36 BGH v. 23.1.2003 – VII ZR 210/01 – IBR 2003, 291; OLG Koblenz v. 24.6.2021 – 2 U 391/19 – IBR 2022, 617.

Auftraggeber nach zwölf Werktagen ab Zugang der schriftlichen Fertigstellungsmitteilung keine Abnahme durchgeführt hat. Die Zusendung einer Schlussrechnung steht einer Fertigstellungsmitteilung gleich. Weiterhin tritt eine fiktive Abnahme ein, wenn keine Abnahme verlangt wird und der Auftraggeber die Leistung in Benutzung genommen hat, § 12 Abs. 5 Nr. 2 VOB/B. Die Frist beträgt hier sechs Werktage. Ein Ausschluss der fiktiven Abnahme ist zwar AGB-rechtlich ohne weiteres möglich, stellt aber einen Eingriff in die VOB/B mit der entsprechenden nachteiligen Folge dar. Entsprechend wird ein Ausschluss der fiktiven Abnahme im Vertragsmuster vermieden.

281 Zugleich mit der Abnahme der Bauleistung ist auch vorgesehen, die Architekten- und Ingenieurleistung abzunehmen. Die Abnahme richtet sich hier nach § 640 BGB, wobei hier ohne Weiteres eine förmliche Abnahme vereinbart werden kann. Nach dem BGB ist eine fiktive Abnahme nur in der Weise möglich, in dem der Generalübernehmer dem Auftraggeber eine angemessene Frist zur Abnahme setzt und der Auftraggeber innerhalb der gesetzten Frist die Abnahme nicht durchführt, § 640 Abs. 1 S. 3 BGB. Die Abnahme der Bauleistungen sowie der Architekten- und Ingenieurleistungen kann nur erfolgen, wenn kein wesentlicher Mangel vorliegt. Ein wesentlicher Mangel setzt voraus, dass die Funktionsfähigkeit des Bauwerkes erheblich beeinträchtigt ist. Da das Bauwerk voll funktionsfähig sein muss, gehört dazu auch, dass Bedienungsanleitungen und andere Unterlagen, die z.B. für den Betrieb von technischen Anlagen des Gebäudes oder für die Heizung notwendig sein, übergeben werden. Nicht zulässig ist es in Allgemeinen Geschäftsbedingungen, die Abnahme von der Vorlage aller Unterlagen abhängig zu machen. Es ist daher im Einzelfall festzulegen, welche Unterlagen im Einzelnen zur Abnahme vorliegen müssen. Hierbei kann es sich z.B. um den Schlussabnahmeschein der Bauordnungsbehörde, soweit dieser bereits vorliegt, Bestands- und Revisionspläne, Bedienungs- und Pflegeanleitungen sowie Nachweise über bestimmte Eigenschaften von Baumaterialien und Baustoffen handeln. Eine Klausel, welche die Vorlage der Unterlagen zur Abnahmevoraussetzung macht, kann den Generalübernehmer jedoch unangemessen benachteiligen, wenn die Vorlage der Unterlagen von Dritten abhängt und seine Möglichkeiten, die Abnahmevoraussetzungen herbeizuführen, allenfalls eingeschränkt gegeben sind. Die Abnahme könnte dann langfristig verzögert werden, sodass das Muster unter Rdn 242 keine Unterlagen erhält, auf die der Generalübernehmer keinen Einfluss hat.

282 Die Verpflichtung zur Mängelbeseitigung folgt aus § 13 Abs. 5 VOB/B. Bei der Abnahme kann gleich eine angemessene Frist zur Mängelbeseitigung vereinbart werden, nach deren Ablauf dem Generalübernehmer kein Recht zur Nachbesserung mehr zusteht, die Nachbesserung durch eigene Leute oder seine Subunternehmer zu durchzuführen. Mit Ablauf der Frist ist ohne Ablehnungsandrohung der Auftraggeber berechtigt, einen Dritten auf Kosten des Generalübernehmers mit der Mängelbeseitigung zu beauftragen. Dem Auftraggeber steht weiter ein Nacherfüllungsanspruch zu, wenn er darauf besteht.

283 Bei Gewerbeobjekten kommt es häufig vor, dass Mieter vor Fertigstellung des Objektes und somit vor Durchführung einer Abnahme Einrichtungsgegenstände einbauen wollen.

Hier ist darauf zu achten, dass dem Generalübernehmer nicht das Recht genommen wird, den Zustand vor Durchführung dieser Arbeiten durch Dritte feststellen zu lassen, damit die Tätigkeit der Mieter nicht zulasten des Generalübernehmers geht. Hier besteht sein Recht darin, eine sog. technische Teilabnahme nach § 4 Abs. 10 VOB/B zu vereinbaren. Dieses ist rechtlich gesehen keine Abnahme, führt jedoch dazu, dass eine Beweislastumkehr zulasten des Auftraggebers eintritt. Eine Teilabnahme nach § 12 Abs. 2 VOB/B ist nur für in sich abgeschlossene Teile der Leistung zulässig. Diese Voraussetzung liegt vor, wenn die Leistungsteile selbstständig und von anderen Teilleistungen aus demselben Bauvertrag unabhängig bestehen können und für sich allein gebrauchsfähig sind. Diese Voraussetzung ist nur in Ausnahmefällen gegeben.

10. Rechnungen und Zahlungen

Nach § 16 Abs. 1 Nr. 1 VOB/B sind Abschlagszahlungen nach Rechnungsstellung für **284**
nachgewiesene und vertragsgemäße Leistungen zu zahlen. Um der Vereinbarung einer Pauschalsumme Rechnung zu tragen, die einzelne Nachweise der erbrachten Leistungen wie z.B. Aufmaß nicht erfordert, wird auf den vereinbarten Zahlungsplan Bezug genommen. Nicht entbunden ist der Generalübernehmer jedoch von der generellen Nachweispflicht über den Leistungsstand. Die Fälligkeitsfrist folgt aus § 16 Abs. 1 Nr. 1 VOB/B.

Die Prüfbarkeit aus § 14 VOB/B ist beim Generalübernehmervertrag als Pauschalpreis- **285**
vertrag eingeschränkt. Aufgrund der Pauschalsumme ist eine Überprüfung der erbrachten Mengen nicht erforderlich, sondern nur eine Überprüfung der erbrachten Leistung. Also müssen Leistungsstand und Vertragsgemäßheit nachgewiesen werden.

Die Frist zur Erstellung der Schlussrechnung beträgt gem. § 14 Abs. 3 VOB/B mindes- **286**
tens zwölf Werktage nach Fertigstellung. Bei größeren Bauvorhaben ist eine entsprechende Fristverlängerung vorgesehen. Erstellt der Generalübernehmer keine prüfbare Schlussrechnung und setzt der Auftraggeber ihm eine Frist, kann der Auftraggeber selbst nach Fristablauf eine Schlussrechnung auf Kosten des Generalübernehmers erstellen, § 14 Abs. 4 VOB/B. Grundsätzlich ist die Schlussrechnung an den Auftraggeber und nicht an seinen Architekten bzw. Generalplaner zu richten.

Skonto ist ein Preisnachlass unter der Bedingung, dass innerhalb der vereinbarten Skon- **287**
tofrist die Rechnung bezahlt wird. Skonto kann vom Rechnungsbetrag nur abgezogen werden, wenn die Vertragsparteien eine entsprechende Vereinbarung getroffen haben, § 16 Abs. 5 Nr. 2 VOB/B. Der Abzug von Skonto ist zulässig, wenn die Zahlung innerhalb einer vereinbarten Frist geleistet wird. Die Skontofähigkeit ist für jede Zahlung gesondert zu beurteilen. Zu unterscheiden vom Skonto ist der Nachlass. Der Nachlass wird bei Vertragsabschluss auf die Angebotssumme gewährt und bedeutet eine Reduzierung der Vertragssumme.

Die Prüffrist bezüglich der Schlussrechnung beträgt bis zu 30 Tagen nach Rechnungszu- **288**
gang, § 16 Abs. 3 Nr. 1 VOB/B. Werden Einwendungen gegen die Prüfbarkeit unter Angabe der Gründe hierfür nicht spätestens innerhalb von zwei Monaten erhoben, kann

der Auftraggeber sich nicht mehr auf die fehlende Prüffähigkeit berufen, § 16 Abs. 3 Nr. 1 S. 2 VOB/B. Dies gilt auch beim BGB-Werkvertrag. Das Recht, die Richtigkeit der Abrechnung zu beanstanden, bleibt auch nach Ablauf dieser Frist bestehen.

11. Freistellung nach § 48b EStG

289 Nach dem Gesetz über die Eindämmung illegaler Beschäftigung im Baugewerbe, auch als Bauabzugssteuer bezeichnet, ist jeder Auftraggeber von Bauleistungen verpflichtet, 15 % der geschuldeten Werklohnforderung direkt an das Finanzamt abzuführen. Diese Regelung greift nicht bei privaten Gebäuden, einer sog. Bagatellgrenze von 15.000 EUR pro Jahr oder wenn der Unternehmer die Fertigstellungsbescheinigung eines deutschen Finanzamtes vorlegt. Der abgeführte Betrag wird mit den vom Generalübernehmer geschuldeten Steuern verrechnet.

290 Da der Auftraggeber zur Abführung der Bauabzugssteuer verpflichtet ist, darf er das Geld bei Nichterhalt einer Freistellungsbescheinigung abziehen und direkt an das Finanzamt abführen. Die Zahlung der Bauabzugssteuer durch den Auftraggeber an das Finanzamt hat im Verhältnis zum Generalübernehmer Erfüllungswirkung i.S.v. § 362 BGB.

12. Gewährleistung und Mängelbeseitigung

291 Die Gewährleistungsfrist für Bauwerke beträgt vier Jahre, wenn keine andere Verjährungsfrist im Vertrag vereinbart ist. Entsprechend kann eine längere Verjährungsfrist als diejenige des § 13 Abs. 4 Nr. 1 VOB/B auf fünf Jahre vereinbart werden.

292 Für maschinelle und elektrotechnische/elektronische Anlagen, bei denen die Wartung Einfluss auf die Sicherheit und Funktionsfähigkeit hat, beträgt für diese Anlage die Verjährungsfrist zwei Jahre. Dies gilt dann nicht, wenn der Auftraggeber sich dafür entschieden hat, dem Generalübernehmer die Wartung für die Dauer der Verjährungsfrist zu übertragen, § 13 Abs. 4 Nr. 2 VOB/B.

293 Soweit Mängel vor der Abnahme auftreten, folgt die Mängelbeseitigungspflicht des Generalübernehmers aus § 4 Abs. 7 VOB/B. Hier ist darauf zu achten, dass nach Ablauf einer angemessenen Frist zur Mängelbeseitigung der Auftraggeber erst dann einen Drittunternehmer mit der Mängelbeseitigung beauftragen darf, wenn er den Vertrag nach § 8 Abs. 3 VOB/B gekündigt hat.

294 Die Mängelrechte und die Ansprüche wegen Mängeln bei Architekten- und Ingenieurleistungen folgen aus §§ 634 ff. BGB. Da hier nach § 634a Abs. 1 Nr. 2 BGB die Verjährungsfrist fünf Jahre ab Abnahme beträgt, ist es notwendig, diese Frist auch für die Bauleistungen zu vereinbaren, um einen Gleichlauf zu gewährleisten.

13. Sicherheitsleistung

295 Nach § 17 Abs. 1 VOB/B kann eine Vertragserfüllungssicherheit zur Absicherung der vertragsgemäßen Ausführung der Leistung vereinbart werden. Die übliche Höhe einer vereinbarten Vertragserfüllungssicherheit beläuft sich auf 10 % der Auftragssumme.

Damit der Auftraggeber vom Generalübernehmer die Vertragserfüllungssicherheit auch erhält, wird der Vertrag unter eine auflösende Bedingung nach § 158 BGB gesetzt.

Ebenso wie für die Vertragserfüllung kann für die Gewährleistungszeit eine Sicherheit vereinbart werden. Hier ist der Betrag von 5 % der Abrechnungssumme üblich, wobei der öffentliche Auftraggeber nach § 9 Abs. 8 S. 2 VOB/A keine Sicherheit für Mängelansprüche über 3 % der Abrechnungssumme verlangen sollte. Da § 17 Abs. 8 Nr. 2 VOB/B vorsieht, dass die Gewährleistungssicherheit nach Ablauf von zwei Jahren zurückzugeben ist, wenn die Parteien im Vertrag nichts anderes vereinbaren, ist hier ausgeführt, dass die Sicherheitsleistung für die Zeit der Gewährleistung einbehalten werden darf. 296

14. Versicherungen

Als betriebliche Haftpflichtversicherung ist hier eine Objektversicherung vorgesehen. 297
Die Objektversicherung hat den Vorteil, dass die Deckungssumme für das entsprechende Bauvorhaben entsprechend der vertraglichen Vereinbarung vollständig zur Verfügung steht und nicht durch Schadensfälle des Generalübernehmers auf anderen Baustellen bereits reduziert ist. Zu achten ist jedoch hier darauf, dass die Nachhaftungszeit ausreichend ist. Die üblicherweise angebotene fünfjährige Nachhaftung ab Abnahme kann zu kurz sein, insbesondere wenn es durch Mängelbeseitigungsarbeiten oder Ähnliches zur Verlängerung der Gewährleistungsfrist kommt.

Die Bauleistungsversicherung (früher: Bauwesenversicherung) schützt den Auftraggeber 298
davor, dass das Bauwerk vor der Abnahme durch höhere Gewalt oder andere unabwendbare, vom Generalübernehmer nicht zu vertretende Umstände beschädigt oder zerstört wird und der Auftraggeber eine Bezahlung der Bauleistung wegen § 7 Abs. 1 VOB/B leisten muss. Insoweit ist hier der Gefahrübergang gegenüber § 644 BGB vorverlegt. Die für die zerstörte Bauleistung zu zahlende Vergütung wird dem Auftraggeber durch die Bauleistungsversicherung ersetzt. Die Bauleistungsversicherung schützt den Auftraggeber gegen alle Schäden gegen unvorhergesehen eingetretene Ereignisse sowie durch Diebstahl eingebauter Bauteile und Materialien. Die Kosten der Bauleistungsversicherung können pauschal auf den Generalübernehmer umgelegt werden.

15. Kündigung

Neben den Kündigungsgründen aus §§ 8, 9 VOB/B sind hier noch Gründe genannt, die 299
eine Kündigung aus wichtigem Grund rechtfertigen. Der Auftraggeber hat danach ein Recht zur Kündigung mit sofortiger Wirkung, wenn es ihm nicht mehr zumutbar ist, den Vertrag unter Berücksichtigung der Umstände des Einzelfalles fortzusetzen. Im Vertrag sind besonders wichtige Gründe von Seiten des Auftraggebers genannt, die eine außerordentliche Kündigung rechtfertigen.

16. Schriftform

300 Zu eng gefasste Schriftformklauseln sind unwirksam. Die Klausel, wonach das Schriftformerfordernis seinerzeit nur schriftlich abbedungen werden kann, ist im Rahmen von Allgemeinen Geschäftsbedingungen unwirksam, weil der Ausschluss von übereinstimmenden mündlichen Vereinbarungen der Vertragspartner nicht zulässig ist. Andererseits sollen die Parteien darauf hingewiesen werden, Änderungen des Vertrages schon aus Beweisgründen schriftlich abzufassen.

17. Gerichtsstand

301 Ein Gerichtsstand kann nur vereinbart werden, wenn beide Parteien Kaufleute oder juristische Personen des öffentlichen Rechts sind, § 38 Abs. 1 ZPO, außerdem in Fällen mit Auslandsberührung, § 38 Abs. 2 ZPO.

302 Wird kein Gerichtsstand im Vertrag vereinbart, so ist § 18 Abs. 1 VOB/B zu beachten, soweit dafür die Voraussetzungen vorliegen. Dieses ist der Fall, wenn § 38 ZPO erfüllt ist (siehe Rdn 301). Liegen die Voraussetzungen für eine Gerichtsstandsvereinbarung nicht vor oder ist kein Gerichtsstand vereinbart, so gelten die allgemeinen Regeln (§§ 13 ff. ZPO). Von besonderer Bedeutung ist § 29 ZPO für Baustreitigkeiten: Der Ort des Bauvorhabens ist der Erfüllungsort für die wechselseitigen Verpflichtungen aus dem Bauvertrag.

18. Schlichtung und Schiedsgericht

303 Alternativ könnte hier auch eine Schlichtung oder auch ein Schiedsgerichtsverfahren vereinbart werden. Die Vereinbarung einer Schlichtung oder eines Schiedsgerichtsverfahrens ist auch dann zulässig, wenn die Vertragsparteien keine Kaufleute sind. Allerdings sind die besonderen Anforderungen zu beachten, im Fall der Vereinbarung eines Schiedsgerichtsverfahrens sind es die §§ 1025 ff. ZPO. Auch kann geregelt werden, ob eine bestimmte Schiedsordnung gelten soll, z.B. die SGO-Bau oder die SOBau der ARGE Baurecht im Deutschen Anwaltverein. Wird keine Schiedsordnung vereinbart, so bestimmt sich das Schiedsgerichtsverfahren – so weit deutsches Recht gilt – ausschließlich nach den Regeln der ZPO. Wird nur eine Schlichtung vereinbart, so kann bestimmt werden, dass die Schlichtung zwingend oder fakultativ ist (vgl. ausführlich § 12).

19. Rechtswahl

304 Art. 3 Abs. 5 i.V.m. Art. 10 Abs. 1 Rom I-VO3 gestattet es den Parteien, das auf den Vertrag anzuwendende Recht frei im Vertrag zu vereinbaren. Es empfiehlt sich, eine eindeutige Rechtswahl zu treffen, wobei im Allgemeinen dem deutschen Recht der Vorzug zu geben ist, da sowohl das ausländische Recht oder ein neutrales Recht dem deutschen Vertragspartner unbekannt sind.

20. Zustellungsbevollmächtigter

Wenn den anderen ausländischen Vertragspartnern eine Klage oder gerichtliche Verfügung zugestellt werden soll, sind Schwierigkeiten vorprogrammiert. Dies ist insbesondere dann der Fall, wenn der andere Vertragspartner seinen Sitz im Ausland hat. Die Zustellung kann hier oft nur über komplizierte gerichtliche Wege oder auf konsularischem Wege erfolgen. Es empfiehlt sich deshalb, bereits bei Vertragsabschluss eine Regelung über die Zustellungsbevollmächtigung zu treffen. Der Zustellungsbevollmächtigte sollte unwiderruflich bestellt werden, damit nicht durch die Vornahme des Widerrufes die Zustellung vereitelt werden kann. Die Entlassung eines Zustellungsbevollmächtigten soll erst dann geschehen, wenn der neue Zustellungsbevollmächtigte verbindlich bestellt ist. 305

21. Sonstiges

Der Auftraggeber hat grundsätzlich kein Interesse daran, sich mit Dritten, die nicht Vertragspartner sind, auseinanderzusetzen. Aus diesem Grunde ist hier eine Erschwerung der Abtretung vorgesehen. Auch wenn Abtretungsverbote im Handelsverkehr grundsätzlich wirksam sind, kann es ausnahmsweise berechtigte Interessen des Generalübernehmers geben, die ihn zur Abtretung der Forderung zwingen. In diesem Fall bedarf es dann einer schriftlichen Zustimmung des Auftraggebers zur Wirksamkeit der Abtretung. 306

Ansonsten können hier noch zusätzlich getroffene Vereinbarungen festgehalten werden, wie beispielsweise ein bei Vertragsverhandlung noch ausgehandelter Nachlass oder gewisse Ergänzungs- oder Zusatzleistungen. 307

§ 15 Architektenvertrag

Prof. Dr. Bernhard Rauch

Inhalt

A. Einführung

1 Die HOAI in der Fassung 2021 ist für alle Architekten – und Ingenieurverträge, die ab dem 1.1.2021 geschlossen wurden – nunmehr eine Orientierungshilfe für eine angemessene Honorierung. Die HOAI 2021 enthält keine verbindlichen preisrechtlichen Vorgaben mehr. Das Honorar ist auch für Grundleistungen frei vereinbar. Der EuGH hat mit Grundsatzurteil v. 4.7.2019 entschieden, dass die verbindlichen Preisregelungen der HOAI gegen Art. 15 Abs. 1, 2 lit. g) und Abs. 3 Richtlinie 2006/123 EG verstoßen. Der deutsche Gesetz- und Verordnungsgeber hat darauf mit der Abschaffung des verbindlichen Preisrechts in der HOAI 2021 reagiert.[1] Die Parteien entscheiden, ob sie sich an den Berechnungsparametern der HOAI orientieren oder diese vollumfänglich zur Vertragsgrundlage machen oder sie andere Gestaltungen wählen, z.B. ein Pauschalhonorar vorsehen oder eine Vergütung nach Zeitaufwand. In der Praxis ist festzustellen, dass nach wie vor viele Auftraggeber, vor allem öffentliche Auftraggeber, eine Honorierung der beauftragten Leistungen nach der HOAI vorsehen. Auch viele nicht-öffentliche Auftraggeber wählen das Honorarsystem der HOAI, allerdings mit teilweise deutlichen Abweichungen von den nunmehr nicht mehr verbindlichen Honorarparametern. Architekten und Ingenieure als Auftragnehmer orientieren sich natürlich nach wie vor an der HOAI. Sie können allerdings mehr als bisher ihre Kalkulation in die Honorargestaltung einfließen lassen.

1 Das verbindliche Preisrecht der HOAI gem. den Fassungen 2009 und 2013 ist nach dem klarstellenden Urt. des EuGH vom 18.1.2022 nach wie vor auf alle Verträge zwischen Auftraggebern und Architekten/Ingenieuren anwendbar, die bis zum 31.12.2020 geschlossen wurden (zum zwischenzeitlichen Meinungsstreit darüber, ob das verbindliche Preisrecht mit der Entscheidung des EuGH vom 4.7.2019 für „Altfälle" hinfällig war und zu den nachfolgenden Reaktionen der Oberlandesgerichte und des BGH vgl. dazu Eichberger, § 5 Rdn 16.

Die Vertragsmuster sind so aufgebaut, dass zum einen die Option besteht, sich an den Honorarparametern zu orientieren, zum anderen das Honorar in einer dem Vertrag beigefügten Anlage festgelegt wird.

Mit dem am 1.1.2018 in Kraft getretenen Bauvertragsrecht wurde der Architekten- und Ingenieurvertrag als eigener Vertragstyp in das BGB aufgenommen. Der Gesetzgeber hat in diesem Zusammenhang der Besonderheit des Architekten- und Ingenieurvertrags Rechnung getragen und ihn als dem Werkvertrag ähnlichen Vertrag eingestuft. Die Besonderheit des Architektenvertrags liegt darin, und hierin unterscheidet sich dieser Vertragstypus von allen anderen Werkverträgen deutlich, dass bei Beauftragung des Architekten/Ingenieurs das konkrete Planungsergebnis noch nicht feststeht. Es können vielmehr (nur) Planungs- und Überwachungsziele formuliert werden, die der Architekt/Ingenieur im Rahmen der Planung, Ausschreibung und Bauüberwachung zu verfolgen und zu realisieren hat.

2 In der Gesetzesbegründung ist zu lesen, dass die Einordnung der Architekten- und Ingenieurverträge in das Werkvertragsrecht aufgrund der Vielgestaltigkeit der Aufgaben des Architekten nicht einfach ist, da diese Verträge typischerweise viele verschiedene Aufgaben enthalten. Da die Anwendung des Werkvertragsrechts für Architekten und Ingenieure jedoch in einigen Punkten erhebliche, teils unverhältnismäßig belastende Konsequenzen habe, sollen die Regelungen des Werkvertragsrechts nicht uneingeschränkt auf Architekten- und Ingenieurverträge Anwendung finden, sondern den Besonderheiten dieses Vertragstyps durch spezielle Regelungen Rechnung getragen werden.

3 So hat der Architekt/Ingenieur die Leistungen zu erbringen, die nach dem jeweiligen Stand der Planung und Ausführung des Bauwerks oder der Außenanlage erforderlich sind, um die zwischen den Parteien vereinbarten Planungs- und Überwachungsziele zu erreichen. Soweit die wesentlichen Planungs- und Überwachungsziele noch nicht vereinbart sind, hat der Architekt/Ingenieur eine Planungsgrundlage zur Ermittlung dieser Ziele zu erstellen und diese zusammen mit einer Kosteneinschätzung dem Besteller zur Zustimmung vorzulegen (sog. Zielfindungsphase). Die Zielfindungsphase gem. § 650p BGB dient zur Klärung der Aufgabenstellung, in den Fällen unklarer Planungs- und Realisierungsmöglichkeiten auch zur Klärung, ob das beabsichtigte Projekt unter den örtlichen Bedingungen nach den Vorstellungen des Auftraggebers mit dem vorgesehenen Finanzrahmen realisiert werden kann oder nicht.[2] Der Gesetzgeber geht davon aus, dass in diesem Stadium bereits ein Architektenvertrag geschlossen wurde und räumt dem Besteller ein Sonderkündigungsrecht nach Vorlage dieser Unterlagen ein. Auch der Architekt/Ingenieur kann kündigen, wenn der Besteller nach angemessener Fristsetzung seine Zustimmung verweigert oder sich nicht äußert.

4 Der Vereinbarung von Planungs- und Überwachungszielen kommt damit große Bedeutung zu. Die Besonderheit des Architekten-/Ingenieurvertrags kommt auch im Anspruch

2 So OLG Frankfurt v. 16.5.2022 – 29 U 94/21, u.a. auch zur Bedeutung der Zielfindungsphase und zu den geschuldeten Leistungen.

des Architekten/Ingenieurs auf Teilabnahme seiner bis dahin erbrachten Leistungen ab Abnahme der letzten Unternehmerleistung zum Ausdruck. Schließlich wurde die gesamtschuldnerische Haftung mit den bauausführenden Unternehmen dadurch – allerdings nur leicht – zugunsten des Architekten/Ingenieurs entschärft, als der wegen eines Überwachungsfehlers in Anspruch genommene Architekt/Ingenieur die Leistung verweigern kann, solange der Besteller den ebenfalls haftenden Unternehmer nicht erfolglos zur Nacherfüllung aufgefordert hat.

Jedes Bauwerk ist ein Unikat und demzufolge gibt es drei „Herzstücke" eines Architektenvertrages, die besonderer Beachtung und sorgfältiger vertraglicher Formulierung bedürfen: 5

1. die Formulierung der Planungs- und Überwachungsziele
2. die Festlegung der Leistungen, die der Architekt jedenfalls aus Sicht des Auftraggebers erbringen soll, auf die der Auftraggeber besonderen Wert legt
3. die angemessene Vergütung

I. Formulierung von Planungs- und Überwachungszielen

Der vertraglich vereinbarte Erfolg muss in der Regel eben mehr sein als ein „Einfamilienhaus", vielmehr müssen die dem Architekten gesteckten Ziele in finanzieller, zeitlicher, konstruktiver, gestalterischer Hinsicht, hinsichtlich der Energieeffizienz, der Ausstattung usw. beschrieben werden. Dies ist auch i.S.d. Architekten, denn nur wenn die von ihm zu erreichenden Ziele konkret beschrieben sind, kann er die ordnungsgemäße Leistungserbringung und Abnahmefähigkeit seines Werkes nachweisen. 6

II. Festlegung der Leistungsverpflichtungen

Das zweite Herzstück ist die Beschreibung der Leistungsverpflichtungen des Architekten. Die praktizierte Bezugnahme auf Leistungsbilder und Leistungsphasen der HOAI ist zurückhaltend zu handhaben. Es ist schon oft genug judiziert und publiziert worden, dass die Leistungsbilder der HOAI nicht einmal Leitbildfunktion für die Erbringung von Architektenleistungen haben, geschweige denn einen Bezug zu typischerweise vertraglich geschuldeten Leistungen.[3] Um nicht in das „alte Fahrwasser" zu verfallen, sollte man mit der Erwähnung von Leistungsphasen und deren Grundleistungen zur Beschreibung der Leistungsverpflichtungen des Architekten vorsichtig umgehen, jedenfalls nicht pauschal auf „die Leistungsphasen" verweisen. Es ist notwendig, sich bei jedem Auftrag Gedanken zu machen, welche Leistungsverpflichtungen notwendig sind. Dies können die Grundleistungen des Leistungsbildes sein. In bestimmten Fällen sind aber nicht alle Grundleistungen erforderlich, in anderen Fällen werden zusätzlich zu Grundleistungen auch Besondere Leistungen erforderlich sein, um die Planungs- und Überwachungsziele zu erreichen. 7

3 Siehe BGH v. 24.10.1996 – VII ZR 283/95 – BauR 1997, 154.

III. Vergütung

8 Dies bedeutet nicht, dass man diesen Leistungsbildern, den Leistungsphasen, den Grundleistungen nach HOAI nicht auch im Rahmen des Vertragsabschlusses besondere Aufmerksamkeit schenken muss. Dies ist natürlich gefordert, aber im Wesentlichen im Hinblick auf die Frage, welches Honorar den vom Architekten abverlangten Leistungen angemessen ist. Man muss sich damit auseinandersetzen, mit welchem Honorar die dem Architekten abverlangten Leistungen adäquat bezahlt sind. Dabei kann man sich an der HOAI orientieren. Die HOAI 2021 gibt aber nunmehr die Möglichkeit, von den Honorarparametern abzuweichen oder Pauschalen oder die Abrechnung nach Zeithonorar zu vereinbaren. Diese Vereinbarungen müssen nicht „bei Vertragsschluss", sondern können auch während der Laufzeit des Vertrags in Textform wirksam getroffen werden. Entscheidet man sich für eine Orientierung an der HOAI, so sollte man prüfen, dass bei dem konkreten Projekt dem Architekten weniger an Leistungen abverlangt wird als in den Leistungsbildern geregelt ist. Dann wird man nach § 8 Abs. 1 und Abs. 2 HOAI zu verfahren haben. Andererseits wird man aber auch darauf stoßen, dass der Architekt mehr erbringen soll, als mit der Vergütung der Leistungen gem. § 34 HOAI i.V.m. Anlage 10 abgegolten ist.

9 Soweit es sich um „Besondere" Leistungen handelt, ist ein angemessenes zur Honorierung der Grundleistungen hinzutretendes Zusatzhonorar zu vereinbaren.

10 Wird dem Architekten abverlangt, Leistungen intensiver zu erbringen, als dies die Regel ist, kann man dem Rechnung tragen, indem ein Honorar vereinbart wird, das den nunmehr nicht mehr verbindlichen Honorarrahmen ausschöpft oder überschreitet. Auch kann dem dadurch Rechnung getragen werden, dass man eine höhere Honorarzone festlegt.

11 Die nachfolgenden Muster für Architekten- und Ingenieurverträge sind nun so aufgebaut, dass Standardvertragsbedingungen in AVB enthalten sind. Der Inhalt der ausfüllungsbedürftigen Verträge beschränkt sich im Wesentlichen auf die „drei Herzstücke", also die Formulierung der Zielvorgaben (§ 3), die Festlegung der Leistungsverpflichtungen (§ 5) sowie die Vergütung (§ 6). Die zu erbringenden Leistungen wurden funktional beschrieben mit der Möglichkeit, Leistungen, auf die der Auftraggeber unbedingt Wert legt, zusätzlich mit aufzunehmen. Natürlich bleibt es unbenommen bei der Rubrik „der AN hat (auch) folgende Leistungen zu erbringen" beispielsweise zu vermerken: „sämtliche Grundleistungen der Leistungsphasen 1, 2, 3, 4, 5, 6, 7, 8 oder 9". Damit werden aber die Grundleistungen der HOAI, die nach der Verordnung nur honorarrechtliche Bedeutung haben, wieder zur Leistungsverpflichtung gemacht, was man ja vermeiden sollte. Anders ist dies bei Leistungsphase 8 zu beurteilen, hier erscheint es sinnvoll, den umgekehrten Weg zu gehen, nämlich sämtliche Grundleistungen zum Leistungsinhalt zu machen und die nicht zu erbringenden Grundleistungen gesondert zu erwähnen. Dies gilt auch für Leistungsphase 9.

B. Muster: Architektenvertrag

▼ 12

15.1

Objektplanung Gebäude und Innenräume

Zwischen

(*Name, Adresse*)

– Auftraggeber (AG) –

und

(*Name, Adresse*)

– Auftragnehmer (AN) –

wird nachfolgender Architektenvertrag geschlossen:

§ 1 Gegenstand des Vertrages

Gegenstand des Vertrages sind die Rechte und Pflichten beider Vertragspartner im Rahmen der Erbringung von Architektenleistungen (Objektplanung Gebäude und Innenräume) durch den AN für das vom AG beabsichtigte Bauvorhaben.

Die Vertragspartner sind sich bewusst, dass das Gelingen des vom AN geschuldeten Werkes einer intensiven Kooperation der Vertragspartner bedarf.

§ 2 Das vom AG beabsichtigte Bauvorhaben

Der AG beabsichtigt, folgende Baumaßnahme durchführen zu lassen:

(*Kurzbezeichnung des Bauvorhabens mit dem Grundstücksbeschrieb*).

§ 3 Projektziele

3.1 Zielvorgaben

Der AN hat bei der Erbringung der ihm übertragenen Leistungen nachfolgende Zielvorgaben zu beachten und im Rahmen seiner Tätigkeit umzusetzen:

3.1.1 Zielvorgaben zu Quantitäten

3.1.2 Funktionale Zielvorgaben

3.1.3 Technische Zielvorgaben

3.1.4 Wirtschaftliche Zielvorgaben[4]

(*ggf.Kostenrahmen oder Kostenlimit vorgeben*)

3.1.5 Zeitliche Zielvorgaben

3.1.6 Zielvorgaben zur Qualität

3.1.7 Gestalterische Zielvorgaben

3.1.8 Überwachungsziele

3.1.9 weitere Zielvorgaben

- Bei vorstehenden Zielvorgaben handelt es sich um die für das vertragsgegenständliche Projekt wesentlichen, durch den AN zu erreichenden Ziele im Sinne von § 650p Abs. 2 BGB.
- Es sind noch keine bzw. noch nicht alle wesentlichen Planungs- und Überwachungsziele vereinbart.

3.2 Zielvorgaben konkretisieren

Der AG ist berechtigt, im Laufe des Planungsprozesses sowie der Ausschreibung, Vergabe und Bauüberwachung Zielvorgaben gem. Nr. 3.1 zu konkretisieren. Diese Vorgaben hat der AN dann auch zu beachten. Auf eventuelle Zielkonflikte hat der AN hinzuweisen.

Soweit durch die Konkretisierung von Zielvorgaben bereits abgeschlossene und vom AG genehmigte Planungsschritte erneut erbracht werden müssen, steht dem AN in diesem Fall ein angemessener zusätzlicher Vergütungsanspruch zu; die Berechnung erfolgt nach § 650q Abs. 2 BGB.

§ 4 Grundlagen und Inhalte des Vertrages

4.1 Grundlagen und Inhalte des Vertrages sind in nachstehender Reihenfolge:

- die Bestimmungen dieses Vertrages
- die Allgemeinen Vertragsbedingungen für Architektenleistungen (AVB)
- die Bestimmungen des BGB über den Architekten- und Ingenieurvertrag (§§ 650p ff.)
- die HOAI in der bei Abschluss dieses Vertrages geltenden Fassung

4 Wichtig ist zu definieren, welche Kosten in dieser Vereinbarung enthalten sein sollen. Am besten orientiert man sich an den Kostengruppen der DIN 276 Fassung 2008.

4.2 Der AN hat weiterhin unter anderem zu beachten:

- die baurechtlichen, umweltrechtlichen und sonstigen öffentlich-rechtlichen Vorschriften
- die einschlägigen technischen Normen, Richtlinien und Bestimmungen
- die Unfallverhütungsvorschriften
- die Vertrags- und Vergabeordnung für Bauleistungen (VOB)
-

§ 5 Die Leistungsverpflichtungen des AN

5.1 Allgemeines

Die vom AN auszuführenden Leistungen werden nach Art und Umfang durch diesen Vertrag bestimmt. Der AN hat seine Leistungen so zu erbringen, dass die Zielvorgaben des AG gem. § 3 bzw. die nach Abschluss der Zielfindungsphase (§ 650p Abs. 2 BGB) festgelegten Zielvorgaben erfüllt werden.

Dabei gehen die Parteien davon aus, dass die Grundleistungen des beauftragten Leistungsbildes im Regelfall durch den AN zu erbringen sind. Beweispflichtig dafür, dass eine vom AN nicht oder nicht vollständig erbrachte Grundleistung projektspezifisch nicht erforderlich ist, ist der AN.

Die Parteien sind sich darüber einig, dass die mit diesem Vertrag formulierten Leistungsverpflichtungen nur vorläufig sind. Es ist Aufgabe des AN, den AG umfassend darüber zu beraten, welche ggf. auch zusätzlichen Leistungen durch ihn oder Dritte (z.B. Sonderfachleute) zu erbringen sind, um die Zielvorgaben des AG zu erreichen. Dabei hat der AN stets die Wirtschaftlichkeit zu beachten.

Im Falle der Beauftragung mit zusätzlichen Leistungen ist der AN verpflichtet, diese auszuführen, sofern es sich um Leistungen handelt, die in sein Berufsbild fallen und dem AN zumutbar sind.

Änderungen anzuordnen, bleibt dem AG vorbehalten.

Die für die Realisierung des Bauvorhabens erforderlichen Leistungen des AN werden in sechs Stufen erbracht:

- Stufe 1: Grundlagenermittlung/Vorplanung
- Stufe 2: Entwurfsplanung/ Genehmigungsplanung
- Stufe 3: Ausführungsplanung
- Stufe 4: Ausschreibung und Vergabe
- Stufe 5: Objektüberwachung – Bauüberwachung und Dokumentation

In einer 6. Stufe wird nach Fertigstellung des Bauvorhabens die Objektbetreuung erbracht.

5.2 Stufenweise Beauftragung

Der AG behält sich vor, dem AN die Leistungen stufenweise und getrennt nach Bauabschnitten (abschnittsweise) in Auftrag zu geben.

Der AN sichert im Falle stufenweiser Beauftragung zu, die Leistungen der weiteren beauftragten Stufen zu erbringen, wenn seit der Fertigstellung der letzten Leistung einer übertragenen Stufe nicht mehr als 6 Monate vergangen sind.

Die Beauftragung mit weiteren Leistungen/Stufen steht dem AG frei. Der AN hat (nur) dann einen Rechtsanspruch auf Übertragung weiterer Leistungen, wenn der AG das Projekt realisiert und zum Zeitpunkt des dazu notwendigen Abrufs der nächsten Stufe kein vom AN zu vertretender wichtiger Grund zur Kündigung durch den AG vorliegt. Aus der stufenweisen Beauftragung kann der AN keine Erhöhung seines Honorars ableiten.

Bei Abruf einer weiteren Stufe gelten die Bestimmungen dieses Vertrags.

Der Abruf erfolgt schriftlich.

5.3 Der dem AN erteilte Auftrag

Der AN wird mit diesem Vertrag zunächst mit den Leistungen folgender Stufe(n) beauftragt:

- Stufe 1: Grundlagenermittlung/Vorplanung
- Stufe 2: Entwurfsplanung/ Genehmigungsplanung
- Stufe 3: Ausführungsplanung
- Stufe 4: Ausschreibung und Vergabe
- Stufe 5: Objektüberwachung – Bauüberwachung und Dokumentation
- Stufe 6: Objektbetreuung

5.4 Die vom AN in den einzelnen Stufen zu erbringenden Leistungen

Inhalt und Umfang der vom AN zu erbringenden Leistungen sowie der ihm obliegenden Sachwalterpflichten bestimmen sich nach den objektspezifischen Anforderungen zur Erreichung der in § 3 genannten Ziele, bzw. der nach Abschluss der Zielfindungsphase festgelegten Zielvorgaben. Unabhängig davon schuldet der AN das Erreichen der Ergebnisse der ihm übertragenen Stufen.

Der AN hat nachfolgende Ergebnisse in den jeweiligen Stufen – soweit diese beauftragt sind – zu erreichen. Das Erreichen dieser Ergebnisse und die Erbringung der jeweiligen Arbeitsschritte sind als selbstständige Teilerfolge der dem AN übertragenen Leistung geschuldet.

Ergebnis in Stufe 1: Erarbeitung eines mit dem AG abgestimmten Planungskonzeptes.

Zum Erreichen dieses Ergebnisses sind folgende Arbeitsschritte erforderlich und vom AN jedenfalls zu erbringen:

a) Grundlagenermittlung:
Ermitteln der Voraussetzungen zur Lösung der Bauaufgabe durch die Planung

b) Vorplanung:
Ermitteln der wesentlichen Teile einer Lösung der Planungsaufgabe
Der AN hat (auch) folgende Leistungen zu erbringen:[5]

Ergebnis in Stufe 2: Die Ausarbeitung eines genehmigungsfähigen Entwurfs.

Zum Erreichen dieses Ergebnisses sind folgende Arbeitsschritte erforderlich:

a) Entwurfsplanung:
Erarbeiten der endgültigen Lösung der Planungsaufgabe

5 Hier sind jeweils die Leistungen (es können auch Grundleistungen der jeweiligen Leistungsphase sein) aufzunehmen, auf die der AG besonderen Wert legt, wenn er es nicht bei der funktionalen Beschreibung belassen will. Dazu dürfte üblicherweise die Erstellung der Kostenermittlungen zählen.

b) Genehmigungsplanung/Erarbeiten der Bauvorlagen:

Erarbeiten der Vorlagen für die nach den öffentlich-rechtlichen Vorschriften erforderlichen Genehmigungen, Zustimmungen, Genehmigungsfreistellungen, Kenntnisgaben und Anzeigen des Bauvorhabens gem. den Vorschriften der für die Durchführung des Bauvorhabens einschlägigen Landesbauordnung

Der AN hat (auch) folgende Leistungen zu erbringen:

- **Sondervereinbarung:**

Zwischen den Parteien besteht Einvernehmen darüber, dass der AN keine genehmigungsfähige Planung schuldet.

Begründung:

Im Rahmen der Genehmigungsplanung schuldet der AN jedoch:

Ergebnis in Stufe 3: Die Erarbeitung einer ausführungsreifen Lösung der Planungsaufgabe.

Zum Erreichen dieses Ergebnisses ist erforderlich:

Sämtliche erforderliche Ausführungs- und Detailpläne zu erarbeiten.

Der AN hat (auch) folgende Leistungen zu erbringen:

Ergebnis in Stufe 4: Das Erarbeiten einer vergabereifen Lösung.

Zum Erreichen dieses Ergebnisses ist es erforderlich:

a) die Vergabe vorzubereiten und in diesem Zusammenhang erforderliche Mengen zu ermitteln und die Leistungsverzeichnisse zu erarbeiten.
b) an der Vergabe mitzuwirken.

Der AN hat (auch) folgende Leistungen zu erbringen:

Ergebnis in Stufe 5: Die Sicherstellung der Umsetzung der Planung in ein mangelfreies, termingerecht erstelltes, im Kostenrahmen liegendes Bauwerk.

Zum Erreichen dieses Ergebnisses ist erforderlich:

Die in Anlage 10 zu § 34 HOAI hinsichtlich Leistungsphase 8 beschriebenen Leistungen zu erbringen, mit Ausnahme folgender Leistungen:

Der AN hat (auch) folgende Leistungen zu erbringen:

Ergebnis in Stufe 6: Unterstützung des AG beim Auftreten von Mängeln innerhalb der Gewährleistungszeit der ausführenden Unternehmer durch fachliche Bewertung der Mängel.

Zum Erreichen dieses Ergebnisses ist erforderlich:

Die in Anlage 10 zu § 34 HOAI hinsichtlich Leistungsphase 9 beschriebenen Leistungen zu erbringen, mit Ausnahme folgender Leistungen:

Der AN hat (auch) folgende Leistungen zu erbringen:

5.5 Weiterhin wird der AN beauftragt mit

- der Bestandsaufname
- dem Überwachen der Herstellung des Objekts hinsichtlich der Einzelheiten der Gestaltung (baukünstlerische Oberleitung)
- der Leistungen nach der Energieeinsparverordnung
- der Erstellung eines Entwässerungsgesuchs
- Überwachen der Mängelbeseitigung in Leistungsphase 9
- Erstellen eines Brandschutznachweises/-konzepts
- Sicherheits- und Gesundheitskoordination nach der Baustellenverordnung
- die Mitwirkung bei der Beantragung und Abrechnung von Fördermitteln
-

§ 6 Das Honorar des AN

- Die Honorierung der vom AN geschuldeten Leistungen erfolgt auf Grundlage der HOAI in der zum Zeitpunkt des Abschlusses dieses Vertrages gültigen Fassung.

6.1 Honorarzone

Honorarzone, der das Objekt nach §§ 5, 35 HOAI voraussichtlich angehört (§§ 5, 35 HOAI, Anlage 10.2 zu § 35 Abs. 7 HOAI):

6.2 Honorarsatz (§ 7 Abs. 1 HOAI)

6.3 Leistungsbewertung

Die Leistungen gemäß den neun Leistungsphasen werden in § 34 Abs. 3 HOAI wie folgt bewertet:

Grundlagenermittlung	2 %
Vorplanung	7 %
Entwurfsplanung	15 %
Genehmigungsplanung	3 %
Ausführungsplanung	25 %
Vorbereitung der Vergabe	10 %
Mitwirkung bei der Vergabe	4 %
Objektüberwachung – Bauüberwachung u. Dokumentation	32 %
Objektbetreuung	2 %

Aufgrund der besonderen projektspezifischen Anforderungen dieses Auftrags werden die Leistungsphasen von den Vertragsparteien (gegebenenfalls abweichend von den Prozentsätzen der HOAI) wie folgt bewertet:

Stufe 1

Grundlagenermittlung %

Begründung:

Vorplanung %

Begründung:

Stufe 2

Entwurfsplanung %

Begründung:

Genehmigungsplanung %

Begründung:

Stufe 3

Ausführungsplanung %

Begründung:

Stufe 4

Vorbereitung der Vergabe %

Begründung:

Mitwirkung bei der Vergabe %

Begründung:

Stufe 5

Objektüberwachung – Bauüberwachung %

Begründung:

Stufe 6

Objektbetreuung u. Dokumentation %

Begründung:

6.4 Anrechenbare Kosten

- Das Honorar richtet sich nach den anrechenbaren Kosten des Objekts auf Grundlage der Kostenberechnung, die nach DIN 276 in der Fassung von Dezember 2008 (DIN 276–1: 2008–12) aufzustellen ist. Endet das Vertragsverhältnis zu einem Zeitpunkt, zu dem die Kostenberechnung aus Gründen, die der AN nicht zu vertreten hat, noch nicht vorliegt, so gilt als Grundlage zur Ermittlung der anrechenbaren Kosten die Kostenschätzung, die nach der DIN 276 in der Fassung von Dezember 2008 (DIN 276–1: 2008–12) aufzustellen ist.
  Ändert sich der beauftragte Leistungsumfang auf Veranlassung des AG, während der Laufzeit des Vertrages mit der Folge von Änderungen der anrechenbaren Kosten, ist eine bereits erstellte Kostenberechnung anzupassen (§ 10 Abs. 1 HOAI). Gleiches gilt, wenn sich die Geschäftsgrundlage einer bereits erstellten Kostenberechnung ändert.
- Die Honorierung erfolgt abweichend von den Honorarparameter in der HOAI nach der Honorarvereinbarung gemäß Anlage 1 zu diesem Vertrag.

6.5 Die Vergütung der gem. 5.5 beauftragten Leistungen

- Die Vergütung erfolgt nach Zeitaufwand. Es werden folgende Stundensätze vereinbart:
  - für den Architekten: EUR
  - für Mitarbeiter, die technische oder wirtschaftliche Aufgaben erfüllen EUR
  - für technische Zeichner u. vergleichbare qualifizierte sonstige Mitarbeiter EUR

Der Nachweis des Zeitaufwands ist durch Stundenbelege zu führen. Die Abrechnung erfolgt monatlich.

- Es werden folgende Pauschalhonorare vereinbart:
  - Bestandsaufname EUR
  - Überwachen der Herstellung des Objekts hinsichtlich der Einzelheiten der Gestaltung (baukünstlerische Oberleitung) EUR
  - Leistungen nach der Energieeinsparverordnung EUR
  - Erstellung eines Entwässerungsgesuchs EUR
  - Überwachen der Mängelbeseitigung in Leistungsphase 9 EUR
  - Erstellen eines Brandschutznachweises/-konzepts EUR
  - Sicherheits- und Gesundheitskoordination nach der Baustellenverordnung EUR
  - Mitwirkung bei der Beantragung und Abrechnung von Fördermitteln EUR
  - EUR

6.6

Soweit zur Erfüllung der mit diesem Vertrag dem AN übertragenen Aufgaben weitere Leistungen erforderlich werden, für die nach diesem Vertrag keine Vergütung vereinbart wurde, erfolgt deren Honorierung nach Zeitaufwand zu den in 6.5 vereinbarten Stundensätzen sofern die Vertragsparteien keine andere Vergütung (etwa Pauschale) schriftlich vereinbaren.

Soweit die Voraussetzungen des § 10 HOAI erfüllt sind, erfolgt die Honorarermittlung nach den Regelungen dieser Norm gem. Abs. 1 und Abs. 2.

6.7 Umbau-/Modernisierungszuschlag (§ 36)

- Es wird ein Zuschlag i.H.v. % vereinbart.
  Die vorhandene und mitverarbeitete Bausubstanz ist dabei angemessen berücksichtigt.
- Es wird ein Zuschlag i.H.v. % vereinbart.
  Der Umfang der mitzuverarbeitenden Bausubstanz wird zum Zeitpunkt der Kostenberechnung schriftlich vereinbart.

6.8 Zuschlag bei Instandhaltungen und Instandsetzungen (§ 12)

Der Prozentsatz für die Bauüberwachung wird um %-Punkte erhöht.

6.9 Erfolgs-Malus-Honorar

Die Parteien vereinbaren für den Fall einer Unterschreitung der einvernehmlich festgelegten anrechenbaren Kosten um % ohne Verminderung des vertraglich festgelegten Standards ein Erfolgshonorar von % des vereinbarten Honorars.

Werden die einvernehmlich festgelegten Kosten um % überschritten, reduziert sich das Honorar um %.

Dies gilt nicht, wenn die Erhöhung der anrechenbaren Kosten auf kostensteigernde Anordnungen des AG zurückgeht und der AN auf die Auswirkungen im Hinblick auf die Erhöhung der anrechenbaren Kosten hingewiesen hat.

6.10 Nebenkosten

Die Nebenkosten (§ 14 HOAI) werden wie folgt berechnet:

- mit einer Pauschale von % des Netto-Honorars
- Post- und Fernmeldegebühren pauschal mit EUR
  oder % des Netto-Honorars, die übrigen Kosten auf Nachweis
- auf Nachweis zu folgenden Bedingungen:

Fahrtkosten bei Benutzung des eigenen Pkws	EUR/km
sonst die nachgewiesenen Kosten öffentlicher Verkehrsmittel bis zur Höhe fiktiver Pkw-Benutzung	
eine Tagespauschale von	EUR
Übernachtungskosten	EUR

§ 7 Haftpflichtversicherung

Der AN hat gem. § 13 AVB folgende Mindestdeckungssummen seiner Haftpflichtversicherung nachzuweisen:

für Sachschäden:	EUR
für Personenschäden:	EUR

§ 8 Planungs- und Bauzeit

Die Vertragsparteien gehen von folgender Planungszeit (einschließlich Ausführungsplanung) aus:

Monate

Die Vertragsparteien gehen von folgender Bauzeit (Beginn der Bauarbeiten bis Abnahme des letzten Gewerks) aus:

Monate

§ 9 Ergänzende Vereinbarungen

(*Ort*), den (*Datum*)
(*Unterschrift Auftraggeber*)

(*Ort*), den (*Datum*)
(*Unterschrift Auftragnehmer*)

▲

C. Muster: Allgemeine Vertragsbestimmungen für Architektenleistungen

13 ▼

15.2

§ 1 Aufgaben des Architekten

1.1

Die vom AN auszuführenden Leistungen werden nach Art und Umfang durch den Vertrag bestimmt. Der AN hat seine Leistungen so zu erbringen, dass die vertraglichen Vorgaben des AG erfüllt werden. Dem AN muss bewusst sein, dass die formulierten Leistungsverpflichtungen zum einen nur vorläufig, zum anderen nicht vollständig sind. Der AN schuldet ggf. auch weitere, nicht beschriebene Leistungen, die erforderlich sind, um die Vorgaben des AG zu erfüllen und die vereinbarten Ziele zu erreichen.

1.2

Es ist Aufgabe des AN, den AG umfassend darüber zu beraten, welche ggf. auch zusätzlichen Leistungen durch ihn oder Dritte (z.B. Sonderfachleute) zu erbringen sind, um die Vorgaben des AG bestmöglich umzusetzen. Dabei ist stets die Wirtschaftlichkeit im Auge zu behalten.

1.3

Im Falle der Beauftragung mit zusätzlichen Leistungen ist der AN verpflichtet, diese auszuführen, sofern es sich um Leistungen handelt, die in sein Berufsbild fallen und ihm zumutbar sind.

1.4

Die Leistungen des AN müssen dem allgemeinen Stand der einschlägigen Wissenschaft, den allgemein anerkannten Regeln der Technik, dem Grundsatz der Wirtschaftlichkeit und den öffentlich-rechtlichen Bestimmungen entsprechen sowie den örtlichen und betrieblichen Verhältnissen Rechnung tragen.

1.5

Der AN hat seinen Leistungen auch die über die vertraglichen Festlegungen hinausgehenden mündlichen und schriftlichen Anordnungen des AG zugrunde zu legen. Hält der AN Anordnungen des AG für unberechtigt oder unzweckmäßig, so hat er seine Bedenken schriftlich geltend zu machen, die Anordnungen jedoch auf Verlangen auszuführen, wenn nicht gesetzliche oder behördliche Bestimmungen entgegenstehen.

1.6

Der AN hat die ihm übertragenen Leistungen persönlich bzw. mit eigenen angestellten Mitarbeitern zu erbringen. Die Beauftragung von Subplanern mit vertragsgegenständlichen Leistungen bedarf der vorherigen schriftlichen Zustimmung des AG.

1.7

Sofern ein vorgegebener Kostenrahmen nicht ausreicht, hat der AN unverzüglich den AG über die voraussichtlichen Mehrkosten schriftlich zu unterrichten, diese zu begründen und mögliche Einsparungen aufzuzeigen.

1.8

Ist ein Kostenlimit im Vertrag vereinbart, so hat der AN seine Leistungen so zu erbringen, dass diese Kostenobergrenze eingehalten wird.

1.9

Der AN hat stets die Grundsätze der Wirtschaftlichkeit und Sparsamkeit sowohl beim Bau als auch beim Betrieb des Gebäudes zu beachten. Unabhängig von der Beachtung einer vorgegebenen Kostenobergrenze oder eines Kostenrahmens hat der AN alle Möglichkeiten zur Einsparung von Kosten für Bau und Betrieb des Gebäudes unter Beachtung der vorgegebenen Quantitäts-, Qualitäts- und Terminziele auszuschöpfen. Der AN hat darauf zu achten, dass die künftigen Betriebs- und Unterhaltungskosten des Objekts in Abhängigkeit von den funktionalen Nutzungszielen möglichst gering gehalten werden. Baukosten dürfen nicht mit der Folge eingespart werden, dass die absehbaren Betriebs-, Verbrauchs- oder Instandhaltungskosten so steigen, dass die Einsparungen dadurch ausgeglichen werden.

§ 2 Grundsätze der Zusammenarbeit

2.1

Dem AN gegenüber ist grundsätzlich nur der AG oder dessen Bevollmächtigter weisungsbefugt. Der AG wird den/ggf. die Bevollmächtigten ausdrücklich dem AN benennen.

2.2

Änderungen anzuordnen, bleibt dem AG vorbehalten.

2.3

Der AG wird die Planung und Durchführung der Baumaßnahme fördern und anstehende Entscheidungen innerhalb angemessener Zeit treffen.

2.4

Der AN hat dem AG auf dessen Aufforderungen hin über die von ihm noch zu erbringenden und bereits erbrachten Leistungen unverzüglich Auskunft zu erteilen und Einsicht in alle Unterlagen zu gewähren. Diese Verpflichtung besteht auch über den Zeitpunkt der Beendigung des Vertrages hinaus.

2.5

Der AN ist verpflichtet, den anderen fachlich beteiligten Planern, Sonderfachleuten und ausführenden Handwerkern/Unternehmern die notwendigen Angaben und Unterlagen so rechtzeitig zu liefern, dass diese ihre Leistungen ordnungsgemäß erbringen können. Der AN hat die anderen an der Planung und Bauausführung fachlich Beteiligten zu koordinieren und diese anzuhalten, dass sich sämtliche Baubeteiligten untereinander (auch) selbst über die für den ordnungsgemäßen Projektablauf wesentlichen Umstände informieren.

2.6

Der AN kann nach vollständiger und vertragsgerechter Erbringung eines ihm übertragenen Abschnitts vom AG verlangen, dass dieser schriftlich sein Einverständnis mit den erbrachten Leistungen erklärt (Freigabeerklärung). Die Freigabeerklärung hat nicht die Rechtswirkungen einer Teilabnahme.

§ 3 Vollmacht/Vertretungsbefugnis

3.1

Der AN ist zur Wahrung der Rechte und Interessen des AG im Rahmen der ihm übertragenen Leistungen berechtigt und verpflichtet. Er hat den AG unverzüglich über Umstände zu unterrichten, aus denen sich Ansprüche gegen ihn selbst oder gegen mit der Bauausführung beauftragte Unternehmen ergeben können. Der AN hat weiterhin den AG unverzüglich über Umstände zu unterrichten, aus denen sich unvorhergesehene Ansprüche gegen den AG ergeben können.

3.2

Der AN ist grundsätzlich nicht bevollmächtigt, den AG rechtsgeschäftlich zu vertreten.

3.3

Finanzielle Verpflichtungen zulasten des AG darf der AN in äußersten Ausnahmefällen und nur dann eingehen, wenn Gefahr im Verzuge und das Einverständnis des AG nicht rechtzeitig zu erlangen ist.

3.4

Der AN ist nicht berechtigt, Verträge, die der AG mit anderen an der Planung und am Bau Beteiligten abgeschlossen hat, zu ändern, zu ergänzen oder neue Preise zu vereinbaren. Gleiches gilt für die Änderung von mit den anderen Projektbeteiligten vereinbarten Fristen. Der AN ist des Weiteren nicht berechtigt, Verträge in Vertretung des AG abzuschließen. Weiterhin ist der AN ohne spezielle Zustimmung des AG im Einzelfall nicht berechtigt, mit ausführenden Unternehmern/Handwerkern zu vereinbaren, dass von diesen ausgeführte Leistungen nach Stundenlohnsätzen vergütet werden. Soll eine Abrechnung ausgeführter Leistungen nach Stundenlöhnen erfolgen, so ist die Zustimmung des AG hierzu schriftlich einzuholen.

3.5

Die Befugnis des AN gegenüber anderen am Bau Beteiligten Weisungen zu erteilen, beschränkt sich grundsätzlich auf solche, die zur Sicherstellung des reibungslosen und uneingeschränkten Projektablaufs erforderlich sind und keine negativen Auswirkungen qualitativer, terminlicher und finanzieller Art für den AG beinhalten.

§ 4 Geheimhaltung/Vertraulichkeit

4.1

Der AN darf Dritten ohne Einwilligung des AG keine Pläne aushändigen und keine Auskunft geben, die sich auf die Baumaßnahme beziehen.

4.2

Der AN wird alle ihm zugehenden und zugänglichen Informationen über das Projekt, insbesondere im Zusammenhang mit Ausschreibungen und Verhandlungen mit Bietern, absolut vertraulich behandeln und seine Mitarbeiter und Erfüllungsgehilfen zur absoluten Verschwiegenheit verpflichten.

4.3

Ein Verstoß gegen die Geheimhaltungs- und Vertraulichkeitsbestimmungen des § 4 berechtigt den AG zur Kündigung des Vertrages aus wichtigem Grund und im Falle eines Schadenseintritts zur Geltendmachung von Schadensersatzansprüchen.

§ 5 Teilnahme an Jour-Fixe-Terminen

Der AN hat einen zuständigen Ansprechpartner und im Urlaubs- oder Krankheitsfall einen kompetenten Stellvertreter zu den Bauherrn-Jour-Fixe-Terminen zu entsenden. Die Bauherrn-Jour-Fixe-Termine werden seitens des AG abhängig vom Projektfortschritt terminiert.

§ 6 Herausgabeanspruch des AG

6.1

Während der Durchführung des Planungs- und Bauvorhabens ist der AN verpflichtet, dem AG alle Unterlagen als Datensatz und in zweifacher Ausfertigung als Pausen oder Kopien rechtzeitig zur Verfügung zu stellen.

6.2

Nach Beendigung des Vertrages hat der AN dem AG sämtliche noch nicht ausgehändigten Unterlagen als Datensatz und in zweifacher Ausfertigung als Pausen oder Kopien auszuhändigen.

6.3

Unterlagen, die der AN vom AG im Rahmen der Projektbearbeitung erhalten hat, sind dem AG spätestens nach Erfüllung des Auftrages zurückzugeben.

6.4

Für den Fall des Auftretens von Honorardifferenzen stehen dem AN Zurückbehaltungsrechte an übergebenen Unterlagen nicht zu.

6.5

Der AN ist verpflichtet, die projektbezogenen Bauunterlagen mindestens einen Zeitraum von zehn Jahren nach Abnahme der letzten von ihm erbrachten Leistungen aufzubewahren.

6.6

Der AN hat mit Beendigung des Projekts (Abnahme seiner Leistungen) dem AG eine elektronische Datei mit sämtlichen für das Projekt relevanten Unterlagen und Informationen, einschließlich aller Werk- und Detailpläne, Bestandspläne usw. zu übermitteln.

§ 7 Änderungsleistung

Änderungen des Leistungsumfangs oder Wiederholungsleistungen aufgrund vertraglicher Einigung zwischen AG und AN oder aufgrund von Anordnungen des AG werden gemäß § 650q Abs. 2 BGB vergütet.

§ 8 Verlängerung der Planungs- und Bauzeit

Wird die im Vertrag veranschlagte Planungs- oder Bauzeit um mehr als 20 % überschritten, so hat der AN einen Anspruch auf angemessene zusätzliche Vergütung unter Berücksichtigung des vertraglich vereinbarten Honorars. Der nachgewiesene Mehraufwand ist dem AN in jedem Fall zu erstatten.

Vorstehendes gilt nicht, wenn der AN die Zeitüberschreitung zu vertreten hat.

§ 9 Urheberrecht

9.1

Der AN überträgt dem AG die Nutzungs- und Verwertungsrechte an allen von ihm für das vertragsgegenständliche Projekt erstellten Unterlagen und erbrachten Leistungen.

9.2

Der AG darf die Unterlagen und sonstigen Leistungen des AN für das vertragsgegenständliche Projekt ohne Mitwirkung des AN nutzen und ändern. Dies gilt auch für das ausgeführte Bauwerk. Der AG wird den AN jedoch vor wesentlichen Änderungen eines nach dem Urheberrecht geschützten Werkes – soweit zumutbar – anhören.

9.3

Der AG hat das Recht zur Veröffentlichung der Namensangabe des AN. Der AN bedarf zur Veröffentlichung der vorherigen schriftlichen Zustimmung des AG.

9.4

Der AG ist berechtigt, diese Nutzungs- und Verwertungsrechte auf Dritte zu übertragen.

9.5

Mit der Bezahlung der vereinbarten Vergütung sind sämtliche Ansprüche des AN im Zusammenhang mit der Übertragung der Nutzungs-, Verwertungs- und Änderungsrechte an seiner Leistung abgegolten.

9.6

Sämtliche Regelungen gem. § 9 Ziff. 1 bis 4 gelten uneingeschränkt auch im Falle einer vorzeitigen Beendigung des Vertragsverhältnisses.

9.7

Durch vorstehende Vereinbarungen bleiben etwaige Urheberpersönlichkeitsrechte des AN unberührt.

§ 10 Zahlungen

10.1

Abschlagszahlungen werden binnen 21 Tagen in Höhe des Wertes der durch prüffähige Rechnung nachgewiesenen Leistungen gewährt.

10.2

Die Schlussrechnung kann nach Abnahme der Leistungen des AN gestellt werden und ist zur Zahlung fällig nach Prüfung und Feststellung, spätestens innerhalb von zwei Monaten nach Zugang.

§ 11 Abnahme

11.1

Der AG nimmt die Leistungen des AN nach Erbringung der Leistungen der letzten beauftragten Stufe ab. Dies unter der Voraussetzung, dass die Leistungen abnahmefähig fertiggestellt und keine wesentlichen Mängel vorhanden sind.

11.2

Erstreckt sich die Weiterbeauftragung auf die Leistungsphase 8, kann der AN ab der Abnahme der letzten Leistung des bauausführenden Unternehmers oder der bauausführenden Unternehmen eine Teilabnahme der von ihm bis dahin erbrachten Leistungen verlangen.

11.3

Die Leistungen des AN sind förmlich abzunehmen. Das Ergebnis ist in gemeinsamer Verhandlung schriftlich niederzulegen. In die Niederschrift sind etwaige Vorbehalte wegen bekannter Mängel aufzunehmen, ebenso etwaige Einwendungen des AN. Jede Partei erhält eine Ausfertigung.

§ 12 Mängelansprüche, Haftung und Verjährung

12.1

Mängel- und Schadensersatzansprüche des AG richten sich nach den gesetzlichen Vorschriften, soweit nachfolgend nichts anderes vereinbart ist.

12.2

Bei Baumängeln, für die auch der AN eine Verantwortung trägt, kann der AG den AN mit der Beseitigung der Schäden betrauen. Ein Anspruch des AN hierauf besteht nicht.

12.3

Die Verjährungsfrist für sämtliche Mängelansprüche aus diesem Vertrag beginnt mit Abnahme der Leistungen. Bei Beauftragung mehrerer Stufen beginnt die Verjährungsfrist für alle Leistungen aus dem Vertrag mit Abnahme der letzten Stufe zu laufen. Satz 2 gilt für die Abschnitte 1 bis 5, nicht für Abschnitt 6.

§ 13 Haftpflichtversicherung

13.1

Der AN muss das Bestehen einer Berufshaftpflichtversicherung mit den im Vertrag festgelegten Mindestdeckungssummen, die zweifach pro Versicherungsjahr zur Verfügung stehen müssen, nachweisen und für die gesamte Dauer des Vertrages aufrecht halten. Der Nachweis ist durch eine entsprechende aktuelle Bestätigung des Haftpflichtversicherers des AN zu führen.

13.2

Der Versicherungsnachweis ist spätestens zwei Wochen nach Unterzeichnung des Vertrages zu führen. Auch während der Laufzeit des Vertrages ist der AG berechtigt, vom AN jederzeit den Nachweis des Fortbestandes der Berufshaftpflichtversicherung mit den im Vertrag genannten Mindestdeckungssummen zu fordern. In diesem Fall ist der Nachweis dann binnen zwei Wochen zu führen.

13.3

Legt der AN dem AG den Versicherungsnachweis nicht fristgerecht vor, ist der AG nach Ablauf einer gesetzten Nachfrist von zwei Wochen mit Kündigungsandrohung zur Kündigung des Vertrages aus wichtigem Grund berechtigt.

13.4

Der AN hat vor dem Nachweis des Versicherungsschutzes keinen Anspruch auf Leistungen des AG. Der AG kann Zahlungen vom Nachweis des Bestehens und Fortbestehens des Versicherungsschutzes abhängig machen.

13.5

Der AN ist zur unverzüglichen Anzeige verpflichtet, wenn und soweit Deckung in der vereinbarten Höhe nicht mehr besteht.

13.6

Der AN ist verpflichtet, dem AG auf Verlangen seinen Freistellungsanspruch gegen den Haftpflichtversicherer abzutreten.

§ 14 Kündigung

14.1

Der Vertrag ist für den AG jederzeit, für den AN nur aus wichtigem Grund kündbar.

Eine Kündigung bedarf der Schriftform.

14.2

Hat der AN den Kündigungsgrund zu vertreten, so sind nur die bis dahin vertragsgemäß erbrachten, für den AG brauchbaren, in sich abgeschlossenen und nachgewiesenen Leistungen zu vergüten. Ein eventueller Schadensersatzanspruch des AG bleibt unberührt.

14.3

In allen anderen Fällen steht dem AN trotz Kündigung das Honorar zu. Er muss sich jedoch dasjenige anrechnen lassen, was er an Aufwendungen erspart hat oder durch anderweitige Verwendung seiner Arbeitskraft hätte erwerben können (§ 648 S. 2 BGB).

14.4

Beide Vertragsparteien können den Vertrag gem. § 648a BGB aus wichtigem Grund ohne Einhaltung einer Kündigungsfrist kündigen.

14.5

Im Falle einer Kündigung sind beide Vertragsparteien auf Verlangen des anderen Vertragspartners hin verpflichtet, innerhalb von 10 Werktagen nach Vertragsbeendigung gemeinsam den zum Beendigungszeitpunkt erreichten Leistungsstand des AN festzustellen und zu dokumentieren.

§ 15 Abtretungsverbot

Der AN ist nicht berechtigt, ohne Zustimmung des AG eine Honorarforderung aus diesem Vertrag an Dritte abzutreten.

§ 16 Schriftform

Änderungen und Ergänzungen dieses Vertrages bedürfen der Schriftform. Dies gilt auch für die Aufhebung dieses Schriftformgebots.

(*Ort*), den (*Datum*) (*Ort*), den (*Datum*)

(*Unterschrift Auftraggeber*) (*Unterschrift Auftragnehmer*)

▲

D. Muster: Ingenieurvertrag – Tragwerksplanung

▼ 14

15.3

Ingenieurvertrag

Zwischen

(*Name*)

– Auftraggeber (AG) –

und

(*Name*)

– Auftragnehmer (AN) –

wird nachfolgender Ingenieurvertrag geschlossen:

§ 1 Gegenstand des Vertrages

Gegenstand des Vertrages sind die Rechte und Pflichten beider Vertragspartner im Rahmen der Erbringung von Ingenieurleistungen der Tragwerksplanung durch den AN für das vom AG beabsichtigte Bauvorhaben.
Die Vertragspartner sind sich bewusst, dass das Gelingen des vom AN geschuldeten Werkes einer intensiven Kooperation der Vertragspartner bedarf.

§ 2 Das vom AG beabsichtigte Bauvorhaben

Der AG beabsichtigt, folgende Baumaßnahme durchführen zu lassen:

-
-
-
- (Kurzbezeichnung des Bauvorhabens mit dem Grundstücksbeschrieb)

§ 3 Projektziele

3.1 Zielvorgaben

Der AN hat bei der Erbringung der ihm übertragenen Leistungen nachfolgende Zielvorgaben zu beachten und im Rahmen seiner Tätigkeit umzusetzen:

3.1.1 Technische Zielvorgaben

3.1.2 Wirtschaftliche Zielvorgaben

3.1.3 Zeitliche Zielvorgaben

3.1.4 Weitere Zielvorgaben

- Bei vorstehenden Zielvorgaben handelt es sich um die für das vertragsgegenständliche Projekt wesentlichen, durch den AN zu erreichenden Ziele im Sinne von § 650p Abs. 2 BGB.
- Es sind noch keine bzw. noch nicht alle wesentlichen Planungs- und Überwachungsziele vereinbart.

3.2 Zielvorgaben konkretisieren

Der AG ist berechtigt, im Laufe des Planungsprozesses sowie der Ausschreibung, Vergabe und Bauüberwachung Zielvorgaben gem. Ziff. 3.1 zu konkretisieren. Diese Vorgaben hat der AN dann auch zu beachten. Auf eventuelle Zielkonflikte hat der AN hinzuweisen.

Soweit durch die Konkretisierung von Zielvorgaben bereits abgeschlossene und vom AG genehmigte Planungsschritte erneut erbracht werden müssen, steht dem AN in diesem Fall ein angemessener zusätzlicher Vergütungsanspruch zu; die Berechnung erfolgt nach § 650q Abs. 2 BGB.

§ 4 Grundlagen und Inhalte des Vertrages

4.1 Grundlagen und Inhalte des Vertrages sind in nachstehender Reihenfolge:

- die Bestimmungen dieses Vertrages
- die Allgemeinen Vertragsbedingungen für Ingenieurleistungen (AVB)
- die Bestimmungen des BGB über den Architekten- und Ingenieurvertrag (§§ 650p ff.)
- die HOAI in der bei Abschluss dieses Vertrages geltenden Fassung

4.2 Der AN hat weiterhin unter anderem zu beachten:

- die baurechtlichen, umweltrechtlichen und sonstigen öffentlich-rechtlichen Vorschriften
- die einschlägigen technischen Normen, Richtlinien und Bestimmungen
- die Unfallverhütungsvorschriften

- die Vertrags- und Vergabeordnung für Bauleistungen (VOB)
-

§ 5 Die Leistungsverpflichtungen des AN

5.1 Allgemeines

Die vom AN auszuführenden Leistungen werden nach Art und Umfang durch diesen Vertrag bestimmt. Der AN hat seine Leistungen so zu erbringen, dass die Zielvorgaben des AG gem. § 3 bzw. die nach Abschluss der Zielfindungsphase (§ 650p Abs. 2 BGB) festgelegten Zielvorgaben erfüllt werden.

Dabei gehen die Parteien davon aus, dass die Grundleistungen des beauftragten Leistungsbildes im Regelfall durch den AN zu erbringen sind. Beweispflichtig dafür, dass eine vom AN nicht oder nicht vollständig erbrachte Grundleistung projektspezifisch nicht erforderlich ist, ist der AN.

Die Parteien sind sich darüber einig, dass die mit diesem Vertrag formulierten Leistungsverpflichtungen nur vorläufig sind. Es ist Aufgabe des AN, den AG umfassend darüber zu beraten, welche ggf. auch zusätzlichen Leistungen durch ihn oder Dritte (z.B. Sonderfachleute oder Architekt) zu erbringen sind, um die Zielvorgaben des AG zu erreichen. Dabei hat der AN stets die Wirtschaftlichkeit zu beachten.

Im Falle der Beauftragung mit zusätzlichen Leistungen ist der AN verpflichtet, diese auszuführen, sofern es sich um Leistungen handelt, die in sein Berufsbild fallen und dem AN zumutbar sind.

Änderungen anzuordnen, bleibt dem AG vorbehalten.

Die für die Realisierung des Bauvorhabens erforderlichen Leistungen des AN werden in sechs Stufen erbracht:

- Stufe 1: Grundlagenermittlung/Vorplanung
- Stufe 2: Entwurfsplanung/ Genehmigungsplanung
- Stufe 3: Ausführungsplanung
- Stufe 4: Vorbereitung der Vergabe
- Stufe 5: Objektüberwachung

In einer 6. Stufe wird nach Fertigstellung des Bauvorhabens die Objektbetreuung im Hinblick auf die Standsicherheit betreffende Einflüsse während der Mängelhaftungszeit der Unternehmer erbracht.

5.2 Stufenweise Beauftragung

Der AG behält sich vor, dem AN die Leistungen stufenweise und getrennt nach Bauabschnitten (abschnittsweise) in Auftrag zu geben.

Der AN sichert im Falle stufenweiser Beauftragung zu, die Leistungen der weiteren beauftragten Stufen zu erbringen, wenn seit der Fertigstellung der letzten Leistung einer übertragenen Stufe nicht mehr als 6 Monate vergangen sind.

Die Beauftragung mit weiteren Leistungen/Stufen steht dem AG frei. Der AN hat (nur) dann einen Rechtsanspruch auf Übertragung weiterer Leistungen, wenn der AG das Projekt realisiert und zum Zeitpunkt des dazu notwendigen Abrufs der nächsten Stufe kein vom AN zu vertretender wichtiger Grund zur Kündigung durch den AG vorliegt. Aus der stufenweisen Beauftragung kann der AN keine Erhöhung seines Honorars ableiten.

Bei Abruf einer weiteren Stufe gelten die Bestimmungen dieses Vertrags.

Der Abruf erfolgt schriftlich.

5.3 Der dem AN erteilte Auftrag

Der AN wird mit diesem Vertrag zunächst mit den Leistungen folgender Stufe(n) beauftragt:

- Stufe 1: Grundlagenermittlung/Vorplanung
- Stufe 2: Entwurfsplanung/ Genehmigungsplanung
- Stufe 3: Ausführungsplanung
- Stufe 4: Vorbereitung der Vergabe
- Stufe 5: Objektüberwachung
- Stufe 6: Dokumentation und Objektbetreuung

5.4 Die vom AN in den einzelnen Stufen zu erbringenden Leistungen

Inhalt und Umfang der vom AN zu erbringenden Leistungen bestimmen sich nach den objektspezifischen Anforderungen zur Erreichung der in § 3 genannten Ziele bzw. der nach Abschluss der Zielfindungsphase festgelegten Zielvorgaben. Unabhängig davon schuldet der AN das Erreichen der Ergebnisse der ihm übertragenen Abschnitte.

Der AN hat nachfolgende Ergebnisse in den jeweiligen Stufen – soweit diese beauftragt sind – zu erreichen. Das Erreichen dieser Ergebnisse und die Erbringung der jeweiligen Arbeitsschritte sind als selbstständige Teilerfolge der dem AN übertragenen Leistung geschuldet.

5.4.1 Ergebnis in Stufe 1: Erarbeitung eines mit dem AG und dem Architekten abgestimmten Planungskonzeptes.

Zum Erreichen dieses Ergebnisses sind folgende Arbeitsschritte erforderlich und vom AN jedenfalls zu erbringen:

a) Grundlagenermittlung:
Ermitteln der Voraussetzungen zur Lösung der Bauaufgabe durch die Planung

b) Vorplanung:
Ermitteln der wesentlichen Teile einer Lösung der Planungsaufgabe

Der AN hat (auch) folgende Leistungen zu erbringen:[6]

■
■
■

6 Hier sind jeweils die Leistungen (es können auch Grundleistungen der jeweiligen Leistungsphase sein) aufzunehmen, auf die der AG besonderen Wert legt, wenn er es nicht bei der funktionalen Beschreibung belassen will. Dazu dürfte üblicherweise die Erstellung der Kostenermittlungen zählen.

5.4.2 Ergebnis in Stufe 2: Die Ausarbeitung eines genehmigungsfähigen Entwurfs.

Zum Erreichen dieses Ergebnisses sind folgende Arbeitsschritte erforderlich:

a) Entwurfsplanung:

Erarbeiten der endgültigen Lösung der Planungsaufgabe

b) Genehmigungsplanung:

Aufstellen der prüffähigen statischen Berechnungen, Anfertigen von Positionsplänen, Zusammenstellung der Unterlagen der Tragwerksplanung zur bauaufsichtlichen Genehmigung.

Der AN hat (auch) folgende Leistungen zu erbringen:

-
-
-

5.4.3 Ergebnis in Stufe 3: Die Erarbeitung einer ausführungsreifen Lösung der Planungsaufgabe.

Zum Erreichen dieses Ergebnisses ist erforderlich:

Sämtliche erforderlichen Schal- und Bewehrungspläne zu erarbeiten.

Der AN hat (auch) folgende Leistungen zu erbringen:

-
-
-

5.4.4 Ergebnis in Stufe 4: Das Erarbeiten einer vergabereifen Lösung.

Zum Erreichen dieses Ergebnisses ist es erforderlich:

die Vergabe mit vorzubereiten und in diesem Zusammenhang erforderliche Mengen (Betonstahlmengen, Stahlmengen, Holzmengen sowie konstruktive Stahlteile) zu ermitteln und bei der Erstellung der Leistungsverzeichnisse mitzuwirken.

Der AN hat (auch) folgende Leistungen zu erbringen:

-
-
-

5.4.5 Ergebnis in Stufe 5: Verhinderung von Mängeln und vertragswidrigen Leistungen der Unternehmer im Hinblick auf die Ausführung des Tragwerks.

Zum Erreichen dieses Ergebnisses ist erforderlich:

- Die ingenieurtechnische Kontrolle der Ausführung des Tragwerks auf Übereinstimmung mit den geprüften statischen Unterlagen.
- Die ingenieurtechnische Kontrolle der Baubehelfe, z.B. Arbeits- und Leergerüste, Kranbahnen, Baugrubensicherungen.
- Die Kontrolle der Betonherstellung und -verarbeitung auf der Baustelle sowie die statische Auswertung der Güteprüfungen
- Die betontechnologische Beratung des AG und des Architekten.
- Das Mitwirken bei der Überwachung der Ausführung der Tragwerkseingriffe bei Umbauten und Modernisierungen
-
-

Der AN hat (auch) folgende Leistungen zu erbringen:

■
■
■

5.4.6 Ergebnis in Stufe 6: Erkennen und Überwachen von die Standsicherheit betreffenden Einflüssen während der Mängelhaftungszeit der ausführenden Unternehmer.

Zum Erreichen dieses Ergebnisses ist erforderlich:

Die Baubegehung (EN) zur Feststellung und Überwachung von die Standsicherheit betreffenden Einflüssen.

■
■
■

Der AN hat (auch) folgende Leistungen zu erbringen:

■
■
■

5.5 Weiterhin wird der AN beauftragt mit

■
■
■

§ 6 Das Honorar des AN

- Die Honorierung der vom AN geschuldeten Leistungen erfolgt auf Grundlage der HOAI in der zum Zeitpunkt des Vertragsschlusses gültigen Fassung.

6.1 Honorarzone (§ 5 Abs. 1, § 51 Abs. 2 HOAI)

6.2 Honorarsatz (§ 7 Abs. 1 HOAI)

6.3 Leistungsbewertung

Die Leistungen gem. den sechs Leistungsphasen werden in § 51 Abs. 1 HOAI wie folgt bewertet:

Grundlagenermittlung	3 %
Vorplanung	10 %
Entwurfsplanung	15 %
Genehmigungsplanung	30 %
Ausführungsplanung	40 %
Vorbereitung der Vergabe	2 %

Aufgrund der besonderen projektspezifischen Anforderungen dieses Auftrags werden die Leistungsphasen von den Vertragsparteien (gegebenenfalls abweichend von den Prozentsätzen der HOAI) wie folgt bewertet:

Stufe 1

Grundlagenermittlung %

Begründung:

Vorplanung %

Begründung:

Stufe 2

Entwurfsplanung %

Begründung:

Genehmigungsplanung %

Begründung:

Stufe 3

Ausführungsplanung %

Begründung:

Stufe 4

Vorbereitung bei der Vergabe %

Begründung:

6.4 Anrechenbare Kosten

Das Honorar richtet sich nach den anrechenbaren Kosten des Objekts auf Grundlage der Kostenberechnung, die nach DIN 276 in der Fassung von Dezember 2008 (DIN 276–1: 2008–12) aufzustellen ist. Endet das Vertragsverhältnis zu einem Zeitpunkt, zu dem die Kostenberechnung aus Gründen, die der AN nicht zu vertreten hat, noch nicht vorliegt, so gilt als Grundlage zur Ermittlung der anrechenbaren Kosten die Kostenschätzung, die nach der DIN 276 in der Fassung von Dezember 2008 (DIN 276–1: 2008–12) aufzustellen ist.

Ändert sich der beauftragte Leistungsumfang auf Veranlassung des AG, während der Laufzeit des Vertrages mit der Folge von Änderungen der anrechenbaren Kosten, ist eine bereits erstellte Kostenberechnung anzupassen (§ 10 Abs. 1 HOAI). Gleiches gilt, wenn sich die Geschäftsgrundlage einer bereits erstellten Kostenberechnung ändert.

6.5 Die Honorierung der Leistungen in Stufe 5 und Stufe 6

Die Leistungen des AN in Stufe 5 werden wie folgt honoriert:

Die Leistungen des AN in Stufe 6 werden wie folgt honoriert:

- Die Honorierung der vom AN geschuldeten Leistungen erfolgt nach der diesem Vertrag als Anlage beigefügten Honorarvereinbarung.

6.6 Die Vergütung der gem. 5.5 beauftragten Leistungen

- Die Vergütung erfolgt nach Zeitaufwand. Es werden folgende Stundensätze vereinbart:
  - für den Ingenieur EUR
  - für Mitarbeiter, die technische oder wirtschaftliche Aufgaben erfüllen EUR
  - für technische Zeichner u. vergleichbare qualifizierte sonstige Mitarbeiter EUR

  Der Nachweis des Zeitaufwands ist durch Stundenbelege zu führen. Die Abrechnung erfolgt monatlich.
- Es werden folgende Pauschalhonorare vereinbart:
  - EUR
  - EUR
  - EUR

6.7

Soweit zur Erfüllung der mit diesem Vertrag dem AN übertragenen Aufgaben weitere Leistungen erforderlich werden, für die nach diesem Vertrag keine Vergütung vereinbart wurde, erfolgt deren Honorierung nach Zeitaufwand zu den in 6.5 vereinbarten Stundensätzen sofern die Vertragsparteien keine andere Vergütung (etwa Pauschale) schriftlich vereinbaren.

Soweit die Voraussetzungen des § 10 HOAI erfüllt sind, erfolgt die Honorarermittlung nach den Regelungen dieser Norm gem. Abs. 1 und Abs. 2.

6.8 Umbau-/Modernisierungszuschlag (§ 52 Abs. 4)

- Es wird ein Zuschlag i.H.v. % vereinbart.
  Die vorhandene und mitverarbeitete Bausubstanz ist dabei angemessen berücksichtigt.

- Es wird ein Zuschlag i.H.v. ___ % vereinbart.
  Der Umfang der mitzuverarbeitenden Bausubstanz wird zum Zeitpunkt der Kostenberechnung schriftlich vereinbart.

6.9 Zuschlag bei Instandhaltungen und Instandsetzungen (§ 12)

Der Prozentsatz für die Bauüberwachung wird um ___ %-Punkte erhöht.

6.10 Erfolgs-Malus-Honorar

Die Parteien vereinbaren für den Fall einer Unterschreitung der einvernehmlich festgelegten anrechenbaren Kosten um ___ % ohne Verminderung des vertraglich festgelegten Standards ein Erfolgshonorar von ___ % des vereinbarten Honorars.

Werden die einvernehmlich festgelegten Kosten um ___ % überschritten, reduziert sich das Honorar um ___ %.

Dies gilt nicht, wenn die Erhöhung der anrechenbaren Kosten auf kostensteigernde Anordnungen des AG zurückgeht und der AN auf die Auswirkungen im Hinblick auf die Erhöhung der anrechenbaren Kosten hingewiesen hat.

6.11 Nebenkosten

Die Nebenkosten (§ 14 HOAI) werden wie folgt berechnet:

- mit einer Pauschale von ___ % des Netto-Honorars
- Post- und Fernmeldegebühren pauschal mit ___ EUR oder ___ % des Netto-Honorars, die übrigen Kosten auf Nachweis
- auf Nachweis zu folgenden Bedingungen:

Fahrtkosten bei Benutzung des eigenen Pkw	___ EUR/km
sonst die nachgewiesenen Kosten öffentlicher Verkehrsmittel bis zur Höhe fiktiver Pkw-Benutzung	
eine Tagespauschale von	___ EUR
Übernachtungskosten	___ EUR

§ 7 Haftpflichtversicherung

Der AN hat gem. § 13 AVB folgende Mindestdeckungssummen seiner Haftpflichtversicherung nachzuweisen:

für Sachschäden: ___ EUR

für Personenschäden: ___ EUR

§ 8 Planungs- und Bauzeit

Die Vertragsparteien gehen von folgender Planungszeit (einschließlich Ausführungsplanung) aus:

___ Monate

Die Vertragsparteien gehen von folgender Bauzeit (Beginn der Bauarbeiten bis Abnahme des letzten Gewerks) aus:

___ Monate

§ 9 Ergänzende Vereinbarungen

(*Ort*), den (*Datum*)
(*Unterschrift Auftraggeber*)

(*Ort*), den (*Datum*)
(*Unterschrift Auftragnehmer*)

▲

E. Muster: Ingenieurvertrag – Technische Ausrüstung

15 ▼

15.4

Ingenieurvertrag

Zwischen

(*Name*)

– Auftraggeber (AG) –

und

(*Name*)

– Auftragnehmer (AN) –

wird nachfolgender Ingenieurvertrag geschlossen:

§ 1 Gegenstand des Vertrages

Gegenstand des Vertrages sind die Rechte und Pflichten beider Vertragspartner im Rahmen der Erbringung von Ingenieurleistungen bei der Technischen Ausrüstung durch den AN für das vom AG beabsichtigte Bauvorhaben. Der Auftrag bezieht sich auf folgende Anlagengruppen nach § 53 Abs. 2 HOAI:

- Abwasser-, Wasser-, Gasanlagen
- Wärmeversorgungstechnik
- Lufttechnische Anlagen
- Starkstromanlagen
- Fernmelde- und informationstechnische Anlagen
- Förderanlage
- Nutzungsspezifische Anlagen und verfahrenstechnische Anlagen
- Gebäudeautomation und Automation von Ingenieurbauwerken

Die Vertragspartner sind sich bewusst, dass das Gelingen des vom AN geschuldeten Werkes einer intensiven Kooperation der Vertragspartner bedarf.

§ 2 Das vom AG beabsichtigte Bauvorhaben

Der AG beabsichtigt, folgende Baumaßnahme durchführen zu lassen:

(*Kurzbezeichnung des Bauvorhabens mit dem Grundstücksbeschrieb*)

§ 3 Projektziele des AG

3.1 Zielvorgaben

Der AN hat bei der Erbringung der ihm übertragenen Leistungen nachfolgende Zielvorgaben zu beachten und im Rahmen seiner Tätigkeit umzusetzen:

3.1.1 Zielvorgaben zu Quantitäten

3.1.2 Funktionale Zielvorgaben

3.1.3 Technische Zielvorgaben

3.1.4 Wirtschaftliche Zielvorgaben[7]

3.1.5 Zeitliche Zielvorgaben

3.1.6 Zielvorgaben zur Qualität

3.1.7 Weitere Zielvorgaben

- Bei vorstehenden Zielvorgaben handelt es sich um die für das vertragsgegenständliche Projekt wesentlichen, durch den AN zu erreichenden Ziele im Sinne von § 650p Abs. 2 BGB.
- Es sind noch keine bzw. noch nicht alle wesentlichen Planungs- und Überwachungsziele vereinbart.

3.2 Zielvorgaben konkretisieren

Der AG ist berechtigt, im Laufe des Planungsprozesses sowie der Ausschreibung, Vergabe und Bauüberwachung Zielvorgaben gem. Ziff. 3.1 zu konkretisieren. Diese Vorgaben hat der AN dann auch zu beachten. Auf eventuelle Zielkonflikte hat der AN hinzuweisen.

Soweit durch die Konkretisierung von Zielvorgaben bereits abgeschlossene und vom AG genehmigte Planungsschritte erneut erbracht werden müssen, steht dem AN in diesem

7 Hier kann – wenn gewünscht – ein Kostenrahmen oder ein Kostenlimit vorgegeben werden. Wichtig ist zu definieren, welche Kosten in dieser Vereinbarung enthalten sein sollen. Am besten orientiert man sich an den Kostengruppe 400 der DIN 276 Fassung 2008.

Fall ein angemessener zusätzlicher Vergütungsanspruch zu; die Berechnung erfolgt nach § 650q Abs. 2 BGB.

§ 4 Grundlagen und Inhalte des Vertrages

4.1 Grundlagen und Inhalte des Vertrages sind in nachstehender Reihenfolge:

- die Bestimmungen dieses Vertrages
- die Allgemeinen Vertragsbedingungen für Ingenieurleistungen (AVB)
- die Bestimmungen des BGB über den Architekten- und Ingenieurvertrag (§§ 650p ff.)
- die HOAI in der bei Vertragsabschluss geltenden Fassung

4.2 Der AN hat weiterhin unter anderem zu beachten:

- die baurechtlichen, umweltrechtlichen und sonstigen öffentlich-rechtlichen Vorschriften
- die einschlägigen technischen Normen, Richtlinien und Bestimmungen
- die Unfallverhütungsvorschriften
- die Vertrags- und Vergabeordnung für Bauleistungen (VOB)
-

§ 5 Die Leistungsverpflichtungen des AN

5.1 Allgemeines

Die vom AN auszuführenden Leistungen werden nach Art und Umfang durch diesen Vertrag bestimmt. Der AN hat seine Leistungen so zu erbringen, dass die Zielvorgaben des AG gem. § 3 bzw. die nach Abschluss der Zielfindungsphase (§ 650p Abs. 2 BGB) festgelegten Zielvorgaben erfüllt werden.

Dabei gehen die Parteien davon aus, dass die Grundleistungen des beauftragten Leistungsbildes im Regelfall durch den AN zu erbringen sind. Beweispflichtig dafür, dass eine vom AN nicht oder nicht vollständig erbrachte Grundleistung projektspezifisch nicht erforderlich ist, ist der AN.

Die Parteien sind sich darüber einig, dass die mit diesem Vertrag formulierten Leistungsverpflichtungen nur vorläufig sind. Es ist Aufgabe des AN, den AG umfassend darüber zu beraten, welche ggf. auch zusätzlichen Leistungen durch ihn oder Dritte (z.B. Sonderfachleute oder Architekt) zu erbringen sind, um die Zielvorgaben des AG zu erreichen. Dabei hat der AN stets die Wirtschaftlichkeit zu beachten.

Im Falle der Beauftragung mit zusätzlichen Leistungen ist der AN verpflichtet, diese auszuführen, sofern es sich um Leistungen handelt, die in sein Berufsbild fallen und dem AN zumutbar sind.

Änderungen anzuordnen, bleibt dem AG vorbehalten.

Die für die Realisierung des Bauvorhabens erforderlichen Leistungen des AN werden in sechs Stufen erbracht:

- Stufe 1: Grundlagenermittlung/Vorplanung
- Stufe 2: Entwurfsplanung/Genehmigungsplanung
- Stufe 3: Ausführungsplanung
- Stufe 4: Ausschreibung und Vergabe
- Stufe 5: Objektüberwachung – Bauüberwachung

In einer 6. Stufe wird nach Fertigstellung des Bauvorhabens die Objektbetreuung erbracht.

5.2 Stufenweise Beauftragung

Der AG behält sich vor, dem AN die Leistungen stufenweise und getrennt nach Bauabschnitten (abschnittsweise) in Auftrag zu geben.

Der AN sichert im Falle stufenweiser Beauftragung zu, die Leistungen der weiteren beauftragten Stufen zu erbringen, wenn seit der Fertigstellung der letzten Leistung einer übertragenen Stufe nicht mehr als sechs Monate vergangen sind.

Die Beauftragung mit weiteren Leistungen/Stufen steht dem AG frei. Der AN hat (nur) dann einen Rechtsanspruch auf Übertragung weiterer Leistungen, wenn der AG das Projekt realisiert und zum Zeitpunkt des dazu notwendigen Abrufs der nächsten Stufe kein vom AN zu vertretender wichtiger Grund zur Kündigung durch den AG vorliegt. Aus der stufenweisen Beauftragung kann der AN keine Erhöhung seines Honorars ableiten.

Bei Abruf einer weiteren Stufe gelten die Bestimmungen dieses Vertrags.

Der Abruf erfolgt schriftlich.

5.3 Der dem AN erteilte Auftrag

Der AN wird mit diesem Vertrag zunächst mit den Leistungen folgender Stufe(n) beauftragt:

- Stufe 1: Grundlagenermittlung/Vorplanung
- Stufe 2: Entwurfsplanung/Genehmigungsplanung
- Stufe 3: Ausführungsplanung
- Stufe 4: Ausschreibung und Vergabe
- Stufe 5: Objektüberwachung – Bauüberwachung u. Dokumentation
- Stufe 6: Objektbetreuung

5.4 Die vom AN in den einzelnen Stufen zu erbringenden Leistungen

Inhalt und Umfang der vom AN zu erbringenden Leistungen bestimmen sich nach den objektspezifischen Anforderungen zur Erreichung der in § 3 genannten Ziele, bzw. der nach Abschluss der Zielfindungsphase festgelegten Zielvorgaben. Unabhängig davon schuldet der AN das Erreichen der Ergebnisse der ihm übertragenen Stufen.

Der AN hat nachfolgende Ergebnisse in den jeweiligen Stufen – soweit diese beauftragt sind – zu erreichen. Das Erreichen dieser Ergebnisse und die Erbringung der jeweiligen Arbeitsschritte sind als selbstständige Teilerfolge der dem AN übertragenen Leistung geschuldet.

5.4.1 Ergebnis in Stufe 1: Erarbeitung eines mit dem AG und dem Architekten abgestimmten Planungskonzeptes.

Zum Erreichen dieses Ergebnisses sind folgende Arbeitsschritte erforderlich und vom AN jedenfalls zu erbringen:

a) Grundlagenermittlung:
   Ermitteln der Voraussetzungen zur Lösung der Bauaufgabe durch die Planung
b) Vorplanung:
   Ermitteln der wesentlichen Teile einer Lösung der Planungsaufgabe

Der AN hat (auch) folgende Leistungen zu erbringen:[8]

■

■

■

5.4.2 Ergebnis in Stufe 2: Die Ausarbeitung eines genehmigungsfähigen Entwurfs.

Zum Erreichen dieses Ergebnisses sind folgende Arbeitsschritte erforderlich:

a) Entwurfsplanung:
Erarbeiten der endgültigen Lösung der Planungsaufgabe

b) Genehmigungsplanung/Erarbeiten der Bauvorlagen:
Erarbeiten der Vorlagen für die nach den öffentlich-rechtlichen Vorschriften erforderlichen Genehmigungen, Zustimmungen, Genehmigungsfreistellungen, Kenntnisgaben und Anzeigen des Bauvorhabens gem. den Vorschriften der für die Durchführung des Bauvorhabens einschlägigen Landesbauordnung

Der AN hat (auch) folgende Leistungen zu erbringen:

■

■

■

5.4.3 Ergebnis in Stufe 3: Die Erarbeitung einer ausführungsreifen Lösung der Planungsaufgabe.

Zum Erreichen dieses Ergebnisses ist erforderlich:

Sämtliche erforderliche Ausführungs- und Detailpläne zu erarbeiten.

Der AN hat (auch) folgende Leistungen zu erbringen:

■

■

■

5.4.4 Ergebnis in Stufe 4: Das Erarbeiten einer vergabereifen Lösung.

Zum Erreichen dieses Ergebnisses ist es erforderlich:

a) die Vergabe vorzubereiten und in diesem Zusammenhang erforderliche Mengen zu ermitteln und die Leistungsverzeichnisse zu erarbeiten.

b) an der Vergabe mitzuwirken.

Der AN hat (auch) folgende Leistungen zu erbringen:

■

■

■

5.4.5 Ergebnis in Stufe 5: Sicherstellung der Umsetzung der Planung in ein mangelfreies, termingerecht erstelltes, im Kostenrahmen liegendes Werk hinsichtlich der dem AN übertragenen Anlagengruppen.

8 Hier sind jeweils die Leistungen (es können auch Grundleistungen der jeweiligen Leistungsphase sein) aufzunehmen, auf die der AG besonderen Wert legt, wenn er es nicht bei der funktionalen Beschreibung belassen will. Dazu dürfte üblicherweise die Erstellung der Kostenermittlungen zählen.

Zum Erreichen dieses Ergebnisses ist erforderlich:

Die in Anlage 15 zu § 55 HOAI hinsichtlich Leistungsphase 8 beschriebenen Leistungen zu erbringen, mit Ausnahme folgender Leistungen:

-
-
-

Der AN hat (auch) folgende Leistungen zu erbringen:

-
-
-

5.4.6 Ergebnis in Stufe **6:** Unterstützung des AG beim Auftreten von Mängeln innerhalb der Gewährleistungszeit der ausführenden Unternehmer durch fachliche Bewertung der Mängel. Zum Erreichen dieses Ergebnisses ist erforderlich:

Die in Anlage 15 zu § 55 HOAI hinsichtlich Leistungsphase 9 beschriebenen Leistungen zu erbringen, mit Ausnahme folgender Leistungen:

-
-
-

Der AN hat (auch) folgende Leistungen zu erbringen:

-
-
-

5.5 Weiterhin wird der AN beauftragt mit:

-
-
-

§ 6 Das Honorar des AN

- Die Honorierung der vom AN geschuldeten Leistungen erfolgt auf Grundlage der HOAI in der zum Zeitpunkt des Vertragsschlusses gültigen Fassung.

6.1 Honorarzone (§§ 5, 56 Abs. 2–4, Anlage 15.2 HOAI)

	Honorarzone
■ Abwasser-, Wasser-, Gasanlagen	
■ Wärmeversorgungstechnik	
■ Lufttechnische Anlagen	
■ Starkstromanlagen	
■ Fernmelde- und informationstechnische Anlagen	
■ Förderanlagen	
■ Nutzungsspezifische Anlagen und verfahrenstechnische Anlagen	
■ Gebäudeautomation u. Automation von Ingenieurbauwerken	

6.2 Honorarsatz (§ 7 Abs. 1 HOAI)

Honorarsatz

- Abwasser-, Wasser-, Gasanlagen
- Wärmeversorgungstechnik
- Lufttechnische Anlagen
- Starkstromanlagen
- Fernmelde- und informationstechnische Anlagen
- Förderanlagen
- Nutzungsspezifische Anlagen und verfahrenstechnische Anlagen
- Gebäudeautomation u. Automation von Ingenieurbauwerken

6.3 Leistungsbewertung

Die Leistungen gem. den neun Leistungsphasen werden in § 55 Abs. 1 HOAI wie folgt bewertet:

Grundlagenermittlung	2 %
Vorplanung	9 %
Entwurfsplanung	17 %
Genehmigungsplanung	2 %
Ausführungsplanung	22 %
Vorbereitung der Vergabe	7 %
Mitwirkung bei der Vergabe	5 %
Objektüberwachung – Bauüberwachung u. Dokumentation	35 %
Objektbetreuung	1 %

Aufgrund der besonderen projektspezifischen Anforderungen dieses Auftrags werden die Leistungsphasen von den Vertragsparteien (gegebenenfalls abweichend von den Prozentsätzen der HOAI) wie folgt bewertet:[9]

Stufe 1

Grundlagenermittlung %

Begründung:

Vorplanung %

Begründung:

9 Eine abweichende Bewertung sollte detailliert begründet werden.

Stufe 2

Entwurfsplanung %

Begründung:

Genehmigungsplanung %

Begründung:

Stufe 3

Ausführungsplanung %

Begründung:

Stufe 4

Vorbereitung der Vergabe %

Begründung:

Mitwirkung bei der Vergabe %

Begründung:

Stufe 5

Objektüberwachung – Bauüberwachung u. Dokumentation %

Begründung:

Stufe 6

Objektbetreuung %

Begründung:

6.4 Anrechenbare Kosten

Das Honorar richtet sich nach den anrechenbaren Kosten des Objekts auf Grundlage der Kostenberechnung, die nach DIN 276 in der Fassung von Dezember 2008 (DIN 276–1: 2008–12) aufzustellen ist. Endet das Vertragsverhältnis zu einem Zeitpunkt, zu dem die Kostenberechnung aus Gründen, die der AN nicht zu vertreten hat, noch nicht vorliegt, so gilt als Grundlage zur Ermittlung der anrechenbaren Kosten die Kostenschätzung, die nach der DIN 276 in der Fassung von Dezember 2008 (DIN 276–1: 2008–12) aufzustellen ist.

Ändert sich der beauftragte Leistungsumfang auf Veranlassung des AG, während der Laufzeit des Vertrages mit der Folge von Änderungen der anrechenbaren Kosten, ist eine bereits erstellte Kostenberechnung anzupassen (§ 10 Abs. 1 HOAI). Gleiches gilt, wenn sich die Geschäftsgrundlage einer bereits erstellten Kostenberechnung ändert.

6.5 Die Vergütung der gem. 5.5 beauftragten Leistungen

- Die Vergütung erfolgt nach Zeitaufwand. Es werden folgende Stundensätze vereinbart:
  - für den Ingenieur: EUR
  - für Mitarbeiter, die technische oder wirtschaftliche Aufgaben erfüllen EUR
  - für technische Zeichner u. vergleichbare qualifizierte sonstige Mitarbeiter EUR

Der Nachweis des Zeitaufwands ist durch Stundenbelege zu führen. Die Abrechnung erfolgt monatlich.

- Es werden folgende Pauschalhonorare vereinbart:
  - EUR
  - EUR
  - EUR
  - EUR

6.6

Soweit zur Erfüllung der mit diesem Vertrag dem An übertragenen Aufgaben weitere Leistungen erforderlich werden, für die nach diesem Vertrag keine Vergütung vereinbart wurde, erfolgt deren Honorierung nach Zeitaufwand zu den in 6.5 vereinbarten Stundensätzen sofern die Vertragsparteien keine andere Vergütung (etwa Pauschale) schriftlich vereinbaren.

Soweit die Voraussetzungen des § 10 HOAI erfüllt sind, erfolgt die Honorarermittlung nach den Regelungen dieser Norm gem. Abs. 1 und Abs. 2.

6.7 Umbau-/Modernisierungszuschlag (§ 56 Abs. 5)[10]

- Es wird ein Zuschlag i.H.v. % vereinbart.
  Die vorhandene und mitverarbeitete Bausubstanz ist dabei angemessen berücksichtigt.[11]
- Es wird ein Zuschlag i.H.v. % vereinbart.
  Der Umfang der mitzuverarbeitenden Bausubstanz wird zum Zeitpunkt der Kostenberechnung schriftlich vereinbart.

6.8 Zuschlag bei Instandhaltungen und Instandsetzungen (§ 12)[12]

Der Prozentsatz für die Bauüberwachung wird um %-Punkte erhöht.

6.9 Erfolgs-Malus-Honorar[13]

Die Parteien vereinbaren für den Fall einer Unterschreitung der einvernehmlich festgelegten anrechenbaren Kosten um % ohne Verminderung des vertraglich festgelegten Standards ein Erfolgshonorar von % des vereinbarten Honorars.

Werden die einvernehmlich festgelegten Kosten um % überschritten, reduziert sich das Honorar um %.

Dies gilt nicht, wenn die Erhöhung der anrechenbaren Kosten auf kostensteigernde Anordnungen des AG zurückgeht und der AN auf die Auswirkungen im Hinblick auf die Erhöhung der anrechenbaren Kosten hingewiesen hat.

- Die Vergütung erfolgt nach der diesem Vertrag als Anlage beigefügten Honorarvereinbarung.

6.10 Nebenkosten

Die Nebenkosten (§ 14 HOAI) werden wie folgt berechnet:

- mit einer Pauschale von % des Netto-Honorars
- Post- und Fernmeldegebühren pauschal mit EUR oder % des Netto-Honorars, die übrigen Kosten auf Nachweis
- auf Nachweis zu folgenden Bedingungen:
  - Fahrtkosten bei Benutzung des eigenen Pkws sonst die nachgewiesenen Kosten öffentlicher Verkehrsmittel bis zur Höhe fiktiver Pkw-Benutzung EUR/km
  - eine Tagespauschale von EUR
  - Übernachtungskosten EUR

10 Der Umbau- und Modernisierungszuschlag darf bis zur Höhe von 50 % vereinbart werden.

11 Diese Vereinbarung ist wirksam, wenn die formellen Wirksamkeitsvoraussetzungen für eine Honorarvereinbarung (schriftlich und bei Auftragserteilung) gem. § 7 Abs. 1 HOAI eingehalten werden und die Vereinbarung im rechnerischen Endergebnis nicht zu einer Honorarunterschreitung oder -überschreitung führt (was natürlich erst bei Vorliegen der Kostenberechnung beurteilt werden kann).

12 Der Prozentsatz für die Bauüberwachung kann um bis zu 50 % erhöht werden.

13 Das Erfolgshonorar darf bis zu 20 % des vereinbarten Honorars betragen. Das Malus-Honorar kann bis zu 5 % des Honorars vereinbart werden.

§ 7 Haftpflichtversicherung

Der AN hat gem. § 13 AVB folgende Mindestdeckungssummen seiner Haftpflichtversicherung nachzuweisen:

für Sachschäden: EUR

für Personenschäden: EUR

§ 8 Planungs- und Bauzeit

Die Vertragsparteien gehen von folgender Planungszeit (einschließlich Ausführungsplanung) aus:

Monate

Die Vertragsparteien gehen von folgender Bauzeit (Beginn der Bauarbeiten bis Abnahme des letzten Gewerks) aus:

Monate

§ 9 Ergänzende Vereinbarungen

(*Ort*), den (*Datum*)
(*Unterschrift Auftraggeber*)

(*Ort*), den (*Datum*)
(*Unterschrift Auftragnehmer*)

▲

F. Muster: Allgemeine Vertragsbestimmungen für Ingenieurleistungen (AVB/Ing)

16 ▼

15.5

§ 1 Aufgaben des Ingenieurs

1.1

Die vom AN auszuführenden Leistungen werden nach Art und Umfang durch den Vertrag bestimmt. Der AN hat seine Leistungen so zu erbringen, dass die vertraglichen Vorgaben des AG erfüllt werden. Dem AN muss bewusst sein, dass die formulierten Leistungsverpflichtungen zum einen nur vorläufig, zum anderen nicht vollständig sind. Der AN schuldet ggf. auch weitere, nicht beschriebene Leistungen, die erforderlich sind, um die Vorgaben des AG zu erfüllen und die vereinbarten Ziele zu erreichen.

1.2

Es ist Aufgabe des AN, den AG umfassend darüber zu beraten, welche ggf. auch zusätzlichen Leistungen durch ihn oder Dritte (z.B. Sonderfachleute) zu erbringen sind, um die Vorgaben des AG bestmöglich umzusetzen. Dabei ist stets die Wirtschaftlichkeit im Auge zu behalten.

1.3

Im Falle der Beauftragung mit zusätzlichen Leistungen ist der AN verpflichtet, diese auszuführen, sofern es sich um Leistungen handelt, die in sein Berufsbild fallen und ihm zumutbar sind.

1.4

Die Leistungen des AN müssen dem allgemeinen Stand der einschlägigen Wissenschaft, den allgemein anerkannten Regeln der Technik, dem Grundsatz der Wirtschaftlichkeit und den öffentlich-rechtlichen Bestimmungen entsprechen sowie den örtlichen und betrieblichen Verhältnissen Rechnung tragen.

1.5

Der AN hat seinen Leistungen auch die über die vertraglichen Festlegungen hinausgehenden mündlichen und schriftlichen Anordnungen des AG zugrunde zu legen. Hält der AN Anordnungen des AG für unberechtigt oder unzweckmäßig, so hat er seine Bedenken schriftlich geltend zu machen, die Anordnungen jedoch auf Verlangen auszuführen, wenn nicht gesetzliche oder behördliche Bestimmungen entgegenstehen.

1.6

Der AN hat die ihm übertragenen Leistungen persönlich bzw. mit eigenen angestellten Mitarbeitern zu erbringen. Die Beauftragung von Subplanern mit vertragsgegenständlichen Leistungen bedarf der vorherigen schriftlichen Zustimmung des AG.

1.7

Sofern ein vorgegebener Kostenrahmen nicht ausreicht, hat der AN unverzüglich den AG über die voraussichtlichen Mehrkosten schriftlich zu unterrichten, diese zu begründen und mögliche Einsparungen aufzuzeigen.

1.8

Ist ein Kostenlimit im Vertrag vereinbart, so hat der AN seine Leistungen so zu erbringen, dass diese Kostenobergrenze eingehalten wird.

1.9

Der AN hat stets die Grundsätze der Wirtschaftlichkeit und Sparsamkeit sowohl beim Bau als auch beim Betrieb des Gebäudes zu beachten. Unabhängig von der Beachtung einer vorgegebenen Kostenobergrenze oder eines Kostenrahmens hat der AN alle Möglichkeiten zur Einsparung von Kosten für Bau und Betrieb des Gebäudes unter Beachtung der vorgegebenen Quantitäts-, Qualitäts- und Terminziele auszuschöpfen. Der AN hat darauf zu achten, dass die künftigen Betriebs- und Unterhaltungskosten des Objekts in Abhängigkeit von den funktionalen Nutzungszielen möglichst gering gehalten werden. Baukosten dürfen nicht mit der Folge eingespart werden, dass die absehbaren Betriebs-, Verbrauchs- oder Instandhaltungskosten so steigen, dass die Einsparungen dadurch ausgeglichen werden.

§ 2 Grundsätze der Zusammenarbeit

2.1

Dem AN gegenüber ist grundsätzlich nur der AG oder dessen Bevollmächtigter weisungsbefugt. Der AG wird den/ggf. die Bevollmächtigten ausdrücklich dem AN benennen.

2.2

Änderungen anzuordnen, bleibt dem AG vorbehalten.

2.3

Der AG wird die Planung und Durchführung der Baumaßnahme fördern und anstehende Entscheidungen innerhalb angemessener Zeit treffen.

2.4

Der AN hat dem AG auf dessen Aufforderungen hin über die von ihm noch zu erbringenden und bereits erbrachten Leistungen unverzüglich Auskunft zu erteilen und Einsicht in alle Unterlagen zu gewähren. Diese Verpflichtung besteht auch über den Zeitpunkt der Beendigung des Vertrages hinaus.

2.5

Der AN ist verpflichtet, dem Architekten sowie den anderen fachlich beteiligten Planern, Sonderfachleuten und ausführenden Handwerkern/Unternehmern die notwendigen Angaben und Unterlagen so rechtzeitig zu liefern, dass diese ihre Leistungen ordnungsgemäß erbringen können.

2.6

Der AN kann nach vollständiger und vertragsgerechter Erbringung eines ihm übertragenen Abschnitts vom AG verlangen, dass dieser schriftlich sein Einverständnis mit den erbrachten Leistungen erklärt (Freigabeerklärung). Die Freigabeerklärung hat nicht die Rechtswirkungen einer Teilabnahme.

§ 3 Vollmacht/Vertretungsbefugnis

3.1

Der AN ist zur Wahrung der Rechte und Interessen des AG im Rahmen der ihm übertragenen Leistungen berechtigt und verpflichtet. Er hat den AG unverzüglich über Umstände zu unterrichten, aus denen sich Ansprüche gegen ihn selbst oder gegen mit der Bauausführung beauftragte Unternehmen ergeben können. Der AN hat weiterhin den AG unverzüglich über Umstände zu unterrichten, aus denen sich unvorhergesehene Ansprüche gegen den AG ergeben können.

3.2

Der AN ist grundsätzlich nicht bevollmächtigt, den AG rechtsgeschäftlich zu vertreten.

3.3

Finanzielle Verpflichtungen zulasten des AG darf der AN in äußersten Ausnahmefällen und nur dann eingehen, wenn Gefahr im Verzuge und das Einverständnis des AG nicht rechtzeitig zu erlangen ist.

3.4

Der AN ist nicht berechtigt, Verträge, die der AG mit anderen an der Planung und am Bau Beteiligten abgeschlossen hat, zu ändern, zu ergänzen oder neue Preise zu vereinbaren. Gleiches gilt für die Änderung von mit den anderen Projektbeteiligten vereinbarten Fristen. Der AN ist des Weiteren nicht berechtigt, Verträge in Vertretung des AG abzuschließen. Weiterhin ist der AN ohne spezielle Zustimmung des AG im Einzelfall nicht berechtigt, mit ausführenden Unternehmern/Handwerkern zu vereinbaren, dass von diesen ausgeführte Leistungen nach Stundenlohnsätzen vergütet werden. Soll eine Abrechnung ausgeführter Leistungen nach Stundenlöhnen erfolgen, so ist die Zustimmung des AG hierzu schriftlich einzuholen.

3.5

Die Befugnis des AN gegenüber anderen am Bau Beteiligten Weisungen zu erteilen, beschränkt sich grundsätzlich auf solche, die zur Sicherstellung des reibungslosen und uneingeschränkten Projektablaufs erforderlich sind und keine negativen Auswirkungen qualitativer, terminlicher und finanzieller Art für den AG beinhalten.

§ 4 Geheimhaltung/Vertraulichkeit

4.1

Der AN darf Dritten ohne Einwilligung des AG keine Pläne aushändigen und keine Auskunft geben, die sich auf die Baumaßnahme beziehen.

4.2

Der AN wird alle ihm zugehenden und zugänglichen Informationen über das Projekt, insbesondere im Zusammenhang mit Ausschreibungen und Verhandlungen mit Bietern, absolut vertraulich behandeln und seine Mitarbeiter und Erfüllungsgehilfen zur absoluten Verschwiegenheit verpflichten.

4.3

Ein Verstoß gegen die Geheimhaltungs- und Vertraulichkeitsbestimmungen des § 4 berechtigt den AG zur Kündigung des Vertrages aus wichtigem Grund und im Falle eines Schadenseintritts zur Geltendmachung von Schadensersatzansprüchen.

§ 5 Teilnahme an Jour-Fixe-Terminen

Der AN hat einen zuständigen Ansprechpartner und im Urlaubs- oder Krankheitsfall einen kompetenten Stellvertreter zu den Bauherrn-Jour-Fixe-Terminen zu entsenden. Die Bauherrn-Jour-Fixe-Termine werden seitens des AG abhängig vom Projektfortschritt terminiert.

§ 6 Herausgabeanspruch des AG

6.1

Während der Durchführung des Planungs- und Bauvorhabens ist der AN verpflichtet, dem AG alle Unterlagen als Datensatz und in zweifacher Ausfertigung als Pausen oder Kopien rechtzeitig zur Verfügung zu stellen.

6.2

Nach Beendigung des Vertrages hat der AN dem AG sämtliche noch nicht ausgehändigten Unterlagen als Datensatz und in zweifacher Ausfertigung als Pausen oder Kopien auszuhändigen.

6.3

Unterlagen, die der AN vom AG im Rahmen der Projektbearbeitung erhalten hat, sind dem AG spätestens nach Erfüllung des Auftrages zurückzugeben.

6.4

Für den Fall des Auftretens von Honorardifferenzen stehen dem AN Zurückbehaltungsrechte an übergebenen Unterlagen nicht zu.

6.5

Der AN ist verpflichtet, die projektbezogenen Bauunterlagen mindestens einen Zeitraum von zehn Jahren nach Abnahme der letzten von ihm erbrachten Leistungen aufzubewahren.

6.6

Der AN hat mit Beendigung des Projekts (Abnahme seiner Leistungen) dem AG eine elektronische Datei mit sämtlichen für das Projekt relevanten Unterlagen und Informationen, einschließlich aller Werk- und Detailpläne, Bestandspläne usw. zu übermitteln.

§ 7 Änderungsleistung

Änderungen des Leistungsumfangs oder Wiederholungsleistungen aufgrund vertraglicher Einigung zwischen AG und AN oder aufgrund von Anordnungen des AG werden gemäß § 650q Abs. 2 BGB vergütet.

§ 8 Verlängerung der Planungs- und Bauzeit

Wird die im Vertrag veranschlagte Planungs- oder Bauzeit um mehr als 20 % überschritten, so hat der AN einen Anspruch auf angemessene zusätzliche Vergütung unter Berücksichtigung des vertraglich vereinbarten Honorars. Der nachgewiesene Mehraufwand ist dem AN in jedem Fall zu erstatten.

Vorstehendes gilt nicht, wenn der AN die Zeitüberschreitung zu vertreten hat.

§ 9 Urheberrecht

9.1

Der AN überträgt dem AG die Nutzungs- und Verwertungsrechte an allen von ihm für das vertragsgegenständliche Projekt erstellten Unterlagen und erbrachten Leistungen.

9.2

Der AG darf die Unterlagen und sonstigen Leistungen des AN für das vertragsgegenständliche Projekt ohne Mitwirkung des AN nutzen und ändern. Dies gilt auch für das ausgeführte Bauwerk. Der AG wird den AN jedoch vor wesentlichen Änderungen eines nach dem Urheberrecht geschützten Werkes – soweit zumutbar – anhören.

9.3

Der AG hat das Recht zur Veröffentlichung der Namensangabe des AN. Der AN bedarf zur Veröffentlichung der vorherigen schriftlichen Zustimmung des AG.

9.4

Der AG ist berechtigt, diese Nutzungs- und Verwertungsrechte auf Dritte zu übertragen.

9.5

Mit der Bezahlung der vereinbarten Vergütung sind sämtliche Ansprüche des AN im Zusammenhang mit der Übertragung der Nutzungs-, Verwertungs- und Änderungsrechte an seiner Leistung abgegolten.

9.6

Sämtliche Regelungen gem. § 9 Ziff. 1–4 gelten uneingeschränkt auch im Falle einer vorzeitigen Beendigung des Vertragsverhältnisses.

9.7

Durch vorstehende Vereinbarungen bleiben etwaige Urheberpersönlichkeitsrechte des AN unberührt.

§ 10 Zahlungen

10.1

Abschlagszahlungen werden binnen 21 Tagen in Höhe des Wertes der durch prüffähige Rechnung nachgewiesenen Leistungen gewährt.

10.2

Die Schlussrechnung kann nach Abnahme der Leistungen des AN gestellt werden und ist zur Zahlung fällig nach Prüfung und Feststellung, spätestens innerhalb von zwei Monaten nach Zugang.

§ 11 Abnahme

11.1

Der AG nimmt die Leistungen des AN nach Erbringung der Leistungen der letzten beauftragten Stufe ab. Dies unter der Voraussetzung, dass die Leistungen abnahmefähig fertiggestellt und keine wesentlichen Mängel vorhanden sind.

11.2

Erstreckt sich die Weiterbeauftragung auf die Leistungsphase 8, kann der AN ab der Abnahme der letzten Leistung des bauausführenden Unternehmers oder der bauausführenden Unternehmen eine Teilabnahme der von ihm bis dahin erbrachten Leistungen verlangen.

11.3

Die Leistungen des AN sind förmlich abzunehmen. Das Ergebnis ist in gemeinsamer Verhandlung schriftlich niederzulegen. In die Niederschrift sind etwaige Vorbehalte wegen bekannter Mängel aufzunehmen, ebenso etwaige Einwendungen des AN. Jede Partei erhält eine Ausfertigung.

§ 12 Mängelansprüche, Haftung und Verjährung

12.1

Mängel- und Schadensersatzansprüche des AG richten sich nach den gesetzlichen Vorschriften, soweit nachfolgend nichts anderes vereinbart ist.

12.2

Bei Baumängeln, für die auch der AN eine Verantwortung trägt, kann der AG den AN mit der Beseitigung der Schäden betrauen. Ein Anspruch des AN hierauf besteht nicht.

12.3

Die Verjährungsfrist für sämtliche Mängelansprüche aus diesem Vertrag beginnt mit Abnahme der Leistungen. Bei Beauftragung mehrerer Stufen beginnt die Verjährungsfrist für alle Leistungen aus dem Vertrag mit Abnahme der letzten Stufe zu laufen. Satz 2 gilt für die Abschnitte 1–5, nicht für Abschnitt 6.

§ 13 Haftpflichtversicherung

13.1

Der AN muss das Bestehen einer Berufshaftpflichtversicherung mit den im Vertrag festgelegten Mindestdeckungssummen, die zweifach pro Versicherungsjahr zur Verfügung stehen müssen, nachweisen und für die gesamte Dauer des Vertrages aufrecht halten. Der

Nachweis ist durch eine entsprechende aktuelle Bestätigung des Haftpflichtversicherers des AN zu führen.

13.2

Der Versicherungsnachweis ist spätestens zwei Wochen nach Unterzeichnung des Vertrages zu führen. Auch während der Laufzeit des Vertrages ist der AG berechtigt, vom AN jederzeit den Nachweis des Fortbestandes der Berufshaftpflichtversicherung mit den im Vertrag genannten Mindestdeckungssummen zu fordern. In diesem Fall ist der Nachweis dann binnen zwei Wochen zu führen.

13.3

Legt der AN dem AG den Versicherungsnachweis nicht fristgerecht vor, ist der AG nach Ablauf einer gesetzten Nachfrist von zwei Wochen mit Kündigungsandrohung zur Kündigung des Vertrages aus wichtigem Grund berechtigt.

13.4

Der AN hat vor dem Nachweis des Versicherungsschutzes keinen Anspruch auf Leistungen des AG. Der AG kann Zahlungen vom Nachweis des Bestehens und Fortbestehens des Versicherungsschutzes abhängig machen.

13.5

Der AN ist zur unverzüglichen Anzeige verpflichtet, wenn und soweit Deckung in der vereinbarten Höhe nicht mehr besteht.

13.6

Der AN ist verpflichtet, dem AG auf Verlangen seinen Freistellungsanspruch gegen den Haftpflichtversicherer abzutreten.

§ 14 Kündigung

14.1

Der Vertrag ist für den AG jederzeit, für den AN nur aus wichtigem Grund kündbar.

Eine Kündigung bedarf der Schriftform.

14.2

Hat der AN den Kündigungsgrund zu vertreten, so sind nur die bis dahin vertragsgemäß erbrachten, für den AG brauchbaren, in sich abgeschlossenen und nachgewiesenen Leistungen zu vergüten. Ein eventueller Schadensersatzanspruch des AG bleibt unberührt.

14.3

In allen anderen Fällen steht dem AN trotz Kündigung das Honorar zu. Er muss sich jedoch dasjenige anrechnen lassen, was er an Aufwendungen erspart hat oder durch anderweitige Verwendung seiner Arbeitskraft hätte erwerben können (§ 648 S. 2 BGB).

14.4

Beide Vertragsparteien können den Vertrag gem. § 648a BGB aus wichtigem Grund ohne Einhaltung einer Kündigungsfrist kündigen.

14.5

Im Falle einer Kündigung sind beide Vertragsparteien auf Verlangen des anderen Vertragspartners hin verpflichtet, innerhalb von zehn Werktagen nach Vertragsbeendigung gemeinsam den zum Beendigungszeitpunkt erreichten Leistungsstand des AN festzustellen und zu dokumentieren.

§ 15 Abtretungsverbot

Der AN ist nicht berechtigt, ohne Zustimmung des AG eine Honorarforderung aus diesem Vertrag an Dritte abzutreten.

§ 16 Schriftform

Änderungen und Ergänzungen dieses Vertrages bedürfen der Schriftform. Dies gilt auch für die Aufhebung dieses Schriftformgebots.

____ (*Ort*), den ____ (*Datum*)	____ (*Ort*), den ____ (*Datum*)
(*Unterschrift Auftraggeber*)	(*Unterschrift Auftragnehmer*)

▲

§ 16 Bauträgervertrag

Dr. Angelika Krug, LL.M.

Inhalt

Literatur:

Basty, Dritte Verordnung zur Änderung der Makler- und Bauträgerverordnung, DNotZ, 1997, 284; *ders.*, Keine Vorauszahlungen gegen Bürgschaft nach § 7 MaBV, DNotZ 2005, 94; *ders.*, Forderungssicherungsgesetz und Bauträgervertrag, DNotZ 2008, 891, 898; *Behmer*, Das Freigabeversprechen im Konkurs der Gläubigerbank, DNotZ 1985, 196; *Blank*, Das neue Forderungssicherungsgesetz – Auswirkungen auf den Bauträgervertrag, notar 2008, 377; *Grziwotz*, Anmerkung zu BGH Urt. v. 6.5.2003 – XI ZR 33/02 (Unzulässigkeit der Vermischung von MaBV-Sicherheiten zur Reduzierung einer Bürgschaft nach Baufortschritt), ZfIR 2003, 592; *ders.*, Vertragsgestaltung im Niemandsland-Nachruf auf den Bauträgervertrag?, NotBZ 2001, 1; *Hertel*, Erste Anmerkungen zur Ergänzung des § 17 Abs. 2a BeurkG, ZNotP 2002, 288; *ders.*, Werkvertrag und Bauträgervertrag nach der Schuldrechtsreform, DNotZ 2002, 6, 16; *Herrler*, Fälligkeit des Zahlungsanspruchs und Rückforderbarkeit geleisteter Zahlungen im Falle eines gegen § 3 MaBV verstoßenden Ratenplans – Zugleich Anmerkungen zum Urt. des BGH v. 22.3.2007 – VII ZR 268/05, DNotZ 2007, 895, 911; *Kranzleiter*, Der Schutz des Grundstücksverkäufers vor vollständiger Zahlung des Kaufpreises — Zugleich Bemerkungen zum Beschluß des OLG Düsseldorf v. 8.11.1994 – 10 W 123/94, DNotZ 1996, 253; *ders.*, Neues zur Bürgschaft nach § 7 MaBV und zur Vereinbarung von Vorauszahlungen im Bauträgervertrag, Versuch einer „Fortschreibung" zu Basty, DNotZ 2002, 567, nach dem Urteil des BGH v. 18.6.2002 – XI ZR 359/01, DNotZ 2002, 819; *Hügel*, Das Forderungssicherungsgesetz in der notariellen Praxis, NotBZ 2008, 437, 441; *Keim*, § 313 BGB und die Beurkundung zusammengesetzter Verträge, DNotZ 2001, 827; *Litzenburger*, Der Notar als Verbraucherschützer – Die Amtspflichten gem. § 17 Abs. 2a Satz 2 BeurkG, NotBZ 2002, 281; *Locher*, Dritte Verordnung zur Änderung der Makler- und Bauträgerverordnung, NJW 1997, 1427; *Schlünder/Scholz*, Vereinbarung der VOB/B in notariellen Bauverträgen, ZfBR 1997, 55; *Schmidt*, Abnahme im Bauträgervertrag und MaBV, BauR 1997, 216; *Schöner*, Rechtliche Probleme bei Lastenfreistellungsverpflichtungserklärungen, DNotZ 1974, 331; *Sorge*, Die Ergänzung des § 17 Abs. 2a BeurkG, DNotZ 2002, 602; *Thode*, Werkleistung und Erfüllung im Bau- und Architektenvertrag, ZfBR 1999, 116; *ders.*, Die Vormerkungslösung im Bauträgervertrag und die Gestaltungsrechte des Erwerbers, ZNotP 2004, 210; *Vogel*, Das magische Dreieck, BauR 1999, 992; *Volmer*, Anmerkung zu BGH, Urt. v. 10.3.2005, IX ZR 73/01, ZfIR 2005, 408; *Wagner*, Wie rechtssicher ist die nachträgliche Absenkung des Verbraucherschutzes in Bauverträgen?, BauR 2001, 1313; *ders.*, Schiedsgutachterregelungen in Bauträgerverträgen?, BTR 2004, 72; *Warda*, Ausgewählte Probleme der Makler- und Bauträgerverordnung, MittBayNot 1988, 20.

A. Einführung

I. Bezeichnung des Bauträgervertrags

Bauträgerverträge werden häufig als **Kaufverträge** bezeichnet und die handelnden Parteien als „Käufer“ und „Verkäufer“. Diese Terminologie entspricht nicht der Rechtsnatur des Bauträgervertrags, der in wesentlichen Teilen ein **Werkvertrag** ist (siehe § 6 Rdn 2 ff.). Die Terminologie des Kaufrechts stimmt jedoch mit den Begriffen der MaBV überein, die u.a. die Bezeichnungen „Kaufsache“ und „Kaufpreisforderung“ verwendet. Da die Bezeichnung des Vertrags und der Parteien rechtlich keine weitere Bedeutung hat und es sich beim Bauträgervertrag wohl auch aus der Sicht der meisten Parteien um einen Kaufvertrag handelt, wird in den nachfolgenden Formularen diese gebräuchliche Bezeichnung verwendet. 1

II. Inhalt des Bauträgervertrags

1. Grundlagen des Bauträgerrechts

Zu diesem Thema siehe § 6 Rdn 1 ff. 2

2. Inhaltskontrolle nach §§ 305 ff. BGB und der EU-Klauselrichtlinie

Bauträgerverträge sind regelmäßig **Formularverträge** und meistens **Verbraucherverträge bzw. Verbraucherbauverträge**. Formularverträge oder Allgemeine Geschäftsbedingungen (§§ 305 ff. BGB) sind dadurch gekennzeichnet, dass sie für eine **Vielzahl von Verträgen** verwendet werden sollen.[1] Unternehmer die Bauträgermaßnahmen ausführen, beabsichtigen regelmäßig, die Verträge über Wohnungen einer Wohnanlage und Reihenhäuser eines Baugebietes mit allen Erwerbern möglichst gleichlautend abzuschließen. Verbraucherverträge (siehe § 310 Abs. 3 BGB) liegen vor, wenn sich in **Ausübung gewerblicher Tätigkeit Handelnde** einerseits und **natürliche Personen, die zu privaten Zwecken handeln** andererseits, gegenüber stehen. In dieser Konstellation wird der überwiegende Teil der Bauträgerverträge abgeschlossen. Der Verbraucherbauvertrag ist in §§ 650i ff. BGB geregelt. 3

Formularverträge und Verbraucherverträge unterliegen grundsätzlich **der Inhaltskontrolle der §§ 305 ff. BGB und der EU-Klauselrichtlinie vom 5.4.1993**.[2] Diese Vorschriften finden daher grundsätzlich auch auf Bauträgerverträge Anwendung.[3] Die notarielle Beurkundung ändert hieran nichts. In Bauträgerverträgen unterliegen wohl grundsätzlich auch die Regelungen der Inhaltskontrolle der §§ 305 ff. BGB und der EU-Klauselrichtlinie, die lediglich Inhalte der **Makler- und Bauträgerverordnung i.V.m. § 650m Abs. 2 BGB und § 1 der Verordnung über Abschlagszahlungen bei Bauträ-** 4

1 BGH v. 15.4.2008 – X ZR 126/06; BGH v. 9.3.2006 – VII ZR 268/04; BGH v. 24.11.2005 – VII ZR 87/04.

2 Die §§ 305 ff. BGB sind unter Berücksichtigung der EU-Richtlinie 93/13 über missbräuchliche Klauseln in Verbraucherverträgen auszulegen, EuGH v. 27.6.2000 – C – 240/98 = NJW 2000, 2571.

3 *Schlünder/Scholz*, ZfBR 1997, 55; BGH NJW 1992, 2160.

gerverträgen umsetzen. Solche vertraglichen Regelungen betreffen im Wesentlichen die Voraussetzungen der **Kaufpreisfälligkeit** und die **Höhe der Kaufpreisraten**.[4]

5 Von der Inhaltskontrolle der §§ 305 ff. BGB und der EU-Klauselrichtlinie **ausgenommen** sind solche vertraglichen Regelungen, die der Verbraucher oder der Vertragspartner des Verwenders eines Formularvertrags **selbst in den Vertrag eingeführt** hat. Eine Inhaltskontrolle findet weiter dann nicht statt, wenn die vertragliche Regelung **individuell ausgehandelt** wurde (§ 305 Abs. 1 S. 3 BGB). Aushandeln bedeutet, dass der Verwender, für den Vertragspartner erkennbar, die Vertragsbestimmungen inhaltlich ernsthaft zur Disposition stellt und bereit ist, über eine vorgesehene Regelung ernsthaft zu verhandeln. Dem Vertragspartner muss Gestaltungsmöglichkeit eingeräumt werden, um eigene Interessen wahrzunehmen.[5]

3. § 650v BGB, die Verordnung über Abschlagszahlungen bei Bauträgerverträgen und die Makler- und Bauträgerverordnung

6 Weitere Vorschriften, die besonderen Einfluss auf die Inhalte von Bauträgerverträgen haben, sind **§ 650v BGB, § 1 der Verordnung über Abschlagszahlungen bei Bauträgerverträgen und §§ 3, 7 der Makler- und Bauträgerverordnung (MaBV)**. Nach § 650v BGB können in Bauträgerverträgen **Abschlagszahlungen** nur verlangt werden, soweit sie entsprechend der Verordnung über Abschlagszahlungen bei Bauträgerverträgen vereinbart worden sind. § 1 der Verordnung bestimmt, dass in Bauträgerverträgen der Erwerber zur Leistung von Abschlagszahlungen entsprechend § 3 Abs. 2 MaBV verpflichtet werden kann. Aus dem Begriff der „Abschlagszahlungen" in § 650m Abs. 2 BGB und § 1 der Verordnung über Abschlagszahlungen bei Bauträgerverträgen dürfte sich ergeben, dass in Bauträgerverträgen **Kaufpreiszahlungen nur nach Baufortschritt** fällig werden dürfen und dass **Vorauszahlungen unzulässig** sind.[6] Dieses bedeutet weiter, dass die Regelungen über Kaufpreisraten in § 3 Abs. 2 MaBV für die Gestaltung von Bauträgerverträgen nur unter der Prämisse maßgeblich sein können, dass die **Raten dem Wert der erbrachten Bauleistung entsprechen** und **nicht zu Vorauszahlungen des Erwerbers** führen. Der Ratenplan des § 3 Abs. 2 MaBV muss im Hinblick auf diese Anforderungen somit bei jeder Bauträgermaßnahme kritisch begutachtet und ggf. im Vertrag an den **Wert der konkreten Bauleistung angepasst** werden. Zu beachten ist schließlich, dass ein Verstoß gegen die gewerberechtlich zwingenden Vorschriften der MaBV zur zivilrechtlichen Unwirksamkeit der betroffenen vertraglichen Regelung gem. § 12 MaBV i.V.m. § 134 BGB führt.[7]

4 *Wagner*, BauR 2001, 1313; *Thode*, ZNotP 2004, 210; *Herrler*, DNotZ 2007, 895, 911 f.
5 BGH v. 19.5.2005 – III ZR 437/04; BGH v.5.3.2013 – VIII ZR 137/12.
6 *Ullmann*, NJW 2002, 1073; *Staudinger*, DNotZ 2002, 166; *Thode*, ZNotP 2004, 210; *Kesseler*, ZfIR 2006, 702; *Kanzleiter*, ZNotP 2006, 702.
7 BGH v. 22.10.1998 – VII ZR 99/97 – DNotZ 1999, 53.

B. Muster

I. Kaufvertrag über zu errichtendes Wohnungs-/Teileigentum

1. Muster: Kaufvertrag über zu errichtendes Wohnungs-/Teileigentum

▼ 7

Verhandelt zu … am …

Vor mir, dem unterzeichnenden Notar … mit dem Amtssitz in … erschienen heute 16.1

1. Herr/Frau … (*Namen, Straße, Ort*)

von Person bekannt,

handelnd

für die Firma … und aufgrund Vollmacht vom …, die in Ausfertigung vorlag und von der eine Kopie, deren Übereinstimmung mit der Ausfertigung hiermit beglaubigt wird, dieser Niederschrift beigefügt ist; nachstehend Verkäufer genannt.

2. Herr/Frau … (*Name, Geburtstag, Geburtsort, Anschrift*)

ausgewiesen durch Bundespersonalausweis Nr. …, ausgestellt am … durch …; nachstehend Käufer genannt.

Der Notar befragte die Erschienenen nach einer Vorbefassung im Sinne von § 3 Abs. 1 Nr. 7 BeurkG. Diese wurde von den Erschienenen verneint.

Der Notar weist darauf hin, dass gem. § 17 Abs. 2a BeurkG der beabsichtigte Text des Rechtsgeschäfts dem Käufer im Regelfall zwei Wochen vor der Beurkundung zur Verfügung gestellt werden sollte, damit er ausreichend Gelegenheit hat, sich mit dem Gegenstand der Beurkundung auseinanderzusetzen. Der Käufer erklärt, den Vertragstext am … erhalten zu haben, für ihn der Zeitraum daher ausreichend war, um den Text zu prüfen bzw. prüfen zu lassen, so dass eine längere Zeit der inhaltlichen Auseinandersetzung nicht mehr erforderlich ist. Der Käufer erklärt, am … die Baubeschreibung vom Verkäufer erhalten zu haben.

Die Erschienenen erklärten:

I. Vorbemerkung

(1) Der Verkäufer hat als Eigentümer des Grundstücks eingetragen im Grundbuch von … in Blatt … lfd. Nr. … Flur … Flurstück … (Beschrieb)

Wohnungs- und Teileigentum gebildet.

Das Grundstück ist wie folgt belastet:

Abt. II …

Abteilung III …

Die vorstehenden Angaben über den Grundbuchstand beruhen auf dem vorliegenden, von dem Notar elektronisch abgerufenen Grundbuchauszug vom …. Eine Einsichtnahme in die Grundakten ist nicht erfolgt, womit sich die Beteiligten nach Belehrung über die damit verbundenen Risiken einverstanden erklärten.

In Abt. III des Grundbuches eingetragene Grundpfandrechte werden von dem Käufer nicht übernommen.

Die in Abt. II des Grundbuches eingetragenen und die in dieser Urkunde erwähnten, noch einzutragenden Dienstbarkeiten werden von dem Käufer übernommen.

(2) Der Verkäufer errichtet auf dem vorgenannten Grundstück eine Wohnanlage, bestehend aus … Wohnhäusern mit insgesamt … Wohnungen einschließlich Außenanlagen sowie einer Tiefgarage mit insgesamt … Pkw-Stellplätzen und hat den Grundbesitz gem. § 8 WEG in Wohnungs- und Teileigentumsrechte aufgeteilt – UR-Nr. … des Notars … vom …. Das Grundstück ist aus dem beigefügten Lageplan (Anlage …) ersichtlich und gelb umrandet. Die für die Errichtung der Gebäude erforderliche Baugenehmigung ist am … von der … erteilt worden.

Sodann erklärten die Erschienenen nachfolgenden

II. Kaufvertrag

§ 1 Kaufgegenstand

(1) Der Verkäufer verkauft hiermit an den dies annehmenden Käufer das Wohnungseigentum/das Teileigentum, das in der Anlage … Nr. … der Teilungserklärung vom … wie folgt beschrieben ist:

a) …/10.000stel Miteigentumsanteil an dem eingangs näher bezeichneten Grundstück, verbunden mit dem Sondereigentum an …

jetzt eingetragen im Grundbuch von … Blatt …

b) …/10.000stel Miteigentumsanteil an dem eingangs näher bezeichneten Grundstück, verbunden mit dem Sondereigentum an …

jetzt eingetragen im Grundbuch von … Blatt …

(2) Eine Zustimmung des Verwalters zu diesem Verkauf ist nicht erforderlich, da die Erstveräußerung in der Teilungserklärung von diesem Erfordernis ausgenommen wurde.

(3) Wegen des Kaufgegenstandes wird auf den diesem Vertrag als Anlage … beigefügten Grundriss der Wohnung und den Untergeschossplan verwiesen, die zur Durchsicht vorgelegt und von den Beteiligten genehmigt wurden.

Die Herstellung des Kaufgegenstandes und die Aufteilung in Wohnungs- und Teileigentum erfolgt auf der Grundlage der nachfolgend unter Nr. 4. genannten Unterlagen, auf die verwiesen wird.

(4) Die Beteiligten verweisen wegen
- der Baubeschreibung,
- der Teilungserklärung nebst Aufteilungsplänen und Gemeinschaftsordnung,
- des Verwaltervertrages

auf die Urkunde Nr. … vom … des Notars …, die gegenwärtig in beglaubigter Abschrift vorliegt.

Der Käufer hat eine beglaubigte Abschrift dieser Urkunde erhalten. Der Inhalt dieser Urkunde, auf den verwiesen wurde, wird mit Abschluss dieses Vertrages für beide Vertragsparteien verbindlich. Die Beteiligten erklären, dass ihnen der Inhalt vorgenannter Urkunde bekannt ist und dass sie auf ein Vorlesen sowie Beifügen der Urkunde zu dieser Niederschrift verzichten. Der Notar erläuterte und belehrte über die Bedeutung des Verweisens unter Bezugnahme auf § 13a BeurkG.

Der Verkäufer behält sich jedoch Änderungen gegenüber der Baubeschreibung und den Plänen vor, soweit sie nachträglich behördlicherseits verlangt werden sollten oder wenn sie sich nachträglich als notwendig erweisen, sich nicht wertmindernd auswirken und dem Käufer zumutbar sind. Derartige Änderungen sind dem Käufer unverzüglich mitzuteilen. Bei Abweichungen zwischen Baubeschreibung und Plänen ist die Baubeschreibung maßgebend.

Der Verkäufer wird hiermit bevollmächtigt, die Teilungserklärung und die Gemeinschaftsordnung einschl. der Größe der Miteigentumsanteile zu ändern. Diese Vollmacht ist im Außenverhältnis unbeschränkt. Die Beteiligten sind sich jedoch einig, dass eine Änderung im Innenverhältnis nur erfolgen darf, sofern die Änderung aufgrund behördlicher oder grundbuchseitiger Auflagen erforderlich wird und für den Käufer insgesamt nicht wertmindernd und zumutbar ist.

Der Verkäufer ist berechtigt, Untervollmacht zu erteilen.

(5) Sonderwünsche können entsprechend den Regelungen in § 8 dieses Vertrages berücksichtigt werden.

§ 2 Kaufpreis

(1) Der Kaufpreis für den in § 1 näher bezeichneten Kaufgegenstand beträgt:

a)	EUR	für die Wohnung,
b)	EUR	für den Tiefgaragenstellplatz,
zusammen	EUR	

(in Worten: EUR).

(2) Der Kaufpreis ist ein Festpreis.

Der Kaufpreis umfasst alle Kosten und Nebenkosten für die Herstellung des Kaufgegenstandes gemäß § 1. Im Kaufpreis enthalten sind auch die Erschließungslasten nach dem Baugesetzbuch für die erstmalige Herstellung der Erschließungsanlagen und die sonstigen Anliegerkosten aufgrund kommunaler Satzung.

Im Kaufpreis nicht enthalten sind die anfallende Grunderwerbsteuer, die Kosten der Beurkundung und Durchführung dieses Vertrages, die Gerichtskosten, die anteiligen Kosten für die Beurkundung der Teilungserklärung und Gemeinschaftsordnung sowie die anfallenden Zwischenfinanzierungszinsen des Käufers.

Der Käufer ist verpflichtet, innerhalb von 4 Wochen ab Vertragsabschluss seine Gesamtfinanzierung nachzuweisen.

(3) 1) Der Kaufpreis ist wie folgt zur Zahlung fällig:

a)	25,0 %	bei Beginn der Erdarbeiten,
b)	28,0 %	nach Rohbaufertigstellung,
c)	38,5 %	nach Bezugsfertigkeit, Fassadenarbeiten und Zug um Zug gegen Besitzübergabe,
d)	3,5 %	nach vollständiger Fertigstellung.
	95,0 %	

Der Restbetrag von 5 % des Kaufpreises (gesetzlicher Einbehalt des Käufers von der ersten Rate zu a) ist zur Zahlung fällig, wenn – nach Wahl des Verkäufers –

(a) entweder der Verkäufer dem Käufer als Sicherheit für die rechtzeitige Herstellung des Werks ohne wesentliche Mängel eine Bürgschaft eines im Inland zum Geschäftsbetrieb befugten Kreditinstituts oder Kreditversicherers i.H.v. EUR ____ (mindestens 5 % der Gesamtvergütung) gestellt hat und die Bürgschaft dem Käufer z. Hd. des amtierenden Notars übergeben und mit den Erdarbeiten zu dem vertragsgemäßen Bauvorhaben begonnen worden ist;

(b) der Kaufgegenstand rechtzeitig ohne wesentliche Mängel fertig gestellt ist. Ist dies nicht der Fall, richtet sich die Fälligkeit nach den gesetzlichen Bestimmungen.

Für den Fall, dass eine Sicherheit gemäß vorstehend (a) gestellt wird, gilt ergänzend Folgendes:

Der Käufer beauftragt den amtierenden Notar hiermit, das Original der Bürgschaft für ihn zu verwahren. Sie ist von dem Notar dem Käufer auf dessen einseitiges Verlangen jederzeit ohne Einschränkung herauszugeben.

Die Bürgschaft ist an die Bank zurückzugeben, wenn der Sicherungsfall nicht mehr eintreten kann. Der Verkäufer wird dem Notar schriftlich mitteilen, wenn nach seiner Auffassung die Voraussetzungen für die Rückgabe der Bürgschaft vorliegen. Der Notar hat dem Käufer hiervon schriftlich Mitteilung zu geben; sofern dieser der Rückgabe nicht innerhalb von 14 Tagen nach Zugang dieser Mitteilung widerspricht, hat der Notar die Bürgschaft an die Bank herauszugeben; Verkäufer und Käufer sind sich darüber einig, dass der Käufer nicht mit der Rückgabe der Bürgschaft in Verzug gerät, wenn die Rückgabe erst nach Abwicklung dieses Verfahrens erfolgt.

Im Falle eines Widerspruchs des Käufers gegen die Rückgabe der Bürgschaft hat der Notar die Bürgschaft weiter zu verwahren, bis er vom Käufer zur Herausgabe an ihn oder an die Bank schriftlich aufgefordert wird.

(3) 2) Die vorstehenden Raten sind jedoch nur dann fällig, wenn der beurkundende Notar den Vertragsparteien schriftlich bestätigt hat, dass

a) dieser Vertrag rechtswirksam ist und alle zur Vertragsabwicklung erforderlichen Genehmigungen vorliegen,

b) die Eintragung der gemäß III. dieses Vertrages bewilligten Vormerkung in das Wohnungs-/Teileigentumsgrundbuch ohne Vorbelastungen in Abt. II des Grundbuches – ausgenommen solche, die sich aus I. und II. §§ 11 und 12 ergeben – erfolgt ist,

c) die Freistellung des Vertragsobjektes von allen Grundpfandrechten in Abt. III und von Rechten in Abt. II des Grundbuches, die der Vormerkung im Range vorgehen oder gleichstehen und nicht übernommen werden sollen, gesichert ist, und zwar, wenn das Bauvorhaben vollendet wird, unverzüglich nach Zahlung der geschuldeten Vertragssumme, anderenfalls unverzüglich nach Zahlung des dem erreichten Bautenstand entsprechenden Teils der geschuldeten Vertragssumme durch den Käufer.
Wahlweise kann sich die Gläubigerin der Grundpfandrechte für den Fall, dass das Bauvorhaben nicht vollendet wird, vorbehalten, anstelle der Freistellung alle vom Käufer vertragsgemäß eingezahlten Beträge bis zum anteiligen Wert des Vertragsobjektes Zug um Zug gegen Löschung, ggf. Abtretung der Auflassungsvormerkung und der eventuell für die Finanzierungsinstitute des Käufers bereits eingetragenen Grundpfandrechte an den Einzahler zurückzuerstatten.

Die Raten werden einzeln durch den Verkäufer schriftlich – unter Vorlage einer Bestätigung des Bauleiters über den Baufortschritt – abgerufen und müssen jeweils innerhalb von Werktagen nach Abruf auf dem Sonderkonto bei der , Konto Nr. (BLZ), unter Angabe des Verwendungszwecks: „“, eingegangen sein.

Sämtliche Kaufpreisraten können mit schuldbefreiender Wirkung nur auf dieses Konto gezahlt werden.

(3) 3) Unbeachtlich der Voraussetzungen in vorstehendem Abs. 3 Nr. 2) a), b), c) sind die Kaufpreisraten zu Abs. 3 Nr. 1) a), b), c) und d) nach Erreichen des jeweiligen Bautenstandes in voller Höhe fällig, wenn der Verkäufer auf seine Kosten dem Käufer z.Hd. des amtierenden Notars als Treuhänder des Käufers eine dem § 7 Makler- und Bauträgerverordnung entsprechende Bürgschaft, in der das Recht zur Hinterlegung des Kaufpreises nicht enthalten sein darf, zur Verwahrung übergibt mit der Maßgabe, dass die Bürgschaft auf einseitiges Verlangen des Käufers an diesen jederzeit herauszugeben ist. Die Bürgschaft ist unverzüglich nach Vorliegen der Voraussetzungen gemäß § 3 Makler- und Bauträgerverordnung an den Verkäufer zurückzugeben. Der Käufer ist verpflichtet, dem Verkäufer die Kosten für die von ihm gestellte Bürgschaft ab dem Tage zu erstatten, ab dem er mit der Rückgabe der Bürgschaft in Verzug ist. Ein Austausch der Bürgschaft in Höhe des Ratenplanes gemäß § 3 MaBV ist zulässig. Der Notar hat insoweit belehrt.

(4) Der Kaufgegenstand ist bezugsfertig, wenn das Bauvorhaben soweit fortgeschritten ist, dass der Bezug zugemutet werden kann. Sachmängel und geringfügige Restarbeiten, die nicht so schwerwiegend sind, dass sie die Bezugsfertigkeit ausschließen sowie noch ausstehende Arbeiten an Außenanlagen, Gemeinschaftseinrichtungen oder Eigenleistungen des Käufers stehen der Bezugsfertigkeit nicht entgegen.

Der Kaufgegenstand ist dann fertig gestellt, wenn alle vertragsgemäß vereinbarten Leistungen erbracht und einschließlich Außenanlagen gemäß Baubeschreibung erstellt worden sind. Geringfügige Mängel und Restarbeiten hindern die Annahme der vollständigen Fertigstellung und damit die Fälligkeit der letzten Kaufpreisrate nicht. Die Vorschriften über die Fälligkeit sowie das Zurückbehaltungsrecht des Käufers bleiben unberührt.

(5) Soweit in dieser Urkunde nicht anders vereinbart, ist der Käufer zur Aufrechnung oder zur Ausübung eines Zurückbehaltungsrechts nur mit einer unbestrittenen oder einer rechtskräftig festgestellten Forderung berechtigt.

(6) Zahlt der Käufer bei Fälligkeit nicht, kommt er ohne Mahnung in Verzug. Er hat dann die gesetzlichen Verzugszinsen i.H.v. 5 Prozentpunkten über dem jeweiligen Basiszinssatz p.a. zu zahlen. Die Zinsen sind zusammen mit dem entsprechenden Kaufpreisteil gemäß Abs. (3) Nr. 1) fällig und zahlbar.

§ 3 Vorwegbeleihung

Der Verkäufer ist damit einverstanden und erteilt dem Käufer – bei mehreren Käufern jeweils einzeln – insoweit hiermit Vollmacht, dass der Vertragsgegenstand zur Finanzierung des Kaufes schon vor Eigentumsumschreibung mit Grundpfandrechten zugunsten der Darlehensgeber belastet und der sofortigen Zwangsvollstreckung gemäß § 800 ZPO unterworfen wird, und zwar auch über den Kaufpreis hinaus. Der Käufer verpflichtet sich, den Verkäufer von allen Kosten der Grundpfandrechtsbestellung freizuhalten.

Auf eigenen ausdrücklichen Wunsch bevollmächtigen hiermit die Vertragsparteien als Vertrauenspersonen , außerdem bevollmächtigen sich mehrere Käufer hiermit gegenseitig, jeweils allein und unter Befreiung von den Beschränkungen des § 181 BGB, hinsichtlich der Belastung des Vertragsgegenstandes mit Rechten in Abt. II und Grundpfandrechten in Abt. III des Grundbuches, alle dafür erforderlichen Erklärungen abzugeben und entgegenzunehmen. Dazu gehören insbesondere Zweckerklärungen, Bewilligungen und Anträge sowie die Erklärungen, mit denen der Vertragsgegenstand gemäß § 800 ZPO der sofortigen Zwangsvollstreckung gegen den jeweiligen Eigentümer unterworfen wird. Seitens des Käufers umfasst dies zudem alle Erklärungen im Hinblick auf entsprechende Schuldanerkenntnisse nebst Unterwerfung unter die sofortige Zwangsvollstreckung in dessen gesamtes Vermögen – bei mehreren als Gesamtschuldner.

Mit Wirkung im Außenverhältnis kann von der vorstehenden Vollmacht nur dann Gebrauch gemacht werden, wenn es sich bei dem jeweiligen Darlehensgeber um ein inländisches Kreditinstitut handelt und wenn folgende hiermit vereinbarte Einschränkungen in der Grundpfandrechtsbestellungsurkunde wiedergegeben wurden:

Zur Sicherung des Verkäufers tritt der Käufer seine Auszahlungsansprüche gegen seine Darlehensgeber bis zur Höhe des noch geschuldeten Kaufpreises an den Verkäufer ab, der die Abtretung annimmt. Die Darlehensgeber werden unwiderruflich angewiesen, die Darlehensvaluten bis zur Höhe des noch geschuldeten Kaufpreises nur entsprechend den Regelungen dieses Vertrages zu zahlen. Der Verkäufer übernimmt keinerlei persönliche Zahlungspflichten gegenüber den Darlehensgebern. Diese dürfen die Grundpfandrechte nur insoweit als Sicherheit verwerten und/oder behalten, als sie tatsächlich Zahlungen auf den Kaufpreis geleistet haben, und nur dann, wenn der Kaufpreis vollständig gezahlt wurde. Kommt es nicht zur Eigentumsumschreibung, darf deren Löschung nur von der Rückgewähr des tatsächlich an den Verkäufer ausgezahlten Betrages abhängig sein. Alle weiteren innerhalb oder außerhalb der Grundpfandrechtsbestellungsurkunde getroffenen Zweckbestimmungen gelten erst nach vollständiger Kaufpreiszahlung, spätestens mit Eigentumsumschreibung.

Der Notar hat über die Bedeutung dieser Erklärungen belehrt, insbesondere im Hinblick auf den Inhalt und die rechtliche Bedeutung von Grundpfandrechten nebst der abstrakten Zinsen und Nebenleistung, der abstrakten persönlichen Haftung aus einem Schuldanerkenntnis, der prozessualen und vollstreckungsrechtlichen Folgen der sofortigen Zwangsvollstreckung aus notariellen Urkunden und die besondere Funktion der Zweckerklärung. Weiter hat der Notar darauf hingewiesen, dass eine Bevollmächtigung Dritter zur Abgabe derartiger Erklärungen nur in begründeten Fällen sinnvoll ist, um ein sachgerechtes Beurkundungsverfahren nicht zu unterlaufen.

Der Käufer übernimmt im Zuge der Eigentumsumschreibung die auf seine Veranlassung eingetragenen Belastungen.

§ 4 Fertigstellung

(1) Die bezugsfertige Herstellung des Kaufgegenstands ist vom Verkäufer für den Monat ______ geplant. Er verpflichtet sich, den Kaufgegenstand bis zum ______ bezugsfertig zu erstellen. Die zu der Wohnanlage gehörigen Garten- und Grünflächen sind entsprechend der Jahreszeit herzustellen und der gesamte Kaufgegenstand ist bis zum ______ endgültig fertigzustellen.

(2) Streik, Aussperrung, höhere Gewalt oder mehr als ______ Ausfalltage durch Witterungseinflüsse verlängern die vorstehenden Fertigstellungstermine jedoch entsprechend. Der Verkäufer haftet nicht für Terminverzögerungen, die aufgrund von Sonderwünschen

des Käufers gemäß § 8 dieses Vertrages entstehen oder die aus sonstigen Gründen vom Verkäufer nicht zu vertreten sind.

§ 5 Übergabe und Abnahme

(1) Die Übergabe des Kaufgegenstandes erfolgt, sobald dieser bezugsfertig hergestellt ist, es sei denn, der Käufer hat seine Zahlungsverpflichtungen einschließlich Zinsen und Kosten gegenüber dem Verkäufer nicht erfüllt. Eine getrennte Übergabe des Sondereigentums, des Sondernutzungsrechts und des Gemeinschaftseigentums ist ganz oder teilweise zulässig.

(2) Bei Übergabe des Kaufgegenstands erfolgt gleichzeitig die Abnahme durch eine gemeinsame Besichtigung des Kaufgegenstandes, über die ein vom Verkäufer und vom Käufer zu unterzeichnendes Protokoll angefertigt wird. Darin sind alle ausstehenden Leistungen und sichtbaren Mängel aufzunehmen.

Der Verkäufer hat den für die Übergabe und Abnahme vorgesehenen Termin mindestens zwei Wochen vorher dem Käufer schriftlich mitzuteilen. Ist der Käufer verhindert, hat dieser einen Ersatztermin mit dem Verkäufer zu vereinbaren, der nicht länger als eine Woche von dem vorgesehenen Termin abweichen darf.

(3) Nach der Abnahme erteilt der Verkäufer dem Käufer eine prüffähige Schlussrechnung. Der Notar hat über § 650g Abs. 4 S. 2 und 3 BGB belehrt.

§ 6 Verrechnungstag

Die Nutzungen und Lasten sowie die Gefahr des zufälligen Untergangs und der zufälligen Verschlechterung gehen mit dem Tag der Übergabe gemäß § 5 Abs. 1 auf den Käufer über. Gleichzeitig tritt er in die für die Eigentümergemeinschaft bestehenden Versicherungsverträge ein.

Vom Übergabetag (Verrechnungstag) an hat der Käufer an den Verwalter monatlich im Voraus die aufgrund der Teilungserklärung und des Verwaltervertrages anfallenden Beträge (Wohngeld/Hausgeld) zu zahlen; Einzelheiten wird der Verwalter hierzu rechtzeitig mitteilen.

§ 7 Ansprüche und Rechte des Käufers bei Mängeln

(1) Das Grundstück wird anteilig mit der Beschaffenheit, wie es von dem Käufer besichtigt wurde, insbesondere hinsichtlich Größe, Güte und Beschaffenheit, verkauft. Rechte des Käufers wegen eines Sachmangels des Grundstücks sind ausgeschlossen mit Ausnahme der Haftung für Sachmängel am Grundstück, wegen denen das Gebäude am vorgesehenen Standort nicht errichtet oder bestimmungsgemäß genutzt werden darf und für Sachmängel am Grundstück, die zu Sachmängeln am Gebäude führen. Dies gilt, vorbehaltlich nachfolgendem Abs. 3, auch für Schadensersatzansprüche.

Der Verkäufer erklärt, dass

- alle während der Bauzeit festgestellten Bodenverunreinigungen und Altlasten, die nach behördlicher Anordnung zum Zwecke der Gefahrenabwehr beseitigt werden müssen, oder die gesonderte Entsorgung oder Behandlung des Aushubbodens erforderlich machen, durch den Verkäufer beseitigt werden;
- ihm außer den allgemeinen öffentlichen Abgaben und Lasten (z.B. Grundsteuer) und den im Vertrag genannten keine weiteren Lasten und Beschränkungen bekannt sind.

(2) Wegen aller Sachmängel an Bauwerks- oder Grundstücksarbeiten gilt Folgendes:

- Dem Käufer stehen die gesetzlichen Rechte zu, einschließlich der Verjährungsfrist von fünf Jahren bei Bauwerksarbeiten und zwei Jahren bei Arbeiten am Grundstück.
  Eine geringfügige sich gegenüber den Grundrissplänen ergebende Verringerung der Wohnfläche nach Fertigstellung bis zu 2,0 % hat keinen Einfluss auf den Kaufpreis und den sonstigen Vertragsinhalt. Eine Verringerung von mehr als 2,0 % der Wohnfläche ist von dem Verkäufer gegenüber dem Käufer mit EUR (in Worten: EUR) pro qm auszugleichen.
  Die Berechnung der Wohnfläche nach Fertigstellung erfolgt auf der Basis der Wohnflächenverordnung vom 25.11.2003, wobei Loggien und Terrassen zu 50 % und Dachterrassen zu 25 % angerechnet werden.
- Schadensersatzansprüche werden, vorbehaltlich nachfolgendem Abs. 3, ausgeschlossen.

Wegen aller Sachmängel an mitverkauften beweglichen Sachen (z.B. Leuchtmitteln) gilt Folgendes:

- Dem Käufer stehen die gesetzlichen Rechte zu. Bei Fehlschlagen der Nachbesserung kann die Herabsetzung des Kaufpreises (Minderung) oder Rückabwicklung des Vertrages (Rücktritt) durch den Käufer nur hinsichtlich der betreffenden beweglichen Sache verlangt werden, während ein Anspruch auf Rücktritt von dem Gesamtvertrag ausgeschlossen ist, wenn die Mängel unerheblich sind.
- Schadensersatzansprüche werden, vorbehaltlich nachfolgendem Abs. 3, ausgeschlossen.

(3) Ausgenommen von den Haftungsbeschränkungen in den vorstehenden Abs. 1 und 2 sind Ansprüche des Käufers auf Schadensersatz aus der Verletzung des Lebens, des Körpers oder der Gesundheit, wenn der Verkäufer die Pflichtverletzung zu vertreten hat, und auf Ersatz sonstiger Schäden, die auf einer vorsätzlichen oder grob fahrlässigen Pflichtverletzung des Verkäufers oder eines seiner gesetzlichen Vertreter oder Erfüllungsgehilfen beruhen. Bei fahrlässig verursachten Sach- und Vermögensschäden haften der Verkäufer und seine Erfüllungsgehilfen nur bei der Verletzung einer wesentlichen Vertragspflicht, jedoch der Höhe nach beschränkt auf die bei Vertragsschluss vorhersehbaren und vertragstypischen Schäden; wesentliche Vertragspflichten sind solche, deren Erfüllung den Vertrag prägt und auf die der Käufer vertrauen darf.

(4) Der Verkäufer verpflichtet sich, nur normgerechte Baustoffe zu verwenden und das Bauvorhaben nach den anerkannten Regeln der Technik und technisch einwandfrei zu errichten.

§ 8 Sonderwünsche

Sonderwünsche können nur berücksichtigt werden, wenn und soweit sie unter Beachtung des Bauablaufs und des Bautenstandes schriftlich in einem Sonderwunschvertrag vereinbart worden sind. Einigen sich die Parteien hinsichtlich der Ausführung von Sonderwünschen nicht, wird der Vertrag als Ganzes hiervon nicht berührt. Die Wohnung gilt dann als mit Normalausstattung verkauft.

Für vom Käufer erbrachte Eigenleistungen oder bei Dritten in Auftrag gegebene Sonderleistungen übernimmt der Verkäufer keine Haftung. Soweit dadurch die vertragsgemäße Ausführung der Bauleistung insgesamt beeinträchtigt ist, kann der Käufer keine Ansprüche bzw. Rechte geltend machen; dies gilt insbesondere für den Schallschutz. Hiervon ausgenommen sind Schäden gemäß § 7 Abs. 3.

§ 9 Baudurchführung

Der Käufer ist nicht berechtigt, in den Bauablauf einzugreifen und während der Bauzeit das Vertragsgrundstück zu benutzen. Er ist insbesondere nicht befugt, den am Bau beteiligten Handwerkern Weisungen zu erteilen. Er darf die Baustelle auf eigene Gefahr betreten, um sich vom Bautenstand zu überzeugen und sich über die Ausführung seiner Sonderwünsche zu informieren. Dabei hat er die Anweisungen der Bauleitung zu beachten. Der Verkäufer übergibt dem Käufer vor Beginn der Ausführung einer geschuldeten Leistung diejenigen Planungsunterlagen, die der Käufer benötigt, um gegenüber Behörden den Nachweis führen zu können, dass die Leistung unter Einhaltung der einschlägigen öffentlich-rechtlichen Vorschriften ausgeführt werden wird. Spätestens mit der Fertigstellung des Kaufgegenstandes erstellt und übergibt der Verkäufer dem Käufer diejenigen Unterlagen, die dieser benötigt, um gegenüber Behörden den Nachweis führen zu können, dass die Leistung unter Einhaltung der einschlägigen öffentlich-rechtlichen Vorschriften ausgeführt worden ist.

§ 10 Vermittlungs-/Schlichtungsverfahren und Schiedsgutachten

(1) Meinungsverschiedenheiten, die die Bauausführung betreffen, werden durch Einholung eines Schiedsgutachtens zu lösen versucht, bevor die staatlichen Gerichte angerufen werden können.

Dazu vereinbaren Verkäufer und Käufer Folgendes:

a) Strittige baufachliche Fragen aus diesem Vertrag, die sich auf die Fälligkeit von Zahlungen aufgrund eines bestimmten Bautenstandes, die Bauausführung, das Vorhandensein von Baumängeln, die Erledigung von Leistungen und Mängeln nach dem Abnahmeprotokoll oder auf die Sachmängelhaftung innerhalb der Verjährungsfrist beziehen, sind zunächst einem Schiedsgutachter zur fachlichen Beurteilung vorzulegen.
b) Der Schiedsgutachter hat, wenn dies erforderlich ist, Beweise zu sichern. Das ordentliche Gericht kann erst angerufen werden, wenn die baufachliche Beurteilung durch den Schiedsgutachter stattgefunden hat. Die Einleitung eines selbstständigen Beweisverfahrens bleibt jedem Vertragsteil ohne vorherige Anrufung des Schiedsgutachters vorbehalten.
c) Zum Schiedsgutachter benennen die Parteien die

   Ist dieser Schiedsgutachter nicht verfügbar, ist der Schiedsgutachter vom Präsidenten der IHK zu bestimmen.
d) Die Kosten des Schiedsgutachters trägt diejenige Partei, die nach Auffassung des Schiedsgutachters in den ihm zur Beantwortung aufgegebenen Fragen unterliegt. Bei teilweisem Unterliegen werden die Kosten von dem Schiedsgutachter auf die beiden Parteien im Verhältnis ihres Obsiegens und Unterliegens verteilt.

(2) Im Übrigen werden alle aus diesem Vertrag, seiner Durchführung oder Verletzung auftretenden Konflikte zwischen den Parteien im Falle des Scheiterns direkter Verhandlungen im Wege freiwilliger Streitschlichtung zu lösen versucht, bevor die ordentlichen

Gerichte angerufen werden können. Während der Vorbereitung und Durchführung der Schlichtung sind alle gesetzlichen oder vereinbarten Fristen in ihrem Lauf gehemmt.

Konflikte über Inhalt, Durchführung oder Verletzung des Vertrages werden durch Mediation zu lösen versucht. Zum Mediator wird ein neutraler (nicht vorbefasster bzw. mit den Parteien verbundener), als solcher zugelassener Rechtsanwalt bestimmt. Um die Benennung wird die örtlich zuständige Rechtsanwaltskammer gebeten, aus deren Vorschlägen die Parteien auswählen. Der Mediator vereinbart die Vorgehensweise mit den Parteien. Er soll die Verhandlungen in einer Weise führen, welche der Aufklärung des Konflikts ebenso wie einer einvernehmlichen und effizienten Streitbeilegung dient.

§ 11 Lastenfreiheit

Der Kaufgegenstand ist frei von Lasten in Abt. II und III des Grundbuches und frei von Baulasten zu liefern, mit Ausnahme

- der unter I. Abs. 1 aufgeführten in Abt. II des Grundbuches eingetragenen Rechte und im Baulastenverzeichnis eingetragenen Baulasten,
- der eventuellen weiteren auf Veranlassung des Verkäufers und gemäß nachfolgendem § 12 in Abt. II noch einzutragenden weiteren Dienstbarkeiten und im Baulastenverzeichnis noch einzutragenden Baulasten, die von dem Käufer übernommen werden,
- sowie der in Abt. III auf Veranlassung des Käufers zum Zwecke der Finanzierung des Kaufpreises eingetragenen bzw. noch einzutragenden Grundpfandrechte.

Die Vertragschließenden stimmen den Pfandhaftentlassungen/Löschungen bezüglich aller nicht übernommenen Rechte in Abt. II und III des Grundbuches zu und beantragen die entsprechenden Eintragungen im Grundbuch.

§ 12 Dienstbarkeiten und Baulasten

Der Käufer verpflichtet sich, Geh-, Fahr- und Leitungsrechte und sonstige erforderlich werdende Rechte zugunsten und zulasten des Grundstücks und der Nachbargrundstücke sowie durch Eintragung von Dienstbarkeiten in die Grundbücher sicherzustellen. Den erforderlichenfalls noch zu bestellenden Dienstbarkeiten und deren Eintragung zulasten des Grundstücks im Grundbuch stimmt der Käufer hiermit zu. Der Verkäufer wird ermächtigt, die entsprechenden Grundbuchanträge zu stellen und Baulasten eintragen zu lassen.

§ 13 Verwalter

Zum Verwalter ist die Firma   bestellt. Der Käufer tritt in den zwischen dem Verkäufer und dem Verwalter geschlossenen Verwaltervertrag ein und erkennt die darin enthaltenen Bestimmungen als für sich verbindlich an. Der Käufer bestätigt, eine beglaubigte Abschrift der in § 1 Abs. 4 genannten Urkunde Nr.   einschließlich Verwaltervertrag erhalten zu haben und erklärt bestätigend hiermit die darin enthaltene, dem Verwalter erteilte Vollmacht.

§ 14 Wohngeldzahlung

Diese Vereinbarung ist ein Schutz für alle Miteigentümer, da dadurch eine Zahlungsklage gegen einen Säumigen vermieden werden kann und ein schnelles Vorgehen gegen diesen gewährleistet ist.

Der Käufer hat nach den Bestimmungen der Gemeinschaftsordnung und Verwaltung zur Deckung der gemeinschaftlichen Lasten und Kosten an den Verwalter als Treuhänder der übrigen Wohnungseigentümer ein monatliches Wohngeld zu entrichten. Der Käufer – mehrere als Gesamtschuldner – bekennt, dem Verwalter einen zur Zahlung fälligen Betrag von EUR (in Worten: EUR) zu schulden und unterwirft sich hiermit zugunsten des von der Eigentümergemeinschaft bestellten Verwalters in Höhe des vorgenannten Betrages der sofortigen Zwangsvollstreckung in sein gesamtes Vermögen.

Der Verwalter ist berechtigt, die Rechte aus dieser Erklärung gegen einen Wohnungseigentümer, der mit der Erfüllung seiner Verpflichtungen zur Lasten- und Kostentragung in Rückstand gerät, im eigenen Namen, im Innenverhältnis jedoch als Treuhänder der anderen Wohnungseigentümer, geltend zu machen.

Der Käufer beauftragt und bevollmächtigt den amtierenden Notar, dem Verwalter des Wohnungseigentums jederzeit auf dessen einseitige Aufforderung eine vollstreckbare Ausfertigung dieser Verhandlung zu erteilen.

§ 15 Rücktritt

Für Rücktrittsrechte nach den gesetzlichen Bestimmungen gilt Folgendes:

(1) Der Rücktritt ist in allen Fällen schriftlich an den Vertragspartner zu erklären.

(2) Die Rückerstattung von Kaufgeldern erfolgt nur Zug um Zug gegen Abgabe der Löschungsbewilligung der Vormerkung und von Finanzierungsgrundpfandrechten des Käufers.

(3) Hat der Käufer den Rücktritt zu vertreten, so kann der Verkäufer Schadensersatz nach den gesetzlichen Vorschriften verlangen. Bei Schadensberechnungen sind insbesondere Zinsverluste, Werbungskosten, Zeitaufwand für neuen Verkauf, Notar- und Gerichtskosten des Verkäufers zu berücksichtigen. Ausgeführte Sonderwünsche werden nicht ersetzt. Zurückzuzahlende Kaufgelder werden nicht verzinst.

(4) Die Partei, welche wegen nicht oder nicht vertragsgemäß erbrachter Leistungen bzw. einer Pflichtverletzung nach § 241 Abs. 2 BGB die gesetzlichen Voraussetzungen für den Rücktritt der anderen Partei geschaffen hat, trägt die Kosten des Rücktritts. Besteht ein Rücktrittsrecht des Käufers, weil der Verkäufer wegen Ausschlusses der Leistungspflicht nach § 275 Abs. 1–3 BGB nicht zu leisten braucht, trägt der Verkäufer die Kosten des Rücktritts.

§ 16 Salvatorische Klausel

Sollte eine Bestimmung dieses Vertrages unwirksam sein oder werden, so ist die unwirksame Bestimmung durch diejenige zulässige Regelung zu ersetzen, die den Zweck der unwirksamen Bestimmung weitestgehend erreicht.

§ 17 Vertragskosten

Der Käufer trägt sämtliche mit der Beurkundung dieses Vertrages und seiner Durchführung verbundenen Kosten (Notar- und Gerichtskosten) einschl. der anteiligen Kosten für die Beurkundung der Teilungserklärung und Gemeinschaftsordnung sowie die Grunderwerbsteuer. Die Kosten für ihre Vertretung (Vollmachtbestätigung, Genehmigung etc.) und Beratung trägt jede Partei selbst.

Die Eintragungskosten für die Löschung der vom Käufer nicht übernommenen Belastungen sowie der Kosten der Bestellung und Eintragung von Rechten gemäß § 12 dieses Vertrages trägt der Verkäufer.

III. Auflassungsvormerkung

Der Verkäufer bewilligt und der Käufer beantragt, eine Vormerkung zur Sicherung des Anspruchs des Käufers auf Übertragung des Wohnungseigentums/des Teileigentums im Grundbuch einzutragen und zwar zu dem in II. § 1 genannten Beteiligungsverhältnis. Der Käufer bewilligt und beantragt, diese Vormerkung zu löschen, sobald er als Eigentümer im Grundbuch eingetragen ist und sofern keine Zwischeneintragungen vorgenommen oder beantragt sind, die in diesem Vertrag nicht vorgesehen sind und denen er nicht zugestimmt hat.

Vorbehalten bleibt der Vorrang vor dieser Vormerkung für noch einzutragende Finanzierungsgrundpfandrechte des Käufers i.H.v. bis zu EUR ______ nebst bis zu 20 v.H. Jahreszinsen ab dem Tage der Grundpfandrechtsbestellung und Nebenleistungen bis zu 10 v.H. einmalig.

Die Eintragung dieses Rangvorbehaltes bei der Vormerkung im Grundbuch wird hiermit bewilligt und beantragt.

IV. Auflassung

Sodann erklärten die Erschienenen:

Wir sind darüber einig, dass das Eigentum an dem in der Vorbemerkung und in II. § 1 dieses Vertrages näher bezeichneten Kaufgegenstand von dem Verkäufer auf den Käufer übergehen soll, und zwar zu dem in II. § 1 genannten Beteiligungsverhältnis. Wir bewilligen und beantragen die Eintragung der Eigentumsänderung im Grundbuch.

Der Notar soll die Umschreibung des Eigentums im Grundbuch erst veranlassen, sobald alle dazu erforderlichen Voraussetzungen erfüllt sind und der Kaufpreis gezahlt wurde. Bis dahin dürfen keine die Auflassung enthaltenden Ausfertigungen oder beglaubigten Ablichtungen dieser Urkunde erteilt werden.

V. Vollmachten

Die Vertragschließenden bevollmächtigen hiermit ______

und zwar jede einzeln unter Befreiung von den Beschränkungen des § 181 BGB, sowie mit dem Recht, Untervollmacht zu erteilen, alle zur Durchführung dieses Vertrages erforderlichen und dienlichen Erklärungen abzugeben und entgegenzunehmen. Die Vollmacht erstreckt sich insbesondere auch darauf, den verkauften Kaufgegenstand neu zu bezeichnen und aufzulassen und etwa erforderliche Pfandhaftentlassungs-, Teilungs- und Löschungsanträge zu stellen sowie Vermessungsanerkennungen und Identitätserklärungen bezüglich der Grundstücksvermessung abzugeben und dazu Anträge zu stellen, zu ändern und zurückzunehmen.

Die Bevollmächtigten sind insbesondere berechtigt:

1) die Teilungserklärung und Miteigentumsordnung namens der Vertragsparteien zu ändern sowie Sondernutzungsrechte gemäß § 5 der Teilungserklärung zu begründen und zuzuordnen und zwar entsprechend den Vorgaben gemäß II. § 1 Abs. 4 dieser Urkunde;

2) die Löschung der Auflassungsvormerkung zu bewilligen und zu beantragen, sofern einer der Vertragschließenden von diesem Vertrag zurücktritt.

Die Vollmacht gilt über den Tod der Vollmachtgeber hinaus, erlischt jedoch mit der vertragsgemäßen Umschreibung des Kaufgegenstandes auf den Käufer im Grundbuch, jedoch nicht vor Erledigung der in II. § 12 dieses Vertrages genannten Maßnahmen für das Gesamtbauvorhaben.

VI. Durchführung und Hinweise

(1) Der Notar wird mit der Durchführung dieses Vertrages beauftragt. Er ist insbesondere beauftragt, die hierzu eventuell erforderlichen rechtsgeschäftlichen und behördlichen Genehmigungen und Erklärungen sowie die steuerliche Unbedenklichkeitsbescheinigung des Finanzamtes einzuholen. Er soll auch die von den Banken der Beteiligten zu erteilenden Aufträge entgegennehmen und ausführen. Der Notar hat im Rahmen der Durchführung dieses Vertrages uneingeschränkte Empfangsvollmacht. Er kann sich Erklärungen, Genehmigungen und ähnliches mit Wirkung für alle Beteiligten zustellen lassen. Der Notar hat die Beteiligten über den Zugang von derartigen Erklärungen und Genehmigungen schriftlich zu informieren.

(2) Die Beteiligten ermächtigen den Notar, Anträge beim Grundbuchamt – auch eingeschränkt und getrennt – zu stellen, abzuändern und zurückzunehmen. Die Beteiligten verzichten unwiderruflich auf eigenes Antragsrecht.

Der Notar wird ferner beauftragt und ermächtigt, alle Erklärungen entgegenzunehmen und mittels Eigenurkunde abzugeben, die nach seinem Ermessen in formeller und materieller Hinsicht zum Vollzug erforderlich oder zweckmäßig sind. Der Notar wird bevollmächtigt, die Beteiligten unbeschränkt im Grundbuchverfahren zu vertreten. Die Vollmacht soll durch den Tod der Vollmachtgeber nicht erlöschen.

(3) Alle Anweisungen und Ermächtigungen an den amtierenden Notar sollen auch für seinen Vertreter und Nachfolger im Amt gelten.

(4) Die Vertragsparteien wurden von dem Notar insbesondere auf Folgendes hingewiesen:

- Das Eigentum geht erst mit der Umschreibung im Grundbuch auf den Käufer über. Dies kann vertragsgemäß erst erfolgen, wenn die Unbedenklichkeitsbescheinigung wegen der Grunderwerbsteuer, Genehmigungen und Freistellungserklärungen vorliegen.
- Der Kaufgegenstand kann für die im Grundbuch eingetragenen Belastungen bis zur Freistellung und ebenso für Erschließungsbeiträge, sofern keine Freistellung erfolgte, und Rückstände an öffentlichen Lasten haften.
- Nicht beurkundete Abreden sind unwirksam und können zur Nichtigkeit des gesamten Vertrages führen (§ 311b Abs. 1 BGB). Deswegen müssen insbesondere alle Leistungen und Zahlungen vollständig beurkundet sein.
- Verkäufer und Käufer haften als Gesamtschuldner für die den Grundbesitz betreffenden Steuern und die Grunderwerbsteuer sowie die Notar- und Gerichtskosten.
- Der Notar erläuterte den Erschienenen insbesondere die Bestimmungen der §§ 3 und 7 MaBV (Allgemeine und spezielle Fälligkeitsvoraussetzungen, Fälligkeiten bei Übergabe einer Bürgschaft, Verhältnis von Bürgschaft und eventuellen Finanzierungsgrundschulden des Käufers).
- Es ist allein Sache der Vertragsbeteiligten, steuerliche Folgen dieses Vertrages zu prüfen. Der Notar übernimmt insoweit keine Gewähr.
- Auf die Vorschriften der Bauabzugsbesteuerung (§§ 48 ff. EStG) hat der Notar hingewiesen.

VII. Abschriften

Von dieser Verhandlung soll eine Ausfertigung mit der Auflassungserklärung versehen werden. Sie soll beim Notar zu getreuen Händen verbleiben und dient zur Eigentumsumschreibung. Bis zur Stellung des Antrages auf Eigentumsumschreibung sind von dieser Verhandlung nur Ausfertigungen und beglaubigte Abschriften ohne Auflassungserklärung zu erteilen.

Das Protokoll wurde von dem Notar vorgelesen, die beigefügten Pläne den Erschienenen zur Durchsicht vorgelegt, von den Erschienenen genehmigt und von ihnen und dem Notar eigenhändig wie folgt unterschrieben:

(*Unterschriften*)

▲

2. Anmerkungen

a) Sachverhalt

8 Das Formular bezieht sich auf folgende Bauträgermaßnahme: Der Bauträger errichtet eine Wohnanlage nebst Außenanlagen und Tiefgarage auf einem Grundstück, das in seinem Eigentum steht und an dem er gem. § 8 WEG Wohnungs- und Teileigentum gebildet hat, das im Grundbuch vollzogen wurde. Die Baugenehmigung ist erteilt. Mit dem Bau ist noch nicht begonnen worden. Vertragsgegenstand ist somit noch nicht fertig gestelltes Wohnungs- und Teileigentum. Das Formular ist auch uneingeschränkt für Sachverhalte verwendbar, in denen die Baumaßnahme bereits begonnen aber noch nicht fertig gestellt wurde. Erwerber ist ein Verbraucher.

b) Beurkundungspflicht

9 Der Bauträgervertrag ist beurkundungspflichtig gem. § 311b Abs. 1 BGB. Beurkundet werden müssen alle Vereinbarungen des schuldrechtlichen Veräußerungsgeschäfts, auch die Baubeschreibung. Nicht zum Grundstücksgeschäft gehörende Vereinbarungen müssen dann mit beurkundet werden, wenn sie mit dem Grundstücksgeschäft „stehen und fallen". Hierfür reicht eine einseitige Abhängigkeit des formfreien Geschäfts vom Grundstücksgeschäft nicht aus.[8] Nur dann, wenn nach dem Willen der Parteien auch das Grundstücksgeschäft nicht ohne das formfreie Geschäft abgeschlossen werden soll, liegt Beurkundungspflicht für beide Geschäfte vor.[9] Bei Bauträgergeschäften soll nach dem Willen der Parteien regelmäßig das Grundstücksgeschäft nicht ohne den Bauvertrag und der Bauvertrag nicht ohne das Grundstücksgeschäft abgeschlossen werden, sodass eine Aufteilung in einen beurkundungspflichtigen Grundstückskaufvertrag und einen formfreien Bauvertrag ausscheidet.

8 BGH v. 26.11.1999 – V ZR 251/98 – NJW 2000, 951; *Keim*, DNotZ 2001, 827.
9 BGH v. 26.11.1999 – V ZR 251/98 – NJW 2000, 951.

c) § 17 Abs. 2a BeurkG (Urkundeneingang)

Dem Verbraucher soll eine ausreichende Frist zur Information und Überlegung zustehen, wenn er beabsichtigt, ein Grundstück an einen Unternehmer zu verkaufen oder von ihm zu kaufen. Die Frist ist nicht dispositiv.[10] Für den Verbraucherbauträgervertrag sieht § 650j BGB vor, dass der Bauträger den Erwerber in einer Baubeschreibung über die geschuldete Bauleistung unterrichtet, es sei denn, dass der Verbraucher oder ein von ihm Beauftragter die Planungsvorgaben zur Verfügung stellt. Die Baubeschreibung muss den Anforderungen des Art. 249 § 2 Abs. 1 EGBGB entsprechen. Die Baubeschreibung muss klar sein. Der Bauträger muss dem Erwerber (Verbraucher) die Baubeschreibung rechtzeitig vor der Abgabe von dessen Vertragserklärung in Textform zur Verfügung stellen. Die in § 17 BeurkG normierte Frist von 14 Tagen dürfte hierfür ausreichend sein. 10

d) Baubeschreibung (Teil II § 1 Nr. 4)

Die Beurkundungspflicht gem. § 311b BGB bezieht sich auch auf die Baubeschreibung, da sie die Verpflichtungen des Bauträgers über die zu erbringende Bauleistung enthält.[11] Die Baubeschreibung hat den Anforderungen des Art. 249 § 2 Abs. 1 EGBGB zu entsprechen. Die Baubeschreibung muss auch bei fertig gestellten Baumaßnahmen beurkundet werden, wenn sie in diesen Fällen Vertragsgegenstand geworden ist.[12] Für die Einbeziehung der Baubeschreibung in den Vertrag bestehen zwei Möglichkeiten: Sie kann dem Vertrag als Anlage beigefügt werden und muss in diesem Fall verlesen werden. Karten, Zeichnungen etc. sind in diesem Fall den Beteiligten zur Durchsicht vorzulegen. Alternativ kann gem. § 13a BeurkG auf die in einer Bezugsurkunde enthaltene Baubeschreibung verwiesen werden.[13] Diese Möglichkeit wurde im Formular I. gewählt. 11

e) Aufteilung des Kaufpreises (Teil II § 2 Nr. 1)

Alternativ zu der im Formular gewählten Aufteilung des Kaufpreises nach Gegenständen kommt eine Aufteilung aus Grundstücks- Erschließungs- und Gebäudekosten in Betracht. Welche Gestaltung sinnvoll ist, richtet sich nach den Gegebenheiten des Einzelfalls, insbesondere den steuerlichen Erfordernissen. 12

f) Allgemeine Voraussetzungen der Fälligkeit des Kaufpreises (Teil II § 2 Nr. 3 Unternr. [2])

§ 3 Abs. 1 MaBV regelt, welche Voraussetzungen vorliegen müssen, bevor der Kaufpreis nach Baufortschritt vom Bauträger entgegengenommen werden darf. Die Vorschrift soll sicherstellen, dass der Erwerber, der seine vertragliche Pflicht der Kaufpreiszahlung erfüllt, auch Eigentümer des Vertragsgegenstandes wird. 13

10 BGH v. 7.2.2013 – III ZR 121/12 – NJW 2013, 1451.

11 BGH v. 20.12.2001 – IX ZR 401/99 – DB 2002, 734, 735.

12 BGH v. 16.12.2004 – VII ZR 257/03 – NJW 2005, 1115; BGH v. 10.2.2005 – VII ZR 184/04 – NJW 2005, 1356; *Thode*, ZNotP 2005, 166 ff.

13 *Grziwotz*, in: FS Thode, 2005, S. 243, 254 f.

g) Rechtswirksamkeit und Vollzugsfähigkeit des Vertrags

14 Als allgemeine Voraussetzung der Kaufpreisfälligkeit sieht § 3 Abs. 1 S. 1 Nr. 1 MaBV vor, dass der Vertrag rechtswirksam sein muss und die für seinen Vollzug erforderlichen Genehmigungen vorliegen müssen. Betroffen sind alle erforderlichen privatrechtlichen und öffentlich-rechtlichen Genehmigungen. Hierzu gehören z.B. die Genehmigungen für vollmachtlose Vertreter (§§ 177, 184 BGB) und für Ehegatten (§ 1365 BGB), Genehmigungen in Sanierungsgebieten (§ 144 BauGB) und nach § 2 Grundstücksverkehrsgesetz. § 3 Abs. 1 MaBV erfasst jedoch nicht sonstige zum Vollzug des Vertrags erforderliche Bescheinigungen, wie die Unbedenklichkeitsbescheinigung des Finanzamts wegen der Grunderwerbsteuer gem. § 22 GrEStG und das Negativattest der Gemeinde wegen der Ausübung von Vorkaufsrechten nach § 24 BauGB. Die allgemeine Fälligkeitsvoraussetzung des § 3 Abs. 1 S. 1 Nr. 1 MaBV ist zudem erst erfüllt, wenn der Notar schriftlich bestätigt hat, dass der Vertrag rechtswirksam ist und die zum Vollzug erforderlichen Genehmigungen vorliegen.

h) Eigentumsvormerkung

15 Nach § 3 Abs. 1 S. 1 Nr. 2 MaBV muss als allgemeine Voraussetzung der Kaufpreisfälligkeit eine Eigentumsvormerkung an vereinbarter Rangstelle in das Grundbuch eingetragen worden sein. Diese Vormerkung sichert den Anspruch des Erwerbers auf Übertragung des Eigentums. Nachträgliche Verfügungen des Bauträgers, die in das Grundbuch eingetragen werden und der Vormerkung im Rang nachgehen, sind dem durch die Vormerkung gesicherten Erwerber gegenüber unwirksam (§ 883 Abs. 2 BGB). Dem Erwerber steht ein Löschungsanspruch gegen die Berechtigten hinsichtlich dieser Eintragungen zu. Ist Vertragsgegenstand eine Eigentumswohnung oder Teileigentum, bestimmt § 3 Abs. 1 S. 1 Nr. 2 letzter Hs. MaBV, dass die Teilungserklärung im Grundbuch vollzogen sein muss.

i) Sicherung der Lastenfreistellung

16 Als allgemeine Voraussetzung der Kaufpreisfälligkeit verlangt § 3 Abs. 1 S. 1 Nr. 3 MaBV, dass die Freistellung des Vertragsgegenstandes von allen Grundpfandrechten, die der Eigentumsvormerkung im Range vorgehen oder gleichstehen und nicht vom Erwerber übernommen werden sollen, sichergestellt ist und zwar auch für den Fall, dass das Bauvorhaben nicht vollendet wird. In der Regel erfolgt die Sicherung der Lastenfreistellung durch ein Freistellungsversprechen der finanzierenden Bank des Bauträgers, deren Finanzierungsgrundpfandrechte auf dem Vertragsgegenstand lasten und der Eigentumsvormerkung des Erwerbers im Grundbuch im Rang vorgehen. Um den Anforderungen des § 3 Abs. 1 MaBV zu genügen, muss das Freistellungsversprechen für den Fall der Vollendung des Bauvorhabens die Verpflichtung der Gläubigerbank enthalten, unverzüglich nach Zahlung des geschuldeten Kaufpreises durch den Erwerber, den Vertragsgegenstand von den Finanzierungsgrundpfandrechten freizugeben. Für den Fall, dass das Bauvorhaben nicht vollendet wird, muss sich die Gläubigerbank verpflichten, den Vertragsgegenstand entweder unverzüglich nach Zahlung des dem Bautenstand

entsprechenden Teils des geschuldeten Kaufpreises freizugeben oder – wenn sie sich Entsprechendes in dem Freistellungsversprechen vorbehalten hat – die bereits vom Erwerber geleisteten Kaufpreiszahlungen bis zum anteiligen Wert des Vertragsgegenstandes zurückzugewähren.[14] Dieses Wahlrecht des Gläubigers in einem Freistellungsversprechen ist gem. § 3 Abs. 1 S. 3 MaBV zulässig. Es führt dazu, dass bei steckengebliebenen Bauprojekten die finanzierende Bank des Bauträgers darüber entscheidet, ob der Erwerber das unfertige Objekt gegen anteilige Kaufpreiszahlung erhält oder ihm der geleistete Kaufpreis bis zur Höhe des Wertes des erstellten Vertragsgegenstandes erstattet wird und er nicht Eigentümer des Objektes wird.[15] Die Rechtsnatur des Freigabeversprechens ist strittig. In der Literatur wird überwiegend von einem direkt zwischen dem Gläubiger und dem Erwerber geschlossenen Vertrag ausgegangen.[16] Der BGH hat ursprünglich einen Vertrag zugunsten Dritter i.S.d. § 328 BGB angenommen, die Frage in einer späteren Entscheidung jedoch offengelassen.[17] In jedem Fall gewährt das Freistellungsversprechen – unter den genannten Voraussetzungen – dem Erwerber einen eigenen unmittelbaren Anspruch auf Lastenfreistellung gegen den Gläubiger. Dieser kann dem Erwerber gegenüber keine Einwendungen aus seinem Rechtsverhältnis mit dem Bauträger geltend machen.

j) Baugenehmigung

§ 3 Abs. 1 S. 1 Nr. 4 verlangt als allgemeine Voraussetzung der Kaufpreisfälligkeit das Vorliegen der Baugenehmigung oder, wenn eine Baugenehmigung nicht oder nicht zwingend vorgesehen ist, eine Bestätigung der zuständigen Behörde, dass die Baugenehmigung als erteilt gilt oder nach den baurechtlichen Vorschriften mit dem Vorhaben begonnen werden darf. Ist eine solche behördliche Bestätigung nicht vorgesehen, muss der Bauträger selbst bestätigen, dass mit dem Vorhaben ohne Baugenehmigung begonnen werden darf. Die Fälligkeitsvoraussetzung des § 3 Abs. 1 S. 1 Nr. 4 MaBV ist im Fall der Bestätigung durch den Bauträger erst erfüllt, wenn nach Zugang des Schreibens bei dem Erwerber mindestens ein Monat vergangen ist. Diese Frist soll es dem Erwerber ermöglichen, sich bei der Behörde über die Sachlage zu vergewissern. Wenn eine Baugenehmigung für das Bauvorhaben erforderlich ist, muss sie das gesamte geschuldete Bauvorhaben umfassen. Eine Teilbaugenehmigung genügt nicht.[18] Inwieweit Auflagen und Nebenbestimmungen schädlich sind, richtet sich nach den Gegebenheiten des Einzelfalls. Die Bestandskraft der Baugenehmigung wird grundsätzlich nicht als Voraussetzung der Kaufpreisfälligkeit i.S.d. § 3 Abs. 1 S. 1 Nr. 4 angesehen.[19] 17

14 Zur Berechnung der anteiligen Werte in § 3 Abs. 1 S. 2 MaBV einerseits und S. 3 MaBV andererseits: BGH DNotZ 1984, 322; *Marcks*, § 3 Rn 14; *Warda*, MittBayNot 1988, 20; *Marcks*, § 3 Rn 16.

15 Das Wahlrecht steht allerdings unter dem Vorbehalt des § 242 BGB. Ab Bezugsfertigkeit und Übergabe dürfte die Wahl der Rückzahlung unzulässig sein, OLG Hamburg v. 3.7.1998 – 1 U 20/98 – DNotZ 1999, 406.

16 *Schöner*, DNotZ 1974, 331; *Behmer*, DNotZ 1985, 196; *Vogel*, BauR 1999, 992.

17 BGH v. 28.5.1976 – V ZR 203/75 – DNotZ 1977, 360.

18 *Marcks*, § 3 Rn 20.

19 *Marcks*, § 3 Rn 20.

k) Bürgschaft gem. § 7 MaBV

18 Wenn die allgemeinen Voraussetzungen der Kaufpreisfälligkeit des § 3 Abs. 1 MaBV nicht vorliegen, darf der Bauträger nach den Regelungen der MaBV gleichwohl den Kaufpreis entgegennehmen, wenn er zuvor dem Erwerber eine Bürgschaft übergeben hat, die den Anforderungen des § 7 MaBV entspricht.

Die Bürgschaft nach § 7 MaBV sichert den Rückgewähranspruch des Erwerbers auf geleistete Kaufpreiszahlungen im Falle der Rückabwicklung des Bauträgervertrags.[20] Die Bürgschaft sichert weiter die auf Geldersatz gerichteten Mängelansprüche des Erwerbers, d.h. Ansprüche auf Aufwendungsersatz, Rücktritt, Schadensersatz und Minderung.[21] Mangels entgegenstehender Regelungen in der MaBV darf der Bauträger bei Vorliegen einer Bürgschaft nach § 7 MaBV gewerberechtlich den Kaufpreis auch entgegennehmen, wenn noch kein dem Wert der Kaufpreiszahlung entsprechender Baufortschritt vorliegt. Zivilrechtlich ist jedoch in Formularverträgen davon auszugehen, dass auch bei Vorliegen einer Bürgschaft gem. § 7 MaBV Zahlungen des Kaufpreises nur nach Baufortschritt vereinbart werden können.[22] Hierfür spricht das gesetzliche Leitbild der Vorleistungspflicht des Werkunternehmers gem. § 641 BGB und § 1 S. 2 der Verordnung über Abschlagszahlungen bei Bauträgerverträgen i.V.m. § 650m Abs. 2 BGB, wonach auch bei Vorliegen einer Bürgschaft nach § 7 MaBV nur „Abschlagszahlungen“ auf den Kaufpreis jedoch keine Vorauszahlungen zulässig sind.[23] Die Sicherheit gem. § 632a Abs. 2 BGB dürfte neben der Bürgschaft nach § 7 MaBV erforderlich sein.[24]

l) Zahlung nach Baufortschritt; Sicherheit nach § 650m Abs. 2 BGB (Teil II § 2 Nr. 3 Unternr. [1])

19 Unter der Prämisse, dass vereinbarte Zahlungen dem Wert der Bauleistung entsprechen müssen und sich aus §§ 641, 650m Abs. 2 BGB i.V.m. § 1 der Verordnung über Abschlagszahlungen bei Bauträgerverträgen im Formular- und Verbraucherbereich ein gesetzliches Vorleistungsverbot der Kaufpreiszahlung ergibt, richten sich die Kaufpreisraten nach § 3 Abs. 2 MaBV. Die Vorschrift spaltet den Kaufpreis in zwei Hauptteile. Die erste Rate, für die bis zu 30 % des Kaufpreises bei Grundstücken angesetzt werden dürfen, dient der Abdeckung der Kosten des Grundstücks und der Vorleistungen des Bauträgers. Sie wird mit Beginn der Erdarbeiten fällig (§ 3 Abs. 2 S. 2 Nr. 1 MaBV). Der restliche Kaufpreisteil wird in § 3 Abs. 2 S. 2 Nr. 2 MaBV nach einzelnen Leistungsschritten aufgeteilt. Obwohl § 3 Abs. 2 S. 2 Nr. 2 MaBV 12 Leistungsschritte vorsieht, darf der Kaufpreis insgesamt nur in höchstens sieben Raten fällig gestellt werden (§ 3 Abs. 2 S. 1 MaBV). Weniger als sieben Raten und Zahlungen zu späteren als den in § 3

20 BGH v. 30.9.2004 – VII ZR 458/02 – BGHZ 160, 277.

21 BGH v. 14.1.1999 – IX ZR 140/98 – BauR 1999, 659; BGH v. 2.5.2002 – VII ZR 178/01 – DNotZ 2002, 652; BGH v. 22.10.2002 – XI ZR 394/01 – NJW 2003, 1527.

22 *Basty*, DNotZ 2005, 94.

23 *Kranzleiter*, DNotZ 2002, 819; BGH v. 2.5.2002 – VII ZR 178/01 – DNotZ 2002, 652, 655; EuGHE I 2004, 3403; Hinweisbrief des VII. Senats des BGH v. 22.12.2004, ZfIR 2005, 300; siehe zur Problematik auch *Grziwotz*, ZfIR 2003, 592; *Volmer*, ZfIR 2005, 408.

24 *Blank*, notar 2008, 377, 380; *Basty*, DNotZ 2008, 891, 898.

Abs. 2 MaBV genannten Zeitpunkten können immer vereinbart werden. Ob eine flexible Fälligkeitsregelung dergestalt zulässig ist, dass im Vertrag nur die 13 Teilzahlungen genannt werden und der Bauträger dann je nach dem konkreten Baufortschritt Teilbeträge auswählen oder zusammenfassen und fällig stellen kann, ist strittig.[25] Aus Gründen der Rechtssicherheit sollte diese Vertragsgestaltung daher vermieden werden. § 3 Abs. 2 S. 3 MaBV bestimmt, dass für Leistungen, die in Abs. 2 S. 2 Nr. 2 genannt sind, die aber bei der Baumaßnahme nicht anfallen, die Beträge auf die übrigen Raten zu verteilen sind. Wie diese Verteilung im Einzelnen vorgenommen werden muss, ist ebenfalls strittig. Zum Teil wird angenommen, die betroffenen Beträge müssten auch auf die erste Rate gem. § 3 Abs. 2 S. 2 Nr. 1 MaBV verteilt werden. Nach der Gegenmeinung ist nur auf die Raten gem. § 3 Abs. 2 S. 2 Nr. 2 MaBV zu verteilen.[26]

In Formularverträgen und Verbraucherverträgen hat der Bauträger gem. § 650m Abs. 2 **20** BGB dem Erwerber bei der ersten Rate eine Sicherheit für die rechtzeitige Herstellung des Werkes ohne wesentliche Mängel i.H.v. 5 % des Vergütungsanspruchs[27] zu leisten.[28] Die Art der Sicherheit kann gem. § 232 BGB oder gem. § 650m Abs. 3 oder gem. § 650m Abs. 2 S. 3 BGB durch Einbehalt dergestalt erbracht werden, dass der Erwerber die Raten bis zu dem Gesamtbetrag der geschuldeten Sicherheit zurückhält. Die Sicherheit ist eine zusätzliche Fälligkeitsvoraussetzung. Die Sicherheit steht dem Erwerber bis zur Fertigstellung des Vertragsgegenstandes ohne wesentliche Mängel zu, nicht nur bis zur Bezugsfertigkeit.[29] Sofern keine Erfüllungsbürgschaft gestellt wird, vermindert sich somit die erste Rate gem. § 3 Abs. 2 S. 2 Nr. 1 MaBV bei Grundstücken von 30 % auf 25 % des Kaufpreises. Die letzte, nach vollständiger Fertigstellung und Abnahmereife des Vertragsgegenstandes zu zahlende Rate erhöht sich in diesem Fall um 5 % des Kaufpreises. Durch die Sicherheit werden die Erfüllungsansprüche des Erwerbers im Zeitraum bis zur Abnahme gesichert.[30] Dieses sind die Ansprüche wegen Baumängeln und nicht rechtzeitiger Fertigstellung des Vertragsgegenstandes. Hierzu gehören u.a. Ansprüche auf Aufwendungsersatz gem. § 634 Nr. 2 BGB, Minderung gem. § 638 BGB und auf Schadensersatz.

m) Festpreis (Teil II § 2 Nr. 2)

Die Vereinbarung eines Festpreises, der die im vorliegenden Mustervertrag genannten **21** Kosten enthält, ist bei Bauträgerverträgen üblich.[31] Sind Erschließungskosten vom Bauträger zu tragen, d.h. sind sie im Kaufpreis enthalten, besteht für den Erwerber das Risiko, dass er später für diese Kosten in Anspruch genommen wird und ein Rückgriff

25 *Grziwotz*, NotBZ 2001, 1, 2; *Locher*, NJW 1997, 1427.
26 *Eue*, MittBayNot 1998, 84; *F. Schmidt*, Praxis des Wohnungseigentums, 1. Ergänzung 1998.
27 Gemeint ist der Gesamtkaufpreis einschließlich Grundstücksanteil, *Blank*, notar 2008, 377, 378; *Hügel*, NotBZ 2008, 437, 441.
28 Die Regelung ist nicht zwingend, stellt jedoch ein gesetzliches Leitbild dar, an dem sich § 307 Abs. 2 BGB auszurichten hat (Begründung des Gesetzentwurfs des Bundesrats, BT-Drucks 16/511, 15); einschränkenden Klauseln dürfte § 309 Nr. 2 BGB entgegenstehen, so auch *Hügel*, NotBZ 2008, 437, 441; *Basty*, DNotZ 2008, 891, 896 f.
29 BT-Drucks 16/511, 15 unter Verweis auf OLG Düsseldorf v. 10.10.1997 – 22 U 69/97 – BauR 1998, 553, 554.
30 BGH v. 24.9.1998 – IX ZR 371/97 = BGHZ 139, 325; BGH v. 23.1.2003 – VII ZR 210/01 – BGHZ 153, 311.
31 BGH v. 20.5.1985 – VII ZR 198/84 – NJW 1985, 2270; BGH v. 21.11.1985 – VII ZR 366/83 – NJW 1986, 925.

gegen den Bauträger scheitert. Der Notar hat hierüber zu belehren und Wege aufzuzeigen, wie das Risiko vermieden werden kann[32] (z.B. durch Bürgschaft, Zurückbehaltungsrechte). Falls von den Parteien gewünscht, sind entsprechende Sicherungsrechte in den Vertrag aufzunehmen.

n) Finanzierung des Kaufpreises (Teil II § 3)

22 Der Bauträger hat Interesse daran, dass der Erwerber seine Finanzierung nachweist. Sofern dieses nicht vor Abschluss des Bauträgervertrags geschieht, können dazu Regelungen in den Kaufvertrag aufgenommen werden. Anders als im hier vorgeschlagenen Formular könnte ein Rücktrittsrecht des Bauträgers für den Fall vorgesehen werden, dass der Erwerber seine Finanzierung nicht fristgerecht nachweist. Hierbei ist jedoch zu beachten, dass es zu den allgemeinen Voraussetzungen der Kaufpreisfälligkeit gem. § 3 Abs. 1 S. 1 Nr. 1 MaBV gehört, dass Rücktrittsrechte des Bauträgers erloschen sind. Die erste Kaufpreisrate kann somit erst fällig werden, wenn das Rücktrittsrecht erloschen ist.

23 Um den Kaufpreis über ein Darlehen finanzieren zu können, muss der Erwerber dem Gläubiger regelmäßig Sicherheiten stellen. Als Sicherheit kommt häufig nur der Vertragsgegenstand in Frage, dessen Erwerb mit dem Darlehen finanziert werden soll. Sollen vor Eigentumsübergang auf den Erwerber Grundpfandrechte am Vertragsgegenstand in das Grundbuch eingetragen werden, muss der Bauträger als Eigentümer des Grundstücks mitwirken und die Eintragung der Grundpfandrechte im Grundbuch bewilligen. Der Bauträger muss in diesem Fall dagegen gesichert werden, dass vor der vollständigen Kaufpreiszahlung das Darlehen zu anderen Zwecken als der Tilgung des Kaufpreises verwendet wird. Als Sicherheit in diesem Sinn kommt die Abtretung der Ansprüche des Erwerbers gegen die finanzierende Bank auf Auszahlung der Darlehensvaluta an den Bauträger in Betracht. Diese Abtretung darf jedoch nicht als Ermächtigung zum Abruf des Kaufpreises losgelöst von den Voraussetzungen des § 650m BGB und des § 3 MaBV anzusehen sein. Sie muss daher so ausgestaltet sein, dass der Bauträger Zahlung nur nach den Regelungen des mit diesen Vorschriften in Einklang stehenden Vertrags verlangen darf. Als weitere Sicherheit für den Bauträger kommt die Einschränkung der Sicherungsvereinbarung (Zweckerklärung) in Frage, die der Eintragung des Grundpfandrechts zugrunde liegt. Die Einschränkung wird regelmäßig mit dem Inhalt vereinbart, dass die finanzierende Bank bis zur vollständigen Kaufpreiszahlung oder bis zur Eigentumsumschreibung das Grundpfandrecht nur insoweit verwerten oder behalten darf, als sie Zahlungen mit Tilgungswirkung auf den Kaufpreis geleistet hat.[33] Das Finanzierungsgrundpfandrecht des Erwerbers muss im Grundbuch im Rang vor der Eigentumsvormerkung eingetragen werden. Im Kaufvertrag kann für die Eintragung ein Rangvorbehalt vorgesehen werden. (Im Formular befindet sich ein solcher Rangvorbehalt in Teil III.)

32 BGH v. 17.1.2008 – III ZR 136/07 – MittBayNot 2008, 313; BGH v. 24.1.2008 – III ZR 156/07 – IMR 2008, 136.
33 *Hoffmann*, NJW 1987, 3153; *Ertl*, MittBayNot 1989, 53.

Geschieht das nicht, ist die Bewilligung des Rangrücktritts durch den Erwerber erforderlich.[34]

o) Zwangsvollstreckungsunterwerfung

Der Erwerber kann sich im Kaufvertrag hinsichtlich der Zahlung des Kaufpreises der sofortigen Zwangsvollstreckung in sein gesamtes Vermögen unterwerfen (§ 794 Abs. 1 Nr. 5 ZPO). Verzichtet er in diesem Zusammenhang auf den Nachweis der Fälligkeit des Kaufpreises durch den Bauträger, ist die Zwangsvollstreckungsunterwerfung wegen Verstoßes gegen §§ 3, 12 MaBV i.V.m. § 134 BGB und § 307 BGB unwirksam.[35] Ohne die Erklärung des Verzichts dürfte die Unterwerfung wirksam sein. Der Bauträger muss in diesem Fall jedoch für die Zwangsvollstreckung die Fälligkeit des Kaufpreisanspruchs in öffentlicher Form nachweisen (§ 726 ZPO). Da dieses selten möglich ist, wird in Bauträgerverträgen meistens auf die Zwangsvollstreckungsunterwerfung verzichtet. 24

p) Fertigstellungstermin (Teil II § 4)

Gem. § 308 Nr. 1 BGB darf für die Fertigstellung keine unangemessen lange oder nicht hinreichend bestimmte Frist vereinbart werden.[36] Der Fertigstellungstermin ist somit als echter Leistungstermin und nicht nur als Absichtstermin im Vertrag vorzusehen. Dieser Termin stellt wohl nur dann eine Garantie dar, wenn dieses ausdrücklich im Vertrag bestimmt wird. In allen anderen Fällen dürfte der Bauträger nur verschuldensabhängig für Verzögerungen der Fertigstellung haftet. 25

q) Änderungsvorbehalt zur Baubeschreibung (Teil I § 1 Nr. 4)

Der Bauträger kann sich Änderungen vorbehalten, wenn hierfür ein triftiger Grund besteht und die Änderungen dem Erwerber zumutbar sind (§ 308 Nr. 4 BGB). Um diesen Anforderungen zu genügen, muss die Regelung die triftigen Gründe für das einseitige Leistungsbestimmungsrecht des Bauträgers nennen und in ihren Folgen erkennbar die Interessen des Vertragspartners angemessen berücksichtigen.[37] 26

r) Sonderwünsche (Teil II § 8)

Hierbei handelt es sich um Abweichungen vom vereinbarten Leistungsumfang. Sofern der Bauträger Sonderwünsche auszuführen hat, müssen sie als vertragliche Änderung beurkundet werden, es sei denn, die Auflassung wurde bereits beurkundet. In diesem Fall sind Sonderwunschvereinbarungen zwischen dem Bauträger und dem Erwerber nach ständiger Rechtsprechung formlos wirksam.[38] Hiervon zu unterscheiden sind direkte Vereinbarungen zwischen dem Erwerber und den ausführenden Unternehmern. Diese Vereinbarungen sind vom Bauträgervertrag unabhängig. 27

34 *Ulbrich*, MittRhNotK 1995, 289.
35 BGH v. 22.10.1998 – VII ZR 99/97 – BGHZ 139, 387; *Kniffka*, IBR 1998, 11.
36 BGH v. 6.12.1984 – VII ZR 227/83 – BauR 1985, 192.
37 BGH v. 23.6.2005 – VII ZR 200/04 – BauR 2005, 1473.
38 *Kranzleiter*, DNotZ 1996, 253.

s) Übergabe und Abnahme (Teil II § 5)

28 Mit der Übergabe des Grundstücks nebst Bauwerk als wesentlichem Grundstücksbestandteil erfüllt der Bauträger den kaufrechtlichen Teil des Bauträgervertrags gem. § 433 Abs. 1 S. 1 BGB. Nutzen, Lasten und Gefahr des Grundstücks gehen gem. § 446 BGB auf den Erwerber über. An die Übergabe in diesem Sinn knüpft § 3 Abs. 2 S. 2 Nr. 2 drittletzter Spiegelstrich MaBV die Fälligkeit der Bezugsfertigkeitsrate an. Hiervon zu trennen ist die werkvertragliche Abnahme gem. § 640 BGB, auf die in der MaBV nicht Bezug genommen wird. Es empfiehlt sich, Übergabe und Abnahme gleichzeitig durchzuführen, um einen gleichzeitigen Beginn der Verjährungsfristen für Mängel am Grundstück und am Gebäude herbeizuführen. Die Verjährungsfrist nach Kaufrecht beginnt mit der Übergabe (§ 438 Abs. 2 BGB). Nach Werkvertragsrecht ist die Abnahme maßgeblich (§ 634a Abs. 2 BGB). Hierbei ist jedoch zu beachten, dass eine Abnahme gem. § 640 BGB bei Bezugsfertigkeit nur eine Teilabnahme ist, wenn nach vollständiger Fertigstellung des Vertragsgegenstandes gem. § 3 Abs. 2 S. 2 letzter Spiegelstrich MaBV noch Bauleistungen abzunehmen sind.[39] Dem Bauträger steht ein Zurückbehaltungsrecht am Besitz zu, solange der Erwerber mit Kaufpreisraten in Verzug ist.

t) Haftung für Sachmängel des Grundstücks (Teil II § 7 Nr. 1)

29 Die Haftung für Sach- und Rechtsmängel am Grundstück richtet sich nach § 433 Abs. 1 S. 2 BGB. Ein Ausschluss der Sachmängelrechte am Grundstück ist grundsätzlich zulässig, sofern nicht auch solche Sachmängel erfasst sind, die Mängel am Gebäude oder Einschränkungen der vereinbarten Nutzung des Gebäudes verursachen.[40] In Verbraucherverträgen und Formularverträgen kann die Haftung für Schäden aus der Verletzung des Lebens, des Körpers und der Gesundheit und aus grobem Verschulden nicht wirksam ausgeschlossen werden (§ 309 Nr. 7 lit. a und b. BGB). Gleiches dürfte grundsätzlich für die Haftung für Kardinalpflichten gelten. Altlasten hat der Bauträger dem Erwerber zu offenbaren.[41] Aufgrund der hohen Anforderungen, die von der Rechtsprechung an die Transparenz von Haftungsausschlussklauseln gestellt werden, kann nicht ausgeschlossen werden, dass die in § 7 Nr. 3 des Musters gewählten Formulierungen von einem Gericht als intransparent im Sinne des § 307 Abs. 3 S. 2 i.V.m. Abs. 1 S. 2 BGB verworfen werden.[42]

u) Haftung für Baumängel (Teil II § 7 Nr. 2)

30 Die Haftung für Sachmängel am Bauwerk richtet sich nach §§ 633 ff. BGB. Ein Ausschluss der Haftung für Sachmängel am Bauwerk ist in Verbraucherverträgen und Formularverträgen nicht möglich (§ 309 Nr. 7, 8 BGB). Ob zumindest ein teilweiser Ausschluss des Rücktrittsrechts in Verbraucher- und Formularverträgen wirksam ist, könnte fraglich sein. Nach der Rechtsprechung des BGH erbringt der Bauträger keine Bauleis-

39 *Schmidt*, BauR 1997, 216; *Thode*, ZfBR 1999, 116.
40 *Hertel*, DNotZ 2002, 2, 16.
41 OLG Düsseldorf v. 21.8.1996 – 9 U 99/95 – MittRhNotK 1997, 26.
42 BGH v. 20.7.2005 – VIII ZR 121/04 – NJW-RR 2005, 1496; BGH v. 18.7.2012 – VIII ZR 337/11 – NJW 2013, 291.

tung i.S.d. § 307 Nr. 8b, bb BGB,[43] sodass diese Vorschrift als Grundlage für die Zulässigkeit eines Ausschlusses des Rücktrittsrechts nicht herangezogen werden kann. Allerdings ist gem. §§ 634 Nr. 3, 323 Abs. 5 BGB ein Rücktritt ausgeschlossen, wenn die Schlechtleistung unerheblich ist. Sofern eine Regelung lediglich diese Rechtslage wiedergibt, ist sie wirksam. Allerdings kann sie in diesem Fall nur der rechtlichen Klarstellung dienen.[44]

v) Schiedsgutachter (Teil II § 10)

In Formularverträgen und Verbraucherverträgen kann nicht wirksam vereinbart werden, 31
dass Schiedsgutachter über bestimmte Fragen verbindlich unter Ausschluss der staatlichen Gerichte entscheiden.[45]

w) Rücktrittsrechte (Teil II § 15)

Dem Bauträger dürfen vertragliche Rücktrittsrechte, die über die Inhalte der gesetzlichen 32
Rücktrittsrechte hinausgehen im Hinblick auf § 308 Nr. 3 BGB nur aus sachlich gerechtfertigten Gründen eingeräumt werden. Regelungen über die Modalitäten gesetzlicher Rücktrittsrechte sind jedoch grundsätzlich unbedenklich.[46]

x) Belastungsvollmacht (Teil II § 3)

Bei der Bestellung von Finanzierungsgrundpfandrechten für den Erwerber am Vertrags- 33
gegenstand müssen der Bauträger als Grundstückseigentümer und der Erwerber als Schuldner und Darlehensnehmer zusammenwirken und grundsätzlich beide bei der Beurkundung anwesend sein. Die Anwesenheit beider Parteien kann vermieden werden, wenn die Parteien Vollmachten erteilen. Gem. § 17 Abs. 2a S. 2 BeurkG ist in Verbraucherverträgen jedoch die Beurkundung mit dem Käufer oder einer seiner Vertrauenspersonen vorgeschrieben.[47]

II. Kaufvertrag über zu sanierendes Wohnungs-/Teileigentum

1. Muster: Kaufvertrag über zu sanierendes Wohnungs-/Teileigentum

▼ 34

Verhandelt zu ______ am ______

Vor mir, dem unterzeichnenden Notar ______ mit dem Amtssitz in ______ erschienen heute 16.2

1. Herr/Frau ______ (*Namen, Straße, Ort*)

von Person bekannt,

43 BGH v. 8.11.2001 – VII ZR 373/99 – DNotZ 2002, 215; BGH v. 27.7.2006 – VII ZR 276/05 – BGHZ 169, 1.
44 Zum Ausschluss des Rücktrittsrechts in Fällen teilsanierter Altbauten, BGH v. 6.10.2005 – VII ZR 117/04 – ZfIR 2006, 50.
45 BGH v. 10.10.1991 – VII ZR 2/91 – NJW 1992, 433; OLG Düsseldorf v. 18.6.1993 – 22 U 293/92 – BauR 1994; a.A. *Wagner*, BTR 2004, 72.
46 *Marcks*, § 3 Rn 8.
47 *Hertel*, ZNotP 2002, 288; *Sorge*, DNotZ 2002, 2002, 602; *Litzenburger*, NotBZ 2002, 281.

handelnd

für die Firma und aufgrund Vollmacht vom , die in Ausfertigung vorlag und von der eine Kopie, deren Übereinstimmung mit der Ausfertigung hiermit beglaubigt wird, dieser Niederschrift beigefügt ist, nachstehend Verkäufer genannt.

2. Herr/Frau (*Name, Geburtstag, Geburtsort, Anschrift*)

ausgewiesen durch Bundespersonalausweis Nr. , ausgestellt am durch , nachstehend Käufer genannt

Der Notar befragte die Erschienenen nach einer Vorbefassung im Sinne von § 3 Abs. 1 Nr. 7 BeurkG. Diese wurde von den Erschienenen verneint.

Der Notar weist darauf hin, dass gem. § 17 Abs. 2a BeurkG der beabsichtigte Text des Rechtsgeschäfts dem Käufer im Regelfall zwei Wochen vor der Beurkundung zur Verfügung gestellt werden sollte, damit er ausreichend Gelegenheit hat, sich mit dem Gegenstand der Beurkundung auseinanderzusetzen. Der Käufer erklärt, den Vertragstext am erhalten zu haben, für ihn der Zeitraum daher ausreichend war, um den Text zu prüfen bzw. prüfen zu lassen, so dass eine längere Zeit der inhaltlichen Auseinandersetzung nicht mehr erforderlich ist. Der Käufer erklärt, am die Baubeschreibung vom Verkäufer erhalten zu haben.

Die Erschienenen erklärten:

I. Vorbemerkung

(1) Der Verkäufer hat als Eigentümer des Grundstücks eingetragen im Grundbuch von in Blatt lfd. Nr. Flur Flurstück (Beschrieb)

Wohnungs- und Teileigentum gebildet.

Das Grundstück ist wie folgt belastet:

Abt. II

Abteilung III

Die vorstehenden Angaben über den Grundbuchstand beruhen auf dem vorliegenden, von dem Notar elektronisch abgerufenen Grundbuchauszug vom . Eine Einsichtnahme in die Grundakten ist nicht erfolgt, womit sich die Beteiligten nach Belehrung über die damit verbundenen Risiken einverstanden erklärten.

In Abt. III des Grundbuches eingetragene Grundpfandrechte werden von dem Käufer nicht übernommen.

Die in Abt. II des Grundbuches eingetragenen und die in dieser Urkunde erwähnten, noch einzutragenden Dienstbarkeiten werden von dem Käufer übernommen.

(2) Das vorgenannte Grundstück ist mit einem 6-stöckigen Wohngebäude nebst bebaut, das im Jahre 1910 errichtet wurde. Das Gebäude steht derzeit leer. Der Verkäufer hat den Grundbesitz in Wohnungs- und Teileigentum aufteilen lassen. Das Gebäude soll renoviert und wie folgt teilsaniert werden:

Die Baugenehmigung hierfür ist erteilt.

Sodann erklärten die Erschienenen nachfolgenden

II. Kaufvertrag

§ 1 Kaufgegenstand

(1) Der Verkäufer verkauft hiermit an den dies annehmenden Käufer das Wohnungseigentum/das Teileigentum, das in der Anlage … Nr. … der Teilungserklärung vom … wie folgt beschrieben ist:

a) …/10.000stel Miteigentumsanteil an dem eingangs näher bezeichneten Grundstück, verbunden mit dem Sondereigentum an …

jetzt eingetragen im Grundbuch von … Blatt …;

b) …/10.000stel Miteigentumsanteil an dem eingangs näher bezeichneten Grundstück, verbunden mit dem Sondereigentum an …;

jetzt eingetragen im Grundbuch von … Blatt …

(2) Die Zustimmung des Verwalters zu diesem Verkauf ist nicht erforderlich, da die Erstveräußerung in der Teilungserklärung von diesem Erfordernis ausgenommen wurde.

(3) Wegen des Kaufgegenstandes wird auf den diesem Vertrag als Anlage … beigefügten Grundriss der Wohnung und den Untergeschossplan verwiesen, die zur Durchsicht vorgelegt und von den Beteiligten genehmigt wurden. Die Herstellung des Kaufgegenstandes und die Aufteilung in Wohnungs-/Teileigentum erfolgt bzw. erfolgte auf der Grundlage der nachfolgend in Nr. 4. genannten Unterlagen, auf die verwiesen wird.

(4) Die Beteiligten verweisen wegen der Sanierungsbeschreibung, der Teilungserklärung nebst Aufteilungsplänen und Gemeinschaftsordnung und des Verwaltervertrags auf die Urkunde Nr. … des Notars …, die gegenwärtig in beglaubigter Abschrift vorliegt. Der Käufer hat eine beglaubigte Abschrift dieser Urkunde erhalten. Der Inhalt dieser Urkunde, auf den verwiesen wurde, wird mit Abschluss dieses Vertrages für beide Vertragsparteien verbindlich. Die Beteiligten erklären, dass ihnen der Inhalt vorgenannter Urkunde bekannt ist und dass sie auf ein Vorlesen sowie Beifügen der Urkunde zu dieser Niederschrift verzichten. Der Notar erläuterte und belehrte über die Bedeutung des Verweisens unter Bezugnahme auf § 13a BeurkG.

§ 2 Kaufpreis

(1) Der Kaufpreis für den in § 1 näher bezeichneten Kaufgegenstand beträgt

EUR …

(in Worten: EUR …)

Der Kaufpreis setzt sich wie folgt zusammen:

- Für die bestehen bleibende Altbausubstanz sowie den Anteil an Grund und Boden EUR …
- Für die geschuldeten Bauleistungen EUR …

Der Verkäufer übernimmt für die steuerliche Anerkennung dieser Werte und für die steuerlichen Ziele des Käufers keine Haftung.

(2) Der Kaufpreis ist ein Festpreis.

Der Kaufpreis umfasst alle Kosten und Nebenkosten für die Herstellung des Kaufgegenstandes gemäß § 1. Im Kaufpreis enthalten sind auch die Erschließungslasten nach dem Baugesetzbuch für die erstmalige Herstellung der Erschließungsanlagen und die sonstigen Anliegerkosten aufgrund kommunaler Satzung.

Im Kaufpreis nicht enthalten sind die anfallende Grunderwerbsteuer, die Kosten der Beurkundung und Durchführung dieses Vertrages, die Gerichtskosten, die anteiligen Kosten für die Beurkundung der Teilungserklärung und Gemeinschaftsordnung sowie die anfallenden Zwischenfinanzierungszinsen des Käufers.

Der Käufer ist verpflichtet, innerhalb von 4 Wochen ab Vertragsabschluss seine Gesamtfinanzierung nachzuweisen.

(3) 1) Der Kaufpreis ist wie folgt zur Zahlung fällig:

a) EUR (bestehen bleibende Altbausubstanz sowie Grund- und Bodenanteil) 15 Werktage nach Zugang der Notarbestätigung gem. Nr. 3.2 dieses Abs. (3);
b) EUR nach Fertigstellung der Dachflächen und Dachrinnen sowie des Fenstereinbaues einschließlich Verglasung;
c) EUR nach Bezugsfertigkeit und Zug um Zug gegen Besitzübergabe;
d) EUR nach vollständiger Fertigstellung.

Der Restbetrag von 5 % des Kaufpreises (gesetzlicher Einbehalt des Käufers von der ersten Rate zu (a)) ist zur Zahlung fällig, wenn – nach Wahl der Verkäufers –

(a) entweder der Verkäufer dem Käufer als Sicherheit für die rechtzeitige Herstellung des Werks ohne wesentliche Mängel eine Bürgschaft eines im Inland zum Geschäftsbetrieb befugten Kreditinstituts oder Kreditversicherers i.H.v. EUR (mindestens 5 % der Gesamtvergütung) gestellt hat und die Bürgschaft dem Käufer z. Hd. des amtierenden Notars übergeben und mit den Erdarbeiten zu dem vertragsgemäßen Bauvorhaben begonnen worden ist;

(b) der Kaufgegenstand rechtzeitig ohne wesentliche Mängel fertig gestellt ist. Ist dies nicht der Fall, richtet sich die Fälligkeit nach den gesetzlichen Bestimmungen.

Für den Fall, dass eine Sicherheit gemäß vorstehend (a) gestellt wird, gilt ergänzend Folgendes:

Der Käufer beauftragt den amtierenden Notar hiermit, das Original der Bürgschaft für ihn zu verwahren. Sie ist von dem Notar dem Käufer auf dessen einseitiges Verlangen jederzeit ohne Einschränkung herauszugeben.

Die Bürgschaft ist an die Bank zurückzugeben, wenn der Sicherungsfall nicht mehr eintreten kann. Der Verkäufer wird dem Notar schriftlich mitteilen, wenn nach seiner Auffassung die Voraussetzungen für die Rückgabe der Bürgschaft vorliegen. Der Notar hat dem Käufer hiervon schriftlich Mitteilung zu geben; sofern dieser der Rückgabe nicht innerhalb von 14 Tagen nach Zugang dieser Mitteilung widerspricht, hat der Notar die Bürgschaft an die Bank herauszugeben; Verkäufer und Käufer sind sich darüber einig, dass der Käufer nicht mit der Rückgabe der Bürgschaft in Verzug gerät, wenn die Rückgabe erst nach Abwicklung dieses Verfahrens erfolgt.

Im Falle eines Widerspruchs des Käufers gegen die Rückgabe der Bürgschaft hat der Notar die Bürgschaft weiter zu verwahren, bis er vom Käufer zur Herausgabe an ihn oder an die Bank schriftlich aufgefordert wird.

(3) 2) Die vorstehenden Raten sind jedoch nur dann fällig, wenn der beurkundende Notar den Vertragsparteien schriftlich bestätigt hat, dass

a) dieser Vertrag rechtswirksam ist und alle zur Vertragsabwicklung erforderlichen Genehmigungen vorliegen,

b) die Eintragung der gemäß III. dieses Vertrages bewilligten Vormerkung in das Wohnungs-/Teileigentumsgrundbuch ohne Vorbelastungen in Abt. II des Grundbuches – ausgenommen solche, die sich aus I. und II. §§ 11 und 12 ergeben – erfolgt ist,

c) die Freistellung des Vertragsobjektes von allen Grundpfandrechten in Abt. III und von Rechten in Abt. II des Grundbuches, die der Vormerkung im Range vorgehen oder gleichstehen und nicht übernommen werden sollen, gesichert ist, und zwar, wenn das Bauvorhaben vollendet wird, unverzüglich nach Zahlung der geschuldeten Vertragssumme, anderenfalls unverzüglich nach Zahlung des dem erreichten Bautenstand entsprechenden Teils der geschuldeten Vertragssumme durch den Käufer.

Wahlweise kann sich die Gläubigerin der Grundpfandrechte für den Fall, dass das Bauvorhaben nicht vollendet wird, vorbehalten, anstelle der Freistellung alle vom Käufer vertragsgemäß eingezahlten Beträge bis zum anteiligen Wert des Vertragsobjektes Zug um Zug gegen Löschung, ggf. Abtretung der Auflassungsvormerkung und der eventuell für die Finanzierungsinstitute des Käufers bereits eingetragenen Grundpfandrechte an den Einzahler zurückzuerstatten.

Die Raten werden einzeln durch den Verkäufer schriftlich – unter Vorlage einer Bestätigung des Bauleiters über den Baufortschritt – abgerufen und müssen jeweils innerhalb von Werktagen nach Abruf auf dem Sonderkonto bei der , Konto Nr. (BLZ), unter Angabe des Verwendungszwecks: „ “, eingegangen sein.

Sämtliche Kaufpreisraten können mit schuldbefreiender Wirkung nur auf dieses Konto gezahlt werden.

(3) 3) Unbeachtlich der Voraussetzungen in vorstehendem Abs. 3 Nr. 2) a), b), c) sind die Kaufpreisraten zu Abs. 3 Nr. 1) a), b), c) und d) nach Erreichen des jeweiligen Bautenstandes in voller Höhe fällig, wenn der Verkäufer auf seine Kosten dem Käufer z.Hd. des amtierenden Notars als Treuhänder des Käufers eine dem § 7 Makler- und Bauträgerverordnung entsprechende Bürgschaft, in der das Recht zur Hinterlegung des Kaufpreises nicht enthalten sein darf, zur Verwahrung übergibt mit der Maßgabe, dass die Bürgschaft auf einseitiges Verlangen des Käufers an diesen jederzeit herauszugeben ist. Die Bürgschaft ist unverzüglich nach Vorliegen der Voraussetzungen gemäß § 3 Makler- und Bauträgerverordnung an den Verkäufer zurückzugeben. Der Käufer ist verpflichtet, dem Verkäufer die Kosten für die von ihm gestellte Bürgschaft ab dem Tage zu erstatten, ab dem er mit der Rückgabe der Bürgschaft in Verzug ist. Ein Austausch der Bürgschaft in Höhe des Ratenplanes gemäß § 3 MaBV ist zulässig. Der Notar hat insoweit belehrt.

(4) Der Kaufgegenstand ist bezugsfertig, wenn das Bauvorhaben soweit fortgeschritten ist, dass der Bezug zugemutet werden kann. Sachmängel und geringfügige Restarbeiten, die nicht so schwerwiegend sind, dass sie die Bezugsfertigkeit ausschließen sowie noch ausstehende Arbeiten an Außenanlagen, Gemeinschaftseinrichtungen oder Eigenleistungen des Käufers stehen der Bezugsfertigkeit nicht entgegen.

Der Kaufgegenstand ist dann fertig gestellt, wenn alle vertragsgemäß vereinbarten Leistungen erbracht und einschließlich Außenanlagen gemäß Baubeschreibung erstellt worden sind. Geringfügige Mängel und Restarbeiten hindern die Annahme der vollständigen

Fertigstellung und damit die Fälligkeit der letzten Kaufpreisrate nicht. Die Vorschriften über die Fälligkeit sowie das Zurückbehaltungsrecht des Käufers bleiben unberührt.

(5) Soweit in dieser Urkunde nicht anders vereinbart, ist der Käufer zur Aufrechnung oder zur Ausübung eines Zurückbehaltungsrechts nur mit einer unbestrittenen oder einer rechtskräftig festgestellten Forderung berechtigt.

(6) Zahlt der Käufer bei Fälligkeit nicht, kommt er ohne Mahnung in Verzug. Er hat dann die gesetzlichen Verzugszinsen i.H.v. 5 Prozentpunkten über dem jeweiligen Basiszinssatz p. a. zu zahlen. Die Zinsen sind zusammen mit dem entsprechenden Kaufpreisteil gemäß Abs. (3) Nr. 1) fällig und zahlbar.

§ 3 Vorwegbeleihung

Der Verkäufer ist damit einverstanden und erteilt dem Käufer – bei mehreren Käufern jeweils einzeln – insoweit hiermit Vollmacht, dass der Vertragsgegenstand zur Finanzierung des Kaufes schon vor Eigentumsumschreibung mit Grundpfandrechten zugunsten der Darlehensgeber belastet und der sofortigen Zwangsvollstreckung gemäß § 800 ZPO unterworfen wird, und zwar auch über den Kaufpreis hinaus. Der Käufer verpflichtet sich, den Verkäufer von allen Kosten der Grundpfandrechtsbestellung freizuhalten.

Auf eigenen ausdrücklichen Wunsch bevollmächtigen hiermit die Vertragsparteien als Vertrauenspersonen , außerdem bevollmächtigen sich mehrere Käufer hiermit gegenseitig, jeweils allein und unter Befreiung von den Beschränkungen des § 181 BGB, hinsichtlich der Belastung des Vertragsgegenstandes mit Rechten in Abt. II und Grundpfandrechten in Abt. III des Grundbuches, alle dafür erforderlichen Erklärungen abzugeben und entgegenzunehmen. Dazu gehören insbesondere Zweckerklärungen, Bewilligungen und Anträge sowie die Erklärungen, mit denen der Vertragsgegenstand gemäß § 800 ZPO der sofortigen Zwangsvollstreckung gegen den jeweiligen Eigentümer unterworfen wird. Seitens des Käufers umfasst dies zudem alle Erklärungen im Hinblick auf entsprechende Schuldanerkenntnisse nebst Unterwerfung unter die sofortige Zwangsvollstreckung in dessen gesamtes Vermögen – bei mehreren als Gesamtschuldner.

Mit Wirkung im Außenverhältnis kann von der vorstehenden Vollmacht nur dann Gebrauch gemacht werden, wenn es sich bei dem jeweiligen Darlehensgeber um ein inländisches Kreditinstitut handelt und wenn folgende hiermit vereinbarte Einschränkungen in der Grundpfandrechtsbestellungsurkunde wiedergegeben wurden:

Zur Sicherung des Verkäufers tritt der Käufer seine Auszahlungsansprüche gegen seine Darlehensgeber bis zur Höhe des noch geschuldeten Kaufpreises an den Verkäufer ab, der die Abtretung annimmt. Die Darlehensgeber werden unwiderruflich angewiesen, die Darlehensvaluten bis zur Höhe des noch geschuldeten Kaufpreises nur entsprechend den Regelungen dieses Vertrages zu zahlen. Der Verkäufer übernimmt keinerlei persönliche Zahlungspflichten gegenüber den Darlehensgebern. Diese dürfen die Grundpfandrechte nur insoweit als Sicherheit verwerten und/oder behalten, als sie tatsächlich Zahlungen auf den Kaufpreis geleistet haben, und nur dann, wenn der Kaufpreis vollständig gezahlt wurde. Kommt es nicht zur Eigentumsumschreibung, darf deren Löschung nur von der Rückgewähr des tatsächlich an den Verkäufer ausgezahlten Betrages abhängig sein. Alle weiteren innerhalb oder außerhalb der Grundpfandrechtsbestellungsurkunde getroffenen Zweckbestimmungen gelten erst nach vollständiger Kaufpreiszahlung, spätestens mit Eigentumsumschreibung.

Der Notar hat über die Bedeutung dieser Erklärungen belehrt, insbesondere im Hinblick auf den Inhalt und die rechtliche Bedeutung von Grundpfandrechten nebst der abstrakten Zinsen und Nebenleistung, der abstrakten persönlichen Haftung aus einem Schuldanerkenntnis, der prozessualen und vollstreckungsrechtlichen Folgen der sofortigen Zwangsvollstreckung aus notariellen Urkunden und die besondere Funktion der Zweckerklärung. Weiter hat der Notar darauf hingewiesen, dass eine Bevollmächtigung Dritter zur Abgabe derartiger Erklärungen nur in begründeten Fällen sinnvoll ist, um ein sachgerechtes Beurkundungsverfahren nicht zu unterlaufen.

Der Käufer übernimmt im Zuge der Eigentumsumschreibung die auf seine Veranlassung eingetragenen Belastungen.

§ 4 Fertigstellung

(1) Die bezugsfertige Herstellung des Kaufgegenstands ist vom Verkäufer für den Monat geplant. Er verpflichtet sich, den Kaufgegenstand bis zum bezugsfertig zu erstellen. Die zu der Wohnanlage gehörigen Garten- und Grünflächen sind entsprechend der Jahreszeit herzustellen und der gesamte Kaufgegenstand ist bis zum endgültig fertigzustellen.

(2) Streik, Aussperrung, höhere Gewalt oder mehr als Ausfalltage durch Witterungseinflüsse verlängern die vorstehenden Fertigstellungstermine jedoch entsprechend. Der Verkäufer haftet nicht für Terminverzögerungen, die aufgrund von Sonderwünschen des Käufers gemäß § 8 dieses Vertrages entstehen oder die aus sonstigen Gründen vom Verkäufer nicht zu vertreten sind.

§ 5 Übergabe und Abnahme

(1) Die Übergabe des Kaufgegenstandes erfolgt, sobald dieser bezugsfertig hergestellt ist, es sei denn, der Käufer hat seine Zahlungsverpflichtungen einschließlich Zinsen und Kosten für die Sonderwünsche gegenüber dem Verkäufer nicht erfüllt. Eine getrennte Übergabe des Sondereigentums, des Sondernutzungsrechts und des Gemeinschaftseigentums ist ganz oder teilweise zulässig.

(2) Bei Übergabe des Kaufgegenstands erfolgt gleichzeitig die Abnahme durch eine gemeinsame Besichtigung des Kaufgegenstandes, über die ein vom Verkäufer und vom Käufer zu unterzeichnendes Protokoll angefertigt wird. Darin sind alle ausstehenden Leistungen und sichtbaren Mängel aufzunehmen.

Der Verkäufer hat den für die Übergabe und Abnahme vorgesehenen Termin mindestens zwei Wochen vorher dem Käufer schriftlich mitzuteilen. Ist der Käufer verhindert, hat dieser einen Ersatztermin mit dem Verkäufer zu vereinbaren, der nicht länger als eine Woche von dem vorgesehenen Termin abweichen darf.

(3) Nach der Abnahme erteilt der Verkäufer dem Käufer eine prüffähige Schlussrechnung. Der Notar hat über § 650g Abs. 4 S. 2 und 3 BGB belehrt.

§ 6 Verrechnungstag

Die Nutzungen und Lasten sowie die Gefahr des zufälligen Untergangs und der zufälligen Verschlechterung gehen mit dem Tag der Übergabe gemäß § 5 Abs. 1 auf den Käufer über. Gleichzeitig tritt er in die für die Eigentümergemeinschaft bestehenden Versicherungsverträge ein.

Vom Übergabetag (Verrechnungstag) an hat der Käufer an den Verwalter monatlich im Voraus die aufgrund der Teilungserklärung und des Verwaltervertrages anfallenden Beträge (Wohngeld/Hausgeld) zu zahlen; Einzelheiten wird der Verwalter hierzu rechtzeitig mitteilen.

§ 7 Ansprüche und Rechte des Käufers bei Mängeln

(1) Das Grundstück wird anteilig mit der Beschaffenheit, wie es von dem Käufer besichtigt wurde, insbesondere hinsichtlich Größe, Güte und Beschaffenheit, verkauft. Rechte des Käufers wegen eines Sachmangels des Grundstücks sind ausgeschlossen mit Ausnahme der Haftung für Sachmängel am Grundstück, wegen denen das Gebäude nicht hätte errichtet werden dürfen oder nicht bestimmungsgemäß genutzt werden darf. Dies gilt, vorbehaltlich nachfolgendem Abs. 4. auch für Schadenersatzansprüche.

Der Verkäufer erklärt, dass

- alle während der Bauzeit festgestellten Bodenverunreinigungen und Altlasten, die nach behördlicher Anordnung zum Zwecke der Gefahrenabwehr beseitigt werden müssen, oder die gesonderte Entsorgung oder Behandlung des Aushubbodens erforderlich machen, durch den Verkäufer beseitigt werden;
- ihm außer den allgemeinen öffentlichen Abgaben und Lasten (z.B. Grundsteuer) und den im Vertrag genannten keine weiteren Lasten und Beschränkungen bekannt sind.

(2) Rechte des Käufers wegen Sachmängeln an der von der Sanierung unberührt gebliebenen Altbausubstanz sind ausgeschlossen. Dies gilt, vorbehaltlich nachfolgendem Abs. 4. auch für Schadensersatzansprüche.

(3) Wegen aller Sachmängel an Bauwerks- oder Grundstücksarbeiten aufgrund der Sanierungsbeschreibung gem. II, § 1 Abs. 3 und 4 gilt Folgendes:

- Dem Käufer stehen die gesetzlichen Rechte zu, einschließlich der Verjährungsfrist von fünf Jahren bei Bauwerksarbeiten und zwei Jahren bei Arbeiten am Grundstück. Eine geringfügige sich gegenüber den Grundrissplänen ergebende Verringerung der Wohnfläche nach Fertigstellung bis zu 2,0 % hat keinen Einfluss auf den Kaufpreis und den sonstigen Vertragsinhalt. Eine Verringerung von mehr als 2,0 % der Wohnfläche ist von dem Verkäufer gegenüber dem Käufer mit EUR (in Worten: EUR) pro qm auszugleichen.
  Die Berechnung der Wohnfläche nach Fertigstellung erfolgt auf der Basis der Wohnflächenverordnung vom 25.11.2003, wobei Loggien und Terrassen zu 50 % und Dachterrassen zu 25 % angerechnet werden.
- Schadenersatzansprüche werden, vorbehaltlich nachfolgendem Abs. 4. ausgeschlossen.

Wegen aller Sachmängel an mitverkauften beweglichen Sachen (z.B. Leuchtmitteln) gilt Folgendes:

- Dem Käufer stehen die gesetzlichen Rechte zu. Bei Fehlschlagen der Nachbesserung kann die Herabsetzung des Kaufpreises (Minderung) oder Rückabwicklung des Vertrages (Rücktritt) durch den Käufer nur hinsichtlich der betreffenden beweglichen Sache verlangt werden, während, ggf. abweichend vom BGB, ein Anspruch auf Rücktritt von dem Gesamtvertrag insoweit ausgeschlossen ist.
- Schadenersatzansprüche werden, vorbehaltlich nachfolgendem Abs. 4., ausgeschlossen.

(4) Ausgenommen von den Haftungsbeschränkungen in den vorstehenden Nr. (1), (2) und (3) sind Ansprüche des Käufers auf Schadensersatz aus der Verletzung des Lebens, des Körpers oder der Gesundheit, wenn der Verkäufer die Pflichtverletzung zu vertreten hat, und auf Ersatz sonstiger Schäden, die auf einer vorsätzlichen oder grob fahrlässigen Pflichtverletzung des Verkäufers oder eines seiner gesetzlichen Vertreter oder Erfüllungsgehilfen beruhen. Bei fahrlässig verursachten Sach- und Vermögensschäden haften der Verkäufer und seine Erfüllungsgehilfen nur bei der Verletzung einer wesentlichen Vertragspflicht, jedoch der Höhe nach beschränkt auf die bei Vertragsschluss vorhersehbaren und vertragstypischen Schäden; wesentliche Vertragspflichten sind solche, deren Erfüllung den Vertrag prägt und auf die der Käufer vertrauen darf.

(5) Der Verkäufer verpflichtet sich, nur normgerechte Baustoffe zu verwenden und die Renovierung und Sanierung nach den anerkannten Regeln der Technik und technisch einwandfrei durchzuführen. Zum Umfang der Leistungsverpflichtung des Verkäufers wird zwischen den Parteien klargestellt, dass das Gebäude nicht vollständig, sondern nur teilweise saniert wird. Es bleiben insbesondere die Altbausubstanz in den Bereichen ______ in den Geschossen ______ unverändert, ebenso die Gewerke ______ im Bereich der Geschosse ______ sowie ______.

§ 8 Sonderwünsche

Sonderwünsche können nur berücksichtigt werden, wenn und soweit sie unter Beachtung des Bauablaufs und des Bautenstandes schriftlich in einem Sonderwunschvertrag vereinbart worden sind. Einigen sich die Parteien hinsichtlich der Ausführung von Sonderwünschen nicht, wird der Vertrag als Ganzes hiervon nicht berührt. Die Wohnung gilt dann als mit Normalausstattung verkauft.

Für vom Käufer erbrachte Eigenleistungen oder bei Dritten in Auftrag gegebene Sonderleistungen übernimmt der Verkäufer keine Haftung. Soweit dadurch die vertragsgemäße Ausführung der Bauleistung insgesamt beeinträchtigt ist, kann der Käufer keine Ansprüche bzw. Rechte geltend machen; dies gilt insbesondere für den Schallschutz. Hiervon ausgenommen sind Schäden gemäß § 7 Abs. 4.

§ 9 Baudurchführung

Der Käufer ist nicht berechtigt, in den Bauablauf einzugreifen und während der Bauzeit das Vertragsgrundstück zu benutzen. Er ist insbesondere nicht befugt, den am Bau beteiligten Handwerkern Weisungen zu erteilen. Er darf die Baustelle auf eigene Gefahr betreten, um sich vom Bautenstand zu überzeugen und sich über die Ausführung seiner Sonderwünsche zu informieren. Dabei hat er die Anweisung der Bauleitung zu beachten. Der Verkäufer übergibt dem Käufer vor Beginn der Ausführung einer geschuldeten Leistung diejenigen Planungsunterlagen, die der Käufer benötigt, um gegenüber Behörden den Nachweis führen zu können, dass die Leistung unter Einhaltung der einschlägigen öffentlich-rechtlichen Vorschriften ausgeführt werden wird. Spätestens mit der Fertigstellung des Kaufgegenstandes erstellt und übergibt der Verkäufer dem Käufer diejenigen Unterlagen, die dieser benötigt, um gegenüber Behörden den Nachweis führen zu können, dass die Leistung unter Einhaltung der einschlägigen öffentlich-rechtlichen Vorschriften ausgeführt worden ist.

§ 10 Vermittlungs-/Schlichtungsverfahren und Schiedsgutachten

(1) Meinungsverschiedenheiten, die die Bauausführung betreffen, werden durch Einholung eines Schiedsgutachtens zu lösen versucht, bevor die staatlichen Gerichte angerufen werden können.

Dazu vereinbaren Verkäufer und Käufer Folgendes:

a) Strittige baufachliche Fragen aus diesem Vertrag, die sich auf die Fälligkeit von Zahlungen aufgrund eines bestimmten Bautenstandes, die Bauausführung, das Vorhandensein von Baumängeln, die Erledigung von Leistungen und Mängeln nach dem Abnahmeprotokoll oder auf die Sachmängelhaftung innerhalb der Verjährungsfrist beziehen, sind zunächst einem Schiedsgutachter zur fachlichen Beurteilung vorzulegen.

b) Der Schiedsgutachter hat, wenn dies erforderlich ist, Beweise zu sichern. Das ordentliche Gericht kann erst angerufen werden, wenn die baufachliche Beurteilung durch den Schiedsgutachter stattgefunden hat. Die Einleitung eines selbstständigen Beweisverfahrens bleibt jedem Vertragsteil ohne vorherige Anrufung des Schiedsgutachters vorbehalten.

c) Zum Schiedsgutachter benennen die Parteien

Ist dieser Schiedsgutachter nicht verfügbar, ist der Schiedsgutachter vom Präsidenten der IHK zu bestimmen.

d) Die Kosten des Schiedsgutachters trägt diejenige Partei, die nach Auffassung des Schiedsgutachters in den ihm zur Beantwortung aufgegebenen Fragen unterliegt. Bei teilweisem Unterliegen werden die Kosten von dem Schiedsgutachter auf die beiden Parteien im Verhältnis ihres Obsiegens und Unterliegens verteilt.

(2) Im Übrigen werden alle aus diesem Vertrag, seiner Durchführung oder Verletzung auftretenden Konflikte zwischen den Parteien im Falle des Scheiterns direkter Verhandlungen im Wege freiwilliger Streitschlichtung zu lösen versucht, bevor die ordentlichen Gerichte angerufen werden können. Während der Vorbereitung und Durchführung der Schlichtung sind alle gesetzlichen oder vereinbarten Fristen in ihrem Lauf gehemmt.

Konflikte über Inhalt, Durchführung oder Verletzung des Vertrages werden durch Mediation zu lösen versucht. Zum Mediator wird ein neutraler (nicht vorbefasster bzw. mit den Parteien verbundener), als solcher zugelassener Rechtsanwalt bestimmt. Um die Benennung wird die örtlich zuständige Rechtsanwaltskammer gebeten, aus deren Vorschlägen die Parteien auswählen. Der Mediator vereinbart die Vorgehensweise mit den Parteien. Er soll die Verhandlungen in einer Weise führen, welche der Aufklärung des Konflikts ebenso wie einer einvernehmlichen und effizienten Streitbeilegung dient.

§ 11 Lastenfreiheit

Der Kaufgegenstand ist frei von Lasten in Abt. II und III des Grundbuches und frei von Baulasten zu liefern, mit Ausnahme

- der unter I. Abs. 1 aufgeführten in Abt. II des Grundbuches eingetragenen Rechte und im Baulastenverzeichnis eingetragenen Baulasten,
- der eventuellen weiteren auf Veranlassung des Verkäufers und gemäß nachfolgendem § 12 in Abt. II noch einzutragenden weiteren Dienstbarkeiten und im Baulasten-

verzeichnis noch einzutragenden Baulasten, die von dem Käufer übernommen werden,

- sowie der in Abt. III auf Veranlassung des Käufers zum Zwecke der Finanzierung des Kaufpreises eingetragenen bzw. noch einzutragenden Grundpfandrechte.

Die Vertragschließenden stimmen den Pfandhaftentlassungen/Löschungen bezüglich aller nicht übernommenen Rechte in Abt. II und III des Grundbuches zu und beantragen die entsprechenden Eintragungen im Grundbuch.

§ 12 Dienstbarkeiten und Baulasten

Der Käufer verpflichtet sich, Geh-, Fahr- und Leitungsrechte und sonstige erforderlich werdende Rechte zugunsten und zulasten des Grundstücks und der Nachbargrundstücke sowie durch Eintragung von Dienstbarkeiten in die Grundbücher sicherzustellen. Den erforderlichenfalls noch zu bestellenden Dienstbarkeiten und deren Eintragung zulasten des Grundstücks im Grundbuch stimmt der Käufer hiermit zu. Der Verkäufer wird ermächtigt, die entsprechenden Grundbuchanträge zu stellen und Baulasten eintragen zu lassen.

§ 13 Verwalter

Zum Verwalter ist die Firma bestellt. Der Käufer tritt in den zwischen dem Verkäufer und dem Verwalter geschlossenen Verwaltervertrag ein und erkennt die darin enthaltenen Bestimmungen als für sich verbindlich an. Der Käufer bestätigt, eine beglaubigte Abschrift der in § 1 Abs. 4 genannten Urkunde Nr. einschließlich Verwaltervertrag erhalten zu haben und erklärt bestätigend hiermit die darin enthaltene, dem Verwalter erteilte Vollmacht.

§ 14 Wohngeldzahlung

Diese Vereinbarung ist ein Schutz für alle Miteigentümer, da dadurch eine Zahlungsklage gegen einen Säumigen vermieden werden kann und ein schnelles Vorgehen gegen diesen gewährleistet ist.

Der Käufer hat nach den Bestimmungen der Gemeinschaftsordnung und Verwaltung zur Deckung der gemeinschaftlichen Lasten und Kosten an den Verwalter als Treuhänder der übrigen Wohnungseigentümer ein monatliches Wohngeld zu entrichten. Der Käufer – mehrere als Gesamtschuldner – bekennt, dem Verwalter einen zur Zahlung fälligen Betrag von EUR (in Worten: EUR) zu schulden und unterwirft sich hiermit zugunsten des von der Eigentümergemeinschaft bestellten Verwalters in Höhe des vorgenannten Betrages der sofortigen Zwangsvollstreckung in sein gesamtes Vermögen.

Der Verwalter ist berechtigt, die Rechte aus dieser Erklärung gegen einen Wohnungseigentümer, der mit der Erfüllung seiner Verpflichtungen zur Lasten- und Kostentragung in Rückstand gerät, im eigenen Namen, im Innenverhältnis jedoch als Treuhänder der anderen Wohnungseigentümer, geltend zu machen.

Der Käufer beauftragt und bevollmächtigt den amtierenden Notar, dem Verwalter des Wohnungseigentums jederzeit auf dessen einseitige Aufforderung eine vollstreckbare Ausfertigung dieser Verhandlung zu erteilen.

§ 15 Rücktritt

Für Rücktrittsrechte nach den gesetzlichen Bestimmungen gilt Folgendes:

(1) Der Rücktritt ist in allen Fällen schriftlich an den Vertragspartner zu erklären.

(2) Die Rückerstattung von Kaufgeldern erfolgt nur Zug um Zug gegen Abgabe der Löschungsbewilligung der Vormerkung und von Finanzierungsgrundpfandrechten des Käufers.

(3) Hat der Käufer den Rücktritt zu vertreten, so kann der Verkäufer Schadensersatz nach den gesetzlichen Vorschriften verlangen. Bei Schadensberechnungen sind insbesondere Zinsverluste, Werbungskosten, Zeitaufwand für neuen Verkauf, Notar- und Gerichtskosten des Verkäufers zu berücksichtigen. Ausgeführte Sonderwünsche werden nicht ersetzt. Zurückzuzahlende Kaufgelder werden nicht verzinst.

(4) Die Partei, welche wegen nicht oder nicht vertragsgemäß erbrachter Leistungen bzw. einer Pflichtverletzung nach § 241 Abs. 2 BGB die gesetzlichen Voraussetzungen für den Rücktritt der anderen Partei geschaffen hat, trägt die Kosten des Rücktritts. Besteht ein Rücktrittsrecht des Käufers, weil der Verkäufer wegen Ausschlusses der Leistungspflicht nach § 275 Abs. 1–3 BGB nicht zu leisten braucht, trägt der Verkäufer die Kosten des Rücktritts.

§ 16 Salvatorische Klausel

Sollte eine Bestimmung dieses Vertrages unwirksam sein oder werden, so ist die unwirksame Bestimmung durch diejenige zulässige Regelung zu ersetzen, die den Zweck der unwirksamen Bestimmung weitestgehend erreicht.

§ 17 Vertragskosten

Der Käufer trägt sämtliche mit der Beurkundung dieses Vertrages und seiner Durchführung verbundenen Kosten (Notar- und Gerichtskosten) einschl. der anteiligen Kosten für die Beurkundung der Teilungserklärung und Gemeinschaftsordnung sowie die Grunderwerbsteuer. Die Kosten für ihre Vertretung (Vollmachtbestätigung, Genehmigung etc.) und Beratung trägt jede Partei selbst.

Die Eintragungskosten für die Löschung der vom Käufer nicht übernommenen Belastungen sowie der Kosten der Bestellung und Eintragung von Rechten gemäß § 12 dieses Vertrages trägt der Verkäufer.

III. Auflassungsvormerkung

Der Verkäufer bewilligt und der Käufer beantragt, eine Vormerkung zur Sicherung des Anspruchs des Käufers auf Übertragung des Wohnungseigentums/des Teileigentums im Grundbuch einzutragen und zwar zu dem in II. § 1 genannten Beteiligungsverhältnis. Der Käufer bewilligt und beantragt, diese Vormerkung zu löschen, sobald er als Eigentümer im Grundbuch eingetragen ist und sofern keine Zwischeneintragungen vorgenommen oder beantragt sind, die in diesem Vertrag nicht vorgesehen sind und denen er nicht zugestimmt hat.

Vorbehalten bleibt der Vorrang vor dieser Vormerkung für noch einzutragende Finanzierungsgrundpfandrechte des Käufers i.H.v. bis zu EUR   nebst bis zu 20 v.H. Jahreszinsen ab dem Tage der Grundpfandrechtsbestellung und Nebenleistungen bis zu 10 v.H. einmalig.

Die Eintragung dieses Rangvorbehaltes bei der Vormerkung im Grundbuch wird hiermit bewilligt und beantragt.

IV. Auflassung

Sodann erklärten die Erschienenen:

Wir sind darüber einig, dass das Eigentum an dem in der Vorbemerkung und in II. § 1 dieses Vertrages näher bezeichneten Kaufgegenstand von dem Verkäufer auf den Käufer übergehen soll, und zwar zu dem in II. § 1 genannten Beteiligungsverhältnis. Wir bewilligen und beantragen die Eintragung der Eigentumsänderung im Grundbuch.

Der Notar soll die Umschreibung des Eigentums im Grundbuch erst veranlassen, sobald alle dazu erforderlichen Voraussetzungen erfüllt sind und der Kaufpreis gezahlt wurde. Bis dahin dürfen keine die Auflassung enthaltenden Ausfertigungen oder beglaubigten Ablichtungen dieser Urkunde erteilt werden.

V. Vollmachten

Die Vertragschließenden bevollmächtigen hiermit ,

und zwar jede einzeln unter Befreiung von den Beschränkungen des § 181 BGB, sowie mit dem Recht, Untervollmacht zu erteilen, alle zur Durchführung dieses Vertrages erforderlichen und dienlichen Erklärungen abzugeben und entgegenzunehmen. Die Vollmacht erstreckt sich insbesondere auch darauf, den verkauften Kaufgegenstand neu zu bezeichnen und aufzulassen und etwa erforderliche Pfandhaftentlassungs-, Teilungs- und Löschungsanträge zu stellen sowie Vermessungsanerkennungen und Identitätserklärungen bezüglich der Grundstücksvermessung abzugeben und dazu Anträge zu stellen, zu ändern und zurückzunehmen.

Die Bevollmächtigten sind insbesondere berechtigt:

1) die Teilungserklärung und Miteigentumsordnung namens der Vertragsparteien zu ändern sowie Sondernutzungsrechte gemäß § 5 der Teilungserklärung zu begründen und zuzuordnen und zwar entsprechend den Vorgaben gemäß II. § 1 Abs. 4 dieser Urkunde;

2) die Löschung der Auflassungsvormerkung zu bewilligen und zu beantragen, sofern einer der Vertragschließenden von diesem Vertrag zurücktritt.

Die Vollmacht gilt über den Tod der Vollmachtgeber hinaus, erlischt jedoch mit der vertragsgemäßen Umschreibung des Kaufgegenstandes auf den Käufer im Grundbuch, jedoch nicht vor Erledigung der in II. § 12 dieses Vertrages genannten Maßnahmen für das Gesamtbauvorhaben.

VI. Durchführung und Hinweise

(1) Der Notar wird mit der Durchführung dieses Vertrages beauftragt. Er ist insbesondere beauftragt, die hierzu eventuell erforderlichen rechtsgeschäftlichen und behördlichen Genehmigungen und Erklärungen sowie die steuerliche Unbedenklichkeitsbescheinigung des Finanzamtes einzuholen. Er soll auch die von den Banken der Beteiligten zu erteilenden Aufträge entgegennehmen und ausführen. Der Notar hat im Rahmen der Durchführung dieses Vertrages uneingeschränkte Empfangsvollmacht. Er kann sich Erklärungen, Genehmigungen und ähnliches mit Wirkung für alle Beteiligten zustellen lassen. Der Notar hat die Beteiligten über den Zugang von derartigen Erklärungen und Genehmigungen schriftlich zu informieren.

(2) Die Beteiligten ermächtigen den Notar, Anträge beim Grundbuchamt – auch eingeschränkt und getrennt – zu stellen, abzuändern und zurückzunehmen. Die Beteiligten verzichten unwiderruflich auf eigenes Antragsrecht.

Der Notar wird ferner beauftragt und ermächtigt, alle Erklärungen entgegenzunehmen und mittels Eigenurkunde abzugeben, die nach seinem Ermessen in formeller und materieller Hinsicht zum Vollzug erforderlich oder zweckmäßig sind. Der Notar wird bevollmächtigt, die Beteiligten unbeschränkt im Grundbuchverfahren zu vertreten. Die Vollmacht soll durch den Tod der Vollmachtgeber nicht erlöschen.

(3) Alle Anweisungen und Ermächtigungen an den amtierenden Notar sollen auch für seinen Vertreter und Nachfolger im Amt gelten.

(4) Die Vertragsparteien wurden von dem Notar insbesondere auf Folgendes hingewiesen:

- Das Eigentum geht erst mit der Umschreibung im Grundbuch auf den Käufer über. Dies kann vertragsgemäß erst erfolgen, wenn die Unbedenklichkeitsbescheinigung wegen der Grunderwerbsteuer, Genehmigungen und Freistellungserklärungen vorliegen.
- Der Kaufgegenstand kann für die im Grundbuch eingetragenen Belastungen bis zur Freistellung und ebenso für Erschließungsbeiträge, sofern keine Freistellung erfolgte, und Rückstände an öffentlichen Lasten haften.
- Nicht beurkundete Abreden sind unwirksam und können zur Nichtigkeit des gesamten Vertrages führen (§ 311b Abs. 1 BGB). Deswegen müssen insbesondere alle Leistungen und Zahlungen vollständig beurkundet sein.
- Verkäufer und Käufer haften als Gesamtschuldner für die den Grundbesitz betreffenden Steuern und die Grunderwerbsteuer sowie die Notar- und Gerichtskosten.
- Der Notar erläuterte den Erschienenen insbesondere die Bestimmungen der §§ 3 und 7 MaBV (Allgemeine und spezielle Fälligkeitsvoraussetzungen, Fälligkeiten bei Übergabe einer Bürgschaft, Verhältnis von Bürgschaft und eventuellen Finanzierungsgrundschulden des Käufers).
- Es ist allein Sache der Vertragsbeteiligten, steuerliche Folgen dieses Vertrages zu prüfen. Der Notar übernimmt insoweit keine Gewähr.
  Auf die Vorschriften der Bauabzugsbesteuerung (§§ 48 ff. EStG) hat der Notar hingewiesen.

VII. Abschriften

Von dieser Verhandlung soll eine Ausfertigung mit der Auflassungserklärung versehen werden. Sie soll beim Notar zu getreuen Händen verbleiben und dient zur Eigentumsumschreibung. Bis zur Stellung des Antrages auf Eigentumsumschreibung sind von dieser Verhandlung nur Ausfertigungen und beglaubigte Abschriften ohne Auflassungserklärung zu erteilen.

Das Protokoll wurde von dem Notar vorgelesen, die beigefügten Pläne den Erschienenen zur Durchsicht vorgelegt, von den Erschienenen genehmigt und von ihnen und dem Notar eigenhändig wie folgt unterschrieben:

(*Unterschriften*)

▲

2. Anmerkungen

a) Sachverhalt

Das Formular bezieht sich auf folgende Bauträgermaßnahme: Der Bauträger renoviert und saniert eine Wohnanlage aus dem Jahre 1910 auf einem Grundstück, das in seinem Eigentum steht und an dem er gem. § 8 WEG Wohnungs- und Teileigentum gebildet hat, das im Grundbuch vollzogen wurde. Die Baugenehmigung ist bereits erteilt. Das Gebäude steht leer. Mit der Renovierung und Sanierung ist noch nicht begonnen worden. Vertragsgegenstand ist somit noch zu renovierendes und zu sanierendes Wohnungs- und Teileigentum. Das Formular ist auch uneingeschränkt für Sachverhalte verwendbar, in denen die Renovierung und Sanierung bereits begonnen aber noch nicht fertig gestellt wurde. Vertragspartner ist ein Verbraucher. 35

b) Sanierungsbeschreibung (Teil II § 1 Nr. 4)

Der Vertrag muss grundsätzlich alle baulichen Maßnahmen, die der Bauträger schuldet, benennen. Dabei ist zu beachten, dass in Fällen einer vom Bauträger übernommenen Totalsanierung auch Maßnahmen geschuldet sein können, die nicht in der Baubeschreibung erwähnt sind, sofern sie für eine umfassende Renovierung und Sanierung erforderlich sind.[48] Zur klaren Abgrenzung und der Erfüllung des Transparenzgebotes des § 307 Abs. 1 S. 2 BGB empfiehlt sich eine Aufzählung der unverändert bleibenden Bausubstanz. 36

c) Kaufpreisfälligkeit, Ratenplan, Sicherheit gem. § 650m Abs. 2 BGB (Teil II § 2)

Hinsichtlich der allgemeinen Voraussetzungen der Kaufpreisfälligkeit gem. § 3 Abs. 1 MaBV bestehen keine Unterschiede zu Bauträgermaßnahmen über Neubauten. Zu beachten ist auch bei Altbaumaßnahmen das Äquivalenzprinzip, wonach die Höhe der Raten dem Wert der Bauleistung entsprechen muss und Vorleistungen des Erwerbers unzulässig sind (§§ 641, 650m Abs. 2 BGB i.V.m. § 1 der Verordnung über Abschlagszahlungen bei Bauträgerverträgen). Bei der Berechnung der Raten gem. § 3 Abs. 2 S. 4 MaBV sind die vertraglich geschuldeten Sanierungsleistungen den entsprechenden Gewerken des Ratenplanes in § 3 Abs. 2 S. 2 MaBV zuzuordnen. Aus § 3 Abs. 2 S. 4 MaBV ergibt sich, dass bei Altbauten die Teilbeträge für erbrachte Leistungen schon mit der ersten Rate des § 3 Abs. 2 S. 2 Nr. 1 MaBV entgegengenommen und somit im Vertrag sogleich fällig gestellt werden können. Hierunter fallen alle Gewerke, die in der Altbausubstanz vollständig enthalten sind.[49] § 650m Abs. 2 BGB, wonach dem Erwerber bei der ersten Rate eine Sicherheit von 5 % des Vergütungsanspruchs zusteht, gilt auch bei Altbaumaßnahmen. 37

48 OLG München v. 2.10.2001 – 9U 2101/99 – BauR 2003, 396; BGH v. 7.5.1987 – VII ZR 366/85 – BauR 1987, 439 ff.
49 *Basty*, DNotZ 1997, 2390.

d) Haftung für Mängel (Teil II § 7)

38 Soweit am Vertragsgegenstand Bauleistungen erbracht werden, richtet sich die Haftung des Bauträgers nach Werkvertragsrecht gem. §§ 633 ff. BGB. Für das Grundstück und die unverändert bleibende Altbausubstanz gilt grundsätzlich Kaufrecht gem. §§ 433 ff. BGB. Da ein Haftungsausschluss für Mängelrechte nach Werkvertragsrecht in Verbraucher- und Formularverträgen nicht möglich ist, können Haftungsausschlüsse nur hinsichtlich des Grundstücks und der unverändert bleibenden Altbausubstanz vereinbart werden. Der BGH hat in mehreren Entscheidungen Kriterien dafür entwickelt, auf welche Gewerke bei der Sanierung von Altbauten Werkvertragsrecht anzuwenden ist.[50] Danach gilt, dass der Veräußerer eines Altbaus oder einer Altbauwohnung für Sachmängel der gesamten Bausubstanz nach den Gewährleistungsregeln des Werkvertragsrechts haftet, wenn er vertragliche Bauleistungen übernommen hat, die insgesamt nach Umfang und Bedeutung Neubauarbeiten gleichkommen. Hat er hingegen eine Herstellungspflicht übernommen, die insgesamt Neubauarbeiten nicht vergleichbar ist, sind wegen Mängeln des Objektes die Gewährleistungsregeln des Werkvertragsrechts anzuwenden, soweit die Herstellungspflicht verletzt ist. Im Übrigen ist Kaufrecht anzuwenden. In einem Individualvertrag über den Erwerb eines Altbaus können die Parteien wirksam den Ausschluss der verschuldensunabhängigen Sachmängelgewährleistung für Mängel der von der Modernisierung des erworbenen Objekts unberührt gebliebenen Altbausubstanz vereinbaren. Die Rechtsprechung stellt hohe Anforderungen an die Transparenz von Haftungsklauseln in Formular- und Verbraucherverträgen. Vor diesem Hintergrund kann nicht ausgeschlossen werden, dass die in § 7 Nr. 4 des Musters gewählten Formulierungen von einem Gericht als intransparent im Sinne des § 307 Abs. 3 S. 2 i.V.m. Abs. 1 S. 2 BGB verworfen werden.[51]

50 BGH v. 16.12.2004 – VII ZR 257/03 = BauR 2005, 542 ff.; BGH v. 6.10.2005 – VII ZR 117/04 = BauR 2006, 99 ff.; BGH v. 26.4.2007 – VII ZR 210/05 = BauR 2007, 1407 ff.

51 NJW-RR 2005, 1496 ff.; NJW 2013, 291.

Stichwortverzeichnis

Fette Zahlen = §§, magere Zahlen = Randnummern

Benutzerhinweise für den Download

Zur Nutzung des PDF-Musterverzeichnisses benötigen Sie einen **lokal installierten PDF-Reader**, da die Funktionalität über das reine Anzeigen einer PDF-Seite hinausgeht.

Den Download-Link (URL) finden Sie auf der Seite 4 (IV) des Werks (Impressum). Über diesen Link stellen wir Ihnen sämtliche im Werk enthaltenen Muster und Formulierungsbeispiele zur Verfügung. Zur Nutzung der Muster/Formulierungsbeispiele gehen Sie auf den Download-Link und laden die dort abgelegte zip-Datei auf Ihr Laufwerk herunter. Um den Ordner zu entpacken, klicken Sie mit der rechten Maustaste auf die Datei, wählen „**Alle extrahieren**" und folgen dann den Anweisungen. Die Nutzung der Muster ist unabhängig vom Betriebssystem Ihres Rechners.

Durch das Extrahieren werden ein **PDF-Musterverzeichnis** sowie die **Worddateien** der jeweiligen Muster auf dem von Ihnen gewählten Laufwerk Ihres Rechners abgelegt.

Zur Nutzung des PDF-Musterverzeichnisses benötigen Sie einen kostenlosen PDF-Reader. Das Musterverzeichnis gibt Ihnen einen Überblick über die enthaltenen Muster und erleichtert Ihnen den Zugang zu den Mustertexten. Beim Anklicken des gewünschten Musters in dem PDF-Musterverzeichnis öffnet sich der Text direkt in Microsoft Word oder in dem bei Ihnen eingesetzten Textverarbeitungsprogramm. Dann können Sie die Word-Datei direkt bearbeiten und unter einem neuen Dateinamen abspeichern. Bei Nutzern von Microsoft Word können Sicherheitshinweise auf dem Bildschirm erscheinen. Dort müssten Sie die Nutzung ggf. zulassen. Dies wird in den verschiedenen Wordversionen und Textverarbeitungsprogrammen unterschiedlich gehandhabt. In den einzelnen Word-Dateien sind keine Makros o.ä. eingebunden. Damit die Navigation über das PDF-Musterverzeichnis funktioniert dürfen der Ordner „Muster-Doks" und die ursprünglich gelieferten Dateien nicht umbenannt werden. Speichern Sie die bearbeiteten Worddateien daher stets unter einem neuen Dateinamen ab.

Die in einigen Word-Mustertexten vorhandenen **Formularfelder** können Sie markieren und überschreiben. Sie können sich die Bearbeitung erleichtern, indem Sie diese Formularfelder mit dem Default-Tastaturkürzel Ihres Textbearbeitungsprogrammes ansteuern. Für Microsoft Word ist dies i.d.R. das Tastaturkürzel F11, um zum nächsten Feld zu springen und „UMSCHALT+F11", um zum vorherigen zu springen. Diese Tastaturkürzel werden von der Arbeitsumgebung Ihres Textverarbeitungsprogramms und nicht durch die bereitgestellten Word-Muster-Dateien definiert. Daher können die Tastaturkürzel in alternativen Betriebssystemen und/oder Textbearbeitungsprogrammen (z.B. LibreOffice Writer) abweichen.

Bearbeiten der Muster/Formulierungsbeispiele mit einer anderen Textverarbeitung und/oder einem anderen Betriebssystem

Wenn Sie kein Microsoft Word, sondern ein anderes Textverarbeitungsprogramm auf Ihrem Rechner installiert haben, können Sie die Dateien trotzdem aufrufen und bearbeiten. Gehen Sie dazu direkt auf das gewünschte Muster in dem abgelegten Ordner

„Muster-Doks". Über diesen Weg können Sie auch auf die Word-Dateien zugreifen, wenn Sie nicht über das mitgelieferte PDF-Musterverzeichnis navigieren möchten. Jedem Mustertext ist eine Nummer zugewiesen, die in dem Download-Symbol neben dem jeweiligen Formular/Mustertext im Buch abgedruckt ist. Über den Dateinamen (p = Paragraf und m = Muster) lässt sich die gewünschte Mustertext-Datei auffinden.